和歌山県

〈収録内容〉

■平成30年度は、弊社ホームページで公開しております。
本ページの下方に掲載しておりますQRコードよりアクセスし、データをダウンロードしてご利用ください。

2023 年度 ………………………… 数・英・理・社・国

2022 年度 ………………………… 数・英・理・社・国
※国語の大問二は、問題に使用された作品の著作権者が二次使用の許可を出していないため、問題を掲載しておりません。

2021 年度 ………………………… 数・英・理・社・国
※国語の大問三は、問題に使用された作品の著作権者が二次使用の許可を出していないため、問題を掲載しておりません。

2020 年度 ………………………… 数・英・理・社・国

2019 年度 ………………………… 数・英・理・社・国

平成 30 年度 ………………………… 数・英・理・社

解答用紙・音声データ配信ページへスマホでアクセス! ⇒

※データのダウンロードは 2024 年 3 月末日まで。
※データへのアクセスには、右記のパスワードの入力が必要となります。 ⇒ 675489
※リスニング問題については最終ページをご覧ください。

本書の特長

POINT 1　解答は全問を掲載、解説は全問に対応！

POINT 2　英語の長文は全訳を掲載！

POINT 3　リスニング音声の台本、英文の和訳を完全掲載！

POINT 4　出題傾向が一目でわかる「年度別出題分類表」は、約 10 年分を掲載！

実戦力がつく入試過去問題集

- ▶ 問題 …………… 実際の入試問題を見やすく再編集。
- ▶ 解答用紙 …… 実戦対応仕様で収録。
- ▶ 解答解説 …… 重要事項が太字で示された、詳しくわかりやすい解説。
  ※採点に便利な配点も掲載。

合格への対策、実力錬成のための内容が充実

- ▶ 各科目の出題傾向の分析、最新年度の出題状況の確認で、入試対策を強化！
- ▶ その他、志願状況、公立高校難易度一覧など、学習意欲を高める要素が満載！

解答用紙ダウンロード	解答用紙はプリントアウトしてご利用いただけます。弊社ＨＰの商品詳細ページよりダウンロードしてください。トビラのＱＲコードからアクセス可。
リスニング音声ダウンロード	英語のリスニング問題については、弊社オリジナル作成により音声を再現。弊社ＨＰの商品詳細ページで全収録年度分を配信対応しております。トビラのＱＲコードからアクセス可。
famima PRINT	原本とほぼ同じサイズの解答用紙は、全国のファミリーマートに設置しているマルチコピー機のファミマプリントで購入いただけます。※一部の店舗で取り扱いがない場合がございます。詳細はファミマプリント（http://fp.famima.com/）をご確認ください。
UD FONT	見やすく読みまちがえにくいユニバーサルデザインフォントを採用しています。

～2024年度和歌山県公立高校入試の日程（予定）～

☆連携型中高一貫教育校特別選抜・農業科特別選抜

出願受付	2／1
↓	
面接等	2／7
↓	
合格内定	2／15

☆一般選抜・スポーツ推薦

一般出願受付	2／21・22
↓	
本出願受付	3／4・5
↓	
学力検査	3／11
↓	
面接、実技検査等	3／12
↓	
合格発表	3／19

※募集および選抜に関する最新の情報は和歌山県教育委員会のホームページなどで必ずご確認ください。

2023年度/和歌山県公立高校一般選抜・スポーツ推薦受検状況

〈全 日 制〉

学校名・学科		定員	入学者枠数	受検者数		受検倍率
				スポーツ推薦	一般選抜	
橋本	普通	160	160	−	155	0.97
	普通(県立中)	40	−	−	−	−
紀北工業	機械	80	80	2	65	0.84
	電気	40	40	1	28	0.73
	システム化学	40	40	0	33	0.83
紀北農芸	生産流通	40	34	1	23	0.71
	施設園芸	40	33	0	10	0.30
	環境工学	40	40	2	15	0.43
笠田	普通	80	80	1	61	0.78
	総合ビジネス	40	40	2	31	0.83
	情報処理	40	40	0	33	0.83
粉河	普通	200	200	10	200	1.05
	理数	40	40	−	12	0.30
那賀	普通	240	240	−	261	1.09
	国際	40	40	−	32	0.80
貴志川	普通	80	80	−	58	0.73
	人間科学	40	40	−	20	0.50
和歌山北	普通(北校舎)	320	316	18	321	1.07
	普通(西校舎)	80	80	0	52	0.65
	スポーツ健康科学	40	39	−	38	0.97
和歌山	総合	200	200	−	164	0.82
向陽	普通	240	240	−	286	1.19
	環境科学	80	−	−	−	−
桐蔭	普通	200	200	−	219	1.10
	普通(県立中)	80	−	−	−	−
和歌山東	普通	200	200	7	132	0.70
星林	普通	280	280	0	276	0.99
	国際交流	40	40	0	41	1.03
和歌山工業	機械	80	80	7	70	0.96
	電気	80	80	0	51	0.64
	化学技術	40	40	0	41	1.03
	建築	40	40	5	35	1.00
	土木	40	40	1	35	0.90
	産業デザイン	40	40	6	40	1.15
	創造技術	40	40	5	43	1.20
和歌山商業	ビジネス創造	280	280	10	279	1.03
海南	普通(海南校舎)	160	160	−	158	0.99
	教養理学	40	40	−	9	0.23
	普通(大成校舎)	40	40	−	23	0.58
(美里分校)	普通	40	40	−	10	0.25
箕島	普通	80	76	14	64	1.03
	専門学科系	80	80	0	44	0.55
有田中央	総合(総合) 総合(福祉)	120	120	−	71	0.59
(清水分校)	普通	40	40	−	2	0.05

学校名・学科		定員	入学者枠数	受検者数		受検倍率
				スポーツ推薦	一般選抜	
耐久	普通	200	200	−	175	0.88
日高	普通	200	200	−	166	0.83
	総合科学	40	−	−	−	−
(中津分校)	普通	40	40	−	16	0.40
紀央館	普通	120	120	3	127	1.08
	工業技術	40	40	1	35	0.90
南部	普通	80	80	−	57	0.71
	食と農園	120	116	−	38	0.33
(龍神分校)	普通	40	37	−	4	0.11
田辺	普通	200	200	−	213	1.07
	自然科学	80	−	−	−	−
田辺工業	機械	80	80	−	66	0.83
	電気電子	40	40	−	20	0.50
	情報システム	40	40	−	33	0.83
神島	普通	120	120	−	133	1.11
	経営科学	120	120	−	118	0.98
熊野	看護	40	40	−	28	0.70
	総合	160	160	14	153	1.04
串本古座	普通	120	120	−	91	0.76
新宮	普通	200	200	−	213	1.07
新翔	総合	120	120	−	85	0.71

○市立

学校名・学科		定員	入学者枠数	受検者数		受検倍率
				スポーツ推薦	一般選抜	
和歌山市立和歌山						
	総合ビジネス	160	160	15	162	1.11
	デザイン表現	40	40	−	38	0.95
	普通	60	60	−	60	1.00

※ 橋本高校普通科のうち１クラス、向陽高校環境科学科、桐蔭高校普通科のうち２クラス、日高高校総合科学科、田辺高校自然科学科については、それぞれの県立中学校からの進学者のみとし、県立高校入学者選抜による募集を実施しない。

※ 海南高校美里分校、有田中央高校清水分校、日高高校中津分校, 南部高校龍神分校, 串本古座高等学校の入学者枠数には、全国募集枠数を含む。

※ 有田中央高校総合学科福祉系列の人数は、26名以内。総合学科受検者数71名のうち、福祉系列の受検者数は８名。

※ 南部高校食と農園科調理コースの人数は、24名以内。食と農園科受験者数の38名のうち，調理コースの受験者数は15名。

和歌山県公立高校難易度一覧

目安となる偏差値	公立高校名
75 ~ 73	
72 ~ 70	
69 ~ 67	桐蔭
66 ~ 64	向陽
63 ~ 61	
60 ~ 58	海南[海南校舎](普／教養理学)
57 ~ 55	星林，田辺，橋本 星林(国際交流)，耐久
54 ~ 51	那賀 粉河(理数)，日高 神島
50 ~ 47	新宮，和歌山工業(機械) 那賀(国際)，市和歌山(デザイン表現)，和歌山商業(ビジネス創造) 神島(経営科学)，市和歌山，和歌山工業(電気) 笠田，粉河，和歌山工業(創造技術)，和歌山北[北校舎]
46 ~ 43	熊野(看護)，和歌山工業(化学技術／建築／産業デザイン) 箕島，市和歌山(総合ビジネス) 笠田(総合ビジネス／情報処理)，貴志川(人間科学)，和歌山工業(土木) 串本古座，南部
42 ~ 38	紀北工業(機械／電気)，和歌山(総合) 紀央館(工業技術)，紀北工業(システム化学)，熊野(総合)，田辺工業(機械／電気電子／情報システム) 紀央館，新翔(総合)，箕島(専門学科系)，和歌山北[西校舎](スポーツ健康科学) 有田中央(総合)，海南[大成校舎]，海南[美里分校]，貴志川，日高[中津分校]，和歌山北[西校舎] 和歌山東
37 ~	有田中央[清水分校]，紀北農芸(生産流通／施設園芸／環境工学)，南部(食と農園)，南部[龍神分校]

＊(　)内は学科・コースを示します。特に示していないものは普通科(普通・一般コース)，または全学科(全コース)を表します。市は市立を表します。

＊データが不足している高校，または学科・コースなどにつきましては掲載していない場合があります。

＊公立高校の入学者は，「学力検査の得点」のほかに，「調査書点」や「面接点」などが大きく加味されて選抜されます。上記の内容は想定した目安ですので，ご注意ください。

＊公立高校入学者の選抜方法や制度は変更される場合があります。また，統廃合による閉校や学校名の変更，学科の変更などが行われる場合もあります。教育委員会などの関係機関が発表する最新の情報を確認してください。

数学 ●●●● 出題傾向の分析と合格への対策 ●●●●

出題傾向とその内容

〈最新年度の出題状況〉

今年度の出題数は，大問が4題，小問数にして25問で，昨年と同様であった。

出題範囲は，中学数学の全域にわたっていて，基本を重視する問題が大半であるが，総合的・発展的な問題も含まれている。

今年度の出題内容は，大問1が数・式，平方根の基本的計算問題5問を含み，式の展開，因数分解，絶対値，資料の散らばり・代表値，関数$y=ax^2$，円の性質を利用した角度の計量に関する10問の小問群，大問2は展開図と見取図，体積比，規則性，文字を使った式，確率，連立方程式の応用，資料の散らばり・代表値，大問3は図形と関数・グラフの融合問題，大問4は相似の性質や三平方の定理を利用した記述式証明問題と角度，線分の長さ，面積比を計量させる平面図形の総合問題であった。

問題数は多いが，難問はないので，基本をしっかりマスターできていれば，時間が足りないという事はないであろう。

〈出題傾向〉

問題の出題数は，ここ数年，大問数で5題，小問数で25問前後が定着している。

出題傾向は，大問1で5問の数・式，平方根の基本的計算問題を含め，中学数学の全領域からまんべんなく，基本的な数学能力を問う小問群が10問前後出題されている。大問2では，数の性質，方程式の応用，式による証明，関数とグラフ，確率，動点問題などから，少し応用力を必要とする問題が4問前後出題されている。これらの問題は，日頃の授業や教科書の内容をしっかり身につけ，確実に得点できるようにしよう。大問3以降では，図形と関数・グラフの融合問題，記述式証明や計量問題を含む平面図形・空間図形の総合問題，動点問題，規則性の問題などから大問3題が出題されている。問題集の少しレベルの高い問題にあたり，これらの問題への対策も十分立てよう。

来年度の予想と対策

来年度も，今年度とほぼ同様の出題傾向となるだろう。例年，「数と式」では，数量の関係を題意に即して処理する能力，「図形」では，証明の過程を正確に表現する能力，「数量関係」では，関数と図形の関係を正しく処理する能力などが問われるので，この分野についてはよく学習しておこう。特に，円や平面図形に関しては，多くのパターンの問題を解きなれておきたい。また，基礎・基本問題を中心として出題されるので，日頃から基礎的な事項の確認が必要である。まずは，苦手な単元を早い時期に克服し，どの単元から出題されても対応できる実力をつけるようにしておこう。

今年度は小問の解答数が多く，来年度も同様と予想されるので，過去問題集などをテスト形式で勉強するときは，きちんと時間を計りながら解いてみることが高得点獲得には必要なことである。

⇨学習のポイント

- 制限時間が50分で，出題の中心が教科書や問題集の基礎，標準レベルの問題からなることを考えると，正確さが求められる。各分野の問題を確実に解く力をつけよう。
- 証明問題や途中の計算過程を書かせる記述式問題への準備もしっかりしておこう。

年度別出題内容の分析表　数学

出題内容			26年	27年	28年	29年	30年	2019年	2020年	2021年	2022年	2023年
数と式		数の性質	○					○			○	
		数・式の計算	○	○	○	○	○	○	○	○	○	○
		因数分解				○			○			○
		平方根	○	○	○	○	○	○	○	○	○	○
方程式・不等式		一次方程式	○	○	○	○	○	○	○	○	○	○
		二次方程式			○		○	○	○	○	○	
		不等式	○							○		
		方程式の応用	○	○	○	○	○	○	○	○	○	○
関数		一次関数	○	○	○	○	○	○	○	○	○	○
		関数 $y=ax^2$	○	○	○	○	○	○	○	○	○	○
		比例関数				○		○	○	○	○	
		関数とグラフ	○	○	○	○	○	○	○	○	○	○
		グラフの作成										
図形	平面図形	角度	○	○	○	○	○	○	○	○	○	○
		合同・相似	○	○	○	○	○	○	○	○	○	○
		三平方の定理	○	○	○	○	○	○	○	○	○	○
		円の性質	○	○	○	○	○	○	○	○	○	○
	空間図形	合同・相似		○								○
		三平方の定理										
		切断										
	計量	長さ			○	○	○	○	○	○	○	○
		面積	○	○	○	○	○	○	○	○	○	○
		体積	○	○		○	○	○	○		○	○
		証明	○	○	○	○	○	○	○	○	○	○
		作図			○							
		動点				○				○		
データの活用		場合の数										
		確率	○	○	○	○	○	○	○	○	○	○
		資料の散らばり・代表値(箱ひげ図を含む)	○	○	○	○	○		○	○	○	○
		標本調査				○		○			○	
融合問題		図形と関数・グラフ	○	○	○	○	○	○	○		○	○
		図形と確率										
		関数・グラフと確率										
		その他										
その他			○	○	○	○	○	○	○	○	○	○

英語 ●●●• 出題傾向の分析と合格への対策 •●●●

出題傾向とその内容

〈最新年度の出題状況〉

本年度の大問構成は，リスニング問題1題，長文読解問題2題，会話文読解問題1題，自由・条件英作文問題1題の計5題であった。

リスニング問題は，対話の内容に合う絵を選ぶもの，英文を聞いて日本語の質問の答えを選ぶもの，やや長めの英文を聞いてその内容についての質問の答えを選ぶものが出題された。配点は100点満点中の25点であった。

長文読解問題，会話文問題は内容理解に関するものが中心であったが，語句の並べ換え，条件英作文，日本語による内容説明なども出題され，総合的な英語力が問われたと言える。

自由・条件英作文では，「中学生の時の思い出」についてのスピーチ原稿を30語以上で表現することが求められた。

〈出題傾向〉

ここ数年，出題傾向に大きな変化はない。

リスニング問題は，出題形式はやや珍しいものもあるが，難易度は標準的である。

長文読解問題，会話文問題では，内容理解の力を求める小問が多く，さまざまな形式で読解力が試される出題であった。それに加え，和文英訳や並べ換えなどの文法問題も出題された。

自由・条件英作文は本年度も「30語以上」との指定があり，まとまった量の英文を書く能力が求められた。

来年度の予想と対策

来年度の出題も本年度と同じ形式で，問題量や難易度にも大きな変化はないと予想される。過去問題には必ず取り組もう。

リスニング問題の対策としては，実際に英語の音声を聞く練習を重ねておこう。その上で本書を利用し，本県の出題形式に慣れておくこと。特に〔問3〕では「英文を聞きながら内容について日本語でメモをとる」ことになるため，練習をしておこう。

文法事項は単独の大問としての出題はないが，読解問題中の語句整序問題，英作文，英問英答問題などで必要になる。中学校で学習する文法事項は，英語力の基礎になるので，しっかり復習し，問題演習をして身につけよう。

読解問題対策として日頃から英文をできるだけ多く読み，読解力をつけておくことが大切であろう。学校の教科書をくり返し読むなどして，短い英文から始めて，少しずつ長い文章の読解にも取り組んでおこう。本文は比較的量が多く，問題では英文の内容についてさまざまな形式で問われるので，ある程度の速さで正確に読み取る力が必要だ。さらに日本語での記述・英問英答は，読解力と表現力の双方が要求されるため，じゅうぶんな練習を積んでおくこと。また，図や表などの資料を用いた問題が毎年出題されていることにも注目しておこう。

英作文は難しい表現を使う必要はない。中学校で学習した，自分が自信をもって書ける英語で表現すればよい。学校や塾の先生に指導を受けながら，数多く練習しておこう。

⇨学習のポイント

- リスニング問題はCD，ラジオなどで実際の音声を利用して，数多く練習しておこう。
- 中学校で学習した文法事項や単語をしっかり復習し，文法力・読解力・表現力を身につけよう。
- 過去問題に取り組み，出題傾向を知っておこう。

年度別出題内容の分析表　英語

		出題内容	26年	27年	28年	29年	30年	2019年	2020年	2021年	2022年	2023年
設問形式	リスニング	絵・図・表・グラフなどを用いた問題	○	○	○	○	○	○	○	○	○	○
		適文の挿入	○	○	○	○	○	○	○	○	○	○
		英語の質問に答える問題					○	○	○	○	○	○
		英語によるメモ・要約文の完成										
		日本語で答える問題	○	○	○	○						
		書き取り										
	語い	単語の発音										
		文の区切り・強勢										
		語句の問題										
	読解	語句補充・選択（読解）	○	○	○	○	○	○	○	○	○	○
		文の挿入・文の並べ換え	○	○	○	○	○	○	○	○	○	○
		語句の解釈・指示語	○	○	○	○	○	○	○	○	○	○
		英問英答（選択・記述）	○	○	○	○	○	○	○	○	○	○
		日本語で答える問題	○	○	○	○	○	○	○	○	○	○
		内容真偽				○	○	○	○	○	○	○
		絵・図・表・グラフなどを用いた問題		○	○	○	○	○	○	○	○	○
		広告・メール・メモ・手紙・要約文などを用いた問題	○									○
	文法	語句補充・選択（文法）										
		語形変化										
		語句の並べ換え	○	○	○	○	○	○	○	○	○	○
		言い換え・書き換え										
		英文和訳										
		和文英訳	○	○	○	○	○	○	○	○		
		自由・条件英作文	○	○	○	○	○	○	○	○	○	○
文法事項		現在・過去・未来と進行形	○	○	○			○	○	○	○	○
		助動詞	○	○	○	○		○	○	○	○	○
		名詞・冠詞・代名詞				○	○	○	○	○	○	○
		形容詞・副詞	○	○	○		○		○	○	○	○
		不定詞	○	○	○	○	○	○	○	○	○	○
		動名詞	○	○	○	○	○	○		○	○	
		文の構造（目的語と補語）	○	○	○	○		○	○	○	○	○
		比較							○			○
		受け身			○	○			○	○		
		現在完了		○	○				○		○	○
		付加疑問文										
		間接疑問文	○		○	○	○					
		前置詞	○				○					
		接続詞	○	○				○			○	○
		分詞の形容詞的用法									○	
		関係代名詞	○	○	○	○	○		○	○		○
		感嘆文										
		仮定法										○

—和歌山県公立高校—

理科 ●●●• 出題傾向の分析と合格への対策 •●●●

出題傾向とその内容

〈最新年度の出題状況〉

実験や調査をもとに基礎的な知識や，科学的な思考力を問う問題が出題された。標準的な内容で，比較的解きやすかった。

〈出題傾向〉

大問は5題であり，解答すべき問題数は40問以下と適量であった。大問1は，物理と生物の複合問題と，地学と化学の問題群からなり，大問2が生物，大問3が地学，大問4が化学，大問5が物理と各分野からバランスよく出題されているので，テンポよく解き進めていきたい。また，実験・観察をふまえた思考力を試される出題もあるため，事前の練習は幅広くしておきたい。作図のほかにしっかりとした理由を書かせる文章記述形式の解答も多く，出題文や図表などをよく読み，時間配分にも注意しながら解いていくことが必要である。

物理的領域　教科書に出てくる実験を利用しており，確かな知識の裏付けを必要とする問題が多かった。

化学的領域　教科書内にある実験を通して，化学全般にわたる幅広く確かな知識が要求される出題であった。問題自体は基本的で大変解きやすかった。

生物的領域　比較的スタンダードな問題であった。基礎事項を正しく理解していれば，難なく解けたであろう。確かな知識と表現力が必要な論述問題も見られた。

地学的領域　図表の正確な読み取りと思考力が鍵となる問題も見られた。1つの現象が起こるしくみをきちんと理解しながら学習を展開しよう。つねにさまざまな現象などを説明する習慣をつけておこう。

来年度の予想と対策

例年，教科書でよく見られる実験を用いた出題が多く，基礎力と思考力を問う問題がバランスよく出題され，この傾向は今後も続くと考えられる。原理・原則をもとにして科学的に思考するタイプの問題も見られるが，基礎的内容を問われているものも多くあり，解きやすい問題である。

学校の授業内容を理解した上で，出題意図に合わせて自分の考えをまとめていく力が求められる。実験や観察の目的や方法をまとめ，結果をグラフや表にしたり，簡潔な文章で表現したりする訓練が必要であろう。教科書や問題集で用語を正確に理解し，過去問にも取り組んでおこう。

また，新聞やニュースで科学的な話題があれば興味をもって見るようにしてほしい。

⇨学習のポイント

・教科書にのっている語句などを説明しながら，記述問題をクリアする力をつけよう。
・教科書にのっている図はしっかりと読み込んで，全体的な理解に努めよう。

年度別出題内容の分析表　理科

※★印は大問の中心となった単元

分野	学年	出題内容	26年	27年	28年	29年	30年	2019年	2020年	2021年	2022年	2023年
第一分野	第1学年	身のまわりの物質とその性質	○			○	○				○	
		気体の発生とその性質		○	○				○		○	
		水溶液				○	★		○			○
		状態変化			○	○		○				
		力のはたらき(2力のつり合いを含む)	○						○			○
		光と音		○			★			○	○	
	第2学年	物質の成り立ち	○		○	○	○	○	○			○
		化学変化，酸化と還元，発熱・吸熱反応	○		○	○		○		★		
		化学変化と物質の質量	○		○			○		○		○
		電流(電力，熱量，静電気，放電，放射線を含む)		○		★	○				○	★
		電流と磁界		★			○			★		
	第3学年	水溶液とイオン，原子の成り立ちとイオン					○	○	★		○	
		酸・アルカリとイオン，中和と塩		○				○		○		○
		化学変化と電池，金属イオン		○					○		★	
		力のつり合いと合成・分解(水圧，浮力を含む)	○					○	○			
		力と物体の運動(慣性の法則を含む)						★				
		力学的エネルギー，仕事とエネルギー			★						★	
		エネルギーとその変換，エネルギー資源		○	○	○		○			○	
第二分野	第1学年	生物の観察と分類のしかた						○				○
		植物の特徴と分類		○					★			○
		動物の特徴と分類						★			○	
		身近な地形や地層，岩石の観察						○		○		
		火山活動と火成岩			○			○		○	○	
		地震と地球内部のはたらき		○	○						★	
		地層の重なりと過去の様子		○				★		○	○	○
	第2学年	生物と細胞(顕微鏡観察のしかたを含む)	○				○					○
		植物の体のつくりとはたらき	○	○		○			○	★		
		動物の体のつくりとはたらき		○	★			○	○	○	○	
		気象要素の観測，大気圧と圧力			○		○	○	★			
		天気の変化	○		○		★		○			
		日本の気象	○				○	○	★			
	第3学年	生物の成長と生殖	○		○	○	★					
		遺伝の規則性と遺伝子				★						○
		生物の種類の多様性と進化	○					○				
		天体の動きと地球の自転・公転				○		○		★	○	
		太陽系と恒星，月や金星の運動と見え方	○			★	○		○		○	★
		自然界のつり合い		★							○	
自然の環境調査と環境保全，自然災害				○								
科学技術の発展，様々な物質とその利用						○	○		○			
探究の過程を重視した出題			○	○	○	○	○	○	○	○	○	○

―和歌山県公立高校―

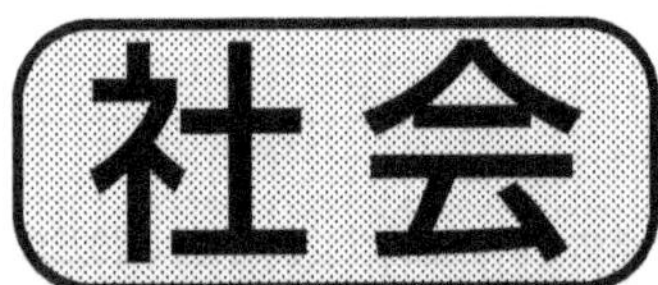

出題傾向の分析と合格への対策

出題傾向とその内容

〈最新年度の出題状況〉

本年度の出題数は，大問6題，小問38問である。解答形式は語句記入が16問，記号選択は15問である。短文の記述問題が7問出題されている。大問数は，日本・世界地理2題，歴史2題，公民2題となっており，小問数は各分野のバランスがとれていると言える。

出題内容は，基礎的知識を問う問題が大部分を占めている。地図・図表・絵・グラフなどの資料も多く使われている。

地理的分野では，地図やグラフ，表などを用いて，諸地域の特色や産業などを問う出題となっている。歴史的分野では，図表・史料などが用いられ，日本と外国とのかかわり，古代から現代までの歴史の流れや各時代の特色を問う出題となっている。公民的分野では，憲法・国の政治の仕組み・経済一般に関する幅広い内容を問う出題となっている。

〈出題傾向〉

地理的分野では，地図や統計資料などの読み取りを通して，日本や世界の諸地域の特色，自然や産業などを問う問題が出題されている。

歴史的分野では，図表や史料などを用いて，各時代の政治や社会の様子，文化，外国との関係などについて問う出題となっている。

公民的分野では，資料やグラフなどの読み取りを通して，憲法・経済一般など，幅広く基礎的事項の確認をする出題となっている。

来年度の予想と対策

来年度も出題数や出題内容とも大きな変化はないだろう。基礎知識を問う問題では，重要な語句を正確に書けるようにしておこう。また，さまざまな形式で出題される記述問題に対する練習も必要である。資料を読み取る力をつけるとともに，重要語句は正確な言葉で簡潔に説明できるように表現力を身につけておこう。

地理的分野では，世界と日本の自然や地形・産業などに関する基礎知識は学習しておこう。地図や統計資料を使った問題への対策も必要である。

歴史的分野では，各時代の政治・経済・外交・文化の特色をおさえておくことが必要である。また，世界史の近現代史についても整理しておこう。

公民的分野では，政治や経済のしくみのほか，国際政治・経済も出題される可能性があるので，時事問題への対応もかねて，ふだんから新聞やテレビのニュースなどから新しい知識を得るように努めておこう。

⇨学習のポイント

- 地理では，統計資料から，各地域の特色や，様々な問題を読み取る力をつけておこう！
- 歴史では，教科書で基本的事項を整理し，一問一答形式の問題に慣れておこう！
- 公民では，基礎的な事項を整理し，ニュースに触れ，考える習慣をつけておこう！

年度別出題内容の分析表　社会

		出題内容	26年	27年	28年	29年	30年	2019年	2020年	2021年	2022年	2023年
地理的分野	日本	地形図の見方				○		○				
		日本の国土・地形・気候	○		○	○	○	○	○	○	○	○
		人口・都市		○	○	○		○	○			○
		農林水産業	○		○	○		○	○	○	○	○
		工業	○	○	○	○		○	○	○	○	○
		交通・通信					○					
		資源・エネルギー		○					○		○	
		貿易					○					
	世界	人々のくらし・宗教				○		○		○	○	○
		地形・気候	○	○	○	○	○	○	○	○	○	○
		人口・都市	○			○			○	○		○
		産業		○			○				○	
		交通・貿易	○	○	○	○	○	○	○	○		
		資源・エネルギー		○				○				
	地理総合			○								
歴史的分野	日本史―時代別	旧石器時代から弥生時代			○				○	○		
		古墳時代から平安時代	○	○	○	○	○	○	○	○	○	○
		鎌倉・室町時代	○	○	○	○	○	○	○	○	○	○
		安土桃山・江戸時代	○	○	○	○	○	○	○	○	○	○
		明治時代から現代	○	○	○	○	○	○	○	○	○	○
	日本史―テーマ別	政治・法律	○	○	○	○	○	○	○	○	○	○
		経済・社会・技術	○	○	○	○	○	○	○	○	○	
		文化・宗教・教育	○		○	○	○	○	○	○	○	○
		外交	○	○	○	○	○	○	○	○	○	○
	世界史	政治・社会・経済史	○	○	○	○	○	○			○	○
		文化史										
		世界史総合										
	歴史総合											
公民的分野	憲法・基本的人権		○	○	○	○	○	○	○	○	○	○
	国の政治の仕組み・裁判		○	○	○	○	○		○	○	○	○
	民主主義											○
	地方自治		○	○			○			○		○
	国民生活・社会保障			○		○		○		○		○
	経済一般		○	○		○	○	○	○	○	○	○
	財政・消費生活		○	○		○	○	○	○	○	○	○
	公害・環境問題		○	○	○							
	国際社会との関わり		○		○		○	○	○		○	
時事問題				○	○							
その他												

―和歌山県公立高校―

国語　●●●● 出題傾向の分析と合格への対策 ●●●●

出題傾向とその内容

〈最新年度の出題状況〉

本年度は，大問四つの構成となっていた。

大問一は，漢字の読み書き，書写の知識，話し合いに関する問題が出題された。漢文については返り点をつける問題が出題された。

大問二は，論説文の読解問題。文脈把握をしながら，筆者の主張・考えをまとめる問題が複数出題された。品詞に関する出題もあった。

大問三は，小説の読解問題。内容の理解が主である。また今年度も課題作文が単独で出題された。キャッチコピーにふさわしいと思う漢字を選ぶものであった。

解答形式は，記号選択式と記述式の併用である。記述式には，60字，80字など長めのものが出題されている。また，課題作文は160字以上200字内の字数が求められた。

〈出題傾向〉

読解問題は，論説文が毎年必出となっている。筆者の意見の根拠を問うものなど，内容理解に関する問いが中心で，脱語補充や指示語の問いも見られる。本文の内容について話し合っている会話が伴われるなど，出題形式のバラエティーが豊富だ。また，古文や漢文を絡ませることも古文・漢文を原文から的確に内容をつかむ力が求められる。扱われる現代文は，小説や随筆の場合もあるので，心情読解の学習も必要だ。

漢字や文法などの知識問題は，読解問題中に含まれる。漢字は，読みと書き取りのほか，行書から画数を求めるなど，幅広い知識が求められる。文法は，文節相互の関係，品詞，活用などの出題が見られる。ことわざや慣用句，熟語の出題もあり，語句に関する豊富な知識が必要だ。また，古文や漢文では，歴史的仮名遣い，返り点などが問われている。

課題作文は，読解問題の本文の内容に沿ったテーマが与えられることが多い。自分の意見をまとめる力だけでなく，本文中の筆者の意見を正確に把握する読解力も求められる出題となっている。

来年度の予想と対策

来年度も同様の傾向の出題となろう。

現代文については，的確な内容把握が問題を解く基礎となるため，読解力を養いたい。ジャンルとしては，論説文は必修である。さらに記述問題対策として，記述力や表現力も身につけておきたい。小説や随筆の出題も考えられるので，文章に触れておこう。

漢字は基礎的なものを確実に解答できるようにしたい。語句・文法は，問題集を使うなどして，まんべんなく学習しておこう。

古文・漢文については，語句の意味，歴史的仮名遣いや返り点などといった基本的な事項を，教科書を用いておさえておくようにしよう。

課題作文については，例年テーマは様々だが，課題に沿って書くものが中心なので，何を問われているかを，しっかり把握したうえで，自分の考えを述べることが求められる。200字以内で条件設定に沿った文章を書く練習をしておくとよいだろう。

⇨学習のポイント

- 過去問を解いて，出題形式に慣れよう。
- 漢字や文法などを，教科書でおさらいしよう。
- さまざまなテーマで作文の練習をしておこう。

年度別出題内容の分析表　国語

		出題内容	26年	27年	28年	29年	30年	2019年	2020年	2021年	2022年	2023年
内容の分類	読解	主題・表題										
		大意・要旨	○	○	○	○	○	○	○			○
		情景・心情	○			○		○		○	○	○
		内容吟味	○	○	○	○	○	○		○	○	○
		文脈把握		○	○	○	○	○	○	○	○	○
		段落・文章構成										○
		指示語の問題	○		○				○	○	○	○
		接続語の問題							○			
		脱文・脱語補充	○	○	○	○	○	○		○	○	○
	漢字・語句	漢字の読み書き	○	○	○	○	○	○	○	○	○	○
		筆順・画数・部首	○		○	○	○	○	○			
		語句の意味				○		○			○	
		同義語・対義語		○	○							
		熟語			○	○			○		○	
		ことわざ・慣用句					○	○	○			○
		仮名遣い		○		○				○	○	
	表現	短文作成										
		作文(自由・課題)	○	○	○	○	○	○	○	○	○	○
		その他										
	文法	文と文節										○
		品詞・用法	○	○	○	○				○	○	○
		敬語・その他		○	○		○		○	○	○	○
	古文の口語訳									○		
	表現技法・形式											○
	文学史											
	書写		○	○	○	○	○	○	○	○	○	○
問題文の種類	散文	論説文・説明文	○	○	○	○	○	○	○	○	○	○
		記録文・報告文										
		小説・物語・伝記	○			○		○	○	○	○	○
		随筆・紀行・日記								○		
	韻文	詩										
		和歌(短歌)										
		俳句・川柳										
	古文		○	○		○		○	○	○	○	
	漢文・漢詩				○							○
	会話・議論・発表			○	○			○				○
	聞き取り											

―和歌山県公立高校―

不安という人なつっこい怪物。

曽我部恵一｜ミュージシャン

受験を前に不安を抱えている人も多いのではないでしょうか。今回はミュージシャンであり，３人の子どもたちを育てるシングルファーザーでもある曽我部恵一さんにご自身のお子さんに対して思うことをまじえながら，“不安”について思うことを聞いた。

曽我部恵一
'90年代初頭よりサニーデイ・サービスのヴォーカリスト／ギタリストとして活動を始める。2004年，自主レーベルROSE RECORDSを設立し，インディペンデント／DIYを基軸とした活動を開始する。以後，サニーデイ・サービス／ソロと並行し，プロデュース・楽曲提供・映画音楽・CM音楽・執筆・俳優など，形態にとらわれない表現を続ける。

── 子どもの人生を途中まで一緒に生きてやろうっていうのが，何だかおこがましいような気がしてしまう。

子どもが志望校に受かったらそれは喜ばしいことだし，落ちたら落ちたで仕方がない。基本的に僕は子どもにこの学校に行ってほしいとか調べたことがない。長女が高校や大学を受験した時は，彼女自身が行きたい学校を選んで，自分で申し込んで，受かったからそこに通った。子どもに「こういう生き方が幸せなんだよ」っていうのを教えようとは全く思わないし，勝手につかむっていうか，勝手に探すだろうなと思っているかな。

僕は子どもより自分の方が大事。子どもに興味が無いんじゃないかと言われたら，本当に無いのかもしれない。子どもと仲良いし，好きだけど，やっぱり自分の幸せの方が大事。自分の方が大事っていうのは，あなたの人生の面倒は見られないですよって意味でね。あなたの人生はあなたにしか生きられない。自分の人生って，設計して実際動かせるのは自分しかいないから，自分のことを責任持ってやるのがみんなにとっての幸せなんだと思う。

うちの子にはこの学校に入ってもらわないと困るんですって言っても，だいたい親は途中で死ぬから子どもの将来って最後まで見られないでしょう。顔を合わせている時，あのご飯がうまかったとか，風呂入るねとか，こんなテレビやってたよ，とかっていう表面的な会話はしても，子どもの性格とか一緒にいない時の子どもの表情とか本当はちゃんとは知らないんじゃないかな。子どもの人生を途中まで一緒に生きてやろうっていうのが，何だかおこがましいような気がしてしまう。

── 不安も自分の能力の一部だって思う。

一生懸命何かをやってる人，僕らみたいな芸能をやっている人もそうだけど，みんな常に不安を抱えて生きていると思う。僕も自分のコンサートの前はすごく不安だし，それが解消されることはない。もっと自分に自信を持てるように練習して不安を軽減させようとするけど，無くなるということは絶対にない。アマチュアの時はなんとなくライブをやって，なんとなく人前で歌っていたから，不安はなかったけど，今はすごく不安。それは，お金をもらっているからというプロフェッショナルな気持ちや，お客さんを満足させないとというエンターテイナーとしての意地なのだろうけど，本質的な部分は“このステージに立つほど自分の能力があるのだろうか”っていう不安だから，そこは受験をする中学生と同じかもしれない。これは不安を抱えながらぶつかるしかない。それで，ぶつかってみた結果，ライブがイマイチだった時は，僕は今でも人生終わったなって気持ちになる。だから，不安を抱えている人に対して不安を解消するための言葉を僕はかけることができない。受験生の中には高校受験に失敗したら人生終わると思ってる人もいるだろうし，僕は一つのステージを失敗したら人生終わると思ってる。物理的に終わらなくても，その人の中では終わる。それに対して「人生終わらないよ」っていうのは勝手すぎる意見。僕たちの中では一回の失敗でそれは終わっちゃうんだ。でも，失敗しても相変わらずまた明日はあるし，明後日もある。生きていかなきゃいけない。失敗を繰り返していくことで，人生は続くってことがわかってくる。子どもたちの中には，そこで人生を本当に終わらそうっていう人が出てくるかもしれないけど，それは大間違い。同じような失敗は生きてるうちに何度もあって，大人になっている人は失敗を忘れたり，見ないようにしたりするのをただ単に繰り返して生きてるだけなんだと思う。失敗したからこそできるものがあるから，僕は失敗するっていうことは良いことだと思う。挫折が多い方が絶対良い。若い頃に挫折とか苦い経験っていうのはもう財産だから。

例えば，「雨が降ってきたから，カフェに入った。そしたら偶然友達と会って嬉しかった」。これって，雨が降る，晴れるとか，天気みたいなもうどうしようもないことに身を委ねて，自然に乗っかっていったら，結局はいい出来事があったということ。僕は，無理せずにそういう風に生きていきたいなと思う。失敗しても，それが何かにつながっていくから，失敗したことをねじ曲げて成功に持っていく必要はないんじゃないかな。

不安を感じてそれに打ち勝つ自信がないのなら，逃げたらいい。無理して努力することが一番すごいとも思わない。人間，普通に生きると70年とか80年とか生きるわけで，逃げてもどこかで絶対勝負しなきゃいけない瞬間っていうのがあるから，その時にちゃんと勝負すればいいんじゃないかな。受験がどうなるか，受かるだろうか，落ちるだろうか，その不安を抱えている人は，少なからず，勝負に立ち向かっていってるから不安を抱えているわけで。それは素晴らしいこと。不安っていうのは自分の中の形のない何かで自分の中の一つの要素だから，不安も自分の能力の一部だって思う。不安を抱えたまま勝負に挑むのもいいし，努力して不安を軽減させて挑むのもいい。または，不安が大きいから勝負をやめてもいいし，あくまでも全部自分の中のものだから。そう思えば，わけのわからない不安に押しつぶされるってことはないんじゃないかな。

MEMO

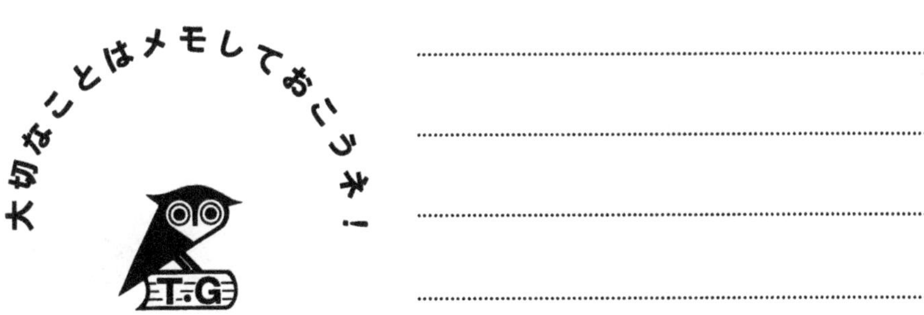

ダウンロードコンテンツのご利用方法

※弊社 HP 内の各書籍ページより，解答用紙などのデータダウンロードが可能です。

※巻頭「収録内容」ページの下部 QR コードを読み取ると，書籍ページにアクセスが出来ます。（Step 4 からスタート）

Step 1 東京学参 HP（https://www.gakusan.co.jp/）にアクセス

Step 2 下へスクロール『フリーワード検索』に書籍名を入力

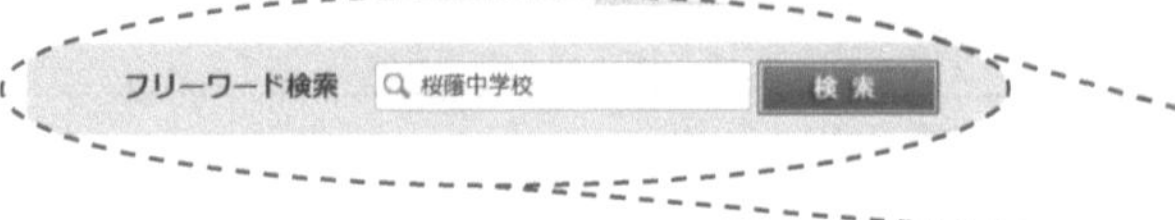

Step 3 検索結果から購入された書籍の表紙画像をクリックし，書籍ページにアクセス

Step 4 書籍ページ内の表紙画像下にある『ダウンロードページ』をクリックし，ダウンロードページにアクセス

Step 5 巻頭「収録内容」ページの下部に記載されているパスワードを入力し，『送信』をクリック

解答用紙・+αデータ配信ページへスマホでアクセス！ ⇒ 

＊データのダウンロードは 2024 年 3 月末日まで。

＊データへのアクセスには，右記のパスワードの入力が必要となります。 ⇒ ●●●●●●

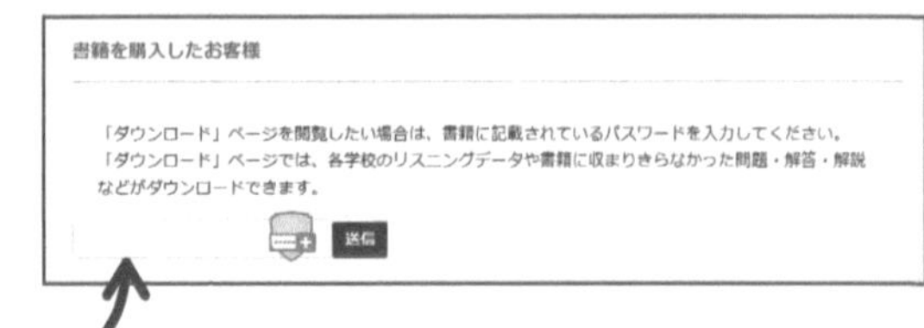

Step 6 使用したいコンテンツをクリック

※ PC ではマウス操作で保存が可能です。

和歌山県公立高等学校

2023年度

★★★★★★★★★★★★★★★★★★★★★★★

入　試　問　題

●くわしい解説……45ページ

<数学>

時間　50分　　満点　100点

[1] あとの〔問1〕～〔問6〕に答えなさい。

〔問1〕 次の(1)～(5)を計算しなさい。

(1) $2-6$

(2) $\frac{8}{5}+\frac{7}{15}\times(-3)$

(3) $3(2a+b)-(a+5b)$

(4) $\frac{9}{\sqrt{3}}-\sqrt{75}$

(5) $a(a+2)+(a+1)(a-3)$

〔問2〕 次の式を因数分解しなさい。

$x^2-12x+36$

〔問3〕 絶対値が4以下の整数はいくつあるか，求めなさい。

〔問4〕 次の表は，ある学年の生徒の通学時間を調査し，その結果を度数分布表にまとめたものである。表中の [ア]，[イ] にあてはまる数をそれぞれ求めなさい。

通学時間（分）	度数（人）	相対度数	累積度数（人）
以上　　未満			
0 ～ 10	24	*	*
10 ～ 20	56	*	*
20 ～ 30	64	0.32	[イ]
30 ～ 40	40	0.20	*
40 ～ 50	16	[ア]	*
計	200	1.00	

*は，あてはまる数を省略したことを表している。

〔問5〕 y は x の2乗に比例し，$x=3$ のとき，$y=-18$ である。

このとき，y を x の式で表しなさい。

〔問6〕 右の図のように，円Oの周上に4点A，B，C，Dがある。∠BDC＝39°，$\overset{\frown}{BC}=3\overset{\frown}{AB}$のとき，∠$x$の大きさを求めなさい。

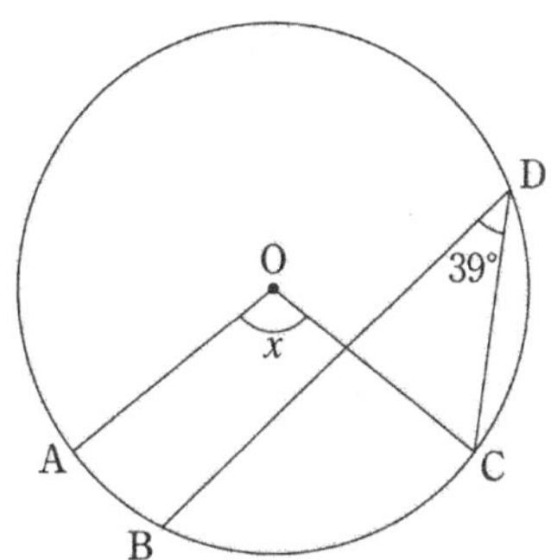

2 あとの〔問1〕～〔問5〕に答えなさい。

〔問1〕 図1の展開図をもとにして，図2のように正四角錐（すい）Pをつくった。

次の(1)，(2)に答えなさい。

(1) 図2において，点Aと重なる点を図1のE，F，G，Hの中から1つ選び，その記号をかきなさい。

(2) 正四角錐Pの辺OA上にOI：IA＝1：2となる点Iをとる。

図3のように，点Iを通り，底面ABCDに平行な平面で分けられた2つの立体をそれぞれQ，Rとする。

このとき，QとRの体積の比を求め，最も簡単な整数の比で表しなさい。

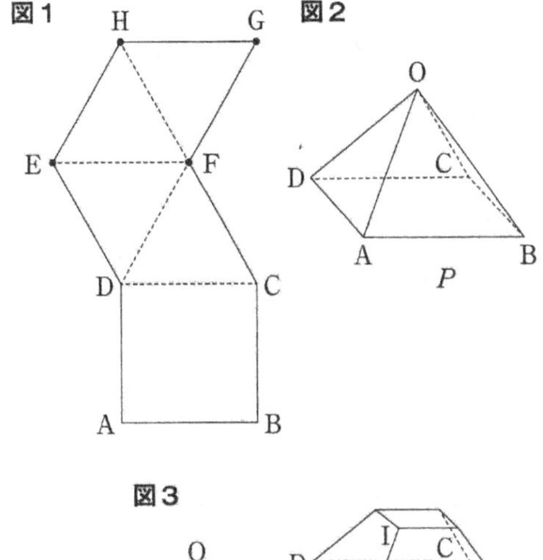

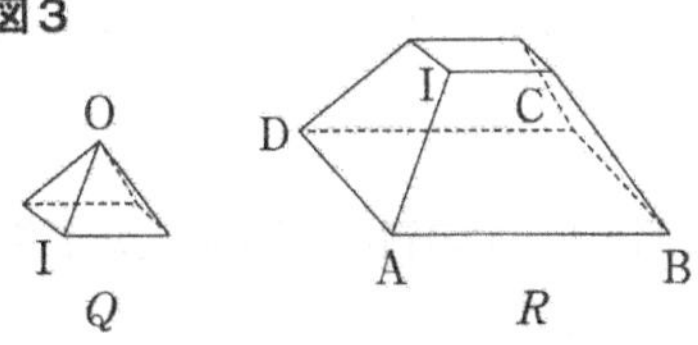

〔問2〕 1辺の長さが7㎝の正方形である緑，赤，青の3種類の色紙がある。

この色紙を，図のように左から緑，赤，青の順に繰り返して右に2㎝ずつずらして並べていく。

表（次のページ）は，この規則に従って並べたときの色紙の枚数，一番右の色紙の色，横の長さについてまとめたものである。

このとき，あとの(1)，(2)に答えなさい。

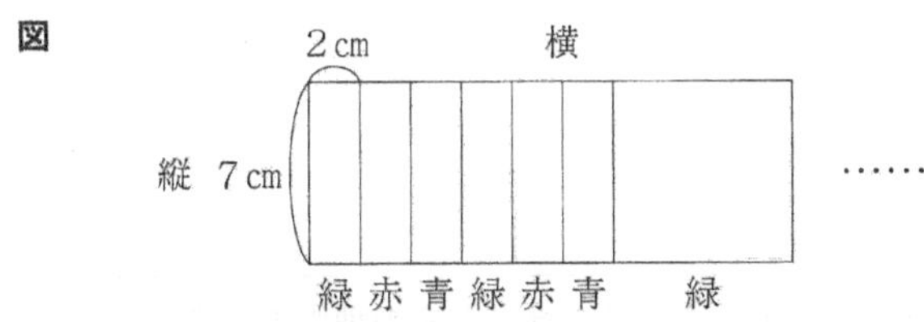

表

色紙の枚数（枚）	1	2	3	4	5	6	7	…	13	…
一番右の色紙の色	緑	赤	青	緑	赤	青	緑	…	□	…
横の長さ（cm）	7	9	11	＊	＊	＊	＊	…	＊	…

＊は，あてはまる数を省略したことを表している。

(1)　表中の□にあてはまる色をかきなさい。

(2)　色紙を n 枚並べたときの横の長さを n の式で表しなさい。

〔問3〕　2つのさいころを同時に投げるとき，出る目の数の積が12の約数になる確率を求めなさい。

ただし，さいころの1から6までのどの目が出ることも同様に確からしいものとする。

〔問4〕　右の表は，ある洋菓子店でドーナツとカップケーキをそれぞれ1個つくるときの小麦粉の分量を表したものである。

メニュー＼材料	小麦粉
ドーナツ	25g
カップケーキ	15g

この分量にしたがって，小麦粉400gを余らせることなく使用して，ドーナツとカップケーキをあわせて18個つくった。

このとき，つくったドーナツとカップケーキはそれぞれ何個か，求めなさい。

ただし，答えを求める過程がわかるようにかきなさい。

〔問5〕　次の箱ひげ図は，太郎さんを含む15人のハンドボール投げの記録を表したものである。

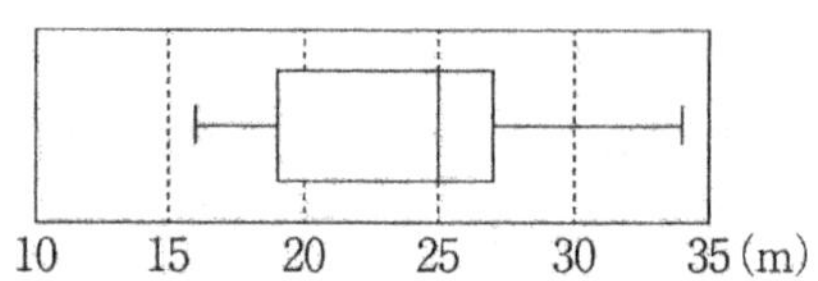

また，次の文は太郎さんと先生の会話の一部である。

> 太郎：先生，15人のハンドボール投げの記録の平均値は何mですか。わたしの記録は24.0mでした。
> 先生：平均値は23.9mです。
> 太郎：そうすると，<u>わたしの記録は平均値より大きいから，15人の記録の中で上位8番以内に入りますね。</u>

下線部の太郎さんの言った内容は正しくありません。その理由をかきなさい。

3 図1のように，関数$y=\frac{1}{2}x+3$…①　のグラフ上に点A（2，4）があり，x軸上に点Pがある。

次の〔問1〕～〔問4〕に答えなさい。

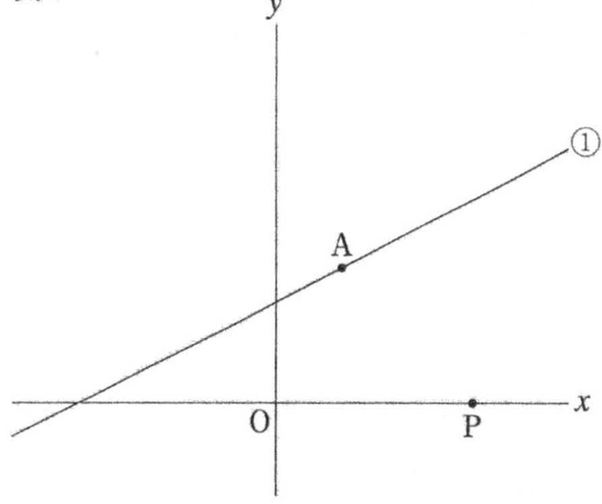

〔問1〕　関数$y=\frac{1}{2}x+3$について，xの増加量が4のとき，yの増加量を求めなさい。

〔問2〕　Pのx座標が6のとき，直線APの式を求めなさい。

〔問3〕　図2のように，∠APO＝30°のとき，Pのx座標を求めなさい。

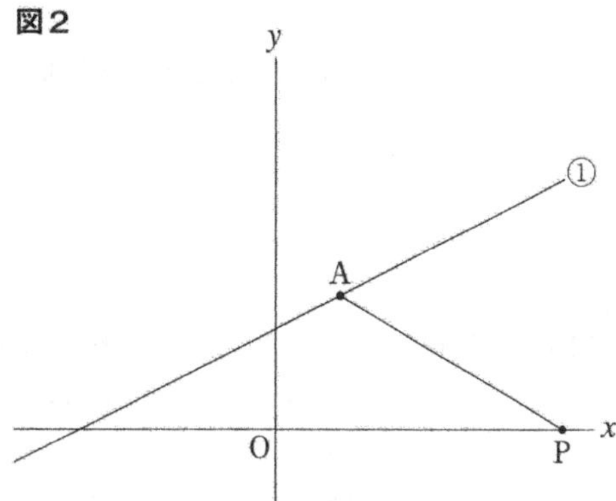

〔問4〕　図3のように，①のグラフとy軸との交点をBとする。

また，y軸上に点Qをとり，△ABPと△ABQの面積が等しくなるようにする。

Pのx座標が4のとき，Qの座標をすべて求めなさい。

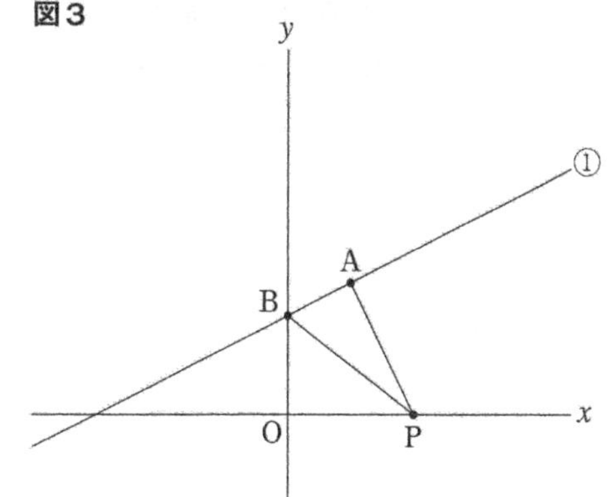

4 平行四辺形ABCDの辺BC上に点Eがある。

ただし，辺BCの長さは辺ABの長さより長いものとする。

あとの〔問1〕～〔問4〕に答えなさい。

〔問1〕　図1のように，AB＝AE，∠BCD＝118°のとき，∠BAEの大きさを求めなさい。

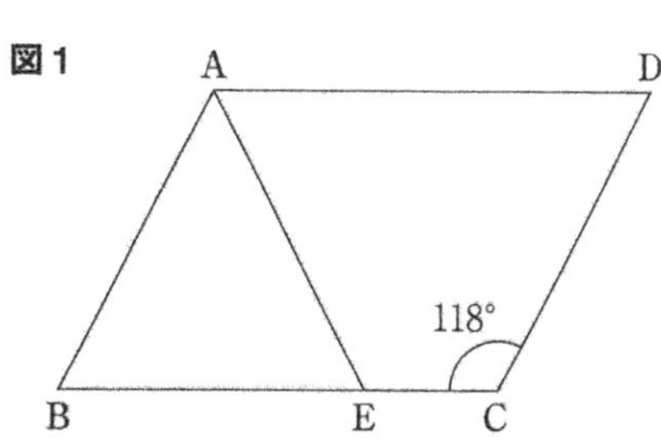

〔問２〕 図２のように，BC＝５cm，AE＝３cm，∠AEB＝90°のとき，線分DEの長さを求めなさい。

図２

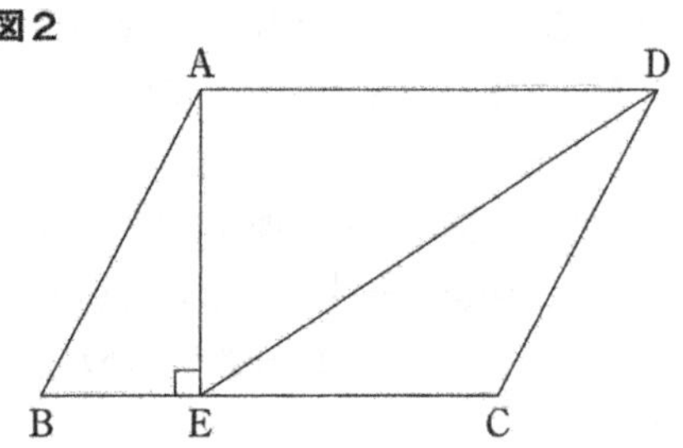

〔問３〕 図３のように，平行四辺形ABCDの対角線の交点をOとし，直線EOと辺ADの交点をFとする。

このとき，四角形BEDFは平行四辺形であることを証明しなさい。

図３

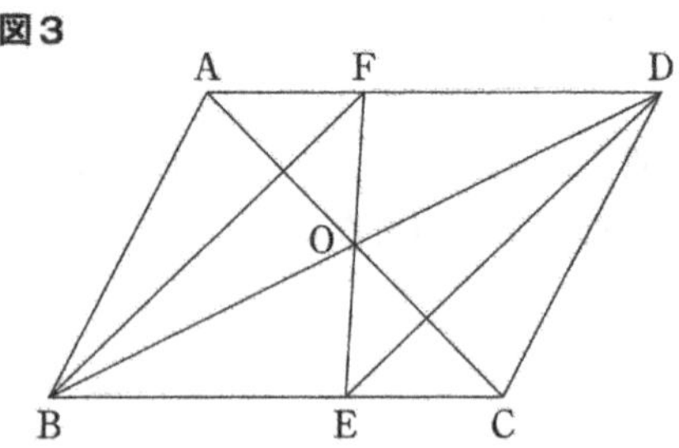

〔問４〕 図４のように，AB＝４cm，BE＝３cm，EC＝２cmのとき，辺BAの延長上にAG＝２cmとなるように点Gをとる。

また，GEとADの交点をHとする。

このとき，台形ABEHの面積は，平行四辺形ABCDの面積の何倍になるか，求めなさい。

図４

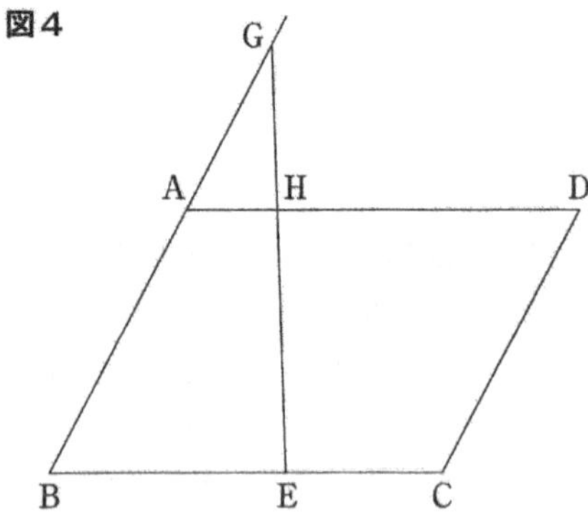

＜英語＞

時間　50分　　満点　100点

1　放送をよく聞いて，あとの〔問１〕～〔問３〕に答えなさい。

〔問１〕　No.1～No.3の順に，それぞれ対話を１回放送します。No.1～No.3の対話の内容に最も合う絵を，A～Dの中から１つずつ選び，その記号を書きなさい。

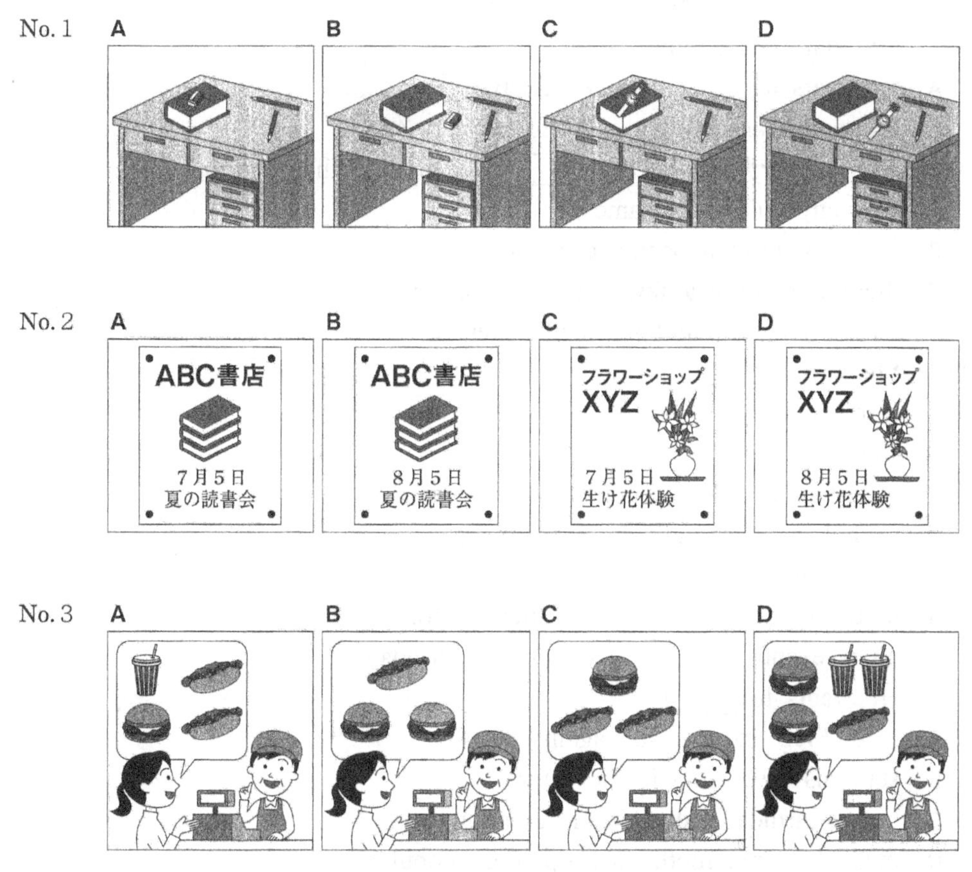

〔問２〕　No.1，No.2の順に，それぞれ質問と英文を放送します。質問に対する答えとして最も適切なものを，A～Dの中から１つずつ選び，その記号を書きなさい。

No.1　中学生の和也（Kazuya）が，英語の授業で自分の趣味についてスピーチをします。スピーチの内容に合うものはどれですか。

A　Kazuya has been interested in English songs since he was seven years old.

B　Kazuya bought a CD of English songs when he was five years old.

C　Kazuya enjoyed listening to English songs last week.

D　Kazuya wants to sing English songs in his class next week.

No.2　カナダでホームステイ中のあなたが，観光案内所で博物館への移動手段をたずねたところ，4つの方法が提示されました。次のページの２つの**条件**を満たす移動手段はどれですか。

条件

◇　20分以内で博物館に到着すること ◇　料金が８ドル以内であること

A　Bike　　B　Train　　C　Bus　　D　Taxi

〔問３〕　高校生の健（Ken）が英語の時間に行ったスピーチと，その内容について５つの質問を２回放送します。No.１～No.５の英文が質問の答えとなるように，[　　] に入る最も適切なものを，A～Dの中から１つずつ選び，その記号を書きなさい。

No.１　She started it about [　　].
- A　ten years ago　　B　twelve years ago
- C　fourteen years ago　　D　forty years ago

No.２　He was surprised because [　　] his grandmother's shop.
- A　so many customers came to
- B　so many foreign people came to
- C　there were only a few kinds of cakes in
- D　there were so many kinds of cakes in

No.３　She was [　　].
- A　Ken's mother
- B　Ken's teacher
- C　a customer at Ken's grandmother's shop
- D　a clerk at Ken's grandmother's shop

No.４　He usually goes to her shop [　　].
- A　in the morning　　B　after school
- C　on weekends　　D　on his birthday

No.５　He wants to [　　].
- A　meet Meg and her son again
- B　start his own shop in the future
- C　buy a birthday cake for his grandmother
- D　make his grandmother's shop more popular

[2]　次の英文は，高校生の武志（Takeshi）が，英語の授業で行った，惑星についてのスピーチの原稿です。これを読み，〔問１〕～〔問３〕に答えなさい。

Today, I'd like to talk about some planets in space. I love planets. Last year, my father gave me a book about planets with beautiful pictures. It was great. The book made me happy. Since then, I've been interested in planets.

When I talked with our science teacher, Ms. Suzuki, she said, "There are many planets in space. And they have their own features. Do you know Venus? Venus is a beautiful planet which is smaller than the Earth." I knew the names of some planets, but I didn't know much about them. So I wanted to know about planets more.

Last weekend, I researched the four planets which are close to the Sun. They are Mercury, Venus, Earth and Mars. I got data about them from books and websites. I wanted to share the data, so I made charts. Please look at these charts. Chart 1 shows the order of the four planets from the Sun. Chart 2 shows the order of their size. From these charts, we can see that Mercury is the closest to the Sun and it is the smallest of the four. From the Sun, Mars is farther than the Earth.

Of these four planets, I thought that the largest planet was Mars because it's the farthest from the Sun. But I was not right. Mars is the second smallest planet of the four. I learned new things from making these charts. I love to learn about planets because there are many things I don't know. In the future, I'll continue to learn about them.

図

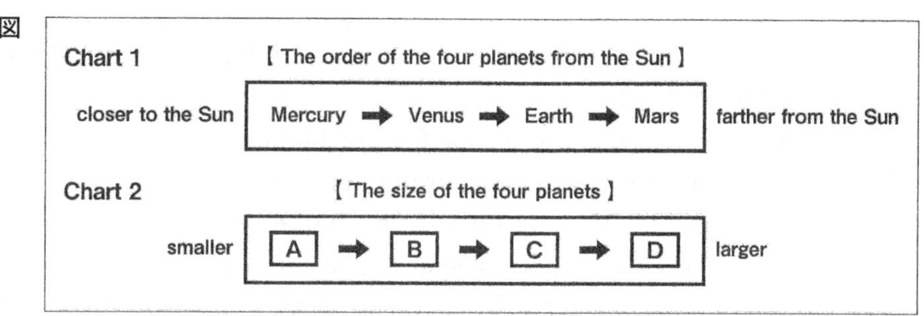

（注） space 宇宙　feature 特徴　Venus 金星　research 調べる　close to ～ ～に近い
Sun 太陽　Mercury 水星　Mars 火星　chart 図　order 順番　size 大きさ
farther < far の比較級　farthest < far の最上級

〔問１〕 本文の内容に合うように，次の(1)，(2)の（　）にあてはまる最も適切なものを，それぞれア～エの中から１つ選び，その記号を書きなさい。

(1) Takeshi is interested in planets because (　　　).

ア the book his father gave him was great
イ his science teacher gave him a book about them
ウ there are many planets in space
エ he learned about planets in space in his science class

(2) Takeshi (　　　).

ア thought that the largest planet in space was Venus
イ thought that there are only four planets in space
ウ loves planets and wants to learn about planets in the future
エ loves planets because he knows everything about them

〔問２〕 文中の下線部 Chart 2 について，本文の内容に合うように，図の A ～ D にあてはまるものを，次のア～エの中から１つずつ選び，その記号を書きなさい。

ア Mercury　イ Venus　ウ Earth　エ Mars

〔問３〕 武志は，スピーチの後，ALT（外国語指導助手）のジェシー（Jessy）と話をしました。次の対話文は，そのやりとりの一部です。これを読み，あとの(1)，(2)に答えなさい。

Jessy : Your speech about planets was interesting.
Takeshi : Oh, really? Thank you.
Jessy : From listening to your speech, I know you really like to learn about planets. So, [①]
Takeshi : Well, actually, it's one of my future dreams.
Jessy : Wow! That's exciting. You can do it!
I hope you can visit some planets such as Mars in the future.
Takeshi : I hope so.
Jessy : [②] if you could go to Mars tomorrow?
Takeshi : If I could go there tomorrow, I would look at the Earth from it.
Jessy : Sounds good!

(1) 対話の流れに合うように，文中の [①] にあてはまる最も適切なものを，次のア～エの中から１つ選び，その記号を書きなさい。

ア I want to tell you about my dream for the future.
イ I want you to tell me about your dream for the future.
ウ I want to become a space scientist in the future.
エ I want you to become a space scientist in the future.

(2) 対話の流れに合うように，文中の [②] にふさわしい英語を書きなさい。ただし，語数は４語以上とし，符号（. , ? ! など）は語数に含まないものとする。

3 次の英文は，高校生の彩（Aya）と留学生のケリー（Kelly）の対話と，ある海外の大学が日本の高校生に提供する Online Study Program についての案内です。これらを読み，〔問１〕～〔問５〕に答えなさい。

Kelly : Hello, Aya.
Aya : Hello, Kelly. Look at this paper. This is about the Online Study Program I have joined.
Kelly : Interesting! I guess you chose Sports because you love basketball.
Aya : Well, no. I had some big events for basketball club on Sundays in November. So I didn't choose Sports.
Kelly : I see.
Aya : I have already finished Science and Language. Tomorrow, I'll have the last class of [A].
Kelly : Oh, how is the Online Study Program?
Aya : At first, it was difficult for me to speak English. So I practiced speaking English very hard after the class every day. Now I'm happy because I can speak English better than before.

Kelly : Oh, that's great! Which theme is the most interesting for you?
Aya : Actually, it's Children.
Kelly : Tell me more about it.
Aya : In the world, there are many children who can't study at school. I was surprised to learn that. I have also learned there are some activities to support those children. I want to know more about the activities and join them. I'll do my best in the tomorrow's class.
Kelly : That's great!

案内

Online Study Program

Do you want to study in English ? You can choose three themes.
You must speak only English in the classes.

Themes	Contents	Schedule
Science	Living on Other Planets	Every Sunday in May
Health	Natural Environment and Our Health	Every Saturday in June
Sports	Sports in the World	Every Sunday in [B]
Language	Language Learning	Every Sunday in December
Children	Activities to Support Children	Every Saturday in February
Music	Power of Music	Every Sunday in March

・You need a computer.
・You are going to have classes at home.

(注) Online Study Program　オンラインスタディプログラム(インターネットを利用してオンラインで学ぶ学習講座)　chose　＜choose の過去形　theme　テーマ　schedule　スケジュール

〔問1〕 対話の流れに合うように，文中の [A] にあてはまる適切なものを，次のア～エの中から1つ選び，その記号を書きなさい。

ア Health　イ Sports　ウ Children　エ Music

〔問2〕 案内の [B] にふさわしい英語を書きなさい。

〔問3〕 次の(1)，(2)の質問の答えを，それぞれ英語で書きなさい。

(1) Why is Aya happy?
(2) What product do high school students need for the Online Study Program?

〔問4〕 下線部 that の内容を，日本語で具体的に書きなさい。

〔問5〕 対話の内容に合う最も適切なものを，次のア～エの中から1つ選び，その記号を書きなさい。

ア Aya wants to join some activities to support children.
イ Aya wants to have some big events for basketball club with Kelly.
ウ Aya has already finished all the classes of the Online Study Program.
エ Aya has joined some activities to support children before.

4 あなたは，英語の授業で，「中学生の時の思い出」について話すことになりました。次の［　　］に，30語以上の英語を書き，授業で話す原稿を完成させなさい。ただし，符号（．，？！など）は語数に含まないものとする。

Hello. I'll talk about one of my memories in my junior high school days.
［　　　　　　　　　　　　　　　　　　　　］
Thank you.

（注） memories < memory（思い出）の複数形

5 次の英文は，高校生の奈菜（Nana）が，英語の授業で行ったスピーチの原稿です。これを読み，〔問１〕～〔問６〕に答えなさい。

Today, I'd like to talk about my dream. But before telling you what my dream is, ［ A ］ There are seven members in my family. The oldest member of the seven is my great-grandfather. He is now 98 years old. When he was young, he was in the battlefields overseas for two years during World War Ⅱ. A few months ago, my great-grandfather and I were watching TV news about wars in foreign countries. Then he told me about his own sad experiences in World War Ⅱ. He also told me, "Wars make many people sad. Please try to imagine their feelings. It's something everyone can do."

ⓐ After talking with my great-grandfather, (learn, began, about, to, I) wars in the world. I visited many websites for world peace. I also read many newspaper articles about wars. I was surprised to learn there are so many people feeling sad because of wars. And I have realized I should think about wars more. ［ B ］

I've also learned there are many kinds of online activities to support world peace. Even high school students can join some of them. Actually, I joined an online international forum for peace last week. Many foreign high school students joined it. We talked about peace and shared our ideas. After the forum, I told my great-grandfather about ⓑ my good experience in the forum. He looked very happy.

ⓒ Now my friends, my dream is to (peaceful, the world, make, more). Some of you may think it's very difficult for high school students to do something for world peace. But that's not true. After the forum, I received many e-mails from the high school students who joined the forum. In the e-mails, some of the students say they have groups for peace in their schools. The members of the group work together to take actions for peace, such as making messages and songs. Some groups have peace events at their school festivals. It's cool! Even high school students can do many things for world peace.

Joining the forum was just the first action to reach my dream. And my next action is to make a group for peace in our school. ⓓ These actions may be small, but I believe even a small action can make the world better if many people try. Why don't we work together?

（注） great-grandfather　祖父母の父　　battlefield　戦場　　World War Ⅱ　第二次世界大戦
online　オンラインで行われる　　forum　フォーラム，討論会

〔問１〕 本文の流れに合うように，文中の A ， B にあてはまる最も適切なものを，それぞれア～エの中から１つずつ選び，その記号を書きなさい。

A

ア　let me ask you about a member of your family.
イ　let me ask you about your dream.
ウ　let me tell you about a member of my family.
エ　let me tell you about my dream.

B

ア　This is an interesting message from the TV news.
イ　This is an important message from my great-grandfather.
ウ　This is an international experience in our daily lives.
エ　This is a sad experience in World War Ⅱ.

〔問２〕 下線部ⓐ，ⓒについて，それぞれ本文の流れに合うように（　）の中の語句を並べかえ，英文を完成させなさい。

〔問３〕 下線部ⓑ my good experience の内容を，日本語で具体的に書きなさい。

〔問４〕 次の(1)，(2)の質問の答えを，それぞれ英語で書きなさい。

(1) How many members are there in Nana's family?
(2) What do some groups of the students do at their school festivals?

〔問５〕 次のア～エの英文を，奈菜のスピーチの流れに合うように並べかえると，どのような順序になりますか。その記号を順に書きなさい。

ア　She joined an online international forum for peace.
イ　She received e-mails about peace actions from high school students.
ウ　She was surprised to learn so many people were feeling sad because of wars.
エ　She watched TV news about wars with her great-grandfather.

〔問６〕 下線部ⓓ These actions の内容を，日本語で具体的に書きなさい。

＜理科＞

時間 50分 満点 100点

1 和美さんたちは，「世界の科学者」というテーマで調べ学習に取り組んだ。あとの〔問1〕～〔問3〕に答えなさい。

〔問1〕 次の文は，和美さんがフランスの科学者である「ラボアジエ」について調べ，まとめたものの一部である。下の(1)，(2)に答えなさい。

> フランスの科学者であるラボアジエは，化学変化の前後で，その反応に関係している物質全体の質量は変わらないということを発見し，「 X の法則」と名づけました。また，物質の燃焼とは，空気中の①酸素が物質に結びつくことであると示しました。

(1) 文中の X にあてはまる適切な語を書きなさい。

(2) 下線部①について，酸素は単体である。単体として適切なものを，次のア～エの中から1つ選んで，その記号を書きなさい。

ア 海水　イ 銅　ウ 二酸化炭素　エ 硫化鉄

〔問2〕 次の文は，紀夫さんがイギリスの科学者である「フック」について調べ，まとめたものの一部である。下の(1)～(4)に答えなさい。

> イギリスの科学者であるフックは，自作の顕微鏡でコルクの一部を観察したところ，中が空洞になっている多数の小さな部屋のようなものを発見し，これを「②細胞」と名づけました。また，さまざまな植物や昆虫，③ヒトの皮膚など数多くのものを観察し，これらの記録を「ミクログラフィア」という本にまとめました。
> さらに，④ばねについても研究し，ばねののびは，ばねを引く⑤力の大きさに比例するということを発見しました。

(1) 下線部②について，植物の細胞と動物の細胞に共通するつくりを，次のア～エの中からすべて選んで，その記号を書きなさい。

ア 核　イ 細胞壁　ウ 細胞膜　エ 葉緑体

(2) 下線部③のように，多細胞生物のからだにおいて，形やはたらきが同じ細胞が集まったものを何というか，書きなさい。

(3) 下線部④について，図1は，ばねにつるしたおもりが静止したときのようすを表したものである。このとき，重力（地球がおもりを引く力）とばねがおもりを引く力はつり合っている。図1の Y にあてはまる，力によって変形したばねがもとにもどろうとして生じる力を何というか，書きなさい。

(4) 下線部⑤について，力の大きさは「N」という単位で表される。この単位のよみをカタカナで書きなさい。

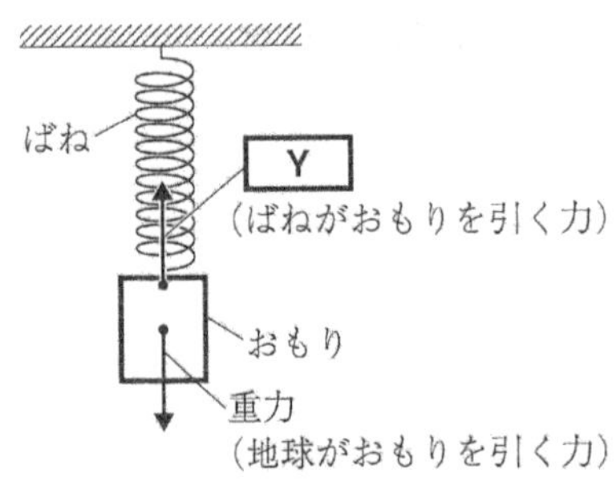

図1 ばねにつるしたおもりが静止したときのようす

〔問 3〕 次の文は，美紀さんがドイツの科学者である「ウェゲナー」について調べ，まとめたものの一部である。下の(1)，(2)に答えなさい。

> ドイツの科学者であるウェゲナーは，アフリカ大陸と南アメリカ大陸について，それぞれの⑥堆積岩の中から同じような⑦化石が見つかることや，海岸線の形がよく似ていることなどから，大陸移動説を提唱しました。これは，地震や火山活動が，地球の表面をおおっている複数のプレートが動くことで生じるという，現在の考え方に通じるところがあります。

(1) 下線部⑥について，次の**表 1** は，生物の遺骸が集まってできた 2 種類の堆積岩の性質について調べ，まとめたものである。 Z にあてはまる岩石の名称を書きなさい。

表 1　堆積岩の性質

	主な成分	くぎでひっかいた結果	塩酸を加えた結果
石灰岩	炭酸カルシウム	傷がつく	泡を出してとける
Z	二酸化ケイ素	傷がつかない	反応しない

(2) 下線部⑦について，**図 2** の化石の名称を，次の**ア**～**エ**の中から 1 つ選んで，その記号を書きなさい。

ア　アンモナイト　　**イ**　サンヨウチュウ
ウ　ビカリア　　**エ**　フズリナ

図 2　化石

2 和也さんたちのクラスでは，理科の授業でエンドウの花を観察した。あとの〔問 1〕，〔問 2〕に答えなさい。

〔問 1〕 和也さんは，次の**観察**を行った。下の(1)～(4)に答えなさい。

観察「エンドウの花のつくり」

(i) エンドウの花（**図 1**）を用意し，花全体を①ルーペを使って観察した。

図 1　エンドウの花

(ii) 花の各部分をピンセットではずし，特徴を確認して，スケッチした（**図 2**）。

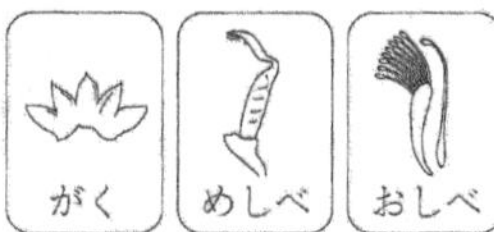

図 2　花の各部分のスケッチ

(iii) めしべの子房をカッターナイフで縦に切り，断面を観察した（図３）。

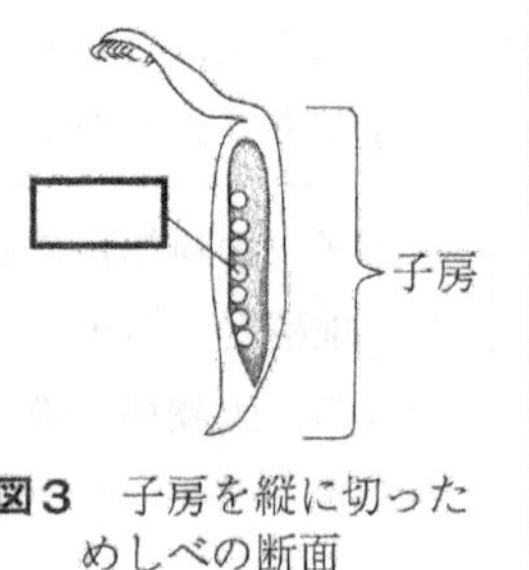

図３ 子房を縦に切っためしべの断面

(1) 下線部①について，手に持ったエンドウの花を観察するときのルーペの使い方として最も適切なものを，次のア〜エの中から１つ選んで，その記号を書きなさい。

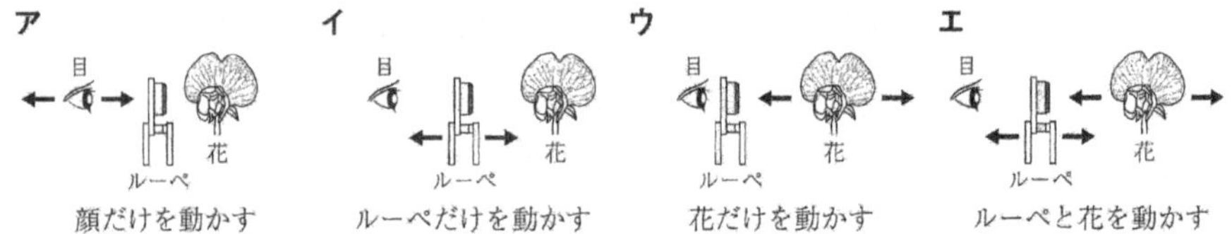

(2) 図２について，花の各部分は，中心にあるめしべから外側に向かってどのような順番でついていたか。花弁，がく，めしべ，おしべを順に並べて，その名称を書きなさい。ただし，めしべをはじまりとする。

(3) 図２の花弁について，エンドウのように，花弁が１枚ずつ分かれている植物のなかまを何というか，書きなさい。

(4) 図３の □ にあてはまる，子房の中にあって受粉すると種子になる部分の名称を書きなさい。

［問２］ 次の文は，美和さんが，エンドウの花の観察の後，さらにエンドウの遺伝について調べ，まとめたものの一部である。次のページの(1)〜(4)に答えなさい。

エンドウの種子の形には，「丸」と「しわ」の２つの形質がある。図４のように，丸い種子をつくる純系のエンドウ（親Ｘ）としわのある種子をつくる純系のエンドウ（親Ｙ）をかけ合わせると，②子はすべて丸い種子（子Ｚ）になることがわかっている。種子にある細胞には，対になる染色体があり，それぞれの染色体には種子の形を決める遺伝子が存在する。

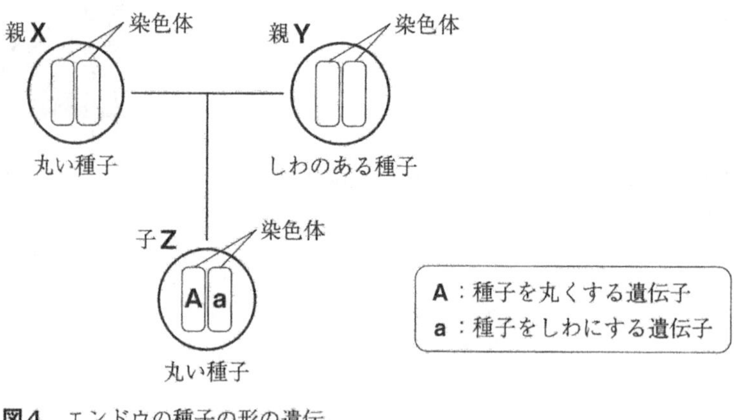

図４ エンドウの種子の形の遺伝

⑴　図４の親Ｘと親Ｙの染色体にある，種子の形を決める遺伝子の組み合わせは，それぞれどのようになるか。Ａとａを用いて，解答欄の図にかき入れなさい。

⑵　下線部②について，対立形質をもつ純系どうしをかけ合わせたとき，子に現れる形質を何というか，書きなさい。

⑶　図４の子Ｚの種子を育て，自家受粉させたところ，種子が全部で1000個得られた。このとき得られたしわのある種子のおよその数として最も適切なものを，次のア～オの中から１つ選んで，その記号を書きなさい。

ア　0個　　イ　250個　　ウ　500個　　エ　750個　　オ　1000個

⑷　遺伝の規則性には，分離の法則が関係している。分離の法則とはどのような法則か，「減数分裂によって，」という言葉に続けて簡潔に書きなさい。

3　次の文は，和夫さんが「空のようす」について調べ，まとめたものの一部である。あとの〔問1〕～〔問7〕に答えなさい。

2022年（令和４年）６月24日の午前４時頃に空を見ると，①太陽はまだのぼっておらず，細く光る②月と，その近くにいくつかの明るい星が見えました。

図１は，インターネットで調べた，この時刻の日本の空を模式的に表したものです。このとき，地球を除く太陽系のすべての③惑星と月が空に並んでいました。この日の太陽と地球，④金星の位置関係をさらに詳しく調べると，図２のようになっていたことがわかりました。

惑星という名称は「星座の中を惑う星」が由来であり，毎日同じ時刻，同じ場所で惑星を観測すると，惑星は複雑に動いて見えます。それは，公転周期がそれぞれ異なることで，⑤惑星と地球の位置関係が日々変化しているからです。

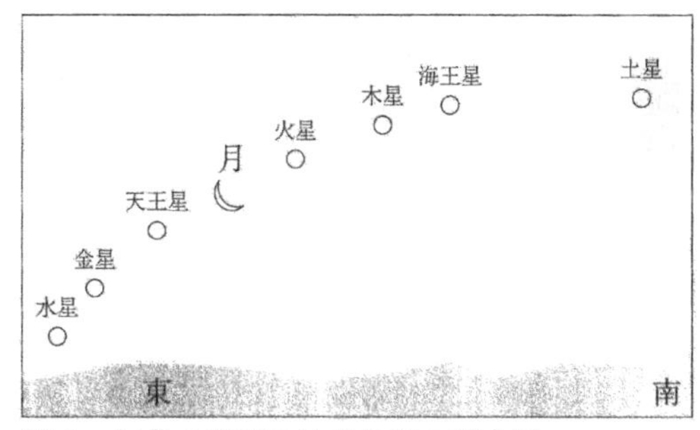

図１　午前４時頃の日本の空の模式図（2022年６月24日）

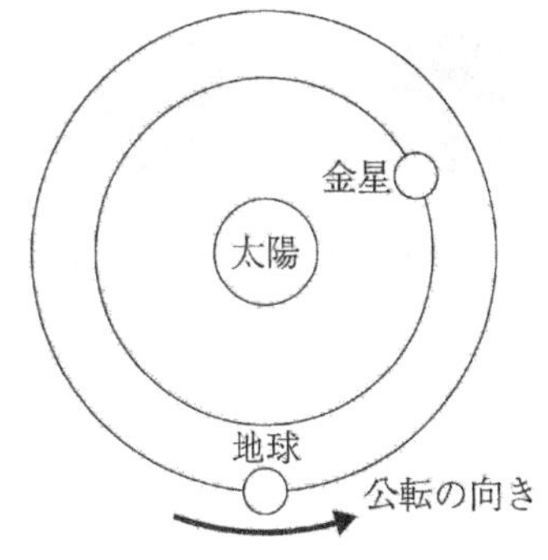

図２　太陽と地球，金星の位置関係（2022年６月24日）

〔問１〕　下線部①について，太陽のように，自ら光や熱を出してかがやいている天体を何というか，書きなさい。

〔問２〕　下線部②について，次の文は，月食について説明したものである。［Ｘ］にあてはまる適切な内容を書きなさい。ただし，「影」という語を用いること。

月食は，月が［Ｘ］現象である。

〔問 3〕　下線部②について，図 1 の時刻のあと観測を続けると，月はどの向きに動くか。動く向きを→で表したとき，最も適切なものを，次の**ア**～**エ**の中から 1 つ選んで，その記号を書きなさい。

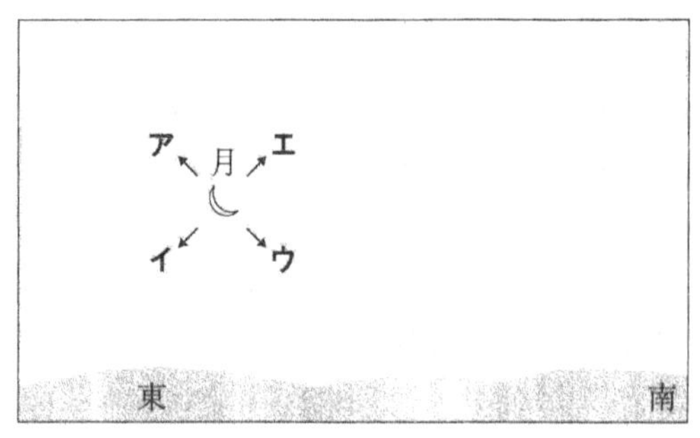

〔問 4〕　下線部③について，太陽系の惑星のうち，地球からは明け方か夕方に近い時間帯にしか観測できないものをすべて書きなさい。

〔問 5〕　下線部③について，次の文は，太陽系の惑星を比べたときに，地球に見られる特徴を述べたものである。 Y にあてはまる適切な内容を書きなさい。

> 地球は，酸素を含む大気におおわれていることや，適度な表面温度によって表面に Y があることなど，生命が存在できる条件が備わっている。また，活発な地殻変動や火山活動によって，地表は変化し続けている。

〔問 6〕　下線部④について，図 2 の位置関係のときに地球から見える金星の形を表した図として最も適切なものを，次の**ア**～**オ**の中から 1 つ選んで，その記号を書きなさい。ただし，黒く示した部分は太陽の光があたっていない部分を表している。

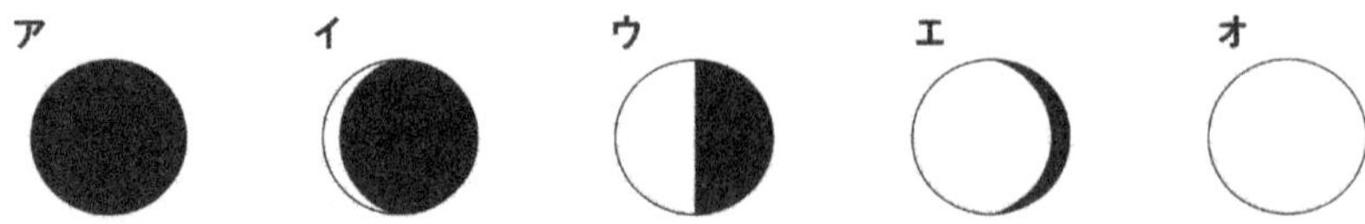

〔問 7〕　下線部⑤について，地球から見える惑星が図 1 のように並んでいることから，図 2 に火星の位置をかき加えるとどのようになるか。最も適切なものを，あとの**ア**～**エ**の中から 1 つ選んで，その記号を書きなさい。

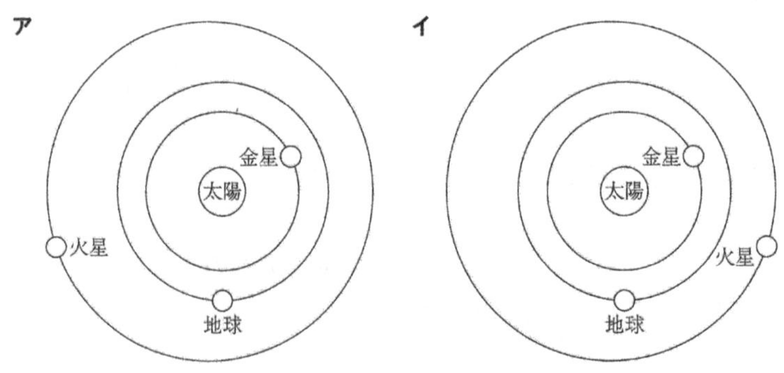

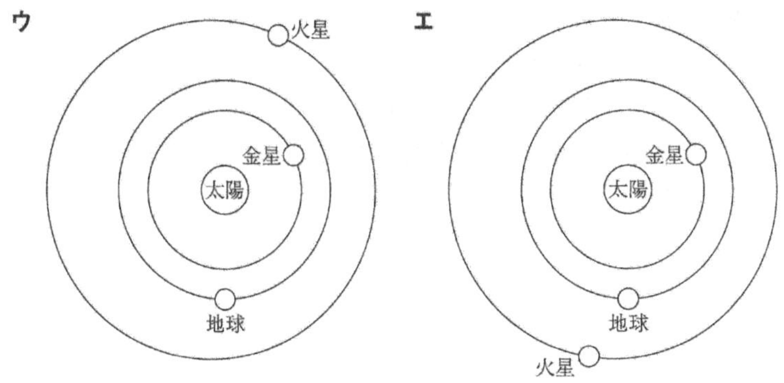

4　水溶液に関する**実験Ⅰ**，**実験Ⅱ**を行った。あとの〔**問1**〕～〔**問6**〕に答えなさい。

実験Ⅰ　「水溶液を特定する実験」

(i)　うすいアンモニア水，うすい塩酸，塩化ナトリウム水溶液，砂糖水のいずれかの水溶液が入ったビーカーが1つずつあり，それぞれに**A**，**B**，**C**，**D**のラベルを貼った。

(ii)　**図1**のように，**A**の水溶液を，こまごめピペットを使って，スライドガラスに1滴のせて，試験管に少量入れた。スライドガラスにのせた水溶液はドライヤーで乾燥させ，試験管の水溶液にはフェノールフタレイン溶液を数滴加えて，それぞれのようすを観察した。

(iii)　**B**，**C**，**D**の水溶液についても，それぞれ(ii)と同じ操作を行った。

(iv)　(ii)，(iii)の結果を**表1**にまとめた。

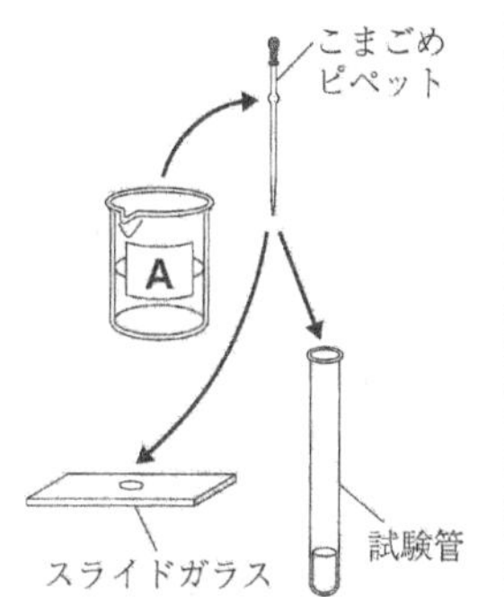

図1　実験のようす

表1　実験結果

	Aの水溶液	**B**の水溶液	**C**の水溶液	**D**の水溶液
水溶液を乾燥させた後のようす	何も残らなかった。	白い物体が残った。	白い物体が残った。	何も残らなかった。
フェノールフタレイン溶液による変化	変化しなかった。	変化しなかった。	変化しなかった。	赤色に変化した。

実験Ⅱ　「水溶液を混合し，性質を調べる実験」

(i)　うすい水酸化バリウム水溶液を20cm³入れたビーカーを用意し，緑色のBTB溶液を数滴加え，ビーカー内の水溶液を観察した。

(ii)　**図2**のような実験装置を使って，ビーカー内の水溶液に電流が流れるかを調べた。

(iii)　**図3**のように，(ii)のビーカーにうすい硫酸を2 cm³加え，ガラス棒を使ってよくかき混ぜ，ビーカー内の水溶液を観察した。また，電流が流れるかを調べた。

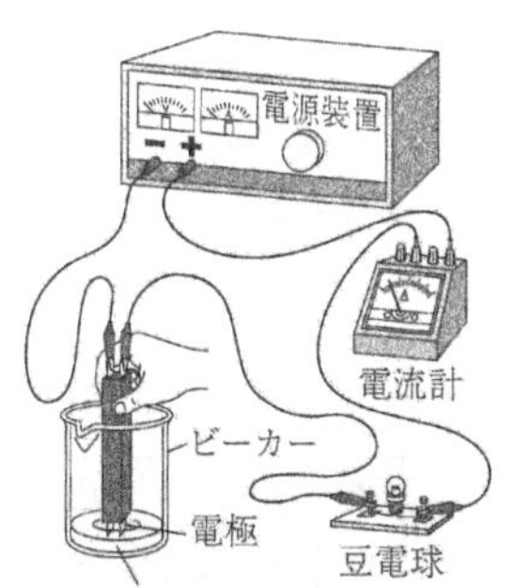

図2　実験装置

(iv) (iii)の操作を，加えたうすい硫酸が合計20cm³になるまで繰り返した。実験結果を**表２**にまとめた。

(v) うすい硫酸を加える過程において，白い沈殿物が生じたので，(iv)でうすい硫酸を20cm³加えたときのビーカーの中身をろ過した。

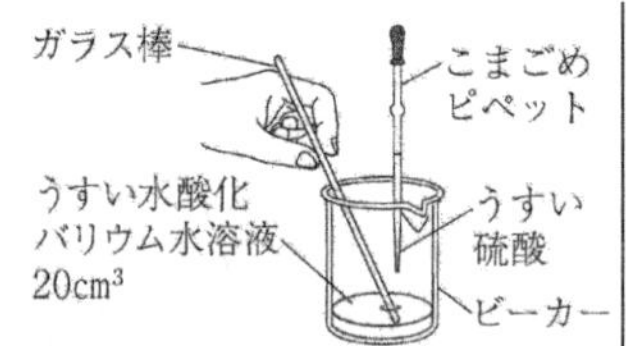

図３　水溶液を混ぜるようす

表２　実験結果

加えたうすい硫酸の体積〔cm³〕	0	2	4	6	8	10	12	14	16	18	20
ビーカー内の水溶液の色	青	青	青	青	青	青	青	青	緑	黄	黄
電流のようす	○	○	○	○	○	○	○	○	×	○	○

電流のようすは，電流が流れたときを○，流れなかったときを×で表している。

〔問１〕 **実験Ⅰ**の下線部について，こまごめピペットの正しい使い方を示したものを，次の**ア**～**エ**の中から１つ選んで，その記号を書きなさい。

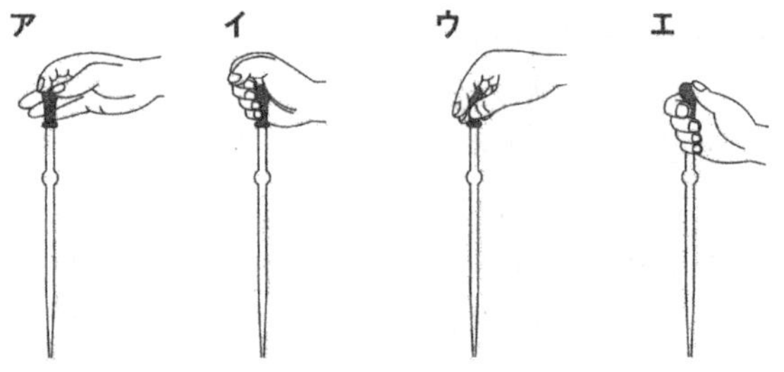

〔問２〕 次の文は，**実験Ⅰ**の実験結果から考えられることをまとめたものの一部である。下の**(1)**，**(2)**に答えなさい。

水溶液を乾燥させた後のようすから，**A**，**D**の水溶液はうすいアンモニア水，うすい塩酸のいずれかであると特定できた。残りの**B**，**C**の水溶液を特定するために，スライドガラスに残った白い物体を顕微鏡で観察した。**図４**は，そのときの**B**の水溶液を乾燥させて残ったもののスケッチである。

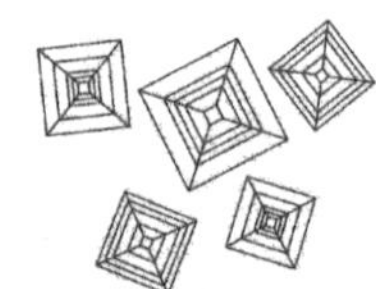

図４　**B**の水溶液を乾燥させて残ったもののスケッチ

(1) **A**，**D**の水溶液にとけていたものに共通する特徴は何か。**表１**の結果をふまえて，書きなさい。

(2) **A**～**D**の水溶液の組み合わせとして最も適切なものを，次の**ア**～**エ**の中から１つ選んで，その記号を書きなさい。

	Aの水溶液	**B**の水溶液	**C**の水溶液	**D**の水溶液
ア	うすい塩酸	塩化ナトリウム水溶液	砂糖水	うすいアンモニア水
イ	うすい塩酸	砂糖水	塩化ナトリウム水溶液	うすいアンモニア水
ウ	うすいアンモニア水	塩化ナトリウム水溶液	砂糖水	うすい塩酸
エ	うすいアンモニア水	砂糖水	塩化ナトリウム水溶液	うすい塩酸

〔問３〕 **実験Ⅱ**の**表２**より，うすい硫酸を10㎤加えたときのビーカー内の水溶液の性質として最も適切なものを，次の**ア**～**ウ**の中から１つ選んで，その記号を書きなさい。

ア　酸性　　**イ**　中性　　**ウ**　アルカリ性

〔問４〕 **実験Ⅱ**の**表２**について，うすい硫酸を16㎤加えたときに電流が流れなかったのはなぜか，その理由を簡潔に書きなさい。ただし「**イオン**」という語を用いること。

〔問５〕 **実験Ⅱ**について，次の化学反応式はこの実験の化学変化を表したものである。[X]，[Y]にあてはまる化学式をそれぞれ書きなさい。

$H_2SO_4 + Ba(OH)_2 \rightarrow$ [X] ＋ 2[Y]

〔問６〕 **実験Ⅱ** (v)について，ろ紙に残った白い沈殿物を乾燥させ，質量を測定すると，0.8gであった。

うすい硫酸を10㎤加えた時点では，ビーカー内に白い沈殿物は何gあったと考えられるか，書きなさい。

5　電流に関する**実験Ⅰ**，電力に関する**実験Ⅱ**を行った。あとの〔**問１**〕，〔**問２**〕に答えなさい。ただし，導線や端子，スイッチの抵抗はなく，電熱線で発生した熱はすべて水の温度上昇に使われたものとする。

〔問１〕 次の**実験Ⅰ**について，あとの(1)～(4)に答えなさい。

実験Ⅰ　「回路に流れる電流について調べる実験」

(i)　電気抵抗が５Ωの抵抗器を４つ用意し，導線やスイッチなどを使って電源装置とつなぎ，**図１**のような回路**A**，**図２**のような回路**B**をそれぞれつくった。

(ii)　回路**A**のスイッチを入れ，電源装置の電圧を変化させながら，**a**点を流れる電流の大きさと**a b**間に加わる電圧の大きさを測定し，結果を表にまとめた（**表１**）。

(iii)　回路**B**のスイッチを入れ，電源装置の電圧を6.0Ｖにして，回路の各点における電流の大きさと各区間に加わる電圧の大きさを測定した。

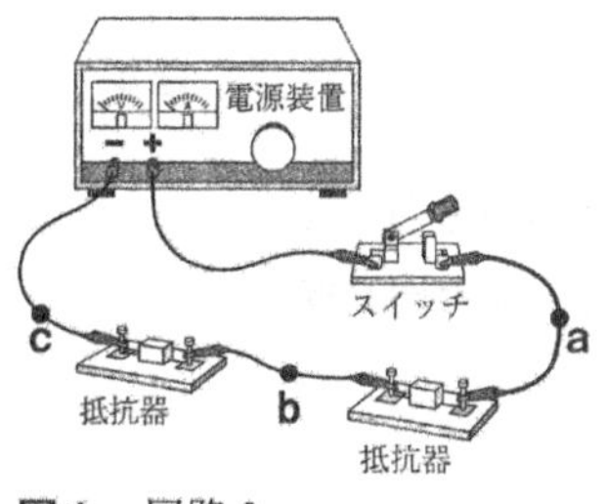

図１　回路**A**

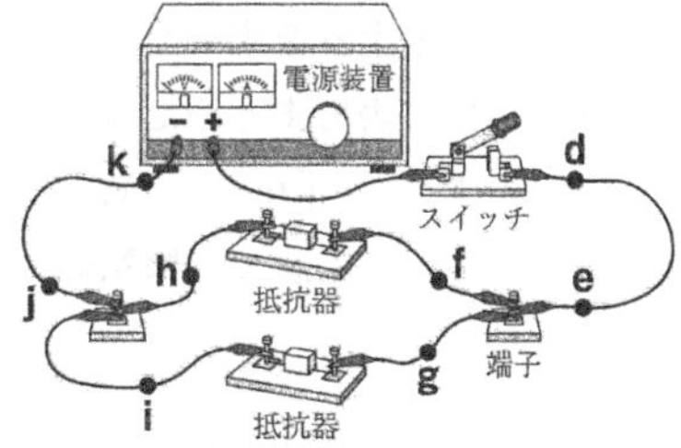

図２　回路**B**

表１　実験結果

電流〔Ａ〕	0	0.2	0.4	0.6
電圧〔Ｖ〕	0	1.0	2.0	3.0

(1)　(ii)について，**表１**から，抵抗器に流れる電流の大きさは，加わる電圧の大きさに比例することがわかる。この関係を何の法則というか，書きなさい。

(2) 回路Aについて，電源装置の電圧を8.0Vにすると，c点を流れる電流の大きさは何Aになるか，書きなさい。

(3) (iii)について，図3は，回路Bを表そうとした回路図の一部である。解答欄の回路図を，電気用図記号を用いて完成させなさい。ただし，スイッチが開いた状態でかくこと。

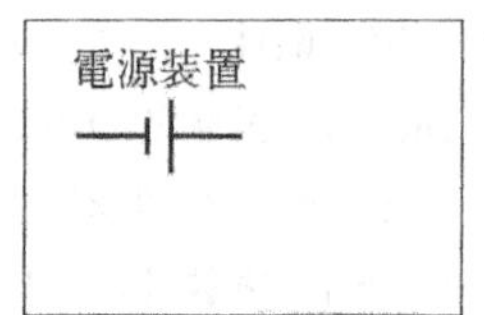

図3 回路図の一部

(4) 回路Bについて述べた文として適切なものを，次のア～エの中から1つ選んで，その記号を書きなさい。

ア ej間の電圧の大きさは，fh間の電圧の大きさとgi間の電圧の大きさの合計に等しい。

イ de間，fh間，gi間，jk間の電圧の大きさは，すべて等しい。

ウ e点を流れる電流の大きさは，h点を流れる電流の大きさとi点を流れる電流の大きさの合計に等しい。

エ 回路を流れる電流は，f→h→i→g→fと循環している。

〔問2〕 次の実験Ⅱについて，あとの(1)～(3)に答えなさい。

実験Ⅱ 「電熱線の発熱と電力の関係を調べる実験」

(i) 「6V，3W」の電熱線xを水100cm³が入ったポリエチレンのビーカーに入れ，電源装置，電圧計，電流計などを使って図4のような実験装置をつくった。また，この電熱線xに6Vの電圧を加えたときの電流を測定し，電力が3Wになることを確認した。

(ii) ポリエチレンのビーカー内の水の温度を室温と同じにしてから，電熱線xに6Vの電圧を加え，ガラス棒でときどきかき混ぜながら，1分ごとに5分間，水温を測定して水の温度上昇を求めた。

(iii) (ii)の結果を表にまとめた（表2）。

(iv) 図5のように，「6V，3W」の電熱線2つを並列つなぎにしたものを用意し，電熱線xとかえて，(ii)と同じ操作を行った。

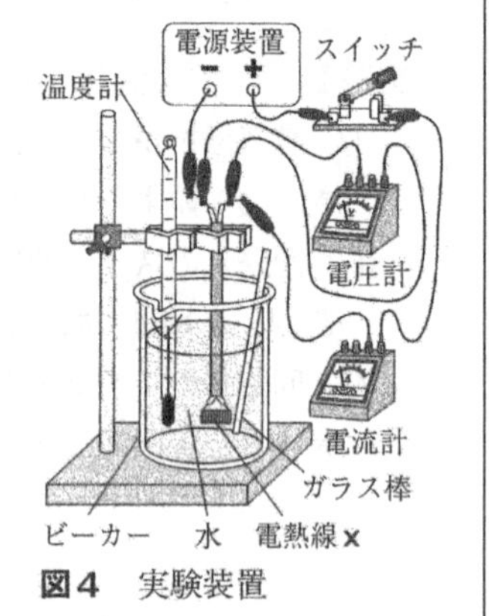

図4 実験装置

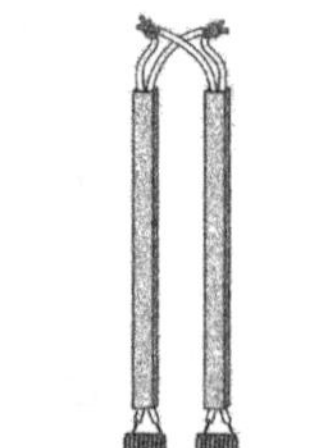

図5 電熱線2つを並列つなぎにしたもの

表2 （ii）の実験結果

時間〔分〕	0	1	2	3	4	5
水の温度上昇〔℃〕	0	0.4	0.8	1.2	1.6	2.0

(1) (ii)について，電熱線xに6Vの電圧を加えたときに流れる電流の大きさは何Aか，書きなさい。

(2) (ii)について，電熱線xに6Vの電圧を加え，5分間電流を流したときの発熱量は何Jか，書きなさい。

(3) 図6は，(ii)の結果をグラフに表したものである。図6に(iv)の結果をかき加えた図として最も適切なものを，次の**ア**～**エ**の中から1つ選んで，その記号を書きなさい。

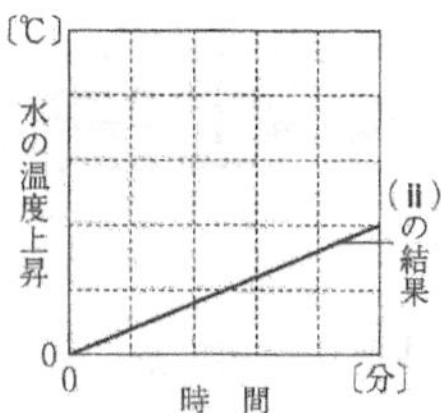

図6　水の温度上昇と時間の関係

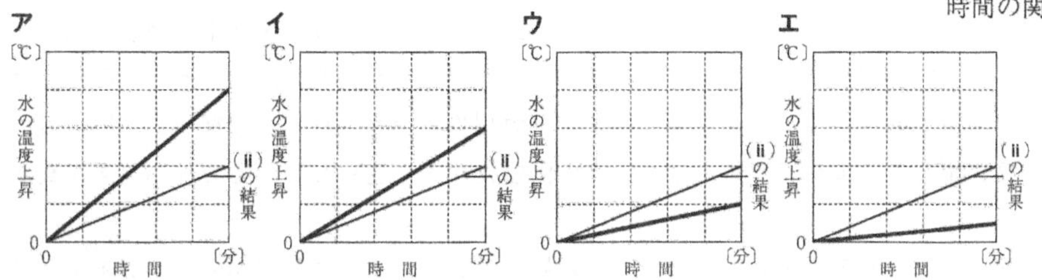

＜社会＞

時間　50分　　満点　100点

1　次の文は，みさきさんが自由研究で，「赤道が通る国」について調べ，レポートにまとめたものの一部です。これを読み，下の略地図を見て，〔問１〕～〔問５〕に答えなさい。

> 赤道を本初子午線から西にたどっていくと，最初にⓐ南アメリカ州北部を通ります。赤道が通る国は，ブラジル，コロンビア，エクアドルです。ブラジルは，コーヒー豆の生産と輸出が世界１位であり，コロンビアは，南アメリカ州の中でも人種・民族構成において混血の割合が高い国です。エクアドルには，固有の動植物が多く生息しているガラパゴス諸島があります。
>
> 次に赤道は，オセアニア州とⓑアジア州の島々を通ります。アジア州のインドネシアは，世界４位のⓒ人口をもつ，約13,500の島々からなる国です。
>
> さらに西に進むと，赤道はⓓアフリカ州の中央付近を通り，本初子午線に戻ります。赤道が通る国は，アフリカ大陸で最も長い海岸線をもつソマリア，アフリカ州最大の湖であるビクトリア湖に面するケニアやウガンダなどです。

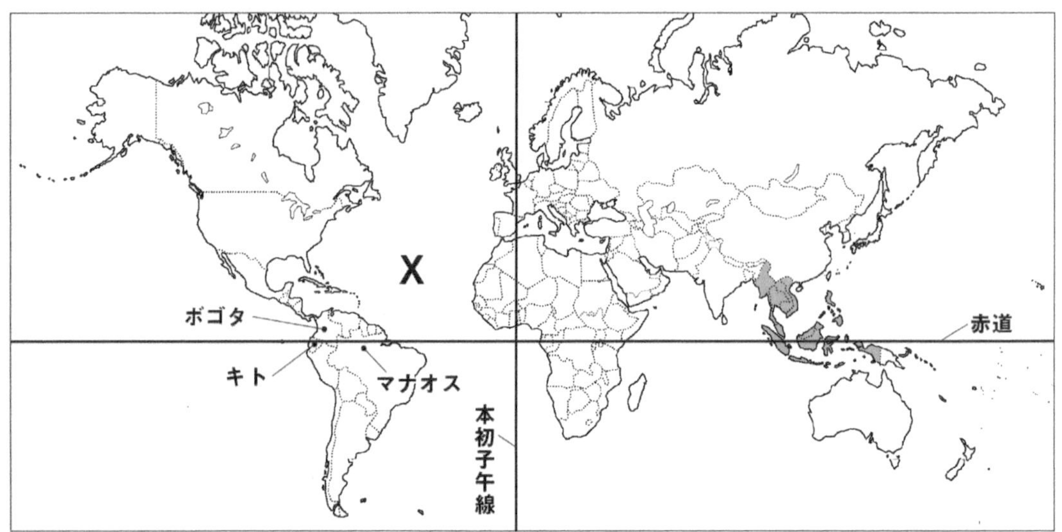

〔問１〕　略地図中のＸで示された大洋を何といいますか，書きなさい。

〔問２〕　下線ⓐに関し，次の⑴，⑵に答えなさい。

⑴　次のページの図１は，略地図中のマナオスとボゴタの月別平均気温を表しています。ボゴタがマナオスに比べ，１年を通して常に気温が低い主な理由を，簡潔に書きなさい。

⑵　略地図中のキトは，日本と14時間の時差があります。キトの時刻の基準となる経線の経度を，次のア～エの中から１つ選び，その記号を書きなさい。ただし，日本の時刻は，東経135度を基準とします。

ア　西経15度　　イ　西経45度　　ウ　西経75度　　エ　西経105度

図1

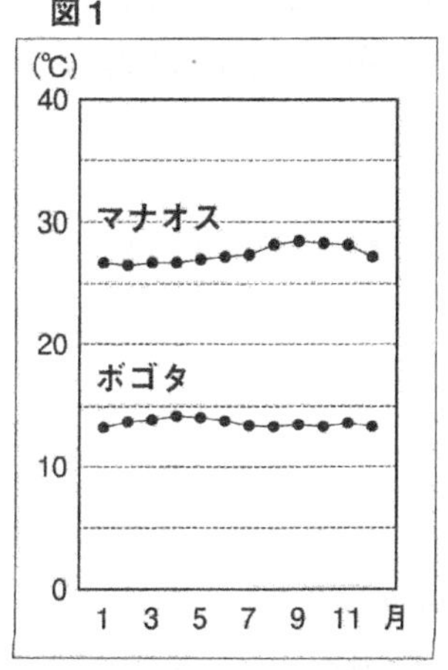

（気象庁ホームページから作成）

図2

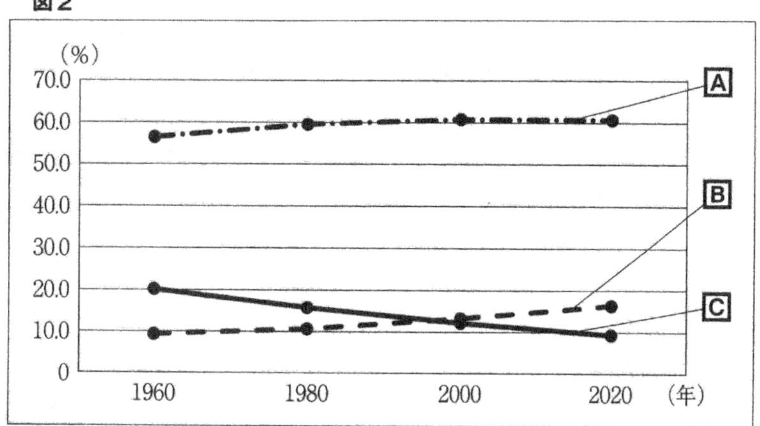

（「世界国勢図会2022/23」から作成）

〔問3〕 下線ⓑに関し，1967年に結成され，2022年において略地図中の で示された国々が加盟している組織を何といいますか，書きなさい。

〔問4〕 下線ⓒに関し，上の図2は，主な地域の世界の人口に対する割合の推移を表したものです。図2中の A ～ C にあてはまる地域を，下のア～ウの中からそれぞれ1つ選び，その記号を書きなさい。

ア アジア　**イ** ヨーロッパ　**ウ** アフリカ

〔問5〕 下線ⓓの多くの国々でみられる，特定の鉱産資源や商品作物の輸出にたよって成り立つ経済を何といいますか，書きなさい。

2 ゆうたさんたちのクラスでは，社会科の課題学習で，日本の諸地域から1つを取り上げ，テーマを設定して調べ，発表することになりました。次の2つの文は，それぞれの発表原稿の一部です。これらを読み，〔問1〕～〔問6〕に答えなさい。

〈ゆうたさん〉

ⓐ関東地方の自然

関東地方には，日本で最も広い流域面積をもつ X が流れる関東平野があります。関東平野は，日本で最も広いⓑ平野で，関東山地や越後（えちご）山脈などに囲まれています。冬には，これらをこえてくる， Y 北西からの季節風がふきます。熊谷（くまがや）や館林（たてばやし）などの内陸部では，夏に極めて高い気温が観測されることがあります。また近年は，狭い地域に突然短時間の大雨をもたらすゲリラ豪雨とよばれる局地的大雨が関東地方のいたるところで起こっています。

〈あやのさん〉

九州地方の産業

九州地方のⓒ農業は，南北のちがいが目立ちます。平野が広がる九州北部は，稲作が中心で，九州南部は，ⓓ火山の噴出物によってできたシラス台地が広がり，畑作や畜産が盛んです。工業では，明治時代以降，製鉄業やⓔ化学工業など様々な工業が発展しました。現在では，交通網の発達により，九州各地に多くのＩＣ（集積回路）工場や自動車関連工場が進出するなど，機械工業が盛んとなっています。

〔問１〕 文中の X にあてはまる河川と，Y にあてはまる語の組み合わせとして正しいものを，次のア～エの中から１つ選び，その記号を書きなさい。

ア X － 利根川(とねがわ)　Y － 湿った
イ X － 利根川　Y － 乾燥した
ウ X － 信濃川(しなのがわ)　Y － 湿った
エ X － 信濃川　Y － 乾燥した

〔問２〕 下線ⓐに関し，図１は，関東１都６県について，それぞれの昼夜間人口比率※を表したものです。図１中の A ～ C にあてはまる都県名を，下のア～ウの中からそれぞれ１つ選び，その記号を書きなさい。

図１

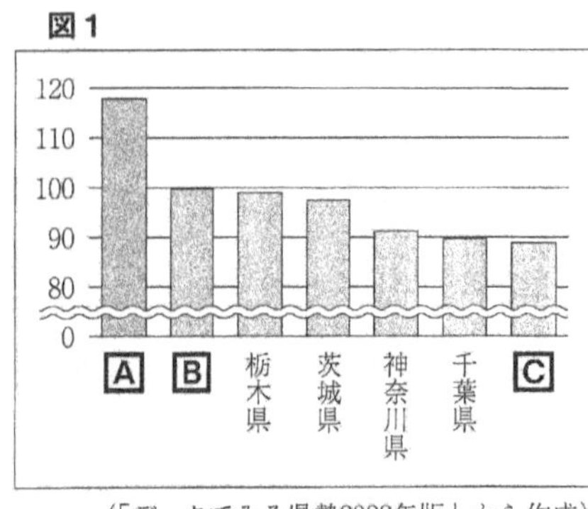

（「データでみる県勢2022年版」から作成）

※昼夜間人口比率とは，夜間の人口100人あたりの昼間の人口の割合のことである。
（昼夜間人口比率＝昼間の人口÷夜間の人口×100）

ア 群馬県　　イ 埼玉県　　ウ 東京都

〔問３〕 下線ⓑに関し，図２は，河口付近の地形を模式的に表したものです。図２中の Z で示された，川の流れによって運ばれた土砂が，積み重なってできた地形を何といいますか，書きなさい。

図２

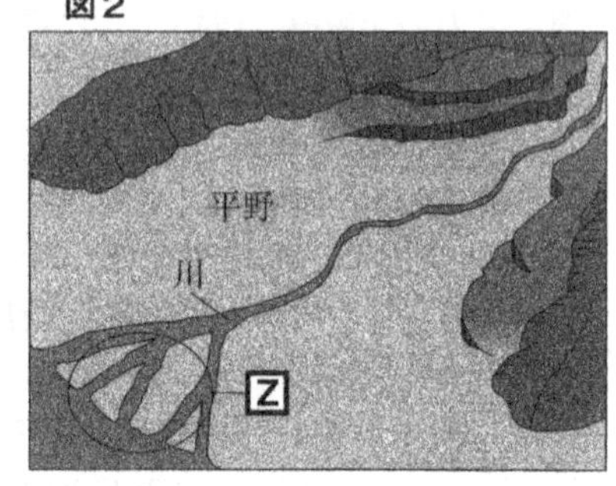

〔問４〕 下線ⓒに関し，表１は，九州地方，関東地方，東北地方，北海道地方について，それぞれの地方の米，野菜，果実，畜産の農業産出額を表したものです。九州地方にあたるものを，表１中のア～エの中から１つ選び，その記号を書きなさい。

表１　（単位　億円）

	米	野菜	果実	畜産
ア	1,254	1,951	71	7,350
イ	2,713	5,826	536	5,121
ウ	4,876	2,345	2,147	4,358
エ	1,611	4,358	1,303	8,774

（「データでみる県勢2022年版」から作成）

〔問5〕 下線ⓓの爆発や噴火による陥没などによってできた大きなくぼ地を何といいますか，書きなさい。

〔問6〕 下線ⓔに関し，図3は，石油化学コンビナートの分布を，表2は，日本の原油の生産量と輸入量を表したものです。石油化学コンビナートが立地している場所の特徴を，図3から読み取り，書きなさい。また，その特徴がみられる理由として考えられることを，表2に着目して，簡潔に書きなさい。

図3

（「日本国勢図会2022/23」から作成）

表2　（単位　千kL）

原油の生産量	490
原油の輸入量	144,663

（「日本国勢図会2022/23」から作成）

3 次のA～Eのカードは，令子さんの班が社会科の調べ学習で，それぞれの時代の特徴あるできごとについてまとめ，年代の古い順に並べたものです。これらを読み，〔問1〕～〔問8〕に答えなさい。

A　ⓐ聖武天皇（しょうむ）の政治

聖武天皇は，仏教の力によって国を守ろうと考え，都に東大寺（とうだいじ）を建てるとともに，大仏をつくらせ，国ごとに国分寺（こくぶんじ）・国分尼寺（こくぶんにじ）を建てました。さらに，農地を増やすため，墾田永年私財法（こんでんえいねんしざい(の)ほう）を出して開墾を奨励しました。この法では，新しく開墾した土地の私有が認められ，子孫に私有地として引き継ぐことができるとされました。

B　院政（いんせい）の始まり

後三条（ごさんじょう）天皇のあとをついだ[　　　]は，幼少の皇子（おうじ）に位をゆずり，上皇（じょうこう）となったのちも，政治の実権を握り続けました。上皇は，天皇と異なり，摂政（せっしょう）や関白（かんぱく）をおさえて自由な立場で政治を行うことができました。上皇が力をもつと，多くの荘園（しょうえん）が上皇に寄進されました。上皇やその住まいである御所（ごしょ）のことを「院」とよんだので，この政治を院政といいます。

C　元寇後の御家人の不満と生活苦

幕府は，ⓑフビライ＝ハンによる２度の襲来（元寇）の危機を乗り切りました。元寇により御家人は，多くの費用を使ったにも関わらず，恩賞を十分与えられませんでした。さらに，領地の分割相続などがあり，御家人の生活が苦しくなりました。幕府は，ⓒ御家人を救うため，対策を行いましたが，効果は一時的でした。

D　検地と刀狩

豊臣秀吉は，年貢を確実に集めるために，役人を全国に派遣して，検地を行い，村ごとに検地帳を作成しました。これをⓓ太閤検地といいます。また，武力による一揆を防ぐため，刀狩を行って，百姓から刀・弓・やり・鉄砲などの武器を取り上げました。これらの政策によって，兵農分離を進めました。

E　田沼意次の政治

老中田沼意次は，商工業者が株仲間をつくることを奨励し，これに特権を与える代わりに一定の税を取りました。しかし，役人へのわいろなどが横行するようになると，政治への批判が高まり，さらに全国的にききんや打ちこわしなどが続くと，意次は老中を辞めさせられました。その後，ⓔ松平定信やⓕ水野忠邦は，意次とは異なる方法で改革を進めましたが，うまくいきませんでした。

〔問１〕 文中の □ にあてはまる天皇はだれですか，書きなさい。

〔問２〕 下線ⓐに関し，次の⑴，⑵に答えなさい。

⑴ **資料１**は，聖武天皇が使用していた品などが納められた歴史的建造物です。この建造物を何といいますか，書きなさい。

資料１

⑵ 奈良時代の仏教に関するできごととして適切なものを，次の**ア**～**エ**の中から１つ選び，その記号を書きなさい。

ア　鑑真は，何度も遭難し，失明しながらも来日して，仏教の発展に貢献した。
イ　法隆寺の金堂や釈迦三尊像などが，主に渡来人の子孫によってつくられた。
ウ　浄土真宗（一向宗）の信仰で結びついた武士と農民が，各地で一向一揆を起こした。
エ　法然は，「南無阿弥陀仏と念仏を唱えよ」と説いて，浄土宗を開いた。

〔問３〕 下線ⓑが行ったこととして適切なものを，次の**ア**～**エ**の中から１つ選び，その記号を書きなさい。

ア　勘合という証明書を日本の船に与えて貿易を行った。
イ　都を大都に移し，国号を定めて，中国を支配した。
ウ　イギリスが持ち込んだインド産アヘンの輸入を禁止した。
エ　新羅と結んで，百済と高句麗を滅ぼした。

〔問４〕 下線ⓒに関し，次のページの**資料２**は，幕府が出した法令の一部です。この法令を何といいますか，書きなさい。

資料2

自分の所領（領地）を質に入れたり売買してしまったりしたために，御家人が困窮することになっている。それゆえ，御家人の土地売買や質入れは，以後，これを禁止する。以前に売却した土地については，本来の持ち主に返却せよ。（部分要約）

〔問5〕 下線ⓓには，どのような特徴がありますか，次の2つの語を用いて，簡潔に書きなさい。

ものさし　　ます

〔問6〕 下線ⓔが行った政策として適切なものを，次のア～エの中から1つ選び，その記号を書きなさい。

ア　朝廷の許可を得ないまま日米修好通商条約を結び，5港を開港した。

イ　異国船打払令をやめ，来航した外国船に必要な燃料や水などを与えた。

ウ　これまでの法を整理し，裁判の基準となる公事方御定書を定めた。

エ　出版物を厳しく統制するとともに，武士に朱子学を学ばせた。

〔問7〕 下線ⓕは，株仲間についてどのような政策を行いましたか，ねらいも含めて簡潔に書きなさい。

〔問8〕 資料3のカードを，A～Eのカードに追加することにしました。年代の古い順に並ぶようにするには，資料3のカードをどの位置におくことが適切ですか，下のア～エの中から1つ選び，その記号を書きなさい。

資料3

琉球王国の成立

琉球では，北山，中山，南山の三つの勢力が並び立っていましたが，中山の王となった尚氏（尚巴志）が，北山，南山の勢力を滅ぼし，沖縄島を統一して琉球王国を築き，首里を都としました。琉球は，明・日本・朝鮮，さらには東南アジア各地に進出し，産物をやりとりする中継貿易で栄えました。

ア　AとBの間　　イ　BとCの間　　ウ　CとDの間　　エ　DとEの間

4 次のA～Dのカードは，純子さんが社会科の授業で，日本の歴史に大きな影響を与えたできごとについてまとめたものの一部です。これらを読み，〔問1〕～〔問5〕に答えなさい。

A　大日本帝国憲法の発布

ⓐ国会開設を約束した政府は，伊藤博文を中心として憲法の草案づくりを進め，1889年2月11日，大日本帝国憲法を発布しました。このことにより，日本はアジアで最初の近代的立憲制国家となりました。

B　日英同盟の締結

日本とイギリスは，義和団事件の後も満州に大軍をとどめるロシアに脅威を感じ，日英同盟を結びました。日本政府はロシアとの戦争を回避するため，交渉を続けましたが，両者の対立は大きく，ⓑ日露戦争が始まりました。

C　第一次世界大戦の長期化

第一次世界大戦は人々の予想をこえて長引き，国家の総力をあげた総力戦となりました。戦場となったヨーロッパ諸国に代わり，ⓒアメリカがⓓ世界経済の中心となり，日本もかつてない好景気をむかえました。

D　連合国軍による占領

第二次世界大戦が終結すると，日本はアメリカを中心とする連合国軍によって占領されました。連合国軍総司令部（GHQ）は日本軍を解散させ，日本政府に対して教育の自由化やⓔ経済の民主化を求めました。

〔問1〕　下線ⓐに関し，次のア～ウは，国会の開設を求める自由民権運動の中で起こったできごとについて述べたものです。これらのできごとを年代の古い順に並べ，その記号を書きなさい。

ア　各地の自由民権運動の代表が大阪に集まり，国会期成同盟を結成した。

イ　国会を早期に開設することを主張していた大隈重信が政府から追い出された。

ウ　板垣退助らが民撰議院設立（の）建白書を政府に提出した。

〔問2〕　下線ⓑに関し，**資料**は，戦時下においてよまれた詩の一部です。この詩をよんだ人物はだれですか，書きなさい。

資料

ああ　弟よ　君を泣く　君死にたまふ(う)ことなかれ
末に生まれし君なれば　親のなさけはまさりしも
親は刃をにぎらせて　人を殺せと教へ(え)しや
人を殺して死ねよとて　二十四までを育てしや

〔問3〕　下線ⓒのよびかけで開催されたワシントン会議について述べているものを，次のア～エの中から1つ選び，その記号を書きなさい。

ア　この会議において四か国条約が結ばれ，日英同盟は廃止された。

イ　この会議において清は日本に2億両の賠償金を支払うことが決められた。

ウ　この会議において要求が拒絶された中国では五・四運動とよばれる運動が起こった。

エ　この会議において結ばれた軍縮条約への批判から，浜口雄幸首相がおそわれた。

〔問4〕　下線ⓓに関し，次の**説明文**は，アメリカから始まった世界恐慌について述べたものです。説明文中の X にあてはまる国名を書きなさい。また，X が，このころ行っていた政策を，下のア～エの中から1つ選び，その記号を書きなさい。

説明文

ニューヨークで株価が大暴落したことにより，アメリカで恐慌が起こりました。アメリカは資金を多くの国に貸していたため，その影響は世界中に広まり，世界恐慌となりました。しかし，独自の政策をとっていた X は恐慌の影響を受けませんでした。

ア　ニューディール政策により大規模な公共投資などが行われた。

イ　植民地との貿易を拡大する一方，他国の商品に対する関税を高くした。

ウ　重工業の増強と農業の集団化を強行し，計画経済を進めた。

エ　新たに建国された満州国へ農民などを集団移住させた。

〔問5〕　下線ⓔに関し，日本政府が行った農地改革の内容を，次の2つの語を用いて，簡潔に書きなさい。

地主　　小作人

5　次の文は，ひろしさんが自由研究で，「成年年齢の引き下げと私たちの生活」について調べ，レポートにまとめたものの一部です。これを読み，〔問１〕～〔問６〕に答えなさい。

〈テーマ〉
「成年年齢の引き下げと私たちの生活」
〈テーマ設定の理由〉
2022年４月１日からⓐ成年年齢が18歳になったことを知り，どのような経緯で引き下げられたのか，また，私たちの生活に，どのような影響を与えるのかについて，興味をもちました。
〈調べてわかったこと〉
○　引き下げられた経緯
日本では1876年以来，成年年齢を20歳と定めていました。しかし，近年，18，19歳の人たちに，私たちの生活に関わる重要な事項の判断に参加してもらうための政策が進められました。また，世界的にも成年年齢を18歳とすることが主流となっています。このような状況の中で，民法でも18歳以上を大人として扱うことが適当ではないかという意見が強くなり，成年年齢が18歳に引き下げられました。

これまでの主な政策	
2014年	ⓑ憲法を改正する際に行われる国民投票の投票権を得る年齢が18歳に引き下げられる。
2015年	ⓒ国会議員などを選ぶためのⓓ選挙権を得る年齢が18歳に引き下げられる。

成年年齢を18歳とする主な国
アメリカ，イギリス，イタリア，オーストラリア，スペイン，ドイツ，フランスなど

○　私たちの生活への影響
18，19歳の人たちの自己決定権が尊重され，社会参加がうながされます。また，親の同意がなくても，自分の意思でⓔ契約を結べるようになります。しかし，18，19歳の人たちにとって，親の同意を得ずに契約した場合に取り消すことのできる未成年者取消権がなくなるため，ⓕ消費者被害にあわないよう，これまで以上に注意が必要になります。

〔問１〕　下線ⓐに関し，2022年４月１日から対象となる年齢が20歳以上から18歳以上に引き下げられた制度の１つで，18歳以上の選ばれた国民が裁判官とともに刑事裁判を行う制度を何といいますか，書きなさい。

〔問２〕　下線ⓑに関し，次の**説明文**は，憲法改正の手続きについて述べたものです。説明文中の［X］，［Y］にあてはまる語の組み合わせとして正しいものを，次のページの**ア**～**エ**の中から１つ選び，その記号を書きなさい。

説明文

日本国憲法の改正には，まず衆議院と参議院それぞれの総議員の［X］の賛成で国会が憲法改正案を国民に発議します。次に，国民投票が行われ，有効投票の［Y］の賛成で，憲法は改正されることになります。

ア X － 過半数 Y － 3分の2以上
イ X － 過半数 Y － 過半数
ウ X － 3分の2以上 Y － 3分の2以上
エ X － 3分の2以上 Y － 過半数

〔問3〕 下線ⓒに関し，図は，2021年に実施された衆議院議員総選挙における2つの小選挙区の有権者数を表したものです。この図から読み取れる，小選挙区制の課題の1つを，次の2つの語を用いて，簡潔に書きなさい。

有権者　一票

図

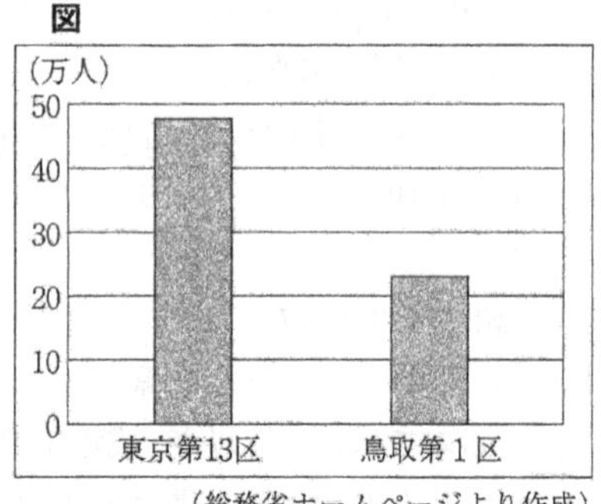

(総務省ホームページより作成)

〔問4〕 下線ⓓに関し，表は，地方公共団体の選挙権と被選挙権について表したものです。表中の A ，B にあてはまる数値を書きなさい。

表

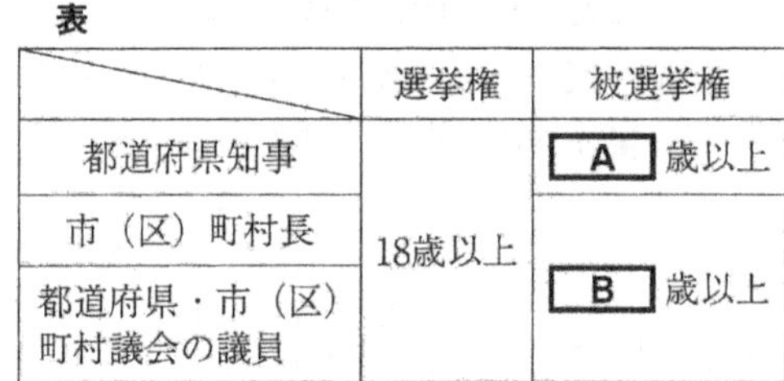

	選挙権	被選挙権
都道府県知事	18歳以上	A 歳以上
市（区）町村長		B 歳以上
都道府県・市（区）町村議会の議員		

〔問5〕 下線ⓔに関し，資料は，商品購入の流れを表したものです。契約が成立する時点を，資料中のア～エの中から1つ選び，その記号を書きなさい。

資料

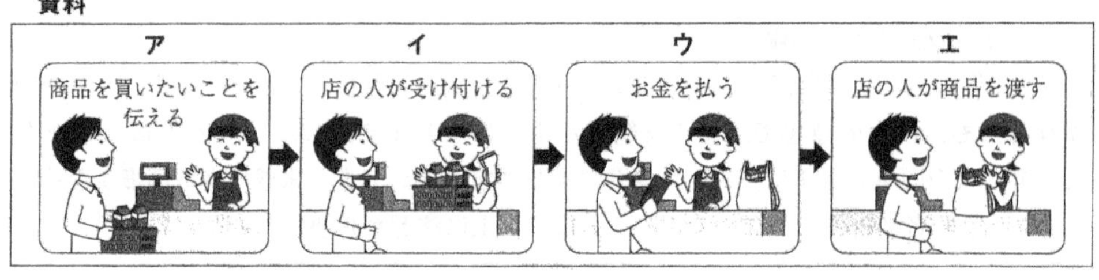

〔問6〕 下線ⓕに関し，欠陥品で消費者が被害を受けたとき，損害賠償の責任を企業や生産者に負わせることを定めた法律を何といいますか，書きなさい。

6 次の文は，けいこさんが社会科の授業で，「人口減少・少子高齢化によって生じる課題」をテーマにして，レポートにまとめたものの一部です。これらを読み，〔問1〕～〔問5〕に答えなさい。

労働力の不足

少子化によって，働く世代の人口が徐々に減少しています。働く機会は，性別・年齢・障がいの有無などを問わず，広く提供されることが重要です。国や企業は，様々な人々が働きやすいⓐ労働環境を整備する必要があります。

地方の過疎化

大都市への人口流出が多い地方では，人口減少によって，より一層活力が失われつつあります。人口減少が著しいⓑ地方公共団体は，地域でのⓒ経済活動を支援したり，都市の人々に地方への移住をすすめたりといった，地域が活性化する取り組みを考えていく必要があります。

財政の悪化

高齢化によるⓓ社会保障の費用の増加が主な原因で，国の財政が圧迫され，国の借金である □ の発行の増加にもつながっています。社会保障制度を将来にわたって持続可能なものとするため，社会保障の充実と国民の負担とのバランスを考えていく必要があります。

〔問１〕 文中の □ にあてはまる語を書きなさい。

〔問２〕 下線ⓐに関し，使用者（経営者）に対して労働条件の改善などを交渉するために，労働者が結成する組織を何といいますか，書きなさい。

〔問３〕 下線ⓑに関し，次の**説明文**は，地方自治の特徴について述べたものです。説明文中の X にあてはまる語句を書きなさい。

説明文

地方自治は，よりよい社会を形成するために，住民自身が地域の運営に直接参加する場面が多く，また，地域のことを合意で決めていく経験が積めるので，「 X 」とよばれている。

〔問４〕 下線ⓒに関し，一般に銀行は家計などからお金を預かり，企業などに貸し出しています。その際，銀行はどのように利益をあげていますか，簡潔に書きなさい。

〔問５〕 下線ⓓに関し，次の⑴，⑵に答えなさい。

⑴ 日本の社会保障制度の基本的な柱の１つで，高齢者や障がいのある人，子どもなど社会的に弱い立場になりやすい人々に対して，生活の保障や支援のサービスを行う制度を何といいますか，次の**ア**～**エ**の中から１つ選び，その記号を書きなさい。

ア 社会福祉　　**イ** 公衆衛生　　**ウ** 社会保険　　**エ** 公的扶助

⑵ 次の**文**は，これからの社会保障に対する考え方の１つを述べたものです。**図**は，政府のあり方と課税方法について表したものです。この文で示された考え方が含まれる部分を，図中の**ア**～**エ**の中から１つ選び，その記号を書きなさい。

文

政府が，社会保障を充実させるために，消費税の税率を上げることで税収を増やし，財源を確保すべきだ，という考え方。

図

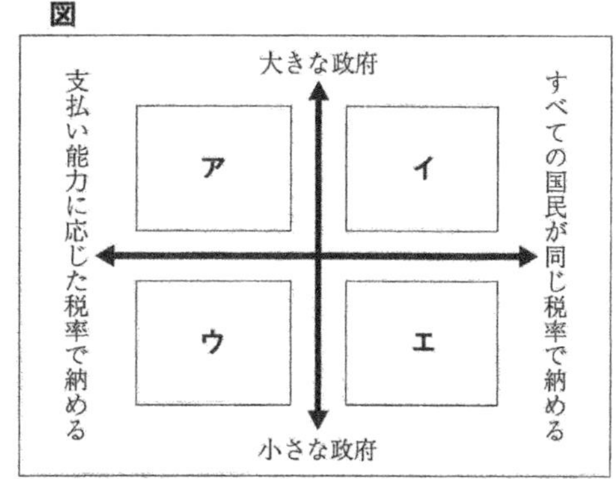

【Ⅱ】

〔問6〕 本文中、F胸がトンと飛び跳ねた とありますが、このときの涼万の心情の説明として最も適切なものを、次のア～エの中から選び、その記号を書きなさい。

ア　早紀のために一生懸命に歌い続けていたので、歌い終わったらきっと感謝してもらえると思っていたのに、お礼の言葉をはっきりと言ってもらえず傷ついた。

イ　早紀と互いに引き合うように歌い続けられたのは、自分の気持ちが伝わったと確信できたからであり、声をかけられたことで両思いであると分かって胸が躍った。

ウ　早紀のために一生懸命歌っていたが、目が合っているような感覚は自分の気のせいだと思おうとしていたので、早紀から反応があったことに、驚くとともに心が弾んだ。

エ　早紀の合唱への向き合い方が気にかかり、助けるつもりで自分も必死に歌ったが、曲が終わって話しかけられた瞬間、途中で音を外したことを思い出し、恥ずかしくなった。

四

ある中学校の図書委員会では、本の貸出数が減っていることから、全校生徒を対象に読書に関する意識調査を行いました。

【Ⅰ】は、意識調査の結果の一部です。

この結果をもとに、本が読みたくなるようなキャッチコピーを作ることにしました。

【Ⅱ】は、キャッチコピーを検討するために図書委員会が作成した資料です。□に入れる漢字の候補が五つ示されています。

あなたなら、【Ⅱ】の□に、どの漢字を入れてキャッチコピーを作りますか。「海」「知」「旅」「友」「光」の中から一つ選び、そのキャッチコピーにした理由を、【Ⅰ】から読み取った情報を用いて書きなさい。

ただし、次の条件(1)～(3)にしたがうこと。

〔条件〕
(1) 解答欄の□に、あなたが選んだ漢字一字を入れ、この文に続く形で書き始めること。
(2) 原稿用紙の正しい使い方にしたがって書くこと。
(3) 書き出しの部分を含めて、八行以上、十行以内であること。

【Ⅰ】

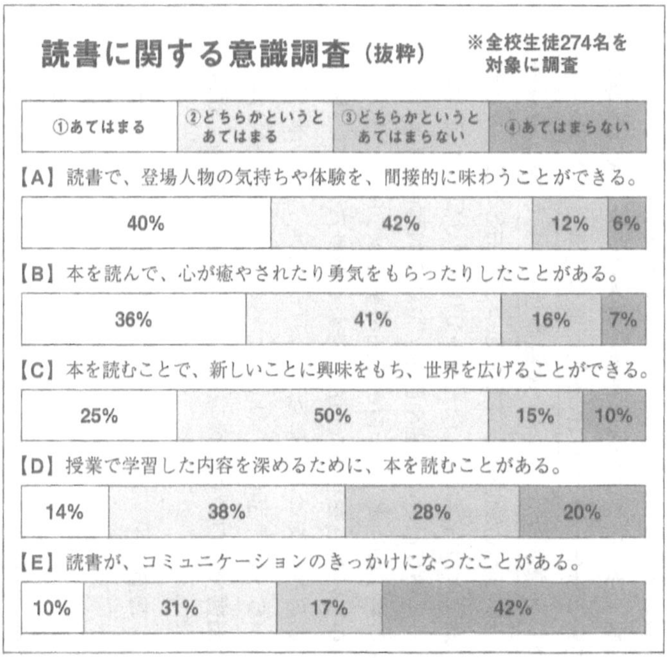

読書に関する意識調査（抜粋）　※全校生徒274名を対象に調査

	①あてはまる	②どちらかというとあてはまる	③どちらかというとあてはまらない	④あてはまらない
【A】読書で、登場人物の気持ちや体験を、間接的に味わうことができる。	40%	42%	12%	6%
【B】本を読んで、心が癒やされたり勇気をもらったりしたことがある。	36%	41%	16%	7%
【C】本を読むことで、新しいことに興味をもち、世界を広げることができる。	25%	50%	15%	10%
【D】授業で学習した内容を深めるために、本を読むことがある。	14%	38%	28%	20%
【E】読書が、コミュニケーションのきっかけになったことがある。	10%	31%	17%	42%

（あ・り・が・と）

F胸がトンと飛び跳ねた。

（佐藤いつ子 著『ソノリティ はじまりのうた』から……一部省略等がある。）

（注）・岳＝涼万と仲のよいクラスメイト。
・イレギュラーして＝不規則に変化して。
・晴美＝いつもリーダーシップを取るクラスメイト。
・ティンカーベル＝物語に登場する妖精。

〔問1〕 本文中、A背筋がぴりっと伸びた とありますが、この表現には涼万のどのような気持ちが表れていますか。最も適切なものを、次のア～エの中から選び、その記号を書きなさい。

ア 気分がほぐれ、脱力している。
イ 身が引き締まり、緊張している。
ウ 不安のあまり、虚勢を張っている。
エ 恐怖を感じ、身体が硬くなっている。

〔問2〕 本文中、B今まではうってかわってぎこちない姿になった とありますが、早紀の指揮がぎこちなくなったのはなぜですか。文中の言葉を用いて、三十字以内で書きなさい。（句読点やその他の符号も一字に数える。）

〔問3〕 本文中のCメロディーラインを逸脱した「な」は、派手にイレギュラーしてあさっての方向にバウンドし、続く「がら」を蹴飛ばしていった に使われている表現技法を何といいますか。次の①～④の中から選び、その記号を書きなさい。また、この表現技法を使うことで、この一文にどのような効果を与えていますか。その説明として最も適切なものを、あとのア～エの中から選び、その記号を書きなさい。

【表現技法】
① 直喩　② 体言止め　③ 擬人法　④ 倒置

【効果】
ア 「逸脱」という言葉で、涼万が音を外したことを強調し、他の生徒の集中力をそらしてしまったことを暗示している。
イ 「な」を主体にすることで、声がひっくり返ったのは、涼万の意思ではどうにもならなかったことを印象づけている。
ウ 「バウンド」という言葉を用いることで、音が思い切り跳ね回るような印象を読者に与え、場面を明るくしている。
エ 「蹴飛ばしていった」という文末が、音を外すことを気にせずに歌った、涼万の思い切りのよい性格を強調している。

〔問4〕 本文中、D音心は何くわぬ顔をして、いったん最大にひねったボリュームのつまみを、調整してもとに戻した とありますが、ここから音心がどのような人物であると考えられますか。音心の人物像の説明として最も適切なものを、次のア～エの中から選び、その記号を書きなさい。

ア 周りの目を気にして、遠慮がちな態度を取る人物。
イ 突飛な行動で周囲を楽しませる、個性的な人物。
ウ いつも一生懸命で、一心不乱に努力する人物。
エ 平然とした態度で、大胆な行動をする人物。

〔問5〕 本文中、Eとても新鮮な感覚だった とありますが、涼万が「新鮮な感覚」になったのはなぜですか。涼万の気持ちの変化を踏まえて、八十字以内で書きなさい。（句読点やその他の符号も一字に数える。）

「感じな――・がら」

涼万の額からボッと火が出た。高音の「な」の音が完全にひっくり返り、素っ頓狂な声が飛び出したのだ。Cメロディーラインを逸脱した「な」は、派手に※イレギュラーしてあさっての方向にバウンドし、続く「がら」を蹴飛ばしていった。

となりの男子がついに吹き出した。もう混声のフレーズにメロディーはうつっているのに、それが伝染したみたいに、前の男子も涼万を振り返って笑った。女子は笑いをこらえながら歌っている。

昨日の咳に続き、またやらかしてしまった……。

うなだれかけたときだった。突然、大音量の伴奏で窓ガラスがびりっと震えた。みんな同時に肩を縮めて、号令がかかったみたいに音心の方を見た。

D音心は何くわぬ顔をして、いったん最大にひねったボリュームのつまみを、調整してもとに戻した。

音心のおかげで、涼万のひっくり返った声で乱れた空気が、リセットされた。指揮者の早紀は、何があっても止めることなく、懸命に指揮棒を振り続けている。

※晴美（はるみ）がまた歌い出すと、女子も引っ張られるように歌い出す。涼万も恥ずかしさをこらえて歌に加わる。すると他の男子もつられて、真面目に声を出し始めた。

井川、サンキュ。

長い前髪に隠されて表情の分からない音心に、涼万は心の中で手を合わせて、失敗しないよう慎重に、でも一生懸命歌い続けた。

早紀の目が輝きだした。初めて合唱らしい合唱になってきた。ひとつひとつの声が重なって、一本の帯のような流れになる。ソプラノ、アルト、男声のそれぞれが、自分のメロディーに忠実に、でも別のパートを感じながら歌っていた。それがうまく調和し、互いに互いの良さを引き出した。

早紀の指揮棒は※ティンカーベルの魔法の杖（つえ）みたいだ。そこから放たれる不思議な力で、三十数人のハーモニーを誘導する。

音楽を聴くのは楽しいが、自分たちがつくる音楽、みんなで合わせて歌う音楽も楽しいことを発見した。Eとても新鮮な感覚だった。

指揮者の早紀と互いに引き合うように歌い続けた。涼万は早紀とずっと目が合っているような感覚になった。でも、そんなわけはない。早紀は全体を見ているはずだ。

ラストの繰り返しのフレーズに入った。

――新しい本当のわたし、
未来へと歌は響きわたる

曲の始めに出てきたときと同じフレーズとは思えないくらい、音量も伸びもある。早紀が曲を締めるために両腕を掲げてぴたっと止めた。

曲が終わったとたん、満足のため息のような声がもれた。

「今のすっごく良かったよね。いいじゃん、うちらのクラス」

頬を紅潮させた晴美が興奮してまくしたてている。クラス中が弾んだ空気に包まれた。涼万は両手を組んで伸びをしたが、まだやっぱり早紀と目が合っているような錯覚が続いていた。

んなわけないし。

目をそらそうとした瞬間、早紀の口もとが動いた。

げると、早紀が指揮棒を頭上に掲げている。涼万は少し遅れて、足を肩幅に開いた。

合唱が始まる。A背筋がぴりっと伸びた。

どうか今日は咳が出ませんように。俺のせいで合唱がめちゃくちゃになりませんように。

涼万はゆっくりとつばを飲み込んだ。喉は落ち着いている。

早紀が音心の方を向いて指揮棒で合図をすると、音心はCDプレイヤーのボタンを押した。前奏が始まる。CDから流れる伴奏は、音心の生伴奏とは全然違う。楽譜通りに正しく弾かれているのだろうが、伴奏にだって臨場感や迫力に差がずいぶんあることを、昨日の音心の演奏で実感した。

早紀が正面に向き直って、前奏のあいだ抑え気味に指揮をする。そして歌い出しの合図で、指揮棒を大きく右に振り出した。

――はじめはひとり孤独だった
ふとした出会いに希望が生まれ
……

早紀の上体はなめらかに優雅に揺れる。指揮棒は弧を描くように宙を舞う。

涼万は歌うのも忘れて、その姿に一瞬で吸い込まれた。不思議なことに、涼万の頭の中では、みんなの歌声の代わりに、昨日こっそり聴いた早紀の歌声が流れていた。

やがて、早紀の指揮棒からなめらかさが消えた。男声パートが始まったのだ。

――迷いながら躓きながら
歩いてきた

※岳やあと何人かは合唱の練習に来ていなかったが、ここにいる十数人の声とは思えぬ、ぼそぼそとした辛気くさい歌声が、床に這うように広がった。何とか歌ってもらおうと、早紀は必死に指揮棒を振った。でも必死になればなるほど、B今までとはうってかわってぎこちない姿になった。涼万は我に返った。

歌わなきゃ。

水野のために、歌わなきゃ。

そのために、俺、来たんだ。

――どうしようもない

迷っているうちに、メロディーに置き去りにされる。

歌うぞ。さ、早く！

すっと息を吸い込んだ。吐く息とともに、これ以上は出せないというくらいの大きな声を出した。肺の息をすっからかんに出して、全てを歌声に注ぐ。

「苛立ちを！」

自分でもびっくりするくらいの大音量たった。涼万以外の男子生徒十数人を合わせた歌声よりも、涼万ひとりの声の方が圧倒的に大きかった。周りの男子があれっというふうに反応した。涼万は構わず続けた。

きなさい。

ア　2は、1の具体的な例を一つ挙げて、内容を否定している。

イ　3は、2と異なる種類の例を示し、内容を付け加えている。

ウ　4は、3と類似する例を挙げ、移り変わりを説明している。

エ　5は、1から4の内容を踏まえ、新しい視点を示している。

〔問3〕　本文中の［　］には品詞名が入ります。次の①～④の中から最も適切なものを選び、その記号を書きなさい。また、その品詞が用いられている文を、あとのア～エの中から選び、その記号を書きなさい。

【品詞名】　①　形容動詞　②　副詞　③　連体詞　④　感動詞

【　文　】　ア　きれいに花が咲く。　イ　さあ行こうと誘う。
ウ　ゆっくり道を歩く。　エ　この問題は難しい。

〔問4〕　本文中、B成熟した言語表現　とありますが、筆者がオノマトペを「成熟した」と考えるのはなぜですか。三十五字以内で書きなさい。（句読点やその他の符号も一字に数える。）

〔問5〕　本文中のCこれ　が指す内容を、文中の言葉を用いて二十五字以内で書きなさい。（句読点やその他の符号も一字に数える。）

〔問6〕　ある中学校の生徒たちが、授業でこの文章を読み、印象に残ったところについて話し合いました。本文の構成や内容に合う発言として適切なものを、次のア～エの中から二つ選び、その記号を書きなさい。

ア　日常生活における様々な場面を取り上げることで、オノマトペがあらゆる世代の人々の生活に入り込んだ身近なものだと再認識しました。

イ　日本語と同じ構造をもっている他国の言語を比較対象とすることで、日本語にオノマトペが多い理由が客観的に示されていると考えました。

ウ　文章のはじめに具体的なエピソードをもってくることで、読者をひきつけ、オノマトペについて考えるきっかけを提示していると思いました。

エ　育児の場面におけるコミュニケーションの例を挙げることで、オノマトペが未発達な言語であるという筆者の主張が強調されていると感じました。

三　次の文章を読んで、〔問1〕～〔問6〕に答えなさい。　※印には（注）がある。

> 中学校一年生の山東涼万（さんとうりょうま）のクラスでは、合唱コンクールに向け、指揮者の水野早紀（みずのさき）と伴奏者の井川音心（いがわそうる）を中心に練習を行っているが、なかなかまとまらない。涼万も、困っている早紀の様子が気にはなるものの、こういった行事に積極的ではなかった。
> ある日、涼万は練習中にひどくせき込み、練習の雰囲気を壊してしまったことで、ますます練習から気持ちが離れそうになっていた。しかし、放課後、早紀が音楽室で一人歌いながら指揮の練習をしているところを目撃し、翌朝の練習に参加しようと思い直す。

なんかみんな、熱いな。

俺がもっている熱の温度と、違うんだ。

行事なんかで一生懸命真面目にやるって、なんか格好良くない気がして。なんかダサいような、なんかこっぱずかしいような、実際めんどくさかったりもして。

考えごとをしていたら、となりの男子がサッと足を開いた。顔を上むしろ、オノマトペを研究する言語学者たちが指摘しているように、それぞれの言語ごとのオノマトペの構造の違いに目を向ける方が適当かもしれない。たとえば、英語のようにオノマトペが主に動詞であるような言語（"The cat ※meowed" など）よりも、日本語のようにオノマトペが主に［　　］であるような言語（「猫がニャーと鳴いた」など）の方がオノマトペに富む、といった可能性が考えられる。

この点に※鑑みると、オノマトペは言葉未満の幼稚な代物であるという、しばしば見受けられる捉え方にも疑問符がつく。雨が降る様子だけでも「しとしと」、「ぽつぽつ」、「ぱらぱら」、「ざあざあ」といった繊細な使い分けがときに要求されるということはむしろ、オノマトペが幼稚どころかB成熟した言語表現であることを示しているように思われる。

とはいえ、他方で、育児の過程でオノマトペが実際に重宝され、多用されるということも確かである。たとえば、「ブーブーが来たね」、「ワンワンだよ」、「これをチョキチョキやって」、「これをピカピカにして」といった表現は、小さな子どもとのコミュニケーションにおいて不可欠なものだ。一～二歳児向けの絵本『もこ　もこもこ』や『じゃあじゃあびりびり』は、オノマトペだけで成り立っているが、絵との相乗効果もあって、子どもの「食いつき」が抜群によい名作だ。

また、子どもがまだ比喩を使いこなせないとき、たとえば「痛い、痛い！」と叫んでいる子の体に具体的に何が起こっているのかを探るために、私たちはしばしばオノマトペに頼って聞き出そうとする。ズキズキするのか、キリキリするのか、ジンジンくるのか、それとも、グーーーッときているのか、等々。

そしてCこれは、子どもだけの話ではない。たとえば昨年私は、生まれてはじめての※尿路結石の痛みに襲われた。はじめてだから、何が何やら分からない。とにかく猛烈に苦しく、痛い。気の利いた比喩など一切思いつかない。医師に対して、「ここが、ズーンときて、ガンガンして……」と伝えるほかなかった。実際、患者の発するオノマトペは、医療現場において診断の一助として重視される要素のひとつだという。

オノマトペは、いわば言語以前の生理的な感覚と密接に結びつきながら、同時に、固有の文化的背景をもった紛れもない言葉の一種として、子どもから大人まで、全世代の生活に広く深く根を張っている。そしてときに、コミュニケーションのある種の切り札、生命線として、他に代えがたい役割を果たすこともあるのだ。

（古田徹也 著『いつもの言葉を哲学する』から……一部省略等がある。）

（注）・ガチャガチャ＝硬貨を入れレバーを回すとおもちゃなどが入ったカプセルが出てくる装置。
・広辞苑＝市販されている国語辞典の一つ。
・バイアスのかかった＝偏った。
・meowed＝meow（ニャーと鳴く）の過去形。
・鑑みると＝照らして考えると。
・尿路結石＝尿が通る道に石のようなかたまりが生じる病気。

〔問1〕本文中、A彼女は、「噛むの？」と尋ねたとありますが、彼女がなぜこのように尋ねたと筆者は考えていますか。その理由を述べた次の文の［　　］にあてはまる表現を、文中から四十字以内でそのまま抜き出し、最初と最後の五字をそれぞれ書きなさい。（句読点やその他の符号も一字に数える。）

彼女は、［　　　　　　　　］から。

〔問2〕本文中の1～5の段落について、段落の関係の説明として最も適切なものを、次のページのア～エの中から選び、その記号を書に近い意味の故事成語として最も適切なものを、次のア～エの中から選び、その記号を書きなさい。

ア　漁夫の利　**イ**　推敲（すいこう）　**ウ**　他山の石　**エ**　蛇足

二　次の文章を読んで、〔問1〕～〔問6〕に答えなさい。

※印には（注）がある。

ひどく暑い夏の日曜日。ずっと家に籠もっているのもなんだから、娘と散歩に出た。アスファルトからの陽（ひ）の照り返しもきつく、道中で娘はたくさん汗をかいた。家に戻り、彼女に冷たい麦茶の入ったコップを渡して、「がぶがぶいっちゃって」と促すと、A彼女は、「噛（か）むの？」と尋ねた。

確かに言われてみれば、「がぶがぶ」というのは噛む様子も表す言葉だ。むしろ、飲み物を勢いよく飲む様子をなぜ「がぶがぶ」と表現するのか、また、そのことをなぜ自分はこれまで不自然に感じなかったのか、急に疑問に思えてきた。少なくとも娘は、「がぶがぶ」と言われて、それを麦茶を飲む行為と結びつけることができなかったのだ。

1　「さらさら」、「かさかさ」、「わんわん」、「ごくごく」といった擬音語や、「いらいら」、「ふらふら」、「まったり」、「にやり」といった擬態語の総称を、一般にオノマトペと言うが、その種類は実にさまざまだ。

2　たとえば「どんぶらこ」のように、大きな桃が川を流れる様子のみを事実上表すオノマトペもあるし、「はるばる」や「ほのぼの」などのように、オノマトペに分類すべきかどうか微妙なものもある。また、おおよそ一九七〇年代から日本の街中で見られるようになった「※ガチャガチャ」（あるいは「ガチャポン」等々）は、まさにこの装置を操作するときの音や効果を表している。

3　さらに、時代とともにこれまでとは異なる意味をもち始めるものもある。たとえば「さくさく」は従来、「菓子・果物・野菜などの噛みごこちや切れ方が小気味よいさま」※（広辞苑（こうじえん）第七版）を主に指す言葉だった。「さくさくした歯ごたえ」、「さくさくのパイ」といった用法である。それがいつの頃からか、「さくさく片づける」とか「さくさく進む」という風に、「物事が気持よく進行するさま」（同書）という意味をもつようにもなった。

4　他方で、「レンジでチンする」という表現は、もはや「チン」という音を発する電子レンジが希少となった現在でも、時代を超えて生き続けている。「レシチン」という短縮形の表現も広く行き渡っているほどだ。

5　ともあれ、私たちは日々、無数のオノマトペに取り囲まれ、それらを縦横に駆使しながら生活している。日中は「きびきび」動きなさいとか、「しゃきっ」としなさいなどと怒られ、「くよくよ」したり、「もやもや」したり、「うじうじ」したりするけれども、夜、帰宅して、好きな番組で「げらげら」笑い、「もふもふ」した飼い猫に癒やされ、やがて「すやすや」眠る、といった具合である。

日本語はこのようにオノマトペが多用される言語として知られているが、同様に（あるいは日本語以上に）オノマトペが豊富な言語は世界各国に存在する。英語やドイツ語などのヨーロッパ言語の一部はオノマトペが比較的少ない、ということもあってか、オノマトペは未開・未発達の地域の言語に多いという説も根強い。しかし、それこそ日本語（および、朝鮮・韓国語などの諸語）のオノマトペの多さを考えれば、これは多分に※バイアスのかかった見方だと言えるだろう。

そうとしている。

ウ　話し合いの途中で、発言しやすくなるように、指名して意見を求めている。

エ　提案された意見ごとに、効果と実現性を検討し、次の話題に進めている。

〔問3〕　田中さんは、職場体験に行った事業所にお礼の手紙を書き、封筒に入れて送ることにしました。次の文章は手紙の下書きです。これを読んで、あとの(1)～(3)に答えなさい。

> 拝啓　晩秋の候　皆様がたにはお元気でお過ごしのことと思います。
>
> さて、先日の職場体験では、いろいろと教えていただきありがとうございました。A体験の中で最も印象に残っていることは、仕事に取り組まれるときの皆様は真剣な表情が印象的です。その熱心なお姿に接したことで、働くことについて深く考えるようになりました。
>
> 今回の職場体験で学んだことをレポートにまとめましたので、そのコピーを同封しています。どうぞB見てください。
>
> これから寒さの厳しい季節となります。風邪などひかれませんように、お体を大切になさってください。
>
> 敬具
>
> 令和四年十一月四日
>
> あさひ中学校　田中幸子
>
> C和歌山書店　御中

(1)　文中、A体験の中で最も印象に残っていることは、仕事に取り組まれるときの皆様は真剣な表情が印象的です　とありますが、この一文には表現上の誤りがあります。適切な表現になるように、次の［a］、［b］にあてはまる言葉を書き、文を完成させなさい。

> 体験の中で最も印象に残っていることは、仕事に取り組まれるときの皆様［a］真剣な表情［b］。

(2)　文中のB見てください　を適切な敬語表現に書き直しなさい。

(3)　田中さんは、封筒の表書きを行書で書くことにしました。次の［　］は、文中のC和歌山書店　御中　を、その宛名として書いたものの一部です。ⓐ、ⓑの部分の特徴の組み合わせとして最も適切なものを、次の**ア**～**エ**の中から選び、その記号を書きなさい。

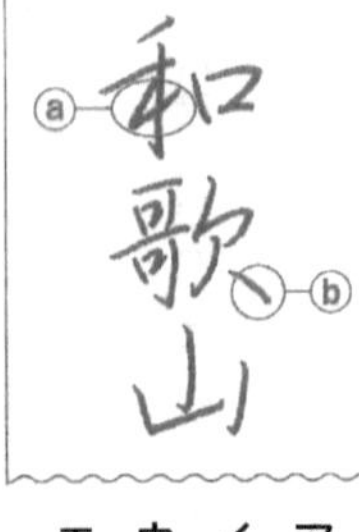

ア　ⓐ　筆順の変化　　ⓑ　点画の連続

イ　ⓐ　点画の省略　　ⓑ　点画の変化

ウ　ⓐ　点画の変化　　ⓑ　筆順の変化

エ　ⓐ　点画の連続　　ⓑ　点画の省略

〔問4〕　次の文章は、『論語』の一節を書き下し文にしたものです。これを読んで、あとの(1)、(2)に答えなさい。

> 子（先生）曰（いは）く、三人行けば（同じ道を行けば）、必ず我が師有り。A其（そ）の善なる者を擇（えら）びて（選んで）之（これ）に従（したが）ひ、B其の不善なる者にして之を改む。（『論語』から）

(1)　文中、A其の善なる者を擇びて　とありますが、この書き下し文の読み方になるように、「擇ビテ其ノ善ナル者ヲ」に返り点を付けなさい。

(2)　文中、B其の不善なる者にして之を改む　とありますが、これ

＜国語＞

時間　五〇分　満点　一〇〇点

一　次の〔問1〕～〔問4〕に答えなさい。

〔問1〕　次の①～⑧の文の――を付した、カタカナは漢字に直して書き、漢字は読みがなをひらがなで書きなさい。

①　マフラーをアむ。　②　文化がサカえる。
③　センモン学校に進学する。　④　道をオウフクする。
⑤　使者を遣わす。　⑥　工夫を凝らす。
⑦　世界平和を祈念する。　⑧　悠久の歴史。

〔問2〕　次の会話は、山田さんのクラスでの話し合いの一部です。これを読んで、あとの(1)、(2)に答えなさい。

司会：今から、卒業する先輩に向けた『贈る言葉』について話し合いたいと思います。まず『贈る言葉』のテーマから考えていきます。山田さんから意見をお願いします。
山田：私は、「感謝」をテーマにするのがよいと思いました。先輩方は、学校生活の多くの場面で私たちを助けてくれたからです。
司会：ありがとうございます。では、次に小林さんはどうですか。
小林：私も、山田さんと同じ意見です。体育祭のときにバトンパスのコツを教えてくれたり、□したので「感謝の気持ち」を伝えたいと思いました。
司会：なるほど。「感謝」という提案がありましたが、石川さんはいかがですか。
石川：卒業後は、楽しいことだけでなく苦しいこともあると思うので、私は、「応援の気持ち」をテーマにするのがよいと考えます。
司会：その他の意見はありませんか。（全体を見渡す）
他に意見はないようですね。では、今、二つの意見が出ていますが、これらの意見について皆さんはどう考えますか。
木村：はい。どちらのテーマもよいと思うので、二つの意見を合わせた言葉にしてはどうでしょうか。
司会：他の皆さん、どうですか。
一同：（うなずく）
司会：それでは、そのテーマで『贈る言葉』を考えていきましょう。

(1)　会話文中の□には、小林さんの言葉が入ります。話の内容に合う発言として最も適切なものを、次の**ア**～**エ**の中から選び、その記号を書きなさい。

ア　テスト勉強で悩んでいるときに助けてくれたり
イ　音楽祭の歌声が大人っぽくてかっこよかったり
ウ　生徒会活動の内容を全校集会の中で発表したり
エ　校外学習では学年全員で楽しそうにしていたり

(2)　この話し合いでの司会の進め方を説明したものとして、最も適切なものを、あとの**ア**～**エ**の中から選び、その記号を書きなさい。

ア　話題がずれそうになったところで、意見を整理し、テーマの見直しをしている。
イ　あいまいな意見については、何度も質問をし、説明を引き出

大切なことはメモしておこうネ！

2023年度

解答と解説

《2023年度の配点は解答用紙集に掲載してあります。》

<数学解答>

1 〔問1〕 (1) -4 (2) $\frac{1}{5}$ (3) $5a-2b$ (4) $-2\sqrt{3}$ (5) $2a^2-3$
〔問2〕 $(x-6)^2$ 〔問3〕 9(個) 〔問4〕 (ア) 0.08 (イ) 144
〔問5〕 $y=-2x^2$ 〔問6〕 $\angle x=104$(度)

2 〔問1〕 (1) E (2) Qの体積：Rの体積＝1：26 〔問2〕 (1) 緑(色)
(2) $2n+5$(cm) 〔問3〕 $\frac{4}{9}$ 〔問4〕 ドーナツ13個，カップケーキ5個(求める過程は解説参照) 〔問5〕 解説参照

3 〔問1〕 2 〔問2〕 $y=-x+6$ 〔問3〕 $2+4\sqrt{3}$ 〔問4〕 $(0,\ -2)$，$(0,\ 8)$

4 〔問1〕 $\angle$BAE＝56(度) 〔問2〕 DE＝$\sqrt{34}$(cm) 〔問3〕 解説参照
〔問4〕 $\frac{2}{5}$(倍)

<数学解説>

1 (数・式の計算，平方根，式の展開，因数分解，絶対値，資料の散らばり・代表値，関数$y=ax^2$，角度)

〔問1〕 (1) 異符号の2数の和の符号は絶対値の大きい方の符号で，絶対値は2数の絶対値の大きい方から小さい方をひいた差だから，$2-6=(+2)+(-6)=-(6-2)=-4$

(2) 四則をふくむ式の計算の順序は，乗法・除法→加法・減法となる。$\frac{8}{5}+\frac{7}{15}\times(-3)=\frac{8}{5}+\left(-\frac{7}{5}\right)=\frac{8}{5}-\frac{7}{5}=\frac{8-7}{5}=\frac{1}{5}$

(3) 分配法則を使って，$3(2a+b)=3\times 2a+3\times b=6a+3b$だから，$3(2a+b)-(a+5b)=6a+3b-a-5b=6a-a+3b-5b=5a-2b$

(4) $\frac{9}{\sqrt{3}}=\frac{9\times\sqrt{3}}{\sqrt{3}\times\sqrt{3}}=\frac{9\sqrt{3}}{3}=3\sqrt{3}$，$\sqrt{75}=\sqrt{3\times 5^2}=5\sqrt{3}$だから，$\frac{9}{\sqrt{3}}-\sqrt{75}=3\sqrt{3}-5\sqrt{3}=(3-5)\sqrt{3}=-2\sqrt{3}$

(5) 分配法則と乗法公式$(x+a)(x+b)=x^2+(a+b)x+ab$を使って，$a(a+2)+(a+1)(a-3)=a(a+2)+(a+1)\{a+(-3)\}=a\times a+a\times 2+a^2+\{1+(-3)\}a+1\times(-3)=a^2+2a+a^2-2a-3=a^2+a^2+2a-2a-3=2a^2-3$

〔問2〕 乗法公式$(a-b)^2=a^2-2ab+b^2$より，$x^2-12x+36=x^2-2\times x\times 6+6^2=(x-6)^2$

〔問3〕 数直線上で，ある数に対応する点と原点との距離を，その数の絶対値という。これより，絶対値が4以下の整数とは，原点との距離が4以下の整数であり，小さい方から-4，-3，-2，-1，0，1，2，3，4の9個ある。

〔問4〕 相対度数＝$\frac{\text{各階級の度数}}{\text{度数の合計}}$　度数の合計は200，40分以上50分未満の階級の度数は16だから，ア＝$\frac{16}{200}=0.08$　累積度数とは，一番小さい階級から，ある階級までの度数の合計だから，イ＝$24+56+64=144$

〔問5〕 **yはxの2乗に比例する**から，$y=ax^2$と表せる。$x=3$のとき$y=-18$だから，$-18=a\times3^2=9a$　$a=-2$　よって，$y=-2x^2$

〔問6〕 弧BCに対する**中心角と円周角の関係**から，$\angle BOC=2\angle BDC=2\times39°=78°$　**中心角の大きさは弧の長さに比例する**から，$\angle x=\angle BOC\times\frac{\overset{\frown}{AC}}{\overset{\frown}{BC}}=\angle BOC\times\frac{\overset{\frown}{AB}+\overset{\frown}{BC}}{\overset{\frown}{BC}}=78°\times\frac{1+3}{3}=104°$

2 **(展開図と見取図，体積比，規則性，文字を使った式，確率，連立方程式の応用，資料の散らばり・代表値)**

〔問1〕 (1)　問題図1の点E，F，G，Hは，それぞれ問題図2の頂点O，A，B，C，Dに右図のように重なる。

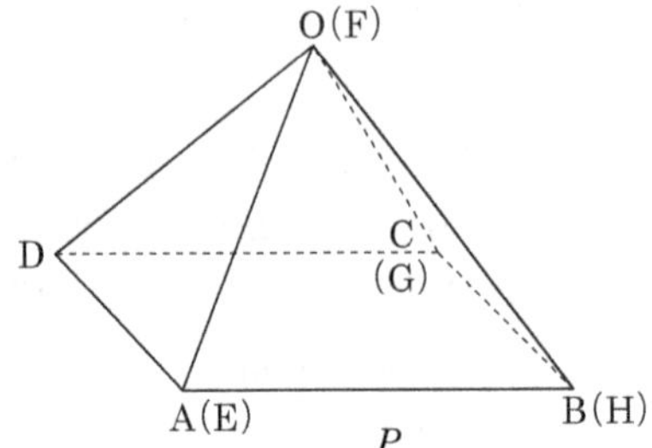

(2)　**角錐や円錐などの錐体を底面に平行な平面で切断すると，切断によってできた錐体と，もとの錐体は相似になる**から，$Q\backsim P$であり，**相似比は**OI：OA＝OI：(OI＋IA)＝1：(1＋2)＝1：3　**相似な立体では，体積比は相似比の3乗に等しい**から，Qの体積：Pの体積＝$1^3：3^3$＝1：27　よって，Qの体積：Rの体積＝Qの体積：(Pの体積－Qの体積)＝1：(27－1)＝1：26

〔問2〕 (1)　一番右の色紙の色は，色紙の枚数を3で割ったときの余りが1のとき緑，2のとき赤，0のとき青だから，13÷3＝4余り1より，□＝緑である。

(2)　最初，色紙を1枚並べたときの横の長さは7cmで，並べる枚数を1枚増やすごとに，横の長さは2cmずつ長くなるから，色紙を2枚並べたときの横の長さは7＋2×(2－1)＝9(cm)，3枚並べたときの横の長さは7＋2×(3－1)＝11(cm)　この規則性から，色紙をn枚並べたときの横の長さは$7+2\times(n-1)=2n+5$(cm)である。

〔問3〕 2つのさいころを同時に投げるとき，全ての目の出方は6×6＝36(通り)。このうち，出る目の数の積が12の約数，即ち，1，2，3，4，6，12のいずれかになるのは，2つのさいころの出た目の数を(a，b)としたとき，(a，b)＝(1，1)，(1，2)，(1，3)，(1，4)，(1，6)，(2，1)，(2，2)，(2，3)，(2，6)，(3，1)，(3，2)，(3，4)，(4，1)，(4，3)，(6，1)，(6，2)の16通り。よって，求める確率は$\frac{16}{36}=\frac{4}{9}$

〔問4〕 (求める過程)　(例)ドーナツをx個，カップケーキをy個つくったとすると，

$\begin{cases}x+y=18\\25x+15y=400\end{cases}$　これを解いて，$x=13$，$y=5$　よって，ドーナツ13個，カップケーキ5個

〔問5〕 (理由)　(例)15人の記録の**中央値**は大きいほうから8番目の生徒の記録である。また，**箱ひげ図**より中央値は25mである。よって，太郎さんの記録は中央値より小さいから上位8番以内に入ることはない。

3 **(図形と関数・グラフ)**

〔問1〕 **一次関数$y=ax+b$では，変化の割合は一定で，aに等しい**から，**(変化の割合)＝$\frac{y\text{の増加量}}{x\text{の増加量}}$**＝$a$より，**($y$の増加量)＝$a$×($x$の増加量)**が成り立つ。よって，関数$y=\frac{1}{2}x+3$について，$x$の増加量が4のとき，$y$の増加量は$\frac{1}{2}\times4=2$である。

〔問2〕 2点A(2，4)，P(6，0)を通る直線の式は，傾きが$\frac{0-4}{6-2}=-1$なので，$y=-x+b$とおいて点Pの座標を代入すると，$0=-6+b$　$b=6$　よって，直線APの式は$y=-x+6$

〔問3〕 点Aからx軸へ垂線AHを引くと，∠APO＝30°より，**△APHは30°，60°，90°の直角三角形**

で，**3辺の比は2：1：$\sqrt{3}$**　よって，$PH=\sqrt{3}AH=4\sqrt{3}$　点Pのx座標は$OH+PH=2+4\sqrt{3}$ である。

〔問4〕 ①のグラフ$y=\frac{1}{2}x+3$の切片が3より，B(0, 3)　点P(4, 0)を通り，①のグラフと平行な直線をℓとし，直線ℓとy軸との交点をQ_1とすると，**平行線と面積の関係**より，$\triangle ABP=\triangle ABQ_1$が成り立ち，点$Q_1$は問題の条件を満足する。直線$\ell$の式を$y=\frac{1}{2}x+c$とおいて点Pの座標を代入すると，$0=\frac{1}{2}\times 4+c$　$c=-2$　よって，直線ℓの式は$y=\frac{1}{2}x-2$だから，$Q_1(0, -2)$　また，y軸上の点Bより上に，$BQ_1=BQ_2$となる点Q_2をとると，$\triangle ABQ_1=\triangle ABQ_2$が成り立ち，点$Q_2$は問題の条件を満足する。点$Q_2$の$y$座標は，(点Bの$y$座標)$+BQ_1=3+\{3-(-2)\}=8$だから，$Q_2(0, 8)$　以上より，$\triangle ABP=\triangle ABQ$となる点Qの座標は(0, −2)，(0, 8)の2つである。

4 **(角度，線分の長さ，図形の証明，面積比)**

〔問1〕 AB//DCで，**平行線の同位角は等しい**から，$\angle ABE=(\angle BCD$の外角$)=180°-118°=62°$　$\triangle ABE$がAB＝AEの二等辺三角形であることと，$\triangle ABE$の内角の和は180°であることから，$\angle BAE=180°-2\angle ABE=180°-2\times 62°=56°$

〔問2〕 AD//BCで，**平行線の錯角は等しい**から，$\angle DAE=\angle AEB=90°$　$\triangle ADE$に**三平方の定理**を用いて，$DE=\sqrt{AD^2+AE^2}=\sqrt{BC^2+AE^2}=\sqrt{5^2+3^2}=\sqrt{34}$(cm)

〔問3〕 (証明) (例)△OBEと△ODFで，Oは平行四辺形の対角線の交点だから，OB＝OD…①　BE//FDから，錯角は等しいので，∠OBE＝∠ODF…②　また，**対頂角は等しい**ので，∠BOE＝∠DOF…③　①，②，③から，1組の辺とその両端の角がそれぞれ等しいので，△OBE≡△ODF　よって，OE＝OF…④　①，④から，四角形BEDFの対角線がそれぞれの中点で交わるので，四角形BEDFは平行四辺形である。

〔問4〕 平行四辺形ABCDの底辺をBCとしたときの高さを$h$cmとすると，(平行四辺形ABCDの面積)$=BC\times h=(BE+EC)\times h=(3+2)\times h=5h$(cm²)　AH//BEより，**平行線と線分の比についての定理**を用いると，$AH:BE=GA:GB=GA:(GA+AB)=2:(2+4)=1:3$　$AH=\frac{1}{3}BE=\frac{1}{3}\times 3=1$(cm)　(台形ABEHの面積)$=\frac{1}{2}\times(AH+BE)\times h=\frac{1}{2}\times(1+3)\times h=2h$(cm²)　以上より，台形ABEHの面積は，平行四辺形ABCDの面積の$2h\div 5h=\frac{2}{5}$(倍)である。

<英語解答>

1 〔問1〕 No. 1　D　No. 2　A　No. 3　C　〔問2〕 No. 1　C　No. 2　B
〔問3〕 No. 1　D　No. 2　A　No. 3　C　No. 4　B　No. 5　D

2 〔問1〕 (1)　ア　(2)　ウ　〔問2〕 A　ア　B　エ　C　イ　D　ウ
〔問3〕 (1)　エ　(2)　(例)What would you do

3 〔問1〕 ウ　〔問2〕 November　〔問3〕 (例)(1)　Because she can speak English better than before.　(2)　They need a computer.
〔問4〕 (例)世界には，学校で勉強できない子どもが多くいること。　〔問5〕 ア

4 (例) I liked our English classes in junior high school. I enjoyed speaking English in many activities and games. I was very happy because our teacher often gave me some good advice.

5 〔問1〕 A ウ　B イ　〔問2〕 ⓐ I began to learn about　ⓒ make the world more peaceful　〔問3〕 (例)多くの外国の高校生たちと平和について話し合い，お互いの考えを共有したこと。　〔問4〕 (例)(1) There are seven members in her family.　(2) They have peace events at their school festivals.
〔問5〕 エ→ウ→ア→イ　〔問6〕 (例)フォーラムに参加したり，平和のためのグループを作ったりすること。

＜英語解説＞

1 (リスニング)

放送台本の和訳は，51ページに掲載。

2 (長文読解問題・エッセイ：語句補充・選択，図を用いた問題，文の挿入，自由・条件英作文)

(全訳)　今日は，宇宙の惑星についてお話ししたいと思います。僕は惑星が大好きです。去年，私の父が美しい写真が載っている惑星についての本を僕にくれました。それはすばらしかったです。その本は僕を幸せな気持ちにしてくれました。その時から，僕は惑星に興味をもっています。

僕は化学の先生であるスズキ先生と話をした時，彼女は言いました，「宇宙にはたくさんの惑星があります。そしてそれらは独自の特徴をもっています。金星は知っていますか？　金星は地球より小さい美しい惑星です。」僕はいくつかの惑星の名前は知っていましたが，それらについて詳しくは知りませんでした。そこで僕は惑星についてもっと知りたいと思いました。

先週末，僕は太陽に近い4つの惑星について調べました。それらは水星，金星，地球，そして火星です。僕は本とウェブサイトでそれらについてのデータを手に入れました。僕はそのデータを共有したいと思い，図を作りました。これらの図を見てください。図1は4つの惑星の太陽からの順番を示しています。図2はそれらの大きさの順番を示しています。これらの図から，水星が太陽に一番近く，それは4つの惑星の中で最も小さいということが分かります。太陽から，火星は地球よりも離れています。

これらの4つの惑星の中で，僕は最も大きな惑星は火星だと思っていました,なぜならそれは太陽から最も離れているからです。しかしそれは正しくありませんでした。火星は4つの惑星の中で2番目に小さいのです。僕はこれらの図を作ることによって新しいことを学びました。僕は惑星について学ぶことが大好きです，なぜなら知らないことがたくさんあるからです。将来，僕はそれらについて学び続けるつもりです。

図

図1　【4つの惑星の太陽からの順番】
太陽により近い　水星→金星→地球→火星　太陽からより遠い

図2　【4つの惑星の大きさ】
より小さい　A → B → C → D　より大きい

〔問1〕 (1)　武志は惑星に興味をもっている，なぜなら(ア　彼の父が彼にくれた本が素晴らしかったからだ)。第1段落の内容に注目。　(2)　武志は(ウ　惑星が大好きで将来惑星について学びたいと思っている)。第1段落2文目，及び第4段落最後の文に注目。

〔問2〕 全訳参照。　A　水星　第3段落最後から2文目参照。　B　火星　第4段落3文目参照。　C　金星　第2段落スズキ先生の発話を参照。　D　地球　第2段落スズキ先生の発話を参照。

〔問3〕（問題文訳）　ジェシー：惑星についてのあなたのスピーチは興味深かったです。／武志：わあ，本当ですか？　ありがとうございます。／ジェシー：あなたのスピーチを聞くことから，あなたが惑星について学ぶことがとても好きだということがわかりますよ。だから①私はあなたに将来宇宙科学者になってほしいと思います。／武志：ええ，実は，それが僕の将来の夢のうちのひとつなのです。／ジェシー：まあ！　それはワクワクします。あなたならできますよ！　将来火星などの惑星に行けるといいですね。／武志：そう願っています。／ジェシー：もし明日火星に行けるとしたら，②何がしたいですか？／武志：もし明日そこへ行けたら，そこから地球を見てみたいです。／ジェシー：それはいいですね！　(1)　空所①直後の武志の発言に注目。「それが僕の将来の夢のうちのひとつなのです」と言っている。　(2)　問題文訳参照。**「もし(今)～ならば，…だろうに」は<If ＋主語＋過去形～，主語＋助動詞の過去形＋動詞の原形…>の形で表現できる。現在の事実とは違うこと，起こりえないことを表す。(仮定法過去)**　直後の武志の発言がヒントになる。

3　(会話文問題：語句補充・選択，英問英答，語句の解釈・指示語，内容真偽)

（全訳）　ケリー：こんにちは，アヤ。

彩　：こんにちは，ケリー。この紙を見て。これは私が参加しているオンラインスタディプログラムについてのものよ。

ケリー：おもしろいわね！　あなたはバスケットボールが大好きだからスポーツを選んだんじゃないかと思うわ。

彩　：うーん，違うわ。11月の日曜日にバスケットボール部の大きな行事があったの。だから私はスポーツを選ばなかったのよ。

ケリー：そうなのね。

彩　：私は科学と言語はもう受け終わったわ。明日は，A子どもの最後の授業を受けるつもりなの。

ケリー：まあ，オンラインスタディプログラムはどう？

彩　：はじめは，英語を話すのが難しかったわ。だから毎日授業後に一生懸命英語を話す練習をしたの。今では前よりも上手に英語を話すことができて嬉しいわ。

ケリー：まあ，それはすごいわ！　あなたにとっていちばん興味があるテーマはどれ？

彩　：実は，子ども(の授業)なの。

ケリー：それについてもっと教えて。

彩　：世界には，学校で勉強することができない子どもたちがたくさんいるの。私はそれを知って驚いたわ。そのような子どもたちを支援する活動があることも学んだのよ。私はその活動についてもっとよく知ってそれに参加したいと思っているの。明日の授業では頑張るつもりよ。

ケリー：それはすばらしいわ！

オンラインスタディプログラム

あなたは英語で勉強したいですか？　3つのテーマを選ぶことができます。

授業では英語だけを話さなければいけません。

テーマ	内容	スケジュール
科学	他の惑星に住むということ	5月の毎週日曜日
健康	自然環境と私たちの健康	6月の毎週土曜日

スポーツ	世界のスポーツ	B11月の毎週日曜日
言語	言語学習	12月の毎週日曜日
子ども	子どもたちを支援する活動	2月の毎週土曜日
音楽	音楽のちから	3月の毎週日曜日

・コンピューターが必要です。
・自宅で授業を受けることになります。

〔問1〕　全訳参照。彩の6番目の発言に注目。子どもについての授業を明日受けると言っている。

〔問2〕　全訳参照。彩の2番目の発言に注目。11月にはバスケットボール部の行事があったのでスポーツの授業は選択しなかったと言っている。

〔問3〕（問題文・解答例訳）（1）　なぜ彩は嬉しいのですか？／なぜなら彼女は以前よりも上手に英語を話すことができるからです。　彩の4番目の発言参照。（2）　高校生はオンラインスタディプログラムのために何が必要ですか？／彼らはコンピューターが必要です。　案内の紙の注意書きを参照。product＝製品

〔問4〕　全訳参照。thatの具体的な内容は，彩の6番目発言1文目の内容を指す。

〔問5〕　全訳参照。　ア　彩は子どもたちを支援する活動に参加したいと思っている。(○)　彩の6番目の発言3・4文目参照。　イ　彩はケリーとバスケットボール部の大きなイベントをやりたいと思っている。　ウ　彩はオンラインスタディプログラムのすべての授業をすでに終えている。　エ　彩は以前に子どもたちを支援する活動に参加したことがある。

4 （自由・条件英作文）

（解答例訳）（こんにちは。私は中学校生活の思い出についてお話します。）私は中学校の英語の授業が好きでした。たくさんの活動やゲームの中で楽しんで英語を話しました。私たちの英語の先生がたびたび良いアドバイスをくださったのでとても嬉しかったです。（ありがとうございました。）

5 （長文読解問題・エッセイ：文の挿入，語句の並べ換え，語句の解釈・指示語，英問英答，日本語で答える問題，文の並べ換え）

（全訳）　今日は，私の夢についてお話したいと思います。でも，私の夢が何かをお話する前に，A私の家族についてお話させてください。私の家族は7人です。7人の中でいちばん年長の家族は私の祖父母の父(曾祖父)です。彼は今98歳です。彼は若い頃，第二次世界大戦の間，2年間外国の戦場にいました。数か月前，曾祖父と私は外国の戦争についてのテレビニュースを見ていました。すると彼は私に第二次世界大戦での彼自身の悲しい経験を教えてくれました。彼はまた私にこう言いました，「戦争はたくさんの人々に悲しい思いをさせるのだよ。彼らの気持ちを想像してみてほしい。それはみんなにできることだよ。」

ⓐ曾祖父と話をした後，私は世界の戦争について学び始めました。私は世界平和に関するたくさんのウェブサイトを訪問しました。また，戦争についての多くの新聞記事も読みました。戦争のせいで悲しい思いをしているとても多くの人たちがいることを知り驚きました。そして戦争についてもっと考えるべきだということに気づきました。Bこれは私の曽祖父からの大切なメッセージです。

また，世界の平和を支援するためのオンラインで行われるたくさんの種類の活動があることも知りました。そのうちのいくつかは高校生でも参加することができます。実際，私は先週平和のため

のオンライン国際フォーラムに参加しました。たくさんの外国の高校生がそれに参加しました。私たちは平和について話し合い，考えを共有しました。フォーラムの後，私は曾祖父にそのフォーラムでした⒝良い経験について話しました。彼はとても嬉しそうでした。

⒞皆さん，今，私の夢は世界をもっと平和にすることです。世界平和のために高校生が何かをするのはとても難しいと考える人もいるかもしれません。でもそうではありません。フォーラムの後，私はそのフォーラムに参加した高校生からたくさんのメールを受け取りました。メールの中で，高校に平和のためのグループがあると言っている生徒たちがいました。そのグループのメンバーは，メッセージや歌を作るといった平和のための活動を起こすために共に活動しています。学園祭で平和のイベントを行うグループもあります。かっこいいです！高校生でも世界平和のためにたくさんのことができるのです。

フォーラムに参加したことは私の夢に到達するための最初の行動にすぎません。私の次の行動は私たちの学校に平和のためのグループを作ることです。⒟それらの行動は小さいかもしれませんが，たくさんの人たちがやってみれば，小さな行動が世界をより良くすると信じています。一緒に活動しませんか？

〔問1〕　全訳参照。　A　Ａ直後の内容に注目。奈菜の家族，曾祖父について話をしている。
B　Ｂ直前の内容，及び第1段落最後の一文，奈菜の曽祖父の言葉に注目。

〔問2〕　ⓐ　(After talking with my grand-grandfather,)I began to learn about (wars in the world.)　begin to ～＝～し始める　ⓒ　(Now my friends, my dream is to)make the world more peaceful(.)　**<make A B>**＝AをBにする

〔問3〕　全訳参照。　第3段落の下線部ⓑ直前までの内容に注目。奈菜がオンラインで行われるフォーラムに参加したことが書かれている。

〔問4〕　全訳参照。　(1)　奈菜の家族は何人ですか？／彼女は7人家族です。　第1段落3文目参照。
(2)　生徒たちのいくつかのグループは学園祭で何をしますか？／彼らは学園祭で平和についてのイベントを行います。　第4段落最後から3文目参照。

〔問5〕　(選択肢訳・正解順)　エ　彼女は曾祖父と一緒に戦争についてのテレビニュースを見た　第1段落7文目　→ウ　彼女は，戦争のせいでとてもたくさんの人たちが悲しい思いをしていることを知り驚いた。　第2段落4文目　→ア　彼女はオンラインで行われる平和についての国際的なフォーラムに参加した。　第3段落3文目　→イ　彼女は高校生から平和活動についてメールを受け取った。第4段落4文目

〔問6〕　全訳参照。　第5段落1・2文目に注目。

2023年度英語　リスニングテスト

〔放送台本〕

これから英語の学力検査を行います。①番はリスニング問題で，〔問1〕，〔問2〕，〔問3〕の3つがあります。放送を聞きながら，メモをとってもかまいません。

〔問1〕は，対話の内容に合った絵を選ぶ問題です。はじめに，No. 1から No. 3の絵を見なさい。これから，No. 1から No. 3の順に，それぞれ対話を1回放送します。No. 1から No. 3の対話の内容に最も合う絵を，AからDの中から1つずつ選び，その記号を書きなさい。放送は一度しか流れません。注意して聞いてください。それでは始めます。

No. 1　男の子：Mom, I'm looking for my watch.
　　　母親：　It's by the dictionary on your desk.
No.2　女の子：Are you free on July fifth ?
　　　男の子：Yes.
　　　女の子：Look. On that day, the bookstore will have this event.
　　　男の子：That's nice.　Let's go together.
No.3　店員：　Hello.　Can I help you?
　　　女の子：Yes.　I want a hamburger and two hot dogs.
　　　店員：　Sure.　Do you want anything to drink?
　　　女の子：No, thank you.

これで，〔問1〕を終わります。

〔英文の訳〕

No. 1　男の子：ママ，時計を探しているの。
　　　母親　：あなたの机の上の辞書のそばにあるわよ。
No. 2　女の子：7月5日は空いている？
　　　男の子：うん。
　　　女の子：見て。その日に，本屋さんがこのイベントをやるのよ。
　　　男の子：いいね。一緒に行こう。
No. 3　店員　：こんにちは。お伺いいたしましょうか？
　　　女の子：はい。ハンバーガーを1つとホットドッグを2つください。
　　　店員　：かしこまりました。何かお飲み物はいかがでしょうか？
　　　女の子：いいえ，結構です。

〔放送台本〕

〔問2〕は，英文を聞いて，答える問題です。まず，No. 1，No. 2の問題を読みなさい。これから，No. 1，No. 2の順に，それぞれ質問と英文を放送します。質問に対する答えとして最も適切なものを，AからDの中から1つずつ選び，その記号を書きなさい。英文は2回放送します。それでは始めます。

No. 1　中学生の和也が，英語の授業で自分の趣味についてスピーチをします。スピーチの内容に合うものはどれですか。

I like listening to music.　I've been interested in Japanese pop music since I was seven years old.　Last week, my father gave me a CD and I listened to it. It was my first CD of English songs.　It was fun to listen to the songs.　I was very happy because I could understand some of the words in the songs.　I want to listen to other English songs, too.

No.2　カナダでホームステイ中のあなたが，観光案内所で博物館への移動手段をたずねたところ，4つの方法が提示されました。次の2つの条件を満たす移動手段はどれですか。

If you pay ten dollars, you can use a bike until tomorrow.　And you can get to the museum in twenty minutes.　Trains are faster than bikes.　And you need to pay four dollars.　If you take a bus, you can get there in twenty-five minutes. And you need to pay three dollars.　If you take a taxi, you can get there in ten minutes.　But you have to pay more than twelve dollars.

これで，〔問2〕を終わります。

〔英文の訳〕

No. 1　僕は音楽を聴くことが好きです。7歳のころから日本のポップミュージックに興味をもっています。先週，父が私にCDをくれたので聴きました。それは私にとって初めての英語の歌のCDでした。その歌を聴くのは楽しかったです。歌の中のいくつかの単語を理解することができてとても嬉しかったです。他の英語の歌も聴きたいです。

答え：C　和也は先週英語の歌を聴いて楽しみました。

No. 2　10ドルを支払えば，明日まで自転車を使うことができます。そうすれば美術館へ20分以内で行くことができます。電車は自転車よりも速いです。そして，4ドル払う必要があります。バスに乗る場合は，そこへ25分以内で行くことができます。3ドル払う必要があります。タクシーに乗るなら，10分以内でそこへ行くことができます。でもそれには12ドル以上支払う必要があります。

答え：B　電車

〔放送台本〕

〔問3〕は，英語のスピーチを聞いて，答える問題です。まず，〔問3〕の問題を読みなさい。これから，高校生の健が英語の時間に行ったスピーチと，その内容について5つの質問を2回放送します。No.1からNo. 5の英文が質問の答えとなるように，空欄に入る最も適切なものを，AからDの中から1つずつ選び，その記号を書きなさい。それでは始めます。

Today, I will talk about my grandmother's cake shop. She started the shop about forty years ago. It is small and old. She works alone in the shop, so she can't make many kinds of cakes. But her cakes are delicious and I wanted to learn how to make them. So, I helped her in her shop last summer. I was surprised because so many customers came to the shop.

One day, I met a woman. Her name was Meg. She came to the shop to buy her son's birthday cake. She told me that she bought a birthday cake for him in my grandmother's shop every year. I was glad to hear that everyone in her family likes my grandmother's cakes.

Now, I usually go to her shop after school. When I see the happy faces of my grandmother and her customers, I also feel happy. I love her shop. I want to make the shop more popular.

Question No. 1: When did Ken's grandmother start her shop?
Question No. 2: Why was Ken surprised last summer?
Question No. 3: Who was Meg?
Question No. 4: When does Ken usually go to his grandmother's shop?
Question No. 5: What does Ken want to do?

〔英文の訳〕

今日は，僕の祖母のケーキ店についてお話します。彼女は約40年前にその店を始めました。それは小さくて古いです。彼女はその店で1人で働いているので，たくさんの種類のケーキは作ることができません。でも彼女のケーキは美味しいので，僕は作り方を学びたいと思っていました。そこで，この前の夏，僕は彼女の店で手伝いをしました。店にとてもたくさんの人たちが来たので驚きました。

ある日，1人の女性に会いました。彼女の名前はメグでした。彼女は彼女の息子の誕生日ケーキを買いに店に来ました。彼女は僕に，毎年彼のために誕生日ケーキを祖母の店で買っていると言いました。僕は，彼女の家族がみんな祖母のケーキが好きだということを聞いて嬉しかったです。

今では，僕は放課後たいてい彼女の店に行きます。祖母とお客さんの幸せそうな顔を見ると，僕も嬉しく感じます。僕は彼女の店が大好きです。僕は店をもっと人気店にしたいと思っています。

質問No. 1　健の祖母はいつ店を始めましたか？
答え　D　彼女は店を約40年前に始めました。
質問No. 2　この前の夏，健はなぜ驚いたのですか？
答え　A　彼が驚いたのは，とてもたくさんのお客さんが祖母の店に来たからです。
質問No. 3　メグとは誰ですか？
答え　C　彼女は健の祖母の店のお客さんです。
質問No. 4　健は普段いつ祖母の店に行きますか？
答え　B　彼はたいてい放課後に彼女の店に行きます。
質問No. 5　健は何をしたいと思っていますか？
答え　D　彼は祖母の店をもっと人気店にしたいと思っています。

<理科解答>

1　〔問1〕（1）質量保存(の法則)　（2）イ　〔問2〕（1）ア，ウ　（2）組織
（3）弾性の力[弾性力]　（4）ニュートン
〔問3〕（1）チャート　（2）ア

2　〔問1〕（1）ウ　（2）(めしべ)→おしべ→花弁→がく
（3）離弁花類　（4）胚珠　〔問2〕（1）右図1
（2）顕性(形質)[優性(形質)]　（3）イ
（4）(減数分裂によって，)(例)対になっている遺伝子が分かれて別々の生殖細胞に入るという法則。

図1

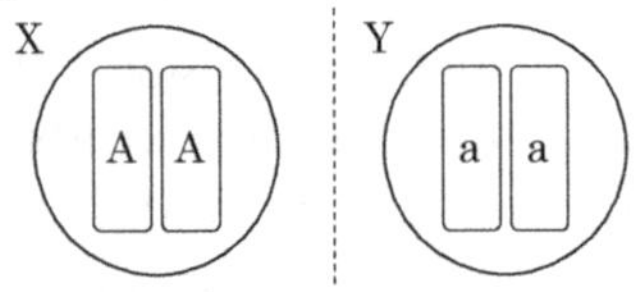

3　〔問1〕恒星　〔問2〕(例)地球の影に入る　〔問3〕エ　〔問4〕水星，金星
〔問5〕液体の水[水]　〔問6〕エ　〔問7〕イ

4　〔問1〕エ　〔問2〕（1）(例)気体であること。　（2）ア
〔問3〕ウ　〔問4〕イオンが(ほとんど)存在しないから。
〔問5〕X…$BaSO_4$　Y…H_2O　〔問6〕0.5(g)

5　〔問1〕（1）オーム(の法則)　（2）0.8(A)　（3）右図2
（4）ウ　〔問2〕（1）0.5(A)　（2）900(J)　（3）ア

図2

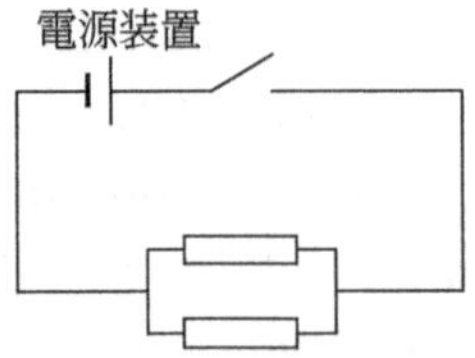

<理科解説>

1　(総合問題)

〔問1〕（1）**質量保存の法則**とは，化学変化の前後で，物質全体の質量は変化しないことを表している。　（2）海水は混合物，二酸化炭素と硫化鉄は化合物である。

〔問2〕（1）細胞壁，葉緑体は，植物の細胞に特有のつくりである。　（2）同じ種類の細胞が集まったものを組織といい，からだの各器官は，さまざまな組織が集まってつくられる。　（3）変形した物体がもとにもどろうとするときに生じる力を，弾性の力という。　（4）Nは力の大きさの単位で，ニュートンと読む。

〔問3〕（1）生物の遺骸によってできる岩石には，石灰岩とチャートがある。このうち，チャー

トの主成分は二酸化ケイ素であり，非常にかたく，うすい塩酸をかけてもとけない。　(2)　アンモナイトは，中生代を代表する示準化石である。

2　(花のつくり，遺伝)

〔問1〕　(1)　ルーペは目に近づけて持つ。手に持ったものをルーペで観察するときは，手に持ったものを動かして見やすい位置を探す。　(2)　めしべのまわりにおしべがあり，おしべをとり囲むように花弁がある。がくは，花弁の外側に，花を支えるようについている。　(3)　双子葉類のうち，花弁が1枚ずつ離れてついている花をさかせる植物のなかまを離弁花類という。　(4)　受粉後種子になるつくりを**胚珠**といい，被子植物では子房の中に見られる。

〔問2〕　(1)　純系の個体は，同じ遺伝子を対でもっている。よって，丸い種子をつくる純系の親Xは，AAの組み合わせで遺伝子をもち，しわのある種子をつくる純系の親Yは，aaの組み合わせで遺伝子をもつ。　(2)　対立形質の純系をかけ合わせたとき，子には顕性形質が現れる。

(3)　子Zの種子が持つ遺伝子の組み合わせはAaなので，この自家受粉によって得られる個体の遺伝子の組み合わせとその割合は，**AA：Aa：aa＝1：2：1**となる。よって，1000個のうち，しわのある種子の遺伝子の組み合わせ(aa)をもつものは，$1000〔個〕\times\frac{1}{1+2+1}=250〔個〕$

(4)　分離の法則とは，生殖細胞がつくられるとき，もとの細胞の中にある一対の遺伝子が分かれて，別々の生殖細胞に入っていくことを表している。

3　(天体)

〔問1〕　自ら光り輝く天体を，恒星という。

〔問2〕　**太陽－地球－月**の順に一直線上に並ぶと，月は地球の影に入って観察することができなくなる。この現象を月食という。

〔問3〕　月の動きは太陽の動きに似ており，東からのぼって南の高いところを通り，西に沈む。

〔問4〕　明け方か夕方だけ観察できる(真夜中に見ることができない)惑星は，**地球の公転軌道よりも内側を公転**している天体である。よって，水星と金星である。

〔問5〕　地球の表面の約70％が水におおわれていると言われている。

〔問6〕　金星は，地球から離れるほど丸く見えるようになる。満月のような形に見える金星は，地球から見て太陽の向こうにあるため，観察できない。

〔問7〕　図1では地球から見て，火星が金星よりも高い位置に見えることに着目する。ア，エでは火星は明け方に見えない。ウは金星よりも低い位置に火星が見える。

4　(水溶液，イオン)

〔問1〕　こまごめピペットを持つときは，ピペットを握りこみ，ゴム球を親指とその他の指で押さえるようにして持つ。

〔問2〕　(1)　水溶液を乾燥させたときに何も残らないのは，水溶液の溶質が気体だからである。

(2)　Dは，フェノールフタレイン溶液が赤色に変化するので，アルカリ性のアンモニア水，よってAはうすい塩酸，Bは結晶のようすから塩化ナトリウム水溶液，残りのCが砂糖水である。

〔問3〕　BTB溶液が青色を示していることから，アルカリ性である。

〔問4〕・〔問5〕　この変化は，硫酸＋水酸化バリウム→硫酸バリウム＋水($H_2SO_4+Ba(OH)_2\rightarrow BaSO_4+2H_2O$)の反応となる。この反応で生じる塩の硫酸バリウムは水に溶けにくい物質であることから，硫酸を16cm^{3}加えたとき，水溶液は中性となり，イオンは存在していない。よって，電流が流れない。

〔問6〕 完全に中和したのは硫酸を$16cm^3$加えたときで，このときに生じる沈殿物(硫酸バリウム)の質量が最大となる。よって，硫酸を$20cm^3$加えたときと$16cm^3$加えたときでは沈殿物の質量は等しい。このことから，硫酸を$10cm^3$加えたときに生じる沈殿物の質量をxgとすると，$16:0.8=10:x$，$x=0.5$〔g〕

5 **(電流とそのはたらき)**

〔問1〕 (1) 電流と電圧が比例する関係を，オームの法則という。 (2) 5Ωの抵抗が2つ直列につないであることから，この回路の全抵抗は，5＋5＝10〔Ω〕である。よって，c点に流れる電流は，8〔V〕÷10〔Ω〕＝0.8〔A〕 (3) 2つの抵抗器の並列回路を作図する。 (4) 並列回路なので，回路全体を流れる電流の大きさは，各抵抗を流れる電流の和に等しい。

〔問2〕 (1) **電力〔W〕＝電流〔A〕×電圧〔V〕**より，6Vの電圧を加えたときに3Wの電力を消費する電熱線xに流れる電流は，3〔W〕÷6〔V〕＝0.5〔A〕 (2) **発熱量〔J〕＝電力〔W〕×時間〔s〕**より，3〔W〕×(60×5)〔s〕＝900〔J〕 (3) 2本の電熱線は並列つなぎになっていることから，同じはたらきをする電熱線が2本に増えるので(ii)のときの結果の2倍の温度上昇となる。

＜社会解答＞

1 問1 大西洋　問2 (1) (例)ボゴタはマナオスより標高が高いところに位置するから。 (2) ウ　問3 東南アジア諸国連合[ASEAN]　問4 A ア　B ウ　C イ　問5 モノカルチャー経済

2 問1 イ　問2 A ウ　B ア　C イ　問3 三角州[デルタ]　問4 エ　問5 カルデラ　問6 (特徴) (例)臨海部に立地している。 (理由) (例)原油の輸入に便利だから。

3 問1 白河(天皇)　問2 (1) 正倉院[正倉院正倉] (2) ア　問3 イ　問4 永仁の徳政令[徳政令]　問5 (例)ものさしやますの基準を統一したこと。　問6 エ　問7 (例)物価の上昇をおさえるため，営業を独占していた株仲間を解散させた。　問8 ウ

4 問1 ウ→ア→イ　問2 与謝野晶子　問3 ア　問4 (国名) ソビエト社会主義共和国連邦[ソ連，ソビエト] (政策) ウ　問5 (例)政府が地主から農地を買い上げ，小作人に安く売りわたした。

5 問1 裁判員制度　問2 エ　問3 (例)選挙区によって有権者の数に差があるので，一票の格差が生じること。　問4 A 30　B 25　問5 イ　問6 製造物責任法[PL法]

6 問1 国債[公債]　問2 労働組合　問3 民主主義の学校　問4 (例)銀行は，家計などに支払う利子よりも，企業などから受け取る利子を高くすることで利益をあげている。　問5 (1) ア (2) イ

＜社会解説＞

1 **(地理的分野―世界―人々のくらし・宗教，地形・気候，人口・都市)**

問1 大西洋は，三大洋のうち2番目に大きな大洋。

問2 (1) ボゴタが位置する南アメリカ大陸西部には**アンデス山脈**が位置するため，標高が高く

なる。　(2)　経度差**15度**で1時間の時差が生じるため，14時間の時差が生じるには15×14＝210(度)の経度差が必要になる。キトは本初子午線より西に位置するため，西経(210－135)度となる。

問3　**ASEAN**は，東南アジア10か国が政治・経済面で協力し合うために結成された。

問4　世界の人口に対する割合が最も高いⒶがアジア，人口爆発による人口増加がみられるアフリカがⒷ，残ったⒸがヨーロッパと判断する。

問5　アフリカ州ではケニアの**茶**，コートジボワールやガーナの**カカオ豆**などの商品作物の栽培がさかん。

2　**(地理的分野―日本―日本の国土・地形・気候，人口・都市，農林水産業，工業)**

問1　北西からの季節風は**日本海側**の地域に積雪をもたらすため，関東山地などを越えた太平洋側の地域では乾燥した風となる。

問2　他県からの通勤・通学で昼間人口が多くなるⒶが東京都。東京都に隣接し，昼間人口が少なくなるⒸが埼玉県，残ったⒷが群馬県と判断する。

問3　問題文中の「河口付近」から判断する。**扇状地**は，川が山地から平地へ出るところに土砂が堆積してできる。

問4　**畜産**の産出額が最も大きいことから判断する。鹿児島県・宮崎県は畜産がさかん。アが北海道地方，イが関東地方，ウが東北地方。

問5　熊本県の**阿蘇山**は，世界最大級の**カルデラ**をもつ。

問6　図3中の石油化学コンビナート所在地は，全て海沿いに位置することが読み取れる。表2から，原油のほとんどを輸入に頼っていることが読み取れる。

3　**(歴史的分野―日本史―時代別―古墳時代から平安時代，鎌倉・室町時代，安土桃山・江戸時代，日本史―テーマ別―政治・法律，文化・宗教・教育，外交)**

問1　Bのカードのタイトル「**院政の始まり**」などから判断する。

問2　(1)　正倉院には，**シルクロード**を通じて伝わった西方の宝物も納められている。**聖武天皇**の頃の文化を，**天平文化**という。　(2)　唐から来日した**鑑真**によって唐招提寺が建てられた。イが飛鳥時代，ウが戦国時代，エが鎌倉時代のできごと。

問3　大都は，**フビライ・ハン**が国号を定めた元の首都。

問4　鎌倉幕府は元寇後，困窮した御家人を救うために**徳政令**を出したが，かえって混乱を招いて幕府の滅亡を早める結果となった。

問5　**豊臣秀吉**は，全国のますやものさしを統一することで，決まった量の年貢を確実に集めようとした。

問6　**松平定信**は**寛政の改革**を行った。アは井伊直弼，イは水野忠邦，ウは徳川吉宗が行った政策。

問7　**水野忠邦**は**天保の改革**のなかで，江戸・大阪周辺を幕領にしようとしたが，失敗した。なお，株仲間の結成を奨励したのは**田沼意次**。

問8　琉球王国の成立は室町幕府3代将軍**足利義満**の頃。Cのカードが鎌倉時代，Dが安土桃山時代のできごと。

4　**(歴史的分野―日本史―時代別―明治時代から現代，日本史―テーマ別―政治・法律，世界史―政治・社会・経済史)**

問1　アが1880年，イが1881年，ウが1874年のできごと。

問2　資料は，与謝野晶子が日露戦争に反対した『**君死にたまふことなかれ**』。

問3　**ワシントン会議**では各国の主力艦の保有が制限されたり，中国の主権を尊重し領土を保護するための条約が結ばれるなどした。イが日清戦争の講和会議，ウが第一次世界大戦の講和会議，エがロンドン海軍軍縮会議の内容。

問4　ソ連では社会主義政策のもとで工業化と農業の集団化が進められ，**五か年計画**によって国内生産を増強していたため，世界恐慌の影響を受けなかった。アはアメリカ，イはイギリス・フランス，エは日本が行っていた政策。

問5　**農地改革**は，小作農を減らして**自作農**を増やす目的で実施された。

5　**(公民的分野一憲法・基本的人権，国の政治の仕組み・裁判，民主主義，地方自治，経済一般)**

問1　裁判員制度は，**地方裁判所**で行われる**刑事裁判**の第一審のみに適用され，裁判員は裁判官とともに有罪か無罪かだけでなく，量刑の判断も行う。

問2　説明文は，日本国憲法第96条の内容。

問3　有権者数が少ない選挙区に比べて，有権者数が多い選挙区における一票の価値が低くなるため，図の選挙区を比較したときの一票の価値は，鳥取第1区よりも東京第13区の方が低くなる。

問4　選挙で投票できる権利を選挙権，選挙に立候補できる権利を被選挙権という。

問5　売り手と買い手の意思が合致した時点で売買契約が成立する。

問6　**製造物責任法**では，生産者側の過失の有無にかかわらず責任を負うことを定めている。

6　**(公民的分野一国の政治の仕組み・裁判，地方自治，国民生活・社会保障，経済一般，財政・消費生活)**

問1　文中の「国の借金」などから判断する。

問2　**労働組合**の結成は，憲法第28条で保障されている。

問3　イギリス人**ブライス**の言葉。

問4　銀行などの金融機関の多くは私企業に分類されるので，支払う利子よりも受け取る利子を高くすることで利潤をあげている。

問5　(1)　社会保険制度は，**憲法第25条**(**生存権**)を保障するための**しくみ**。　(2)　「**大きな政府**」は，税収を上げ財源を確保することで社会保障や公共サービスを手厚くする考え。

＜国語解答＞

一　〔問1〕　①　編(む)　②　栄(える)　③　専門　④　往復　⑤　つか(わす)　⑥　こ(らす)　⑦　きねん　⑧　ゆうきゅう　〔問2〕　(1)　ア　(2)　ウ

〔問3〕　(1)　a　の　b　です　(2)　(例)ご覧ください　(3)　イ

〔問4〕　(1)　択ビテ二其ノ善ナル者ヲ一　(2)　ウ

二　〔問1〕「がぶがぶ～きなかった　〔問2〕　イ　〔問3〕　品詞名　②　文　ウ

〔問4〕　(例)一つの様子に対しても様々な表現があり，繊細な使い分けができるから。

〔問5〕　(例)比喩を使いこなせないときにオノマトペに頼ること。　〔問6〕　ア，ウ

三　〔問1〕　イ　〔問2〕　(例)男声パートの人に何とか歌ってもらおうと必死になっているから。

〔問3〕　表現技法　③　効果　イ　〔問4〕　エ　〔問5〕　(例)行事で一生懸命真面目に

やるのは格好良くない気がしていたが，合唱の練習で一生懸命歌い続けたことで，みんなで合わせて歌うことの楽しさを発見することができたから。　〔問6〕　ウ

四　(例)　私なら，「読書は『友』」というキャッチコピーにする。【Ⅰ】の【A】から【C】は，いずれも①・②の回答が七割以上である。読書は，登場人物の気持ちを味わうことができる。そのため，私はその人物を友人のように感じることがある。そして，その人物から励まされたり，知らなかったことを教えられたりすることも多い。このようなことは，実際の友人からも経験させられる。だから，読書は『友』だと言いたい。

＜国語解説＞

一　(知識問題，漢文・漢詩，会話－脱文・脱語補充，漢字の読み書き，文と文節，ことわざ・慣用句，敬語・その他，書写)

〔問1〕　①　音読みは「**ヘン**」で，熟語は「編集」などがある。　②　音読みは「**エイ**」で，熟語は「栄光」などがある。　③　「門」を「問」にしない。　④　「往復」は，行くことと帰ること。　⑤　音読みは「**ケン**」で，熟語は「派遣」などがある。　⑥　音読みは「**ギョウ**」で，熟語は「凝視」などがある。　⑦　「祈念」は，願いがかなうように祈ること。　⑧　「悠久」は，果てしなく長いこと。

〔問2〕　(1)　「感謝の気持ち」を伝えたいと思う理由にあたる内容を選ぶ。　(2)　「山田さんから意見をお願いします」「次に小林さんはどうですか」「石川さんはいかがですか」などと，一人一人指名しながら進めている。

〔問3〕　(1)　「最も印象に残っていることは」という主部に対応するような述部にする必要があるので，「皆様の真剣な表情です」とする。　(2)　「見る」の動作主は手紙の受け取り手なので，**尊敬語**を使う。　(3)　ⓐの部分は楷書だと二画で書く。ⓑの部分は楷書では払いになる。

〔問4〕　(1)　「其善者擇」の順に読めるように，「者」に一点を，「擇」に二点を打つ。漢文で，一字返って読むときは**レ点**を打つが，二字以上返って読むときは**一・二点**を使う。　(2)　「他山の石」は，他人の誤った言動が自分のためになるという意味。

二　(論説文－大意・要旨，内容吟味，文脈把握，段落・文章構成，指示語の問題，品詞・用法)

〔問1〕　筆者は，「飲み物を勢いよく飲む様子」として「がぶがぶ」と言ったが，娘は「嚙む様子」を表す言葉として捉えた。つまり，「がぶがぶ」と言われて，それを麦茶を飲む行為と結びつけることができなかった」のである。

〔問2〕　オノマトペの種類がさまざまであることについて，②段落では，ある一つの様子のみを表すものや，オノマトペに分類すべきか微妙なものがあると述べている。そして，③段落では，「時代とともにこれまでとは異なる意味をもち始めるもの」を挙げている。オノマトペについて，二つの段落で異なる例を挙げているという関係である。

〔問3〕　ここでは，「猫がニャーと鳴いた」の「ニャーと」という単語について述べている。「ニャーと」は活用がなく，「鳴く」という動詞を修飾しているので，**副詞**のような働きをしている。アは活用があり，性質や状態を表している。言い切りが「だ」となるので形容動詞。イは活用がなく，独立語になるため感動詞(感嘆詞)。ウは活用がなく，「歩く」という動詞を修飾しているので，副詞。エは活用がなく，連体修飾語になるため連体詞。

〔問4〕　「雨が降る様子だけでも～繊細な使い分けがときに要求されるということ」が，オノマトペが「成熟した言語表現」だといえる理由である。「雨が降る」という一つの様子に対し，さま

ざまなオノマトペで表現できるので，「幼稚どころか成熟した」ものなのである。

〔問5〕　直前の内容を指す。前の段落では，「まだ比喩を使いこなせない」子どもに対し，痛みがどのようなものかを探るために「オノマトペに頼って聞き出そうとする」ことが述べられている。子どもだけに限ったことではないということに注意してまとめる。

〔問6〕　さまざまなオノマトペを挙げ，どのような状況で使われるかを具体的に示し，「子どもから大人まで，全世代の生活に広く深く根を張っている」とまとめているので，アは正解。冒頭で，筆者と娘との具体的なエピソードを挙げ，オノマトペについて詳しく説明するという流れになっているので，ウも適切である。

三　**(小説－情景・心情，内容吟味，表現技法)**

〔問1〕「背筋が伸びる」は，身が引き締まる様子を表す。

〔問2〕　男声パートが始まったときに「早紀の指揮棒からなめらかさが消え」ている。そのため，「何とか歌ってもらおう」と「必死に指揮棒を振った」のである。

〔問3〕「な」が，「あさっての方向にバウンドし」，「『がら』を蹴飛ばしていった」という表現は，人ではないものを人に見立ててたとえる**擬人法**である。「な」に焦点をあてて表現することで，涼万の出した声だけれども，涼万の意志とは関係なしにひっくり返ったような印象になっている。

〔問4〕「涼万のひっくり返った声で乱れた空気」をリセットするためとはいえ，突然CDプレイヤーの音量を最大まで上げるのは，大胆な行動と捉えられる。

〔問5〕　涼万は，最初は「行事なんかで一生懸命真面目にやるって，なんか格好良くない」と思っていた。しかし，早紀が一人で練習をしているのを知り，自分も真剣に取り組もうとした結果，「自分たちがつくる音楽，みんなで合わせて歌う音楽も楽しい」という発見をし，新鮮な感覚になったのである。

〔問6〕「涼万は早紀とずっと目が合っているような感覚」でいたが，「そんなわけはない」とも思っていた。しかし，早紀が口もとだけで自分にお礼をしてくれたことで，目が合っていたのは錯覚ではなかったとわかってうれしくなったのと同時に，早紀のそのような反応に驚いたのだろうと推測できる。

四　**(作文(自由・課題))**

意識調査の結果を参考に，ふさわしいと思える漢字を選ぶ。どの漢字を選んでも誤りではない。選んだ理由をしっかりまとめることが重要である。自分の経験などを交えて書いてもよい。

和歌山県公立高等学校

2022年度

★★★★★★★★★★★★★★★★★★★★★★★

入　試　問　題

●くわしい解説……41ページ

＜数学＞

時間　50分　　満点　100点

1　次の〔問1〕～〔問6〕に答えなさい。

〔問1〕 次の(1)～(5)を計算しなさい。

(1) $-9+4$

(2) $\frac{10}{3}+2\div\left(-\frac{3}{4}\right)$

(3) $(3a+5b)+2(2a-b)$

(4) $\sqrt{48}-\sqrt{3}+\sqrt{12}$

(5) $(a+3)^2-(a+4)(a-4)$

〔問2〕 次の二次方程式を解きなさい。

$x^2+5x-14=0$

〔問3〕 $\sqrt{\frac{20}{n}}$ の値が自然数となるような自然数 n を，すべて求めなさい。

〔問4〕 y は x に反比例し，$x=5$ のとき，$y=4$ である。
$x=-10$ のとき，y の値を求めなさい。

〔問5〕 下の図のように，円Oの周上に5点A，B，C，D，Eがあり，線分AD，CEはともに円Oの中心を通る。
∠CED＝35°のとき，∠x の大きさを求めなさい。

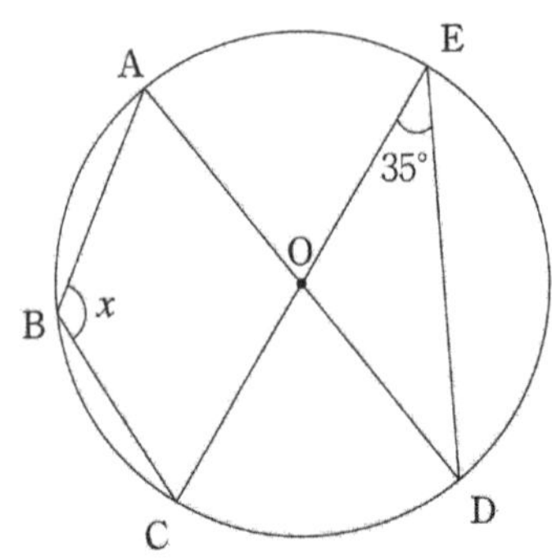

〔問6〕 右の図のおうぎ形OABは，半径4cm，中心角90°である。

このおうぎ形OABを，AOを通る直線ℓを軸として1回転させてできる立体の体積を求めなさい。

ただし，円周率はπとする。

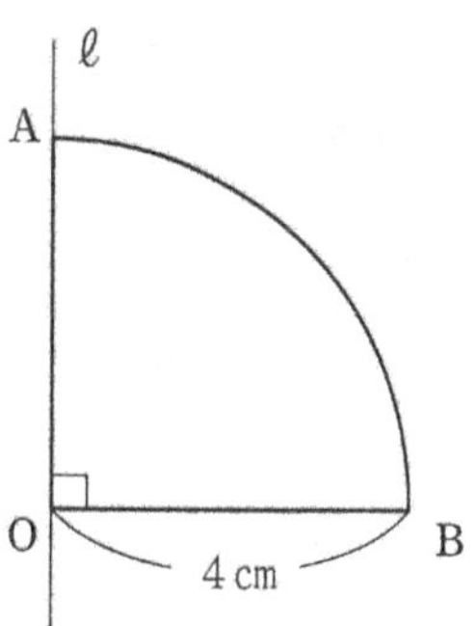

2 次の〔問1〕～〔問4〕に答えなさい。

〔問1〕 Aさん，Bさん，Cさん，Dさんの4人がリレーの走る順番を，次の**方法**で決める。

方法

① 同じ大きさの玉を4つ用意する。それぞれの玉に，1，2，3，4の数字を1つずつかき，1つの箱に入れる。

② Aさん，Bさん，Cさん，Dさんの順に，箱の中の玉を1つずつ取り出していく。ただし，取り出した玉はもとにもどさないものとする。

③ 取り出した玉にかかれた数字を走る順番とする。例えば，2の数字がかかれた玉を取り出した場合は，第二走者となる。

このとき，第一走者がAさんで，第四走者がDさんとなる確率を求めなさい。

ただし，どの玉の取り出し方も，同様に確からしいものとする。

〔問2〕 図のように，5色のリングを左から青，黄，黒，緑，赤の順に繰り返し並べていく。

下の**表**は，並べたときのリングの順番と色についてまとめたものである。

このとき，下の(1)，(2)に答えなさい。

図

表

順番(番目)	1	2	3	4	5	6	7	8	9	10	11	12	13	14	…	27	…
色	青	黄	黒	緑	赤	青	黄	黒	緑	赤	青	黄	黒	緑	…	□	…

(1) **表**中の□にあてはまる27番目の色をかきなさい。

(2) 124番目までに，黒色のリングは何個あるか，求めなさい。

〔問3〕 あるスーパーマーケットでは，唐揚げ弁当とエビフライ弁当を，それぞれ20個ずつ販売している。

エビフライ弁当1個の定価は，唐揚げ弁当1個の定価より50円高い。

エビフライ弁当は，すべて売り切れたが，唐揚げ弁当が売れ残りそうだったので，唐揚げ弁当10個を定価の5割引にしたところ，2種類の弁当をすべて売り切ることができた。その結果，2種類の弁当の売り上げの合計は，15000円となった。

このとき，唐揚げ弁当1個とエビフライ弁当1個の定価はそれぞれいくらか，求めなさい。

ただし，答えを求める過程がわかるようにかきなさい。

なお，消費税は考えないものとする。

〔問4〕 和夫さんと紀子さんの通う中学校の3年生の生徒数は，A組35人，B組35人，C組34人である。

図書委員の和夫さんと紀子さんは，3年生のすべての生徒について，図書室で1学期に借りた本の冊数の記録を取り，その記録をヒストグラムや箱ひげ図に表すことにした。

次の図は，3年生の生徒が1学期に借りた本の冊数の記録を，クラスごとに箱ひげ図に表したものである。

下の(1)～(3)に答えなさい。

図

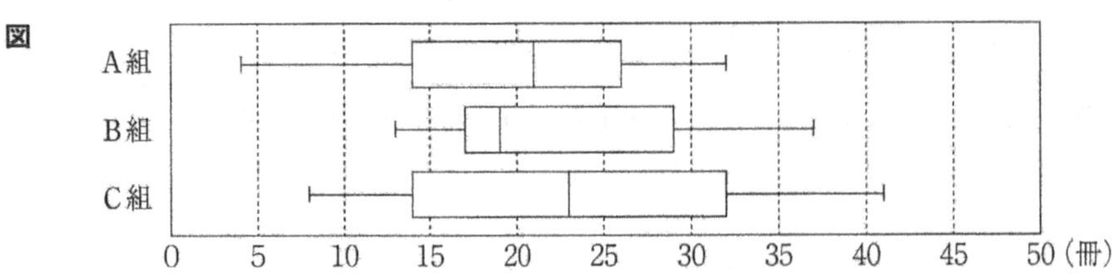

(1) 和夫さんは，図から読みとれることとして，次のように考えた。

和夫さんの考え

(Ⅰ) 四分位範囲が最も大きいのはA組である。
(Ⅱ) 借りた本の冊数が20冊以下である人数が最も多いのはB組である。
(Ⅲ) どの組にも，借りた本の冊数が30冊以上35冊以下の生徒が必ずいる。

図から読みとれることとして，**和夫さんの考え**(Ⅰ)～(Ⅲ)はそれぞれ正しいといえますか。次の**ア**～**ウ**の中から最も適切なものを1つずつ選び，その記号をかきなさい。

ア 正しい

イ 正しくない

ウ この資料からはわからない

(2) C組の記録をヒストグラムに表したものとして最も適切なものを，次のページの**ア**～**エ**の中から1つ選び，その記号をかきなさい。

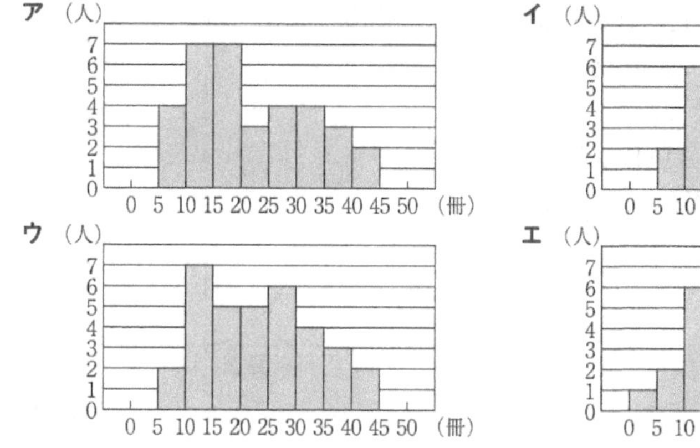
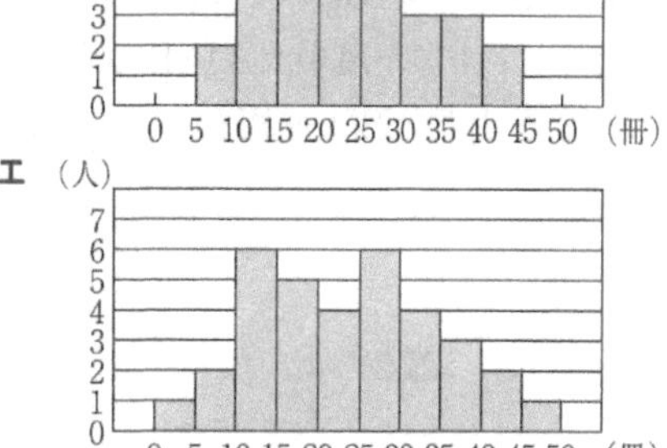

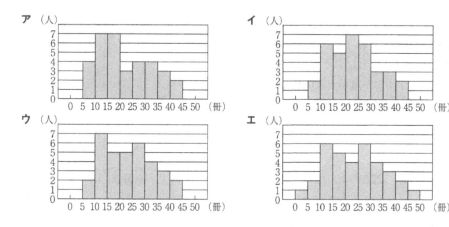

(3) 和夫さんと紀子さんは，「この中学校の生徒は，どんな本が好きか」ということを調べるために，アンケート調査をすることにした。次の文は，調査についての２人の会話の一部である。

> 紀子：１年生から３年生までの全校生徒300人にアンケート調査をするのは人数が多くてたいへんだから，標本調査をしましょう。
> 和夫：３年生の生徒だけにアンケート調査をして，その結果をまとめよう。
> 紀子：<u>その標本の取り出し方は適切ではないよ。</u>

下線部について，紀子さんが適切ではないといった理由を，簡潔にかきなさい。

3 図１のように，関数 $y=\frac{1}{4}x^2$…① のグラフ上に点Ａ（−２，１）がある。また，点Ｐは，①のグラフ上の点である。

あとの〔問１〕～〔問４〕に答えなさい。

図１

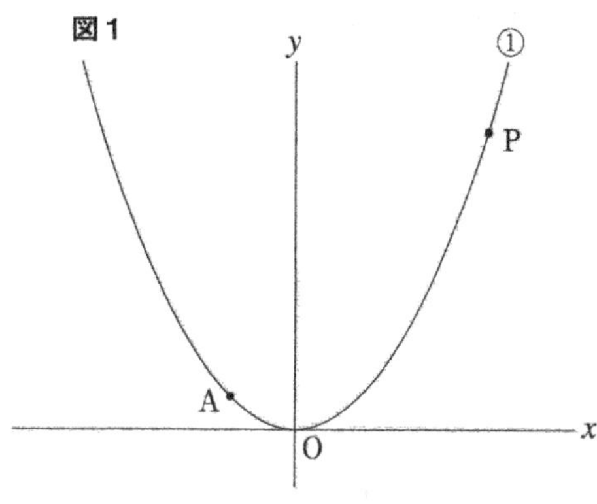

〔問１〕 関数 $y=\frac{1}{4}x^2$ について，x の値が−２から０まで増加するときの変化の割合を求めなさい。

〔問２〕 次の文中の㋐，㋑にあてはまる数を求めなさい。

関数 $y=\frac{1}{4}x^2$ について，x の変域が $-2 \leqq x \leqq$ ㋐のとき，y の変域は㋑ $\leqq y \leqq 9$ である。

〔問３〕　図２のように，x軸上に点Ｂをとる。

Ｐのx座標が－４のとき，△OPBが二等辺三角形となるようなＢはいくつかある。

そのうち，x座標が最も大きいＢの座標と，x座標が最も小さいＢの座標を，それぞれ求めなさい。

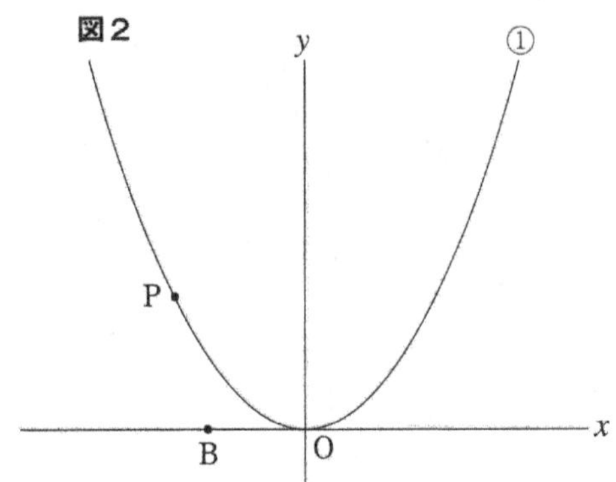

〔問４〕　図３のように，①のグラフ上に点Ｃ（４，４）があり，直線PCとy軸との交点をＤとする。

△OPDと△ODCの面積比が３：２であるとき，Ａを通り，四角形OAPCの面積を２等分する直線の式を求めなさい。

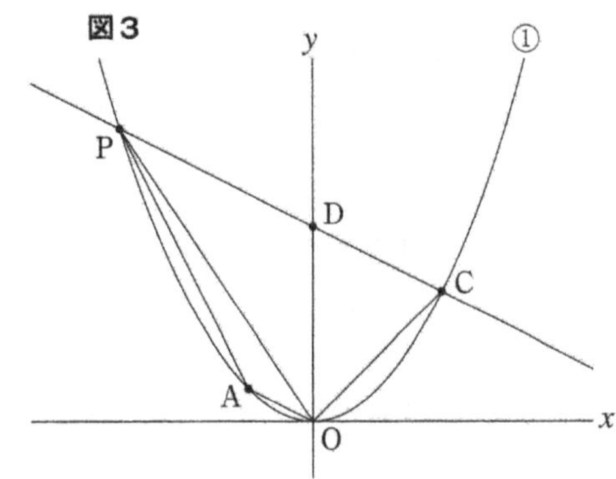

4　１辺が６cmの正方形ABCDの辺BC上に点Ｐ，辺CD上に点Ｑがある。

あとの〔問１〕～〔問３〕に答えなさい。

〔問１〕　図１のように，∠APB＝60°，∠AQD＝70°のとき，次の(1)，(2)に答えなさい。

(1)　∠PAQの大きさを求めなさい。

(2)　△ABPの面積を求めなさい。

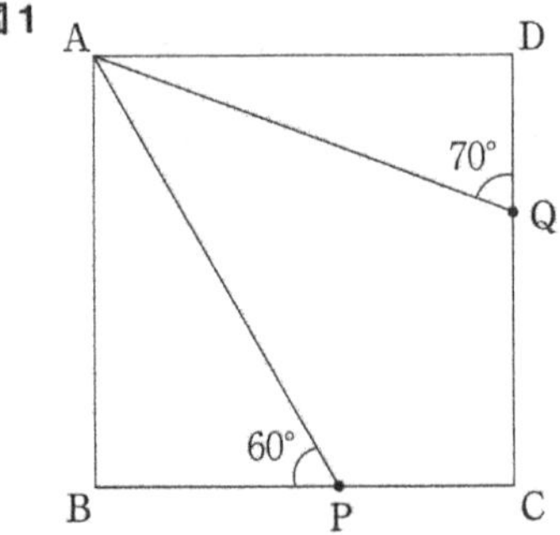

〔問２〕　図２のように，BP＝CQのとき，BQとAPとの交点をＥとする。

このとき，∠AEB＝90°であることを証明しなさい。

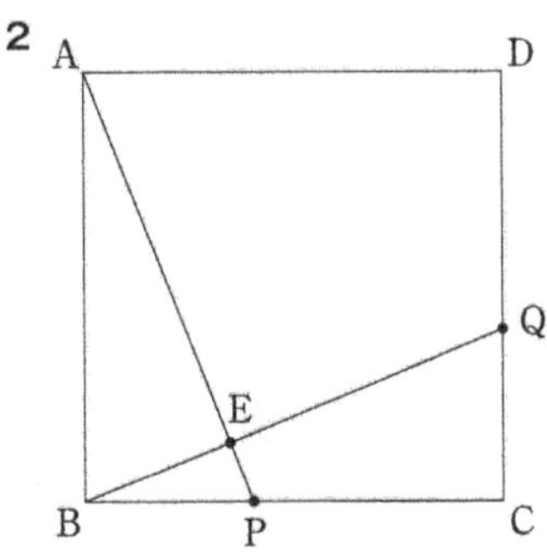

〔問３〕 図３のように，BP＝PC，∠BAP＝∠CPQとする。

　このとき，３点A，P，Qを通る円の半径を求めなさい。

図３
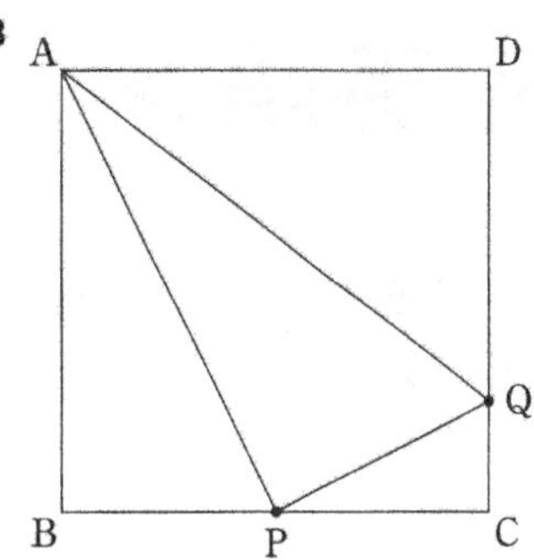

＜英語＞　時間　50分　満点　100点

1　放送をよく聞いて，次の〔問1〕～〔問3〕に答えなさい。

〔問1〕 No. 1 ～ No. 3 の順に，それぞれ対話を1回放送します。No. 1 ～ No. 3 の対話の内容に最も合う絵を，A～Dの中から1つずつ選び，その記号を書きなさい。

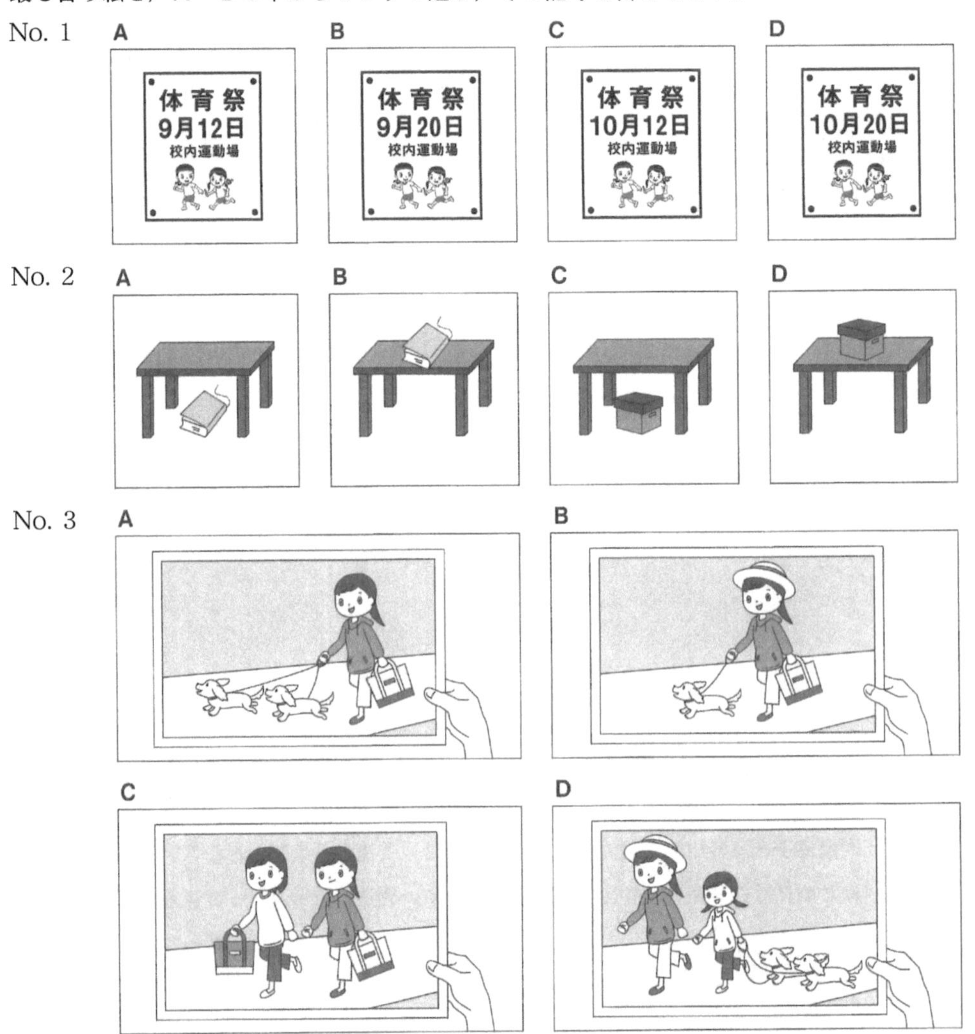

〔問2〕 No. 1，No. 2 の順に，それぞれ質問と英文を放送します。質問に対する答えとして最も適切なものを，A～Dの中から1つずつ選び，その記号を書きなさい。

No. 1　英語の授業を担当する田中（Tanaka）先生が，授業の最初に英語で自己紹介をします。自己紹介の内容に合うものはどれですか。

A　Ms. Tanaka has been teaching English at the school for ten years.

B　Ms. Tanaka doesn't live in Wakayama City.

C　Ms. Tanaka plays the guitar almost every day.
D　Ms. Tanaka hasn't traveled overseas.

No. 2　日本を訪れる予定の友人ケビンに，メモの項目についてたずねたところ，ケビンは留守番電話に回答をメッセージとして残していました。留守番電話の英語のメッセージを聞いた後，ケビンにもう一度たずねることとして最も適切なものはどれですか。

メモ

◇　日本への到着日 ◇　日本での滞在日数 ◇　日本で行きたい場所 ◇　日本で食べたいもの

A　When will you come to Japan?
B　How long will you stay in Japan?
C　Where do you want to go in Japan?
D　What do you want to eat in Japan?

〔問3〕 中学生の香織（Kaori）が英語の時間に行ったスピーチと，その内容について5つの質問を2回放送します。No. 1～No. 5の英文が質問の答えとなるように，[　　]に入る最も適切なものを，A～Dの中から1つずつ選び，その記号を書きなさい。

No. 1　She has been doing judo [　　].
A　for one year　　B　for five years
C　for nine years　　D　for fourteen years

No. 2　He was [　　].
A　a junior high school teacher　　B　a student in the judo school
C　Kaori's judo teacher　　D　Kaori's brother

No. 3　She met him [　　].
A　when she joined a judo tournament
B　when she talked with her judo teacher
C　when she went to India
D　when she practiced judo in her school

No. 4　She was surprised because she heard [　　] in India.
A　there were many music teachers
B　there were many judo teachers
C　there weren't many music teachers
D　there weren't many judo teachers

No. 5　She wants [　　].
A　to teach music in elementary schools
B　to teach judo in foreign countries
C　to go to India to meet Mr. Sato
D　to go to judo schools in Japan

2 次の英文は，高校生の由衣（Yui）が，販売実習について，英語の授業で行ったスピーチの原稿です。これを読み，〔問１〕～〔問４〕に答えなさい。

In our school, we can study agriculture. I'm in the agriculture course. I learn how to grow good vegetables, flowers, and fruits. I grow them with my classmates. At school, we sometimes make processed products like juice.

In June, we started to sell vegetables, flowers, fruits, and processed products. Every Friday, we sold them at the station near our school. When we sold them, I recorded the sales there. I was happy when many people came to the station to buy our products. I sometimes asked them how they liked our products.

At the end of each month, I made a pie chart to check the percentage of all sales in the month. Today, I'll show you the pie charts of June and July. In those months, we sold vegetables the most. In June, the percentage of processed products was higher than fruits and flowers. However, in July, processed products weren't so popular. Compared to June, the percentage of fruits became higher and the percentage of flowers was the same.

It has been a great experience for me to make and sell products. At the station, people tell me what they think about our products. And the pie charts show me the popular products in different seasons. I'm glad I have some useful information now.

Well, here is the thing which I want to tell you the most. I want to improve our products by making use of the things I learned.

円グラフ

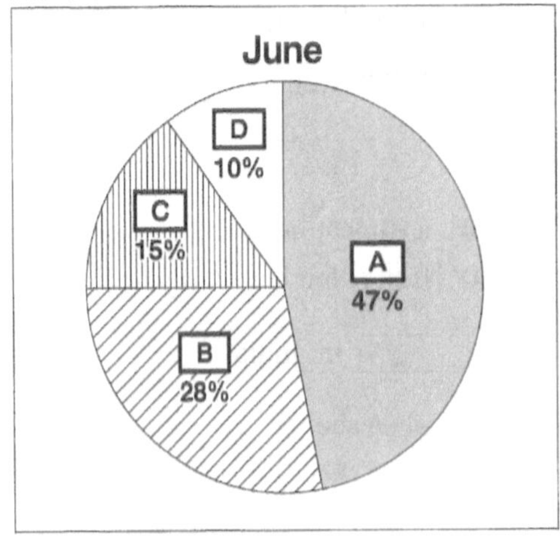

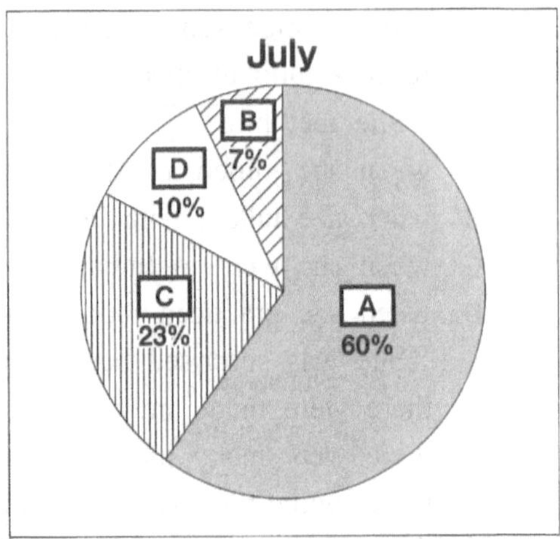

（注） agriculture 農業　course 学科　grow 育てる　processed product 加工製品
sold < sell の過去形　record 記録する　sales 売上げ　end 終わり
pie chart 円グラフ　percentage 割合　compared to ～ ～と比較すると
make use of ～ ～を生かす

〔問１〕 本文の内容に合うように，次の（ ）にあてはまる最も適切なものを，ア～エの中から

1つ選び，その記号を書きなさい。

Yui (　　　).

ア sold the products in her school

イ made juice at the station

ウ wanted to teach agriculture at school

エ recorded the sales at the station

〔問2〕 文中の下線部the pie chartsについて，本文の内容に合うように，円グラフの A ～ D にあてはまる最も適切なものを，次のア～エの中から1つずつ選び，その記号を書きなさい。

ア vegetables

イ flowers

ウ fruits

エ processed products

〔問3〕 由衣が，スピーチを通して一番伝えたいことはどのようなことですか。最も適切なものを，次のア～エの中から1つ選び，その記号を書きなさい。

ア Yui wants to make better products.

イ Yui wants to show her pie charts.

ウ Yui wants to record the sales.

エ Yui wants to think about more products.

〔問4〕 由衣は，スピーチの後，ALT（外国語指導助手）のトム（Tom）と話をしました。次の対話文は，そのやりとりの一部です。これを読み，あとの(1)，(2)に答えなさい。

Tom : That was a wonderful speech. It's a good idea to sell products at the station.
Yui : Yes. People look happy when they buy our products. So I become happy.
Tom : Good. I want to buy some fruits next Friday.
Yui : Please come to the station. I want more people to come.
Tom : Well, what can you do about that?
Yui : I think I can [　　　　].
Tom : That's a good idea. If you do it, more people will come to the station.

(1) 対話の流れに合うように，文中の [　　] にふさわしい英語を書きなさい。ただし，語数は2語以上とし，符号（．，？！など）は語数に含まないものとする。

(2) 対話の内容に合う最も適切なものを，次のア～エの中から1つ選び，その記号を書きなさい。

ア Yui could buy some fruits on Sunday.

イ Yui wants people to enjoy the products.

ウ Tom was sad to hear Yui's speech.

エ Tom has a question about fruits.

3 次の英文は，高校生の正人（Masato）とALT（外国語指導助手）のサラ（Sara）の対話です。これを読み，〔問1〕～〔問4〕に答えなさい。

Masato : Hi, Sara. How are you?

Sara : Good! I hear you joined an international event yesterday. 〔　　　　〕?

Masato : It was exciting. Ten foreign students from five countries came to Wakayama to talk about global problems with Japanese students.

Sara : Great! [A]

Masato : The topic was climate change. We had some ideas to solve the problem. It was a good experience.

Sara : You speak English well. So I don't think it's difficult for you to work with foreign students.

Masato : Well, I like speaking English. But I had a problem last year.

Sara : What problem did you have?

Masato : In an English class, I talked with students from Australia on the Internet. We talked about global warming. But it didn't go smoothly because I didn't get any information about their country before the class. It was my mistake. Japanese culture and Australian culture aren't the same.

Sara : I see. When you work with foreign students, it's important [B].

Masato : I agree. For yesterday's event, I did some research on the five countries which joined the event. I could talk with the foreign students well because I got some information in advance. We knew our differences and respected them. So we had some good ideas.

Sara : Good!

Masato : I think there are important things which we can learn from our mistakes.

Sara : I think <u>so</u>, too.

（注） global　地球上の　　climate change　気候変動　　global warming　地球温暖化
go smoothly　順調に進む　　mistake　失敗　　Australian　オーストラリアの
do some research on ～　～の情報を集める　　in advance　前もって
knew < know の過去形　　difference　違い　　respect　尊重する

〔問1〕 対話の流れに合うように，文中の〔　〕にふさわしい英語を書きなさい。ただし，語数は3語以上とし，符号（．，？！など）は語数に含まないものとする。

〔問2〕 対話の流れに合うように，文中の [A]，[B] にあてはまる最も適切なものを，それぞれア～エの中から1つずつ選び，その記号を書きなさい。

[A]

ア What did you talk about?
イ What did you do to help the students?
ウ What did you hear about the students?
エ What did you learn about the five countries?

B

ア　to speak perfect English

イ　to join the wonderful event

ウ　to know each country has its own culture

エ　to learn everything about Australian students

〔問３〕 下線部 so の内容を，日本語で具体的に書きなさい。

〔問４〕 対話の内容に合う最も適切なものを，次のア～エの中から１つ選び，その記号を書きなさい。

ア　Masato went to Australia to talk about climate change.

イ　Masato talked with students from ten countries in the event.

ウ　Masato did some research on global warming after the event.

エ　Masato learned about the five countries before the event he joined.

4 あなたは，英語の授業で，ALT（外国語指導助手）にあなたが住んでいる町のお気に入りの場所を紹介することになりました。次の［　　］に，お気に入りの場所を１つ挙げ，理由や説明を含めて，30語以上の英語で書きなさい。ただし，符号（．，？！など）は語数に含まないものとする。

> Hello. I'll talk about my favorite place, today.
>
> ［　　　　　　　　　　　　　　　　　　　　］
>
> Thank you.

5 次の英文は，高校生の和紀（Kazuki）が，英語の授業で行ったスピーチの原稿です。これを読み，〔問１〕～〔問６〕に答えなさい。

In April, I saw a poster at school. The poster said, "We need staff members for the school festival." I wanted to make a wonderful memory in my school life, so I decided to become a staff member. I was excited because there was a chance to play an important role in the school festival.

After becoming a staff member, I talked with one of the other members, Shiho, about the school festival. I said, "This year, the main theme of the school festival is 'Smile'. How about collecting pictures of smiles and making a photomosaic of a big smile?" Shiho said, "It's a nice plan. Let's suggest it to the other members."

In May, I told my plan to the other members. They liked it. I was very happy. We decided to collect 5,000 pictures.

In June, we started to collect pictures. I told my classmates about the project. One of them said, "It's a great project. ［ A ］" Sometimes they brought pictures of their brothers, sisters, or parents. At the end of June, however, we had only 500 pictures. One of the staff members said, "ⓐIt's difficult to collect 5,000 pictures and finish making the photomosaic." I was sad to hear that.

ⓑI talked with Shiho (about, collect, a way, more pictures, to). She said, "We should introduce our project on the Internet. How about creating a website? We may get pictures from more people."

At the beginning of July, I created a website and introduced the project. Creating the website was very hard because I did it for the first time. A few days later, many pictures arrived. I was very surprised. ⓒI also (some messages, by, received, local people, written) and graduates. A message from a man who lives in our city said, "Here is my picture. It may not be easy to collect 5,000 pictures, but I'm sure you can achieve your goal if you keep trying." A woman who lives in Tokyo wrote a message to us. It said, "I found your website on the Internet. I'm a graduate of your school. [B]"

We finally collected 5,000 pictures. I was very happy. Because of the cooperation of many people, we could finish making the big photomosaic.

On the day of the school festival in September, the photomosaic was exhibited at school. Many people enjoyed it. I was very glad to make many people happy.

Well, here is the most important thing I learned from my experience. If we think about what we can do and keep trying, we can achieve our goals.

(注) chance 機会　play an important role 重要な役割を果たす　theme テーマ
smile 笑顔　photomosaic モザイク写真（複数の写真をつなぎ合わせて１枚の作品としたもの）
suggest 提案する　project 企画　end 終わり　introduce 紹介する
graduate 卒業生　achieve 達成する　goal 目標　cooperation 協力
exhibit 展示する

〔問１〕 本文の流れに合うように，文中の [A]，[B] にあてはまる最も適切なものを，それぞれア～エの中から１つずつ選び，その記号を書きなさい。

[A]

ア I will join the school festival and buy a picture.
イ I will take my picture and bring it to you.
ウ I will tell my friends how to collect pictures at the school festival.
エ I will help my friends send pictures to Tokyo.

[B]

ア I'm glad to receive your picture at the school festival.
イ I'm glad to start collecting 5,000 pictures.
ウ I'm glad to suggest the project to your team.
エ I'm glad to support your project by sending my picture.

〔問２〕 下線部ⓐIt の内容を，日本語で具体的に書きなさい。

〔問３〕 下線部ⓑ，ⓒについて，それぞれ本文の流れに合うように（　）の中の語句を並べかえ，英文を完成させなさい。

〔問４〕 次の⑴，⑵の質問の答えを，それぞれ英語で書きなさい。

⑴ What did Kazuki decide to become to make a wonderful memory?

⑵ When was the school festival ?

〔問５〕 次のア～エの英文を，本文の流れに合うように並べかえると，どのような順序になりますか。その記号を順に書きなさい。

ア Kazuki and the other members decided to collect 5,000 pictures.

イ Kazuki and the other members finished making the big photomosaic.

ウ Kazuki created a website to introduce the project.

エ Kazuki read a message from a woman living in Tokyo.

〔問６〕 和紀が，自身の経験を通じて学んだ最も大切なことはどのようなことですか。日本語で書きなさい。

＜理科＞

時間 50分　満点 100点

1 和美さんたちのクラスでは，理科の授業で，グループごとにテーマを設定して調べ学習に取り組んだ。次の〔問1〕，〔問2〕に答えなさい。

〔問1〕 次の文は，和美さんが「光」について調べ，まとめたものの一部である。あとの(1)～(4)に答えなさい。

太陽や蛍光灯，燃えている①ろうそくのように，自ら光を発する物体を光源という。光源から出た光は四方八方に広がりながら，直進する。しかし，太陽の光によるブラインドの影（図1）を見ると光が平行に進んでいるように見える。これは光源である太陽が［X］ためである。

月やりんご，教科書のように，自ら光を出さない物体が見えるのは，光源から出た光が，物体の表面で［Y］し，その一部が私たちの②目に届くからである。③真っ暗で光がないところでは，そこに物体があったとしても目で見て確認することはできない。

図1 太陽の光によるブラインドの影

(1) 文中の［X］，［Y］にあてはまる語句の組み合わせとして最も適切なものを，次のア～エの中から1つ選んで，その記号を書きなさい。

	X	Y
ア	球体である	屈折
イ	球体である	反射
ウ	はるか遠くにある	屈折
エ	はるか遠くにある	反射

(2) 下線部①について，ろうそくから出た光のうち，焦点を通って凸レンズに入った光の進み方を模式的に表した図として最も適切なものを，次のア～エの中から1つ選んで，その記号を書きなさい。

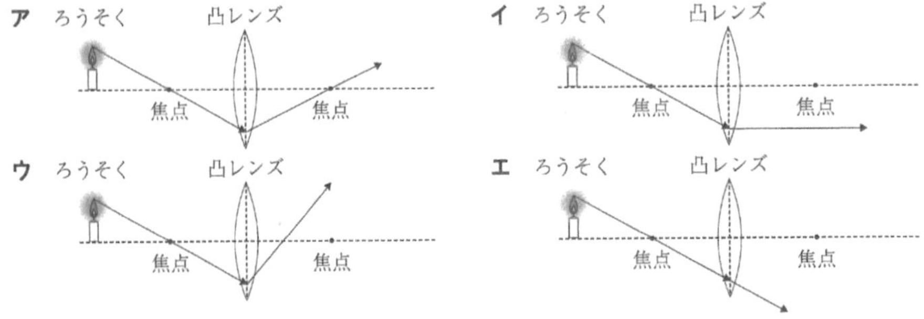

(3) 下線部②について，図2（次のページ）はヒトの右目の横断面を模式的に表したものである。図2中のAは，物体から届いた光が像を結ぶ部分である。この部分を何というか，書きなさい。

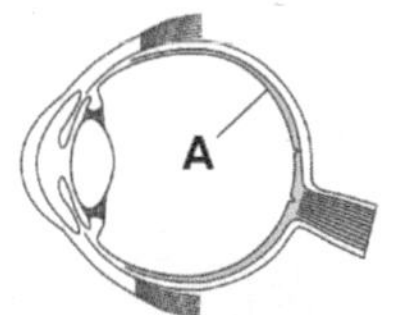

図2　ヒトの右目の横断面の模式図

(4)　下線部③について，暗いところから急に明るいところに移動すると，無意識に瞳の大きさが変化する。このとき，瞳の大きさは「**大きくなる**」か，「**小さくなる**」か，どちらかを書きなさい。また，瞳の大きさの変化のように，無意識に起こる反応を述べた文として最も適切なものを，次の**ア**～**ウ**の中から１つ選んで，その記号を書きなさい。

ア　熱いものに触れたとき，思わず手を引っ込めた。

イ　短距離走でピストルがなったので，素早くスタートを切った。

ウ　目覚まし時計がなったとき，とっさに音を止めた。

〔問２〕　次の文は，紀夫さんが「太陽系の天体と銀河系」について調べ，まとめたものの一部である。下の(1)～(4)に答えなさい。

> 太陽は，自ら光や熱を出して輝く恒星で，主に水素や④ヘリウムでできている。一方，金星は，太陽の光を受けることで輝いている惑星である。金星の大気の主な成分は［Z］であり，その温室効果もあって金星の表面は約460℃と高温になっている。
>
> 太陽だけでなく，⑤オリオン座（図３）のような星座を形づくる星々も，その多くが恒星である。太陽系の外側には，約2000億個の恒星が銀河系とよばれる集団を形成している（図４）。太陽系は銀河系の一員であり，夜空に見られる天の川はこの銀河系を内側から見た姿である。
>
> 地上から見たとき，天球上で隣り合っているように見える星々も，その間の実際の距離は非常に大きい値である。そのため，天体間の距離を表すときには⑥光年という単位が用いられる。
>
> 
>
> **図３**　オリオン座
>
> 
>
>
> **図４**　銀河系の想像図と太陽系の位置

(1)　文中の［Z］にあてはまる適切な物質の名称を書きなさい。

(2)　下線部④について，陽子，中性子，電子それぞれ２つずつからできているヘリウム原子の構造を模式的に表した図として最も適切なものを，次のページの**ア**～**エ**の中から１つ選んで，その記号を書きなさい。

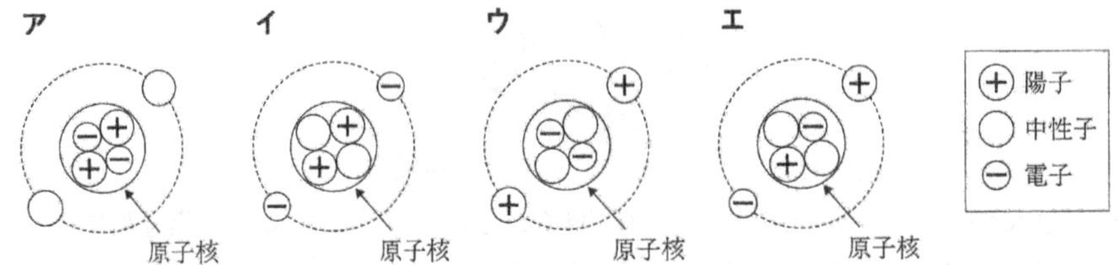

(3)　下線部⑤について，日本でオリオン座が真夜中に南の空に見える時期として最も適切なものを，次の**ア**～**エ**の中から１つ選んで，その記号を書きなさい。

ア　春分のころ　　**イ**　夏至のころ　　**ウ**　秋分のころ　　**エ**　冬至のころ

(4)　下線部⑥について，１光年とはどのような距離か。「光が」という言葉に続けて簡潔に書きなさい。

2　和也さんたちのクラスでは，理科の授業で，グループごとにテーマを設定して調べ学習や実験を行った。次の〔**問１**〕，〔**問２**〕に答えなさい。

〔**問１**〕　次の文は，和也さんが「生物どうしのつながりと体のつくり」について調べ，まとめたものの一部である。下の(1)～(4)に答えなさい。

> ある地域に生息する動物や植物などのすべての生物と，それらをとり巻く環境をひとつのまとまりとしてとらえたものを［X］という。その中では，多様な生物がそれぞれたがいにかかわり合っている。
>
> 植物は，光合成によって自ら①有機物をつくり出すため，生産者とよばれる。これに対して，②他の生物を食べることで有機物を得る生物は消費者とよばれる。このほか，生物のふんや遺骸などの有機物を無機物に分解する菌類や細菌類などは分解者とよばれる。
>
> これらの生物のうち，消費者である肉食動物や草食動物はそれぞれの生活に合った特徴のある体のつくりをしている。例えば，ライオンとシマウマでは，目のつき方の違いにより視野と立体的に見える範囲が異なっている。また，③歯の特徴や腸の長さなどにも違いがみられる。

(1)　文中の［X］にあてはまる適切な語を書きなさい。

(2)　下線部①について，有機物に分類される物質として適切なものを，次の**ア**～**エ**の中からすべて選んで，その記号を書きなさい。

ア　酸素　　**イ**　タンパク質　　**ウ**　デンプン　　**エ**　水

(3)　下線部②について，生物どうしは食べる・食べられるという関係でつながっている。このような生物どうしのひとつながりを何というか，書きなさい。

(4)　下線部③について，ライオンの歯の特徴と腸の長さを，シマウマと比較したときの組み合わせとして最も適切なものを，次のページの**ア**～**エ**の中から１つ選んで，その記号を書きなさい。ただし，比較するライオンとシマウマはどちらも成体（親）とする。

	歯の特徴	腸の長さ
ア	門歯が発達している	長い
イ	門歯が発達している	短い
ウ	犬歯が発達している	長い
エ	犬歯が発達している	短い

〔問２〕 次の文は，美紀さんが「消化」について学習したことをもとに実験を行い，レポートにまとめたものの一部である。あとの(1)～(4)に答えなさい。

【学んだこと】

動物は，食物からエネルギーのもととなる炭水化物や脂肪などの栄養分をとっているが，これらの栄養分はそのままでは吸収できない。胆汁以外の消化液には［ Y ］が含まれ，消化に関する重要なはたらきをしている。

【課題】 消化液の１つであるだ液にはどのようなはたらきがあるのだろうか。

【方法】

(i) 試験管Aと試験管Bにデンプン溶液とだ液，試験管Cと試験管Dにデンプン溶液と水を入れてよく振って混ぜた後，約40℃の湯の中に５～10分間入れた（図１）。

(ii) 試験管A，Cそれぞれにヨウ素溶液を２，３滴加え，色の変化を観察した。

(iii) 試験管B，Dそれぞれにベネジクト溶液を少量加え，④沸騰石を入れて加熱し，色の変化を観察した。

(iv) (ii)，(iii)の溶液の色の変化を表１にまとめた。

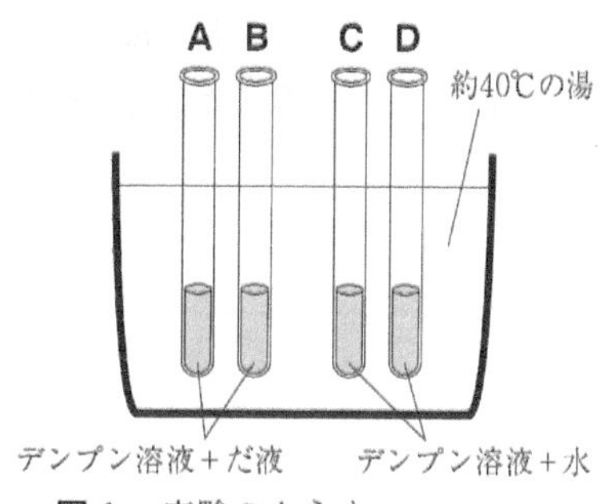

図１　実験のようす

【結果】

表１　溶液の色の変化

	ヨウ素溶液を加える		ベネジクト溶液を加えて加熱する	
試験管	**A**（デンプン溶液＋だ液）	**C**（デンプン溶液＋水）	**B**（デンプン溶液＋だ液）	**D**（デンプン溶液＋水）
溶液の色の変化	変化しなかった	青紫色に変化した	［ Z ］に変化した	変化しなかった

【わかったこと】

ヨウ素溶液を加えたときの試験管Aと試験管Cの結果から，だ液によって，［ a ］ことがわかる。

ベネジクト溶液を加えて加熱したときの試験管Bと試験管Dの結果から，だ液によって，［ b ］ことがわかる。

(1) 文中の［ Y ］にあてはまる適切な語を書きなさい。

(2) 下線部④について，沸騰石を入れる理由を簡潔に書きなさい。

(3) 表１中の Z にあてはまる色として最も適切なものを，次のア～エの中から１つ選んで，その記号を書きなさい。

ア　黄色　　イ　赤褐色　　ウ　白色　　エ　緑色

(4) 【わかったこと】の a ， b にあてはまる適切な内容を，それぞれ簡潔に書きなさい。

3 次の文は，和夫さんが「大地の変化」について調べ，まとめたものの一部である。あとの〔問１〕～〔問８〕に答えなさい。

①地震は，プレートの運動によって，プレート境界が急に動いたり，プレート内部で断層ができたり，②過去にできた断層が再び動いたりすることで起こる。地震のゆれを地震計で記録すると，③はじめに小刻みなゆれ（初期微動）が記録され，その後に大きなゆれ（主要動）が記録される（図１）。

地震が発生しやすい地域や④火山が多く分布する地域は，プレートどうしが接する境界付近にあることが多い。プレート境界に位置する日本列島は，大地の活動が活発な地域であるといえる（図２）。

私たちは，長い年月の間，大地からさまざまな恵みを受けている。しかし，大地の活動が一時的に活発になると，⑤災害がもたらされることもある。

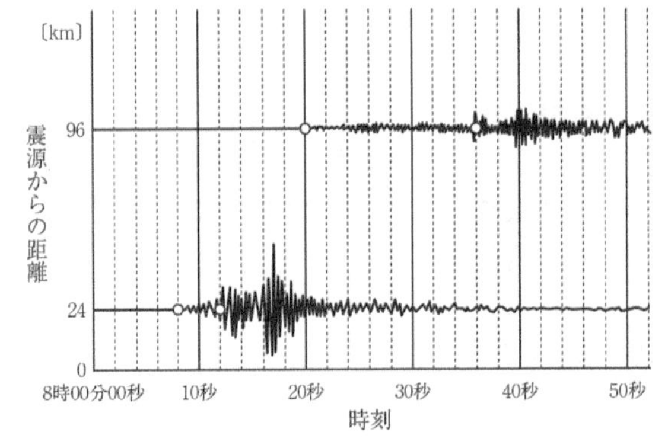

○印は，初期微動や主要動の始まりを，それぞれ示している。

図１　２つの地点の地震計の記録

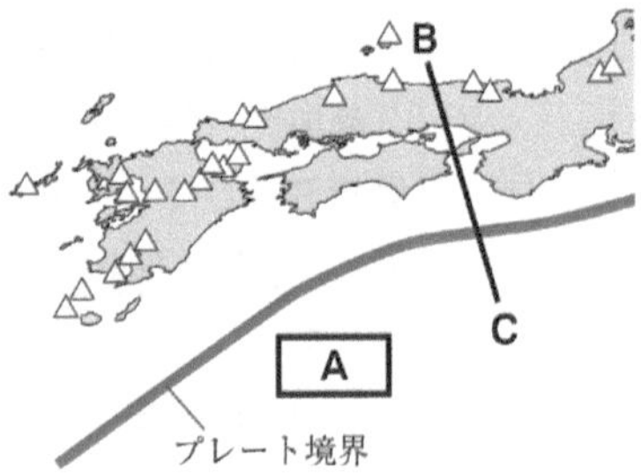

B
C
A
プレート境界

△印は火山の位置を表している。

図２　プレート境界と主な火山

〔問１〕 下線部①について，次の文は，ある日の10時53分頃に発生した地震について発表された地震情報の一部である。 X にあてはまる適切な語を書きなさい。

10時53分頃，地震がありました。震源の深さは10㎞，地震の規模を表す X の値は4.6と推定されます。この地震による津波の心配はありません。

〔問２〕 下線部②について，今後も活動する可能性がある断層を何というか，書きなさい。

〔問３〕 下線部③について，初期微動継続時間の長さと震源からの距離はどのような関係にあるか，簡潔に書きなさい。

〔問４〕 図１は，ある日の８時頃に発生した地震について，震源から24㎞地点と96㎞地点の地震計の記録をまとめたものである。この地震のＰ波が伝わる速さは何㎞/ｓか，書きなさい。ただし，Ｐ波の伝わる速さは一定とする。

〔問５〕 図２中の A にあてはまる海洋プレートの名称を書きなさい。

〔問６〕 図２中のＢ―Ｃの断面のようすとプレートの動き（➡），震源（●）の分布を模式的に表した図として最も適切なものを，次のア～エの中から１つ選んで，その記号を書きなさい。

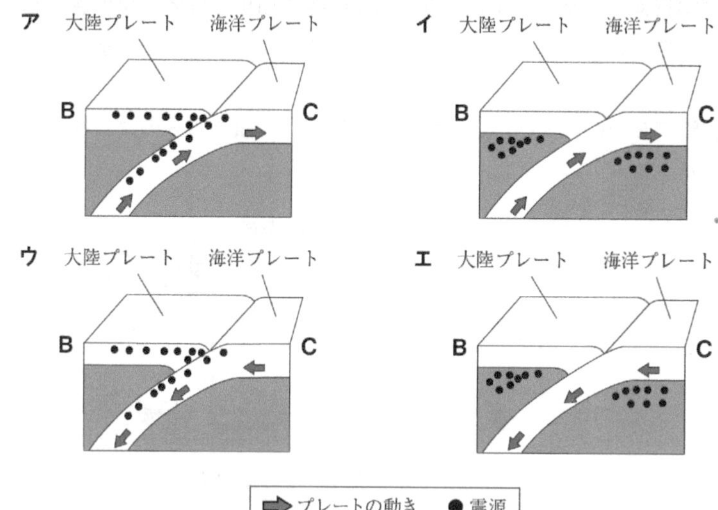

〔問７〕 下線部④について，ある火山の溶岩を観察したところ，長石（ちょうせき）や角閃石（かくせんせき）などの斑晶（はんしょう）を含む斑状（はんじょう）組織がみられた。斑状組織を表すスケッチは次のａ，ｂのどちらか。また，この溶岩をつくる岩石の名称は何か。スケッチと岩石の名称の組み合わせとして最も適切なものを，下のア～エの中から１つ選んで，その記号を書きなさい。

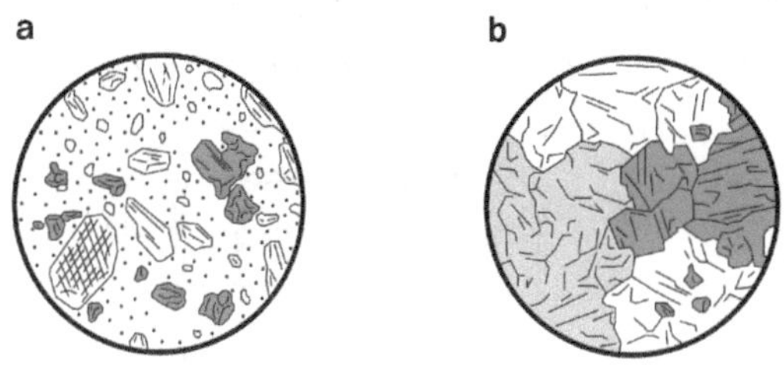

	スケッチ	岩石の名称
ア	a	安山岩
イ	a	花こう岩
ウ	b	安山岩
エ	b	花こう岩

〔問８〕 下線部⑤について，溶岩の破片や火山灰が，高温の火山ガスとともに，高速で山の斜面を流れ下る現象を何というか，書きなさい。

4 金属と水溶液の反応に関する**実験Ⅰ**，**実験Ⅱ**を行った。あとの〔**問1**〕～〔**問8**〕に答えなさい。

実験Ⅰ　「亜鉛にうすい塩酸を加える実験」

(i)　**図1**のように，試験管**A**に①亜鉛を入れ，うすい②塩酸を加えて気体を発生させた。はじめに出てきた気体を試験管1本分捨てたあと，試験管**B**に気体を集め，水中でゴム栓をしてとり出した。

(ii)　**図2**のように，試験管**B**の口に火のついたマッチを近づけ，試験管**B**のゴム栓を外すと，音を立てて燃えた。

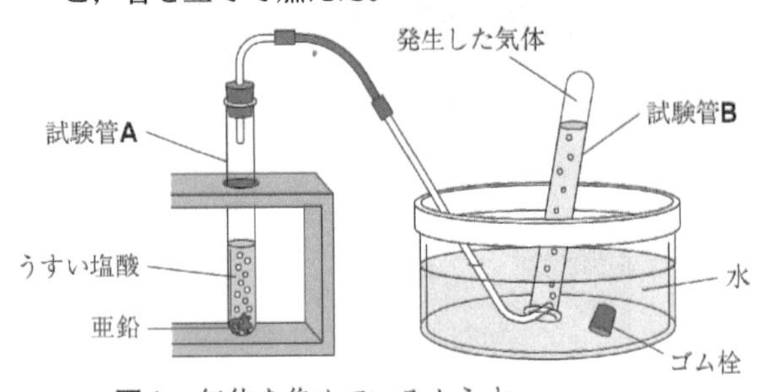

図1　気体を集めているようす

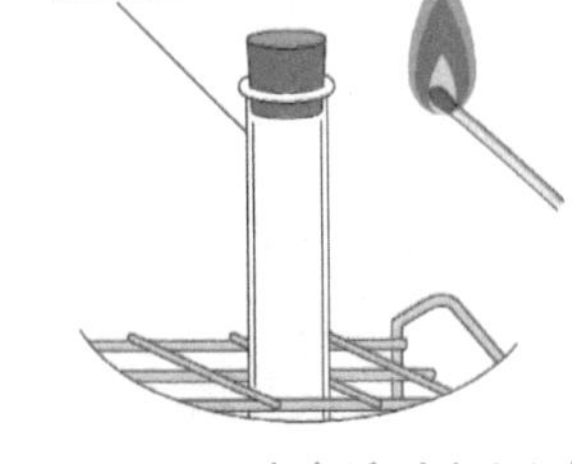

図2　マッチの火を近づけるようす

実験Ⅱ　「化学電池のしくみを調べる実験」

(i)　うすい硫酸亜鉛水溶液を入れたビーカーに亜鉛板を入れた。

(ii)　(i)で用意したビーカーに硫酸銅水溶液と銅板を入れたセロハンチューブを入れ，**図3**のような化学電池をつくった。

(iii)　**図4**のように(ii)でつくった化学電池と光電池用のプロペラつきモーターを導線でつなぎ，しばらく電流を流して，プロペラの動きとそれぞれの金属板のようすを観察した。

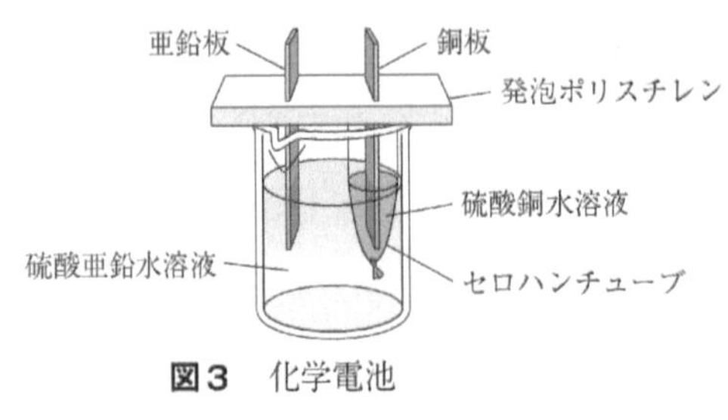

図3　化学電池

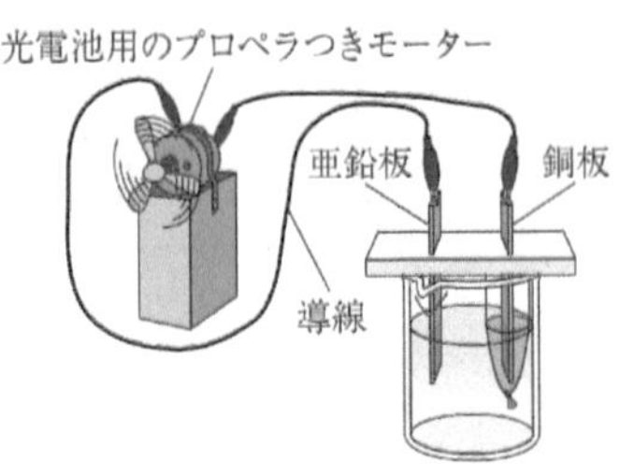

図4　化学電池で電気エネルギーをとり出すようす

〔**問1**〕　**実験Ⅰ**の下線部①について，亜鉛は金属である。金属に共通する性質として適切なものを，次の**ア**～**エ**の中からすべて選んで，その記号を書きなさい。

ア　磁石につく。

イ　熱を伝えにくい。

ウ　電気をよく通す。

エ　みがくと特有の光沢が出る。

〔**問2**〕　**実験Ⅰ**の下線部②について，塩酸は塩化水素が水にとけた水溶液である。次の式は，塩化水素が電離しているようすを化学式を使って表している。［X］，［Y］にあてはまるイオンの化学式を書きなさい。

HCl　→　X　＋　Y

〔問３〕 **実験Ⅰ**について，**図１**の気体の集め方は，どのような性質をもった気体を集めるのに適しているか，簡潔に書きなさい。

〔問４〕 **実験Ⅰ**で発生した気体と同じ気体が発生する実験として最も適切なものを，次の**ア**～**エ**の中から１つ選んで，その記号を書きなさい。

ア　うすい水酸化ナトリウム水溶液を電気分解する実験。

イ　酸化銀を熱分解する実験。

ウ　炭酸水素ナトリウムにうすい塩酸を加える実験。

エ　二酸化マンガンにうすい過酸化水素水を加える実験。

〔問５〕 **実験Ⅱ**について，**図３**の化学電池のしくみは，約200年前にイギリスの科学者によって発明された。発明した科学者の名前がつけられたこの電池の名称を書きなさい。

〔問６〕 **実験Ⅱ**について，硫酸亜鉛や硫酸銅のように，水にとけると水溶液に電流が流れる物質を何というか，書きなさい。

〔問７〕 **実験Ⅱ**(ⅲ)について，亜鉛板や銅板の表面での反応のようすと電流の向きや電子の移動の向きを模式的に表した図として最も適切なものを，次の**ア**～**エ**の中から１つ選んで，その記号を書きなさい。ただし，電流の向きを➡，電子の移動の向きを⇨，電子を⊖，原子がイオンになったり，イオンが原子になったりするようすを→で表している。

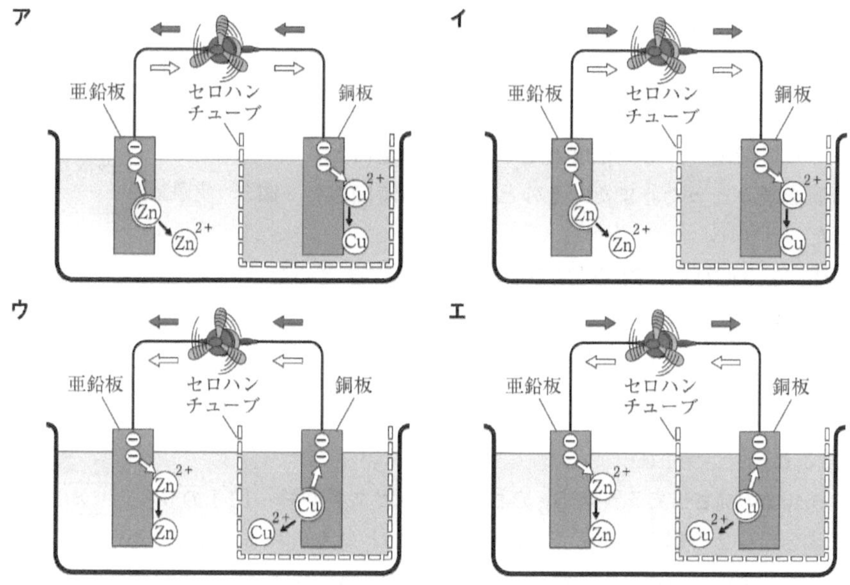

〔問８〕 次の文は，**実験Ⅱ**におけるセロハンチューブの役割を説明したものである。Z にあてはまる適切な内容を簡潔に書きなさい。ただし，「**イオン**」という語を用いること。

> セロハンチューブには，２種類の水溶液がすぐに混ざらないようにする役割と，Z ことで電流を流し続ける役割がある。

5 仕事やエネルギーに関する**実験Ⅰ**～**実験Ⅲ**を行った。次のページの〔**問1**〕～〔**問7**〕に答えなさい。ただし，質量100gの物体にはたらく重力の大きさを1Nとし，実験で用いる糸やばねばかりの質量，糸の伸び，台車と斜面の間の摩擦はないものとする。

実験Ⅰ　「仕事について調べる実験」

(i)　質量500gの台車を，真上にゆっくりと一定の速さで，30cmそのまま引き上げる①仕事を行った（**図1**）。

(ii)　質量500gの台車を，なめらかな斜面に沿って平行に60cm引き，もとの高さから30cmの高さまでゆっくりと一定の速さで引き上げる仕事を行った（**図2**）。

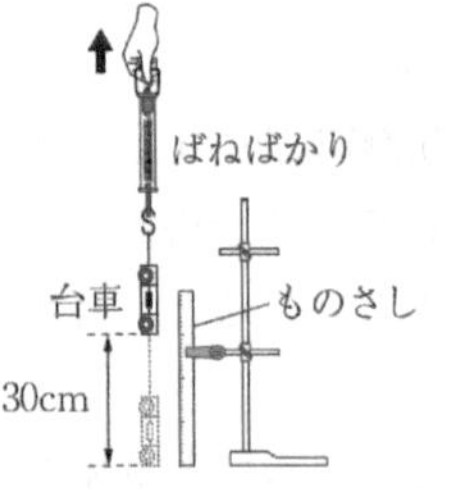

図1　そのまま引き上げる場合の仕事

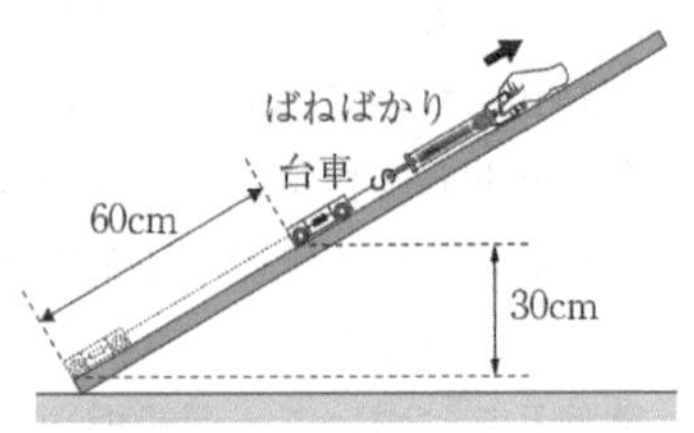

図2　斜面を使う場合の仕事

実験Ⅱ　「エネルギーの変換について調べる実験」

(i)　床から2.0mの高さに設置された台に滑車つきモーターを固定し，豆電球，電流計，電圧計を使って**図3**のような回路をつくり，滑車に質量55gのおもりを糸でとりつけた。

(ii)　おもりを床から2.0mの高さまで巻き上げた後，床まで落下させて発電し，ある程度安定したときの電流と電圧の値を読みとった。また，そのときの落下時間も測定した。

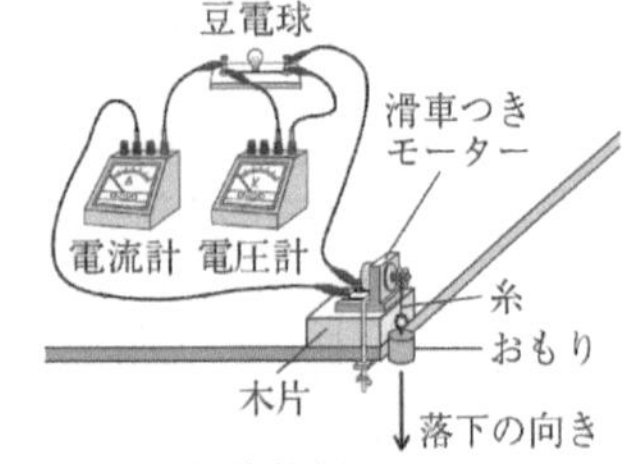

図3　実験装置

(iii)　(ii)の操作を5回行い，測定結果の平均値を**表1**にまとめた。

表1　実験結果

電流〔A〕	電圧〔V〕	落下時間〔s〕
0.2	1.1	1.4

【わかったこと】

床から2.0mの高さにある質量55gのおもりの位置エネルギー1.1Jのうち，［ X ］%が豆電球を光らせる電気エネルギーに変換されたと考えられる。このことから，②おもりの位置エネルギーがすべて電気エネルギーに変換されないことがわかった。

実験Ⅲ　「小球の位置エネルギーと運動エネルギーについて調べる実験」

(i)　レールを用意し，小球を転がすためのコースをつくった（次のページ**図4**）。

(ii)　**BC**を高さの基準（基準面）として，高さ40cmの点**A**より数cm高いレール上に小球を置き，斜面を下る向きに小球を指で押し出した。小球はレールに沿って点**A**，点**B**，点**C**の順に通過して最高点の点**D**に達した。

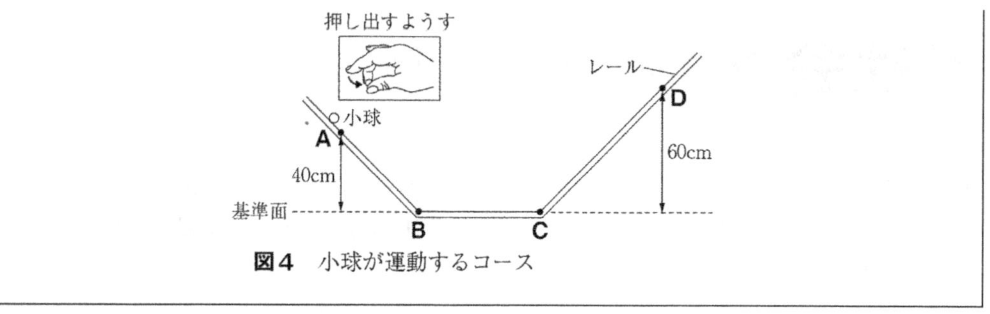

図4　小球が運動するコース

〔問1〕 **実験Ⅰ**の下線部①について，仕事の単位には「J」を用いる。この単位のよみをカタカナで書きなさい。

〔問2〕 **実験Ⅰ**(ii)のとき，ばねばかりの示す力の大きさは何Nか，書きなさい。

〔問3〕 **実験Ⅰ**(ii)の仕事にかかった時間は(i)のときの時間に対して2倍の時間であった。(ii)の仕事率は(i)の仕事率の何倍か。最も適切なものを，次の**ア**～**オ**の中から1つ選んで，その記号を書きなさい。

ア　$\frac{1}{4}$倍　**イ**　$\frac{1}{2}$倍　**ウ**　1倍　**エ**　2倍　**オ**　4倍

〔問4〕 **実験Ⅱ**の【**わかったこと**】の X にあてはまる適切な数値を書きなさい。

〔問5〕 **実験Ⅱ**の下線部②について，その理由を「おもりの位置エネルギーの一部が」という言葉に続けて簡潔に書きなさい。

〔問6〕 **実験Ⅱ**について，位置エネルギーを利用して電気エネルギーを生み出す発電方法として最も適切なものを，次の**ア**～**エ**の中から1つ選んで，その記号を書きなさい。

ア　火力発電　**イ**　原子力発電　**ウ**　水力発電　**エ**　風力発電

〔問7〕 **実験Ⅲ**について，次の(1)，(2)に答えなさい。

(1) 位置エネルギーと運動エネルギーの和を何というか，書きなさい。

(2) **図5**は，レール上を点A～点Dまで運動する小球の位置エネルギーの変化のようすを表したものである。このときの点A～点Dまでの小球の運動エネルギーの変化のようすを，解答欄の図にかき入れなさい。ただし，空気の抵抗や小球とレールの間の摩擦はないものとする。

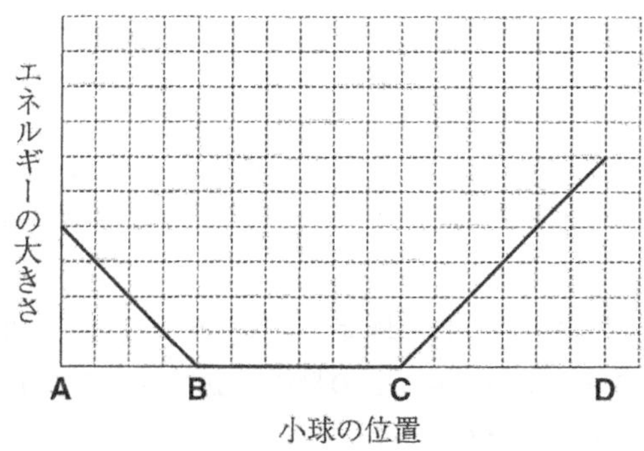

図5　小球の位置エネルギーの変化のようす

＜社会＞

時間　50分　　満点　100点

1　良夫さんのクラスでは，世界の諸地域の中からグループごとに１つの州を選び，その特色についてまとめることにしました。２つのグループが，それぞれ選んだ州の**略地図Ⅰ**，**Ⅱ**を見て，〔**問１**〕～〔**問６**〕に答えなさい。

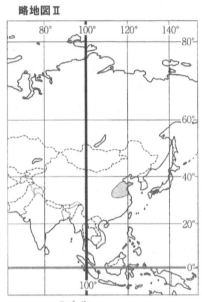

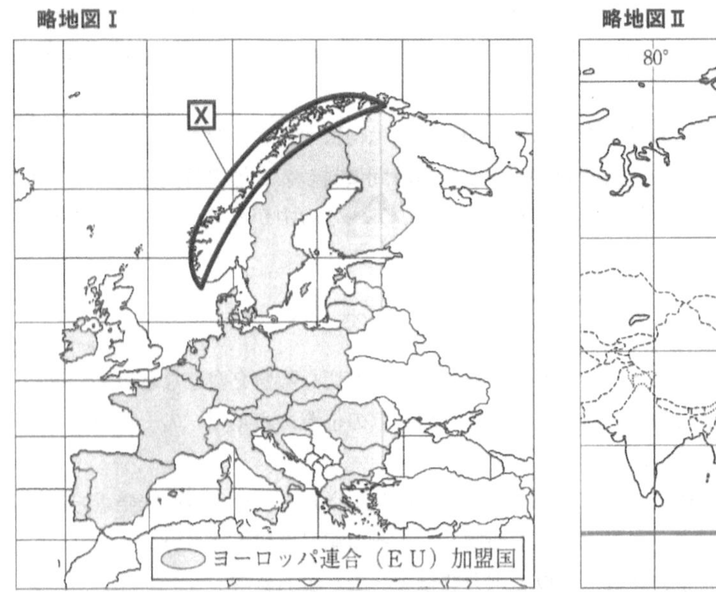

〔**問１**〕　略地図Ⅰ中の X で示された地域の沿岸部に見られる，氷河（ひょうが）によってけずられた谷に海水が深く入りこんだ地形を何といいますか，書きなさい。

〔**問２**〕　図１は，**略地図Ⅰ**で示されたヨーロッパ州の国の言語を，大きく３つに分類して表したものです。図１中の Y にあてはまる語を書きなさい。

図１

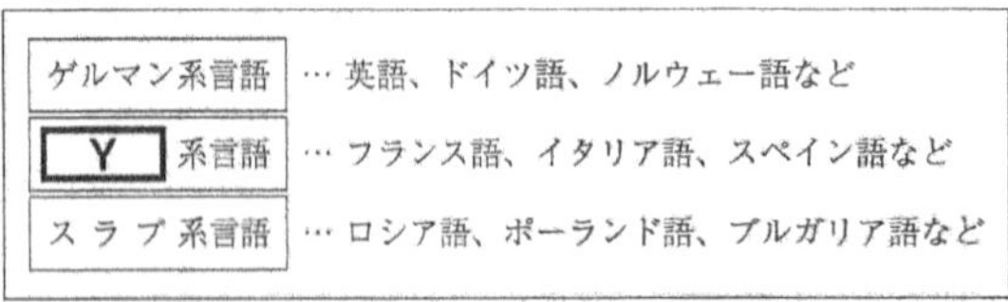

ゲルマン系言語	… 英語、ドイツ語、ノルウェー語など
Y 系言語	… フランス語、イタリア語、スペイン語など
スラブ系言語	… ロシア語、ポーランド語、ブルガリア語など

〔**問３**〕　**略地図Ⅰ**で示されたヨーロッパ連合（ＥＵ）加盟国において，ＥＵの成立は人々の生活に大きな変化をもたらしました。多くのＥＵ加盟国で起こった変化の１つを，「**パスポート**」という語を用いて，簡潔に書きなさい。

〔**問４**〕　**略地図Ⅱ**中の ⬭ で示された地域は，中国が世界第１位の生産量をあげている，ある穀物の主要な生産地域を表しています。この穀物の説明として適切なものを，あとの**ア**～**エ**の中から１つ選び，その記号を書きなさい。

ア　アジア州で生産されるほか，ブラジルではバイオ燃料の原料として盛んに生産されている。

イ　アジア州とヨーロッパ州で約８割が生産され，世界各地で人々の主食の原料となっている。

ウ　アジア州や南アメリカ州などの熱帯地域で，輸出作物として大規模に生産されている。

エ　アジア州の降水量が多い平野部を中心として，世界の約９割が生産されている。

〔問５〕　図２は，**略地図Ⅱ**中で示された東経100度線上での緯度ごとの気候区分を模式的に表したものです。図２中の A ～ C にあてはまる気候区分を，下の**ア**～**ウ**の中からそれぞれ１つ選び，その記号を書きなさい。

図２

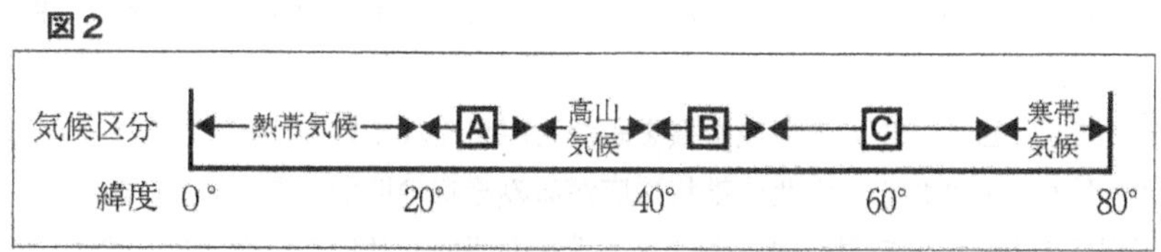

ア　乾燥帯気候　　**イ**　温帯気候　　**ウ**　冷帯気候

〔問６〕　図３は，**略地図Ⅱ**で示されたアジア州の主な国の2001年から2019年におけるＧＤＰ（国内総生産）の推移を，**表**は，アジア州における2019年の自動車生産台数の上位５か国を表したものです。図３中と表中の Z にあてはまる国名を書きなさい。

図３

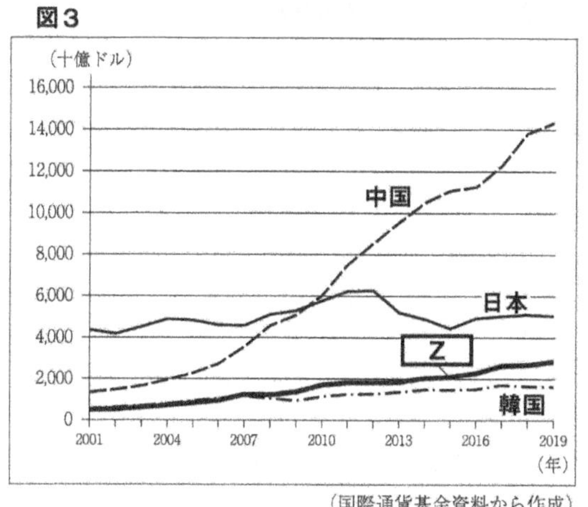

（国際通貨基金資料から作成）

表

国名	自動車生産台数（千台）
中国	25,751
日本	9,685
Z	4,524
韓国	3,951
タイ	2,014

（「世界国勢図会2021/22」から作成）

2　明子さんのクラスでは，グループごとに日本の諸地域の１つを取り上げ，その地域に関係する１枚の写真をもとにその特徴をまとめることにしました。あとのⅠ，Ⅱのカードは，生徒がまとめたものの一部です。これらを読み，〔問１〕～〔問６〕に答えなさい。

Ⅰ 北海道地方	 ウポポイ	ⓐ北海道は，もともと先住民族であるアイヌの人々が住んでいた土地でした。明治時代になって，明治政府はこの地に，［　　］という役所を置き，移住者を多く集め，欧米のⓑ農業に学んで農耕地を広げました。それとともにアイヌの人々の土地を奪い，同化政策を進めました。現在，政府は法整備によりアイヌ文化の振興に取り組み，2020年にはアイヌ文化の復興・発展のための拠点としてウポポイ（民族共生象徴空間）を開設しました。

<table>
<tr>
<td>Ⅱ 中部地方</td>
<td>
北陸の豪雪</td>
<td>中部地方の日本海側にある北陸は，ⓒ雪がひじょうに多く降る，世界有数の豪雪地帯です。雪は生活に困難を与えることも多いですが，人々はこの環境を工夫しながら乗り越えてきました。冬季に農家では，農作業が難しくなるため，副業が古くから発達し，ⓓ地場産業として現在まで受け継がれているものもあります。また，山岳地帯から豊富に供給される雪解け水は，ⓔ発電にも利用されています。</td>
</tr>
</table>

〔問１〕 文中の □ にあてはまる語を書きなさい。

〔問２〕 下線ⓐに関する説明として最も適切なものを，次の**ア**～**エ**の中から１つ選び，その記号を書きなさい。

ア　広大な平野には，日本で最大の流域面積をもつ河川が流れている。

イ　フォッサマグナとよばれる，南北に帯状に広がるみぞ状の地形がある。

ウ　中央部の平野には，かつて泥炭地（でいたんち）とよばれる排水の悪いやせ地が広がっていた。

エ　南部には，シラスとよばれる古い火山の噴出物によってできた台地が広く分布している。

〔問３〕 下線ⓑに関し，北海道では，自然条件に応じて地域ごとに特色ある農業が展開されています。**図１**は，その特色別に４つの地域区分を表したものです。十勝（とかち）平野を含む地域を，**図１**中の**A**～**D**の中から１つ選び，その記号を書きなさい。また，その地域の農業の説明として最も適切なものを，下の**ア**～**ウ**の中から１つ選び，その記号を書きなさい。

図１

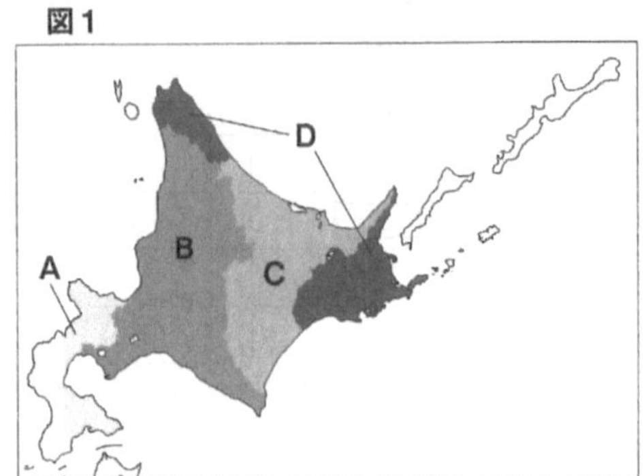

ア　稲作を中心に野菜・畑作などの農業　　**イ**　畑作での輪作と酪農（らくのう）を中心とした農業

ウ　酪農を中心とした農業

〔問４〕 下線ⓒに関し，次の**説明文**は，日本海側の地域で冬に雪が多く降るしくみについて述べたものです。説明文中の □ にあてはまる内容を，簡潔に書きなさい。

説明文

> **資料**は，日本海側の地域で冬に雪が多く降るしくみを模式的に表したものです。大陸からふいてくる季節風が，日本海を渡るときに，□，本州の山地にぶつかって，日本海側の地域に多くの雪を降らせます。
>
> **資料**
>
> 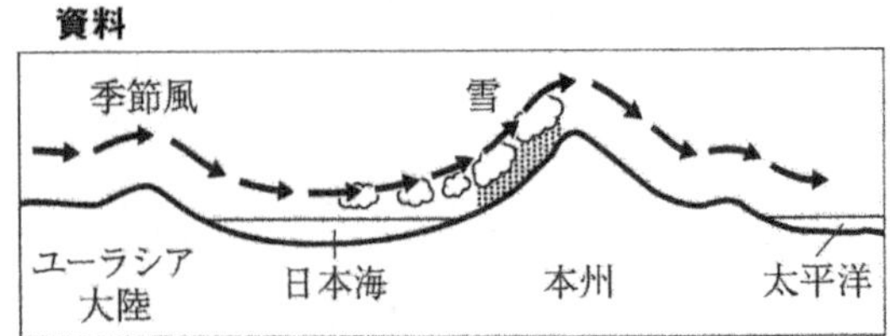
>

〔問５〕　下線ⓓに関し，製造技術が代々受け継がれている産業は伝統産業（伝統工業）といわれます。北陸の伝統産業（伝統工業）にあたるものを，次のア～エの中から１つ選び，その記号を書きなさい。

ア　会津塗　　**イ**　西陣織　　**ウ**　南部鉄器　　**エ**　輪島塗

〔問６〕　下線ⓔに関し，図２は，日本の発電電力量の発電方法による内訳の推移を表したものです。図２中の A ～ C にあてはまる発電方法を，下のア～ウの中からそれぞれ１つ選び，その記号を書きなさい。

図２

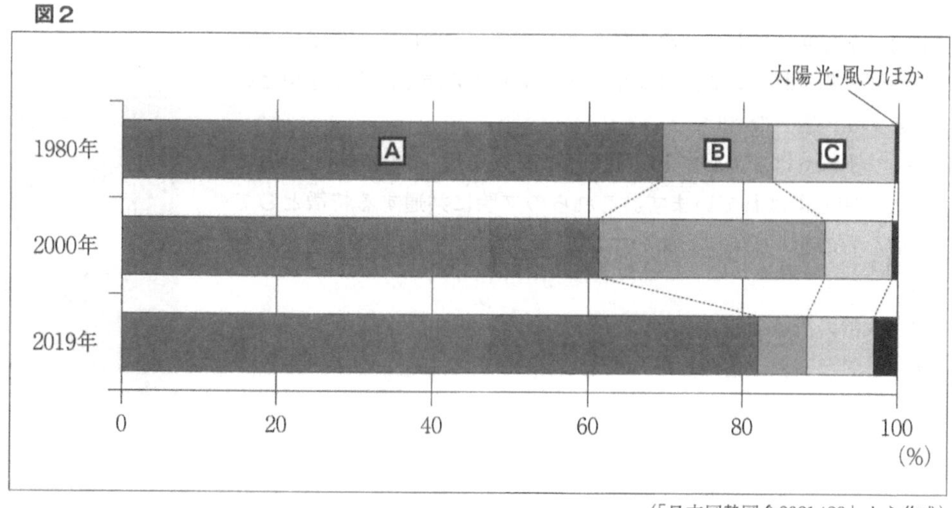

（「日本国勢図会2021/22」から作成）

ア　水力　　**イ**　火力　　**ウ**　原子力

3　次のＡ～Ｆのカードは，こうじさんが社会科の調べ学習で，文化遺産についてまとめたものの一部です。これらを読み，〔問１〕～〔問９〕に答えなさい。

A　ⓐハンムラビ法典碑

この石碑に刻まれた法典は，ハンムラビ（ハムラビ）王が，諸民族を支配するために制定しました。「目には目を，歯には歯を」という考え方が有名です。この発見により，ⓑメソポタミア文明の繁栄が明らかになりました。

B　法隆寺

法隆寺は，ⓒ聖徳太子（厩戸皇子）によって建立された，飛鳥時代を代表する寺院です。7世紀後半に火災にあい，再建されましたが，それでも現存する世界最古の木造建築といわれています。

C　厳島神社

厳島神社は，ⓓ平清盛によって平家一門の守護神として位置づけられ，信仰を集めました。その後，ⓔ鎌倉時代に二度の火災によって焼失しましたが，鎌倉幕府の支えもあり，そのつど再建されました。

D　鉄砲

15世紀から16世紀にかけて，ⓕヨーロッパの国々が海外に進出し，日本にはその時期に鉄砲が伝えられました。ⓖ戦国大名は，鉄砲の威力に注目し，買い求めました。その結果，戦い方が変化し，全国統一の動きが加速しました。

E　唐蘭館絵巻

この絵巻には，長崎の出島で取引された交易商品の重さを量るようすがえがかれています。ⓗオランダや日本の商人が，この地で銅や砂糖などを取引していました。

F　傘連判状

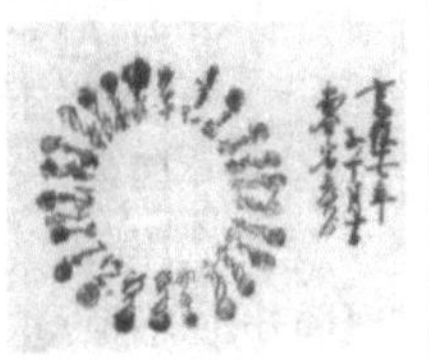

ⓘ江戸時代の農民が起こした一揆では，誓約のしるしとして，傘連判状が作られることがありました。署名を円形にしたのは，一揆の指導者がだれかを，分からないようにするためだといわれています。

〔問1〕　下線ⓐに関し，**資料1**は，ハンムラビ法典碑の一部です。この石碑に刻まれている，メソポタミア文明で発達した文字を何といいますか，書きなさい。

資料1

〔問2〕　下線ⓑは，エジプト文明，インダス文明，中国文明とともに四大文明とよばれています。これらの文明に共通する特徴として適切なものを，次の**ア**～**エ**の中から1つ選び，その記号を書きなさい。

ア　大河の流域で成立した。
イ　イスラム教を信仰した。
ウ　東アジアで成立した。
エ　太陽暦が主に用いられた。

〔問3〕　下線ⓒが，対等の立場で国交を結び，東アジアでの立場を有利にするために使者を派遣した国名と，その時派遣された人物の組み合わせとして正しいものを，次の**ア**～**エ**の中から1つ選び，その記号を書きなさい。

記号	**ア**	**イ**	**ウ**	**エ**
国名	唐	唐	隋	隋
人物	鑑真	小野妹子	鑑真	小野妹子

〔問4〕　下線ⓓは，武士として初めて太政大臣となりました。**資料2**は平氏の系図の一部を示したものです。資料2からは，平氏が，その後さらに権力を強めるようになった要因の1つが読み取れます。その要因について，簡潔に書きなさい。

資料2

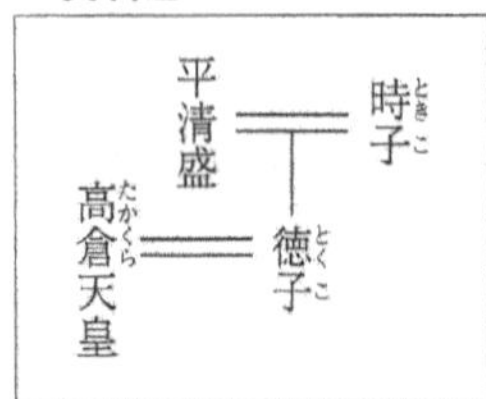

〔問5〕　下線ⓔに関し，次のページの**資料3**は東大寺南大門にある，この時代に制作された仏像です。この仏像の名称を書きなさい。

資料３

〔問６〕 下線ⓕに関し，次の**ア**～**ウ**は，ヨーロッパ人の海外への進出について述べたものです。これらのできごとを年代の古い順に並べ，その記号を書きなさい。

ア　ラクスマンが，漂流民の引き渡しのため，根室に来航した。

イ　ポルトガル人を乗せた中国船が，種子島に流れ着き，日本に鉄砲を伝えた。

ウ　コロンブスが，西インド諸島に到達した。

〔問７〕 下線ⓖが，それぞれの領国を支配するために定めた法を何といいますか，書きなさい。

〔問８〕 下線ⓗは，鎖国下の日本で，貿易を許された唯一のヨーロッパの国でした。オランダが日本との貿易を許された理由を，宗教に着目して簡潔に書きなさい。

〔問９〕 下線ⓘに関し，この時代の農業や農民のくらしについて述べたものとして，最も適切なものを，次の**ア**～**エ**の中から１つ選び，その記号を書きなさい。

ア　６歳以上の男女には口分田が与えられ，その面積に応じて租を負担するようになった。

イ　米と麦を交互に作る二毛作を行うようになり，草や木の灰を肥料に用いるようになった。

ウ　農具が改良され，土を深く耕すことができる備中ぐわなどが広く使われるようになった。

エ　有力な農民を中心に村ごとにまとまり，惣とよばれる自治組織を作るようになった。

4　香織さんと拓也さんは，社会科の自由研究で，授業で興味をもったテーマについて，略年表にまとめました。次の**略年表Ⅰ**，**Ⅱ**は，その一部です。これらを見て，〔**問１**〕～〔**問５**〕に答えなさい。

略年表Ⅰ

【幕末の動乱】	
1853年	ⓐペリーが来航する
1858年	日米修好通商条約が締結される 安政の大獄がはじまる
1860年	江戸城の桜田門外で，大老の井伊直弼が暗殺される
↕ X	
1868年	旧幕府は，戦うことなく新政府軍に江戸城を明けわたす

略年表Ⅱ

【戦後日本の復興】	
1945年	ポツダム宣言を受諾し降伏する
1946年	ⓑ戦後初の衆議院議員総選挙が行われる 日本国憲法が公布される
1955年	ⓒ日本の経済水準が戦前の水準に回復する
↕ Y	
1964年	東京オリンピック・パラリンピックが開催される

〔問１〕 下線ⓐに関し，1853年に来航した場所の地名を，次のア～エの中から１つ選び，その記号を書きなさい。また，その地名の位置を，図中の A ～ D の中から１つ選び，その記号を書きなさい。

図

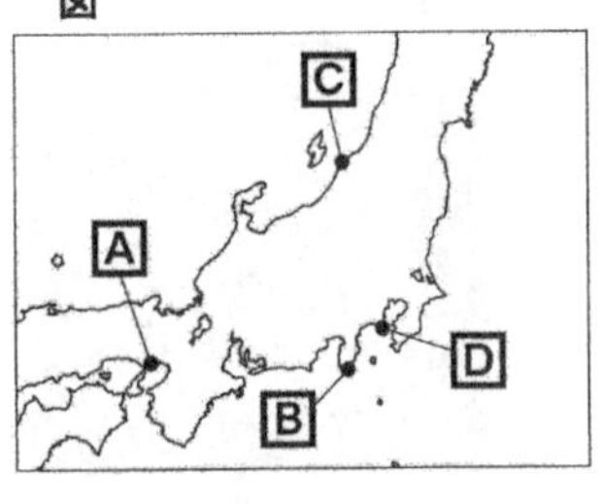

ア　新潟
イ　浦賀（うらが）
ウ　兵庫（神戸）
エ　下田（しもだ）

〔問２〕 次のア～ウは，**略年表**Ⅰ中の X で示した1860年から1868年の時期に起こったできごとについて述べたものです。これらのできごとを起こった順に並べ，その記号を書きなさい。

ア　朝廷が，王政復古（おうせいふっこ）の大号令（だいごうれい）を出した。
イ　徳川慶喜（とくがわよしのぶ）が，政権を朝廷に返上した。
ウ　旧幕府軍と新政府軍との間で鳥羽（とば）・伏見（ふしみ）の戦いが起こった。

〔問３〕 下線ⓑに関し，次の**説明文**は，1946年に実施された戦後初の衆議院議員総選挙について述べたものです。説明文中の □ にあてはまる文を，選挙資格に着目して簡潔に書きなさい。

説明文

資料は，1928年と1946年に実施された衆議院議員総選挙における，全人口にしめる有権者の割合を表しています。この資料から1946年の有権者の割合が，1928年の２倍以上に増えていることがわかります。それは，1946年の選挙では，選挙権が □ からです。

資料

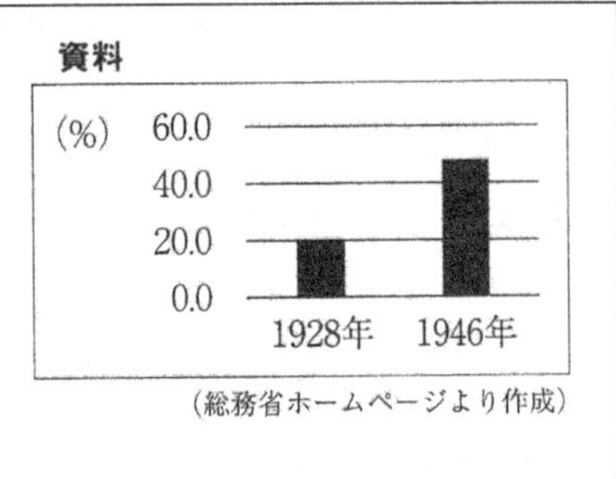

（総務省ホームページより作成）

〔問４〕 下線ⓒに関し，その主な要因となったできごとを，次のア～エの中から１つ選び，その記号を書きなさい。

ア　東海道新幹線開通
イ　国際連合加盟
ウ　キューバ危機
エ　朝鮮戦争

〔問５〕 **略年表**Ⅱ中の Y で示した1955年から1964年の時期における，日本社会のようすについて述べたものとして，最も適切なものを，次のア～エの中から１つ選び，その記号を書きなさい。

ア　石油危機をきっかけに，トイレットペーパーの異常な買いだめなどのパニックが起こった。
イ　白黒テレビなどの家庭電化製品が普及するとともに，大規模な団地が建てられていった。
ウ　株式と土地の価格が異常に上がる，バブル経済とよばれる好景気が発生した。
エ　四大公害裁判で住民側が勝訴したことをきっかけに，環境庁が設置された。

5 純子さんのクラスでは，社会科の学習のまとめとして，現代社会に見られる課題の中から，テーマを設定し，そのことについて調べました。次の文は，生徒が考えたテーマとテーマ設定の理由の一部です。これらを読み，〔問1〕～〔問5〕に答えなさい。

【テーマ】私たちの意見を政治に反映させるには
【テーマ設定の理由】 直接民主制では，有権者の意見が政治に直接反映されます。しかし，有権者が多くなると，ⓐ合意をすることが困難なため，多くの国では，ⓑ選挙によって選ばれた代表者が，議会で政治を行っています。日本も，この間接民主制を採用しており，私たちはⓒ国会での話し合いに直接参加することはできません。そこで，私たちの意見を国会での話し合いに反映させるには，どうすればよいか考えることにしました。

【テーマ】情報化が進む社会でいかに生きるか
【テーマ設定の理由】 私たちは現在，大量のⓓ情報を簡単に手に入れることができます。情報化が進み，私たちの生活はより豊かで便利なものになりました。しかし，情報システムの障害で社会が混乱したり，ⓔプライバシーの権利を侵害する個人情報の流出が起こったりするなど，様々な問題も生まれています。そこで，これらの問題に対応するには，私たちはどうすればよいか考えることにしました。

〔問1〕 下線ⓐに関し，次の**説明文**は，私たちが対立を解消し，よりよい合意をするための判断基準となる考え方の1つについて述べたものです。この考え方を，下の**ア**～**エ**の中から1つ選び，その記号を書きなさい。

説明文

> 全体として，より少ない資源（費用や労力など）が無駄なく使われ，多くの利益を得られる結果になっているか，という考え方。

ア 効率　**イ** 多様　**ウ** 協調　**エ** 公正

〔問2〕 下線ⓑに関し，次の**説明文**は，日本の選挙制度の1つである小選挙区制の特徴について述べたものです。説明文中の下線で示された語を，簡潔に説明しなさい。

説明文

> 小選挙区制は比例代表制に比べて，選挙区ごとに1名しか当選しないため死票が多くなります。その反面，いずれかの政党が単独で議会の過半数を獲得しやすく，政権が安定するといわれています。

〔問3〕 下線ⓒに関し，**図**は国会，内閣，裁判所の関係を表したものです。これを見て，次のページの(1)，(2)に答えなさい。

図

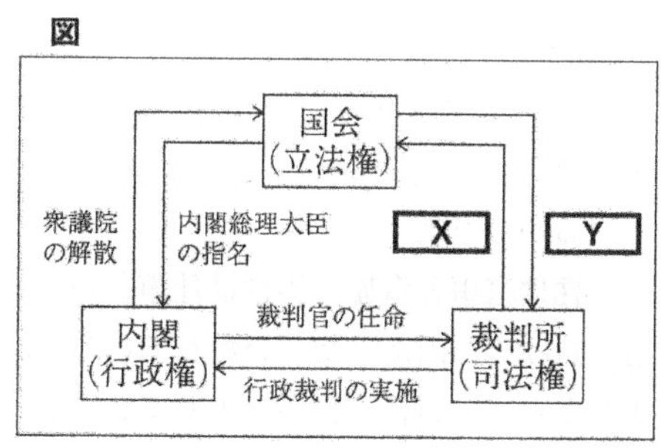

(1) 図のように，権力を立法権，行政権，司法権の３つに分け，それぞれを独立した機関が担当することで，権力のゆきすぎを抑制し合う考え方を何といいますか，書きなさい。

(2) 図中の X ， Y にあてはまる語句の組み合わせとして正しいものを，次の**ア**～**エ**の中から１つ選び，その記号を書きなさい。

ア X － 違憲審査の実施　Y － 最高裁判所長官の指名
イ X － 国民審査の実施　Y － 最高裁判所長官の指名
ウ X － 違憲審査の実施　Y － 弾劾裁判所の設置
エ X － 国民審査の実施　Y － 弾劾裁判所の設置

〔問４〕 下線ⓓに関し，新聞やテレビの報道などの情報をそのまま信じるのではなく，何が真実かを冷静に判断する力を何といいますか，書きなさい。

〔問５〕 下線ⓔに関し，次の**文**は，プライバシーの権利に関わる，ある裁判の内容について述べたものです。文中の下線で示された権利について述べたものとして，最も適切なものを，下の**ア**～**エ**の中から１つ選び，その記号を書きなさい。

文

ある作家が月刊誌に小説を発表した後に，登場人物のモデルとなった人物から，記述内容がプライバシーの権利を侵害しているとして，裁判を起こされました。この裁判では，モデルとなった人物がもつプライバシーの権利と，作家がもつ自分の作品を発表する権利のどちらの権利が優先されるかが争点となりました。

ア この権利は，憲法に定められている幸福追求権を根拠としている。
イ この権利は，自由権の１つである精神の自由（精神活動の自由）に分類される権利である。
ウ この権利を初めて規定した憲法は，ワイマール憲法である。
エ この権利に基づいて情報公開の制度が整えられた。

6 次の文は，東京2020オリンピック競技大会の開会式を見た，あやさんの家族の会話の一部です。これを読み，〔問１〕～〔問５〕に答えなさい。

父　：　ついにオリンピックが開幕したね。入場行進で多くのⓐ国や地域の代表選手団の旗手が，２人だったのを覚えているかい。

あや：　そういえば，日本は須崎（すさき）選手と八村（はちむら）選手がつとめていたね。

父　：　国際オリンピック委員会は，今大会から男女１人ずつが旗手をつとめられるように規則を変更したんだ。これは，性別による差別や不平等をなくそうというⓑジェンダー平等を進めようとしているからだよ。

母　：　かつての日本は，女性は家事と育児，男性は仕事という役割の分担があって，それがⓒ女性の社会進出を妨げる一因だったといわれているの。だから，家庭生活を含めてあらゆる分野で男女がともに責任を担い協力していくことが大切だわ。

あや：　社会科の授業で，ⓓ政府も，仕事と育児が両立しやすい環境の整備をしていると学んだよ。
父　：　ⓔ企業でも，男性も育児休暇を取りやすくするなど，様々な取り組みを進めているね。
母　：　今後も，社会全体で性別によらず，すべての人々が活躍できる環境づくりを進めていくことが必要だと思うわ。
あや：　今回のオリンピックをきっかけに，もっと女性の社会進出が進むといいな。

〔問１〕 下線ⓐに関し，他国による支配や干渉を受けないという原則が，主権国家には認められています。この原則を何といいますか，書きなさい。

〔問２〕 下線ⓑは，2015年に国連で合意された，世界が直面している様々な課題を解決するための「17の目標」に取り入れられています。この「17の目標」を何といいますか，書きなさい。

〔問３〕 下線ⓒに関し，資料は，女性解放を目指し，平塚らいてう(ちょう)らが設立した団体の宣言の一部です。この団体を何といいますか，書きなさい。

資料

元始，女性は実に太陽であった。真正の人であった。今，女性は月である。他によって生き，他の光によってかがやく，病人のような青白い顔の月である。私たちはかくされてしまったわが太陽を今や取り戻さなくてはならない。(部分要約)

〔問４〕 下線ⓓに関し，次の⑴，⑵に答えなさい。

⑴　次の**説明文**は，不景気（不況）における政府の財政政策について述べたものです。説明文中の①，②について，**ア**，**イ**のうち適切なものをそれぞれ１つ選び，その記号を書きなさい。

説明文

不景気（不況）のとき，政府は①{ **ア**　増税　**イ**　減税 } したり，道路や上下水道などの公共事業（公共投資）を②{ **ア**　増やし　**イ**　減らし } たりする。

⑵　政府が消費者を保護するために整備した，クーリング・オフとはどのような制度ですか，「**契約**」という語を用いて，簡潔に説明しなさい。

〔問５〕 下線ⓔに関し，**図**は，企業が資金を調達するしくみの１つを表したものです。図のように，企業が株式や社債を発行し，資金を調達するしくみを何といいますか，書きなさい。

図

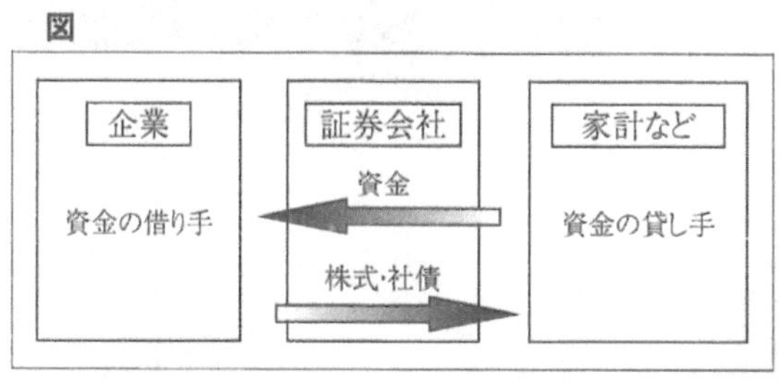

～エの中から選び、その記号を書きなさい。

ア　地産地消　イ　自給自足　ウ　一石二鳥　エ　一挙両得

〔問6〕　本文中、Eそのポジションは、誰にも必要とされないものなのかもしれないとありますが、このときの航太の気持ちを、「そのポジション」が指す内容を示した上で、八十字以内で書きなさい。

（句読点やその他の符号も一字に数える。）

四

次の文章を読んで、あとの〔問〕に答えなさい。

ともみさんの中学校では、「思いやりの気持ちをもち、自分でできることをよく考え、進んで行動する」ことを学校目標に掲げ、学級や学年でさまざまな取り組みをしています。

三年生では、環境問題についての学習の中で、地域の人たちと一緒に、海の豊かさを守ることをPRするポスターを、地域のあちこちに掲示する活動を計画しています。

今、二枚のポスターが用意されています。

ともみさんたちは、活動にあたって、この取り組みにふさわしいものを一枚選ぼうと考えています。

〔問〕　あなたは、A、Bどちらのポスターを選びますか。二枚のポスターを比較・分析した内容と選んだ理由を、次の条件にしたがって書きなさい。

［条件］

(1)　解答欄上段の□には、選んだポスターの記号を書くこと。

(2)　原稿用紙の正しい使い方にしたがって書くこと。ただし、題名や自分の氏名は書かないこと。

(3)　八行以上、十行以内であること。

A

プラスチック
使うなら
リサイクルしよう

B

ごみだらけの海
そんな未来が
いいですか？

燃料費、設備費、もろもろ――大きい。何もかもちまちまとしている小市堂とは、スケールが違うのだ。

いつのまにか、二年生二人も遠巻きに三人の話を聞いていた。日向子は和彦からペットボトルと財布を受け取りながら言う。

「じゃあ、航太、結局進路はどうするの？　どこの大学に行きたいの？」

ずばりと聞かれた航太は、言葉に詰まる。ちっぽけな島の平凡な航太として、小市堂の作業場が居場所になればいいと思っていた。和菓子は贅沢品。その贅沢品を島の人へ届けることを仕事にしたいと。あんなに楽しい美しいものを作って人の生活を豊かにすることができるのなら、こんなにいいことはないと思っていた。

だが、航太の作る菓子を受け取る人が、いないとなれば……。

おれのポジション。

Eそのポジションは、誰にも必要とされないものなのかもしれない。

（森谷明子 著『南風吹く』から……一部省略等がある。）

（注）・俳句甲子園＝毎年愛媛県で開催されている、高校生を対象とした俳句の大会。
・ポイントガード＝バスケットボールのポジションの一つ。

〔問1〕本文中、A日向子は航太の問いには答えず、そう吟じてみせた とありますが、このとき日向子は航太の句にどのような思いをもっていたのか、その内容を、解答欄の「という思い」に続く形で、六十字以内で書きなさい。（句読点やその他の符号も一字に数える。）

〔問2〕本文中、Bこそばゆくなってくる とありますが、この表現の意味として最も適切なものを、次の**ア**～**エ**の中から選び、その記号を書きなさい。

ア　自慢したくなってくる　**イ**　ばつが悪くなってくる
ウ　心もとなくなってくる　**エ**　照れくさくなってくる

〔問3〕本文中、C何を悶々としているわけ？ とありますが、このあと日向子たちに打ち明けた内容を読み取りながら、航太が悶々としている理由として最も適切なものを、次の**ア**～**エ**の中から選び、その記号を書きなさい。

ア　作ろうと思っている上生菓子が、父親の菓子と同じように物々交換されることがわかり、幻滅したから。
イ　小市堂に未来がないと父に言われて、はじめて父や祖母のやりくりを知った自分の甘さに気づいたから。
ウ　父に小市堂を継がなくても食べていけると言われて、未来がないのがわかり、働く意欲をなくしたから。
エ　打ち明けた内容に共感した恵一に、実は動く金の規模が違うことをどう説明したらいいか戸惑ったから。

〔問4〕本文中、D苦笑まじりにうなずいた とありますが、このしぐさから読み取れる航太の心情として最も適切なものを、次の**ア**～**エ**の中から選び、その記号を書きなさい。

ア　自分の将来のことで悩んでいるので、同じような悩みをもつ日向子の存在が心強い。
イ　自分は気持ちを打ち明けたのに、それを聞かず一方的に話し続ける日向子が苦々しい。
ウ　日向子の気遣いは感じながらも、心の奥にある気持ちをわかってもらえずやるせない。
エ　日向子が同調してくれたことにより、不安で悩んでいた気持ちがやわらいでうれしい。

〔問5〕本文中の□にあてはまる最も適切な四字熟語を、次の**ア**

よ？　試合に出したら審査員にすっごい評価してもらえたかもしれないよ？」

　二人が口々に言ってくれるのを聞いていると、航太はBこそばゆくなってくる。

「あ、つまり二人とも褒めてくれてるんだと思うけどさ……、でもあれも、ほかに何も浮かばなくて、ただ屋上に立って南風南風、って風を感じようとしていた時に、ああおれ今ここで生きてるんだって、そういうのをふっと感じただけで」

「それがいいの。今ここがおれのいる場所、そう言い切る単純さが航太のいいところじゃない」

　そう言った日向子は、まっすぐ航太を見つめた。

「その単純さが取り柄の小市航太が、C何を悶々としているわけ？」

「いや、別に……」

　航太は口ごもったが、結局二人に話す羽目になった。

「そう……。小市堂に未来はないってお父さんに言われたの……」

「実際、なかった。そういう目でうちの商売を考えたことがなかったおれが、ほんと、単細胞の甘ちゃんだったわけ。だってさ、ばあちゃん、病気になる前はちゃんと帳簿や家計簿をつけていたんだけど、それを見ると笑っちゃうほどシンプルなんだぜ」

「シンプル……？」

「入ってくる金も出る金も、少ないの。まず、店のほうはさ、ほんと、微々たる売り上げしかないんだ。毎月の材料費や光熱費を取り除くと、え、これだけ？　って誰でも驚くくらいの額。で、家計簿と照らし合わせると、うまい具合に生活費やおれにかかる費用で差し引きほぼゼロになる感じ。もっと笑っちゃったのがさ、うち、おれ結構大食いだと思ってたんだけど、毎月の食費、一万円程度なの。三人で」

「私は自分の家の食費を知らないから何とも言えないんだけど、まあ、多くはないんだろうね」

　そう言う日向子に、航太はD苦笑まじりにうなずいた。

「うん。ほとんど米代と調味料代って感じだった。あとはたぶん、魚も果物も、物々交換なんだ。野菜に関してはもらいもののほかにばあちゃんが家庭菜園やってるしさ。結局たいした金を使わないでも飯が食えるんだ」

「はあ……、すごい［　　］だね」

「もっと笑えること教えてやろうか。時々夕食に鯛の刺身とかが出てきたけど、今思えばいつも、親父が上生菓子を作る日だった。あ、焼き魚やアラ煮なんかはその翌日にもあったけど」

「はあ……」

　もう一度日向子がため息のような返事をした。「それってつまり……」

「そう。親父の上生菓子が鯛に化けたわけ」

「それはそれで、いいじゃないか」

　それまで黙っていた恵一が口を挟む。

「そんなこと言ったら、おれのうちだって金を出して食料買ってないのかもしれないぞ。食っている魚は当然市場へ出せない半端ものだし、そう言えばうちも、もらいものは一杯あるな。親父もおふくろも、新鮮なうちにって配りまくってるから、きっとお返しがどっさり来るんだ」

「それでも、動く金の規模が違うよ」

　どう言えば恵一にわかるだろう。漁師の家は、たしかに天候に左右される不安定さはあるものの、基本、大儲けを期待できる。当たれば大金が転がり込む。もちろん、出て行く金のほうも――船の維持費、も適切なものを、次のア～エの中から選び、その記号を書きなさい。

ア　行書が読めない人がいることも考えて書くため、ひらがなはやや大きめに書くとよい。

イ　どんな場面でも正しく字を書くため、ひらがなは省略や変化をさせず丁寧に書くとよい。

ウ　配列を整えて書くため、行書の特徴に気をつけて筆脈を意識し、全部つなげて書くとよい。

エ　行書に調和するひらがなを書くため、ひらがなの始筆や終筆の方向を変化させて書くとよい。

(4)　文中の Ⅱ には、状態を表す形容詞が入ります。筆者の解説の文意にふさわしい語を、文中から抜き出し、直後の「散ってしまい」に続く形で書きなさい。

二

※問題に使用された作品の著作権者が二次使用の許可を出していないため、問題を掲載しておりません。

（出典：本川達雄　著『生物学的文明論』から）

三

次の文章は、※俳句甲子園への出場を果たした航太たち文芸部員が、地方大会の決勝戦に向けて作った俳句について話をしている場面です。これを読んで、〔問1〕～〔問6〕に答えなさい。

※印には（注）がある。

日向子が言った。

「ねえ、航太、覚えてる？　あんたが地方大会の決勝戦に作った句」

突然だったが、航太は素直に答えた。

「もちろん覚えてるけど？」

今ここがおれのポジション南風吹く

これが、航太の句だ。試合には使われなかったけど。

「だけど今頃、なんで？」

「『今ここがおれのポジション南風吹く』」

A日向子は航太の問いには答えず、そう吟じてみせた。

「みんなで話し合って、義貞先生にも意見してもらって、結局航太のこの句、試合には使わないことにしたんだよね」

「うん」

それで当たり前だと思った。自分への迷いを詠んだ日向子の句や、島の高みから見た海を感じさせる和彦の句に比べたら、なんと言うか、幼稚な感じなのは自分でもわかっていたから。

「だけど、この句、妙に心に残りはしたんだよな」

恵一が、反対側からそう口を挟んだ。「『おれのポジション』って言い方は、たしかにあんまり俳句らしくはないし、『今ここ』っていうのも、なんか、J－POPあたりで使い古されたベタな感じがする。だけど、これを聞いた時、ぱっと、バスケットコートの中で※ポイントガードを務めている航太の姿が浮かんで、ああ、いいなと思ったのは本当だ。だから迷ったんだが……。正直、審査員にどう評価されるか、読みにくい句だとも思ったしな」

日向子が体を乗り出した。

「うん、そう！　私も、この句は残ったんだよ！　絶対に汗びっしょりかいて大声出して、気持ちよさそうに走っているんだろうな航太、ってそこまでひとつづきの景が浮かんだの。恵一の言うとおり安全策を取って、使わずに終わっちゃったけどね。でも、わからない

＜国語＞

時間　五〇分　満点　一〇〇点

一　次の〔問1〕～〔問3〕に答えなさい。

〔問1〕　次の①～⑧の文の――を付した、カタカナは漢字に直して書き、漢字は読みがなをひらがなで書きなさい。

①　太陽の光をアびる。　②　記録をチヂめる。
③　要人をゴエイする。　④　永年のコウセキをたたえる。
⑤　彼とは相性がよい。　⑥　現実との隔たりを感じる。
⑦　至福の時間を過ごす。　⑧　仰天の結末を迎える。

〔問2〕　次の文章を読んで、あとの(1)、(2)に答えなさい。

> 故郷から届いたたくさんのみかんを、受験で頑張っているあおいさんにもおすそ分けしようと思います。そこで、次のような言葉を添えて持っていくことにしました。
> 「和歌山のおいしいみかんです。勉強の合間に、どうぞいただいてください。」
> 厳しい寒さもどうやらもうすぐ終わ［　］そうです。暖かい春が近づいています。

(1)　文中の　いただいて　を、適切な敬語表現に書き直しなさい。

(2)　文中の［　］には、ひらがな一字が入ります。次の条件①、②に合うように、それぞれあてはまるひらがなを書きなさい。

［条件］
①　そのことを「人から伝え聞いた」ことを表すように。
②　そのことを「自分で推測した」ことを表すように。

〔問3〕　次の古文と解説文を読んで、あとの(1)～(4)に答えなさい。※印には（注）がある。

> A色はにほへど散りぬるを　わが世誰(たれ)ぞ［Ⅰ］ならむ
> 有為(うゐ)の奥山けふ越えて　浅さ夢見し酔(ゑ)ひもせず
>
> 日本の歌で何が一番すぐれているか。文学的な見地から言えばいろいろあるだろうが、一番苦心して作った歌と言われたら、このBいろは歌が挙げられるだろう。七五調で※今様のような感じだが、日本語で使う主な音を全部一音ずつ使い、仏教の無常観をさりげなく取り入れているところは、ちょっと真似(まね)ができない。
>
> 花は美しく咲いてはいても一陣の風で［Ⅱ］散ってしまい、楽しく生きている人もその栄華は続くことはない。悲しいことばかりが続く人生の山を越えてきたが、それはまるでお酒を飲んで眠ったときに浅い夢をみたかのようにいま思えばはかないものだ、という意味である。
>
> （金田一(きんだいち)春彦(はるひこ)著『心にしまっておきたい日本語』から……一部省略等がある。）
>
> （注）・今様＝平安朝当時に流行した歌謡。

(1)　文中のA色はにほへどを現代仮名遣いに改め、すべてひらがなで書きなさい。

(2)　文中の［Ⅰ］には、漢字一字が入ります。解説文を参考にしながら、あてはまる漢字を書きなさい。

(3)　文中、Bいろは歌とありますが、この歌を行書とひらがなを交えて書く場合、どのようなことに気をつけるとよいですか。最

2022年度

解　答　と　解　説

《2022年度の配点は解答用紙集に掲載してあります。》

＜数学解答＞

1　〔問1〕 (1)　-5　(2)　$\frac{2}{3}$　(3)　$7a+3b$　(4)　$5\sqrt{3}$　(5)　$6a+25$
〔問2〕 $x=-7,\ 2$　〔問3〕 $n=5,\ 20$　〔問4〕 $y=-2$　〔問5〕 $\angle x=125$(度)
〔問6〕 $\frac{128}{3}\pi$ (cm^3)

2　〔問1〕 $\frac{1}{12}$　〔問2〕 (1)　黄(色)　(2)　25(個)　〔問3〕 唐揚げ弁当1個の定価400円，エビフライ弁当1個の定価450円(求める過程は解説参照)　〔問4〕 (1)　(Ⅰ)　イ　(Ⅱ)　ア　(Ⅲ)　ウ　(2)　ウ　(3)　標本を無作為に抽出したことにならないため。

3　〔問1〕 $-\frac{1}{2}$　〔問2〕 (ア)　6　(イ)　0
〔問3〕 (x座標が最も大きい座標)　B($4\sqrt{2}$, 0)　(x座標が最も小さい座標)　B(-8, 0)
〔問4〕 $y=\frac{5}{2}x+6$

4　〔問1〕 (1)　$\angle\mathrm{PAQ}=40$(度)　(2)　$6\sqrt{3}$ (cm^2)　〔問2〕 解説参照　〔問3〕 $\frac{15}{4}$(cm)

＜数学解説＞

1　(数・式の計算，平方根，式の展開，二次方程式，比例関数，角度，回転体の体積)

〔問1〕 (1)　**異符号の2数の和の符号は絶対値の大きい方の符号で，絶対値は2数の絶対値の大きい方から小さい方をひいた差**だから，$-9+4=(-9)+(+4)=-(9-4)=-5$

(2)　**四則をふくむ式の計算の順序は，乗法・除法→加法・減法**となる。$\frac{10}{3}+2\div\left(-\frac{3}{4}\right)=\frac{10}{3}+2\times\left(-\frac{4}{3}\right)=\frac{10}{3}+\left(-\frac{8}{3}\right)=\frac{10}{3}-\frac{8}{3}=\frac{2}{3}$

(3)　**分配法則**を使って，$2(2a-b)=2\times2a+2\times(-b)=4a-2b$だから，$(3a+5b)+2(2a-b)=(3a+5b)+(4a-2b)=3a+5b+4a-2b=3a+4a+5b-2b=7a+3b$

(4)　$\sqrt{48}-\sqrt{3}+\sqrt{12}=\sqrt{4^2\times3}-\sqrt{3}+\sqrt{2^2\times3}=4\sqrt{3}-\sqrt{3}+2\sqrt{3}=(4-1+2)\sqrt{3}=5\sqrt{3}$

(5)　**乗法公式$(a+b)^2=a^2+2ab+b^2$，$(a+b)(a-b)=a^2-b^2$**より，$(a+3)^2=a^2+2\times a\times3+3^2=a^2+6a+9$，$(a+4)(a-4)=a^2-4^2=a^2-16$だから，$(a+3)^2-(a+4)(a-4)=(a^2+6a+9)-(a^2-16)=a^2+6a+9-a^2+16=a^2-a^2+6a+9+16=6a+25$

〔問2〕 $x^2+5x-14=0$　たして$+5$，かけて-14になる2つの数は，$(+7)+(-2)=+5$，$(+7)\times(-2)=-14$より，$+7$と-2だから　$x^2+5x-14=\{x+(+7)\}\{x+(-2)\}=(x+7)(x-2)=0$
$x=-7,\ x=2$

〔問3〕 $\sqrt{\frac{20}{n}}$の値が自然数となるためには，根号の中が(自然数)^{2}の形になればいい。$\sqrt{\frac{20}{n}}=\sqrt{\frac{2^2\times5}{n}}$より，$\sqrt{\frac{2^2\times5}{5}}=\sqrt{2^2}=2$，$\sqrt{\frac{2^2\times5}{2^2\times5}}=\sqrt{1}=1$だから，このような自然数$n$は，5と$2^2\times5=20$の2つである。

〔問4〕 **yはxに反比例する**から，xとyの関係は$y=\frac{a}{x}$と表せる。$x=5$のとき$y=4$だから，$4=\frac{a}{5}$　$a=$

$4\times5=20$　xとyの関係は$y=\frac{20}{x}$と表せる。よって，$x=-10$のときのyの値は$y=\frac{20}{-10}=-2$

〔問5〕　△ODEはOD＝OEの二等辺三角形だから，$\angle DOE=180°-2\angle OED=180°-2\times35°=110°$　弧ABCに対する中心角を$a°$，弧AEDCに対する中心角を$b°$とすると，$a°+b°=360°$　また，**対頂角は等しい**から，$a°=\angle DOE=110°$　弧AEDCに対する**中心角と円周角の関係**から，$\angle x=\frac{1}{2}b°=\frac{1}{2}(360°-a°)=\frac{1}{2}(360°-110°)=125°$

〔問6〕　**半径rの球の体積は$\frac{4}{3}\pi r^3$**で求められる。できる立体は半径4cmの半球だから，求める体積は$\frac{4}{3}\pi\times4^3\times\frac{1}{2}=\frac{128}{3}\pi\ (cm^3)$

2　**(確率，規則性，連立方程式の応用，資料の散らばり・代表値，標本調査)**

〔問1〕　Aさんの玉の取り出し方は，1，2，3，4の4通り。そのそれぞれの取り出し方に対して，Bさんの玉の取り出し方は，Aさんが取り出した玉を除く3通り。そのそれぞれの取り出し方に対して，Cさんの玉の取り出し方は，AさんとBさんが取り出した玉を除く2通り。そのそれぞれの取り出し方に対して，Dさんの玉の取り出し方は，残った1個の玉を取り出す1通りあるから，Aさん，Bさん，Cさん，Dさんの4人の玉の取り出し方は，全部で$4\times3\times2\times1=24$(通り)。このうち，第一走者がAさんで，第四走者がDさんとなる玉の取り出し方は，(A，B，C，D)＝(1，2，3，4)，(1，3，2，4)の2通り。よって，求める確率は$\frac{2}{24}=\frac{1}{12}$

〔問2〕　(1)　リングの色は，青，黄，黒，緑，赤の「5個のリングのかたまり」で繰り返すから，27番目のリングの色は，$27\div5=5$あまり2より，「5個のリングのかたまり」を5回繰り返した後の2番目のリングの色だから，黄である。

(2)　$124\div5=24$あまり4より，124番目のリングは，「5個のリングのかたまり」を24回繰り返した後の4番目のリングである。「5個のリングのかたまり」の中に黒色のリングは1個あり，黒色のリングは「5個のリングのかたまり」の3番目のリングだから，124番目までに，黒色のリングは$1\times24+1=25$(個)ある。

〔問3〕　(求める過程)　(例)唐揚げ弁当1個の定価をx円，エビフライ弁当1個の定価をy円とすると，$\begin{cases} x+50=y \\ 10x+0.5x\times10+20y=15000 \end{cases}$　これを解いて，$x=400$，$y=450$　よって，唐揚げ弁当1個の定価400円，エビフライ弁当1個の定価450円

〔問4〕　(1)　(Ⅰ)　**箱ひげ図**とは，右図のように，**最小値**，**第1四分位数**，**第2四分位数(中央値)**，**第3四分位数**，**最大値**を箱と線(ひげ)を用いて1つの図に表したものである。そして，この箱の横の長さを**四分位範囲**といい，第3四分位数から第1四分位数を引いた値で求められる。A組の四分位範囲は15冊未満であるのに対して，C組の四分位範囲は15冊を超えている。四分位範囲はA組よりC組の方が大きい。(Ⅰ)は正しくない。　(Ⅱ)　A組とC組の中央値は20冊より大きいことから，A組とC組で借りた本の冊数が20冊以下である人数はそれぞれ17人以下である。これに対して，B組の中央値は20冊より小さいことから，B組で借りた本の冊数が20冊以下である人数は18人以上である。(Ⅱ)は正しい。　(Ⅲ)　借りた本の冊数に関して，A組の最大値とC組の第3四分位数は30冊以上35冊以下の範囲にあることから，A組とC組には借りた本の冊数が30冊以上35冊以下の生徒がそれぞれ少なくとも1人はいることがわかる。しかし，B組は，第3四分位数も最大値

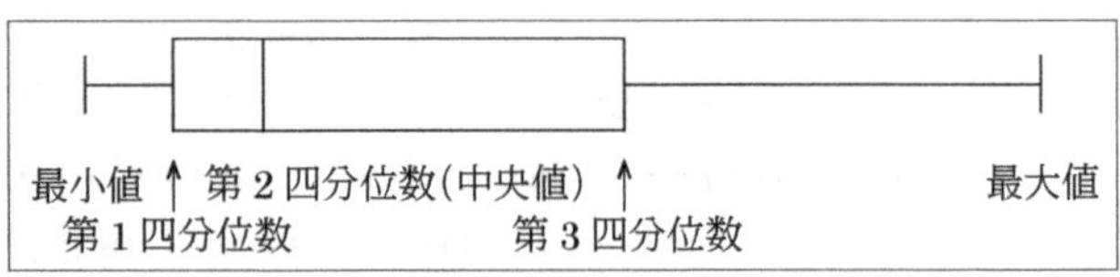

も30冊以上35冊以下の範囲にはなく，箱ひげ図からは第3四分位数から最大値の間にいる生徒の具体的な冊数はわからないから，B組には借りた本の冊数が30冊以上35冊以下の生徒が必ずいるとは判断できない。(Ⅲ)はこの資料からはわからない。

(2)　C組の箱ひげ図から，最小値は5冊以上10冊未満，第1四分位数(冊数の少ない方から9番目の生徒)は10冊以上15冊未満，第2四分位数(中央値)(冊数の少ない方から17番目と18番目の生徒の平均値)は20冊以上25冊未満，第3四分位数(冊数の少ない方から26番目の生徒)は30冊以上35冊未満，最大値は40冊以上45冊未満であることが読み取れる。これに対して，アの**ヒストグラム**は第2四分位数(中央値)が15冊以上20冊未満で適切ではない。イのヒストグラムは第1四分位数が15冊以上20冊未満で適切ではない。エのヒストグラムは最大値が45冊以上50冊未満で適切ではない。以上より，ウのヒストグラムが最も適切である。

(3)　**標本調査**の目的は，抽出した**標本**から**母集団**の状況を推定することである。そのため，標本を抽出するときには，母集団の状況をよく表すような方法で，かたよりなく標本を抽出する必要がある。

3　(図形と関数・グラフ)

〔問1〕　$y=\frac{1}{4}x^2$について，$x=-2$のとき$y=\frac{1}{4}\times(-2)^2=1$，$x=0$のとき$y=\frac{1}{4}\times0^2=0$。よって，$x$の値が$-2$から0まで増加するときの**変化の割合**は$\frac{0-1}{0-(-2)}=-\frac{1}{2}$

〔問2〕　(ア)$=s$，(イ)$=t$とする。関数$y=\frac{1}{4}x^2$は上に開いた**放物線**であり，xの**変域**に0を含まないとき，つまり，$s<0$のとき，$x=-2$でyの値は最大になるが，$y=\frac{1}{4}\times(-2)^2=1$より，$x=-2$では最大値の9にならないから不適である。よって，$s\geqq0$であり，$x$の変域に0を含む。このとき，$y$の変域は，$x=0$で最小値$y=0$となるから，$t=0$と決まる。また，$x$の変域の両端の値のうち絶対値の大きい方の$x$の値で$y$の値は最大になるが，$x=-2$のとき$y=1$であるから，$x=s$のとき$y=9$であり，$9=\frac{1}{4}s^2$　$s^2=36$　$s\geqq0$より$s=\sqrt{36}=6$と決まる。

〔問3〕　点Pのx座標が-4のとき，$y=\frac{1}{4}\times(-4)^2=4$より，P$(-4,\ 4)$である。このとき，△OPBが二等辺三角形となるようなBは，右図に示すB_1～B_4の4つある。ここで，△OPB_1はOP$=OB_1$の二等辺三角形，△OPB_2は$OB_2=PB_2$の二等辺三角形，△OPB_3はOP$=OB_3$の二等辺三角形，△OPB_4はPO$=PB_4$の二等辺三角形である。ここで，(直線OPの傾き)$=\frac{0-4}{0-(-4)}=-1$より，$\angle POB_2=45°$　これより，△OPB_2は**直角二等辺三角形で，3辺の比は1：1：$\sqrt{2}$**だから，OP$=OB_2\times\sqrt{2}=4\sqrt{2}$　x座標が最も大きい点BはB_1であり，OB_1=OP$=4\sqrt{2}$より，$B_1(4\sqrt{2},\ 0)$である。また，x座標が最も小さい点BはB_4であり，**二等辺三角形の頂角の二等分線は，底辺を垂直に二等分する**ことを考慮すると，$OB_4=2OB_2=2\times4=8$より，$B_4(-8,\ 0)$である。

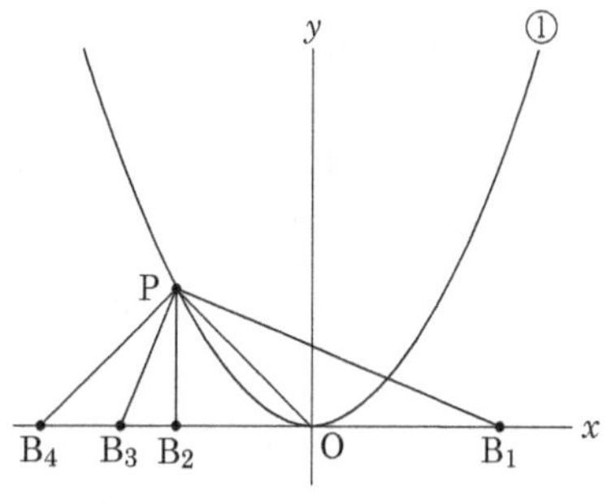

〔問4〕　△OPDと△ODCの底辺をODと考えると，△OPD：△ODC$=3:2$より，△OPD：△ODC$=\left\{\frac{1}{2}\times\text{OD}\times(\text{点Pの}x\text{座標の絶対値})\right\}:\left\{\frac{1}{2}\times\text{OD}\times(\text{点Cの}x\text{座標の絶対値})\right\}=3:2$　(点Pのx座標の絶対値)：(点Cのx座標の絶対値)$=3:2$　(点Pのx座標の絶対値)$=$(点Cのx座標の絶対値)$\times\frac{3}{2}=4\times\frac{3}{2}=6$　これより，点Pのx座標は-6であり，$y=\frac{1}{4}\times(-6)^2=9$より，P$(-6,\ 9)$　これ

より，(直線PCの傾き)$=\frac{4-9}{4-(-6)}=-\frac{1}{2}$　直線PCの式を$y=-\frac{1}{2}x+b$とおくと，点Cを通るから，$4=-\frac{1}{2}\times4+b$　$b=6$　直線PCの式は$y=-\frac{1}{2}x+6$…①　また，D(0, 6)である。点Oを通り直線ACに平行な直線と，直線PCとの交点をEとすると，**平行線と面積の関係**より，(四角形OAPCの面積)$=\triangle$APC$+\triangle$OAC$=\triangle$APC$+\triangle$EAC$=\triangle$APEだから，点Aを通り，四角形OAPCの面積を2等分する直線は，△APEを2等分する。(直線ACの傾き)$=\frac{4-1}{4-(-2)}=\frac{1}{2}$　よって，直線OEの式は$y=\frac{1}{2}x$…②　点Eの座標は，①と②の連立方程式の解。これを解いて，$x=6$，$y=3$　よって，E(6, 3)　点Aを通り，△APEを2等分する直線は線分PEの中点を通る。**2点(x_1, y_1)，(x_2, y_2)の中点の座標は，$\left(\frac{x_1+x_2}{2}, \frac{y_1+y_2}{2}\right)$で求められる**ので，線分PEの中点の座標は$x=\frac{-6+6}{2}=0$，$y=\frac{9+3}{2}=6$　これは点Dと一致する。以上より，求める直線は，2点A，Dを通る直線だから，その式は$y=ax+6$とおいて，点Aの座標を代入すると，$1=a\times(-2)+6$　$a=\frac{5}{2}$　よって，$y=\frac{5}{2}x+6$

4　**(円の性質，角度，面積，図形の証明，円の半径)**

〔問1〕 (1)　四角形APCQの内角の和は360°だから，$\angle$PAQ$=360°-\angle$APC$-\angle$PCQ$-\angle$AQC$=360°-(180°-\angle$APB$)-\angle$PCQ$-(180°-\angle$AQD$)=\angle$APB$+\angle$AQD$-\angle$PCQ$=60°+70°-90°=40°$

(2)　△ABPは**30°，60°，90°の直角三角形で，3辺の比は2：1：$\sqrt{3}$**だから，BP$=\frac{AB}{\sqrt{3}}=\frac{6}{\sqrt{3}}=2\sqrt{3}$(cm)　よって，△ABP$=\frac{1}{2}\times$BP$\times$AB$=\frac{1}{2}\times2\sqrt{3}\times6=6\sqrt{3}$(cm^2)

〔問2〕 (証明)　(例)△ABPと△BCQで，仮定より，BP＝CQ…①　AB＝BC…②　∠ABP＝∠BCQ…③　①，②，③から，2組の辺とその間の角がそれぞれ等しいので，△ABP≡△BCQ　よって，∠APB＝∠BQC…④　また，△BCQは∠BCQ＝90°の直角三角形であるから，∠BQC＋∠CBQ＝90°…⑤　④，⑤より，∠APB＋∠CBQ＝90°…⑥　△BPEで，∠EPB＋∠PBE＝∠AEB…⑦　⑥，⑦より，∠AEB＝90°

〔問3〕 △ABPと△PCQで，∠BAP＝∠CPQ…①　∠ABP＝∠PCQ＝90°…②　①，②から，2組の角がそれぞれ等しいので，△ABP∽△PCQ　よって，CQ$=$BP$\times\frac{PC}{AB}=3\times\frac{3}{6}=\frac{3}{2}$(cm)　$\angle$APQ$=180°-(\angle$APB$+\angle$CPQ$)=180°-(\angle$APB$+\angle$BAP$)=180°-(180°-\angle$ABP$)=180°-(180°-90°)=90°$　よって，**直径に対する円周角が90°**であることから，3点A，P，Qは線分AQを直径とする円の円周上にある。直径AQの長さは，**三平方の定理**を用いて，AQ$=\sqrt{AD^2+DQ^2}=\sqrt{AD^2+(DC-CQ)^2}=\sqrt{6^2+\left(6-\frac{3}{2}\right)^2}=\frac{15}{2}$(cm)　よって，3点A，P，Qを通る円の半径は$\frac{1}{2}AQ=\frac{1}{2}\times\frac{15}{2}=\frac{15}{4}$(cm)

＜英語解答＞

1　〔問1〕 No. 1　C　No. 2　B　No. 3　A　〔問2〕 No. 1　C　No. 2　D
〔問3〕 No. 1　C　No. 2　C　No. 3　A　No. 4　D　No. 5　B

2　〔問1〕 エ　〔問2〕 A　ア　B　エ　C　ウ　D　イ　〔問3〕 ア

〔問4〕 (1) (例)make posters　(2) イ

3 〔問1〕 (例)How was it(?)　〔問2〕 A ア　B ウ
〔問3〕 (例)失敗から学ぶことのできる重要なことがあるということ。　〔問4〕 エ

4 (例)My favorite place is a library in my city. I like the library because it has a lot of interesting books. My friends and I often go there to borrow books.

5 〔問1〕 A イ　B エ　〔問2〕 (例)5,000枚の写真を集めてモザイク写真を作り終えること。　〔問3〕 ⓑ about a way to collect more pictures　ⓒ received some messages written by local people　〔問4〕 (例)(1) He decided to become a staff member.　(2) It was in September.　〔問5〕 ア→ウ→エ→イ
〔問6〕 (例)私たちに何ができるかを考え，努力し続ければ，目標を達成することができるということ。

＜英語解説＞

1 (リスニング)

放送台本の和訳は，48ページに掲載。

2 (長文読解問題・エッセイ：文の挿入，グラフを用いた問題，内容真偽,自由・条件英作文)

(全訳) 私たちの学校では，農業を勉強することができます。私は農業学科です。私は良い野菜，花，そして果物を育てる方法を学んでいます。私はそれらをクラスメイトと一緒に育てています。学校では，ジュースなどのような加工製品を作ることもあります。

6月に，私たちは野菜，花，果物，そして加工製品を販売し始めました。毎週金曜日，私たちの学校の近くの駅でそれらを売りました。私たちはそれらを販売した時に，そこでの売り上げを記録しました。たくさんの人たちが私たちの製品を買いに駅に来てくれた時には嬉しかったです。私は時々来てくれた人たちに私たちの製品をどう評価しているか聞きました。

毎月の終わりに，私はその月のすべての売り上げの割合を確認するために円グラフを作りました。今日は，6月と7月の円グラフをお見せします。それらの月では，私たちは野菜を最も多く販売しました。6月には，加工製品の売り上げの割合が果物と花よりも高かったです。しかし，7月には，加工製品はそれほど人気がありませんでした。6月と比較すると，果物の割合は高くなり，花の割合は同じでした。

私にとって製品を作って販売するということはすばらしい経験です。駅で，人々は私に私たちの製品について思っていることを教えてくれました。そして円グラフによって季節ごとの人気のある製品が分かります。私は今，役に立つ情報を得ることができて嬉しいです。

そして，私が皆さんに一番伝えたいことはこれです。私は学んだことを生かして私たちの製品を改善させたいのです。

〔問1〕 全訳参照。第2段落3文目に注目。エの「(由衣は)駅での売り上げを記録した」が適切。

〔問2〕 全訳参照。第3段落3文目から最後までに注目。円グラフの内容を説明している。

〔問3〕 全訳参照。第5段落の最後の一文に注目。アの「由衣はより良い製品を作りたいと思っている」が適切。

〔問4〕 (問題文訳) トム：素晴らしいスピーチでした。駅で製品を販売するのは良いアイディアですね。／由衣：はい。製品を買う時，みんな楽しそうです。だから私も嬉しくなります。／ト

ム：いいですね。私は次の金曜日に何か果物を買いたいです。／由衣：駅にいらしてください。私はより多くの人たちに来てほしいと思っています。／トム：そうですね，そのために何ができますか？　／由衣：ポスターを作ることができると思っています。／トム：それはいいアイディアですね。そうすれば，より多くの人たちが駅に来るでしょう。　(1)　〔問4〕の問題文の，由衣の2番目の発言とトムの3番目の発言に注目。文脈上「より多くの人たちに来てもらうためにできること」を考えて英語で表現するのが自然。　(2)　ア　由衣は日曜日に果物を買うことができる。　イ　由衣は人々に製品を楽しんでほしいと思っている。(○)　〔問4〕の問題文の由衣の最初の発言に注目。　ウ　トムは由衣のスピーチを聞いて悲しかった。　エ　トムは果物について質問がある。

3　**(会話文問題：自由・条件英作文，文の挿入，語句補充・選択，語句の解釈・指示語，内容真偽)**

(全訳)　正人：こんにちは，サラ先生。お元気ですか？

サラ：元気です！　あなたは昨日国際的なイベントに参加したそうですね。〔どうでしたか〕？

正人：ワクワクしました。5か国10人の外国の生徒たちが日本の生徒たちと地球上の問題について話し合うために和歌山県に来ました。

サラ：すごいですね！　Aあなたは何について話したのですか？

正人：話題は気候変動でした。私たちにはその問題を解決するいくつかの考えがありました。それは良い経験でした。

サラ：あなたは英語を上手に話します。だから外国の生徒たちと活動するのは難しくなかったと思いますよ。

正人：そうですね，僕は英語を話すのが好きです。でも去年は課題がありました。

サキ：どんな課題があったのですか？

正人：英語の授業で，僕はインターネットでオーストラリアの生徒と話しました。私たちは地球温暖化について話しました。でも順調には進みませんでした，僕が授業の前に彼らの国について何も情報を得ていなかったからです。それは僕の失敗でした。日本の文化とオーストラリアの文化は同じではないのです。

サラ：なるほど。外国の生徒たちと活動する時はBそれぞれの国に独自の文化があるということを知ることが大切ですね。

正人：僕もそう思います。昨日のイベントのために，僕はイベントに参加する5か国についての情報を集めました。僕が外国の生徒たちとうまく話すことができたのは，前もって情報を得たからです。僕たちはお互いの違いを知り，それを尊重しました。それでいくつかの良い考えをもつことができました。

サラ：いいですね！

正人：失敗から学ぶことができる重要なことがあると思います。

サラ：私もそう思います。

〔問1〕　全訳参照。空所直後の正人の発言に注目。「ワクワクしました」と答えているので，空所では「それはどうでしたか？」と質問していると考えるのが自然。

〔問2〕　全訳参照。　A　Ⓐ直後の正人の発言に注目。「何について話したか」を答えているのでアが適当。　B　Ⓑを含むサラの発言の前後の正人の発言に注目。正人は，良い話し合いをするためには，互いの文化の違いを知ることが大切だと思っていることが分かる。

〔問3〕　全訳参照。　正人の7番目の発言に注目。so は「そのように」の意味で，その前に出た言葉や内容を指す。

〔問4〕 全訳参照。　ア　正人は気候変動について話し合うためにオーストラリアに行った。　イ　正人はイベントで10か国の生徒たちと話をした。　ウ　正人はイベントの後で地球温暖化についての情報を調べた。　エ　正人は彼が参加するイベントの前に5か国について学んだ。(○)　正人の6番目の発言に注目。

4 (自由・条件英作文)

(解答例訳) (こんにちは。今日は私のお気に入りの場所についてお話します。)私のお気に入りの場所は町の図書館です。図書館が好きな理由は，興味深い本がたくさんあるからです。私の友だちと私はよくそこに本を借りに行きます。(ありがとうございました。)

5 (長文読解問題・エッセイ：文の挿入，語句の解釈・指示語，日本語で答える問題，語句の並べ換え，英問英答，文の並べ換え)

(全訳) 4月に，僕は学校で1枚のポスターを目にしました。そのポスターにはこう書いてありました，「学園祭のためのスタッフが必要です。」僕は学校生活で素敵な思い出を作りたいと思っていたので，スタッフのメンバーになることを決めました。僕は学園祭で重要な役割を果たす機会があることにワクワクしていました。

スタッフのメンバーになってから，シホという他のメンバーの1人と学園祭について話をしました。僕は言いました，「今年は，学園祭のメインテーマは‘笑顔’だよ。笑顔の写真を集めて大きな笑顔のモザイク写真を作るのはどうかな？」　シホは言いました，「いい計画ね。他のメンバーに提案しましょう。」

5月，僕は僕の案を他のメンバーに話しました。彼らはそれを気に入ってくれました。僕はとても嬉しかったです。僕たちは5,000枚の写真を集めることに決めました。

6月に，僕たちは写真を集め始めました。僕はクラスメイトにその企画について話しました。クラスメイトの1人が言いました，「それはすばらしい企画だね。A写真を撮って君に渡すよ。」クラスメイトたちは兄弟，姉妹，両親の写真を持って来てくれることもありました。しかし，6月末には，500枚しか写真がありませんでした。スタッフの1人はこう言いました，「ⓐ5,000枚の写真を集めてモザイク写真を作り終えるのは難しいよ。」僕はそれを聞いて悲しかったです。

僕はシホとⓑより多くの写真を集める方法について相談しました。彼女は言いました，「私たちの企画をインターネットで紹介した方がいいわ。ウェブサイトを作成するのはどうかしら？　もっとたくさんの人たちから写真をもらえるかもしれないわ。」

7月のはじめ，僕はウェブサイトを作成し，その企画を紹介しました。ウェブサイトを作るのはとても大変でした，僕はそれを初めてやったからです。数日後，多くの写真が届きました。僕はとても驚きました。ⓒまた，地元の人たちや卒業生によって書かれたメッセージも受け取りました。僕たちの町に住むある男性からのメッセージにはこうありました，「私の写真をどうぞ。5,000枚の写真を集めることはたやすいことではないかもしれませんが，挑戦し続ければ君たちは達成すると確信しています。」東京に住むある女性は私たちにメッセージを書いてくれました。それにはこうありました，「私はあなた方のウェブサイトをインターネットで見つけました。私はあなた方の学校の卒業生です。B写真を送ることであなた方の企画を支援できて嬉しいです。」

僕たちはついに5,000枚の写真を集めました。僕はとても嬉しかったです。多くの人たちの協力のおかげで，僕たちは大きなモザイク写真を作り終えることができました。

9月の学園祭の日，モザイク写真は学校に展示されました。多くの人がそれを楽しんでくれました。僕はたくさんの人たちを喜ばせることができてとても嬉しかったです。

そうです，僕が経験から学んだいちばん大切なことはこれです。僕たちは，何ができるかを考えて努力を続ければ，目標を達成することができるのです。

〔問1〕　全訳参照。　A　Ⓐ前後の内容に注目。「すばらしい企画だ」といって賛成していることと，家族の写真も持って来てくれたことが書かれていることからイが適切。　B　エ以外の選択肢は本文中に書かれておらず，本文の内容とは明らかに異なっている。第5段落，第6段落の内容からエが自然。

〔問2〕　全訳参照。**<It is ～ to …>**で「…することは～だ」の意。**It** の具体的な内容は **to** 以下にある。**finish ～ ing** =～することを終える

〔問3〕　全訳参照。　ⓑ　I talked with Shiho about a way to collect more pictures. ここでの way は「方法」の意。a way to ～=～する方法　ⓒ　I also received some messages written by local people and graduates.　**some messages** を**write** の過去分詞 **written**（「書かれた」という受け身の意）を使って後ろから説明する文を作ればよい。（分詞の形容詞的用法）

〔問4〕　全訳参照。　(1)　和紀は素敵な思い出を作るために何になることを決めましたか？／彼は学園祭のスタッフのメンバーになることを決めました。　第1段落3文目に注目。　(2)　学園祭はいつでしたか？／9月でした。　第8段落1文目に注目。

〔問5〕　(選択肢訳・正解順)　ア　和紀と他のメンバーは5,000枚の写真を集めることを決めた。第3段落　→ウ　和紀はその企画を紹介するためにウェブサイトを作った。　第6段落1文目　→エ　和紀は東京に住む女性からのメッセージを読んだ。　第6段落最後から2文目　→イ　和紀と他のメンバーは大きなモザイク写真を作り終えた。　第7段落

〔問6〕　全訳参照。　最後の段落に注目。we think about what we can do =「私たちに(何ができるか／できること)を考える」　keep ~ing =～し続ける

2022年度英語　リスニングテスト

〔放送台本〕

これから英語の学力検査を行います。①番はリスニング問題で，〔問1〕，〔問2〕，〔問3〕の3つがあります。放送を聞きながら，メモをとってもかまいません。

〔問1〕は，対話の内容に合った絵を選ぶ問題です。はじめに，No. 1からNo. 3の絵を見なさい。これから，No. 1からNo. 3の順に，それぞれ対話を1回放送します。No. 1からNo. 3の対話の内容に最も合う絵を，AからDの中から1つずつ選び，その記号を書きなさい。放送は一度しか流れません。注意して聞いてください。それでは始めます。

No.1　母　親: When is the sports day of your school this year?
　　　男の子: It's October twelfth.

No.2　女の子: Can you give me that book?
　　　男の子: Yes. Where is it ?
　　　女の子: It's on the table.
　　　男の子: OK.

No.3　女の子: Look at this picture. The two dogs are very cute.
　　　男の子: Yes. I think so, too. Who is the woman?

女の子:　She is Miki, my friend.
男の子:　Oh, I see.　She has a nice bag.
これで，〔問1〕を終わります。

〔英文の訳〕

No.1　母　親：今年は学校の体育祭はいつかしら？
男の子：10月12日だよ。

No.2　女の子：あの本を取ってくれる？
男の子：いいよ。どこにあるの？
女の子：テーブルの上よ。
男の子：分かった。

No.3　女の子：この写真を見て。2匹の犬がとてもかわいいわ。
男の子：そうだね。僕もそう思うよ。その女の人は誰？
女の子：彼女はミキよ，私の友だちなの。
男の子：ああ，そうなんだね。彼女は素敵なバッグを持っているね。

〔放送台本〕

〔問2〕は，英文を聞いて，答える問題です。まず，No. 1，No. 2の問題を読みなさい。これから，No. 1，No. 2の順に，それぞれ質問と英文を放送します。質問に対する答えとして最も適切なものを，AからDの中から1つずつ選び，その記号を書きなさい。英文は2回放送します。それでは始めます。

No. 1　英語の授業を担当する田中先生が，授業の最初に英語で自己紹介をします。自己紹介の内容に合うものはどれですか。

Hello, everyone.　My name is Tanaka Yoshiko.　I've been teaching English at this school for five years.　I've lived in Wakayama City for ten years.　I like playing the guitar.　I play it almost every day.　I also like traveling overseas. I've been to Australia three times.　I want to tell you about cultures and food in foreign countries.　Let's enjoy English class together.

No. 2　日本を訪れる予定の友人ケビンに，メモの項目についてたずねたところ，ケビンは留守番電話に回答をメッセージとして残していました。留守番電話の英語のメッセージを聞いた後，ケビンにもう一度たずねることとして最も適切なものはどれですか。

Hello. This is Kevin.　I'll arrive in Japan on August third and stay in Japan for two weeks.　I'm interested in libraries in Japan.　I want to visit some of them. I also want to see Japanese movies with you.　I'm looking forward to seeing you.

これで，〔問2〕を終わります。

〔英文の訳〕

No.1　こんにちは。私の名前はタナカヨシコです。私はこの学校で5年間英語を教えています。私は10年間和歌山市に住んでいます。私はギターを弾くことが好きです。私はほとんど毎日ギターを弾きます。海外旅行も好きです。オーストラリアには3回行きました。皆さんに外国の国々の文化や食べ物についてお話したいです。一緒に英語の授業を楽しみましょう。
答え：C　タナカ先生はほとんど毎日ギターを弾きます。

No.2　こんにちは。ケビンです。僕は日本に8月3日に着き，日本に2週間滞在します。僕は日本の図書館に興味があります。いくつか図書館に行ってみたいです。また，君と一緒に日本の映画も見たいです。君に会えることを楽しみにしています。

答え：D　日本で何を食べたいですか？

〔放送台本〕

〔問3〕は，英語のスピーチを聞いて，答える問題です。まず，〔問3〕の問題を読みなさい。

これから，中学生の香織が英語の時間に行ったスピーチと，その内容について5つの質問を2回放送します。No.1 から No.5 の英文が質問の答えとなるように，空欄に入る最も適切なものを，AからDの中から1つずつ選び，その記号を書きなさい。それでは始めます。

Today, I'll talk about my dream. I love judo. I've been doing judo for nine years. I started it with my brother when I was five. When I was an elementary school student, I joined a judo school. Mr. Sato was my judo teacher. He was strong and very kind. I often talked with him after practicing. I liked him.

Now, I'm a member of the judo club. I practice judo hard every day. Last year, I joined a judo tournament in our city. On that day, I met Ben for the first time. He was a boy from India. He was very strong. After the tournament, I talked to him. We talked about many things like sports and music. We became good friends.

One day, he told me about his country. He told me that there weren't many judo teachers in India. I was surprised to hear that.

I want many people to enjoy judo. We have many judo teachers in Japan, but there are some countries which need more judo teachers. I want to go to foreign countries to teach judo in the future.

Question No. 1: How long has Kaori been doing judo?

Question No. 2: Who was Mr. Sato?

Question No. 3: When did Kaori meet Ben for the first time?

Question No. 4: Why was Kaori surprised?

Question No. 5: What is Kaori's dream?

〔英文の訳〕

今日は，私の夢についてお話しします。私は柔道が大好きです。私は9年間柔道をやっています。私は5歳の時に兄と一緒に柔道を始めました。小学生の時，柔道の道場に入りました。サトウ先生は私の柔道の先生です。彼は強くてとても親切です。私はよく練習(稽古)の後彼と話をします。私は先生が好きです。

今，私は柔道部の部員です。私は毎日一生懸命柔道を稽古しています。去年，私は私たちの町の柔道選手権大会に参加しました。その日，私はベンに初めて会いました。彼はインドから来た男の子でした。彼はとても強かったです。大会の後，私は彼と話しました。私たちはスポーツや音楽のようなたくさんのことについて話しました。私たちは良い友だちになりました。

ある日，彼は私に彼の国について教えてくれました。彼は，インドには柔道の先生はあまりいないと言いました。私はそれを聞いて驚きました。

私はたくさんの人たちに柔道を楽しんでほしいと思っています。日本にはたくさんの柔道の先生がいますが，もっと多くの柔道の先生を必要としている国々もあります。私は将来外国へ行って柔道を教えたいです。

質問No. 1　香織はどのくらい柔道をしていますか？

答え　　C　彼女は9年間柔道をしています。

質問No. 2　サトウさんとは誰ですか？
答え　　C　彼は香織の柔道の先生です。
質問No. 3　香織はベンといつ初めて会いましたか？
答え　　A　彼女は彼に柔道選手権大会に参加した時に会いました。
質問No. 4　なぜ香織は驚いたのですか？
答え　　D　彼女が驚いたのは，インドには柔道の先生があまりいないと聞いたからです。
質問No. 5　香織の夢は何ですか？
答え　　B　彼女は外国の国々で柔道を教えたいと思っています。

＜理科解答＞

1　〔問1〕（1）　エ　（2）　イ　（3）　網膜　（4）　瞳の大きさ　小さくなる　　記号　ア
〔問2〕（1）　二酸化炭素　（2）　イ　（3）　エ　（4）　(光が)1年間に進む距離。

2　〔問1〕（1）　生態系　（2）　イ，ウ　（3）　食物連鎖　（4）　エ　〔問2〕（1）　消化酵素[酵素]　（2）　突沸を防ぐため。　（3）　イ　（4）　a　デンプンがなくなった　b　糖ができた

3　〔問1〕　マグニチュード[M]　〔問2〕　活断層　〔問3〕　初期微動継続時間が長いほど，震源からの距離が大きい。　〔問4〕　6.0〔km/s〕　〔問5〕　フィリピン海(プレート)
〔問6〕　ウ　〔問7〕　ア　〔問8〕　火砕流

4　〔問1〕　ウ，エ　〔問2〕　X　H^+　Y　Cl^-　〔問3〕　水にとけにくい性質。
〔問4〕　ア　〔問5〕　ダニエル(電池)
〔問6〕　電解質　〔問7〕　ア　〔問8〕　イオンを通過させる

5　〔問1〕　ジュール　〔問2〕　2.5〔N〕　〔問3〕　イ
〔問4〕　28〔%〕　〔問5〕　(おもりの位置エネルギーの一部が)熱や音などのエネルギーに変換されたため。　〔問6〕　ウ
〔問7〕（1）　力学的エネルギー　（2）　右図

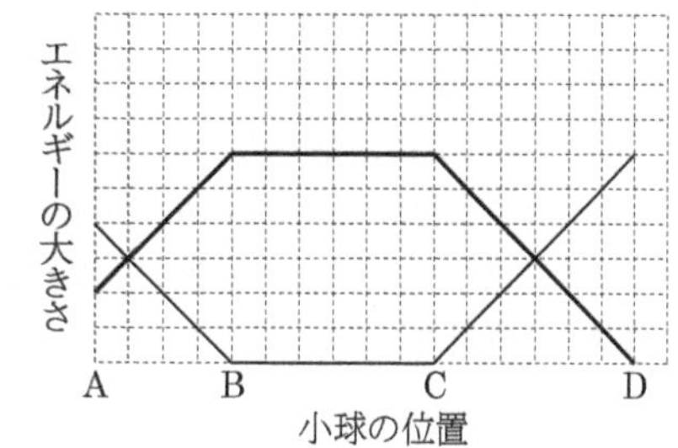

＜理科解説＞

1　**(総合問題)**

〔問1〕（1）　いろいろな物体が見えるのは，それらの物体が光を出したり，その光を反射しているためである。　（2）　手前の焦点を通って凸レンズに入射した光は，凸レンズから出たあと**光軸(凸レンズの軸)に平行に進む**。　（3）　目の中の網膜には，光の刺激を感じる感覚細胞がある。　（4）　暗いところにいるときは，目の中に多くの光を集める必要があるため瞳が大きくなるが，明るいところでは目の中に入る光を制限する必要があるため，瞳は小さくなる。

〔問2〕（1）　金星の大気のおもな成分は二酸化炭素である。　（2）　陽子2個と中性子2個からなる原子核が中心にあり，その周りを電子が2個回っている。　（3）　日本では，オリオン座は冬に見える代表的な星座である。　（4）　宇宙は広いため，「km」などの単位で表すのは困難である。そのため，「光年」などの単位が用いられる。

2 (生物どうしのつながり，消化吸収)

〔問1〕 (1) ある地域の環境や，そこで暮らす生物をひとまとまりとしてとらえたものを生態系という。 (2) 有機物は，**炭素をふくむ化合物**である。酸素と水は炭素をふくまない。
(3) 生物どうしの間にある「食べる・食べられる」で1本につながった関係を，食物連鎖という。 (4) ライオンは肉食動物なので，犬歯が非常に発達し，するどくとがっている。また，肉食動物は動物を食べているため消化が比較的容易であるが，草食動物は消化しづらい植物を食べているため，肉食動物の消化管よりも長くなっている。

〔問2〕 (1) 消化酵素は，体内に取り入れた食物を吸収できる大きさにまで分解している。胆汁は消化酵素をふくまない。 (2) 沸騰石を入れることで，突然大きな泡が出て，ふきこぼれるのを防ぐ。 (3) Bの試験管では，デンプン溶液にだ液を加えているので，デンプンがだ液によって分解されて麦芽糖が生じている。よって，この試験管に**ベネジクト溶液を入れて熱すると，赤褐色に変化**する。 (4) だ液を加えた試験管Aでヨウ素溶液が反応しなかったことから，試験管Aではデンプンがなくなっているが，だ液を加えなかった試験管Cではデンプンが残っている。このことから，だ液がデンプンを分解したことがわかる。また，だ液を加えた試験管Bでベネジクト溶液による反応が見られたが，水を加えた試験管Dでは変化がなかったことから，だ液のはたらきで糖ができたことがわかる。

3 (地震，プレートの動き，火山と火成岩)

〔問1〕 地震の規模の大きさは，マグニチュード(M)で表される。

〔問2〕 地震は，地下の地層が破壊されることで起こることがあるが，このとき，地層にできた食い違いを断層という。このうち，今後も活動する可能性があるものを特に，活断層という。

〔問3〕 初期微動が開始した時刻と，主要動が開始した時刻の差が**初期微動継続時間**である。図1から，震源からの距離が長くなると，初期微動継続時間も長くなっていることがわかる。

〔問4〕 図1から，観測した2つの地点では，初期微動が開始した時刻が12秒異なることがわかる。よって，震源からの距離の差96－24＝72〔km〕を，P波は12秒かけて伝わってきたことがわかる。このことから，P波の秒速は，72〔km〕÷12〔s〕＝6.0〔km/s〕と求められる。

〔問5〕 西日本で，大陸プレートの下に沈み込んでいる海洋プレートは，フィリピン海プレートである。

〔問6〕 日本付近では，大陸プレートの下に，海洋プレートが沈み込むような動きをしている。また，**プレートの境界面に沿って震源が分布**している。

〔問7〕 斑状組織は，粒のよく見えない石基の中に，大きな鉱物の結晶である斑晶が見られるaのつくりである。また，**安山岩は斑状組織**をもつ岩石，**花こう岩は等粒状組織**をもつ岩石である。

〔問8〕 高温の火山ガスと溶岩の破片などが高速で山の斜面を流れ下る現象を，火砕流という。

4 (物質の性質，気体，イオンと電池)

〔問1〕 金属は熱を伝えやすい。また，磁石につくのは，鉄などの一部の金属に見られる性質で，金属に共通している性質ではない。

〔問2〕 塩化水素HClは，水にとけると電離して，陽イオンの水素イオンと，陰イオンの塩化物イオンに分かれる。

〔問3〕 水上置換法は，水にとけにくい，または水に少しとける気体にのみ使うことができる。

〔問4〕 亜鉛にうすい塩酸を加えると，**水素**が発生する。うすい水酸化ナトリウム水溶液を電気分解する実験では，水が分解されて，陽極に酸素，陰極に水素が発生する。

〔問5〕 硫酸銅水溶液と銅板，硫酸亜鉛水溶液と亜鉛板を用いる化学電池を，ダニエル電池という。

〔問6〕 硫酸亜鉛，硫酸銅が固体のときは電流を流すことはないが，これらを水にとかして水溶液にすると，電離によって水溶液中に陽イオンと陰イオンが生じる。これによって水溶液に電流が流れるようになる。このような物質を，電解質という。

〔問7〕 ダニエル電池では，亜鉛板中の亜鉛原子が電子を2個放出することによって亜鉛イオンとなり，水溶液中にとけ出していく。放出された電子は導線とモーターを通過し，銅板へ向かう。銅板の付近にいた銅イオンが，この電子を受け取り銅原子に変化する。よって，電子は亜鉛板から銅板へ向かって移動しているので，**電流はこの流れの逆で，銅板から亜鉛板に向かって流れている**ことになる。

〔問8〕 反応が進むにつれて，硫酸亜鉛水溶液中では亜鉛イオンが増え，硫酸銅水溶液中では銅イオンが減少する。これが原因で，電池の性能が下がってしまうため，セロハンにあいた小さな穴を通し，2つの溶液間でイオンの交換ができるようにし，電気の片寄りを防いでいる。

5 (仕事とエネルギー)

〔問1〕「J：ジュール」は，仕事や熱量などの単位として用いられている。

〔問2〕 仕事の原理を利用する。この台車を30cmの高さまで持ち上げるのに必要な仕事は図1と同様なので，**仕事〔J〕＝力の大きさ〔N〕×力の向きに動いた距離〔m〕**より，5〔N〕×0.3〔m〕＝1.5〔J〕 図2でも1.5Jの仕事が行われており，台車を斜面に沿って動かした距離は0.6mなので，台車を動かすのに加えた力の大きさは，1.5〔J〕÷0.6〔m〕＝2.5〔N〕

〔問3〕 **仕事率〔W〕＝仕事〔J〕÷時間〔s〕**であり，仕事率は1秒あたりにする仕事の大きさを表している。(i)と(ii)ではどちらも行った仕事は等しいが，(i)よりも(ii)のほうが時間が2倍かかっていることから，(ii)の1秒間にできる仕事，すなわち仕事率は，(i)の半分となる。

〔問4〕 表1から，おもりの落下により発電した電気の電力量は，0.2〔A〕×1.1〔V〕×1.4〔s〕＝0.308〔J〕 これは，おもりの位置エネルギーから変換されたものである。よって，0.308÷1.1×100＝28〔%〕

〔問5〕 位置エネルギーのすべてが電気エネルギーに変換されるわけではなく，目的としない音エネルギーや熱エネルギーに変換され周囲へ放出されてしまう。

〔問6〕 火力発電は，燃料の化学エネルギーを利用している。原子力発電は，燃料の核エネルギーを利用している。風力発電は，風の運動エネルギーを利用している。

〔問7〕(1)・(2) 位置エネルギーと運動エネルギーの和を，力学的エネルギーという。**力学的エネルギーは運動中も一定**である。点Dでは，力学的エネルギーのすべてが位置エネルギーに変化している。よって，運動エネルギーは0である。このとき，位置エネルギーがグラフ上で6目盛り分の大きさで示されているので，どのときも，2種類のエネルギーの和が6目盛り分となる。

＜社会解答＞

1 〔問1〕 フィヨルド　〔問2〕 ラテン　〔問3〕 (例)パスポートなしに国境を自由に通過することができるようになった。　〔問4〕 イ　〔問5〕 A イ　B ア　C ウ
〔問6〕 インド

2 〔問1〕 開拓使[北海道開拓使]　〔問2〕 ウ　〔問3〕 地域 C　説明 イ
〔問4〕 (例)大量の水蒸気を含み[大量の水分を含み]　〔問5〕 エ　〔問6〕 A イ

B　ウ　　C　ア

3 〔問1〕 くさび形文字　〔問2〕 ア　〔問3〕 エ　〔問4〕 (例)自分の娘を天皇のきさきとした。　〔問5〕 金剛力士像[阿形]　〔問6〕 ウ→イ→ア　〔問7〕 分国法　〔問8〕 (例)キリスト教の布教を行わなかったから。　〔問9〕 ウ

4 〔問1〕 地名　イ　　位置　D　〔問2〕 イ→ア→ウ　〔問3〕 (例)満20歳以上の男女に与えられた　〔問4〕 エ　〔問5〕 イ

5 〔問1〕 ア　〔問2〕 (例)落選者に投票された票のこと。[当選に反映されない票のこと。]　〔問3〕 (1) 三権分立[権力分立]　(2) ウ　〔問4〕 メディアリテラシー　〔問5〕 イ

6 〔問1〕 内政不干渉(の原則)　〔問2〕 持続可能な開発目標[SDGs]　〔問3〕 青とう社　〔問4〕 (1) ① イ　② ア　(2) (例)一定の期間内であれば，契約を解除することができる制度。[8日以内であれば，契約を解除することができる制度]　〔問5〕 直接金融

<社会解説>

1 (地理的分野―世界―人々のくらし，地形・気候，産業)

〔問1〕 Ⓧは**スカンディナビア半島**西部に位置するノルウェーの沿岸部。

〔問2〕 ラテン系言語を用いる地域には，カトリックを信仰する人々が多い。ゲルマン系はプロテスタント，スラブ系は正教会を信仰する人々が多い。

〔問3〕 **パスポート**とは，国境を通過するときに提示を求められる身分証明書。人や物の国境の通過が自由になっただけでなく，EU加盟国の多くが共通通貨ユーロを用いていることや，資格が共通であることなども挙げられる。

〔問4〕 問題文中の「ある穀物」とは**小麦**のこと。アはさとうきび，ウはコーヒー豆，エは米。

〔問5〕 図2中のⒷについて，略地図Ⅱ中の東経100度線上の北緯40度以北にモンゴルが位置することから，**乾燥帯**気候と判断する。Ⓒについて，北緯60度付近はロシア南部であることから**冷帯**気候と判断する。

〔問6〕 BRICs諸国のひとつに数えられるインドでは近年工業化が進み，ICT産業や自動車産業が発達している。

2 (地理的分野―日本―日本の国土・地形・気候，農林水産業，工業，資源・エネルギー)

〔問1〕 明治政府によって北海道に置かれた役所であることから判断する。

〔問2〕 北海道の中央部に位置する**石狩平野**は，客土によって土壌を改良し，現在では稲作がさかんに行われている。アは関東地方，イは中部地方，エは九州地方。

〔問3〕 畑作や酪農がさかんな**十勝平野**は，Cの南部に位置する。アがB，ウがDの地域の農業。

〔問4〕 **季節風**は，海を渡るときに水蒸気(水分，湿気などの表現も可)を多く含んだ状態で本州の山地にぶつかって雨や雪を降らせる。

〔問5〕 北陸とは，中部地方の日本海側に位置する地域のこと。**輪島塗**は石川県の伝統産業。アが福島県，イが京都府，ウが岩手県の伝統産業。

〔問6〕 日本では**火力発電**がさかん。原子力発電は，2011年の**東日本大震災**以降減少したのでⒷと判断する。

3 (歴史的分野―日本史―時代別―古墳時代から平安時代，鎌倉・室町時代，安土桃山・江戸時代，日本史―テーマ別―政治・法律，経済・社会・技術，文化・宗教・教育，外交，世界史―政治・

社会・経済史)

〔問1〕　メソポタミア文明は，**チグリス川・ユーフラテス川**流域で発達した。

〔問2〕　古代文明の多くは，農耕に適する大河の近くに発達した。

〔問3〕　**聖徳太子**は，飛鳥時代初期に**小野妹子**を遣隋使として派遣した。**鑑真**は奈良時代に唐から来日した僧。

〔問4〕　資料2から，平清盛が娘の徳子を高倉天皇のきさきにしていることが読み取れる。

〔問5〕　東大寺南大門の**金剛力士像**は，**運慶**らによって作られた鎌倉文化を代表する仏像。

〔問6〕　アは1792年，イは1543年，ウは1492年のできごと。

〔問7〕　武田氏の『甲州法度次第』や長宗我部氏の『長宗我部元親百箇条』など，分国法は戦国大名ごとに異なる。

〔問8〕　オランダは**プロテスタント**がさかんな国だったため，イエズス会ほど海外での布教に熱心ではなかった。

〔問9〕　文中の「**備中ぐわ**」から判断する。アが飛鳥～奈良時代，イが鎌倉時代，エが室町時代。

4　**(歴史的分野―日本史―時代別―安土桃山・江戸時代，明治時代から現代，日本史―テーマ別―政治・法律，経済・社会・技術，外交)**

〔問1〕　ペリーが来航した浦賀は，現在の**神奈川県**に位置する。

〔問2〕　イは**大政奉還**，ウは**戊辰戦争**のこと。徳川慶喜による大政奉還を受けて朝廷が王政復古の大号令を出し，明治新政府の樹立を宣言した。その内容に不満があった旧幕府軍が戊辰戦争をおこした。

〔問3〕　1928年の有権者が**満25歳以上の男子**であったことから，1946年には年齢制限が引き下げられた上，女性にも参政権が与えられたことがわかる。

〔問4〕　下線ⓒが1955年であることから判断する。アが1964年，イが1956年，ウが1962年，エが1950年。

〔問5〕　白黒テレビ，電気洗濯機，冷蔵庫を**三種の神器**といい，**高度経済成長初期**の1950年代後半ごろに普及した。アが1973年，ウが1980年代後半，エが1971年。

5　**(公民的分野―憲法の原理・基本的人権，三権分立・国の政治の仕組み)**

〔問1〕　説明文中の「無駄なく」などから判断する。効率とは無駄を省くこと。

〔問2〕　衆議院議員総選挙では，小選挙区制の短所を補うため，死票が少なくなる**比例代表制**も採用している。

〔問3〕　(1)　三権のうち，国会は**国権の最高機関**であると規定されており，内閣は国会に対して連帯責任を負う**議院内閣制**が採用されている。　(2)　X　裁判所は，国会が制定した法律が憲法に違反していないか審査する**違憲立法審査権**を持つ。**国民審査**は，最高裁判所の裁判官としてふさわしいかを国民が判断する。　Y　裁判官にふさわしくない者を罷免するために，国会内に**弾劾裁判所**が設置される。最高裁判所長官の指名は，内閣の仕事。

〔問4〕　**情報リテラシー**ともよばれ，情報化社会を生きる上で必要不可欠な力となる。

〔問5〕　文中の下線で示された権利は，**表現の自由**に関する内容であることから判断する。アが新しい人権，ウが社会権(生存権)，エが新しい人権に含まれる知る権利。

6　**(歴史的分野―日本史―時代別―明治時代から現代，日本史―テーマ別―経済・社会・技術，公民的分野―財政・消費生活・経済一般，国際社会との関わり)**

〔問1〕 国(国家)の成立条件は，**領土・国民・主権**の3つ。主権国家への内政干渉は国際法に違反する。

〔問2〕 持続可能な開発目標は**SDGs**ともよばれ，2030年までに達成される。

〔問3〕 問題文中の「平塚らいてう」，資料中の「元始，女性は実に太陽であった。…今，女性は月である。」などから判断する。資料は「青鞜社宣言」の一部で，**青鞜社**は大正時代に設立された。

〔問4〕 (1) 不景気(不況)のときは，通貨量を増やす政策がとられることから判断する。 (2) 訪問販売や電話勧誘販売などの販売方法は，消費者が冷静に判断できないまま契約してしまいがちなため，消費者に考え直せる機会を与えている。

〔問5〕 企業が資金を調達するしくみとして，企業(借り手)と家計など(貸し手)が直接資金の貸し借りを行う**直接金融**の他に**間接金融**がある。間接金融とは，企業(借り手)と家計(貸し手)の間に銀行などの金融機関が入り，資金の貸し借りが行われること。

＜国語解答＞

一 〔問1〕 ① 浴(びる)　② 縮(める)　③ 護衛　④ 功績　⑤ あいしょう　⑥ へだ(たり)　⑦ しふく　⑧ ぎょうてん　〔問2〕 (1) (例)召し上がって　(2) ① る　② り　〔問3〕 (1) いろはにおえど　(2) 常　(3) エ　(4) はかなく

二 〔問1〕 (例)塩類を多く溶かし込んだ深いところの地下水を使い続けると，農地に塩類がたまり，植物が育たなくなること。　〔問2〕 a ア　b ウ　c オ　d イ　〔問3〕 (例)水を運び上げる／(例)葉を冷やす　〔問4〕 イ　〔問5〕 ウ→ア→イ　〔問6〕 ア

三 〔問1〕 (例)ひとつづきの景が浮かぶところや，感じたままを言い切っているところによさがあって，試合に出せば評価されたかもしれない　〔問2〕 エ　〔問3〕 イ　〔問4〕 ウ　〔問5〕 イ　〔問6〕 (例)小市堂を継ぎ，和菓子で島の人の生活を豊かにする仕事を自分のポジションと考えていたが，買ってくれる人がいなければ，自分が考えていた未来はないと，不安に思う気持ち。

四 (例)選んだポスター A ／(例)Aは「リサイクルしよう」と，環境問題解決のためにどのような行動をとればよいのか具体的に示しているが，Bは問いかけをしているだけなので，見た人がどうすればよいかを考えなければならない。そのため，何をすればよいのかわからずに何もできない人や，誤った行動をしてしまう人もいるかもしれない。また，Aにはリサイクルマークが示されているので，その認知が広がる可能性もある。このような理由からAを選びたい。

＜国語解説＞

一 **(知識問題，古文－脱文・脱語補充，漢字の読み書き，仮名遣い，品詞・用法，敬語・その他，書写)**

〔問1〕 ① 音読みは「**ヨク**」で，熟語は「浴室」などがある。 ② 音読みは「**シュク**」で，熟語は「縮小」などがある。 ③ 「護衛」は，付き添って守るという意味。 ④ 「功績」は，何かを成し遂げた手柄。 ⑤ 「相性」は，お互いの性格が合うこと。 ⑥ 音読みは「**カク**」で，

熟語は「間隔」などがある。　⑦「至福」は，きわめて幸せだという意味。　⑧「仰天」は，ひどく驚くこと。

〔問2〕 (1) ここでの「いただく」は「食べる」の謙譲語。このときの「食べる」は相手の動作なので，謙譲語ではなく尊敬語を使うべきである。「食べる」の尊敬語は**「召し上がる」「お食べになる」**など。　(2) 直後の「そうです」に自然につながるようにするには，「終わる」もしくは「終わり」とするのがよい。「終わる」は，「そうです」に終止形で接続することになる。終止形接続する「そうです」は伝聞の意味・用法で，「人から伝え聞いた」ことを表せる。「終わり」は，「そうです」に連用形で接続することになる。連用形接続する「そうです」は推定の意味・用法で、「自分で推測した」ことを表せる。したがって，①は「る」，②は「り」が正解。

〔問3〕 (1) 歴史的仮名遣いのハ行は，語頭と助詞以外は現代仮名遣いのワ行にあたる。
(2) 「わが世誰ぞ［ Ⅰ ］ならむ」の意味は，解説文の「楽しく生きている人もその栄華は続くことはない」にあたる。「常ならむ」とすると，いつまでも続くことはないだろうという意味になる。いろは歌が「日本語で使う主な音を全部一音ずつ使」っていると説明されていることからも，歌の中で使われていない音を探すとわかる。　(3) ひらがなは漢字よりも小さめに書いた方がバランスがよいので，アは不適切。行書と合うようにひらがなも変化などをさせたほうがよいので，イも合わない。無理に全部つなげる必要もないので，ウも正しくない。　(4) 美しく咲いている花が風によって散ってしまう様子を表し，むなしさやあっけなさを意味する言葉が合うと推測できる。最後の一文に「はかない」という言葉があり，これが花の散る様子を述べる形容詞としてふさわしい。用言の「散る」に接続するので，連用形「はかなく」とする。

［二］ (論説文－内容吟味，文脈把握，指示語の問題，脱文・脱語補充)

〔問1〕 「これ」とあるので，直前の内容に注目する。直前までの内容は，地下水を汲み出す必要があるものの，「深い場所の水ほど」「より多くの塩類を溶かし込んで」いるのでそれを「使い続けると，農地に塩類がたまり，植物が育たなく」なるということである。

〔問2〕 a・b 円グラフから，地球上の「水」のうち約97％が「海水」だとわかる。　c 円グラフ中の「海水」ではない「淡水」が農耕に使えるのである。　d 「淡水」の内訳を示したグラフから，「淡水」の多くが「氷河」であることが読み取れる。

〔問3〕 植物が何のために水を使うかは，直前の段落で説明されている。「水を運び上げる」ために「水が必要」であるうえに，「葉を冷やす」ためにも水が使われるという説明がある。

〔問4〕 「道義上」とは，道徳的な考えにおいてという意味。

〔問5〕 「水」は「多くの物質を溶かす」という内容を受け，「水に溶けると」どうなるかを詳しく述べたウを最初にするとよい。「だから」で始まるアの内容は，ウを原因として生じる結果なので，ウの後にアが続く。最後になるイは，前の内容を受けて「化学反応が起こりやすい」理由をさらに付け加える内容になっている。

〔問6〕 水は，いろいろなものを溶かせるという性質であるために化学反応を起こすので，海は「生命が生まれるには，うってつけだった」。また，「生物の基本」である細胞は「膜で包まれた水」であり，そこで「たえず化学反応が起こっているのが生きている状態」である。このように水は「生命の発生」や「生物が生きている状態を保つ」ことに欠かせないものであることから，「水は命の泉」と筆者は表現しているのである。

［三］ (小説－情景・心情，内容吟味，脱文・脱語補充，語句の意味，熟語)

〔問1〕 日向子は，航太の句からバスケットボールをする航太の「ひとつづきの景が浮かんだ」と話している。さらに「今ここがおれのいる場所」と「言い切る単純さ」がいいところだと褒め,「審査員にすっごい評価してもらえたかもしれない」とも言っている。

〔問2〕「こそばゆい」は,くすぐったい,恥ずかしいという意味。日向子や恵一に自分の句を評価され,航太は照れくさくなっているのである。

〔問3〕「悶々としている」理由を聞いて,「小市堂に未来はないってお父さんに言われた」のだと納得している会話が続いている。さらに航太は自分が「単細胞の甘ちゃんだった」と話しているので,イが正解。

〔問4〕航太は「悶々としている」理由につながる家計について話したものの,日向子には「自分の家の食費を知らないから何とも言えない」と返された。家計について実感を持って理解することができない日向子には,自分が悩む気持ちはわかってもらえないだろうと思い,「苦笑まじり」になったのである。

〔問5〕「自給自足」は,必要なものを自分で生産するという意味。航太の家が「たいした金を使わないで」「家庭菜園」などでまかなっていることを「自給自足」だと言っているのである。

〔問6〕「ポジション」とは,位置,場所という意味。航太は,「小市堂の作業場が居場所になればいいと思っていた」のだから,「そのポジション」とは「小市堂の作業場」のことである。航太は,自分が小市堂で働き,和菓子を「島の人へ届け」て,「人の生活を豊かにすること」を「仕事にしたい」と思っていた。しかし,「小市堂に未来はない」という父の言葉を聞いて,自分のやりたいと思っている仕事が「誰にも必要とされないものなのかもしれない」と不安を感じているのである。

四 (作文(自由・課題))

指定された条件を満たすこと。二枚のポスターは,使われている文言と,イラストの示している内容に違いがある。また,Aだけにリサイクルマークが使われている。これらの違いから,見る人へ与える印象にどのような違いが生まれるかを考える。

書き始めや段落の初めは1文字空けるなど,原稿用紙の使い方にも注意する。書き終わったら必ず読み返して,誤字・脱字や表現がおかしなところは書き改める。

和歌山県公立高等学校

2021年度

★★★★★★★★★★★★★★★★★★★★★★★★

入　試　問　題

●くわしい解説……43ページ

＜数学＞

時間 50分 満点 100点

1 次の〔問1〕～〔問5〕に答えなさい。

〔問1〕 次の(1)～(5)を計算しなさい。

(1) $3-7$

(2) $-1+4\div\frac{2}{3}$

(3) $3(2a+5b)-(a+2b)$

(4) $\frac{10}{\sqrt{2}}-\sqrt{8}$

(5) $(x-2)(x+2)+(x-1)(x+4)$

〔問2〕 次の二次方程式を解きなさい。

$x^2+5x+3=0$

〔問3〕 等式$4x+3y-8=0$をyについて解きなさい。

〔問4〕 ある数aの小数第1位を四捨五入すると，14になった。このとき，aの範囲を不等号を使って表しなさい。

〔問5〕 次の資料は，10人のハンドボール投げの記録を小さい順に整理したものである。

このとき，資料の中央値（メジアン），最頻値（モード）をそれぞれ求めなさい。

資料

16	17	17	17	20	22	23	25	25	28

（単位 m）

2 次の〔問1〕～〔問4〕に答えなさい。

〔問1〕 右の図は，1辺が5㎝の立方体である。

次の(1)～(3)に答えなさい。

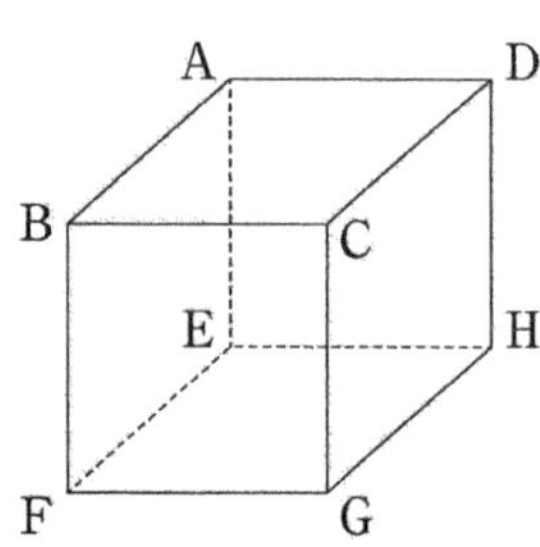

(1) 辺ABと垂直な面を1つ答えなさい。

(2) 辺ADとねじれの位置にある辺はいくつあるか，答えなさい。

(3) 2点G，Hを結んでできる直線GHと，点Aとの距離を求めなさい。

〔問2〕 次の**条件**にあてはまる関数を，下の**ア**～**エ**の中からすべて選び，その記号をかきなさい。

条件　$x>0$ の範囲で，x の値が増加するにつれて，y の値が減少する。

ア　$y=2x$　　**イ**　$y=-\dfrac{8}{x}$　　**ウ**　$y=-x-2$　　**エ**　$y=-x^2$

〔問3〕 **図1**のように，1，2，3，4の数字が1つずつ書かれた4枚のカードがある。また，**図2**のように正三角形ABCがあり，点Pは，頂点Aの位置にある。この4枚のカードをよくきって1枚取り出し，書かれた数字を調べてもとにもどす。このことを，2回繰り返し，次の**規則**に従ってPを正三角形の頂点上を反時計回りに移動させる。

ただし，どのカードの取り出し方も，同様に確からしいものとする。

規則

1回目は，Aの位置から，1回目に取り出したカードの数字だけ移動させる。

2回目は，1回目に止まった頂点から，2回目に取り出したカードの数字だけ移動させる。

ただし，1回目にちょうどAに止まった場合は，2回目に取り出したカードの数字より1大きい数だけAから移動させる。

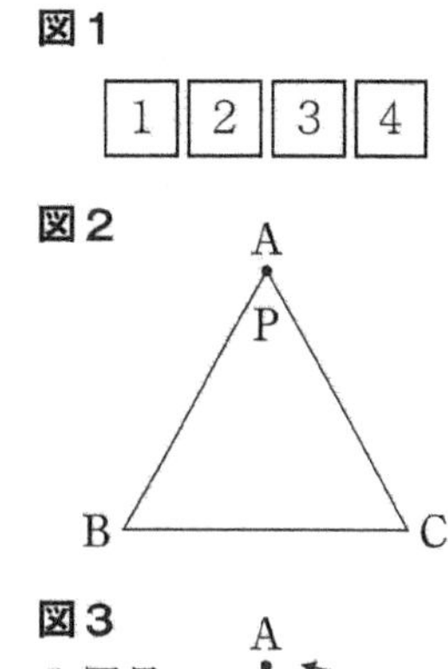

例えば，1回目に1のカード，2回目に2のカードを取り出したとすると，Pは**図3**のように動き，頂点Aまで移動する。

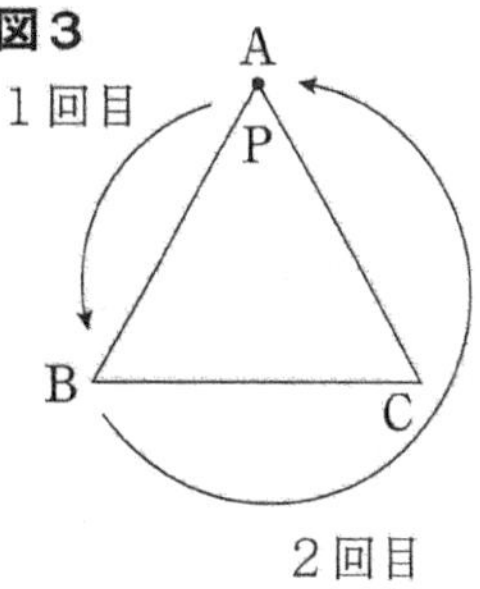

この**規則**に従ってPを移動させるとき，次の(1)，(2)に答えなさい。

(1)　1回目の移動後に，PがBの位置にある確率を求めなさい。

(2)　2回目の移動後に，PがCの位置にある確率を求めなさい。

〔問4〕 太郎さんは，放課後，家に置いていた本を図書館に返却しようと考えた。午後4時に学校を出発し，学校から家までは徒歩で帰り，家に到着してから5分後に図書館へ自転車で向かい，午後4時18分に図書館に到着した。徒歩は毎分80m，自転車は毎分240mの速さであった。学校から家を経て図書館までの道のりの合計は2㎞である。

太郎さんは，午後4時何分に家を出発したか，求めなさい。ただし，答えを求める過程がわかるようにかきなさい。

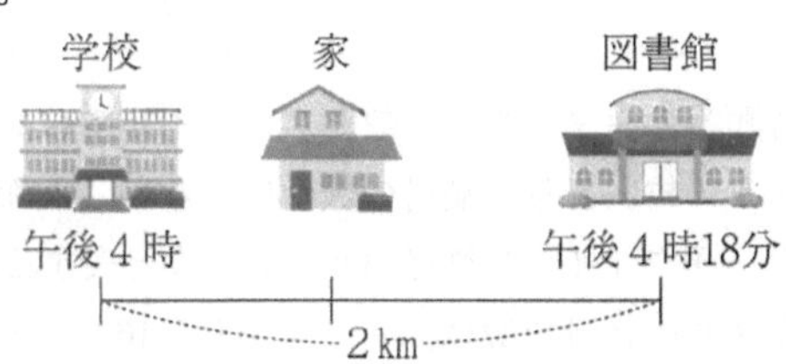

3 正夫さんと和歌子さんは，1辺の長さが1㎝の正方形の白と黒のタイルを規則的に並べていった。

タイルの並べ方は，**図1**のように，まず1番目として白タイルを1枚置き，1段目とする。

2番目は，1番目のタイルの下に2段目として，左側から白と黒のタイルが交互になるように，白タイルを2枚，黒タイルを1枚置く。3番目は，2段目のタイルの下に3段目として，左側から白と黒のタイルが交互になるように，白タイルを3枚，黒タイルを2枚置く。

このように，1つ前に並べたタイルの下に，左側から白と黒のタイルが交互になるように，段と同じ数の枚数の白タイルと，その白タイルの枚数より1枚少ない枚数の黒タイルを置いていく。

下の〔**問1**〕，〔**問2**〕に答えなさい。

図1

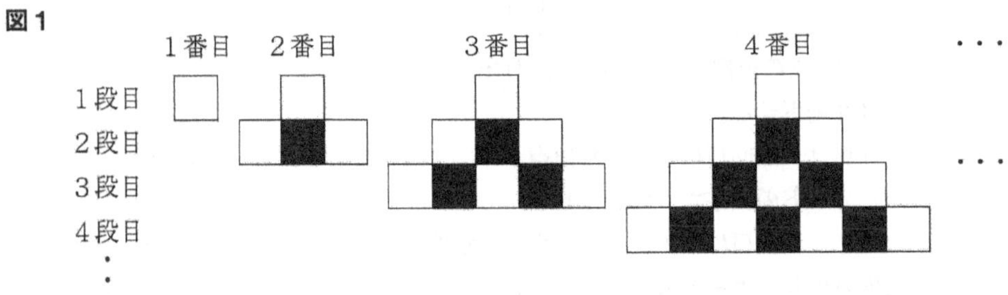

〔**問1**〕 次の**表1**は，上の規則に従って並べたときの順番と，タイルの枚数についてまとめたものである。

下の(1)，(2)に答えなさい。

表1

順番（番目）	1	2	3	4	5	6	7	8	…	n	…
白タイルの枚数（枚）	1	3	6	10	15	**ア**	＊	＊	…	x	…
黒タイルの枚数（枚）	0	1	3	6	10	＊	＊	**イ**	…	＊	…
タイルの合計枚数（枚）	1	4	9	16	25	＊	＊	＊	…	＊	…

＊は，あてはまる数や式を省略したことを表している。

(1) **表1**中の **ア** ， **イ** にあてはまる数をかきなさい。

(2) 正夫さんは，n 番目の白タイルの枚数を n の式で表すことを考えた。次の文は，正夫さんの考え方をまとめたものである。正夫さんは，どのような考え方で n 番目の白タイルの枚数を n の式で表したのか，その考え方の続きを解答欄の □ にかき，完成させなさい。

表1において，各順番の白タイルの枚数から黒タイルの枚数をひくと，各順番の黒タイルの枚数は白タイルの枚数より，順番の数だけ少ないことから，n 番目の白タイルの枚数を x 枚とおくと，黒タイルの枚数は（$x-n$）枚と表すことができる。

また，各順番のタイルの合計枚数は，1，4，9，16，25となり，それぞれ1^2，2^2，

3^2, 4^2, 5^2と表すことができる。このことから，n番目のタイルの合計枚数を，nの式で表すと，

n番目の白タイルの枚数　　　　枚

［問2］ 和歌子さんは，図1で並べた各順番のタイルを1つの図形と見て，それらの図形の周の長さを調べた。

次の表2は，各順番における図形の周の長さについてまとめたものである。

下の(1)，(2)に答えなさい。

表2

順番（番目）	1	2	3	4		…		☆	★		…
周の長さ（cm）	4	10	16	22		…		a	b		…

表2中の☆，★は，連続する2つの順番を表している。

(1) 表2中のa，bの関係を等式で表しなさい。

(2) 和歌子さんは，順番が大きくなったときの，図形の周の長さを求めるために，5番目の図形を例に，下のような方法を考えた。

和歌子さんの考え方を参考にして，50番目の図形の周の長さは何cmになるか，求めなさい。

〈和歌子さんが考えた方法〉

図2のように，5番目の図形で，┃で示したそれぞれのタイルの縦の辺を，左矢印 ←-- と右矢印 --→ に従って，5段目の┃の延長線上にそれぞれ移動させる。

また，次のページの図3のように，各段の ━ で示したそれぞれのタイルの横の辺を，上矢印↑に従って1段目の ━ の延長線上に移動させる。

このように考えると，次のページの図4のように，もとの図形の周の長さとその図形を囲む長方形の周の長さは等しいことがわかる。

この考え方を使うと，どの順番の図形の周の長さも，その図形を囲む長方形の周の長さと同じであることがわかる。

図2

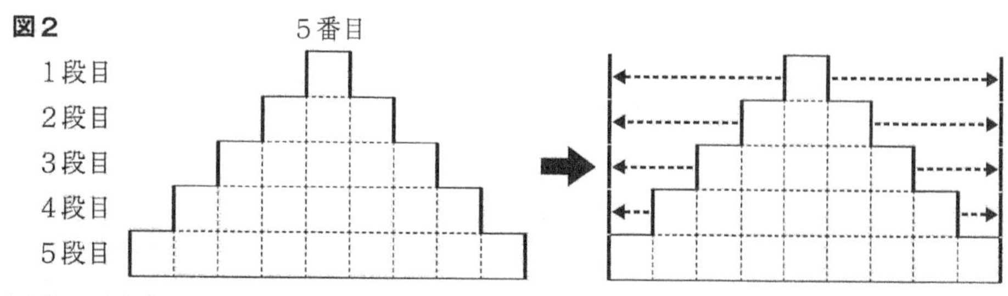

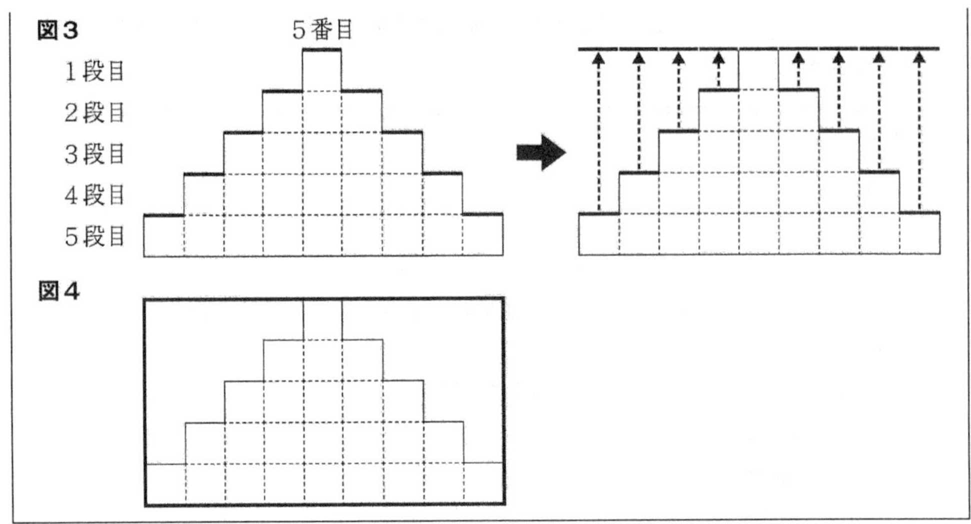

4 図１のように，４点O（０，０），A（６，０），B（６，６），C（０，６）を頂点とする正方形OABCがある。

２点P，Qは，それぞれOを同時に出発し，Pは毎秒３cmの速さで，辺OC，CB，BA上をAまで動き，Qは毎秒１cmの速さで，辺OA上をAまで動く。

ただし，原点Oから点（１，０）までの距離，および原点Oから点（０，１）までの距離は１cmとする。

次の〔問１〕～〔問４〕に答えなさい。

〔問１〕 P，Qが出発してからAに到着するのはそれぞれ何秒後か，求めなさい。

〔問２〕 P，Qが出発してから１秒後の直線PQの式を求めなさい。

〔問３〕 △OPQがPO＝PQの二等辺三角形となるのは，P，Qが出発してから何秒後か，求めなさい。

〔問４〕 図２のように，P，Qが出発してから５秒後のとき，△OPQと△OPDの面積が等しくなるように点Dを線分AP上にとる。

このとき，点Dの座標を求めなさい。

図１

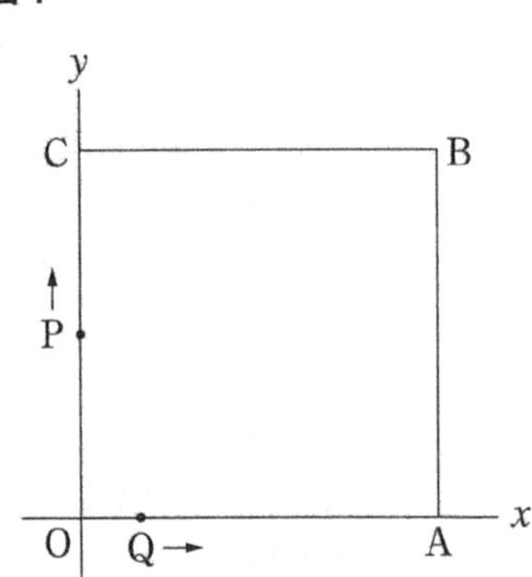

図２

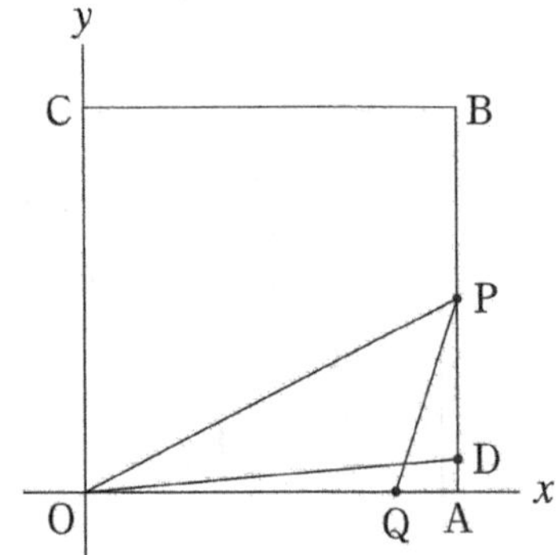

5 図1のように，円Oの周上に4点A，B，C，Dがある。円Oの直径ACと，線分BDとの交点をEとする。ただし，$\overset{\frown}{\mathrm{CD}}$の長さは，$\overset{\frown}{\mathrm{AD}}$の長さより長いものとする。

次の〔問1〕～〔問4〕に答えなさい。

〔問1〕 DB＝DC，∠BDC＝70°のとき，∠CADの大きさを求めなさい。

図1

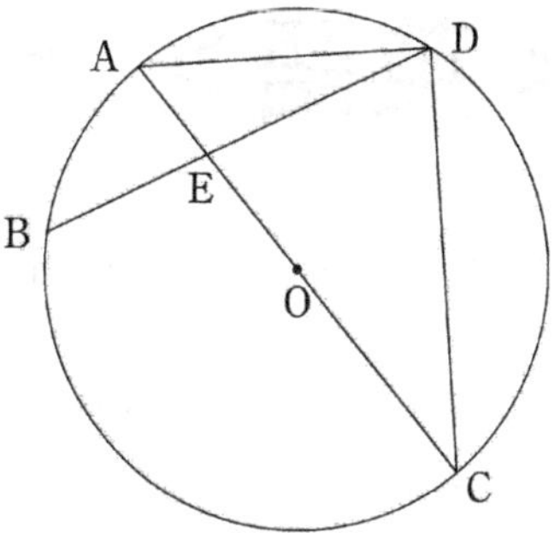

〔問2〕 図2のように，AC＝4㎝，∠ACD＝30°のとき，▨の部分の面積を求めなさい。

ただし，円周率はπとする。

図2

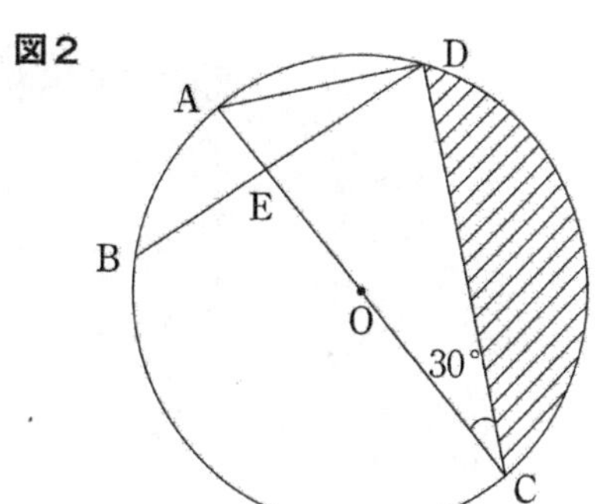

〔問3〕 図3のように，AC // DFとなるように円Oの周上に点Fをとる。

このとき，AF＝CDを証明しなさい。

図3

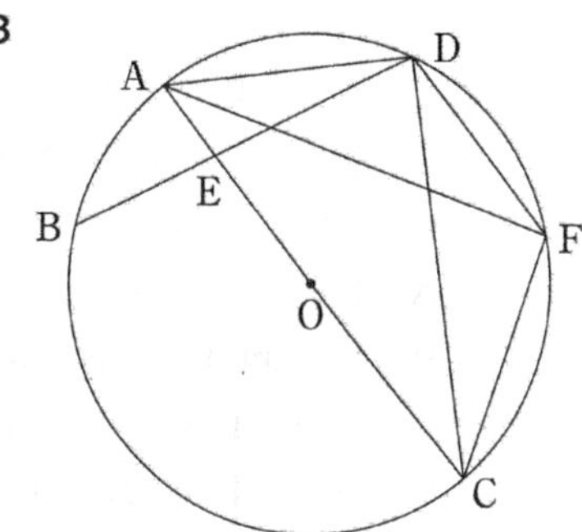

〔問4〕 図4のように，AC⊥BD，AD＝3㎝，DE＝$\sqrt{5}$㎝とする。また，BA // CFとなるように円Oの周上に点Fをとり，直線BDと直線CFの交点をGとする。

このとき，△ABEと△CGEの面積の比を求め，最も簡単な整数の比で表しなさい。

図4

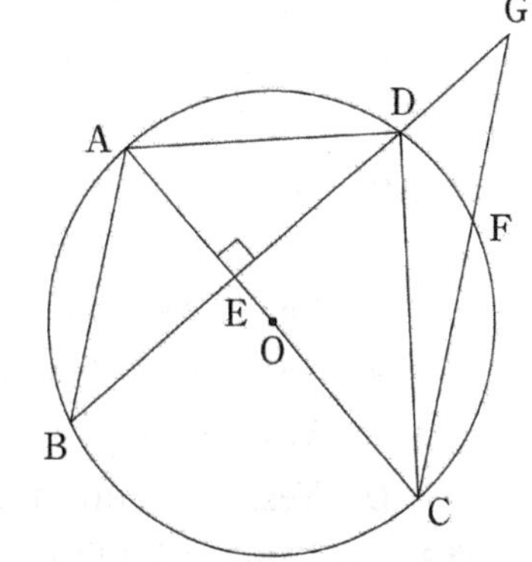

＜英語＞　時間　50分　　満点　100点

1　放送をよく聞いて，次の〔問1〕～〔問3〕に答えなさい。

〔問1〕 No. 1，No. 2の順に，それぞれA，B，C 3つの対話を2回放送します。No. 1，No. 2の絵にある人物の対話として最も適切なものを，放送されたA，B，Cの中から1つずつ選び，その記号を書きなさい。

No. 1

No. 2

〔問2〕 No. 1～No. 3の順に，二人の対話をそれぞれ2回ずつ放送します。対話の最後にそれぞれチャイムが鳴ります。チャイムが鳴った部分に入る最も適切なものを，A～Dの中から1つずつ選び，その記号を書きなさい。

No. 1　先生との対話

A　I want to have fruit after lunch.
B　I want to make delicious food and make people happy.
C　Well, I haven't finished my breakfast yet.
D　Well, I haven't looked at the menu yet.

No. 2　友人との対話

A　Wow, I want to listen to his music.
B　Wow, I like drawing pictures.
C　Well, I have lived in Japan for two years.
D　Well, I'm playing the guitar with him now.

No. 3　母親との対話

A　Yes.　Were you free at that time?
B　Yes.　You should go to bed because you are tired.
C　Yes.　Can you clean the table before cooking?
D　Yes.　We finished dinner today.

〔問3〕 高校生の太郎（Taro）が英語の時間に行ったスピーチと，その内容について5つの質問を2回放送します。次のページのNo. 1～No. 5の英文が質問の答えとなるように，□に入る最も適切なものを，A～Dの中から1つずつ選び，その記号を書きなさい。

No. 1　He went to Australia [　　　].

A　because he joined a program for students
B　because he wanted to speak English
C　when he was three years old
D　when he was a junior high school student

No. 2　He [　　　].

A　tried to encourage Mike
B　talked to Mike in English
C　studied English hard
D　talked about schools in Australia

No. 3　He met Mike [　　　].

A　in Japan　　B　in a museum
C　at Mike's house　　D　at school

No. 4　He is going to stay in Japan for [　　　].

A　one week　　B　three weeks
C　one month　　D　three months

No. 5　They will [　　　].

A　go shopping
B　talk about Japanese art
C　tell students to speak English
D　join a program in Taro's town

2　次の英文は，高校生の明（Akira）が，英語の授業で行った，移民についてのスピーチの原稿です。これを読み，〔問1〕～〔問3〕に答えなさい。

I did a homestay in Australia. I stayed with a host family. My host father and host mother were immigrants from India. I stayed with people from India in Australia! It was interesting. My host mother said, "There are a lot of immigrants from many countries in Australia."

When I came back to Wakayama, I told my family about immigrants in Australia. My father said, "You had a good experience. Well, about 100 years ago, many immigrants from Wakayama worked in foreign countries. They also introduced foreign cultures to Wakayama. You can see Western-style houses in some places." I wanted to know more about immigrants from Wakayama. So I studied about them.

First, I found the number of immigrants from Wakayama in foreign countries. Then I made a graph about them. The immigrants went to many countries. Please look at the graph. It shows the number of people who lived in foreign countries in 1927. The countries in the graph were the top four countries for immigrants from Wakayama. Many people lived in Australia, but more people lived in Canada. More than 10,000 people lived in the United States. Brazil comes after these three countries.

Studying about immigrants from Wakayama is very interesting. I still want to know many things. For example, I want to know about their jobs in foreign countries. I'll keep studying about immigrants.

グラフ

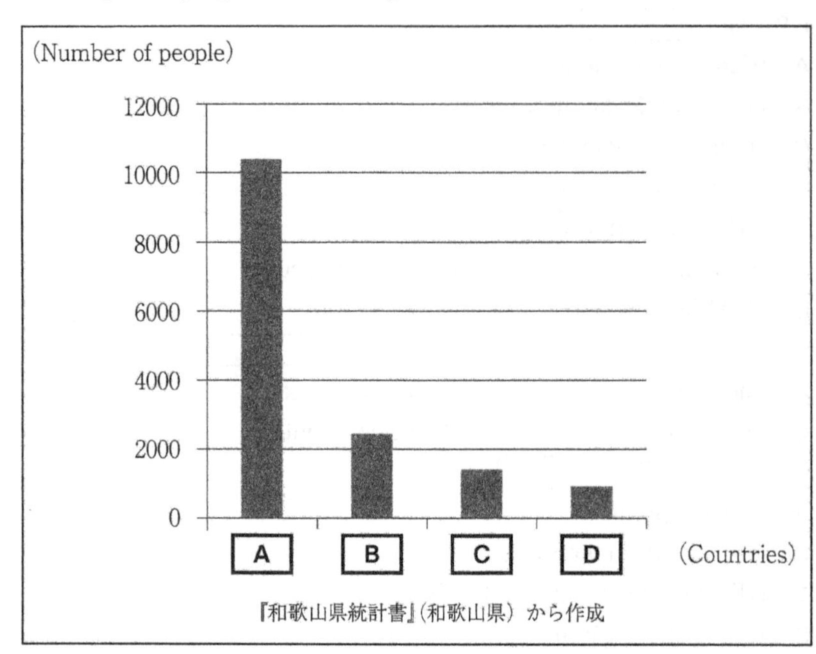

『和歌山県統計書』(和歌山県) から作成

(注) homestay　ホームステイ　host　ホストの（ホームステイ先の）　immigrant　移民
introduce　伝える　Western-style　西洋式の　graph　グラフ
top four countries　上位４か国　Canada　カナダ

〔問１〕 本文の内容に合うように，次の(1)，(2)の（　）にあてはまる最も適切なものを，それぞれア～エの中から１つ選び，その記号を書きなさい。

(1) Akira (　　　).

ア went to India with his father
イ met a family from India in Australia
ウ saw people from Wakayama in Australia
エ invited his host mother to Wakayama

(2) Akira (　　　).

ア wants his father to go to Australia
イ lives in a Western-style house
ウ will keep studying about immigrants
エ will work hard to help immigrants

〔問２〕 文中の下線部 the graph について，本文の内容に合うように，グラフの A ～ D にあてはまる最も適切な国名を，次のア～エの中から１つずつ選び，その記号を書きなさい。

ア Australia　イ Canada　ウ the United States　エ Brazil

〔問３〕 明は，スピーチの後，ALT （外国語指導助手）のエレン（Ellen）と話をしました。次の対話文は，そのやりとりの一部です。これを読み，あとの(1)，(2)に答えなさい。

Ellen	:	Your speech was great. Everyone in your class learned a lot.
Akira	:	Thank you.
Ellen	:	You want to know more about immigrants. Is that right?
Akira	:	Yes. For example, I want to know about their jobs in Australia.
Ellen	:	What will you do to get the information?
Akira	:	I will [　　　　].
Ellen	:	Good.

(1) 対話の流れに合うように，文中の [　　] にふさわしい英語を書きなさい。ただし，語数は２語以上とし，符号（．，？！など）は語数に含まないものとする。

(2) 対話の内容に合う最も適切なものを，次のア～エの中から１つ選び，その記号を書きなさい。

ア Ellen was happy to get a job in Japan.
イ Ellen was impressed with Akira's speech.
ウ Akira enjoyed his stay in Australia with Ellen.
エ Akira wanted to know where to visit in Australia.

3 次の英文は，高校生の早紀（Saki）と ALT（外国語指導助手）のトム（Tom）の対話です。これを読み，〔問１〕～〔問４〕に答えなさい。

Tom : Saki, how was your holiday?

Saki : Wonderful! I joined a program to guide foreign students in English. Three students came to our town.

Tom : I see. 〔　　　　　　〕?

Saki : They were from New Zealand. I guided Mike, one of the students.

Tom : I see. How was it?

Saki : In the morning, I had a problem. I just [①] him my name and started guiding him. I gave him some information from a guidebook. However, he didn't look happy. [A]

Tom : So why was your holiday wonderful?

Saki : When we had lunch, we talked about our hobbies, schools, and so on. After that, Mike showed me a book. It was about Japanese movies. I love Japanese movies, too! We talked about Japanese movies which were popular in New Zealand.

Tom : Good! [B] You made a good relationship with Mike at lunch time.

Saki : Yes. I really enjoyed lunch time with Mike. In the afternoon, we went to a temple. I started guiding him again. Mike looked happy and asked me many questions about the temple. I answered his questions. Mike smiled. I was glad that he was [②].

Tom : I'm sure he had a good time with you.

Saki : Thank you. I realized the importance of making a good relationship with people.

Tom : That's great.

Saki : By making a good relationship with tourists, we can make their [③] better.

Tom : That's right.

（注） guide 案内する New Zealand ニュージーランド guidebook ガイドブック
hobby 趣味 relationship 関係 answer 答える tourist 旅行者

〔問１〕 対話の流れに合うように，文中の［ ］にふさわしい英語を書きなさい。ただし，語数は４語以上とし，符号（．，？！など）は語数に含まないものとする。

〔問２〕 文中の［①］～［③］にあてはまる語の組み合わせとして最も適切なものを，次のア～エの中から１つ選び，その記号を書きなさい。

	①		②		③	
ア	①	told	②	interested	③	stay
イ	①	gave	②	angry	③	experience
ウ	①	bought	②	surprised	③	holiday
エ	①	showed	②	excited	③	movies

〔問３〕 対話の流れに合うように，文中の A ， B にあてはまる最も適切なものを，それぞれア～エの中から１つずつ選び，その記号を書きなさい。

A

ア He was glad to listen to me.
イ He didn't come to my town.
ウ I was also happy when I talked with him.
エ I didn't know what to do.

B

ア Talking about Japanese movies sounds interesting.
イ Visiting a temple sounds interesting.
ウ Making lunch together sounds interesting.
エ Studying foreign languages with Mike sounds interesting.

〔問４〕 下線部 That の内容を，日本語で具体的に書きなさい。

4 次の質問に対するあなたの返答を，理由を含めて，30語以上の英語で書きなさい。ただし，符号（．，？！など）は語数に含まないものとする。

〔質問〕 Which month do you like the best?

5 次の英文は，高校生の美紀（Miki）が，英語の授業で行ったスピーチの原稿です。これを読み，〔問1〕～〔問6〕に答えなさい。

Global warming is a serious problem. I want to stop it. One day in fall, I talked with my friends. I wanted to do something with them. A girl said, "I want to help you. But what can high school students do?" A boy said, "Global warming is a big problem. Even if one or two students do something, we cannot change the world." I was sad. But [A] I talked to my science teacher, Mr. Yamada. He said, "High school students can do many things for the world. Please read this article."

The article was about a volunteer club in a high school. The students in the club collected old shoes and washed them. Then they sent the shoes to poor children in foreign countries. I was impressed. I thought, "There are many poor children in the world. It's a big problem. The students helped them by doing a small thing. I can also improve the situation of global warming."

I told my friends about the volunteer club. I said, "We don't have to do special things to stop global warming. We can start from a small thing." A boy said, "OK. Let's do something together. How about planting trees? Trees will decrease CO_2, one of the causes of global warming. I know some organizations plant trees to stop global warming." A girl said, "Your idea is great. But how can we buy trees? We may need a lot of money." Another girl said, "I have an idea. Oranges are famous in Wakayama. How about selling orange juice to get money? We may get some oranges if we tell farmers our ideas. ⓐLet's (give, farmers, some oranges, ask, to) to us." Everyone agreed.

We made three groups. Each group visited different farmers and told them our plan. The farmers were very busy, but they listened to our plan. ⓑSoon we (farmers, who, some, helped, found) us. We got spare oranges from them. We were happy.

We still had many things to do. For example, to make delicious orange juice, we practiced hard. We also made posters. We helped each other.

In my town, a market is held every month. We sold our orange juice there. We talked to many people. One woman said, "I'll buy a lot of orange juice to save the world!" I was glad to hear ⓒthat. On that day, we got enough money to buy some trees.

We took the money to an organization. People in the organization said, "Thank you. [B]" We were very happy.

Well, here is the most important thing I learned from my experience. If we want to do something for the world, we can find what to do around us.

（注） even if ～ たとえ～でも　article 記事　shoe 靴　sent ＜ send の過去形

improve 改善する　situation 状況　plant 植える　decrease 減らす
CO_2 二酸化炭素　cause 原因　organization 団体　farmer 農家の人
spare 余った　market 市場（いちば）　held < hold（開く）の過去分詞形　sold < sell の過去形

〔問1〕 本文の流れに合うように，文中の A ， B にあてはまる最も適切なものを，それぞれア～エの中から1つずつ選び，その記号を書きなさい。

A

ア I thought my teacher was sad, too.
イ I didn't want to give up.
ウ I agreed and stopped thinking about global warming.
エ I wasn't interested in thinking about global problems.

B

ア We can plant some trees!
イ We can wash some shoes!
ウ Your orange juice is delicious!
エ Your posters are beautiful!

〔問2〕 下線部ⓐ，ⓑについて，それぞれ本文の流れに合うように（ ）の中の語句を並べかえ，英文を完成させなさい。

〔問3〕 下線部ⓒ that の内容を，日本語で具体的に書きなさい。

〔問4〕 次の⑴，⑵の質問の答えを，それぞれ英語で書きなさい。

⑴ What subject does Mr. Yamada teach?
⑵ How many groups did Miki and her friends make when they visited farmers?

〔問5〕 次のア～エの英文を，本文の流れに合うように並べかえると，どのような順序になりますか。その記号を書きなさい。

ア Miki was impressed with the students in a volunteer club.
イ Miki talked to Mr. Yamada.
ウ Miki and her friends got oranges from farmers.
エ Miki and her friends went to an organization.

〔問6〕 美紀が，自身の経験を通じて学んだ最も大切なことはどのようなことですか。日本語で書きなさい。

＜理科＞

時間　50分　　満点　100点

1　和美さんたちは，「自然体験を通して気づいたことを探究しよう」というテーマで，調べ学習に取り組んだ。次の〔問１〕，〔問２〕に答えなさい。

〔問１〕　次の文は，和美さんが，山でキャンプをしたときに体験した「やまびこ」について調べ，まとめたものの一部である。下の(1)～(4)に答えなさい。

> 山の中の見晴らしのよい場所で，大きな①音を出すと，向かいの山で反射した音が遅れて聞こえることがあります。この現象は「やまびこ」や「こだま」とよばれています。自分の出した音が，向かいの山で反射して，戻ってきた音を自分の②耳がとらえているのです。
>
> やまびこを用いると，③自分のいる場所から向かいの山の音が反射したところまでのおよその距離をはかることができます。距離をはかるには，「ヤッホー」と叫んでから戻ってきた音が聞こえるまでの時間をはかればよいのです。向かいの山に「ヤッホー」と叫ぶと同時にストップウォッチのスタートボタンを押して，戻ってきた「ヤッホー」という④音が聞こえた瞬間にストップウォッチを止めます。このときの音は，自分と山との間を往復しています。

(1)　下線部①について，音の高さを決める振動数は「Hz」という単位で表される。この単位のよみをカタカナで書きなさい。

(2)　下線部②について，**図１**は，ヒトの耳のつくりを模式的に表したものであり，**X**は空気の振動をとらえる部分である。この部分を何というか，書きなさい。

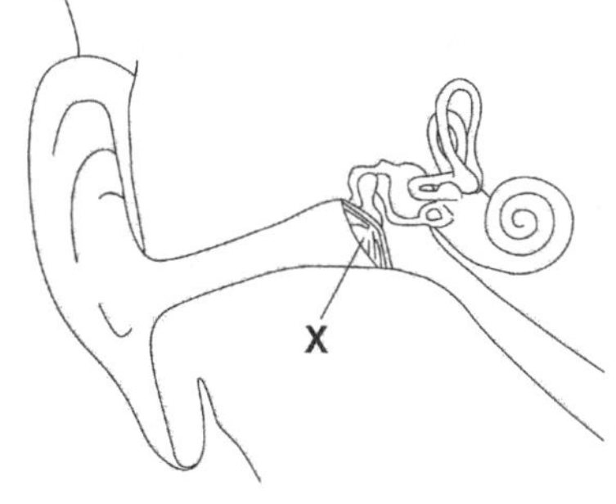

図１　ヒトの耳のつくり

(3)　下線部③について，向かいの山に向かって「ヤッホー」と叫んでから３秒後に，向かいの山で反射して戻ってきた「ヤッホー」という音が聞こえた。自分と向かいの山の音が反射したところまでのおよその距離として最も適切なものを，次の**ア**～**エ**の中から１つ選んで，その記号を書きなさい。ただし，音の速さは340m/sとし，ストップウォッチの操作の時間は考えないものとする。

ア　510m　　**イ**　1020m　　**ウ**　1530m　　**エ**　2040m

(4)　次のページの**図２**は，下線部④のように刺激を受けてから反応するまでの流れを示したものである。**図２**の **Y** にあてはまる，刺激や命令の信号が伝わる順に神経を並べたものとして，最も適切なものを，あとの**ア**～**エ**の中から１つ選んで，その記号を書きなさい。

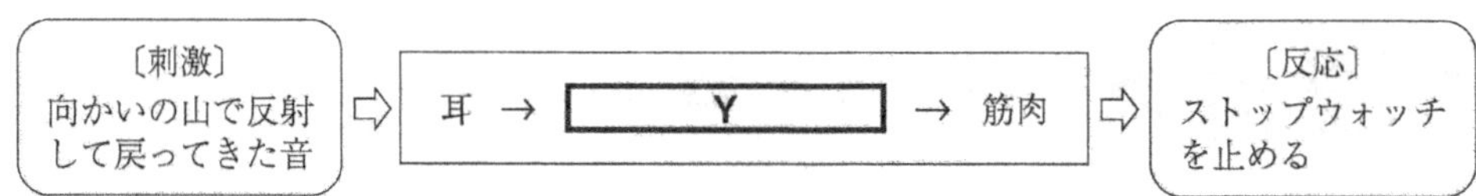

図2　刺激を受けてから反応するまでの流れ

ア　運動神経　→　感覚神経　→　中枢神経
イ　感覚神経　→　中枢神経　→　運動神経
ウ　中枢神経　→　運動神経　→　感覚神経
エ　中枢神経　→　感覚神経　→　運動神経

〔問2〕　次の文は，紀夫さんが，キャンプ場の近くで見つけた露頭について調べ，まとめたものの一部である。下の(1)～(4)に答えなさい。

キャンプ場の近くで，大きな露頭を見つけました。この露頭を観察すると，石灰岩の地層a，火山灰の地層b，れき，砂，泥からできた地層cの3つの地層が下から順に重なっていることがわかりました（図3）。この3つの地層にはそれぞれ特徴が見られ，より詳しく調べました。

1つ目の地層aは，石灰岩でできていました。石灰岩の主な成分は［ Z ］で，酸性化した土や川の水を①中和するために使われる石灰の材料として利用されています。

2つ目の地層bは，火山灰でできていました。その地層から，②無色で不規則な形をした鉱物を見つけることができました。この鉱物は，マグマに含まれる成分が冷え固まってできた結晶です。

3つ目の地層cは，れき，砂，泥からできていました。③この地層の粒の積もり方から，一度に大量の土砂が水の中で同時に堆積したと考えられます。

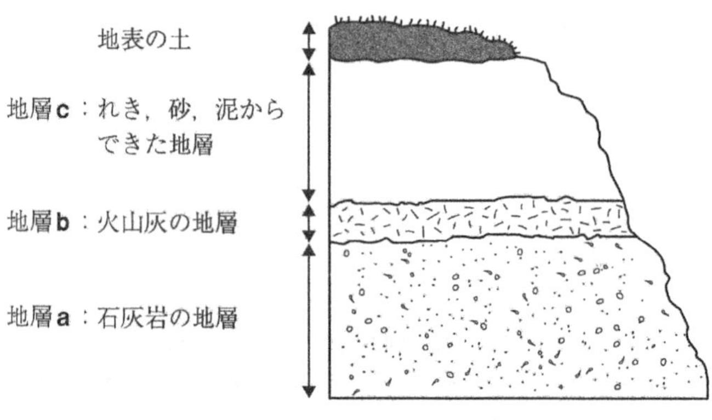

図3　露頭のスケッチの一部（地層cのスケッチは省略している）

(1)　文中の［ Z ］にあてはまる物質の名称を書きなさい。

(2)　下線部①について，次の式は，中和によって水が生じる反応を表したものである。［ A ］，［ B ］にあてはまるイオン式をそれぞれ書きなさい。

［ A ］＋［ B ］→ H_2O

⑶　下線部②の鉱物として最も適切なものを，次の**ア**～**エ**の中から１つ選んで，その記号を書きなさい。

ア　カクセンセキ　**イ**　カンランセキ　**ウ**　キセキ　**エ**　セキエイ

⑷　下線部③について，地層**c**の下部，中部，上部に含まれる，主に堆積した粒の組み合わせとして最も適切なものを，次の**ア**～**エ**の中から１つ選んで，その記号を書きなさい。また，そのように考えた理由を簡潔に書きなさい。

	地層**c**の下部	地層**c**の中部	地層**c**の上部
ア	泥	砂	れき
イ	砂	泥	れき
ウ	れき	砂	泥
エ	砂	れき	泥

2　植物のはたらきを調べるために，**実験Ⅰ**，**実験Ⅱ**を行った。あとの〔**問１**〕～〔**問６**〕に答えなさい。

実験Ⅰ「オオカナダモを使った実験」

(i)　４本の試験管**A**～**D**を用意し，ほぼ同じ大きさのオオカナダモを試験管**A**，**B**にそれぞれ入れた。

(ii)　青色のBTB溶液に息を吹き込んで緑色にしたものを，すべての試験管に入れて満たした後，すぐにゴム栓でふたをした（**図１**）。

(iii)　試験管**B**，**D**の全体をアルミニウムはくでおおい，試験管**B**，**D**に光が当たらないようにした。

(iv)　４本の試験管を光が十分に当たる場所に数時間置いた（**図２**）。

(v)　試験管のＢＴＢ溶液の色を調べ，その結果をまとめた（**表１**）。

表１　**実験Ⅰ**の結果

試験管	**A**	**B**	**C**	**D**
ＢＴＢ溶液の色	青色	黄色	緑色	緑色

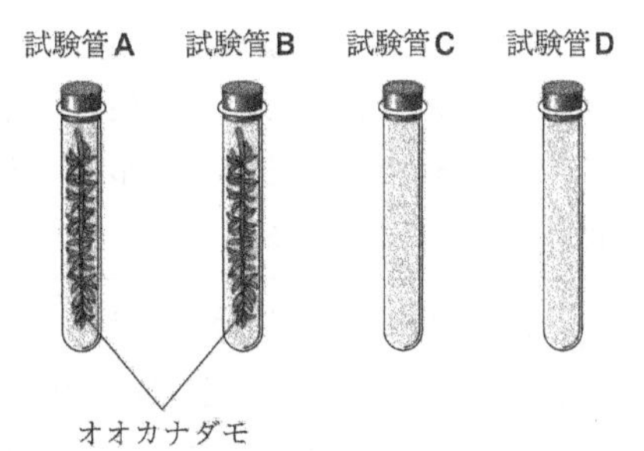

図１　ＢＴＢ溶液を入れた４本の試験管

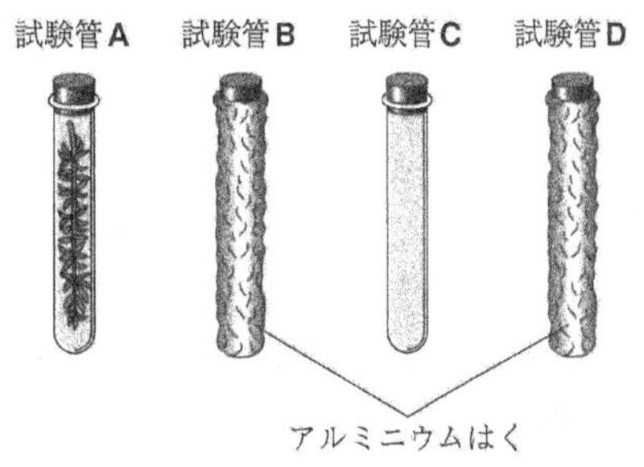

図２　光が十分に当たる場所に置いた４本の試験管

実験Ⅱ「アジサイを使った実験」

(i) 葉の大きさや枚数，茎の太さや長さがほぼ同じアジサイを３本用意して，それぞれに**表２**のような処理を行い，アジサイ**A**，**B**，**C**とした。

(ii) 同じ大きさの３本の試験管に，それぞれ同量の水と，処理したアジサイ**A**～**C**を入れ，少量の油を注いで水面をおおった（**図３**）。

(iii) アジサイ**A**～**C**の入った試験管の質量をそれぞれ測定し，明るく風通しのよい場所に一定時間置いた後，再びそれぞれの質量を測定した。

(iv) 測定した質量から試験管内の水の減少量をそれぞれ求め，その結果をまとめた（**表３**）。

表２　処理の仕方

アジサイ	処理
A	葉の表側にワセリンをぬる
B	葉の裏側にワセリンをぬる
C	葉の表側と裏側にワセリンをぬる

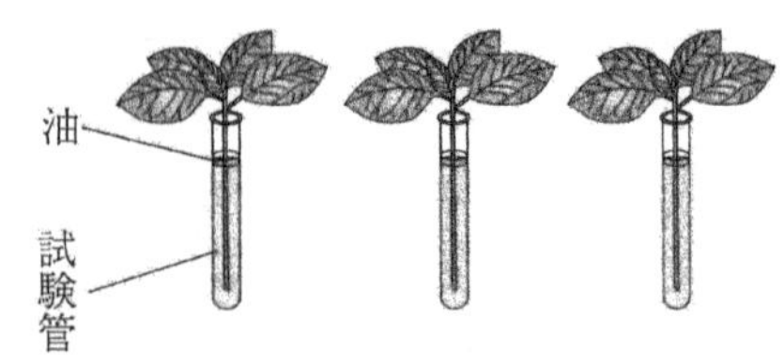

図３　処理したアジサイと試験管

表３　**実験Ⅱ**の結果

アジサイ	**A**	**B**	**C**
水の減少量〔g〕	4.8	2.6	1.1

〔問１〕 **実験Ⅰ**では，試験管**C**や試験管**D**を用意し，調べたいことがら以外の条件を同じにして実験を行った。このような実験を何というか，書きなさい。

〔問２〕 次の文は，**実験Ⅰ**の結果を考察したものである。文中の①，②について，それぞれ**ア**，**イ**のうち適切なものを１つ選んで，その記号を書きなさい。また，文中の X にあてはまる物質の名称を書きなさい。

> 試験管**A**では，植物のはたらきである呼吸と光合成の両方が同時に行われているが，①{**ア**　呼吸　　**イ**　光合成} の割合の方が大きくなるため，オオカナダモにとり入れられる X の量が多くなり，試験管**A**のBTB溶液の色は青色になる。
> 一方，試験管**B**では，②{**ア**　呼吸　　**イ**　光合成} だけが行われるため，オオカナダモから出される X により，試験管**B**のBTB溶液の色は黄色になる。

〔問３〕 **実験Ⅱ**について，植物のからだの表面から，水が水蒸気となって出ていくことを何というか，書きなさい。

〔問４〕 **実験Ⅱ**について，**図４**はアジサイの葉の表皮を拡大して模式的に表したものである。**図４**の Y にあてはまる，２つの三日月形の細胞で囲まれたすきまの名称を書きなさい。

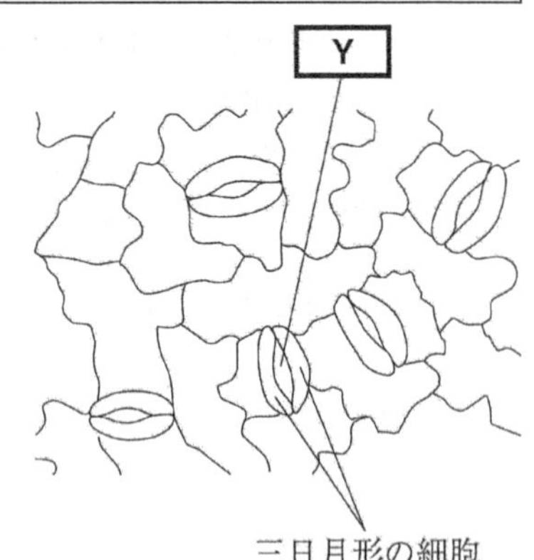

図４　アジサイの葉の表皮を拡大した模式図

〔問5〕 **実験Ⅱ**(ii)について，下線部の操作をしたのはなぜか，簡潔に書きなさい。

〔問6〕 **実験Ⅱ**(i)で用意したアジサイとほぼ同じものをもう１本用意し，葉のどこにもワセリンをぬらずに，**実験Ⅱ**(ii)～(iv)と同じ条件で，同様の実験を行った場合，試験管内の水の減少量は何ｇになると考えられるか。前のページの**表３**を参考にして，次の**ア**～**エ**の中から最も適切なものを１つ選んで，その記号を書きなさい。ただし，アジサイの茎からも水蒸気が出ていくものとする。

ア　5.2ｇ　　**イ**　6.3ｇ　　**ウ**　7.4ｇ　　**エ**　8.5ｇ

3　天体の動きについて調べるため，よく晴れた春分の日に，日本のある地点で，**観測Ⅰ**，**観測Ⅱ**を行った。あとの〔**問１**〕～〔**問７**〕に答えなさい。

観測Ⅰ　「透明半球を使って太陽の動きを調べる」

(i)　画用紙に透明半球のふちと同じ大きさの円をかき，その円の中心に印（点**O**）をつけ，透明半球と方位磁針をセロハンテープで固定した後，円に方位を記入し，方位を合わせて水平な場所に置いた。

(ii)　９時から17時まで，２時間ごとの太陽の位置を，フェルトペンの先の影が，画用紙上の［　X　］と重なるようにして，●印で透明半球に記録した。

(iii)　●印を，記録した順に点**A**～**E**として，なめらかな曲線で結び，その曲線を透明半球のふちまでのばした。このとき，のばした曲線と画用紙にかいた円との交点のうち，東側の交点を点**P**，西側の交点を点**Q**とした（**図１**）。

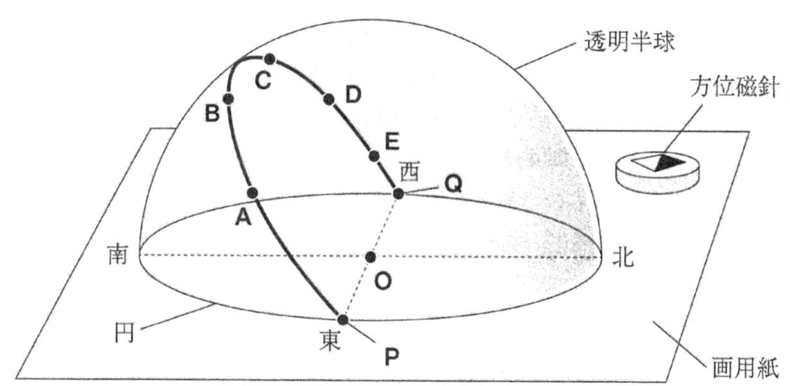

図１　透明半球に記録した太陽の動き

観測Ⅱ　「夜空の星の動きを調べる」

(i)　見晴らしのよい場所で，４台のカメラを東西南北それぞれの夜空に向け固定した。

(ii)　４台のカメラのシャッターを一定時間開け続け，東西南北それぞれの夜空の星の動きを撮影した（次のページの**図２**）。

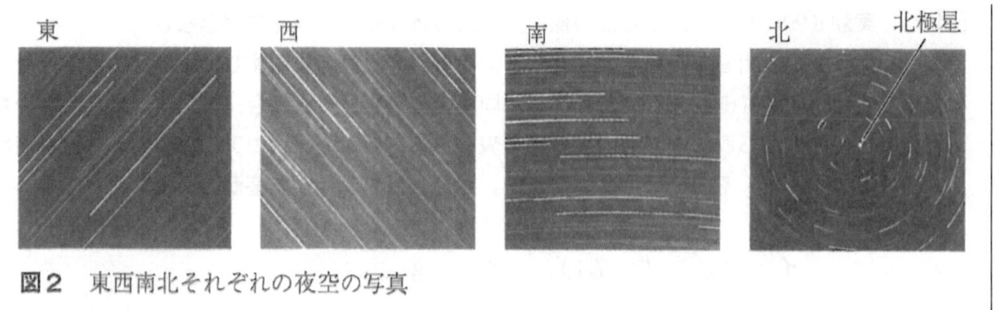

図2　東西南北それぞれの夜空の写真

〔問1〕　地球の自転による，太陽や星の一日の見かけの動きを何というか，書きなさい。

〔問2〕　**観測Ⅰ**(ⅱ)の文中の X にあてはまる適切な位置を表す語句を書きなさい。

〔問3〕　**観測Ⅰ**(ⅱ)について，次の**ア**～**エ**は，地球を北極点の真上から見た場合の，太陽の光と観測地点の位置を模式的に表したものである。9時における観測地点の位置として最も適切なものを，次の**ア**～**エ**の中から1つ選んで，その記号を書きなさい。

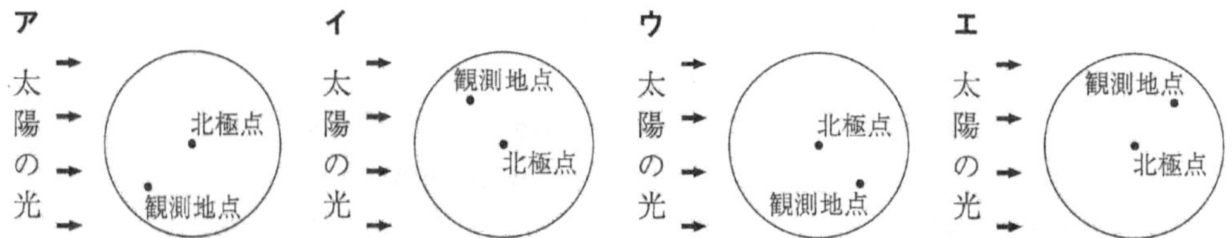

〔問4〕　**観測Ⅰ**について，透明半球にかいた曲線にそってAB，BC，CD，DEの長さをはかると，それぞれ7.2cmであった。同様にEQの長さをはかると，4.2cmであった。日の入りのおよその時刻として最も適切なものを，次の**ア**～**エ**の中から1つ選んで，その記号を書きなさい。

ア　17時50分頃　　**イ**　18時00分頃　　**ウ**　18時10分頃　　**エ**　18時20分頃

〔問5〕　よく晴れた春分の日に，赤道付近で太陽の観測を行った場合，観測者から見た天球（**図3**）上での日の出から日の入りまでの太陽の動きはどのようになるか，解答欄の図に実線（―）でかき入れなさい。

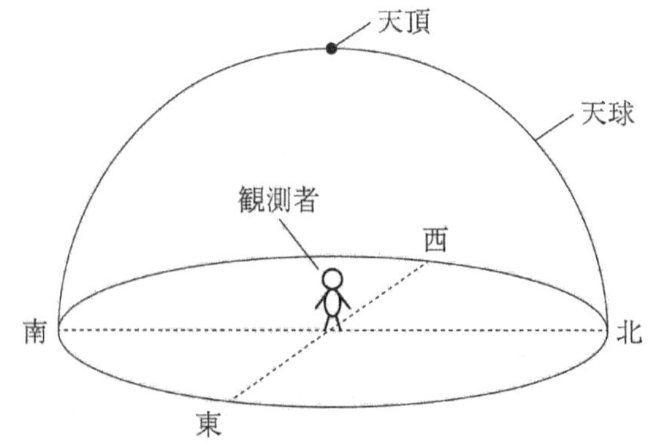

図3　赤道付近にいる観測者から見た天球

〔問6〕　**観測Ⅱ**(ⅱ)について，**図2**の北の夜空の写真では，北極星がほとんど動いていない。その理由を簡潔に書きなさい。

〔問7〕　よく晴れた日に，南半球の中緯度のある地点の見晴らしのよい場所で**観測Ⅱ**を行った場合，東西南北それぞれの夜空の星の動きは，どのように撮影されるか。東，西，南，北での星の動きを模式的に表したものとして適切なものを，次のア～エの中からそれぞれ１つ選んで，その記号を書きなさい。

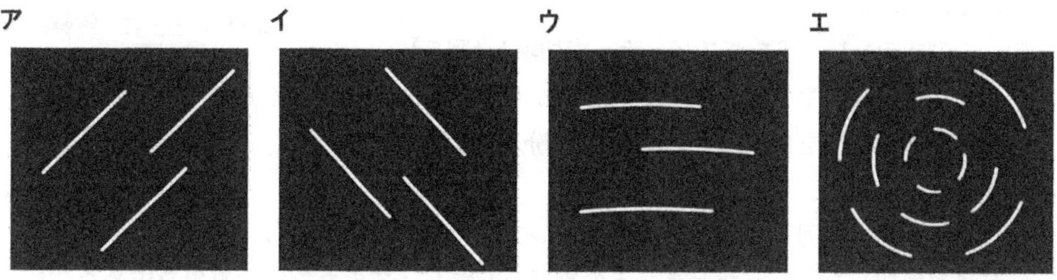

4　化学変化について調べるために，**実験Ⅰ**，**実験Ⅱ**を行った。あとの〔問１〕～〔問６〕に答えなさい。

実験Ⅰ　「鉄と硫黄の混合物を加熱したときの変化」

(i)　鉄粉7.0 g と硫黄の粉末4.0 g をそれぞれ用意し，乳鉢と乳棒を使ってそれらをよく混ぜ合わせた混合物をつくった後，２本の試験管Ａ，Ｂに半分ずつ入れた（図１）。

(ii)　試験管Ａの口を脱脂綿でふたをして，混合物の上部をガスバーナーで加熱し（図２），混合物の上部が赤く変わり始めたら加熱をやめ，その後の混合物のようすを観察した。

(iii)　試験管Ｂは加熱せず，試験管Ａがよく冷えた後，試験管Ａ，Ｂにそれぞれ磁石を近づけ，そのようすを観察した（図３）。

(iv)　試験管Ａの反応後の物質を少量とり出して，試験管Ｃに入れ，試験管Ｂの混合物を少量とり出して，試験管Ｄに入れた。

(v)　試験管Ｃ，Ｄにそれぞれうすい塩酸を２，３滴加え（図４），発生した気体のにおいをそれぞれ調べた。

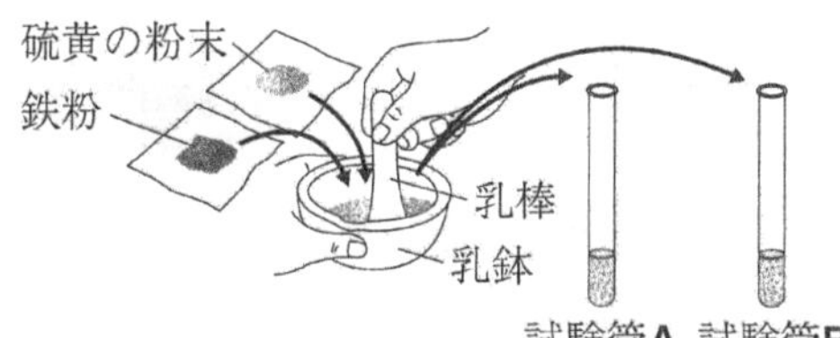

図１　混合物を試験管に入れるようす

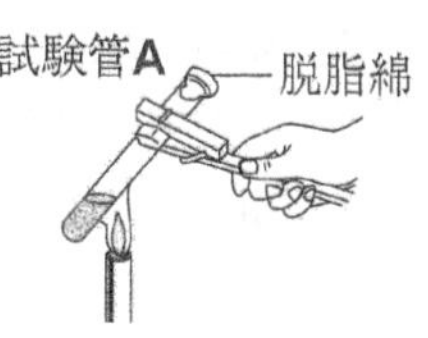

図２　試験管**A**を加熱するようす

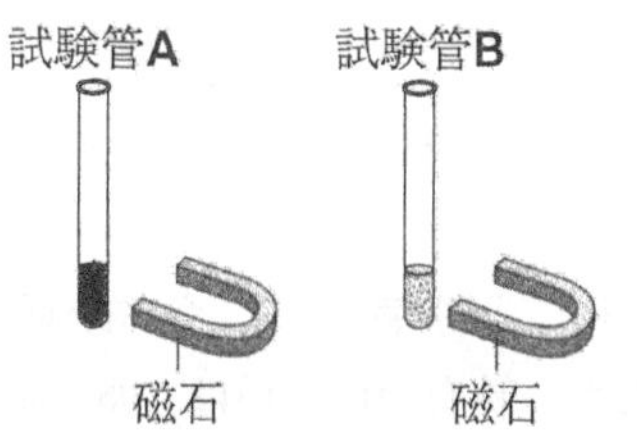

図３　試験管に磁石を近づけるようす

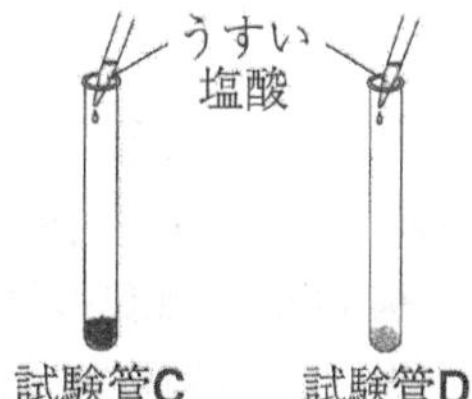

図４　うすい塩酸を加えるようす

実験Ⅱ　「銅を加熱したときの質量の変化」

(i)　ステンレス皿の質量をはかった後，銅の粉末0.60 gをはかりとり，ステンレス皿にうすく広げるように入れた。

(ii)　(i)のステンレス皿をガスバーナーで加熱し（図５），そのようすを観察した。室温に戻してからステンレス皿全体の質量をはかった。その後，粉末をよくかき混ぜた。

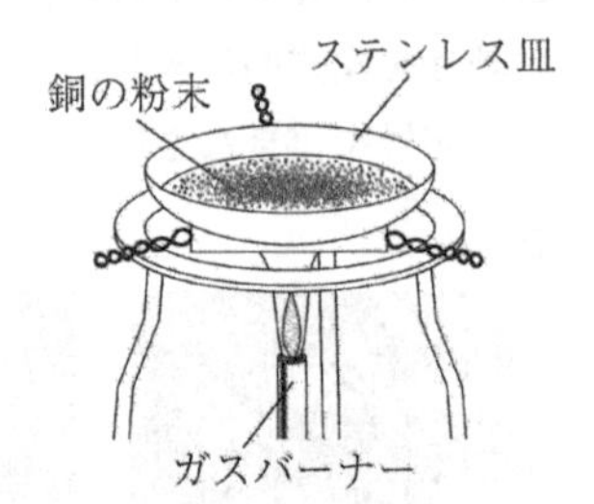

図５　銅の粉末を加熱するようす

(iii)　(ii)の操作を数回くり返して，ステンレス皿全体の質量が増加しなくなったとき，その質量を記録し，できた物質の質量を求めた。

(iv)　(i)の銅の粉末の質量を，1.20 g，1.80 g，2.40 g，3.00 gに変えて，それぞれ(i)～(iii)の操作を行った。

(v)　実験の結果を表にまとめた（表１）。

表１　実験の結果

銅の粉末の質量〔g〕	0.60	1.20	1.80	2.40	3.00
できた物質の質量〔g〕	0.75	1.50	2.25	3.00	3.75

ただし，ステンレス皿の質量は加熱する前後で変わらないものとする。

〔問１〕　これらの実験で，図６のようなガスバーナーを使った。次の**ア**～**オ**は，ガスバーナーに火をつけ，炎を調節するときの操作の手順を表している。正しい順に並べて，その記号を書きなさい。

ア　ガス調節ねじを回して，炎の大きさを調節する。

イ　元栓とコックを開ける。

ウ　ガスマッチ（マッチ）に火をつけ，ガス調節ねじをゆるめてガスに点火する。

エ　ガス調節ねじを動かさないようにして，空気調節ねじを回し，空気の量を調節して青色の炎にする。

オ　ガス調節ねじ，空気調節ねじが軽くしまっていることを確認する。

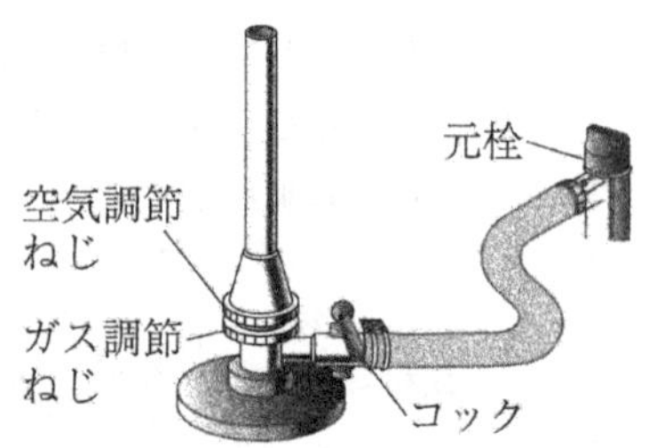

図６　ガスバーナーと元栓

〔問２〕　**実験Ⅰ**(ii)で，加熱をやめた後も反応が続いた。その理由を簡潔に書きなさい。

〔問３〕　次の文は，**実験Ⅰ**で起こった反応についてまとめたものの一部である。あとの(1)，(2)に答えなさい。

実験Ⅰ(iii)で，磁石を近づけたとき，試験管の中の物質がより磁石にひきつけられたのは，①{**ア**　試験管A　　**イ**　試験管B}であった。

実験Ⅰ(v)で，無臭の気体が発生したのは，②{**ア**　試験管C　　**イ**　試験管D}で，もう一方からは，特有のにおいのある気体が発生した。特有のにおいは，卵の腐ったようなにおいであったことから，この気体は，③{**ア**　硫化水素　　**イ**　塩素}であることがわかった。

　これらのことから，加熱によってできた物質は，もとの鉄や硫黄と性質の違う物質であることがわかった。

(1) 文中の①～③について，それぞれア，イのうち適切なものを1つ選んで，その記号を書きなさい。

(2) 文中の下線部のように，2種類以上の物質が結びついて，もとの物質とは性質の違う別の1種類の物質ができる化学変化を何というか，書きなさい。

〔問4〕 **実験Ⅱ**(ii)について，銅の粉末を加熱したときに見られる変化を説明した文として，最も適切なものを，次の**ア**～**エ**の中から1つ選んで，その記号を書きなさい。

ア 熱や光を出して反応し，金属光沢がない白色の物質に変化する。

イ 熱や光を出して反応し，金属光沢がない黒色の物質に変化する。

ウ 熱や光を出さずに反応し，金属光沢がない白色の物質に変化する。

エ 熱や光を出さずに反応し，金属光沢がない黒色の物質に変化する。

〔問5〕 **実験Ⅱ**について，銅を加熱することで起こった化学変化を，化学反応式で書きなさい。

〔問6〕 銅の粉末5.2gをはかりとって，**実験Ⅱ**(i)～(iii)の操作を行った場合，反応後にできる物質は何gになるか，書きなさい。

5 電流と磁界の関係を調べるために，コイル（エナメル線を20回巻いてつくったもの）を使って，**実験Ⅰ**～**実験Ⅲ**を行った。あとの〔問1〕～〔問8〕に答えなさい。

実験Ⅰ 「電流がつくる磁界を調べる実験」

(i) **図1**のような装置を組み立て，コイルのABのまわりに方位磁針を6つ置いた。

(ii) 電源装置のスイッチを入れて電流をA→B→C→Dの向きに流し，6つの方位磁針のN極がさす向きを調べた。

(iii) 方位磁針を1つだけ残し，電流の大きさは(ii)のときから変えずに，方位磁針をコイルから遠ざけていくと，方位磁針のN極のさす向きがどのように変化するかを調べた（**図2**）。

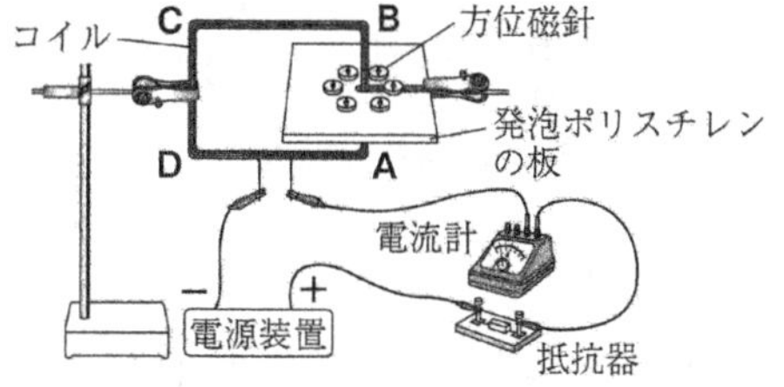

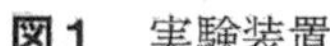

図1 実験装置

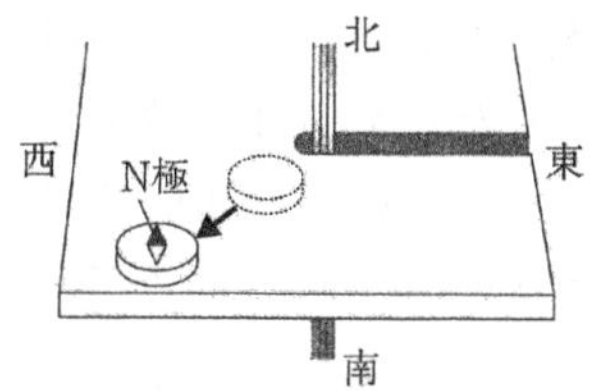

図2 方位磁針をコイルから遠ざけるようす

実験Ⅱ 「電流が磁界から受ける力について調べる実験」

(i) 次のページの**図3**のような装置を組み立て，回路に6Vの電圧を加えて，コイルにA→B→C→Dの向きに電流を流し，コイルの動きを調べた。

(ii)　(i)の結果を記録した（図４）。

(iii)　(i)のときより電気抵抗の小さい抵抗器にかえ，回路に６Ｖの電圧を加えて，コイルにD→C→B→Aの向きに電流を流し，コイルの動きを調べた。

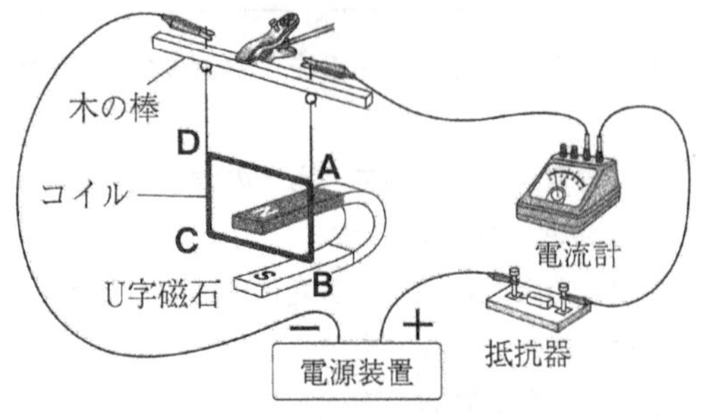

図３　実験装置

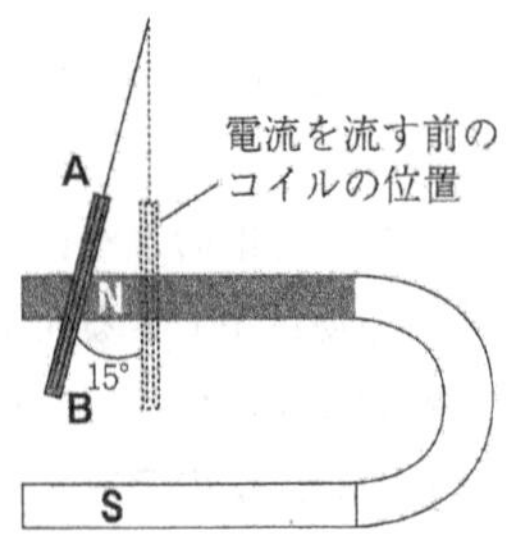

図４　実験結果の記録

実験Ⅲ　「コイルと磁石による電流の発生について調べる実験」

(i)　図５のように粘着テープで固定したコイルと検流計をつないで，棒磁石のＮ極をコイルに近づけたり，遠ざけたりしたときの検流計の指針のようすをまとめた（表１）。

(ii)　(i)のときから棒磁石の極を逆にして，図６のように棒磁石のＳ極をコイルのすぐ上で，ＰからＱに水平に動かしたときの検流計の指針のようすを調べた。

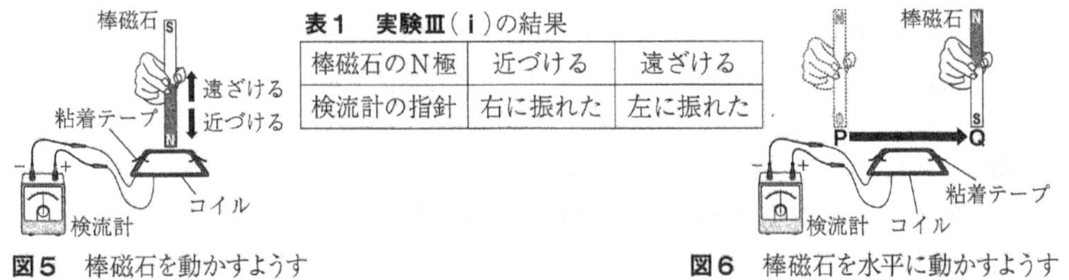

表１　実験Ⅲ(i)の結果

棒磁石のＮ極	近づける	遠ざける
検流計の指針	右に振れた	左に振れた

図５　棒磁石を動かすようす　　図６　棒磁石を水平に動かすようす

〔問１〕　実験Ⅰで，電流計を確認すると，電流計の指針が図７のようになっていた。このとき，回路には何Aの電流が流れているか，書きなさい。

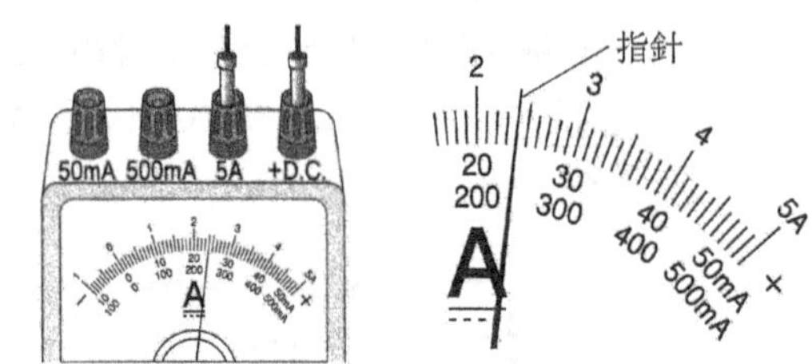

図７　電流計と目盛りの拡大図

〔問２〕　実験Ⅰ(ii)について，方位磁針を真上から見たときのＮ極がさす向きを記録した図として最も適切なものを，次のア～エの中から１つ選んで，その記号を書きなさい。

ア
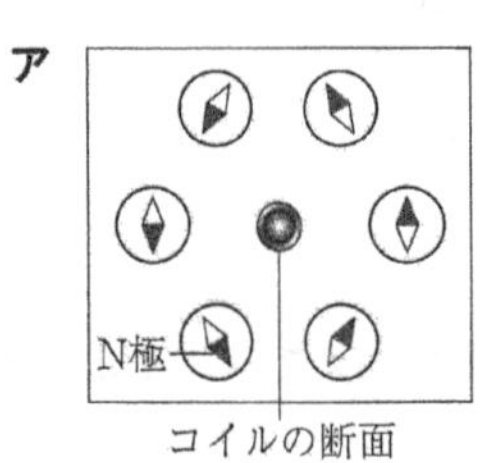

イ
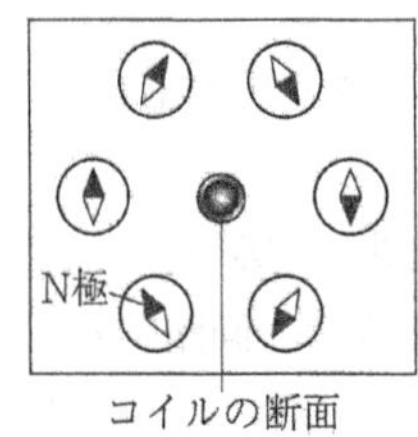

ウ
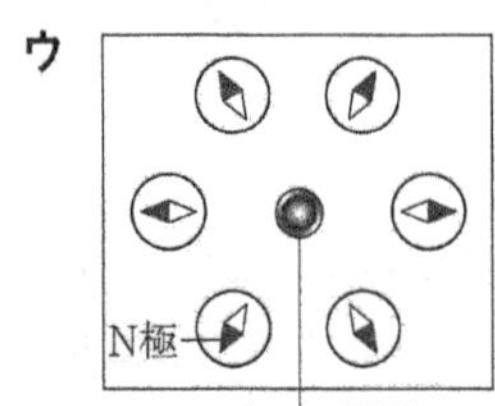

エ
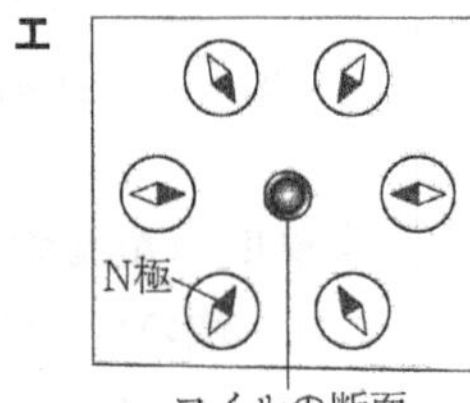

〔問３〕 実験Ⅰ(ⅲ)の結果，方位磁針のＮ極はしだいに北の向きをさすようになった。この結果から，導線を流れる電流がつくる磁界の強さについてどのようなことがわかるか，簡潔に書きなさい。

〔問４〕 実験Ⅱ(ⅰ)のとき，電流計の指針は1.2Ａを示していた。このとき回路につないだ抵抗器の電気抵抗は何Ωか，書きなさい。ただし，導線やコイル，電流計の電気抵抗はないものとする。

〔問５〕 実験Ⅱ(ⅲ)のとき，コイルの位置を表したものとして最も適切なものを，次のア～エの中から１つ選んで，その記号を書きなさい。

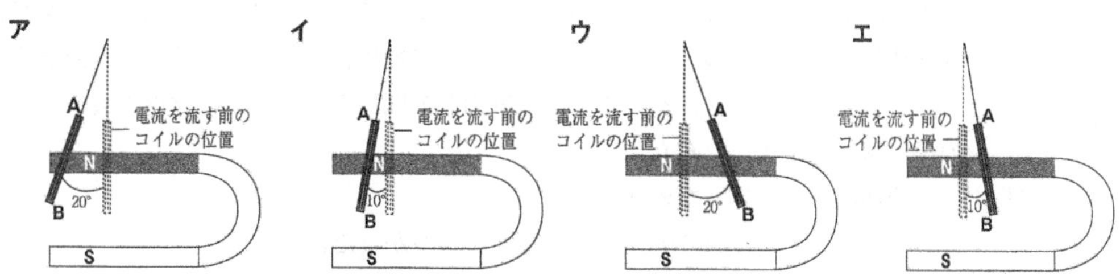

〔問６〕 実験Ⅲ(ⅰ)のように，コイルの中の磁界を変化させたときに電圧が生じて，コイルに電流が流れる現象を何というか，書きなさい。

〔問７〕 実験Ⅲ(ⅰ)で，発生する電流の大きさを，実験器具を変えずに，より大きくするための方法を簡潔に書きなさい。

〔問８〕 実験Ⅲ(ⅱ)で，検流計の指針の振れはどのようになるか，簡潔に書きなさい。

＜社会＞

時間　50分　　満点　100点

1　和歌山県では，2019年11月に「和歌山県人会(けんじんかい)世界大会」が開催されました。さおりさんは，そこに参加した高校生の兄から，後日，大会の内容について話を聞きました。次の文は，その会話の一部です。これを読み，下の略地図を見て，〔問１〕～〔問５〕に答えなさい。

兄　　：　和歌山県では，新しい土地での仕事を求めて，これまでに３万人以上の人々が海外へ移住したんだ。移住した人々は，お互いに助け合うために各地に県人会を組織して，交流を深めてきたそうだよ。和歌山県で開催された今回の世界大会には，その子孫などが集まったんだ。

さおり：　どの地域から集まったのかな。

兄　　：　ⓐ南北のアメリカ州の国々からの参加者が多かったよ。

さおり：　ⓑ日本から遠く離れたところからも来ているのね。

兄　　：　参加者は様々な国から来ているので，言語やⓒ宗教などの文化の違いはあるけれど，和歌山県にゆかりがあるということで，お互いにすぐに打ち解けていたよ。

さおり：　素敵な大会だったのね。私も参加したかったわ。

兄　　：　そのときに，カナダのバンクーバーからの参加者と知り合いになって，彼が帰国したあとも交流を続けているんだ。この前，夕食後に，初めてビデオ通話をしようとしたら，お父さんから「向こうは今何時か分かっているのかい。」と言われたよ。

さおり：　そうか，時差を考えないといけないのね。

兄　　：　海外の友人もできたし，様々なことを知ることができて本当によかったよ。

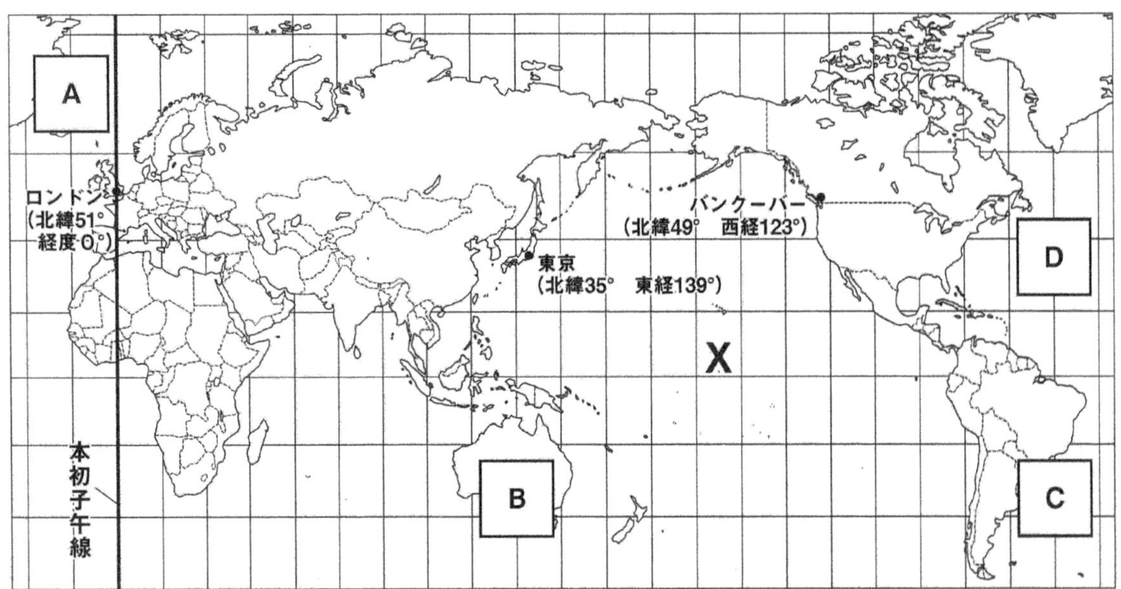

［問１］　前のページの略地図中のＸで示された大洋を何といいますか，書きなさい。

［問２］　文中の下線ⓐに関し，**表１**は，２つの州に属するカナダ，アメリカ，メキシコ，ブラジルについて，それぞれの国の人口，面積，輸出品目の輸出総額に占める割合の上位３品目を示したものです。ブラジルにあたるものを，**表１**中の**ア**～**エ**の中から１つ選び，その記号を書きなさい。

表１

	人口（万人）	面積（万km²）	輸出品目の輸出総額に占める割合の上位３品目		
			１位	２位	３位
ア	21086	851	大豆	鉄鉱石	機械類
イ	13075	196	機械類	自動車	原油
ウ	3695	998	自動車	原油	機械類
エ	32676	983	機械類	自動車	石油製品

（「データブック オブ・ザ・ワールド 2019年版」から作成）

［問３］　文中の下線ⓑに関し，日本から最も遠い地球の正反対側は，略地図中のＡ～Ｄのどこになりますか，１つ選び，その記号を書きなさい。

［問４］　文中の下線ⓒに関し，イスラム教に関係するものを，次の**ア**～**エ**の中からすべて選び，その記号を書きなさい。

ア　ユダヤ教を発展させたもので，「聖書（新約聖書）」に教えがまとめられている。

イ　西アジアでおこり，北アフリカや中央アジア，東南アジアに広まった。

ウ　インドでおこり，現在，南アジアで最も多くの人々が信仰している。

エ　教典では，女性の肌や髪はかくしておくべきとされている。

［問５］　略地図中の東京，バンクーバー，ロンドンについて，**表２**は，各都市の標準時を定める経線と１月の平均気温を示したものです。これを見て，次の⑴，⑵に答えなさい。

表２

	標準時を定める経線	１月の平均気温（℃）
東京	東経135°	5.2
バンクーバー	西経120°	4.0
ロンドン	0°	5.8

（「データブック オブ・ザ・ワールド 2019年版」などから作成）

⑴　東京とバンクーバーの時差の説明として最も適切に述べているものを，次の**ア**～**エ**の中から１つ選び，その記号を書きなさい。

ア　東京の時刻は，バンクーバーの時刻よりも８時間早い。

イ　東京の時刻は，バンクーバーの時刻よりも８時間遅い。

ウ　東京の時刻は，バンクーバーの時刻よりも17時間早い。

エ　東京の時刻は，バンクーバーの時刻よりも17時間遅い。

⑵　ロンドンは，バンクーバーや東京よりも緯度の高いところにあるわりに，１月の平均気温は高くなっています。その理由を，海流と風に着目して，簡潔に書きなさい。

2 次の文は，誠さんが社会科の授業で，「日本の第1次産業」について調べ，レポートにまとめたものの一部です。これを読み，〔問1〕～〔問5〕に答えなさい。

ⓐ産業は，一般的に第1次産業，第2次産業，第3次産業に分類されます。このうち，第1次産業に分類される農林水産業では，各地の自然環境に合わせて，様々な生産活動が行われています。

日本の耕地の半分以上は水田で，稲作が全国的に行われています。特に，ⓑ東北地方，北陸地方で米の生産量が多く，日本の穀倉地帯となっています。野菜の生産は，千葉県や茨城県などの近郊農業の地域や，宮崎県や高知県などのⓒビニールハウスを利用して出荷時期を早める栽培方法の地域，岩手県や長野県などの抑制栽培の地域を中心に盛んに行われています。

また，国土の3分の2が森林である日本は，かつては林業が盛んでした。しかし，低価格の外国産木材の輸入が増えたことで，林業の就業人口が減り，高齢化も進んでいます。

海に囲まれた日本は，ⓓ漁業も盛んです。しかし，［X］の設定や，資源保護などで漁獲量の制限が厳しくなり，国内の漁獲量は減って，水産物の輸入が増えています。こうしたなかで，とる漁業から育てる漁業への転換が進められ，各地で［Y］や栽培漁業が行われています。

〔問1〕 文中の［X］，［Y］にあてはまる語の組み合わせとして正しいものを，次の**ア**～**エ**の中から1つ選び，その記号を書きなさい。

ア ［X］－排他的経済水域　［Y］－沖合漁業
イ ［X］－排他的経済水域　［Y］－養殖漁業
ウ ［X］－領海　［Y］－沖合漁業
エ ［X］－領海　［Y］－養殖漁業

〔問2〕 文中の下線ⓐに関し，**表**は，栃木県，東京都，三重県，鳥取県の産業別人口構成，漁獲量，製造品出荷額を示したものです。三重県にあたるものを，表中の**ア**～**エ**の中から1つ選び，その記号を書きなさい。

表

	産業別人口構成(%)			漁獲量(百t)	製造品出荷額(百億円)
	第1次産業	第2次産業	第3次産業		
ア	5.9	31.1	63.0	3	894
イ	8.3	22.4	69.3	730	73
ウ	0.5	15.8	83.7	489	778
エ	3.0	32.3	64.7	1705	989

（「データブック オブ・ザ・ワールド 2019年版」から作成）

〔問3〕 文中の下線ⓑに関し，次の**説明文**は，1993年に東北地方を中心に発生した冷害について述べたものです。これを読み，あとの(1)，(2)に答えなさい。

説明文

東北地方は，1993年に，北東から吹く冷たく湿った風の影響を強く受け，冷害にみまわれました。特に，青森県八戸市などの太平洋側の北部地域では，稲が十分に育たず，米の収穫量が大幅に減少しました。

(1) **説明文**中の下線に関し，この風を何といいますか，書きなさい。

(2) **図1**は，青森県八戸市の月別日照時間，**図2**は，同市の月別平均気温を，1993年と平年値をそれぞれ比較して表したものです。八戸市において，稲が十分に育たず，米の収穫量が大幅に減少した理由を，**図1**と**図2**のそれぞれから読み取り，簡潔に書きなさい。

図1

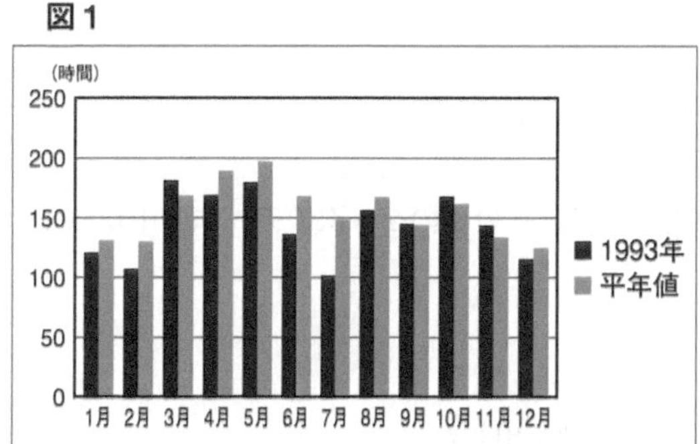

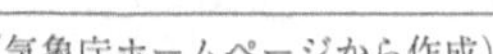
（気象庁ホームページから作成）

図2

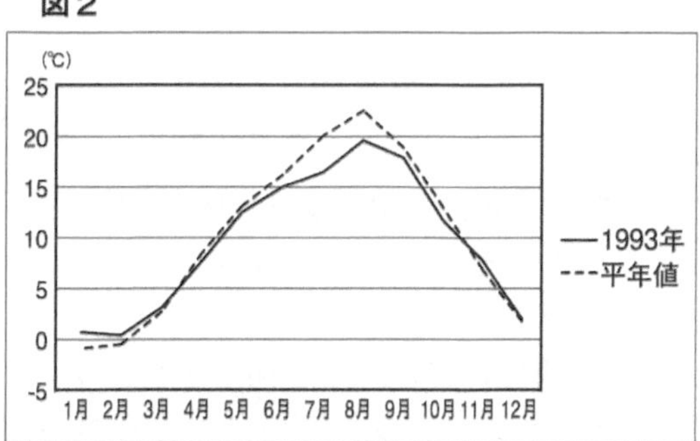

（気象庁ホームページから作成）

※図1と図2の 平年値は，1981年から2010年の観測値の平均です。

〔問4〕 文中の下線ⓒに関し，この栽培方法を何といいますか，書きなさい。

〔問5〕 文中の下線ⓓに関し，次の**説明文**は，宮城県の漁業について述べたものです。説明文中の下線の海域が好漁場となっている理由を簡潔に書きなさい。

説明文

気仙沼や石巻など，全国的にみても水揚量の多い漁港があります。三陸海岸の沖合は世界有数の漁場となっており，さんまやかつお類は全国第2位の水揚量を誇っています。東日本大震災により，漁港や水産加工場は大きな被害を受けましたが，国内外の支援を受けて少しずつ復興をとげてきています。

3 たかしさんは，社会科の授業で，日本の歴史の流れについて発表することになりました。次のページの略年表は，近世までの日本の歴史を4つに区分し，それぞれの区分の主なできごとをまとめたものです。これを見て，あとの〔問1〕～〔問9〕に答えなさい。

〔問1〕 略年表中の傍線ⓐに関し，群馬県の岩宿遺跡から打製石器が発見されたことによって，日本での存在が明らかになった時代を何といいますか，書きなさい。

〔問2〕 略年表中の傍線ⓑに関し，古墳が盛んにつくられていた頃，朝鮮半島から移り住み，様々な技術を日本にもたらした人々がいました。これらの人々を何といいますか，書きなさい。

〔問3〕 略年表中の傍線ⓒは，蘇我馬子とともに，天皇を中心とする政治制度を整えようとしました。その中の1つである冠位十二階の制度では，どのようなねらいで役人を採用しようとしましたか，簡潔に説明しなさい。

区分	主なできごと
国づくりが始まる	ⓐ打製石器の使用が始まる
	稲作が伝わる
	ⓑ古墳の始まり
天皇や貴族が政治を行う	ⓒ聖徳太子が政治をとる
	（ア）
	ⓓ大化の改新が始まる
	大宝律令が制定される
	平安京に都を移す
	（イ）
	武士のおこり
	院政が始まる
武士が政治を始める	（ウ）
	ⓔ源頼朝が征夷大将軍になる
	元寇
	ⓕ建武の新政が始まる
	ⓖ室町幕府の成立
武士の政治が安定する	（エ）
	豊臣秀吉が全国を統一する
	関ケ原の戦いがおこる
	ⓗ江戸幕府の成立
	ペリーの来航

〔問4〕 略年表中の傍線ⓓで行われたことの説明として正しいものを，次のア～エの中から1つ選び，その記号を書きなさい。

ア 都を藤原京から平城京に移した。

イ 唐にならって，和同開珎を発行した。

ウ 国家が全国の土地と人々を支配する公地公民の方針を出した。

エ 天皇の命令に従うべきことなど，役人の心構えを示した十七条の憲法を定めた。

〔問5〕 略年表中の傍線ⓔは，御家人を守護や地頭に任命しました。この時代の地頭には女性も多く任命されました。その理由を，「**分割相続**」という語を用いて，簡潔に書きなさい。

〔問6〕 略年表中の傍線ⓕに関し，次の**説明文**は，この時代の都の様子について述べたものです。説明文中の X ， Y にあてはまる語の組み合わせとして正しいものを，下のア～エの中から1つ選び，その記号を書きなさい。

説明文

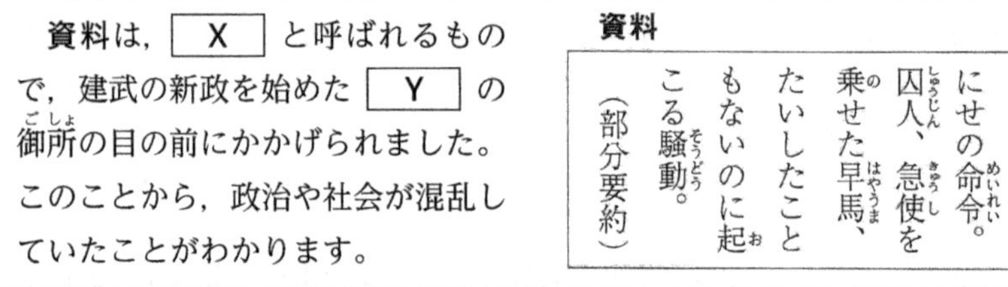

資料は， X と呼ばれるもので，建武の新政を始めた Y の御所の目の前にかかげられました。このことから，政治や社会が混乱していたことがわかります。

資料

このごろ都ではやっているものは，夜襲、強盗、天皇のにせの命令。囚人、急使を乗せた早馬、たいしたこともないのに起こる騒動。（部分要約）

ア X－二条河原落書　Y－後醍醐天皇

イ X－御伽草子　Y－後醍醐天皇

ウ X－二条河原落書　Y－後鳥羽上皇

エ X－御伽草子　Y－後鳥羽上皇

〔問7〕 略年表中の傍線ⓖに関し，**図1**は，室町幕府の仕組みを表したものです。 Z に入る役職を書きなさい。

図1

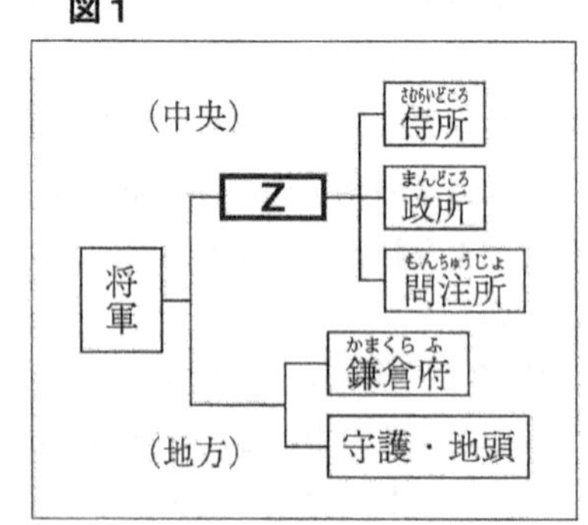

〔問８〕 前のページの略年表中の傍線ⓗに関し，次の①，⑵に答えなさい。

⑴ 図２は，江戸時代初期における大名(だいみょう)の配置を表した地図です。図中の ■ で示した領地をあたえられた大名を何といいますか，書きなさい。

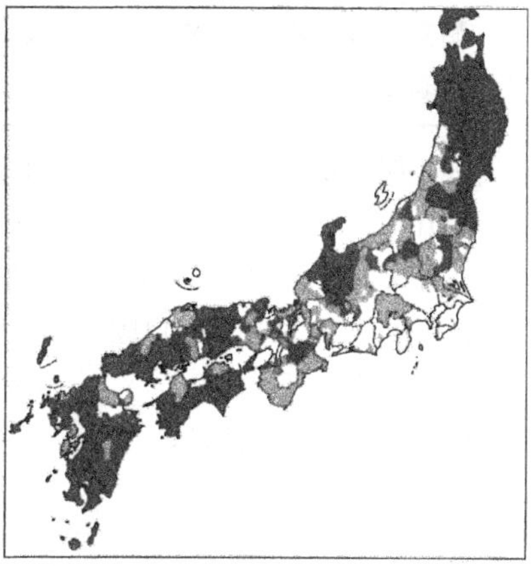

⑵ 次のⅠ～Ⅲの政策を行った将軍の組み合わせとして正しいものを，下のア～エの中から１つ選び，その記号を書きなさい。

Ⅰ 日本人の海外渡航や海外からの帰国を禁止した。また，参勤交代(さんきんこうたい)の制度を定めた。

Ⅱ 生類憐みの令(しょうるいあわれみのれい)を出した。また，質を落とした貨幣を増やし，財政を立て直そうとした。

Ⅲ 目安箱(めやすばこ)を設置し，庶民の意見を政治の参考にした。また，公事方御定書(くじかたおさだめがき)を定めた。

図２　大名の配置（1664年）

	Ⅰ	Ⅱ	Ⅲ
ア	徳川家康(とくがわいえやす)	徳川家光(いえみつ)	徳川吉宗(よしむね)
イ	徳川家光	徳川吉宗	徳川家斉(いえなり)
ウ	徳川家康	徳川綱吉(つなよし)	徳川家斉
エ	徳川家光	徳川綱吉	徳川吉宗

〔問９〕 次の**説明文**は，ある時期の文化の特徴について述べたものです。この文化が発展した時期を，略年表中の矢印で示された**ア**～**エ**の中から１つ選び，その記号を書きなさい。

説明文

> 唐の文化を吸収したうえで，日本の風土やくらしに合った文化が形成された。また，漢字を変形させた仮名文字(かなもじ)が作られ，感情を表現しやすくなり，優れた文学作品が生まれた。

4 次のＡ～Ｄのカードは，かおりさんが社会科の授業で「幕末(ばくまつ)以降の日本と国際社会との関わり」についてまとめたものの一部です。これらを読み，〔問１〕～〔問４〕に答えなさい。

Ａ　開港と貿易の始まり

1858年，幕府は日米修好通商条約(にちべいしゅうこうつうしょうじょうやく)を締結しました。これにより，函館(はこだて)などの港が開かれⓐ貿易が始まると，国内産業は打撃を受け，人々の生活は苦しくなりました。

Ｂ　不平等条約(ふびょうどうじょうやく)の改正交渉

明治政府は，欧米と対等な地位を得るために，江戸幕府が結んだ不平等条約の改正交渉に積極的に取り組みました。ⓑ条約内容の改正がすべて実現したのは，1911年のことでした。

Ｃ　欧米諸国とともにシベリアに出兵(しゅっぺい)

日本は，ロシアで起こった革命による社会主義の影響の拡大を恐れて，1918年にイギリス，アメリカなどとともにⓒシベリア出兵を行いました。

Ｄ　自衛隊(じえいたい)の国際貢献

冷戦後，経済援助だけでなく，世界平和の面での国際貢献を求められた日本は，1992年，ⓓ国連平和維持活動(こくれんへいわいじかつどう)に初めて自衛隊の部隊を派遣しました。

〔問1〕 文中の下線ⓐに関し，次の**説明文**は，開国後の日本の経済について述べたものです。説明文中の X ， Y にあてはまる語を，書きなさい。

説明文

> 開国した当初，欧米と日本におけるそれぞれの金と銀の交換比率は，**表**のようになっていました。この交換比率の違いを利用して，外国人は自国の X を日本に持ちこみ，日本の Y に交換して自国に持ち帰りました。そこで幕府は，貨幣の質を落として Y の流出を防ぎましたが，物価は急速に上昇し，生活にいきづまる民衆が増え，幕府への不満は高まっていきました。

表

欧米の交換比率
金1：銀15

日本の交換比率
金1：銀5

〔問2〕 文中の下線ⓑに関し，次の**ア**～**エ**は，条約内容の改正がすべて実現するまでのできごとについて述べたものです。これらのできごとを年代の古い順に並べるとどのようになりますか，その記号を順に書きなさい。

ア 井上馨(いのうえかおる)は，鹿鳴館(ろくめいかん)を建設して欧化政策(おうかせいさく)をとった。
イ 陸奥宗光(むつむねみつ)は，イギリスと交渉して，領事裁判権(りょうじさいばんけん)の撤廃に成功した。
ウ 岩倉具視(いわくらともみ)は，使節団の代表として欧米に派遣された。
エ 小村寿太郎(こむらじゅたろう)は，アメリカと交渉して，関税自主権(かんぜいじしゅけん)の回復に成功した。

〔問3〕 文中の下線ⓒに関し，シベリア出兵に向けた米の買い付けなどによって，米の値段が急上昇しました。それにより，全国で米の安売りを求める民衆が米屋などを襲う事件が起こり，その鎮圧に軍隊が出動しました。このできごとを何といいますか，書きなさい。

〔問4〕 文中の下線ⓓに関し，自衛隊がこれまでに派遣された国を，次の**ア**～**エ**の中から1つ選び，その記号を書きなさい。

ア アフガニスタン　**イ** キューバ　**ウ** ベトナム　**エ** カンボジア

5 由美子さんのクラスでは，「民主政治と政治参加」の学習のまとめとして，グループごとに興味のあるテーマを選び，調べることになりました。次の表は，各グループが考えたテーマと調べる内容の一部を示したものです。これを見て，〔問1〕～〔問6〕に答えなさい。

テーマ	調べる内容
私たちの暮らしと政治	ⓐ地方公共団体と国は役割分担をして，私たちのためにどのような仕事をしているかを調べる。
地方財政の仕組み	地方公共団体の収入と支出について整理し，ⓑ地方財政の状況について調べる。
行政改革の取り組み	公務員の数を減らしたり，事業を見直し無駄をなくす取り組みなど，簡素で効率的な行政をめざすⓒ行政改革について調べる。
地方公共団体の条例	地方議会がⓓ法律の範囲内で独自に制定できる条例に注目して，地域の特徴に応じて制定された全国の事例を調べる。
私たちの政治と民主主義	ⓔ民主主義の意味や住民の政治参加についてまとめ，住民が直接政治に参加できるⓕ直接請求権などの内容を調べる。

〔問１〕 文中の下線ⓐに関し，地方公共団体が主に担(にな)っている仕事として適切なものを，次のア～オの中からすべて選び，その記号を書きなさい。

ア　外国からの攻撃に対する防衛活動　　イ　ゴミの収集

ウ　上下水道の整備　　エ　警察による地域の安全確保

オ　年金の管理運営

〔問２〕 文中の下線ⓑに関し，図は，平成30年度の和歌山県と東京都における歳入の内訳を示したものです。図中のX～Zにあてはまる語を，次のア～ウの中からそれぞれ１つ選び，その記号を書きなさい。

図

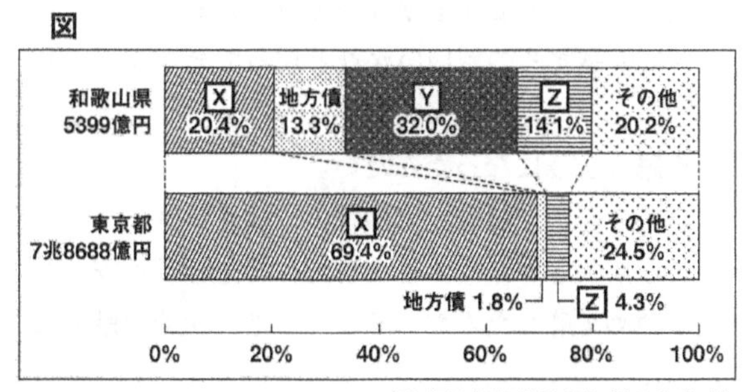

（平成30年度総務省資料より作成）

ア　地方交付税（地方交付税交付金）　　イ　地方税　　ウ　国庫支出金

〔問３〕 文中の下線ⓒに関し，国の行政改革の中で，次の文で示されている取り組みを何といいますか，書きなさい。

文

> 一定の条件のもと，かぜ薬のコンビニエンスストアでの販売やセルフ式のガソリンスタンドの導入など，政府の許認可権を見直して企業の自由な経済活動をうながす。

〔問４〕 文中の下線ⓓに関し，国会における法律の制定や改正の手続きとして適切に述べているものを，次のア～エの中から２つ選び，その記号を書きなさい。

ア　本会議で議決される前に，通常，与党と野党の議員からなる委員会で審査される。

イ　衆議院が参議院と異なった議決をし，両院協議会でも不一致の時は衆議院の議決を優越する。

ウ　提出された議案は，衆議院から先に審議が行われる。

エ　議案の議決は，衆議院，参議院ともに，出席議員の過半数が賛成すれば可決される。

〔問５〕 文中の下線ⓔに関し，民主主義の思想の現れとされる「国民主権」について，次の語を用いて，簡潔に説明しなさい。

国民　　政治

〔問６〕 文中の下線ⓕに関し，地方公共団体では，住民が条例の制定を首長に対して直接請求することができます。人口１万人の町に有権者が９割いるとした場合，町長に条例の制定を直接請求するためには，住民の署名は何人以上必要になりますか，書きなさい。

6　次の文は，秀二さんの家族が高校２年生の兄の卒業後の進路について話し合っている会話の一部です。これを読み，〔問１〕～〔問３〕に答えなさい。

兄　：　先週，学校で和歌山県が作っているこの冊子『高校生のためのわかやま就職ガイド』を使った授業があったんだ。

秀二：　もうすぐ３年生だから，進路を決めないといけない時期なんだね。

兄　：　これまで，進学するか就職するか迷ってきたけれど，和歌山のⓐ<u>企業</u>に就職するのもいいかなと思ってきたんだ。

父　：　どうしてそう思うようになったんだい。

兄　：　今回の授業でこの冊子を読んで，和歌山で働くイメージが変わったことが大きいかな。都会に比べて生活費も安くすむし，とても暮らしやすいところだと改めて感じたんだ。それに，地元企業の魅力についても知ることができたよ。

父　：　なるほど，この冊子を読んでみると，地元の企業も新たな製品を開発したり，新たな市場を開拓したりしているようだね。

兄　：　先生は，就職するには，ⓑ<u>企業の業績</u>やⓒ<u>労働条件</u>のことなど，企業について研究してから選ばないといけないと言っていたよ。

秀二：　これから，たくさん準備していかないといけないんだね。

父　：　色々な人の意見を参考にしながら，じっくり考えていくんだよ。

〔問１〕　文中の下線ⓐに関し，次の(1)，(2)に答えなさい。

(1)　図は，企業の中で代表的な株式会社の仕組みを模式的に表したものです。図中の **A** ， **B** にそれぞれあてはまる語を，書きなさい。

図

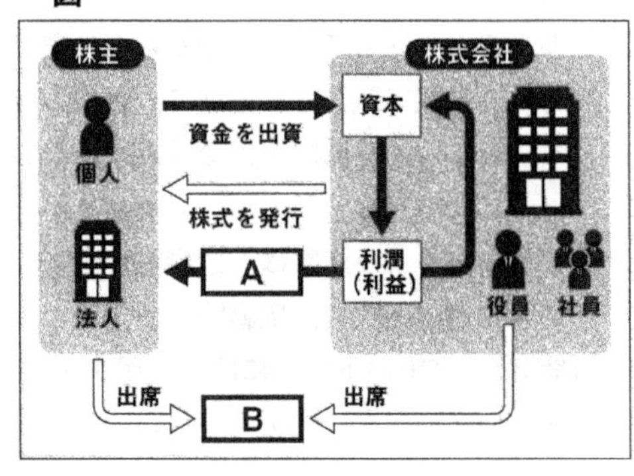

(2)　企業の中には，社会的責任を果たすために，廃棄されるものを最小限に抑え，再利用を徹底し，環境への負荷をできる限りなくす努力をしている企業もあります。このような企業がめざす「限りある資源を有効に使う社会」を何といいますか，書きなさい。

〔問２〕　文中の下線ⓑに関し，不景気による雇用状況の悪化などが原因で，所得格差が生じることがあります。経済活動に関わる政府の役割の中で，このような格差を是正するはたらきについて最も適切に述べているものを，あとのア～エの中から１つ選び，その記号を書きなさい。

ア　民間企業だけでは充分に供給されない社会資本や公共サービスを供給する。

イ　累進課税制度や社会保障，雇用対策を積極的に行う。

ウ　増税や減税を行ったり，公共投資を増減させたりする。

エ　独占や寡占を規制するなど，民間企業に公正で安全な経済活動をうながす。

〔問3〕　文中の下線ⓒに関し，次の(1)，(2)に答えなさい。

(1)　『高校生のためのわかやま就職ガイド』には，**資料**のような記載があります。この記載内容の根拠となっている法律を何といいますか，書きなさい。

(2)　企業の雇用形態には，正規雇用と非正規雇用とがあり，近年，アルバイトや派遣社員（派遣労働者）のような非正規雇用の労働者が増加してきています。非正規雇用の労働者は，正規雇用の労働者と比べ，賃金の面でどのような課題がありますか，仕事内容や労働時間に着目して，簡潔に説明しなさい。

資料

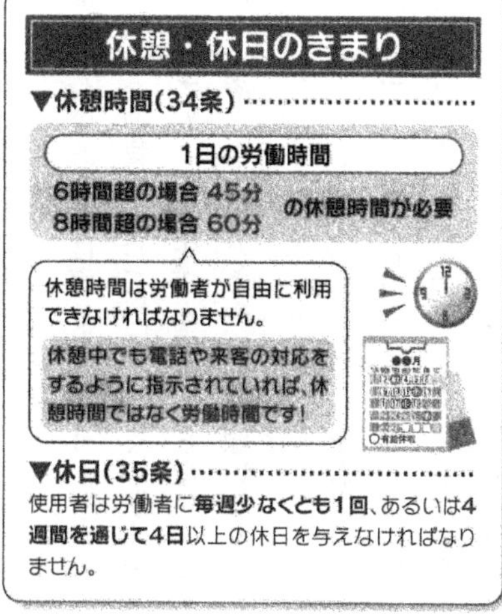

るでしょう　とありますが、筆者がこのように考えるのはなぜですか。「そんな社会」が指す内容を示した上で、八十字以内で書きなさい。（句読点やその他の符号も一字に数える。）

三　※問題に使用された作品の著作権者が二次使用の許可を出していないため、問題を掲載しておりません。

（出典：梨木香歩　著『やがて満ちてくる光の』から）

四　次の文章を読み、この場面におけるカズオの気持ちについて説明した上で、あなたの考えを書きなさい。ただし、あとの条件(1)、(2)にしたがうこと。

カズオは電車の中にいる。ロングシートの席に座って、さっきから胸をドキドキさせて。

目の前に、二人のおばあさんが立っている。

席をゆずらなくちゃ――。でも、カズオが立ち上がっても、シートには一人分のスペースしか空かない。おばあさん二人のうち、座れるのは一人だけだ。

歳をとっているほうのおばあさんに声をかけようか。だけど、若く見えるおばあさんは大きな荷物を持っている。遠くの駅まで乗るほうに座ってもらおうと思っても、行き先なんてわからない。二人で話し合って決めればいい？　そんなの、どうやってお願いすればいいんだろう……。

おばあさんたちは、怒っているかもしれない。それとも悲しんでいるのだろうか。カズオは二人と目が合うのが怖くて、うつむいてしまう。それだけでは足りずに、目もつぶった。座れるおばあさんと座れないおばあさんを分けてしまうのはよくないんだ、と自分に言い聞かせた。そんなの不公平だもの。座れないおばあさんがかわいそうだもの。だったら二人とも座れないほうがすっきりする……はずだ。

電車は走る。ガタゴトと揺れながら、走る。まわりのひとは、カズオのことを「やさしくない子ども」だと思っているかもしれない。ほんとうは違うのに。おばあさんが一人だけなら、すぐに席をゆずってあげたいのに。カズオは胸をドキドキさせたまま、ただじっと目をつぶって、眠ったふりをする。

（重松　清　著『きみの町で』から）

［条件］

(1)　原稿用紙の正しい使い方にしたがって書くこと。ただし、題名や自分の氏名は書かないこと。

(2)　二段落構成とし、八行以上、十行以内であること。

こんな思いで、活動が続けられていました。
また、今年は、「コロナ禍で駆けつけられないけれど、せめて物資だけでも送りたい。」という申し出もたくさんあったようです。
このことを新聞で読んだとき、私は、心が温かくなりました。そして、私も、社会の中で生きていく一人の人間として、たとえコロナ禍の世の中であっても、互いの気持ちを通じ合わせることの大切さをいつも忘れずに生活していきたいと思いました。

〔問1〕【Ⅰ】の本文中、A長い子ども期とありますが、次の文章は、筆者が考える人間の子ども期について説明したものです。①～③にあてはまる言葉を、【Ⅰ】の文中から①は三字、②、③はそれぞれ四字で、そのまま抜き出して書きなさい。

乳離れのあとの、①が生えるまでの長い期間を指す。その間、子どもは②ができず、③の手を必要とする。

〔問2〕【Ⅰ】の本文中には、次の□の段落が抜けています。これは、文脈上、どこに入るのが適切ですか。【Ⅰ】の文中のあ～えの中から一つ選び、その記号を書きなさい。

そして霊長類の場合、なかでも「誰と食べるか」が大事なのです。ともに食べるものをどう選ぶか、その選び方で社会が作られていくからです。

〔問3〕【Ⅰ】の本文中、B負の側面とありますが、筆者は、人類のどのような状態を「負の側面」と述べていますか。その内容として最も適切なものを、次のア～エの中から選び、その記号を書きなさい。

ア　母乳を飲まなくなっても、すぐには大人と同じものが食べられないので、母親の用意した「離乳食」を食べる。
イ　ファストフード店やコンビニエンスストアで、それぞれ自分の好きなものを買い、好きなときに一人で食べる。
ウ　常に家族が全員そろって一緒に食卓を囲み、テーブルにあるものを、みんなでにぎやかに分かち合って食べる。
エ　食卓に並んだ食べ物を家族で分かち合おうとせず、好きなものを独り占めして、自分だけでゆっくりと食べる。

〔問4〕【Ⅰ】の本文中、Cその変化は、もうすでに始まっているとありますが、【Ⅱ】の本文中には、その変化の中で人間社会が見失うものが具体的に挙げられています。それにあたるものとして適切なものを、次のア～カの中からすべて選び、その記号を書きなさい。

ア　共感　イ　享楽　ウ　協力
エ　自由　オ　序列　カ　利益

〔問5〕【Ⅱ】の本文中、D普遍的な社会性というのは、次の三つだとありますが、この三つの社会性と、【Ⅲ】の文章中のⓐ～ⓒの組み合わせとして最も適切なものを、次のア～エの中から選び、その記号を書きなさい。

ア　見返りのない奉仕…ⓐ　互酬性…ⓑ　帰属意識…ⓒ
イ　見返りのない奉仕…ⓐ　互酬性…ⓒ　帰属意識…ⓑ
ウ　見返りのない奉仕…ⓒ　互酬性…ⓐ　帰属意識…ⓑ
エ　見返りのない奉仕…ⓑ　互酬性…ⓐ　帰属意識…ⓒ

〔問6〕【Ⅱ】の本文中の□にあてはまる最も適切な語を、次のア～エの中から選び、その記号を書きなさい。

ア　本質　イ　流動　ウ　一般　エ　逆説

〔問7〕【Ⅱ】の本文中、Eそんな社会では、人間の平等意識は崩壊す

□的ですが、人間は帰属意識を持っているからこそ、いろんな集団を渡り歩くことができます。集団を行き来する際、常に人間は自分の所属を確認し、それを証明しなくてはいけませんが、それはほかの動物にはできないことです。人間は、帰属意識を持っているからこそ世界中を歩き回ることもできるし、自分自身の行動範囲や考え方を広げていけるのです。人間は相手との差異を認め尊重し合いつつ、きちんと付き合える能力を持っていますが、その基本に帰属意識があると思います。

家族も共同体もなくしてしまったら、人間は帰属意識も失います。人間は、互いに協力する必要性も、共感する必要性すらも見出せなくなっていくでしょう。

個人の利益さえ獲得すればいいなら、何かを誰かと分かち合う必要もありません。他人を思いやる必要もありません。遠くで誰かが苦しんでいる事実よりも、手近な享楽を選ぶでしょう。どこかの国の紛争なんて、他人事。自分に関係ないから共感なんてする必要もない。これはまさにサルの社会にほかなりません。

サルの社会に近づくということは、人間が自分の利益のために集団を作るということです。そうなれば、個人の生活は今よりも効率的で自由になります。しかし、他人と気持ちを通じ合わせることはできなくなってしまいます。

もしも本当に人間社会がサル社会のようになってしまったら、どうなるのでしょうか。サル社会は序列で成り立つピラミッド型の社会です。人を負かし自分は勝とうとする社会、とも言い換えられます。

E<u>そんな社会では、人間の平等意識は崩壊するでしょう。</u>

今、日本ではあえて家族を作らず個人の生活を送る人も増えてきました。家族の束縛から離れて、自由で気ままに暮らそうというわけです。しかしここには見落とされているひとつの危険な事実があります。

それは「人間がひとりで生きることは、平等に生きることには結びつかない」という事実です。家族を失い、個人になってしまったとたん、人間は上下関係をルールとする社会システムの中に組み込まれやすくなってしまうのです。

（山極寿一（やまぎわじゅいち） 著『「サル化」する人間社会』から……一部省略等がある。）

（注）・コミュニティ＝地域社会。
・霊長類＝ヒトを含むサル類。
・類人猿＝ゴリラ・チンパンジー・オランウータンなど、霊長類の中で最もヒトに近いもの。
・離乳食＝乳離れの時期に乳児に与える食べ物。
・教鞭をとって＝教職に就いて。

【Ⅲ】

二〇二〇年夏の熊本豪雨には、阪神淡路大震災（一九九五年）を経験した神戸市の職員の皆さんも、ボランティアとして駆けつけました。指揮役を務めたTさんは震災当時中学生、自宅は損壊。全国の支援を受けた記憶が今もはっきり残っているそうです。

「あのときの恩返しがしたい。」……ⓐ

「日本のどこかが大変な時には、神戸市の職員としていつでも駆けつける。」……ⓑ

「自分が力になりたい。」……ⓒ

るものたち」と言うことができます。どんな動物にとっても、食べることは最重要課題です。いつどこで何を誰とどのように食べるか、ということは非常に重要な問題です。

[う]＜

人類の場合は、食を分け合う相手は基本的には家族です。何百万年もの間、人類は家族と食をともにしてきました。家族だから食を分かち合うし、分かち合うから家族なのです。しかし、その習慣は今や崩れかけていると言えます。

ファストフード店やコンビニエンスストアに行けば、いつでも個人で食事がとれてしまいます。家族で食べ物を分かち合わなくても、個人の欲望を満たす手段はいくらでもあります。家族でともに食卓を囲む必要性は薄れ、個人個人がそれぞれ好きなものを好きなときに食べればいい時代になっています。この状態は、人類がこれほどまで進化したことのB負の側面とも言えるでしょう。

[え]＜

コミュニケーションとしてあったはずの「共食」の習慣は消え、「個食」にとって代わられつつある。食卓が消えれば、家族は崩壊します。人間性を形づくってきたものは家族なのですから、家族の崩壊は、人間性の喪失だと私は思います。そして、家族が崩壊すれば、家族同士が協力し合う共同体も消滅していかざるを得ません。

もちろん、家族やコミュニティという形態そのものが今すぐに消えてなくなるわけではありません。政治的な単位、あるいは経済的な単位としては、今後も長く残り続けると予想できるからです。

では、家族が崩壊してしまったら、人間はどう変化していくのでしょうか。

そうなれば、人間社会はサル社会にそっくりなかたちに変わっていくでしょう。そしてCその変化は、もうすでに始まっていると私は感じています。

【Ⅱ】

人間の持っているD普遍的な社会性というのは、次の三つだと私は考えています。

ひとつは、見返りのない奉仕をすること。これは家族内では当たり前のことですが、そこに留（とど）まらないで、見ず知らずの相手や自分とはゆかりのない地域のためにボランティア活動などを行えるのが人間です。

人間は、共感能力を成長期に身につけます。自分を最優先して愛してくれる家族に守られながら「奉仕」の精神を学んでいきます。そんな環境の中で、「誰かに何かをしてあげたい」という気持ちが育っていく。そしてその思いは家族の枠を超えて、共同体に対しても、もっと広い社会に対しても広がっていきます。

二つめは互酬性です。何かを誰かにしてもらったら、必ずお返しする。こちらがしてあげたときには、お返しが来る。これは共同体の維持のためのルールですね。会社などの組織も基本的にはこのルールのもとに成り立っています。また、お金を払ってモノやサービスなどの価値を得るという経済活動が、まさしく人間の互酬性を表しています。

三つめは帰属意識です。自分かどこに所属しているか、という意識を人間は一生、持ち続けます。たとえば私の場合は、山極（やまぎわ）家の寿一（じゅいち）という男で京都大学で※教鞭（きょうべん）をとっている。私の帰属意識は山極という家と、京都大学という職場にあります。それがアイデンティティのひとつになる。

(3) 文中、C生きとし生けるもの、いづれか歌を詠まざりける とありますが、ここで言おうとしていることはどのようなことですか。その内容として最も適切なものを、次のア～エの中から選び、その記号を書きなさい。
ア 生きているものはすべて歌を詠むということ。
イ 生きているものはすべて歌を詠まないということ。
ウ 生きているものには歌を詠むものもいるということ。
エ 生きているものには歌を詠まないものもいるということ。

二 次の【Ⅰ】、【Ⅱ】の文章は、人間社会のあり方について述べられた著書の中から二か所を取り出して示したものです。また、【Ⅲ】の文章は、ある生徒が、ボランティアについて書かれた新聞記事を読んで、自分の考えをまとめたものです。これらを読んで、〔問1〕～〔問7〕に答えなさい。　※印には（注）がある。

【Ⅰ】

家族は「子どものためなら」「親のためなら」と多くのことを犠牲にし、見返りも期待せずに奉仕します。血のつながりがあるからとか、自分がおなかを痛めて産んだ子だから、といった理由でえこひいきをするのを喜びとするのです。

一方、※コミュニティでは、何かをしてあげれば相手からもしてもらえます。何かをしてもらったら、お返しをしなくてはなりません。それは互酬的な関係で、えこひいきはありません。

人間以外の動物は家族と共同体を両立できませんが、私たち人類は、この二つの集団を上手に使いながら進化してきました。

人類は共同の子育ての必要性と、食をともにすることによって生まれた分かち合いの精神によって、家族と共同体という二つの集団の両立を成功させました。

人間には、ほかの※霊長類とは違ってA長い子ども期があります。子ども期は二歳ごろから六歳ごろまでの四～五年間を指します。

オランウータンにもゴリラにもチンパンジーにも、子ども期はありません。人間以外の※類人猿の赤ちゃんは、母乳を与えられる時期が長く、ゴリラでは三歳ごろまで、チンパンジーは五歳ごろまで、そしてオランウータンはなんと七歳ごろまで母乳で育ちます。そして乳離れをした後はすぐに大人と同じものを食べて生活します。

あ

一方、人間の子どもは、乳離れをした後には「※離乳食」が必要な時期がありますね。これは、人間の子どもは六歳にならないと永久歯が生えてこないからです。大人と同じ食生活ができない子ども期には、食の自立ができませんから、上の世代の助けがどうしても必要になる。人間の子育てには、手間も人手もいるんですね。

ですから人類の祖先は、子どもを育てるとき、家族の中に限定しなかったはずです。また、分かち合う食を通じて家族同士のつながりを作ってもいたでしょう。人類は進化の過程の中で家族を生み、共同体を生み出したのです。

い

しかしながら、現在、家族の崩壊ということがよく言われます。家族という形態が、ひょっとすると現代の社会に合致しなくなってきているのではないか。そんなふうにも思えます。家族は、人間性の要とも言える部分。また、人間社会の根幹をなす集団の単位です。そこに変化が起き始めていることについて、私たちはどう考えればいいのでしょうか。

改めて家族というものを定義してみると、それは「食事をともにす

〈国語〉

時間　五〇分　満点　一〇〇点

一　次の〔問1〕～〔問4〕に答えなさい。

〔問1〕次の①～⑧の文の――を付した、カタカナは漢字に直して書き、漢字は読みがなをひらがなで書きなさい。

① 記録をヤブる。　② 顔がニている。
③ 外国とのボウエキが盛んだ。　④ セキニンのある仕事。
⑤ 腕前を競う。　⑥ 潤いのある生活。
⑦ 犠牲者を追悼する。　⑧ 柔和な人柄。

〔問2〕次の文章を読んで、あとの(1)、(2)に答えなさい。

> 当時、私たちの学級では、勝手な行動で人に迷惑をかけたり、軽率な発言で相手をA傷つけることがよくありました。そんな時いつも、先生は「人の痛みをわかる人になりなさい」とB言いました。きっと、思いやりのある優しい子でいてほしいと考えてくださっていたからでしょう。
> 私は、大人になった今も、先生のこの言葉を大切にしています。

(1) 文章中の最初の一文が、文法上、適切な表現となるように、A傷つけること を書き直しなさい。

(2) 文章中のB言いました を、適切な敬語表現に書き直しなさい。

〔問3〕書写の授業では、楷書と行書の特徴を理解し、場面に応じて使い分けて書くことを学習します。次のア～エの場面のうち、行書で書くのが適しているものを一つ選び、その記号を書きなさい。

ア　図書委員会からの連絡事項をクラスの仲間に伝えるため、教室の黒板に書く。
イ　校区に住む来年度入学予定の小学六年生に向けて、学校体験の案内状を書く。
ウ　進学を希望している高等学校の入学願書を、万年筆を使って直筆で記入する。
エ　壁新聞に載せる記事の取材で、地域の商店主にインタビューしてメモを取る。

〔問4〕次の古文を読んで、あとの(1)～(3)に答えなさい。

> やまとうたは（和歌は、）、人の心を種として、万（よろづ）の言の葉とぞなれりける（言葉となったものだ。）。
> A世の中にある人、ことわざ繁（しげ）きものなれば（関わる事柄やするべきことが多いので、）、心に思ふことを、見るもの聞くものにつけて（託して、）、B言ひ出（い）だせるなり。花に鳴く鶯（うぐひす）、水に住む蛙（かはづ）の声を聞けば（聞くと、）、C生きとし生けるもの、いづれか歌を詠（よ）まざりける。
>
> （『古今和歌集』から）

(1) 文中のA世の中にある人 を現代語訳すると「人」のあとにどんな助詞を補えばよいですか。次のア～エの中から一つ選び、その記号を書きなさい。

ア　に　イ　を　ウ　は　エ　で

(2) 文中のB言ひ出だせるなり を現代仮名遣いに改め、すべてひらがなで書きなさい。

大切なことはメモしておこうネ！

T.G

2021年度

解答と解説

《2021年度の配点は解答用紙集に掲載してあります。》

＜数学解答＞

1 〔問1〕 (1) -4 (2) 5 (3) $5a+13b$ (4) $3\sqrt{2}$ (5) $2x^2+3x-8$

〔問2〕 $x=\dfrac{-5\pm\sqrt{13}}{2}$ 〔問3〕 $y=-\dfrac{4}{3}x+\dfrac{8}{3}$ 〔問4〕 $13.5\leqq a<14.5$

〔問5〕 中央値(メジアン)21(m)，最頻値(モード)17(m)

2 〔問1〕 (1) 面AEHD[面BFGC] (2) 4(本) (3) $5\sqrt{2}$ (cm)

〔問2〕 ウ，エ 〔問3〕 (1) $\dfrac{1}{2}$ (2) $\dfrac{7}{16}$ 〔問4〕 午後4時12分(求める過程は解説参照)

3 〔問1〕 (1) ア 21 イ 28 (2) (n番目の白タイルの枚数)$\dfrac{n^2+n}{2}$(枚)(考え方の続きは解説参照) 〔問2〕 (1) $a+6=b$ (2) 298(cm)

4 〔問1〕 (P)6(秒後)，(Q)6(秒後) 〔問2〕 $y=-3x+3$ 〔問3〕 $\dfrac{12}{5}$(秒後)

〔問4〕 $D\left(6,\ \dfrac{1}{2}\right)$

5 〔問1〕 $\angle CAD=55$(度) 〔問2〕 $\dfrac{4}{3}\pi-\sqrt{3}$ (cm^2) 〔問3〕 解説参照

〔問4〕 $\triangle ABE:\triangle CGE=16:25$

＜数学解説＞

1 **(数・式の計算，平方根，式の展開，二次方程式，等式の変形，不等式，資料の散らばり・代表値)**

〔問1〕 (1) **異符号の2数の和の符号は絶対値の大きい方の符号で，絶対値は2数の絶対値の大きい方から小さい方をひいた差**だから，$3-7=(+3)+(-7)=-(7-3)=-4$

(2) **四則をふくむ式の計算の順序は，乗法・除法→加法・減法**となる。$-1+4\div\dfrac{2}{3}=-1+4\times\dfrac{3}{2}=-1+6=(-1)+(+6)=+(6-1)=5$

(3) **分配法則**を使って，$3(2a+5b)=3\times2a+3\times5b=6a+15b$だから，$3(2a+5b)-(a+2b)=(6a+15b)-(a+2b)=6a+15b-a-2b=6a-a+15b-2b=5a+13b$

(4) $\dfrac{10}{\sqrt{2}}=\dfrac{10\times\sqrt{2}}{\sqrt{2}\times\sqrt{2}}=\dfrac{10\sqrt{2}}{2}=5\sqrt{2}$，$\sqrt{8}=\sqrt{2^3}=\sqrt{2^2\times2}=2\sqrt{2}$ より，$\dfrac{10}{\sqrt{2}}-\sqrt{8}=5\sqrt{2}-2\sqrt{2}=(5-2)\sqrt{2}=3\sqrt{2}$

(5) **乗法公式$(a+b)(a-b)=a^2-b^2$，$(x+a)(x+b)=x^2+(a+b)x+ab$**より，$(x-2)(x+2)=x^2-2^2=x^2-4$，$(x-1)(x+4)=\{x+(-1)\}(x+4)=x^2+\{(-1)+4\}x+(-1)\times4=x^2+3x-4$だから，$(x-2)(x+2)+(x-1)(x+4)=(x^2-4)+(x^2+3x-4)=2x^2+3x-8$

〔問2〕 **2次方程式$ax^2+bx+c=0$の解は，$x=\dfrac{-b\pm\sqrt{b^2-4ac}}{2a}$**で求められるから，

$x=\dfrac{-5\pm\sqrt{5^2-4\times1\times3}}{2\times1}=\dfrac{-5\pm\sqrt{25-12}}{2}=\dfrac{-5\pm\sqrt{13}}{2}$

〔問3〕 $4x+3y-8=0$ 左辺の項$4x$と-8を右辺に移項して $3y=-4x+8$ 両辺を3で割って $y=-\dfrac{4}{3}x+\dfrac{8}{3}$

〔問4〕　小数第1位を四捨五入して14になる数aは，13.5以上で，かつ14.5未満の数だから，aの範囲を不等号を使って表すと$13.5 \leqq a < 14.5$である。

〔問5〕　**中央値**は資料の値を大きさの順に並べたときの中央の値。人数は10人で偶数だから，記録の小さい方から5番目の20mと6番目の22mの**平均値**$\frac{20+22}{2}=21$(m)が中央値。また，資料の値の中で最も頻繁に現れる値が**最頻値**だから，最も多い3人の記録の17mが最頻値。

2　(空間内の直線と平面の位置関係，空間内の2直線の位置関係，点と直線の距離，関数とグラフ，確率，連立方程式の応用)

〔問1〕　(1)　一般に，**平面Pと交わる直線ℓが，その交点Oを通るP上の2つの直線m，nに垂直になっていれば，直線ℓは平面Pに垂直である。**問題の立方体に関して，辺ABは面AEHD上の2辺AE，ADに垂直になっているから，辺ABと面AEHDは垂直である。また，辺ABは面BFGC上の2辺BF，BCに垂直になっているから，辺ABと面BFGCは垂直である。

(2)　**空間内で，平行でなく，交わらない2つの直線はねじれの位置にあるという。**辺ADと平行な辺は，辺BCと辺FGと辺EHの3本　辺ADと交わる辺は，辺ABと辺AEと辺DCと辺DHの4本　辺AD**とねじれの位置**にある辺は，辺BFと辺CGと辺EFと辺HGの4本

(3)　一般に，**直線ℓ上にない点Pからℓに垂線をひき，ℓとの交点をQとするとき，線分PQの長さを，点Pと直線ℓとの距離という。**辺GH⊥面AEHDであり，線分AHは面AEHD上にあることから，AH⊥GHである。これより，線分AHの長さが点Aと直線GHとの距離である。△ADHは**直角二等辺三角形で，3辺の比は1：1：$\sqrt{2}$**だから，AH＝AD×$\sqrt{2}$＝$5\sqrt{2}$(cm)

〔問2〕　ア　関数$y=2x$のグラフは右上がりの直線になり，xの値が増加するにつれてyの値が増加する。　イ　関数$y=-\frac{8}{x}$のグラフは**双曲線**になり，xの値が増加するにつれてyの値が増加する。
ウ　関数$y=-x-2$のグラフは右下がりの直線になり，xの値が増加するにつれてyの値が減少する。　エ　関数$y=-x^2$のグラフは**放物線**になり，$x<0$の範囲で，xの値が増加するにつれてyの値が増加し，$x>0$の範囲で，xの値が増加するにつれてyの値が減少する。

〔問3〕　(1)　1回目のカードの取り出し方と，そのときに点Pが移動した頂点は，(取り出したカード，点Pが移動した頂点)＝(1，B)，(2，C)，(3，A)，(4，B)の4通り。このうち，点Pが頂点Bの位置にあるのは〰を付けた2通りだから，求める確率は$\frac{2}{4}=\frac{1}{2}$

(2)　2回のカードの取り出し方と，そのときに点Pが移動した頂点は，(1回目に取り出したカード，2回目に取り出したカード，点Pが移動した頂点)＝(1，1，C)，(1，2，A)，(1，3，B)，(1，4，C)，(2，1，A)，(2，2，B)，(2，3，C)，(2，4，A)，(3，1，C)，(3，2，A)，(3，3，B)，(3，4，C)，(4，1，C)，(4，2，A)，(4，3，B)，(4，4，C)の16通り。このうち，点Pが頂点Cの位置にあるのは＝を付けた7通りだから，求める確率は$\frac{7}{16}$

〔問4〕　(求める過程)　(例)太郎さんが学校から家まで歩いた時間をx分，家から図書館まで自転車で移動した時間をy分とすると，$\begin{cases} x+y+5=18 \\ 80x+240y=2000 \end{cases}$　これを解いて，$x=7$，$y=6$　よって，太郎さんが家に到着した時刻は午後4時7分で，その5分後の午後4時12分に出発した。

3　(規則性，式による証明，方程式の応用)

〔問1〕　(1)　1つ前に並べたタイルの下に，段と同じ数の枚数の白タイルを置いていくから，(6番目の白タイルの枚数)＝(5番目の白タイルの枚数)＋(段と同じ数の枚数)＝15＋6＝21…ア　同様に考えて，(7番目の白タイルの枚数)＝21＋7＝28　また，(8番目の黒タイルの枚数)＝(7番

目の白タイルの枚数)＝28…イ

(2) (考え方の続き) (例)n^2枚になる。よって，$x+(x-n)=n^2$　$2x=n^2+n$　$x=\frac{n^2+n}{2}$

〔問2〕 (1) 問題の表2より，順番が1つ増えると，周の長さは6cm増えている。この規則性から，aとbの間には$a+6=b$の関係がある。

(2) 和歌子さんの考え方は，「(n番目の図形の周の長さ)＝(n番目の図形を囲む長方形の周の長さ)」である。n番目の図形を囲む長方形の縦の長さは，1(cm)×n(段)＝n(cm)　また，前問〔問1〕の考え方より，(n段目のタイルの枚数)＝(n番目の図形のタイルの枚数)－($n-1$番目の図形のタイルの枚数)＝$n^2-(n-1)^2=2n-1$(枚)　これより，n番目の図形を囲む長方形の横の長さは，$1\times(2n-1)=2n-1$(cm)　以上より，(n番目の図形の周の長さ)＝(n番目の図形を囲む長方形の周の長さ)＝$\{n+(2n-1)\}\times2=6n-2$(cm)であり，50番目の図形の周の長さは，$6\times50-2=298$(cm)である。

4 (動点，直線の式，面積)

〔問1〕 **(時間)＝(道のり)÷(速さ)**より，Pが出発してからAに到着するのは，(OC＋CB＋BA)÷3＝(6＋6＋6)÷3＝18÷3＝6(秒後)　Qが出発してからAに到着するのは，OA÷1＝6÷1＝6(秒後)

〔問2〕 P，Qが出発してから1秒後のP，Qの座標はそれぞれ，P(0, 3)，Q(1, 0)　これより，2点P，Qを通る直線の式は，傾きが$\frac{3-0}{0-1}=-3$，切片が3なので，$y=-3x+3$

〔問3〕 P，Qが出発してからt秒後に，△OPQはPO＝PQの二等辺三角形になるとする。△OPQがPO＝PQの二等辺三角形となるのは，点Pが辺CB上にあるときであり，このとき，CP＝(OC＋CP)－OC＝(毎秒)3(cm)×t(秒)－6(cm)＝$3t-6$(cm)　OQ＝(毎秒)1(cm)×t(秒)＝t(cm)　ここで，**二等辺三角形の頂角からの垂線は底辺を2等分する**から，2CP＝OQであり，これより，$2(3t-6)=t$　これを解いて，$t=\frac{12}{5}$　よって，$\frac{12}{5}$秒後である。

〔問4〕 P，Qが出発してから5秒後のP，Qの座標はそれぞれ，P(6, 3)，Q(5, 0)　△OPQと△OPDの面積が等しくなるとき，**平行線と面積の関係**より，PO//QD　**平行線と線分の比についての定理**を用いると，AD：AP＝AQ：AO　$\mathrm{AD}=\frac{\mathrm{AP}\times\mathrm{AQ}}{\mathrm{AO}}=\frac{3\times(6-5)}{6}=\frac{1}{2}$　以上より，$\mathrm{D}\left(6,\ \frac{1}{2}\right)$

5 (円の性質，角度，面積，図形の証明，面積の比)

〔問1〕 △DBCはDB＝DCの二等辺三角形だから，∠CBD＝(180°－∠BDC)÷2＝(180°－70°)÷2＝55°　$\overset{\frown}{\mathrm{CD}}$に対する円周角は等しいから，∠CAD＝∠CBD＝55°

〔問2〕 **直径に対する円周角は90°**だから，∠ADC＝90°　これより，△ACDは**30°，60°，90°の直角三角形で，3辺の比は2：1：$\sqrt{3}$**だから，$\mathrm{AD}=\frac{1}{2}\mathrm{AC}=\frac{1}{2}\times4=2$(cm)，$\mathrm{CD}=\sqrt{3}\,\mathrm{AD}=2\sqrt{3}$(cm)　$\overset{\frown}{\mathrm{CD}}$に対する**中心角と円周角の関係**から，∠COD＝2∠CAD＝120°　△ACDと△OCDで，**高さが等しい三角形の面積比は，底辺の長さの比に等しい**から，△ACD：△OCD＝AC：OC＝2：1　$\triangle\mathrm{OCD}=\frac{1}{2}\triangle\mathrm{ACD}=\frac{1}{2}\times\frac{1}{2}\times\mathrm{AD}\times\mathrm{CD}=\frac{1}{2}\times\frac{1}{2}\times2\times2\sqrt{3}=\sqrt{3}$(cm²)　以上より，求める面積は，おうぎ形OCD－△OCD＝$\pi\times\mathrm{OC}^2\times\frac{120^\circ}{360^\circ}-\sqrt{3}=\frac{4}{3}\pi-\sqrt{3}$(cm²)

〔問3〕 (証明) (例)△ACFと△CADで，ACは共通…①　ACは直径で$\overset{\frown}{\mathrm{AC}}$に対する円周角は等しいから，∠AFC＝∠CDA＝90°…②　$\overset{\frown}{\mathrm{CF}}$に対する円周角は等しいから，∠CAF＝∠CDF…③　AC//DFより，**錯角**が等しいので，∠ACD＝∠CDF…④　③，④より，∠CAF＝∠ACD…⑤　①，②，⑤から，直角三角形の斜辺と1つの鋭角がそれぞれ等しいので，△ACF≡△CAD　よって，AF＝CD

〔問4〕 △ADEに三平方の定理を用いると，$AE=\sqrt{AD^2-DE^2}=\sqrt{3^2-(\sqrt{5})^2}=2$(cm)　△DCE∽△ADEより，相似な図形では対応する線分の長さの比はすべて等しいから，CE：DE＝DE：AE　$CE=\frac{DE\times DE}{AE}=\frac{\sqrt{5}\times\sqrt{5}}{2}=\frac{5}{2}$(cm)　△ABE∽△CGEで，相似比はAE：CE＝$2:\frac{5}{2}=4:5$　相似な図形では，面積比は相似比の2乗に等しいから，△ABE：△CGE＝$4^2:5^2=16:25$
(補足説明1)　△DCE∽△ADEの証明　△DCEと△ADEで，仮定のAC⊥BDより，∠DEC＝∠AED＝90°…①　直径に対する円周角は90°だから，∠ADE＋∠CDE＝∠ADC＝90°より，∠CDE＝90°－∠ADE…②　△ADEの内角の和は180°だから，∠DAE＝180°－∠AED－∠ADE＝180°－90°－∠ADE＝90°－∠ADE…③　②，③より，∠CDE＝∠DAE…④　①，④から，2組の角がそれぞれ等しいので，△DCE∽△ADE
(補足説明2)　△ABE∽△CGEの証明　△ABEと△CGEで，対頂角だから，∠AEB＝∠CEG…⑤　仮定のBA//CFより，平行線の錯角は等しいから，∠ABE＝∠CGE…⑥　⑤，⑥から，2組の角がそれぞれ等しいので，△ABE∽△CGE

＜英語解答＞

1　〔問1〕 No. 1　C　　No. 2　B　〔問2〕 No. 1　B　　No. 2　A　　No. 3　C
〔問3〕 No. 1　D　　No. 2　C　　No. 3　D　　No. 4　A　　No. 5　B

2　〔問1〕 (1)　イ　　(2)　ウ　〔問2〕 A　ウ　　B　イ　　C　ア　　D　エ
〔問3〕 (1)　(例)go to the library　　(2)　イ

3　〔問1〕 (例)Where were they from (?)　〔問2〕 ア　〔問3〕 A　エ　　B　ア
〔問4〕 (例)早紀が，人々と良い関係をつくることの重要性に気付いたこと。

4　(例)I like November (the best). I have two reasons. First, food in fall is delicious. Second, nature in November is beautiful. I often visit parks near my house to see beautiful trees.

5　〔問1〕 A　イ　　B　ア　〔問2〕 ⓐ　ask farmers to give some oranges
ⓑ　found some farmers who helped　〔問3〕 (例)一人の女性が，世界を救うために，たくさんのオレンジジュースを買うということ。　〔問4〕 (例)(1)　He teaches science.　(2)　They made three groups.　〔問5〕 イ→ア→ウ→エ
〔問6〕 (例)もし私たちが世界のために何かをしたいのであれば，すべきことは私たちの身の回りで見つけることができるということ。

＜英語解説＞

1　(リスニング)
放送台本の和訳は，49ページに掲載。

2　(長文読解問題・エッセイ：文の挿入，グラフを用いた問題，自由・条件英作文，内容真偽)
(全訳)　私はオーストラリアでホームステイをしました。私はホストファミリーの家に滞在しました。私のホストファーザーとホストマザーはインドからの移民でした。私はオーストラリアでインド出身の人たちの家に滞在したのです！それは興味深いことでした。私のホストマザーはこう言いました，「オーストラリアにはたくさんの国々から来た多くの移民が住んでいるのですよ」。

私は和歌山県に戻った時，私の家族にオーストラリアの移民について話しました。私の父は言いました，「良い経験をしたね。そうだなあ，約100年前には，和歌山県出身のたくさんの移民が外国で働いていたんだよ。彼らは外国の文化を和歌山県に伝えることもしたんだ。西洋式の家を見かけるところがあるだろう。」 私は和歌山県出身の移民についてもっと知りたいと思いました。そこで私は彼らについて勉強しました。

はじめに，私は外国にいる和歌山県出身の移民の数を見つけました。そして私はそれについてのグラフを作りました。移民の人たちはたくさんの国々に行きました。このグラフを見てください。これは1927年に外国に住んでいた人たちの数を表しています。グラフ内の国々は和歌山県からの移民に関して上位4か国でした。多くの人たちがオーストラリアに住んでいましたが，カナダにはより多くの人たちが住んでいました。10,000人以上の人たちがアメリカ合衆国で暮らしていました。ブラジルはそれら3か国に次いでいました。

和歌山県からの移民について勉強することはとても興味深いことです。私はまだたくさんのことを知りたいと思います。例えば，外国での彼らの仕事について知りたいです。私は移民について勉強し続けるつもりです。

〔問1〕 全訳参照。 (1) 明は，オーストラリアでインド出身の家族に出会った。 第1段落3文目・4文目に注目。 (2) 明は，移民について勉強し続けるつもりだ。 第4段落最後の文に注目。

〔問2〕 全訳参照。 第3段落最後から3文目から，最後までに注目。

〔問3〕 (問題文訳) エレン：あなたのスピーチはとても良かったです。あなたのクラスのみんなはたくさん学ぶことがありましたね。／明：ありがとうございます。／エレン：あなたはもっと移民について知りたいのですね。そうですよね？／明：そうです。例えば，彼らのオーストラリアでの仕事について知りたいです。／エレン：その情報を得るために何をするつもりですか？／明：僕は図書館へ行くつもりです。／エレン：いいですね。 (1) 他に，use the Internet =「インターネットを使う」などでもよいだろう。 (2) ア エレンは日本で仕事につくことができて嬉しかった。 イ エレンは明のスピーチに感動した。(○) エレンの最初の発言に注目。 ウ 明はエレンと一緒にオーストラリアでの滞在を楽しんだ。 エ 明はオーストラリアでどこを訪れたらよいのか知りたい。

3 (会話文問題：自由・条件英作文，語句補充・選択，文の挿入，語句の解釈・指示語)

(全訳) トム：サキ，休暇はどうでしたか？

早紀：とても良かったです！私は外国の生徒たちを英語で案内するプログラムに参加しました。3人の生徒たちが私たちの町に来たのです。

トム：なるほど。[彼らはどこの出身でしたか？]

早紀：彼らはニュージーランド出身でした。私はマイクというその中の1人の生徒を案内しました。

トム：そうなのですね。どうでしたか？

早紀：午前中は困ったことがありました。私は彼に私の名前だけを①伝えて彼を案内し始めました。私はガイドブックから彼に情報を与えました。でも，彼は楽しそうではありませんでした。A私はどうすればよいか分かりませんでした。

トム：それではなぜ休暇が楽しかったのですか？

早紀：昼食をとった時，私たちは趣味や学校のことなどについて話しました。その後，マイクが私に一冊の本を見せてくれました。それは日本の映画についての本でした。私も日本の映画が大好きです！私たちはニュージーランドで人気のある日本の映画について話しました。

トム：いいですね！B日本の映画について話すのはおもしろそうですね。あなたはランチタイムでマイクと良い関係をつくったのですね。

早紀：はい。マイクとのランチタイムはとても楽しかったです。午後には，私たちは寺に行きました。私はもう一度彼を案内し始めました。マイクは楽しそうで，私に寺についてたくさん質問をしてくれました。私は彼の質問に答えました。マイクは笑ってくれました。私は彼が②興味をもってくれて嬉しかったです。

トム：彼はきっとあなたと一緒で楽しかったと思いますよ。

早紀：ありがとうございます。私は人と良い関係をつくることの大切さに気付きました。

トム：それはすばらしい。

早紀：旅行者と良い関係をつくることによって，私たちは彼らの③滞在をより良いものにできると思います。

トム：その通りです。

〔問1〕 全訳参照。空所直後の早紀の発言に注目すると，空所では「彼らはどこから来たのか(どこの出身なのか)？」と質問していると分かる。

〔問2〕 全訳参照。 ① tell の過去形 told が適当。 ② <be 動詞＋ interested>＝興味をもった ③ ここでの stay は名詞で「滞在」の意味。**< make A ＋形容詞～>で「Aを～にする，させる」**

〔問3〕 全訳参照。 A **what to do は<疑問詞＋ to do >の形で「何をすればよいか，するのか」を表す。** B sound ～＝「(話や音などを聞いて)～に聞こえる，思われる」。

〔問4〕 全訳参照。ここでの that は「それは」の意味。少し前に見たり聞いたりしたもの，相手が言ったことなどを指す。直前のサキの発言に注目。

4 (自由・条件英作文)

(問題文訳) あなたは何月がいちばん好きですか？

(解答例訳) 私は11月が(いちばん)好きです。理由は2つあります。ひとつ目は，秋は食べ物がおいしいです。ふたつ目は，11月は自然が美しいです。私はよく家の近くの公園にきれいな木々を見に行きます。

5 (長文読解問題・エッセイ：文の挿入，語句の並べ換え，語句の解釈・指示語，英問英答，文の並べ換え，日本語で答える問題)

(全訳) 地球温暖化は深刻な問題です。私はそれを止めたいと思っています。ある秋の日，私は友だちと話しました。私は彼らと一緒に何かしたいと思いました。ある女子はこう言いました，「私はあなたを手伝いたいわ。でも高校生にできることは何かしら？」 ある男子はこう言いました，「地球温暖化は大きな問題だ。1人や2人の生徒が何かしても，世界を変えることはできないよ。」私は悲しかったです。でもA私はあきらめたくありませんでした。私は私の化学の先生である山田先生に相談しました。彼はこう言いました，「高校生は世界のためにたくさんのことができますよ。この記事を読んでください。」

その記事は高校のボランティア部についてのものでした。その部の生徒たちは古い靴を集めてそれらを洗いました。そしてそれを外国の貧しい子どもたちに送っていたのです。私は感動しました。私はこう思いました，「世界には貧しい子どもたちがたくさんいる。これは大きな問題だ。この生徒たちは小さなことをすることで子どもたちを助けたんだ。私も地球温暖化の状況を改善できる。」

私はそのボランティア部について友だちに話しました。私は言いました，「地球温暖化を止めるために特別なことをやる必要はないの。小さなことから始めることができるのよ。」ある男子が言いました，「分かった。一緒に何かやろう。木を植えるのはどうかな？　木は地球温暖化の原因の一つである二酸化炭素を削減してくれるよ。いくつかの団体が地球温暖化を止めるために木を植えているのを知っているよ。」ある女子はこう言いました，「あなたの考えはとてもいいわ。でもどうすれば木を買えるかしら？　たくさんお金が必要かもしれないわ。」別の女子が言いました，「私に考えがあるわ。和歌山県ではオレンジが有名よ。お金を得るためにオレンジジュースを売るのはどうかしら？　農家の人たちに私たちのアイディアを話したらオレンジが手に入るかもしれないわ。ⓐ農家の人たちにオレンジを分けてもらえるように頼みましょう。」みんな賛成しました。

私たちは3つのグループを作りました。それぞれのグループは違う農家の人たちを訪れ，彼らに私たちの計画を話しました。農家の人たちはとても忙しかったのですが，私たちの計画を聞いてくれました。すぐにⓑ私たちを手伝ってくれる何軒かの農家を見つけました。私たちは彼らから余ったオレンジをもらいました。嬉しかったです。

私たちにはまだたくさんやることがありました。例えば，おいしいオレンジジュースを作るために，一生懸命練習しました。私たちはポスターも作りました。私たちはお互いに助け合いました。

私たちの町では，毎月市場が開かれます。私たちはそこでジュースを売りました。私たちはたくさんの人たちに話をしました。ある女性はこう言いました，「世界を救うためにたくさんオレンジジュースを買うわ！」私はⓒそれを聞いて嬉しかったです。その日，私たちは木を買うのに十分なお金を得ました。

私たちはそのお金をある団体に持って行きました。その団体の人は言いました，「ありがとう。B何本か木を植えることができます！」私たちはとても嬉しかったです。

さて，経験から私が学んだいちばん大切なことはこれです。世界のために何かをしたいと思ったら，するべきことは私たちの周りに見つけることができるのです。

〔問1〕　全訳参照。　A　空所A直前で，美紀が自分の考えを実現することは難しいのかと悲しく思う内容が書かれている。その後 But という接続詞が続いていることに注目。選択肢の中で自然な文脈になるのはイと考えるのが自然。 give up ＝あきらめる，やめる　B　スピーチの中で美紀たちが話題にしているのは「木を植える活動をしている」団体。

〔問2〕　全訳参照。　ⓐ　**＜ask ＋人＋ to ＋動詞の原形＞で「(人)に～してくれるように頼む」**　ⓑ　**関係代名詞 who** を使って farmers を後ろから修飾する文をつくればよい。

〔問3〕　全訳参照。下線部ⓒ直前の女性の発言に注目。

〔問4〕　(1)　山田先生は何を教えていますか？／彼は化学を教えています。　第1段落最後から2文目に注目。　(2)　美紀と友だちは農家を訪れる時にいくつのグループを作りましたか？／彼女たちは3つのグループを作りました。　第4段落1文目に注目。

〔問5〕　(選択肢訳・正解順)　イ　美紀は山田先生に話をした。　第1段落→ア　美紀はボランティア部の生徒たちに感銘を受けた。　第2段落→ウ　美紀と友だちは農家からオレンジを手に入れた。　第4段落→エ　美紀と友だちはある団体に行った。第7段落

〔問6〕　全訳参照。最後の段落に注目。

2021年度英語　リスニングテスト

〔放送台本〕

これから英語の学力検査を行います。①番はリスニング問題で，〔問1〕，〔問2〕，〔問3〕の3つがあり

ます。放送を聞きながら，メモをとってもかまいません。

〔問1〕は，絵の内容に合った対話を選ぶ問題です。はじめに，No. 1，No. 2のそれぞれの絵を見なさい。これから，No. 1，No. 2の順に，それぞれA，B，C 3つの対話を2回放送します。No. 1，No. 2の絵にある人物の対話として最も適切なものを，放送されたA，B，Cの中から1つずつ選び，その記号を書きなさい。それでは始めます。

No. 1　A　女の子：I hope it will be sunny soon.
　　　　　男の子：Yes. It's cloudy now. It may rain.
　　　B　女の子：Shall I open the door?
　　　　　男の子：Thank you. This box is very big.
　　　C　女の子：Wow, you are carrying many things.
　　　　　男の子：Yes. Can you help me?
No. 2　A　女の子：Let's talk after we buy something in that shop.
　　　　　男の子：OK. Let's use the table in front of the shop.
　　　B　女の子：Look at that poster. I love pandas.
　　　　　男の子：Yes. I love pandas, too. Let's watch the new movie.
　　　C　女の子：I want to eat Japanese food for dinner.
　　　　　男の子：OK, but I can't eat dinner now. It's four thirty.

これで，〔問1〕を終わります。

〔英文の訳〕

No. 1　A　女の子：すぐに晴れるといいなあ。
　　　　　男の子：そうだね。今は曇っているね。雨が降るかもしれないよ。
　　　B　女の子：ドアを開けましょうか？
　　　　　男の子：ありがとう。この箱はとても大きいんだ。
　　　C　女の子：わあ，たくさん物を運んでいるのね。
　　　　　男の子：そうなんだ。手伝ってくれる？
No. 2　A　女の子：あのお店で何か買ってからお話ししましょう。
　　　　　男の子：いいよ。お店の前にあるテーブルを使おう。
　　　B　女の子：あのポスターを見て。私はパンダが大好きなの。
　　　　　男の子：うん。僕もパンダが大好きだよ。その新しい映画を見よう。
　　　C　女の子：夕食に日本食を食べたいわ。
　　　　　男の子：いいよ，でも僕は今は夕食を食べられないよ。(まだ)4時30分だよ。

〔放送台本〕

〔問2〕は，二人の対話を聞いて答える問題です。まず，〔問2〕の問題を読みなさい。

これから，No. 1からNo. 3の順に，二人の対話をそれぞれ2回ずつ放送します。対話の最後にそれぞれチャイムが鳴ります。チャイムが鳴った部分に入る最も適切なものを，AからDの中から1つずつ選び，その記号を書きなさい。それでは始めます。

No. 1　先生との対話
　　先生：What do you want to do in the future, Yuka?
　　生徒：I want to have my own restaurant.
　　先生：Why do you want to have your own restaurant?

生徒： <チャイム音>

No. 2　友人との対話

男の子： Look at this picture. Do you know the man playing the guitar?

女の子： No. Who is he?

男の子： He is Takeshi, a famous musician in Japan.

女の子： <チャイム音>

No. 3　母親との対話

男の子： I'm hungry, Mom.

母親　： Dinner is not ready.

男の子： Shall we cook together?

母親　： <チャイム音>

これで〔問2〕を終わります。

〔英文の訳〕

No. 1　先生との対話

先生：将来何をしたいですか，ユカ？

生徒：私は自分のレストランをもちたいです。

先生：なぜ自分のレストランをもちたいのですか？

生徒：B　私はおいしい食べ物を作って人々を喜ばせたいのです。

No. 2　友人との会話

男の子：この写真を見て。ギターを弾いている男の人を知ってる？

女の子：知らないわ。彼は誰かしら？

男の子：彼はタケシという日本で有名なミュージシャンだよ。

女の子：A　わあ，彼の音楽を聴いてみたいわ。

No. 3　母親との会話

男の子：お腹が空いたよ，ママ。

母親　：夕食の用意ができていないわ。

男の子：一緒に料理をしてもいい？

母親　：C　いいわよ。料理をする前にテーブルをきれいにしてくれる？

〔放送台本〕

〔問3〕は，英語のスピーチを聞いて，答える問題です。まず，〔問3〕の問題を読みなさい。これから，高校生の太郎が英語の時間に行ったスピーチと，その内容について5つの質問を2回放送します。No.1からNo.5の英文が質問の答えとなるように，空欄に入る最も適切なものを，AからDの中から1つずつ選び，その記号を書きなさい。それでは始めます。

I joined a program for students and went to Australia. At that time, I was a junior high school student. Before going to Australia, I studied English hard. But English was difficult.

In Australia, I met Mike for the first time at his school. He was very kind to me, but I was afraid of speaking English. However, he always smiled and encouraged me. Soon I began to feel happy when I talked with him. About three weeks later, I went shopping with his family. I enjoyed talking with them, too.

Now I'm in Japan. I still send e-mails to Mike. He studies Japanese in Australia. He's going to come to Japan next month. He will stay here for one week.

He loves Japanese art, so we will talk about it. I want to talk with him in Japanese. I'll encourage him.

Question No. 1：When did Taro go to Australia?
Question No. 2：What did Taro do before going to Australia?
Question No. 3：Where did Taro meet Mike for the first time?
Question No. 4：How long is Mike going to stay in Japan?
Question No. 5：What will Taro and Mike do when Mike comes to Japan?
これで，放送を終わります。

〔英文の訳〕

僕は学生のためのプログラムに参加し，オーストラリアへ行きました。その当時，僕は中学生でした。オーストラリアへ行く前には，僕は一生懸命英語を勉強しました。でも英語は難しかったです。

オーストラリアで，僕はマイクに彼の学校で初めて会いました。彼は僕にとても親切にしてくれましたが，僕は英語を話すことが怖いと思っていました。しかし，彼はいつも笑顔で僕を励ましてくれました。僕は彼と話すとすぐに楽しいと感じ始めました。約3週間後，僕は彼の家族と一緒に買い物に行きました。僕は彼らと話すことも楽しみました。

今、僕は日本にいます。僕は今もマイクにメールを送ります。彼はオーストラリアで日本語を勉強しています。彼は来月日本に来る予定です。彼はここに1週間滞在します。

彼は日本の芸術が大好きなので，僕たちはそれについて話をするつもりです。僕は彼と日本語で話したいです。僕は彼を励ますつもりです。

質問No. 1　太郎はいつオーストラリアへ行きましたか？
答え　　D　彼は彼が中学生の時にオーストラリアへ行きました。
質問No. 2　オーストラリアへ行く前に，太郎は何をしましたか？
答え　　C　彼は英語を一生懸命勉強しました。
質問No. 3　太郎はマイクに初めてどこで会いましたか？
答え　　D　彼はマイクに学校で会いました。
質問No. 4　マイクは日本にどれくらい滞在しますか？
答え　　A　彼は日本に1週間滞在する予定です。
質問No. 5　マイクが日本に来たら，太郎とマイクは何をするつもりですか？
答え　　B　彼らは日本の芸術について話をするつもりです。

＜理科解答＞

1　〔問1〕 (1) ヘルツ　(2) 鼓膜　(3) ア　(4) イ　〔問2〕 (1) 炭酸カルシウム　(2) A H^+　B OH^-　(3) エ　(4) (記号) ウ　(理由) (例)れき，砂，泥の順に粒は大きく，粒が大きいものほど速く沈むから。

2　〔問1〕 対照実験　〔問2〕 ① イ　② ア　X 二酸化炭素　〔問3〕 蒸散

〔問4〕 気孔　〔問5〕 (例)水面からの水の蒸発を防ぐため。　〔問6〕 イ

3 〔問1〕 日周運動　〔問2〕 点O[円の中心, O]
〔問3〕 イ　〔問4〕 ウ　〔問5〕 右図
〔問6〕 (例)北極星が地軸の延長線上にあるから。
〔問7〕 東 イ　西 ア　南 エ　北 ウ

4 〔問1〕 オ→イ→ウ→ア→エ　〔問2〕 (例)反応が進むための熱が発生したため。
〔問3〕 (1) ① イ　② イ　③ ア　(2) 化合　〔問4〕 エ
〔問5〕 $2Cu+O_2 \rightarrow 2CuO$　〔問6〕 6.5〔g〕

5 〔問1〕 2.4〔A〕　〔問2〕 ア　〔問3〕 (例)導線から遠いほど磁界は弱い。[導線に近いほど磁界は強い。]　〔問4〕 5.0〔Ω〕　〔問5〕 ウ　〔問6〕 電磁誘導
〔問7〕 (例)磁石を速く動かす。　〔問8〕 (例)左に振れた後, 右に振れた。

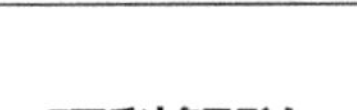

<理科解説>

1 (各分野小問集合)

〔問1〕 (1) 振動数の単位はヘルツで, 記号はHzである。 (2) Xは鼓膜といううすい膜で, 音の振動をとらえる部分である。 (3) 音は, 人と山の間を往復するのに3秒かかっていることから, 音が移動した距離は, 340〔m/s〕×3＝1020〔m〕 人と山の間の距離はその半分なので, 1020〔m〕÷2＝510〔m〕 (4) 鼓膜で受けた振動は, うずまき管で信号化されて, 感覚神経で脳に伝えられる。脳で反応の命令を出した後, せきずいから運動神経を伝って筋肉に命令が伝えられ, 筋肉で反応が起こる。

〔問2〕 (1) 石灰岩は, 炭酸カルシウムが主成分である。貝殻や卵の殻に多くふくまれる。
(2) 中和とは, 酸性の性質をもつ水素イオンと, アルカリ性の性質をもつ水酸化物イオンが結合し, 中性の水になる反応である。 (3) セキエイは無色鉱物で, 不規則に割れる性質をもつ。
(4) 粒の大きいものほど重いので, 先に海底に堆積する。

2 (植物のはたらき)

〔問1〕 対照実験では, 1点だけ条件を変えた2つの実験を同様の操作で行う。これにより, 2つの実験の結果に違いが出た場合, 原因は「変えた条件」にあることが確かめられる。

〔問2〕 **二酸化炭素は水に溶けると酸性を示す**ため, 水中に二酸化炭素がどの程度溶けているかを判断する場合, BTB溶液を用いるとよい。BTB溶液を用いると, 水中の二酸化炭素量が多いと黄色に, 少ないと青色に変化する。光合成では二酸化炭素を吸収し, 呼吸では二酸化炭素を排出するが, 十分な光がある条件下では, 光合成で吸収する二酸化炭素の量のほうが, 呼吸で排出する二酸化炭素の量よりも多い。

〔問3〕・〔問4〕 植物のからだの表面には, 気孔という細胞のすき間があり, ここから気体の出入りが行われる。このうち, 水蒸気を放出する現象を蒸散という。

〔問5〕 植物が行った蒸散量を正確に調べるためには, 水面からの水の蒸発を防ぐ必要がある。

〔問6〕 Aの水の原料量は, 葉の裏側＋茎からの水の蒸散量, Bの水の減少量は, 葉の表側＋茎からの水の蒸散量, Cの水の減少量は, 茎からの蒸散量を表している。よって, 植物のからだの各部分から蒸散した水の質量は, 次のように求められる。葉の裏側からの蒸散量…Aの水の減少

量－Cの水の減少量＝4.8－1.1＝3.7〔g〕，葉の表側からの蒸散量…Bの水の減少量－Cの水の減少量＝2.6－1.1＝1.5〔g〕，茎からの蒸散量…Cの水の減少量に等しいため，1.1g。よって，ワセリンをどこにもぬらずに実験した場合の水の減少量は，これらの和に等しくなるため，3.7＋1.5＋1.1＝6.3〔g〕

3 (天体)

〔問1〕 天球上を星や太陽が1日でほぼ1周して見える運動を，**日周運動**という。

〔問2〕 太陽の位置を天球上に記録するときは，ペン先の影が透明半球の中心(点O)と重なったときに点を打つ。

〔問3〕 図において，太陽の方向が正午，太陽の反対の方向が夜中の0時である。よって，反時計回りに自転したとき，夜と昼の境界が午前6時となる。午前9時は，午前6時と正午の間になるので，イとなる。

〔問4〕 太陽が天球上を移動するのにかかる時間は，2時間(120分)で7.2cmであるから，4.2cm移動するのにかかる時間をx分とすると，120：7.2＝x：4.2　x＝70〔分〕 よって，太陽がQ点に達したのは，点Eを記録した17時の70分後の18時10分頃となる。

〔問5〕 赤道上で太陽の動きを観察すると，太陽は地平線から垂直にのぼり，地平線に垂直に沈む。この観測を行った日は春分の日であるため，日の出の位置は真東，日の入りの位置は真西となる。

〔問6〕 北極星は，**地球の地軸の延長線付近にある**ため，日周運動においてほとんど動いて見えない。

〔問7〕 南半球では天の南極が南の空にあり，天の南極を中心に日周運動が行われるので，エが南の空となる。南半球では，真東からのぼった星は，北の空へ向かい，真西に沈む。

4 (化学変化)

〔問1〕 ガス調節ねじを開いてガスに点火したときは空気が不足しているため，ガス調節ねじをおさえたまま空気調節ねじを開き，ガスに空気を混合させて，青色の炎にする。

〔問2〕 鉄と硫黄の反応では，反応によって熱が発生し，この熱を利用して次々と反応が進む。

〔問3〕 (1) 反応後にできた硫化鉄には鉄の性質はない。また，塩酸と反応して硫化水素を発生する。 (2) この化学変化のように，2種類以上の物質が結びついて1種類の物質になる化学変化を化合という。

〔問4〕 赤色の銅を加熱すると，酸素と反応して酸化銅となるが，このときの酸化は激しい熱や光をともなわないおだやかな酸化で，反応によって黒色の酸化銅に変化する。

〔問5〕 化学反応式では，矢印の左右で原子の種類と数が同じになるようにする。**銅＋酸素→酸化銅**の化学変化が起こる。

〔問6〕 0.60gの銅を熱すると0.75gになることから，銅：酸化銅＝0.60：0.75＝4：5の質量の比で反応する。よって，5.2gの銅がすべて酸化銅になったときの質量をxgとすると，4：5＝5.2：x　x＝6.5〔g〕

5 (磁界)

〔問1〕 5Aの＋端子を使用しているため，目盛り板のいちばん上の目盛りを使用して値を読み取る。

〔問2〕 導線のまわりには，同心円状に，電流の進行方向に対して右回りの磁界が発生している。

〔問3〕　導線のまわりにできる磁界は，導線に近いほど強い。

〔問4〕　**抵抗〔Ω〕＝電圧〔V〕÷電流〔A〕**より，6〔V〕÷1.2〔A〕＝5〔Ω〕

〔問5〕　iのときと電流の向きが逆になっているので，電流が磁界によって受ける力の向きが逆になる。また，抵抗の値を小さくしたことで回路に流れる電流が大きくなるため，電流にはたらく力が大きくなり，コイルがiのときよりも大きく動く。

〔問6〕　コイルの中の磁界を変化させると，コイルに電圧が生じて誘導電流が流れる現象を，**電磁誘導**という。

〔問7〕　コイルに起こる磁界の変化を大きくする。この場合は装置を変えることができないので，磁石の動きを速くする。

〔問8〕　回路を流れる誘導電流の向きは，磁石の極や磁石の動き方(磁界の変化の向き)のいずれかが逆になると，逆になる。よって，磁石のS極がコイルに近づいたあとはなれていくので，流れる誘導電流の向きは表とは逆になる。よって，コイルにS極を近づけると検流計は左に振れ，遠ざけると右に振れる。

＜社会解答＞

1　〔問1〕　太平洋　〔問2〕　ア　〔問3〕　C　〔問4〕　イ，エ　〔問5〕　(1)　ウ
(2)　(例)暖流の北大西洋海流と偏西風の影響を受けているから。

2　〔問1〕　イ　〔問2〕　エ　〔問3〕　(1)　やませ　(2)　(例)平年と比べて夏の日照時間が短く，気温が低かったから。　〔問4〕　促成栽培　〔問5〕　(例)暖流と寒流がぶつかる場所だから。

3　〔問1〕　旧石器時代　〔問2〕　渡来人　〔問3〕　(例)家がらにとらわれず，個人の才能によって役人を採用しようとした。　〔問4〕　ウ　〔問5〕　(例)分割相続によって，女性も領地を相続できたから。　〔問6〕　ア　〔問7〕　管領　〔問8〕　(1)　外様大名[外様]
(2)　エ　〔問9〕　イ

4　〔問1〕　X　銀　Y　金　〔問2〕　ウ→ア→イ→エ　〔問3〕　米騒動　〔問4〕　エ

5　〔問1〕　イ，ウ，エ　〔問2〕　X　イ　Y　ア　Z　ウ　〔問3〕　規制緩和
〔問4〕　ア，エ　〔問5〕　(例)国民が，国の政治を決定する権利を持つこと。
〔問6〕　180(以上)

6　〔問1〕　(1)　A　配当　B　株主総会　(2)　循環型社会　〔問2〕　イ
〔問3〕　(1)　労働基準法　(2)　(例)仕事内容や労働時間が同じであっても，賃金が低くおさえられている。

＜社会解説＞

1　**(地理的分野―世界―人々のくらし，地形・気候，人口・都市，交通・貿易)**

〔問1〕　三大洋のうち，太平洋の面積が最も大きい。

〔問2〕　ブラジルが世界**第5位の面積**をもち，大豆や**鉄鉱石**の生産や産出がさかんなことから判断する。世界第2位の面積をもつカナダがウ，世界第3位の面積をもつアメリカがエ，残ったイがメキシコ。

〔問3〕　略地図中の東京が北緯35度・東経139度とあるので，ここから最も遠い地球の反対側の地

点は，南緯35度・西経41度となる。

〔問4〕 イスラム教の経典は『**コーラン(クルアーン)**』という。アはキリスト教，ウはヒンドゥー教に関する内容。

〔問5〕 (1) 東京とバンクーバーの経度差が255°なので，時差は255÷15＝17(時間)となる。本初子午線を中心に考えたとき，東京はバンクーバーより東に位置するため，東京の方が時間が進んでいると判断する。 (2) イギリス西部を流れる**北大西洋海流**によって暖められた空気が**偏西風**によって運ばれてくるため，ロンドンは高緯度に位置する割に温暖な**西岸海洋性気候**となっている。

2 **(地理的分野―日本―日本の国土・地形・気候，農林水産業，工業)**

〔問1〕 文中の「漁獲量の制限が厳しくなり」「育てる漁業」などから判断する。沿岸各国が**排他的経済水域**の導入を始めた1970年代以降に遠洋漁業の漁獲高が激減した。

〔問2〕 **中京工業地帯**が位置する三重県では，製造品出荷額が多くなることから判断する。アが栃木県，イが鳥取県，ウが東京都。

〔問3〕 (1) 冷害とは，夏に気温が上がらず，農作物の育ちが悪くなること。**やませ**は，東北地方の太平洋側の地域に冷害をもたらすことがある。 (2) 図1から，4月から8月にかけての八戸市の日照時間が平年値を下回っていることが読み取れる。また，図2から，6月から9月にかけての八戸市の平均気温が平年値を下回っていることが読み取れる。

〔問4〕 文中の「宮崎県や高知県」「出荷時期を早める栽培方法」などから判断する。宮崎県ではピーマン，高知県ではなすの**促成栽培**がさかんに行われている。

〔問5〕 三陸海岸とは，岩手県・宮城県などにまたがるリアス海岸のことで，沖合には暖流の**日本海流(黒潮)**と寒流の**千島海流(親潮)**がぶつかる潮目がある。

3 **(歴史的分野―日本史―時代別―旧石器時代から弥生時代，古墳時代から平安時代，鎌倉・室町時代，安土桃山・江戸時代，日本史―テーマ別―政治・法律，経済・社会・技術，文化・宗教・教育)**

〔問1〕 旧石器時代は，今から1万年以上前の時期を指す。

〔問2〕 **渡来人**は，日本に漢字や儒教，機織や須恵器などの大陸の文化を伝えた。

〔問3〕 **冠位十二階**の制定以前は，一族(氏)ごとに職業や地位(姓)が決められていた。

〔問4〕 **大化の改新**は，聖徳太子の死後の645年(飛鳥時代)から行われた政治改革。アは710年(奈良時代)，イは708年(飛鳥時代末期)，エは存命中の聖徳太子が604年に制定した。

〔問5〕 分割相続とは，一族で所領を分け合う相続方法のこと。代を経るごとに土地が細分化されるため，鎌倉時代中期以降の御家人は困窮していった。

〔問6〕 説明文中の「**建武の新政**」から判断する。御伽草子は室町時代に記された物語。後鳥羽上皇は鎌倉時代に承久の乱をおこした人物。

〔問7〕 **管領**とは室町幕府の将軍の補佐役で，有力な守護大名が交代で務めた。

〔問8〕 (1) 図2の分布から，東北地方や九州地方など江戸から遠い地域への配置が多いことから判断する。**外様大名**とは，関ヶ原の戦いの頃から徳川氏に仕えた大名のこと。 (2) **徳川家光**は江戸幕府3代将軍で，鎖国を断行した。**徳川綱吉**は5代将軍で，この頃上方で元禄文化が栄えた。**徳川吉宗**は8代将軍で，享保の改革を行った。

〔問9〕 説明文中の「**仮名文字**」などから，平安時代の**国風文化**と判断する。

4 (歴史的分野―日本史―時代別―安土桃山・江戸時代, 明治時代から現代, 日本史―テーマ別―政治・法律, 経済・社会・技術, 外交)

〔問1〕 表中の内容から, 欧米と比較したときの日本の金銀について, 金の価値が高く, 銀の価値が低いことが読み取れる。

〔問2〕 アが1883年, イが1894年, ウが1871年, エが1911年のできごと。

〔問3〕 米騒動の後, 立憲政友会総裁の**原敬**が内閣総理大臣となり, 初の本格的な政党内閣を結成した。

〔問4〕 **PKO協力法**が制定された1992年に自衛隊がカンボジアに派遣され, 平和維持のための活動を行った。

5 (公民的分野―憲法の原理・基本的人権, 三権分立・国の政治の仕組み, 地方自治)

〔問1〕 イ・ウは市町村, エは都道府県が担当することが多い。ア・オは国が担っている。

〔問2〕 東京都の割合が高いことからXが地方税, 東京都の内訳には見られないことからYが地方交付税(地方交付税交付金), 残ったZが国庫支出金。

〔問3〕 **規制緩和**を進めることで,「大きな政府」から「小さな政府」への転換を図ろうとしている。

〔問4〕 法律案は委員会で審査された後, 本会議において出席議員の過半数の賛成が必要となる。法律の制定について衆議院と参議院の議決が異なった場合, 再び衆議院で**出席議員の3分の2以上**が賛成すれば再可決となる。　イ　内閣総理大臣の指名, 条約の承認, 予算の議決の場合。
ウ　衆議院に先議権があるのは**予算**のみ。

〔問5〕 政治における最終決定権を持つ者のことを主権者という。

〔問6〕 問題文中の「人口1万人の町に有権者が9割いる」から, この町の有権者数は9000人。条例の制定を直接請求するにあたって必要な署名は有権者の**50分の1以上**であることから, 9000×50分の1＝180人以上となる。

6 (公民的分野―国民生活と社会保障, 財政・消費生活・経済一般)

〔問1〕 (1)　図中のAには株主が株式会社から受け取れる利潤(利益)の名称, Bには株主が出席できるものと考える。　(2)　問題文中の「廃棄されるものを最小限に抑え」「再利用」が, それぞれ**リデュース**と**リユース**の取り組みにあたる。これらに**リサイクル**を加えた3Rが, **循環型社会**の形成に必要な取り組みとされていることから判断する。

〔問2〕 問題文中の「(所得)格差を是正するはたらき」から判断する。累進課税制度や社会保障などは, 低所得者を支援する「所得の再配分」のためのしくみの一環。ア・ウ・エも政府の役割ではあるが, 所得の高低によって対応を変えられるわけではない。

〔問3〕 (1)　資料中の「休憩時間」「休日」などから, 労働条件の最低基準が規定されていると判断する。　(2)　非正規雇用の労働者は正規雇用の労働者に比べて, 仕事内容は同等か軽い内容であることが多く, 労働時間は同等か短いことが多い。しかし賃金に関しては同等であることはほとんどなく, 正規雇用の労働者に比べて低いことが多い。

<国語解答>

一 〔問1〕 ① 破(る)　② 似(て)　③ 貿易　④ 責任　⑤ きそ(う)
⑥ うるお(い)　⑦ ついとう　⑧ にゅうわ　〔問2〕 (1) 傷つけたりすること
(2) (例)おっしゃいました[言われました]　〔問3〕 エ　〔問4〕 (1) ウ
(2) いいいだせるなり　(3) ア

二 〔問1〕 ① 永久歯　② 食の自立　③ 上の世代　〔問2〕 ③　〔問3〕 イ
〔問4〕 ア，ウ　〔問5〕 ウ　〔問6〕 エ　〔問7〕 (例)序列で成り立つピラミッド型の社会では，人間は個人の利益さえ獲得すればよいと考えるようになり，他人と気持ちを通じ合わせることができなくなってしまうから。

三 〔問1〕 エ　〔問2〕 イ　〔問3〕 ア　〔問4〕 非日常の異空間　〔問5〕 (例)目の前にある森の地中には，パビリオンのがれきが，万博開催当時の人々のざわめきや描いた夢を抱きしめて眠っていること。　〔問6〕 イ

四 (例)　カズオは，おばあさんたちに席をゆずりたいと思いながらも，不公平になると考えて何もできずにいる。そして，そのような自分が悪く思われているのではと不安を感じている。

　このようなときはまず行動するべきだ。どちらかに声をかけることはせず，黙って席を立てばよい。そうすればどちらかの人が座るかもしれないし，隣の席の人もおばあさんに気づき，席を空けるかもしれない。何もせずに悩むよりは，まずは動いてみるべきだ。

<国語解説>

一 **(知識問題，古文－内容吟味，漢字の読み書き，仮名遣い，敬語・その他，書写，古文の口語訳)**

〔問1〕 ① 音読みは「**ハ**」で，熟語は「破壊」などがある。　② 音読みは「**ジ**」で，熟語は「類似」などがある。　③ 「貿易」は，国際間で行われる商品の取り引きのこと。　④ 「責任」は，背負うべき任務や責務。　⑤ 音読みは「**キョウ**」で，熟語は「競技」などがある。
⑥ 音読みは「**ジュン**」で，熟語は「潤沢」などがある。　⑦ 「追悼」は，死者をしのぶこと。
⑧ 「柔和」は，穏やかで落ち着いているという意味。

〔問2〕 (1) 前に「迷惑をかけたり」とあるので，**動作を並立して述べるとき**の「～たり，～たり」という表現にするべきである。　(2) ここで「言う」動作をしたのは「先生」なので，尊敬語を使う。「言う」の尊敬語は「おっしゃる」。尊敬の助動詞を用いた「言われました」とするのも正解。

〔問3〕 行書は，**点画が連続したり省略されたりする**という特徴がある。よって，一つ一つの点画をはっきり分けて書く楷書より速く書くことができるので，インタビューのメモを取る際に適している。

〔問4〕 <口語訳>　和歌は，人の心をもととして，さまざまな言葉となったものだ。

　この世に暮らす人は，関わる事柄やするべきことが多いので，心に思うことを，見るものや聞くものに託して，言葉に出しているのである。花に鳴く鶯や，水に住む蛙の声を聞くと，生きているもののうちどのようなものが歌を詠まないのであろうか。

(1) 直後の続く部分の現代語訳を参考にする。「世の中にある人は～するべきことが多いので」と，「は」を補うと自然につながる。　(2) 語頭以外の「**ハヒフヘホ**」は，「**ワイウエオ**」になる。　(3) 「生きとし生けるもの」のうち，いずれが歌を詠まないのかという意味。つまり，

生きているものはすべて歌を詠むということを述べている。鶯や蛙の鳴き声を聞き，その鳴き声が歌だと感じているのである。

二（論説文－内容吟味，指示語の問題，脱文・脱語補充）

〔問1〕　二段落後に詳しく述べられている。人間の子どもは，「永久歯」が生えてこないと「食の自立」ができないため「上の世代」の助けが欠かせない。その期間が，離乳食が必要な子ども期である。

〔問2〕　うの直前に，「いつどこで何を誰とどのように食べるか，ということ」が「非常に重要な問題」だとある。この内容を受け，特に「誰と食べるか」が大事かということを説明するという文脈である。

〔問3〕「この状態」が「負の側面」だと述べているのだから，「この状態」が指す内容を探す。直前の「ファストフード店やコンビニエンスストア」で「個人個人がそれぞれ好きなものを好きなときに食べればいい」という状態になっていることを指している。

〔問4〕　Ⅱの文章のなかほどに，「人間は，互いに協力する必要性も，共感する必要性すらも見出せなくなっていく」とある。

〔問5〕「見返り」を必要としていないのだから，「自分が力になりたい」という思いがそれにあたる。「互酬性」とは，「何かを誰かにしてもらったら，必ずお返しをする」こと。これに合うのは，「恩返しをしたい」という思いである。「帰属意識」とは，「自分がどこに所属しているか，という意識」のことなので，「神戸市の職員として」と考えていることが合う。

〔問6〕「帰属意識を持っている」ということには反するようだが，「いろんな集団を渡り歩く」ことができるのは「帰属意識を持っている」からだという内容が続いているので，「逆説的」とするのがよい。

〔問7〕「そんな社会」が指すのは，直前で述べられている「序列で成り立つピラミッド型の社会」で，「サル社会」のこと。「サル社会」に近づくと，「自分の利益のため」ということを優先させ，「他人と気持ちを通じ合わせることができなく」なるので，「人間の平等意識は崩壊する」と筆者は感じているのである。

三（随筆－文脈把握，内容吟味，脱文・脱語補充，品詞・用法）

〔問1〕　傍線部とエは**自発**の意味で使われている。アは受け身，イは可能，ウは尊敬。

〔問2〕　筆者は，池の「岸辺に立つヤマモモの枝」が水面に「長く差しかかっている」のを見て，実がなれば「水の中にぽたぽた落ちていくのだろう」と想像している。水の中に落ちたヤマモモの実が，「静かに埋もれて行く」様子は，見ることができないので「密やかな営み」と表現しているのだ。

〔問3〕　直前に「まるで～ような」という表現があるので，**実際とは異なる感覚を意味する**「錯覚」があてはまる。

〔問4〕　直後の段落に，「万博開催当時」の様子が詳しく述べられていて，万博の場は「非日常の異空間」であったとまとめられている。

〔問5〕　パビリオンの瓦礫が埋められた上にできた森を見て，筆者は「人々のかつてのざわめきや，描いた夢が，陽炎のようにゆらめくさま」を想像している。万博開催当時のざわめきや描かれた夢を抱えたまま「静かに地中で眠る瓦礫」の様子を思い浮かべているのである。

〔問6〕　最後の段落の内容と，イが合う。

四 (作文，小説－情景・心情)

カズオは，二人のおばあさんに「席をゆずらなくちゃ」と思っているものの，自分一人が席を空けても一人しか座れないことに悩み，結局何もせずにいる。そして，何もしない自分は「やさしくない子ども」だと思われているのではないかと不安を感じている。そのことを踏まえ，カズオの気持ちが理解できるかどうか，自分だったらどうするかなどという視点から考えをまとめよう。

和歌山県公立高等学校

2020年度

★★★★★★★★★★★★★★★★★★★★★★★★

入　試　問　題

2020年度

●くわしい解説……51ページ

＜数学＞

時間　50分　　満点　100点

1 次の〔問1〕～〔問5〕に答えなさい。

〔問1〕 次の(1)～(5)を計算しなさい。

(1) $-8+5$

(2) $1+3\times\left(-\frac{2}{7}\right)$

(3) $2(a+4b)+3(a-2b)$

(4) $\sqrt{27}-\frac{6}{\sqrt{3}}$

(5) $(x+1)^2+(x-4)(x+2)$

〔問2〕 次の式を因数分解しなさい。

$9x^2-4y^2$

〔問3〕 $\sqrt{10-n}$ の値が自然数となるような自然数 n を，すべて求めなさい。

〔問4〕 右の図のように，長方形ABCDを対角線ACを折り目として折り返し，頂点Bが移った点をEとする。

∠ACE＝20° のとき，∠xの大きさを求めなさい。

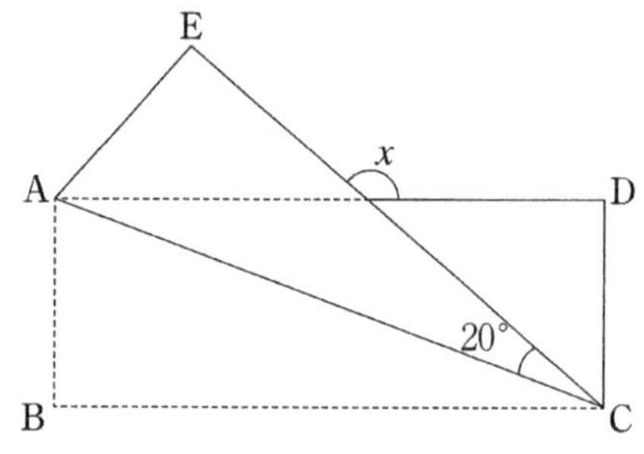

〔問5〕 和夫さんと花子さんが，それぞれ1個のさいころを同時に投げて，自分の投げたさいころの出た目の数と同じ数だけ階段を上るゲームをしている。

右の図は，和夫さんと花子さんの現在の位置を示している。

この後，2人がさいころを1回だけ投げて，花子さんが和夫さんより上の段にいる確率を求めなさい。

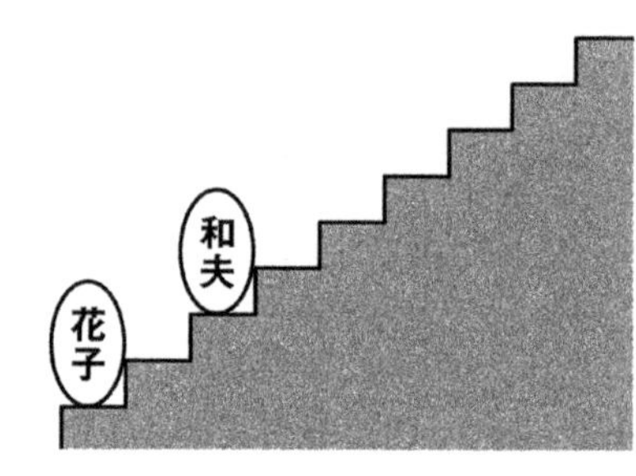

ただし，さいころの1から6までのどの目が出ることも同様に確からしいものとする。

2　次の〔問１〕～〔問４〕に答えなさい。

〔問１〕 右の図は，円錐（すい）の投影図である。この円錐の立面図は１辺の長さが６cmの正三角形である。

このとき，この円錐の体積を求めなさい。

ただし，円周率はπとする。

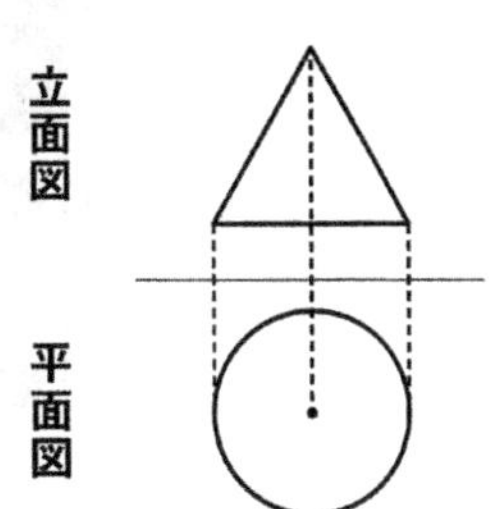

〔問２〕 右の図のように，２点A(２，６)，B(８，２)がある。次の文中の**(ア)**，**(イ)**にあてはまる数を求めなさい。

直線 $y = ax$ のグラフが，線分AB上の点を通るとき，aの値の範囲は，**(ア)** $\leqq a \leqq$ **(イ)** である。

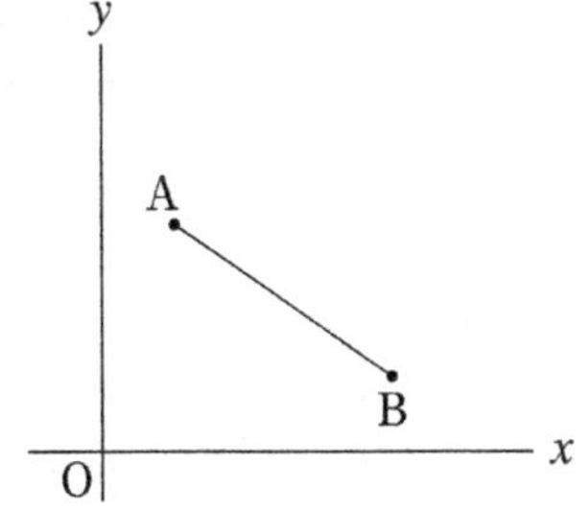

〔問３〕 右の図は，あるクラスの生徒30人が４月と５月に図書室で借りた本の冊数をそれぞれヒストグラムに表したものである。

たとえば，借りた本の冊数が０冊以上２冊未満の生徒は，４月では６人，５月では３人であることを示している。

このとき，次の(1)，(2)に答えなさい。

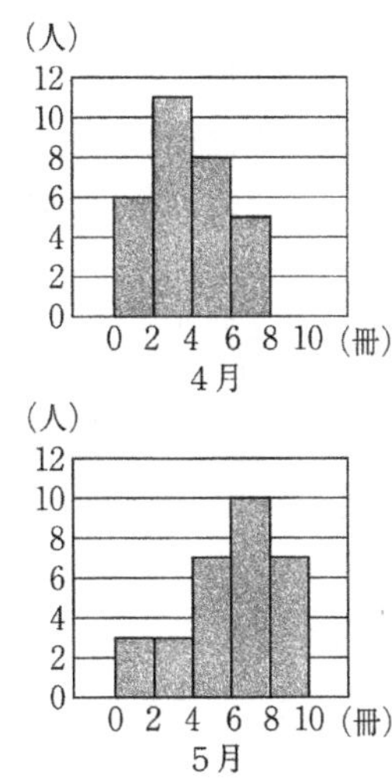

(1) ４月と５月のヒストグラムを比較した内容として正しいものを，次の**ア**～**オ**の中からすべて選び，その記号をかきなさい。

ア 階級の幅は等しい。

イ 最頻値（さいひんち）は４月の方が大きい。

ウ 中央値は５月の方が大きい。

エ ４冊以上６冊未満の階級の相対度数は５月の方が大きい。

オ 借りた冊数が６冊未満の人数は等しい。

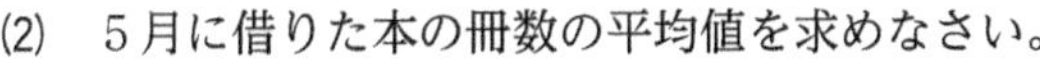
(2) ５月に借りた本の冊数の平均値を求めなさい。

〔問４〕 次のページの図は，ある中学校における生徒会新聞の記事の一部である。この記事を読んで，先月の公園清掃ボランティアと駅前清掃ボランティアの参加者数はそれぞれ何人か，求めなさい。

ただし，答えを求める過程がわかるようにかきなさい。

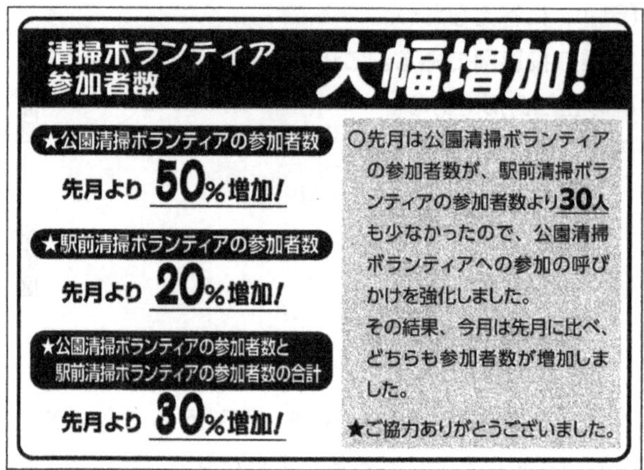

3 図1のように，同じ大きさの立方体の箱をいくつか用意し，箱を置くための十分広い空間のある倉庫に箱を規則的に置いていく。倉庫の壁Aと壁Bは垂直に交わり，2つの壁の面と床の面もそれぞれ垂直に交わっている。

各順番における箱の置き方は，まず1番目として，1個の箱を壁Aと壁Bの両方に接するように置く。

2番目は，4個の箱を2段2列に壁Aと壁Bに接するように置く。このように，3番目は9個の箱を3段3列に，4番目は16個の箱を4段4列に置いていく。なお，いずれの順番においても箱の面と面をきっちり合わせ，箱と壁や床との間にすき間がないように置いていくものとする。

このとき，次の〔問1〕，〔問2〕に答えなさい。

図1

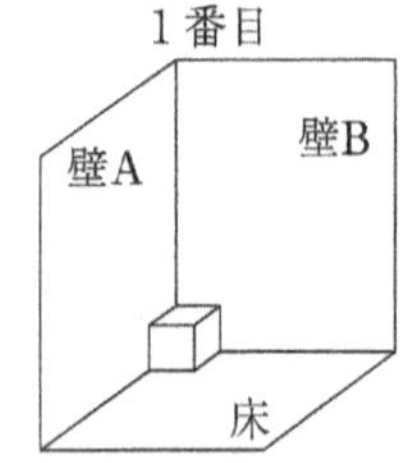

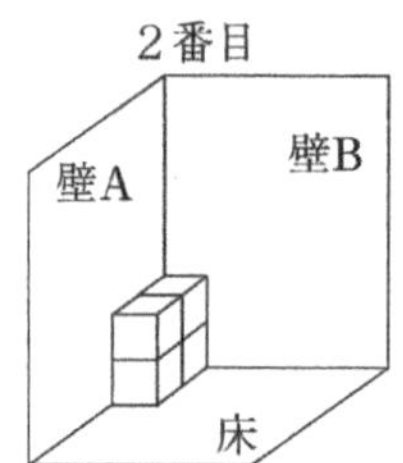

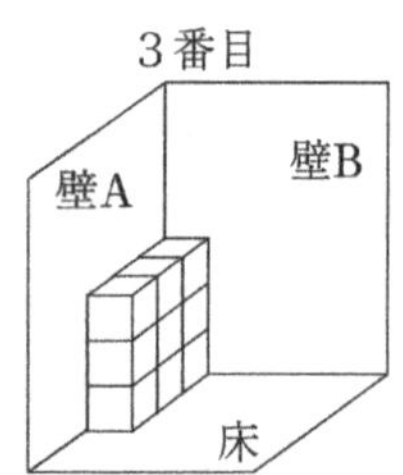

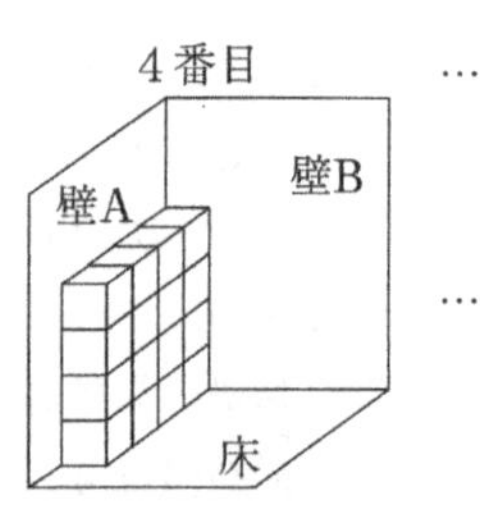

…

〔問1〕 各順番において，図1のように，置いた箱をすべて見わたせる方向から見たとき，それぞれの箱は1面が見えるもの，2面が見えるもの，3面が見えるもののいずれかである。

表1（次のページ）は，上の規則に従って箱を置いたときの順番と，1面が見える箱の個数，2面が見える箱の個数，3面が見える箱の個数，箱の合計個数についてまとめたものである。

下の(1)～(3)に答えなさい。

(1) 表1中の ア ， イ にあてはまる数をかきなさい。

(2) 8番目について，1面が見える箱の個数を求めなさい。

(3) $(n+1)$ 番目の箱の合計個数は，n 番目の箱の合計個数より何個多いか，n の式で表しなさい。

表1

順番（番目）	1	2	3	4	5	6	…	n	$n+1$	…
1面が見える箱の個数（個）	0	1	4	9	＊	＊	…	＊	＊	…
2面が見える箱の個数（個）	0	2	4	6	ア	＊	…	＊	＊	…
3面が見える箱の個数（個）	1	1	1	1	＊	＊	…	＊	＊	…
箱の合計個数（個）	1	4	9	16	＊	イ	…	＊	＊	…

＊は，あてはまる数や式を省略したことを表している。

〔問2〕 図2は，図1の各順番において，いくつかの箱を壁Bに接するように移動して，壁Aと壁Bにそれぞれ接する階段状の立体に並べかえたものを表している。

このとき，下の(1)，(2)に答えなさい。

図2

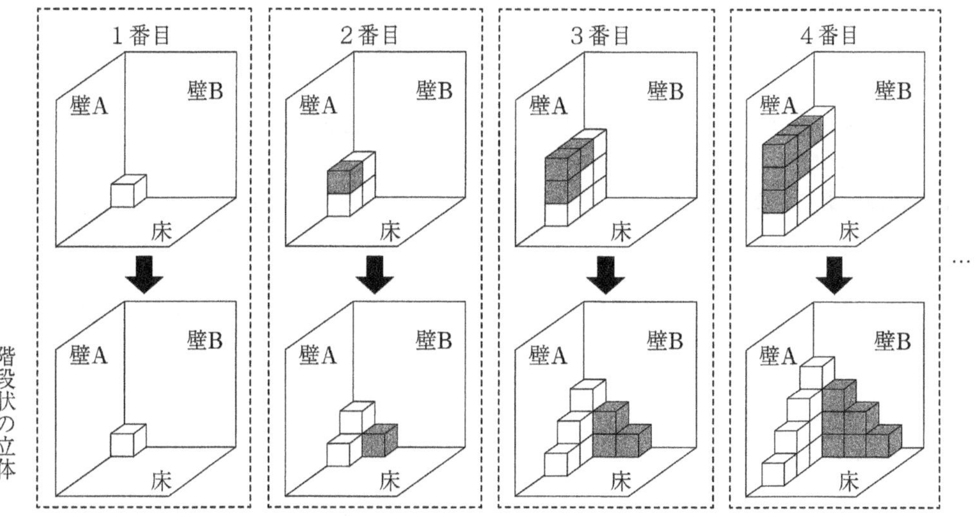

(1)　6番目について，移動した箱の個数を求めなさい。

(2)　階段状の立体には，壁や他の箱に囲まれて見えない箱もある。

表2（次のページ）は，各順番における階段状の立体の見えない箱の個数，見えている箱の個数，箱の合計個数についてまとめたものである。

x番目のとき，見えている箱の個数が111個であった。xの値を求めなさい。

ただし，答えを求める過程がわかるようにかきなさい。

表2

順番（番目）	1	2	3	4	5	…	x	…
見えない箱の個数（個）	0	1	2	3	＊	…	＊	…
見えている箱の個数（個）	1	3	7	13	＊	…	111	…
箱の合計個数（個）	1	4	9	16	＊	…	＊	…

＊は，あてはまる数や式を省略したことを表している。

4 図1のように，関数 $y=-\frac{1}{4}x^2$ …① のグラフ上に点A（4，－4）があり，x 軸上に点Pがある。また，点B（－2，－4）がある。

次の〔問1〕～〔問4〕に答えなさい。

〔問1〕 関数 $y=-\frac{1}{4}x^2$ について，x の変域が $-6 \leqq x \leqq 1$ のとき，y の変域を求めなさい。

〔問2〕 △PABが二等辺三角形となるPはいくつあるか，求めなさい。

図1

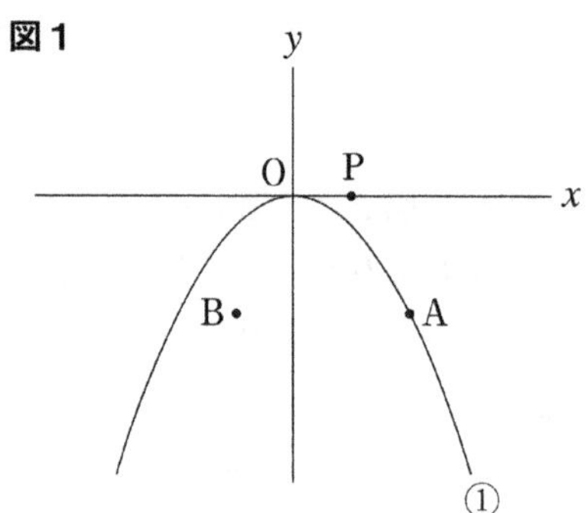

〔問3〕 図2のように，①のグラフと直線APが，2点A，Cで交わっている。Cの x 座標が－2のとき，Pの座標を求めなさい。

図2

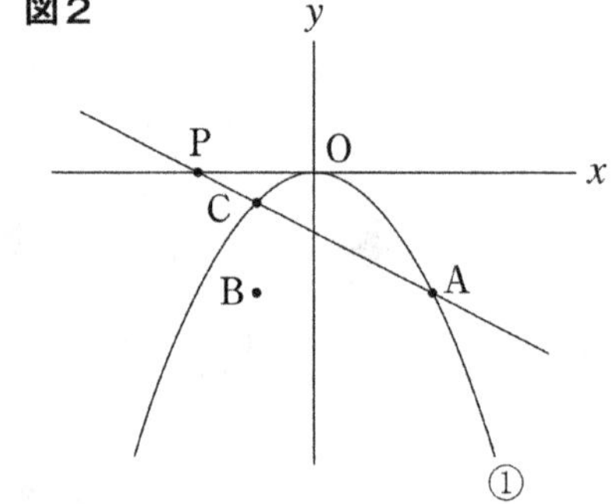

〔問4〕 図3のように，関数 $y=ax^2 (a>0)$ …② のグラフ上に，x 座標が－3である点Dがある。

Pの x 座標が4のとき，四角形PABDの面積が50となるような a の値を求めなさい。

図3

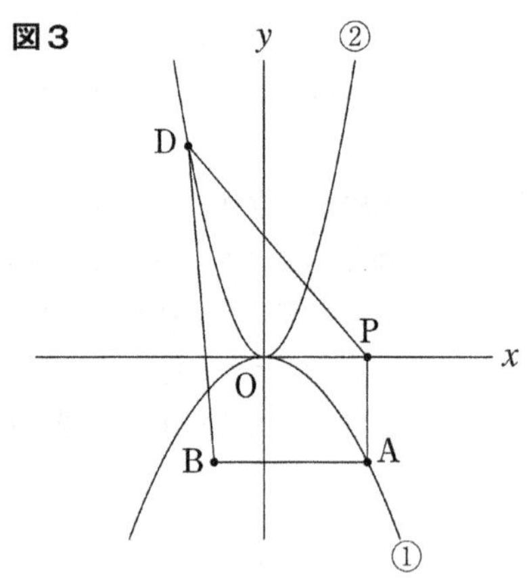

5　図1のように，点Oを中心とし線分ABを直径とする半径3㎝の半円がある。$\overset{\frown}{AB}$上に2点P，Qがあり，Aに近い方をP，Bに近い方をQとする。また，線分BPと線分OQの交点をRとする。

次の〔問1〕～〔問3〕に答えなさい。

〔問1〕　PQ＝3㎝，PQ // AB のとき，線分QRの長さを求めなさい。

図1

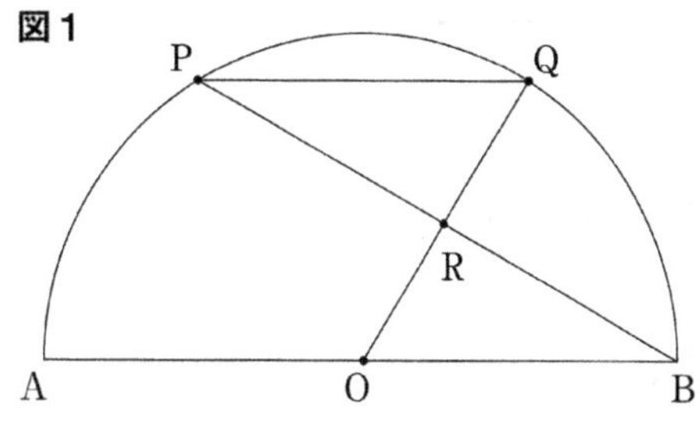

〔問2〕　図2のように，∠QPB＝36° のとき，おうぎ形OBQの面積を求めなさい。

ただし，円周率はπとする。

図2

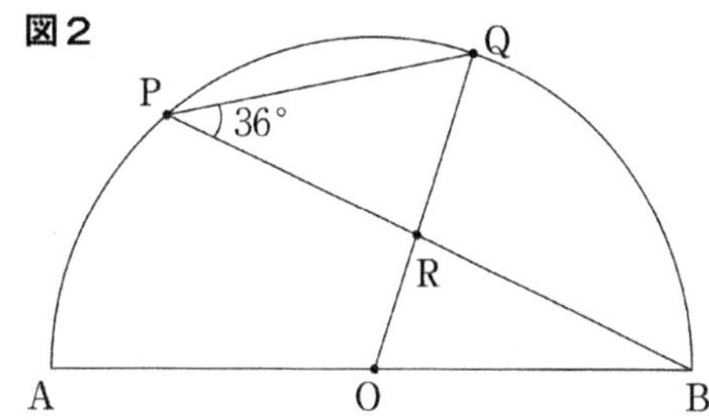

〔問3〕　図3のように，線分AQと線分BPの交点をSとする。

次の(1)，(2)に答えなさい。

(1)　△RQS∽△RPQ を証明しなさい。

図3

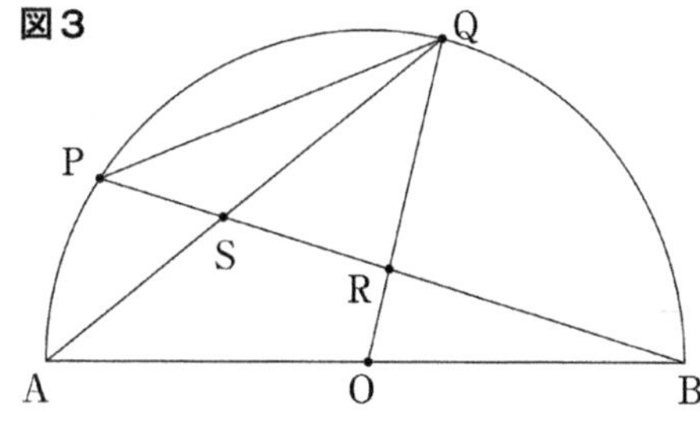

(2)　図4のように，∠QOB＝90°，OS // BQ となるとき，線分BRの長さを求めなさい。

図4

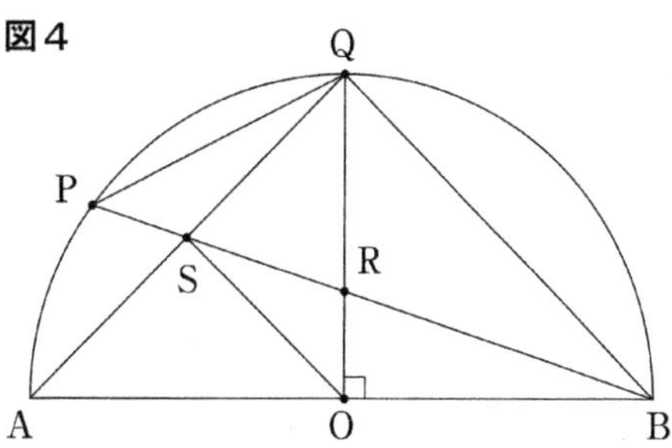

令和２年度学力検査 数学科解答用紙

受検番号	

1	〔問1〕	(1)	
		(2)	
		(3)	
		(4)	
		(5)	
	〔問2〕		
	〔問3〕	$n=$	
	〔問4〕	$\angle x=$	度
	〔問5〕		

2	〔問1〕		cm³
	〔問2〕	(ア)	
		(イ)	
	〔問3〕	(1)	
		(2)	冊
	〔問4〕	(求める過程) 先月の公園清掃ボランティア参加者数 人 先月の駅前清掃ボランティア参加者数 人	

3	〔問1〕	(1)	ア	
			イ	
		(2)		個
		(3)		個
	〔問2〕	(1)		個
		(2)	(求める過程) $x=$	

4	〔問1〕		
	〔問2〕		個
	〔問3〕	P (,)	
	〔問4〕	$a=$	

5	〔問1〕	QR =	cm
	〔問2〕		cm²
	〔問3〕	(1)	(証明)
		(2)	BR = cm

※この解答用紙は167％に拡大していただきますと，実物大になります。

<英語>

時間　50分　　満点　100点

1　放送をよく聞いて，次の〔問1〕～〔問3〕に答えなさい。

〔問1〕 No. 1，No. 2 の順にそれぞれA，B，C 3つの対話を2回放送します。No. 1，No. 2の絵にある人物の対話として最も適切なものを，放送されたA，B，Cの中から1つずつ選び，その記号を書きなさい。

No. 1

No. 2

〔問2〕 No. 1～No. 3の順に，二人の対話をそれぞれ2回ずつ放送します。対話の最後にそれぞれチャイムが鳴ります。チャイムが鳴った部分に入る最も適切なものを，A～Dの中から1つずつ選び，その記号を書きなさい。

No. 1　父親との対話

A　Oh, my favorite subjects are music and math.
B　Oh, I love your favorite song.
C　Thank you.　I want to buy it.
D　Thank you.　I want to listen to it now.

No. 2　母親との対話

A　I saw it on your desk last night.
B　I bought some books yesterday.
C　I should put it in my bag.
D　I get up early in the morning.

No. 3　教室での対話

A　I watch them every day.
B　I watch them in my room.
C　I like movies about sports.
D　I like to watch them with my sister.

〔問3〕 中学生の恵太（Keita）が英語の時間に行ったスピーチと，その内容について5つの質問を2回放送します。No. 1～No. 5 の英文が質問の答えとなるように，［　　］に入る最も適切なものを，A～Dの中から1つずつ選び，その記号を書きなさい。

No. 1　He goes to the library [　　].

A　every day　B　after school　C　every Sunday　D　on Saturday

No. 2　He [　　].

A　talks with his friends there　B　uses the Internet there

C　buys some books there　D　reads books and studies there

No. 3　He learned about it [　　].

A　by reading a book about Australia

B　by listening to people in the library

C　by studying in Australia

D　by talking with people in Australia

No. 4　[　　] do.

A　Keita's friends

B　Keita's teachers

C　The people working in the city library

D　The people living in Australia

No. 5　He wants [　　].

A　to build a library　B　to work in a library

C　to write interesting books　D　to read many books in Australia

[2] 次の英文は，高校生の紀子（Noriko）が，英語の授業で行った，グルメコンテストについてのスピーチの原稿です。これを読み，〔問１〕～〔問４〕に答えなさい。

We have a school festival every year. The festival has a contest. In the contest, students make lunch. There are four teams in the contest. Each team uses food from Wakayama. The team which makes the best lunch wins the contest.

We had the festival last week. My friends and I wanted to make the best lunch in the contest. We were the members of Team 1. We made *ume* hamburgers. Team 2 made peach pizza. Team 3 made persimmon sandwiches. Team 4 made orange curry.

Five judges decided the points of originality, appearance, and taste. The audience voted for their favorite lunch and decided the points of popularity. We got 25 points in popularity.

During the contest, a lot of people came to eat our lunch. Our team worked very hard to win the contest, but the winner was Team 3. We were second. In both originality and taste, persimmon sandwiches got more points than *ume* hamburgers. In originality, three teams got the same points. In appearance, persimmon sandwiches and *ume* hamburgers got the same points. When we saw the results, we were sad. We couldn't win the contest.

We want to win the contest next year. I should do many things to do so. Here is one example. I should [　①　]. I'll do my best.

（注） contest　コンテスト　food　食材　*ume* hamburger　梅のハンバーガー
peach pizza　桃のピザ　persimmon sandwich　柿のサンドイッチ　judge　審査員
point　点数　originality　オリジナリティ（独創性）　appearance　見た目　taste　味
audience　観客　vote for ～　～に投票する　popularity　人気　result　結果

〔問１〕 本文の内容に合うように，次の（　）にあてはまる最も適切なものを，ア～エの中から１つ選び，その記号を書きなさい。

Noriko (　　　) in the contest.

ア decided the points of originality

イ was a member of Team 2

ウ made persimmon sandwiches with her friends

エ wanted to make the best lunch

〔問２〕 次のグラフは，グルメコンテストの得点結果です。本文の内容に合うように，A ～ D にあてはまる４つの評価の観点（originality, appearance, taste, popularity）を，次のア～エの中から１つずつ選び，その記号を書きなさい。

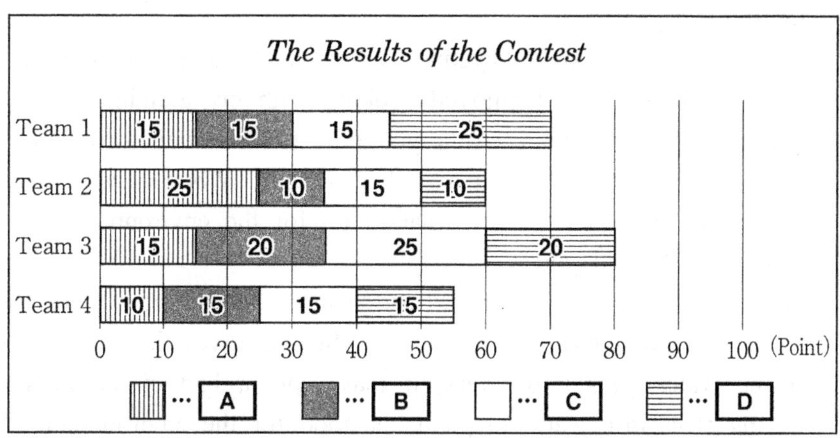

ア originality　イ appearance　ウ taste　エ popularity

〔問３〕 本文の流れに合うように，文中の ① にふさわしい英語を考えて書きなさい。ただし，語数は２語以上とし，符号（ . , ? ! など）は語数に含まないものとする。

〔問４〕 紀子は，スピーチ後，留学生のサム（Sam）と話をしました。次の対話文は，そのやりとりの一部です。これを読み，あとの⑴，⑵に答えなさい。

Noriko : Thank you for listening.
Sam : I enjoyed your speech. ［　②　］ But I've never eaten it.
Noriko : Really? *Umeboshi* is delicious and good for our health. My mother told me about that. She knows a lot about food.
Sam : I see. Eating *umeboshi* is a good idea. I'll eat it.

⑴ 文中の ② に，「私は梅干し（*umeboshi*）に興味があります。」という意味を表す英文を書きなさい。ただし，語数は４語以上とし，符号（ . , ? ! など）は語数に含まないものとする。

⑵ 対話の内容に合う最も適切なものを，次のア～エの中から１つ選び，その記号を書きなさい。

ア Noriko enjoyed eating *umeboshi* with Sam.
イ Noriko's mother has a lot of information about food.
ウ Sam gave his mother good advice for her health.
エ Sam sometimes eats *umeboshi* with his mother.

3 次の英文は，中学生の健（Ken）と留学生のエミリー（Emily）の対話です。これを読み，〔問１〕～〔問４〕に答えなさい。

Ken : Hi, Emily. Look at this picture.
Emily : Oh, this is a very beautiful beach.
Ken : Yes. I went to Wakayama last week.
Emily : [ ]?
Ken : Because I wanted to see my grandmother in Wakayama. I stayed there for three days.
Emily : Good. I've been to Wakayama. I love its wonderful nature. [A]
Ken : I had a good time. I enjoyed cooking with my grandmother.
Emily : That's nice. Did she [①] you how to cook delicious food?
Ken : Yes. She also told me many other things. When I was washing rice in the kitchen, she told me what to do for the environment.
Emily : What did she tell you?
Ken : She told me to use the rice rinse water. According to her, rice rinse water is a good fertilizer for plants. So she gives the water to [②]. If the water goes into rivers, it may have a bad effect on some fish. Giving rice rinse water to plants is good for the environment.
Emily : Oh, I have never [B]. It's amazing.
Ken : She also cleans plates with an old cloth before washing them. If we do this, we can save water.
Emily : I see. That's not so difficult.
Ken : Right. She does [③] things to save water. She wants to protect the environment. I think that there are many things we can easily do for the environment.
Emily : That's true. Let's find and start some of them soon.

（注） environment 環境　rice rinse water 米のとぎ汁（米を洗ったあとの白くにごった水）
according to ～ ～によると　fertilizer 肥料
have a bad effect on ～ ～に悪影響を及ぼす　plate 皿　cloth 布切れ

〔問１〕 対話の流れに合うように，文中の［ ］にふさわしい英語を考えて書きなさい。ただし，語数は４語以上とし，符号（．，？！など）は語数に含まないものとする。

〔問２〕 対話の流れに合うように，文中の [A]，[B] にあてはまる最も適切なものを，それぞれア～エの中から１つずつ選び，その記号を書きなさい。

A

ア What time was it?　イ What do you mean?

ウ How was your stay?　エ How long does it take?

B

ア eaten delicious fish　イ heard about that

ウ visited Wakayama　エ helped your grandmother

〔問３〕 文中の［①］～［③］にあてはまる語の組み合わせとして最も適切なものを，次のア～エの中から１つ選び，その記号を書きなさい。

ア ① show　② flowers　③ simple

イ ① tell　② animals　③ good

ウ ① ask　② rivers　③ easy

エ ① teach　② trees　③ wrong

〔問４〕 下線部 That の内容を，日本語で具体的に書きなさい。

4 次の質問に対するあなた自身の返答を，理由や説明を含めて，30語以上の英語で書きなさい。ただし，符号（．，？！など）は語数に含まないものとする。

〔質問〕 Which do you like better, summer vacation or winter vacation?

5 次の英文は，高校生の浩紀（Hiroki）が，英語の授業で行ったスピーチの原稿です。これを読み，〔問１〕～〔問７〕に答えなさい。

Hello. Today, I'll talk about my experience with people from foreign countries.

Last fall, I saw foreign people at a station. They were trying to buy train tickets. But they didn't know where to buy the tickets. Though I wanted to help them, I couldn't talk to them. I had no courage. I was sad.

At home, I told my father about it. He said, "When you find foreign people in need, you should talk to them. That will help them. I know you often help Japanese people. You should help not only Japanese people but also foreign people by talking to them."

A few days later, I saw a young foreign man in front of my house. His name was Robert. He was looking at a map alone on his bike. I remembered my father's words. I thought, "He may be lost. I should talk to him."

I said to him, "Hello. Can I help you?" in English. Robert said, "Hello. I'm a tourist. I'm from Australia." He began to talk about his situation. He said, "I bought a bike in Wakayama. ⓐ But it's (me, to, for, find, difficult) information about cycling courses in Wakayama." He wanted someone to help him.

I asked Robert to wait. I went back to my house and found some cycling courses on the Internet. Robert said, "Thank you for your kindness. My trip will be fun." [A] So I said, "Can you tell me about your trip by e-mail after you finish your trip?" He said, "Actually, I'll come back here because I'll go to the airport by bus from this town. I'll see you again."

Two weeks later, I met him in a coffee shop in a hotel. He said to me, "Thank you for your information about the cycling courses. When you talked to me for the first time, I was a little lonely. ⓑ So (encouraged, your, was, by, I) kindness." I was very glad to hear that. I was able to help a person from a foreign country.

After Robert talked about his trip, we went to the bus stop together. At the bus stop, Robert said, "Well, I'll give my bike to you because I'm going to leave Japan soon." I was surprised to hear ⓒ that. I said, "Really? Oh, thank you. I'm very happy."

These days, many foreign people are in Japan. We're going to have the Olympics and Paralympics in Japan this year. More foreign people will come to Japan.

Now, I'll tell you the most important thing I learned from my experience. When we want to help foreign people, talking to them is the first thing we can do.

（注） ticket 切符　courage 勇気　Robert ロバート（男性の名前）　map 地図
alone 一人で　word 言葉　be lost 道に迷っている　tourist 旅行者
situation 状況　cycling course サイクリングコース　kindness 親切　airport 空港
coffee shop 喫茶店　hotel ホテル　bus stop バス停
the Olympics and Paralympics オリンピックとパラリンピック

〔問１〕 下線部ⓐ，ⓑについて，それぞれ本文の流れに合うように（ ）の中の語を並べかえ，英文を完成させなさい。

〔問２〕 文中の [A] にあてはまる最も適切なものを，ア～エの中から１つ選び，その記号を書きなさい。

ア I didn't want to buy a bike for Robert.
イ I didn't want to talk to Robert in English.
ウ I wanted to give my bike to Robert.
エ I wanted to know about Robert's trip.

〔問３〕 下線部ⓒ that の内容を，日本語で具体的に書きなさい。

〔問４〕 次の⑴，⑵の質問の答えを，それぞれ英語で書きなさい。

⑴ When did Hiroki see foreign people at a station?
⑵ Where is Robert from?

〔問５〕 次のア～エの英文を，本文の流れに合うように並べかえると，どのような順序になりますか。その記号を書きなさい。

ア Hiroki talked with his father at home.
イ Hiroki found some cycling courses on the Internet.

ウ　Hiroki heard about Robert's trip in a coffee shop in a hotel.

エ　Hiroki saw a young foreign man who was looking at a map on his bike.

〔問6〕 浩紀が，自身の経験を通じて学んだ最も大切なことはどのようなことですか。日本語で書きなさい。

〔問7〕 浩紀のスピーチの後，先生は，クラスのある生徒と，次のようなやりとりをしました。次の対話文は，そのやりとりの一部です。

先生	:	Let's think about this situation. You see a foreign man near your house. He has a map in Japanese. He is going to stay at a hotel today. But he doesn't know where it is. What will you do to help him?
生徒	:	I'll talk to him and I'll [B].
先生	:	That's good.

対話の流れに合うように，文中の [B] にふさわしい英語を考えて書きなさい。ただし，語数は２語以上とし，符号（ . , ? ! など）は語数に含まないものとする。

令和２年度学力検査　英語科解答用紙

受検番号	

1	〔問１〕	No. 1	
		No. 2	
	〔問２〕	No. 1	
		No. 2	
		No. 3	
	〔問３〕	No. 1	
		No. 2	
		No. 3	
		No. 4	
		No. 5	

2	〔問１〕					
	〔問２〕		A	B	C	D
	〔問３〕					
	〔問４〕	(1)				
		(2)				

3	〔問１〕		〔　　〕?
	〔問２〕	A	
		B	
	〔問３〕		
	〔問４〕		

4	

5	〔問１〕	ⓐ	But it's (　　) information about cycling courses in Wakayama.
		ⓑ	So (　　) kindness.
	〔問２〕		
	〔問３〕		
	〔問４〕	(1)	
		(2)	
	〔問５〕		(　　) → (　　) → (　　) → (　　)
	〔問６〕		
	〔問７〕		

※この解答用紙は167％に拡大していただきますと，実物大になります。

<理科>

時間　50分　　満点　100点

1　和美さんたちは,「新聞記事から探究しよう」というテーマで調べ学習に取り組んだ。次の〔問1〕,〔問2〕に答えなさい。

〔問1〕　次の文は，和歌山県内初の水素ステーション開設の新聞記事の内容を和美さんが調べ，まとめたものの一部である。後の(1)〜(4)に答えなさい。

水素は宇宙で最も多く存在する原子と考えられており，地球上では，ほとんどが他の原子と結びついた化合物として存在する。水素原子を含む化合物から X の水素をとり出す方法の1つとして，水の電気分解がある（図1）。

一方で，①水の電気分解と逆の化学変化（図2）を利用して水素と酸素から電気エネルギーをとり出す装置がある。この装置を利用した自動車に水素を供給する設備として，水素ステーション（図3）が，2019年に和歌山県内に開設された。水素は，②化石燃料とは異なる新しいエネルギー源としての利用が注目されている。

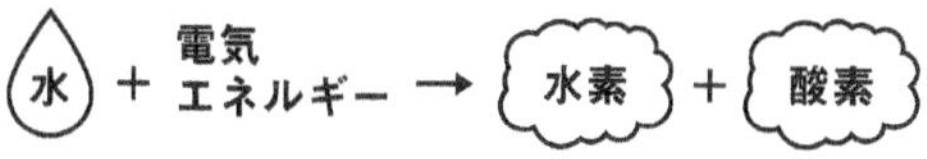

水 ＋ 電気エネルギー → 水素 ＋ 酸素

図1　水の電気分解

図2　水の電気分解と逆の化学変化

図3　水素ステーション

(1)　文中の X にあてはまる，1種類の原子だけでできている物質を表す語を，次のア〜エの中から1つ選んで，その記号を書きなさい。

ア　混合物　　イ　酸化物　　ウ　純物質　　エ　単体

(2)　水の電気分解に用いる電気エネルギーは，太陽光発電で得ることもできる。化石燃料のように使った分だけ資源が減少するエネルギーに対して，太陽光や水力，風力など，使っても減少することがないエネルギーを何というか，書きなさい。

(3) 下線部①の装置を何というか，書きなさい。

(4) 下線部②について，化石燃料を利用するのではなく，水素をエネルギー源にすると，どのような利点があるか。化学変化によって生じる物質に着目して，簡潔に書きなさい。

〔問2〕 次の文は，人類初の月面着陸から50周年の新聞記事の内容を和夫さんが調べ，まとめたものの一部である。後の(1)～(4)に答えなさい。

Ⅰ 月面着陸と地球への帰還

日本の日付で1969年7月21日，宇宙船（アポロ11号）は月に到着した。二人の宇宙飛行士は月面での活動を行った後，7月22日に月を出発した。そして，7月25日に無事に地球に帰還した。

図1 ロケット

Ⅱ ロケットの打ち上げのしくみ

月に向かった宇宙船は，ロケットで打ち上げられた。ロケットを打ち上げるためには，燃料を燃焼させてできた高温の気体を下向きに噴射させ，噴射させた気体から受ける上向きの力を利用する。このとき，ロケットが高温の気体を押す力と高温の気体がロケットを押す力の間には，［Y］の法則が成り立っている（図1）。

図2 宇宙服

Ⅲ 宇宙服の着用

月には大気がなく，月面での温度変化は極端である。地球上と同じように③呼吸や体温の維持をしながら月面で活動できるよう，宇宙飛行士は宇宙服を着用した（図2）。宇宙服には酸素濃度や温度等を調節するための装置が備わっていた。

(1) 月のように惑星のまわりを公転している天体を何というか，書きなさい。

(2) ある晴れた日の18時に，和歌山から図3のような月が見えた。このときの月の位置として最も適切なものを，図4のア～エの中から1つ選んで，その記号を書きなさい。

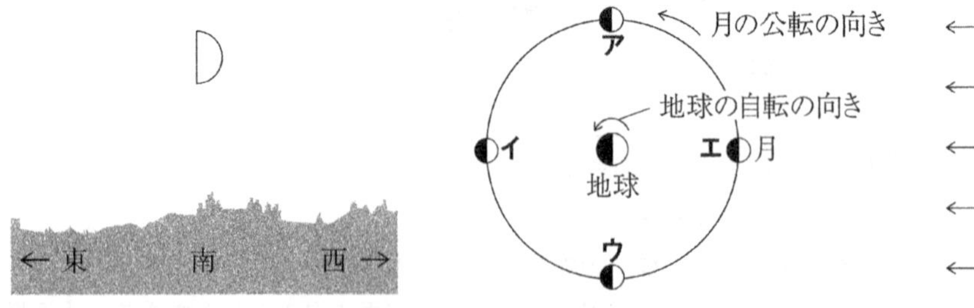

図3 ある晴れた日の18時の月　**図4** 地球と月の位置関係

(3) 文中の［Y］にあてはまる適切な語を書きなさい。

(4) 下線部③について，図5はヒトの肺のつくりを模式的に表したものである。図5中の Z にあてはまる，気管支の先につながる小さな袋の名称を書きなさい。
また，この小さな袋が多数あることで，酸素と二酸化炭素の交換の効率がよくなる。その理由を，簡潔に書きなさい。

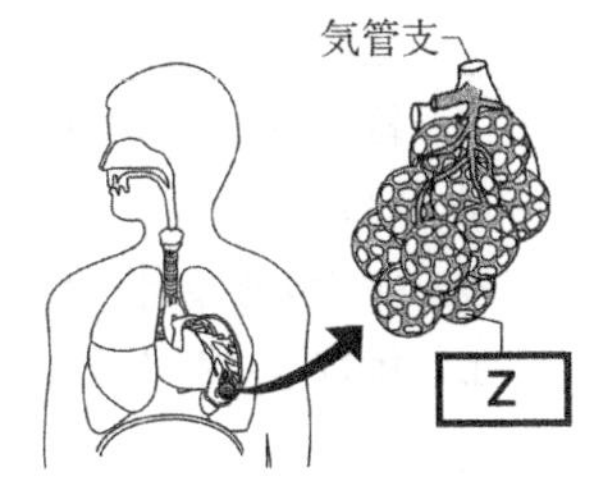

図5　肺のつくり

2 植物の分類に関する次の文を読み，下の〔問1〕～〔問7〕に答えなさい。ただし，文中と図1の X には，同じ語があてはまる。

5種類の植物（ゼニゴケ，イヌワラビ，マツ，ツユクサ，アブラナ）を，それぞれの特徴をもとに分類した（図1）。
植物は，種子をつくらない植物と種子をつくる植物に分類することができる。
種子をつくらない植物は，①維管束のようすや，葉，茎，根のようすからコケ植物と X 植物に分類することができる。コケ植物にあたるのがゼニゴケであり，X 植物にあたるのがイヌワラビである。
種子をつくる植物は，②胚(はい)珠の状態から③裸子植物と被子植物に分類することができる。裸子植物にあたるのが④マツである。
被子植物は，芽生えのようすから，⑤単子葉類と⑥双子葉類に分類することができる。単子葉類にあたるのがツユクサであり，双子葉類にあたるのがアブラナである。

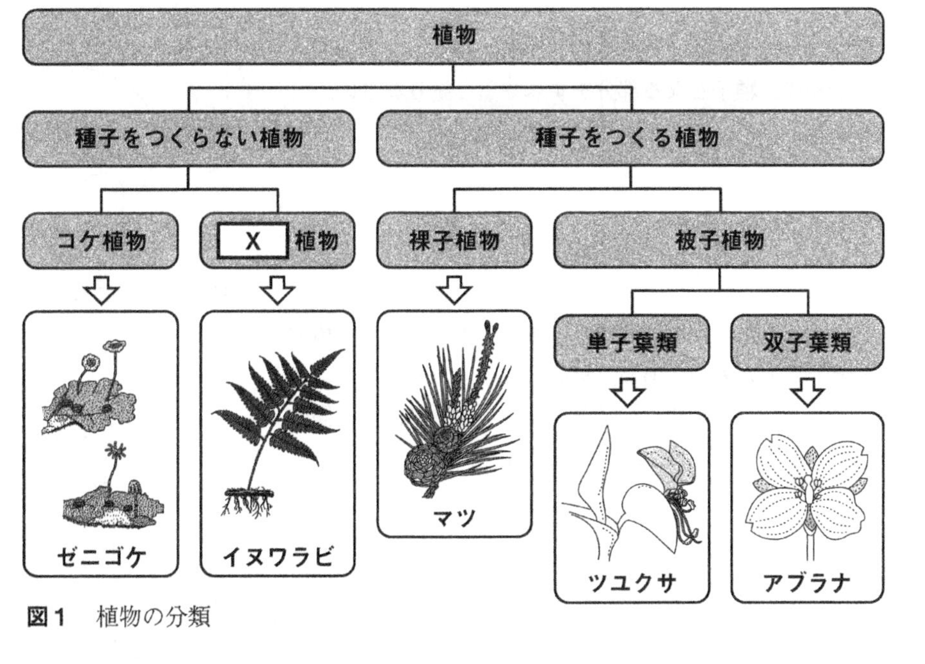

図1　植物の分類

〔問1〕 下線部①について，コケ植物の特徴として適切なものを，次のページのア～エの中から

1つ選んで，その記号を書きなさい。

ア　維管束があり，葉，茎，根の区別もある。

イ　維管束があり，葉，茎，根の区別はない。

ウ　維管束がなく，葉，茎，根の区別はある。

エ　維管束がなく，葉，茎，根の区別もない。

〔問2〕　文中および図1の X にあてはまる適切な語を書きなさい。

〔問3〕　下線部②について，次の文の Y にあてはまる適切な内容を書きなさい。

裸子植物は，被子植物と異なり，胚珠が Y という特徴がある。

〔問4〕　下線部③について，裸子植物を次のア～エの中からすべて選んで，その記号を書きなさい。

ア　アサガオ　　**イ**　イチョウ　　**ウ**　イネ　　**エ**　スギ

〔問5〕　下線部④について，次の(1)，(2)に答えなさい。

(1)　図2は，マツの枝先を模式的に表したものである。雄花はどれか，図2中の**ア**～**エ**の中から1つ選んで，その記号を書きなさい。

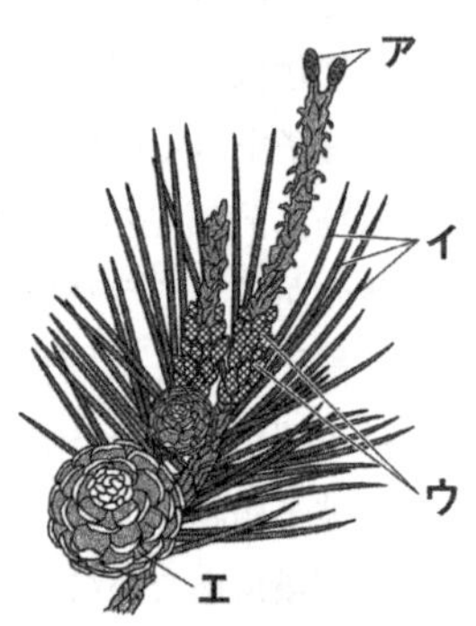

図2　マツの枝先

(2)　図3は，マツの雌花のりん片を模式的に表したものである。受粉後，種子となる部分をすべて黒く塗りなさい。

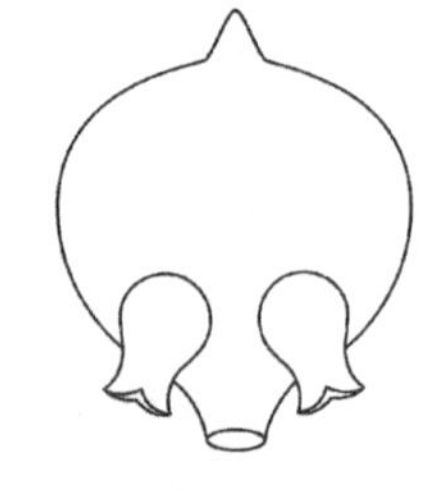

図3　マツの雌花のりん片

〔問6〕　下線部⑤について，図4は，単子葉類のつくりを模式的に表そうとしたものである。葉脈と根のようすはどのようになっているか，それぞれの特徴がかかるように，解答欄の ⬚ に実線（――）でかき入れなさい。

図4　単子葉類のつくり

〔問7〕 下線部⑥について，双子葉類は，花のつくりによって，離弁花類と合弁花類の２つに分類することができる。離弁花類の植物を下のア～エの中からすべて選んで，その記号を書きなさい。

また，離弁花類の特徴として，花のどの部分がどのようなつくりになっているか，簡潔に書きなさい。

ア アブラナ　**イ** サクラ　**ウ** タンポポ　**エ** ツツジ

3 台風に関する次の文を読み，後の〔問1〕～〔問7〕に答えなさい。ただし，文中と図1の X には，同じ語があてはまる。

熱帯で発生する低気圧を熱帯低気圧とよぶ。このうち，最大風速が約17m/s 以上のものを台風とよぶ。熱帯低気圧や台風の内部には①積乱雲が発達している。

体風は，台風周辺の気圧配置や上空の風の影響を受けて移動する。②台風は，通常，低緯度では西に移動し， X のまわりを北上して中緯度に達すると，上空の偏西風の影響を受けて進路を東よりに変えて速い速度で進むようになる（図1）。

表1は，ある台風が日本に上陸した日の気象観測の結果をまとめたものの一部である。

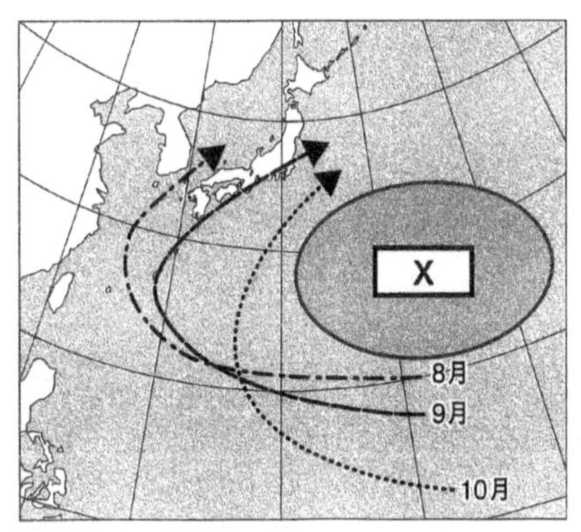

図1　台風の進路の傾向

表1　和歌山地方気象台における気象観測記録

時刻	気圧〔hPa〕	降水量〔mm〕	平均風速〔m/s〕	風向
12:00	974.7	3.5	11.7	東
12:10	972.7	3.5	12.3	東
12:20	970.7	6.5	12.6	東南東
12:30	968.3	8.5	16.0	東南東
12:40	966.8	8.5	18.7	南東
12:50	964.9	17.0	20.8	南南東
13:00	962.2	13.0	24.3	南南東
13:10	962.5	0.5	28.3	南
13:20	964.3	0.0	37.6	南南西
13:30	969.2	0.0	37.1	南南西
13:40	973.9	0.0	33.4	南南西
13:50	977.9	1.0	28.7	南西
14:00	980.3	0.5	24.1	南西

（出典　気象庁公式ウェブサイト）

〔問1〕 下線部①について，積乱雲を説明した文として正しいものを，次のア～エの中から２つ選んで，その記号を書きなさい。

ア 積乱雲が発達すると弱い雨が広い範囲に降ることが多い。

イ 積乱雲が発達すると強い雨が局地的に降ることが多い。

ウ 積乱雲は寒冷前線を特徴づける雲である。

エ 積乱雲は温暖前線を特徴づける雲である。

〔問2〕 下線部②について，低緯度から中緯度における大気の動きを模式的に表した図として最も適切なものを，次のページのア～エの中から１つ選んで，その記号を書きなさい。

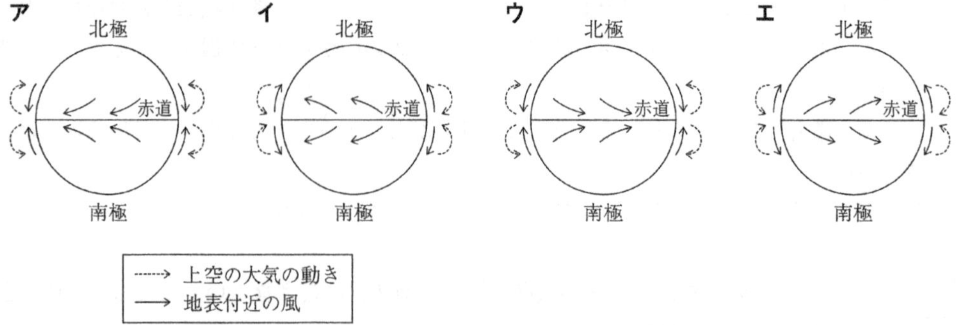

〔問3〕 文中および図1の **X** にあてはまる高気圧または気団の名称を書きなさい。

〔問4〕 台風が接近すると大気中の水蒸気量が増え，降水量が多くなることがある。気温が25℃，湿度が80％のとき，1 m³の空気に含まれる水蒸気の質量は何 g か。気温と飽和水蒸気量の関係（**図2**）より求めなさい。

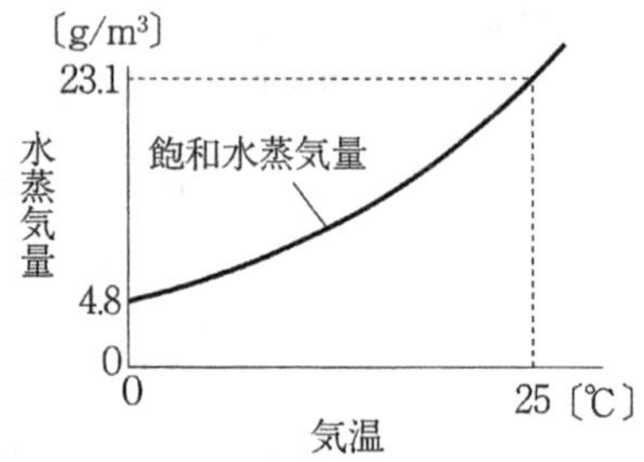

図2　気温と飽和水蒸気量の関係

〔問5〕 次の文は，雲のでき方を説明したものである。文中の①，②について，それぞれ**ア**，**イ**のうち適切なものを1つ選んで，その記号を書きなさい。

> 水蒸気を含む空気の塊が上昇すると，周囲の気圧が①｛**ア**　高い　　**イ**　低い｝ために膨張して気温が②｛**ア**　上がる　　**イ**　下がる｝。やがて，空気中に含みきれなくなった水蒸気が水滴になることで，雲ができる。

〔問6〕 **表1**の気象観測記録から，この台風はどこを進んだと考えられるか。台風の通過経路（ ➡ ）を表した図として最も適切なものを，次の**ア**～**エ**の中から1つ選んで，その記号を書きなさい。ただし，**表1**の記録が観測された地点を■で，各時刻の台風の中心の位置を●で示している。

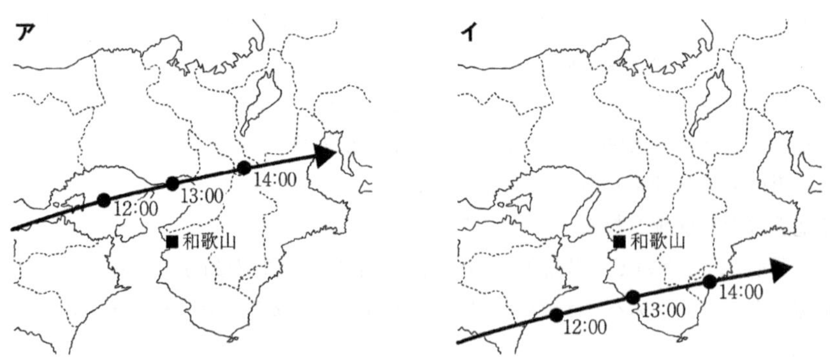

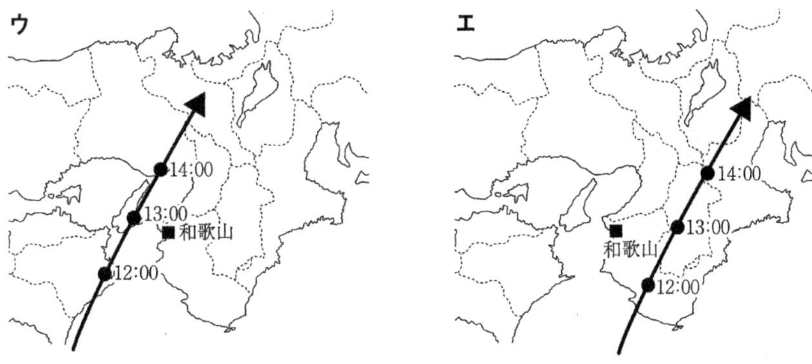

〔問7〕 台風により，高潮が発生することがある。高潮が発生するしくみを，簡潔に書きなさい。

4 水溶液を電気分解したときにできる物質を調べるために，次の**実験Ⅰ**，**実験Ⅱ**を行った。後の〔問1〕～〔問6〕に答えなさい。 （**図2**，**図3**，**表2**は次のページにあります。）

実験Ⅰ 「塩化銅水溶液の電気分解」

(i) **図1**のような装置（炭素棒電極）を組み立て，塩化銅水溶液に電流を流した。

(ii) 陰極表面に付着した物質を取り出して，薬さじの裏でこすった。

(iii) 陽極付近から発生した気体のにおいを調べた。

(iv) 実験の結果をまとめた（**表1**）。

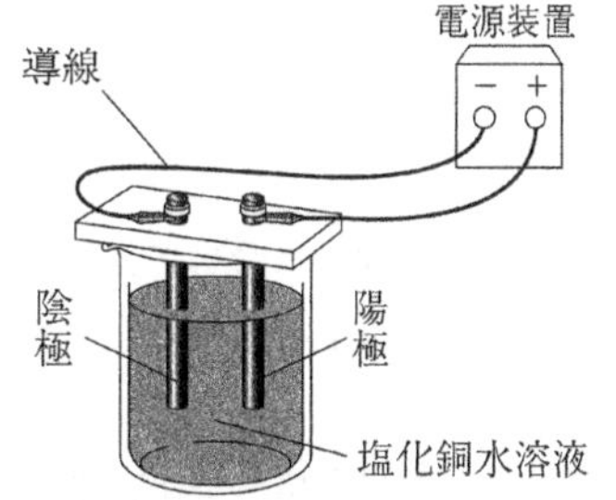

図1 実験装置

表1 **実験Ⅰ**の結果

陰極	陽極
・付着した赤色の物質を薬さじの裏でこすると，金属光沢が見られた。	・発生した気体はプールの消毒薬のようなにおいがした。

実験Ⅱ 「塩酸の電気分解」

(i) **図2**のように，ゴム栓をした電気分解装置（白金めっきつきチタン電極）に，①<u>質量パーセント濃度が3.5%のうすい塩酸</u>を入れ，電流を流した。

(ii) どちらかの極側に気体が4目盛りまでたまったところで，電流を止めた。

(iii) 陰極側と陽極側にたまった気体のにおいをそれぞれ調べた。

(iv) 陰極側にたまった気体にマッチの火を近づけた。

(v) 陽極側の管の上部の液をスポイトで少量とって，赤インクに加えた（**図3**）。

(vi) 実験の結果をまとめた（**表2**）。

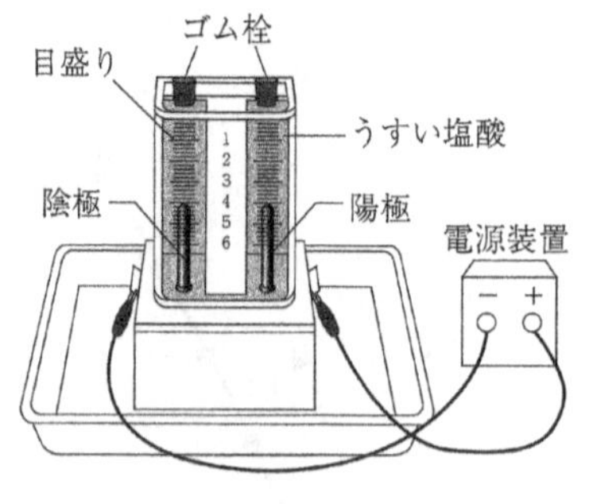

図2　実験装置

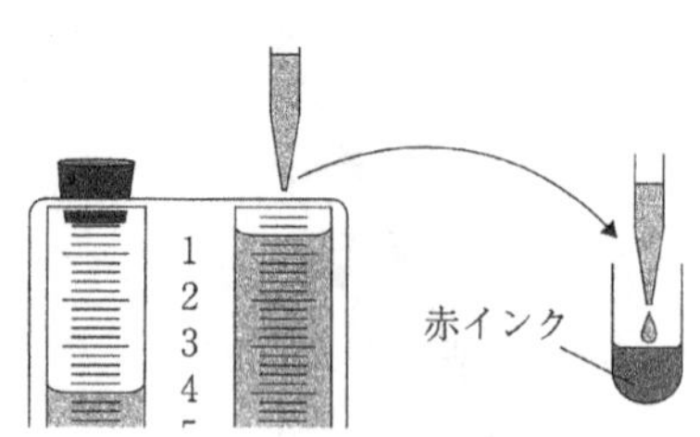

図3　赤インクに加えるようす

表2　**実験Ⅱ**の結果

陰極	陽極
・4目盛りまで気体がたまった。 ・気体は無臭であった。 ・マッチの火を近づけると， X 。	・たまった気体の量は陰極側より少なかった。 ・気体はプールの消毒薬のようなにおいがした。 ・赤インクに加えると，②インクの色が消えた。

〔問1〕　**実験Ⅰ**について，陰極の表面に付着した物質は何か，化学式で書きなさい。

〔問2〕　**実験Ⅰ**と**実験Ⅱ**について，気体のにおいを調べるときの適切なかぎ方を，簡潔に書きなさい。

〔問3〕　**実験Ⅰ**について，水溶液中で溶質が電離しているようすをイオンのモデルで表したものとして最も適切なものを，次の**ア**～**エ**の中から1つ選んで，その記号を書きなさい。ただし，図中の○は陽イオンを，●は陰イオンをそれぞれ表している。

ア
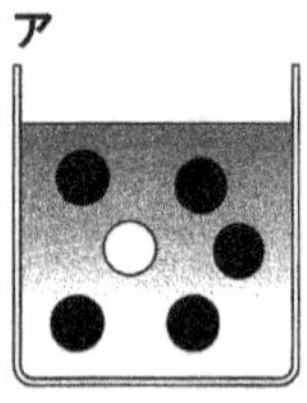

イ
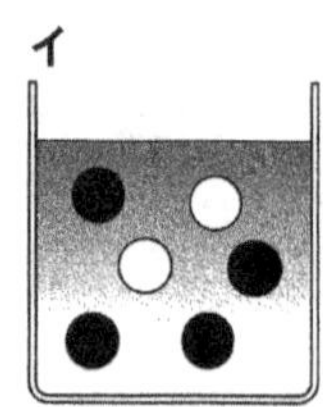

ウ
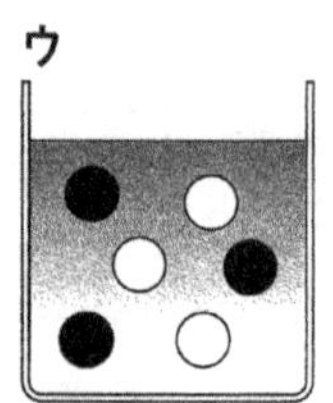

エ
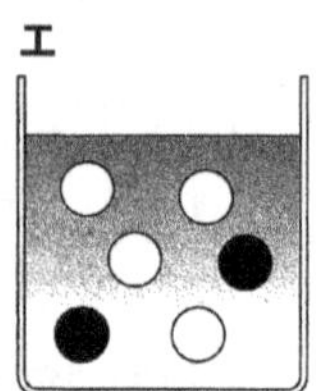

〔問4〕　**実験Ⅱ**の下線部①について，質量パーセント濃度が35％の塩酸20gに水を加えて，3.5％のうすい塩酸をつくった。このとき加えた水の質量は何gか，書きなさい。

〔問5〕　**実験Ⅱ** (iv)について，**表2**の X にあてはまる適切な内容と，陰極側にたまった気体の名称を書きなさい。

〔問6〕　**実験Ⅰ**と**実験Ⅱ**で陽極側から発生した気体は，においの特徴から，どちらも塩素であると考えられる。次の(1)～(3)に答えなさい。

(1)　塩素の特徴である，**表2**の下線部②のような作用を何というか，書きなさい。

(2)　次のページの文は，塩素が陽極側から発生する理由について説明したものである。文中の①，②について，それぞれ**ア**，**イ**のうち適切なものを1つ選んで，その記号を書きなさい。

塩素原子を含む電解質は，水溶液中で電離して塩化物イオンを生じる。塩化物イオンは，塩素原子が① {ア　電子　　イ　陽子} を1個② {ア　受けとる　　イ　失う} ことで生じ，－（マイナス）の電気を帯びている。そのため，電気分解で塩素の気体が生じるときは，陽極側から生じることになる。

(3) **実験Ⅱ**について，陰極側と陽極側からは同じ体積の気体が発生すると考えられるが，**表2**のようにたまった気体の量には違いが見られた。その理由を，簡潔に書きなさい。

5 物体にはたらく圧力について調べるため，**実験Ⅰ**～**実験Ⅲ**を行った。次のページの〔**問1**〕～〔**問7**〕に答えなさい。

実験Ⅰ　「スポンジにはたらく圧力の違いを調べる実験」

(i) 質量が500gの直方体の物体を用意し，この物体の面積の異なる3つの面を面**A**，面**B**，面**C**とした（**図1**）。

(ii) 直方体の物体の面**A**，面**B**，面**C**をそれぞれ上にして，**図2**のようにスポンジの上に置き，スポンジの変形のようすを調べた。

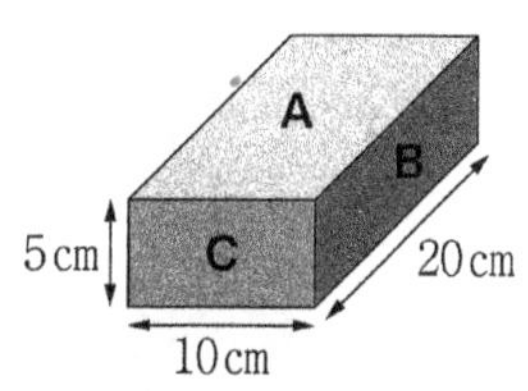

図1　直方体の物体

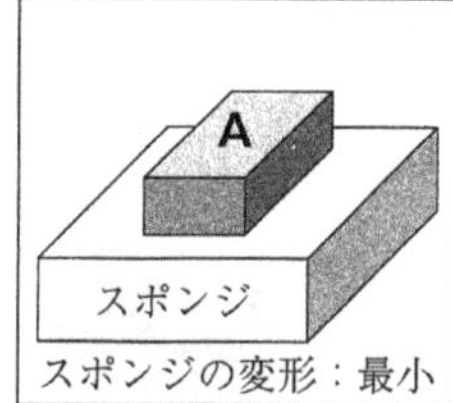

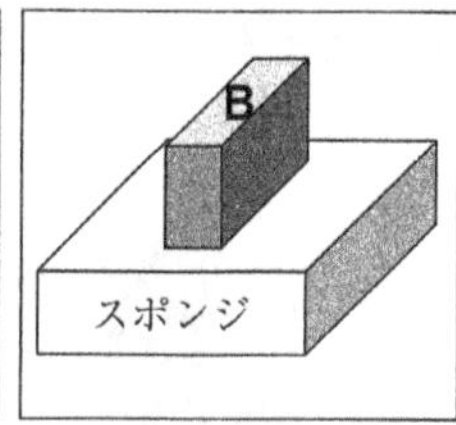

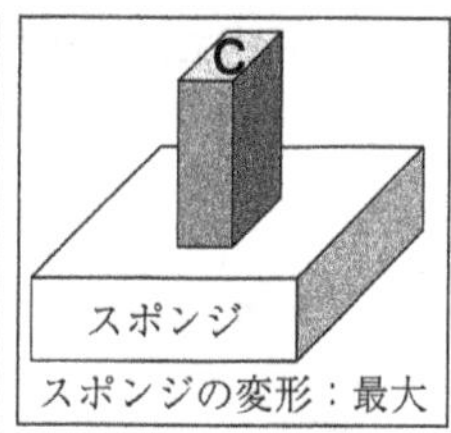

図2　物体の置き方とスポンジの変形のようす

実験Ⅱ　「水圧や浮力について調べる実験」

(i) 直方体の形をした全く同じ容器を2つ用意し，それぞれの容器の中に入れるおもりの数を変えて密閉し，容器**A**，容器**B**とした（**図3**）。

(ii) 容器**A**をばねばかりに取り付け，①空気中，②容器が半分水中に沈んだとき，③容器が全部水中に沈んだときの順で，ばねばかりが示す値をそれぞれ読み取った（**図4**）。

(iii) 容器**B**に替えて(ii)と同様の操作を行った。

(iv) 実験結果を表にまとめた（**表1**）。

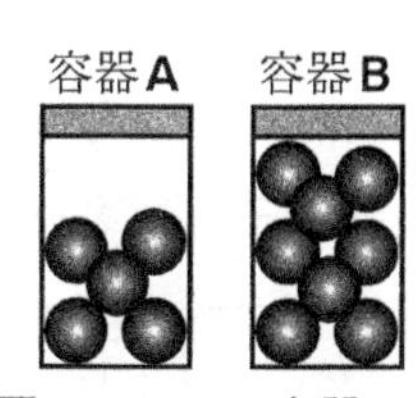

図3　2つの容器

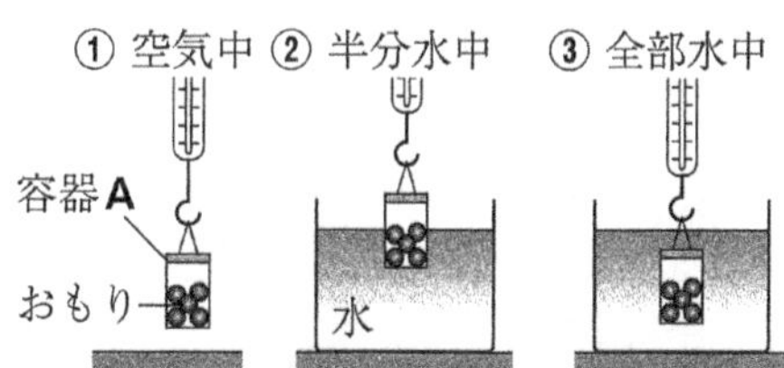

図4　測定のようす

表1　実験結果

	容器	①空気中	②半分水中	③全部水中
ばねばかりが示す値〔N〕	**A**	1.00	0.60	0.20
	B	1.50	1.10	0.70

実験Ⅲ　「大気圧について調べる実験」

(i)　フックを取り付けたゴム板をなめらかな面でできた容器の内側に押しつけて，ゴム板と容器の間の空気を追い出した（図５）。

(ii)　フックに糸でおもりを取り付け，容器を逆さまにしても落ちないことを確認した（図６）。

(iii)　容器にふたをし，簡易真空ポンプを使って，容器内の空気を少しずつ抜いた（図７）。

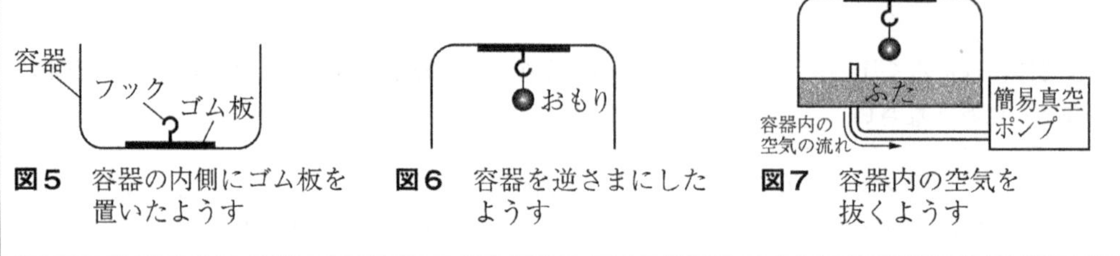

図５　容器の内側にゴム板を置いたようす　**図６**　容器を逆さまにしたようす　**図７**　容器内の空気を抜くようす

〔問１〕　圧力の大きさは「Pa」という単位で表される。この単位のよみをカタカナで書きなさい。

〔問２〕　図１の直方体の物体を２つ用意し，重ね方を変えながら，はみ出さないようにスポンジの上に置いた。スポンジにはたらく圧力が，図２の面Cを上にしたときと等しくなるものを，次の**ア**～**エ**の中からすべて選んで，その記号を書きなさい。

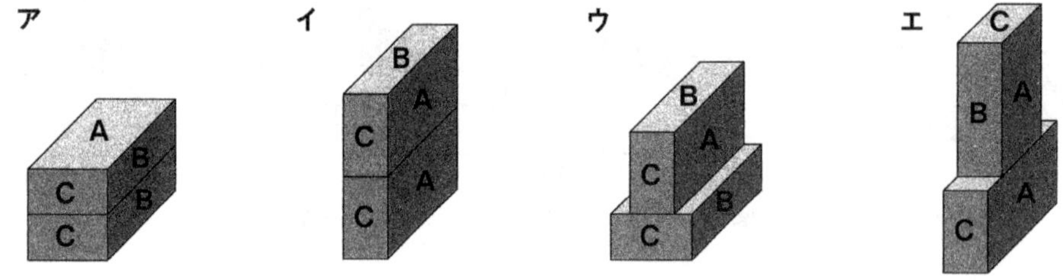

〔問３〕　やわらかい雪の上を移動するときに，スキー板をはいて歩くと，足が雪に沈みにくくなる。この理由を**実験Ⅰ**の結果をふまえて簡潔に書きなさい。ただし，「**面積**」「**圧力**」という語を用いること。

〔問４〕　**実験Ⅱ**で，容器Aが全部水中に沈んだとき，容器にはたらく水圧のようすを模式的に表したものとして最も適切なものを，次の**ア**～**エ**の中から１つ選んで，その記号を書きなさい。ただし，**ア**～**エ**は，容器Aを真横から見たものであり，矢印の向きは水圧のはたらく向き，矢印の長さは水圧の大きさを示している。

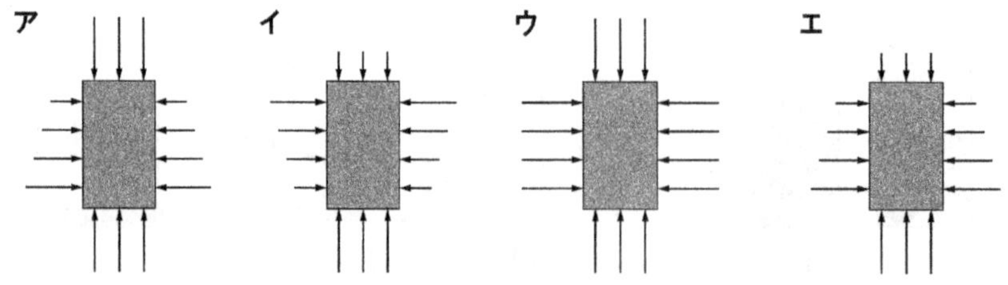

〔問５〕　次のページの文は，**実験Ⅱ**の結果を考察したものである。 X ， Y にあてはまる適切な数値をそれぞれ書きなさい。また， Z にあてはまる適切な内容を書きなさい。

> 容器Aについて，半分水中にあるときに受ける浮力の大きさは［　X　］Nで，全部水中にあるときに受ける浮力の大きさは［　Y　］Nである。
> また，容器Bに替えたとき，容器Aのときと水中にある部分の体積が同じであれば，受ける浮力の大きさは［　Z　］。

〔問６〕 実験Ⅲ (i)のとき，ゴム板は大気圧を受けて容器の内側にはりつき，真上に引き上げても容器からはずれなかった。このとき，ゴム板が大気から受ける力は何Nか，書きなさい。ただし，容器の底の大気圧を1000hPa，ゴム板の面積は25㎠とする。また，１hPaは100Paである。

〔問７〕 実験Ⅲ (iii)で，容器内の空気を抜いていくと，ゴム板はおもりとともに容器からはずれて落下した。ゴム板が落下した理由を，簡潔に書きなさい。ただし，実験器具は変形しないものとする。

令和２年度学力検査　理科解答用紙

受検番号	

1

〔問1〕	(1)	
	(2)	
	(3)	
	(4)	
〔問2〕	(1)	
	(2)	
	(3)	
	(4)	Z
		理由

2

〔問1〕		
〔問2〕		
〔問3〕		
〔問4〕		
〔問5〕	(1)	
	(2)	
〔問6〕	葉脈のようす	
	根のようす	
〔問7〕	記号	
	特徴	

3

〔問1〕		
〔問2〕		
〔問3〕		
〔問4〕	g	
〔問5〕	①	②
〔問6〕		
〔問7〕		

4

〔問1〕			
〔問2〕			
〔問3〕			
〔問4〕	g		
〔問5〕	X		
	気体		
〔問6〕	(1)	作用	
	(2)	①	②
	(3)		

5

〔問1〕		
〔問2〕		
〔問3〕		
〔問4〕		
〔問5〕	X	Y
	Z	
〔問6〕	N	
〔問7〕		

※この解答用紙は167%に拡大していただきますと，実物大になります。

＜社会＞

時間 50分　満点 100点

1 由紀さんは，社会科の授業で，「世界と日本の関わり」をテーマにして，調べ学習を行いました。次の文は，そのレポートの一部です。これを読み，下の図１を見て，〔問１〕～〔問４〕に答えなさい。

> 私たちは，ⓐ近隣の国々をはじめ，日本から遠く離れた世界の国々と関わりをもちながら暮らしています。例えば，小麦はアメリカやカナダから，カカオ豆の多くはⓑ赤道付近にあるⓒアフリカの国々から輸入しています。また，毎日着ている衣服も日本で作られているものは少なく，中国をはじめ，ベトナムやインドネシアなどⓓアジアの国々で作られたものを多く輸入しています。
>
> その他にも，私たちの生活に必要なものがたくさん海外から輸入されており，それらの国々と日本は密接に関わっています。

図１

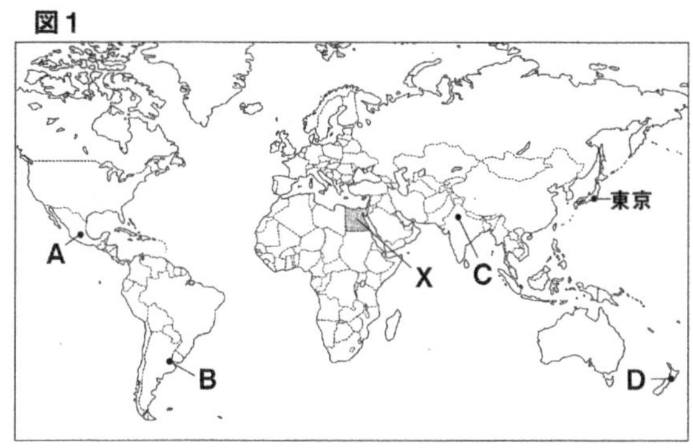

図２

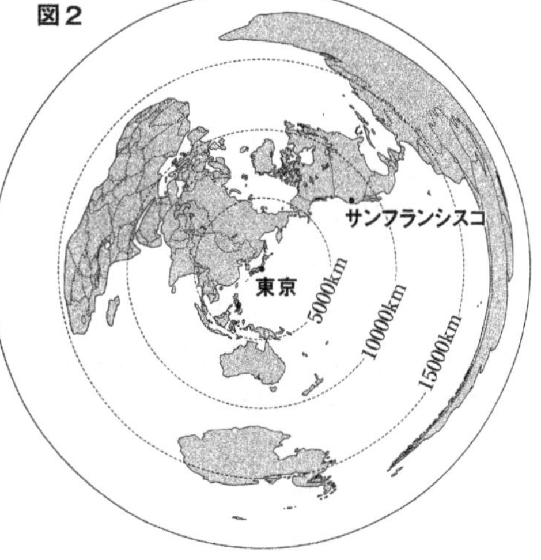

〔問１〕 文中の下線ⓐに関し，図２は，東京からの距離と方位が正しく表された地図です。これを見て，次の(1)，(2)に答えなさい。

(1) 図２中の東京から見た，アメリカの都市であるサンフランシスコの方位として適切なものを，次のア～エの中から１つ選び，その記号を書きなさい。

ア 北東　イ 北西　ウ 南東　エ 南西

(2) 図１中のＡ～Ｄは，メキシコ，アルゼンチン，インド，ニュージーランドの首都を順に示しています。４つの国の首都Ａ～Ｄを東京からの直線距離が短い順に並べるとどのようになりますか，図２を参考にし，その記号を順に書きなさい。

〔問２〕 文中の下線ⓑにある地域の中でも標高が高い地域では，１年を通して気温が低く，作物はあまり育ちません。このような地域の気候を何といいますか，書きなさい。

〔問３〕 文中の下線ⓒに関し，次のページの(1)，(2)に答えなさい。

(1) 図１中のＸの国名を何といいますか，書きなさい。

(2) 図１中のアフリカ大陸には，直線的な国境線が見られます。その理由を，歴史的背景に着目して，簡潔に書きなさい。

〔問４〕 文中の下線ⓓに関し，表は，中国，ベトナム，インドネシア，日本の４か国について，それぞれの国の面積，輸出総額，主要輸出品の輸出額，輸入総額，主要輸入品の輸入額を示したものです。ベトナムにあたるものを，表中のア～エの中から１つ選び，その記号を書きなさい。

表

	面積（千km²）	輸出総額（百万ドル）	主要輸出品の輸出額（百万ドル）	輸入総額（百万ドル）	主要輸入品の輸入額（百万ドル）
ア	1911	168810	石炭（20462），パーム油（18513），機械類（14448），衣類（8214）	157388	機械類（36521），石油製品（15873），鉄鋼（8668），原油（8232）
イ	378	698097	機械類（247850），自動車（144719），精密機械（36914），鉄鋼（29287）	671474	機械類（163937），原油（63745），液化天然ガス（34913），衣類（28095）
ウ	9600	2263371	機械類（979752），衣類（157464），繊維品（109595），金属製品（85832）	1843793	機械類（627780），原油（163821），精密機械（92158），自動車（79100）
エ	331	215119	機械類（86560），衣類（25037），はきもの（15218），魚介類（8282）	213215	機械類（86613），繊維品（14519），プラスチック（10968），鉄鋼（9887）

（「世界国勢図会2019/20年版」から作成）

2 次の文は，誠さんが社会科の授業で，「日本の工業と環境対策」について調べ，レポートにまとめたものの一部です。これを読み，〔問１〕～〔問５〕に答えなさい。

> 工業製品の原料になる鉄鉱石や，エネルギー源として利用される石油や天然ガスなどをⓐ鉱産資源といいます。
>
> 日本では，鉱産資源の輸入に便利な地域に工場が立ち並び，特に第二次世界大戦後，各地にⓑ工業の盛んな地域が形成されました。しかし，これらの一部の地域では，工場の排煙や排水による深刻な公害が発生しました。
>
> それに対し，企業や自治体において，公害を防ぐ取り組みが進み，資源のリサイクルや環境対策などの技術が向上しました。
>
> 1990年代後半には，自動車産業において，環境に配慮したハイブリッド車の量産が始まり，また，ⓒ関東地方，中部地方，ⓓ九州地方などにおいて，循環型社会を形成することを目的としたエコタウン事業が行われてきました。エコタウンの第１号に承認された都市は，神奈川県川崎市，ⓔ長野県飯田（いいだ）市，福岡県北九州市です。

〔問１〕 文中の下線ⓐに関し，携帯電話の小型電池などに使われている金属に，コバルトやリチウムがあります。埋蔵量が少なく，生産量も限られている，これらの金属の総称を何といいますか，書きなさい。

〔問２〕 文中の下線ⓑに関し，次のア～ウは，日本の工業のようすについて述べたものです。これらを年代の古い順に並べるとどのようになりますか，その記号を順に書きなさい。

ア 内陸部の交通網が整備されて，高速道路のインターチェンジ付近に工業団地の開発が行われ，北関東に工業地域が形成されはじめた。

イ 外国製品との競争や，貿易上の問題により，工業製品の輸出先であるアメリカやヨーロッパで現地生産をはじめた。

ウ　京浜，中京，阪神，北九州の４つの地域を中心に，臨海部で工業が発達しはじめた。

〔問３〕　文中の下線ⓒに関し，日本を７地方に区分したとき，関東地方と接する東北地方の県が１県あります。その県名を書きなさい。

〔問４〕　文中の下線ⓓに関し，次の⑴，⑵に答えなさい。

⑴　**図**は，南西諸島で見られる伝統的な住居です。この住居は，周囲を石垣で囲ったり，屋根のかわらをすき間なく固めたりしています。このような住居のつくりにしている理由を，簡潔に書きなさい。

図

⑵　**表**は，福岡県，大分県，鹿児島県，沖縄県について，それぞれの人口，人口密度，第３次産業の就業者割合，豚の産出額，地熱発電電力量を示したものです。表中の①～④にあてはまる県名の組み合わせとして正しいものを，下の**ア**～**エ**の中から１つ選び，その記号を書きなさい。

表

	人口（千人）	人口密度（人/km²）	第３次産業の就業者割合（%）	豚の産出額（億円）	地熱発電電力量（百万kWh）
①	5107	1024.1	75.8	56	0
②	1626	177.0	72.2	723	243
③	1443	632.7	80.7	113	0
④	1152	181.7	69.6	90	879

（「データでみる県勢2019年版」などから作成）

ア　①　沖縄県　②　福岡県　③　鹿児島県　④　大分県
イ　①　福岡県　②　鹿児島県　③　沖縄県　④　大分県
ウ　①　鹿児島県　②　福岡県　③　大分県　④　沖縄県
エ　①　福岡県　②　大分県　③　沖縄県　④　鹿児島県

〔問５〕　文中の下線ⓔは，中央高地に位置し，内陸性気候に区分されます。次の**ア**～**エ**は，長野県飯田市を含め，北海道網走(あばしり)市，富山県富山市，高知県土佐清水(とさしみず)市のいずれかの都市の気温と降水量を表したものです。長野県飯田市にあたるものを１つ選び，その記号を書きなさい。

ア

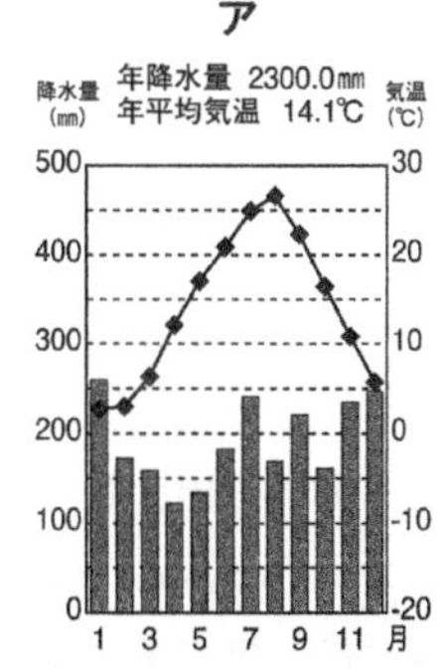

イ

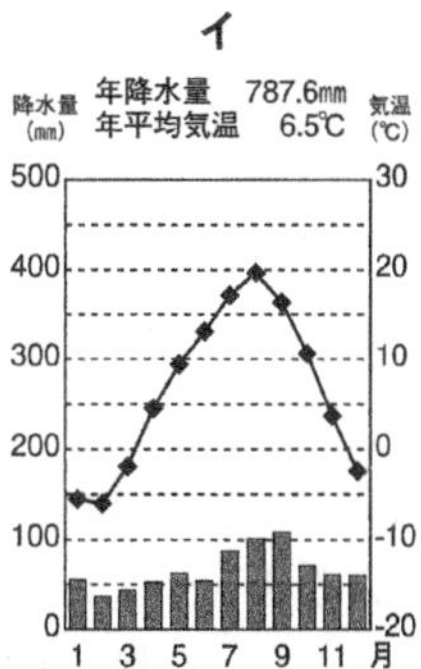

ウ

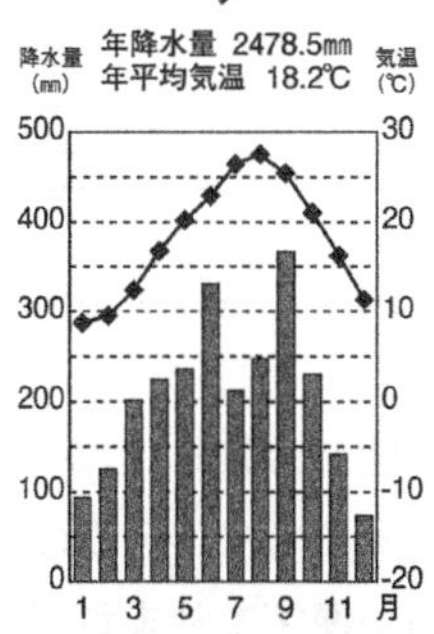

エ

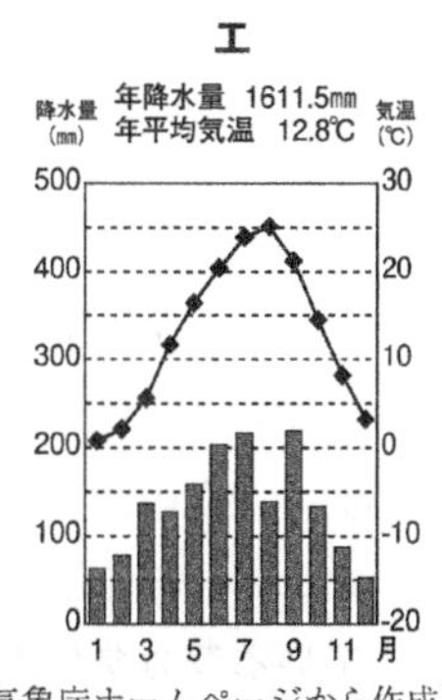

（気象庁ホームページから作成）

3　次の文と略地図は，さくらさんが自由研究で，「日本の歴史と東アジアの関わり」について調べ，レポートにまとめたものの一部です。これらを見て，〔問１〕～〔問10〕に答えなさい。

時代	日本の歴史と東アジアの関わり
弥生	中国大陸や朝鮮半島から伝わった稲作が広まり，ⓐ小さな国が各地に生まれた。
古墳	ⓑ大和政権（ヤマト王権）の倭王は，中国の南朝に使いを送った。
飛鳥	大陸の影響を受けたⓒ仏教文化が栄えた。
〃	ⓓ朝鮮半島に大軍を送り，唐と新羅の連合軍と戦った。
奈良	唐の長安にならった平城京に都を移し，ⓔ地方をおさめる役所も整備された。
平安	遣唐使が廃止され，日本独自の文化であるⓕ国風文化が栄えた。
鎌倉	２度にわたり元軍が九州北部に襲来した。
〃	中国大陸から伝わった禅宗などのⓖ新しい仏教が広まった。
室町	宋や明から輸入された貨幣が取り引きに使われるなど，ⓗ商業が活発になった。
江戸	徳川家光の頃に貿易統制が行われたが，ⓘ東アジアとの関わりは継続された。
〃	江戸時代後期には，ⓙ東アジアへの進出をめざすロシア船などが接近するようになった。

【略地図】

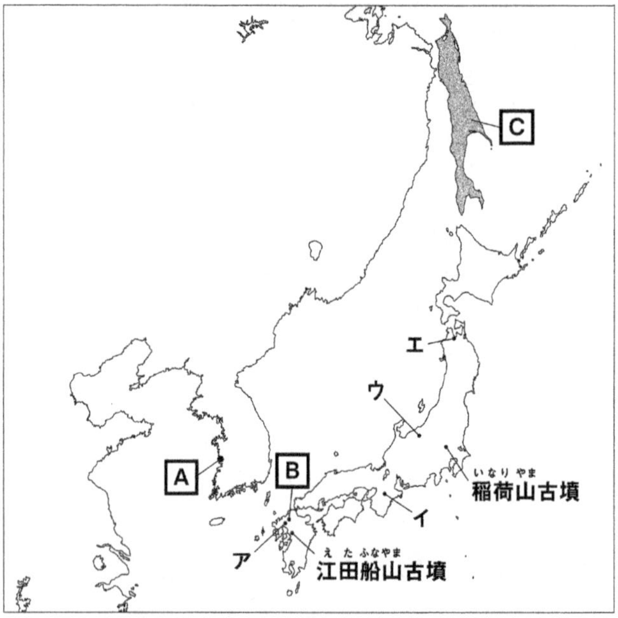

〔問１〕　文中の下線ⓐに関し，吉野ヶ里遺跡の位置を，略地図中の**ア**～**エ**の中から１つ選び，その記号を書きなさい。

〔問２〕　文中の下線ⓑに関し，**資料１**（次のページ）は，略地図中の稲荷山古墳から出土した鉄剣とその一部を拡大したものです。そこには，大和政権（ヤマト王権）の大王の一人と考えられている**ワカタケル**の名が漢字で刻まれています。また，**資料１**と同じように，ワカタケルの名が刻まれているとされる鉄刀が略地図中の江田船山古墳からも出土しています。これらの鉄剣や鉄刀に刻まれた文字からは，古墳にほうむられた人物が，ワカタケル大王に仕えていたことが読み取れます。これらのことから，当時の大和政権（ヤマト王権）の勢力について考えられることを，簡潔に書きなさい。

〔問3〕 文中の下線ⓒに関し，現存する世界最古の木造建築がある奈良県の寺院を何といいますか，書きなさい。

〔問4〕 文中の下線ⓓの戦いは，略地図中の A で起こりました。この戦いを何といいますか。また，この戦いが起こった理由を，簡潔に書きなさい。

〔問5〕 文中の下線ⓔに関し，略地図中の B に設けられた外交や防衛も担（にな）っていた役所を何といいますか，書きなさい。

〔問6〕 文中の下線ⓕが栄えた頃，摂政（せっしょう）や関白（かんぱく）が政治の中心となる摂関政治（せっかんせいじ）が行われました。この時代に，4人の娘を天皇の妃（きさき）にし，資料2の歌をよんだ人物はだれですか，書きなさい。

資料1

資料2

> この世をば我（わ）が世とぞ思う
> 望月（もちづき）のかけたることも無しと思えば

〔問7〕 文中の下線ⓖに関し，図は，踊念仏（おどりねんぶつ）のようすを描いたものです。このように踊りを取り入れたり，念仏の札を配ったりするなど，工夫をこらしながら時宗（じしゅう）を広めた人物を，次のア～エの中から1つ選び，その記号を書きなさい。

ア 法然（ほうねん）　イ 日蓮（にちれん）　ウ 一遍（いっぺん）　エ 栄西（えいさい／ようさい）

図

〔問8〕 文中の下線ⓗに関し，室町時代の商業について適切に述べているものを，次のア～エの中から1つ選び，その記号を書きなさい。

ア 五街道（ごかいどう）が整備され，参勤交代（さんきんこうたい）の大名や商人のほか，荷物を運ぶ飛脚（ひきゃく）が行き来した。

イ 都の左京には東市（ひがしのいち），右京には西市（にしのいち）がおかれ，全国から運び込まれた品物が取り引きされた。

ウ 城下町安土に楽市（らくいち）・楽座（らくざ）令が出され，だれでも自由に商工業ができるようになった。

エ 交通の盛んなところで，物資を運ぶ馬借（ばしゃく）や問（とい）とよばれる運送業者が活動した。

〔問9〕 文中の下線ⓘに関し，表は，江戸時代初期の東アジアの国や地域との関わりについて表したものです。表中の X にあてはまる品目と， Y にあてはまる藩の組み合わせとして正しいものを，後のア～エの中から1つ選び，その記号を書きなさい。

表

	朝鮮	蝦夷地（えぞち）
日本側が交易で得た物	X	鮭（さけ）・こんぶ
日本側の窓口となった藩	対馬藩（つしま）	Y

ア X －木綿（もめん）・生糸・絹織物　Y －薩摩藩（さつま）

イ X －木綿・生糸・絹織物　Y －松前藩（まつまえ）

ウ　X －銀・銅　　Y －薩摩藩
エ　X －銀・銅　　Y －松前藩

〔問10〕 文中の下線ⓙに関し，ロシアの南下をおそれた幕府は，北方の調査を行いました。幕府の命令で略地図中の C を調査し，この地が島であることを確認した人物はだれですか，書きなさい。

4　次のA～Dのカードは，健さんが社会科の課題学習で，「紙幣に描かれた人物」についてまとめたものの一部です。これらを読み，〔問1〕～〔問5〕に答えなさい。

A　板垣退助

戊辰戦争で活躍し，新政府の参議となりましたが，大久保利通らと意見が対立し，政府を去りました。その後，1874年に，ⓐ民撰議院設立建白書を政府に提出し，日本最初の政党を設立するなど，立憲政治の確立に大きな役割を果たしました。

百円
(1953年発券開始)

B　伊藤博文

幕末期，長州藩の松下村塾で学び，ⓑ尊王攘夷の運動に参加しました。明治維新後は，新政府の中心となり，初代内閣総理大臣に就任しました。ⓒ日露戦争の後，韓国統監府の初代統監に就任するなど，明治時代の政治を主導しました。

千円
(1963年発券開始)

C　新渡戸稲造

札幌農学校を卒業後，アメリカやドイツに留学しました。その後,日本の精神文化を紹介した『武士道』を著しました。1920年には，ⓓ国際連盟の事務局次長を務め，国際機関の一員として世界平和のために力を尽くしました。

五千円
(1984年発券開始)

D　福沢諭吉

幕末に欧米へ渡り，帰国後，慶応義塾を創設しました。また，人間の自由・平等・権利の尊さを説く『学問のすゝめ』を著すとともに，欧米の思想や文化を日本に紹介するなど，ⓔ人々の生活や考え方に影響を与えました。

一万円
(1984年発券開始)

〔問1〕 文中の下線ⓐの提出をきっかけとして始まった，憲法制定や議会開設などの実現をとおして，国民が政治に参加する権利の確立をめざす運動を何といいますか，書きなさい。

〔問2〕 文中の下線ⓑとはどのような考え方ですか，簡潔に書きなさい。

〔問3〕 文中の下線ⓒに関し，**表**は，日清戦争と日露戦争における日本の戦費と死者数を，**図**は，ポーツマス条約調印後に発生した日比谷焼き打ち事件のようすを表したものです。日露戦争後，このような暴動をともなう民衆運動が起こった理由として考えられることを，表中の日清戦争と日露戦争を比較し，「**賠償金**」という語を用いて，簡潔に説明しなさい。

表

	戦費(千円)	死者数(人)
日清戦争	232404	13825
日露戦争	1826290	85082

(「日本長期統計総覧」から作成)

図

〔問４〕 文中の下線ⓓが第二次世界大戦を防げなかったという反省から，戦後，国際連合が設立されたものの，当初は日本の加盟が認められませんでした。その後，日本の国際連合への加盟が実現するきっかけとなったできごととして最も適切なものを，次のア～エの中から１つ選び，その記号を書きなさい。

ア　岸信介内閣が日米安全保障条約を改定した。
イ　鳩山一郎内閣が日ソ共同宣言に調印した。
ウ　佐藤栄作内閣が非核三原則を国の方針として定めた。
エ　田中角栄内閣が日中共同声明を発表した。

〔問５〕 文中の下線ⓔに関し，次のア～エは，近現代の人々の生活や文化について述べたものです。これらのできごとを年代の古い順に並べるとどのようになりますか，その記号を順に書きなさい。

ア　大都市の郊外に大規模な団地が建設され，テレビ，冷蔵庫などの家庭電化製品が普及し，スーパーマーケットが広がった。
イ　太陽暦が採用され，れんが造りの洋館が建設された街にはガス灯や馬車が登場し，牛鍋を出す店があらわれるなど，新たな食文化が広がりはじめた。
ウ　食料や衣料品などの生活必需品の配給制や切符制がとられ，都市の小学生たちは農村に集団で疎開した。
エ　ラジオ放送が始まり，都市にはデパートや映画館が出現し，カレーライスやコロッケなどの洋食が広がった。

５　次の文は，一郎さんたちが社会科の授業で，「2017年に開かれた国会の動き」をテーマにして，レポートにまとめたものの一部です。これらを読み，〔問１〕～〔問４〕に答えなさい。

第193回　ⓐ国会

2017年１月20日に召集され，内閣総理大臣による演説が行われました。会期は150日間でした。

内閣から翌年度の予算案が提出され，審議されました。また，法律案についても審議され，その中で，ⓑ天皇の退位等に関する皇室典範特例法が成立しました。

第194回　国会

2017年９月25日，内閣総理大臣が衆議院解散を表明したことを受けて，９月28日に召集されました。同日にⓒ衆議院が解散されたため，会期は１日でした。

これにより，前国会で継続審議となっていた法律案が，すべて廃案となりました。

第195回　国会

2017年10月22日に行われたⓓ衆議院議員の総選挙を受けて，11月１日に召集されました。会期は39日間でした。

召集日当日，衆議院と参議院の本会議において，内閣総理大臣の指名が行われました。

〔問１〕　文中の下線ⓐに関し，次の(1)，(2)に答えなさい。

(1)　第193回，第194回，第195回の国会の種類の組み合わせとして正しいものを，次の**ア**～**エ**の中から１つ選び，その記号を書きなさい。

ア　第193回－特別会　　第194回－臨時会　　第195回－常会

イ　第193回－常会　　第194回－特別会　　第195回－臨時会

ウ　第193回－常会　　第194回－臨時会　　第195回－特別会

エ　第193回－臨時会　　第194回－常会　　第195回－特別会

(2)　**表１**は，1989年の国際連合総会において採択された条約が定めた権利をまとめたものです。国会で承認され，1994年に日本が批准（ひじゅん）した，この条約を何といいますか，書きなさい。

表１

権利	内容
生きる権利	防げる病気などで命を失わないこと。
育つ権利	教育を受け，休んだり遊んだりできること。
守られる権利	あらゆる種類の虐待（ぎゃくたい）や搾取（さくしゅ）から守られること。
参加する権利	自由に意見を表したり，団体をつくったりできること。

〔問２〕　文中の下線ⓑに関し次の(1)，(2)に答えなさい。

(1)　次の日本国憲法の第１条中の X にあてはまる語を書きなさい。

> 第１条　天皇は，日本国の X であり日本国民統合の X であって，この地位は，主権の存する日本国民の総意に基く。

(2)　天皇の国事行為について適切に述べているものを，次の**ア**～**オ**の中からすべて選び，その記号を書きなさい。

ア　条約を公布する。　　**イ**　国務大臣を任命する。

ウ　弾劾裁判所を設置する。　　**エ**　内閣総理大臣を任命する。

オ　最高裁判所長官を指名する。

〔問３〕　文中の下線ⓒに関し，国会の議決において，いくつかの重要な点では，衆議院の優越が認められています。衆議院の優越が認められている理由を，「**国民の意見**」という語句を用いて，簡潔に書きなさい。

〔問４〕　文中の下線ⓓに関し，**図**は，衆議院議員総選挙における当選者に占める女性の割合の推移を，**表２**は，2017年の主な世界の国における下院の女性議員の割合を示したものです。図と表２から，日本の女性議員の割合について読み取れることを，簡潔に書きなさい。

図

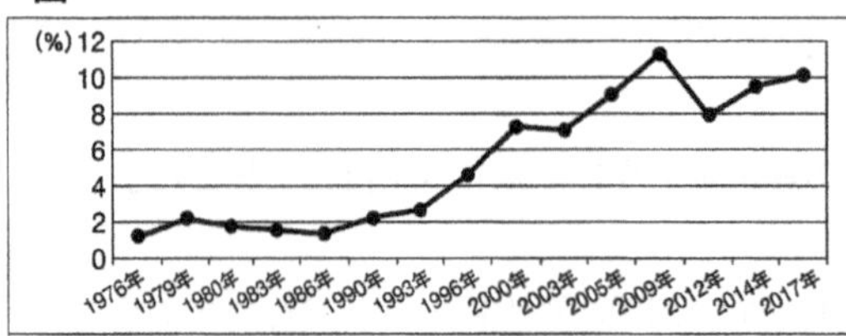

（内閣府ホームページから作成）

表２

国名	下院の女性議員の割合（%）
メキシコ	42.6
南アフリカ	41.8
フランス	39.0
アルゼンチン	38.1
イギリス	32.0
ドイツ	30.7
世界平均	23.6

（内閣府ホームページから作成）

6　たかこさんたちは，社会科の課題学習で，「G20（トゥエンティ）サミット」について調べ，発表することになりました。次の文は，その発表原稿の一部です。これを読み，〔問1〕～〔問5〕に答えなさい。

2019年6月28日，29日に日本が初めて議長国を務めたG20サミットが，大阪で開催されました。G20サミットは，金融やⓐ世界経済を主要な議題とする国際会議です。

この会議は，2008年に発生した世界金融危機に対処するため，財務大臣やⓑ日本銀行などの中央銀行の総裁が集まるG20から，首脳が参画する会議に格上げされたものです。会議には，これまでのG20のメンバー国に加えて，招待国やⓒ国際機関の代表が参加しています。

近年のG20サミットでは，主要な議題に加え，気候やエネルギー，テロへの対策，移民やⓓ難民に関する問題などについても活発に議論が行われてきました。大阪で行われたG20サミットでは「大阪首脳宣言」を通じて，自由貿易の推進や世界の経済成長と格差への対処，ⓔ環境問題など地球規模で解決しなければならない課題への貢献など，多くの分野で力強い意志を世界に発信しました。

2020年のG20サミットは，サウジアラビアのリヤドで開催されることが決定しています。

〔問1〕　文中の下線ⓐに関し，次の(1)，(2)に答えなさい。

(1)　貿易を行う場合や，海外に旅行する場合，自国の通貨と他国の通貨を交換する必要があります。このときの交換比率を何といいますか，書きなさい。

(2)　図は，円高または円安になったときに，アメリカから日本へ2万ドルの自動車を輸入した場合の円に換算した価格を模式的に示したものです。図中の A ～ D にあてはまる語や数値の組み合わせとして正しいものを，下のア～エの中から1つ選び，その記号を書きなさい。

図

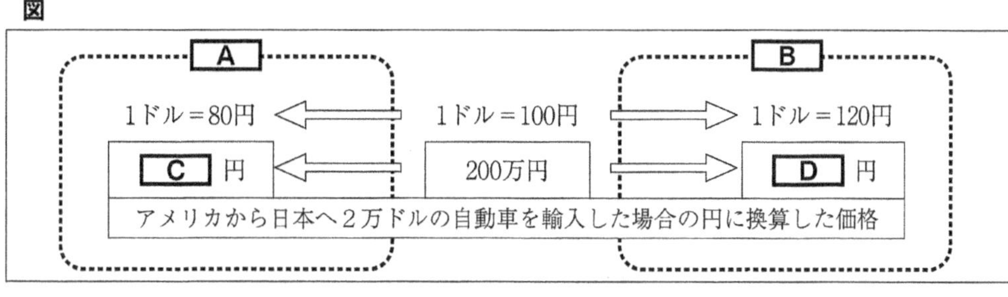

ア　A － 円高　B － 円安　C － 240万　D － 160万
イ　A － 円安　B － 円高　C － 240万　D － 160万
ウ　A － 円高　B － 円安　C － 160万　D － 240万
エ　A － 円安　B － 円高　C － 160万　D － 240万

〔問2〕　文中の下線ⓑは，景気や物価の安定を図るため，様々な金融政策を行います。次のページの**説明文**は，日本銀行が景気の悪いときに行う公開市場操作について述べたものです。文中の①，②について，それぞれア，イのうち適切なものを1つ選び，その記号を書きなさい。

説明文

日本銀行は，銀行などを対象にして国債を①{ア　売る　イ　買う}ことで，銀行の資金量を②{ア　増加　イ　減少}させる。

〔問3〕 文中の下線ⓒに関し，1948年に設立された，世界の各国民の健康の保持と公衆衛生の向上を目的とする国際連合の専門機関を何といいますか，書きなさい。

〔問4〕 文中の下線ⓓとは，どのような人々のことをいいますか，難民となるに至った理由も含めて，簡潔に書きなさい。

〔問5〕 文中の下線ⓔに関し，国際社会では，現在も地球温暖化を防ぎ，先進国と発展途上国が共存しながら持続可能な社会をつくっていくための議論が続けられています。温室効果ガスの削減をめざしたしくみの1つとして考えられている「排出量取引」について，次の語を用いて，簡潔に説明しなさい。

目標　売買

令和２年度学力検査　社会科解答用紙

受検番号	

1			
1	〔問１〕	(1)	
		(2)	→ → →
	〔問２〕		
	〔問３〕	(1)	
		(2)	
	〔問４〕		

2			
2	〔問１〕		
	〔問２〕	→ →	
	〔問３〕		
	〔問４〕	(1)	
		(2)	
	〔問５〕		

3		
3	〔問１〕	
	〔問２〕	
	〔問３〕	
	〔問４〕	の戦い
		〔理由〕
	〔問５〕	
	〔問６〕	
	〔問７〕	
	〔問８〕	
	〔問９〕	
	〔問10〕	

4		
4	〔問１〕	
	〔問２〕	
	〔問３〕	
	〔問４〕	
	〔問５〕	→ → →

5			
5	〔問１〕	(1)	
		(2)	
	〔問２〕	(1)	
		(2)	
	〔問３〕		
	〔問４〕		

6			
6	〔問１〕	(1)	
		(2)	
	〔問２〕	①	②
	〔問３〕		
	〔問４〕		
	〔問５〕		

※この解答用紙は167％に拡大していただきますと，実物大になります。

令和二年度学力検査 国語科解答用紙

受検番号

一

〔問1〕 ①（げる） ②（い） ③ ④ ⑤（れる） ⑥（える） ⑦ ⑧

〔問2〕

〔問3〕

〔問4〕 (1) (2)

二

〔問1〕

〔問2〕 20

〔問3〕 60

〔問4〕

〔問5〕 50

〔問6〕

三

〔問1〕

〔問2〕

〔問3〕

〔問4〕

〔問5〕 80

〔問6〕

四

※この解答用紙は172%に拡大していただきますと、実物大になります。

四　ある中学校の生徒会では、ものの見方や考え方を深めることを目的として、全校生徒に参加者を募り、異なる世代の方々と話し合う取り組みをしています。

今回も、前回に引き続き、地域の福祉施設でお年寄りの方々と交流することになりました。参加者を募集するにあたり、より多くの生徒に参加してもらうために、参加を呼びかける文章を生徒会新聞に掲載することにしました。

次のA案は、生徒会長が最初に考えた文章です。B案は、A案をもとに生徒会でさらに話し合って書き改めた文章です。A案とB案を比較し、B案の表現の工夫と、そのような工夫をしたことによる効果について、あなたの考えを書きなさい。

ただし、あとの条件(1)～(4)にしたがうこと。

A案

私たちの学校では、ものの見方や考え方を深めることを目的として、異なる世代の方々と話し合う取り組みをしています。今回も、前回に引き続き、地域の福祉施設を訪問し、お年寄りの方々と交流します。

前回は、たいへん多くの生徒が参加してくれました。何を話せばいいのか、考えたり悩んだりする人もいるかもしれません。しかし、お年寄りの方から色々と聞いてくださるので、あまり負担に感じることはないと思います。参加を迷っている人もいると思いますが、この活動に参加することで、私たちの世代とは異なる世代の考え方を知ることができ、視野を大きく広げることにつながると思います。

皆さんもぜひ、積極的に参加してください。

B案

私たちの学校では、ものの見方や考え方を深めることを目的として、異なる世代の方々と話し合う取り組みをしています。今回も、前回に引き続き、地域の福祉施設を訪問し、お年寄りの方々と交流します。

前回は、全学年から三十六名の生徒が参加してくれました。最初は、私たちも緊張していましたが、昔話を教えてもらったり、最近の流行等を紹介したりすることで話が盛り上がりました。最後は、お年寄りの方から、「色々な話ができて楽しかった。」などの言葉をかけていただきました。私たちも異なる世代の考え方を知ることができ、視野が大きく広がったように感じました。

皆さんもぜひ、積極的に参加してください。

[条件]

(1)　原稿用紙の正しい使い方にしたがって書くこと。ただし、題名や自分の氏名は書かないこと。

(2)　二段落構成とし、八行以上、十行以内であること。

(3)　第一段落には、A案と比較して、B案がどのように工夫されているかについて書きなさい。

(4)　第二段落には、第一段落で述べた工夫によって、どのような効果が期待されるかについて書きなさい。

ア　一心不乱　イ　一念発起
ウ　一致団結　エ　一騎当千

〔問2〕本文中、Bぼくはあらためてメガネをかけた小学2年生の実力に感心していた　とありますが、このとき、「ぼく」が感心した「小学2年生の実力」とは、どのようなことですか。文中の言葉を用いて、簡潔に書きなさい。

〔問3〕本文中、Cまさか、ここまで認めてもらっているとは思わなかったので、ぼくは呆然としていた　とありますが、「ぼく」は、有賀先生の言葉をどのように受け取りましたか。このときの「ぼく」の心情の説明として最も適切なものを、次のア～エの中から選び、その記号を書きなさい。

ア　成長のスピードが著しく、厳しいプロの棋士の世界であっても、必ず頂点に立つ逸材であると信じてくれていると感じている。

イ　将棋の才能があるとはとても思えないが、年下に対してもやさしく、まじめで好感がもてる生徒だと受けとめてくれていると感じている。

ウ　プロを目ざす山沢君には及ばないが、これから努力を重ねれば、アマチュア初段になる力は十分にあると評価してくれていると感じている。

エ　年齢的には厳しいかもしれないが、もしかしたら、プロの棋士を目ざせるかもしれないほどの素質があると期待してくれていると感じている。

〔問4〕本文中の□には、「思いがけないことが起こって、わけがわからずぼんやりする」という意味の表現が入ります。□にあてはまる最も適切な表現を、次のア～エの中から選び、その記号を書きなさい。

ア　トラの尾を踏んだ
イ　キツネにつままれた
ウ　ネコの手も借りたい
エ　サルも木から落ちる

〔問5〕本文中、Dつぎの対局は負けないよ。絶対に勝ってやる、Eうん、また指そう。そして、一緒に強くなろうよ　とありますが、このとき、山沢君と「ぼく」は、対局の相手をそれぞれどのように考えていますか。文中の言葉を用いて八十字以内で書きなさい。
（句読点やその他の符号も一字に数える。）

〔問6〕本文中、Fぼくはかけ足で図書館にむかった　とありますが、このときの「ぼく」の心情の説明として最も適切なものを、次のア～エの中から選び、その記号を書きなさい。

ア　前回は全く歯が立たなかった山沢君に勝った喜びを忘れないでいようと決心し、図書館で棋譜をつける作業を早く済ませて、両親が待つ家に帰りたいと思っている。

イ　今日の山沢君との対局で疲れてへとへとになってしまったことを反省し、何時間かかるかわからない対局にも対応できる体力をしっかり身につけたいと思っている。

ウ　プロへの道がどれほど難しく苦しかったとしても絶対にやりぬいてみせると決心し、今日の一戦をふり返るために、早速山沢君との対局の棋譜をつけたいと思っている。

エ　将棋を続けていくことを両親がどのように考えているかはわからないが、今後対局する相手に集中していこうと決心し、山沢君の面影を早く振り払いたいと思っている。

は呆然としていた。将棋界のことをなにも知らない父と母は□ような顔をしている。二人とも、すぐに仕事に戻らなければならないというので、詳しいことは今晩話すことにした。

１０３号室に戻り、カバンを持って出入り口にむかうと、山沢君が立っていた。ぼくより20センチは小さくて、腕も脚もまるきり細いのに、負けん気の強そうな顔でこっちを見ている。

「Dつぎの対局は負けないよ。絶対に勝ってやる」

「Eうん、また指そう。そして、一緒に強くなろうよ」

ぼくが言うと、山沢君がメガネの奥の目をつりあげた。

「なに言ってんだよ。将棋では、自分以外はみんな敵なんだ」

小学2年生らしいムキになった態度がおかしかったし、「自分以外はみんな敵だ」と、ぼくだって思っていた。

「たしかに対局中は敵だけど、盤を離れたら、同じ将棋教室に通うライバルでいいんじゃないかな。ぼくは初段になったばかりだから、三段になろうとしているきみをライバルっていうのは、おこがましいけど」

ぼくの心ははずんでいた。個人競技である将棋にチームメイトはいないが、ライバルはきっといくらでもあらわれる。勝ったり負けたりをくりかえしながら、一緒に強くなっていけばいい。

「そういえば、有賀先生のおとうさんが教えた大辻弓彦さんっていうひとが、関西の奨励会でがんばっているんだってね。大辻さんが先にプロになって、きみとぼくもプロになって、いつかプロ同士で対局できたら、すごいよね」

奨励会試験に合格するにはアマ四段の実力が必要とされる。それに試験では奨励会員との対局で五分以上の星をあげなければならない。合格して奨励会に入っても、四段＝プロになれるのは20パーセント以下だという。

それがどれほど困難なことか、正直なところ、ぼくにはよくわかっていなかった。でも、どれほど苦しい道でも、絶対にやりぬいてみせる。

「このあと、となりの図書館で※棋譜をつけるんだ。今日の、引き分けだった対局の」

ぼくが言うと、山沢君の表情がほんの少しやわらかくなった。

「それじゃあ、またね」

三つも年下のライバルに言うと、Fぼくはかけ足で図書館にむかった。

（佐川光晴 著『駒音高く』から……一部省略等がある。）

（注）・将棋＝二人で交互に駒を動かし、相手の玉将（王将）という駒を先に捕獲した方が勝ちとなるゲーム。
・玉を詰ます＝玉将（王将）の逃げ道が完全になくなる状態にすること。玉とは玉将のこと。
・王手＝直接玉将（王将）を攻める手。
・入玉＝玉将（王将）が敵陣内に入ること。
・馬引き＝馬という駒を自陣側に動かすこと。
・研修会＝日本将棋連盟が運営する将棋の研修機関。
・奨励会＝将棋のプロ棋士を目ざす者が所属する日本将棋連盟の研修機関。
・Bコース＝将棋教室の午後の後半のコース。
・棋譜＝将棋の対局の記録。

〔問1〕　本文中、A壁の時計に目をやる暇などない　とありますが、山沢君と対局中の「ぼく」の様子を表す四字熟語として最も適切なものを、次のア～エの中から選び、その記号を書きなさい。

た」

　プロ五段の有賀先生から最高の賛辞をもらったが、ぼくは詰み筋を懸命に探し続けた。

「※馬引きからの7手詰めだよ」

　山沢君が悔しそうに言って、ぼくの馬を動かした。

「えっ？」

　まさか山沢君が話しかけてくるとは思わなかったので、ぼくはうまく返事ができなかった。

「こうして、こうなって」

　詰め将棋をするように、山沢君が盤上の駒を動かしていく。

「ほら、これで詰みだよ」

（なるほど、そのとおりだ）

　頭のなかで答えながら、Bぼくはあらためてメガネをかけた小学2年生の実力に感心していた。

「プロ同士の対局では、時間切れ引き分けなんてない。それは※研修会でも、※奨励会でも同じで、将棋の対局はかならず決着がつく。でも、ここは、小中学生むけのこども将棋教室だからね。今日の野崎君と山沢君の対局は引き分けとします」

　有賀先生のことばに、ぼくはうなずいた。

「さあ、二人とも礼をして」

「ありがとうございました」

　山沢君とぼくは同時に頭をさげた。そして顔をあげたとき、山沢君のうしろにぼくの両親が立っていた。

「えっ、あれっ。ああ、そうか」

　ぼくは母が3時前に来る約束になっていたことを思いだしたが、まさか父まで来てくれるとは思ってもみなかった。もう※Bコースの生徒たちが部屋に入ってきていたので、ぼくは急いで駒を箱にしまった。

「みなさん、ちょっと注目。これから野崎君に認定書を交付します」

　ふつうは教室が始まるときにするのだが、有賀先生はぼくの両親に合わせてくれたのだ。

「野崎翔太殿。あなたを、朝霧こども将棋教室初段に認定します」

　みんなの前で賞状をもらうなんて、生まれて初めてだ。そのあと有賀先生の奥さんが賞状を持ったぼくと有賀先生のツーショット写真を撮ってくれた。両親が入った4人での写真も撮ってくれた。

「野崎さん、ちょっといいですか。翔太君も」

　有賀先生に手招きされて、ぼくと両親は廊下に出た。

「もう少し、むこうで話しましょうか」

　どんな要件なのかと心配になりながら、ぼくは先生についていった。

「翔太君ですが、成長のスピードが著しいし、とてもまじめです。今日の一局も、じつにすばらしかった」

　有賀先生によると、山沢君は小学生低学年の部で埼玉県のベスト4に入るほどの実力者なのだという。来年には研修会に入り、奨励会試験の合格、さらにはプロの棋士になることを目標にしているとのことだった。

「小学5年生の5月でアマチュア初段というのは、正直に言えば、プロを目ざすには遅すぎます。しかし野崎君には伸びしろが相当あると思いますので、親御さんのほうでも、これまで以上に応援してあげてください」

　そう言うと、有賀先生は足早に廊下を戻っていった。

　Cまさか、ここまで認めてもらっているとは思わなかったので、ぼくたが、人間のルーツは自然の中にあるということを証明するために、自然との共存を実現していく必要があるだろう。

イ　百年後の人類が現代の常識では考えられないテクノロジーをもつために、科学の力の重要性を理解し、自然を制御しコントロールする技術をますます高めていく必要があるだろう。

ウ　様々なリスクを常に抱え、改変した自然をコントロールし続けることに労力を費やす社会とならないよう、自然に対する制御とコントロールをさらに推し進める必要があるだろう。

エ　人間が持続可能な生活を続けていくには、科学の力を用いて自然を理解し、自然を制御しコントロールする技術も高めながら、自然と共存する方策を考えていく必要があるだろう。

三　次の文章を読んで、〔問1〕～〔問6〕に答えなさい。

※印には（注）がある。

> ぼく（野崎翔太）は、小学5年生。公民館で偶然、※将棋教室をのぞいたことから、将棋のおもしろさに引き込まれ、将棋のプロ棋士である有賀先生が指導する朝霧こども将棋教室に通っている。通いだしてまだ4か月ほどだが、順調に昇級し、ついにアマチュア初段（朝霧こども将棋教室初段）になった。しかし、初段になって初めての対局（対戦）で、小学2年生でアマチュア二段の山沢君に負けてしまった。悔しくてたまらないぼくは、次に対局するときは絶対に勝とうと闘志を沸き立たせ、さらに将棋の研究に取り組んだ。そして、2週間後、思いがけず再戦することになり、対局が始まった。

序盤から激しい展開で、80手を越えると双方、どこからでも※王手がかかるようになった。しかし、どちらにも決め手がない。ぼくも山沢君もとっくに持ち時間はつかいきり、ますます難しくなっていく局面を一手30秒以内で指し続ける。A壁の時計に目をやる暇などないが、たぶん40分くらい経っているのではないだろうか。持ち時間が10分の将棋は30分あれば終わるから、ぼくはこんなに長い将棋を指したことはなかった。これでは有賀先生との2局目を指す時間がなくなってしまう。

「そのまま、最後まで指しなさい」

有賀先生が言って、そうこなくちゃと、ぼくは気合いが入った。かなり疲れていたが、絶対に負けるわけにはいかない。山沢君だって、そう思っているはずだ。

（勝ちをあせるな。相手※玉を詰ますことよりも、自玉が詰まされないようにすることを第一に考えろ）

細心の注意を払って指していくうちに、形勢がぼくに傾いてきた。ただし、頭が疲れすぎていて、目がチカチカする。指がふるえて、駒をまっすぐにおけない。

「残念だけど、今日はここまでにしよう」

ぼくに手番がまわってきたところで、有賀先生が対局時計を止めた。

「もうすぐ3時だからね」

そう言われて壁の時計を見ると、短針は「3」を指し、長針が「12」にかかっている。40分どころか、1時間半も対局していたのだ。

ぼくは盤面に視線を戻した。ぼくの玉はすでに相手陣に入っていて、詰まされることはない。山沢君も※入玉をねらっているが、10手あれば詰ませられそうな気がする。ただし手順がはっきり見えているわけではなかった。

「すごい勝負だったね。ぼくが将棋教室を始めてから一番の熱戦だっ多様性は連鎖的に低下し、思わぬ環境変化が起こるリスク、アレルギー（雑菌などが少ない潔癖な生活が一因との説がある）のような新たな現代病に悩まされるリスク、危険や不快感に対する適応力を失ってしまうリスクなどを常に抱え、改変した自然をコントロールし続けることに大きな労力を費やす社会になる可能性が高いだろう。

世界中の先住民たちは、経験的、感覚的に自然を理解し、自然と共存しながら持続可能な自給自足生活を続けてきたはずだ。それが、急激に経済成長を始めた国から順次、自然を制御しコントロールしようとする価値観に急激に転換していった。そして、自然破壊と文明発展が進むと、今度は科学の力で自然への理解を深め、自然をコントロールする技術も高めつつ、再び自然と共存する道を探る段階に来ているように見える。

（林(はやし)　将之(まさゆき)　著『葉っぱはなぜこんな形なのか？』から……一部省略等がある。）

（注）・ルーツ＝起源。
・ミステリー＝怪奇。神秘。不可思議。
・テクノロジー＝科学技術。

〔問1〕本文中の［a］、［b］には同じ言葉が入ります。［a］、［b］にあてはまる最も適切な言葉を、次のア〜エの中から選び、その記号を書きなさい。

ア　ならびに　　イ　すなわち　　ウ　もしくは　　エ　ところで

〔問2〕本文中、A仮に人間が地球外からの生命体に由来するのであれば、「人間が地球の自然を保護します」という表現は、何ら違和感ないとありますが、なぜ「違和感ない」と筆者は考えていますか。その理由を述べた次の文の［　］にあてはまる表現を、文中から二十字以内でそのまま抜き出して書きなさい。

［　　　　］であるため、人間が自然の外の存在ということであれば、言葉の使い方として違和感がないから。

〔問3〕本文中、Bリスクのある相手と共存するという意味では、相手を「車」に置き換えると理解しやすいだろうとありますが、人間は、どのようにして「車」と「共存」しようとしていますか。車のリスクと、共存する方策とがわかるように、あなたの考えを六十字以内で書きなさい。（句読点やその他の符号も一字に数える。）

〔問4〕本文中、C完全なる制御とコントロールを推し進める社会では、〝迷惑生物〟の撲滅運動が起きるかもしれないとありますが、「完全なる制御とコントロールを推し進める社会」は、どのようになるだろうと筆者は述べていますか。その内容として最も適切なものを、次のア〜エの中から選び、その記号を書きなさい。

ア　科学の力を失った日常生活を送らなければならなくなり、科学ではコントロールできない問題が起こるだろう。

イ　生物の多様性が破壊され、先住民たちのように自給自足の生活を続けていかなければならない事態に陥るだろう。

ウ　生態系の一部が崩れて、それによる問題が発生し、その問題を新たにコントロールする必要性が生まれるだろう。

エ　人間に必要のない生物をすべて絶滅させることになり、人間にとってユートピアのような世界が必ず訪れるだろう。

〔問5〕本文中の［c］には、大型のサメを駆除した結果、ホタテやハマグリが大きく減少した理由が入ります。文中の図を踏まえて、［c］にあてはまるように、その理由を五十字以内で書きなさい。
（句読点やその他の符号も一字に数える。）

〔問6〕本文の内容に合致するものとして最も適切なものを、次のア〜エの中から選び、その記号を書きなさい。

ア　人間は、自然の外にいるか中にいるかを都合よく使い分けてきり合わせのストレスフルな日常を送りたいとは思わない。誰だって便利さを求めるし、自分の生活空間には危険を減らしたいし、病気とも無縁でありたいものだ。そのためには、まず相手（自然）を理解することが不可欠だろう。相手にはどんな性質があり、どんな長所と短所があり、どう付き合えばよいか。Bリスクのある相手と共存するという意味では、相手を「車」に置き換えると理解しやすいだろう。逆に、相手が力や毒ヘビであれば、特に「長所」は理解しがたいかもしれない。その点では、相手を理解するために科学の力が重要になるだろうし、適度に「制御しコントロールする」技術ももつことが賢明と思われ、それが生物としての人間の進化でもあるのだろう。

反対に、C完全なる制御とコントロールを推し進める社会では、〝迷惑生物〟の撲滅運動が起きるかもしれない。まず、人間に必要な動物は、ウシ、ブタ、ヒツジなどの家畜とペットだけだから、オオカミやクマはもちろん、シカやイノシシも絶滅させよう。さらに、遺伝子組換えで力を根絶させる試みのように、マムシ、ハブ、スズメバチ、ムカデ、ゴキブリ、ナメクジ、ヒルなど、危険生物や不快生物はとことん絶滅させたらどうか。海の中なら、サメ、有毒クラゲ、ガンガゼ、オコゼ、イモガイあたりはぜひ絶滅させてほしい。植物なら、ウルシ科、イラクサ、シキミ、ドクウツギなどの毒やかぶれ物質をもつ植物をはじめ、手を切りやすいススキや、駆除が難しいクズあたりも、絶滅させる候補に挙がるかもしれない。もちろん、毒キノコや各種病原菌だって絶滅させた方がいいだろう。

これらのありふれた迷惑生物を絶滅させるとどう悪影響があるのか、今の科学では正確に推測できないだろう。しかし、間違いなく生態系の一部が崩れて、何らかの別問題が発生し、そこにまたコントロールの必要性が生じることだろう。

図

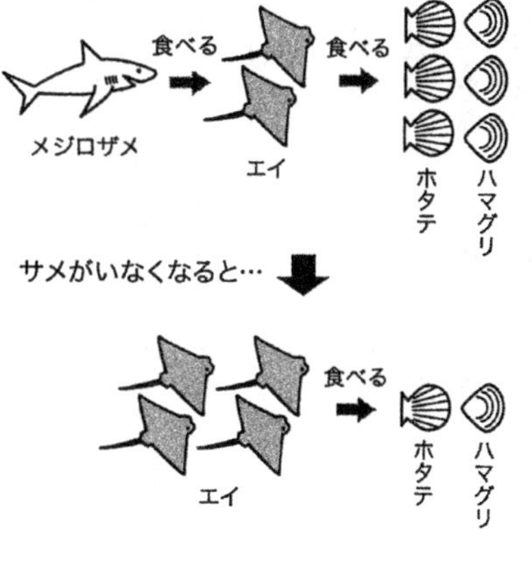

ちなみに、シカがまったくいない森は、シカが多少いる森に比べて、虫の種類がやや少ないという。大型のサメを乱獲したアメリカ東海岸では、ホタテやハマグリが大きく減少して漁業に悪影響が出た。それがなぜか、わかるだろうか？　シカがいなくなると、シカへの防御機構をもつ植物や、シカが作った草地に生える植物が、他の植物との競争に負けて姿を消し、それを食草としていた虫や、シカのフンや死体を食べていた虫もいなくなるのだろう。サメの例では、大型のサメを駆除したことで、

c

と推測されている。

目障り（ざわ）な生物をすべて絶滅させれば、人間にとってユートピア（理想郷）のような世界が訪れる可能性もゼロではないだろうが、生物の

るのに「家庭保護」という言葉を使わないのと同様に、保護という言葉は外部の立場から使う言葉であり、「警察があなたの家庭を保護します」といった文脈で使われるべきだと思っている。「人間が地球の自然を保護します」というのであれば、人間は自然の外にいる何様だろう？　神様に近い存在か、地球外から来た生命体と考えるのが妥当だろう。ところが理科の授業では、今も昔も人間はサルから進化したと教えられている。それが真実なら、人間も間違いなく自然の中の一生物であるはずなのに、いつから外部の存在になったのだろう？

　言葉のあやはともかく、少なくとも日本人は、時と場合に応じて、人間が「自然の外」か「自然の中」かを、都合よく使い分けてきたように思う。特別保護地区や外来種の判定では、人間は「自然の外」の存在だが、里山の生態系や、伝統的な野生動物の狩猟を肯定してきた点では、人間は「自然の中」と判断されているように思う。

　これには宗教観も大きく影響していると思われ、日本の神道や仏教が、自然を崇（あが）めたり、人間と自然は一体であるという価値観をもつに対して、キリスト教では、「自然は神から人間に与えられたものであり、人間が支配するもの」といった旨（むね）が聖書に記されている。日本以上に原生林を開拓し尽くしてしまったヨーロッパや、ゾウやライオンなど貴重な野生動物のハンティングを楽しむ欧米の価値観は、この宗教観によるものも大きいだろう。

　そもそも、人間の※ルーツは自然の中なのか外なのか、今の僕は考えが揺らいでいる。たとえば、僕の妻は、「人間は宇宙からやってきた生命体とのハイブリッド（雑種）だよ」と言っている。※ミステリー好きの僕は、妻の話をいろいろ詳しく聞いているうちに、確かにあり得るなと思い始めた。今の科学は、人間がサルから進化したことを実証できていないし、地球上には、サルから進化したばかりの人間には成し得ないような遺跡が数多く存在するのもご存じの通りだ。確率論で考えても地球外に知的生命体、［ b ］"宇宙人"がいるのは間違いないわけで、今も「宇宙人なんているわけない」と信じている学者が人類の起源を研究しているなら、その研究は客観性を欠いていることになる。おそらく百年後の人類は、気軽に宇宙旅行を楽しんでいるだろうし、現代の常識では考えられない※テクノロジーをもっているはずだ。ならば、長い宇宙の歴史の中で、地球より先に文明の進んだ星から、地球にやってきている知的生命体がいても、何ら不思議はないはずだ。

　話がちょっと膨らみすぎたが、人と自然の関係を追究するには、そこまで考えることも大事だと思う。A<u>仮に人間が地球外からの生命体に由来するのであれば、「人間が地球の自然を保護します」という表現は、何ら違和感ないのだから。</u>

　こうして人間と自然の関係性をいろいろ考えていると、両者の付き合い方には、大きく二つの価値観があることに気づき始めた。「自然を理解し共存する」という考えと、「自然を制御しコントロールする」という考えだ。前者が「自然の中」に身を置き、後者が「自然の外」に身を置く考え方ともいえるだろう。

　たとえば、クマやオオカミと人間がうまく共存する術（すべ）を探る手法は前者で、クマやオオカミなど危険生物は排除して、シカやイノシシの個体数は人間が管理する手法は後者である。絶滅したオオカミを再導入する行為は、両者の中間かもしれない。人間がコントロールしながらオオカミを導入し、共存へと導く手法だからである。

　個人的には、僕は前者の「自然を理解し共存する」方針に賛同したいが、かといって、大昔の原始生活に戻して、不便で危険や病気と隣

＜国語＞

時間　五〇分　満点　一〇〇点

一　次の〔問1〕～〔問4〕に答えなさい。

〔問1〕　次の①～⑧の文の――を付した、カタカナは漢字に直して書き、漢字には読みがなをひらがなで書きなさい。

①　自分の名前を相手にツげる。　②　アサい川を渡る。

③　昼夜のカンダンの差が激しい。　④　キンベンな学生。

⑤　難を逃れる。　⑥　店を構える。

⑦　渓流で釣りをする。　⑧　材料を吟味する。

〔問2〕　次の□で囲まれたA～Dの漢字について、楷書で書いた場合、同じ総画数になる組み合わせを、あとのア～カの中から一つ選び、その記号を書きなさい。

A泳　B紀　C雪　D祝

ア　AとB　イ　AとC　ウ　AとD
エ　BとC　オ　BとD　カ　CとD

〔問3〕　次の文の　うかがう　と同じ意味の「うかがう」を用いた文として最も適切なものを、あとのア～エの中から選び、その記号を書きなさい。

先輩からクラブの活動方針をうかがう。

ア　相手の顔色をうかがう。　イ　先生のお話をうかがう。
ウ　先生のお宅にうかがう。　エ　ひそかに好機をうかがう。

〔問4〕　次の古文を読んで、あとの(1)、(2)に答えなさい。

天下旱（ひでり）して（世の中が日照りに見舞われ、）、池の水も失（う）せ、食物（じきもつ）も無くして、飢（う）ゑんとして、つれづれなりける時、蛇、亀をもて使者として（蛙のところへ亀を使者に立てて）、蛙（かへる）の許（もと）へ「時のほどおはしませ（ちょっとおいでください。）。見参（げんざん）せん（お目にかかりたい）」と云（い）ふに、蛙、返事に申しけるは、「飢渇（きかつ）にせめらるれば（あなたは飢えに苦しんでいるから、）、仁義を忘れて食（じき）をのみ思ふ。情けも好（よし）みも世の常の時こそあれ（親しく付き合うのも、普通に暮らしている時のことだ。）。Aかかる比（ころ）なれば、え参らじ」とぞB返事しける。

（『沙石集（しゃせきしゅう）』から）

(1)　文中のAかかる比の内容として最も適切なものを、次のア～エの中から選び、その記号を書きなさい。

ア　飢えに苦しんでいる時　イ　何もすることがない時
ウ　普通に暮らしている時　エ　ぜひ会いたいと思う時

(2)　文中のB返事しけるの主語として最も適切なものを、次のア～エの中から選び、その記号を書きなさい。

ア　蛇　イ　亀　ウ　蛙　エ　使者

二　次の文章を読んで、〔問1〕～〔問6〕に答えなさい。

※印には（注）がある。

僕はもともと、人間は問違いなく自然の一部で、生態系に組み込まれた存在、［ a ］「自然の中」と確信していた。だから、「自然保護」という言葉に違和感を感じてきた。なぜなら、自分も自然の一部なのに、自然を「保護」するというのはおかしいからだ。自分の家庭を守

大切なことはメモしておこうネ！

2020年度

解 答 と 解 説

《2020年度の配点は解答用紙集に掲載してあります。》

<数学解答>

1 〔問1〕 (1) -3 (2) $\frac{1}{7}$ (3) $5a+2b$ (4) $\sqrt{3}$ (5) $2x^2-7$
〔問2〕 $(3x+2y)(3x-2y)$ 〔問3〕 $n=1,\ 6,\ 9$ 〔問4〕 $\angle x=140$(度) 〔問5〕 $\frac{1}{6}$

2 〔問1〕 $9\sqrt{3}\pi$ (cm^3) 〔問2〕 (ア) $\frac{1}{4}$ (イ) 3 〔問3〕 (1) ア，ウ (2) 6(冊)
〔問4〕 先月の公園清掃ボランティア参加者数30人，先月の駅前清掃ボランティア参加者数60人 (求める過程は解説参照)

3 〔問1〕 (1) ア 8 イ 36 (2) 49(個) (3) $2n+1$(個)
〔問2〕 (1) 15(個) (2) $x=11$(求める過程は解説参照)

4 〔問1〕 $-9\leqq y\leqq 0$ 〔問2〕 5(個) 〔問3〕 P$(-4,\ 0)$ 〔問4〕 $a=\frac{8}{9}$

5 〔問1〕 $\mathrm{QR}=\frac{3}{2}$(cm) 〔問2〕 $\frac{9}{5}\pi$ (cm^2) 〔問3〕 (1) 解説参照 (2) $\mathrm{BR}=\sqrt{10}$(cm)

<数学解説>

1 (数・式の計算，平方根，式の展開，因数分解，角度，確率)

〔問1〕 (1) 異符号の2数の和の符号は絶対値の大きい方の符号で，絶対値は2数の絶対値の大きい方から小さい方をひいた差だから，$-8+5=(-8)+(+5)=-(8-5)=-3$

(2) 四則をふくむ式の計算の順序は，乗法・除法→加法・減法　となる。$1+3\times\left(-\frac{2}{7}\right)=1-\frac{6}{7}=\frac{7}{7}-\frac{6}{7}=\frac{7-6}{7}=\frac{1}{7}$

(3) 分配法則を使って，$2(a+4b)=2\times a+2\times 4b=2a+8b$，$3(a-2b)=3\times a-3\times 2b=3a-6b$ だから，$2(a+4b)+3(a-2b)=(2a+8b)+(3a-6b)=2a+8b+3a-6b=2a+3a+8b-6b=(2+3)a+(8-6)b=5a+2b$

(4) $\sqrt{27}=\sqrt{3^3}=\sqrt{3^2\times 3}=3\sqrt{3}$，$\frac{6}{\sqrt{3}}=\frac{6\times\sqrt{3}}{\sqrt{3}\times\sqrt{3}}=\frac{6\sqrt{3}}{3}=2\sqrt{3}$ より，$\sqrt{27}-\frac{6}{\sqrt{3}}=3\sqrt{3}-2\sqrt{3}=(3-2)\sqrt{3}=\sqrt{3}$

(5) **乗法公式$(a+b)^2=a^2+2ab+b^2$**より，$(x+1)^2=x^2+2\times x\times 1+1^2=x^2+2x+1$，**乗法公式$(x+a)(x+b)=x^2+(a+b)x+ab$**より，$(x-4)(x+2)=\{x+(-4)\}(x+2)=x^2+\{(-4)+2\}x+(-4)\times 2=x^2-2x-8$　だから，$(x+1)^2+(x-4)(x+2)=(x^2+2x+1)+(x^2-2x-8)=x^2+2x+1+x^2-2x-8=x^2+x^2+2x-2x+1-8=2x^2-7$

〔問2〕 **乗法公式$(a+b)(a-b)=a^2-b^2$**より，$9x^2-4y^2=(3x)^2-(2y)^2=(3x+2y)(3x-2y)$

〔問3〕 $\sqrt{10-n}$の値が自然数となるためには，$\sqrt{\ }$の中が(自然数)^{2}の形になればいい。このような自然数nは，$10-1=9=3^2$，$10-6=4=2^2$，$10-9=1=1^2$より，$n=1,\ 6,\ 9$の3つ。

〔問4〕 線分ECと辺ADの交点をFとする。折り返したから，$\angle\mathrm{ACB}=\angle\mathrm{ACF}=20°$　**平行線の錯角は等しい**から，$\angle\mathrm{CAF}=\angle\mathrm{ACB}=20°$　$\triangle\mathrm{ACF}$**の内角と外角の関係**から，$\angle\mathrm{CFD}=\angle\mathrm{ACF}+\angle\mathrm{CAF}=20°+20°=40°$　以上より，$\angle x=180°-\angle\mathrm{CFD}=180°-40°=140°$

〔問5〕 それぞれ1個のさいころを同時に投げるとき，全ての目の出方は，$6\times6=36$通り。和夫さんの投げたさいころの出た目の数をa，花子さんの投げたさいころの出た目の数をbとしたとき，花子さんが和夫さんより上の段にいるのは，$b-a\geqq3$となるときだから，$(a,\ b)=(1,\ 4)$，$(1,\ 5)$，$(1,\ 6)$，$(2,\ 5)$，$(2,\ 6)$，$(3,\ 6)$の6通り。よって，求める確率は，$\dfrac{6}{36}=\dfrac{1}{6}$

2 （円錐の体積，比例関数，資料の散らばり・代表値，連立方程式の応用）

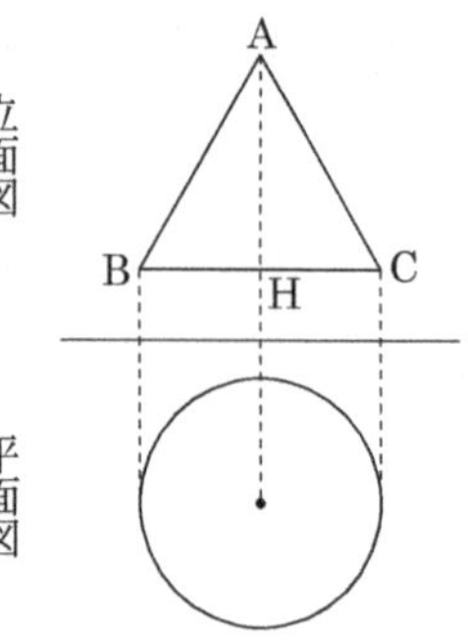

〔問1〕 右図で，△ABHは30°，60°，90°の直角三角形で，3辺の比は$2:1:\sqrt{3}$だから，円錐の高さAHは，$AH=AB\times\dfrac{\sqrt{3}}{2}=6\times\dfrac{\sqrt{3}}{2}=3\sqrt{3}$ cm

また，底面の円の半径はBHに等しく，$BH=\dfrac{BC}{2}=\dfrac{6}{2}=3$cm　だから，問題の円錐の体積は，$\dfrac{1}{3}\times\pi\times3^2\times3\sqrt{3}=9\sqrt{3}\ \pi$ cm^3

〔問2〕 直線$y=ax$のグラフの傾きaの値は，点B(8, 2)を通るときに，$2=a\times8=8a$より，**最小値**$a=\dfrac{1}{4}$…①　をとり，点A(2, 6)を通るときに，$6=a\times2=2a$より，**最大値**$a=3$…②　をとるから，①，②より，直線$y=ax$のグラフが，線分AB上の点を通るとき，aの値の範囲は，$\dfrac{1}{4}\leqq a\leqq3$である。

〔問3〕 (1) 資料を整理するために用いる区間を**階級**，区間の幅を**階級の幅**という。4月も5月も借りた本の冊数を2冊ごとに区切って整理してあるから，この2冊が階級の幅である。アは正しい。度数の最も多い階級の**階級値**が**最頻値**。4月の方は2冊以上4冊未満の階級の階級値$\dfrac{2+4}{2}=3$冊が最頻値。5月の方は6冊以上8冊未満の階級の階級値$\dfrac{6+8}{2}=7$冊が最頻値。イは正しくない。**中央値**は資料の値を大きさの順に並べたときの中央の値。生徒の人数は30人で偶数だから，借りた本の冊数の少ない方から15番目と16番目の生徒が入っている階級が，中央値の入っている階級。4月の方は2冊未満には生徒が6人入っていて，4冊未満には生徒が$6+11=17$人入っているから，中央値の入っている階級は2冊以上4冊未満の階級で，中央値は大きくても$\dfrac{3+3}{2}=3$冊。5月の方は6冊未満には生徒が$3+3+7=13$人入っていて，8冊未満には生徒が$13+10=23$人入っているから，中央値の入っている階級は6冊以上8冊未満の階級で，中央値は小さくても$\dfrac{6+6}{2}=6$冊。ウは正しい。**相対度数**$=\dfrac{\textbf{各階級の度数}}{\textbf{度数の合計}}$　4月の方の4冊以上6冊未満の階級の相対度数は$\dfrac{8}{30}$　5月の方の4冊以上6冊未満の階級の相対度数は$\dfrac{7}{30}$　$\dfrac{8}{30}>\dfrac{7}{30}$より，エは正しくない。4月の方の借りた冊数が6冊未満の人数は$6+11+8=25$人　5月の方の借りた冊数が6冊未満の人数は$3+3+7=13$人　オは正しくない。

(2) **平均値**$=\dfrac{\textbf{\{(階級値)×(度数)\}の合計}}{\textbf{(度数の合計)}}$　だから，5月に借りた本の冊数の平均値は，(1冊×3人＋3冊×3人＋5冊×7人＋7冊×10人＋9冊×7人)÷30人＝180冊÷30人＝6冊

〔問4〕 (求める過程) (例)先月の公園清掃ボランティア参加者数をx人，先月の駅前清掃ボランティア参加者数をy人とする。$\begin{cases} y-x=30 \\ 1.5x+1.2y=1.3(x+y) \end{cases}$　これを解いて，$x=30$，$y=60$　よって，先月の公園清掃ボランティア参加者数30人，先月の駅前清掃ボランティア参加者数60人

3 （規則性，文字を使った式，方程式の応用）

〔問1〕 (1) 箱の合計個数は，1番目が$1^2=1$個，2番目が$2^2=4$個，3番目が$3^2=9$個，4番目が$4^2=16$個だから，5番目は$5^2=25$個，6番目は$6^2=36$個…イ　1面が見える箱の個数は，ひとつ前の

順番における箱の合計個数に等しいから，2番目が$(2-1)^2=1$個，3番目が$(3-1)^2=4$個，4番目が$(4-1)^2=9$個，5番目が$(5-1)^2=16$個　3面が見える箱の個数は，どの順番も1個　よって，5番目の2面が見える箱の個数は，(5番目の箱の合計個数)－(5番目の1面が見える箱の個数)－(5番目の3面が見える箱の個数)＝25－16－1＝8個…ア

(2)　前問(1)より，(8番目の1面が見える箱の個数)＝(7番目の箱の合計個数)＝$7^2=49$個

(3)　前問(1)より，箱の合計個数は，$(n+1)$番目が$(n+1)^2$個，n番目がn^2個だから，$(n+1)$番目の箱の合計個数は，n番目の箱の合計個数より，$(n+1)^2-n^2=n^2+2n+1-n^2=(2n+1)$個多い

〔問2〕　(1)　移動した箱の個数は，2番目が1個，3番目が1＋2＝3個，4番目が1＋2＋3＝6個だから，6番目は1＋2＋3＋4＋5＝15個

(2)　(求める過程)　(例)x番目について，箱の合計個数は，x^2(個)　見えない箱の個数は，$x-1$(個)である。見えている箱の個数は，箱の合計個数から，見えない箱の個数をひけばよい。よって，見えている箱の個数は111個であることから，$x^2-(x-1)=111$　$x^2-x-110=0$　$(x+10)(x-11)=0$　$x=-10,\ 11$　xは自然数だから，$x=-10$は問題にあわない。$x=11$は問題にあっている。したがって，$x=11$

4　(図形と関数・グラフ)

〔問1〕　xの変域に0が含まれているから，yの最大値は0　$x=-6$のとき，$y=-\frac{1}{4}\times(-6)^2=-9$　$x=1$のとき，$y=-\frac{1}{4}\times1^2=-\frac{1}{4}$　よって，yの最小値は-9　yの変域は，$-9\leqq y\leqq0$

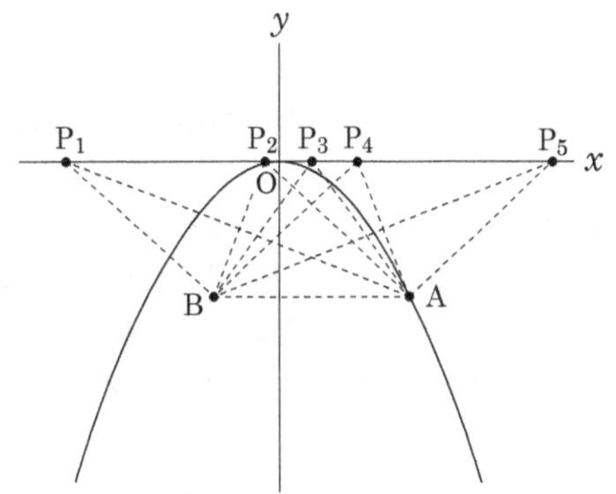

〔問2〕　右図のように，∠Bを頂角とする二等辺三角形は$\triangle P_1AB$と$\triangle P_4AB$の2個。∠Aを頂角とする二等辺三角形は$\triangle P_2AB$と$\triangle P_5AB$の2個。∠Pを頂角とする二等辺三角形は$\triangle P_3AB$の1個。以上より，△PABが二等辺三角形となるPは全部でP_1～P_5の5個ある。

〔問3〕　点Cは$y=-\frac{1}{4}x^2$上にあるから，そのy座標は$y=-\frac{1}{4}\times(-2)^2=-1$　で，C$(-2,\ -1)$　2点A，Cを通る直線の式は，傾きが$\frac{-4-(-1)}{4-(-2)}=-\frac{1}{2}$なので，$y=-\frac{1}{2}x+b$とおいて点Cの座標を代入すると，$-1=-\frac{1}{2}\times(-2)+b$　$b=-2$　直線ACの式は，$y=-\frac{1}{2}x-2$…①　これより，点Pのy座標は0だから，点Pのx座標は①に$y=0$を代入して，$0=-\frac{1}{2}x-2$　$x=-4$　P$(-4,\ 0)$

〔問4〕　点Dは$y=ax^2$上にあるから，そのy座標は$y=a\times(-3)^2=9a$で，D$(-3,\ 9a)$　2点A，Bのy座標が等しいことから，AB//x軸　また，2点A，Pのx座標が等しいことから，AP//y軸　以上より，(四角形PABDの面積)＝△PAD＋△ABD＝$\frac{1}{2}$×AP×(点Aのx座標－点Dのx座標)＋$\frac{1}{2}$×AB×(点Dのy座標－点Aのy座標)＝$\frac{1}{2}\times\{0-(-4)\}\times\{4-(-3)\}+\frac{1}{2}\times\{4-(-2)\}\times\{9a-(-4)\}$$=27a+26$　これが50に等しいから，$27a+26=50$　$a=\frac{8}{9}$

5　(円の性質，線分の長さ，おうぎ形の面積，相似の証明)

〔問1〕　PQ//ABだから，平行線と線分の比についての定理より，QR：RO＝PQ：OB＝3：3＝1：1　よって，点Rは半径OQの中点だから，QR$=\frac{1}{2}\times$OQ$=\frac{1}{2}\times3=\frac{3}{2}$cm

〔問2〕 $\overset{\frown}{BQ}$に対する**中心角と円周角の関係**から，$\angle QOB = 2\angle QPB = 2\times 36° = 72°$ よって，(おうぎ形OBQの面積) $= \pi \times OB^2 \times \frac{\angle QOB}{360°} = \pi \times 3^2 \times \frac{72°}{360°} = \frac{9}{5}\pi\,cm^2$

〔問3〕 (1) (証明) (例)△RQSと△RPQで，∠QRS＝∠PRQ…① $\overset{\frown}{BQ}$に対する**円周角の定理**より，∠RPQ＝∠OAQ…② △OAQはOA＝OQの二等辺三角形だから，∠OAQ＝∠RQS…③ ②，③より，∠RQS＝∠RPQ…④ ①，④から，2組の角が，それぞれ等しいので，△RQS∽△RPQ

(2) OS//BQだから，平行線と線分の比についての定理より，QR：RO＝BQ：OS＝AB：OA＝6：3＝2：1 よって，$OR = OQ \times \frac{OR}{OQ} = 3 \times \frac{1}{2+1} = 1cm$ △OBRで**三平方の定理**を用いると，$BR = \sqrt{OB^2 + OR^2} = \sqrt{3^2 + 1^2} = \sqrt{10}cm$

<英語解答>

1 〔問1〕 No. 1 B No. 2 C 〔問2〕 No. 1 D No. 2 A No. 3 C
〔問3〕 No. 1 C No. 2 D No. 3 A No. 4 C No. 5 B

2 〔問1〕 エ 〔問2〕 A イ B ウ C ア D エ 〔問3〕 (例)make lunch every Sunday 〔問4〕 (1) (例)I am interested in *umeboshi*. (2) イ

3 〔問1〕 (例)Why did you go there 〔問2〕 A ウ B イ 〔問3〕 ア
〔問4〕 (例)私たちが環境のために簡単にできることがたくさんあるということ。

4 (例) I like summer vacation (better). I have two reasons. First, I can swim in the sea. Second, my birthday is in August. My parents buy a cake for me every year.

5 〔問1〕 ⓐ difficult for me to find ⓑ I was encouraged by your
〔問2〕 エ 〔問3〕 (例)(まもなく日本を出発するので，)ロバートが，浩紀に自転車をあげるということ。 〔問4〕 (例)(1) He saw them last fall. (2) He is from Australia. 〔問5〕 ア→エ→イ→ウ 〔問6〕 (例)私たちが外国人を助けたい時，彼らに話をすることが，私たちができる最初のことであるということ。 〔問7〕 (例) look for the hotel with him

<英語解説>

1 (リスニング)

放送台本の和訳は，58ページに掲載。

2 (長文読解問題・エッセイ：グラフを用いた問題，語句補充，和文英訳，内容真偽)

(全訳) 私たちの学校では毎年学園祭があります。学園祭ではコンテストが行われます。そのコンテストで，生徒たちはランチ(弁当)を作ります。コンテストには4つのチームが出ます。それぞれのチームは和歌山産の食材を使います。一番良いランチを作ったチームがコンテストで勝利します。

先週学園祭がありました。私の友だちと私は，コンテストで一番良いランチを作りたいと思っていました。私たちはチーム1のメンバーでした。私たちは梅ハンバーガーを作りました。チーム2は桃ピザを作りました。チーム3は柿サンドイッチを作りました。チーム4はみかんカレーを作りました。

5人の審査員が，独創性，見た目，味の点数を決めました。観客は気に入ったランチに投票し，人気の点数を決めます。私たちは人気で25点獲得しました。

コンテストの間，たくさんの人たちが私たちのランチを食べに来ました。私たちのチームはコンテストで勝利するために一生懸命努力しましたが，優勝はチーム3でした。私たちは2位でした。独創性と味の両方で，柿サンドイッチが梅ハンバーガーよりも点数を獲得しました。独創性では，3つのチームが同じ点数を獲得しました。見た目では，柿サンドイッチと梅ハンバーガーが同じ点数を獲得しました。私たちは結果を見て残念に思いました。私たちはコンテストで勝利することはできませんでした。

私たちは来年はコンテストで勝利したいと思っています。私はそのためにたくさんのことをしなければなりません。例えばこんなことです。私は①毎週日曜日にランチを作るのがいいでしょう。私はベストを尽くすつもりです。

〔問1〕 紀子はコンテストで，一番良いランチを作りたいと思った。全訳参照。第2段落2文目に注目。decide ＝決める　決定する

〔問2〕 全訳参照。A・B・Cは第4段落4文目から6文目に注目。　D　第3段落最後の1文に注目。第3段落に，紀子たちはチーム1で，人気で25点獲得したとあるので，D が popularity であることが分かる。

〔問3〕 全訳参照。I should make lunch every Sunday.　should ＝～する方がいい，～すべきだ

〔問4〕 （問題文訳） 紀子：聞いてくれてどうもありがとう。／サム：君のスピーチはおもしろかったよ。②僕は梅干しに興味があるんだ。でも食べたことはないんだよ。／紀子：本当に？　梅干しはおいしくて健康にいいのよ。私の母がそれを教えてくれたの。彼女は食べ物についてよく知っているのよ。／サム：そうなんだね。梅干しを食べるのはいい考えだね。食べることにするよ。
(1)　**<be 動詞＋ interested in ＋～>で「～に興味がある」**　(2)　ア　紀子はサムと梅干しを喜んで食べた。　イ　紀子の母は食べ物についてたくさん情報をもっている。(○)　紀子の2番目の発言に注目。　ウ　サムは彼の母に健康について良いアドバイスをした。　エ　サムは時々彼の母と梅干しを食べる。

3　(会話文問題：自由・条件英作文，語句補充・選択，語句の解釈・指示語，日本語で答える問題)

(全訳)　健：ハイ，エミリー。この写真を見て。

エミリー：まあ，とてもきれいな砂浜ね。

健　　　：うん。僕は先週和歌山へ行ったんだ。

エミリー：［どうしてそこへ行ったの？］

健　　　：和歌山のおばあちゃんに会いたかったからなんだ。そこに3日間滞在したよ。

エミリー：いいわね。私は和歌山へ行ったことがあるわ。和歌山の素晴らしい自然が大好きよ。A和歌山はどうだった？（滞在はどうでしたか？）

健　　　：楽しかったよ。おばあちゃんと料理を楽しんだよ。

エミリー：それは良かったわね。おばあさんはあなたにおいしい料理の作り方を①教えてくれたの？

健　　　：うん。たくさん他のことも教えてくれたよ。僕が台所でお米を洗っていた時，環境のために何をすればいいのか教えてくれたんだ。

エミリー：おばあさんはあなたに何を教えてくれたの？

健　　　：彼女は僕にお米のとぎ汁を使うことを教えてくれたんだ。おばあちゃんの話によると，お米のとぎ汁は植物の良い肥料なんだって。だから彼女はその水を②花にあげているんだ。その水が川に流れ込むと，魚には悪い影響を及ぼすかもしれない。お米のとぎ汁を植物にあげることは環境のために良いことなんだ。

エミリー：まあ，Bそれは聞いたことがなかったわ。驚きね。

健　　　：彼女はお皿を洗う前に古い布切れできれいにすることもやっているんだ。そうすれば，水を節約できるんだよ。

エミリー：なるほどね。それは難しいことではないわ。

健　　　：そうなんだ。おばあちゃんは水を節約するために③簡単なことをしてるんだよ。彼女は環境を守りたいんだ。僕は，環境のために簡単にできることがたくさんあると思っているよ。

エミリー：その通りね。すぐに何かそれ(環境のために簡単にできること)を見つけて始めましょう。

〔問1〕 全訳参照。空所〔 〕直後の健の発言に注目。「なぜなら～」以下で和歌山に行った理由を述べている。

〔問2〕 全訳参照。 A 空所A直後の健の発言に注目。 B **<have never ＋過去分詞>で「今まで～したことがない」(現在完了)**

〔問3〕 全訳参照。 ① **< show ＋人＋ how to ～>＝(人)に～のやり方を教える，どのように～すればよいか教える** show は「(やって見せるなどして)教える」の意味。 ② 6番目の健の発言最後の一文に注目。 plant ＝植物 ③ 直前のエミリーの発言に注目。健もその発言に同意していることから，simple (簡単な) が適当であることが分かる。

〔問4〕 全訳参照。ここでの that は「それは」の意味。少し前に見たり聞いたりしたもの，相手が言ったことなどを指す。

4 (自由・条件英作文)

(問題文訳) あなたは夏休みと冬休み，どちらが好きですか？

(解答例訳) 私は夏休みの方が好きです。それには2つ理由があります。一つ目は，海で泳げることです。二つ目は，私の誕生日が8月にあることです。私の両親は毎年私のためにケーキを買ってくれます。

5 (長文読解問題・エッセイ：語句の並べ換え，文の挿入，語句の解釈・指示語，英問英答，文の並べ換え，日本語で答える問題)

(全訳) こんにちは。今日は，外国から来た人たちとの僕の経験について話します。

この前の秋，僕は駅で外国の人たちを見かけました。彼らは電車の切符を買おうとしていました。でも，彼らはどこで切符を買えばよいのか分かっていませんでした。僕は彼らを助けたいと思いましたが，彼らに話しかけることはできませんでした。僕には勇気がありませんでした。僕は残念に思いました。

家で，そのことを父に話しました。彼はこう言いました，「外国の人たちが困っていることが分かったら，話しかけた方がいいよ。そのことが彼らの助けになるはずだよ。君がよく日本の人たちを助けているのは知っているよ。日本の人たちだけでなく，外国の人たちも話しかけることで助けた方がいいね」。

数日後，僕は家の前で若い外国の男性を見かけました。彼の名前はロバートといいました。彼は自転車に乗って一人で地図を見ていました。僕は父の言葉を思い出しました。僕はこう思いました，「彼は多分道に迷っているのだろう。話かけた方がいい」。

僕は彼に英語でこう言いました，「こんにちは，お手伝いしましょうか？」 ロバートは言いました，「こんにちは，僕は旅行者です。オーストラリアから来ました」 彼は彼の状況について話し始めました。彼は言いました，「僕は和歌山で自転車を買いました。でも和歌山のサイクリングコースについての情報を ⓐ見つけるのは僕には難しいのです」 彼は誰かに助けてほしいと思っていました。

僕はロバートに待つように頼みました。僕は家に戻り，インターネットでいくつかサイクリングコースを見つけました。ロバートは言いました，「ご親切にありがとうございます。私の旅行が楽しくなります」 A僕はロバートの旅行について知りたいと思いました。そこで僕はこう言いました，「あなたの旅行が終わったら，旅行について僕にメールで教えてくれませんか？」 彼は言いました，「実は，ここに戻ってくるのです，この町から空港まではバスで行くつもりなので。もう一度会えますよ」

2週間後，僕は彼にホテルの喫茶店で会いました。彼は僕にこう言いました，「サイクリングコースについての情報をありがとうございました。あなたが僕に最初に話しかけてくれた時，私は少し寂しくなっていました。だから ⓑあなたのご親切に励まされました。」 僕はそれを聞いてとても嬉しかったです。僕は外国から来た人を助けることができました。

ロバートと彼の旅行について話した後，僕たちは一緒にバス停に行きました。バス停で、ロバートは言いました，「そうそう，あなたに僕の自転車をあげます，私はもうすぐ日本を離れるので」 僕は ⓒそれを聞いて驚きました。僕は言いました，「本当ですか？ありがとうございます。とても嬉しいです」

この頃は，たくさんの外国の人たちが日本にいます。今年日本でオリンピックとパラリンピックが行われるのです。もっと多くの外国の人たちが日本に来るでしょう。

それでは，私が経験から学んだ最も大切なことを伝えます。外国の人たちを助けたい時には，彼らに話しかけることが私たちができることの第一歩です。

〔問1〕 全訳参照。 ⓐ (But it's)difficult for me to find (information about cycling courses in Wakayama.)**< It is ～ for 人＋ to ＋動詞の原形…>で「(人)が…することは～だ」** ⓑ (So)I was encouraged by your (kindness.)**< be 動詞＋過去分詞>で「～される」(受け身)** encourage ＝勇気づける，励ます courage ＝勇気 接頭辞 en- は，名詞や形容詞につけて動詞をつくる働きがある。

〔問2〕 全訳参照。空所A直後の一文，浩紀の発言に注目。

〔問3〕 全訳参照。下線部?直前のロバートの発言に注目。

〔問4〕 (1) 浩紀はいつ駅で外国の人たちを見かけましたか？／彼はこの前の秋に見かけました。第2段落1文目に注目。 (2) ロバートはどこから来ましたか？／彼はオーストラリアから来ました。第5段落2文目に注目。

〔問5〕 (選択肢訳・正解順) ア 浩紀は彼の父と家で話をした。第3段落→ エ 浩紀は，自転車に乗って地図を見ている若い外国の男性を見かけた。第4段落→ イ 浩紀はインターネットでサイクリングコースをいくつか見つけた。第6段落→ ウ 浩紀はホテルの喫茶店でロバートの旅行について聞いた。第7段落

〔問6〕 全訳参照。 最後の段落に注目。

〔問7〕 (問題文・解答例訳)先生：この状況について考えましょう。あなたが家の近くで外国の男性を見かけます。彼は日本語の地図を持っています。彼は今日ホテルに泊まることになってい

ます。でもそのホテルがどこにあるのか分かりません。あなたは彼を助けるために何をしますか？／生徒：私は彼に話かけて B彼と一緒にホテルを探します。／先生：それはいいですね。

2020年度英語　リスニングテスト

〔放送台本〕

これから英語の学力検査を行います。①番はリスニング問題で，〔問1〕，〔問2〕，〔問3〕の3つがあります。放送を聞きながら，メモをとってもかまいません。

〔問1〕は，絵の内容に合った対話を選ぶ問題です。はじめに，No. 1，No. 2のそれぞれの絵を見なさい。これから，No. 1，No. 2の順に，それぞれA，B，C 3つの対話を2回放送します。No. 1，No. 2の絵にある人物の対話として最も適切なものを，放送されたA，B，Cの中から1つずつ選び，その記号を書きなさい。それでは始めます。

No. 1　A　父　親：Can you see the animals?
　　　　　女の子：Yes. All of them are sleeping.
　　　B　父　親：There are some animals over there!
　　　　　女の子：They are very cute. Two dogs are running.
　　　C　父　親：Look at the animals!
　　　　　女の子：Oh, a cat is sleeping in front of the door.
No. 2　A　女の子：Is my bag in this room?
　　　　　男の子：No. There are no bags here.
　　　B　女の子：Are you busy now?
　　　　　男の子：Yes. I'm drawing a picture now.
　　　C　女の子：Can I use the camera on the table?
　　　　　男の子：Yes. You can use it.

これで，〔問1〕を終わります。

〔英文の訳〕

No. 1　A　父　親：動物たちが見えるかい？
　　　　　女の子：うん。みんな寝ているね。
　　　B　父　親：向こうに何か動物がいるよ！
　　　　　女の子：とてもかわいいわ。2匹の犬が走ってる。
　　　C　父　親：あの動物を見てごらん！
　　　　　女の子：まあ，ドアの前で猫が寝ているわ。
No. 2　A　女の子：この部屋に私のかばんはあるかしら？
　　　　　男の子：ないよ。ここにはかばんはないよ。
　　　B　女の子：今忙しい？
　　　　　男の子：うん。今絵を描いているんだ。
　　　C　女の子：テーブルの上にあるカメラを使ってもいい？
　　　　　男の子：うん。使ってもいいよ。

〔放送台本〕

〔問2〕は，二人の対話を聞いて答える問題です。まず，〔問2〕の問題文を読みなさい。

これから，No. 1からNo. 3の順に，二人の対話をそれぞれ2回ずつ放送します。対話の最後にそれぞれチャイムが鳴ります。チャイムが鳴った部分に入る最も適切なものを，AからDの中から1つずつ選び，その記号を書きなさい。それでは始めます。

No. 1　父親との対話

父　親：Hi, Misa. This is a birthday present for you.
女の子：Wow. What is it?
父　親：It's a CD of your favorite music. I hope you will like it.
女の子：<チャイム音>

No. 2　母親との対話

男の子：Good morning, Mom.
母　親：Good morning, Takashi. What are you doing?
男の子：I'm looking for my English dictionary.
母　親：<チャイム音>

No. 3　教室での対話

男の子：What do you usually do on weekends?
女の子：I often watch movies.
男の子：What kind of movies do you like?
女の子：<チャイム音>

これで，〔問2〕を終わります。

〔英文の訳〕

No. 1　父親との対話

父　親：やあ，ミサ。これは君への誕生日プレゼントだよ。
女の子：わあ。何かしら？
父　親：君が好きな音楽のCDだよ。気に入ってくれるといいな。
女の子：D　ありがとう。今聴きたいわ。

No. 2　母親との会話

男の子：おはよう，お母さん。
母　親：おはよう，タカシ。何をしているの？
男の子：英語の辞書を探しているんだ。
母　親：A　昨日の夜，あなたの机の上にあるのを見たわよ。

No. 3　教室での会話

男の子：週末は普段何をしているの？
女の子：よく映画を見るわ。
男の子：どんな映画が好き？
女の子：C　スポーツに関する映画が好きなの。

〔放送台本〕

〔問3〕は，英語のスピーチを聞いて，答える問題です。まず，〔問3〕の問題文を読みなさい。これから，中学生の恵太が英語の時間に行ったスピーチと，その内容について5つの質問を2回放送します。

No.1からNo.5の英文が質問の答えとなるように，空欄に入る最も適切なものを，AからDの中から1つずつ選び，その記号を書きなさい。それでは始めます。

Hi. I'm Keita. I love libraries. I'll tell you three reasons.

First, libraries are very quiet. I like to spend time in a quiet place. I go to a city library near the station every Sunday. I read books and study there. I sometimes see my friends there.

Second, there are many kinds of books in libraries. We can get a lot of information from books. When I read a book about Australia last month, I learned about its history without going there. I also learned about its culture from the book.

Third, I like people who work in libraries. I often talk with the people working in the city library. They know a lot about books. They show me interesting books. When I look for books, they always help me. They are very kind. In the future, I want to work in a library.

Libraries are wonderful places. Why don't you go to a library?

Question No. 1: When does Keita go to a city library?

Question No. 2: What does Keita do when he is in the city library?

Question No. 3: How did Keita learn about the history of Australia last month?

Question No. 4: Who shows Keita interesting books?

Question No. 5: What does Kieta want to do in the future?

これで，放送を終わります。

〔英文の訳〕

こんにちは，僕は恵太です。僕は図書館が大好きです。これからその理由を3つ話します。

まず一つ目に，図書館はとても静かです。僕は静かな場所で過ごすのが好きです。毎週日曜日に駅の近くの市立図書館に行きます。僕はそこで本を読んだり勉強したりします。そこで時々友だちに会います。

二つ目に，図書館にはたくさんの種類の本があります。私たちは本からたくさんの情報を手に入れることができます。先月オーストラリアについての本を読んだときには，そこへ行くことなくオーストラリアの歴史について学びました。またその本からオーストラリアの文化についても学びました。

三つ目に，僕は図書館で働く人たちが好きです。僕はよく市立図書館で働いている人たちと話をします。彼らは本についてたくさんのことを知っています。彼らは僕に面白い本を教えてくれます。僕が本を探していると，彼らはいつも助けてくれます。彼らはとても親切です。将来，僕は図書館で働きたいと思っています。

図書館は素晴らしい場所です。皆さんも図書館へ行きませんか？

質問No. 1　恵太はいつ図書館へ行きますか？

答え　　C　彼は毎週日曜日に図書館に行きます。

質問No. 2　恵太は図書館にいるとき何をしますか？

答え　　D　彼はそこで本を読んだり勉強したりします。

質問No. 3　先月恵太はどのようにしてオーストラリアの歴史について学びましたか？

答え　　A　彼はそれをオーストラリアについての本を読むことで学びました。

質問No. 4　誰が恵太に面白い本を教えてくれますか？
答え　　　C　市立図書館で働いている人たちが教えてくれます。
質問No. 5　恵太は将来何をしたいと思っていますか？
答え　　　B　彼は図書館で働きたいと思っています。

＜理科解答＞

1　〔問1〕（1）エ　（2）再生可能エネルギー［再生可能なエネルギー，自然エネルギー］（3）燃料電池　（4）有害な物質を出さない。［二酸化炭素を出さない。］
〔問2〕（1）衛星　（2）ア　（3）作用・反作用　（4）Z　肺胞　理由（例）空気に触れる表面積が大きくなるから。

2　〔問1〕エ　〔問2〕シダ　〔問3〕むきだしになっている
〔問4〕イ，エ　〔問5〕（1）ウ　（2）右図1　〔問6〕下図2
〔問7〕（記号）ア，イ　（特徴）（例）花弁が分かれている。

図1

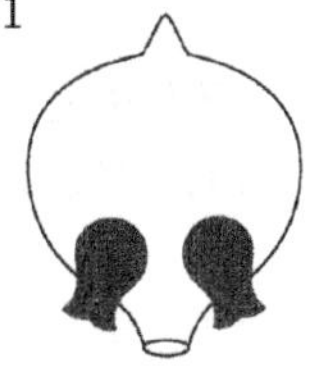

図2

3　〔問1〕イ，ウ　〔問2〕ア　〔問3〕太平洋高気圧［小笠原気団］　〔問4〕18.48［18.5］(g)　〔問5〕①　イ　②　イ　〔問6〕ウ　〔問7〕（例）気圧の低下により海面が吸い上げられることで発生する。［強風で海水が陸に吹き寄せられることで発生する。］

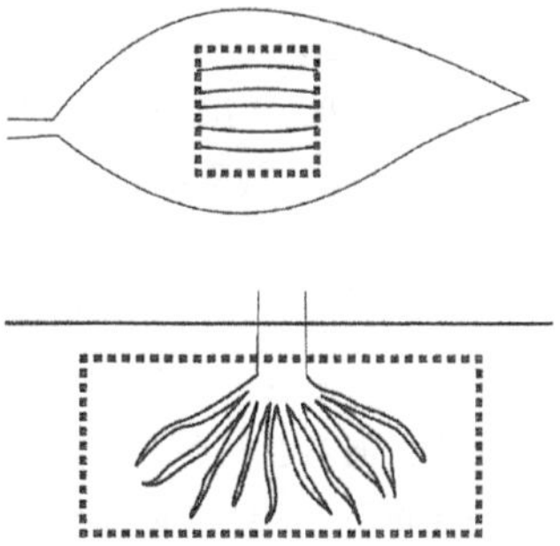

4　〔問1〕Cu　〔問2〕（例）手であおぐようにしてかぐ。
〔問3〕イ　〔問4〕180(g)　〔問5〕X（例）音を立てて燃えた　（気体）水素　〔問6〕（1）漂白(作用)　（2）①　ア　②　ア　（3）（例）塩素の方が水に多く溶けたから。［塩素の方が水に溶けやすいから。］

5　〔問1〕パスカル　〔問2〕イ，エ　〔問3〕（例）力のはたらく面積が大きくなると，圧力が小さくなるため。　〔問4〕エ　〔問5〕X　0.40　Y　0.80　Z　変わらない　〔問6〕250(N)　〔問7〕（例）容器内の空気がゴム板を押す力が，おもり，ゴム板，フック，糸にはたらく重力の和よりも小さくなったため。

＜理科解説＞

1　（各分野小問集合）

〔問1〕（1）水の電気分解では，**水→水素＋酸素**の反応が起こり，単体の水素をとり出すことができる。　（2）使っても減らない資源を用いてつくったエネルギーを，再生可能エネルギーという。　（3）燃料電池では，**水素＋酸素→水**の化学変化を利用している。　（4）水素を燃焼すると，酸素と化合したあとにできるのは水だけであり，有害な物質や二酸化炭素を排出しない。

〔問2〕（1）月は地球の衛星である。　（2）月の光っている方向に太陽がある。よって，地球から見て月の右側に太陽が位置しているのはアとなる。　（3）ロケットが気体を押す力が作用，ロケットが気体におし返される力が反作用となる。　（4）肺胞があることで，肺の表面積が大きく増加するので，気体の交換効率が良くなる。

2 (植物の分類)

〔問1〕 コケ植物は根，茎，葉の区別がないため，維管束がない。

〔問2〕 種子をつくらない植物にあたるのは，コケ植物とシダ植物である。

〔問3〕 裸子植物は子房をもたない。よって，胚珠がむき出しでついている。

〔問4〕 アサガオ，イネは被子植物である。

〔問5〕 (1) 枝の先についているアが雌花，雌花のもとのほうに多くついているウが雄花である。

(2) 受粉後種子となるのは胚珠である。胚珠はりん片の下部に2つついている。

〔問6〕 単子葉類は，平行脈をもち，根はひげ根になっている。

〔問7〕 アブラナ，サクラは，花弁が1枚1枚離れたつくりとなっているので離弁花類である。タンポポ，ツツジは，花弁がもとのほうで1つにつながっているので，合弁花類である。

3 (天気の変化)

〔問1〕 **積乱雲**は縦に長く発達する雲で，強い雨がせまい範囲に降る。寒冷前線付近に多く見られる。

〔問2〕 赤道付近には，赤道に向かって東から西につねに風がふいている。

〔問3〕 日本の南の海上にできる気団は**太平洋高気圧(小笠原気団)**である。台風は，西へ進んだあと，太平洋高気圧のへりに沿うように北上し，偏西風の影響で東に進路を変える。

〔問4〕 25℃の飽和水蒸気量23.1g/m^{3}のうちの80％の水蒸気が，実際に空気に含まれている。23.1〔g/m^3〕×0.8＝18.48〔g/m^3〕

〔問5〕 上空は気圧が低いため，地上の空気は上空へ向かうにしたがって，体積が大きくなる。その結果，温度が下がり露点に達する。

〔問6〕 表1より，台風が和歌山地方に最も接近したのは，気圧の変化から13：00から13：10頃であり，この頃和歌山地方には南寄りの風がふいていることから，台風の中心は和歌山地方よりも北側にあるとわかる。台風は低気圧なので，風が反時計回りにふきこむため，12：00と14：00の風向から，ウであるとわかる。

〔問7〕 台風は勢力の強い**低気圧**であり，中心付近には強い上昇気流が生じているため，周囲の海水を上へ吸い上げる。このことによって高潮が発生する。

4 (化学変化とイオン)

〔問1〕 塩化銅を電気分解すると，陽極に塩素，陰極に銅が発生する。

〔問2〕 有毒な気体を大量に吸い込むのを防ぐため，気体のにおいをかぐときは，手であおぐようにしてにおいをかぐ。

〔問3〕 $CuCl_2 \rightarrow Cu^{2+} + 2Cl^-$より，塩化銅が電離すると，銅イオン：塩化物イオン＝1：2の数の割合でイオンが生じる。

〔問4〕 質量パーセント濃度が35％の塩酸20gに含まれる塩化水素は，20〔g〕×0.35＝7〔g〕　これが3.5％に相当するときの塩酸の全体量は，7〔g〕÷0.035＝200〔g〕　よって，追加する水は，200－20＝180〔g〕

〔問5〕 塩酸の電気分解では，陽極に塩素，陰極に水素が発生する。水素にマッチの火を近づけると，音を立てて燃える。

〔問6〕 (1) 塩素は漂白作用をもつ。　(2) 塩素原子は，電子を1個受けとることで，－の電気を帯びた塩化物イオンとなる。　よって，この実験では，＋極へ引き寄せられる。　(3) 発生した水素と塩素の気体としての体積は1：1となるが，実際は発生した塩素が水に溶けるため，塩素の発生量が少ないように見える。

5 (力と圧力)

〔問1〕 力の単位パスカルは，記号でPaと書く。

〔問2〕 **圧力〔Pa〕＝力の大きさ〔N〕÷力のはたらく面積〔m^2〕**より，図2の面Cを上にしたときのスポンジに加わる圧力は，5〔N〕÷(0.05×0.1)〔m^2〕＝1000〔Pa〕　ア～エの圧力をそれぞれ求めると，
ア…(5×2)〔N〕÷(0.1×0.2)〔m^2〕＝500〔Pa〕　イ…(5×2)〔N〕÷(0.05×0.2)〔m^2〕＝1000〔Pa〕
ウ…(5×2)〔N〕÷(0.1×0.2)〔m^2〕＝500〔Pa〕　エ…(5×2)〔N〕÷(0.05×0.2)〔m^2〕＝1000〔Pa〕

〔問3〕 同じ大きさの力が加わる場合，**力がはたらく面積が大きくなるほど圧力は小さくなる**。そのためスキー板をはくと，足が雪に沈みにくくなる。

〔問4〕 水圧は，水の深さが深くなるほど大きくなる。

〔問5〕 X…1.00－0.60＝0.40〔N〕　Y…1.00－0.20＝0.80〔N〕　Z…**浮力は，水中の体積によって決まる**ので，水中の体積が等しい容器Aのときの浮力と同じになる。

〔問6〕 1000hPa＝100000Paより，100000〔Pa〕×0.0025〔m^2〕＝250〔N〕

〔問7〕 図5や図6では，ゴム板は，空気に押されているために容器の底にはりついている。図7のように，容器内の空気を抜いていくと，空気がゴム板を押す(支える)力が小さくなるため，ゴム板は落下する。

<社会解答>

1 問1 (1) ア　(2) C→D→A→B　問2 高山気候　問3 (1) エジプト
(2) (例)かつて，アフリカの大部分を植民地にしたヨーロッパの国々が緯線や経線を使って引いた境界線を，現在も国境線として使っているから。　問4 エ

2 問1 レアメタル[希少金属，希土類，レアアース]　問2 ウ→ア→イ　問3 福島県
問4 (1) (例)台風から住居を守るため。[強風から住居を守るため。]　(2) イ
問5 エ

3 問1 ア　問2 (例)大和政権[ヤマト王権]の勢力は，九州中部から関東地方までおよんでいた。　問3 法隆寺　問4 白村江(の戦い)　理由 (例)百済の復興を助けるため。
問5 大宰府　問6 藤原道長　問7 ウ　問8 エ　問9 イ　問10 間宮林蔵

4 問1 自由民権運動　問2 (例)天皇を尊び，外国の勢力を排除しようとする考え方。
問3 (例)日清戦争に比べ，日露戦争は負担が大きかったにもかかわらず，賠償金が得られなかったから。　問4 イ　問5 イ→エ→ウ→ア

5 問1 (1) ウ　(2) 子どもの権利条約[児童の権利条約，児童の権利に関する条約]
問2 (1) 象徴　(2) ア・エ　問3 (例)衆議院は任期が短く，解散があるため，国民の意見をよく反映するから。　問4 (例)日本の女性議員の割合は増加してきているが，世界の割合からみると低い。

6 問1 (1) 為替相場[為替レート]　(2) ウ　問2 ① イ　② ア
問3 世界保健機関[WHO]　問4 (例)紛争や迫害などにより，住んでいた国や土地を離れざるをえなくなった人々。　問5 (例)温室効果ガスの排出量が目標を下まわった国と，上まわった国との間で，排出量の枠を売買するしくみ。

<社会解説>

1　(地理的分野―世界―地形・気候，人口・都市，交通・貿易)

問1　(1)　図2は**正距方位図法**で描かれた地図。サンフランシスコが東京から見て右上に位置することから判断する。　(2)　図1上のA～Dを図2に描き込んで考える。東京からの直線距離はAが約10000km，Bが15000km以上，Cが約5000km，Dが10000km弱であることが読み取れる。

問2　南アメリカ大陸の**アンデス山脈**付近の地域などが高山気候にあたる。

問3　(1)　エジプトには王の墓であるとされる**ピラミッド**が位置し，かつて国内を流れる**ナイル川**流域に高度な文明が栄えた。　(2)　かつてヨーロッパの国々が引いた境界線が国境線として使われているため，アフリカでは現在でも紛争が絶えない地域がある。

問4　アは石炭が主要輸出品であることからインドネシア。イは面積が約38万km^2，輸出入総額が2番目に多いこと，自動車が主要輸出品であることから日本。ウは面積や輸出入総額が最も大きく，衣類が主要輸出品であることから中国。残ったエがベトナムと判断する。

2　(地理的分野―日本―日本の国土・地形・気候，人口・都市，農林水産業，資源・エネルギー)

問1　レアメタルの採掘がさかんなアフリカ諸国では，それらの輸出にたよる**モノカルチャー経済**が行われている。

問2　ア…戦後，東京の過密化が進み地価も上がったため，比較的土地が安価な北関東に工業地域が発達した。イ…**貿易摩擦**が深刻化した1980年代の様子。ウ…四大工業地帯は戦前から発達していた。

問3　福島県は茨城県，栃木県，群馬県と接する。

問4　(1)　南西諸島とは沖縄県などを含む地域のことで，台風が多く通過する。　(2)　人口最大のアが福岡県，豚の産出額が最も多いイが鹿児島県，第3次産業の就業者割合が最も高いウが沖縄県，地熱発電電力量が最も多いエが大分県と判断する。

問5　**内陸性気候**は，年間降水量が少なく比較的冷涼。ただし，イは冬の気温が0度を下回る冷帯気候のため，北海道網走市の雨温図と判断する。アが富山県富山市，ウが高知県土佐清水市。

3　(歴史的分野―日本史―時代別―旧石器時代から弥生時代，古墳時代から平安時代，鎌倉・室町時代，安土桃山・江戸時代，日本史―テーマ別―政治・法律，経済・社会・技術，文化・宗教・教育，外交)

問1　**吉野ケ里遺跡**は，佐賀県に位置する弥生時代の遺跡。

問2　**ワカタケル大王**は，みずからの名を刻んだ鉄剣や鉄刀を自分に従った者に与えたと考えられる。

問3　**聖徳太子**が建てたとされる法隆寺は，世界文化遺産に登録されている。

問4　663年におこった**白村江の戦い**で，わが国の軍は大敗した。その後，唐や新羅の侵攻に備えて九州北部に大野城や水城を築いた。

問5　**大宰府**は現在の福岡県におかれた。

問6　**藤原道長**は1016年に摂政となり，摂関政治の全盛期を築いた。また，子の**藤原頼通**は京都の宇治に平等院鳳凰堂を建てた。

問7　「踊念仏」「時宗」などから判断する。アは浄土宗，イは日蓮宗(法華宗)，エは臨済宗の開祖。

問8　アは江戸時代，イは奈良・平安時代，ウは安土桃山時代のようす。

問9　対馬藩の宗氏と朝鮮との交易において，木綿・生糸・絹織物を輸入し，銀・銅を輸出した。薩摩藩は**琉球王国**を支配した。

問10　略地図中のCは樺太。**間宮林蔵**は北方の探索をすすめ，樺太が島であることを確認した。

4 (歴史的分野—日本史—時代別—明治時代から現代，日本史—テーマ別—政治・法律，文化・宗教・教育，外交)

問1　**板垣退助**は，国会開設の勅諭が発表されると自由党を結成した。

問2　尊王攘夷運動がさかんになると，井伊直弼が**安政の大獄**を行い，尊王攘夷派を処罰した。

問3　表から，日露戦争は日清戦争に比べて戦費も死者数も多いことが読み取れる。日露戦争後の**ポーツマス条約**で，わが国は北緯50度以南の樺太や南満州鉄道などを得たものの賠償金は獲得できなかった。

問4　日本の国際連合加盟が実現したのは1956年。アが1960年，ウが1967年，エが1972年。

問5　アが高度経済成長，イが文明開化，ウが戦時中，エが大正時代のようす。

5 (公民的分野—憲法の原理・基本的人権，三権分立・国の政治の仕組み)

問1　(1)　**1月に召集**されていることから第193回が常会，**衆議院議員の総選挙後**に召集されていることから第195回が特別会，残った第194回が臨時会と判断できる。　(2)　表1中の「育つ権利」などから，子供に関する内容だと判断する。

問2　(1)　日本国憲法の三大原則の一つ「**国民主権**」に関する条文。　(2)　イは内閣総理大臣，ウ・オは国会の仕事。

問3　法律の制定，内閣総理大臣の指名，条約の承認，予算の議決については**衆議院の優越**が適用される。

問4　図から，1980年代以前と比較して衆議院議員総選挙における当選者に占める女性の割合が上昇していることや，現在ではその割合が10％前後であることが読み取れる。また，表2から，主な世界の国における下院の女性割合がいずれも30～40％台と，日本と比較して割合が高いことが読み取れる。

6 (公民的分野—財政・消費生活・経済一般，国際社会との関わり)

問1　(1)　自国や他国の景気や経済状況，国際関係などで，相場が変動する**変動相場制**が採用されている。　(2)　円の価値が上がることを円高，低くなることを円安という。2万ドルの自動車が1ドル＝80円のときは20000×80＝1600000(円)となり，1ドル＝120円のときは20000×120＝2400000(円)となる。

問2　**不景気**は通貨量の減少によって引き起こされるため，**通貨量を増やす**政策を行う。

問3　解答はWHOでも可。

問4　国際連合のUNHCR(国連難民高等弁務官事務所)が難民の保護や支援にあたり，難民問題の解決に対して働きかけている。

問5　**京都議定書**では，先進国の温室効果ガスの排出量の削減目標を定めるとともに，その達成のため，温室効果ガスの排出量を割り当てた上で，その排出量を取引する制度が創設された。これを京都メカニズムという。

<国語解答>

一　〔問1〕 ①　告(げる)　②　浅(い)　③　寒暖　④　勤勉　⑤　のが(れる)
⑥　かま(える)　⑦　けいりゅう　⑧　ぎんみ　〔問2〕 オ　〔問3〕 イ
〔問4〕 (1)　ア　(2)　ウ

二 〔問1〕 イ 〔問2〕 保護という言葉は外部の立場から使う言葉 〔問3〕 (例) 車の排気ガスが環境に悪影響を与えるため，電気自動車など，排気ガスを出さない車を造ることによって，共存しようとしている。 〔問4〕 ウ 〔問5〕 (例)その(サメの)えじきになっていたエイが増え，そのエイが好むホタテ，ハマグリなどが大量に食べられたため
〔問6〕 エ

三 〔問1〕 ア 〔問2〕 (例)ぼくがわからなかった詰み筋を見通していたこと 〔問3〕 エ
〔問4〕 イ 〔問5〕 (例)山沢君は，自分以外はみんな敵だと考えているが，ぼくは，対局中は敵でも，勝ったり負けたりをくりかえしながら，一緒に強くなっていけるライバルだと考えている。 〔問6〕 ウ

四 (例) B案は，A案よりも前回の福祉施設での様子を具体的に述べている。
　前回参加しなかった人は，お年寄りの方々とどのように交流すればよいかわからないなどの不安を感じているかもしれない。しかし，B案は前回の様子を具体的に伝えているので，そのような不安は少なくなるはずだ。具体的にどうすればよいかがわかることで，参加しようと思うきっかけにつながると思う。

<国語解説>

一 **(知識問題，古文－文脈把握，指示語の問題，漢字の読み書き，筆順・画数・部首，敬語，書写)**

〔問1〕 ① 音読みは「**コク**」で，熟語は「告知」などがある。 ② 音読みは「**セン**」で，熟語は「深浅」などがある。 ③ 「寒暖」は，寒さと暖かさのこと。 ④ 「勤勉」は，勉強や仕事などに励むこと。 ⑤ 音読みは「**トウ**」で，熟語は「逃避」などがある。 ⑥ 音読みは「**コウ**」で，熟語は「構成」などがある。 ⑦ 「渓流」は，谷を流れる川のこと。 ⑧ 「吟味」は，念入りに調べること。

〔問2〕 A「泳」は，八画。B「紀」は，九画。C「雪」は，十一画。D「祝」は，九画。

〔問3〕 傍線部とイの「うかがう」は，「聞く」の謙譲語。ウも謙譲語だが，これは「行く」という意味。

〔問4〕 <口語訳> 世の中が日照りに見舞われ，池の水もなくなり，食べ物もなく，飢えそうになり，何もすることがない時，蛇が蛙のところへ亀を使者に立てて「ちょっとおいでください。お目にかかりたい」と言うと，蛙が返事として申し上げるには，「あなたは飢えに苦しんでいるから，仁義を忘れて食べることだけを考えている。情けも親しく付き合うのも，普通に暮らしている時のことだ。このような頃なので，うかがうことはできない」と返事をした。

(1) 蛙は，世の中が日照りで飢えている時なので，蛇も食べることだけを考えていると想像しているのだから，「かかる比」は，飢えに苦しんでいる時のことである。 (2) 直前にかぎかっこの終わりがある。始まりの部分を見ると，その前に「蛙，返事に申しけるは」とあり，「返事しける」の主語は蛙だとわかる。

二 **(論説文－大意・要旨，内容吟味)**

〔問1〕 aは，前で人間は「生態系に組み込まれた存在」と述べ，後でそのことを「自然の中」と表現している。bは，前の「知的生命体」を後で「宇宙人」と述べている。いずれも前の内容を後で言い換えているのだから，「すなわち」があてはまる。

〔問2〕 筆者は，「もともと，人間は間違いなく自然の一部」だと考えている。そのため，「外部の立場から使う言葉」である「保護という言葉」を用いた「自然保護」という表現に違和感を抱い

ている。しかし，「人間が地球外からの生命体に由来する」のであれば，「外部の立場から使う言葉」を用いた「人間が地球の自然を保護します」という表現に違和感がないのである。

〔問3〕「自然を理解し共存する」ということについて，「車」を例に考えるというのである。「車」が「どんな性質」で，そこにある「リスク」と「どう付き合えばよいか」を具体的に考える。「車」における「リスク」としては，排気ガスを排出することや，事故を引き起こすことなどが挙げられる。その「リスク」とどう共存すべきか，自分の意見をまとめる。

〔問4〕傍線部直後から，「完全なる制御とコントロールを推し進める社会」における「〝迷惑生物〟の撲滅運動」の具体例が挙げられている。そして次の段落で，「迷惑生物を絶滅させる」とどうなるかということに視点が移り，「生態系の一部が崩れて，何らかの別問題が発生し，そこにまたコントロールの必要性が生じるだろう」と述べられている。

〔問5〕図で示されているものの数に注目する。図の上部は，サメがエイを食べ，エイがホタテやハマグリを食べていることを示している。サメがいなくなったことを示している下部では，上部よりエイが増え，ホタテやハマグリが減少している。

〔問6〕筆者は，人間が「自然を理解し共存する」ためには，「科学の力が重要」で，「適度に『制御しコントロールする』技術をもつことが賢明」だと考えているのだから，エが正解。

三 (小説－情景・心情，内容吟味，熟語，ことわざ・慣用句)

〔問1〕「一心不乱」は，一つのことに集中している様子のこと。「一念発起」は，何かを成し遂げようと決心すること。「一致団結」は，一つの目的のために多くの人がまとまること。「一騎当千」は，一人で多くの敵に対抗できるほど強いということ。よって，対局中に「時計に目をやる暇などない」様子に合うのは「一心不乱」。

〔問2〕「ぼく」が「詰み筋を懸命に探し続けた」ところに，山沢君は駒を動かして詰み筋を示した。「ぼく」はそのような山沢君に感心したのである。

〔問3〕直前の「プロを目指すには遅すぎ」るものの，「伸びしろが相当ある」という先生の言葉に対して，「まさか，ここまで認めてもらっているとは」と驚いているのだから，エが正解。

〔問4〕「キツネにつままれた」は，事情がわからずにぼんやりすること。

〔問5〕山沢君は，「将棋では，自分以外はみんな敵」だと言っているが，「ぼく」は，「ライバルでいいんじゃないかな」と言っている。「勝ったり負けたりをくりかえしながら，一緒に強くなっていけ」る「ライバル」でありたいと考えているのである。

〔問6〕「ぼく」は，自分と山沢君が「プロになって，いつかプロ同士で対局できたら」と考えるようになっている。プロになるのは「困難なこと」だろうが，「絶対にやりぬいてみせる」と決心しているため，勉強としてすぐに「今日の，引き分けだった対局の」「棋譜」をつけたいと「かけ足で図書館にむかった」のだ。

四 (作文)

A案とB案で大きく異なっている点は，第二段落である。B案では，前回の訪問時の様子を具体的に伝えている。そのことによって，どういう効果につながるかを考えよう。

大切なことはメモしておこうネ！

T.G

和歌山県公立高等学校

2019年度

★★★★★★★★★★★★★★★★★★★★★★★★

入　試　問　題

●くわしい解説…… 49ページ

＜数学＞

時間　50分　　満点　100点

1　次の〔問1〕～〔問5〕に答えなさい。

〔問1〕　次の(1)～(5)を計算しなさい。

(1)　$6-9$

(2)　$4+2\div\left(-\frac{3}{2}\right)$

(3)　$3(2x-y)+2(4x-2y)$

(4)　$\sqrt{32}-\sqrt{18}+\sqrt{2}$

(5)　$(a+2)(a-1)-(a-2)^2$

〔問2〕　次の二次方程式を解きなさい。

$x^2-9x=0$

〔問3〕　周の長さが20cmの長方形がある。この長方形の縦の長さをx cm，横の長さをy cmとするとき，xとyの関係について，次の**ア**～**エ**の中から，正しく述べているものを1つ選び，その記号をかきなさい。

ア　yはxに比例する。

イ　yはxに反比例する。

ウ　yはxに比例しないが，yはxの一次関数である。

エ　xとyの関係は，比例，反比例，一次関数のいずれでもない。

〔問4〕　右の図のような大小2個のさいころがある。さいころを同時に投げて，大きいさいころの出た目の数をa，小さいさいころの出た目の数をbとする。

このとき，bがaの約数となる確率を求めなさい。

ただし，さいころの1から6までのどの目が出ることも同様に確からしいものとする。

〔問5〕　右の図のように，線分ABを直径とする円Oの周上に2点C，Dがあり，AB⊥CDである。

∠ACD＝58°のとき，∠xの大きさを求めなさい。

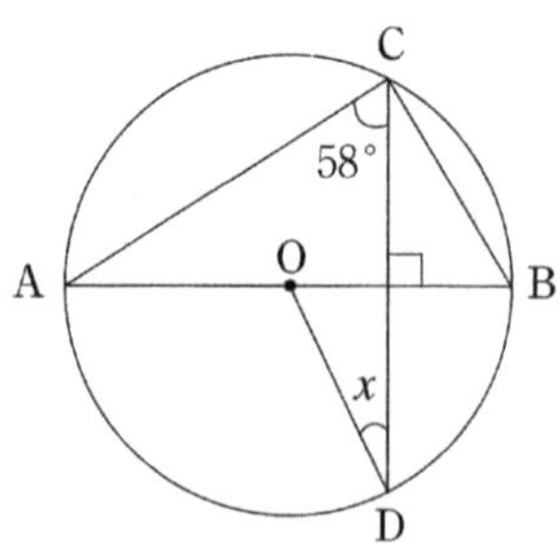

2 次の〔問1〕~〔問3〕に答えなさい。

〔問1〕 右の図のように，運動場に大きさの違う半円と，同じ長さの直線を組み合わせて，陸上競技用のトラックをつくった。直線部分の長さは a m，最も小さい半円の直径は b m，各レーンの幅は1mである。また，最も内側を第1レーン，最も外側を第4レーンとする。

ただし，ラインの幅は考えないものとする。

なお，円周率は π とする。

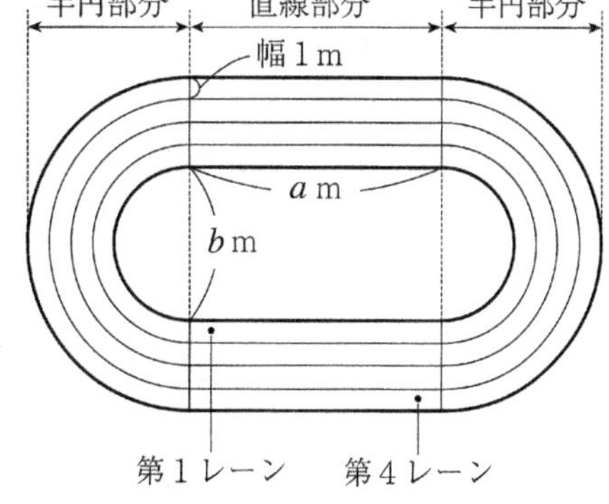

次の(1)，(2)に答えなさい。

(1) 第1レーンの内側のライン1周の距離を ℓ mとすると，ℓ は次のように表される。

$\ell = 2a + \pi b$

この式を，a について解きなさい。

(2) 図のトラックについて，すべてのレーンのゴールラインの位置を同じにして，第1レーンの走者が走る1周分と同じ距離を，各レーンの走者が走るためには，第2レーンから第4レーンのスタートラインの位置を調整する必要がある。第4レーンは第1レーンより，スタートラインの位置を何m前に調整するとよいか，説明しなさい。

ただし，走者は，各レーンの内側のラインの20cm外側を走るものとする。

〔問2〕 ある工場では生産したネジを箱に入れて保管している。標本調査を利用して，この箱の中のネジの本数を，次の**手順**で調べた。

手順

Ⅰ	箱からネジを600個取り出し，その全部に印をつけて箱に戻す。
Ⅱ	箱の中のネジをよくかき混ぜた後，無作為にネジを300個取り出す。
Ⅲ	取り出した300個のうち，印のついたネジを調べたところ，12個含まれていた。

次の(1)，(2)に答えなさい。

(1) この調査の母集団と標本を，次の**ア**~**エ**の中からそれぞれ1つずつ選び，その記号をかきなさい。

ア この箱の全部のネジ

イ はじめに取り出した600個のネジ

ウ 無作為に取り出した300個のネジ

エ 300個の中に含まれていた印のついた12個のネジ

(2) この箱の中には，およそ何個のネジが入っていたと推測されるか，求めなさい。

〔問3〕 ある花屋では，赤色の花と白色の花をセットにした2種類の花束を販売している。赤色の花10本と白色の花8本をセットにした花束Aの1束の値段は800円，赤色の花2本と白色の花6本をセットにした花束Bの1束の値段は400円である。

白色の花は200本あり，赤色の花は花束をつくるのに十分な本数がある。花束Aと花束Bを，白色の花が過不足なく使われるように，それぞれいくつかつくったとき，赤色の花は80本余った。また，花束Aと花束Bはすべて売ることができ，その売り上げの合計は，16000円であった。

このとき，つくった花束Aの数をx束，花束Bの数をy束として連立方程式をつくりなさい。また，花束をつくる前にあった赤色の花の本数を求めなさい。

ただし，消費税は考えないものとする。

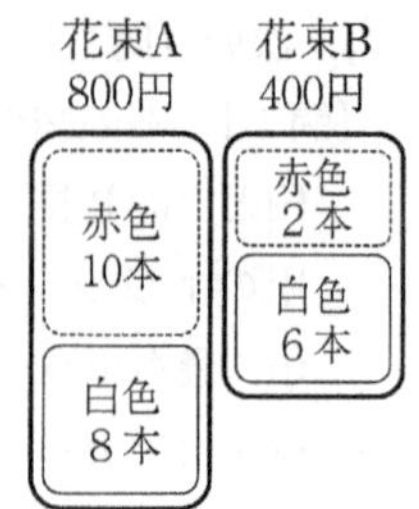

3 中学校3年生の和歌子さんたちは，修学旅行の夕食の時間にホテルの食事会場を訪れた。食事会場には，**図1**のように，テーブル1卓につき6席の座席がある複数のテーブルが設けられている。テーブルは正面に近い方から，第1列，第2列，第3列，…，第20列まで設けられている。第1列には，横に3卓のテーブル，第2列には，横に4卓のテーブル，第3列には，横に3卓のテーブルが設けられている。このように，列の番号が奇数の列には，横に3卓のテーブル，列の番号が偶数の列には，横に4卓のテーブルが設けられている。

各テーブルには，正面に向かって左側から順にテーブル番号がつけられており，第1列のテー

図1

食事会場　座席図

（左）　（正面）　（右）

第1列　テーブル 1（座席 ①〜⑥），テーブル 2（座席 ⑦〜⑫），テーブル 3（座席 ⑬〜⑱）

第2列　テーブル 4（座席 ⑲〜㉔），テーブル 5（座席 ㉕〜㉚），テーブル 6（座席 ㉛〜㊱），テーブル 7（座席 ㊲〜㊷）

第3列　テーブル 8（座席 ㊸〜㊽），＊，＊

⋮

第20列　＊，＊，＊，＊

＊は，あてはまる数を省略したことを表している。

ブルには，1，2，3，第 2 列のテーブルには，第 1 列のテーブル番号の続きから 4，5，6，7の番号がつけられている。このように，第20列までテーブル番号がつけられている。

また，各座席には，テーブルの正面側の座席から，反時計回りに座席番号がつけられている。テーブル1の座席には，①，②，③，…，⑥の座席番号，テーブル2の座席には，テーブル1の座席番号の続きから，⑦，⑧，⑨…，⑫の座席番号がつけられている。このように第20列までのすべてのテーブルの座席に座席番号がつけられている。

このとき，下の〔問 1 〕～〔問 4 〕に答えなさい。

〔問 1 〕 次の(1)，(2)に答えなさい。

(1) 座席は全部で何席あるか，求めなさい。

(2) 第 7 列の最も左側にあるテーブル番号は何番か，求めなさい。

〔問 2 〕 和歌子さんの座席番号が176番であるとき，和歌子さんのテーブル番号は何番か，求めなさい。

また，和歌子さんは，テーブルのどの座席に座ることになるか，**図 2** の**ア**～**カ**の中から 1 つ選び，その記号をかきなさい。

図 2

(正面)

〔問 3 〕

図 3 は，テーブル a のテーブルとその座席を表したものである。

次の表は，テーブル番号と，そのテーブルの最も大きい座席番号，そのテーブルの正面から最も遠い座席の座席番号についてまとめたものである。

このとき，a と b の関係を等式で表しなさい。

図 3

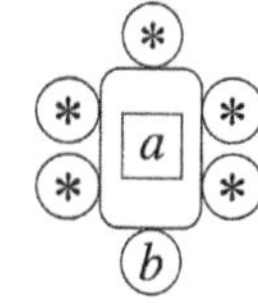

テーブル番号	1	2	3	…	a	…	20
最も大きい座席番号	6	12	18	…	*	…	*
正面から最も遠い座席の座席番号	4	10	16	…	b	…	*

*は，あてはまる数を省略したことを表している。

〔問 4 〕 和歌子さんは，各テーブルの 6 席の座席番号に何かきまりがないか，調べることにした。

和歌子さんは，テーブル1からテーブル3について，それぞれ 6 席の座席番号の和を求めてみた。テーブル1は21，テーブル2は57，テーブル3は93であり，それぞれ 6 席の座席番号の和は 3 の倍数であることに気づいた。

このことから，和歌子さんは，すべてのテーブルの 6 席の座席番号の和は 3 の倍数になると考え，次のように説明した。その説明の続きを解答欄の □ にかき，完成させなさい。

ある 1 つのテーブルについて，6 席の座席番号のうち，最も小さい番号を n とすると，残り 5 つの番号は，したがって，すべてのテーブルの６席の座席番号の和は３の倍数になる。

4　図１のように，

$y = \frac{1}{2}x^2$ …①

$y = -\frac{12}{x}$　$(x > 0)$ …②

のグラフがある。

①のグラフ上に２点A，Bがあり，それぞれの座標は$(-2,\ 2)$，$(2,\ 2)$である。また，②のグラフ上に点Pがあり，Pを通りx軸に平行な直線とy軸との交点をQとし，四角形ABPQをつくる。

図１

次の〔問１〕～〔問４〕に答えなさい。

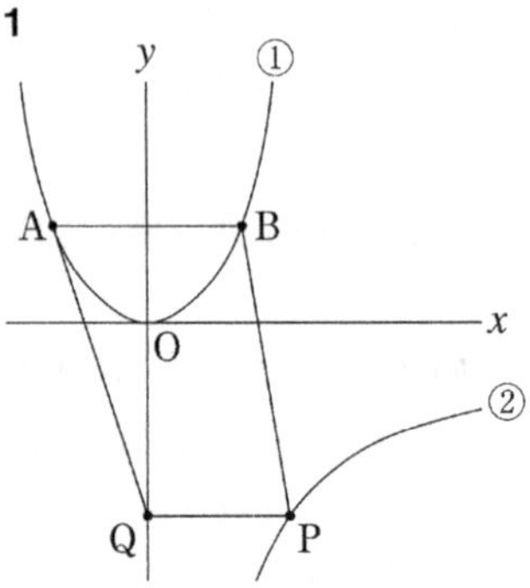

〔問１〕　関数$y = \frac{1}{2}x^2$について，xの値が０から２まで増加するときの変化の割合を求めなさい。

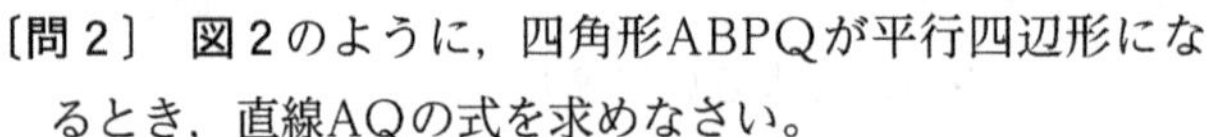

〔問２〕　図２のように，四角形ABPQが平行四辺形になるとき，直線AQの式を求めなさい。

図２

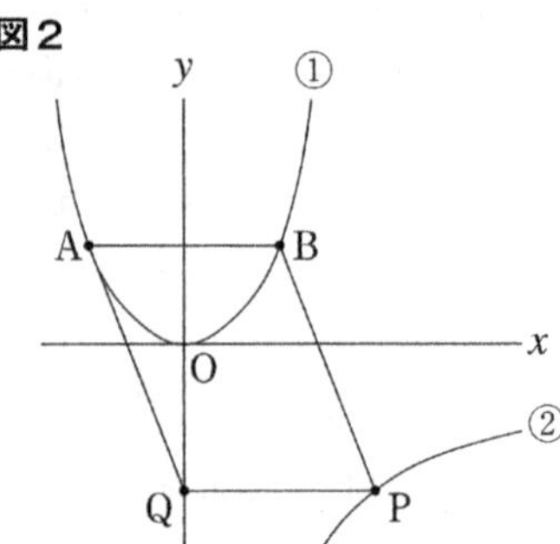

〔問３〕　図３のように，①のグラフと四角形ABPQの対角線BQがB以外で交わっている。その交点をRとする。

Rのx座標が１のとき，Pの座標を求めなさい。

図３

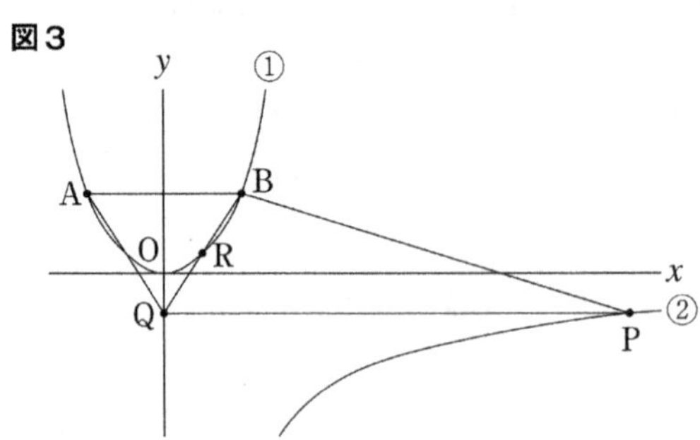

〔問４〕 図４のように，$\angle ABP=90^\circ$ のとき，四角形ABPQを，辺BPを軸として１回転させてできる立体の体積を求めなさい。

ただし，円周率はπとする。

図４

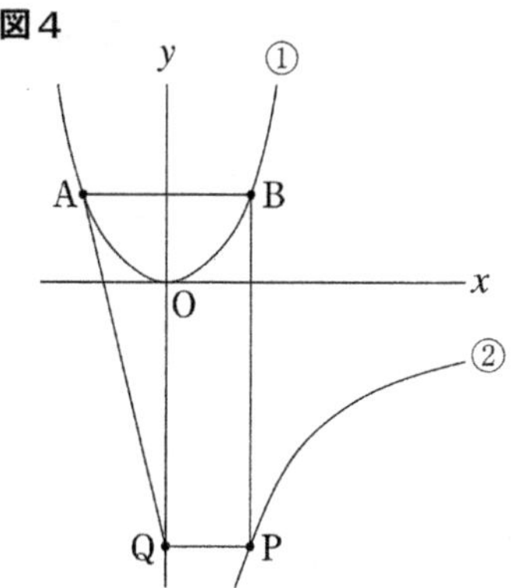

5　図１のように，一辺が６㎝の正方形ABCDの辺BC上に点Eがある。AEとBDの交点をＦとする。

次の〔問１〕，〔問２〕に答えなさい。

図１

〔問１〕 次の（１），（２）に答えなさい。

（１） BE：EC＝３：２のとき，AF：FEを求めなさい。

（２） ∠BFE＝∠BEFのとき，BFの長さを求めなさい。

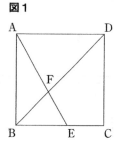

〔問２〕 図２のように，Ｅを通りBDに平行な直線と辺DCとの交点をＧとする。また，辺ADの延長上にAD＝DHとなる点Ｈをとり，ＨとＧを結ぶ。次の（１），（２）に答えなさい。

図２

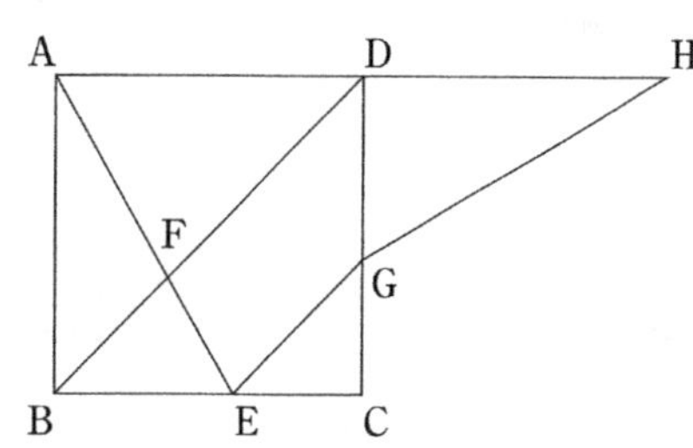

（１） △ABE≡△HDGを証明しなさい。

（２） 図３のように，HGの延長とAEとの交点をＩとする。$\angle BAE=30^\circ$ のとき，四角形IECGの面積を求めなさい。

図３

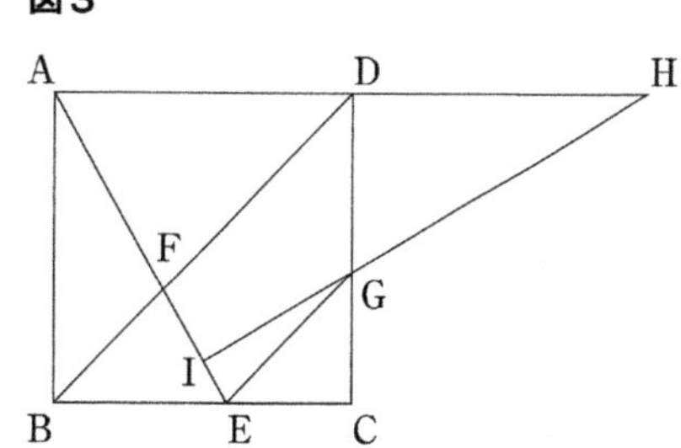

平成31年度学力検査 数学科解答用紙

受検番号	

1			
	〔問1〕	(1)	
		(2)	
		(3)	
		(4)	
		(5)	
	〔問2〕	$x =$	
	〔問3〕		
	〔問4〕		
	〔問5〕	$\angle x =$	度

2			
	〔問1〕	(1)	$a =$
		(2)	(説明) 第4レーンは第1レーンより，スタートラインの位置を（　　　）m 前に調整するとよい。
	〔問2〕	(1) 母集団	
		(1) 標本	
		(2)	およそ　　個
	〔問3〕	(式)	
		(答え)	花束をつくる前にあった赤色の花の本数　　本

3			
	〔問1〕	(1)	席
		(2)	番
	〔問2〕	テーブル番号	番
		記号	
	〔問3〕		
	〔問4〕		したがって，すべてのテーブルの6席の座席番号の和は3の倍数になる。

4		
	〔問1〕	
	〔問2〕	
	〔問3〕	P（　　，　　）
	〔問4〕	

5			
	〔問1〕	(1)	AF : FE =
		(2)	BF =　　cm
	〔問2〕	(1)	(証明)
		(2)	cm^2

※この解答用紙は164％に拡大していただきますと，実物大になります。

<英語>

時間　50分　　満点　100点

1　放送をよく聞いて，次の〔問1〕～〔問3〕に答えなさい。

〔問1〕 No. 1，No. 2の順に，それぞれA，B，C　3つの対話を2回放送します。No. 1，No. 2の絵にある人物の対話として最も適切なものを，放送されたA，B，Cの中から1つずつ選び，その記号を書きなさい。

No. 1

No. 2

〔問2〕 No. 1～No. 3の順に，二人の対話をそれぞれ2回ずつ放送します。対話の最後にそれぞれチャイムが鳴ります。チャイムが鳴った部分に入る最も適切なものを，A～Dの中から1つずつ選び，その記号を書きなさい。

No. 1　母親との対話

A　Yes.　I think I can put many books in a new bag.
B　Yes.　I hope his birthday cake will be big.
C　Yes.　I'll go shopping to buy a bag with my friend.
D　Yes.　I have to stay at home tomorrow.

No. 2　担任の先生との対話

A　Sure.　You should use this bed and sleep now.
B　Sure.　If you feel well, you should go home.
C　Yes.　If you feel sick during class, you should tell me.
D　Yes.　You should do your homework at home now.

No. 3　教室での対話

A　Then, let's watch movies in my house!
B　Then, let's go to the library together!
C　Then, let's go to a park together!
D　Then, let's play tennis outside!

〔問3〕 中学生の優太（Yuta）が英語の時間に行ったスピーチと，その内容について5つの質問を2回放送します。No. 1～No. 5の英文が質問の答えとなるように，□に入る最も適切なものを，A～Dの中から1つずつ選び，その記号を書きなさい。

No. 1 [ ] did.

A His father B His mother C His grandfather D His friend

No. 2 He stayed there for [ ].

A five days B seven days C nine days D eleven days

No. 3 He sends [ ] to his grandfather.

A cameras B e-mails

C letters and flowers D letters and pictures

No. 4 He [ ].

A takes pictures B goes to zoos

C writes a letter D calls Yuta

No. 5 He's going to go to Osaka [ ].

A to take pictures of trains B to buy a new camera

C to stay with his grandfather D to visit a zoo

2 次の英文は，中学3年生の愛子（Aiko）が，冬休み前の英語の授業で行った，パンダについての発表の原稿です。これを読み，〔問1〕～〔問4〕に答えなさい。

In May, I went to a zoo to see pandas in Shirahama, Wakayama. I enjoyed seeing all the pandas there. A small panda climbed a tree. The panda was female. One of the zookeepers said, "She became seven months old yesterday. She began to climb trees well about one week ago." I thought, "How do pandas grow up?" After I came home, I decided to study about pandas. I used the Internet and read many books to get information about pandas.

Please look at this graph. This is the graph about the female panda I saw in Shirahama in May. It shows the panda's weight, age in days, and the things she began to do. Her weight was only 200 grams when she was born. For several days after birth, her body was pink. When she was 8 days old, her body's color began to change. When she was about 50 days old, she began to open her eyes. When her weight was about 6,000 grams, she began to walk. When she was 250 days old, she began to have teeth. When she was about 1 year old, she began to eat bamboo leaves. Then, she began to live without her mother. Pandas grow up fast!

Well, I love pandas. When I visit the zoo in Shirahama again, I want to [①].

Are you interested in anything around you? Please find an interesting thing. Then, please study about it. It's important to study about things we want to know.

（注） Shirahama 白浜 female メスの zookeeper 動物園の飼育係
～ month(s) old 生後～か月 grow up 成長する graph グラフ weight 体重
age in days 日齢（生後日数） gram グラム birth 誕生 pink ピンク色の
～ day(s) old 生後～日 teeth ＜ tooth（歯）の複数形 bamboo 竹
leaves ＜ leaf（葉）の複数形

〔問１〕 本文の内容に合うように，次の（　）にあてはまる最も適切なものを，ア～エの中から１つ選び，その記号を書きなさい。

Aiko (　　　).

ア　enjoyed drawing pictures of some pandas in the zoo in Shirahama

イ　saw all the pandas in the zoo in Shirahama

ウ　got information about pandas by using the Internet only

エ　went to see pandas to make a graph about some pandas

〔問２〕 文中の下線部 this graph について，次のグラフは愛子が発表中に示したものである。本文の内容に合うように，グラフの A ～ D にあてはまる最も適切なパンダの様子を，次のア～カの中から１つずつ選び，その記号を書きなさい。

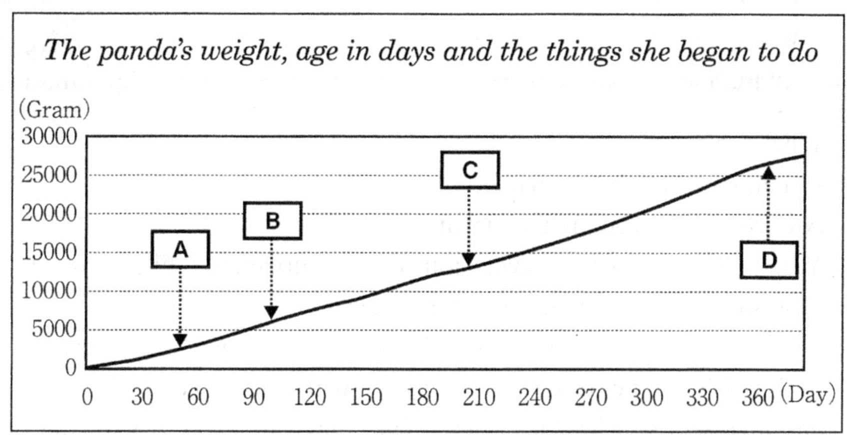

ア　walk　　イ　change her body's color　　ウ　open her eyes

エ　climb trees well　　オ　eat bamboo leaves　　カ　have teeth

〔問３〕 本文の流れに合うように，文中の ① にふさわしい英語を考えて書きなさい。ただし，語数は２語以上とし，符号（．，？！など）は語数に含まないものとする。

〔問４〕 愛子は，スピーチ後，ALT（外国語指導助手）のジョン（John）と話をしました。次の対話文は，そのやりとりの一部です。これを読み，あとの⑴，⑵に答えなさい。

Aiko : Thank you for listening.

John : I enjoyed your story. I like pandas, too. Is Wakayama famous for pandas?

Aiko : Yes. There are also many other good things to see here. ② I want to make Wakayama more popular.

John : That's good!

⑴ 文中の ② に，「私は，たくさんの人々に和歌山を訪れてもらいたい。」という意味を表す英語を書きなさい。ただし，語数は７語以上とし，符号（．，？！など）は語数に含まないものとする。

⑵ 対話の内容に合う最も適切なものを，次のページのア～エの中から１つ選び，その記号を書きなさい。

ア Aiko thinks that John will buy a book about a famous panda.
イ John thinks that there are many places to see pandas in Japan.
ウ Aiko knows that Wakayama has many things to see.
エ John knows that pandas in Wakayama are the most famous in Japan.

3 次の英文は，高校生の知恵（Chie）と岡先生（Ms. Oka）が，ポスターを見ながら行った対話です。これを読み，〔問1〕～〔問4〕に答えなさい。

【ポスター】

English Debate Tournament for High School Students
Date : October 13th
Place : Wakayama Hall
Topic : All high school students in Japan should study two foreign languages.

Ms. Oka : What are you doing, Chie?
Chie : I'm looking at the poster.
Ms. Oka : Are you interested in the debate?
Chie : Yes. Though I've never joined a tournament like this, I [①] English. Please tell me about the debate.
Ms. Oka : OK. The debate is a game. In this debate, two teams discuss a topic in English. One team has to agree with the topic, and the other team has to disagree with the topic. They have to express why they agree or disagree. After the game, judges decide the winner.
Chie : Wow. The debate sounds [②].
Ms. Oka : Yes, I think so, too. But you can make many friends and broaden your horizons by doing the debate.
Chie : That's nice. Well, how many people are there in one team in this tournament?
Ms. Oka : There are [A] people. It's important to work together with your team members.
Chie : I see.
Ms. Oka : If you have to agree with the topic on the poster, what will you say?
Chie : Well... . In my opinion, all high school students in Japan should study two foreign languages because [ ].
Ms. Oka : I understand your opinion. By the way, do you want to express your opinion in front of people in English?
Chie : Yes. I was too shy to [B] in front of many people. But now, I want to try this English debate.
Ms. Oka : Good. To make a team for this tournament, you need three other students. By working together in a team, you can [③] many things.

Chie　　: Thank you. In my opinion, high school students should try new things.
Ms. Oka : I think <u>that</u> is right. I agree with your opinion. Broaden your horizons!

（注） debate ディベート　topic 論題　discuss 討論する　disagree 反対する
express 述べる　judge 審判　winner 勝者　broaden 広げる　horizons 視野
by the way ところで

〔問１〕 文中の［①］～［③］にあてはまる語の組み合わせとして最も適切なものを，次のア～エの中から１つ選び，その記号を書きなさい。

ア ① study　② hard　③ stop
イ ① hate　② easy　③ experience
ウ ① forget　② good　③ do
エ ① like　② difficult　③ learn

〔問２〕 対話の流れに合うように，文中の A ， B にあてはまる最も適切なものを，それぞれア～エの中から１つずつ選び，その記号を書きなさい。

A
ア three　イ four　ウ five　エ eight

B
ア speak English　イ make posters
ウ decide a winner　エ study English

〔問３〕 対話の流れに合うように，文中の［　］にふさわしい英語を考えて書きなさい。ただし，語数は５語以上とし，符号（．，？！など）は語数に含まないものとする。

〔問４〕 下線部 <u>that</u> の内容を，日本語で具体的に書きなさい。

4 カナダ人の中学生トム（Tom）が，あなたの家で１週間ホームステイをしながら，日本の生活を体験しています。あなたは，休日の過ごし方について，トムの希望を聞きました。次の英文は，トムが話した内容です。これを読み，〔問〕に答えなさい。

I want to know about Japanese culture or Japanese history. <u>What can we do?</u>

〔問〕 下線部の質問に対するあなたの返答を，理由や説明を含めて，30語以上の英語で書きなさい。ただし，符号（．，？！など）は語数に含まないものとする。

5 次の英文は，高校１年生の浩紀（Hiroki）が，英語の授業で行ったスピーチの原稿です。これを読み，〔問１〕～〔問７〕に答えなさい。

Hello. I often perform *taiko* in my community. Today, I'll talk about my experience.

When I was in junior high school, I went to a local festival with my friends. We heard big sounds from the stage. We enjoyed seeing some *taiko* performances by old people.

At home, I told my father about the *taiko* performances. He said, "In the festival, the old people use traditional *taiko*. I don't see young performers these days. *Taiko* performances may disappear in the future. ⓐIt is very important to teach *taiko* performances to young people."

ⓑI said, "*Taiko* performances are (to, that, want, cool, practice, I, so) them." He said, "One of the old performers in the festival is my friend. I'll take you to him."

On the weekend, my father took me to a gym near my house. I met Mr. Hatayama there. He was 75. Old people in my community were practicing *taiko* performances there. Mr. Hatayama said, "How about practicing *taiko* performances with us?" I decided to join them.

At first, I made strong and beautiful sounds when I practiced *taiko* alone. I was happy. However, when I practiced *taiko* with other people, I couldn't make beautiful sounds. I was very sad.

Two months later, finally, I said to Mr. Hatayama, "I can't perform *taiko* well with other people. I don't know what to do." He said, "You're young. If you keep practicing hard, you'll perform *taiko* well." I was always encouraged by him. ⓒMany other old people also (to, me, perform, taiko, showed, how). One of them, Ms. Yamada, gave a book about *taiko* to me. I was glad.

One year later, the festival in my community came again. I performed *taiko* in front of many people for the first time. I did my best. When we finished our performances, we heard loud applause for us. I said to Mr. Hatayama, "[A]" He smiled and said, "Great performances! Well, I enjoy teaching *taiko* performances to you. Old people like me can still help young people." Many other old people also said, "We are glad to perform *taiko* with you." I was glad to perform *taiko* with them, too.

Two years later, I became a high school student. Mr. Hatayama said to me, "You perform *taiko* well." I said, "Well, you're a good *taiko* teacher. I know you teach *taiko* performances to protect traditional culture. In the future, I want to teach the *taiko* performances and become a person like you." Mr. Hatayama cried for joy. He said, "I'm looking forward to your future."

From my experience, I learned two important things. Here is the first thing. Young people can protect traditional culture by joining activities in the community. Here is the second thing. Both young people and old people can become happy by doing something together.

(注) perform 演奏する　*taiko* 太鼓　community 地域　local 地元の　stage 舞台
alone 一人で　loud 大きな　applause 拍手　joy うれしさ

〔問1〕 下線部ⓐItの内容を，日本語で具体的に書きなさい。

〔問2〕 下線部ⓑ，ⓒについて，それぞれ本文の流れに合うように（　）の中の語を並べかえ，英文を完成させなさい。

〔問3〕 文中の[A]にあてはまる最も適切なものを，ア～エの中から1つ選び，その記号を書きなさい。

ア I didn't practice hard because I was young.

イ I didn't have a chance to perform *taiko* this time.

ウ Thank you for making a traditional *taiko* for me.

エ Thank you for teaching me *taiko* performances.

〔問4〕 次の(1), (2)の問いに，それぞれ英語で答えなさい。

(1) Where did Hiroki go with his friends when he was in junior high school?

(2) What did Ms. Yamada give to Hiroki when he couldn't perform *taiko* well with other people?

〔問5〕 次のア～エの英文を，本文の流れに合うように並べかえると，どのような順序になりますか。その記号を書きなさい。

ア Hiroki decided to practice *taiko* performances with Mr. Hatayama and other old people.

イ Hiroki performed *taiko* in the festival for the first time.

ウ Hiroki talked about the festival with his father.

エ Hiroki enjoyed seeing some *taiko* performances with his friends.

〔問6〕 浩紀が，自身の経験を通じて学んだ2つの大切なことはどのようなことですか。日本語で書きなさい。

〔問7〕 浩紀のスピーチの後，先生は，クラスのある生徒と，次のようなやりとりをしました。次の対話文は，そのやりとりの一部です。

先生：Hiroki will teach *taiko* performances in his community in the future. What can you do for people in your community now or in the future?
生徒：I can [B] in my community.
先生：That's wonderful.

対話の流れに合うように，文中の [B] にふさわしい英語を考えて書きなさい。ただし，語数は4語以上とし，符号（．，？！など）は語数に含まないものとする。

平成31年度学力検査 英語科解答用紙

受検番号	

1	〔問1〕	No. 1	
		No. 2	
	〔問2〕	No. 1	
		No. 2	
		No. 3	
	〔問3〕	No. 1	
		No. 2	
		No. 3	
		No. 4	
		No. 5	

2	〔問1〕					
	〔問2〕		A	B	C	D
	〔問3〕					
	〔問4〕	(1)				
		(2)				

3	〔問1〕		
	〔問2〕	A	
		B	
	〔問3〕		〔 〕.
	〔問4〕		

4	

5	〔問1〕		
	〔問2〕	ⓑ	I said, "*Taiko* performances are ( ) them."
		ⓒ	Many other old people also ( ).
	〔問3〕		
	〔問4〕	(1)	
		(2)	
	〔問5〕		( ) → ( ) → ( ) → ( )
	〔問6〕		
	〔問7〕		

※この解答用紙は167%に拡大していただきますと，実物大になります。

＜理科＞

時間　50分　　満点　100点

1　和美さんたちは,「スポーツを取り巻く科学」というテーマで課題研究に取り組んだ。次の〔問1〕～〔問3〕に答えなさい。

〔問1〕 次の文は, 和美さんがヨット競技について調べ, まとめた内容の一部である。下の(1)～(3)に答えなさい。

ヨット競技は, 図1のようなヨットで, 風の力などの自然条件を利用して海上を進み, 決められたコースを通って早くゴールに着くことを競う競技です。和歌浦湾沿岸には, 日本の代表選手が強化練習などを行うナショナルトレーニングセンターが設置されています(図2)。和歌浦湾では, 夏季にも安定した風の吹く日が多いなど, 1年を通してヨット競技に適した気象や海の条件が整っています。

よく晴れた昼間, 陸上の気温が海上の気温より高くなると, 陸上で①{ア　上昇　イ　下降} 気流が生じます。すると, 陸上の気圧が海上の気圧より②{ア　高く　イ　低く} なることで, 図2の矢印のうちの, ③{ア　海から陸　イ　陸から海} の向きに海風が生じます。

こうした風の向きや強さだけでなく, ヨット競技は波の高さや潮の流れなどによっても試合展開が大きく左右されるスポーツです。

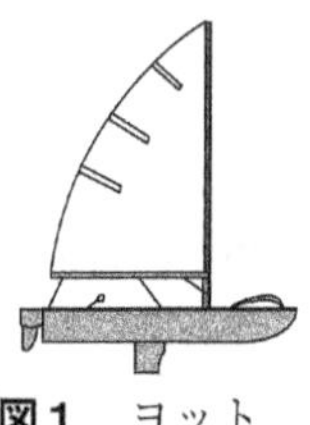

図1　ヨット

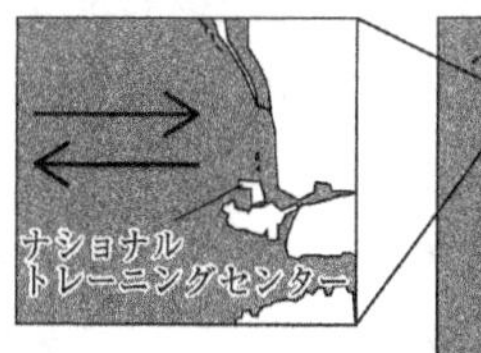

図2　和歌浦湾の位置と拡大図（一部）

(1) ヨットは, 水中で上向きの力を受けることで水に浮くことができる。この上向きの力を何というか, 書きなさい。

(2) 文中の下線部の季節において, 和歌浦湾沿岸での太陽の1日の動きを透明半球に記録した図として最も適切なものを, 次のア～エの中から1つ選んで, その記号を書きなさい。

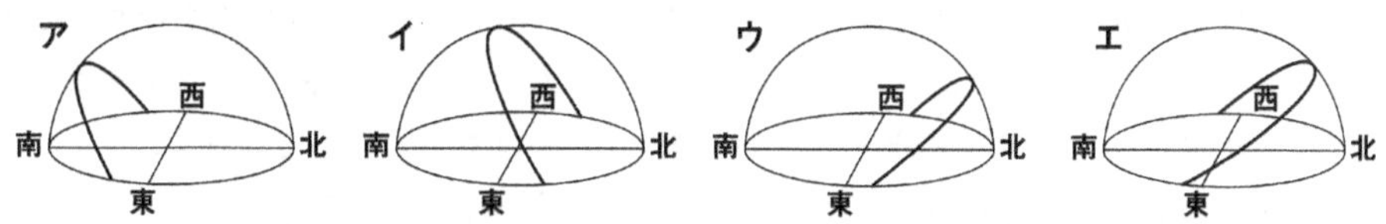

(3) 文中の①～③について, それぞれア, イのうち適切なものを1つ選んで, その記号を書きなさい。

〔問2〕 次の文は, 和夫さんがカーリングについて調べ, まとめた内容の一部である。あとの(1)～(3)に答えなさい。

カーリングは, 氷上でストーン（取っ手をつけた円盤型の石）を滑らせ, 約40m先に描

かれた円の中心近くに静止させて点数を競います。ストーンの多くは①花こう岩でできており，②質量は約20kgです

カーリングの試合を行うとき，試合前にジョウロのような器具で水をまき，氷の表面に無数の氷の粒を作ります（図3）。ストーンを通過させたい前方の③氷をブラシでこすると，生じる熱によって氷の粒の表面がわずかにとけます（図4）。これにより，ストーンの滑りがよくなり，ストーンをコントロールできます。

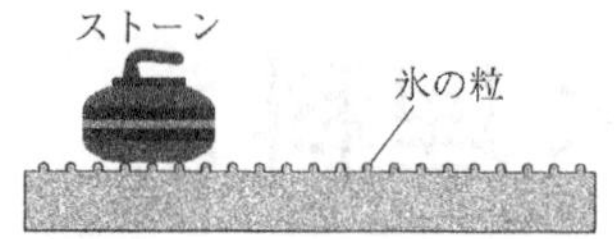

図3 ストーンと氷の表面

図4 ブラシでこするようす

（1） 文中の下線部①のように，マグマが地下の深いところでゆっくり冷え固まってできた岩石を何というか，書きなさい。

（2） 文中の下線部②について，質量20kgのストーンを水平な机の上に置いたとき，机と接している部分の面積は0.002m^2であった。机がこのストーンから受ける圧力の大きさは何Paか，書きなさい。ただし100gの物体にはたらく重力の大きさを1Nとする。

（3） 文中の下線部③のように，固体がとけて液体に変化するときの温度を何というか，書きなさい。また，文中の下線部③と同じ原因で熱が生じる現象として最も適切なものを，次の**ア**～**エ**の中から1つ選んで，その記号を書きなさい。

ア 化学かいろを外袋から取り出して，そのまま放置したとき。

イ 原子力発電でウランなどの核燃料が核分裂するとき。

ウ 自転車のブレーキがタイヤの回転を止めるとき。

エ 木炭が燃えているとき。

〔問3〕 次の文は，美紀さんがスポーツドリンクについて調べ，まとめた内容の一部である。下の（1），（2）に答えなさい。

表1は，3種類のスポーツドリンク**A**，**B**，**C**に含まれている主な成分を表にまとめたものです。どのスポーツドリンクにも最も多く含まれている成分は炭水化物で，そのほとんどはブドウ糖や果糖などの糖類です。**図5**のように，ブドウ糖はそのまま体内に吸収されますが，デンプンは消化酵素でブドウ糖に分解されてから体内に吸収されます。そのため，ブドウ糖はデンプンよりも，口からとり入れたときに効率よく吸収されます。

次に多く含まれている成分はナトリウムで，主に塩化ナトリウムを原材料としています。塩化ナトリウムは，水に溶けるとナトリウムイオンと **X** に分かれます。ナトリウムイオンは，体内の水分バランスの維持などのはたらきをしています。

表1 成分表（100cm^3当たり）

成分	A	B	C
炭水化物〔g〕	6.2	4.7	3.4
ナトリウム〔mg〕	49	40	50
カリウム〔mg〕	20	8	5
マグネシウム〔mg〕	0.6	1.2	1.0

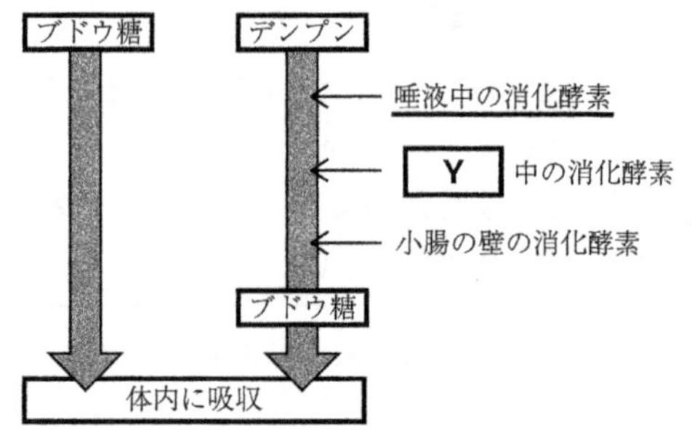

図5 ブドウ糖とデンプンが体内に吸収される過程

（1） 文中の X にあてはまる適切な語を書きなさい。

（2） 図5中の下線部の消化酵素を何というか，書きなさい。また，Y にあてはまる適切な消化液を書きなさい。

2 次の文は，無セキツイ動物とセキツイ動物の特徴についてそれぞれ調べ，まとめた内容の一部である。下の〔問1〕，〔問2〕に答えなさい。

【無セキツイ動物の特徴】

無セキツイ動物は，背骨をもたない動物で，セキツイ動物よりはるかに多くの種類があり，それぞれの特徴の違いから，図1のように分けられる。

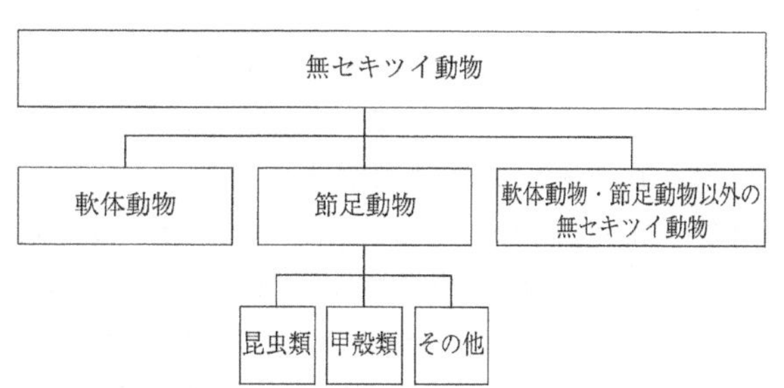

図1　無セキツイ動物の分類

【セキツイ動物の特徴】

セキツイ動物の5つのグループの特徴をそれぞれ調べ，表1，図2，図3にまとめた。

表1　セキツイ動物の特徴

	ほ乳類	Ⅰ	Ⅱ	Ⅲ	魚類
体温調節	A	A	B	B	B
生活場所	陸上	陸上	陸上	水中（子） 陸上（親）	水中
呼吸器官	肺	肺	肺	えら（子） 肺※（親）	えら

※皮膚でも呼吸する。

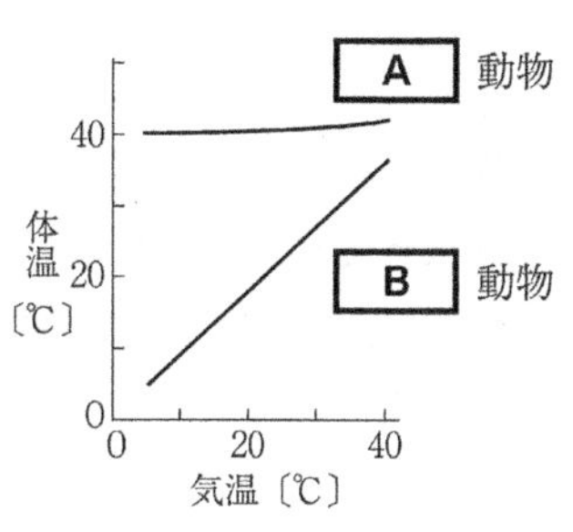

図2　気温とセキツイ動物の体温の関係

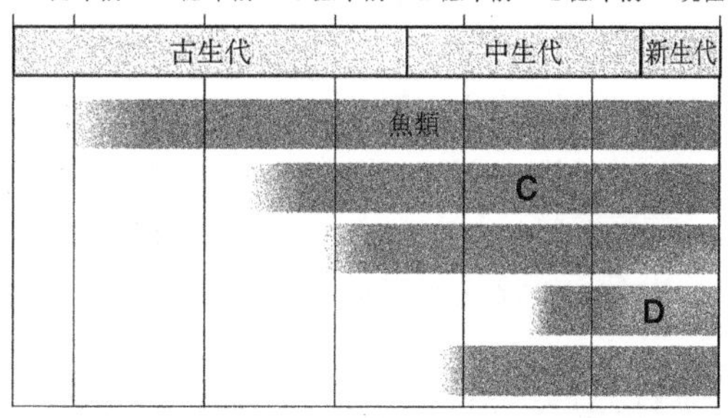

図3　セキツイ動物の化石が発見される地質年代

（表1と図2の A ， B には，それぞれ同じ語があてはまる。）

〔問1〕 図1にまとめた無セキツイ動物について，次の(1)～(4)に答えなさい。

（1） ①「軟体動物」，②「節足動物」，③「軟体動物・節足動物以外の無セキツイ動物」として適切なものを，次のア～カの中から2つずつ選んで，その記号を書きなさい。

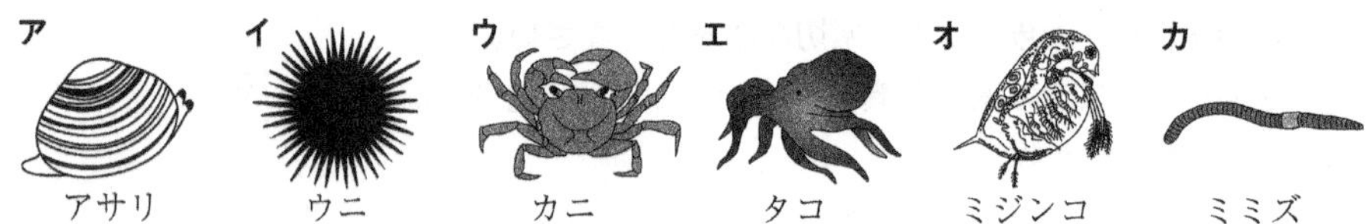

（2） 図4のように，昆虫類の胸部や腹部には気門がある。この気門のはたらきとして，最も適切なものを次のア～エの中から1つ選んで，その記号を書きなさい。

ア 音（空気の振動）を感じている。
イ 呼吸のために空気を取りこんでいる。
ウ においを感じている。
エ 尿を体外に排出している。

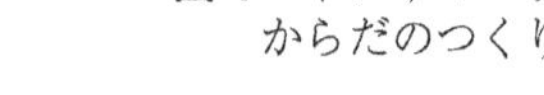

図4 トノサマバッタのからだのつくり

（3） 節足動物のからだをおおっているかたい殻のことを何というか，書きなさい。

（4） 軟体動物の内臓をおおっている筋肉でできた膜を何というか，書きなさい。

［問2］ セキツイ動物の特徴について，次の(1)，(2)に答えなさい。

（1） 体温調節について，次の①，②に答えなさい。

① 表1，図2のように，セキツイ動物は体温調節の特徴から［A］動物，［B］動物の2種類に分けられることがわかった。［B］にあてはまる語を，書きなさい。

② 表1のIは，図2にまとめた体温調節の特徴から，どのグループであると考えられるか。鳥類，は虫類，両生類のうちから1つ選んで，書きなさい。

（2） 地球上に最初に現れたセキツイ動物は，水中で生活する魚類であり，その後，陸上で生活するセキツイ動物のグループに進化してきたと考えられている。次の①，②に答えなさい。

① 図3のC，Dにあてはまるセキツイ動物のグループの組み合わせとして最も適切なものを，次のア～エの中から1つ選んで，その記号を書きなさい。

	C	D
ア	は虫類	ほ乳類
イ	は虫類	鳥類
ウ	両生類	ほ乳類
エ	両生類	鳥類

② 水中から陸上へと生活場所を広げるため，セキツイ動物はさまざまなからだのしくみを変化させた。このうち，「移動のための器官」と「卵のつくり」について，は虫類で一般的に見られる特徴を魚類と比較して，それぞれ簡潔に書きなさい。

3 地層の調査に関する次の文章を読み，あとの［問1］～［問8］に答えなさい。

ある場所で，地表に現れている地層について調査した。調査場所では，北西－南東方向に水平に延びる道路と北東から南西に向かって流れる河川が交差している。道路沿いの露頭aは南西に面しており，河川沿いの露頭bは南東に面している（図1）。

これらの2つの露頭を観察し，地層のようすを記録した（図2）。2つの露頭には，A～Dの4つの地層が共通して見られた。

図１　調査場所

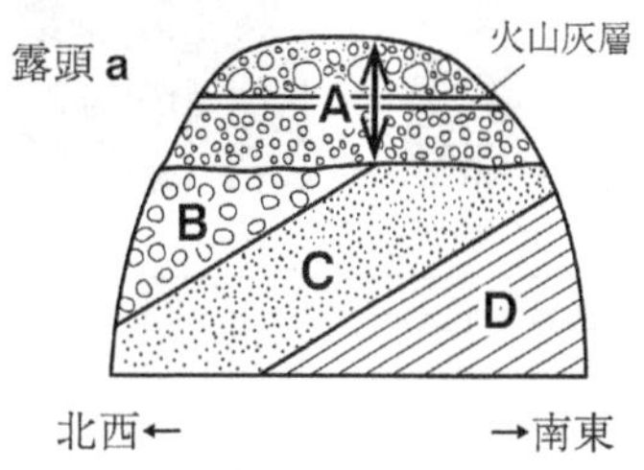

露頭b　火山灰層　A　B　C　D

南西←　→北東

A　大小のれきが混ざった地層
B　れき岩の地層
C　砂岩の地層
D　泥(でい)岩の地層

図２　露頭のスケッチ

〔問１〕　露頭の岩石は，地表に近いところでぼろぼろと崩れやすくなっていた。長い年月のうちに，岩石が気温の変化や風雨にさらされてもろくなることを何というか，書きなさい。

〔問２〕　鉱物や小さい化石を調べるときには，双眼実体顕微鏡（図３）を用いることがある。双眼実体顕微鏡の使い方を述べた文①～④について，操作の順として最も適切なものを，下の**ア**～**エ**の中から１つ選んで，その記号を書きなさい。

①　右目だけでのぞきながら，微動ねじでピントを合わせる。
②　左目だけでのぞきながら，視度調節リングを左右に回してピントを合わせる。
③　両目の間隔に合うように鏡筒を調節し，左右の視野が重なって１つに見えるようにする。
④　粗動ねじを緩め，鏡筒を上下させて両目でおよそのピントを合わせる。

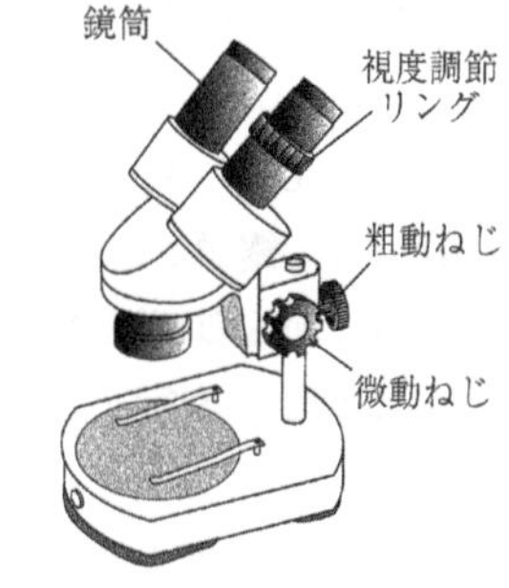

図３　双眼実体顕微鏡

ア　①→②→③→④　　**イ**　①→②→④→③　　**ウ**　③→④→①→②　　**エ**　③→④→②→①

〔問３〕　図２の地層Aの中には火山灰層が含まれている。この火山灰は九州南部の火山から噴出したもので，同じ火山灰が日本列島の広範囲に堆積していることがわかっている（図４）。噴火したところからこのような遠くまで，火山灰は何によって運ばれたのか，書きなさい。

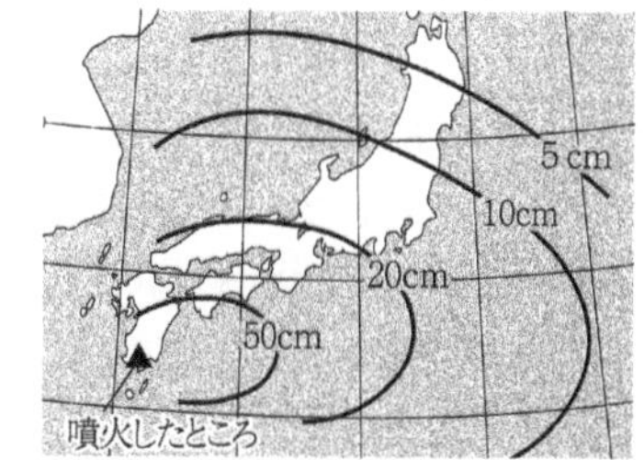

図４　火山灰の分布と厚さ

〔問4〕 図2の地層Aの上部は，大小さまざまな大きさのれきや砂が混じり合った状態で堆積している。これは，大雨のときに水が多量の土砂や岩石を含んだ状態で流れ，堆積したものと考えられる。この多量の土砂や岩石を含んだ水の流れを何というか，書きなさい。

〔問5〕 図2の地層Bの中には石灰岩と考えられるれきが含まれていた。このれきが石灰岩であることを確かめるためには，どのような実験をすればよいか。次の薬品の中から必要なものを選んで，その薬品を用いた実験の操作を書きなさい。また，このれきが石灰岩である場合に予想される実験結果を書きなさい。

〔薬品〕 5％塩酸　　3％過酸化水素水　　5％水酸化ナトリウム水溶液

〔問6〕 図2の地層Cの中にはメタセコイアの化石が含まれていた。地層Cが堆積した地質年代はいつか。また，図5の化石のうち，メタセコイアと同じ時代に生存していた生物の化石はどちらか。それらの組み合わせとして最も適切なものを，次のア～エの中から1つ選んで，その記号を書きなさい。

ビカリア　　フズリナ

図5　化石

	地質年代	化石
ア	古生代	ビカリア
イ	古生代	フズリナ
ウ	新生代	ビカリア
エ	新生代	フズリナ

〔問7〕 図2の地層B～Dには褶曲はなく，同じ向きに傾いている。地層B～Dが傾いて低くなっている方位として最も適切なものを，次のア～エの中から1つ選んで，その記号を書きなさい。

ア 北　**イ** 東　**ウ** 南　**エ** 西

〔問8〕 露頭a，bの下部では，海で堆積してできた地層B～Dが重なっているようすが見られる。地層Dが堆積したときから地層Bが堆積したときまで，この地点の海岸からの距離はどのようになっていったと考えられるか，簡潔に書きなさい。

4 炭酸水素ナトリウム（$NaHCO_3$）は重そうとも呼ばれ，カルメ焼きを作るときには欠かせない物質である。この炭酸水素ナトリウムについて，**実験Ⅰ**～**実験Ⅲ**を行った。次の〔問1〕，〔問2〕に答えなさい。

〔問1〕 次の**実験Ⅰ**について，あとの(1)～(3)に答えなさい。

実験Ⅰ　「炭酸水素ナトリウムの性質を調べる」

(ⅰ) 図1のように実験装置を組み立て，炭酸水素ナトリウムをガスバーナーで十分加熱したところ，気体**A**が発生し，石灰水は白くにごった。また，試験管中に固体**B**が残り，試験管の口の部分には液体**C**がたまった。

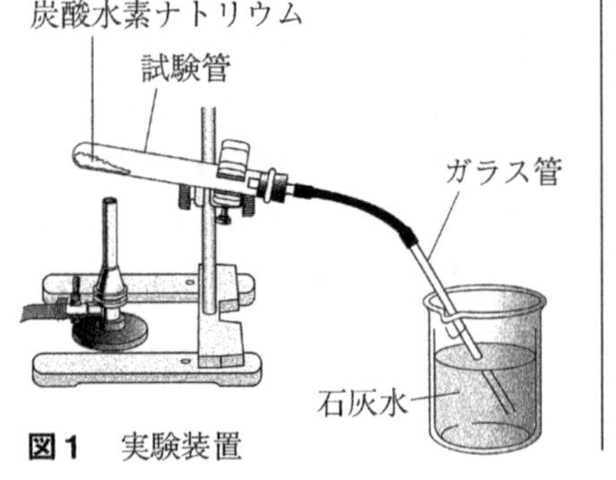

図1　実験装置

（ⅱ）　液体**C**に乾燥させた塩化コバルト紙をつけると色が変化した。

（ⅲ）　水が5 cm³入った試験管を2本用意し，一方には炭酸水素ナトリウムを，もう一方には固体**B**を0.5 gずつ入れ，溶け方を観察した。その後，フェノールフタレイン溶液をそれぞれの試験管に2滴加え，色の変化を観察した。

（ⅳ）　（ⅲ）の結果を**表1**にまとめた。

表1　**実験Ⅰ**（ⅲ）の結果

	炭酸水素ナトリウム	固体**B**
水への溶け方	試験管の底に溶け残りがあった。	すべて溶けた。
フェノールフタレイン溶液を加えたときの色の変化	うすい赤色になった。	濃い赤色になった。

（1）　この実験では，加熱をやめる前に，石灰水からガラス管を引きぬく必要がある。その理由を簡潔に書きなさい。

（2）　次の文は（ⅰ）～（ⅳ）でわかったことについてまとめた内容の一部である。文中の①～③について，それぞれ**ア**，**イ**のうち適切なものを1つ選んで，その記号を書きなさい。

> （ⅱ）で，塩化コバルト紙の色が①{**ア**　青色から赤（桃）色　**イ**　赤（桃）色から青色}へと変化したことから，液体**C**は水であることがわかった。
> （ⅲ）では，フェノールフタレイン溶液によって，どちらの水溶液も赤色に変化したことから，この2つの水溶液の性質はどちらも②{**ア**　酸性　**イ**　アルカリ性}であることがわかった。また，変化した後の赤色の濃さの違いから，②の性質が強いのは，③{**ア**　炭酸水素ナトリウム　**イ**　固体**B**}が溶けた水溶液であるとわかった。

（3）　炭酸水素ナトリウムは加熱により，気体**A**，固体**B**，水に分かれた。このときの化学変化を表す化学反応式を書きなさい。ただし，解答欄には化学反応式を途中まで示している。

〔問2〕　次の**実験Ⅱ**，**実験Ⅲ**について，下の（1）～（3）に答えなさい。

実験Ⅱ　「炭酸水素ナトリウムと塩酸との反応を調べる」

（ⅰ）　**図2**のように，うすい塩酸40.0 gが入ったビーカーに炭酸水素ナトリウム1.0 gを加え，ガラス棒でかき混ぜ完全に反応させた。次に，発生した二酸化炭素を空気中に逃がしてから，ビーカー内の質量をはかった。

図2　実験のようす

（ⅱ）　うすい塩酸40.0 gを入れたビーカーを5個用意し，それぞれに加える炭酸水素ナトリウムの質量を2.0 g，3.0 g，4.0 g，5.0 g，6.0 gと変えて，（ⅰ）と同じ操作を行った。

（ⅲ）　（ⅰ），（ⅱ）の測定結果を**表2**にまとめた。

（ⅳ）　**表2**から，加えた炭酸水素ナトリウムの質量と発生した二酸化炭素の質量の関係を，**図3**のグラフ

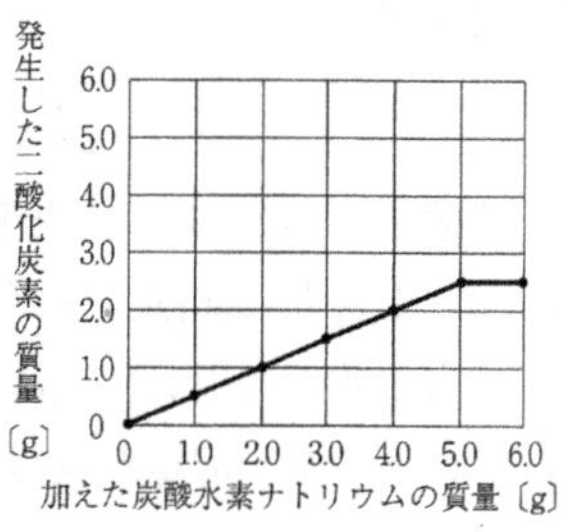

図3　グラフ

にまとめた。

表2　**実験Ⅱ**（ⅰ），（ⅱ）の測定結果

加えた炭酸水素ナトリウムの質量〔g〕	0	1.0	2.0	3.0	4.0	5.0	6.0
ビーカー内の質量〔g〕	40.0	40.5	41.0	41.5	42.0	42.5	43.5

実験Ⅲ　「ベーキングパウダーに含まれる炭酸水素ナトリウムの割合を調べる」

（ⅰ）　炭酸水素ナトリウムのかわりに，ホットケーキなどを作るときに使用されるベーキングパウダーを使って，**実験Ⅱ**（ⅰ），（ⅱ）と同じ操作を行った。

（ⅱ）　（ⅰ）の測定結果を**表3**にまとめた。

表3　**実験Ⅲ**（ⅰ）の測定結果

加えたベーキングパウダーの質量〔g〕	0	1.0	2.0	3.0	4.0	5.0	6.0
ビーカー内の質量〔g〕	40.00	40.85	41.70	42.55	43.40	44.25	45.10

（1）　塩酸の性質について述べた文として最も適切なものを，次の**ア**～**エ**の中から1つ選んで，その記号を書きなさい。

ア　赤色リトマス紙を青色に変える。

イ　緑色のＢＴＢ溶液を青色に変える。

ウ　水分を蒸発させると，白い固体が残る。

エ　マグネシウムと反応して，気体が生じる。

（2）　**実験Ⅱ**について考察した文として正しいものを，次の**ア**～**エ**の中から2つ選んで，その記号を書きなさい。

ア　加える炭酸水素ナトリウム6.0ｇをすべて反応させるためには，同じ濃度のうすい塩酸が48.0ｇ必要である。

イ　炭酸水素ナトリウムを5.0ｇ以上加えたときに，はじめてビーカー内の水溶液に塩化ナトリウムが生じはじめる。

ウ　発生した二酸化炭素の質量は，加えた炭酸水素ナトリウムの質量に常に比例する。

エ　**図3**のグラフで，発生した二酸化炭素の質量が変わらなくなったとき，ビーカー内の塩酸はすべて反応している。

（3）　**表2**と**表3**より，加えたベーキングパウダーに含まれる炭酸水素ナトリウムの割合は何％か，書きなさい。ただし，使用するベーキングパウダーは，炭酸水素ナトリウムと塩酸の反応においてのみ気体が発生するものとする。

5　物体の運動について，**実験Ⅰ**，**実験Ⅱ**を行った。あとの〔**問1**〕～〔**問7**〕に答えなさい。ただし，手と記録テープの間にはたらく摩擦力以外の摩擦や，空気の抵抗はないものとする。

実験Ⅰ　「記録テープを手で引く実験」

1秒間に60回点を打つ記録タイマーを水平な机に固定し，記録テープをいろいろな引き方で水平に引いて（次のページの**図1**），手の運動を記録したところ，次のページの**図2**のＡ～Ｃの記録が得られた。

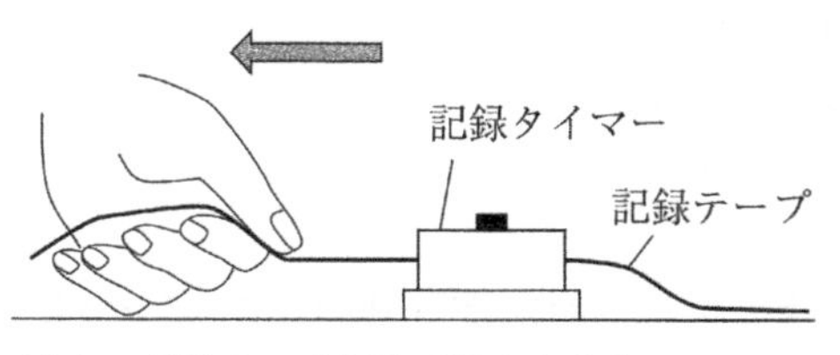

図１　記録テープを手で引くようす

テープを引いた向き

A

B

C

図２　手で引いた記録テープ

実験Ⅱ　「台車の運動」

（ⅰ）　図３のように，１秒間に60回点を打つ記録タイマーを斜面上部に固定し，台車にセロハンテープで貼り付けた記録テープを手で支え，台車を静止させた。

（ⅱ）　記録テープから静かに手をはなし，台車が斜面を下りて水平面上をまっすぐに進んでいく運動を記録した。

（ⅲ）　記録テープを，打点が重なり合わずはっきりと判別できる点から，0.1秒ごとに切り離してグラフ用紙に貼り付けた（図４）。

（ⅳ）　斜面の傾きを大きくし，台車が斜面上を進む距離は変えずに，（ⅱ），（ⅲ）と同じ操作を行った。

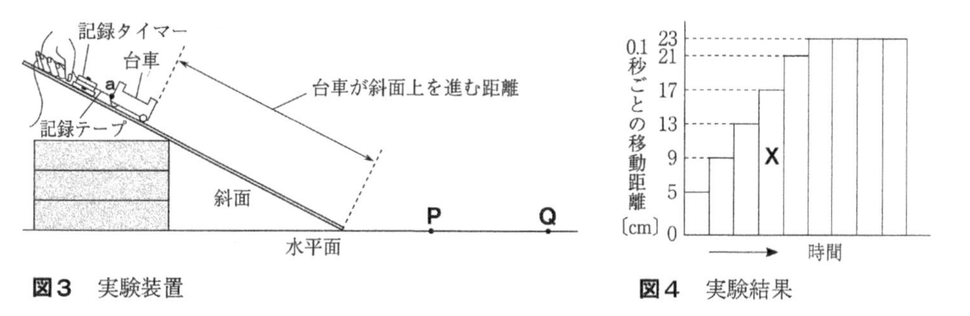

図３　実験装置　　　図４　実験結果

〔問１〕　**実験Ⅰ**について，**A**の左端の打点を基準に，記録テープを0.1秒間に引いた長さにするには，どこで切り離せばよいか。切り離す位置として最も適切なものを，次の**ア**～**エ**の中から１つ選んで，その記号を書きなさい。

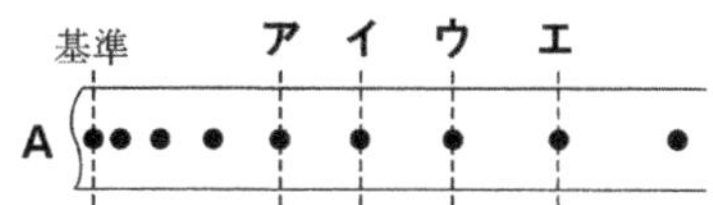

〔問２〕　**実験Ⅰ**について，**B**と**C**はどちらも一定の速さで引いたときの記録である。**B**に比べて**C**はどのように引いたのか，簡潔に書きなさい。

〔問３〕　**実験Ⅱ**(ⅰ)について，**図５**は，台車にはたらく重力を矢印で表している。台車が静止しているとき，記録テープが台車を引く力を，点**a**を作用点として，解答欄の図に矢印で書きなさい。ただし，記録テープは斜面に平行である。

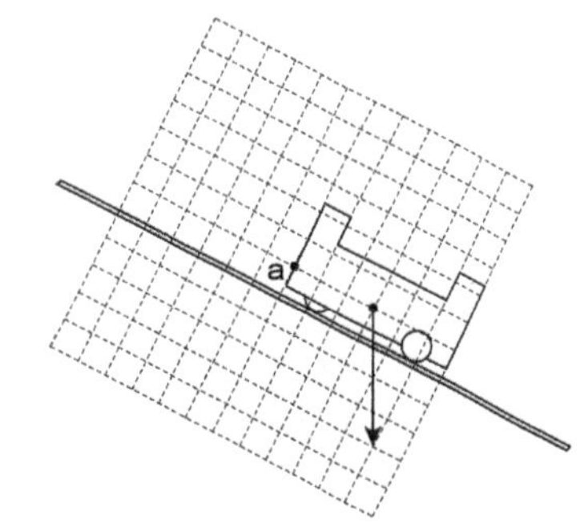

図５　台車にはたらく重力

〔問４〕　**実験Ⅱ**(ⅰ)について，斜面が台車を垂直に押す力を何というか，書きなさい。また，斜面の傾きを大きくすると，その力の大きさはどうなるか。次のページの**ア**

～**ウ**の中から１つ選んで，その記号を書きなさい。

ア　大きくなる　**イ**　小さくなる　**ウ**　変わらない

〔問５〕 実験Ⅱ(ⅱ)，(ⅲ)について，図４のＸの記録テープの区間における，台車の平均の速さは何cm／ｓか，書きなさい。

〔問６〕 実験Ⅱ(ⅱ)，(ⅲ)で，台車が水平面上の点Ｐと点Ｑの間を運動しているときについて，次の(１)，(２)に答えなさい。

(１) このときの台車の運動を何というか，書きなさい。

(２) このときの台車の運動について，次の①，②を表すグラフとして最も適切なものを，次の**ア**～**エ**の中から１つずつ選んで，その記号を書きなさい。

① 時間と速さの関係（速さを縦軸にとる）

② 時間と移動距離の関係（移動距離を縦軸にとる）

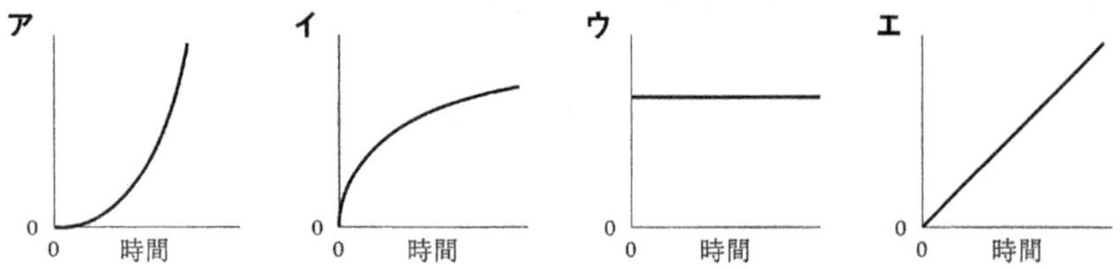

〔問７〕 実験Ⅱ(ⅳ)について，実験結果として最も適切なものを，次の**ア**～**エ**の中から１つ選んで，その記号を書きなさい。

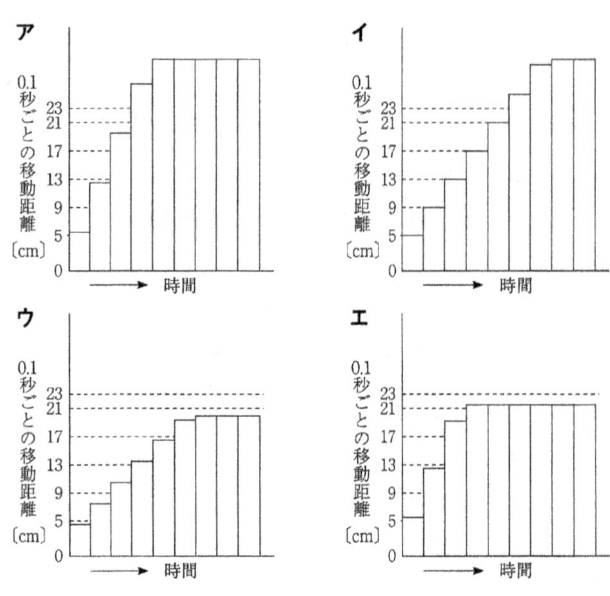

平成31年度学力検査　理科解答用紙

受検番号	

1			
1	〔問1〕	(1)	
		(2)	
		(3)	①　②　③
	〔問2〕	(1)	
		(2)	Pa
		(3)	温度
			記号
	〔問3〕	(1)	
		(2)	消化酵素
			Y

2			
2	〔問1〕	(1)	①　②　③
		(2)	
		(3)	
		(4)	
	〔問2〕	(1)	①　②
		(2)	①
			② 移動のための器官
			② 卵のつくり

3		
3	〔問1〕	
	〔問2〕	
	〔問3〕	
	〔問4〕	
	〔問5〕	実験の操作
		予想される実験結果
	〔問6〕	
	〔問7〕	
	〔問8〕	

4			
4	〔問1〕	(1)	
		(2)	①　②　③
		(3)	$2NaHCO_3 \rightarrow$
	〔問2〕	(1)	
		(2)	
		(3)	%

5			
5	〔問1〕		
	〔問2〕		
	〔問3〕		a
	〔問4〕		力の名称
			力の大きさ
	〔問5〕		cm/s
	〔問6〕	(1)	
		(2)	①　②
	〔問7〕		

※この解答用紙は167％に拡大していただきますと，実物大になります。

＜社会＞

時間 50分 満点 100点

1 宇宙飛行士になる夢をもつ優子さんは，総合的な学習の時間で，「宇宙開発と世界の国々」をテーマにして，調べ学習を行いました。次の文は，そのレポートの一部です。これを読み，〔問1〕～〔問5〕に答えなさい。

> 日本には，JAXA（宇宙航空研究開発機構）という組織があります。JAXAは，宇宙開発の基礎研究をはじめ，ⓐ人工衛星や探査機，ロケットの開発・運用など，様々な活動を行っています。さらに，地上約400km上空に建設されたISS（国際宇宙ステーション）で，宇宙環境を利用した実験・研究や地球・天体の観測などを行う活動にも参加しています。
>
> また，世界には，JAXAのように宇宙開発に関わる組織が多くあります。自国内にロケットの発射場をもち，かつてスペースシャトル計画を実行していたⓑアメリカのNASA（アメリカ航空宇宙局），ⓒ南アメリカ州にあるフランス領ギアナにロケットの発射場をもつフランスのCNES（フランス国立宇宙研究センター），中国のCNSA（中国国家航天局）などです。JAXAは，これらⓓアジア・太平洋地域や欧米の国々の組織と協力をしながら，ⓔ宇宙に関わる研究開発を進めています。

〔問1〕 文中の下線ⓐに関し，次の(1)，(2)に答えなさい。

(1) 図1は，JAXAが作成した衛星写真の合成画像です。図1中の X に示された大洋を何といいますか，書きなさい。

(2) 人工衛星の製造に関わる企業の中には，海外に販売や生産の拠点をもち，国境をこえて事業を展開している企業があります。このような企業を何といいますか，書きなさい。

図1

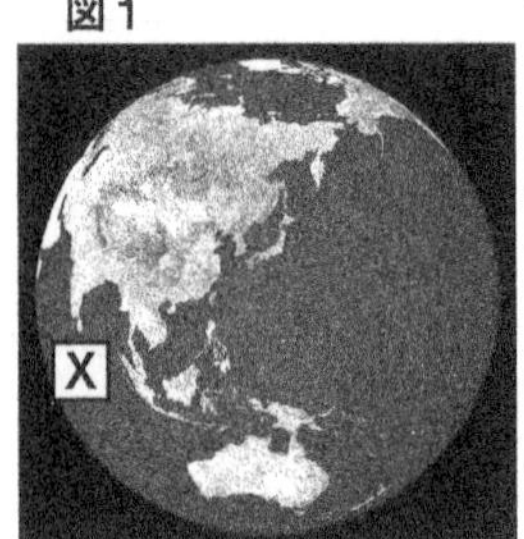

（JAXAホームページから作成）

〔問2〕 文中の下線ⓑに関し，アメリカを含む3か国は，北米自由貿易協定（NAFTA）を締結しています。加盟している3か国とは，アメリカ，カナダと，あと1か国はどこですか，その国名を書きなさい。

〔問3〕 文中の下線ⓒに関し，図2は南アメリカ州を中心とした地図です。図2中の線分YZの断面を模式的に示したものとして最も適切なものを，次のア～エの中から1つ選び，その記号を書きなさい。

図2

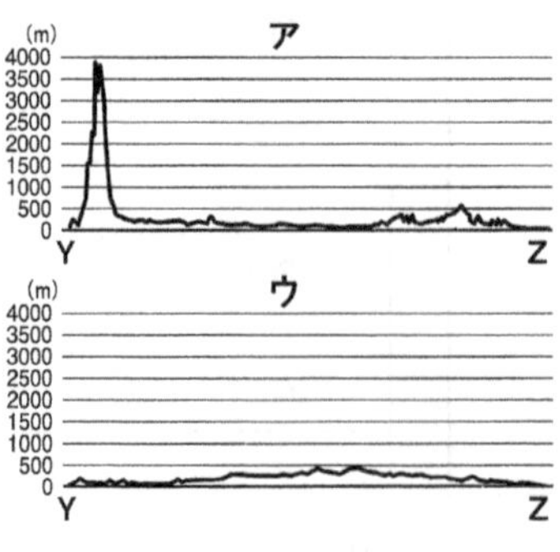

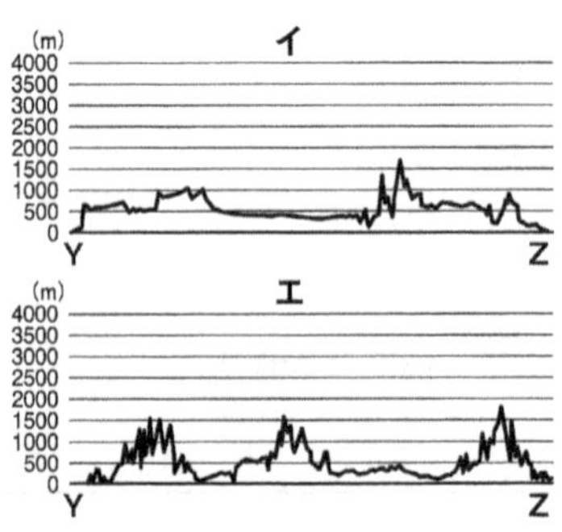

〔問4〕 文中の下線ⓓに関し，**表**は，アメリカ，インドネシア，トルコ，フィリピンについて，それぞれの国で最も信仰されている宗教とその人口割合，日本への輸出額と日本からの輸入額，ＥＵへの輸出額とＥＵからの輸入額を示したものです。表中の**A～D**には，アメリカ，インドネシア，トルコ，フィリピンのいずれかの国名が入ります。**A～D**にあてはまる国名を，それぞれ書きなさい。

表

	最も信仰されている宗教とその人口割合（%）	日本への輸出額（百億円）	日本からの輸入額（百億円）	ＥＵへの輸出額（億ドル）	ＥＵからの輸入額（億ドル）
A	イスラム教　97.5	6	31	683	775
B	キリスト教　92.7	98	112	68	68
C	キリスト教　78.5	732	1414	2718	4167
D	イスラム教　87.2	199	123	145	108

（「データブック オブ・ザ・ワールド2018年版」などから作成）

〔問5〕 文中の下線ⓔに関し，JAXAは，宇宙空間で得た太陽光エネルギーを地球上で電力として利用するシステムを研究しています。現在，我が国で実用されている太陽光による発電の利点と課題について，火力発電と比較しながら，それぞれ簡潔に書きなさい。

2 次の文は，健一さんが社会科の授業で，「日本の国土」について調べ，レポートにまとめたものの一部です。これを読み，〔問1〕～〔問4〕に答えなさい。

> 日本列島は，国土のおよそ4分の3が山地です。山地は日本の気候に影響をおよぼしています。ⓐ中部地方には高い山々がそびえ，冬には季節風がふきつけ，日本海側では大量の雪が降ります。また，ⓑ瀬戸内は，北の中国山地，南の四国山地にはさまれているため，特色ある気候になっています。
> 国土のおよそ4分の1を占めているのが平野と盆地です。ここでは，気候や地形に合わせた農業が行われています。また，東京湾，伊勢湾，大阪湾などの湾岸部には，多くの工場が立ち並び，ⓒ工業地域が形成されています。平野と盆地にはⓓ人口の大部分が集中しています。

〔問1〕 文中の下線ⓐに関し，次の⑴，⑵に答えなさい。

⑴ **図1**は中部地方を中心とした地図です。**図1**中の▬で示した「日本の屋根」ともよばれる，3つの山脈をまとめて何といいますか，書きなさい。

図1

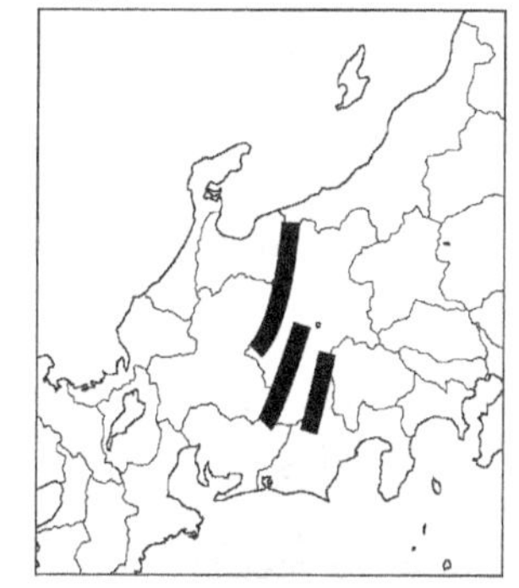

⑵ **表1**は，新潟県，富山県，長野県，愛知県について，それぞれの面積と米，野菜，果実の産出額を示したものです。長野県にあたるものを，**表1**中の**ア～エ**の中から1つ選び，その記号を書きなさい。

表1

	面積（km^2）	産出額（億円）		
		米	野菜	果実
ア	4248	448	61	22
イ	5173	276	1127	207
ウ	12584	1484	386	80
エ	13562	454	897	557

（「データでみる県勢2019年版」から作成）

〔問2〕 文中の下線ⓑに関し，右の2万5千分の1の地形図は，瀬戸内にある香川県丸亀市の一部を示したものです。これを見て，次の(1)，(2)に答えなさい。

(1) 丸亀市では，ため池が多くつくられています。その理由を，この地域の気候の特色と，ため池の周辺で行われている農業に着目して，簡潔に書きなさい。

(2) 地形図中のA地点からB地点までの直線の長さは，地形図上では3㎝あります。実際の距離は，何mになりますか，書きなさい。

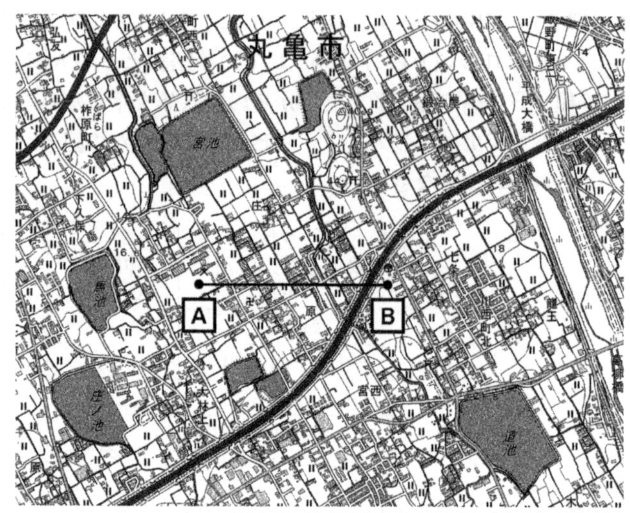

（国土地理院「電子地形図25000」を加工して作成）

〔問3〕 文中の下線ⓒに関し，関東地方から九州地方北部にかけてのびる工業の盛んな帯状の地域を何といいますか，書きなさい。

〔問4〕 文中の下線ⓓに関し，表2は，関東1都6県について，2015年の昼間人口，夜間人口，昼夜間人口比率を示したものです。また，図2は，表2をもとにして，都県別の昼夜間人口比率を凡例に従って表したものの一部です。昼夜間人口比率とは，夜間の人口100人あたりの昼間の人口の割合です。千葉県と神奈川県にならって，栃木県と東京都の昼夜間人口比率を図示すればどのようになりますか，それぞれ解答欄にかき入れなさい。

表2 （2015年）

都県名	昼間人口（千人）	夜間人口（千人）	昼夜間人口比率
茨城県	2,843	2,917	*
栃木県	1,955	1,974	99.0
群馬県	1,970	1,973	*
埼玉県	6,456	7,267	*
千葉県	5,582	6,223	89.7
東京都	15,920	13,515	*
神奈川県	8,323	9,126	91.2

*は，あてはまる数を省略したことを表している。
（総務省統計局ホームページから作成）

図2

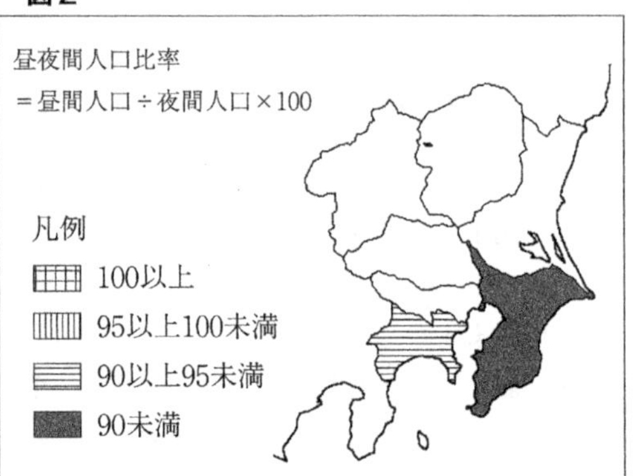

3 次のA～Eのカードは，元号（年号）がつく歴史上のできごとについてまとめたものの一部です。これらを読み，〔問1〕～〔問9〕に答えなさい。

> **A 大宝律令**（たいほうりつりょう）
> 唐（とう）の法律にならった大宝律令が作られ，全国を支配する仕組みが細かく定められました。律令に基づいて政治が行われる国家をⓐ律令国家（りつりょうこっか）といいます。その後，ⓑ平城京（へいじょうきょう）が律令国家の新しい都としてつくられました。

B　保元の乱

京都では，ⓒ院政の実権をめぐる天皇家や藤原氏の争いに源氏や平氏などの武士が動員され，保元の乱が起こりました。このころ，東北地方では，ⓓ奥州藤原氏が金や馬などの産物と北方との交易によって栄えていました。

C　文永の役

ⓔ元の皇帝は日本に使者を送り，国交をせまりました。幕府の執権がこの要求を無視したため，元は高麗の軍勢も合わせて攻めてきました。幕府軍は元軍の集団戦法や火薬に苦戦しましたが，元軍は夜になって海上に引きあげ，撤退しました。

D　応仁の乱

ⓕ室町幕府では，将軍のあとつぎ問題をめぐって大きな乱が起き，多くの守護大名をまきこみました。その後，守護大名やその家臣などの中から，実力で領国をおさめようとするⓖ戦国大名が各地に登場しました。

E　天保の改革

江戸幕府では，過去の改革にならい倹約令を出しました。また，ⓗ外国船に対する方針を定めました。この時期には，どの藩においても財政難が深刻となり，独自の改革を行う藩もありました。これらの中から，ⓘ雄藩として幕府の政治に発言力をもつ藩が現れました。

〔問1〕　文中の下線ⓐに関し，次のア～エは，律令国家の成立に向け，行われたことについて述べたものです。これらのできごとを年代の古い順に並べるとどのようになりますか，その記号を順に書きなさい。

ア　全国の土地と人民を国のものとし，天皇がそれらを支配する方針を打ち出した。
イ　都が大津宮に移され，初めて全国の戸籍がつくられた。
ウ　中国の都にならい，碁盤の目のように区画された藤原京がつくられた。
エ　天皇の命令に従うべきことなどを説いた十七条の憲法が定められた。

〔問2〕　文中の下線ⓑに都が置かれていた時代に関係するものとして適切なものを，次のア～エの中から1つ選び，その記号を書きなさい。

ア　イ　ウ　エ

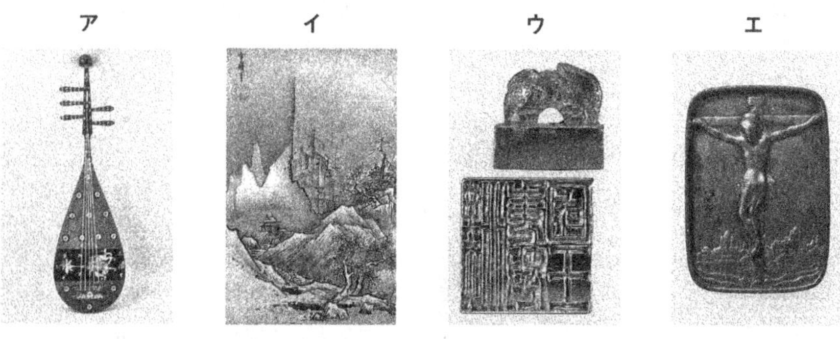

〔問3〕　文中の下線ⓒとはどのような政治ですか，「**天皇**」という語を用いて，簡潔に書きなさい。

〔問4〕 文中の下線ⓓは，中尊寺(ちゅうそんじ)に金色堂(こんじきどう)を建てました。この寺院がある県名を書きなさい。また，その県の位置を，東北地方を示した図1中のア～エの中から1つ選び，その記号を書きなさい。

図1

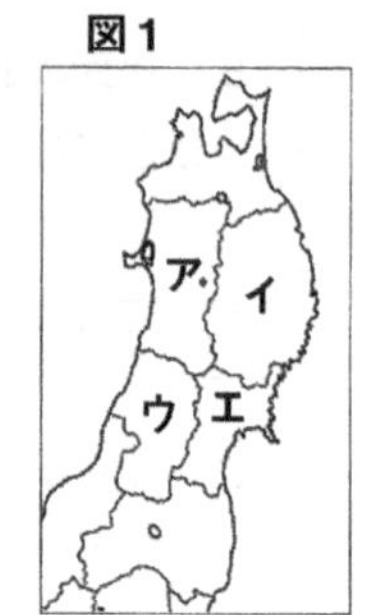

〔問5〕 文中の下線ⓔに関し，元を訪れ，『東方見聞録(とうほうけんぶんろく)』の中で日本を「黄金の国ジパング」と紹介したイタリア人はだれですか，書きなさい。

〔問6〕 文中の下線ⓕに関し，図2は3代将軍足利義満(あしかがよしみつ)が始めた貿易の際に使われた勘合(かんごう)です。このような勘合を使用した日本の貿易相手国を書きなさい。また，勘合が使用された理由を，簡潔に書きなさい。

図2

〔問7〕 文中の下線ⓖの中には，金山や銀山を開発し，利益を得る者もいました。このころ特に良質な銀が生産されたことで知られ，2007年に世界文化遺産に登録された島根県の銀山を何といいますか，書きなさい。

〔問8〕 文中の下線ⓗに関し，**資料1**は1825年に，**資料2**は1842年に幕府が出した外国船に対する方針です。幕府が資料1から資料2に方針を変えるきっかけとなった外国のできごとを，関係する2か国の国名を用いて，簡潔に書きなさい。

資料1

どこの港でも，外国船が入港するのを見たのなら，有無を言わさず，いちずに打ち払え。逃亡したら追う必要はない。つかまえるか，または打ち殺してもかまわない。(一部要約)

資料2

外国船が難破(なんぱ)して漂流し，薪(まき)や水，食糧を求めてきたとき，事情を考えず，いちずに打ち払っては失礼なので，よく様子を見て必要な品を与え，帰るように言い聞かせよ。(一部要約)

〔問9〕 文中の下線ⓘの中で，下関(しものせき)を通航する船への貸付金などの金融業で利益をあげていた藩を，次のア～エの中から1つ選び，その記号を書きなさい。

ア 薩摩(さつま)藩　イ 長州(ちょうしゅう)藩　ウ 土佐(とさ)藩　エ 肥前(ひぜん)藩

4 次のA～Dのカードは，花子さんが夏休みの自由研究で，「歴代の外務大臣」についてまとめたものの一部です。これらを読み，〔問1〕～〔問5〕に答えなさい。

A 井上馨(いのうえかおる)

1885年，ⓐ内閣制度ができると，初代外務大臣となり，不平等条約の改正交渉に臨みました。しかし，改正の内容に国民の多くが反発し，条約改正は実現しませんでした。

B 小村寿太郎(こむらじゅたろう)

第一次，第二次桂(かつら)内閣で外務大臣になりました。1902年，ⓑ日英同盟(にちえいどうめい)を結びました。

また，陸奥宗光(むつむねみつ)が一部回復した関税自主権について，1911年，アメリカとの間で条約を改正し，完全な回復を実現させました。

C　加藤高明

第二次大隈内閣で外務大臣になり，ⓒ第一次世界大戦の最中に中国政府に対し，二十一か条の要求を示しました。また，1924年に首相となり，ⓓ政党内閣を組織しました。

D　野村吉三郎

第二次世界大戦が始まったとき，阿部内閣で外務大臣になりました。1940年からは駐米大使として，アメリカとの戦争回避のための交渉にあたりました。ⓔ戦後は，和歌山県選出の参議院議員として活躍しました。

〔問１〕　文中の下線ⓐに関し，初代内閣総理大臣となった人物はだれですか，書きなさい。

〔問２〕　文中の下線ⓑに関し，日本とイギリスが関係を強化しようとした理由を，「南下」という語を用いて，簡潔に書きなさい。

〔問３〕　文中の下線ⓒに関し，その後の中国について適切に述べているものを，次のア～エの中から１つ選び，その記号を書きなさい。

ア　人間らしい生活を保障しようとする社会権を世界で最初にとり入れた憲法が制定された。

イ　大統領の提案にもとづき，国際連盟が設立されたが，議会の反対により加盟しなかった。

ウ　国民党が結成され，その後結成された共産党と協力して，国内の統一をめざした。

エ　民族自決の考えの影響を受け，完全な自治を求める「非暴力・不服従」の抵抗運動が高まった。

〔問４〕　文中の下線ⓓに関し，1924年から1932年まで立憲政友会と憲政会（のちの立憲民政党）の党首が交代で内閣を組織する時代が続きました。このころの日本と外国との関わりについて述べたものを，次のア～エの中から１つ選び，その記号を書きなさい。

ア　軍隊の力を背景に韓国を併合し，朝鮮総督府を設置した。

イ　イギリスなどと協調して，ロンドン海軍軍縮条約を結んだ。

ウ　日ソ中立条約を結び，フランス領インドシナ南部へ軍を進めた。

エ　アメリカなどとサンフランシスコ平和条約を結び，同時に日米安全保障条約を結んだ。

〔問５〕　文中の下線ⓔに関し，次のア～エは，戦後の日本経済について述べたものです。これらのできごとを年代の古い順に並べるとどのようになりますか，その記号を順に書きなさい。

ア　中東戦争をきっかけとして石油危機がおこり，高度経済成長が終わった。

イ　朝鮮戦争がはじまると，大量の物資が日本で調達され特需景気（朝鮮特需）となった。

ウ　実際の経済の力をこえて，株式や土地の価格が異常に高くなるバブル経済となった。

エ　景気が上昇したこの時期に，東海道新幹線が開通し，オリンピック東京大会が開催された。

5　次の文は，太郎さんが公民的分野のまとめとして，消費税に関するレポートを作成したものの一部です。これを読み，〔問１〕～〔問４〕に答えなさい。

<テーマ>

「消費税と私たちのくらし」

<テーマ設定の理由>

私は，2019年に消費税が８％から10％に上がる予定のニュースを見て，昔は消費税がなかったことを知りました。そこで，いつから，なぜ，消費税が導入されたのか，私たちのくらしにどのように生かされているのかについて，調べることにしました。

<調べてわかったこと>

○消費税率の推移

導入年	1989年	1997年	2014年	2019年
税率	3％	5％	8％	10％（予定）

○消費税が導入された理由

・少子高齢化が進み，ⓐ直接税の減収が予想されたから。

・（　　　　　　　　　　　　　　　）ので，安定した税収が望めるから。

○消費税の使いみち

・社会保障のうち次の4つに使われています。

年金 ・ 医療 ・ 介護 ・ ⓑ子供，子育て支援

<まとめ>

このレポートを作成する中で，自分の納めた消費税がどのような目的で使われ，私たちのくらしに生かされているかがわかりました。18歳になると，ⓒ選挙権が得られるので，常に社会に関心を持ち，しっかり考えて行動しようと思います。

〔問1〕 文中の（ ）にあてはまる文を，「**消費**」という語を用いて，書きなさい。

〔問2〕 文中の下線ⓐに関し，次の(1)，(2)に答えなさい。

(1) 直接税にあたるものを，次の**ア**～**エ**の中から1つ選び，その記号を書きなさい。

ア 関税　**イ** 酒税　**ウ** 自動車税　**エ** ゴルフ場利用税

(2) 所得税に適用される累進課税とはどのような制度ですか，簡潔に説明しなさい。

〔問3〕 文中の下線ⓑに関し，次の**文**は，企業や政府が実現をめざす社会を示すため，内閣府がとりまとめたものの一部です。この文と最も関係のある語を，下の**ア**～**エ**の中から1つ選び，その記号を書きなさい。

文

国民一人ひとりがやりがいや充実感を感じながら働き，仕事上の責任を果たすとともに，家庭や地域生活などにおいても，子育て期，中高年期といった人生の各段階に応じて多様な生き方が選択・実現できる社会

ア インフォームド・コンセント

イ セーフティネット

ウ フェアトレード

エ ワーク・ライフ・バランス

〔問4〕 文中の下線ⓒを得る年齢や，選挙区など，日本の選挙の方法について定めた法律を何といいますか，書きなさい。

6 あきらさんたちは，社会科の課題学習で，「持続可能な社会」について調べ，発表することになりました。次の文は，その発表原稿の一部です。これを読み，〔問１〕～〔問６〕に答えなさい。

> 現代の国際社会では，輸送手段と通信技術の発達，ⓐ貿易の活性化などにより，人，物，お金，情報などが自由にゆきかう，［X］化とよばれる世界の一体化が進んでいます。
> 一方，貧困，テロ，ⓑ領土問題，地球温暖化など，多くの課題にも直面しています。このままでは，人類が安定してこの世界で暮らし続けることができなくなってしまうともいわれています。
> これらの課題を解決するために，ⓒ国際連合は，2015年「持続可能な開発目標」を採択しました。「目標１　ⓓ貧困をなくそう」や「目標10　ⓔ人や国の不平等をなくそう」など，2030年までに達成すべき17の目標が示されています。それらは，経済，社会，環境がバランスよく統合された形で，持続可能な開発を達成することが必要となります。私たちは，持続可能な世界を築くためにどうしたらよいのか，目標達成のために何ができるのか，よく考え身近なことから取り組みたいと思います。

〔問１〕 文中の［X］にあてはまる語を書きなさい。

〔問２〕 文中の下線ⓐに関し，自由貿易に関係するものを，次の**ア**～**エ**の中からすべて選び，その記号を書きなさい。

ア　市場が拡大され，国内の得意な商品が輸出しやすくなる。

イ　国内の産業を保護するため，輸入品への関税を高くする。

ウ　関係の深い国や地域を囲いこんで，ブロック経済政策をとる。

エ　安い商品が海外から輸入され，競争力のない国内産業が打撃を受ける。

〔問３〕 文中の下線ⓑに関し，周囲を海で囲まれた日本には，領土をめぐる問題の一つとして北方領土があります。北方領土に関する次の**説明文**中の［Y］にあてはまる島を，下の**ア**～**エ**の中から１つ選び，その記号を書きなさい。

説明文

> **図**の⬭で囲まれた島々は，1945年にソ連軍によって占領され，ソ連が解体した後もロシアが不法に占拠しています。これらの島々は北方領土と呼ばれ，歯舞（はぼまい）群島，色丹（しこたん）島，国後（くなしり）島と日本の北端である［Y］から成り立っています。

図

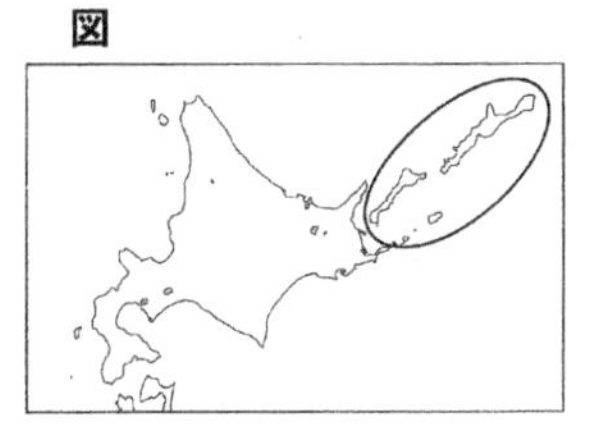

ア　竹島（たけしま）　**イ**　壱岐（いき）島　**ウ**　択捉（えとろふ）島　**エ**　沖ノ鳥（おきのとり）島

〔問４〕 文中の下線ⓒに関し，主な機関の一つとして，世界の平和と安全を維持することを目的とした安全保障理事会があり，重要な決議案は５か国の常任理事国と10か国の非常任理事国の投票により，採択されるか決まります。**表**は，ある決議案の投票結果を示したものです。採択に必要な９理事国の賛成投票があったにもかかわらず，こ

表

	常任理事国	非常任理事国
賛成	３か国	６か国
反対	２か国	３か国
棄権	なし	１か国

の決議案は採択されませんでした。採択されなかった理由を，「**拒否権**」という語を用いて，簡潔に書きなさい。

〔問５〕 文中の下線ⓓに関し，発展途上国では，NGO（非政府組織）などの機関によって，新しい事業を始めるために必要な少額のお金を，貧困層に無担保で貸し出す取り組みが行われています。このように，貧困層に少額の融資を行い自立を促す金融を何といいますか，書きなさい。

〔問６〕 文中の下線ⓔに関し，日本国憲法第14条では，法の下（もと）の平等について，次のように定められています。［Z］にあてはまる語を書きなさい。

第14条　すべて国民は，法の下に平等であって，人種，信条，［Z］，社会的身分又（また）は門地（もんち）により，政治的，経済的又は社会的関係において，差別されない。

平成31年度学力検査　社会科解答用紙

受検番号	

1

〔問1〕	(1)	洋
	(2)	
〔問2〕		
〔問3〕		
〔問4〕	A	B
	C	D
〔問5〕	〔利点〕	
	〔課題〕	

2

〔問1〕	(1)	
	(2)	
〔問2〕	(1)	
	(2)	m
〔問3〕		
〔問4〕		

3

〔問1〕	→ → →	
〔問2〕		
〔問3〕		
〔問4〕	〔県名〕 県	〔位置〕
〔問5〕		
〔問6〕	〔相手国〕	
	〔理由〕	
〔問7〕		
〔問8〕		
〔問9〕		

4

〔問1〕	
〔問2〕	
〔問3〕	
〔問4〕	
〔問5〕	→ → →

5

〔問1〕		
〔問2〕	(1)	
	(2)	
〔問3〕		
〔問4〕		

6

〔問1〕	
〔問2〕	
〔問3〕	
〔問4〕	
〔問5〕	
〔問6〕	

※この解答用紙は165％に拡大していただきますと，実物大になります。

平成三十一年度学力検査 国語科解答用紙

受検番号

一
〔問1〕 ① ② ③（む） ④ ⑤ ⑥（げる） ⑦（す） ⑧
〔問2〕 a b
〔問3〕
〔問4〕 (1) (2)

二
〔問1〕
〔問2〕
〔問3〕
〔問4〕
〔問5〕 60
〔問6〕 70

三
〔問1〕
〔問2〕
〔問3〕 60
〔問4〕
〔問5〕

四

※この解答用紙は172％に拡大していただきますと、実物大になります。

けれども、ひそかに近づきたる程に、油断して取らるゝのみなり。いかゞはせん」といひければ、故老の鼠進み出で申けるは、「詮ずる所、猫の首に鈴を付てをき侍らば、やすく知なん」といふ。皆々、「もつとも」と同心しける。「然らば、このうちより誰出てか、猫の首に鈴を付け給はんや」といふに、上臈鼠より下鼠に至るまで、「我付けん」と云者なし。是によつて、そのたびの議定事終らで退散しぬ。

【Ⅱ】

○絵に描いた餅 ○机上の空論 ○畳の上の水練

であっても部長としての責任を果たす基に感心したから。

〔問5〕　本文中、D ずっとずっと……オーディションよりずっと前、もしかしたら瑛太郎に部長に指名されたときから胸にあった重しのようなものが、入道雲に吸い上げられるようにして消えた　とありますが、この表現には、基のどのような心情が表れていますか。心情の説明として最も適切なものを、次の**ア**～**エ**の中から選び、その記号を書きなさい。

ア　一年生である自分を他の部員が部長として認めてくれているのか、自分に部長としての適性があるのかと重圧を感じていたが、堂林が自分を部長だと認めてくれたことで、不安がなくなっている気持ち。

イ　コンクールに対する思いを他の部員と共有できず悩んでいたが、県大会当日の朝の演奏で、高校生の時の瑛太郎と同じ景色を垣間見ることができ、これまで吹奏楽を続けてきたことに心から満足できている気持ち。

ウ　勝手な行動ばかりしている自分にはたして部長が務まるのか自信がなかったが、堂林との会話を通して、トップ奏者である自分こそが唯一部長にふさわしいと気づき、部長としての自覚が芽生えてきている気持ち。

エ　部長としてふさわしい演奏や行動をしなければならないことに窮屈さを感じていたが、堂林から今までどおり強いリーダーシップを発揮すればよいとなぐさめられたことで気分が楽になり、前向きになっている気持ち。

四　ある学級では、国語の授業で『伊曽保物語』（いそほ）を学習しています。『伊曽保物語』は、古代ギリシャ時代に作られた『イソップ物語』を翻訳したものです。動物等を主人公にした物語で教訓などが書かれています。

この学級では、学習のまとめとして、『伊曽保物語』の中から自分の好きな話を選び、その話が伝えようとしていることを、話と関係の深い言葉（ことわざ・慣用句等）を用いながら紹介する活動をすることになりました。

【Ⅰ】は、『伊曽保物語』に収められている話の一つである「鼠（ねずみ）の談合の事」です。

【Ⅱ】は、【Ⅰ】の話の内容と関係の深い言葉です。

あなたなら、【Ⅰ】の話をどのように紹介しますか。次の条件(1)～(5)にしたがって、紹介する文章を書きなさい。

[条件]

(1)　原稿用紙の正しい使い方にしたがって書くこと。ただし、題名や自分の氏名は書かないこと。

(2)　八行以上、十行以内であること。

(3)　【Ⅰ】の話を読んだことがない人にも、話のあらすじが分かるように書くこと。

(4)　【Ⅱ】の言葉の中から一つを選んで、文章の中で用いること。

(5)　「鼠」は「ねずみ」と平仮名で書いてもよいこととする。

【Ⅰ】

ある時、鼠老若（ねずみらうにやく）男女相集まりて僉議（せんぎ）しける（相談したのは）は、「いつもかの（あの）猫といふいたづら者にほろぼさるゝ時、千たび悔やめども、その益（えき）なし（かいがない）。かの猫、聲（こゑ）をたつる（声を出す）か、しからずは足音高くなどせば、かねて用心す（あらかじめ用心すること）べ練習してる奴がいて、しかもそれが一年で、しかも部長で、その上ムカつくとか、頑張るしかないじゃん」

けたたましかった蝉の声が、一瞬、もの凄く遠くなった。自分と堂林の二人だけが、薄い薄い膜に包まれたようだった。

「それって、僕を褒めてくれてる？」

念のためそう聞くと、渋々という顔で堂林は頷いた。

「他の連中がどう思ってるか知らないけど、俺はお前のこと部長だと思ってるよ」

捲し立てるように早口でそう言うと、堂林は「あー暑い、日陰行こう」と踵を返してしまった。額に貼り付いた前髪をいじりながら、吹奏楽部のいる木陰に足早に向かって行く。

「ありがとう」

その背中を追いかけながら、基は礼を言った。ずっとずっと……オーディションよりずっと前、もしかしたら瑛太郎に部長に指名されたときから胸にあった重しのようなものが、入道雲に吸い上げられるようにして消えた。

（額賀澪著『風に恋う』から……一部省略等がある。）

（注）・『汐風のマーチ』＝不破瑛太郎が全日本吹奏楽コンクールで演奏した曲。

・『風を見つめる者』＝県大会で演奏する自由曲。

・アクアアルタの話＝アクアアルタは、イタリア北部で定期的に潮位が上昇する現象。海に浸った街なみは美しいとされ、瑛太郎は、アクアアルタを『汐風のマーチ』演奏のヒントとして基に伝えていた。

・ノイズ＝雑音。

〔問1〕　本文中の□にあてはまる最も適切な語句を、次のア～エの中から選び、その記号を書きなさい。

ア　けらけらと　イ　さめざめと

ウ　めらめらと　エ　わらわらと

〔問2〕　本文中、A口元がほころんでいくとありますが、ここに表れている基の気持ちとして最も適切なものを、次のア～エの中から選び、その記号を書きなさい。

ア　大勢の部員たちに囲まれて戸惑う気持ち

イ　納得のいく演奏ができてうれしい気持ち

ウ　吹奏楽をやめようとしたことを後悔する気持ち

エ　自分を支えてくれる先輩を頼もしく思う気持ち

〔問3〕　本文中、Bなんとなく居たたまれなくて、基は離れたところにいたとありますが、基が居たたまれないと感じたのはなぜですか。文中の言葉を用いて、六十字以内で書きなさい。（句読点やその他の符号も一字に数える。）

〔問4〕　本文中、Cそのせいでみんな、オーディションのあとも浮かれないで練習できたんだと思うとありますが、「みんな、オーディションのあとも浮かれないで練習できた」と堂林が思う理由として最も適切なものを、次のア～エの中から選び、その記号を書きなさい。

ア　自分自身の演奏にはこだわらず、部長として部全体をまとめて県大会に臨もうとする基に好感を抱いたから。

イ　一年生で部長を務めているうえ、オーディションを勝ち抜いて県大会に出場しなければならない基に同情したから。

ウ　一年生で部長を務めるだけでなく、トップ奏者になってもさらに上をめざして練習し続ける基に刺激を受けたから。

エ　合奏で怒られないように指示されたことをこなしつつ、一年生じゃないかと思ったけど、彼は真剣に、興味深そうに聞いてくれた。乾いた土に雨が染み込んで行くみたいで、話していて気持ちがよかった。基が味わった熱の片鱗を、彼も感じたのかもしれない。

「なんとなく、『風を見つめる者』も吹けるような気がするんだ。県大会には間に合わなかったけど、次は、って思ってる」

「お前、もう県大会通過する気でいるんだな」

嫌に冷静な声で堂林が言ってきて、基ははっと顔を上げた。

千学はこの六年間、西関東大会へ出場したことがない。ずっと県大会で敗退してきた。

「僕は、また自分のことばっかりだね」

手持ち無沙汰な気分になって、ブレザーの前ボタンをいじる。何だか異常に暑いなと思ったら、冬服を着ているからだ。本番は冬服を着て臨むから、この気温では暑くて当然だ。

「瑛太郎先生には、僕がそういう奴だから部長にしたって言われたんだけど。でも、部のみんなには反感買ってばっかりだし」

首筋を伝った汗は、暑さのせいだろうか。冷や汗だろうか。部長らしいことなど何一つできず、自分の演奏にばかり目を向けている基を、堂林はどう思っているのだろう。

「まあ、いいんじゃない？」

日差しがきつかったのか、目の上に右手をやって堂林は基を見た。ガラス玉みたいな目が影で覆われて、表情が読めなくなる。

「ぶっちゃけ言うと、ずーっと、なんて俺じゃなくて茶園が部長なんだろうなって思ってたんだよね。リーダーらしいことをするなら、茶園より俺の方が向いてると思うんだよ」

「それは僕も思うけど」

「でも、オーディションのときとか、ソロを練習してる茶園を見て、なんとなく瑛太郎先生が考えてることがわかった気がしたんだ。お前には※ノイズがないんだ」

ノイズ。堂林の口から飛び出した単語に首を傾げると、彼は基から目を逸らして続けた。

「俺の演奏って、多分、一番になってやろうとか、誰かから凄いって言われたいとか、そういう欲望塗れなんだよな」

「いや、それが君のいいところだと思うけど」

素直にそう言うと、堂林は「それはどうも」と薄く笑う。

「でも、瑛太郎先生がほしいと思った新しい風はそういうのじゃなくて、茶園みたいなのだったんだろうな。背中で周りを引っ張る、みたいな？」

自分の理想の音を追いかけられる奴。そう続けた堂林が額から手を離す。覗いた両目は普段と変わりなくて、基は無意識に一歩後退っていた。

「いや、僕って背中で引っ張れてるの？『汐風のマーチ』吹いて号泣してる人の背中にみんなついていくの？　むしろドン引きしてない？　ムカついてない？」

「ムカついてるに決まってるだろ。茶園がオーディションで越谷先輩をぶっちぎってアルトサックスのトップ奏者になって、なのに全然納得いってないってしれっと言ったせいで、みんなどれだけ苛立ったと思ってんの？　そりゃあ池辺先輩も、他の連中も怒るだろ」

痛いところをずばずばと突きながら、堂林は「だけど」と呆れたように肩を竦めた。

C「そのせいでみんな、オーディションのあとも浮かれないで練習できたんだと思う。オーディションに受かるとか、合奏で先生に怒られないとか、言われたことをちゃんとやるとか。そういうものの先を見て何度目かの※『汐風のマーチ』を吹き終えた瞬間、名前を呼ばれた。玲於奈の声だった。
　振り返った瞬間、自分の両目から何かが流れ伝っていって、「うわっ」と声を上げた。それ以上の戸惑いの声が、音楽室の出入り口の方から聞こえてきた。
　時計を確認すると、集合時間まであと十分ほどになっていた。吹奏楽部の部員達が、音楽室の入り口に［　　］溜まっている。ああ、多分、僕がいるせいで入ってこられなかったんだ。県大会当日に部長が課題曲でも自由曲でもない『汐風のマーチ』を吹いているんだから。
　しかも、両目からぼろぼろと涙を流しながら。
「あんた、何やってんのっ」
　意を決したように玲於奈が近づいてきて、制服のポケットから取り出したハンカチで顔をごしごしと拭かれる。保育園に通っていた頃、しょっちゅう玲於奈にこうされたっけ。
「朝イチで練習してるのは偉いなって思うけど、なんでこれから県大会だってときに『汐風のマーチ』なわけ？　しかもなんで泣いてんの？」
　弁明をせねば。せめて何か言い訳を。そう思うのに、喉をこじ開けるようにして飛び出してきたのは、どれでもなかった。
「玲於奈、僕ね」
　鼻を啜ると涙でぼやけていた視界が晴れて、玲於奈以外の顔がよく見えた。堂林が呆然と半口を開けている。越谷先輩が……あの顔は多分引いている。クラリネットの大谷先輩、チューバの増田先輩、トランペットの櫻井先輩も、いる。池辺先輩もいる。大勢の人が自分のことを見ているのに、何故か、A口元がほころんでいく。鼻先を汐の香りが掠めていった気がした。
「吹奏楽、やめないでよかったよ」
　もう一度戻ってきた。戻ってきたおかげで、七年前の不破瑛太郎と同じ景色を垣間見ることができた。行ったこともない異国の地に吹く汐風が、自分の頬を撫でた。
「――吹奏楽、続けててよかった」

　今日の空は、入道雲が落ちてきそうだった。どこに止まっているのか、蟬の声が四方八方から響いてくる。それが何を暗示しているのか、基にはわからない。
　県大会の会場であるホールの外で、吹奏楽部の面々は集合時間がくるのを木陰に集まってひたすら待っている。Bなんとなく居たたまれなくて、基は離れたところにいた。日向で暑いけれど、構わない。それくらいの羞恥心は持ち合わせている。
「今朝のことを、《号泣『汐風のマーチ』事件》と名付けて後輩に語り継ごうと思う」
　なのに、堂林がわざわざ基の隣にやって来て、そうやってからかってくる。
「でさあ、なんで朝っぱらから『汐風のマーチ』を吹きながら号泣してたわけ？」
　音楽室で、バスの中で、堂林と玲於奈から散々聞かれた。汗で湿った髪をがりがりと掻いて、基は大きな溜め息をついた。
「あのね、※『風を見つめる者』のソロをどう吹けばいいのか、ずっと悩んでたんだよ。で、参考までに先生が高三のときに『汐風のマーチ』をどう吹いてたのかって聞いたの」
「へえ、それで？　先生に聞いて何かわかったわけ？」
　※アクアアルタの話を、堂林にかいつまんで聞かせた。笑われるん

〔問3〕 本文中、B一般的な、最大公約数的な意味を担った形容詞とありますが、それはどのようなものですか。最も適切なものを、次の**ア**～**エ**の中から選び、その記号を書きなさい。

ア 自分の感情をうまく伝えるために、ニュアンスの違いをさらに細分化した表現。

イ 誰もが共感できる感覚や感情を、その人独自のニュアンスにまでさらに高めた表現。

ウ 感じたことを正確に伝えるために、一語の中にさらに多くのニュアンスを詰め込んだ表現。

エ 似た感覚や感情の中から、さらに共通するニュアンスを取り出して、ひとまとめにした表現。

〔問4〕 本文中、C話が飛躍するようだが、近代の歌人に島木赤彦がいるとありますが、筆者が短歌の話題を取り上げた理由として最も適切なものを、次の**ア**～**エ**の中から選び、その記号を書きなさい。

ア 一般的な形容詞の話に続いて短歌の話題も取り上げることで、ヤバイという若者言葉でなければ表現できないことがあるということを教えるため。

イ ヤバイという言葉の話から論の方向を変え、短歌を分かりやすく説明することで、歌人でなければ特殊な感情を表現するのは難しいことを示すため。

ウ 表現を工夫することが高い水準で求められる短歌の世界を紹介することで、思いなどを表現するのに出来合いの言葉を使わないことが大切だと強調するため。

エ 自分の言葉を大切にすべきだという筆者の主張と関係の深い短歌を話題にすることで、形容詞を使わずに気持ちを表すことは不可能だということを伝えるため。

〔問5〕 本文中、D不思議な精神作用とありますが、どのようなことを「不思議な精神作用」と筆者は述べていますか。「事実」「内面」という語を用いて、六十字以内で書きなさい。（句読点やその他の符号も一字に数える。）

〔問6〕 本文中、E自分の言葉によって、自分の思いを、人に伝えるとありますが、そのための準備として、どのようなことが必要だと筆者は述べていますか。文中の言葉を用いて、七十字以内で書きなさい。（句読点やその他の符号も一字に数える。）

三

次の文章を読んで、〔問1〕～〔問5〕に答えなさい。※印には（注）がある。

> 千間学院高校、通称「千学」に入学した茶園基は、中学校で吹奏楽部に所属していたが、高校では吹奏楽から離れようと思っていた。しかし、全日本吹奏楽コンクールで千学が金賞を受賞したときの部長、不破瑛太郎がコーチに就任したことを知り、吹奏楽部に入部した。瑛太郎は、県大会も突破できない現状を変えるため、一年生の基を部長に指名し、演奏するメンバーを大会ごとに部内のオーディションで決めることにした。
>
> 千学は地区大会を通過し、県大会出場が決まった。アルトサックス担当の基は、県大会で演奏できることになったが、狙っていたソロパートは、幼なじみで二歳年上、オーボエ担当の鳴神玲於奈が演奏することになった。
>
> 基は、県大会当日、朝早く登校し、誰もいない音楽室でアルトサックスを吹いている。

「――基」

わってこない。赤彦の言う作者の「特殊な」悲しみが伝わることがない。形容詞も一種の出来合いの符牒なのである。

斎藤茂吉は島木赤彦と同時期に「アララギ」を率いた近代短歌の巨匠であるが、彼に、母の死を詠んだ一連がある。歌集『赤光』中の「死にたまふ母」一連である。

死に近き母に添寝のしんしんと遠田のかはづ天に聞ゆる
のど赤き玄鳥ふたつ屋梁※にゐて足乳根の母は死にたまふなり

誰もが知っている歌であろう。一首目は「死に近き母」をはるばる陸奥の実家に見舞い、添い寝をしている場面である。普段は気にもならない蛙の声が天にも届くかと思われるほどに聞こえてくる。決して騒がしい声ではなく、しんしんと天にも地にも沁みいるような声である。一首が言っているのはそれだけのこと、まことに単純な事実だけを詠っている。二首目も、母がもう死のうとしている枕元、ふと見上げると喉の赤い燕が二羽、梁に留まっていた。ただそれだけである。

ここには「悲しい」とか「寂しい」とか、そのような茂吉の心情を表わす言葉は何一つ使われていないことに注意して欲しい。にもかかわらず、私たちはそのような形容詞で表わされる以上の、茂吉の深い内面の悲しみを感受することができる。考えてみればDその不思議な精神作用である。文章の上では何も言われていない作者の感情を、読者はほとんど何の無理もなく感受することができているのである。

もしこれらの歌のなかに、茂吉の感情として「悲し」「寂し」などの形容詞が入っていたとするならば、一般的な感情としては理解できるが、それだけではけっしてその時の茂吉の悲しさ、寂しさを表現したものにはならないだろう。悲しい、寂しいという最大公約数的な感情の表現でしかないからである。「決して甲の特殊な悲しみをも、乙の特殊な悲しみをも現しません」と赤彦の言う通りである。

短歌では、作者のもっとも言いたいことは敢えて言わないで、その言いたいことをこそ読者に感じ取ってもらう。単純化して言えば、短詩型文学の本質がここにあると私は思っている。

これはかなり高度な感情の伝達に関する例であるが、私たちは自分の思い、感じたこと、思想などを表現するのに、できるだけ〈出来あいの言葉〉を使わずに、E自分の言葉によって、自分の思いを、人に伝える。この大切さをもう一度確認しておきたいものだと思う。

（永田和宏 著『知の体力』から……一部省略等がある。）

（注）・符牒＝記号。符号。
・甲＝二つ以上のものごとがあるとき、名前のかわりに用いる語。「乙」も同じ。
・屋梁＝柱の上に横たえ、屋根を支える大きな木材。「梁」も同じ。

〔問1〕　本文中、A正直驚いたとありますが、筆者が驚いたのはなぜですか。その理由を述べた次の文の ① 、 ② にあてはまる語の組み合わせとして最も適切なものを、あとのア～エの中から選び、その記号を書きなさい。

筆者はヤバイという言葉を ① 的なニュアンスで使ってきたが、若者言葉では正反対の ② 的なニュアンスで使われていることが分かったから。

ア　①　否定　②　肯定　　イ　①　具体　②　抽象
ウ　①　感覚　②　理論　　エ　①　客観　②　主観

〔問2〕　本文中の □ にあてはまる最も適切な語を、本文中から漢字二字でそのまま抜き出して書きなさい。

言葉の意味を聞いたときはA正直驚いた。私たちが使ってきたニュアンスとはまったく逆。「あの試験どうもヤバイなあ」と言えば、落っこちそうだということだったはず。いつの間にか「このコーヒー、めっちゃヤバイ」が、すごく旨(うま)いというニュアンスになっていた。

言葉が時代とともに変わっていくのはやむをえないことであり、とどめようもないところがある。いまとなっては「ら抜き言葉」の是非を云々(うんぬん)すること自体、どこか間が抜けていると感じるほどに、わずか20年ほどのあいだに「ら抜き言葉」が一般化してしまった。

私自身はいまもはかない抵抗を続けていて、どうしても「見れる」とか「食べれる」などの「ら抜き言葉」は使えないし、使うつもりもないが、若者たちの「ヤバイ」にはそれとは違った違和感と危惧を抱いている。「ヤバイ」が「旨い」「おもしろい」「かっこいい」「気持ちいい」など、ほんらいかなりニュアンスの違った感覚、感情をすべてひっくるめて一語で代弁してしまうというところにまず引っかかる。

ある感動を表現するとき、たとえば「good!」一語で済ませてしまうのではなく、そこにニュアンスの異なったさまざまな表現があること自体が、□なのである。「旨い」にしても、「おいしい」「まろやかだ」「コクがある」「とろけるようだ」などなど、どのように「旨い」かを表わすために、私たちの先人はさまざまに表現を工夫してきた。それが文化であり、民族の豊かさである。

いつも、もってまわった高級な表現を使えというのではまったくないが、必要に応じて、自分自身が持ったはずの〈感じ〉を自分自身の言葉で表現する、そんな機会は、人生において必ず訪れるはずである。そんなときのために、私たちは普段は使わなくともさまざまな語彙を用意しているのである。語彙は自然に増えるものではなく、読書をはじめとするさまざまな経験のなかで培(つちか)われていくものである。ひょっとしたら一生に一度しか使わないかもしれないけれど、それを覚悟で一つの語彙を自分のなかに溜(た)め込んでおくことが、生活の豊かさでもあるはずなのだ。

すべてが「ヤバイ」という※符牒(ふちょう)で済んでしまう世界は、便利で効率がいいかもしれないが、その便利さに慣れていってしまうことは、実はきわめて薄い文化的土壌のうえに種々の種を蒔(ま)くことに等しいのであるかもしれない。

「ヤバイ」は多くの形容詞の凝縮体であると考えることができる。「ヤバイ」一語で済ませるのではなく、それを自分の側からもっと細かいニュアンスを含めた表現によって深めたいという話をしてきた。

しかし、先にあげたさまざまの状態や感情を表わす言葉は、それでもB一般的な、最大公約数的な意味を担(にな)った形容詞なのである。必ずしも、その人独自の表現というわけではなく、誰にも通用する表現法であることからは、「ヤバイ」とそんなに違ったものではないという反論も可能である。

C話が飛躍するようだが、近代の歌人に島木赤彦(しまきあかひこ)がいる。彼はアララギ派の歌人であり、アララギは「写生」をその作歌理念に掲げていた。なぜ写生が必要なのか。赤彦は『歌道小見(かどうしょうけん)』という入門書の中で、「悲しいと言えば※甲にも通じ乙にも通じます。しかし、決して甲の特殊な悲しみをも、乙の特殊な悲しみをも現しません。歌に写生の必要なのは、ここから生じて来ます」と述べる。

短歌は、自分がどのように感じたのかを表現する詩形式である。歌を作りはじめたばかりの人の歌には、悲しい、嬉(うれ)しいと形容詞で、自分の気持ちを表わそうとするものが圧倒的に多い。作者は「悲しい」と言うことで、自分の感情を表現できたように思うのであるが、これでは作者が「どのように」悲しい、うれしいと思ったのかが一向に伝

〔問4〕次の会話は、ある中学校の学級での話し合いの一部です。これを読んで、あとの(1)、(2)に答えなさい。

学級委員「これから、十月に行われる文化祭の舞台発表で何をするか、クラスの意見をまとめたいと思います。何か意見はありますか。」
和　美「はい。私は劇がいいと思います。シナリオや舞台衣装を作るのは大変ですが、それぞれに違う役割を果たしながら一つのものを作り上げるのは、中学校生活の最後の思い出になると思います。」
学級委員「劇という意見ですね。他に意見はありますか。」
紀　幸「はい。僕は合唱がいいと思います。音楽の授業で『このクラスは全員の声がよく出ていていいね。』と先生にほめてもらったので、最後の文化祭では、私たちの歌声をたくさんの人に聴いてもらいたいと思います。」
和歌子「はい。私も合唱がいいと思います。曲は『明日へと』がいいと思います。紀の国わかやま国体のイメージソングでみんなが知っているし、振り付けもあるので、観客も楽しめると思います。」
紀　幸「はい。それなら、和美さんの意見も取り入れて、合唱をするときの衣装をみんなで考えたらどうでしょう。クラスの団結も強まるし、楽しいと思います。」
学級委員「［　　］」
みどり「はい。私もそう思います。私はダンスがしたいので、他の意見も聞いてほしいと思います。」
（以下、略）

(1) 会話文中の和美さんの発言の仕方には、どのようなよい点がありますか。最も適切なものを、次のア～エの中から選び、その記号を書きなさい。

ア　自分の立場を明らかにしないで、聞き手に意見を求めている点。
イ　初めに自分の意見を明らかにしてから、その理由を述べている点。
ウ　他の生徒が意見を言いやすいように、いくつかの案を出している点。
エ　学級委員の指示にしたがって、先に出された意見に質問をしている点。

(2) 会話文中の［　］には、学級委員の言葉が入ります。話し合いの進行役である学級委員として最も適切な発言を、次のア～エの中から選び、その記号を書きなさい。

ア　私は、合奏がいいと思いますが、このことについて意見はありませんか。
イ　では、合唱で歌いたい曲について、何か具体的に意見のある人はいませんか。
ウ　そうですね、私もクラスのよさを見てもらいたいので、紀幸さんの意見に賛成です。
エ　合唱の方に話は進んでいますが、何をするかについて、まずクラスの意見をまとめましょう。

二　次の文章を読んで、〔問1〕～〔問6〕に答えなさい。

※印には（注）がある。

何を今ごろと言われそうだが、いわゆる若者言葉で、ヤバイという

<国語>

時間 五〇分 満点 一〇〇点

一 次の〔問1〕～〔問4〕に答えなさい。

〔問1〕 次の①～⑧の文の――を付した、カタカナは漢字に直して書き、漢字には読みがなをひらがなで書きなさい。

① クロウして仕上げる。
② カガミに姿が映る。
③ 食料品店をイトナむ。
④ キュウキュウ車を呼ぶ。
⑤ 規制を緩和する。
⑥ 頭上に掲げる。
⑦ 大会を催す。
⑧ 楽しい雰囲気に包まれる。

〔問2〕 国語辞典で「立つ」という語を調べると、次のように、さまざまな意味があることがわかります。 a 、 b に入る用例として適切なものを、あとのア～エの中から選び、その記号を書きなさい。

> た・つ【立つ】〔自五〕
> ①足を伸ばしてからだを縦に支える。「通路に立つ」②場所を離れる。「郷里を立つ」③事物が新たに設けられる。「 a 」④人に知れわたる。「うわさが立つ」⑤自然界の現象・作用がめだって現れる。起こる。生じる。「霞(かすみ)が立つ」⑥感情が激する。たかぶる。「腹が立つ」⑦技能などがいちだんとすぐれる。すぐれた性能が発揮される。「筆が立つ」「 b 」…

ア 弁が立つ　イ 波が立つ　ウ 気が立つ　エ 市が立つ

〔問3〕 次の□は、杉田久女(すぎたひさじょ)の「紫陽花(あじさい)に秋冷(しゅうれい)いたる信濃(しなの)かな」という俳句を短冊(たんざく)に行書で書いたものです。また、表は、ある生徒が短冊を見て、その行書の特徴を、A、Bの部分と短冊全体についてまとめたものです。表中の a ～ c にあてはまる語の組み合わせとして最も適切なものを、あとのア～エの中から選び、その記号を書きなさい。

紫陽花に秋冷いたる信濃かな（A：「花」の部分　B：「秋」の部分）

表

	特徴
Aの部分	○点画の連続 ○ a の変化
Bの部分	○点画の丸み ○点画の b や形の変化
短冊全体	○上下左右の余白を取る ○行の中心をそろえる ○仮名は漢字より c 書く

ア a 点画　b 数　c 小さく
イ a 筆圧　b 長さ　c 大きく
ウ a 筆順　b 方向　c 小さく
エ a 筆脈　b 払い　c 大きく

2019年度

解答と解説

《2019年度の配点は解答用紙集に掲載してあります。》

<数学解答>

1 〔問1〕 (1) -3 (2) $\frac{8}{3}$ (3) $14x-7y$ (4) $2\sqrt{2}$ (5) $5a-6$
〔問2〕 $x=0$, 9 〔問3〕 ウ 〔問4〕 $\frac{7}{18}$ 〔問5〕 $\angle x=26$(度)

2 〔問1〕 (1) $a=\frac{\ell}{2}-\frac{\pi b}{2}$ (2) 解説参照 〔問2〕 (1) (母集団) ア，(標本) ウ
(2) (およそ)15000(個) 〔問3〕 (式)(例)$\begin{cases}8x+6y=200\\800x+400y=16000\end{cases}$，(答え)(花束をつくる前にあった赤色の花の本数)220(本)

3 〔問1〕 (1) 420(席) (2) 22(番) 〔問2〕 (テーブル番号) 30(番)，(記号) イ
〔問3〕 (例)$b=6a-2$ 〔問4〕 解説参照

4 〔問1〕 1 〔問2〕 $y=-\frac{5}{2}x-3$ 〔問3〕 P(12, -1) 〔問4〕 $\frac{224}{3}\pi$

5 〔問1〕 (1) AF：FE＝5：3 (2) BF＝$6\sqrt{2}-6$(cm) 〔問2〕 (1) 解説参照
(2) $36-18\sqrt{3}$ (cm²)

<数学解説>

1 (数・式の計算，平方根，式の展開，二次方程式，一次関数，確率，角度)

〔問1〕 (1) **異符号の2数の和の符号は絶対値の大きい方の符号で，絶対値は2数の絶対値の大きい方から小さい方をひいた差**だから，$6-9=(+6)+(-9)=-(9-6)=-3$

(2) **四則をふくむ式の計算の順序は，乗法・除法→加法・減法** となる。$4+2\div\left(-\frac{3}{2}\right)=4+2\times\left(-\frac{2}{3}\right)=4-\frac{4}{3}=\frac{12-4}{3}=\frac{8}{3}$

(3) $3(2x-y)+2(4x-2y)=6x-3y+8x-4y=6x+8x-3y-4y=(6+8)x+(-3-4)y=14x-7y$

(4) $\sqrt{32}=\sqrt{4^2\times2}=4\sqrt{2}$，$\sqrt{18}=\sqrt{3^2\times2}=3\sqrt{2}$ より $\sqrt{32}-\sqrt{18}+\sqrt{2}=4\sqrt{2}-3\sqrt{2}+\sqrt{2}=(4-3+1)\sqrt{2}=2\sqrt{2}$

(5) **乗法公式$(x+a)(x+b)=x^2+(a+b)x+ab$**より，$(a+2)(a-1)=(a+2)\{a+(-1)\}=a^2+\{2+(-1)\}a+2\times(-1)=a^2+a-2$，**乗法公式$(a-b)^2=a^2-2ab+b^2$**より，$(a-2)^2=a^2-2\times a\times2+2^2=a^2-4a+4$ だから，$(a+2)(a-1)-(a-2)^2=(a^2+a-2)-(a^2-4a+4)=a^2+a-2-a^2+4a-4=5a-6$

〔問2〕 $x^2-9x=0$ **共通な因数xをくくり出して** $x(x-9)=0$ これより，$x=0$，$x=9$

〔問3〕 (長方形の周の長さ)＝{(縦の長さ)＋(横の長さ)}×2 だから $(x+y)\times2=20$ より $x+y=10$ これをyについて解くと $y=-x+10$ 2つの変数x，yについて，yがxの1次式で表されるとき，**yはxの1次関数である**という。1次関数は，一般に定数a，bを用いて$y=ax+b$のように表される。

〔問4〕 大小2個のさいころを同時に投げるとき，全ての目の出方は $6\times6=36$通り。このうち，

小さいさいころの出た目の数bが大きいさいころの出た目の数aの**約数**となるのは，$(a,\ b)=(1,\ 1)$，$(2,\ 1)$，$(2,\ 2)$，$(3,\ 1)$，$(3,\ 3)$，$(4,\ 1)$，$(4,\ 2)$，$(4,\ 4)$，$(5,\ 1)$，$(5,\ 5)$，$(6,\ 1)$，$(6,\ 2)$，$(6,\ 3)$，$(6,\ 6)$の14通り。よって，求める確率は $\frac{14}{36}=\frac{7}{18}$

〔問5〕 線分ABと線分CDの交点をEとする。弧ADに対する**中心角と円周角の関係**から，$\angle AOD=2\angle ACD=2\times 58°=116°$ △ODEの**内角と外角の関係**から，$\angle x=\angle AOD-\angle OED=\angle AOD-\angle BEC=116°-90°=26°$

2 **(等式の変形，式による証明，標本調査，連立方程式の応用)**

〔問1〕 (1) $\ell=2a+\pi b$ 左辺と右辺を入れかえて $2a+\pi b=\ell$ 左辺の$+\pi b$を右辺に移項して $2a=\ell-\pi b$ 両辺に$\frac{1}{2}$をかけて $2a\times\frac{1}{2}=(\ell-\pi b)\times\frac{1}{2}$ $a=\frac{\ell}{2}-\frac{\pi b}{2}$

(2) (解答例)第1レーンの1周の距離は $\{2a+\pi(b+0.4)\}$(m) 第4レーンの1周の距離は $\{2a+\pi(b+6.4)\}$(m) 第4レーンの1周の距離と第1レーンの1周の距離の差を求めると，$\{2a+\pi(b+6.4)\}-\{2a+\pi(b+0.4)\}=6\pi$(m) よって，<u>第4レーンは第1レーンより，スタートラインの位置を6πm前に調整するとよい。</u>

〔問2〕 (1) **標本調査**において，調査対象全体を**母集団**という。また，調査のために母集団から取り出されたものの集まりを**標本**という。本問では，箱の中のネジの本数が調査対象だから，この箱の全部のネジが母集団である。また，調査のために母集団から無作為に取り出された300個のネジが標本である。

(2) 標本における取り出したネジの総数と印のついたネジの個数の比率は300：12。よって，母集団における箱の中のネジの総数と印のついたネジの個数の比率も300：12と推測できる。箱の中のネジの総数をx個とすると，$x:600=300:12$ $x=\frac{600\times 300}{12}=15000$ よって，この箱の中には，およそ15000個のネジが入っていたと推測される。

〔問3〕 白色の花の本数の関係から $8x+6y=200$…① 花束Aと花束Bの売り上げの合計の関係から $800x+400y=16000$…② ①の両辺を2で割って $4x+3y=100$…③ ②の両辺を400で割って $2x+y=40$…④ ③－④×2より，$y=20$ これを④に代入して，$2x+20=40$ $x=10$ よって，つくった花束Aの数は10束，花束Bの数は20束だから，花束をつくる前にあった赤色の花の本数は，$10x+2y+80=10\times 10+2\times 20+80=220$本である。

3 **(規則性，文字を使った式，式による証明)**

〔問1〕 (1) 第20列までに，列の番号が奇数の列は10列，偶数の列は10列あるから，テーブルは全部で 3卓×10列＋4卓×10列＝70卓 ある。よって，座席は全部で 6席×70卓＝420席ある。

(2) 第6列までに，テーブルは全部で 3卓×3列＋4卓×3列＝21卓 あるから，第6列の最も右側にあるテーブルの番号は21番である。よって，第7列の最も左側にあるテーブルの番号は，その次の番号の22番である。

〔問2〕 176÷6＝29あまり2 より，和歌子さんのテーブル番号は30番(＝29＋1)である。また，あまりが2であることから，和歌子さんはテーブルのイの座席に座ることになる。

〔問3〕 テーブル$\boxed{a-1}$の最も大きい座席番号は 6席×$(a-1)$卓＝$6(a-1)$番 だから，テーブル$\boxed{a}$の正面から最も遠い座席の座席番号bは $b=6(a-1)+4=(6a-2)$番 である。

〔問4〕 (例)$(n+1)$，$(n+2)$，$(n+3)$，$(n+4)$，$(n+5)$と表される。6席の座席番号の和は，$n+(n+1)+(n+2)+(n+3)+(n+4)+(n+5)=3(2n+5)$ $(2n+5)$は自然数だから，$3(2n+5)$は3の

倍数になる。したがって，すべてのテーブルの6席の座席番号の和は3の倍数になる。

4 (図形と関数・グラフ)

〔問1〕 $y=\frac{1}{2}x^2$について，$x=0$のとき$y=\frac{1}{2}\times0^2=0$，$x=2$のとき$y=\frac{1}{2}\times2^2=2$。よって，xの値が0から2まで増加するときの**変化の割合**は $\frac{2-0}{2-0}=1$

〔問2〕 四角形ABPQは平行四辺形だから，$PQ=AB=2-(-2)=4$ よって，点Pのx座標は4。点Pは$y=-\frac{12}{x}$上にあるから，そのy座標は $y=-\frac{12}{4}=-3$ より，P(4, −3)，Q(0, −3) 直線AQの式を $y=ax-3$ とおくと，点Aを通るから，$2=a\times(-2)-3$ $a=-\frac{5}{2}$ 直線AQの式は $y=-\frac{5}{2}x-3$

〔問3〕 点Rは$y=\frac{1}{2}x^2$上にあるから，そのy座標は $y=\frac{1}{2}\times1^2=\frac{1}{2}$ より，$R\left(1,\ \frac{1}{2}\right)$ 2点B(2, 2)，$R\left(1,\ \frac{1}{2}\right)$を通る直線の式は，傾きが，$\left(2-\frac{1}{2}\right)\div(2-1)=\frac{3}{2}$なので，$y=\frac{3}{2}x+b$とおいて点Bの座標を代入すると，$2=\frac{3}{2}\times2+b$ $b=-1$ 直線BRの式は，$y=\frac{3}{2}x-1$ これより，2点P，Qのy座標は−1であり，点Pは$y=-\frac{12}{x}$上にあるから，そのx座標は $-1=-\frac{12}{x}$ $x=12$ したがって，P(12, −1)

〔問4〕 直線AQと直線BPの交点をSとする。∠ABP＝90°より，点Pのx座標と点Bのx座標は等しいからP(2, −6) $AB=2-(-2)=4$，$PQ=2-0=2$，$BP=2-(-6)=8$ $PS=x$とおくと，AB//PQより，**平行線と線分の比についての定理**から，PQ：AB＝PS：BS よって $2:4=x:(8+x)$ これを解いて，$x=PS=8$ 求める立体の体積は，底面の半径が4(＝AB)，高さが16(＝BS＝BP＋PS＝8＋8)の円錐の体積から，底面の半径が2(＝PQ)，高さが8(＝PS)の円錐の体積を引いたものだから $\frac{1}{3}\times(\pi\times4^2)\times16-\frac{1}{3}\times(\pi\times2^2)\times8=\frac{224}{3}\pi$

5 (線分の長さの比，線分の長さ，合同の証明，面積)

〔問1〕 (1) AD//BEだから，平行線と線分の比についての定理より，AF：FE＝AD：BE＝BC：BE＝(BE＋EC)：BE＝(3＋2)：3＝5：3

(2) ∠BFE＝∠BEFより，△BEFはBE＝BFの二等辺三角形。また，AD//BEより，△DAF∽△BEFだから，△DAFもDF＝DA＝6cmの二等辺三角形。BF＝$x$cmとおくと，BD＝BF＋DF＝$(x+6)$cm…① △BCDは**直角二等辺三角形で，3辺の比は$1:1:\sqrt{2}$** だから，$BD=BC\times\sqrt{2}=6\sqrt{2}$cm…② ①，②より，$x+6=6\sqrt{2}$ $x=BF=(6\sqrt{2}-6)$cm

〔問2〕 (1) (証明)(例)△ABEと△HDGで，AB＝AD＝DHより，AB＝HD…① ∠ABE＝∠HDG＝90°…② △BCDがBC＝DCの直角二等辺三角形で，BD//EGより，**同位角**が等しいから，∠CEG＝∠CGE＝45° △CEGは直角二等辺三角形だから，EC＝GC また，BE＝BC−EC，DG＝DC−GCから，BE＝DG…③ ①，②，③から，2組の辺とその間の角が，それぞれ等しいので，△ABE≡△HDG

(2) △ABE≡△HDGより，∠DHG＝∠BAE＝30°…① ∠DAE＝∠BAD−∠BAE＝90°−30°＝60°…② ①，②より，△AHIは**30°，60°，90°の直角三角形で，3辺の比は$2:1:\sqrt{3}$**だから，$AI=\frac{1}{2}AH=\frac{1}{2}\times12=6$cm，$HI=\sqrt{3}AI=\sqrt{3}\times6=6\sqrt{3}$cm △ABE≡△HDGであることを考慮すると，(四角形IECGの面積)＝正方形ABCD−(△ABE＋四角形AIGD)＝正方形ABCD−(△HDG＋四角形AIGD)＝正方形ABCD−△AHI＝$AB^2-\frac{1}{2}\times AI\times HI=6^2-\frac{1}{2}\times6\times6\sqrt{3}=(36-18\sqrt{3})\text{cm}^2$

＜英語解答＞

1 〔問1〕 No. 1　B　No. 2　C　〔問2〕 No. 1　A　No. 2　C　No. 3　B
〔問3〕 No. 1　C　No. 2　B　No. 3　D　No. 4　D　No. 5　A

2 〔問1〕 イ　〔問2〕 A ウ　B ア　C エ　D オ　〔問3〕 (例)take pictures with pandas　〔問4〕 (1) (例)I want many people to visit Wakayama.　(2) ウ

3 〔問1〕 エ　〔問2〕 A イ　B ア　〔問3〕 (例)we (they)can experience more cultures(.)　〔問4〕 (例)高校生は新しいことに挑戦するべきであるということ。

4 (例)We can visit Wakayama Castle together. It's my favorite place. Many foreign people go there, too. We can learn about the history of Wakayama there. I'm sure we can have a good time.

5 〔問1〕 (例)若者に太鼓(の演奏)を教えること。　〔問2〕 ⓑ so cool that I want to practice　ⓒ showed me how to perform *taiko*　〔問3〕 エ
〔問4〕 (1) (例)He went to a local festival.　(2) She gave a book about *taiko* to him.　〔問5〕 エ→ウ→ア→イ　〔問6〕 (例)若者が地域の活動に参加することによって，伝統文化を守ることができるということ。共に何かに取り組むことによって，若者もお年寄りも幸せになることができるということ。　〔問7〕 (例) read books to small children

＜英語解説＞

1 (リスニング)

放送台本の和訳は，55ページに掲載。

2 (長文読解問題・エッセイ：グラフを用いた問題，語句補充，和文英訳，内容真偽)

(全訳) 5月，私は和歌山県の白浜にある動物園にパンダを見に行きました。私はそこですべてのパンダを見て楽しみました。1頭の小さなパンダが木に登っていました。一人の動物園の飼育係の人が言いました，「あの子は(彼女は)昨日7か月になりました。約1週間前に木に上手に登れるようになったんですよ。」私はこう思いました，「パンダはどのように育つのだろう？」家に帰ってから，私はパンダについて勉強しようと決めました。私は，パンダについての情報を得るためにインターネットを使い，たくさんの本を読みました。

このグラフを見てください。これは5月に私が白浜で見たパンダについてのグラフです。それはパンダの体重，日齢，そして彼女がやり始めたことを表しています。彼女の体重は，生まれた時にはほんの200グラムでした。誕生から数日間，彼女の体はピンク色でした。生後8日目に，体の色が変化し始めました。生後約50日になった時，目を開き始めました。体重がおよそ6000グラムになった時，歩き始めました。生後250日の時には，歯が生え始めました。約1歳のころに，竹の葉を食べ始めました。それから，彼女は母親なしで生活し始めました。パンダの成長は速いです！

そう，私はパンダが大好きです。もう一度白浜の動物園に行った時には，①パンダと写真を撮りたいと思います。

皆さんは身の周りにある何かに興味がありますか？　興味のあること(もの)を見つけてください。それから，それについて勉強してください。知りたいことについて勉強することは大切です。

〔問1〕 (愛子は)白浜の動物園ですべてのパンダを見た。　第1段落2文目参照。

〔問2〕 全訳参照。　A　第2段落7文目参照。　B　第2段落8文目参照。　C　第1段落5文目参照。　D　第2段落最後から3文目参照。

〔問3〕 全訳参照。　take a picture ＝写真を撮る

〔問4〕 (問題文訳)　愛子：聞いてくれてどうもありがとうございました。／ジョン：君の話はおもしろかったですよ。私もパンダが好きです。和歌山県はパンダで有名なのですか？　／愛子：はい。ここには他にも見るのに良いものもたくさんあります。②私は，たくさんの人々に和歌山を訪れてもらいたいです。私は和歌山県をもっと人気のある場所にしたいです。／ジョン：それはいいですね。

(1)　**<want ＋人＋ to ＋動詞の原形～>で「(人)に～してほしいと思う」**　(2)　ア　愛子は，ジョンは有名なパンダについての本を買うだろうと思っている。　イ　ジョンは，日本にはパンダを見られるところがたくさんあると思っている。　ウ　愛子は，和歌山は見るところがたくさんあるということを知っている。(○)愛子の2番目の発言参照。　エ　ジョンは，和歌山県のパンダは日本で最も有名だということを知っている。

3　(会話文問題：語句補充・選択，自由・条件英作文，語句の解釈・指示語，日本語で答える問題)

(全訳)

【ポスター】

高校生対象英語ディベートトーナメント
開催日：10月13日
場所　：和歌山ホール
論題　：日本のすべての高校生は2つの外国語を勉強するべきか。

岡　：何をしているのですか，知恵？
知恵：このポスターを見ているところです。
岡　：ディベートに興味があるのですか？
知恵：はい。こういうトーナメントに参加したことはありませんが，私は英語が①好きです。ディベートについて教えてください。
岡　：いいですよ。ディベートは競技です。ディベートでは，2つのチームがある論題を英語で討論します。1つのチームがその論題に賛成し，もう1つのチームはその論題に反対しなければなりません。なぜ賛成や反対なのかを表現しなければなりません。競技の後，審判が勝者を決めます。
知恵：わあ。ディベートは②難しそうですね。
岡　：はい，私もそう思います。でも，ディベートをすることによってたくさん友だちをつくり，視野を広げることができるのです。
知恵：それはいいですね。ええと，このトーナメントでは1つのチームに何人の人がいるのですか？
岡　：A4人です。大切なことは，チームのメンバーと協力して働く(戦う)ことです。
知恵：分かりました。
岡　：もしあなたがこのポスターの論題に賛成しなくてはならなかったら，何を言いますか？
知恵：そうですね…。私の考えでは，日本のすべての高校生は2つの外国語を勉強した方がいいと思います。なぜなら[よりたくさんの文化を経験することができるからです。]

岡　：あなたの意見はよく分かります。ところで，人前で英語で意見を表現したいと思いますか？
知恵：はい。私はたくさんの人の前では恥ずかしすぎて<u>B英語を話す</u>ことができませんでした。でも今は，この英語のディベートをやってみたいと思います。
岡　：いいですね。このトーナメントのチームを作るためには，あなたの他に3人の生徒が必要です。チームで一緒に戦うことで，たくさんのことを<u>③学ぶ</u>ことができますよ。
知恵：ありがとうございます。私の意見では，高校生は新しいことをやってみた方がいいと思います。
岡　：私は<u>それ</u>が正しいと思います。あなたの意見に賛成です。視野を広げてください！

〔問1〕 全訳参照。
〔問2〕 全訳参照。A　岡先生の8番目の発言参照。知恵の他に3人必要とある。　B　空所Bの直後の知恵の発言に注目。ディベートをやってみたいといっている。**<too ＋形容詞・副詞～＋to ＋動詞の原形…>で「…するには～すぎる，～すぎて…できない」。**
〔問3〕 全訳参照。2つの外国語を学んだ方が良い理由を考えて英作文をしよう。
〔問4〕 全訳参照。下線部の直前の知恵の発言に注目。この that は少し前に言った内容を指す。

4 (自由・条件英作文)

(問題文訳)　僕は日本の文化か日本の歴史について知りたいです。<u>どんなことができますか？</u>
(解答例訳)　私たちは一緒に和歌山城に行かれます。そこは私のお気に入りの場所です。多くの外国の人たちもそこへ行きます。私たちはそこで和歌山県の歴史について学ぶことができます。きっと楽しい時間が過ごせると思います。

5 (長文読解問題・エッセイ：語句の解釈・指示語，語句の並べ換え，文の挿入，英問英答，文の並べ換え，日本語で答える問題)

(全訳)　こんにちは。僕は僕の住んでいる地域でよく太鼓を演奏します。今日は，僕の経験についてお話します。

僕が中学生だった時，友だちと地元のお祭りに行きました。舞台から大きな音が聞こえました。僕たちはお年寄りの人たちによる太鼓の演奏を見て楽しみました。

家で，僕は父にその太鼓の演奏について話しました。彼は言いました，「お祭りでは，お年寄りの人たちが伝統的な太鼓を使うんだよ。このごろは若い演奏者を見ないな。太鼓の演奏は将来なくなってしまうかもしれないね。<u>ⓐ若い人たちに太鼓の演奏を教えること</u>はとても重要だよ。」僕はこう言いました，「<u>ⓑ太鼓の演奏はとてもかっこいいから僕は練習したいな。</u>」彼は言いました，「お祭りで演奏していたお年寄りの一人はお父さんの友だちだよ。彼のところに連れて行ってあげるよ。」

週末，父は僕を家の近くの体育館に連れて行きました。僕はそこでハタヤマさんに会いました。彼は75歳でした。僕の地域のお年寄りはそこで太鼓の演奏の練習をしていました。ハタヤマさんは言いました，「私たちと一緒に太鼓の練習をするのはどうかな？」僕は彼らの仲間に入ることに決めました。

最初に，1人で練習した時，僕は強くてきれいな音を出すことができました。僕は嬉しかったです。しかし，他の人たちと一緒に太鼓の練習した時，僕はきれいな音を出せませんでした。僕はとても悲しかったです。

2か月後，とうとう僕はハタヤマさんに言いました，「僕は他の人たちと一緒に上手に太鼓を演奏できません。どうしたらいいのか分かりません。」彼は言いました，「君は若い。一生懸命練習し続ければ，太鼓を上手に演奏できるようになるよ。」僕はいつも彼に励まされました。<u>ⓒたくさんの他のお年寄りの人たちも僕に太鼓の演奏の仕方を教えてくれました。</u>そのうちの一人，ヤマダさんは僕に太鼓についての本をくれました。僕は嬉しかったです。

1年後，地域のお祭りが再びやってきました。僕は初めてたくさんの人たちの前で太鼓を演奏しました。僕は精一杯やりました。僕たちが演奏を終えた時，僕たちへの大きな拍手が聞こえました。僕はハタヤマさんに言いました，「A僕に太鼓の演奏を教えてくれてありがとうございました。」彼は微笑んで言いました，「素晴らしい演奏だったよ！うん，私は君に太鼓の演奏を教えるのが楽しいよ。私のような年寄りでもまだ若い人たちを手助けすることができるんだ。」たくさんの他のお年寄りの人たちも言いました，「君と太鼓の演奏ができてうれしいよ。」僕も彼らと一緒に演奏できて嬉しかったです。

2年後，僕は高校生になりました。ハタヤマさんは僕に言いました，「君は太鼓が上手に演奏できる(ようになった)ね。」僕は言いました，「それは，あなたが良い太鼓の先生だからです。あなたが伝統的な文化を守るために太鼓の演奏を教えていることは分かっています。将来，僕は太鼓の演奏を教えてあなたのような人になりたいです。」ハタヤマさんは嬉しさのあまり泣きました。彼は言いました，「君の未来を楽しみにしているよ。」

経験を通して，僕は2つの大切なことを学びました。これが1つ目のことです。若い人たちは地域の活動に参加することによって伝統的な文化を守ることができます。2つ目はこうです。若い人たちとお年寄りは何かを一緒にやることで幸せになれます。

〔問1〕 全訳参照。 **<It is ～ to ＋動詞の原形…>で「…することは～だ」**

〔問2〕 全訳参照。 ⓑ (I said "*Taiko* performances are) so cool that I want to practice (them.) **<so ＋形容詞・副詞…＋ that 主語 '＋動詞'～>で「とても…なので～だ」** ⓒ (Many other old people also) showed me how to perform *taiko* (.) **<show ＋人＋～>＝(人)に～を教え(て見せ)る how to ～＝どのように～すればよいか，～の仕方**

〔問3〕 全訳参照。

〔問4〕 (1) 浩紀は中学生の時，父とどこへ行きましたか？／彼は家の近くの体育館へ行きました。第5段落1文目参照。 (2) 浩紀が他の人たちと太鼓を上手に演奏できなかった時，ヤマダさんは彼に何をあげましたか？／彼女は彼に太鼓についての本をあげました。第7段落最後から2文目参照。**<give ＋人＋物>＝「(人)に(物)をあげる，与える」**

〔問5〕 (選択肢訳・正解順) エ 浩紀は友だちと太鼓の演奏を見て楽しんだ。 → ウ 浩紀は父にそのお祭りについて話した。 → ア 浩紀はハタヤマさんとそのほかのお年寄りの人たちと太鼓の演奏を練習すると決めた。 → イ 浩紀は初めてお祭りで太鼓の演奏をした。

〔問6〕 全訳参照。 最後の段落に注目。

〔問7〕 (問題文・解答例訳) 先生：浩紀は将来彼の地域で太鼓の演奏を教えるでしょう。あなたは地域で今、または将来どんなことができますか？／生徒：私は地域でB小さい子どもたちに本を読んであげることができます。／先生：それは素晴らしいですね。

2019年度英語　リスニングテスト

〔放送台本〕

これから英語の学力検査を行います。1番はリスニング問題で，〔問1〕，〔問2〕，〔問3〕の3つがあります。放送を聞きながら，メモをとってもかまいません。

〔問1〕は，絵の内容に合った対話を選ぶ問題です。はじめに，〔問1〕の問題文を読み，No. 1，No. 2のそれぞれの絵を見なさい。

これから，No. 1，No. 2の順に，それぞれA，B，C 3つの対話を2回放送します。No. 1，No. 2の絵にある人物の対話として最も適切なものを，放送されたA，B，Cの中から1つずつ選び，その記号を解答用紙に書きなさい。それでは始めます。

No. 1　A　男の子：look at the children on TV. I like them.
女の子：Yes. They're cool. One of them is playing the guitar.
B　男の子：Hi. What are you doing?
女の子：I'm watching TV. Two children are dancing.
C　男の子：I want to dance like the children. How about dancing with me?
女の子：Well, I'm reading a book now. Let's dance later.

No. 2　A　男　性：I'm tired. Are you OK?
女　性：I feel cold because it's raining a lot. Let's drink something in that shop.
B　男　性：How about drinking something in that shop?
女　性：Sounds good. Three girls are drinking tea in front of the shop.
C　男　性：There is a shop over there.
女　性：Yes. Let's buy something to drink.

これで，〔問1〕を終わります。

〔英文の訳〕

No. 1　A　男の子：テレビに出ている子どもたちを見て！ 僕あの子たち好きなんだ。
女の子：ええ。かっこいいわね。あのうちの1人はギターを弾いているわ。
B　男の子：やあ。何をしているの？
女の子：テレビを見ているのよ。2人の子どもが躍っているわ。
C　男の子：あの子たちみたいに踊りたいな。僕と一緒に踊らない？
女の子：うーん，今本を読んでいるの。後で踊りましょう。

No. 2　A　男性：疲れたな。君は大丈夫？
女性：たくさん雨が降っているから寒いわ。あのお店で何か飲みましょう。
B　男性：あのお店で何か飲むのはどうかな？
女性：良さそうね。お店の前で3人の女の子がお茶を飲んでいるわ。
C　男性：向こうにお店があるよ。
女性：そうね。何か飲み物を買いましょう。

〔放送台本〕

〔問2〕は，二人の対話を聞いて答える問題です。まず，〔問2〕の問題文を読みなさい。

これから，No. 1からNo. 3の順に，二人の対話をそれぞれ2回ずつ放送します。対話の最後にそれぞれチャイムが鳴ります。チャイムが鳴った部分に入る最も適切なものを，AからDの中から1つずつ選び，その記号を解答用紙に書きなさい。それでは始めます。

No. 1　母親との対話
母　親：Your birthday is next week. What do you want for your birthday?

男の子： I want a big bag.
母　親： I see. Shall we go shopping tomorrow?
男の子： <チャイム音>

No. 2　担任の先生との対話
生　徒： I'm sorry, Mr. Green. I'm late. I had a headache this morning.
先　生： Really? Are you OK?
生　徒： Yes. I'm OK now. Can I join the class?
先　生： <チャイム音>

No. 3　教室での対話
男の子： It's raining today. Do you have any plans after school?
女の子： Yes. My friends are waiting at the city library. We want to do our homework there together. I'll leave soon.
男の子： Oh, I see. I want to play baseball in the park, but I can't play it in this weather.
女の子： <チャイム音>

これで，〔問2〕を終わります。

〔英文の訳〕

No. 1　母親との対話
母　親：あなたの誕生日は来週ね。誕生日に何が欲しい？
男の子：大きなカバンが欲しいな。
母　親：分かったわ。明日買い物に行きましょう。
男の子：〈チャイム音〉

No. 2　担任の先生との対話
生徒：ごめんなさい，グリーン先生。遅刻しました。今朝頭痛がしたのです。
先生：本当ですか？　大丈夫ですか？
生徒：はい。今は大丈夫です。授業に参加してもいいですか？
先生：〈チャイム音〉

No. 3　教室での対話
男の子：今日は雨が降っているね。放課後何か予定はある？
女の子：ええ。友だちが図書館で待っているの。そこで一緒に宿題をしたいのよ。もうすぐ出るわ。
男の子：ああ，分かった。僕は公園でバスケットボールをしたいけど，この天気じゃ無理だよ。
女の子：〈チャイム音〉

〔放送台本〕

〔問3〕は，英語のスピーチを聞いて，答える問題です。まず，〔問3〕の問題文を読みなさい。これから，中学生の優太が英語の時間に行ったスピーチと，その内容について5つの質問を2回放送します。No.1からNo.5の英文が質問の答えとなるように，空欄に入る最も適切なものを，AからDの中から1つずつ選び，その記号を解答用紙に書きなさい。それでは始めます。

Hello. I'm Yuta. I live in Wakayama. I'll talk about my camera. When I was nine, I visited my grandfather in Hokkaido with my mother. We stayed there for a week. At that time, he gave the camera to me. I was very happy.

In Wakayama, my father often takes me to mountains and zoos. I take many pictures of flowers and animals.

Well, I haven't seen my grandfather for five years. So I sometimes write a letter to him. I send pictures with my letter. Of course, I use the camera my grandfather gave to me. When he receives my letter, he always calls me. I'm glad to talk with him.

Today, we can buy many kinds of cameras in shops. However, even now, I love my camera. I'm going to go to Osaka Station to take pictures of trains next week. My grandfather lives trains. I'll use my camera for a long time and send many pictures to him.

Question No.1: Who gave the camera to Yuta?
Question No.2: How long did Yuta stay in Hokkaido?
Question No.3: What does Yuta send to his grandfather?
Question No.4: What does Yuta's grandfather do when he receives Yuta's letter?
Question No.5: Why is Yuta going to go to Osaka next week?

これで，放送を終わります。

〔英文の訳〕

こんにちは。僕は優太です。僕は和歌山県に住んでいます。僕のカメラについてお話します。僕が9歳の時，母と北海道の祖父の家に行きました。僕たちは1週間滞在しました。その時，祖父が僕にカメラをくれました。とても嬉しかったです。

和歌山では，父はよく山や動物園に僕を連れて行ってくれます。僕は花や動物の写真をたくさん撮ります。

さて，僕は祖父にここ5年会っていません。だから時々彼に手紙を書きます。僕は手紙と一緒に写真を送ります。もちろん，祖父が僕にくれたカメラを使います。祖父は僕の手紙を受け取ると，いつも電話をくれます。僕は祖父と話すのが嬉しいです。

現在，お店でたくさんの種類のカメラを買うことができます。しかし，今でも，僕は僕のカメラが大好きです。僕は来週大阪駅に写真を撮りに行く予定です。祖父は電車が大好きなのです。僕は長い間僕のカメラを使って，彼にたくさん写真を送るつもりです。

質問No. 1　誰が優太にカメラをあげましたか？
答え　C　彼の祖父があげました。
質問No. 2　優太はどのくらい北海道にいましたか？
答え　B　彼は7日間いました。
質問No. 3　優太は祖父に何を送りますか？
答え　D　彼は祖父に手紙と写真を送ります。
質問No. 4　彼の祖父は優太の手紙を受け取ると何をしますか？
答え　D　彼は優太に電話をします。
質問No. 5　なぜ優太は来週大阪駅に行くのですか？
答え　A　彼は電車の写真を撮るために大阪へ行く予定です。

＜理科解答＞

1　〔問1〕 (1) 浮力　(2) イ　(3) ① ア　② イ　③ ア　〔問2〕 (1) 深成岩　(2) 100000(Pa)(または1000h(Pa))　(3) (温度) 融点　(記号) ウ
〔問3〕 (1) 塩化物イオン(またはCl^-)　(2) (消化酵素) アミラーゼ　(Y) すい液

2　〔問1〕 (1) ① ア，エ　② ウ，オ　③ イ，カ　(2) イ　(3) 外骨格
(4) 外とう膜　〔問2〕 (1) ① 変温　② 鳥類　(2) ① エ　② (移動のための器官) (例)魚類はひれで移動するが，は虫類はあしで移動する。
(卵のつくり) (例)魚類の卵には殻がないが，は虫類の卵には殻がある。

3　〔問1〕 風化　〔問2〕 ウ　〔問3〕 風(または偏西風)　〔問4〕 土石流
〔問5〕 (実験の操作) (例)5%塩酸をれきにかける。　(予想される実験結果) (例)気体が発生する。　〔問6〕 ウ　〔問7〕 ア　〔問8〕 (例)近くなっていった。

4　〔問1〕 (1) (例)石灰水が試験管に逆流しないようにするため。　(2) ① ア　② イ　③ イ
(3) $2NaHCO_3 \rightarrow CO_2 + Na_2CO_3 + H_2O$
〔問2〕 (1) エ　(2) ア，エ　(3) 30(%)

5　〔問1〕 ウ　〔問2〕 (例)速く引いた。　〔問3〕 右図
〔問4〕 (力の名称) 垂直抗力(または抗力)　(力の大きさ) イ　〔問5〕 170(cm/s)　〔問6〕 (1) 等速直線運動　(2) ① ウ　② エ　〔問7〕 ア

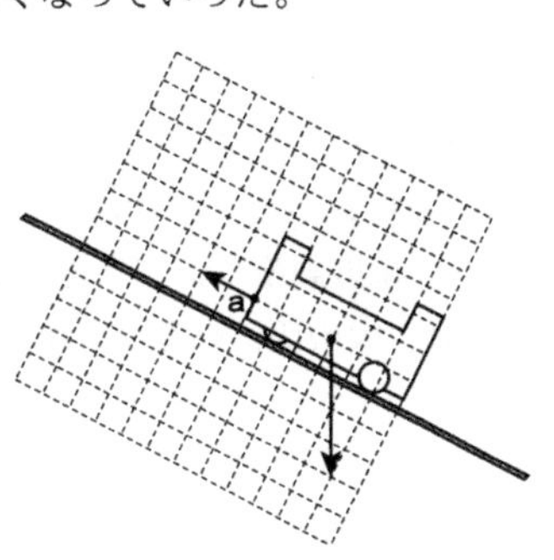

＜理科解説＞

1　(各分野小問集合)

〔問1〕 (1) 水中にある物体にはたらく，上向きの力を浮力という。
(2) 夏の日本では，太陽は真東よりも北よりからのぼり，真西よりも北よりに沈む。
(3) 水よりも土や砂のほうが温度が上がりやすく冷めやすいため，海よりも陸地のほうが温度が高くなりやすい。このために，陸上に上昇気流が発生すると，海風が起こる。

〔問2〕 (1) マグマが地下深くでゆっくり冷え固まってできた，等粒状組織をもつ岩石を，深成岩という。
(2) 圧力〔Pa〕$=\dfrac{\text{力の大きさ〔N〕}}{\text{力がはたらく面積〔m}^2\text{〕}}$より，20kg＝200Nだから，$\dfrac{200\text{〔N〕}}{0.002\text{〔m}^2\text{〕}}=100000$〔Pa〕
(3) 下線部③は，摩擦によって熱が生じることを表している。ア，エは化学変化での熱の発生，イは核分裂による熱の発生を表している。

〔問3〕 (1) 塩化ナトリウムは電解質で，**塩化ナトリウム→ナトリウムイオン＋塩化物イオン**のように電離する。
(2) デンプンには，だ液中のアミラーゼのほか，すい液中の消化酵素や小腸の壁の消化酵素がはたらいて消化を行う。

2　(動物の分類と進化)

〔問1〕 (1) アサリとタコが軟体動物，外骨格をもつカニとミジンコが節足動物，ウニとミミズは軟体動物や節足動物以外の無セキツイ動物である。
(2) 昆虫は，腹部にある気門から空気を体内に取り入れている。

(3) 外骨格でおおわれた体をもつ動物には，体をいろいろな場所で曲げられるように節がある。

(4) 軟体動物の内臓は，筋肉でできた外とう膜でおおわれている。

〔問2〕 (1) ① セキツイ動物は，体温をつねに一定に保つ恒温動物と，周りの温度によって体温が変化する変温動物に分けられる。このうち，ほ乳類は恒温動物に分類されるため，Aが恒温動物，Bが変温動物を表す。 ② セキツイ動物のうち，ほ乳類以外の恒温動物は鳥類である。

(2) ① 魚類の次に地球上に現れたセキツイ動物(C)は，魚類が変化してできた両生類である。また，セキツイ動物のうち，もっとも遅くに現れたのは鳥類である。 ② 魚類は水中で生活するためにひれで移動するが，は虫類は陸上で生活するために，あしで移動する。魚類の卵は水中に産むために乾燥しない。そのため殻がない。一方，は虫類の卵は陸上に産卵するために乾燥を防ぐための殻がある。

3 (地層)

〔問1〕 岩石が，水や気温の影響で表面からぼろぼろにくずれていく現象を風化という。

〔問2〕 双眼実体顕微鏡は，鏡筒の幅を自分の目の幅に合わせてから，粗動ねじをゆるめておおまかにピントを合わせたあと，右目だけでのぞいてピントを合わせる。その後，左目だけでのぞき，視度調節リングを使ってピントを合わせる。

〔問3〕 火山灰は小さな鉱物の結晶からなるため，風に飛ばされて遠くまで広がる。

〔問4〕 多量の土砂が大量の水で押し流されて土石流となる。

〔問5〕 石灰岩は，うすい塩酸をかけるととけて，気体を発生させる。

〔問6〕 メタセコイアとビカリアは，**新生代の示準化石**である。

〔問7〕 露頭aを南東に，露頭bを南西にのばしていくと，2つの地層が最も高い位置で交わるのは南の方向である。よって，この地域の地層は北に向かって低くなっている。

〔問8〕 地層Dから地層Bにかけて，地層をつくる粒の大きさが次第に大きくなっていることから，この地層が堆積したとき，海の深さは次第に浅くなっていったと考えられる。つまり，海岸に近くなっていったとわかる。

4 (分解，化学変化と質量)

〔問1〕 (1) ガラス管を石灰水に入れたまま火を消すと，石灰水が加熱した試験管に逆流するおそれがある。

(2) ① **塩化コバルト紙**は水の検出に用いられる。 ②・③ **フェノールフタレイン溶液**は，酸性・中性で無色透明だが，アルカリ性で赤色を示す。また，アルカリ性が強くなるほど濃い赤色となる。

(3) **炭酸水素ナトリウム→二酸化炭素＋炭酸ナトリウム＋水** 化学反応式は，矢印の左右で原子の種類と数が等しくなるようにする。

〔問2〕 (1) ア・イはアルカリ性の水溶液に，ウは固体がとけている水溶液を表すため，いずれも塩酸には該当しない。

(2) ア 図3から，炭酸水素ナトリウム5.0gとうすい塩酸40.0gが過不足なく反応していることがわかる。よって，炭酸水素ナトリウム6.0gと過不足なく反応するうすい塩酸をxgとすると，$5.0:40.0=6.0:x$ $x=48.0$〔g〕 イ 炭酸水素ナトリウム＋塩酸→塩化ナトリウム＋水＋二酸化炭素の反応が起こるため，塩化ナトリウムは最初に2つの薬品を混合したときから発生している。 ウ 炭酸水素ナトリウムだけ増やしても，塩酸が足りなくなれば二酸化炭素は発生しなくなる。 エ 発生した二酸化炭素の質量が変化しなくなったことから，塩酸がすべて反応を終えたことがわかる。

(3) 表2と図3より，炭酸水素ナトリウム5.0gと塩酸40.0gが過不足なく反応し，(40.0＋5.0)－42.5＝2.5〔g〕の二酸化炭素が発生することがわかる。表3から，ベーキングパウダー5.0gによって発生した二酸化炭素の質量は，(塩酸の質量＋加えたベーキングパウダーの質量)－ビーカー内の質量＝(40.0＋5.0)－44.25＝0.75〔g〕より，0.75g発生している。0.75gを発生するために必要な炭酸水素ナトリウムの質量をxgとすると，5.0：2.5＝x：0.75　x＝1.5〔g〕　よって，ベーキングパウダー5.0gの中に炭酸水素ナトリウムが1.5g含まれているので，1.5÷5.0×100＝30〔%〕

5 (運動とエネルギー)

〔問1〕 1秒間に60回打点する記録タイマーでは，1打点するのにかかる時間が$\frac{1}{60}$秒である。よって，0.1秒間で打点する数は，0.1÷$\frac{1}{60}$＝6〔打点〕

〔問2〕 1打点の間隔を比べると，BよりもCのほうが大きいので，同じ時間に移動する距離が大きいことから，速く紙を引いたことがわかる。

〔問3〕 台車にはたらく重力の斜面に沿う下向きの分力は2目盛り分になる。台車を静止させるためには，この力とつり合う大きさの力で台車を引けばよい。

〔問4〕 垂直抗力は，重力の斜面に垂直な方向にはたらく分力の大きさに等しく，斜面の傾きが大きくなるほど小さくなる。

〔問5〕 17〔cm〕÷0.1〔s〕＝170〔cm/s〕

〔問6〕 (1) 台車には，進行方向に力がはたらかないため，**等速直線運動**を行う。

(2) ① 等速直線運動では，速さが一定である。 ② 速さが一定のため，時間に対して移動距離は比例して増加していく。

〔問7〕 (iv)は，台車が運動を始める高さが(ii)のときよりも高いため，運動を開始するときにもっていた位置エネルギーは(iv)のときのほうが大きい。よって，水平面に達したときの速さは(iv)のほうが速い。また，速さの増加のしかたも大きくなるため，水平面に達するまでにかかる時間も短くなる。

<社会解答>

1 〔問1〕 (1) インド(洋)　(2) 多国籍企業(「グローバル企業」「世界企業」も正答)
〔問2〕 メキシコ　〔問3〕 ア　〔問4〕 A トルコ　B フィリピン　C アメリカ　D インドネシア　〔問5〕 (利点) (例)資源確保の問題がない。(「二酸化炭素を排出しない。」「設置場所の制約が少ない。」も正答)　(課題) (例)建設費など発電にかかる費用が高い。(「電力の供給が自然条件に左右される。」も正答)

2 〔問1〕 (1) 日本アルプス　(2) エ
〔問2〕 (1) (例)降水量が少なく，稲作に使う水をためておく必要があるため。　(2) 750(m)　〔問3〕 太平洋ベルト　〔問4〕 右図

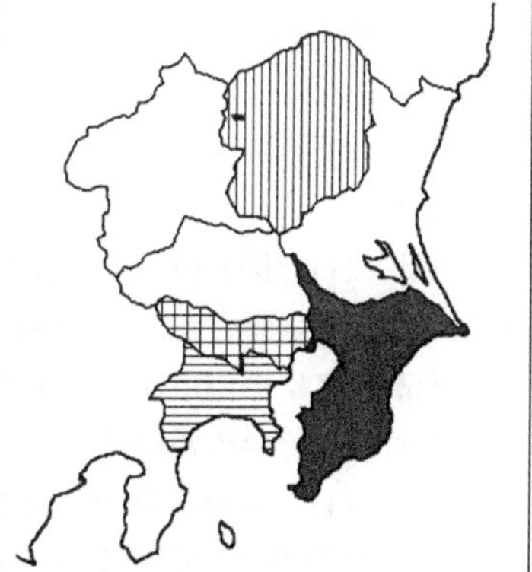

3 〔問1〕 エ→ア→イ→ウ　〔問2〕 ア　〔問3〕 (例)天皇が位をゆずって上皇となった後も，政治を行うこと。

〔問4〕（県名）岩手(県)　（位置）イ　〔問5〕マルコ＝ポーロ(「マルコ・ポール」も正答)　〔問6〕（相手国）明　（理由）(例)正式な貿易船であるということを証明するため。　〔問7〕石見銀山　〔問8〕(例)清がアヘン戦争でイギリスに敗れた。　〔問9〕イ

4 〔問1〕伊藤博文　〔問2〕(例)ロシアの南下に対抗するため。　〔問3〕ウ　〔問4〕イ　〔問5〕イ→エ→ア→ウ

5 〔問1〕(例)すべての人が行う消費に対して課税する　〔問2〕(1) ウ　(2) (例)所得が多い人ほど，高い税率が適用される制度。　〔問3〕エ　〔問4〕公職選挙法

6 〔問1〕グローバル(「地球規模」「世界規模」も正答)　〔問2〕ア，エ　〔問3〕ウ　〔問4〕(例)拒否権をもつ常任理事国が反対したため。　〔問5〕マイクロクレジット(「マイクロファイナンス」も正答)　〔問6〕性別

＜社会解説＞

1 (地理的分野―世界地理―人々のくらし，地形・気候，交通・貿易，資源・エネルギー)

〔問1〕(1) 図1中のXの上部に見える大陸がユーラシア大陸であることから判断する。**インド洋**は太平洋，大西洋に次いで面積の大きな大洋。　(2) **多国籍企業**は複数の国で事業を展開しているので，市場の拡大や原料調達の確保が容易になるなどの利点がある。

〔問2〕**北米自由貿易協定(NAFTA)**は北アメリカ州に位置する3か国間で締結しており，関税を撤廃して自由貿易を行っていたが，これに代わる新貿易協定としてアメリカ・カナダ・メキシコ協定(USMCA)が締結された。

〔問3〕南アメリカ大陸には西部を南北に縦断する**アンデス山脈**が位置することから判断する。なお，図2中のZにはアマゾン川の河口が位置する。

〔問4〕**イスラム教徒**の割合が高いのがインドネシアとトルコであり，EUとの貿易額が多いAがトルコ，日本との貿易額が多いDがインドネシアと判断する。**キリスト教徒**の割合が高いのがアメリカとフィリピンであり，日本・EUともに貿易額が多いCがアメリカ，残ったBがフィリピンとなると判断する。

〔問5〕我が国の火力発電は主に石油をエネルギー源として行われており，そこから生じるリスクの例として，エネルギー源を輸入に頼らざるを得ないことや二酸化炭素が排出されることが挙げられる。一方で，石油さえ確保できれば太陽光発電に比べて安定した電力供給が可能となる。なお，発電の課題についての解答例に「建設費など発電にかかる費用が高い。」とあるが，近年は我が国でも太陽光発電のコストがかなり下がってきており，今後さらにそうした方向へと進むことが見込まれる。

2 (地理的分野―日本地理―地形図の見方，日本の国土・地形・気候，人口・都市，農林水産業，工業)

〔問1〕(1) 図1中の3つの山脈とは，西から順に**飛騨山脈，木曽山脈，赤石山脈**。　(2) 長野県は果実栽培がさかんで，中部地方で最も面積が大きいことから判断する。面積の割に米の産出額が高いアは稲作がさかんな北陸に位置する富山県，野菜の産出額が高いイは人口が多く近郊農業が行われている愛知県，米の産出額が多いウは新潟県。

〔問2〕(1) 丸亀市は年間降水量が少ない**瀬戸内気候区**に位置するにもかかわらず，ため池の周辺に水田の地図記号が多く見られることから判断する。　(2) 3cm×25000＝75000cm＝750 (m)で求められる。

〔問3〕 **太平洋ベルト**には中京，阪神，京浜の三大工業地帯の他，北九州，瀬戸内，東海，関東内陸または北関東，京葉などの工業地域が位置する。

〔問4〕 栃木県の昼夜間人口比率は表2中に99.0とあることから，凡例の「95以上100未満」にあたると判断する。東京都の昼夜間人口比率は15,920(千人)÷13,515(千人)×100＝117.795…となることから，凡例の「100以上」にあたると判断する。

3 **(歴史的分野—日本史—時代別—古墳時代から平安時代，鎌倉・室町時代，安土桃山・江戸時代，日本史—テーマ別—政治・法律，経済・社会・技術，文化・宗教・教育，外交)**

〔問1〕 アの公地公民は**大化の改新**(645年)で打ち出された。イは7世紀後半の**天智天皇**の政策。ウは694年に持統天皇が完成させた。エは7世紀前半の**聖徳太子**の政策。

〔問2〕 **平城京**に都が置かれていたのは奈良時代で，この頃の文化を**天平文化**という。アは東大寺**正倉院**に納められている**聖武天皇**の宝物の一つ。イは室町時代の**雪舟**が描いた水墨画。ウは弥生時代の「漢委奴国王」印。エは江戸時代の踏絵。

〔問3〕 摂関政治を終わらせた後三条天皇のあとを継いだ**白河天皇**は，以後も摂政や関白の位につく藤原氏に政治の実権を握らせないために，皇子に天皇の位をゆずり上皇となって**院政**を開始した。

〔問4〕 奥州藤原氏は**平泉**(現在の岩手県)を中心に勢力を伸ばした。アは秋田県，ウは山形県，エは宮城県。

〔問5〕 マルコ＝ポーロは，我が国に二度にわたって襲来した元の皇帝フビライ＝ハンに仕えた。

〔問6〕 足利義満が遣明船を派遣する際，**倭寇**でないことを証明するために**勘合符**を持たせた。

〔問7〕 鉱山開発は戦国時代の石見銀山や生野銀山(兵庫)に始まり，江戸時代には佐渡金山(新潟)や足尾銅山(栃木)，別子銅山(愛媛)の開発も進んだ。

〔問8〕 資料1は異国船打払令，資料2は天保の薪水給与令。資料2が出されたのが，**アヘン戦争**(1840～1842年)で清がイギリスに敗れて南京条約を締結した直後であることから，江戸幕府が対外政策を転換したと判断する。

〔問9〕 問題文中の「下関」が現在の山口県に位置することから判断する。アは鹿児島県，ウは高知県，エは佐賀県。

4 **(歴史的分野—日本史—時代別—明治時代から現代，日本史—テーマ別—政治・法律，経済・社会・技術，外交，世界史—政治・社会・経済史)**

〔問1〕 **伊藤博文**は長州藩出身で，ドイツに留学し大日本帝国憲法を作成した中心人物。

〔問2〕 日清戦争後の清への遼東半島の返還を求めた**三国干渉**や，**義和団事件**の際の満州への侵攻について，我が国がロシアに対して危機感を強めていたのと同様に，イギリスもヨーロッパや中国でロシアと植民地を争奪しており，警戒を強めていた。ロシアは冬でも海面が凍結しない不凍港を獲得するために，**南下政策**をとって領地を拡大しようとしていた。

〔問3〕 国民党は，**孫文**が結党して**蒋介石**が引き継いだ。**毛沢東**の共産党と内戦状態だったが，日中戦争が始まると**抗日民族統一戦線**を結成して共闘した。アはドイツ，イはアメリカ，エはインドについての記述。

〔問4〕 アは1910年，イは1930年，ウは1941年，エは1951年のできごと。

〔問5〕 アは1973年，イの朝鮮戦争がはじまったのは1950年，ウは1980年代後半から1990年代前半，エは1964年のできごと。

5 (公民的分野―憲法の原理・基本的人権，国民生活と社会保障，財政・消費生活・経済一般)

〔問1〕 消費税は，所得の多少にかかわらず一定の税率が課される**間接税**に分類される。以前は所得税などの直接税の割合が高かったが，幅広い層から広く徴収できる間接税とのバランスが取れた税制への転換が図られた。

〔問2〕 (1) 税を負担する人と納める人が同じ税を**直接税**，異なる税を**間接税**という。 (2) **累進課税**によって，大企業や富裕層から得た富を社会保障や福祉などを通して社会的弱者にもたらす**所得の再分配**が可能となる。

〔問3〕 **ワーク・ライフ・バランス**とは「仕事と生活の調和」を意味する。 ア 医療行為を受ける際に，説明を受け十分に理解した上で合意すること。 イ 予期せぬ不幸なできごとやあらかじめ予想できる事柄に備えるしくみ。社会保障制度なども含まれる。 ウ 発展途上国で生産された農作物や製品を公正な価格で取引すること。

〔問4〕 **公職選挙法**は実情に合ったより良い選挙を行うために改正が相次いでおり，近年では選挙権年齢の引き下げや参議院の議員定数の変更などが行われた。

6 (地理的分野―日本地理―日本の国土・地形・気候，公民的分野―憲法の原理・基本的人権，国際社会との関わり)

〔問1〕 経済や情報の**グローバル化**が進む一方で，地域固有の文化が破壊されかねないといった問題点も存在する。

〔問2〕 自由貿易の利点がア，欠点がエの内容。近年はグローバル化の進展にともない，国家間での自由貿易協定締結の動きが高まっている。

〔問3〕 **択捉島**は北方領土に含まれる島々のうち，面積が最も大きい。アは島根県に位置し，韓国の実効支配が続いている。イは長崎県の北部に位置する。エは日本の最南端に位置し，水没防止の護岸工事が施されている。

〔問4〕 **安全保障理事会**において拒否権をもつのは**常任理事国**のアメリカ，イギリス，フランス，ロシア，中国のみで，これら5か国のうち1か国でも反対すれば決議できない。

〔問5〕 マイクロクレジットとは貧困などで一般の銀行から融資を受けられない人々を対象にした制度で，無償援助ではなく返済義務のある融資を行うことによって，自助努力による貧困からの脱出を促そうとしている。

〔問6〕 日本国憲法**第14条**は**平等権**に関する条文。

<国語解答>

一 〔問1〕 ① 苦労 ② 鏡 ③ 営 ④ 救急 ⑤ かんわ ⑥ かか ⑦ もよお ⑧ ふんいき 〔問2〕 a エ b ア 〔問3〕 ウ 〔問4〕 (1) イ (2) エ

二 〔問1〕 ア 〔問2〕 文化 〔問3〕 エ 〔問4〕 ウ 〔問5〕 (例) 単純な事実だけがうたわれ，心情を表す言葉は何一つ使われていないのに，読者が茂吉の深い内面の悲しみを感受できること。 〔問6〕 (例)読書などのさまざまな経験のなかでつちかわれる語彙を，一生に一度しか使わないかもしれないということも覚悟して，自分のなかにため込んでおくこと。

三 〔問1〕 エ 〔問2〕 イ 〔問3〕 (例)県大会当日，課題曲でも自由曲でもない曲を一人

で演奏しながら号泣している現場を部員に見られて恥ずかしかったから。 〔問4〕 ウ
〔問5〕 ア

四 (例) この話では，鼠が集まって猫から身を守る方法を相談していた時，年寄り鼠が猫の首に鈴を付けることを提案し，周囲の鼠も賛成します。しかし，実際には鈴を付けに行くと申し出る鼠はおらず，提案は計画倒れに終わってしまいます。

この年寄り鼠の提案は「机上の空論」であり，どんなによい考えでも実現できなければ役に立たないということを，この話は伝えようとしていると思います。

<国語解説>

一 (会話・議論・発表―文脈把握，漢字の読み書き，画数，語句の意味，ことわざ・慣用句，書写)

〔問1〕 ① 困難な条件下で何かをやろうとして，多くの労力を費やすこと。 ② 「鏡」は，かねへん。 ③ 「営む」は訓読みの際に「いとな・む」と，送り仮名に気を付ける。 ④ 「救急」は，下の字が上の字を修飾する熟語。急いで救うのである。同音の漢字を重ねるので，順番に気を付ける。 ⑤ ひどい状態や厳しさが治まって，今までより楽な状態になること。
⑥ 高く上げたり，大きく書いたりして見せること。 ⑦ 計画して会を開くこと。訓読みの際，送り仮名に気を付ける。「もよお・す」。 ⑧ その場所が自然に作り出している特定の傾向を持つ気分。「ふいんき」と読み間違いに注意する。

〔問2〕 [a]は，事物が立つのだから「市が立つ」が適切だ。[b]は，技能がすぐれることなので「弁が立つ(雄弁である意)」が入る。

〔問3〕 [a]のくさかんむりの場合，楷書は横→縦→縦の筆順だが，行書では縦→縦→横と変わる。次に「秋」に関する[b]だが，最後の画を書く際，楷書は右払いだが，行書では左に続いて入るように書く。[c]は字の大きさについて補う。漢字と平仮名では漢字の方が大きく書くとバランスがよい。

〔問4〕 (1) 和美さんは「はい。私は劇がいいと思います。」と，発言の**最初で自分の意見を明確に述べている**。そのうえで，**その意見の理由**について「思い出になる」という説明している。
(2) クラスの意見は「合唱」のほうへ流れている。こうした限られた意見に流されて決まってしまうのは適切ではない。これをクラスの決定とせず，再度**流れを戻して公正な話し合いを促すのがよい。これが進行役としての役目**である。

二 (論説文―大意・要旨，内容吟味，文脈把握，脱文・脱語補充)

〔問1〕 傍線Aの後の例をふまえて選ぶ。筆者は「あの試験どうもヤバいなあ」と，落っこちそうな場合に使う。これは**マイナスの否定的なニュアンス**だ。一方若者は「このコーヒー，めっちゃヤバい」と，すごく旨い場合に使う。これは**褒めていて肯定的なニュアンス**である。

〔問2〕 文脈から，[ ]は「ニュアンスの異なった様々な表現があること」とイコールで結ばれる内容だということになる。その直後に「どのように『旨い』かを表わすために，私たちの先人はさまざまに表現を工夫してきた。それが文化であり，民族の豊かさである。」とあるので，ここから**さまざまに表現を工夫することが文化だ**と導けよう。

〔問3〕 最大公約数とは，さまざまな意見の間に見られる**共通部分**の意だ。

〔問4〕 短歌の島木赤彦や斎藤茂吉の例を取り上げた理由は，最終段落にある。「これはかなり高度な感情の伝達に関する例であるが，私たちは……この大切さをもう一度確認しておきたい」と述べられている。これをふまえて選択肢を選べばよい。

〔問5〕 傍線D「不思議な精神作用」は，茂吉の短歌に見られる作用を指している。その前で解説されている内容についてキーワードをふまえて確認しよう。**短歌は「まことに単純な事実だけを詠っている」のだが，私たちが，悲しいなどの一般的な形容詞で表す以上の「茂吉の深い内面の悲しみを感受することができる」ことを不思議だと述べている**のだ。

〔問6〕「いつも，もってまわった……」で始まる段落に，「そんなときのために，私たちはふだんは使わなくともさまざまな語彙を用意しているのである。語彙は自然に……それを覚悟で一つの語彙を自分のなかに溜め込んでおくことが，生活の豊かさでもある」と述べられている。これが，自分の思いや感じたことを自分自身の言葉で表現するために必要な準備内容だと読み取れる。ここを用いてまとめればよい。

三 **(小説―情景・心情，内容吟味，文脈把握，脱文・脱語補充)**

〔問1〕 □には，部員たちが溜まっている様子のわかる擬態語を補う。「わらわらと」とは，あちらこちらから・ばらばらと，の意。

〔問2〕 傍線A「口元がほころんでいく」のは，**喜びやプラスの感情が笑顔にさせている**ことを示す表現である。『汐風のマーチ』の演奏が満足のいくものだったのだ。うれしかったのだ。だからこそ，傍線Aの後でも「吹奏楽，続けてよかった」と思えたのである。

〔問3〕 傍線B「離れたところにいた」のは，その後にあるように基が「羞恥心を持ち合わせている」からだ。したがって，何が恥ずかしかったのかを理由としてまとめればよい。**基は，県大会の朝イチの練習で自由曲でも課題曲でもない『汐風のマーチ』を弾いて号泣したのだが，それを部員に見られた**のである。

〔問4〕 傍線Cの前の堂林の言葉に「茶園がオーディションで越谷先輩をぶっちぎってアルトサックスのトップ奏者になって，なのに全然納得いってないってしれっと言ったせいで」とある。これが，堂林が考えている浮かれないで練習できた理由だ。**基がトップ奏者に甘んじず，自分の納得が得られるまで練習しようとしている姿に感化された**のである。

〔問5〕 **基は，自分が部長になったことにずっと不安を抱いていた。**それは，「部のみんなには反感買ってばっかりだし」「僕も(茶園より堂林の方が部長に向いてると)思うけど」「僕って背中で引っ張れてるの？」という基の言葉から読み取れる。この不安が，傍線の「胸にあった重しのようなもの」である。そんな基に対して，堂林は「俺はお前のこと部長だと思ってるよ」と言ってくれた。そのことにより，不安は「入道雲に吸い上げられるようにして消えた」のである。これをふまえて選択肢を選ぶ。

四 **(古文―作文，ことわざ・慣用句)**

【口語訳】 ある時，鼠の老若男女みんなが集まって相談したのは「いつもあの猫といういたずら者にやられる時，千回悔やんでも，その甲斐がない。あの猫が声を出すか，さもなくば足音を高くしたら，あらかじめ用心することができるけれども，そうっと近づいてくる時に，油断して取られてしまうのだ。どうしようか。」といったところ，年寄りの鼠が前に出て申し上げたことに，「要するに，猫の首に鈴をつけておきますならば，きっとたやすく分かるでしょう。」という。皆が「なるほど」と賛成した。「それなら，この中から誰が出て，猫の首に鈴をお付けになるのだろうか。」というと，地位の高い者から地位の低い者に至るまで，「私が付けよう」という者はいなかった。これによって，その会議の相談は決着が付かないままで退散した。

本文のあらすじは現代語訳を参照する。【Ⅱ】で提示されたことわざ・慣用句は，いずれも“役に立たないもの”という共通点があるが，その前提に違いがある。「絵に描いた餅」は，**実際には存在**

しないので役に立たないもの。「机上の空論」は，**頭の中だけで考え出した**実際に役に立たない考えや理論。**理屈ばかりで実地に訓練が欠けているために**実際には役に立たないこと。作文においては，鼠たちのどのようなことを至らないこと捉え，そこを教訓としているかを示せばよい。この三つの類似のことわざ・慣用句の中から自分が重きを置きたい教訓のポイントと一致するものを選び，考えをまとめていく。

大切なことはメモしておこうネ！

T.G

解答用紙集

○月×日　△曜日　天気（合格日和）

◆ご利用のみなさまへ
＊解答用紙の公表を行っていない学校につきましては、弊社の責任において、解答用紙を制作いたしました。
＊編集上の理由により一部縮小掲載した解答用紙がございます。
＊編集上の理由により一部実物と異なる形式の解答用紙がございます。

人間の最も偉大な力とは、その一番の弱点を克服したところから生まれてくるものである。 ――カール・ヒルティ――

※データのダウンロードは 2024 年 3 月末日まで。

東京学参株式会社

和歌山県公立高校　2023年度

※ 164%に拡大していただくと，解答欄は実物大になります。

令和５年度学力検査　数学科解答用紙

受検番号	

1	〔問１〕	(1)	
		(2)	
		(3)	
		(4)	
		(5)	
	〔問２〕		
	〔問３〕		個
	〔問４〕	ア	
		イ	
	〔問５〕		
	〔問６〕	$\angle x$ =	度

2	〔問１〕	(1)	
		(2)	Qの体積：Rの体積 = ：
	〔問２〕	(1)	色
		(2)	cm
	〔問３〕		
	〔問４〕	(求める過程) ドーナツ　個 カップケーキ　個	
	〔問５〕	(理由)	

3	〔問１〕	
	〔問２〕	
	〔問３〕	
	〔問４〕	

4	〔問１〕	∠BAE = 度
	〔問２〕	DE = cm
	〔問３〕	
	〔問４〕	倍

※ 164％に拡大していただくと，解答欄は実物大になります。

令和５年度学力検査　英語科解答用紙

受検番号	

大問	問	小問	解答欄
1	〔問１〕	No. 1	
		No. 2	
		No. 3	
	〔問２〕	No. 1	
		No. 2	
	〔問３〕	No. 1	
		No. 2	
		No. 3	
		No. 4	
		No. 5	
2	〔問１〕	(1)	
		(2)	
	〔問２〕		A　　B　　C　　D
	〔問３〕	(1)	
		(2)	
3	〔問１〕		
	〔問２〕		
	〔問３〕	(1)	
		(2)	
	〔問４〕		
	〔問５〕		
4			
5	〔問１〕	A	
		B	
	〔問２〕	ⓐ	After talking with my great-grandfather, (　　　　) wars in the world.
		ⓒ	Now my friends, my dream is to (　　　　).
	〔問３〕		
	〔問４〕	(1)	
		(2)	
	〔問５〕		(　　) → (　　) → (　　) → (　　)
	〔問６〕		

※ 164％に拡大していただくと，解答欄は実物大になります。

令和５年度学力検査　理科解答用紙

受検番号	

1			
	〔問１〕	(1)	の法則
		(2)	
	〔問２〕	(1)	
		(2)	
		(3)	
		(4)	
	〔問３〕	(1)	
		(2)	

2			
	〔問１〕	(1)	
		(2)	めしべ→　→　→
		(3)	
		(4)	
	〔問２〕	(1)	X　Y
		(2)	形質
		(3)	
		(4)	減数分裂によって，

3		
	〔問１〕	
	〔問２〕	
	〔問３〕	
	〔問４〕	
	〔問５〕	
	〔問６〕	
	〔問７〕	

4			
	〔問１〕		
	〔問２〕	(1)	
		(2)	
	〔問３〕		
	〔問４〕		
	〔問５〕	X	
		Y	
	〔問６〕		g

5			
	〔問１〕	(1)	の法則
		(2)	A
		(3)	電源装置
		(4)	
	〔問２〕	(1)	A
		(2)	J
		(3)	

※ 164％に拡大していただくと，解答欄は実物大になります。

令和５年度学力検査　社会科解答用紙

受検番号	

1		
〔問１〕		
〔問２〕	(1)	
	(2)	
〔問３〕		
〔問４〕	A	
	B	
	C	
〔問５〕		

2		
〔問１〕		
〔問２〕	A	
	B	
	C	
〔問３〕		
〔問４〕		
〔問５〕		
〔問６〕	〔特徴〕	
	〔理由〕	

3		
〔問１〕		天皇
〔問２〕	(1)	
	(2)	
〔問３〕		
〔問４〕		
〔問５〕		
〔問６〕		
〔問７〕		
〔問８〕		

4		
〔問１〕	→　→	
〔問２〕		
〔問３〕		
〔問４〕	国名	
	政策	
〔問５〕		

5		
〔問１〕		
〔問２〕		
〔問３〕		
〔問４〕	A	
	B	
〔問５〕		
〔問６〕		

6		
〔問１〕		
〔問２〕		
〔問３〕		
〔問４〕		
〔問５〕	(1)	
	(2)	

和歌山県公立高校　２０２３年度

※１６４％に拡大していただくと，解答欄は実物大になります。

令和五年度学力検査　国語科解答用紙

受検番号

一

〔問1〕　①（む）　②（える）　③　④　⑤（わす）　⑥（らす）　⑦　⑧

〔問2〕　(1)　(2)

〔問3〕　(1) a　b　(2)　(3)

〔問4〕　(1) 擇ビテ其ノ善ナル者ヲ　(2)

二

〔問1〕　彼女は、　～　から。

〔問2〕

〔問3〕　品詞名　文

〔問4〕　35

〔問5〕　25

〔問6〕

三

〔問1〕

〔問2〕　30

〔問3〕　表現技法　効果

〔問4〕

〔問5〕　80

〔問6〕

四

私なら、「読書は『□』」というキャッチコピーにする。

2023年度入試配点表(和歌山県)

数学	1	2	3	4	計
	〔問1〕,〔問2〕 各3点×6 〔問4〕 各2点×2 他 各4点×3	〔問1〕(1),〔問2〕(1) 各3点×2 〔問4〕 6点 〔問5〕 5点 他 各4点×3	〔問1〕 3点 〔問2〕 4点 〔問3〕 5点 〔問4〕 6点	〔問1〕 3点 〔問2〕 4点 〔問3〕 7点 〔問4〕 5点	100点

英語	1	2	3	4	5	計
	〔問3〕 各3点×5 他 各2点×5	〔問2〕 各1点×4 他 各3点×4	〔問4〕 4点 他 各3点×5	10点	〔問1〕,〔問2〕,〔問4〕 各3点×6 他 各4点×3 (〔問2〕,〔問5〕各完答)	100点

理科	1	2	3	4	5	計
	〔問1〕(1),〔問2〕(2) ・(3),〔問3〕(1) 各3点×4 他 各2点×4 (〔問2〕(1)完答)	〔問1〕(1)・(3)・(4), 〔問2〕(2) 各2点×4 他 各3点×4 (〔問1〕(2),〔問2〕(1)完答)	〔問3〕 2点 他 各3点×6 (〔問4〕完答)	〔問1〕,〔問3〕,〔問5〕 各2点×4 他 各3点×4	〔問1〕(1) 2点 他 各3点×6	100点

社会	1	2	3	4	5	6	計
	〔問1〕 2点 他 各3点×5 (〔問4〕完答)	〔問3〕,〔問5〕 各2点×2 他 各3点×4 (〔問2〕完答)	〔問2〕,〔問3〕,〔問6〕, 〔問8〕 各2点×5 他 各3点×4	〔問4〕,〔問5〕 各3点×2 他 各2点×3 (〔問1〕,〔問4〕各完答)	〔問2〕,〔問5〕 各2点×2 他 各3点×4 (〔問4〕完答)	〔問5〕(1) 2点 他 各3点×5	100点

国語	一	二	三	四	計
	各2点×15	〔問1〕 4点 〔問4〕 6点 〔問5〕 5点 他 各3点×4(〔問3〕完答)	〔問1〕,〔問4〕 各3点×2 〔問3〕 4点 〔問5〕 8点 他 各5点×2(〔問3〕完答)	15点	100点

※ 164％に拡大していただくと，解答欄は実物大になります。

令和４年度学力検査　数学科解答用紙

受検番号	

1

〔問１〕	（１）	
	（２）	
	（３）	
	（４）	
	（５）	
〔問２〕		x ＝
〔問３〕		n ＝
〔問４〕		y ＝
〔問５〕		∠x ＝　　　度
〔問６〕		cm^3

2

〔問１〕			
〔問２〕	（１）		色
	（２）		個
〔問３〕			（求める過程） 唐揚げ弁当１個の定価　　　円 エビフライ弁当１個の定価　　　円
〔問４〕	（１）	（Ⅰ）	
		（Ⅱ）	
		（Ⅲ）	
	（２）		
	（３）		（理由）

3

〔問１〕		
〔問２〕	（ア）	
	（イ）	
〔問３〕		x 座標が最も大きい座標　B（　　，　　）
		x 座標が最も小さい座標　B（　　，　　）
〔問４〕		

4

〔問１〕	（１）	∠PAQ ＝　　　度
	（２）	cm^2
〔問２〕		（証明）
〔問３〕		cm

※ 164%に拡大していただくと，解答欄は実物大になります。

令和４年度学力検査　英語科解答用紙

受検番号	

1		
〔問1〕	No. 1	
	No. 2	
	No. 3	
〔問2〕	No. 1	
	No. 2	
〔問3〕	No. 1	
	No. 2	
	No. 3	
	No. 4	
	No. 5	

2		
〔問1〕		
〔問2〕		A　B　C　D
〔問3〕		
〔問4〕	(1)	
	(2)	

3		
〔問1〕		〔　〕?
〔問2〕	A	
	B	
〔問3〕		
〔問4〕		

4

5		
〔問1〕	A	
	B	
〔問2〕		
〔問3〕	ⓑ	I talked with Shiho (　).
	ⓒ	I also (　) and graduates.
〔問4〕	(1)	
	(2)	
〔問5〕		(　) → (　) → (　) → (　)
〔問6〕		

※ 164%に拡大していただくと，解答欄は実物大になります。

令和４年度学力検査　理科解答用紙

受検番号	

1	〔問1〕	(1)	
		(2)	
		(3)	
		(4)	瞳の大きさ 記号
	〔問2〕	(1)	
		(2)	
		(3)	
		(4)	光が

2	〔問1〕	(1)	
		(2)	
		(3)	
		(4)	
	〔問2〕	(1)	
		(2)	
		(3)	
		(4)	a b

3	〔問1〕	
	〔問2〕	
	〔問3〕	
	〔問4〕	km/s
	〔問5〕	プレート
	〔問6〕	
	〔問7〕	
	〔問8〕	

4	〔問1〕	
	〔問2〕	X　　Y
	〔問3〕	
	〔問4〕	
	〔問5〕	電池
	〔問6〕	
	〔問7〕	
	〔問8〕	

5	〔問1〕		
	〔問2〕		N
	〔問3〕		
	〔問4〕		%
	〔問5〕	おもりの位置エネルギーの一部が	
	〔問6〕		
	〔問7〕	(1)	
		(2)	
		エネルギーの大きさ A　B　C　D 小球の位置	

※ 167%に拡大していただくと，解答欄は実物大になります。

令和４年度学力検査　社会科解答用紙

受検番号	

1

〔問１〕		
〔問２〕		
〔問３〕		
〔問４〕		
〔問５〕	A	
	B	
	C	
〔問６〕		

2

〔問１〕		
〔問２〕		
〔問３〕	地域	
	説明	
〔問４〕		
〔問５〕		
〔問６〕	A	
	B	
	C	

3

〔問１〕	
〔問２〕	
〔問３〕	
〔問４〕	
〔問５〕	
〔問６〕	→ →
〔問７〕	
〔問８〕	
〔問９〕	

4

〔問１〕	地名	
	位置	
〔問２〕	→ →	
〔問３〕		
〔問４〕		
〔問５〕		

5

〔問１〕		
〔問２〕		
〔問３〕	(1)	
	(2)	
〔問４〕		
〔問５〕		

6

〔問１〕	の原則		
〔問２〕			
〔問３〕			
〔問４〕	(1)	①	
		②	
	(2)		
〔問５〕			

和歌山県公立高校　２０２２年度

※１７２％に拡大していただくと、解答欄は実物大になります。

令和四年度学力検査　国語科解答用紙

受検番号

一

〔問1〕①（びる）②（める）③ ④ ⑤ ⑥ ⑦（たり）⑧

〔問2〕(1) (2) ① ②

〔問3〕(1) (2) (3) (4)

二

〔問1〕50

〔問2〕a b c d

〔問3〕役割　役割

〔問4〕

〔問5〕→ →

〔問6〕

三

〔問1〕60 という思い。

〔問2〕

〔問3〕

〔問4〕

〔問5〕

〔問6〕80

四

選んだポスター

2022年度入試配点表(和歌山県)

数学	1	2	3	4	計
	〔問1〕,〔問2〕 各3点×6 他 各4点×4 (〔問3〕完答)	〔問2〕(1),〔問4〕(2) 各3点×2 〔問3〕 6点 〔問4〕(1) 各2点×3 他 各4点×3	〔問1〕 3点 〔問4〕 6点 他 各2点×4	〔問1〕(1) 3点 〔問1〕(2) 4点 〔問2〕 7点 〔問3〕 5点	100点

英語	1	2	3	4	5	計
	〔問3〕 各3点×5 他 各2点×5	〔問2〕 各1点×4 〔問4〕(1) 4点 他 各3点×3	〔問1〕・〔問3〕 各4点×2 他 各3点×3	10点	〔問2〕 4点 〔問6〕 6点 他 各3点×7 (〔問3〕ⓑ・ⓒ,〔問5〕各完答)	100点

理科	1	2	3	4	5	計
	〔問1〕(1)・(3),〔問2〕 (1)・(3) 各2点×4 他 各3点×4 (〔問1〕(4)完答)	〔問1〕(2)・(4) 各3点×2 他 各2点×7 (〔問1〕(2)完答)	〔問1〕,〔問2〕,〔問5〕, 〔問8〕 各2点×4 他 各3点×4	〔問1〕,〔問3〕,〔問5〕, 〔問6〕 各2点×4 他 各3点×4 (〔問1〕,〔問2〕各完答)	〔問1〕,〔問3〕,〔問6〕, 〔問7〕(1) 各2点×4 他 各3点×4	100点

社会	1	2	3	4	5	6	計
	〔問1〕,〔問2〕 各2点×2 他 各3点×4 (〔問5〕完答)	〔問1〕 2点 他 各3点×5 (〔問3〕,〔問6〕各完答)	〔問4〕~〔問6〕, 〔問8〕 各3点×4 他 各2点×5	〔問2〕,〔問3〕 各3点×2 他 各2点×3 (〔問1〕,〔問2〕各完答)	〔問1〕,〔問3〕(2) 各2点×2 他 各3点×4	〔問5〕 2点 他 各3点×5 (〔問4〕(1)完答)	100点

国語	一	二	三	四	計
	〔問3〕(2)・(3) 各3点×2 他 各2点×12	〔問1〕 6点 〔問5〕 4点 〔問6〕 5点 他 各3点×4	〔問1〕 6点 〔問2〕,〔問5〕 各3点×2 〔問6〕 8点 他 各4点×2	15点	100点

※ 164%に拡大していただくと，解答欄は実物大になります。

令和３年度学力検査　数学科解答用紙

受検番号	

1

〔問１〕	(1)	
	(2)	
	(3)	
	(4)	
	(5)	
〔問２〕	$x=$	
〔問３〕		
〔問４〕		
〔問５〕	中央値（メジアン）	m
	最頻値（モード）	m

2

〔問１〕	(1)	面
	(2)	本
	(3)	cm
〔問２〕		
〔問３〕	(1)	
	(2)	
〔問４〕	(求める過程)	午後４時　　分

3

〔問１〕	(1)	ア	
		イ	
	(2)		
			n番目の白タイルの枚数　　枚
〔問２〕	(1)		
	(2)		cm

4

〔問１〕	P	秒後
	Q	秒後
〔問２〕		
〔問３〕		秒後
〔問４〕	D（　　，　　）	

5

〔問１〕	∠CAD =　　度
〔問２〕	cm^2
〔問３〕	(証明)
〔問４〕	△ABE : △CGE =　　：

※ 164%に拡大していただくと，解答欄は実物大になります。

令和３年度学力検査　英語科解答用紙

受検番号	

1		
〔問１〕	No. 1	
	No. 2	
〔問２〕	No. 1	
	No. 2	
	No. 3	
〔問３〕	No. 1	
	No. 2	
	No. 3	
	No. 4	
	No. 5	

2					
〔問１〕	(1)				
	(2)				
〔問２〕		A	B	C	D
〔問３〕	(1)				
	(2)				

3		
〔問１〕		〔　　〕?
〔問２〕		
〔問３〕	A	
	B	
〔問４〕		

4

5		
〔問１〕	A	
	B	
〔問２〕	ⓐ	Let's (　　) to us.
	ⓑ	Soon we (　　) us.
〔問３〕		
〔問４〕	(1)	
	(2)	
〔問５〕		(　　) → (　　) → (　　) → (　　)
〔問６〕		

※ 164％に拡大していただくと，解答欄は実物大になります。

令和３年度学力検査　理科解答用紙

受検番号	

1			
〔問１〕	(1)		
	(2)		
	(3)		
	(4)		
〔問２〕	(1)		
	(2)	A	B
	(3)		
	(4)	記号	
		理由	

2			
〔問１〕			
〔問２〕	①	②	X
〔問３〕			
〔問４〕			
〔問５〕			
〔問６〕			

3				
〔問１〕				
〔問２〕				
〔問３〕				
〔問４〕				
〔問５〕	天頂　天球　西　南　北　東			
〔問６〕				
〔問７〕	東	西	南	北

4				
〔問１〕	→　→　→　→			
〔問２〕				
〔問３〕	(1)	①	②	③
	(2)			
〔問４〕				
〔問５〕				
〔問６〕	g			

5	
〔問１〕	A
〔問２〕	
〔問３〕	
〔問４〕	Ω
〔問５〕	
〔問６〕	
〔問７〕	
〔問８〕	

※ 161％に拡大していただくと，解答欄は実物大になります。

令和３年度学力検査　社会科解答用紙

受検番号	

1	〔問１〕		
	〔問２〕		
	〔問３〕		
	〔問４〕		
	〔問５〕	(1)	
		(2)	

2	〔問１〕		
	〔問２〕		
	〔問３〕	(1)	
		(2)	
	〔問４〕		
	〔問５〕		

3	〔問１〕		
	〔問２〕		
	〔問３〕		
	〔問４〕		
	〔問５〕		
	〔問６〕		
	〔問７〕		
	〔問８〕	(1)	
		(2)	
	〔問９〕		

4	〔問１〕	X
		Y
	〔問２〕	→　→　→
	〔問３〕	
	〔問４〕	

5	〔問１〕	
	〔問２〕	X
		Y
		Z
	〔問３〕	
	〔問４〕	
	〔問５〕	
	〔問６〕	人以上

6	〔問１〕	(1)	A
			B
		(2)	
	〔問２〕		
	〔問３〕	(1)	
		(2)	

和歌山県公立高校　２０２１年度

※１７２%に拡大していただくと、解答欄は実物大になります。

令和三年度学力検査　国語科解答用紙

受検番号

一

〔問1〕 ①　② 　③　④　⑤　⑥　⑦　⑧

〔問2〕 (1)　(2)

〔問3〕

〔問4〕 (1)　(2)　(3)

二

〔問1〕 ①　②　③

〔問2〕

〔問3〕

〔問4〕

〔問5〕

〔問6〕

〔問7〕 80

三

〔問1〕

〔問2〕

〔問3〕

〔問4〕

〔問5〕 60

〔問6〕

四

2021年度入試配点表（和歌山県）

数学	1	2	3	4	5	計
	〔問4〕 4点 〔問5〕 各2点×2 他 各3点×7	〔問1〕(1)・(2) 各2点×2 〔問3〕(2) 4点 〔問4〕6点 他 各3点×3	〔問1〕(1) 各2点×2 〔問1〕(2) 4点 〔問2〕(1) 3点 〔問2〕(2) 5点	〔問1〕 2点(完答) 〔問2〕 3点 〔問3〕 5点 〔問4〕 6点	〔問1〕 2点 〔問3〕 6点 他 各4点×2	100点

英語	1	2	3	4	5	計
	〔問3〕 各3点×5 他 各2点×5	〔問2〕 各1点×4 〔問3〕(1) 4点 他 各3点×3	〔問1〕・〔問4〕 各4点×2 他 各3点×3	10点	〔問3〕4点 〔問6〕6点 他 各3点×7 (〔問5〕完答)	100点

理科	1	2	3	4	5	計
	〔問1〕(3),〔問2〕(2) 各3点×2 〔問2〕(4) 4点 他 各2点×5 (〔問2〕(2)・(4)各完答)	〔問5〕,〔問6〕 各4点×2 他 各3点×4 (〔問2〕完答)	〔問4〕,〔問7〕各3点×2 (〔問7〕完答) 〔問5〕,〔問6〕各4点×2 他 各2点×3	〔問2〕,〔問3〕(1) 各3点×2 〔問5〕,〔問6〕各4点×2 他 各2点×3 (〔問1〕,〔問3〕(1)各完答)	〔問1〕,〔問2〕,〔問4〕, 〔問6〕 各2点×4 他 各3点×4	100点

社会	1	2	3	4	5	6	計
	〔問1〕,〔問3〕 各2点×2 他 各3点×4 (〔問4〕完答)	〔問3〕(1) 2点 他 各3点×5	〔問1〕,〔問2〕, 〔問6〕,〔問8〕 各2点×5 他 各3点×5	〔問4〕 2点 他 各3点×3 (〔問1〕,〔問2〕各完答)	〔問1〕,〔問6〕 各2点×2(〔問1完答) 他 各3点×4 (〔問2〕,〔問4〕各完答)	〔問1〕(1),〔問2〕 各2点×3 他 各3点×3	100点

国語	一	二	三	四	計
	各2点×14	〔問3〕,〔問6〕 各3点×2 〔問4〕 5点 〔問7〕 8点 他 各4点×3(〔問1〕,〔問4〕各完答)	〔問4〕,〔問6〕 各5点×2 〔問5〕 7点 他 各3点×3	15点	100点

令和2年度学力検査　数学科解答用紙

受検番号	

1			
	〔問1〕	(1)	
		(2)	
		(3)	
		(4)	
		(5)	
	〔問2〕		
	〔問3〕	$n =$	
	〔問4〕	$\angle x =$	度
	〔問5〕		

2			
	〔問1〕		cm^3
	〔問2〕	(ア)	
		(イ)	
	〔問3〕	(1)	
		(2)	冊
	〔問4〕	(求める過程) 先月の公園清掃ボランティア参加者数　人 先月の駅前清掃ボランティア参加者数　人	

3				
	〔問1〕	(1)	ア	
			イ	
		(2)		個
		(3)		個
	〔問2〕	(1)		個
		(2)	(求める過程) $x =$	

4		
	〔問1〕	
	〔問2〕	個
	〔問3〕	P（　　,　　）
	〔問4〕	$a =$

5			
	〔問1〕	QR =	cm
	〔問2〕		cm^2
	〔問3〕	(1)	(証明)
		(2)	BR = 　cm

※この解答用紙は167％に拡大していただきますと，実物大になります。

令和２年度学力検査　英語科解答用紙

受検番号	

1	〔問１〕	No. 1	
		No. 2	
	〔問２〕	No. 1	
		No. 2	
		No. 3	
	〔問３〕	No. 1	
		No. 2	
		No. 3	
		No. 4	
		No. 5	

2	〔問１〕					
	〔問２〕		A	B	C	D
	〔問３〕					
	〔問４〕	(1)				
		(2)				

3	〔問１〕		〔　　〕?
	〔問２〕	A	
		B	
	〔問３〕		
	〔問４〕		

4	

5	〔問１〕	ⓐ	But it's (　　) information about cycling courses in Wakayama.
		ⓑ	So (　　) kindness.
	〔問２〕		
	〔問３〕		
	〔問４〕	(1)	
		(2)	
	〔問５〕		(　　) → (　　) → (　　) → (　　)
	〔問６〕		
	〔問７〕		

※この解答用紙は167％に拡大していただきますと，実物大になります。

令和２年度学力検査　理科解答用紙

受検番号	

1			
	〔問１〕	（1）	
		（2）	
		（3）	
		（4）	
	〔問２〕	（1）	
		（2）	
		（3）	
		（4）	Z
			理由

2			
	〔問１〕		
	〔問２〕		
	〔問３〕		
	〔問４〕		
	〔問５〕	（1）	
		（2）	
	〔問６〕	葉脈のようす	
		根のようす	
	〔問７〕	記号	
		特徴	

3		
	〔問１〕	
	〔問２〕	
	〔問３〕	
	〔問４〕	g
	〔問５〕	①　②
	〔問６〕	
	〔問７〕	

4			
	〔問１〕		
	〔問２〕		
	〔問３〕		
	〔問４〕		g
	〔問５〕	X	
		気体	
	〔問６〕	（1）	作用
		（2）	①　②
		（3）	

5		
	〔問１〕	
	〔問２〕	
	〔問３〕	
	〔問４〕	
	〔問５〕	X　Y
		Z
	〔問６〕	N
	〔問７〕	

※この解答用紙は167％に拡大していただきますと，実物大になります。

令和２年度学力検査　社会科解答用紙

受検番号	

1

〔問１〕	(1)	
	(2)	→　→　→
〔問２〕		
〔問３〕	(1)	
	(2)	
〔問４〕		

2

〔問１〕		
〔問２〕		→　→
〔問３〕		
〔問４〕	(1)	
	(2)	
〔問５〕		

3

〔問１〕	
〔問２〕	
〔問３〕	
〔問４〕	の戦い
	〔理由〕
〔問５〕	
〔問６〕	
〔問７〕	
〔問８〕	
〔問９〕	
〔問10〕	

4

〔問１〕	
〔問２〕	
〔問３〕	
〔問４〕	
〔問５〕	→　→　→

5

〔問１〕	(1)	
	(2)	
〔問２〕	(1)	
	(2)	
〔問３〕		
〔問４〕		

6

〔問１〕	(1)	
	(2)	
〔問２〕	①	②
〔問３〕		
〔問４〕		
〔問５〕		

※この解答用紙は167％に拡大していただきますと，実物大になります。

令和二年度学力検査　国語科解答用紙

受検番号

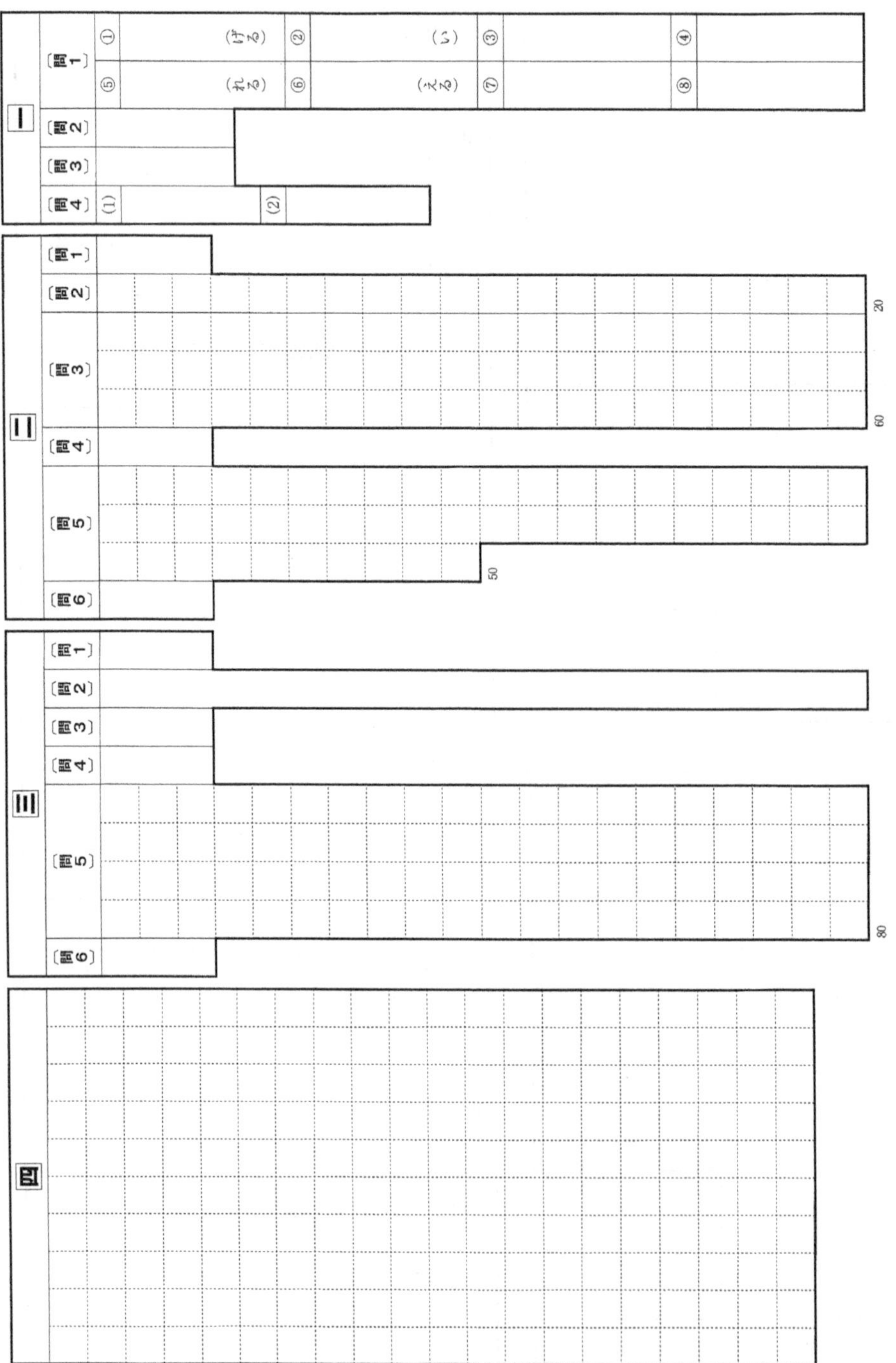

※この解答用紙は172%に拡大していただきますと、実物大になります。

2020年度入試配点表（和歌山県）

数学	1	2	3	4	5	計
	〔問4〕・〔問5〕 各4点×2 他　各3点×7	〔問1〕　4点 〔問2〕　各2点×2 〔問4〕　6点 他　各3点×2	〔問1〕(3)・〔問2〕(1) 各3点×2 〔問2〕(2)　6点 他　各2点×3	〔問1〕　3点 〔問4〕　5点 他　各4点×2	〔問3〕(1)　6点 〔問3〕(2)　5点 他　各3点×2	100点

英語	1	2	3	4	5	計
	〔問3〕　各3点×5 他　各2点×5	〔問2〕　各1点×4 〔問3〕　4点 他　各3点×3	〔問1〕・〔問4〕 各4点×2 他　各3点×3	10点	〔問6〕6点〔問7〕4点 他　各3点×7 (〔問1〕・〔問5〕各完答)	100点

理科	1	2	3	4	5	計
	〔問1〕(4),〔問2〕(4) 理由　各3点×2 他　各2点×7	他　各2点×10 (〔問4〕,〔問7〕記号 各完答)	〔問3〕　2点 他　各3点×6 (〔問1〕,〔問5〕各完答)	〔問1〕,〔問2〕,〔問3〕, 〔問6〕(1)　各2点×4 他　各3点×4 (〔問5〕,〔問6〕(2)各完答)	〔問1〕,〔問4〕 各2点×2 〔問5〕　4点 他　各3点×4 (〔問2〕,〔問5〕各完答)	100点

社会	1	2	3	4	5	6	計
	〔問1〕(1),〔問3〕 (1)　各2点×2 〔問3〕(2)　4点 他　各3点×3	〔問1〕　2点 他　各3点×5	〔問2〕,〔問4〕 各3点×2 他　各2点×8	〔問1〕,〔問4〕 各2点×2 他　各3点×3	〔問1〕(1)・(2), 〔問2〕(1) 各2点×3 他　各3点×3	〔問1〕(2),〔問4〕 各3点×2 〔問5〕　4点 他　各2点×3	100点

国語	一	二	三	四	計
	〔問1〕　各2点×8 他　各3点×4	〔問1〕,〔問4〕　各3点×2 〔問2〕　4点　〔問6〕　5点 他　各7点×2	〔問2〕　5点　〔問5〕　8点 〔問6〕　6点 他　各3点×3	15点	100点

平成31年度学力検査　数学科解答用紙

受検番号	

1			
	〔問1〕	(1)	
		(2)	
		(3)	
		(4)	
		(5)	
	〔問2〕	$x=$	
	〔問3〕		
	〔問4〕		
	〔問5〕	$\angle x=$	度

2				
	〔問1〕	(1)	$a=$	
		(2)	(説明) 第4レーンは第1レーンより，スタートラインの位置を（　　　　）m 前に調整するとよい。	
	〔問2〕	(1)	母集団	
			標本	
		(2)	およそ	個
	〔問3〕	(式)		
		(答え) 花束をつくる前にあった赤色の花の本数		本

3			
	〔問1〕	(1)	席
		(2)	番
	〔問2〕	テーブル番号	番
		記号	
	〔問3〕		
	〔問4〕		
		したがって，すべてのテーブルの6席の座席番号の和は3の倍数になる。	

4		
	〔問1〕	
	〔問2〕	
	〔問3〕	P（　　　，　　　）
	〔問4〕	

5			
	〔問1〕	(1)	AF : FE =
		(2)	BF =　　　　cm
	〔問2〕	(1)	(証明)
		(2)	cm^2

※この解答用紙は164%に拡大していただきますと，実物大になります。

平成31年度学力検査　英語科解答用紙

受検番号	

1	〔問1〕	No. 1	
		No. 2	
	〔問2〕	No. 1	
		No. 2	
		No. 3	
	〔問3〕	No. 1	
		No. 2	
		No. 3	
		No. 4	
		No. 5	

2	〔問1〕					
	〔問2〕		A	B	C	D
	〔問3〕					
	〔問4〕	(1)				
		(2)				

3	〔問1〕		
	〔問2〕	A	
		B	
	〔問3〕		〔　　〕.
	〔問4〕		

4	

5	〔問1〕		
	〔問2〕	ⓑ	I said, "*Taiko* performances are (　　) them."
		ⓒ	Many other old people also (　　).
	〔問3〕		
	〔問4〕	(1)	
		(2)	
	〔問5〕		(　　) → (　　) → (　　) → (　　)
	〔問6〕		
	〔問7〕		

※この解答用紙は167%に拡大していただきますと，実物大になります。

平成31年度学力検査　理科解答用紙

受検番号	

1			
〔問1〕	(1)		
	(2)		
	(3)	①	② ③
〔問2〕	(1)		
	(2)	Pa	
	(3)	温度	
		記号	
〔問3〕	(1)		
	(2)	消化酵素	
		Y	

2			
〔問1〕	(1)	①	② ③
	(2)		
	(3)		
	(4)		
〔問2〕	(1)	①	②
	(2)	①	
		②	移動のための器官
			卵のつくり

3	
〔問1〕	
〔問2〕	
〔問3〕	
〔問4〕	
〔問5〕	実験の操作
	予想される実験結果
〔問6〕	
〔問7〕	
〔問8〕	

4			
〔問1〕	(1)		
	(2)	①	② ③
	(3)	$2NaHCO_3 \rightarrow$	
〔問2〕	(1)		
	(2)		
	(3)	%	

5			
〔問1〕			
〔問2〕			
〔問3〕	a		
〔問4〕	力の名称		
	力の大きさ		
〔問5〕	cm/s		
〔問6〕	(1)		
	(2)	①	②
〔問7〕			

※この解答用紙は167%に拡大していただきますと，実物大になります。

平成31年度学力検査　社会科解答用紙

受検番号	

1			
〔問１〕	(1)		洋
	(2)		
〔問２〕			
〔問３〕			
〔問４〕	A	B	
	C	D	
〔問５〕	〔利点〕		
	〔課題〕		

2		
〔問１〕	(1)	
	(2)	
〔問２〕	(1)	
	(2)	m
〔問３〕		
〔問４〕		

3		
〔問１〕	→ → →	
〔問２〕		
〔問３〕		
〔問４〕	〔県名〕 県	〔位置〕
〔問５〕		
〔問６〕	〔相手国〕	
	〔理由〕	
〔問７〕		
〔問８〕		
〔問９〕		

4	
〔問１〕	
〔問２〕	
〔問３〕	
〔問４〕	
〔問５〕	→ → →

5		
〔問１〕		
〔問２〕	(1)	
	(2)	
〔問３〕		
〔問４〕		

6	
〔問１〕	
〔問２〕	
〔問３〕	
〔問４〕	
〔問５〕	
〔問６〕	

※この解答用紙は165％に拡大していただきますと，実物大になります。

平成三十一年度学力検査　国語科解答用紙

受検番号

一

〔問1〕 ①　②　③　（む）④　⑤　⑥　（げる）⑦　（す）⑧

〔問2〕 a　b

〔問3〕

〔問4〕 (1)　(2)

二

〔問1〕

〔問2〕

〔問3〕

〔問4〕

〔問5〕 60

〔問6〕 70

三

〔問1〕

〔問2〕

〔問3〕 60

〔問4〕

〔問5〕

四

※この解答用紙は172%に拡大していただきますと、実物大になります。

2019年度入試配点表(和歌山県)

数学	1	2	3	4	5	計
	〔問4〕・〔問5〕 各4点×2 他 各3点×7	〔問1〕(2) 5点 〔問2〕(1) 各2点×2 〔問3〕(式) 4点 他 各3点×3	〔問3〕 4点 〔問4〕 5点 他 各2点×4	〔問1〕 3点 〔問4〕 5点 他 各4点×2	〔問2〕(1) 6点 〔問2〕(2) 4点 他 各3点×2	100点

英語	1	2	3	4	5	計
	〔問3〕 各3点×5 他 各2点×5	〔問2〕・〔問4〕(1) 各4点×2 他 各3点×3	〔問1〕・〔問2〕 各3点×3 他 各4点×2	10点	〔問6〕 6点 〔問7〕 4点 他 各3点×7	100点

理科	1	2	3	4	5	計
	各2点×10 (〔問1〕(3)完答)	〔問1〕(1) 各1点×3 〔問1〕(2)~(4),〔問2〕(2)① 各2点×4 他 各3点×3(〔問1〕(1)①~③,〔問2〕(1)各完答)	〔問1〕,〔問2〕,〔問4〕,〔問6〕 各2点×4 他 各3点×4 (〔問5〕完答)	〔問1〕(1)・(2)各3点×2 〔問2〕(1) 2点 他 各4点×3 (〔問1〕(2)・(3),〔問2〕(2)各完答)	〔問3〕,〔問4〕 各3点×2 〔問7〕 4点 他 各2点×5 (〔問4〕,〔問6〕(2)各完答)	100点

社会	1	2	3	4	5	6	計
	〔問1〕(1),〔問2〕,〔問5〕 各2点×4 他 各3点×3 (〔問4〕完答)	〔問1〕(1),〔問3〕 各2点×2 問4 4点 他 各3点×3	〔問2〕,〔問5〕,〔問7〕,〔問9〕 各2点×4 他 各3点×5 (〔問1〕,〔問4〕各完答)	〔問2〕,〔問5〕 各3点×2 (〔問5〕完答) 他 各2点×3	〔問2〕(1) 2点 他 各3点×4	〔問3〕 2点 他 各3点×5 (〔問2〕完答)	100点

国語	一	二	三	四	計
	〔問3〕 4点 〔問4〕 各3点×2 他 各2点×10	〔問2〕 4点 〔問5〕 8点 〔問6〕 10点 他 各3点×3	〔問1〕,〔問2〕 各3点×2 〔問3〕 8点 他 各5点×2	15点	100点

公立高校入試シリーズ

長文読解・英作文　公立高校入試対策

実戦問題演習・公立入試の英語　基礎編

- ヒント入りの問題文で「解き方」がわかるように
- 総合読解・英作文問題へのアプローチ手法を出題ジャンル形式別に丁寧に解説
- 全国の公立高校入試から問題を厳選
- 文法・構文・表現の最重要基本事項もしっかりチェック

定価：1,100 円（本体 1,000 円 + 税 10%）／ ISBN：978-4-8141-2123-6　C6300

長文読解・英作文　公立難関・上位校入試対策

実戦問題演習・公立入試の英語　実力錬成編

- 総合読解・英作文問題へのアプローチ手法を出題ジャンル形式別に徹底解説
- 全国の公立高校入試、学校別独自入試から問題を厳選
- 出題形式に合わせた英作文問題の攻略方法で「あと１点」を手にする
- 文法・構文・表現の最重要基本事項もしっかりチェック

定価：1,320 円（本体 1,200 円 + 税 10%）／ ISBN：978-4-8141-2169-4　C6300

脱０点から満点ねらいまでステップアップ構成

目標得点別・公立入試の数学

- 全国の都道府県から選び抜かれた入試問題と詳しくわかりやすい解説
- ステージ問題で実力判定⇒リカバリーコースでテーマごとに復習⇒コースクリア問題で確認⇒ 次のステージへ
- ステージをクリアして確実な得点アップを目指そう
- 実力判定　公立入試対策模擬テスト付き

定価：1,045 円（本体 950 円 + 税 10%）／ ISBN：978-4-8080-6118-0　C6300

解き方がわかる・得点力を上げる分野別トレーニング

実戦問題演習・公立入試の理科

- 全国の公立高校入試過去問からよく出る問題を厳選
- 基本問題から思考・表現を問う問題まで重要項目を実戦学習
- 豊富なヒントで解き方のコツがつかめる
- 弱点補強、総仕上げ……短期間で効果を上げる

定価：1,045 円（本体 950 円 + 税 10%）／ ISBN：978-4-8141-0454-3　C6300

弱点を補強し総合力をつける分野別トレーニング

実戦問題演習・公立入試の社会

- 都道府県公立高校入試から重要問題を精選
- 分野別総合問題、分野複合の融合問題・横断型問題など
- 幅広い出題形式を実戦演習
- 豊富なヒントを手がかりに弱点を確実に補強

定価：1,045 円（本体 950 円 + 税 10%）／ ISBN：978-4-8141-0455-0　C6300

解法＋得点力が身につく出題形式別トレーニング

形式別演習・公立入試の国語

- 全国の都道府県入試から頻出の問題形式を集約
- 基本～標準レベルの問題が中心⇒基礎力の充実により得点力をアップ
- 問題のあとに解法のポイントや考え方を掲載しわかりやすさ、取り組みやすさを重視
- 巻末には総合テスト、基本事項のポイント集を収録

定価：1,045 円（本体 950 円 + 税 10%）／ ISBN：978-4-8141-0453-6　C6300

東京学参の
中学校別入試過去問題シリーズ

＊出版校は一部変更することがあります。一覧にない学校はお問い合わせください。

東京ラインナップ

あ 青山学院中等部(L04)
麻布中学(K01)
桜蔭中学(K02)
お茶の水女子大附属中学(K07)
か 海城中学(K09)
開成中学(M01)
学習院中等科(M03)
慶應義塾中等部(K04)
晃華学園中学(N13)
攻玉社中学(L11)
国学院大久我山中学
(一般・CC) (N22)
(ＳＴ) (N23)
駒場東邦中学(L01)
さ 芝中学(K16)
芝浦工業大附属中学(M06)
城北中学(M05)
女子学院中学(K03)
巣鴨中学(M02)
成蹊中学(N06)
成城中学(K28)
成城学園中学(L05)
青稜中学(K23)
創価中学(N14)★
た 玉川学園中学部(N17)
中央大附属中学(N08)
筑波大附属中学(K06)
筑波大附属駒場中学(L02)
帝京大中学(N16)
東海大菅生高中等部(N27)
東京学芸大附属竹早中学(K08)
東京都市大付属中学(L13)
桐朋中学(N03)
東洋英和女学院中学部(K15)
豊島岡女子学園中学(M12)
な 日本大第一中学(M14)
日本大第三中学(N19)
日本大第二中学(N10)
は 雙葉中学(K05)
法政大学中学(N11)
本郷中学(M08)
ま 武蔵中学(N01)
明治大付属中野中学(N05)
明治大付属中野八王子中学(N07)
明治大付属明治中学(K13)
ら 立教池袋中学(M04)
わ 和光中学(N21)
早稲田中学(K10)
早稲田実業学校中等部(K11)
早稲田大高等学院中等部(N12)

神奈川ラインナップ

あ 浅野中学(O04)
栄光学園中学(O06)
か 神奈川大附属中学(O08)
鎌倉女学院中学(O27)
関東学院六浦中学(O31)
慶應義塾湘南藤沢中等部(O07)
慶應義塾普通部(O01)
さ 相模女子大中学部(O32)
サレジオ学院中学(O17)
逗子開成中学(O22)
聖光学院中学(O11)
清泉女学院中学(O20)
洗足学園中学(O18)
捜真女学校中学部(O29)
た 桐蔭学園中等教育学校(O02)
東海大付属相模高中等部(O24)
桐光学園中学(O16)
な 日本大中学(O09)
は フェリス女学院中学(O03)
法政大第二中学(O19)
や 山手学院中学(O15)
横浜隼人中学(O26)

千・埼・茨・他ラインナップ

あ 市川中学(P01)
浦和明の星女子中学(Q06)
か 海陽中等教育学校
(入試Ⅰ・Ⅱ) (T01)
(特別給費生選抜) (T02)
久留米大附設中学(Y04)
さ 栄東中学(東大・難関大) (Q09)
栄東中学(東大特待) (Q10)
狭山ヶ丘高校付属中学(Q01)
芝浦工業大柏中学(P14)
渋谷教育学園幕張中学(P09)
城北埼玉中学(Q07)
昭和学院秀英中学(P05)
清真学園中学(S01)
西南学院中学(Y02)
西武学園文理中学(Q03)
西武台新座中学(Q02)
専修大松戸中学(P13)
た 筑紫女学園中学(Y03)
千葉日本大第一中学(P07)
千葉明徳中学(P12)
東海大付属浦安高中等部(P06)
東邦大付属東邦中学(P08)
東洋大附属牛久中学(S02)
獨協埼玉中学(Q08)
な 長崎日本大中学(Y01)
成田高校付属中学(P15)
は 函館ラ・サール中学(X01)
日出学園中学(P03)
福岡大附属大濠中学(Y05)
北嶺中学(X03)
細田学園中学(Q04)
や 八千代松陰中学(P10)
ら ラ・サール中学(Y07)
立命館慶祥中学(X02)
立教新座中学(Q05)
わ 早稲田佐賀中学(Y06)

公立中高一貫校ラインナップ

北海道 市立札幌開成中等教育学校(J22)
宮城 宮城県仙台二華・古川黎明中学校(J17)
市立仙台青陵中等教育学校(J33)
山形 県立東桜学館中学校(J27)
茨城 茨城県立中学・中等教育学校(J09)
栃木 県立宇都宮東・佐野・矢板東高校附属中学校(J11)
群馬 県立中央・市立四ツ葉学園中等教育学校・
市立太田中学校(J10)
埼玉 市立浦和中学校(J06)
県立伊奈学園中学校(J31)
さいたま市立大宮国際中等教育学校(J32)
川口市立高等学校附属中学校(J35)
千葉 県立千葉・東葛飾中学校(J07)
市立稲毛国際中等教育学校(J25)
東京 区立九段中等教育学校(J21)
都立大泉高等学校附属中学校(J28)
都立両国高等学校附属中学校(J01)
都立白鷗高等学校附属中学校(J02)
都立富士高等学校附属中学校(J03)
都立三鷹中等教育学校(J29)
都立南多摩中等教育学校(J30)
都立武蔵高等学校附属中学校(J04)
都立立川国際中等教育学校(J05)
都立小石川中等教育学校(J23)
都立桜修館中等教育学校(J24)
神奈川 川崎市立川崎高等学校附属中学校(J26)
県立平塚・相模原中等教育学校(J08)
横浜市立南高等学校附属中学校(J20)
横浜サイエンスフロンティア高校附属中学校(J34)
広島 県立広島中学校(J16)
県立三次中学校(J37)
徳島 県立城ノ内中等教育学校・富岡東・川島中学校(J18)
愛媛 県立今治東・松山西・宇和島南中等教育学校(J19)
福岡 福岡県立中学校・中等教育学校(J12)
佐賀 県立香楠・致遠館・唐津東・武雄青陵中学校(J13)
宮崎 県立五ヶ瀬中等教育学校(J15)
県立宮崎西・都城泉ヶ丘高校附属中学校(J36)
長崎 県立長崎東・佐世保北・諫早高校附属中学校(J14)

公立中高一貫校「適性検査対策」問題集シリーズ

総合編　作文問題編　資料問題編　数と図形編　生活と科学編　実力確認テスト編

私立中・高スクールガイド
THE 私立(ザ 私立)
私立中学＆高校の学校生活がわかる！

東京学参の
高校別入試過去問題シリーズ

＊出版校は一部変更することがあります。一覧にない学校はお問い合わせください。

東京ラインナップ

あ 愛国高校(A59)
青山学院高等部(A16)★
桜美林高校(A37)
お茶の水女子大附属高校(A04)
か 開成高校(A05)★
共立女子第二高校(A40)
慶應義塾女子高校(A13)
国学院高校(A30)
国学院大久我山高校(A31)
国際基督教大高校(A06)
小平錦城高校(A61)★
駒澤大高校(A32)
さ 芝浦工業大附属高校(A35)
修徳高校(A52)
城北高校(A21)
専修大附属高校(A28)
創価高校(A66)★
た 拓殖大第一高校(A53)
立川女子高校(A41)
玉川学園高等部(A56)
中央大高校(A19)
中央大杉並高校(A18)★
中央大附属高校(A17)
筑波大附属高校(A01)
筑波大附属駒場高校(A02)
帝京大高校(A60)
東海大菅生高校(A42)
東京学芸大附属高校(A03)
東京実業高校(A62)
東京農業大第一高校(A39)
桐朋高校(A15)
都立青山高校(A73)★
都立国立高校(A76)★
都立国際高校(A80)★
都立国分寺高校(A78)★
都立新宿高校(A77)★
都立墨田川高校(A81)★
都立立川高校(A75)★
都立戸山高校(A72)★
都立西高校(A71)★
都立八王子東高校(A74)★
都立日比谷高校(A70)★
な 日本大櫻丘高校(A25)
日本大第一高校(A50)
日本大第三高校(A48)
日本大第二高校(A27)
日本大鶴ヶ丘高校(A26)
日本大豊山高校(A23)
は 八王子学園八王子高校(A64)
法政大高校(A29)
ま 明治学院高校(A38)
明治学院東村山高校(A49)
明治大付属中野高校(A33)
明治大付属中野八王子高校(A67)
明治大付属明治高校(A34)★
明法高校(A63)
わ 早稲田実業学校高等部(A09)
早稲田大高等学院(A07)

神奈川ラインナップ

あ 麻布大附属高校(B04)
アレセイア湘南高校(B24)
か 慶應義塾高校(A11)
神奈川県公立高校特色検査(B00)
さ 相洋高校(B18)
た 立花学園高校(B23)
桐蔭学園高校(B01)
東海大付属相模高校(B03)★
桐光学園高校(B11)
な 日本大高校(B06)
日本大藤沢高校(B07)
は 平塚学園高校(B22)
藤沢翔陵高校(B08)
法政大国際高校(B17)
法政大第二高校(B02)★
や 山手学院高校(B09)
横須賀学院高校(B20)
横浜商科大高校(B05)
横浜翠陵高校(B14)
横浜清風高校(B10)
横浜創英高校(B21)
横浜隼人高校(B16)
横浜富士見丘学園高校(B25)

千葉ラインナップ

あ 愛国学園大附属四街道高校(C26)
我孫子二階堂高校(C17)
市川高校(C01)★
か 敬愛学園高校(C15)
さ 芝浦工業大柏高校(C09)
渋谷教育学園幕張高校(C16)★
翔凜高校(C34)
昭和学院秀英高校(C23)
専修大松戸高校(C02)
た 千葉英和高校(C18)
千葉敬愛高校(C05)
千葉経済大附属高校(C27)
千葉日本大第一高校(C06)★
千葉明徳高校(C20)
千葉黎明高校(C24)
東海大付属浦安高校(C03)
東京学館高校(C14)
東京学館浦安高校(C31)
な 日本体育大柏高校(C30)
日本大習志野高校(C07)
は 日出学園高校(C08)
や 八千代松陰高校(C12)
ら 流通経済大付属柏高校(C19)★

埼玉ラインナップ

あ 浦和学院高校(D21)
大妻嵐山高校(D04)★
か 開智高校(D08)
開智未来高校(D13)★
春日部共栄高校(D07)
川越東高校(D12)
慶應義塾志木高校(A12)
さ 埼玉栄高校(D09)
栄東高校(D14)
狭山ヶ丘高校(D24)
昌平高校(D23)
西武学園文理高校(D10)
西武台高校(D06)
た 東京農業大第三高校(D18)
は 武南高校(D05)
本庄東高校(D20)
や 山村国際高校(D19)
ら 立教新座高校(A14)
わ 早稲田大本庄高等学院(A10)

北関東・甲信越ラインナップ

あ 愛国学園大附属龍ヶ崎高校(E07)
宇都宮短大附属高校(E24)
か 鹿島学園高校(E08)
霞ヶ浦高校(E03)
共愛学園高校(E31)
甲陵高校(E43)
国立高等専門学校(A00)
さ 作新学院高校
(トップ英進・英進部)(E21)
(情報科学・総合進学部)(E22)
常総学院高校(E04)
た 中越高校(R03)＊
土浦日本大高校(E01)
東洋大附属牛久高校(E02)
な 新潟青陵高校(R02)＊
新潟明訓高校(R04)＊
日本文理高校(R01)＊
は 白鷗大足利高校(E25)
ま 前橋育英高校(E32)
や 山梨学院高校(E41)

中京圏ラインナップ

あ 愛知高校(F02)
愛知啓成高校(F09)
愛知工業大名電高校(F06)
愛知産業大工業高校(F21)
愛知みずほ大瑞穂高校(F25)
暁高校(3年制)(F50)
鶯谷高校(F60)
栄徳高校(F29)
桜花学園高校(F14)
岡崎城西高校(F34)
か 岐阜聖徳学園高校(F62)
岐阜東高校(F61)
享栄高校(F18)
さ 桜丘高校(F36)
至学館高校(F19)
椙山女学園高校(F10)
鈴鹿高校(F53)
星城高校(F27)★
誠信高校(F33)
清林館高校(F16)★
た 大成高校(F28)
大同大大同高校(F30)
高田高校(F51)
滝高校(F03)★
中京高校(F63)
中京大附属中京高校(F11)★
中部大春日丘高校(F26)★
中部大第一高校(F32)
津田学園高校(F54)
東海高校(F04)★
東海学園高校(F20)
東邦高校(F12)
同朋高校(F22)
豊田大谷高校(F35)
な 名古屋高校(F13)
名古屋大谷高校(F23)
名古屋経済大市邨高校(F08)
名古屋経済大高蔵高校(F05)
名古屋女子大高校(F24)
日本福祉大付属高校(F17)
人間環境大附属岡崎高校(F37)
は 光ヶ丘女子高校(F38)
誉高校(F31)
ま 三重高校(F52)
名城大附属高校(F15)

宮城ラインナップ

さ 尚絅学院高校(G02)
聖ウルスラ学院英智高校(G01)★
聖和学園高校(G05)
仙台育英学園高校(G04)
仙台城南高校(G06)
仙台白百合学園高校(G12)
た 東北学院高校(G03)★
東北学院榴ヶ岡高校(G08)
東北高校(G11)
東北生活文化大高校(G10)
常盤木学園高校(G07)
は 古川学園高校(G13)
ま 宮城学院高校(G09)★

北海道ラインナップ

さ 札幌光星高校(H06)
札幌静修高校(H09)
札幌第一高校(H01)
札幌北斗高校(H04)
札幌龍谷学園高校(H08)
は 北海高校(H03)
北海学園札幌高校(H07)
北海道科学大高校(H05)
ら 立命館慶祥高校(H02)

★はリスニング音声データのダウンロード付き。

都道府県別 公立高校入試過去問 シリーズ

- 全国47都道府県別に出版
- 最近数年間の検査問題収録
- リスニングテスト音声対応

公立高校入試対策 問題集シリーズ

- 目標得点別・公立入試の数学
- 実戦問題演習・公立入試の英語(実力錬成編・基礎編)
- 形式別演習・公立入試の国語
- 実戦問題演習・公立入試の理科
- 実戦問題演習・公立入試の社会

高校入試特訓問題集 シリーズ

- 英語長文難関攻略30選
- 英語長文テーマ別難関攻略30選
- 英文法難関攻略20選
- 英語難関徹底攻略33選
- 古文完全攻略63選
- 国語融合問題完全攻略30選
- 国語長文難関徹底攻略30選
- 国語知識問題完全攻略13選
- 数学の図形と関数・グラフの融合問題完全攻略272選
- 数学難関徹底攻略700選
- 数学の難問80選
- 数学 思考力―規則性とデータの分析と活用―

2305A

〈リスニング問題の音声について〉

本問題集掲載のリスニング問題の音声は、弊社ホームページでデータ配信しております。

現在お聞きいただけるのは「2024年度受験用」に対応した音声で、2024年3月末日までダウンロード可能です。弊社ホームページにアクセスの上、ご利用ください。

※本問題集を中古品として購入された場合など、配信期間の終了によりお聞きいただけない年度がございますのでご了承ください。

和歌山県公立高校　2024年度

ISBN978-4-8141-2872-3

発行所　東京学参株式会社
〒153-0043　東京都目黒区東山2-6-4
URL　https://www.gakusan.co.jp

編集部　E-mail　hensyu@gakusan.co.jp
※本書の編集責任はすべて弊社にあります。内容に関するお問い合わせ等は、編集部まで、メールにてお願い致します。なお、回答にはしばらくお時間をいただく場合がございます。何卒ご了承くださいませ。

営業部　TEL　03 (3794) 3154
FAX　03 (3794) 3164
E-mail　shoten@gakusan.co.jp
※ご注文･出版予定のお問い合わせ等は営業部までお願い致します。

2023年7月28日　初版

栃木県

〈収録内容〉

■ 平成29年度は、弊社ホームページで公開しております。
本ページの下方に掲載しておりますQRコードよりアクセスし、データをダウンロードしてご利用ください。

2023 年度 ……………………………… 数・英・理・社・国

2022 年度 ……………………………… 数・英・理・社・国

2021 年度 ……………………………… 数・英・理・社・国

2020 年度 ……………………………… 数・英・理・社・国

2019 年度 ……………………………… 数・英・理・社・国

平成 30 年度 ……………………………… 数・英・理・社・国

平成 29 年度 ……………………………… 数・英・理・社

解答用紙・音声データ配信ページへスマホでアクセス! ⇒

※データのダウンロードは 2024 年 3 月末日まで。
※データへのアクセスには、右記のパスワードの入力が必要となります。 ⇒ 675489
※リスニング問題については最終ページをご覧ください。

本書の特長

POINT 1　解答は全問を掲載、解説は全問に対応！

POINT 2　英語の長文は全訳を掲載！

POINT 3　リスニング音声の台本、英文の和訳を完全掲載！

POINT 4　出題傾向が一目でわかる「年度別出題分類表」は、約 10 年分を掲載！

実戦力がつく入試過去問題集

▶ 問題 …………… 実際の入試問題を見やすく再編集。
▶ 解答用紙 …… 実戦対応仕様で収録。
▶ 解答解説 …… 重要事項が太字で示された、詳しくわかりやすい解説。
※採点に便利な配点も掲載。

合格への対策、実力錬成のための内容が充実

▶ 各科目の出題傾向の分析、最新年度の出題状況の確認で、入試対策を強化！
▶ その他、志願状況、公立高校難易度一覧など、学習意欲を高める要素が満載！

解答用紙ダウンロード	解答用紙はプリントアウトしてご利用いただけます。弊社ＨＰの商品詳細ページよりダウンロードしてください。トビラのＱＲコードからアクセス可。
リスニング音声ダウンロード	英語のリスニング問題については、弊社オリジナル作成により音声を再現。弊社ＨＰの商品詳細ページで全収録年度分を配信対応しております。トビラのＱＲコードからアクセス可。
famima PRINT	原本とほぼ同じサイズの解答用紙は、全国のファミリーマートに設置しているマルチコピー機のファミマプリントで購入いただけます。※一部の店舗で取り扱いがない場合がございます。詳細はファミマプリント（http://fp.famima.com/）をご確認ください。
UD FONT	見やすく読みまちがえにくいユニバーサルデザインフォントを採用しています。

～2024年度栃木県公立高校入試の日程(予定)～

☆特色選抜

願書等提出期間	1／31・2／1
↓	
面接等	2／7・8
↓	
合格者内定	2／14

☆一般選抜

願書等提出期間	2／20・21
↓	
出願変更期間	2／26・27
↓	
受験票交付期間	2／28・29
↓	
学力検査	3／6
↓	
合格者発表	3／12

※募集および選抜に関する最新の情報は栃木県教育委員会のホームページなどで必ずご確認ください。

2023年度/栃木県公立高校一般選抜合格状況(全日制)

学校名・学科(系・科)名		一般選抜定員	受検人員	合格人員	合格倍率	前年倍率
宇都宮	普通	249	289	249	1.16	1.18
宇都宮東	普通	3	-	-	-	-
宇都宮南	普通	208	289	208	1.39	1.34
宇都宮北	普通	269	419	270	1.55	1.49
宇都宮清陵	普通	149	173	149	1.16	1.00
宇都宮女	普通	249	318	249	1.28	1.13
宇都宮中央	普通	212	325	213	1.53	1.86
	総合家庭	31	38	31	1.23	1.53
宇都宮白楊	農業経営	26	47	27	1.74	1.67
	生物工学	26	40	27	1.48	1.56
	食品科学	26	46	27	1.70	1.52
	農業工学	26	30	21(5)	1.43	1.59
	情報技術	26	40	27	1.48	1.70
	流通経済	26	45	27	1.67	1.70
	服飾デザイン	26	42	27	1.56	1.74
宇都宮工	機械システム	78	82	73(5)	1.12	1.21
	電気情報システム	52	59	52	1.13	1.26
	建築デザイン	26	37	26	1.42	1.46
	環境建設システム	52	63	50(2)	1.26	1.31
宇都宮商	商業	130	156	130	1.20	1.43
	情報処理	52	58	52	1.12	1.32
鹿沼	普通	180	188	180	1.04	1.19
鹿沼東	普通	130	138	130	1.06	1.13
鹿沼南	普通	30	28	28	1.00	1.00
	食料生産	26	27	26	1.04	1.03
	環境緑地	29	26	26	1.00	1.03
	ライフデザイン	26	31	26	1.19	1.08
鹿沼商工	情報科学	30	27	27	1.00	1.20
	商業	78	85	78	1.09	1.13
今市	総合	108	121	108	1.12	1.27
今市工	機械	52	27	26	1.04	1.00
	電気	29	10	10	1.00	1.00
	建設工学	26	14	14	1.00	1.00
日光明峰	普通	52	25	25	1.00	1.00
上三川	普通	120	164	120	1.37	1.27
石橋	普通	179	238	179	1.33	1.13
小山	普通	150	151	150	1.01	1.07
	数理科学	31	26	26	1.00	1.13
小山南	普通	60	71	60	1.18	1.10
	スポーツ	36	40	36	1.11	1.00
小山西	普通	149	170	149	1.14	1.39
小山北桜	食料環境	30	24	24	1.00	1.00
	建築システム	33	30	30	1.00	1.00
	総合ビジネス	30	33	30	1.10	1.00
	生活文化	30	32	30	1.07	1.00
小山城南	総合	147	171	147	1.16	1.07
栃木	普通	182	207	182	1.14	1.02
栃木女	普通	179	199	179	1.11	1.16
栃木農	植物科学	31	27	25(6)	1.08	1.03
	動物科学	29	36	29	1.24	1.07
	食品科学	30	36	30	1.20	1.27
	環境デザイン	30	26	22(4)	1.18	1.13
栃木工	機械	52	51	46(6)	1.11	1.00
	電気	26	27	25(1)	1.08	1.08
	電子情報	26	37	26	1.42	1.15
栃木商	商業	78	79	78	1.01	1.03
	情報処理	28	25	25(1)	1.00	1.08
栃木翔南	普通	149	156	149	1.05	1.18
壬生	普通	110	121	110	1.10	1.29
佐野	普通	40	50	40	1.25	1.00

学校名・学科(系・科)名		一般選抜定員	受検人員	合格人員	合格倍率	前年倍率
佐野東	普通	150	218	150	1.45	1.13
佐野松桜	情報制御	52	61	52	1.17	1.10
	商業	52	50	50	1.00	1.06
	家政	26	40	27	1.48	1.19
	介護福祉	20	24	20	1.20	1.20
足利	普通	179	229	179	1.28	1.24
足利南	総合	106	83	83	1.00	1.29
足利工	機械	54	48	48(5)	1.00	1.02
	電気システム	26	29	26	1.12	1.00
	産業デザイン	26	38	26	1.46	1.00
足利清風	普通	78	69	67	1.03	1.01
	商業	54	49	49	1.00	1.08
真岡	普通	149	147	147	1.00	1.07
真岡女	普通	150	131	131	1.00	1.05
真岡北陵	生物生産	28	16	16	1.00	1.19
	農業機械	31	19	19	1.00	1.23
	食品科学	26	24	24	1.00	1.19
	総合ビジネス	30	18	18	1.00	1.12
	介護福祉	21	7	7	1.00	1.08
真岡工	機械	26	26	26	1.00	1.08
	生産機械	26	14	14	1.00	1.12
	建設	26	20	20	1.00	1.00
	電子	30	25	25	1.00	1.27
益子芳星	普通	104	81	80	1.01	1.01
茂木	総合	104	97	97	1.00	1.00
烏山	普通	103	66	65	1.02	1.00
馬頭	普通	70	23	22	1.05	1.00
	水産	17	13	13	1.00	1.25
大田原	普通	165	139	139	1.00	1.12
大田原女	普通	150	165	150	1.10	1.00
黒羽	普通	88	74	74	1.00	1.00
那須拓陽	普通	52	46	46	1.00	1.02
	農業経営	26	29	26	1.12	1.00
	生物工学	26	26	26	1.00	1.04
	食品化学	26	27	26	1.04	1.04
	食物文化	26	26	26	1.00	1.00
那須清峰	機械	26	29	26	1.12	1.00
	機械制御	27	23	21(6)	1.10	1.00
	電気情報	26	35	26	1.35	1.12
	建設工学	26	24	23(3)	1.04	1.00
	商業	26	29	26	1.12	1.00
那須	普通	61	37	37	1.00	1.00
	リゾート観光	29	13	13	1.00	1.00
黒磯	普通	150	143	143	1.00	1.06
黒磯南	総合	104	112	104	1.08	1.00
矢板	農業経営	26	26	26	1.00	1.00
	機械	26	26	26	1.00	1.00
	電子	36	19	19	1.00	1.00
	栄養食物	27	24	24	1.00	1.04
	介護福祉	21	12	12	1.00	1.00
矢板東	普通	62	59	59	1.00	1.00
高根沢	普通	59	48	47	1.02	1.00
	商業	83	50	49	1.02	1.00
さくら清修	総合	156	181	156	1.16	1.32

※　合格倍率＝受検人員÷第１志望合格人員

※　一般選抜定員＝募集定員－特色選抜内定者数－Ａ海外特別選抜内定者数－内部進学による内定者数

※　合格人員欄の(　)内の数字は第１志望以外の人数で、内数

栃木県公立高校難易度一覧

目安となる偏差値	公立高校名
75 ~ 73	
72 ~ 70	宇都宮
69 ~ 67	宇都宮女子
66 ~ 64	宇都宮東，栃木 石橋
63 ~ 61	栃木女子
60 ~ 58	宇都宮中央，大田原 鹿沼 小山，真岡，矢板東
57 ~ 55	足利，宇都宮北，小山(数理科学) 宇都宮中央(総合家庭)，大田原女子 佐野
54 ~ 51	宇都宮南，黒磯，真岡女子 栃木翔南 宇都宮商業(情報処理)，小山西 鹿沼東
50 ~ 47	宇都宮商業(商業)，佐野東，那須拓陽 さくら清修(総合)，茂木(総合) 今市(総合)，宇都宮工業(機械システム／電気情報システム／建築デザイン／環境建設システム)，宇都宮清陵，烏山 宇都宮白楊(流通経済)，佐野松桜(情報制御／商業)，栃木商業(商業／情報処理)
46 ~ 43	宇都宮白楊(農業経営／生物工学／食品科学／農業工学／情報技術／服飾デザイン)，小山城南(総合)，黒磯南(総合) 栃木工業(機械／電気／電子情報) 足利清風，上三川，那須拓陽(農業経営／生物工学／食品化学／食物文化)，壬生 小山北桜(総合ビジネス)，佐野松桜(家政)，高根沢(商業)，那須清峰(機械／機械制御／電気情報／建設工学／商業)，益子芳星
42 ~ 38	足利工業(機械／電気システム／産業デザイン)，足利南(総合)，真岡工業(機械／生産機械／建設／電子) 小山北桜(建築システム／生活文化)，小山南，佐野松桜(介護福祉)，高根沢，真岡北陵(総合ビジネス／介護福祉)，矢板(介護福祉) 足利清風(商業)，小山北桜(食料環境)，鹿沼商工(情報科学／商業)，矢板(農業経営／栄養食物) 鹿沼南，那須(リゾート観光)，真岡北陵(生物生産／農業機械／食品科学) 今市工業(機械／電気／建設工学)，矢板(機械／電子)
37 ~	小山南(スポーツ)，鹿沼南(食料生産／環境緑地／ライフデザイン)，黒羽，栃木農業(植物科学／動物科学／食品科学／環境デザイン)，那須，日光明峰，馬頭(普／水産)

＊(　)内は学科・コースを示します。特に示していないものは普通科(普通・一般コース)，または全学科(全コース)を表します。

＊データが不足している高校，または学科・コースなどにつきましては掲載していない場合があります。

＊公立高校の入学者は，「学力検査の得点」のほかに，「調査書点」や「面接点」などが大きく加味されて選抜されます。上記の内容は想定した目安ですので，ご注意ください。

＊公立高校入学者の選抜方法や制度は変更される場合があります。また，統廃合による閉校や学校名の変更，学科の変更などが行われる場合もあります。教育委員会などの関係機関が発表する最新の情報を確認してください。

数学 ●●●・・ 出題傾向の分析と合格への対策 ・・●●●

出題傾向とその内容

〈最新年度の出題状況〉

本年度の出題数は，大問が6題，小問数にして29問で例年とほとんど変わらなかった。

出題内容は，1が数・式の計算，式の展開，不等式，ねじれの位置，反比例，円の性質，相似な三角形の面積比などの基本的な小問群，2は二次方程式，方程式の応用，数の性質の小問群，3は作図，線分の長さ，回転体の体積，直角三角形の合同の証明，4は確率，度数分布表，箱ひげ図，5は変域，図形と関数・グラフ，6は規則性，文字を使った式であった。

〈出題傾向〉

1では，数・式の計算，式の展開，平方根の計算，一次方程式，二次方程式，角度，関数の変域，平面図形・空間図形の基本的な問題などが毎年出題いる。教科書を中心とした基礎的な学力が求められている。2，3，4は近年出題傾向に動きがあり，2では，二次方程式，方程式の文章題や数の性質などをテーマとした文字式を利用する問題が出題されている。途中式を書かせたり，証明させたりする問題であり，簡潔かつ的確に表現，説明することができるかが問われている。3では，これまで4で出題されていたような，平面図形・空間図形の問題が出題されている。ここでは，合同や相似の証明問題や三平方の定理を利用して，線分の長さや面積，体積を求める問題が出題されると考えられる。4では，これまで3で出題されていたような，確率やデータの活用の問題が出題されている。5では，一次関数や関数$y=ax^2$を利用する問題が出題されており，途中計算を書かせる問題が含まれている。6では，規則性の問題や図形，関数，確率などを融合した問題が出題されている。

記述式の設問やいろいろな分野を組み合わせた問題が出題されており，説明する能力やさまざまな視点から問題を解く総合力が試されている。

来年度の予想と対策

例年出題される作図は，コンパスを使うことが求められる。また，証明問題では，短い言葉でわかりやすく表現することが求められる。日頃から類題に取り組み，練習をすることが必要であろう。

平面図形の相似を利用して長さを求める問題や，一次関数のグラフから傾きやxとyの関係式を求める問題の対策としては，入試問題集などで，図形と関数・グラフの総合的な融合問題を解くことにより，さまざまな視点から問題を解く思考力，応用力を身につけることである。

とにかく，問題数が多く，後半部分は決して易しい問題ばかりではないので，かなり時間的に厳しいはずである。日頃から，スピードを意識して，正確かつスムーズな解答を心掛けよう。

⇨学習のポイント

- 過去問や教科書などで記述問題の練習をして，説明する力を養おう。
- 入試問題集などを利用して応用力を身につけよう。
- 日常の学習から，速く正確に問題を解く練習をしよう。

年度別出題内容の分析表　数学

※　　は出題範囲縮小の影響がみられた内容

出題内容			26年	27年	28年	29年	30年	2019年	2020年	2021年	2022年	2023年
数と式		数の性質	○		○		○	○				○
		数・式の計算	○	○	○	○	○	○	○	○	○	○
		因数分解		○		○				○		
		平方根	○	○	○	○	○	○	○	○	○	
方程式・不等式		一次方程式	○	○	○	○	○	○	○	○	○	○
		二次方程式	○	○	○	○	○	○	○	○	○	○
		不等式		○	○		○			○		○
		方程式の応用	○	○	○	○	○	○	○	○	○	○
関数		一次関数	○	○	○	○	○	○	○	○	○	○
		関数 $y = ax^2$	○	○	○	○	○	○	○	○	○	○
		比例関数	○	○	○	○	○	○	○	○	○	○
		関数とグラフ	○	○		○	○	○	○	○	○	○
		グラフの作成						○				
図形	平面図形	角度	○	○	○	○	○	○	○	○	○	○
		合同・相似	○	○	○	○	○	○	○	○	○	○
		三平方の定理		○	○	○	○	○	○	○	○	○
		円の性質	○	○	○	○	○	○	○	○	○	○
	空間図形	合同・相似										
		三平方の定理	○									
		切断									○	
	計量	長さ		○		○		○	○	○	○	○
		面積		○	○	○	○	○	○	○	○	○
		体積	○	○	○	○	○	○	○	○	○	○
	証明		○	○	○	○	○	○	○	○	○	○
	作図		○	○	○	○	○	○	○	○	○	○
	動点		○	○			○					
データの活用		場合の数										
		確率	○	○	○	○	○	○	○	○	○	○
		資料の散らばり・代表値(箱ひげ図を含む)		○	○		○	○	○	○	○	○
		標本調査	○			○			○		○	
融合問題		図形と関数・グラフ		○		○				○	○	○
		図形と確率										
		関数・グラフと確率										
		その他	○		○							
その他			○	○	○	○	○	○	○	○	○	○

―栃木県公立高校―

英語 ●●●● 出題傾向の分析と合格への対策 ●●●●

出題傾向とその内容

〈最新年度の出題状況〉

本年度の大問構成は，リスニングが1題，文法問題が1題，長文読解問題が2題，会話文問題が1題の5題であった。大問の構成内容は例年通りであったが，大問の出題順に変更が見られた。例年大問[3]として出題されていた会話文読解・条件英作文問題が大問[5]に移動し，例年大問[5]として出題されていた長文読解問題が大問[3]に移動した。

リスニング問題は，英語の質問の答えを選ぶものが2題，英語の対話を聞いて英語のメモを完成させるものが1題であった。配点は100点満点中26点で，他の都道府県と比較すると割合は高い。

文法問題は，文章中の空所に当てはまる適切な語句を選択するもの，単語を並べ換えて短い対話文を完成させるものの2問であった。

長文・会話文読解問題は，日本語による説明，指示語，内容真偽，語句補充，選択問題，条件英作文等のさまざまな問題形式で，英文の内容理解が問われた。

〈出題傾向〉

文法問題が語句補充・選択問題，語句の並べ換えの形式で出題されており，基本的な文法事項の知識を問われている。

会話文・長文読解問題では，論理的な読み取りができているかを問うものが多い。指示語や下線部の内容を問うことで，具体的な理解の程度を試している。日本語で説明する問題も含まれている。また，内容真偽問題で全体を把握する力も求められている。

条件英作文問題では，自分の考えを5文程度の英語で書くことが求められた。書く力はこれからも重視されるだろう。

来年度の予想と対策

本年度は大問の出題順の変更が見られたが，問題そのものの出題傾向，出題数ともに大きな変化はないと思われる。

対策としては，長文・会話文読解の練習に重点を置くと良いだろう。ただし，単語や連語，文法の知識は英文を読み書きする際の基盤であり，基本的な会話表現を記述する問題もよく出題されているので，教科書レベルの内容は，日ごろからワークブックや問題集も活用してしっかり身につけよう。

リスニングの対策は，音声を使って英語を聞き慣れることが一番の対策である。ある程度慣れたら，質問に答える問題や資料を読み取る問題，英語のメモを完成させる問題に挑戦するとよいだろう。

長文・会話文読解問題の対策は，文脈の流れを意識して読む練習をすること。比較的読みやすい短い文章から始め，段階的に内容の難しい長文へと移行していくのがよいだろう。日本語でまとめるトレーニングをするのもよい。

英作文問題の対策として，身近な話題に関して自分の考えを簡単な英語で書く練習を早めに始めたい。書いた英文を先生に見てもらいアドバイスをもらうとよいだろう。

⇨学習のポイント

- 英文読解の基盤として，基礎的な文法や会話表現の知識を確実にしておこう。
- 長文に多く触れ，問題演習に取り組もう。英作文は短い文から書き始めよう。

年度別出題内容の分析表 英語

		出題内容	26年	27年	28年	29年	30年	2019年	2020年	2021年	2022年	2023年
設問形式	リスニング	絵・図・表・グラフなどを用いた問題	○	○	○	○	○	○	○	○	○	○
		適文の挿入		○	○							
		英語の質問に答える問題	○	○	○	○	○	○	○	○	○	○
		英語によるメモ・要約文の完成				○		○	○	○	○	○
		日本語で答える問題	○	○	○	○	○					
		書き取り										
	語い	単語の発音										
		文の区切り・強勢										
		語句の問題						○	○	○	○	○
	読解	語句補充・選択（読解）	○	○	○	○	○	○	○	○	○	○
		文の挿入・文の並べ換え			○	○	○	○	○	○	○	○
		語句の解釈・指示語	○	○	○	○	○	○	○	○	○	○
		英問英答（選択・記述）			○		○					
		日本語で答える問題	○		○	○	○	○	○	○	○	○
		内容真偽	○	○	○	○	○	○	○	○	○	○
		絵・図・表・グラフなどを用いた問題			○	○	○	○	○	○	○	○
		広告・メール・メモ・手紙・要約文などを用いた問題			○	○	○	○	○	○	○	○
	文法	語句補充・選択（文法）	○	○	○		○	○	○	○	○	○
		語形変化										
		語句の並べ換え	○	○	○	○	○	○	○	○	○	○
		言い換え・書き換え										
		英文和訳										
		和文英訳		○								
		自由・条件英作文	○	○	○	○	○	○		○	○	○
文法事項		現在・過去・未来と進行形	○		○		○	○	○	○	○	○
		助動詞	○	○		○	○	○	○	○	○	○
		名詞・冠詞・代名詞			○		○	○	○	○		○
		形容詞・副詞			○		○	○	○	○	○	○
		不定詞	○	○	○	○	○	○	○	○	○	○
		動名詞	○			○	○	○	○	○	○	○
		文の構造（目的語と補語）	○		○		○	○	○	○	○	○
		比較	○		○	○		○	○	○	○	○
		受け身	○		○	○			○	○	○	○
		現在完了	○	○		○		○	○	○	○	○
		付加疑問文										
		間接疑問文			○	○	○		○			
		前置詞	○		○			○	○	○	○	○
		接続詞	○			○		○	○	○	○	○
		分詞の形容詞的用法	○				○	○	○	○	○	○
		関係代名詞	○	○	○	○		○		○	○	○
		感嘆文										
		仮定法										○

理科 ●●●● 出題傾向の分析と合格への対策 ●●●●

出題傾向とその内容

〈最新年度の出題状況〉

昨年と同様，大問9題で，小問数は35～40問ほどである。物理・化学・生物・地学の各単元からバランスよく出題されている。[1]は広い範囲からの基礎事項を確認する小問集合である。[2]～[9]はいずれも実験や観察を中心にした出題になっており，出題内容も幅広い。また，1つの大問における小問数は3～4問と比較的少ないため，各単元を全体的に把握しておかないと，苦手な部分から出題された場合に大きな失点となる可能性があるので注意が必要となる。

〈出題傾向〉

作図，短文記述，用記記入，記号選択など，解答方法はさまざまである。短文記述の問題では，現象とその理由をしっかりと理解していないと，要点を的確に表現することが難しい。

全体的には標準レベルの学力を問う問題であるが，実験や観察についての出題の中には，結果を読み解いて考察するものや，仮説を立てて確認に必要な実験を組み立てるものも見られるので，思考力も必要になる。また，自然現象が起こる理由をしっかりとおさえておかないと，正解を導き出すことができない問題も出題されているので，学習内容に関して深い理解が必要だ。

[物理的領域] 音の性質，仕事とエネルギーについての出題であった。実験結果についての考察，知識問題，計算問題，グラフの作成など内容展開や解答方法は幅広くなっている。原理の理解に重点を置いて学習する必要がある。

[化学的領域] 電解質水溶液の電気分解，水溶液の性質についての出題であった。よく見かけるような問題が多いので，基礎的な内容を理解できていれば解けるだろう。ただし，化学変化と物質の質量をからめた問いや，水溶液の状態をモデルで表す問いもあるので注意が必要である。重要事項は必ず覚え，頻出されている問題を中心に練習を積んでおこう。化学式やイオン式を正確に書けることもポイントになる。

[生物的領域] 消化，生殖についての出題であった。根本的な原理の説明や実験方法の把握と考察などが求められ，確かな知識と分析力が必要になった。実験の設定を示す部分の分量が多いので読むだけでも時間がかかる。実験結果を示す表の読み解きにも，落ち着いて対応しなければならない。

[地学的領域] 霧の発生，太陽系の天体についての出題であった。観察の結果から必要な情報を的確に読み取り，その内容を使った分析力も問われた。また，与えられた資料を読み解くのにも注意が必要である。基本的事項をしっかりと理解し，練習を積んでいれば解けるはずである。

来年度の予想と対策

例年，教科書の内容からの出題ではあるが，実験設定が工夫されていたりして，基礎力と思考力を問う問題がバランスよく出題され，この傾向は今後も続くものと考えられる。また，分類表からわかるように，第一分野，第二分野の各項目から幅広く出題されている。作図や文章記述は必ず出題されている。

具体的な対策としては，どの単元もおろそかにできない。学校の授業内容を理解することを第一として学習を進めるとよい。実験や観察では，目的や原理をまとめ，結果をグラフや表にしたり，その理由を簡潔な文章でまとめるとよい。また，実験装置をふくめた作図問題に慣れておくことも大切である。問題数も比較的多いので，時間内に解答できるように練習しよう。まちがえた問題は正答をうつして終わりにせず，公式や原理を復習し，解けるようになるまで何度もくり返して演習しよう。

⇨学習のポイント

- 短文記述の問題では，要点をおさえ，短く，簡潔に記述するための練習をしておこう。
- 出題単元が広いため，全単元における基礎事項は，必ず覚えておこう。

年度別出題内容の分析表　理科

※★印は大問の中心となった単元／　　は出題範囲縮小の影響がみられた内容

出題内容			26年	27年	28年	29年	30年	2019年	2020年	2021年	2022年	2023年
第一分野	第1学年	身のまわりの物質とその性質							★			
		気体の発生とその性質		○		★				★		○
		水溶液	★				★		○	○		★
		状態変化		○	★			★			○	
		力のはたらき(2力のつり合いを含む)						○		○		○
		光と音	★	○	○	★	★			★	○	★
	第2学年	物質の成り立ち	○		○		○	○		○	○	
		化学変化，酸化と還元，発熱・吸熱反応	○	★		★	★	○	○	○		○
		化学変化と物質の質量	★	○		○			★		★	○
		電流(電力，熱量，静電気，放電，放射線を含む)	○	★	★	○	★	○	★	○	★	○
		電流と磁界					○	★		★		
	第3学年	水溶液とイオン，原子の成り立ちとイオン			★	○						
		酸・アルカリとイオン，中和と塩	○	★			○	★			★	○
		化学変化と電池，金属イオン				○				★		
		力のつり合いと合成・分解(水圧，浮力を含む)	○	★	○				★			
		力と物体の運動(慣性の法則を含む)	○			★			○		★	
		力学的エネルギー，仕事とエネルギー	○	○	○	○	○	★				★
		エネルギーとその変換，エネルギー資源									○	
第二分野	第1学年	生物の観察・調べ方の基礎				○						
		植物の特徴と分類					○					○
		動物の特徴と分類	★						○		★	
		身近な地形や地層，岩石の観察		○	★							
		火山活動と火成岩					★		○	○	★	
		地震と地球内部のはたらき		★		○		★	○			○
		地層の重なりと過去の様子	○			○	○			★	○	
	第2学年	生物と細胞(顕微鏡観察のしかたを含む)				★	○	○				
		植物の体のつくりとはたらき	○	★	★	○		★	★	★	★	
		動物の体のつくりとはたらき	○	★	○	★	★	○	★	○	○	★
		気象要素の観測，大気圧と圧力	★	○	○	★	○	★	★	★	○	★
		天気の変化			★							
		日本の気象										○
	第3学年	生物の成長と生殖		○		○	★			○		★
		遺伝の規則性と遺伝子			★				○	★		
		生物の種類の多様性と進化			○							
		天体の動きと地球の自転・公転		★	○			○			★	
		太陽系と恒星，月や金星の運動と見え方	★		○	★	★	○	★	○		★
		自然界のつり合い	★	○				★			○	
自然の環境調査と環境保全，自然災害												
科学技術の発展，様々な物質とその利用												
探究の過程を重視した出題			○	○	○	○	○	○	○	○	○	○

—栃木県公立高校—

社会　出題傾向の分析と合格への対策

出題傾向とその内容

〈最新年度の出題状況〉

本年の出題数は，大問6題，小問44問である。解答形式は，語句記入が8問，記号選択は30問で，短文記述も6問出題されている。大問は，日本地理1題，世界地理1題，歴史2題，公民2題となっている。地理，歴史，公民からほぼ同量出題されており，小問数は各分野のバランスがとれている。全体として，内容は基本事項の理解を確認するものが中心となっている。

地理的分野では，地図・グラフなどを用いて，諸地域および国の特色・地形・気候・自然・産業などを問う問題が出題された。歴史的分野では，略年表や資料から各時代の特色・政治・経済・外交などを問う問題が出題された。公民的分野では，経済一般・国の政治の仕組み・国際社会との関わりなどを問う問題が出題された。

〈出題傾向〉

地理的分野では，略地図・統計資料・グラフなどを読み取らせることで，基本知識の定着度を確認している。また，記述問題を通して，知識の確認とともに，説明する力も併せて確認している。

歴史的分野では，歴史の流れを理解しているかを確認している。また，記述問題を通して，歴史的な重要事項の理解度に関しても確認している。

公民的分野では，政治・経済を軸にして，今日の日本社会に対する理解を確認している。また，記述問題を通して，現代日本の政治や食料廃棄の問題等を考察する力を確認している。

来年度の予想と対策

来年度も今年度と同様に，基本的な内容を確認する出題が予想される。また，記述問題が出題され，資料を正確に分析する力と表現する力が試されるので，普段から重要事項を短くまとめたり，資料の意味を読みとり，説明したりする練習をしておくことも大切である。

地理的分野では，教科書を通して基礎知識を徹底的に身に付けるだけでなく，日本の諸地域や世界の諸地域の地形・気候・風土などの特色について各種資料を通して確認しておくと良いだろう。

歴史的分野では，年表や各種資料を活用して時代の流れを把握するようにしたい。さらに，できごとの原因・結果・影響などの因果関係を理解しておくことも必須と言えるだろう。

公民的分野では，教科書に出てくる基本事項の理解を徹底することが大切である。また，今日的課題に関心をもち，新聞やテレビのニュースなどを毎日見る習慣をつけると，理解が深まるはずである。

⇨学習のポイント

- 地理では，略地図や統計資料から，諸地域の特色を読みとり分析する力をつけておこう！
- 歴史では，基本的事項を確認し，現代史も含め，各時代の特色をまとめて整理しておこう！
- 公民では，政治・経済一般の基本的事項を整理し，日本・世界のニュースを見て考える習慣をつけよう！

年度別出題内容の分析表　社会

※　　　は出題範囲縮小の影響がみられた内容

		出題内容	26年	27年	28年	29年	30年	2019年	2020年	2021年	2022年	2023年
地理的分野	日本	地形図の見方	○	○		○				○		
		日本の国土・地形・気候	○	○	○	○	○	○	○	○	○	○
		人口・都市	○			○	○			○	○	
		農林水産業	○		○		○	○	○	○	○	○
		工業		○		○	○		○	○	○	
		交通・通信			○				○	○	○	○
		資源・エネルギー				○		○				○
		貿易		○								○
	世界	人々のくらし・宗教		○			○	○	○	○	○	○
		地形・気候	○	○	○	○	○	○	○	○	○	○
		人口・都市					○			○	○	○
		産業	○	○	○	○	○	○	○			○
		交通・貿易	○		○	○	○	○		○	○	
		資源・エネルギー					○			○	○	
	地理総合											
歴史的分野	日本史—時代別	旧石器時代から弥生時代		○								
		古墳時代から平安時代	○	○	○	○	○	○	○	○	○	○
		鎌倉・室町時代	○	○	○	○	○	○	○	○	○	○
		安土桃山・江戸時代	○	○	○		○	○	○	○	○	○
		明治時代から現代	○	○	○	○	○	○	○	○		○
	日本史—テーマ別	政治・法律	○	○	○	○	○	○	○	○	○	○
		経済・社会・技術	○	○	○		○	○	○	○	○	○
		文化・宗教・教育	○		○	○	○	○	○	○	○	
		外交	○	○	○	○	○	○	○	○	○	○
	世界史	政治・社会・経済史		○	○		○	○			○	○
		文化史										
		世界史総合										
	歴史総合											
公民的分野		憲法・基本的人権	○	○	○		○	○	○	○	○	○
		国の政治の仕組み・裁判	○	○	○	○	○	○	○	○	○	○
		民主主義										○
		地方自治				○		○	○	○	○	○
		国民生活・社会保障	○	○	○		○			○		○
		経済一般	○	○	○	○	○	○	○	○	○	○
		財政・消費生活	○	○	○	○	○	○	○	○	○	
		公害・環境問題	○			○						
		国際社会との関わり	○	○	○	○	○	○	○			○
時事問題				○	○	○						
その他				○	○							

出題傾向の分析と合格への対策

出題傾向とその内容

〈最新年度の出題状況〉

大問5題の構成であった。小問数は19問であった。

大問1は，主に知識問題で構成された。漢字の読みと書き取り，文法問題，敬語，熟語，俳句に関するものが出題された。

大問2は，古文読解。仮名遣いの問題，内容読解の問題で構成された。30字程度の現代語で説明する問題もあった。

大問3は，論説文読解。内容理解に関するものが多くを占めた。また，脱文・脱語補充問題，50字程度の記述問題もあった。

大問4は，小説文読解。登場人物の心情や行為の背景にあるものを読み解く問題が多く見られた。また，脱語補充問題もあった。50～60字程度の記述問題があった。

大問5は，作文。2つの意見のうち，どちらがよいかを選び，自分の考えを書くというものであった。文字数は，200字以上240字以内であった。

〈出題傾向〉

知識問題においては，幅広い分野での基礎力が求められていると言える。漢字の読みと書き取りは必出。文法問題は，品詞や用法，敬語に関するものが取り扱われることが多い。熟語や慣用句なども，基本的なレベルのものが出題される。また，和歌や俳句，漢文の知識が問われることもある。

古文は，文章全体を理解できるだけの読解力を試していると言えよう。

説明文は，内容理解が中心だが，文章全体の構成をつかんでいないと理解できないようなものも扱われる。また，記述問題が必ず含まれるので，内容を端的に説明する力も必要となる。

小説文は，心情理解が中心。しかし，文章全体の表現の特徴を問う問題もある。記述問題では，登場人物の心情を自分の言葉で表現できるかがポイントになる。

作文は，条件に合わせて自分の意見をまとめることが重要である。

来年度の予想と対策

出題内容には変化がないので，過去の問題に挑戦し，傾向を把握しておきたい。

知識問題については，漢字の読み書きや，語句の意味や文法の用法の識別などまんべんなく基礎力をつけることが必要である。普段の学習をおろそかにしないこと。

古文は，基本的な知識だけでなく，文章全体の内容をつかむ力も求められている。

論説文は，段落ごとの要点を整理しながら，論旨を理解していくこと。小説では，状況描写・行動が描かれた表現に留意し，登場人物の心情の変化を読解する練習が不可欠である。また，表現の特徴にも気を配って読めるようにしたい。

作文では，標語や意見などを複数ある中から選び，それについて自分の意見を述べるものや，提示された資料から読み取れることをまとめた上で意見を述べるといった形式のものに取り組んでおくとよいだろう。

⇨学習のポイント

- 過去問に取り組み，出題パターンに慣れよう。
- 語句や文法について，幅広く基本を身につけよう。
- さまざまな出題形式で，作文の練習をしよう。

年度別出題内容の分析表　国語

		出題内容	26年	27年	28年	29年	30年	2019年	2020年	2021年	2022年	2023年
内容の分類	読解	主題・表題										
		大意・要旨	○	○	○	○	○	○	○	○	○	○
		情景・心情	○		○	○	○	○	○	○	○	○
		内容吟味	○	○	○	○	○	○	○	○	○	○
		文脈把握	○	○		○	○	○	○	○	○	○
		段落・文章構成	○		○	○	○	○	○	○	○	○
		指示語の問題			○	○				○	○	○
		接続語の問題				○	○		○			○
		脱文・脱語補充	○	○	○	○	○	○	○	○	○	○
	漢字・語句	漢字の読み書き	○	○	○	○	○	○	○	○	○	○
		筆順・画数・部首		○		○	○					
		語句の意味										
		同義語・対義語										
		熟語	○		○	○	○		○		○	○
		ことわざ・慣用句							○			
		仮名遣い	○	○	○	○	○	○	○	○	○	○
	表現	短文作成										
		作文(自由・課題)	○	○	○	○	○	○	○	○	○	○
		その他										
	文法	文と文節	○	○							○	
		品詞・用法	○		○	○	○	○	○	○	○	○
		敬語・その他	○	○	○	○	○	○		○	○	○
	古文の口語訳		○	○	○	○	○	○				
	表現技法・形式		○	○	○			○		○		○
	文学史											
	書写											
問題文の種類	散文	論説文・説明文	○	○	○	○	○	○	○	○	○	○
		記録文・報告文										
		小説・物語・伝記	○	○	○	○	○	○	○	○	○	○
		随筆・紀行・日記										
	韻文	詩										
		和歌(短歌)					○	○				
		俳句・川柳	○						○	○		○
	古文		○	○	○	○	○	○	○	○	○	○
	漢文・漢詩			○				○				
	会話・議論・発表											
	聞き取り											

— 栃木県公立高校 —

不安という人なつっこい怪物。

曽我部恵一｜ミュージシャン

曽我部恵一
'90年代初頭よりサニーデイ・サービスのヴォーカリスト／ギタリストとして活動を始める。2004年，自主レーベルROSE RECORDSを設立し，インディペンデント／DIYを基軸とした活動を開始する。以後，サニーデイ・サービス／ソロと並行し，プロデュース・楽曲提供・映画音楽・CM音楽・執筆・俳優など，形態にとらわれない表現を続ける。

受験を前に不安を抱えている人も多いのではないでしょうか。今回はミュージシャンであり，3人の子どもたちを育てるシングルファーザーでもある曽我部恵一さんにご自身のお子さんに対して思うことをまじえながら，“不安”について思うことを聞いた。

── 子どもの人生を途中まで一緒に生きてやろうっていうのが，何だかおこがましいような気がしてしまう。

子どもが志望校に受かったらそれは喜ばしいことだし，落ちたら落ちたで仕方がない。基本的に僕は子どもにこの学校に行ってほしいとか調べたことがない。長女が高校や大学を受験した時は，彼女自身が行きたい学校を選んで，自分で申し込んで，受かったからそこに通った。子どもに「こういう生き方が幸せなんだよ」っていうのを教えようとは全く思わないし，勝手につかむっていうか，勝手に探すだろうなと思っているかな。

僕は子どもより自分の方が大事。子どもに興味が無いんじゃないかと言われたら，本当に無いのかもしれない。子どもと仲良いし，好きだけど，やっぱり自分の幸せの方が大事。自分の方が大事っていうのは，あなたの人生の面倒は見られないですよって意味でね。あなたの人生はあなたにしか生きられない。自分の人生って，設計して実際動かせるのは自分しかいないから，自分のことを責任持ってやるのがみんなにとっての幸せなんだと思う。

うちの子にはこの学校に入ってもらわないと困るんですって言っても，だいたい親は途中で死ぬから子どもの将来って最後まで見られないでしょう。顔を合わせている時，あのご飯がうまかったとか，風呂入るねとか，こんなテレビやってたよ，とかっていう表面的な会話はしても，子どもの性格とか一緒にいない時の子どもの表情とか本当はちゃんとは知らないんじゃないかな。子どもの人生を途中まで一緒に生きてやろうっていうのが，何だかおこがましいような気がしてしまう。

── 不安も自分の能力の一部だって思う。

一生懸命何かをやってる人，僕らみたいな芸能をやっている人もそうだけど，みんな常に不安を抱えて生きていると思う。僕も自分のコンサートの前はすごく不安だし，それが解消されることはない。もっと自分に自信を持てるように練習して不安を軽減させようとするけど，無くなるということは絶対にない。アマチュアの時はなんとなくライブをやって，なんとなく人前で歌っていたから，不安はなかったけど，今はすごく不安。それは，お金をもらっているからというプロフェッショナルな気持ちや，お客さんを満足させないとというエンターテイナーとしての意地なのだろうけど，本質的な部分は“このステージに立つほど自分の能力があるのだろうか”っていう不安だから，そこは受験をする中学生と同じかもしれない。これは不安を抱えながらぶつかるしかない。それで，ぶつかってみた結果，ライブがイマイチだった時は，僕は今でも人生終わったなって気持ちになる。だから，不安を抱えている人に対して不安を解消するための言葉を僕はかけることができない。受験生の中には高校受験に失敗したら人生終わると思ってる人もいるだろうし，僕は一つのステージを失敗したら人生終わると思ってる。物理的に終わらなくても，その人の中では終わる。それに対して「人生終わらないよ」っていうのは勝手すぎる意見。僕たちの中では一回の失敗でそれは終わっちゃうんだ。でも，失敗しても相変わらずまた明日はあるし，明後日もある。生きていかなきゃいけない。失敗を繰り返していくことで，人生は続くってことがわかってくる。子どもたちの中には，そこで人生を本当に終わらそうっていう人が出てくるかもしれないけど，それは大間違い。同じような失敗は生きてるうちに何度もあって，大人になっている人は失敗を忘れたり，見ないようにしたりするのをただ単に繰り返して生きてるだけなんだと思う。失敗したからこそできるものがあるから，僕は失敗するっていうことは良いことだと思う。挫折が多い方が絶対良い。若い頃に挫折とか苦い経験っていうのはもう財産だから。

例えば，「雨が降ってきたから，カフェに入った。そしたら偶然友達と会って嬉しかった」。これって，雨が降る，晴れるとか，天気みたいなもうどうしようもないことに身を委ねて，自然に乗っかっていったら，結局はいい出来事があったということ。僕は，無理せずにそういう風に生きていきたいなと思う。失敗しても，それが何かにつながっていくから，失敗したことをねじ曲げて成功に持っていく必要はないんじゃないかな。

不安を感じてそれに打ち勝つ自信がないのなら，逃げたらいい。無理して努力することが一番すごいとも思わない。人間，普通に生きると70年とか80年とか生きるわけで，逃げてもどこかで絶対勝負しなきゃいけない瞬間っていうのがあるから，その時にちゃんと勝負すればいいんじゃないかな。受験がどうなるか，受かるだろうか，落ちるだろうか，その不安を抱えている人は，少なからず，勝負に立ち向かっていってるから不安を抱えているわけで。それは素晴らしいこと。不安っていうのは自分の中の形のない何かで自分の中の一つの要素だから，不安も自分の能力の一部だって思う。不安を抱えたまま勝負に挑むのもいいし，努力して不安を軽減させて挑むのもいい。または，不安が大きいから勝負をやめてもいいし，あくまでも全部自分の中のものだから。そう思えば，わけのわからない不安に押しつぶされるってことはないんじゃないかな。

大切なことはメモしておこうネ！

T.G

ダウンロードコンテンツのご利用方法

※弊社 HP 内の各書籍ページより，解答用紙などのデータダウンロードが可能です。

※巻頭「収録内容」ページの下部 QR コードを読み取ると，書籍ページにアクセスが出来ます。（ Step 4 からスタート）

Step 1 東京学参 HP（https://www.gakusan.co.jp/）にアクセス

Step 2 下へスクロール『フリーワード検索』に書籍名を入力

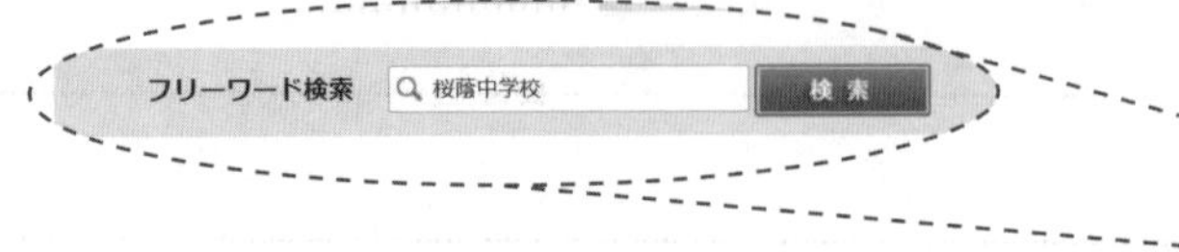

Step 3 検索結果から購入された書籍の表紙画像をクリックし，書籍ページにアクセス

Step 4 書籍ページ内の表紙画像下にある『ダウンロードページ』をクリックし，ダウンロードページにアクセス

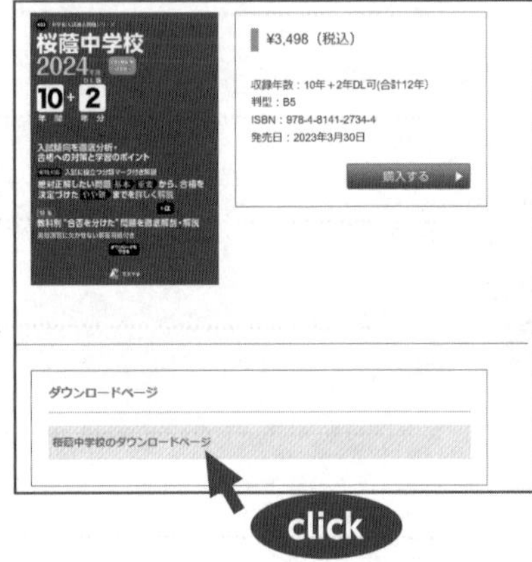

click

Step 5 巻頭「収録内容」ページの下部に記載されているパスワードを入力し，『送信』をクリック

解答用紙・+αデータ配信ページへスマホでアクセス! ⇒ 

※データのダウンロードは 2024 年 3 月末日まで。

※データへのアクセスには，右記のパスワードの入力が必要となります。 ⇒ ●●●●●●

書籍を購入したお客様

「ダウンロード」ページを閲覧したい場合は，書籍に記載されているパスワードを入力してください。
「ダウンロード」ページでは，各学校のリスニングデータや書籍に収まりきらなかった問題・解答・解説などがダウンロードできます。

送信

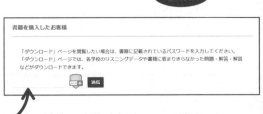

Step 6 使用したいコンテンツをクリック

※ PC ではマウス操作で保存が可能です。

click

栃木県公立高等学校

2023年度

★★★★★★★★★★★★★★★★★★★★★★★

入　試　問　題

2023年度

●くわしい解説……43ページ

＜数学＞

時間　50分　　満点　100点

1　次の1から8までの問いに答えなさい。

1　$3-(-5)$ を計算しなさい。

2　$8a^3b^2 \div 6ab$ を計算しなさい。

3　$(x+3)^2$ を展開しなさい。

4　1個 x 円のパンを7個と1本 y 円のジュースを5本買ったところ，代金の合計が2000円以下になった。この数量の関係を不等式で表しなさい。

5　右の図の立方体ABCD－EFGHにおいて，辺ABとねじれの位置にある辺の数はいくつか。

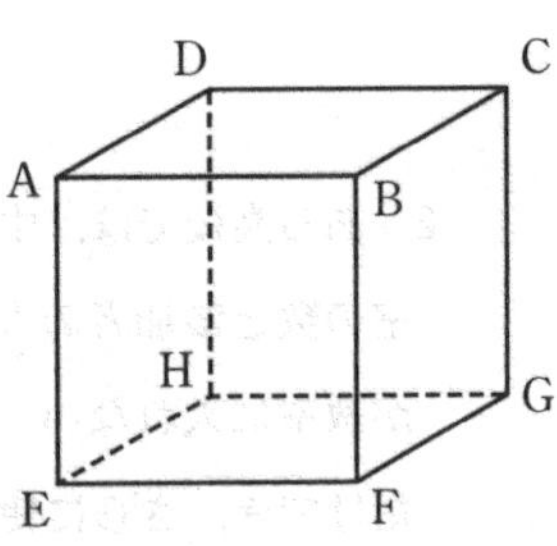

6　y は x に反比例し，$x=-2$ のとき $y=8$ である。y を x の式で表しなさい。

7　右の図において，点A，B，Cは円Oの周上の点である。
$\angle x$ の大きさを求めなさい。

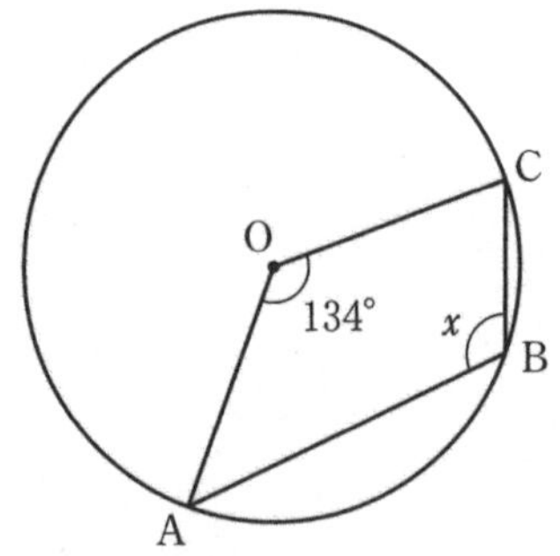

8　△ABCと△DEFは相似であり，その相似比は3：5である。このとき，△DEFの面積は△ABCの面積の何倍か求めなさい。

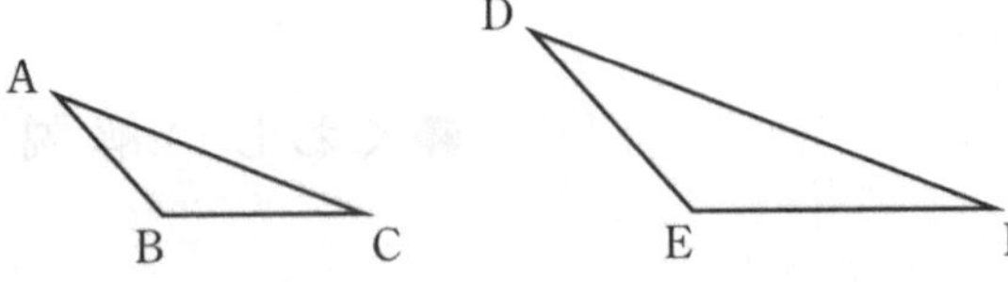

2 次の１，２，３の問いに答えなさい。

1　２次方程式 $x^2 + 4x + 1 = 0$ を解きなさい。

2　ある高校では，中学生を対象に一日体験学習を各教室で実施することにした。使用できる教室の数と参加者の人数は決まっている。１つの教室に入る参加者を15人ずつにすると，34人が教室に入れない。また，１つの教室に入る参加者を20人ずつにすると，14人の教室が１つだけでき，さらに使用しない教室が１つできる。

このとき，使用できる教室の数を x として方程式をつくり，使用できる教室の数を求めなさい。ただし，途中の計算も書くこと。

3　次の［　］内の先生と生徒の会話文を読んで，下の［　］内の生徒が完成させた【証明】の ① から ⑤ に当てはまる数や式をそれぞれ答えなさい。

先生	「一の位が０でない900未満の３けたの自然数をＭとし，Ｍに99をたしてできる自然数をＮとすると，Ｍの各位の数の和とＮの各位の数の和は同じ値になるという性質があります。例として583で確かめてみましょう。」
生徒	「583の各位の数の和は $5+8+3=16$ です。583に99をたすと682となるので，各位の数の和は $6+8+2=16$ で同じ値になりました。」
先生	「そうですね。それでは，Ｍの百の位，十の位，一の位の数をそれぞれ a，b，c として，この性質を証明してみましょう。a，b，c のとりうる値の範囲に気をつけて，ＭとＮをそれぞれ a，b，c を用いて表すとどうなりますか。」
生徒	「Ｍは表せそうですが，ＮはＭ＋99で…，各位の数がうまく表せません。」
先生	「99を100－１におきかえて考えてみましょう。」

生徒が完成させた【証明】

３けたの自然数Ｍの百の位，十の位，一の位の数をそれぞれ a，b，c とすると，a は１以上８以下の整数，b は０以上９以下の整数，c は１以上９以下の整数となる。
このとき，
Ｍ＝ ① $\times a +$ ② $\times b + c$ と表せる。
また，Ｎ＝Ｍ＋99より
Ｎ＝ ① $\times a +$ ② $\times b + c + 100 - 1$ となるから
Ｎ＝ ① ×（ ③ ）＋ ② × ④ ＋ ⑤ となり，
Ｎの百の位の数は ③ ，十の位の数は ④ ，一の位の数は ⑤ となる。
よって，Ｍの各位の数の和とＮの各位の数の和はそれぞれ $a + b + c$ となり，同じ値になる。

3　次の１，２，３の問いに答えなさい。

1　右の図の△ABCにおいて，辺AC上にあり，∠ABP＝30°となる点Pを作図によって求めなさい。ただし，作図には定規とコンパスを使い，また，作図に用いた線は消さないこと。

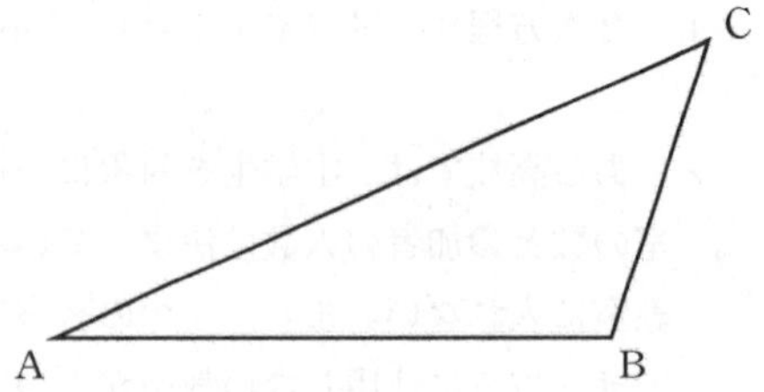

2　右の図は，AB＝２cm，BC＝３cm，CD＝３cm，∠ABC＝∠BCD＝90°　の台形ABCDである。

このとき，次の(1)，(2)の問いに答えなさい。

(1)　ADの長さを求めなさい。

(2)　台形ABCDを，辺CDを軸として１回転させてできる立体の体積を求めなさい。ただし，円周率はπとする。

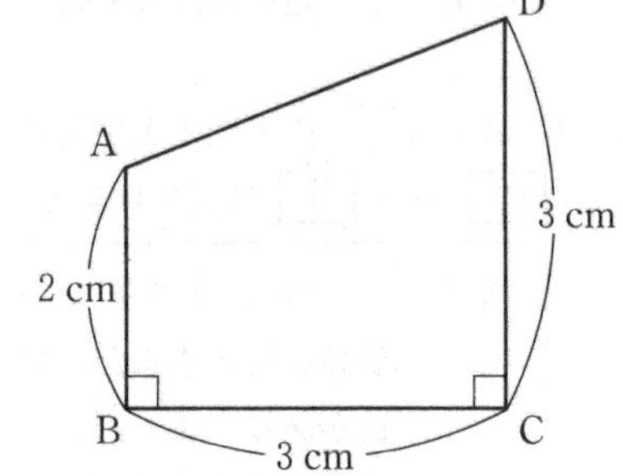

3　右の図のように，正方形ABCDの辺BC上に点Eをとり，頂点B，Dから線分AEにそれぞれ垂線BF，DGをひく。

このとき，△ABF≡△DAGであることを証明しなさい。

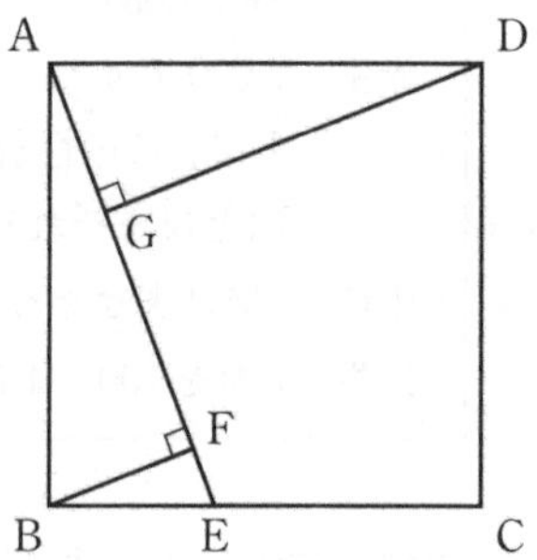

4　次の１，２，３の問いに答えなさい。

1　５人の生徒A，B，C，D，Eがいる。これらの生徒の中から，くじびきで２人を選ぶとき，Dが選ばれる確率を求めなさい。

2　右の表は，あるクラスの生徒35人が水泳の授業で25mを泳ぎ，タイムを計測した結果を度数分布表にまとめたものである。

このとき，次の(1)，(2)の問いに答えなさい。

(1)　18.0秒以上20.0秒未満の階級の累積度数を求めなさい。

(2)　度数分布表における，最頻値を求めなさい。

階級(秒)	度数(人)
以上　　未満	
14.0 ～ 16.0	2
16.0 ～ 18.0	7
18.0 ～ 20.0	8
20.0 ～ 22.0	13
22.0 ～ 24.0	5
計	35

3　下の図は，ある中学校の３年生100人を対象に20点満点の数学のテストを２回実施し，１回目と２回目の得点のデータの分布のようすをそれぞれ箱ひげ図にまとめたものである。

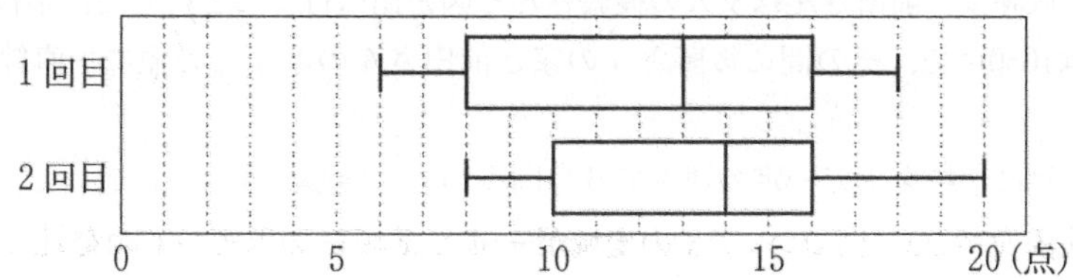

このとき，次の(1)，(2)の問いに答えなさい。

(1)　箱ひげ図から読み取れることとして正しいことを述べているものを，次の**ア**，**イ**，**ウ**，**エ**の中から**２つ**選び，記号で答えなさい。

ア　中央値は，１回目よりも２回目の方が大きい。
イ　最大値は，１回目よりも２回目の方が小さい。
ウ　範囲は，１回目よりも２回目の方が大きい。
エ　四分位範囲は，１回目よりも２回目の方が小さい。

(2)　次の文章は，「１回目のテストで８点を取った生徒がいる」ことが**正しいとは限らない**ことを説明したものである。［　　］に当てはまる文を，特定の２人の生徒に着目して書きなさい。

> 箱ひげ図から，１回目の第１四分位数が８点であることがわかるが，８点を取った生徒がいない場合も考えられる。例えば，テストの得点を小さい順に並べたときに，［　　　　　　　　　　　　　　　　］の場合も，第１四分位数が８点となるからである。

5　次の１，２の問いに答えなさい。

1　右の図のように，２つの関数 $y=5x$，$y=2x^2$ のグラフ上で，x 座標が t（$t>0$）である点をそれぞれA，Bとする。Bを通り x 軸に平行な直線が，関数 $y=2x^2$ のグラフと交わる点のうち，Bと異なる点をCとする。また，Cを通り y 軸に平行な直線が，関数 $y=5x$ のグラフと交わる点をDとする。

このとき，次の(1)，(2)，(3)の問いに答えなさい。

(1)　関数 $y=2x^2$ について，x の変域が $-1 \leqq x \leqq 5$ のときの y の変域を求めなさい。

(2)　$t=2$ のとき，△OACの面積を求めなさい。

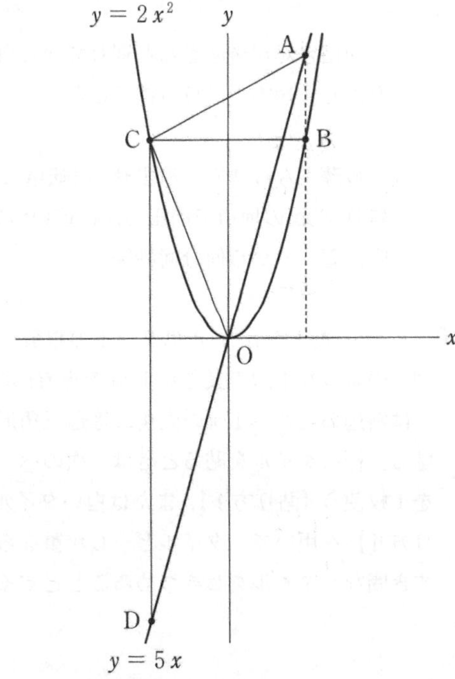

(3) BC：CD＝1：4 となるとき，t の値を求めなさい。ただし，途中の計算も書くこと。

2 ある日の放課後，前田さんは友人の後藤さんと図書館に行くことにした。学校から図書館までの距離は1650mで，その間に後藤さんの家と前田さんの家がこの順に一直線の道沿いにある。

2人は一緒に学校を出て一定の速さで6分間歩いて，後藤さんの家に着いた。後藤さんが家で準備をするため，2人はここで別れた。その後，前田さんは毎分70mの速さで8分間歩いて，自分の家に着き，家に着いてから5分後に毎分70mの速さで図書館に向かった。

下の図は，前田さんが図書館に着くまでのようすについて，学校を出てからの時間を x 分，学校からの距離を y mとして，x と y の関係をグラフに表したものである。

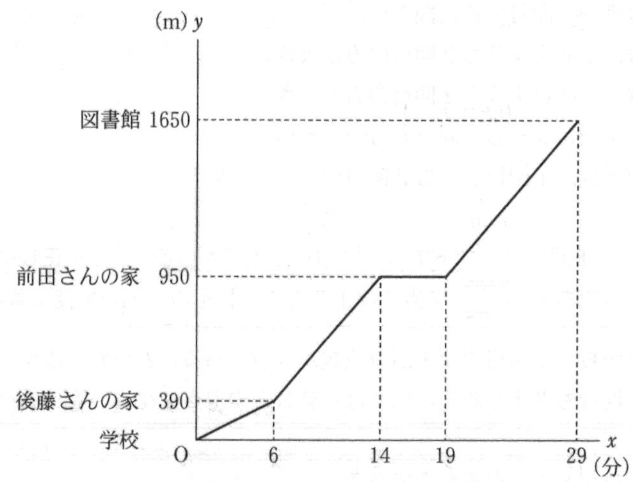

このとき，次の(1)，(2)，(3)の問いに答えなさい。

(1) 2人が学校を出てから後藤さんの家に着くまでの速さは毎分何mか。

(2) 前田さんが後藤さんと別れてから自分の家に着くまでの x と y の関係を式で表しなさい。ただし，途中の計算も書くこと。

(3) 後藤さんは準備を済ませ，自転車に乗って毎分210mの速さで図書館に向かい，図書館まで残り280mの地点で前田さんに追いついた。後藤さんが図書館に向かうために家を出たのは，家に着いてから何分何秒後か。

6 1辺の長さが n cm（n は2以上の整数）の正方形の板に，図1のような1辺の長さが1cmの正方形の黒いタイル，または斜辺の長さが1cmの直角二等辺三角形の白いタイルを貼る。板にタイルを貼るときは，次のページの黒いタイルを1枚使う【貼り方Ⅰ】，または白いタイルを4枚使う【貼り方Ⅱ】を用いて，タイルどうしが重ならないように板にすき間なくタイルをしきつめることとする。

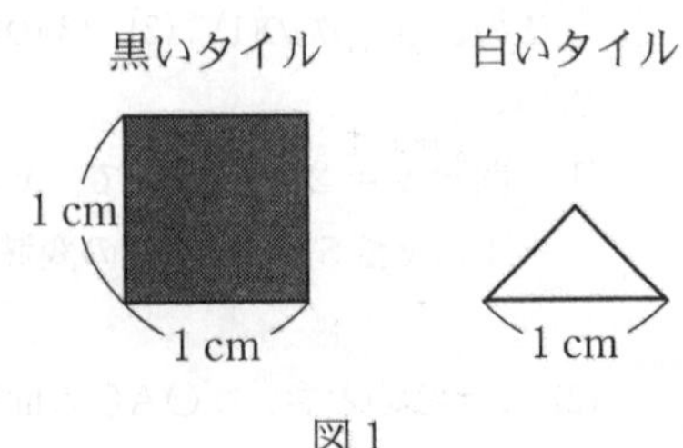

図1

【貼り方Ⅰ】

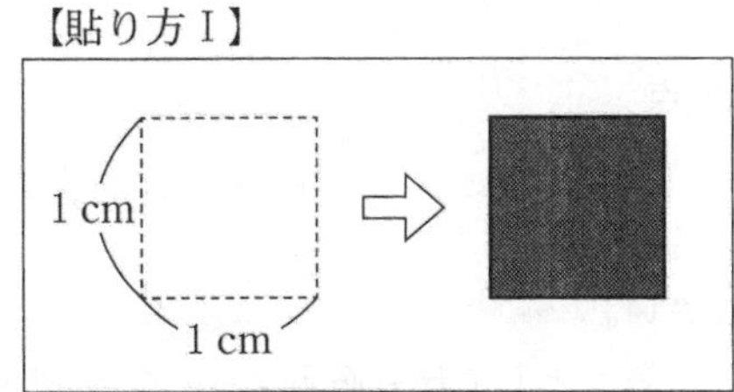

【貼り方Ⅱ】

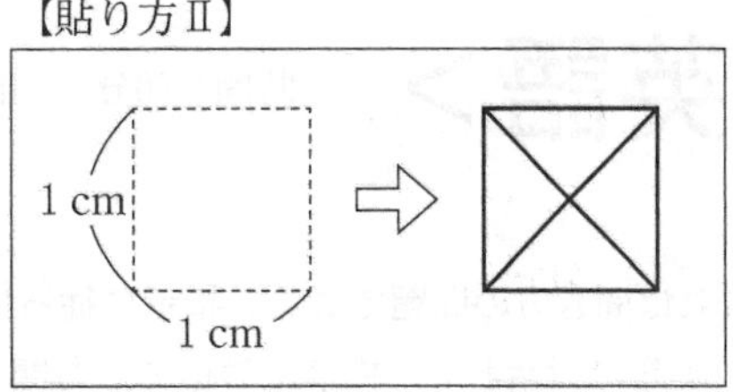

例えば，$n=3$ の場合について考えるとき，図2は黒いタイルを7枚，白いタイルを8枚，合計15枚のタイルを使って板にタイルをしきつめたようすを表しており，図3は黒いタイルを4枚，白いタイルを20枚，合計24枚のタイルを使って板にタイルをしきつめたようすを表している。

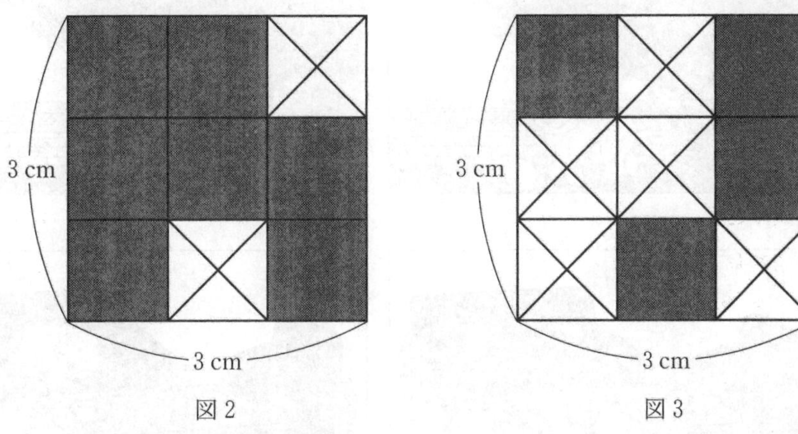

図2　　図3

このとき，次の1，2，3の問いに答えなさい。

1　$n=4$ の場合について考える。白いタイルだけを使って板にタイルをしきつめたとき，使った白いタイルの枚数を求めなさい。

2　$n=5$ の場合について考える。黒いタイルと白いタイルを合計49枚使って板にタイルをしきつめたとき，使った黒いタイルと白いタイルの枚数をそれぞれ求めなさい。

3　次の文章の①，②，③に当てはまる式や数をそれぞれ求めなさい。ただし，文章中の a は2以上の整数，b は1以上の整数とする。

> $n=a$ の場合について考える。はじめに，黒いタイルと白いタイルを使って板にタイルをしきつめたとき，使った黒いタイルの枚数を b 枚とすると，使った白いタイルの枚数は a と b を用いて（　①　）枚と表せる。
> 次に，この板の【貼り方Ⅰ】のところを【貼り方Ⅱ】に，【貼り方Ⅱ】のところを【貼り方Ⅰ】に変更した新しい正方形の板を作った。このときに使ったタイルの枚数の合計は，はじめに使ったタイルの枚数の合計よりも225枚少なくなった。これを満たす a のうち，最も小さい値は（　②　），その次に小さい値は（　③　）である。

＜英語＞

時間　50分　　満点　100点

1　これは聞き方の問題である。指示に従って答えなさい。

1　〔英語の対話とその内容についての質問を聞いて，答えとして最も適切なものを選ぶ問題〕

(1)　ア　イ　ウ　エ

(2)　ア　イ　ウ　エ

(3) ア Find the teacher's notebook. イ Give her notebook to the teacher.
ウ Go to the teachers' room. エ Play soccer with the teacher.

(4) ア At Kate's house. イ At the baseball stadium.
ウ At the bookstore. エ At the museum.

2 〔英語の対話とその内容についての質問を聞いて，答えとして最も適切なものを選ぶ問題〕

Welcome to Tochinoki High School Festival

Time \ Place	Gym	Classroom A	Science Room	Cooking Room
10:00 a.m.~ 10:45 a.m.	Guitar Performance		Science Show	Menu Curry and Rice Sandwiches Ice Cream Drinks
11:00 a.m.~ 11:45 a.m.	Dance Club	Calligraphy Experience	Science Show	
Lunch Break				
1:00 p.m.~ 1:45 p.m.	Chorus Club	Calligraphy Experience	Science Show	
2:00 p.m.~ 2:45 p.m.	Piano Performance		Science Show	

(1) ア In the Gym. イ In the Classroom A.
ウ In the Science Room. エ In the Cooking Room.

(2) ア 10:00 a.m. ~ 10:45 a.m. イ 11:00 a.m. ~ 11:45 a.m.
ウ 1:00 p.m. ~ 1:45 p.m. エ 2:00 p.m. ~ 2:45 p.m.

(3) ア Miho recommends Calligraphy Experience to Alex.
イ Miho recommends sandwiches to Alex.
ウ Miho suggests where to go after lunch.
エ Miho suggests where to go for lunch.

3 〔英語の説明を聞いて，メモを完成させる問題〕
メモの(1)には数字を入れ，(2)と(3)には英語を入れなさい。

Green Wing Castle

・It was built in [(1)].
・More than 400 rooms.
・The man in the picture had 10 [(2)].
・People enjoyed parties in the large room.
・The West Tower → We can see the [(3)] city.

2 次の1，2の問いに答えなさい。

1 次の英文中の (1) から (6) に入る語として，下の(1)から(6)のア，イ，ウ，エのうち，それぞれ最も適切なものはどれか。

Hello, everyone. Do you like (1) movies? Me? Yes, I (2) . I'll introduce my favorite movie. It is "The Traveling of the Amazing Girl." The story is (3) a girl who travels through time. Some troubles happen, but she can solve (4) . The story is (5) , and the music is also exciting. The movie was made a long time ago, but even now it is very popular. It is a great movie. If you were the girl, what (6) you do?

(1) ア watch イ watches ウ watching エ watched
(2) ア am イ do ウ is エ does
(3) ア about イ in ウ to エ with
(4) ア they イ their ウ them エ theirs
(5) ア empty イ fantastic ウ narrow エ terrible
(6) ア can イ may ウ must エ would

2 次の(1)，(2)，(3)の（ ）内の語句を意味が通るように並べかえて，(1)と(2)はア，イ，ウ，エ，(3)はア，イ，ウ，エ，オの記号を用いて答えなさい。

(1) *A:* Is Tom the tallest in this class?
B: No. He（ア tall イ not ウ as エ is）as Ken.

(2) *A:* I hear so many（ア be イ can ウ seen エ stars）from the top of the mountain.
B: Really? Let's go to see them.

(3) *A:* What sport do you like?
B: Judo! Actually I（ア been イ have ウ practicing エ since オ judo）I was five years old.

3 次の英文を読んで1，2，3，4の問いに答えなさい。

When people in Japan want to decide who wins or who goes first quickly, they often play a hand game called **Janken*. They use three hand gestures to play the game. A closed hand means a *rock, an open hand means paper, and a closed hand with the *extended *index and middle fingers means *scissors. A rock breaks scissors, so the rock wins. Also, scissors cut paper, and paper covers a rock. It is（　　　）the rules, so many people can play *Janken*.

This kind of hand game is played in many countries all around the world. Most of the people use three hand gestures, but some people use more than three. In *France, people use four hand gestures. People in *Malaysia sometimes use five hand gestures.

In other countries, people use hand gestures which are A from the ones used in Japan. In *Indonesia, a closed hand with the extended *thumb means an elephant, a closed hand with the extended index finger means a person, and a closed hand with the extended *little finger means an *ant. In their rules, an elephant *beats a person, because it is larger and stronger. In the same way, a person beats an ant. But how can a small ant beat a big elephant? Can you imagine the reason? An ant can get into an elephant's ears and nose, and the elephant doesn't like that.

Isn't it interesting to know that there are many kinds of hand games like *Janken* around the world? Even when the hand gestures and their meanings are [A], people can enjoy them. If you go to foreign countries in the future, ask the local people how they play their hand games. And why don't you introduce yours and play the games with them? Then that may be [B].

〔注〕 **janken*＝じゃんけん　*rock＝岩，石　*extended＝伸ばした
*index and middle fingers＝人差し指と中指　*scissors＝はさみ　*France＝フランス
*Malaysia＝マレーシア　*Indonesia＝インドネシア　*thumb＝親指
*little finger＝小指　*ant＝アリ　*beat ～＝～を打ち負かす

1　本文中の（　）に入るものとして，最も適切なものはどれか。

ア difficult to decide　　イ easy to understand

ウ free to break　　エ necessary to change

2　本文中の二つの [A] には同じ英語が入る。適切な英語を１語で書きなさい。

3　本文中の下線部の内容を，次の [ ] が表すように（　）に入る25字程度の日本語を書きなさい。ただし，句読点も字数に加えるものとする。

アリは（　　　　　　　　　　　　　　　　　　）から，アリがゾウに勝つ。

4　本文中の [B] に入るものとして，最も適切なものはどれか。

ア a good way to learn the culture and history of Japan

イ a good way to decide which hand gesture is the best

ウ a good start for communicating with people all over the world

エ a good start for knowing how you can always win at hand games

4 主人公である修二（Shuji）と，その同級生の竜也（Tatsuya）について書かれた次の英文を読んで，１から５までの問いに答えなさい。

I met Tatsuya when I was 7 years old. We joined a badminton club then. I was good at sports, so I improved my *skills for badminton soon. Tatsuya was not a good player, but he always practiced hard and said, "I can do it! I will win next time." He even said, "I will be the *champion of badminton in Japan." I also had a dream to become the champion, but I [　　　] such words because I thought it was *embarrassing to do that. When I won against him, he always said to me, "Shuji, let's play one more game. I will win next time." I never lost against him, but I felt he was improving his skills.

When we were 11 years old, the situation changed. In a city tournament, I played a badminton game against Tatsuya. Before the game, he said to me, "Shuji, I will win this time." I thought I would win against him easily because I never lost against him. However, I couldn't. I lost against him *for the first time. I never thought <u>that</u> would happen so soon. He smiled and said, "I finally won!" Then I started to practice badminton harder because I didn't want to lose again.

When we were junior high school students, we played several badminton games, but I couldn't win even once. Tatsuya became strong and joined the *national badminton tournament, so I went to watch his games. In the tournament, his play was great. Sometimes he *made mistakes in the games, but then, he said, "It's OK! I will not make the same mistake again!" He even said, "I will be the champion!" I thought, "He hasn't changed since he was a beginner."

Finally, Tatsuya really became the champion of badminton in Japan. After the tournament, I asked him why he became so strong. He said, "Shuji, I always say that I will be the champion. Do you know why? When we *say our goals out loud, our *mind and body move to *reach the goals. In fact, by saying that I will be the champion, I can practice hard, and that helps me play better. The words I say make me strong." I realized that those words gave him the (p　　) to reach the goal. On that day, I decided to say my goal and practice hard to reach it.

Now I am 18 years old and I am ready to win the national tournament. Now I am standing on the *court to play a game against Tatsuya in the *final of the national badminton tournament. I have changed. I am going to say to Tatsuya, "I will win this time. I will be the champion."

〔注〕 *skill＝技術　*champion＝チャンピオン　*embarrassing＝恥ずかしい
*for the first time＝初めて　*national＝全国の　*make a mistake＝ミスをする
*say ~ out loud＝~を声に出す　*mind＝心　*reach ~＝~を達成する
*court＝コート　*final＝決勝

1 本文中の □ に入る適切な英語を２語または３語で書きなさい。

2 本文中の下線部の指す内容は何か。日本語で書きなさい。

3 本文中の（ ）に入る適切な英語を１語で書きなさい。ただし，（ ）内に示されている文字で書き始め，その文字も含めて答えること。

4 次のページの文は，本文中の最後の段落に書かれた出来事の翌日に，竜也が修二に宛てて送ったメールの内容である。（Ａ），（Ｂ）に入る語の組み合わせとして，最も適切なものはどれか。

Hi Shuji,

*Congratulations!
Now you are the champion, my friend.
You've become my goal again.
You were always my goal when I was little.
I remember I was very (　A　) when I won against you for the first time.

At that time, you told me that it was embarrassing for you to say your goal.
So I was (　B　) when you said to me, "I will be the champion."
This time I lost, but I will win next time.

Your friend,
Tatsuya

〔注〕 *congratulations＝おめでとう

ア　A：sorry　－　B：bored　　イ　A：sad　－　B：excited
ウ　A：happy　－　B：lonely　　エ　A：glad　－　B：surprised

5　本文の内容と一致するものはどれか。

ア　Shuji played badminton better than Tatsuya when they began to play it.
イ　Tatsuya asked Shuji to practice hard and become the champion in Japan.
ウ　Shuji thought Tatsuya would win against Shuji in the national tournament.
エ　Tatsuya decided to say his goal out loud because Shuji told Tatsuya to do so.

5　次の英文は，高校生の光（Hikari）とドイツ（Germany）からの留学生レオン（Leon）の対話の一部である。また，図は二人が見ているウェブサイトの一部である。これらに関して，1から7までの問いに答えなさい。（図は15ページにあります）

Hikari: Leon, look at this T-shirt. I bought it yesterday.
Leon: It looks cute, but didn't you get a new (1)one last weekend?
Hikari: Yes. I love clothes.
Leon: Me too, [　A　]. Instead, I wear my favorite clothes for many years.
Hikari: Many years? I like new fashion, so I usually enjoy my clothes only for one season.
Leon: Too short! You mean you often *throw away the clothes you don't need?
Hikari: Well, I did (2)that before, but I stopped it. I have kept the clothes I

don't wear in my *closet. However, I don't know what I can do with those clothes.

Leon: When I was in Germany, my family used "*Kleidercontainer.*"

Hikari: What is that?

Leon: It is a box to collect used clothes. I will show you a website. It is made by a Japanese woman, Sachiko. She lives in Germany. Look at this picture on the website. This is *Kleidercontainer.*

Hikari: Wow, it's big! Sachiko is ＿(3)＿ the box, right?

Leon: That's right. Then, the collected clothes are used again by someone else, or they are recycled.

Hikari: Nice! Hey, look at the picture next to *Kleidercontainer.* You have a *bookshelf on the street?

Leon: It is "*Öffentlicher Bücherschrank.*" It means "*public bookshelf." When you have books you don't need, you can bring them here.

Hikari: Sachiko says that people can ＿(4)＿ from the bookshelf *for free! Is that true?

Leon: Yes. When I was in Germany, I sometimes did that.

Hikari: Great! Sachiko is also introducing how she uses things she doesn't need in other ways. For example, by using an old T-shirt, she ＿(5)＿ or clothes for her pet.

Leon: Oh, some people call those activities "upcycling."

Hikari: Upcycling? I have never heard that word. [B] what upcycling is?

Leon: Sure! When you have something you don't need, you may throw it away. However, by creating something (C) from the thing you don't need, you can still use it. Upcycling can give (C) *values to things you don't use.

Hikari: Interesting! In this way, we can use things for a (D) time. I want to think more about how I can use my clothes in other ways.

〔注〕 *throw away ～ / throw ～ away＝～を捨てる　*closet＝クローゼット　*bookshelf＝本棚
*public＝公共の　*for free＝無料で　*value＝価値

1　下線部(1)は何を指すか。本文から抜き出して書きなさい。

2　[A] に入るものとして，最も適切なものはどれか。

ア　but I don't buy new clothes so often
イ　but I like shirts better than T-shirts
ウ　so I buy a lot of clothes every season
エ　so I'm happy to hear that you love clothes

3　下線部(2)の that とはどのようなことか。15字以内の日本語で書きなさい。ただし，句読点も字数に加えるものとする。

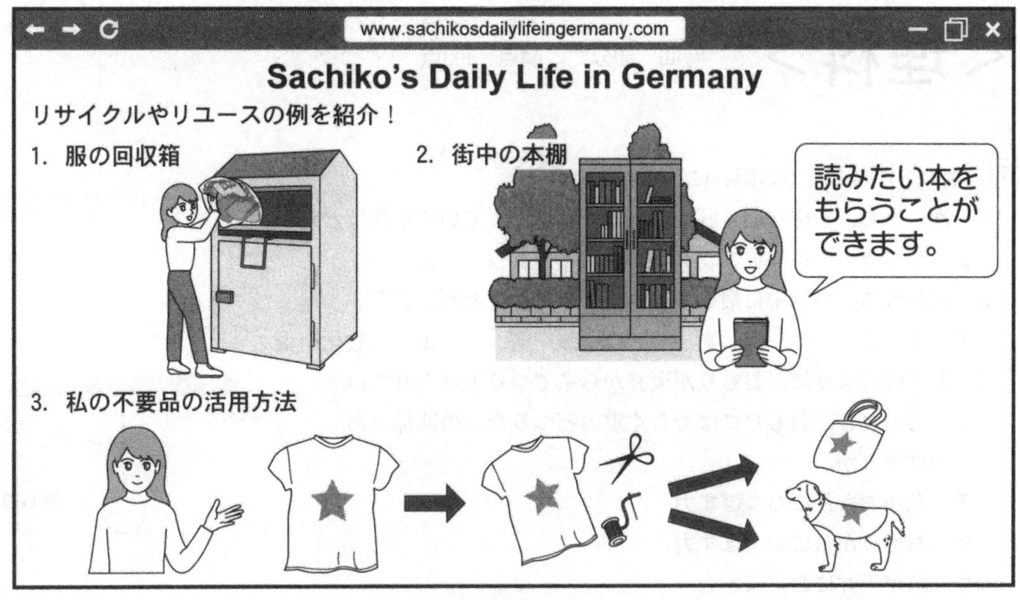

図

4　図を参考に，二人の対話が成り立つよう，下線部(3)，(4)，(5)に適切な英語を書きなさい。

5　二人の対話が成り立つよう，［B］に入る適切な英語を3語または4語で書きなさい。

6　本文中の（C），（D）に入る語の組み合わせとして，最も適切なものはどれか。

ア　C：old　－　D：long　　イ　C：old　－　D：short

ウ　C：new　－　D：long　　エ　C：new　－　D：short

7　英語の授業で，「今後，服を手放す際に　どのような手段を選ぶか」について，短いスピーチをすることになりました。それに向けて，次の〔条件〕に合うよう，あなたの考えを書きなさい。

〔条件〕①　下の［　］内の四つの手段から一つを選ぶこと。
なお，（　）内の例を参考にして書いてもよい。
②　なぜその手段を選ぶのかという理由も書くこと。
③　まとまりのある5文程度の英語で書くこと。

・売る	（例：＊フリーマーケットやオンラインで売る）
・他の人にあげる	（例：兄弟姉妹や友だちにあげる）
・＊寄付する	（例：＊慈善団体に寄付する）
・リサイクルに出す	（例：リサイクルのためにお店に持って行く）

〔注〕＊フリーマーケット＝flea market　＊（～を…に）寄付する＝donate ～ to…
＊慈善団体＝charities

<理科>　時間 50分　満点 100点

1 次の1から8までの問いに答えなさい。

1 次のうち，子房がなく胚珠がむきだしになっている植物はどれか。

ア サクラ　イ アブラナ　ウ イチョウ　エ ツツジ

2 次のうち，空気中に最も多く含まれる気体はどれか。

ア 水 素　イ 窒 素　ウ 酸 素　エ 二酸化炭素

3 右の図のように，おもりが天井から糸でつり下げられている。このとき，おもりにはたらく重力とつり合いの関係にある力はどれか。

天井
糸
おもり

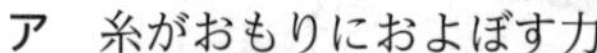

ア 糸がおもりにおよぼす力

イ おもりが糸におよぼす力

ウ 糸が天井におよぼす力

エ 天井が糸におよぼす力

4 右の図は，日本付近において，特定の季節に日本の南側に発達する気団Xを模式的に表したものである。気団Xの特徴として，最も適切なものはどれか。

ア 冷たく乾燥した大気のかたまり

イ 冷たく湿った大気のかたまり

ウ あたたかく乾燥した大気のかたまり

エ あたたかく湿った大気のかたまり

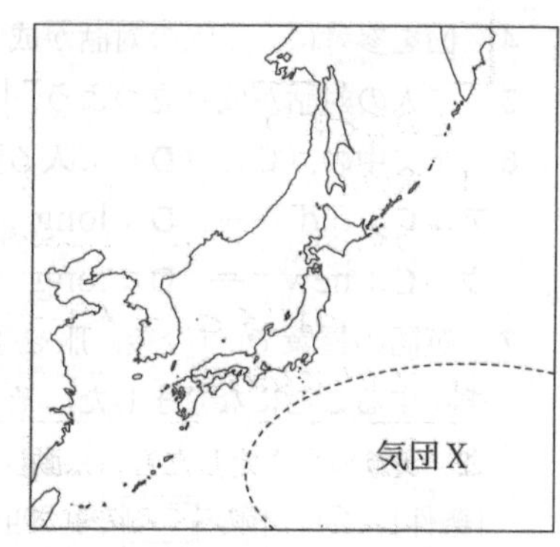

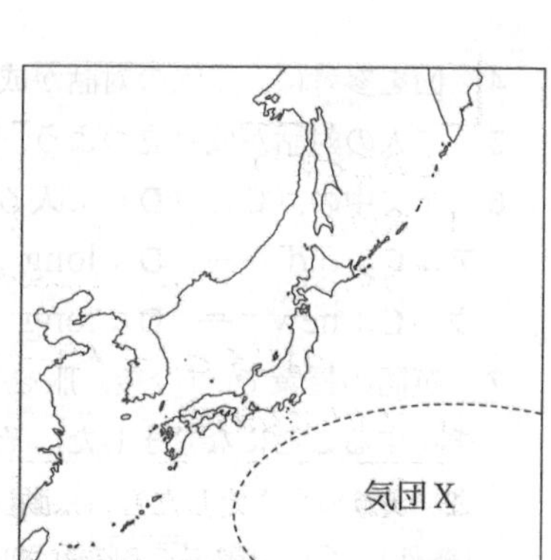

5 地震が起こると，震源ではP波とS波が同時に発生する。このとき，震源から離れた場所に，はじめに到達するP波によるゆれを何というか。

6 熱いものにふれたとき，熱いと感じる前に，思わず手を引っこめるなど，ヒトが刺激を受けて，意識とは無関係に起こる反応を何というか。

7 100Vの電圧で1200Wの電気器具を使用したときに流れる電流は何Aか。

8 酸の陰イオンとアルカリの陽イオンが結びついてできた物質を何というか。

2 ユウさんとアキさんは，音の性質について調べるために，次の実験(1)，(2)を行った。

(1) 図1のようなモノコードで，弦のPQ間の中央をはじいて音を発生させた。発生した音を，マイクとコンピュータで測定すると図2の波形が得られた。図2の横軸は時間を表し，1目盛りは200分の1秒である。縦軸は振動の振れ幅を表している。なお，砂ぶくろの重さにより弦の張り具合を変えることができる。

(図1，図2は次のページにあります。)

(2) 砂ぶくろの重さ，弦の太さ，弦のPQ間の長さと音の高さの関係を調べるために，モノコードの条件を表の条件A，B，C，Dに変え，実験(1)と同様に実験を行った。なお，砂ぶくろⅠより砂ぶくろⅡの方が重い。また，弦Ⅰと弦Ⅱは同じ材質でできているが，弦Ⅰより弦Ⅱの方が太い。

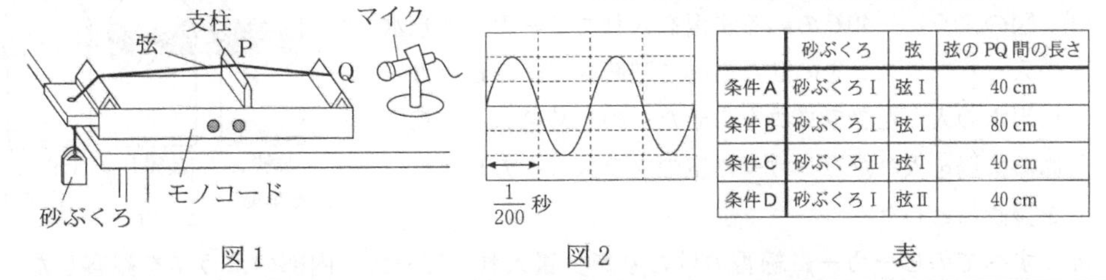

図1　　図2

	砂ぶくろ	弦	弦の PQ 間の長さ
条件A	砂ぶくろⅠ	弦Ⅰ	40 cm
条件B	砂ぶくろⅠ	弦Ⅰ	80 cm
条件C	砂ぶくろⅡ	弦Ⅰ	40 cm
条件D	砂ぶくろⅠ	弦Ⅱ	40 cm

表

このことについて，次の1，2，3，4の問いに答えなさい。

1　次の□内の文は，弦をはじいてから音がマイクに伝わるまでの現象を説明したものである。(　)に当てはまる語を書きなさい。

> 弦をはじくと，モノコードの振動が（　　　）を振動させ，その振動により音が波としてマイクに伝わる。

2　実験(1)で測定した音の振動数は何Hzか。

3　実験(2)で，砂ぶくろの重さと音の高さの関係，弦の太さと音の高さの関係，弦のPQ間の長さと音の高さの関係を調べるためには，それぞれどの条件とどの条件を比べるとよいか。条件A，B，C，Dのうちから適切な組み合わせを記号で答えなさい。

4　次の□内は，実験(2)を終えてからのユウさんとアキさんの会話である。①，②に当てはまる語句をそれぞれ(　)の中から選んで書きなさい。また，下線部のように弦をはじく強さを強くして実験を行ったときに，コンピュータで得られる波形は，弦をはじく強さを強くする前と比べてどのように変化するか簡潔に書きなさい。

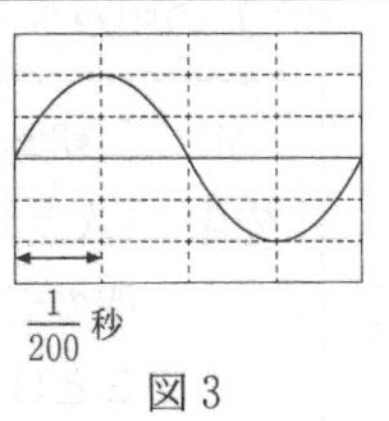

図3

ユウ「弦をはじいて発生する音の高さは，砂ぶくろの重さや弦の太さ，弦の長さが関係していることがわかったね。」

アキ「そうだね。例えば，図2の波形を図3のようにするには，それぞれどのように変えたらよいだろう。」

ユウ「実験結果から考えると，砂ぶくろを軽くするか，弦を①(太く・細く) するか，弦のPQ間の長さを②(長く・短く) すればよいことがわかるよ。」

アキ「ところで，<u>弦をはじく強さを強くしたとき</u>はどのような波形が得られるのかな。」

ユウ「どのような波形になるか，確認してみよう。」

3 霧が発生する条件について調べるために，次の実験(1)，(2)，(3)，(4)を順に行った。

(1) 室内の気温と湿度を測定すると，25℃，58%であった。

(2) ビーカーを3個用意し，表面が結露することを防ぐため，ビーカーをドライヤーであたためた。

(3) 図のように，40℃のぬるま湯を入れたビーカーに氷水の入ったフラスコをのせたものを装置A，空（から）のビーカーに氷水の入ったフラスコをのせたものを装置B，40℃のぬるま湯を入れたビーカーに空のフラスコをのせたものを装置Cとした。

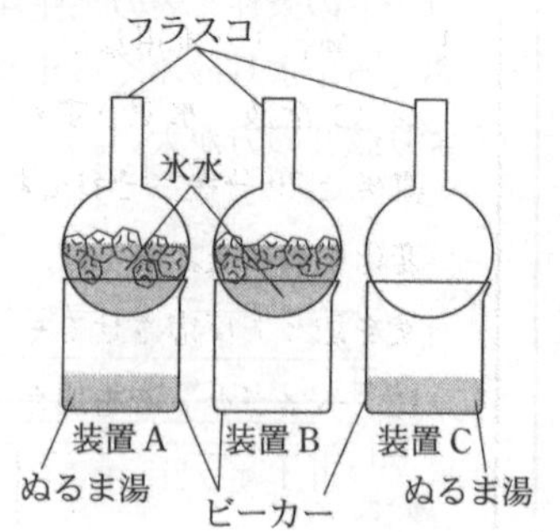

(4) すべてのビーカーに線香のけむりを少量入れ，ビーカー内部のようすを観察した。表は，その結果をまとめたものである。

	装置A	装置B	装置C
ビーカー内部のようす	白いくもりがみられた。	変化がみられなかった。	変化がみられなかった。

このことについて，次の1，2，3の問いに答えなさい。

1 次の□内の文は，下線部の操作により，結露を防ぐことができる理由を説明したものである。①，②に当てはまる語句をそれぞれ（ ）の中から選んで書きなさい。

> ビーカーの表面付近の空気の温度が，露点よりも①(高く・低く) なり，飽和水蒸気量が②(大きく・小さく) なるから。

2 装置Aと装置Bの結果の比較や，装置Aと装置Cの結果の比較から，霧が発生する条件についてわかることを，ビーカー内の空気の状態に着目して，それぞれ簡潔に書きなさい。

3 次の□内は，授業後の生徒と先生の会話である。①，②，③に当てはまる語をそれぞれ（ ）の中から選んで書きなさい。

> 生徒 「『朝霧は晴れ』という言葉を聞いたことがありますが，どのような意味ですか。」
>
> 先生 「人々の経験をもとに伝えられてきた言葉ですね。それは，朝霧が発生する日の昼間の天気は，晴れになることが多いという意味です。では，朝霧が発生したということは，夜間から明け方にかけて，どのような天気であったと考えられますか。また，朝霧が発生する理由を授業で学んだことと結びつけて説明できますか。」
>
> 生徒 「天気は①(晴れ・くもり) だと思います。そのような天気では，夜間から明け方にかけて，地面や地表がより冷却され，地面の温度とともに気温も下がります。気温が下がると，空気中の②(水滴・水蒸気) が③(凝結・蒸発) しやすくなるからです。」
>
> 先生 「その通りです。授業で学んだことを，身のまわりの現象に当てはめて考えることができましたね。」

4 だ液によるデンプンの消化について調べるために，次の実験(1)，(2)を行った。

(1) 試験管を２本用意し，一方の試験管にはデンプン溶液と水を，もう一方の試験管にはデンプン溶液と水でうすめただ液を入れ，それぞれの試験管を約40℃に保った。実験開始直後と20分後にそれぞれの試験管の溶液を新しい試験管に適量とり，試薬を加えて色の変化を調べた。表１は，その結果をまとめたものである。ただし，水でうすめただ液に試薬を加えて反応させても色の変化はないものとする。また，試薬による反応を調べるために，ベネジクト液を加えた試験管は，ガスバーナーで加熱するものとする。

	加えた試薬	試薬の反応による色の変化	
		直後	20分後
デンプン溶液＋水	ヨウ素液	○	○
	ベネジクト液	×	×
デンプン溶液＋だ液	ヨウ素液	○	×
	ベネジクト液	×	○

○：変化あり
×：変化なし

表１

(2) セロハンチューブを２本用意し，デンプン溶液と水を入れたセロハンチューブをチューブA，デンプン溶液と水でうすめただ液を入れたセロハンチューブをチューブBとした。図のように，チューブA，Bをそれぞれ約40℃の水が入った試験管C，Dに入れ，約40℃に保ち60分間放置した。その後，チューブA，Bおよび試験管C，Dからそれぞれ溶液を適量とり，新しい試験管A′，B′，C′，D′に入れ，それぞれの試験管に試薬を加えて色の変化を調べた。表２は，その結果をまとめたものである。なお，セロハンチューブはうすい膜でできており，小さな粒子が通ることができる一定の大きさの微小な穴が多数あいている。

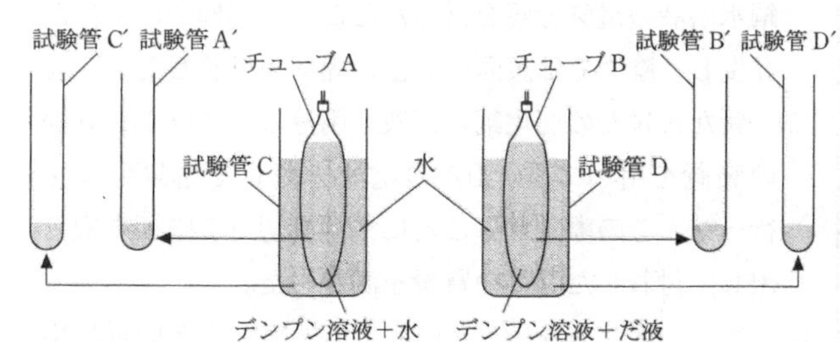

	加えた試薬	試薬の反応による色の変化
試験管A′	ヨウ素液	○
試験管B′	ベネジクト液	○
試験管C′	ヨウ素液	×
試験管D′	ベネジクト液	○

○：変化あり
×：変化なし

表２

このことについて，あとの１，２，３，４の問いに答えなさい。

1　実験(1)において，ベネジクト液を加えて加熱し反応したときの色として，最も適切なものはどれか。

ア　黄緑色　　イ　青紫色　　ウ　赤褐色　　エ　乳白色

2　実験(1)の結果から，だ液のはたらきについてわかることを簡潔に書きなさい。

3　実験(2)の結果から，デンプンの分子の大きさをR，ベネジクト液によって反応した物質の分子の大きさをS，セロハンチューブにある微小な穴の大きさをTとして，R，S，Tを左から大きい順に記号で書きなさい。

4　次の□内の文章は，実験(1)，(2)の結果を踏まえて，「だ液に含まれる酵素の大きさは，セロハンチューブにある微小な穴よりも大きい」という仮説を立て，この仮説を確認するために必要な実験と，この仮説が正しいときに得られる結果を述べたものである。①，②，③に当てはまる語句をそれぞれ（　）の中から選んで書きなさい。

【仮説を確認するために必要な実験】

セロハンチューブに水でうすめただ液を入れたものをチューブX，試験管にデンプン溶液と①(水・だ液）を入れたものを試験管Yとする。チューブXを試験管Yに入れ約40℃に保ち，60分後にチューブXを取り出し，試験管Yの溶液を2本の新しい試験管にそれぞれ適量入れ，試薬の反応による色の変化を調べる。

【仮説が正しいときに得られる結果】

2本の試験管のうち，一方にヨウ素液を加えると，色の変化が②(ある・ない)。もう一方にベネジクト液を加え加熱すると，色の変化が③(ある・ない)。

5　塩化銅水溶液の電気分解について調べるために，次の実験(1)，(2)，(3)を順に行った。

(1)　図1のように，電極に炭素棒を用いて，10％の塩化銅水溶液の電気分解を行ったところ，陽極では気体が発生し，陰極では表面に赤色の固体が付着した。

(2)　新たに10％の塩化銅水溶液を用意し，実験(1)と同様の装置を用いて，0.20Aの電流を流して電気分解を行った。その際，10分ごとに電源を切って陰極を取り出し，付着した固体の質量を測定した。

(3)　電流の大きさを0.60Aに変えて，実験(2)と同様に実験を行った。

図2は，実験(2)，(3)について，電流を流した時間と付着した固体の質量の関係をまとめたものである。

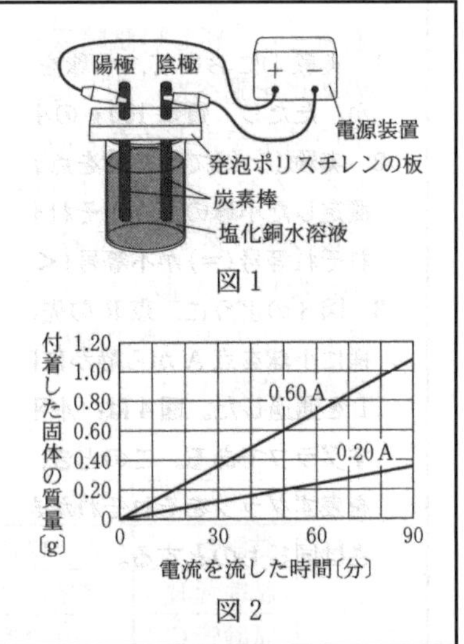

図1

図2

このことについて，次の1，2，3の問いに答えなさい。

1　実験(1)について，気体のにおいを調べるときの適切なかぎ方を，簡潔に書きなさい。

2　実験(1)で起きた化学変化を，図3の書き方の例にならい，文字や数字の大きさを区別して，化学反応式で書きなさい。

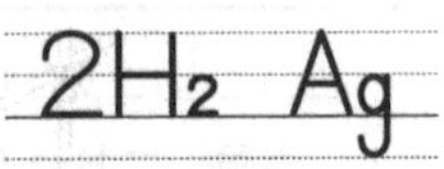

$2H_2$　Ag

図3

3　実験(2)，(3)について，電流の大きさを0.40Aにした場合，付着する固体の質量が1.0gになるために必要な電流を流す時間として，最も適切なものはどれか。

ア　85分　　**イ**　125分　　**ウ**　170分　　**エ**　250分

6　物体のエネルギーについて調べるために，次の実験(1)，(2)を順に行った。

(1)　図１のように，水平な床の上に，スタンドとレールを用いて斜面PQと水平面QRをつくり，水平面QRに速さ測定器を設置した。質量50ｇの小球を，水平な床から高さ20㎝の点Ａまで持ち上げ，レール上で静かにはなした後，水平面QRでの小球の速さを測定した。

(2)　図２のように，斜面PQの角度を変えながら，小球を点Ｂ，点Ｃ，点Ｄ，点Ｅから静かにはなし，実験(1)と同様に小球の速さを測定した。なお，ＡQ間，ＢQ間，ＥQ間の長さは等しく，点Ａ，点Ｃ，点Ｄは水平な床からの高さが同じである。

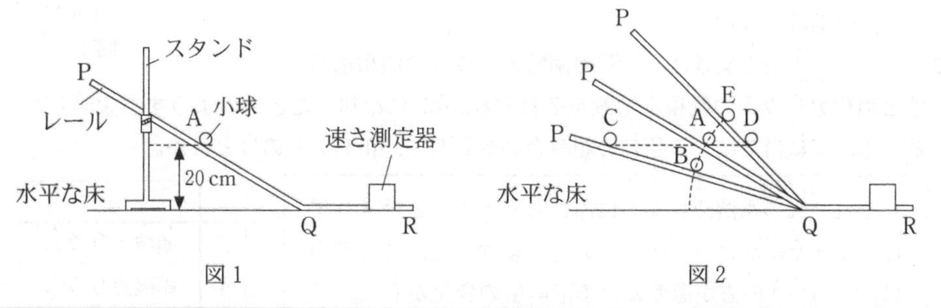

図１　　図２

このことについて，次の１，２，３の問いに答えなさい。ただし，小球の大きさ，摩擦や空気の抵抗は考えないものとする。また，レールはうすく，斜面と水平面はなめらかにつながれており，運動する小球はレールからはなれないものとする。

1　実験(1)において，小球を水平な床から点Ａまで持ち上げたとき，小球にした仕事は何Ｊか。ただし，質量100ｇの小球にはたらく重力の大きさは１Ｎとする。

2　実験(1)，(2)で，小球を点Ａ，点Ｂ，点Ｃ，点Ｄ，点Ｅから静かにはなした後，速さ測定器で測定した小球の速さをそれぞれａ，ｂ，ｃ，ｄ，ｅとする。ａとｂ，ａとｄ，ｃとｅの大小関係をそれぞれ等号（＝）か不等号（<，>）で表しなさい。

3　図３のように，点Ｒの先に台とレールを用いて斜面ＲＳと水平面ＳＴをつくり，実験(1)と同様に小球を点Ａから静かにはなしたところ，水平面QRを通過した後，斜面ＲＳをのぼり，点Ｔを通過した。図４は，水平な床を基準とした各位置での小球の位置エネルギーの大きさを表すグラフである。このとき，各位置での運動エネルギーの大きさと力学的エネルギーの大きさを表すグラフをそれぞれかきなさい。なお，図４と解答用紙のグラフの縦軸の１目盛りの大きさは同じものとする。

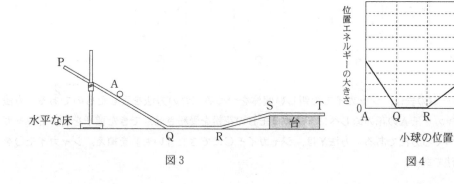

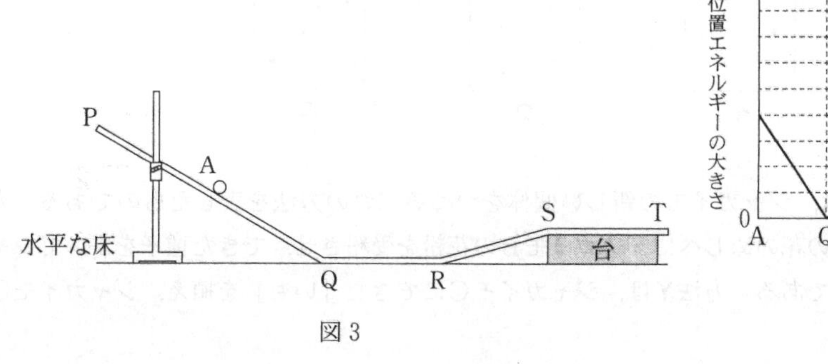

図３

位置エネルギーの大きさ
0
A　Q　R　S　T
小球の位置

図４

7 図1は，硝酸カリウム，塩化ナトリウム，塩化カリウム，ホウ酸の溶解度曲線である。

このことについて，次の1，2，3，4の問いに答えなさい。

図1

1　70℃の水100gに塩化ナトリウムを25gとかした水溶液の質量パーセント濃度は何％か。

2　44℃の水20gに，ホウ酸を7g加えてよくかき混ぜたとき，とけずに残るホウ酸は何gか。ただし，44℃におけるホウ酸の溶解度は10gとする。

3　次の□内の文章は，60℃の硝酸カリウムの飽和水溶液と塩化カリウムの飽和水溶液をそれぞれ30℃に冷却したときのようすを説明したものである。①，②に当てはまる語句の組み合わせとして，正しいものはどれか。

> それぞれの水溶液を30℃に冷却したとき，とけきれずに出てきた結晶は（　①　）の方が多かった。この理由は，（　①　）の方が温度による溶解度の変化が（　②　）からである。

	①	②
ア	硝酸カリウム	大きい
イ	硝酸カリウム	小さい
ウ	塩化カリウム	大きい
エ	塩化カリウム	小さい

4　60℃の水100gを入れたビーカーを2個用意し，硝酸カリウムを60gとかしたものを水溶液A，硝酸カリウムを100gとかしたものを水溶液Bとした。次に水溶液A，Bを20℃まで冷却し，とけきれずに出てきた結晶をろ過によって取り除いた溶液をそれぞれ水溶液A′，水溶液B′とした。図2は水溶液A，B，図3は水溶液A′における溶質の量のちがいを表した模式図であり，•は溶質の粒子のモデルである。水溶液B′の模式図として最も適切なものは，次のア，イ，ウ，エのうちどれか。また，そのように判断できる理由を，「溶解度」という語を用いて簡潔に書きなさい。なお，模式図が表す水溶液はすべて同じ体積であり，ろ過ではとけきれずに出てきた結晶のみ取り除かれ，ろ過による体積や温度の変化はないものとする。

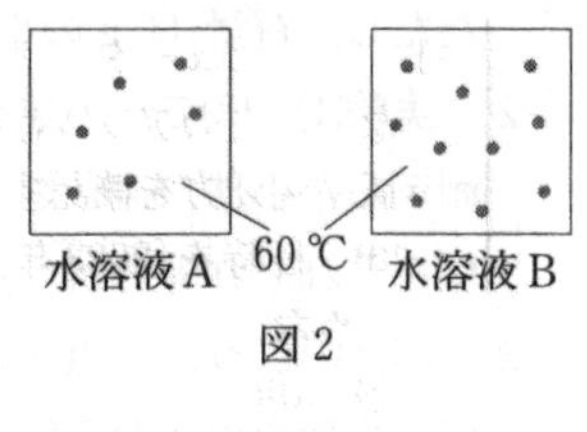

図2

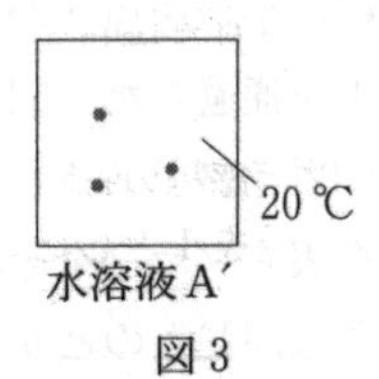

図3

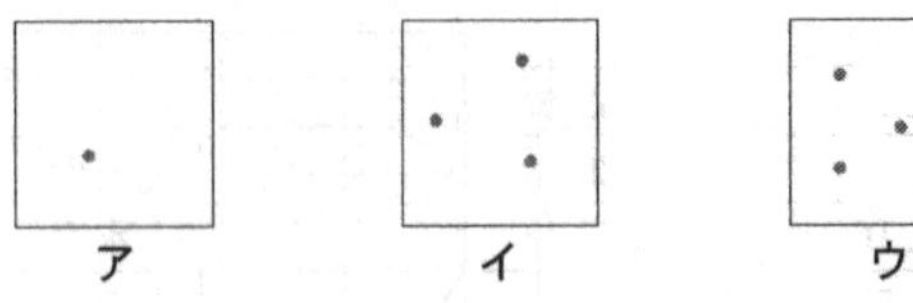

8 次のページの表は，ジャガイモの新しい個体をつくる二つの方法を表したものである。方法Xは，ジャガイモAの花のめしべにジャガイモBの花粉を受粉させ，できた種子をまいてジャガイモPをつくる方法である。方法Yは，ジャガイモCにできた「いも」を植え，ジャガイモQをつくる方法である。

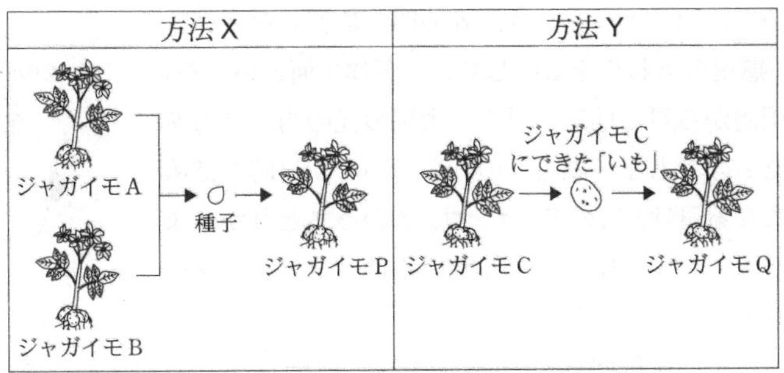

このことについて，次の1，2，3の問いに答えなさい。

1　方法Xと方法Yのうち，無性生殖により新しい個体をつくる方法はどちらか，記号で答えなさい。また，このようなジャガイモの無性生殖を何というか。

2　図は，ジャガイモA，Bの核の染色体を模式的に表したものである。
ジャガイモPの染色体のようすとして，最も適切なものはどれか。

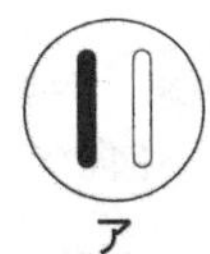
ア

イ

ウ

エ

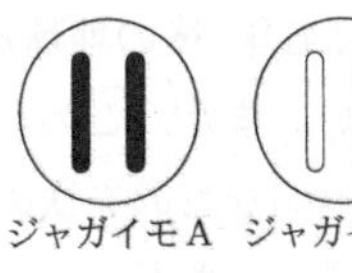

図

3　方法Yは，形質が同じジャガイモをつくることができる。形質が同じになる理由を，分裂の種類と遺伝子に着目して，簡潔に書きなさい。

9　太陽系の天体について調べるために，次の調査(1)，(2)を行った。

(1)　コンピュータのアプリを用いて，次の(a)，(b)，(c)を順に行い，天体の見え方を調べた。なお，このアプリは，日時を設定すると，日本のある特定の地点から観測できる天体の位置や見え方を確認することができる。

(a)　日時を「2023年3月29日22時」に設定すると，西の方角に図1のような上弦の月が確認できた。

(b)　(a)の設定から日時を少しずつ進めていくと，ある日時の西の方角に満月を確認することができた。

図1

(c)　日時を「2023年5月3日19時」に設定し，金星の見え方を調べた。

(2)　惑星の特徴について調べ，次の表にまとめた。なお，表中の数値は，地球を1としたときの値である。

	直径	質量	太陽からの距離	公転の周期	惑星の主成分
水星	0.38	0.055	0.39	0.24	岩石，重い金属
金星	0.95	0.82	0.72	0.62	岩石，重い金属
地球	1	1	1	1	岩石，重い金属
火星	0.53	0.11	1.52	1.88	岩石，重い金属
木星	11.21	317.83	5.20	11.86	水素，ヘリウム
土星	9.45	95.16	9.55	29.46	水素，ヘリウム
天王星	4.01	14.54	19.22	84.02	水素，ヘリウム，氷
海王星	3.88	17.15	30.11	164.77	水素，ヘリウム，氷

このことについて，次の1，2，3，4の問いに答えなさい。

1　月のように，惑星のまわりを公転している天体を何というか。

2　図2は，北極側から見た地球と月の，太陽の光の当たり方を模式的に示したものである。調査(1)の(b)において，日時を進めて最初に満月になる日は，次のア，イ，ウ，エのうちどれか。また，この満月が西の方角に確認できる時間帯は「夕方」，「真夜中」，「明け方」のどれか。

ア　4月6日　　イ　4月13日

ウ　4月20日　　エ　4月27日

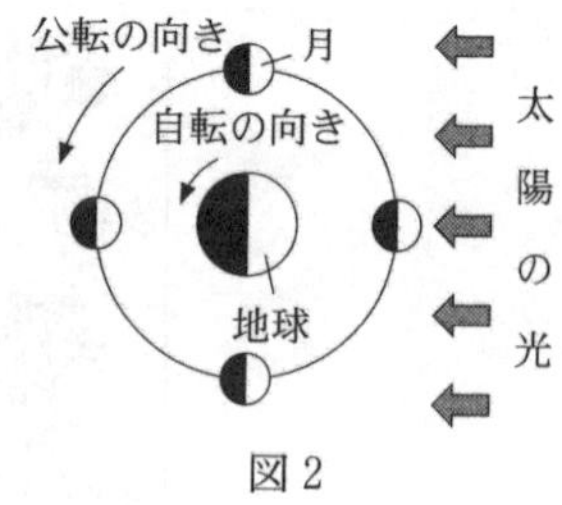

図2

3　図3は，調査(1)の(c)で設定した日時における，北極側から見た太陽，金星，地球の位置を表した模式図であり，図4は，このとき見られる金星の画像である。設定した日時から150日(約0.41年)後の地球と金星の位置を，それぞれ黒でぬりつぶしなさい。また，このとき地球から見られる金星の画像として，最も適切なものを次のアからオのうちから一つ選び，記号で答えなさい。ただし，金星の画像はすべて同じ倍率で示している。

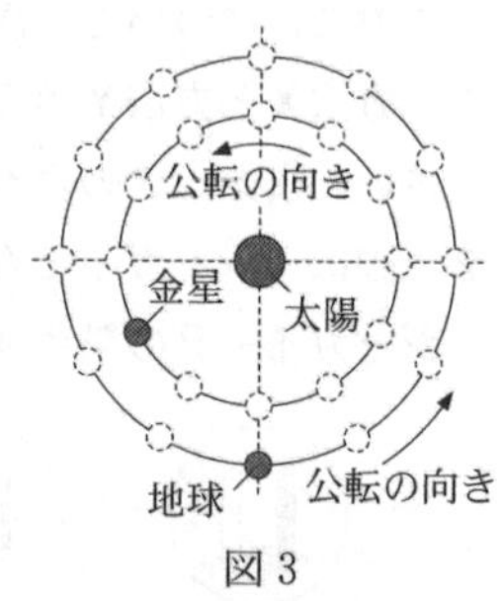

図3

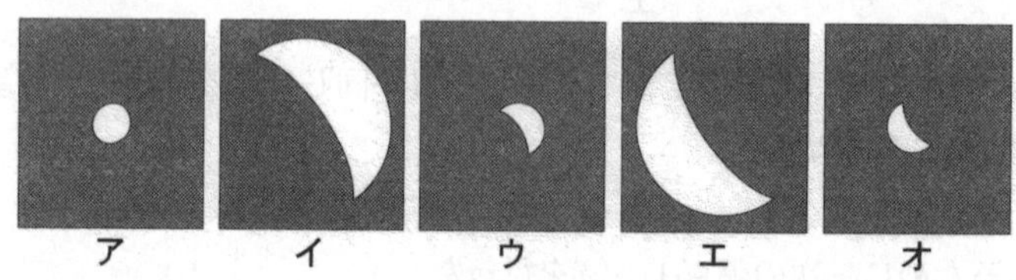
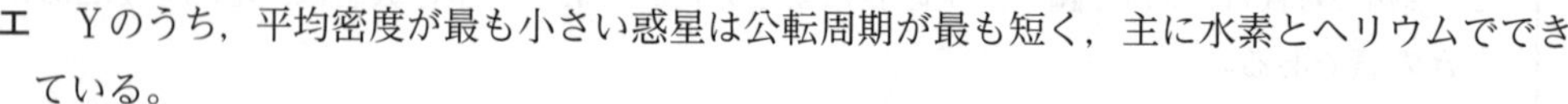

図4

4　図5は，太陽系の惑星の直径と平均密度の関係を表したものであり，惑星は大きさによって二つのグループX，Yに分けることができる。調査(2)の表と図5からわかることとして，最も適切なものはどれか。

ア　XよりYの方が，質量，平均密度ともに小さい。

イ　YよりXの方が，太陽からの距離，平均密度ともに小さい。

ウ　YよりXの方が，平均密度が大きく，Xの惑星は主に岩石や重い金属でできている。

エ　Yのうち，平均密度が最も小さい惑星は公転周期が最も短く，主に水素とヘリウムでできている。

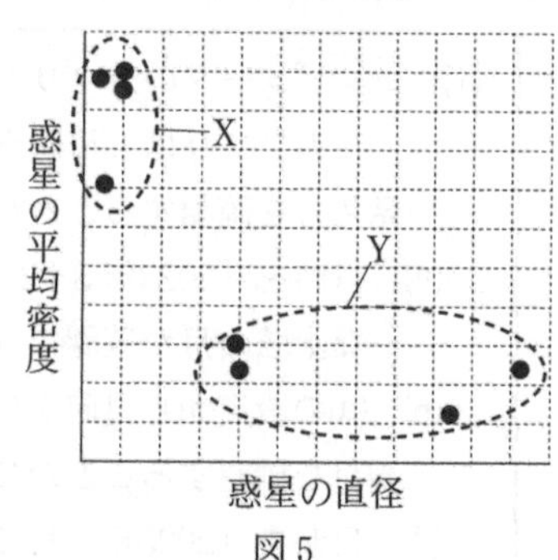

図5

＜社会＞

時間　50分　　満点　100点

[1]　次の１，２，３の問いに答えなさい。

1　次の会話文は，宇都宮市に住む一郎さんと，ロンドンに住む翔平さんのオンラインでの会話である。文中の [Ⅰ]，[Ⅱ] に当てはまる語の組み合わせとして正しいのはどれか。

> 一郎：「日本とイギリスでは，どのくらい時差があるのかな。」
> 翔平：「12月の今は，イギリスの方が日本よりも９時間 [Ⅰ] いるよ。」
> 一郎：「ロンドンは宇都宮市よりも緯度が高いけれど，宇都宮市の冬とどのような違いがあるのかな。」
> 翔平：「ロンドンは，宇都宮市よりも日の出から日の入りまでの時間が [Ⅱ] よ。」

ア　Ⅰ－進んで　Ⅱ－長い　　イ　Ⅰ－進んで　Ⅱ－短い
ウ　Ⅰ－遅れて　Ⅱ－長い　　エ　Ⅰ－遅れて　Ⅱ－短い

2　図１は，1990年と2020年における日本の輸入総額に占めるアメリカ，タイ，中国，ドイツからの輸入の割合（%）を示している。中国はどれか。

	ア	イ	ウ	エ
1990年	22.4	5.1	4.9	1.8
2020年	11.0	25.7	3.3	3.7

図１（「日本国勢図会」ほかにより作成）

3　図２を見て，次の(1)から(6)までの問いに答えなさい。

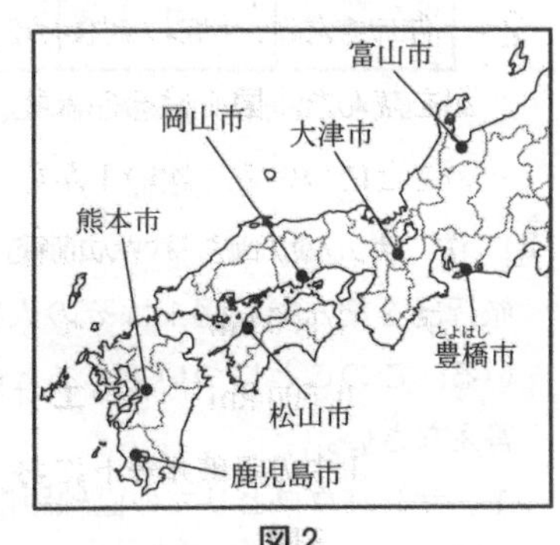

図２

(1)　鹿児島市では，桜島の火山災害の被害を最小限に抑えるために，被害が予想される範囲や避難場所などの情報を示した地図を作成している。このように，全国の自治体が自然災害に備えて作成している地図を何というか。

(2)　冬季（12，１，２月）の月別平均降水量の合計が最も大きい都市は，次のア，イ，ウ，エのうちどれか。

ア　豊橋市　　イ　富山市　　ウ　松山市　　エ　熊本市

(3)　図２中に示した各都市では，路面電車が運行されている。路面電車に関する調査を行う上で，適切な方法として<u>当てはまらない</u>のはどれか。

ア　路面電車の利便性について調べるため，地域住民に聞き取りを行う。
イ　路面電車の開業までの経緯について調べるため，図書館で新聞を閲覧する。
ウ　路面電車の開業後に他県から転入した人数を調べるため，新旧の航空写真を比較する。
エ　路面電車の停留場から近隣の商業施設までの直線距離を調べるため，地形図を利用する。

(4)　次のページの図３のア，イ，ウ，エは，岡山県に隣接する兵庫県，鳥取県，広島県，香川県のいずれかであり，2019年におけるそれぞれの人口，岡山県からの旅客数，他都道府県からの旅客数に占める岡山県からの旅客数の割合を示している。香川県はどれか。

	ア	イ	ウ	エ
人口(万人)	546	279	56	97
岡山県からの旅客数(万人)	172	481	16	335
他都道府県からの旅客数に占める岡山県からの旅客数の割合(%)	0.7	5.2	24.4	46.8

図3(「旅客地域流動調査」ほかにより作成)

(5) 日本の火力発電は，主に原油や石炭，天然ガスを利用している。次の**ア**，**イ**，**ウ**，**エ**のうち，それぞれの県の総発電量に占める火力発電の割合（2020年）が最も低い県はどれか。

ア 岐阜県　**イ** 三重県　**ウ** 山口県　**エ** 福岡県

(6) **図4**は，前のページの**図2**中の豊橋市，富山市，岡山市，鹿児島市における2020年の農業産出額の総額に占める，米，野菜，果実，畜産の産出額の割合（%）を示しており，**図5**は，豊橋市の農業の特徴についてまとめたものである。[X] に当てはまる文を簡潔に書きなさい。また，[Y] に当てはまる文を，「大都市」の語を用いて簡潔に書きなさい。

	米	野菜	果実	畜産
豊橋市	4.3	51.4	7.5	31.3
富山市	69.4	10.5	9.1	6.0
岡山市	36.8	22.1	22.7	12.9
鹿児島市	3.6	7.8	2.3	81.8

図4(「市町村別農業産出額」により作成)

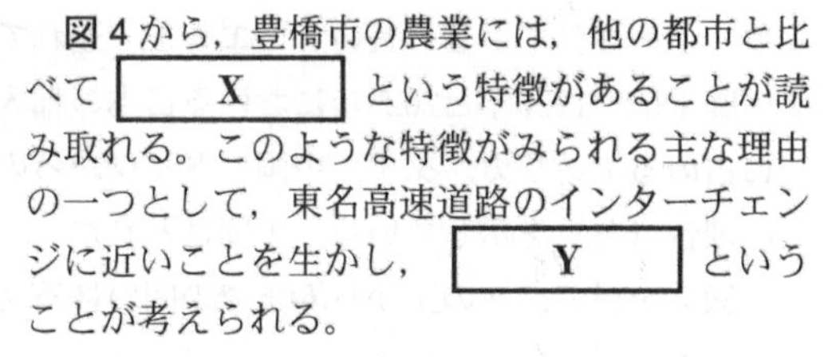
図4から，豊橋市の農業には，他の都市と比べて [X] という特徴があることが読み取れる。このような特徴がみられる主な理由の一つとして，東名高速道路のインターチェンジに近いことを生かし，[Y] ということが考えられる。

図5

2 浩二さんは，サンパウロからリマまで走破した人物の旅行記を読んだ。図1はその人物の走破ルートを示している。このことについて，あとの1から7までの問いに答えなさい。

図1

1 サンパウロとリマの直線距離に最も近いのはどれか。

ア 3,500km　**イ** 7,000km

ウ 10,500km　**エ** 14,000km

2 図1中の走破ルートにおいて，標高が最も高い地点を通過する区間は，図1中の**ア**，**イ**，**ウ**，**エ**のうちどれか。

3 図1中の走破ルート周辺の説明として当てはまらないのはどれか。

ア 日本からの移民の子孫が集まって住む地区がみられる。

イ キリスト教徒が礼拝などを行う施設が多くみられる。

ウ フランス語の看板を掲げている店が多くみられる。

エ 先住民とヨーロッパ人の混血の人々が多数暮らしている。

4　次の文は，浩二さんが前のページの図1中のサンタクルス付近で行われている農業についてまとめたものである。文中の □ に当てはまる語を書きなさい。

> 森林を伐採して焼き払い，その灰を肥料として作物を栽培する □ 農業とよばれる農業を伝統的に行っている。数年たつと土地がやせて作物が育たなくなるので，新たな土地に移動する。

5　図2はサンパウロ，図3はリマの月別平均降水量をそれぞれ示している。図4中の都市A，B，C，Dのうち，サンパウロのように6，7，8月の月別平均降水量が他の月より少ない都市と，リマのように年間を通して降水量がほとんどない都市の組み合わせとして正しいのはどれか。

ア　サンパウロ－A　リマ－C
イ　サンパウロ－A　リマ－D
ウ　サンパウロ－B　リマ－C
エ　サンパウロ－B　リマ－D

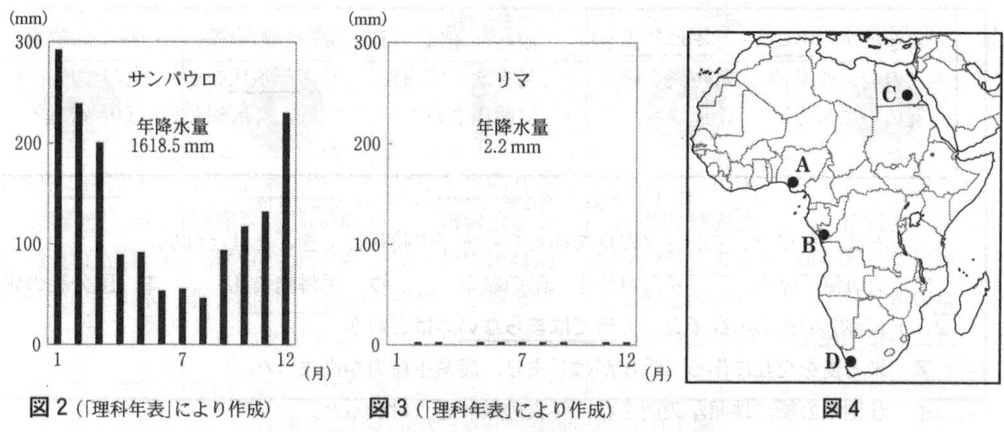

図2（「理科年表」により作成）　図3（「理科年表」により作成）　図4

6　浩二さんは，図1中の走破ルート上の国が地下資源を豊富に有していることを知り，図5を作成した。図5のア，イ，ウ，エは，アジア州，アフリカ州，オセアニア州，南アメリカ州のいずれかである。南アメリカ州はどれか。

2016年における世界全体の地下資源産出量に占める州ごとの産出量の割合(%)

	ア	イ	ウ	エ	ヨーロッパ州	北アメリカ州
鉄鉱石	36.8	26.7	3.8	20.6	8.2	4.3
銅鉱	5.1	22.3	9.0	41.5	7.8	14.4
原油	0.5	46.1	8.8	9.0	17.3	18.3
ダイヤモンド	10.4	0.0	49.7	0.2	30.1	9.7

図5（「地理統計要覧」により作成）

7　浩二さんは，ブラジルで人口が最も多いサンパウロと，アメリカで人口が最も多いニューヨークの都市圏人口（千人）の推移を図6にまとめた。また，サンパウロ都市圏の生活環境の改善を目的として日本が行ったODA（政府開発援助）の事例を図7にまとめた。1950年から2015年までの時期における，ニューヨーク都市圏人口と比較したサンパウロ都市圏人口の推移の特徴と，その結果生じたサンパウロ都市圏の生活環境の課題について，図6および図7から読み取れることにふれ，簡潔に書きなさい。

	1950年	1970年	1990年	2015年
サンパウロ	2,334	7,620	14,776	20,883
ニューヨーク	12,338	16,191	16,086	18,648

図6（「データブックオブザワールド」により作成）

ビリングス湖流域環境改善計画
サンパウロ都市圏における上水の供給源となっているビリングス湖の水質改善を図るため，湖への汚水の流入を防止する下水道を整備する。

図7（「外務省ウェブページ」により作成）

3　図1を見て，あとの1から7までの問いに答えなさい。

和同開珎	皇宋通寶（こうそうつうほう）	石州銀（せきしゅうぎん）	寛永通寶	二十圓（えん）金貨

・唐にならってつくった貨幣。 ・朝廷は，ⓐ平城京の造営費用の支払いにも使用した。	・宋から輸入された貨幣（宋銭）。 ・ⓑ鎌倉時代や室町時代を通して使用された。	・ⓒ戦国大名がつくった貨幣。 ・原料の銀は，貿易を通して海外に輸出された。	・ⓓ徳川家光が将軍の時に幕府が発行した貨幣。 ・ⓔ江戸時代を通して広く流通した。	・ⓕ明治政府が発行した貨幣。 ・明治政府は，貨幣の単位を円・銭・厘（りん）に統一した。

図1（「日本銀行金融研究所ウェブページ」により作成）

1　下線部ⓐを都としてから平安京を都とするまでの時代のできごとはどれか。
　ア　遣唐使の停止　　イ　冠位十二階の制定　　ウ　平将門の乱　　エ　国分寺の建立

2　下線部ⓑの社会の様子として<u>当てはまらない</u>のはどれか。
　ア　米と麦を交互に作る二毛作がはじまり，農業生産力が高まった。
　イ　荘園や公領に地頭が設置され，年貢の徴収をうけ負った。
　ウ　戸籍に登録された人々に口分田が与えられ，租などの税が課された。
　エ　寺社の門前や交通の便利な所において，月に3回の定期市が開かれた。

3　次のア，イ，ウ，エは，図1の皇宋通寶などの宋銭が日本で使用されていた時期のできごとである。年代の古い順に並べ替えなさい。
　ア　後醍醐天皇が天皇中心の政治を行った。
　イ　京都に六波羅探題が設置された。
　ウ　後鳥羽上皇が幕府を倒すため兵を挙げた。
　エ　足利義満が日明貿易をはじめた。

4　下線部ⓒに関して，次の⑴，⑵の問いに答えなさい。

⑴　戦国大名が領地を治めるために定めた独自のきまりを何というか。

⑵　戦国大名が活躍していた時期に当てはまる世界のできごとはどれか。

ア　ドイツでは，ルターがカトリック教会のあり方に抗議し，宗教改革がはじまった。

イ　イギリスでは，蒸気機関が実用化され，綿織物の大量生産が可能になった。

ウ　北アメリカでは，独立戦争がおこり，アメリカ合衆国が成立した。

エ　中国では，フビライ・ハンが都を大都に定め，国号を元と改めた。

5　次のア，イ，ウ，エは，古代から近世までに出された法令の一部をわかりやすく改めたものである。下線部ⓓによって出された法令はどれか。

ア	イ	ウ	エ
外国船が乗り寄せてきたことを発見したら，居合わせた者たちで有無を言わせず打ち払うこと。	新しく開墾された土地は私財として認め，期限に関係なく永久に取り上げることはしない。	大名が自分の領地と江戸に交替で住むように定める。毎年4月に江戸へ参勤すること。	この町は楽市としたので，座を認めない。税や労役はすべて免除する。

6　下線部ⓔの時代において，年貢米や特産品を販売するために大阪におかれたのはどれか。

ア　土倉　　イ　問注所　　ウ　正倉院　　エ　蔵屋敷

7　下線部ⓕに関して，図2は明治政府の役人が作成した資料の一部をわかりやすく改めたものであり，図3は明治政府が地租改正に伴い発行した地券である。明治政府が地租改正を行った理由を，図2，図3をふまえ簡潔に書きなさい。

【従来の税制度について】
・役人に目分量で豊作・凶作の判断をさせて，年貢の量を決める。
・政府に納められた米を換金して諸費用にあてているが，米の価格変動の影響を受ける。

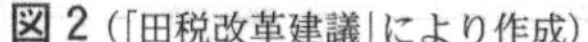
図2（「田税改革建議」により作成）

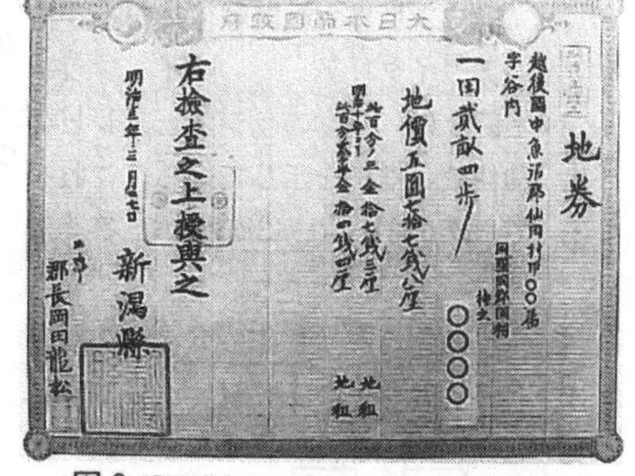

図3（「国税庁ウェブページ」により作成）

4　由紀さんは，メディアの歴史について調べた。あとの1から4までの問いに答えなさい。

1　図1は，由紀さんが調べた江戸時代の瓦版（かわらばん）である。図1が伝えているできごとと直接関係があるのはどれか。

ア　下関条約の締結

イ　日米和親条約の締結

ウ　西南戦争の開始

エ　アヘン戦争の開始

(拡大)
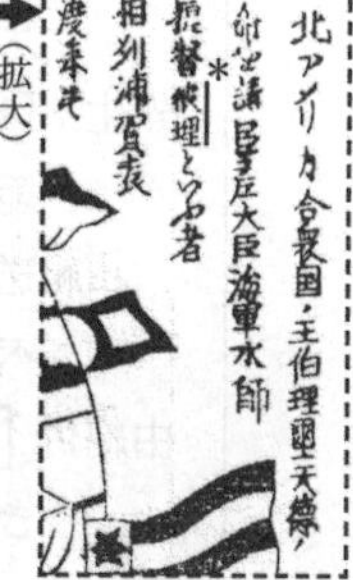
＊彼理＝ペリー

図1

2 由紀さんは，明治時代の新聞を調べ，国会開設を要求する運動に関する記事を見つけた。この時期に行われた，国民が政治に参加する権利の確立を目指す運動を何というか。

3 由紀さんは，第一次世界大戦と第二次世界大戦の間の時期におけるラジオの活用について調べた。次の(1)，(2)の問いに答えなさい。

(1) 由紀さんは，この時期にラジオを活用した人物について調べ，図2にまとめた。図2の［Ⅰ］，［Ⅱ］に当てはまる語の組み合わせとして正しいのはどれか。

> 【ルーズベルト（ローズベルト)】
> ・ニューディール政策を実施した。
> ・国民に向けたラジオ放送をたびたび行い，銀行救済政策などを伝えた。
> 【ヒトラー】
> ・「国民ラジオ」とよばれる小型で低価格のラジオを大量に生産した。
> ・ラジオ演説で失業者の救済を宣言し，公共事業の充実を図った。
> ［共通点］
> ・ラジオを活用して，国民に対して政策を直接伝えた。
> ・［Ⅰ］による国内の経済の混乱を立て直すため，［Ⅱ］。

ア Ⅰ－世界恐慌 Ⅱ－雇用の創出を目指した
イ Ⅰ－世界恐慌 Ⅱ－植民地を独立させた
ウ Ⅰ－賠償金の支払い Ⅱ－雇用の創出を目指した
エ Ⅰ－賠償金の支払い Ⅱ－植民地を独立させた

(2) 第二次世界大戦の戦況は，ラジオなどによって伝えられた。次のア，イ，ウ，エのうち，第二次世界大戦開戦後に日本が同盟を結んだ国を二つ選びなさい。

ア イタリア イ フランス ウ ドイツ エ イギリス

4 図3は，日本のラジオとテレビの契約件数の推移を示している。これを見て，あとの(1)，(2)，(3)の問いに答えなさい。

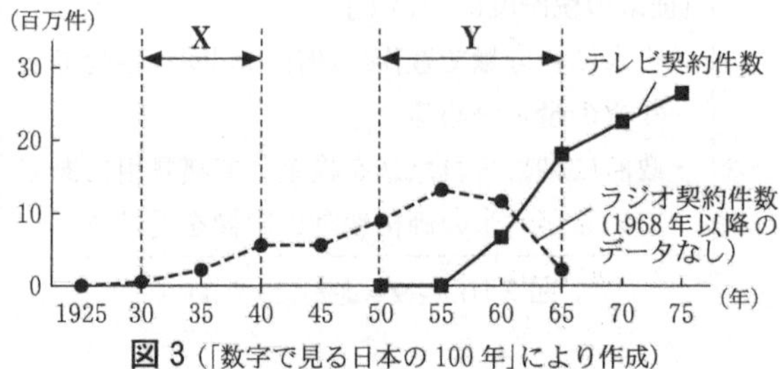

図3（「数字で見る日本の100年」により作成）

(1) 由紀さんと先生の会話文を読み，［P］，［Q］に当てはまる文を，簡潔に書きなさい。

> 由紀：「1925年に放送がはじまったラジオは，図3のXの時期に契約件数が増加しています。このことは，文化の大衆化に何か関係があるのですか。」
> 先生：「1925年にラジオ放送局は東京，大阪，名古屋にしかなく，ラジオ放送を聴ける範囲はその周辺地域に限られていました。しかし，1934年には，同一のラジオ放送を聴ける範囲が全国に広がりました。このように変化した理由を，図4（次のページ）から考えてみましょう。」
> 由紀：「［P］からですね。その結果，東京の番組を地方の人も聴くことができるようになったのですね。」

先生：「そうですね。次は図５を見てください。図５は1931年のラジオ放送の番組表の一部です。どのような人々に向けてどのような番組が放送されたかに着目して，文化の大衆化について考えてみましょう。」

由紀：「図５を見ると［　Q　］ことが読み取れるので，ラジオが文化の大衆化に影響を与えたと考えられます。」

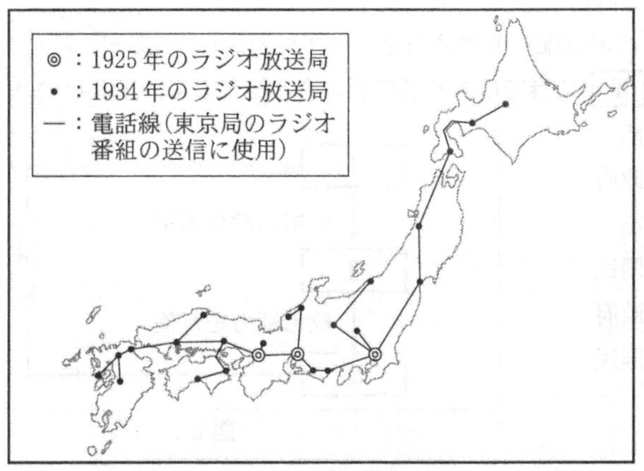

図４(「ラヂオ年鑑」により作成)

時刻	番組
9：00	天気予報
9：10	料理
9：30	童謡
10：00	修養講座
11：00	講演
12：30	ニュース
12：40	日本音楽
13：25	管弦楽
14：00	琵琶
14：30	映画物語

図５(「日刊ラヂオ新聞」により作成)

(2)　前のページの図３中のＹの時期における日本のできごとはどれか。

ア　石油危機がおこった。　　イ　財閥解体がはじまった。
ウ　バブル経済が崩壊した。　エ　高度経済成長がはじまった。

(3)　図３をふまえ，日本において，実際の様子がテレビで生中継されていないと判断できるできごとはどれか。

ア　満州事変　　イ　アメリカ同時多発テロ
ウ　湾岸戦争　　エ　ベルリンの壁の崩壊

5　圭太さんと弘子さんの会話文を読み，あとの１から７までの問いに答えなさい。

圭太：「先日，ⓐ選挙があったね。ⓑ憲法，安全保障に関することや，ⓒ物価などのⓓ私たちの生活に関することが公約にあがっていたね。」

弘子：「選挙について調べたら，ⓔ衆議院議員選挙における選挙区割の変更に関する新聞記事を見つけたよ。この記事には栃木県の選挙区割についても書かれていたよ。」

圭太：「私たちも18歳になると投票できるようになるから，自分のことだけでなく，社会全体のことも考えていきたいね。」

1　下線部ⓐに関して，日本における選挙権年齢などの選挙制度を定めた法律を何というか。

2　日本における国や地方の政治のしくみとして，正しいのはどれか。

ア　内閣総理大臣は，すべての国務大臣を国会議員の中から任命しなければならない。
イ　内閣総理大臣は，国民の直接選挙により，国会議員の中から選ばれる。
ウ　地方公共団体の首長は，地方議会を解散することができない。
エ　地方公共団体の首長は，住民の直接選挙により選ばれる。

3　図1は，2019年における東京都と栃木県の歳入の内訳（%）を示している。図1のXとYは東京都と栃木県のいずれかであり，図1のア，イ，ウは国庫支出金，地方交付税，地方税のいずれかである。栃木県と国庫支出金はそれぞれどれか。

	ア	イ	ウ	地方債	その他
X	37.5	16.7	12.2	14.9	18.8
Y	70.7	―	4.4	1.7	23.3

図1（「県勢」により作成）

4　下線部ⓑに関して，図2は「法の支配」の考え方を示している。「人の支配」の考え方との違いをふまえ，［Ⅰ］，［Ⅱ］，［Ⅲ］に当てはまる語の組み合わせとして，正しいのはどれか。

ア　Ⅰ－国民　Ⅱ－政府　Ⅲ－法
イ　Ⅰ－国民　Ⅱ－法　　Ⅲ－政府
ウ　Ⅰ－政府　Ⅱ－国民　Ⅲ－法
エ　Ⅰ－政府　Ⅱ－法　　Ⅲ－国民
オ　Ⅰ－法　　Ⅱ－国民　Ⅲ－政府
カ　Ⅰ－法　　Ⅱ－政府　Ⅲ－国民

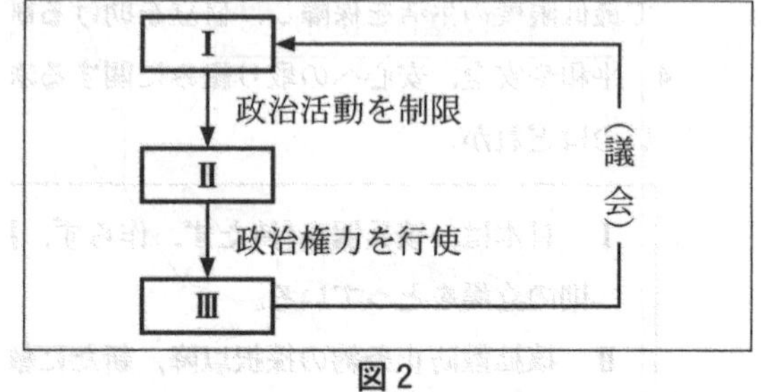

図2

5　下線部ⓒに関して，次の文中の［Ⅰ］，［Ⅱ］に当てはまる語の組み合わせとして，正しいのはどれか。

> インフレーションがおこると物価が［Ⅰ］し，一定のお金で買える財やサービスが［Ⅱ］なるので，お金の実質的な価値は低下する。

ア　Ⅰ－上昇　Ⅱ－多く　　イ　Ⅰ－上昇　Ⅱ－少なく
ウ　Ⅰ－下落　Ⅱ－多く　　エ　Ⅰ－下落　Ⅱ－少なく

6　下線部ⓓに関して，「この機械を付ければ電気代が安くなる」と勧誘され，実際にはそのような効果のない機械を購入するなど，事業者から事実と異なる説明によって商品を購入した場合，後からこの売買契約を取り消すことができることを定めた法律を何というか。

7　下線部ⓔに関して，図3は，2021年に実施された衆議院議員選挙における小選挙区の有権者数（人）について示している。衆議院議員選挙における小選挙区選挙の課題について，図3をふまえ，簡潔に書きなさい。

選挙区	有権者数
有権者数が最も多い選挙区	482,314
有権者数が最も少ない選挙区	231,343
全　国　平　均	365,418

図3（「総務省ウェブページ」により作成）

［6］　あとの1から7までの問いに答えなさい。

1　国際的な人権保障のため，1948年に世界人権宣言が国際連合で採択された。この宣言に法的拘束力を持たせるため，1966年に採択されたのはどれか。

ア　国際連合憲章
イ　国際人権規約
ウ　女子差別撤廃条約
エ　子ども（児童）の権利条約

2　図1は，日本における就業率を年齢層別に示している。図1のア，イ，ウ，エは1985年の男性，1985年の女性，2020年の男性，2020年の女性のいずれかである。2020年の女性はどれか。

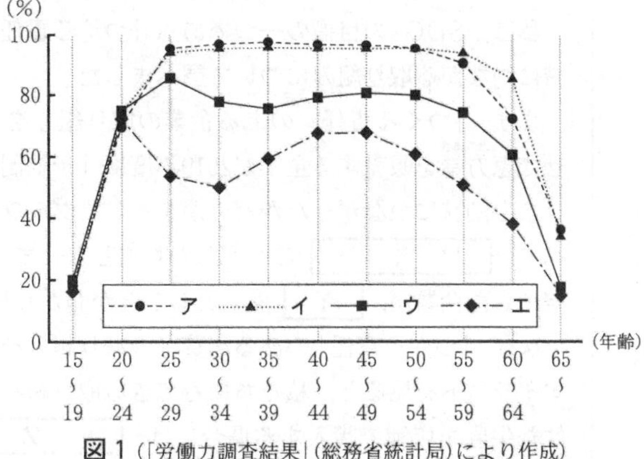

図1（「労働力調査結果」（総務省統計局）により作成）

3　日本の社会保障制度の四つの柱のうち，生活に困っている人々に対し，生活保護法に基づいて最低限度の生活を保障し，自立を助ける制度を何というか。

4　平和や安全，安心への取り組みに関する次の文Ⅰ，Ⅱ，Ⅲの正誤の組み合わせとして，正しいのはどれか。

> Ⅰ　日本は，核兵器を「持たず，作らず，持ち込ませず（持ち込まさず）」という，非核三原則の立場をとっている。
> Ⅱ　核拡散防止条約の採択以降，新たに核兵器の開発をする国はみられない。
> Ⅲ　日本は，一人一人の人間の生命や人権を大切にするという人間の安全保障の考え方を，外交政策の柱としている。

ア　Ⅰ－正　Ⅱ－正　Ⅲ－誤　　イ　Ⅰ－正　Ⅱ－誤　Ⅲ－正
ウ　Ⅰ－正　Ⅱ－誤　Ⅲ－誤　　エ　Ⅰ－誤　Ⅱ－正　Ⅲ－正
オ　Ⅰ－誤　Ⅱ－正　Ⅲ－誤　　カ　Ⅰ－誤　Ⅱ－誤　Ⅲ－正

5　発展（開発）途上国の中には，急速に経済発展している国と，開発の遅れている国がある。こうした発展（開発）途上国間の経済格差を何というか。

6　次の文中の［Ⅰ］，［Ⅱ］に当てはまる語の組み合わせとして，正しいのはどれか。

> グローバル化に伴い，生産や販売の拠点を海外に置くなど，国境を越えて経営する［Ⅰ］の活動が盛んになっている。また，日本やアメリカなどの，アジア・太平洋地域の国々が参加する［Ⅱ］のように，特定の地域でいくつかの国々が協力して経済成長を目指す動きもみられる。

ア　Ⅰ－多国籍企業　Ⅱ－APEC　　イ　Ⅰ－多国籍企業　Ⅱ－ASEAN
ウ　Ⅰ－NGO　Ⅱ－APEC　　エ　Ⅰ－NGO　Ⅱ－ASEAN

7　次のページの文は，食品ロス（食品の廃棄）の削減に向けて，生徒が作成したレポートの一部であり，図2，図3，図4はレポート作成のために使用した資料である。これを読み，図2から読み取れることを文中の［X］に，図3から読み取れる数値を文中の［Y］に書きなさい。また，図4をふまえ，文中の［Z］には「賞味期限」の語を用いて，食品ロスの削減につながる取り組みを簡潔に書きなさい。（図2，図3，図4は次のページにあります。）

私は，SDGsの目標の一つである「つくる責任　つかう責任」に着目し，食品ロスの削減につながる取り組みについて調べました。

まず，「つくる責任」のある企業の取り組みを調べました。図2，図3は，節分に合わせて恵方巻(えほうまき)を販売する企業が2019年度に「予約制」を導入した結果，前年度に比べて食品ロスの削減につながったかどうかを示したグラフです。図2から，「予約制」の導入前と比べて，［　X　］ことがわかりました。また，図3から，前年度よりも4割以上の削減をした企業が，［　Y　］%であることがわかりました。

次に，「つかう責任」のある消費者の取り組みを調べました。図4の食品ロスの削減を促すイラストを見ると，私たちにもできる取り組みがあることがわかります。例えば，翌日飲む牛乳を店舗で購入する場合には，［　Z　］ことで，食品ロスの削減に貢献できます。

授業で学んだことをふまえて，持続可能な社会づくりに向けて，私にできることを今まで以上に取り組んでいきたいです。

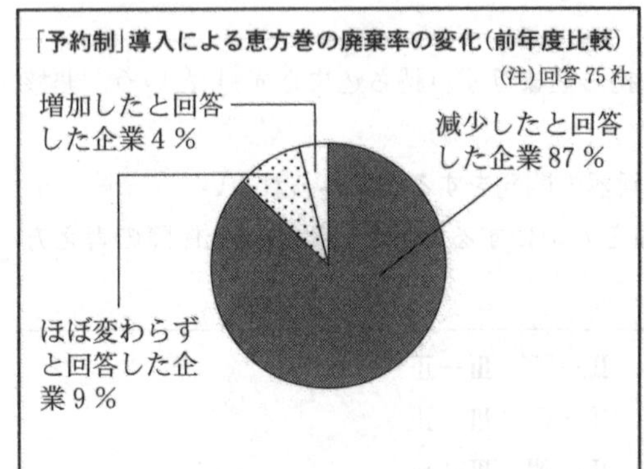

図2（「農林水産省ウェブページ」により作成）

恵方巻の廃棄率の削減割合（前年度比較）
(注)回答64社
2割未満の削減と回答した企業22％
6割以上の削減と回答した企業31％
2割以上4割未満の削減と回答した企業25％
4割以上6割未満の削減と回答した企業22％

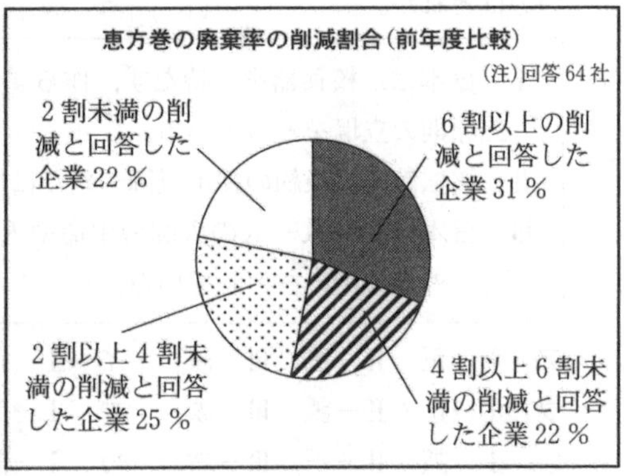

図3（「農林水産省ウェブページ」により作成）

図4（「FOODLOSS CHALLENGE PROJECT ウェブページ」により作成）

Aさん「小学六年生を中学校に招いて紹介するやり方はどうかな。学校の様子を直接見てもらいながら説明した方がいいと思うんだ。」
Bさん「インターネットを使って紹介するやり方はどうかな。学校の様子をオンライン会議ソフトを使って説明したり、動画で公開したりしてもいいんじゃないかな。」

た。

（篠綾子「江戸寺子屋薫風庵」から）

（注1）蓮寿先生＝「薫風庵」の主人。「薫風庵」は蓮寿が始めた。
（注2）手習い＝習字のこと。
（注3）帳面＝ノートのこと。
（注4）一葉＝ノートの一枚。一ページ。

1 本文中の□に入る語句として最も適当なものはどれか。
ア 腰を抜かし　イ 腹をかかえ
ウ 腕を鳴らし　エ 首をかしげ

2 (1)すっきりした表情 とあるが、おてるがこのような表情になったのはなぜか。
ア 妙春のした間違いを賢吾に直接伝えることができたから。
イ うまく言葉にできなかった自分の思いがまとまったから。
ウ 賢吾の寂しい気持ちを妙春が十分に理解してくれたから。
エ 妙春が自分のした間違いに気づいて繰り返し謝ったから。

3 (2)妙春は静かに言葉を返し、おてると賢吾を交互に見つめた とあるが、ここから妙春のどのような思いが読み取れるか。
ア 二人に自分の考えをきちんと聞いてほしいという思い。
イ 二人に謝ることの大切さを分かってほしいという思い。
ウ 二人へのいらだちを隠してきちんと話そうという思い。
エ 二人への言動の間違いを何とか取り繕おうという思い。

4 (3)そういうこと の説明として最も適当なものはどれか。
ア 遠く離れた地で未知のことを経験して、成長していくこと。
イ 他者が何を言おうと自分の考えを貫き、成長していくこと。
ウ 仲間や先生と議論を重ねて思考を磨き、成長していくこと。
エ 相手の考えに疑念を抱かず聞き入れて、成長していくこと。

5 (4)首を横に振ると、返された帳面を急にめくり出し、ある一葉を見つけ出すと、それを妙春の方に突き出してくる とあるが、ここから賢吾のどのような思いが読み取れるか。六十字以内で書きなさい。

6 次の会話文は、生徒たちが本文について話し合ったときの会話の一部である。□に当てはまる言葉を本文中から十三字で抜き出しなさい。

Aさん「妙春先生は賢吾の才能に気づけなくて、落ち込んだままでいたのかな。」
Bさん「いや、後半の賢吾とのやりとりを経て、気持ちが変化していったと思うよ。」
Aさん「どのように変化したのかな。」
Bさん「『□』ている妙春先生の様子から、妙春先生は教師としての役目を果たせていた喜びを感じていることがわかるよ。」
Aさん「なるほど。教師の仕事って素敵だね。」

5 中学校の生徒会役員であるAさんとBさんは、小学六年生に向けた学校紹介の実施方法について話している（次のページ）。AさんとBさんの意見のどちらがよいと考えるか。あなたの考えを国語解答用紙(2)に二百字以上二百四十字以内で書きなさい。
なお、次の《条件》に従って書くこと。

《条件》
(i) AさんとBさんのどちらかの意見を選ぶこと。
(ii) 選んだ理由を明確にすること。

「だから、間違えたら謝るのです。でも、間違っていないと思う時は、誰かから責められてもきちんとそう言います。わたくしの故郷は秋田という遠いところなのですけれどね。そこには明道館という学び舎があって、皆さんよりもう少し年上の若者たちが学んでいます。そこでは、仲間同士はもちろん、先生とも論じ合うことをよしとしています。先生からただ教えられるだけではなく、教えられたことを使って自分の考えを述べ、それに対して相手の考えを聞き、また自分の考えを述べる。そうやって考えを深めていき、仲間と一緒に成長していくのですね。」

おてるは何度も何度もうなずいている。ただし、おてるは分からなくてもうなずくことがあるから、本当に理解したかどうかは注意が必要だ。

一方の賢吾はまったく反応がない。それでも、話をきちんと聞いてくれたということは分かる。

「今はまだ、あなたたちは新しいことを学ばなければならないから、論じ合うのは早いけれど、いつかこの薫風庵でも(3)そういうことができたらいいなと思うのですよ。」

妙春は話を終え、おてるには自分の手習い(注2)へ戻るようにと伝えた。それから手にした賢吾の帳面(注3)に再び目をやり、宗次郎がこの寺子屋の指導に加わってくれて本当によかったと改めて思った。

「もしわたくしが一人で賢吾を見ていたら、今でもまだ、この優れた才に気づかぬままだったかもしれませんね。」

賢吾に帳面を返しつつ、

「賢吾も城戸先生には感謝の気持ちを持ってくださいね。」

と、告げると、賢吾はその時初めてうなずいた。だが、それから何を思ったか、急に(4)首を横に振ると、返された帳面を急にめくり出し、ある一葉(注4)を見つけ出すと、それを妙春の方に突き出してくる。

「たい賢はぐなるがごとし」

と、書かれている。

ふた月ほど前に講話で話した言葉だったろうか。賢吾がこの言葉を書き写したのは、おそらく「賢」が自分の名前に使われた漢字だということが心に響いたからと思われる。

――大賢は愚なるがごとし。

非常に賢い人はその知恵をひけらかさないため、愚か者のように見えることがある。「大智は愚なるがごとし」とも言うが、その時は「賢」の字を用いて説明した。

賢吾が今この一葉を開いて見せたのは、自分の名にある漢字が使われているからではない。この言葉の意をしっかりと理解しているからだ。

大賢とは、まさに賢吾自身のことだ。そして、その賢吾が周囲から愚者のように見られていたのは事実である。

賢吾はそれを気にしているようにはまったく見えなかった。しかし、自分が他人と同じように振る舞えないことを、賢吾が悩んでいなかったと決めつけることもできない。

他人からは推し量れない形で、賢吾が悩んでいたということはあるだろう。

そして、その傷を負う賢吾が、この言葉によって慰められていたのだとすれば――。あるいは、この言葉を信じて、自棄になることもなく日々を過ごすことができたのだとすれば――。

「そうでしたか。この言葉は賢吾の心に届いていたのですね。」

妙春は涙ぐみそうになるのをこらえて、ようやく言った。

傍らでは、賢吾が気ぜわしげに、何度もくり返しうなずき続けてい

ウ　⑤段落は、図を詳細に説明しつつ自説の欠点を補っている。
エ　⑥段落は、次の論へとつなぐため前の内容を整理している。

5　(2)土器は、そのためのメディアとして働いたのです　とあるが、このことについてある生徒が次のようにノートにまとめた。これを見て、後の(Ⅰ)、(Ⅱ)の問いに答えなさい。

【縄文土器のメディアとしての働き】

縄文土器の「物語的文様」により、表象の組み合わせや順列を人びとの心に呼びおこす。

↓

土器を使う生活の中で、人びとが物語や神話などを　X　する。

↓

人びとのきずなを強め、集落の密な林立により　Y　ためのメディアとして働く。

(Ⅰ)　X　に入る語を本文中から二字で抜き出しなさい。
(Ⅱ)　Y　に入る内容を二十五字以内で書きなさい。

4　次の文章を読んで、後の1から6までの問いに答えなさい。

〔寺子屋「薫風庵」で学ぶ賢吾は、先生の城戸宗次郎から算法（数学）の才能を見出され、他の子供たちから称賛を得るようになった。賢吾を宗次郎よりも長く教えている妙春は、賢吾の才能に気づけなかったことを謝った。そのとき、思いがけないところから声が上がる。〕

「妙春先生はおかしいです。」
隣の席からおてるがこちらをのぞき込んでいる。
「おかしいって何のことですか。」
「先生なのに、賢吾に謝っていることです。」
「それがおかしなことなの?」
「そうです。賢吾だって目を真ん丸にして、吃驚しちゃってるじゃないですか。」
おてるの言葉を受け、改めて賢吾に目を向けると、確かに先ほどから驚きの表情を変えていない。
「でも、わたくしは何もおかしなことなどしていません。先生だって、間違いをすることはありますし、間違えたことを謝るのに、そういう時には謝らなければいけないでしょう。間違えたことを謝るのに、何がおかしいのですか。」
妙春が訊き返すと、おてるはじっと考え込み、
「間違えたのを謝るのは変じゃないんだけど、先生が謝るのは何か……。」
と、呟きながら、　　ている。
「先生だから間違えちゃいけませんって言われると、わたくしだって城戸先生だって、とても緊張してしまいます。(注1)蓮寿先生だって『間違いくらいするわよ。』っておっしゃると思いますよ。」
「うーん、確かに蓮寿先生なら、そう言いそうな気はするんだけど……。」
おてるはそう言ってから、再びしばらく考え込むと、
「妙春先生は、間違いなんてしそうもないなって思えたんです。」
と、ややあってから、(1)すっきりした表情になって言った。
「わたくしだって間違えることはありますよ。」
(2)妙春は静かに言葉を返し、おてると賢吾を交互に見つめた。

が反応し、何だろうかと考えさせるのです。

⑥　認知考古学の親理論[注2]ともいえる認知心理学では、何だろうかと考えさせることを、「意味的処理を活発化させる」と表現します。脳を刺激して、意味を探らせる、あるいは意味を思い起こさせるのです。縄文土器に盛り込まれた心理的機能の中心は、意味的処理を活発化させるという働きなのです。強い意味を盛り込んだ土器が、縄文土器ということもできます。

⑦　土器に盛り込まれた意味とは、何でしょうか。小林達雄[注3]さんは、縄文土器の文様を「物語的文様」と表現しました。物語とは意味の最たるものですから、「意味的処理を活発化させる」という認知考古学の分析結果と経験を積んだ考古学者の直観とが一致するわけです。

⑧　縄文土器の文様が、物語なのか、神話なのか、あるいは部族の紋章なのか、その具体的なことは認知考古学ではわかりません。ただそれらが、彼ら彼女らが共有していた言語と世界観に根ざして何らかの意味をもっていた表象(心に思い浮かべることのできるひとかたまりの概念やイメージ)の組み合わせや順列を、彼ら彼女らの心に呼びおこすメディアだったことはまちがいないでしょう。

⑨　このような土器を用いて煮炊きをしたり食事をしたりすることを通じて、表象の組み合わせや順列をたがいの心に共有し、確かめ合うことが、たくさんの人びとを大きく複雑な社会にまとめていくための手段として必要だったのでしょう。そのことは、強い意味を盛り込んだこのような土器がとりわけ発達したのが、環状集落[注4]が密に林立して多くの人口を擁した関東甲信越から東北にかけての地域だったことと符合[注5]します。人口が増えて人間関係や社会関係が複雑化した中で、それを調整し、まとめるためのさまざまなメディアが必要とされたのでしょう。土器はその重要な一つでした。

⑩　私たちの感覚からすれば、社会をまとめるのは、権力やリーダーが作った制度です。しかし、まだ権力もそれをふるうリーダーも現れない段階では、みんなが世界観や物語や神話を強く共有してきずなを強め合うことによって社会はまとまっていました。(2)土器は、そのためのメディアとして働いたのです。

(松木武彦「はじめての考古学」から)

(注1)　モチーフ＝題材。
(注2)　親理論＝ある理論の元となる理論。
(注3)　小林達雄＝考古学者。
(注4)　環状集落＝中央の広場を囲んで住居や建物が円く並んだ大きな村。
(注5)　符合＝二つ以上の事柄やものがぴったり照合・対応すること。

1　本文中の[A]、[B]に入る語の組み合わせはどれか。

ア　A　物理的　B　心理的
イ　A　心理的　B　物理的
ウ　A　心理的　B　生物学的
エ　A　生物学的　B　心理的

2　(1)おそらく意図的にそうしていたと推測されますとあるが、筆者はどのようなことを推測しているか。そのことについて説明した次の文の[　]に当てはまるように、五十字以内で書きなさい。

縄文時代の人びとは、[　　　　]ということ。

3　本文中の[　]に入る語として、最も適当なものはどれか。

ア　つまり　イ　あるいは　ウ　むしろ　エ　ところで

4　段落の働きを説明したものとして、最も適当なものはどれか。

ア　①段落は、比喩を多用しながら他者の主張を否定している。
イ　④段落は、前段の内容に反論するため具体例を用いている。

5 本文の内容と合うものはどれか。
ア 天皇は高市麿の民を顧みない態度を改めさせた。
イ 高市麿は竜神の力に頼ることで奇跡を起こした。
ウ 天皇の命令に背き高市麿は漢詩文を学び続けた。
エ 高市麿の民に対する慈愛の心が神を感心させた。

3 縄文土器について述べた次の文章を読んで、後の1から5までの問いに答えなさい。①～⑩は形式段落の番号である。

① 土器は本来、物理的機能を満たすためのモノですが、それとは関係のない複雑な形や派手な文様は、心理的機能を加味するために盛り込まれた要素で、縄文土器の場合は、ときに［A］機能が［B］機能をそこなうほどに発達しています。これは、生物学的なアナロジー（比喩）では、オスのクジャクの尾羽（上尾筒（じょうびとう））に当たります。飛ぶためという物理的機能よりも、メスをひきつけるという、社会関係の中での心理的機能がまさるように進化した形です。縄文土器も、社会関係の中での心理的機能のために、あれほどの複雑さや派手さをもつようになったのです。

② こんな複雑で派手な土器で実際の煮炊きもするとは、今の私たちの感覚からすれば不合理ですが、当時はそれが当たり前だったのです。というより、そうでなければならなかった。そういう世界観の中で、人びとは生きていたのです。

③ 縄文土器の造形を、認知考古学の視角でくわしく分析してみましょう。まず気づくのは、縄文土器の文様には、「直線」「角」「区切り」がないことです。ほとんどの造形が曲線で構成されています。それは、生命体（動物や植物）と共通する形の特徴です。このバイオティック（生物的・生命的）な造形とデザインは、縄文土器の最大の特徴です。

④ このような造形とデザインの中には、特定の動物や植物によく似たモチーフ（注1）が埋め込まれています。たとえば図の胴のモチーフは、植物のつるのようにも、ヘビのようにも見えます。また、縁の上の突起は、ヘビの頭のようにも鳥の首のようにも見えます。つるやヘビや鳥をはっきりと描くのではなく、つる「のようにも見える」し、ヘビ「のようにも見える」し、鳥「のようにも見える」というあいまいさを残したモチーフです。あとで見るように、縄文時代の人びとは、特定の生物をはっきりと写実的に造形する能力と技術も持っていたので、このあいまいさは、(1)おそらく意図的にそうしていたと推測されます。「何だろうか？」と見る人に考えさせるのです。

⑤ 何だろうかと考えさせるこの力こそ、弥生時代以降の土器にはない、縄文土器独特のパワーです。縄文土器の文様を写真に撮って展開してみると、バイオティックなモチーフが二つ以上出てくることがふつうです（図）。しかし、細部は少しずつ違います。まったく同じモチーフをコピーするのではなくて、どこかを少しずつ変えてあるのです。［　］、この土器のデザインは全体として「繰り返し」ではないのです。「繰り返し」だと、ただのパターン文様だとして脳がスルーしますが、違いがあると脳

図　縄文土器の文様の展開

2 次の文章を読んで後の1から5までの問いに答えなさい。（……の左側は現代語訳である。）

今は昔、持統天皇と申す女帝の御代に、中納言大神（注1）の高市麿と言ふ人有りけり。もとよりひととなり心直しくして、各に智り有りけり。また文（漢詩文）を学して、(1)諸道に明らかなりけり。然れば、天皇この人を以て世政を任せ給へり。これに依りて、高市麿国を治め、民を哀れぶ。

而る間（ある時）、天皇諸々の司に勅して（諸国の長に命じて）、猟に遊ばむ為に、伊勢（注2）の国に行幸（おでかけ）有らむとして（なさろう）、「速やかにそのまうけ（準備）を営むべし。」と下さる（命令を下した）。而るに、その時三月の頃ほひなり。高市麿奏して（申し上げて）いはく、「このごろ農業の頃ほひなり。かの国に御行（おでかけ）有らば、必ず民の煩ひ無きに非ず。然れば、(2)御行有るべからず。」と。天皇、高市麿の言に随ひ給はずして、なほ、「御行有るべし。」と下さる。然れども、高市麿なほ重ねて奏していはく、「なほ、この御行止め給ふべし。今農業の盛りなり。田夫（農夫）の憂へ多かるべし。」と。これに依りて、遂に御行止みぬ。然れば、民喜ぶこと限りなし。

ある時には天下干ばつせるに、この高市麿我が田の口を塞ぎて水入れずして、百姓（民）の田に水を入れしむ（入れさせた）。水を人に施せるに依りて、(3)既に我が田焼けぬ。此様に我が身を棄てて民を哀れぶ心有り。これに依りて、天神感を垂れ、竜神雨を降らす。但し、高市麿の田のみに雨降りて、余り（他の）の人の田には降らず。これ偏へに、実の心を至せれば、天これを感じて、守りを加ふる故なり。然れば、人は心直しかるべし。

（「今昔物語集」から）

（注1）大神の高市麿＝人名。
（注2）伊勢の国＝現在の三重県。

1　随ひ給はず　は現代ではどう読むか。現代かなづかいを用いて、すべてひらがなで書きなさい。

2　(1)諸道に明らかなりけり　の意味として最も適当なものはどれか。

ア　様々な学問に精通していた。　**イ**　農業に力を注いでいた。
ウ　身なりが豪華で整っていた。　**エ**　誰にでも明るく接した。

3　(2)御行有るべからず　と高市麿が言ったのはなぜか。三十字以内の現代語で書きなさい。

4　(3)既に我が田焼けぬ　とあるが、それはなぜか。

ア　高市麿は民の田に水を入れるという身勝手な行動をして、竜神の怒りを買ったから。
イ　高市麿は天皇から優遇されていることを知られ、民によって田の水を抜かれたから。
ウ　高市麿が自らの田には水を引き入れず、民の田に水を入れるよう取り計らったから。
エ　高市麿が自らの田を焼いて天神に雨乞いをすることで、民の田を守ろうとしたから。

<国語>

時間 五〇分 満点 一〇〇点

1 次の1から4までの問いに答えなさい。

1 次の――線の部分の読みをひらがなで書きなさい。

(1) エンジンが停止する。 (2) 飛行機の模型を作る。

(3) けん玉の技を競う。 (4) 都会の騒音から逃れる。

(5) 抑揚をつけて話す。

2 次の――線の部分を漢字で書きなさい。

(1) リョクチャを飲む。 (2) 寒さをフセぐ。

(3) シュクフクの気持ちを表す。 (4) ヒタイの汗をぬぐう。

(5) 日がクれる。

3 次の会話について(1)から(3)までの問いに答えなさい。

観光ガイド 「ここまで見てきて、この町はいかがでしたか。」

観光客A 「□明治時代にタイムスリップしたような気分になりました。素敵な町ですね。」

観光ガイド 「この町並みが話題になったおかげで、年々観光客が増加しています。もしよければこの町並みを背景にお二人の写真を①撮りましょうか。」

観光客B 「お願いします。」

―(写真撮影)―

観光客B 「ありがとうございます。これからお昼ご飯を食べに行こうと思うのですが、おすすめのお店はありますか。」

観光ガイド 「駅前の〇〇食堂のオムライスはとても有名ですよ。ぜひ②食べてみてください。」

観光客A 「わかりました。ありがとうございます。」

(1) □に入る副詞として最も適当なものはどれか。

ア まるで イ まだ ウ なぜ エ どうか

(2) ――線の部分と熟語の構成が同じものはどれか。

ア 未定 イ 前後 ウ 着席 エ 豊富

(3) 〰〰線の部分を適切な敬語表現に改める場合、正しい組み合わせはどれか。

ア ① お撮りし ② いただい

イ ① お撮りし ② 召し上がっ

ウ ① お撮りになり ② 召し上がっ

エ ① お撮りになり ② いただい

4 次の俳句について(1)、(2)の問いに答えなさい。

A 秋たつや川瀬にまじる風の音 (飯田蛇笏(いいだだこつ))

B 冬支度鷗(かもめ)もとほる村の空 (大峯(おおみね)あきら)

(1) A・Bに共通して用いられている表現技法はどれか。

ア 対句 イ 体言止め ウ 反復 エ 直喩

(2) A・Bは同じ季節を詠(よ)んだ俳句である。A・Bと同じ季節を詠んだ俳句はどれか。

ア 枯山の月今昔を照らしゐる (飯田龍太(いいだりゅうた))

イ 暗く暑く大群衆と花火待つ (西東三鬼(さいとうさんき))

ウ 月を待つ人皆ゆるく歩きをり (高浜虚子(たかはまきょし))

エ 八重桜日輪すこしあつきかな (山口誓子(やまぐちせいし))

2023年度

解　答　と　解　説

《2023年度の配点は解答用紙集に掲載してあります。》

<数学解答>

1　1　8　　2　$\frac{4}{3}a^2b$　　3　x^2+6x+9　　4　$7x+5y \leqq 2000$　　5　4　　6　$(y=)-\frac{16}{x}$

7　113(度)　　8　$\frac{25}{9}$(倍)

2　1　$(x=)-2\pm\sqrt{3}$　　2　使用できる教室の数　12

(途中の計算は解説参照)　　3　①　100　　②　10

③　$a+1$　　④　b　　⑤　$c-1$

3　1　右図　　2　(1)　$\sqrt{10}$(cm)　　(2)　21π (cm^3)

3　解説参照

4　1　$\frac{2}{5}$　　2　(1)　17(人)　　(2)　21.0(秒)

3　(1)　ア，エ　　(2)　解説参照

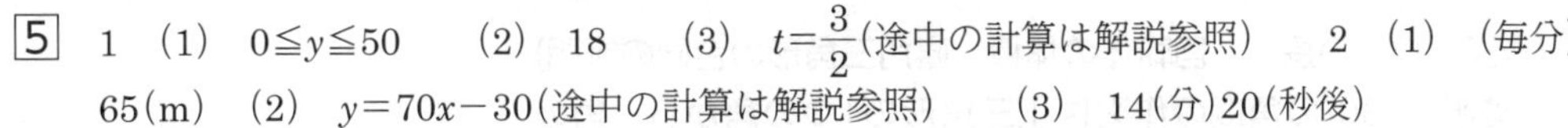

5　1　(1)　$0 \leqq y \leqq 50$　　(2)　18　　(3)　$t=\frac{3}{2}$(途中の計算は解説参照)　　2　(1)　(毎分) 65(m)　(2)　$y=70x-30$(途中の計算は解説参照)　　(3)　14(分)20(秒後)

6　1　64(枚)　　2　(黒いタイル)　17(枚)　　(白いタイル)　32(枚)

3　①　$4(a^2-b)$　　②　9　③　11

<数学解説>

1　(数・式の計算，式の展開，不等式，ねじれの位置，反比例，円の性質，相似な三角形の面積比)

1　減法の計算は加法に直して計算するため，$3-(-5)=3+(+5)=8$

2　$8a^3b^2 \div 6ab=\frac{8a^3b^2}{6ab}=\frac{4}{3}a^2b$

3　**乗法公式$(a+b)^2=a^2+2ab+b^2$より**，$(x+3)^2=x^2+2\times3\times x+3^2=x^2+6x+9$

4　1個x円のパンが7個で$7x$(円)，1本y円のジュースが5本で$5y$(円)となるため，代金の合計が2000(円)以下となるときの不等式は$7x+5y \leqq 2000$

5　**ねじれの位置とは，平行でなく交わらない2つの直線の位置関係**のことである。辺ABと平行な辺は辺DC，辺HG，辺EFであり，辺ABと交わる辺は辺AD，辺BC，辺AE，辺BFである。これより，辺ABとねじれの位置にある辺は辺DH，辺CG，辺EH，辺FGの4本になる。

6　**反比例の式は，yがxに反比例するとき，$y=\frac{a}{x}$(aは比例定数)と表す**ことができる。$y=\frac{a}{x}$に$x=-2$，$y=8$を代入すると，$8=-\frac{a}{2}$　$a=-16$となるため，$y=-\frac{16}{x}$

7　点Bを含まない弧ACに対する**中心角と円周角の関係**から，∠AOC$=2$∠ABC$=2x°$ となる。よって，$2x+134=360$　$2x=360-134$　$2x=226$　$x=113$

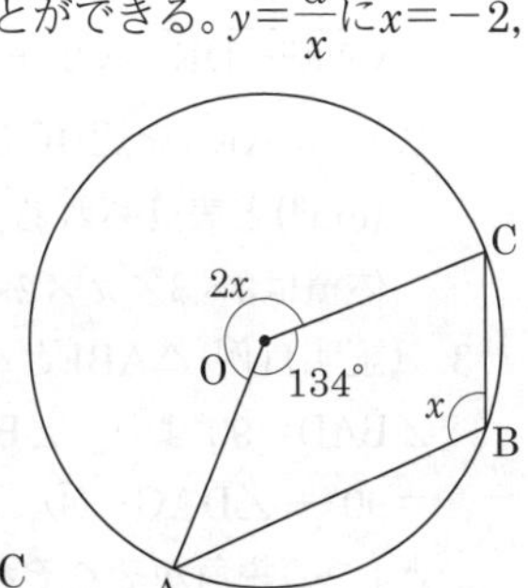

8　**相似比が$a:b$である相似な三角形の面積比は，$a^2:b^2$**となる。△ABCと△DEFの相似比は3：5であるため，面積比は$3^2:5^2=9:25$となる。よって，△ABC：△DEF$=9:25$　△DEF$=\frac{25}{9}$△ABC

2　(2次方程式，方程式の応用，数の性質)

1　**2次方程式$ax^2+bx+c=0$の解は，$x=\frac{-b\pm\sqrt{b^2-4ac}}{2a}$**で求められる。問題の2次方程式は，$a=1$，$b=4$，$c=1$の場合だから，$x=\frac{-4\pm\sqrt{4^2-4\times1\times1}}{2\times1}=\frac{-4\pm\sqrt{16-4}}{2}=\frac{-4\pm\sqrt{12}}{2}=\frac{-4\pm2\sqrt{3}}{2}=-2\pm\sqrt{3}$　(別解)$x^2+4x+1=0$　$x^2+4x=-1$　$x^2+4x+4=-1+4$　$(x+2)^2=3$　$x+2=\pm\sqrt{3}$　$x=-2\pm\sqrt{3}$

2　(途中の計算)(例)$15x+34=20(x-2)+14$　$15x+34=20x-26$　$-5x=-60$　$x=12$　この解は問題に適している。(補足説明)1つの教室に入る参加者を15人ずつにすると，34人余るから，参加者の人数は$15x+34$(人)と表される。また，1つの教室に入る参加者を20人ずつにすると，14人の教室が1つでき，さらに使用しない教室が1つできることから，20人ずつ入る教室の数は$(x-2)$つとなり，参加者の人数は$20(x-2)+14\times1=20(x-2)+14$(人)と表される。

3　3桁の自然数Mの百の位，十の位，一の位の数をそれぞれa，b，cとすると，aは1以上8以下の整数，bは0以上9以下の整数，cは1以9以下の整数となる。このときM$=100\times a+10\times b+c$と表せる。また，N=M+99より　N$=100\times a+10\times b+c+99=100\times a+10\times b+c+100-1$となるからN$=100\times a+100+10\times b+c-1=100\times(a+1)+10\times b+c-1$となり，Nは百の位の数は$a+1$，十の位の数は$b$，一の位の数は$c-1$となる。よって，Mの各位の数の和とNの各位の数の和はそれぞれ$a+b+c$となり，同じ値になる。

3　(作図，線分の長さ，回転体の体積，直角三角形の合同の証明)

1　(着眼点)**30°の角度の作図は正三角形の1つの角から，角の二等分線を引く**。(作図手順)次の①～③の手順で作図する。①　点A，Bをそれぞれ中心として，交わるように半径が辺ABの円を描き，交わった点をDとする。　②　半直線BDを引き，半直線BDおよび辺BAと交わるように点Bを中心として円を描き，それぞれの交点をE，Fとする。　③　点E，点Fをそれぞれ中心として，交わるように半径の等しい円を描き，交わった点をGとする。半直線BGと辺ACの交点がPとなる。　(ただし，解答用紙には点D，点E，点F，点Gの記入は不要)

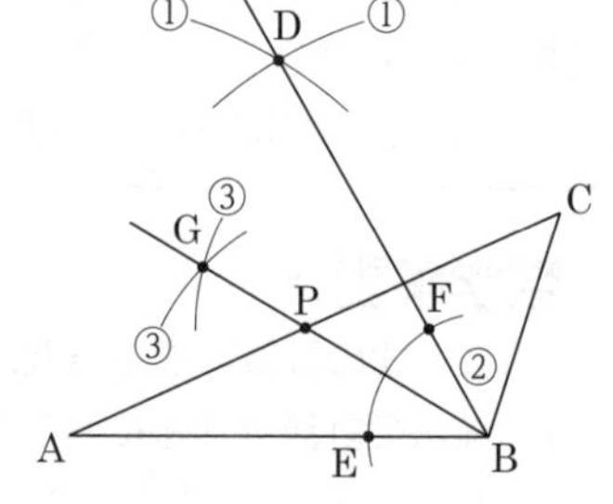

2　(1)　点Aから辺BCと平行な直線を引き，辺CDと交わった点を点Eとする。∠ABC=∠BCD=90°より,∠BAE=∠AEC=90°となり，**すべての角が等しいので四角形ABCEは長方形**とわかる。また，△AEDは∠AED=90°の直角三角形とわかる。これより，AE=BC=3(cm)，DE=CD−CE=CD−AB=3−2=1(cm)となり，△AEDで三平方の定理より，AD=$\sqrt{\text{AE}^2+\text{DE}^2}=\sqrt{3^2+1^2}=\sqrt{9+1}=\sqrt{10}$(cm)

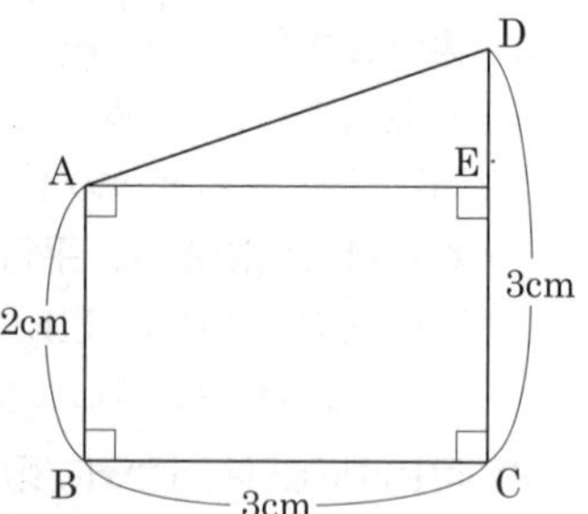

(2)　△AEDを辺DCを軸に1回転させた立体は円錐になり，その体積は$3\times3\times\pi\times1\times\frac{1}{3}=3\pi$(cm^3)と表せられる。また，長方形ABCEを辺DCを軸に1回転させた立体は円柱になり，その体積は$3\times3\times\pi\times2=18\pi$(cm^3)と表せられる。よって，$3\pi+18\pi=21\pi$(cm^3)

3　(証明)(例)△ABFと△DAGにおいて仮定より，∠BFA=∠AGD=90°…①　AB=DA…②　∠BAD=90°より　∠BAF=90°−∠DAG…③　△DAGにおいて　∠ADG=180°−(90°+∠DAG)=90°−∠DAG…④　③，④より　∠BAF=∠ADG…⑤　①，②，⑤より　直角三角形の斜辺と1つの鋭角がそれぞれ等しいから，△ABF≡△DAG

4 (確率，度数分布表，箱ひげ図)

1　5人の生徒A, B, C, D, Eから2人の生徒を選ぶとき全ての出方は,(A, B),(A, C),(A, D),(A, E),(B, C),(B, D),(B, E),(C, D),(C, E),(D, E)の10通り。このうち，Dが選ばれるのは，(A, D),(B, D),(C, D),(D, E)であるため，確率は$\frac{4}{10}=\frac{2}{5}$

2 (1)　**累積度数**とは，各階級について，最初の階級からその階級までの度数を合計したもの。よって，14.0以上20.0秒未満の度数の合計は2＋7＋8＝17(人)

(2)　**度数分布表**における**最頻値**は，度数のもっとも多い階級の**階級値**を求めればよい。度数のもっとも多い階級は，20.0秒以上22.0秒未満の階級のため，$\frac{20.0+22.0}{2}=21.0$(秒)

3 (1)　ア　1回目の中央値は13(点)，2回目の中央値は14(点)のため正しい。　イ　1回目の最大値は18(点)，2回目の最大値は20(点)のため正しくない。　ウ　1回目の範囲は18－6＝12(点)，2回目の範囲は20－8＝12(点)のため正しくない。　エ　1回目の四分位範囲は16－8＝8(点)，2回目の四分位範囲は16－10＝6(点)のため正しい。

(補足説明)**四分位数**とは，全てのデータを小さい順に並べて4つに等しく分けたときの3つの区切りの値を表し，小さい方から**第1四分位数**，**第2四分位数**，**第3四分位数**という。第2四分位数は**中央値**のことである。**箱ひげ図**とは，最小値，第1四分位数，第2四分位数(中央値)，第3四分位数，最大値を箱と線(ひげ)を用いて1つの図に表したものである。

(2)　(理由)(例)25番目の生徒の得点が7点，26番目の生徒の得点が9点

5 (図形と関数・グラフ，関数とグラフ)

1 (1)　関数$y=2x^2$で，$x=0$のとき最小値$y=2\times0^2=0$，$x=5$のとき最大値$y=2\times5^2=50$となる。よって，yの変域は$0\leqq y\leqq50$

(2)　点Aは$y=5x$上にあるから，そのy座標は$y=5\times x=5\times2=10$より，A(2, 10)　また，点Bは$y=2x^2$上にあるから，そのy座標は$y=2\times x^2=2\times2^2=8$より，B(2, 8)となる。点Cは点Bと$y$軸に関して対称な点になるため，C(－2, 8)　ここで，$y=5x$と直線BCの交点を点Eとすると，そのy座標は点B，Cと同じで$y=8$，x座標は$8=5x$より$x=\frac{8}{5}$となり，E$\left(\frac{8}{5},\ 8\right)$　よって，△OAC＝△EAC＋△EOC＝$\left\{\frac{1}{2}\times\right.$辺EC×(点Aの$y$座標－点Oの$y$座標)$\left.\right\}=\frac{1}{2}\times\left\{\frac{8}{5}-(-2)\right\}\times(10-0)=\frac{1}{2}\times\frac{18}{5}\times10=18$

(補足説明)△OAC＝△EAC＋△EOC＝$\left\{\frac{1}{2}\times\right.$辺EC×(底辺を辺ECとしたときの点Aからの高さ)＋$\frac{1}{2}\times$辺EC×(底辺を辺ECとしたときの点Oからの高さ)$\left.\right\}=\left\{\frac{1}{2}\times\right.$辺EC×(底辺を辺ECとしたときの点Aからの高さ＋底辺を辺ECとしたときの点Oからの高さ)$\left.\right\}=\left\{\frac{1}{2}\times\right.$辺EC×(点Aの$y$座標－点Oの$y$座標)$\left.\right\}$

(3)　(途中の計算)(例)B$(t,\ 2t^2)$，点C$(-t,\ 2t^2)$，点D$(-t,\ -5t)$より　$BC=2t$，$CD=2t^2+5t$である。BC：CD＝1：4より　4BC＝CD　$4\times2t=2t^2+5t$　$2t^2-3t=0$　$t(2t-3)=0$　$t=0,\ \frac{3}{2}$　$t>0$より　$t=\frac{3}{2}$　この解は問題に適している。

2 (1)　学校から後藤さんの家までの距離は390(m)で，歩いた時間は6(分)かかったので，2人が学校を出てから後藤さんの家に着くまでの速さは390÷6＝(毎分)65(m)

(2)　(途中の計算)(例)xとyの関係の式は$y=70x+b$と表せる。グラフは点(6, 390)を通るので$390=70\times6+b$　$b=-30$　したがって，求める式は$y=70x-30$

(3)　前田さんが，自分の家から図書館に着くまでのxとyの関係の式は$y=70x+c$と表せる。グ

ラフは点(29, 1650)を通るので，$1650=70\times29+c$　$c=-380$　式は$y=70x-380$となる。後藤さんが前田さんに追いついたときの学校からの距離は$1650-280=1370$(m)，$1370=70x-380$　$70x=1750$　$x=25$より，後藤さんが前田さんに追いついた時間は学校を出てから25分後とわかる。ここで，後藤さんが自分の家から前田さんに追いつくまでのxとyの関係の式は$y=210x+d$と表せ，グラフは点(25, 1370)を通るので　$1370=210\times25+d$　$d=-3880$　式は$y=210x-3880$となる。後藤さんが自分の家を出たのは，$390=210x-3880$　$210x=4270$　$x=\frac{61}{3}$より，学校を出てから$\frac{61}{3}$分後とわかる。したがって，後藤さんが図書館に向かうために家を出たのは，家についてから$\frac{61}{3}-6=\frac{43}{3}$(分後)すなわち14分20秒後である。

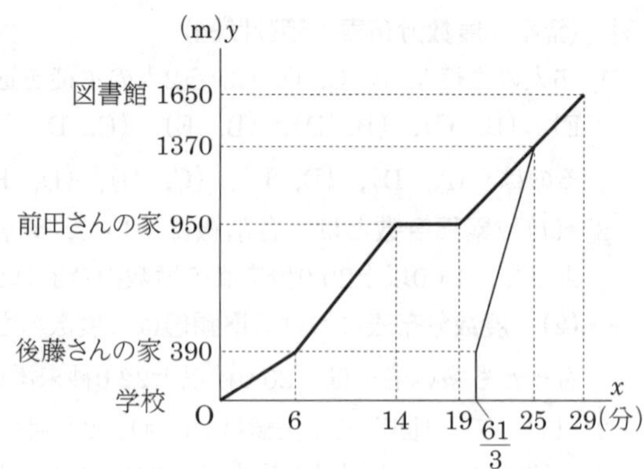

6　**(規則性，文字を使った式)**

(着眼点)黒いタイル1枚に対して，白いタイル4枚必要である。黒いタイルだけを使ってタイルをしきつめる場合を考えた上で，黒いタイルを白いタイルに変えて黒いタイルと白いタイルの合計数を求める。

1　$n=4$の場合について考える。黒いタイルだけを使って仮にタイルをしきつめるとき，使う黒いタイルの枚数は$4\times4=16$(枚)となる。黒いタイルを白いタイルに変える場合，白いタイルは黒いタイル1枚につき4枚必要なため，$16\times4=64$(枚)

2　$n=5$の場合について考える。黒いタイルだけを使って仮にタイルをしきつめるとき，使う黒いタイルの枚数は$5\times5=25$(枚)となる。使う黒いタイルをx(枚)，白いタイルに変える黒いタイルをy(枚)とすると，$x+y=25$…①と表せられる。また，黒いタイルと白いタイルは合計で49枚使うため，$x+4y=49$…②と表せられる。①－②より，$-3y=-24$　$y=8$…③　③を①に代入して$x+8=25$　$x=17$　したがって，黒いタイルは17(枚)となり，白いタイルは$8\times4=32$(枚)となる。

3　$n=a$の場合について考える。黒いタイルだけを使って仮にタイルをしきつめるとき，使う黒いタイルの枚数は$a\times a=a^2$(枚)となるため，使った黒いタイルの枚数がb(枚)のとき，使った白いタイルの枚数は$4\times(a^2-b)=4(a^2-b)$(枚)と表せる。次に，この板の【貼り方Ⅰ】のところを【貼り方Ⅱ】に，【貼り方Ⅱ】のところを【貼り方Ⅰ】に変更した新しい正方形の板を作った。これより，黒のタイルの枚数は$b\times4=4b$(枚)，白のタイルの枚数は$4(a^2-b)\div4=(a^2-b)$(枚)となり，はじめのタイルの枚数の合計よりも225(枚)少なくなったために，$b+4(a^2-b)-225=4b+(a^2-b)$　$b+4a^2-4b-225=4b+a^2-b$　$3a^2=6b+225$　$a^2=2b+75$と表せる。これを満たすaのうち，最も小さい値は($b=3$のとき)$a=9$，その次に小さい値は($b=23$のとき)$a=11$

<英語解答>

1　1 (1) ア　(2) エ　(3) イ　(4) ウ　2 (1) イ　(2) エ　(3) エ

3　(1)　1723　(2)　children[kids]　(3)　beautiful

2　1　(1)　ウ　(2)　イ　(3)　ア　(4)　ウ　(5)　イ　(6)　エ
2　(1)　エ→イ→ウ→ア　(2)　エ→イ→ア→ウ　(3)　イ→ア→ウ→オ→エ

3　1　イ　2　(例)different　3　(例)ゾウの耳や鼻の中に入ることができ，ゾウはそれを嫌がる　4　ウ

4　1　(例1)did not say　(例2)never said　2　(例)修二が竜也にバドミントンで負けること。　3　(例)power　4　エ　5　ア

5　1　T-shirt　2　ア　3　(例)不要になった服を捨てること。　4　(3)　(例1)putting clothes into　(例2)trying to put her clothes into　(4)　(例1)get books they want to read　(例2)take a book they like　(5)　(例1)makes a bag　(例2)made a bag　5　(例1)Can you tell me　(例2)　Will you explain
6　ウ　7　(例1)I will bring my used clothes to a shop near my house. I know the shop collects used clothes and recycles them. Now, I just throw away the clothes I don’t need because it is an easy way. However, I think I should stop it because my small action can save the earth. I want to be kind to the environment.
(例2)　I will give my clothes to my little sister. I have clothes which are too small for me, but my sister can still wear them. She often says she likes my clothes, so I think she will be happy. Also, it is good for our family because we don’t need to buy new clothes.

＜英語解説＞

1　(リスニング)

放送台本の和訳は，52ページに掲載。

(英文メモの日本語訳)

グリーンウイング城
・それは(1)　1723年に建てられた。
・400部屋以上。
・絵の中の男性には10人の(2)　子どもがいた。
・人々は広い部屋でパーティーを楽しんだ。
・ウエストタワー → 私たちは(3)　美しい街並みを見ることができる。

2　(語句補充問題，語句整序問題：動名詞，前置詞，代名詞，形容詞，仮定法，比較，他)

1　(全訳)　こんにちは，みなさん。みなさんは映画(1)　を見ることは好きですか？　私ですか？　はい，(2)　そう(好き)です。私のお気に入りの映画を紹介します。それは『驚くべき少女の旅』です。その物語は，時を越えて旅行する一人の女の子(3)　についてです。いくつかの問題が起きますが，彼女は(4)　それらを解決することができます。その物語は(5)　すてきで，音楽もわくわくさせてくれます。その映画は大昔に制作されましたが，今でもとても人気があります。それはすばらしい映画です。もしみなさんがその女の子なら，みなさんは何をする(6)　でしょうか？

(1)　like「～が好き」の後に動詞を置くときは，その動詞を動名詞＜動詞の -ing 形＞，また

は不定詞<to ＋動詞の原形>の形にする。

(2)　<Do you ＋動詞の原形～？>の疑問文に答えるので，Yes, I do. と答える。

(3)　上記全訳を参照。about「～について」を選ぶと文脈に合う。

(4)　空欄には動詞 solve「～を解決する」の目的語が入るので，目的格の them を選ぶ。

(5)　上記全訳を参照。fantastic「すてきな」を選ぶと文脈に合う。　ア　empty「空っぽの」　ウ　narrow「狭い」　エ　terrible「ひどい」は文脈に合わない。

(6)　**仮定法<If ＋主語＋動詞の過去形～, 主語＋ would ＋動詞の原形…>「もし～なら…だろう」**の文が，疑問詞のwhatを用いた疑問文になっている。

2 (全訳)

(1)　A：このクラスではトムが一番背が高いですか？

B：(No.　He)is not as tall(as Ken.)「いいえ。彼はケンほど背が高くないです。」**<not as ～ as …>「…ほど～ではない」**

(2)　A：(I hear so many)stars can be seen(from the top of the mountain.)「その山の頂上からとてもたくさんの星が見られるそうですよ。」

B：本当ですか？　それらを見に行きましょう。助動詞を使った受け身の文。**<助動詞＋ be ＋動詞の過去分詞形>**

(3)　A：あなたは何のスポーツが好きですか？

B：(Judo!　Actually I)have been practicing judo since(I was five years old.)「柔道です！　実は私は5歳からずっと柔道を練習しています。」**現在完了進行形<have [has]＋ been ＋動詞の -ing 形>「ずっと～し(続け)ている」**

3　(長文読解問題・説明文：語句選択補充，語句記述補充，日本語で答える問題)

(全訳)　日本の人々は，だれの勝ちか，またはだれが最初に行くかを早く決めたいとき，彼らは*じゃんけん*と呼ばれる手遊びをよくする。そのゲームをするために，彼らは3つの手のジェスチャーを使う。閉じた手は石を，開いた手は紙を，閉じた手と伸ばした人差し指と中指は，はさみを意味する。石は，はさみを壊すので，石の勝ち。また，はさみは紙を切り，紙は石を覆う。ルール(を理解しやすい)ので，多くの人々が*じゃんけん*をすることができる。

この種の手遊びは，世界中の多くの国で遊ばれている。ほとんどの人々が3つの手のジェスチャーを使うが，3つ以上使う人々もいる。フランスでは，人々は4つの手のジェスチャーを使う。マレーシアの人々は，5つの手のジェスチャーをときどき使う。

他の国では，日本で使われているものとは A異なる手のジェスチャーを人々が使う。インドネシアでは，閉じた手と伸ばした親指はゾウを，閉じた手と伸ばした人差し指は人を，閉じた手と伸ばした小指はアリを意味する。彼らのルールでは，ゾウは人を打ち負かす。なぜならそれはより大きく，より強いからだ。同じように，人はアリを打ち負かす。しかし，どのようにして小さなアリが大きなゾウを打ち負かすことができるか？　あなたはその理由を想像できるか？　アリはゾウの耳や鼻に入ることができ，ゾウはそれが好きではないからだ。

世界中にじゃんけんのような多くの種類の手遊びがあることを知るのは興味深くはないだろうか？　手のジェスチャーやそれらの意味が A違っていたときでさえも，人々はそれらを楽しむことができる。もしあなたが将来，海外へ行くなら，地元の人々にどのように彼らが手遊びをするのか聞いてみなさい。そして，あなたの手遊びを紹介して，彼らとそれらで遊んでみてはどうだろう？　そうすれば，それが B世界中の人々とコミュニケーションをとるための良い始まりになるかもしれない。

1　上記全訳を参照。空欄直後で「～ので，多くの人々が*じゃんけん*をすることができる」と書かれていることから判断する。　ア 「～を決めるのが難しい」　ウ 「～を自由に壊すことができる」　エ 「～を変えるために必要な」は文脈に合わない。

2　上記全訳を参照。different「異なる，違った」。**be different from ～「～と異なる」**

3　上記全訳を参照。第3段落最終文を参照。アリがどのようにしてゾウを打ち負かすかについて書かれている。

4　空欄直前では，海外に行ったときに地元の人々と手遊びを通じて会話をしたり，遊んだりすることを勧めているので，ウがふさわしい。　ア 「日本の文化と歴史を学ぶための良い方法」　イ 「どの手のジェスチャーが一番か決めるための良い方法」　エ 「どのようにしてあなたが常に手遊びで勝つことができるかについて知るための良い始まり」は文脈に合わない。

4　**(長文読解問題・物語文：語句記述補充，日本語で答える問題，語句選択補充，内容真偽)**

（全訳）　僕は7歳のときに竜也と出会いました。僕達はそのとき，バドミントンクラブに入りました。僕はスポーツが得意だったので，すぐにバドミントンの技術が上達しました。竜也は上手な選手ではありませんでしたが，彼はいつも一生懸命に練習して，「僕はできる！　次回は僕が勝つ」と言いました。彼は，「日本でバドミントンのチャンピオンになる」とさえ言いました。僕もチャンピオンになるという夢はありましたが，そのような言葉は言いませんでした。なぜならそんなことをするのは恥ずかしいと思っていたからです。僕が彼に勝つと，彼はいつも僕に，「修二，もう一試合しようよ。次回は僕が勝つよ」と言いました。僕は彼に負けたことはありませんでしたが，彼が(バドミントンの)技術を上達させていると感じました。

僕達が11歳のとき，状況が変わりました。市の大会で，僕は竜也とバドミントンの試合をしました。試合前，彼は僕に，「修二，今回は僕が勝つよ」と言いました。僕は彼に負けたことがなかったので，簡単に彼に勝てるだろうと思いました。でも，僕は勝てませんでした。僕は彼に初めて負けました。僕はそのことがこんなにも早く起こるとは思ってもいませんでした。彼はほほえんで，「僕はやっと勝てたよ！」と言いました。それから，僕はまた負けたくなかったので，より一生懸命にバドミントンの練習をし始めました。

僕達が中学生だったとき，僕達は何度かバドミントンの試合をしましたが，僕は一度さえも勝つことができませんでした。竜也が強くなってバドミントンの全国大会に出場したので，僕は彼の試合を観に行きました。大会での彼のプレーは素晴らしかったです。ときどき彼は試合でミスをしましたが，そのとき，彼は，「大丈夫だ！　僕はまた同じミスはしないぞ！」と言いました。彼は，「僕がチャンピオンになるんだ！」とまで言いました。僕は，「彼が初心者だったときから彼は変わっていないな」と思いました。

ついに，竜也は本当に日本のバドミントンのチャンピオンになりました。大会の後，僕は彼にどうして彼がこんなに強くなったのか尋ねました。彼は，「修二，僕はいつも僕がチャンピオンになると言っているんだ。どうしてか分かる？　僕達が目標を声に出すとき，僕達の心と体が目標を達成するために動くんだ。実際に，僕がチャンピオンになると言うことによって，僕は一生懸命に練習することができて，そしてそのことは僕がより上手くプレーすることを助けてくれるんだ。僕が言う言葉が僕を強くしてくれるんだ」と言いました。それらの言葉が目標を達成するための(力)を彼に与えたのだと僕は実感しました。その日，僕は自分の目標を言って，それを達成するために一生懸命に練習することに決めました。

今，僕は18歳で，全国大会で優勝する心構えができています。今，僕はバドミントンの全国大会の決勝で竜也と試合をするためにコートに立っています。僕は変わりました。僕は竜也に，「今回は僕が勝つよ。僕がチャンピオンになるんだ」と言うつもりです。

1　上記全訳を参照。空欄の直後の such words は，竜也の「日本でバドミントンのチャンピオンになる」という発言を指している。修二はそのような言葉を声に出すことは恥ずかしいと思っていたと書かれているので，解答例のように did not say や never said などを入れて，「修二はそのような言葉を言わなかった」という内容の文にすると，前後の文脈に合う。

2　上記全訳を参照。下線部を含む文の直前の一文を参照。

3　上記全訳を参照。power「力」

4　A　竜也が修二に初めて勝ったときのことを思い出しているので，「うれしい，幸せな」という意味の happy または glad が入る。 B　修二は目標を声に出すことを恥ずかしがっていたが，竜也との決勝戦で，修二が「僕がチャンピオンになる」と言ったので，竜也は surprised「驚いた」と分かる。

[メールの訳]

> やあ，修二
> おめでとう！
> 今は君がチャンピオンだよ，わが友よ。
> 君はまた僕の目標になったね。
> 僕が小さかったとき，君はいつも僕の目標だったよ。
> 僕が初めて君に勝ったとき，僕はとても A(うれしかった)ことを覚えているよ。
> そのときは，君にとって自分の目標を言うことが恥ずかしいことだと君は僕に言った。
> だから君が僕に，「僕がチャンピオンになる」と言ったとき，僕は B(驚いた)よ。
> 今回は僕が負けたけど，次回は僕が勝つよ。
> 君の友達，
> 竜也

5　ア 「修二と竜也がバドミントンをし始めたとき，修二は竜也よりも上手にバドミントンをプレーした」(○)　第1段落を参照。　イ 「竜也は修二にもっと一生懸命に練習して日本のチャンピオンになるように頼んだ」(×)　本文中に記載なし。　ウ 「修二は，全国大会では竜也が修二に勝つだろうと思った」(×)　最終段落を参照。修二は，バドミントンの全国大会の決勝で竜也と試合をする前に，コート上で竜也に「僕がチャンピオンになる」と宣言しているので，修二は自分が竜也に勝つと思っていたと分かる。　エ 「竜也は自分の目標を声に出すことに決めた。なぜなら修二が竜也にそうするように言ったからだ」(×)　本文中に記載なし。

5 (会話文読解問題：指示語，語句選択補充，日本語で答える問題，語句記述補充，条件英作文)

(全訳) 光　：レオン，このTシャツを見て。私は昨日それを買ったのよ。

レオン：それはかわいく見えるけど，君は先週末に新しい(1)ものを買ってなかった？

光　：うん。私は服が大好きなの。

レオン：僕もだけど，A[僕はそんなに頻繁に新しい服は買わないな]。その代わり，僕は自分のお気に入りの服を何年も着るね。

光　：何年も？　私は新しいファッションが好きだから，私は普段ワンシーズンだけ自分の服を楽しむわ。

レオン：短すぎるよ！　君はしばしば不要になった服を捨てるってことだよね？

光　：うーん，私は以前(2)それをしていたけど，それは止めたわ。私はクローゼットに着ない服を保管しているの。でも，あれらの服を使って私にできることが分からないわ。

レオン：僕がドイツにいたとき，僕の家族は『*Kleidercontainer*』を利用したよ。

光　：それは何？

レオン：それは古着を回収するための箱だよ。僕が君にウェブサイトを見せるよ。それはサチコという日本人の女性によって作られたものなんだよ。彼女はドイツに住んでいるんだ。ウェブサイト上のこの写真を見て。これが*Kleidercontainer*だよ。

光　：うわあ，それは大きいわね！　サチコはその箱(3)の中に服を入れているのよね？

レオン：その通りだよ。それから，集められた服は他の誰かによって再利用されるか，それらはリサイクルされるんだ。

光　：すてきね！　ねえ，*Kleidercontainer*の隣の写真を見て。(あなた達の国には)通りに本棚があるの？

レオン：それは『*Öffentlicher Bücherschrank*』だよ。それは『公共の本棚』を意味するんだ。君が不要な本を持っているとき，君はそれらをここに持ち込むことができるよ。

光　：サチコは，人々は無料でその本棚から(4)読みたい本をもらうことができると言っているわね。それは本当なの？

レオン：うん。僕がドイツにいたとき，僕はときどきそうしていたよ。

光　：すごいわね！　サチコは，彼女が他の方法でどのようにして不要品を活用しているかも紹介しているわね。例えば，古いTシャツを使うことで，彼女は(5)かばんやペット用の服を作っているわ。

レオン：ああ，そのような活動を『アップサイクリング』と呼ぶ人もいるね。

光　：アップサイクリング？　私はその言葉は一度も聞いたことがないわ。アップサイクリングが何か B私に教えてくれる？

レオン：もちろん！　君が不要な何かを持っているとき，君はそれを捨てるかもしれない。でも，君が不要なものから何か C(新しい)ものを造ることで，君はまだそれを使うことができる。アップサイクリングは君が使わないものに C(新しい)価値を与えることができるんだ。

光　：おもしろいわね！　このようにして，私達はものを D(長い)間使うことができるのね。私はどのようにして自分の服を他の方法で利用できるかについてもっと考えたいわ。

1　上記全訳を参照。直前の光の発言中の**T-shirt**を指す。

2　上記全訳を参照。空欄の直後でレオンが「僕は自分のお気に入りの服を何年も着る」と言っていることから判断する。

3　上記全訳を参照。直前のレオンの発言中の「不要になった服を捨てる」ことを指す。

4　(3)　図の「1. 服の回収箱」の絵を参照。サチコさんが服を回収箱に入れている様子を英文にする。**put … into ～「…を～に入れる」**

(4)　図の「2. 街中の本棚」の絵を参照。サチコさんの「読みたい本をもらうことができます」を英文にする。「読みたい本」は**目的格の関係代名詞**を用いて，解答例のように books(which [that])they want to read などと表現する。**目的格の関係代名詞である which と that は省略してもよい。**

(5)　図の「3. 私の不要品の活用方法」の絵を参照。サチコさんが不要になったTシャツを利用して，かばんやペットの服を作っているので，この内容を英文にする。

5　上記全訳を参照。直後でレオンが Sure! と答えて，アップサイクリングの説明をしているので，光がレオンにアップサイクリングのことを教えてほしいとお願いしたと分かる。**<Can**

you [Will you] ＋動詞の原形～?>「～してくれませんか？」

6　上記全訳を参照。for a long time「長い間」

7　(例1)和訳「私は家の近くのお店に古着を持って行くつもりだ。そのお店は古着を回収して，それらをリサイクルしてくれることを私は知っている。今，私は不要な服をただ捨てているだけだ。なぜなら，それが簡単な方法だからだ。しかし，私はそれを止めるべきだと思う。なぜなら私の小さな行動で地球を救うことができるからだ。私は環境に優しくなりたい」

(例2)和訳「私は自分の服を妹にあげるつもりだ。私は自分には小さすぎる服を持っているが，妹はまだそれらを着ることができる。彼女はよく私の服が好きだと言うので，彼女は喜んでくれると思う。また，私達が新しい服を買う必要がないので，家族にとってよい」

2023年度英語　放送を聞いて答える問題

〔放送台本〕

これから聞き方の問題に入ります。問題用紙の四角で囲まれた1番を見なさい。問題は1番，2番，3番の三つあります。

最初は1番の問題です。問題は(1)から(4)まで四つあります。英語の対話とその内容についての質問を聞いて，答えとして最も適切なものをア，イ，ウ，エのうちから一つ選びなさい。対話と質問は2回ずつ言います。では始めます。

(1)の問題です。 *A:* Hi, Cathy. Welcome to my house. Did you see my dog, Hachi, outside?

B: Hi, Kazuma. Yes, I saw Hachi under the tree in your garden.

A: Really? He is so quiet today. Was he sleeping?

B: No, he was playing with a ball.

質問です。 *Q:* What was Hachi doing when Cathy came to Kazuma's house?

(2)の問題です。 *A:* Hi, Tomoki. We have to finish our report by July 19th. How about doing it together next Saturday?

B: You mean July 8th? Sorry, Meg. I'll be busy on that day. How about Sunday, July 9th?

A: Oh, I have a piano lesson in the afternoon every Sunday, but I have time in the morning.

B: OK. See you then!

質問です。 *Q:* When will Tomoki and Meg do their report together?

(3)の問題です。 *A:* Hi, Satoshi. Did you see Mr. Suzuki? I went to the teachers' room, but he wasn't there.

B: H, Sarah. He is on the school grounds. Why do you want to see him?

A: I have to take my notebook to him because I couldn't give it to him yesterday.

B: I see. I'm sure he's still there.

質問です。 *Q:* What does Sarah have to do?

(4)の問題です。 *A:* Hello, Koji. This is Kate. Where are you now?
B: Hi, Kate. I'm at home. I'm watching a baseball game on TV.
A: What? We are going to go to the museum today. Did you forget that?
B: Oh no! I'm so sorry. Can you wait for me at the bookstore near the museum? I'll meet you there soon.
質問です。 *Q:* Where will Koji meet Kate?

〔英文の訳〕

(1) A：やあ，キャシー。僕の家にようこそ。外にいる僕の犬のハチを見た？
B：こんにちは，カズマ。ええ，あなたのお庭の木の下のハチを見たわ。
A：本当？　彼は今日とても静かだね。彼は眠っていた？
B：いいえ，彼はボールで遊んでいたわ。
質問：キャシーがカズマの家に来たとき，ハチは何をしていましたか？

(2) A：こんにちは，トモキ。私達は7月19日までに私達のレポートを終わらせなければならないわ。今度の土曜日にそれを一緒にするのはどうかしら？
B：7月8日のことだよね？　ごめん，メグ。その日は忙しくなりそうなんだ。7月9日の日曜日はどうかな？
A：あら，私は毎週日曜日の午後にピアノのレッスンがあるけど，私は午前中なら時間があるわ。
B：分かった。それじゃあそのときにね！
質問：トモキとメグは，いつ彼らのレポートを一緒にするつもりですか？

(3) A：ねえ，サトシ。鈴木先生を見なかった？　私は職員室に行ったけど，彼はそこにいなかったのよ。
B：やあ，サラ。彼は学校のグラウンドにいるよ。君はどうして彼に会いたいの？
A：私は自分のノートを彼に持って行かなくちゃならないの。私は昨日それを彼に渡せなかったから。
B：なるほどね。きっと彼はまだそこにいるよ。
質問：サラは何をしなければなりませんか？

(4) A：こんにちは，コウジ。ケイトよ。あなたは今どこにいるの？
B：やあ，ケイト。僕は家にいるよ。僕はテレビで野球の試合を見ているんだ。
A：何ですって？　私達は今日，美術館に行く予定でしょう。あなたはそれを忘れたの？
B：あっ，しまった！　本当にごめんね。美術館の近くの本屋で僕を待っていてくれない？　すぐにそこできみに会うよ。
質問：コウジはどこでケイトと会うつもりですか？

〔放送台本〕

次は2番の問題です。 英語の対話とその内容についての質問を聞いて，答えとして最も適切なものをア，イ，ウ，エのうちから一つ選びなさい。質問は(1)から(3)まで三つあります。対話と質問は2回ずつ言います。では始めます。

Miho: We've arrived at my brother's high school! Thank you for coming with me, Alex.
Alex: Thank you, Miho. This is my first time to come to a school festival in

Japan. Your brother will play the guitar on the stage, right?

Miho: Yes. He can play it very well. Alex, look. Here is the information about the events of the festival.

Alex: Your brother's performance will start at 10 a.m. in the Gym, right?

Miho: Yes. After his performance, what do you want to see?

Alex: Well, I love Japanese culture, so I want to try calligraphy. How about you?

Miho: Actually, I'm interested in the performance by the dance club, but both of the events will start at the same time.

Alex: How about seeing the dance in the morning and trying calligraphy in the afternoon?

Miho: Perfect! Thank you.

Alex: I'm also interested in science. Let's go to see Science Show after that.

Miho: That's a good idea. By the way, before we join Calligraphy Experience, let's go to the Cooking Room to eat lunch.

Alex: Nice! We'll be hungry. I'll eat sandwiches.

Miho: I want to eat curry and rice because it's my favorite food!

Alex: Now let's go to the Gym first!

(1)の質問です。

Where will Miho and Alex be at 1：00 p.m.?

(2)の質問です。

What time will Miho and Alex see Science Show?

(3)の質問です。

Which is true about Miho?

〔英文の訳〕

ミホ　　　：私の兄の高校に着いたわよ！　私と来てくれてありがとう，アレックス。

アレックス：ありがとう，ミホ。日本の学祭に来るのはこれが初めてなんだ。君のお兄さんはステージでギターを弾くんだよね？

ミホ　　　：ええ。彼はそれをとても上手に演奏できるのよ。アレックス，見て。ここにお祭りのイベントに関する情報があるわ。

アレックス：君のお兄さんの演奏は，体育館で午前10時に始まるんだよね？

ミホ　　　：そうよ。彼の演奏の後，あなたは何を見たい？

アレックス：うーん，僕は日本の文化が大好きだから，書道に挑戦したいな。君はどうなの？

ミホ　　　：実は，私はダンス部による演技に興味があるんだけど，両方のイベントが同時に始まっちゃうのよ。

アレックス：午前中にダンスを見て，午後に書道に挑戦するのはどうかな？

ミホ　　　：完璧ね！　ありがとう。

アレックス：僕は科学にも興味があるな。その後でサイエンスショーを見ようよ。

ミホ　　　：それはいい考えね。ところで，書道体験に参加する前に，昼食を食べに調理室へ行きましょう。

アレックス：いいね！　僕たちはお腹が空いているだろうし。僕はサンドイッチを食べるよ。

ミホ　　　：私はカレーが大好きな食べ物だからそれを食べたいわ！

アレックス：それじゃあ最初に体育館に行こう！
(1)の質問：ミホとアレックスは午後1時にどこにいるでしょうか？
　答え：イ　A教室に。
(2)の質問：ミホとアレックスは何時にサイエンスショーを見るつもりですか？
　答え：エ　午後2時から午後2時45分に。
(3)の質問：ミホに関してどれが正しいですか？
　答え：エ　ミホは昼食にどこへ行くべきか提案している。

〔放送台本〕
次は3番の問題です。あなたは今，海外留学プログラムでイギリスに来ています。ある城についてのガイドの説明を聞いて，英語で感想文を書くためのメモを完成させなさい。ただし，メモの(1)には数字を入れ，(2)と(3)には英語を入れなさい。英文は2回言います。では始めます。

OK, everyone. This is Green Wing Castle. It was built in 1723. Now let's go inside. There are more than four hundred rooms in the castle. Let's go into this room first. Look at this picture. The man in this picture lived in this castle. He had a big family. He had five sons and five daughters. Let's go to another room. This room is very large, isn't it? People enjoyed parties here. Next, look at the West Tower. We can see the beautiful city from the top of the tower. Now, we'll have some time to walk around the castle. Please enjoy it!

〔英文の訳〕
よろしいですね，みなさん。こちらがグリーンウイング城です。それは1723年に建てられました。さあ，中に入りましょう。城内には400以上の部屋があります。最初はこの部屋に入りましょう。この絵を見てください。絵の中の男性はこの城に住んでいました。彼は大家族を持っていました。彼には5人の息子と5人の娘がいました。別の部屋に行ってみましょう。この部屋はとても広いですよね？人々はここでパーティーを楽しみました。次に，ウエストタワーを見てください。タワーの頂上から美しい街並みを見ることができます。さて，私たちには城の周りを散歩する時間があります。それをお楽しみください！

<理科解答>

1　1 ウ　2 イ　3 ア　4 エ　5 初期微動　6 反射　7 12A　8 塩

2　1 空気　2 100Hz　3 (砂ぶくろの重さと音の高さの関係) 条件(A)と条件(C)　(弦の太さと音の高さの関係) 条件(A)と条件(D)　(弦のPQ間の長さと音の高さの関係) 条件(A)と条件(B)　4 ① 太く　② 長く　(波形の変化) (例)縦軸の振動の振れ幅が大きくなる。

3　1 ① 高く　② 大きく　2 装置Aと装置Bの結果の比較(例)(ビーカー内の)空気に，より多くの水蒸気が含まれること。　装置Aと装置Cの結果の比較(例)(ビーカー内の水蒸気を含んだ)空気が冷やされること。　3 ① 晴れ　② 水蒸気　③ 凝結

4　1 ウ　2 (例)だ液には，デンプンを糖に分解するはたらきがあること。　3 R，T，S　4 ① 水　② ある　③ ない

5　1 (例)手であおぎながらかぐ。　2 $CuCl_2 \rightarrow Cu + Cl_2$　3 イ

6　1　0.1J　　2　小球の速さの大小関係　a＞b　　a＝d　　c＜e
3　右図

7　1　20%　　2　5g　　3　ア
4　記号　イ　　理由(例)同じ温度での溶解度は等しいから。

8　1　(方法)　Y　　(無性生殖)　栄養生殖　　2　ア　　3　(例)新しい個体は体細胞分裂でふえ，遺伝子がすべて同じであるから。

9　1　衛星
2　(記号)　ア　　(時間帯)　明け方
3　右図　　4　ウ

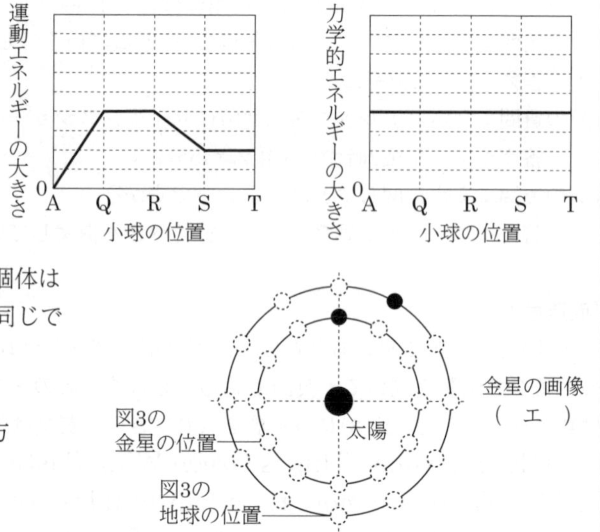

＜理科解説＞

1　(小問集合―植物のつくり，気体，力のつり合い，日本の天気，地震，反射，電流，イオン)

1　**子房**がなく，**胚珠**がむき出しになっている植物を**裸子植物**という。裸子植物も花がさいた後に種子をつくるが，子房がないので果実はできない。これに対して，子房の中に胚珠があり，受粉後に種子と果実ができる植物を**被子植物**という。サクラ，アブラナ，ツツジは被子植物の中の双子葉類である。

2　空気は窒素(78%)，酸素(21%)，その他(アルゴン，二酸化炭素，ネオン，ヘリウムなど)の気体の**混合物**である。

3　地球上にある全ての物体は，地球からその中心への向きに力を受けている。この力が**重力**で，物体が落下しないように支えるためには，物体に重力と逆向きに重力とつり合う大きさの力を加えなければならない。

4　日本列島の付近には，シベリア気団(乾燥・寒冷)，オホーツク海気団(湿潤(しつじゅん)・寒冷)，小笠原気団(湿潤・温暖)がある。気団Xは小笠原気団で，海洋上の気団なのでしめっていて，南の気団なのであたたかい。

5　P波とS波は**震源**で同時に発生するが，P波の方がS波よりも速く伝わる。地震計で地震のゆれを記録すると，初めに到着したP波によって小刻みなゆれ(**初期微動**)が記録され，その後にS波による大きなゆれ(**主要動**)が記録される。初期微動が始まってから主要動が始まるまでの時間を，**初期微動継続時間**という。

6　刺激を受けて，意識とは無関係に決まった反応が起こることを**反射**という。熱いものにふれたときは，手の皮膚で刺激を受けとると，その信号は感覚神経からせきずいに伝わるが，この信号が脳に伝わる前に，せきずいから命令の信号が運動神経を通って手に伝わり，反応が起こる。

7　電力(W)＝電圧(V)×電流(A)より，求める電流をxAとすると，1200(W)＝100(V)×x(A)より，x＝12(A)

8　**酸**の水溶液と**アルカリ**の水溶液を混ぜ合わせると，酸の水素イオン(H^+)とアルカリの水酸化物イオン(OH^-)が結びついて水をつくり，たがいの性質を打ち消し合う。この反応が**中和**で，同時に酸の陰イオンとアルカリの陽イオンが結びついてできた物質を**塩**(えん)とよぶ。

2 (音－音を伝えるもの，振動数，音の波形)

1　音を出している物体(**音源**)は振動していて，空気中では，音源が振動することによって空気を振動させ，その振動が空気中を次々と伝わる。

2　音源が1秒間に振動する回数を**振動数**という。図2より，波形の山と谷を合わせたものが1回の振動にあたるので，弦の1回の振動にかかった時間は$\frac{2}{200}$秒で，振動数は1(回)÷$\frac{2}{200}$(1回/秒)＝100(Hz)

3　実験(2)の結果で，比較するもの以外は条件が同じものを選ぶ。したがって，砂ぶくろはⅠとⅡで弦はⅠでPQ間の長さは40cm，弦はⅠとⅡで砂ぶくろはⅠでPQ間の長さは40cm，砂ぶくろはⅠで弦はⅠでPQ間の長さは40cmと80cmの組み合わせになる。

4　図3の波形は図2の波形と比べて**振幅**(振動の中心からの幅)は等しいが，1回の振動にかかる時間が長くなっている。したがって，図2の音よりも図3の音は音の高さが低い。同じ強さで弦をはじいたとき，弦が太いほど，弦をはじいた部分が長いほど低い音になる。弦をより強くはじくと音は大きくなり，波形は振幅がより大きくなる。

3 (水蒸気の変化－結露，霧，凝結)

1　空気を冷やしていくと，空気中にふくまれている水蒸気の一部が水滴に変わる。これを**凝結**といい，空気にふくまれる水蒸気が凝結し始める温度を**露点**という。**飽和水蒸気量**は気温が高いほど大きくなるので，空気の温度が露点よりも高ければ結露になりにくい。

2　装置Aと装置Bの条件のちがいは，ぬるま湯が入っているかどうかで，それはビーカー内の水蒸気量のちがいである。装置Aと装置Cの条件のちがいは，フラスコに氷水が入っているかどうかで，それはビーカー内の空気が冷やされるかどうかのちがいである。

3　地上付近の空気が冷やされて，露点に達してできた水滴が霧である。くもりの日は一日を通して気温の変化が小さいが，晴れの日は夜間から明け方にかけて気温が最も低くなる。

4 (消化－だ液のはたらき，分子の大きさ，酵素)

1　ヨウ素液は，デンプンがあるときには青紫色に変色する**ヨウ素反応**を示し，ベネジクト液は，糖があるときには，加熱すると赤褐色の沈殿ができる**ベネジクト反応**を示す。

2　(デンプン溶液＋水)では，ヨウ素反応だけが見られることから，デンプンは変化していないことがわかる。一方，(デンプン溶液＋だ液)では，20分後にはヨウ素反応がなく，ベネジクト反応だけが見られたことから，デンプンは糖に分解されたことがわかる。

3　表2より，60分間放置した後，チューブAにはデンプンが含まれ，試験管Cにはデンプンがないことから，デンプンの分子はセロハンチューブを通りぬけていないことがわかる。チューブBには糖が含まれ，試験管Dにも糖が含まれていることから，糖の粒子はセロハンチューブを通りぬけている。

4　60分後の試験管Yの溶液にデンプンがあり(ヨウ素反応があり)，糖がない(ベネジクト反応がない)なら，だ液はセロハンチューブを通りぬけてデンプンと反応することができなかったと考えられる。

5 (電気分解－実験操作，化学反応式，化学変化と物質の質量)

1　塩化銅水溶液に電流を流すと，**電気分解**によって陽極から塩素が発生し，陰極の表面に銅が付着する。塩素は特有な刺激臭をもち，毒性があるため，多量に吸い込むと危険である。手であおぎながら，においを感じるくらいで確認する。

2 **元素記号**を用いて物質を表したものを**化学式**といい，**分子**の化学式は，物質を構成している元素とその**原子**がいくつずつ集まっているかを，元素記号と数字で表す。化学式を組み合わせて，化学変化を**化学反応式**で表すことができる。実験(1)では塩化銅($CuCl_2$)が分解して，銅(Cu)と塩素(Cl_2)が生じる。矢印の左右で原子の種類と数は等しい。

3 図2より，陰極の表面に付着する銅の質量は，電流を流した時間と，電流の大きさにそれぞれ比例している。0.20A，50分で0.20gの銅が付着しているので，求める時間をx分とすれば，
$\frac{x}{50}\times\frac{0.40}{0.20}=\frac{1.00}{0.20}$ $x=125$(分)

6 **(物体のエネルギー－仕事，速さ，力学的エネルギー)**

1 物体に力を加えて移動させたとき，力はその物体に**仕事**をしたことになる。仕事の単位にはジュール(J)が用いられ，1Nの力を加えて力の向きに1m移動させたときの仕事が1Jにあたる。
0.5(N)×0.2(m)＝0.1(J)

2 実験に与えられた条件により，速さ測定器を通過する小球の速さは，点A～点Eの高さだけに影響される。小球が斜面上でのはじめの高さでもつ**位置エネルギー**が，斜面を下るにつれて**運動エネルギー**に移り変わり，水平面上での速さのちがいになるので，斜面上でのはじめの高さを比較すればよい。

3 点Aから点Tまでの間で，小球の位置エネルギーと運動エネルギーはたがいに移り変わっていくが，それらを合わせた総量である**力学的エネルギー**は，一定に保たれている。これを**力学的エネルギーの保存**という。グラフでは，運動エネルギーは位置エネルギーの逆の変化を示し，力学的エネルギーは変化せず一定になる。

7 **(水溶液－濃度，溶解度，再結晶)**

1 水溶液の**質量パーセント濃度**は，質量パーセント濃度(％)＝$\frac{\text{溶質の質量(g)}}{\text{溶液の質量(g)}}\times 100=$
$\frac{\text{溶質の質量(g)}}{\text{溶質の質量(g)}+\text{溶媒の質量(g)}}\times 100=\frac{25}{100+25}\times 100=20$(％)

2 一定量の水に物質をとかしていき，物質がそれ以上とけることのできなくなった状態を飽和状態といい，その水溶液を**飽和水溶液**という。物質を100gの水にとかして飽和水溶液にしたとき，とけた物質の質量が**溶解度**である。7(g)－10(g)×$\frac{20}{100}$＝5(g)

3 図1より，60℃での溶解度と30℃での溶解度の差が**再結晶**してとけきれずに出てくる。したがって，この差が大きいほど，出てくる結晶の質量は大きい。

4 水溶液A′と水溶液B′は，いずれも20℃における飽和水溶液なので，含まれる**溶質**の量は等しい。したがって，水溶液A′と水溶液B′の模式図は同じものになる。

8 **(生殖―栄養生殖，染色体，遺伝子)**

1 生物が自分と同じ種類の個体をつくることを**生殖**といい，**受精**をしない**無性生殖**と，受精によって子をつくる**有性生殖**に分けられる。方法Xは受精による生殖，方法Yは受精を行わない生殖である。無性生殖には分裂(アメーバなど)，出芽(コウボ菌など)，胞子生殖(シダ植物など)，栄養生殖(ジャガイモなど)がある。

2 有性生殖では，**減数分裂**によって生殖細胞ができるので，生殖細胞の**染色体**の数は，減数分裂前の半分になる。その結果，親の生殖細胞が受精してできる受精卵の染色体の数は減数分裂前の細胞と同じになる。有性生殖では，受精によって子の細胞は両方の親から半数ずつ染色体を受け

つぐので，子の**形質**は両方の親から受けついだ染色体に含まれる**遺伝子**によって決まる。

3　無性生殖では，**体細胞分裂**によって細胞の数がふえ，新しい個体をつくる。体細胞分裂では全ての染色体が複製され，それぞれ2個の細胞に分けられるので，分列後の細胞には，分裂前の細胞と同じ大きさや形などの内容をもつ染色体が受けつがれる。

9　**(天体－衛星，月の見え方，金星，太陽系)**

1　**太陽系**の水星，金星，地球，火星，木星，土星，天王星，海王星の8つの天体を**惑星**といい，それらはほぼ同じ平面上で，同じ向きに太陽のまわりを**公転**している。これらの惑星のまわりを公転する天体を**衛星**といい，月は地球の衛星にあたる。

2　満月になるのは太陽—地球—月の順に一直線に並んだ場合である。月の**公転周期**はおよそ28日なので，図1の上弦の月が確認できてからおよそ28(日)÷4＝7(日)後に最初に満月になる。満月は真夜中に**南中**し，明け方に西の方角に確認できる。

3　金星は地球よりも内側を公転する**内惑星**で，地球からは明け方か夕方に近い時間帯にしか見えない。表より，金星の公転周期は0.62年なので，150日後には図の位置よりも，$360° \times \frac{0.41}{0.62} \fallingdotseq 238°$進んでいる。同様に地球は，$360° \times \frac{0.41}{1} \fallingdotseq 147°$進んだ位置にある。この時地球と金星の距離は図3よりも近いので，図4よりも大きく見え，太陽は金星の左側にあるので，図4とは逆の左側がかがやく。

4　太陽系の惑星は，図5のXのように小型で密度が大きい**地球型惑星**(水星，金星，地球，火星)とYのように大型で密度が小さい**木星型惑星**(木星，土星，天王星，海王星)に分けられる。地球型惑星は主に岩石からできており，木星側惑星のうち木星と土星は主に気体でできているが，天王星と海王星は気体とともに大量の氷を含んでいる。

<社会解答>

1　1　エ　2　イ　3　(1)　ハザードマップ　(2)　イ　(3)　ウ　(4)　エ　(5)　ア　(6)　X　(例)農業産出額の総額に占める野菜の割合が高い　Y　(例)新鮮な状態で，大都市に出荷しやすい

2　1　ア　2　ウ　3　ウ　4　焼畑(農業)　5　ウ　6　エ　7　(例)サンパウロ都市圏人口はニューヨーク都市圏人口と比較して増加率が高い。そのため都市の下水道の整備が追い付かず，汚水流入により上水の供給源の水質悪化という課題が生じた。

3　1　エ　2　ウ　3　ウ→イ→ア→エ　4　(1)　分国法　(2)　ア　5　ウ　6　エ　7　(例)従来の税制度では税収が安定しなかったことから，政府が定めた地価の一定割合を地租として現金で納めさせ，毎年一定の金額の税収を確保できるようにするため。

4　1　イ　2　自由民権(運動)　3　(1)　ア　(2)　ア・ウ　4　(1)　P　(例)全国に放送局が設置され，東京の放送局と地方の放送局が電話線で結ばれた　Q　(例)大人から子供まで幅広い人々に向けた，趣味や娯楽に関する番組が放送されていた　(2)　エ　(3)　ア

5　1　公職選挙(法)　2　エ　3　栃木県　X　国庫支出金　ウ　4　カ　5　イ　6　消費者契約(法)　7　(例)選挙区によって有権者数が異なるため，一つの選挙区で一

人が当選する小選挙区制では，一票の価値に差が生じるという課題がある。

6 1 イ 2 ウ 3 公的扶助 4 イ 5 南南問題 6 ア 7 X (例)恵方巻の廃棄率が前年度より減少したと回答した企業の割合が高い Y 53(%)
Z (例)賞味期限の近いものから購入する

<社会解説>

1 (地理的分野―日本―日本の国土・地形・気候，農林水産業，交通・通信，資源・エネルギー，貿易)

1 イギリスの標準時子午線が経度0度，日本が**東経135度**であることから判断する。また，日の出から日の入りまでの時間について，ロンドンが宇都宮市より高緯度であることから判断する。

2 1990年から2020年にかけて，日本の輸入総額に占める割合が最も増加していることから判断する。アがアメリカ，ウがドイツ，エがタイ。

3 (1) 防災マップも可。 (2) 北西季節風の影響で冬の降水量が多くなる日本海側の地域と判断する。 (3) 新旧の航空写真を見ても，他県からの転入者数は把握できない。 (4) **瀬戸大橋**で結ばれている影響で，香川県は旅客数に占める岡山県からの旅客数の割合が高いと判断する。アが兵庫県，イが広島県，ウが鳥取県。 (5) 燃料を船で輸送することなどから，火力発電所は**沿岸部**に多い。岐阜県は水力発電がさかん。 (6) 図5中の「高速道路のインターチェンジに近い」に着目すると，**近郊農業**を行っていることが予想できる。近郊農業とは，大都市の近くで野菜などを栽培する農業のこと。

2 (地理的分野―世界―人々のくらし・宗教，地形・気候，人口・都市，産業)

1 地球の円周が約**40000km**，サンパウロとリマの経度差が約30度であることから，40000(km)$\times\frac{30}{360}$=3333.3…(km)に最も近い距離を選ぶ。

2 南アメリカ大陸西部には，南北方向に**アンデス山脈**が縦断する。

3 かつて植民地だった影響で，公用語はブラジルが**ポルトガル語**，それ以外の南アメリカ州の多くの地域が**スペイン語**となっている。

4 焼畑農業は砂漠化や地球温暖化などの環境問題の一因にもなっている。

5 図4中のA・Bが熱帯，C・Dが乾燥帯であるが，Aは冬に乾季をむかえるサバナ気候となる。Aは北半球に位置するため，6，7，8月は雨季をむかえると判断する。

6 **チリ**が銅鉱の産出がさかんであることから判断する。アがオセアニア州，イがアジア州，ウがアフリカ州。

7 ニューヨーク都市圏人口と比較したサンパウロ都市圏人口の推移の特徴については図6から，その結果生じたサンパウロ都市圏の生活環境の課題については図7からそれぞれ読み取る。図7中の「水質改善」「汚水の流入を防止」などから，汚水の流入による上水供給源の水質悪化が課題であることを読み取る。

3 (歴史的分野―日本史―時代別―古墳時代から平安時代，鎌倉・室町時代，安土桃山・江戸時代，明治時代から現代，日本史―テーマ別―政治・法律，経済・社会・技術，世界史―政治・社会・経済史)

1 平城京遷都(710年)から平安京遷都(794年)までの奈良時代のできごとを選ぶ。国分寺の建立を行ったのは**聖武天皇**。アが894年(平安時代)，イが603年(飛鳥時代)，ウが939年(平安時代)のできごと。

2　ウは飛鳥・奈良時代の頃の社会の様子。

3　アが1333年，イがウの承久の乱後，ウが1221年，エが1404年のできごと。

4　(1)　今川氏の「今川仮名目録」や武田氏の「甲州法度次第」などが有名。　(2)　イ・ウが江戸時代，エが鎌倉時代のできごと。

5　江戸幕府3代将軍**徳川家光**が，1635年に**武家諸法度**に**参勤交代**の制度を追加したことから判断する。アは異国船打払令，イは墾田永年私財法，エは楽市・楽座令。

6　江戸時代の大阪は「**天下の台所**」と呼ばれ，商業の中心地として栄えた。

7　図2から，米の収穫量や年貢の量が変化し，米の価格が一定でないことなどから税収が不安定であったことが読み取れる。

4　**(歴史的分野―日本史―時代別―安土桃山・江戸時代，明治時代から現代，日本史―テーマ別―政治・法律，外交，世界史―政治・社会・経済史)**

1　ア～エのうち，江戸時代のできごとはイ・エ。図1中の「北アメリカ合衆国」から判断する。アヘン戦争は清がイギリスに敗れたもので，アメリカは関係ない。なお，ア・ウは明治時代のできごと。

2　問題文中の「国会開設を要求」などから判断する。**自由民権運動**は**板垣退助**らが中心となってすすめた。

3　(1)　ルーズベルトは**ニューディール政策**で，大規模な公共事業をおこして失業者に仕事を与えて救済するなどして景気の立て直しをはかった。　(2)　第二次世界大戦開戦(1939年)の翌年に**日独伊三国同盟**が締結された。

4　(1)　図4から，地方にもラジオ放送局が開局し，それらが電話線で結ばれたことが読み取れる。また，図5から，大人向け番組だけでなく子供向け番組(童謡)も放送されていることが読み取れる。　(2)　Yの時期は，1950～1965年。**高度経済成長**が始まったのは1950年代後半。アが1973年，イが1946年，ウが1990年代前半。　(3)　図3から，テレビ契約の開始が1950年であることが読み取れる。**満州事変**は1931年のできごと。イが2001年，ウが1990年，エが1989年のできごと。

5　**(公民的分野―憲法・基本的人権，国の政治の仕組み・裁判，民主主義，地方自治，経済一般)**

1　選挙権年齢について，2015年に公職選挙法が改正され，翌年から**18歳以上の男女**が有権者となった。

2　ア　国務大臣の**過半数**は，国会議員の中から任命する。　イ　内閣総理大臣は，国会議員の中から国会が指名する。　ウ　首長は地方議会を解散できる。

3　一般的な地方公共団体の地方税収入は歳入の3～4割程度を占めている。また，地方公共団体間の地方税収入の不均衡を是正するために国が交付する**地方交付税**は，地方税収入が多い東京都には交付されていない。

4　国民の権利を守るために，国王・君主・政府などの政治権力を持つ者も法に従わなければならないという考え方を，**法の支配**という。

5　通貨量が多い好況(好景気)時に**インフレーション**がおこり物価が高騰すると，国民の購買意欲が下がり，やがて不況(不景気)になる。

6　問題文中の「契約を取り消すことができる」などから判断する。

7　「**一票の格差**」問題について説明する。これを是正するために，近年では公職選挙法の改正が続いている。

6 (公民的分野―憲法・基本的人権，国民生活・社会保障，国際社会との関わり)

1 問題文中の「法的拘束力」「1966年」などから判断する。アは1945年，ウは1979年，エは1989年にそれぞれ採択された。

2 ア・イは25～59歳の就業率が高いことから男性であると判断できる。残ったウ・エのうち，結婚や出産，育児，介護などの負担が大きい女性の労働環境が整備されつつある近年の方が，女性の就業率が上がっていると判断する。アが1985年の男性，イが2020年の男性，エが1985年の女性を示している。

3 問題文中の「生活保護法」などから判断する。**社会保障制度**は，日本国憲法第25条の**生存権**を保障するためのしくみ。

4 1970年に発効した核拡散防止条約では，アメリカ・ソ連(現在はロシア)・イギリス・フランス・中国にのみ核兵器の保有を認めたが，その後インドやパキスタン，北朝鮮などが核兵器の保有を公表した。

5 南南問題に対して，先進国と発展途上国との経済格差から生じる問題を**南北問題**という。

6 Ⅰは問題文中の「生産や販売」，Ⅱは「日本やアメリカ」「アジア・太平洋地域」などから環太平洋経済協力の略称と判断する。NGOは非政府組織の略称で，海外でボランティア活動などを行うため，営利目的では活動しない。また，ASEANは東南アジア諸国連合の略称。

7 X 恵方巻の廃棄率が前年度に比べて減少した企業が8割を超えていることから判断する。
Y 廃棄率の削減割合が前年度よりも6割以上の企業が31%，4割以上6割未満の企業が22%であることが読み取れる。 Z 図4中の「順番」が意味する内容が，賞味期限が古い順であると考えて記述する。

<国語解答>

1 1 (1) ていし (2) もけい (3) きそ (4) のが (5) よくよう
2 (1) 緑茶 (2) 防 (3) 祝福 (4) 額 (5) 暮
3 (1) ア (2) エ (3) イ 4 (1) イ (2) ウ

2 1 したがいたまわず 2 ア 3 (例)農業が忙しい時期であり，間違いなく民の負担となるから。 4 ウ 5 エ

3 1 イ 2 (例)土器に特定の生物を写実的に造形する能力と技術を持っていたが，あえて様々な生物に見えるようにしていた 3 ア 4 エ 5 (Ⅰ) 共有
(Ⅱ) (例)人口が増えて複雑化した社会を調整し，まとめる

4 1 エ 2 イ 3 ア 4 ウ 5 (例)才能に気づいてくれた城戸先生だけでなく，心に届く言葉を教えてくれた妙春先生にも感謝していることを伝えたいという思い。
6 涙ぐみそうになるのをこらえ

5 (例) 私は，学校の様子を直接見てもらおうというAさんの意見が良いと考える。学校紹介は，生徒活動や施設など，中学校のすべてを知ってもらうためにやるものだ。しかしそうしたものを視覚的に確認できれば良いというものではなくて，実際に来校して，雰囲気などを体感することが重要ではないだろうか。そうすれば，言葉では言い表せない雰囲気などを感じ取ってもらえるし，相性もわかるだろう。施設やさまざまな活動もやはり，百聞は一見にしかずだから，実際に見てもらうのがよいはずだ。

＜国語解説＞

1 (漢字の読み書き，熟語，品詞・用法，敬語・その他，俳句—表現技法・形式)

1 (1) 「停」は総画数11画である。 (2) 実物をかたどって，縮小もしくは拡大して作ったもの。 (3) 「競」は送りがなに注意。「きそ・う」。 (4) 「逃」の訓読みは「に・げる」「のが・れる」。音読みは「トウ」。「逃亡(トウボウ)」。 (5) 文の意味に応じて，適切に声の上げ下げをすること。

2 (1) 「緑」は，「縁」と混同しない。 (2) 「防」は，こざとへん。 (3) 「祝」も「福」も，しめすへん。 (4) 「額」は「客」＋「頁」。 (5) 「暮」は，二つも「日」の形が入ることに注意。

3 (1) 助動詞「ような」(基本形は「ようだ」)が下にあるので、「まるで～ような」と副詞の呼応が起きている。 (2) 「増加」は似た意味の字の組み合わせ。ア「未定」は上の字が下を打ち消す構成。イ「前後」は反対の意味の字の組み合わせ。ウ「着席」は下の字が上の字の目的語になっている構成。エ「豊富」は似た意味の組み合わせ。 (3) ① 「撮る」のは**ガイド自身の行為だから謙譲語**にする。「お(ご)～する」の形にあてはめればよい。 ② 「食べる」のは**観光客の行為だから尊敬語**にする。「お(ご)～になる」もしくは特別な敬語表現を用いる。**「食べる」の尊敬表現には「召し上がる」がある。**

4 (1) Aは体言「音」，Bは体言「空」で句を終えているので体言止めが用いられている。
(2) Aの季語は「秋」，Bの季語は「冬支度」だから，ともに秋の季節を詠んだとわかる。選択肢の中では**「月」が秋の季語**である。

2 (古文—大意・要旨，内容吟味，文脈把握，仮名遣い)

【現代語訳】 今となっては昔の話だが，持統天皇という女帝の御代に，中納言の大神の高市麿という人がいた。もともと正直な心の持ち主という人柄で，いろいろな方面の知識があった。また，漢詩文も学び，様々な学問に精通していた。だから，天皇はこの人に世の中の治政をおまかせになった。そこで高市麿は国を統治し，民衆を哀れんでいた。

ある時，天皇が諸国の長に命じて，狩猟の遊びをしようとして，伊勢国におでかけなさろうとして，「すぐにその準備をしなさい」と命令を下した。それは折しも三月の頃である。高市麿が申し上げていうことに，「この頃は農繁期です。その国におでかけになれば，必ず民の負担になります。ですから，おでかけはお控えください」と。天皇は，高市麿の言葉に従うことはなさらず，なおも「出かけるぞ」と命令なさる。しかし，高市麿はさらにくり返して申し上げて言うことに，「やはり，このおでかけはおやめください。今，農繁期です。農夫は大変なことが多いでしょう。」と。これによって，ついにおでかけは中止となった。すると民衆が喜んだのはこの上なかった。

あるときには世の中で干ばつの被害が出ていたが，この高市麿は自分の田の水の入口を塞いで水を入れず，代わりに百姓の田に水を入れさせた。水を百姓の人々に施したためにすっかり自分の田は干上がり焼けてしまった。このように我が身を捨てて民衆を哀れむ心がある。この様子に，天神は感心し，竜神は雨を降らせた。ただし，高市麿の田にだけ雨が降って，他の人の田には降らなかった。これは誠実にことを為せば，天はそれをお感じになり，ご加護があるということである。したがって，人は誠実でいるのが望ましいのだ。

1 語中・語尾の「は・ひ・ふ・へ・ほ」は現代かなづかいでは「ワ・イ・ウ・エ・オ」になる。

2 「各に**智り有り**」「文を**学し**」とあるから，学問に長けていることが読み取れる。

3 傍線(2)の前にある「このごろ農業の頃ほひなり。かの国に御行有らば，必ず民の煩ひ無きに非ず」を現代語訳して答えよう。

4　理由は「我が田の口を塞ぎて水入れずして，百姓の田に水を入れしむ」だ。自分の田を犠牲にして百姓の田に水を入れるようにしたのだ。

5　この文章は，**民を哀れむ慈愛に満ちた高市麿の誠実な人柄が，神を感心させるほどのものであったことを讃え，誠実であることの尊さ**を述べている。この要旨をふまえて選択肢を選ぶ。

3　**(論説文―大意・要旨，内容吟味，文脈把握，段落・文章構成，脱文・脱語補充，接続語の問題)**

1　**土器は本来，物理的機能を持たすモノで，複雑な形や派手な文様は心理的機能を加味するために盛り込まれた要素な**のだが，縄文土器の場合はそれが**逆転**している。したがって，発達している機能［ A ］は「心理的」なもので，本来あるべきなのにそこなわれている機能［ B ］が「物理的」なのである。

2　傍線部「そうしていた」とは，ヘビやつるや鳥のようにも見えるといったように，様々な生き物に**見えるようにわざとあいまいなデザインを書いていた**，ということだ。さらになぜ意図的(わざと)だといえるかというと，「縄文時代の人びとは，特定の生物をはっきりと写実的に造形する能力と技術を持っていた」からである。**できるのにやらないところが意図的**なのだ。

3　「少しずつ変えてある」と「『繰り返し』ではない」という文意は，ほぼ同じだ。**言い換え**だから「つまり」がよい。

4　⑥段落は，⑤段落までで述べられた縄文土器の模様がパターン文様ではないことについて，認知心理学を持ち出して整理している。その上で縄文土器に盛り込まれた意味について提示し，次段落からの論の展開を図っている。ア「他者の主張の否定」，イ「前段の内容に反論」，ウ「自説の欠点を補う」とする点が不適切。

5　(Ⅰ)　⑨段落に「このような土器を用いて煮炊きをしたり食事をしたりすることを通じて，表象の組み合わせや順列をたがいの心に共有し，確かめ合う」とあるので，「共有」が入る。

(Ⅱ)　⑨段落の「**人口が増えて人間関係や社会関係が複雑化した中で，それを調整し，まとめるためのさまざまなメディア**が必要とされた」という記述から，メディアの目的がまとめられる。

4　**(小説―情景・心情，内容吟味，文脈把握，指示語の問題)**

1　おてるは，先生が謝るという行動は**腑に落ちない**でいる。したがって「首をかしげる」が適切だ。

2　おてるは「しばらく考え込む」時間があったことで，「妙春先生は，間違いなんてしそうもない」という考えを出すことができた。**自分の思いが明確にまとまって言い表すことができたのですっきりした表情になった**のである。

3　おてるも賢吾も妙春先生にとっては**大切な教え子**である。これから話すことはとても大切なことなので，二人には**しっかり聞いて欲しく**て，二人を交互に見つめたのである。

4　「そういうこと」は，今の賢吾たちにはまだ早いことで，もう少し大きくなったら取り組みたい内容である。妙春先生は賢吾たちより少し年上の若者たちの学び舎(明道館)で行われていることを「教えられたことを使って**自分の考えを述べ，それに対して相手の考えを聞き，また自分の考えを述べる。そうやって考えを深めていき，仲間と一緒に成長していく**」ことだと語っている。これをふまえて選択肢を選ぼう。

5　「首を横に振る」という行動は，感謝しているのは才能を見出してくれた城戸先生に対してだけではないことを示している。妙春に突き出した一葉には「大賢は愚なるがごとし」と書かれている。これは**妙春先生が賢吾に与えた言葉であり，悩み傷付いていた賢吾を慰めていた。すなわち，傍線部には城戸先生だけでなく妙春先生への感謝する思い**という二つの感謝があることをまとめよう。

6　**自分が与えた言葉の本当の意味をしっかり理解している賢吾のことを知って，妙春先生は自分が教師としての役目を果たしていると実感してうれしかった。**そうした喜びの気持ちが表れているのは「妙春は涙ぐみそうになる」という描写だ。**うれし涙**が出てきたのである。

5　(作文)

まず，二人の主張のポイントをおさえる。Aさんは実際に対面で紹介をするという考えで，Bさんはオンラインを用いた紹介をするという考えだ。この違いをふまえたうえで，AさんとBさんの意見のどちらに賛成するか，という立場を決めよう。**支持する意見の長所を考えて，それを理由とすれば，力強い根拠となる。**字数にも限りがあるので，一段落構成でもよいだろう。冒頭で支持する意見を明確に示してから，理由を述べていくという構成が書きやすい。

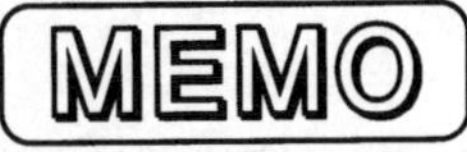

大切なことはメモしておこうネ！

T.G

栃木県公立高等学校

2022年度

★★★★★★★★★★★★★★★★★★★★★★★★

入 試 問 題

2022年度

●くわしい解説……39ページ

＜数学＞

時間　50分　　満点　100点

【注意】 答えは，できるだけ簡単な形で表し，必ず解答用紙のきめられた欄に書きなさい。

1 次の1から8までの問いに答えなさい。

1　14÷(－7) を計算しなさい。

2　$\frac{2}{3}a+\frac{1}{4}a$ を計算しなさい。

3　$(x+5)(x+4)$ を展開しなさい。

4　2次方程式 $2x^2-3x-1=0$ を解きなさい。

5　関数 $y=\frac{12}{x}$ について，x の変域が $3\leqq x\leqq 6$ のときの y の変域を求めなさい。

6　右の図は，半径が9㎝，中心角が60°のおうぎ形である。このおうぎ形の弧の長さを求めなさい。ただし，円周率は π とする。

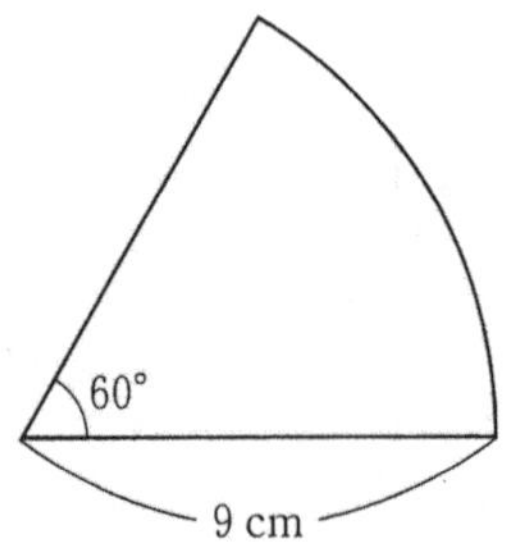

7　右の図において，点A，B，Cは円Oの周上にある。$\angle x$ の大きさを求めなさい。

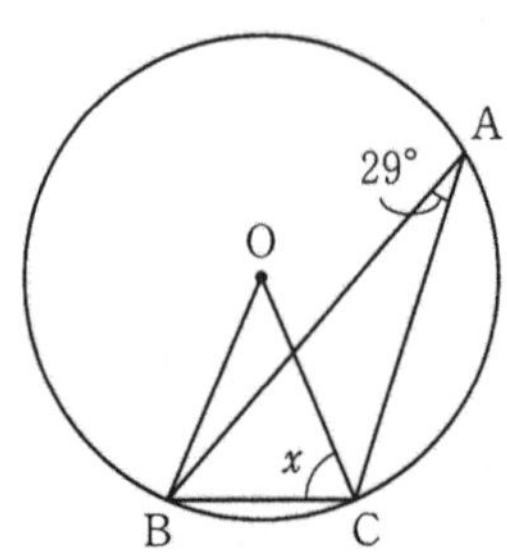

8　△ABCと△DEFにおいてBC＝EFであるとき，条件として加えても△ABC≡△DEFが**常に成り立つとは限らない**ものを，**ア**，**イ**，**ウ**，**エ**のうちから1つ選んで，記号で答えなさい。

ア　AB＝DE，AC＝DF

イ　AB＝DE，∠B＝∠E

ウ　AB＝DE，∠C＝∠F

エ　∠B＝∠E，∠C＝∠F

2 次の１，２，３の問いに答えなさい。

1　$\sqrt{10-n}$ が正の整数となるような正の整数 n の値をすべて求めなさい。

2　ある観光地で，大人２人と子ども５人がロープウェイに乗車したところ，運賃の合計は3800円であった。また，大人５人と子ども10人が同じロープウェイに乗車したところ，全員分の運賃が２割引となる団体割引が適用され，運賃の合計は6800円であった。

このとき，大人１人の割引前の運賃を x 円，子ども１人の割引前の運賃を y 円として連立方程式をつくり，大人１人と子ども１人の割引前の運賃をそれぞれ求めなさい。ただし，途中の計算も書くこと。

3　x についての２次方程式 $x^2-8x+2a+1=0$ の解の１つが $x=3$ であるとき，a の値を求めなさい。また，もう１つの解を求めなさい。

3 次の１，２，３の問いに答えなさい。

1　大小２つのさいころを同時に投げるとき，出る目の数の積が25以上になる確率を求めなさい。

2　袋の中に800個のペットボトルのキャップが入っている。袋の中のキャップをよくかき混ぜた後，袋から無作為にキャップを50個取り出したところ，赤色のキャップが15個含まれていた。800個のキャップの中には，赤色のキャップが何個含まれていると推定できるか。およその個数を求めなさい。

3　３つの都市Ａ，Ｂ，Ｃについて，ある年における，降水量が１mm以上であった日の月ごとの日数を調べた。

このとき，次の(1)，(2)の問いに答えなさい。

(1)　下の表は，Ａ市の月ごとのデータである。このデータの第１四分位数と第２四分位数（中央値）をそれぞれ求めなさい。また，Ａ市の月ごとのデータの箱ひげ図をかきなさい。

	1月	2月	3月	4月	5月	6月	7月	8月	9月	10月	11月	12月
日数(日)	5	4	6	11	13	15	21	6	13	8	3	1

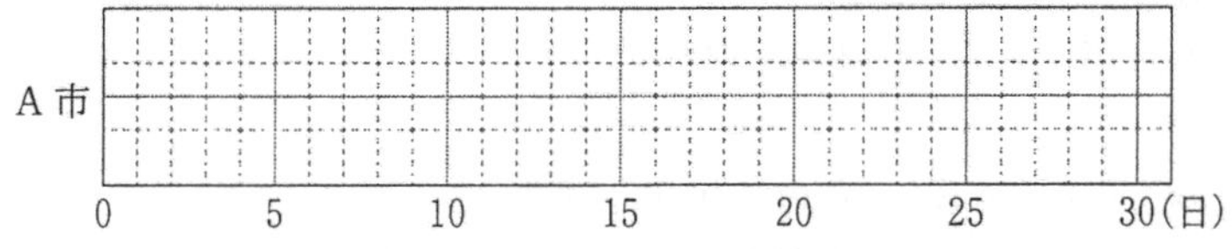

(2)　次のページの図は，Ｂ市とＣ市の月ごとのデータを箱ひげ図に表したものである。Ｂ市とＣ市を比べたとき，データの散らばりぐあいが大きいのはどちらか答えなさい。また，そのように判断できる理由を「範囲」と「四分位範囲」の両方の用語を用いて説明しなさい。

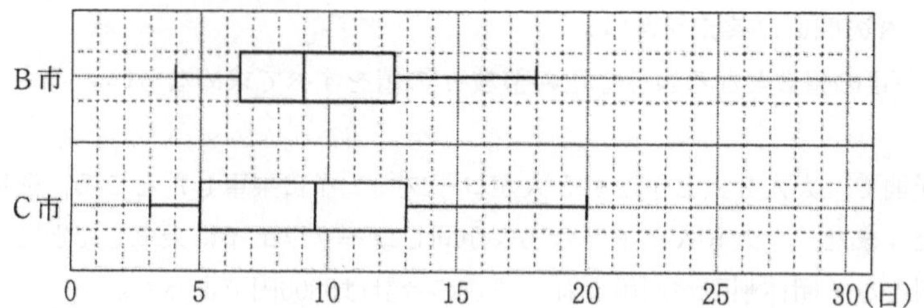

4　次の１，２，３の問いに答えなさい。

1　右の図のように，直線 ℓ 上の点A，ℓ 上にない点Bがある。このとき，下の【条件】をともに満たす点Pを作図によって求めなさい。ただし，作図には定規とコンパスを使い，また，作図に用いた線は消さないこと。

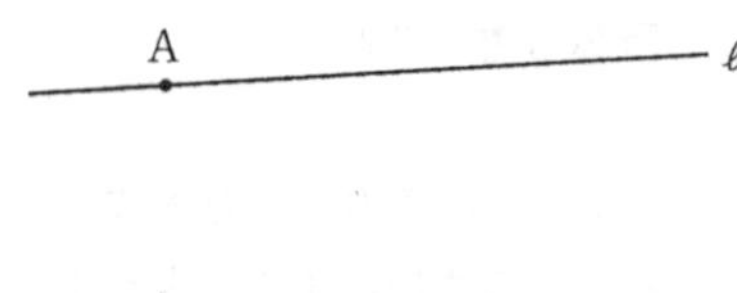

【条件】
・点Pは直線 ℓ 上にある。
・AP＝BPである。

2　下の図は，DE＝４cm，EF＝２cm，∠DEF＝90°の直角三角形DEFを底面とする高さが３cmの三角柱ABC－DEFである。また，辺AD上にDG＝１cmとなる点Gをとる。

このとき，次の(1)，(2)の問いに答えなさい。

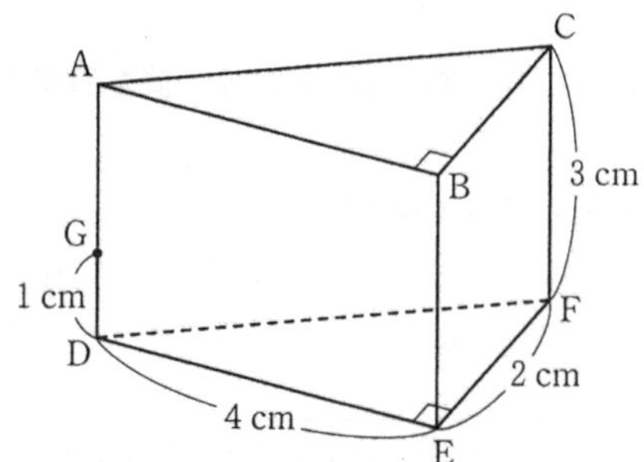

(1)　BGの長さを求めなさい。

(2)　三角柱ABC－DEFを３点B，C，Gを含む平面で２つの立体に分けた。この２つの立体のうち，頂点Dを含む立体の体積を求めなさい。

3　右の図のような，AB＝ACの二等辺三角形ABCがあり，辺BAの延長に∠ACB＝∠ACDとなるように点Dをとる。ただし，AB＜BCとする。

このとき，△DBC∽△DCAであることを証明しなさい。

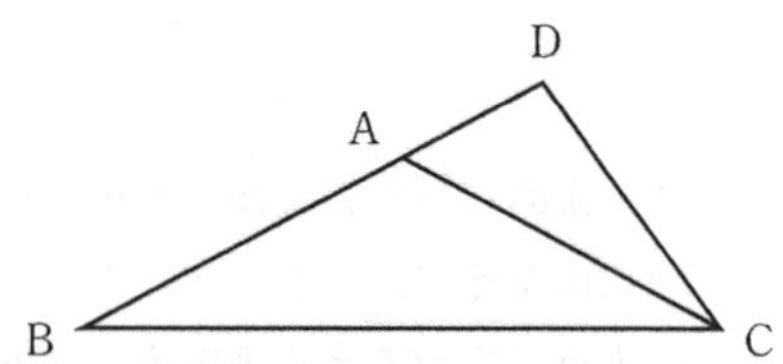

5　次の１，２の問いに答えなさい。

1　右の図のように，２つの関数 $y = x^2$，$y = ax^2$（$0 < a < 1$）のグラフがある。$y = x^2$のグラフ上で x 座標が２である点をＡとし，点Ａを通り x 軸に平行な直線が $y = x^2$ のグラフと交わる点のうち，Ａと異なる点をＢとする。また，$y = ax^2$のグラフ上で x 座標が４である点をＣとし，点Ｃを通り x 軸に平行な直線が $y = ax^2$ のグラフと交わる点のうち，Ｃと異なる点をＤとする。

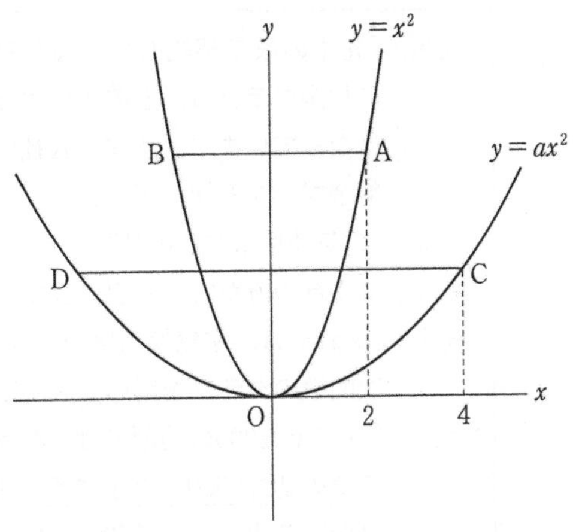

このとき，次の(1)，(2)，(3)の問いに答えなさい。

(1)　$y = x^2$ のグラフと x 軸について対称なグラフを表す式を求めなさい。

(2)　△OABと△OCDの面積が等しくなるとき，a の値を求めなさい。

(3)　直線ACと直線DOが平行になるとき，a の値を求めなさい。ただし途中の計算も書くこと。

2　太郎さんは課題学習で２つの電力会社，Ａ社とＢ社の料金プランを調べ，右の表のようにまとめた。

会社	基本料金	電力量料金（1 kWh あたり）	
A	2400 円	0 kWh から 200 kWh まで	22 円
		200 kWh を超えた分	28 円
B	3000 円	0 kWh から 200 kWh まで	20 円
		200 kWh を超えた分	24 円

例えば，電気使用量が250kWhのとき，Ａ社の料金プランでは，基本料金2400円に加え，200kWhまでは１kWhあたり22円，200kWhを超えた分の50kWhについては１kWhあたり28円の電力量料金がかかるため，電気料金は8200円となることがわかった。

（式）　2400＋22×200＋28×50＝8200（円）

また，電気使用量を x kWhとするときの電気料金を y 円として x と y の関係をグラフに表すと，右の図のようになった。

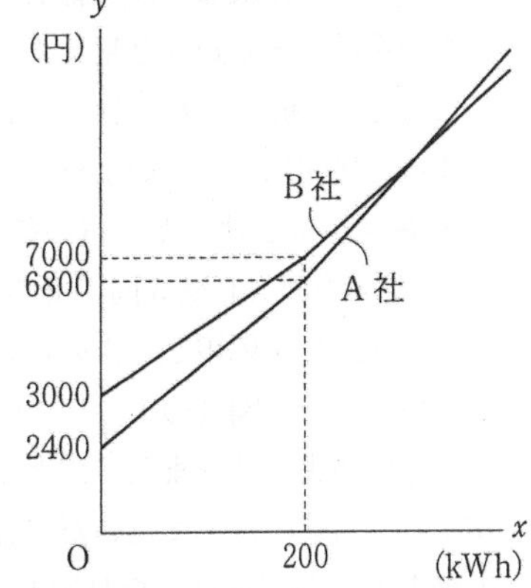

このとき，次の(1)，(2)，(3)の問いに答えなさい。

(1)　Ｂ社の料金プランで，電気料金が9400円のときの電気使用量を求めなさい。

(2)　Ａ社の料金プランについて，電気使用量が200kWhを超えた範囲での x と y の関係を表す式を求めなさい。

(3) 次の　　内の先生と太郎さんの会話文を読んで，下の問いに答えなさい。

先生「先生の家で契約しているC社の料金プランは，右の表のようになっています。まず，A社の料金プランと比べてみよう。」

会社	基本料金	電力量料金（1 kWh あたり）	
C	2500 円	電気使用量に関係なく	25 円

太郎「電気使用量が200kWhのときC社の電気料金は7500円になるから，200kWhまではA社の方が安いと思います。」

先生「それでは，電気使用量が0以上200kWh以下の範囲でA社の方が安いことを，1次関数のグラフを用いて説明してみよう。」

太郎「$0 \leqq x \leqq 200$の範囲では，グラフは直線で，A社のグラフの切片2400はC社のグラフの切片2500より小さく，A社のグラフが通る点（200，6800）はC社のグラフが通る点（200，7500）より下にあるので，A社のグラフはC社のグラフより下側にあり，A社の方が安いといえます。」

先生「次に，B社とC社の電気料金を，電気使用量が200kWh以上の範囲で比べてみよう。」

太郎「$x \geqq 200$の範囲では，グラフは直線で，［　　　　　　］ので，B社のグラフはC社のグラフより下側にあり，B社の方が安いといえます。」

先生「わかりやすい説明ですね。先生の家でも料金プランを見直してみるね。」

［　　］では，太郎さんが，$x \geqq 200$の範囲でB社のグラフがC社のグラフより下側にある理由を正しく説明している。［　　］に当てはまる説明を，下線部を参考にグラフが通る点とグラフの傾きに着目して書きなさい。

6 反復横跳びとは，図1のように，中央の線をまたいだところから「始め」の合図で跳び始め，サイドステップで，右の線をまたぐ，中央の線に戻る，左の線をまたぐ，中央の線に戻るという動きを一定時間繰り返す種目である。

ここでは，跳び始めてからの線をまたいだ回数を「全体の回数」とする。例えば，図2のように，⓪中央→①右→②中央→③左→④中央→⑤右と動くと，右の線をまたいでいるのは2度目であり，「全体の回数」は5回である。

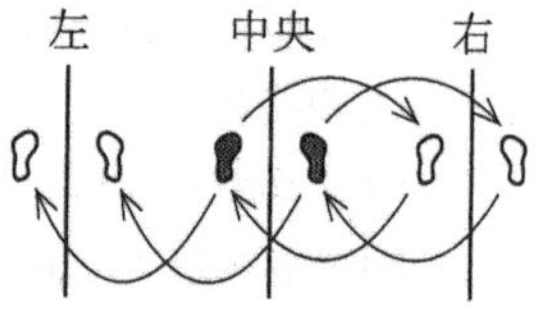

左　中央　右

図1

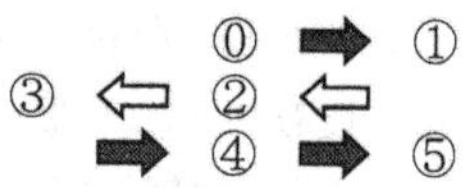

⓪ ➡ ①
③ ⇦ ② ⇦
➡ ④ ➡ ⑤

図2

反復横跳びを応用して次のことを考えた。

次のページの図3のように，中央の線の左右にそれぞれn本の線を等間隔に引き，反復横跳びと同様に中央の線をまたいだところから跳び始め，線をまたぎながら右端の線までサイドステップする。右端の線をまたいだ後は，折り返して左端の線までサイドステップする。さらに，左端の線をまたいだ後は，折り返して右端の線までサイドステップするという動きを繰り返す。なお，右端と左端の線で跳ぶとき以外は跳ぶ方向を変えないこととする。ただし，nは正の整数とする。

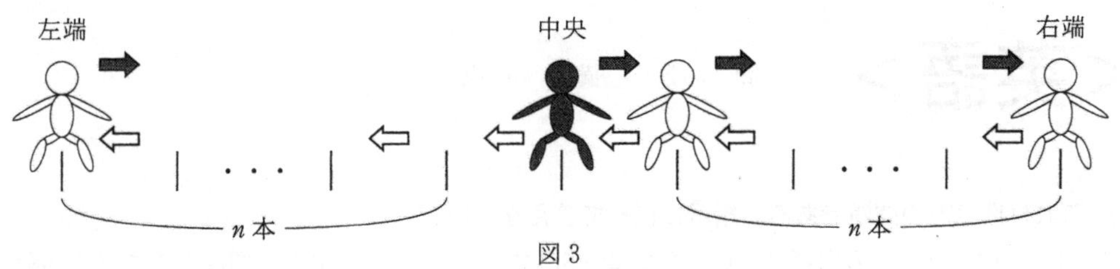

図3

このとき，次の1．2，3の問いに答えなさい。

1　図4は，$n=2$のときである。「全体の回数」が19回のときにまたいでいる線を，図4のアからオの中から1つ選んで，記号で答えなさい。また，その線をまたいでいるのは何度目か答えなさい。

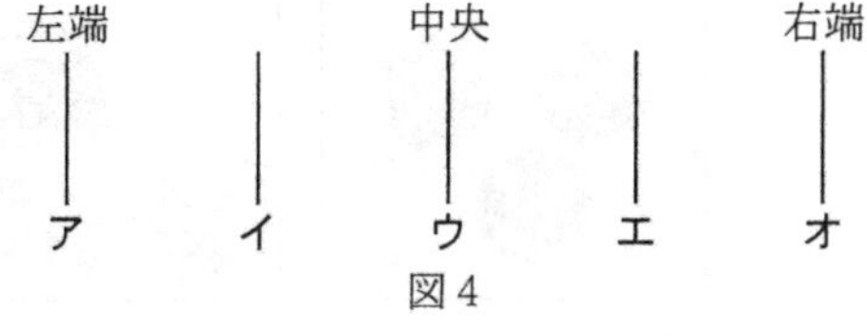

図4

2　中央→右端→中央→左端→中央と動くことを1往復とする。$n=a$のとき，3往復したときの「全体の回数」をaを用いて表しなさい。ただし，aは正の整数とする。

3　次の文のⅠ，Ⅱに当てはまる式や数を求めなさい。ただし，bは2以上の整数とする。なお，同じ記号には同じ式が当てはまる。

> 左端の線を左から1番目の線とする。$n=b$のとき，左から2番目の線を1度目にまたいだときの「全体の回数」は，bを用いて表すと（　Ⅰ　）回となる。また，左から2番目の線を12度目にまたいだときの「全体の回数」は，（　Ⅰ　）の8倍と等しくなる。このときのbの値は（　Ⅱ　）である。

＜英語＞

時間　50分　　満点　100点

1　これは聞き方の問題である。指示に従って答えなさい。

1　〔英語の対話とその内容についての質問を聞いて，答えとして最も適切なものを選ぶ問題〕

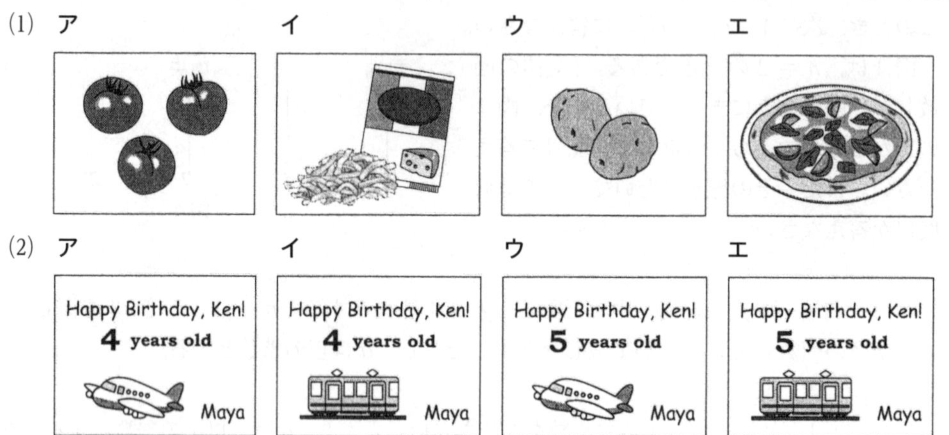

(3)　ア　Clean the table.　　　イ　Finish his homework.
　　ウ　Wash the dishes.　　　エ　Watch the TV program.

(4)　ア　In the garden.　　　イ　In the factory.
　　ウ　In the city library.　　　エ　In the convenience store.

2　〔英語の対話とその内容についての質問を聞いて，答えとして最も適切なものを選ぶ問題〕

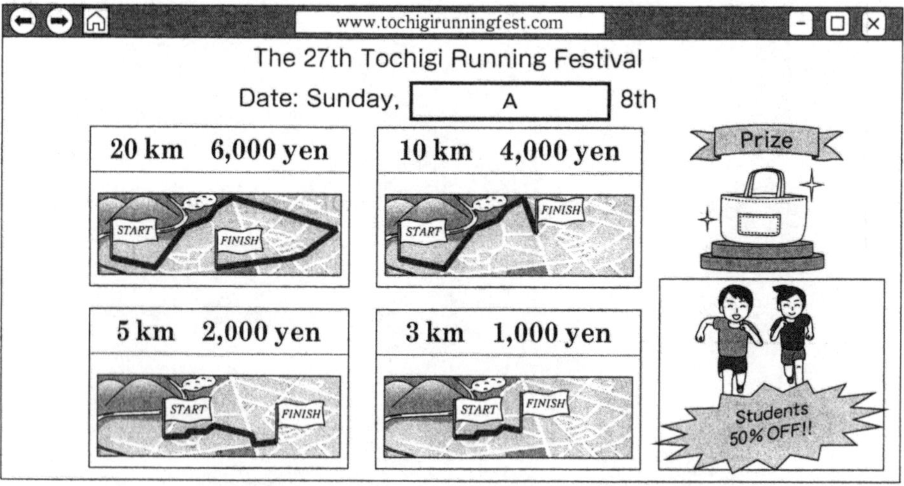

www.tochigirunningfest.com
The 27th Tochigi Running Festival
Date: Sunday, A 8th
20 km　6,000 yen
START
FINISH
10 km　4,000 yen
START
FINISH
5 km　2,000 yen
START
FINISH
3 km　1,000 yen
START
FINISH
Prize
Students 50% OFF!!

(1)　ア　Because he got a T-shirt as a prize in the festival.
　　イ　Because he bought new shoes for the festival.
　　ウ　Because his brother wanted to run with him in the festival.
　　エ　Because his brother told him the good points about the festival.

(2) ア　20km.　イ　10km.　ウ　5 km.　エ　3 km.

(3) ア　January　イ　February　ウ　May　エ　November

3 〔インタビューを聞いて，英語で書いたメモを完成させる問題〕

● Island country
　・famous for its beautiful (1) (　　　　)
● Nice climate
　・over 3, 000 (2) (　　　　) of sunshine
● Small country
　・the (3) (　　　　) size as Utsunomiya City
● Good places to visit

2 次の１，２の問いに答えなさい。

1 次の英文中の (1) から (6) に入る語として，下の(1)から(6)のア，イ，ウ，エのうち，それぞれ最も適切なものはどれか。

Dear Emma,

Hi, (1) are you, Emma? I haven't (2) you for a long time.

A few weeks ago, I learned how to write *hiragana* in a Japanese class. It was really difficult, but (3) Japanese was a lot of fun. I wrote my name in *hiragana* (4) the first time. My teacher, Ms. Watanabe, said to me, "You did a good job! To keep practicing is (5) ." Her words (6) me happy. I want to learn Japanese more.

How is your school life? I'm waiting for your email.

Best wishes,

Jane

(1) ア　how　イ　who　ウ　when　エ　why

(2) ア　see　イ　seen　ウ　seeing　エ　saw

(3) ア　learn　イ　learning　ウ　learned　エ　learns

(4) ア　by　イ　to　ウ　with　エ　for

(5) ア　famous　イ　weak　ウ　important　エ　terrible

(6) ア　made　イ　gave　ウ　took　エ　called

2 次の(1)，(2)，(3)の（ ）内の語句を意味が通るように並べかえて，(1)と(2)はア，イ，ウ，エ，(3)はア，イ，ウ，エ，オの記号を用いて答えなさい。

(1) *A*：What is your plan for this weekend?

　B：My plan (ア shopping　イ to　ウ is　エ go) with my sister.

(2) *A*：This is (ア interesting　イ most　ウ movie　エ the) that I have ever watched.

　B：Oh, really? I want to watch it, too.

(3) *A*：Do you (ア who イ know ウ drinking エ is オ the boy) coffee over there?

B：Yes! He is my cousin. His name is Kenji.

3 次の英文は，中学生の真奈（Mana）と，イギリス（the U.K.）からの留学生アリス（Alice）との対話の一部である。また，次のページのそれぞれの図は，総合的な学習の時間で二人が作成している，ツバメ（swallow）に関する発表資料である。これらに関して，1から6までの問いに答えなさい。

Mana: Where do swallows in the U.K. come from in spring, Alice?

Alice: Some of them come from *Southern Africa. They travel about 10,000 km.

Mana: Really? They can fly so far! [A] do they fly to go to the U.K.?

Alice: I'm not sure, but for more than three weeks.

Mana: Wow. In Japan, swallows come from *Southeast Asia. It may take about a week. Then, they make their* nests under the *roof of a house.

Alice: Why do they choose people's houses for making nests?

Mana: There are many people around the houses, so other animals don't come close to their nests.

Alice: I see. Do Japanese people like swallows?

Mana: Yes, and there are some words about swallows in Japan. One of them is, "If a swallow flies low in the sky, ___(1)___." I'll draw a picture of it later.

Alice: Interesting! Swallows are popular in my country, too. We have a story called **The Happy Prince*. One day, there was a gold *statue of a prince in a city. The prince wanted to help poor people. He asked a swallow to give his *jewelry to them. ___(2)___ *Oscar Wilde.

Mana: Let's introduce the story to everyone. I also want to show (3) this graph. It says 36,000 swallows were found in our city in 1985. But only 9,500 swallows were found in 2020. *On the other hand, the number of houses has been growing for these 35 years.

Alice: You said a human's house was a safe place for swallows, right? If there are many houses, that is good for them.

Mana: Well, actually, more people in Japan like to live in Western style houses. Traditional Japanese houses are good for swallows because those houses usually have wide *space under the roof. So, it ___(4)___ to make their nests. However, some Western style houses don't have space under the roof.

Alice: I see. Well, I think many swallows have (5) other problems when they grow their babies. Their nests are sometimes broken by people. Also, baby swallows fall from their nests. They need a safe place.

Mana: You're right, Alice. Our city has got bigger, and its *nature was lost in many places. Living in this city is not easy for swallows [B] they can't find their food. We have to know more about *environmental problems.

Alice: That's true. (6) <u>We have to live in a nature-friendly way.</u>

〔注〕 *Southern Africa＝アフリカ南部　*Southeast Asia＝東南アジア　*nest＝巣
*roof＝屋根　**The Happy Prince*＝『幸福な王子』（イギリスの童話）　*statue＝像
*jewelry＝宝石　*Oscar Wilde＝オスカー・ワイルド（イギリスの作家）
*on the other hand＝一方で　*space＝空間　*nature＝自然　*environmental＝環境の

図1

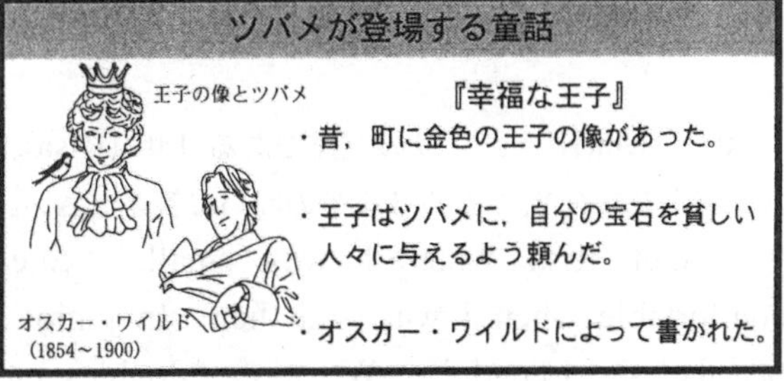

図2

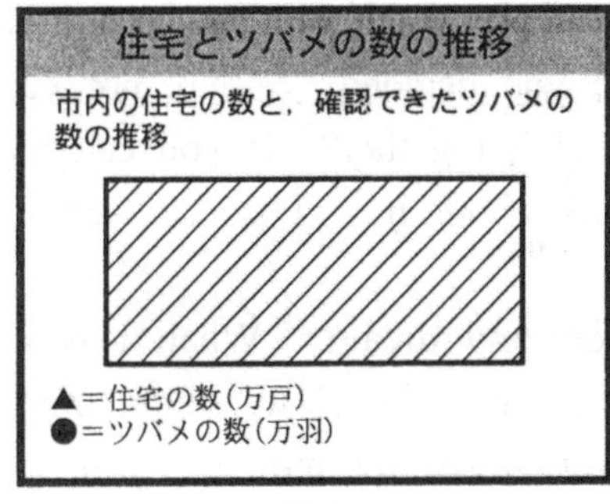

図3

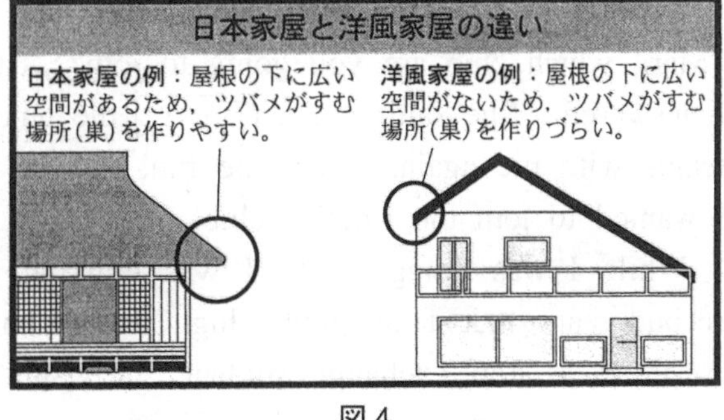

図4

1　二人の対話が成り立つよう，本文中の [A] に入る適切な英語2語を書きなさい。

2　二人の対話が成り立つよう，図1，図2，図4を参考に，下線部(1)，(2)，(4)に適切な英語を書きなさい。

3　下線部(3)について，図3の[斜線部]の位置に入るグラフとして，最も適切なものはどれか。

ア

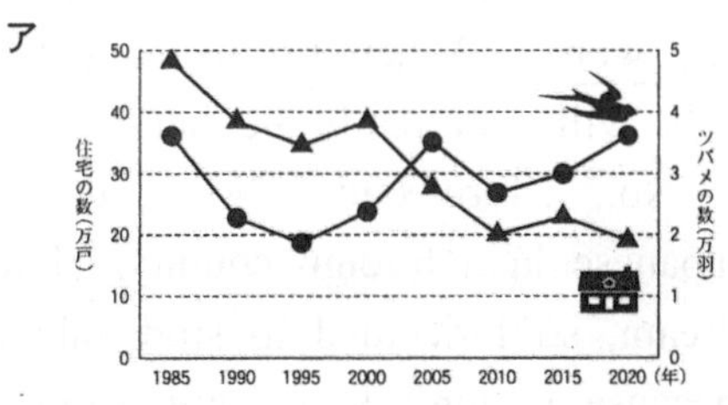

イ

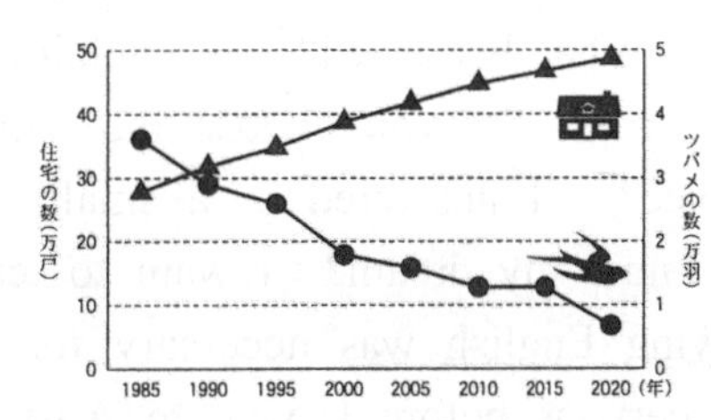

ウ　　　　　　　　エ

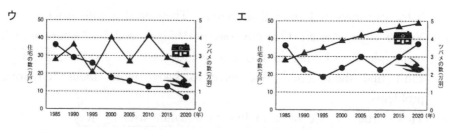

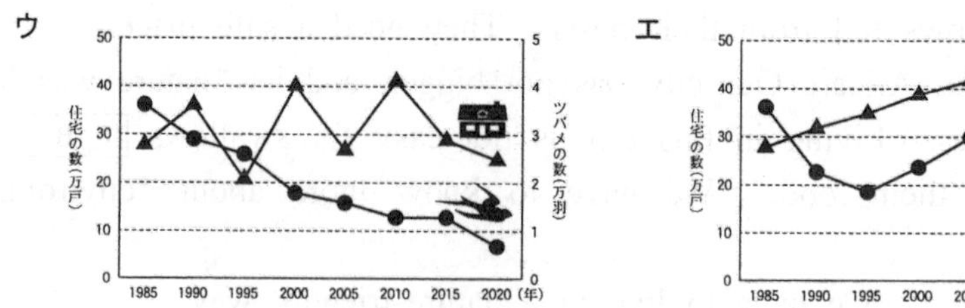

4　下線部(5)について，本文中で述べられている具体例を二つ挙げて，**20字以上30字以内**の日本語で書きなさい。ただし，句読点も字数に加えるものとする。

5　本文中の B に入る語として，最も適切なものはどれか。

ア because　　イ but　　ウ though　　エ until

6　下線部(6)について，自然環境に優しい生活を送るために，あなたが普段行っていること，またはこれから行おうと思うことは何ですか。まとまりのある**5文程度**の英語で書きなさい。

4　マリ（Mari）と，マリの友達であるリサ（Risa），マリの兄であるテル（Teru）についての次の英文を読んで，1から5までの問いに答えなさい。

I met Risa when I was small. She always supported me, so I felt comfortable when I was with her. In junior high school, I chose the tennis club because she joined it. We were *doubles partners. I enjoyed the club activities with her.

We became high school students. One day in April at school, Risa asked me, "Mari, which club are you going to join? Have you decided?" "No, not yet," I answered. She said, "Then, [　　] the tennis club together? If you can play tennis with me again, it will be fun!" "I'll think about it," I said. Actually, I wanted to join the English club.

While I was going home, I was thinking about my dream. When I was a second-year student in junior high school, my brother, Teru, was studying in Australia as *an exchange student. I visited him with my mother during the summer vacation. His foreign friends were kind to me, so I made *sushi* for them. I could not understand their English well, but when I saw their smiles, I thought, "I want to open a Japanese restaurant in Australia in the future!" I wanted to improve my English in high school for this dream. However, I was worried about joining the English club without Risa.

When I got home from school, Teru came to me and said, "Mari, are you OK? What happened?" I explained (1)my worry. When I finished talking, he asked me, "If you choose the tennis club, will you really be happy with that *choice?" I answered in a small voice, "No." Teru said, "Mari, listen. Do you know my dream? I want to teach Japanese in a foreign country. I thought studying English was necessary for my dream, so I decided to study abroad. I was nervous before I went to Australia because I didn't know any people there.

In fact, to start a new life was hard for me, but I made new friends, had a lot of great experiences, and learned many things. I felt I was getting closer to my dream. Now I'm sure that deciding to go there was right." He continued, "Mari, if you have something you really want to do, try it! That's the thing I believe." His words gave me *courage. I *said to myself, "I'm still a little afraid, but I will follow my heart!"

The next day, I told Risa about my *decision. At first, she looked surprised. Then she said, "It is the first time you told me something you wanted to do. Though we will choose different clubs, we are best friends, and that will never change. I hope (2) your dream will *come true!" She smiled.

〔注〕 *doubles partners＝ダブルスのパートナー　*an exchange student＝交換留学生
*choice＝選択　*courage＝勇気　*say to myself＝心の中で思う　*decision＝決意
*come true＝実現する

1　本文中の [　　] に入る適切な英語を３語または４語で書きなさい。

2　下線部(1)の，マリの心配事の内容は何か。日本語で書きなさい。

3　マリに対してテルが述べた信念とはどのようなものであったか。日本語で書きなさい。

4　下線部(2)の内容を次の [　　] 内のように表したとき，（　）に入る適切な英語を，本文から４語で抜き出して書きなさい。

Mari wants to (　　　　　　　　　　　　　　　　) in Australia.

5　本文の内容と一致するものはどれか。

ア　Mari joined the tennis club in junior high school because she liked sports.
イ　Mari's mother was very busy, so she could not go to Australia with Mari.
ウ　Teru did not have any friends in Australia, but he went there for his dream.
エ　Risa got angry to hear Mari's decision because she wanted to be with Mari.

5　次の英文を読んで１，２，３，４の問いに答えなさい。

How many times do you look at a clock or a watch every day? To [A] is difficult today. Now, we can find many kinds of clocks and watches around us. It's very interesting to see them.

People in *Egypt used the sun to know the time about 6,000 years ago. They put a *stick into the ground and knew the time from its *shadow. [B] They knew the time by *measuring the speed of dropping water and how much water was used. After that, a clock with sand was invented. It was good for people who were on *ships.

Do you know the floral clock? It tells us the time with flowers. Some flowers open about seven o'clock, and others open about noon. Like this, different kinds of flowers open at different times of a day. Around 1750, a *Swedish man used this point and chose *certain kinds of flowers. In this way, the floral clock was made. By seeing which flowers open, people can know the time. Flowers cannot tell the *exact time, but don't you think it's amazing?

A watch is another kind of clock. *Pocket watches were first invented in the 16th century, and people started to use *wrist watches around 1900. We can know the time at any place. Now, we can do many other things with a watch. For example, we can check our health.

People have invented many kinds of clocks and watches. If you could create a new watch, what kind of watch would it be?

〔注〕 *Egypt＝エジプト　*stick＝棒　*shadow＝影　*measure ～＝～を計る　*ship＝船
*Swedish＝スウェーデンの　*certain＝特定の　*exact＝正確な
*pocket watch＝懐中時計　*wrist watch＝腕時計

1 本文中の A に入るものとして，最も適切なものはどれか。

ア study them　イ wear them
ウ take care of them　エ live without them

2 本文中の B に入る次のア，イ，ウ，エの文を，意味が通るように並べかえて，記号を用いて答えなさい。

ア The people couldn't use this kind of clock when they couldn't see the shadow.
イ It was useful because they could know the time when it was cloudy or night time.
ウ However, there was one problem.
エ To solve the problem, they invented a clock that used water.

3 下線部の花時計（the floral clock）は，花のどのような性質を利用しているか。日本語で書きなさい。

4 本文のタイトルとして，最も適切なものはどれか。

ア Time Is the Most Important Thing in Our Life
イ The History of Telling the Time
ウ The Strong and Weak Points of Old Watches
エ Future Watches Have Amazing Power

<理科>

時間　45分　　満点　100点

1　次の1から8までの問いに答えなさい。

1　長期間，大きな力を受けて波打つように曲げられた地層のつくりはどれか。

ア　隆　起　　イ　沈　降　　ウ　しゅう曲　　エ　断　層

2　人体にとって有害なアンモニアを，害の少ない尿素に変えるはたらきをもつ器官はどれか。

ア　小　腸　　イ　じん臓　　ウ　すい臓　　エ　肝　臓

3　次のうち，熱の放射の仕組みを利用したものはどれか。

ア　エアコンで室温を下げる。　　イ　非接触体温計で体温をはかる。

ウ　氷で飲み物を冷やす。　　エ　熱したフライパンでたまご焼きをつくる。

4　右の表は，4種類の物質A，B，C，Dの融点と沸点を示したものである。物質の温度が20℃のとき，液体であるものはどれか。

ア　物質A　　イ　物質B　　ウ　物質C　　エ　物質D

	融点〔℃〕	沸点〔℃〕
物質A	−188	−42
物質B	−115	78
物質C	54	174
物質D	80	218

5　花粉がめしべの柱頭につくことを何というか。

6　物体の表面の細かい凹凸(おうとつ)により，光がさまざまな方向に反射する現象を何というか。

7　気温や湿度が，広い範囲でほぼ一様な大気のかたまりを何というか。

8　原子を構成する粒子の中で，電気をもたない粒子を何というか。

2　火成岩のつくりとそのでき方について調べるために，次の(1)，(2)の観察や実験を順に行った。

(1)　2種類の火成岩X，Yの表面をよく洗い，倍率10倍の接眼レンズと倍率2倍の対物レンズを用いて，双眼実体顕微鏡で観察した。それぞれのスケッチを表1に示した。

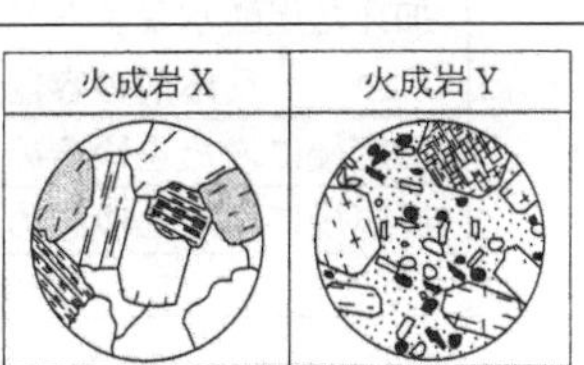

表1

(2)　マグマの冷え方の違いによる結晶のでき方を調べるために，ミョウバンを用いて，次の操作(a)，(b)，(c)，(d)を順に行った。

(a)　約80℃のミョウバンの飽和水溶液をつくり，これを二つのペトリ皿P，Qに注いだ。

(b)　図のように，ペトリ皿P，Qを約80℃の湯が入った水そうにつけた。

(c)　しばらく放置し，いくつかの結晶がでてきたところで，ペトリ皿Pはそのままにし，ペトリ皿Qは氷水の入った水そうに移した。

(d)　数時間後に観察したミョウバンの結晶のようすを表2に示した。

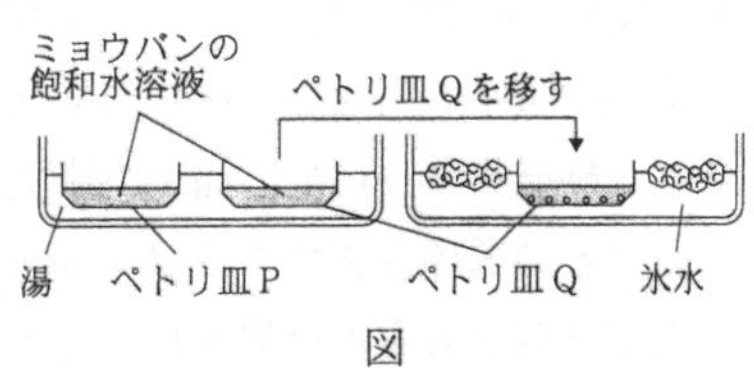

図

ペトリ皿P	ペトリ皿Q
同じような大きさの結晶が多くできていた。	大きな結晶の周りを小さな結晶が埋めるようにできていた。

表2

このことについて，次の1，2，3の問いに答えなさい。

1　観察(1)において，観察した顕微鏡の倍率と火成岩Xのつくりの名称の組み合わせとして正しいものはどれか。

	顕微鏡の倍率	火成岩Xのつくり
ア	12倍	等粒状組織
イ	12倍	斑状組織
ウ	20倍	等粒状組織
エ	20倍	斑状組織

2　観察(1)より，つくりや色の違いから火成岩Xは花こう岩であると判断した。花こう岩に最も多く含まれる鉱物として，適切なものはどれか。

ア　カンラン石　　**イ**　チョウ石　　**ウ**　カクセン石　　**エ**　クロウンモ

3　観察(1)と実験(2)の結果から，火成岩Yの斑晶と石基はそれぞれどのようにしてできたと考えられるか。できた場所と冷え方に着目して簡潔に書きなさい。

3　化学変化における物質の質量について調べるために，次の実験(1)，(2)，(3)を順に行った。

(1)　同じ容器AからEを用意し，それぞれの容器にうすい塩酸25gと，異なる質量の炭酸水素ナトリウムを入れ，図1のように容器全体の質量をはかった。

図1

(2)　容器を傾けて二つの物質を反応させたところ，気体が発生した。炭酸水素ナトリウムの固体が見えなくなり，気体が発生しなくなったところで，再び容器全体の質量をはかった。

(3)　容器のふたをゆっくりゆるめて，容器全体の質量をはかった。このとき，発生した気体は容器内に残っていないものとする。表は，実験結果をまとめたものである。

	A	B	C	D	E
加えた炭酸水素ナトリウムの質量〔g〕	0	0.5	1.0	1.5	2.0
反応前の容器全体の質量〔g〕	127.5	128.0	128.5	129.0	129.5
反応後にふたをゆるめる前の質量〔g〕	127.5	128.0	128.5	129.0	129.5
反応後にふたをゆるめた後の質量〔g〕	127.5	127.8	128.1	128.4	128.7

このことについて，次の1，2，3の問いに答えなさい。

1　実験(2)において，発生した気体の化学式を図2の書き方の例にならい，文字や数字の大きさを区別して書きなさい。

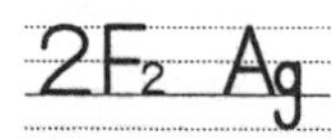

図2

2　実験結果について，加えた炭酸水素ナトリウムの質量と発生した気体の質量との関係を表すグラフをかきなさい。また，炭酸水素ナトリウム3.0gで実験を行うと，発生する気体の質量は何gになると考えられるか。

3　今回の実験(1)，(2)，(3)を踏まえ，次の仮説を立てた。

> 塩酸の濃度を濃くして，それ以外の条件は変えずに同じ手順で実験を行うと，容器BからEまでで発生するそれぞれの気体の質量は，今回の実験と比べて増える。

検証するために実験を行ったとき，結果は仮説のとおりになるか。なる場合には○を，ならない場合には×を書き，そのように判断できる理由を簡潔に書きなさい。

4 回路における電流，電圧，抵抗について調べるために，次の実験(1)，(2)，(3)を順に行った。

(1) 図1のように，抵抗器Xを電源装置に接続し，電流計の示す値を測定した。
(2) 図2のように回路を組み，10Ωの抵抗器Yと，電気抵抗がわからない抵抗器Zを直列に接続した。その後，電源装置で5.0Vの電圧を加えて，電流計の示す値を測定した。
(3) 図3のように回路を組み，スイッチA，B，Cと電気抵抗が10Ωの抵抗器をそれぞれ接続した。閉じるスイッチによって，電源装置で5.0Vの電圧を加えたときに回路に流れる電流の大きさがどのように変わるのかについて調べた。

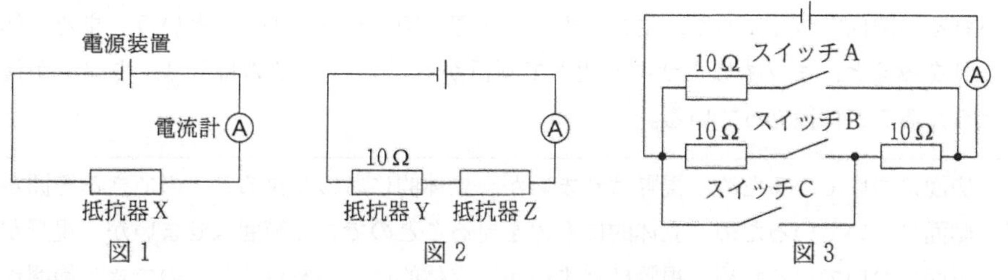

図1　図2　図3

このことについて，次の1，2，3の問いに答えなさい。
ただし，抵抗器以外の電気抵抗を考えないものとする。

1　実験(1)で，電流計が図4のようになったとき，電流計の示す値は何mAか。

2　実験(2)で，電流計が0.20Aの値を示したとき，抵抗器Yに加わる電圧は何Vか。また，抵抗器Zの電気抵抗は何Ωか。

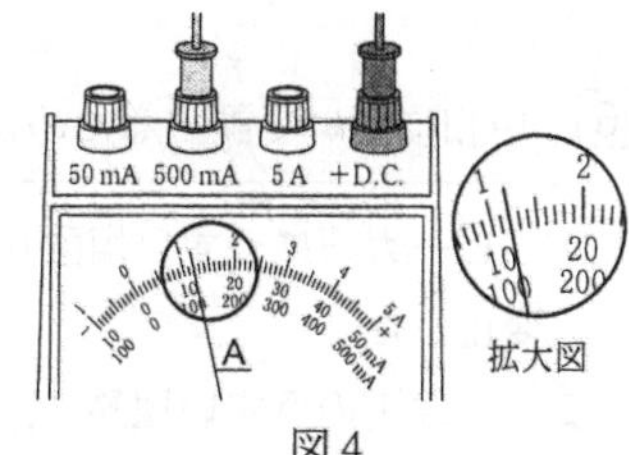

図4

3　実験(3)で，電流計の示す値が最も大きくなる回路にするために，閉じるスイッチとして適切なものは，次のア，イ，ウ，エのうちどれか。また，そのときの電流の大きさは何Aか。
ア　スイッチA　**イ**　スイッチB　**ウ**　スイッチAとB　**エ**　スイッチAとC

5 身近な動物である，キツネ，カニ，イカ，サケ，イモリ，サンショウウオ，マイマイ，カメ，ウサギ，アサリの10種を，二つの特徴に着目して，次のように分類した。

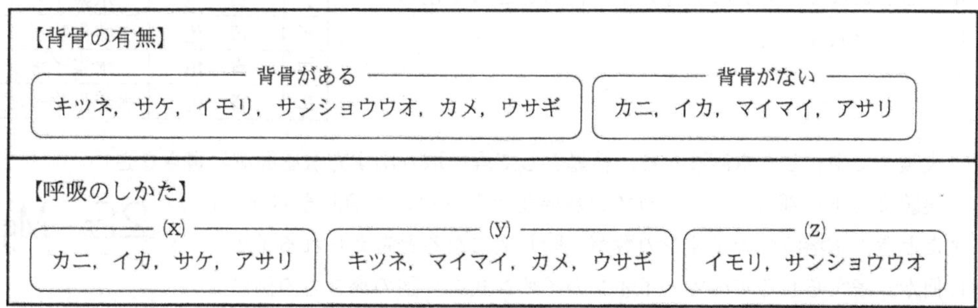

このことについて，次の1，2，3の問いに答えなさい。

1　背骨がないと分類した動物のうち，体表が節のある外骨格におおわれているものはどれか。
ア　カニ　**イ**　イカ　**ウ**　マイマイ　**エ**　アサリ

2　(z)に入る次の説明文のうち，①，②，③に当てはまる語をそれぞれ書きなさい。

子はおもに（　①　）で呼吸し，親は（　②　）と（　③　）で呼吸する

3　次の □ 内の文章は，キツネとウサギの関係についてまとめたものである。①に当てはまる語を書きなさい。また，②に当てはまる文として最も適切なものは，次の**ア**，**イ**，**ウ**，**エ**のうちどれか。

自然界では，植物をウサギが食べ，ウサギをキツネが食べる。このような食べる・食べられるの関係でつながった，生物どうしの一連の関係を（　①　）という。また，体のつくりをみると，キツネはウサギと比べて両目が（　②　）。この特徴は，キツネが獲物をとらえることに役立っている。

ア　側面についているため，視野はせまいが，立体的にものを見ることのできる範囲が広い
イ　側面についているため，立体的にものを見ることのできる範囲はせまいが，視野が広い
ウ　正面についているため，視野はせまいが，立体的にものを見ることのできる範囲が広い
エ　正面についているため，立体的にものを見ることのできる範囲はせまいが，視野が広い

6　中和について調べるために，次の実験(1)，(2)，(3)を順に行った。

(1)　ビーカーにうすい塩酸10.0cm³を入れ，緑色のBTB溶液を数滴入れたところ，水溶液の色が変化した。
(2)　実験(1)のうすい塩酸に，うすい水酸化ナトリウム水溶液をよく混ぜながら少しずつ加えていった。10.0cm³加えたところ，ビーカー内の水溶液の色が緑色に変化した。ただし，沈殿は生じず，この段階で水溶液は完全に中和したものとする。
(3)　実験(2)のビーカーに，続けてうすい水酸化ナトリウム水溶液をよく混ぜながら少しずつ加えていったところ，水溶液の色が緑色から変化した。ただし，沈殿は生じなかった。

このことについて，次の1，2，3，4の問いに答えなさい。

1　実験(1)において，変化後の水溶液の色と，その色を示すもととなるイオンの名称の組み合わせとして正しいものはどれか。

	水溶液の色	イオンの名称
ア	黄　色	水素イオン
イ	黄　色	水酸化物イオン
ウ	青　色	水素イオン
エ	青　色	水酸化物イオン

2　実験(2)で中和した水溶液から，結晶として塩（えん）を取り出す方法を簡潔に書きなさい。

3　実験(2)の下線部について，うすい水酸化ナトリウム水溶液を5.0cm³加えたとき，水溶液中のイオンの数が，同じ数になると考えられるイオンは何か。考えられるすべてのイオンのイオン式を，図の書き方の例にならい，文字や記号，数字の大きさを区別して書きなさい。

$2F_2$　Mg^{2+}

4　実験(2)，(3)について，加えたうすい水酸化ナトリウム水溶液の体積と，ビーカーの水溶液中におけるイオンの総数の関係を表したグラフとして，最も適切なものは次のページのどれか。

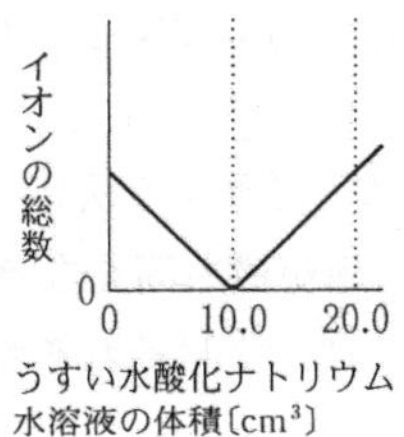

ア

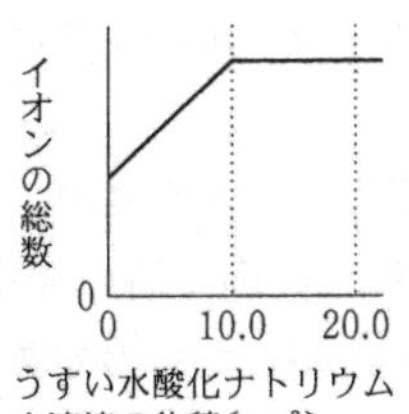

イ

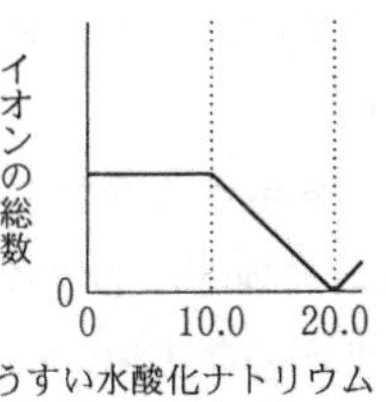

ウ

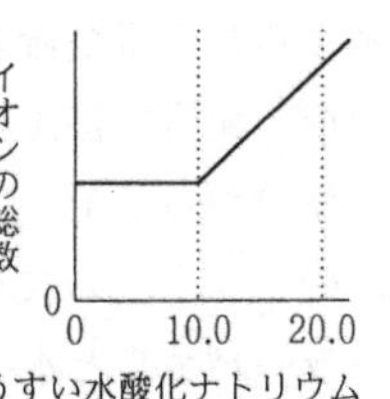

エ

7　栃木県内の地点X（北緯37度）と秋田県内の地点Y（北緯40度）における，ソーラーパネルと水平な地面のなす角について調べるために，次の(1)，(2)，(3)の調査や実験を行った。

(1)　インターネットで調べると，ソーラーパネルの発電効率が最も高くなるのは，太陽光の当たる角度が垂直のときであることがわかった。

(2)　地点Xで，秋分の太陽の角度と動きを調べるため，次の実験(a)，(b)を順に行った。

(a)　図1のように，板の上に画用紙をはり，方位磁針で方位を調べて東西南北を記入し，その中心に垂直に棒を立て，日当たりのよい場所に，板を水平になるように固定した。

(b)　棒の影の先端を午前10時から午後2時まで1時間ごとに記録し，影の先端の位置をなめらかに結んだ。図2は，そのようすを模式的に表したものである。

(3)　地点Xで，図3のように，水平な地面から15度傾けて南向きに設置したソーラーパネルがある。そのソーラーパネルについて，秋分の南中時に発電効率が最も高くなるときの角度を計算した。同様の計算を地点Yについても行った。

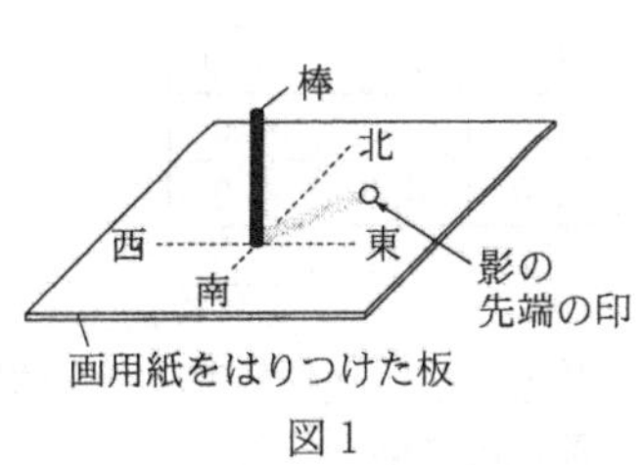

図1

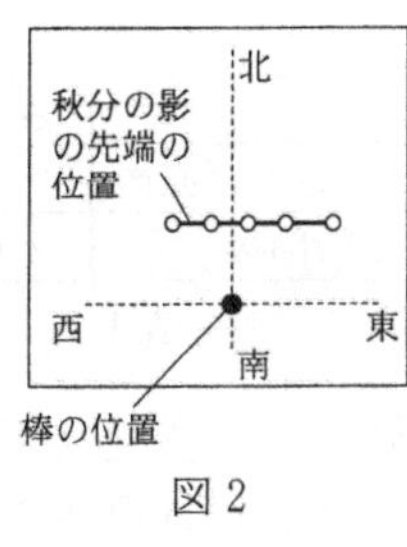

図2

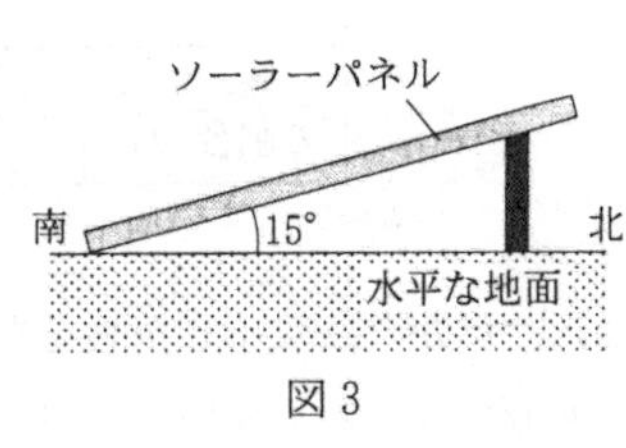

図3

このことについて，次の1，2，3，4の問いに答えなさい。

1　実験(2)において，図2のように影の先端が動いていったのは，地球の自転による太陽の見かけの動きが原因である。このような太陽の動きを何というか。

2　次の□内の文章は，地点Xにおける影の先端の動きについて述べたものである。①，②に当てはまる記号をそれぞれ（　）の中から，選んで書きなさい。

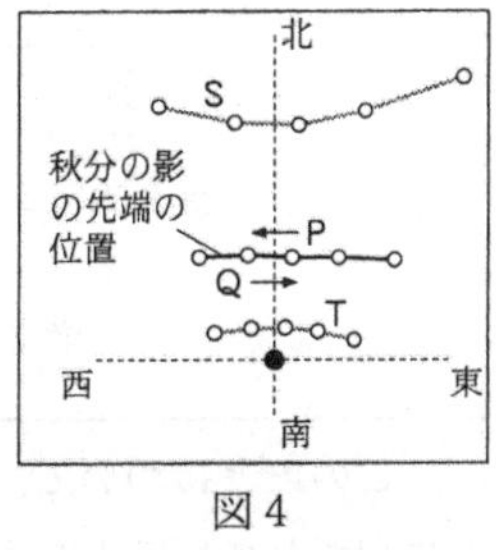

図4

> 実験(2)から，影の先端は図4の①（P・Q）の方向へ動いていくことがわかる。秋分から3か月後に，同様の観測をしたとすると，その結果は図4の②（S・T）のようになる。

3　実験(2)と同様の観測を1年間継続したとすると，南中時に棒の長さと影の長さが等しくなると考えられる日が含まれる期間は，次のア，イ，ウ，エのうちどれか。当てはまるものをすべて選び，記号で答えなさい。

ア 秋分から冬至　**イ** 冬至から春分　**ウ** 春分から夏至　**エ** 夏至から秋分

4 次の □ 内の文章は，実験(3)における，秋分の南中時に発電効率が最も高くなるときのソーラーパネルと水平な地面のなす角について説明したものである。①，②にそれぞれ適切な数値を，③に当てはまる記号を（ ）の中から選んで書きなさい。

> 地点Xの秋分の南中高度は（ ① ）度であり，ソーラーパネルと水平な地面のなす角を，15度からさらに（ ② ）度大きくする。このとき，地点Xと地点Yにおけるソーラーパネルと水平な地面のなす角を比べると，角度が大きいのは地点③（X・Y）である。

8 植物の葉で行われている光合成と呼吸について調べるために，次の実験(1)，(2)，(3)，(4)を順に行った。

(1) 同じ大きさの透明なポリエチレン袋A，B，C，Dと，暗室に2日間置いた鉢植えの植物を用意した。袋A，Cには，大きさと枚数をそろえた植物の葉を入れ，袋B，Dには何も入れず，すべての袋に息を吹き込んだ後，袋の中の二酸化炭素の割合を測定してから密封した。

(2) 図1，図2のように，袋A，Bを強い光の当たる場所，袋C，Dを暗室にそれぞれ2時間置いた後，それぞれの袋の中の二酸化炭素の割合を測定し，結果を表1にまとめた。

図1

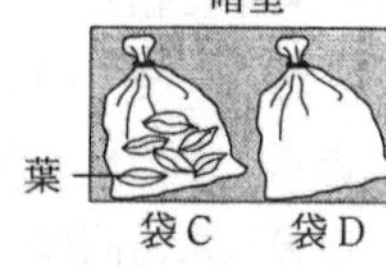

図2

		袋A	袋B	袋C	袋D
二酸化炭素の割合〔%〕	息を吹き込んだ直後	4.0	4.0	4.0	4.0
	2時間後	2.6	4.0	4.6	4.0

表1

(3) 袋A，Cから取り出した葉を熱湯につけ，<u>あたためたエタノールに入れた</u>後，水で洗い，ヨウ素液にひたして反応を調べたところ，袋Aの葉のみが青紫色に染まった。

(4) 実験(2)の袋A，Bと同じ条件の袋E，Fを新たにつくり，それぞれの袋の中の二酸化炭素の割合を測定した。図3のように，袋E，Fを弱い光の当たる場所に2時間置いた後，それぞれの袋の中の二酸化炭素の割合を測定し，結果を表2にまとめた。

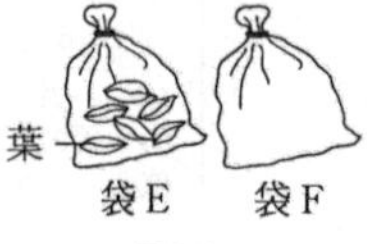

図3

		袋E	袋F
二酸化炭素の割合〔%〕	息を吹き込んだ直後	4.0	4.0
	2時間後	4.0	4.0

表2

このことについて，次の1，2，3，4の問いに答えなさい。ただし，実験中の温度と湿度は一定に保たれているものとする。

1 実験(3)において，下線部の操作を行う目的として，最も適切なものはどれか。

ア　葉を消毒する。

イ　葉をやわらかくする。

ウ　葉を脱色する。

エ　葉の生命活動を止める。

2　実験(3)の結果から確認できた，光合成によって生じた物質を何というか。

3　次の①，②，③のうち，実験(2)において，袋Aと袋Cの結果の比較から確かめられることはどれか。最も適切なものを，次のア，イ，ウ，エのうちから一つ選び，記号で書きなさい。

①　光合成には光が必要であること。　　②　光合成には水が必要であること。

③　光合成によって酸素が放出されること。

ア　①　　イ　①，②　　ウ　①，③　　エ　①，②，③

4　実験(4)で，袋Eの二酸化炭素の割合が変化しなかったのはなぜか。その理由を，実験(2)，(4)の結果をもとに，植物のはたらきに着目して簡潔に書きなさい。

9　物体の運動のようすを調べるために，次の実験(1)，(2)，(3)を順に行った。

(1)　図1のように，水平な台の上で台車におもりをつけた糸をつけ，その糸を滑車にかけた。台車を支えていた手を静かに離すと，おもりが台車を引きはじめ，台車はまっすぐ進んだ。1秒間に50打点する記録タイマーで，手を離してからの台車の運動をテープに記録した。図2は，テープを5打点ごとに切り，経過時間順にAからGとし，紙にはりつけたものである。台車と台の間の摩擦(まさつ)は考えないものとする。

(2)　台車を同じ質量の木片に変え，木片と台の間の摩擦がはたらくようにした。おもりが木片を引いて動き出すことを確かめてから，実験(1)と同様の実験を行った。

(3)　木片を台車に戻し，図3のように，水平面から30°台を傾け，実験(1)と同様の実験を行った。台車と台の間の摩擦は考えないものとする。

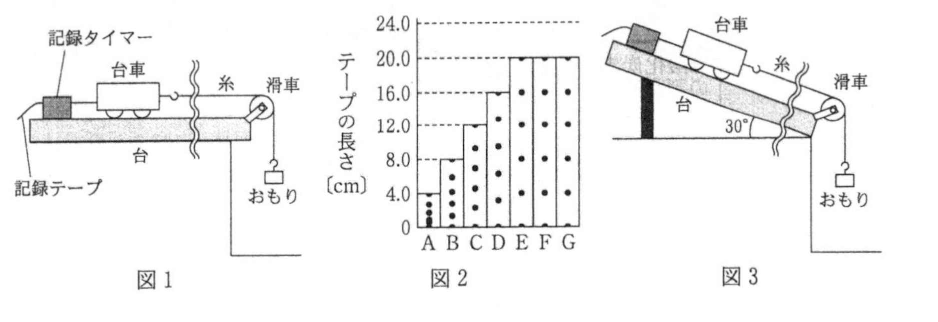

図1　　図2　　図3

このことについて，次の1，2，3，4の問いに答えなさい。ただし，糸は伸び縮みせず，糸とテープの質量や空気の抵抗はないものとし，糸と滑車の間およびテープとタイマーの間の摩擦は考えないものとする。

1　実験(1)で，テープAにおける台車の平均の速さは何cm/sか。

2　実験(1)で，テープE以降の運動では，テープの長さが等しい。この運動を何というか。

3　実験(1)，(2)について，台車および木片のそれぞれの速さと時間の関係を表すグラフとして，最も適切なものはどれか。

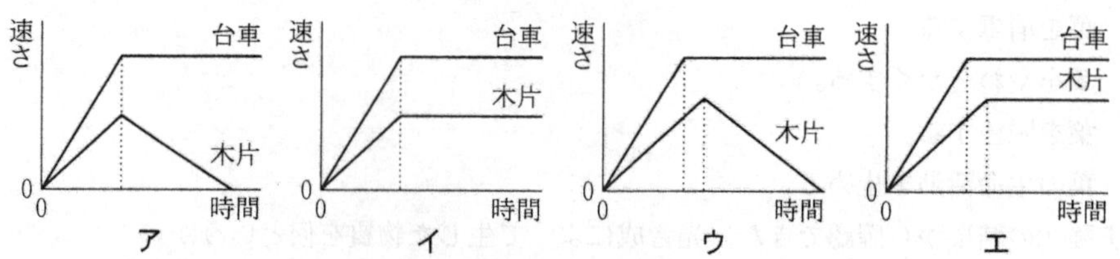

4 おもりが落下している間，台車の速さが変化する割合は，実験(1)よりも実験(3)の方が大きくなる。その理由として，最も適切なものはどれか。

ア 糸が台車を引く力が徐々に大きくなるから。

イ 台車にはたらく垂直抗力の大きさが大きくなるから。

ウ 台車にはたらく重力の大きさが大きくなるから。

エ 台車にはたらく重力のうち，斜面に平行な分力がはたらくから。

＜社会＞

時間　45分　　満点　100点

【注意】「　　に当てはまる語を書きなさい」などの問いについての答えは，一般に数字やカタカナなどで書くもののほかは，できるだけ漢字で書きなさい。

1　図1は，栃木県に住む太郎さんが，旅行で訪れた四つの道府県（北海道，新潟県，大阪府，鹿児島県）の位置を示したものである。これを見て，次の1から8までの問いに答えなさい。

図1

1　次の文は，札幌市について述べたものである。文中の　　に共通して当てはまる語を書きなさい。

> 札幌市は，道庁所在地で，人口190万人をこえる大都市である。大阪市，新潟市などとともに　　都市となっている。　　都市は，都道府県の業務の一部を分担し，一般の市よりも多くのことを独自に決めることができる。

2　図2のア，イ，ウ，エは，札幌市，新潟市，大阪市，鹿児島市のいずれかの雨温図である。大阪市はどれか。

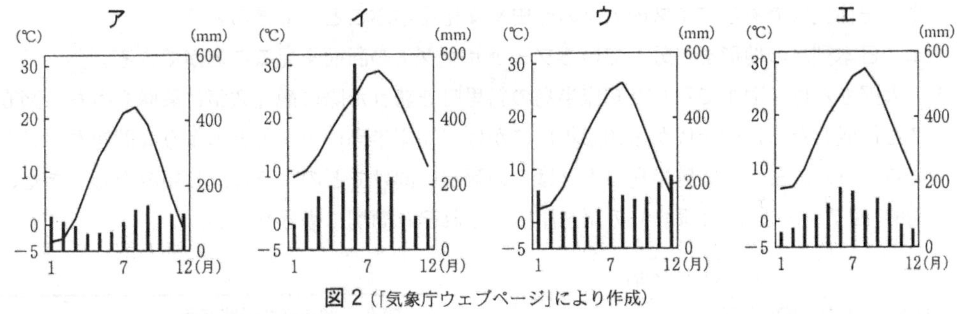

図2（「気象庁ウェブページ」により作成）

3　太郎さんは，図1で示した種子島を訪れ，カヌーで川を下りながらマングローブを眺めた。次のうち，マングローブが見られる国はどれか。

ア　スイス　　イ　インドネシア　　ウ　モンゴル　　エ　チリ

4　図3は，図1で示した四つの道府県に宿泊した旅行者数と東京都から四つの道府県への旅客輸送数（2019年）を示したものである。ⅠとⅡには，鉄道か航空のいずれかが当てはまる。Aに当てはまる道県と，Ⅰに当てはまる交通機関の組み合わせとして正しいのはどれか。

道府県	宿泊旅行者数（千人）	東京都からの旅客輸送数（千人）	
		Ⅰ	Ⅱ
A	18,471	191	6,267
B	3,792	13	1,215
C	6,658	3,721	0
大阪府	16,709	10,327	3,237

図3（「県勢」ほかにより作成）

ア　A－北海道　I－鉄道　　イ　A－新潟県　I－鉄道
ウ　A－北海道　I－航空　　エ　A－新潟県　I－航空

5　図4は，栃木県，大阪府，全国における，主な製造品の出荷額および従業者10人未満の事業所（2019年）についてそれぞれ示したものである。Pに当てはまる府県と，Xに当てはまる製造品の組み合わせとして正しいのはどれか。

	主な製造品の出荷額		従業者10人未満の事業所	
府県	X（億円）	輸送用機械（億円）	各府県の全事業所数に占める割合（%）	製造品出荷額（億円）
P	17,073	15,142	71.1	9,829
Q	5,002	14,382	62.9	1,561
全国	162,706	701,960	※ 65.8	87,776

※　全国の全事業所数に占める割合

図4（「県勢」により作成）

ア　P－栃木県　X－金属製品
イ　P－栃木県　X－飲料・飼料
ウ　P－大阪府　X－金属製品
エ　P－大阪府　X－飲料・飼料

6　図5のア，イ，ウ，エは，図1で示した四つの道府県の農業産出額，米の産出額，農業産出額に占める米の割合(2019年)を示している。鹿児島県はどれか。

道府県	農業産出額（億円）	米の産出額（億円）	農業産出額に占める米の割合（%）
ア	12,593	1,122	8.9
イ	4,863	211	4.3
ウ	2,462	1,445	58.7
エ	332	73	22.0

図5（「県勢」により作成）

7　次の文は，太郎さんが図1で示した四つの道府県を旅行した際に訪れた施設について，それぞれ述べたものである。新潟県の施設はどれか。

ア　三大都市圏のうちの一つの都市圏にある千里（せんり）ニュータウンの模型を見ることができる。
イ　噴火を繰り返してきた桜島で暮らす人々の工夫について学ぶことができる。
ウ　先住民族であるアイヌの人々の歴史や文化を学ぶことができる。
エ　日本列島の地形を二分しているフォッサマグナの断面を見ることができる。

8　太郎さんは，図1で示した知床半島の斜里（しゃり）町を訪れた際に観光政策に興味をもち，図6，図7を作成した。1980年代から1990年代にかけて知床半島においてどのような問題が生じたと考えられるか。また，知床半島の人々はその解決に向けてどのような取り組みをしてきたのか，図6，図7をふまえ，「両立」の語を用いてそれぞれ簡潔に書きなさい。

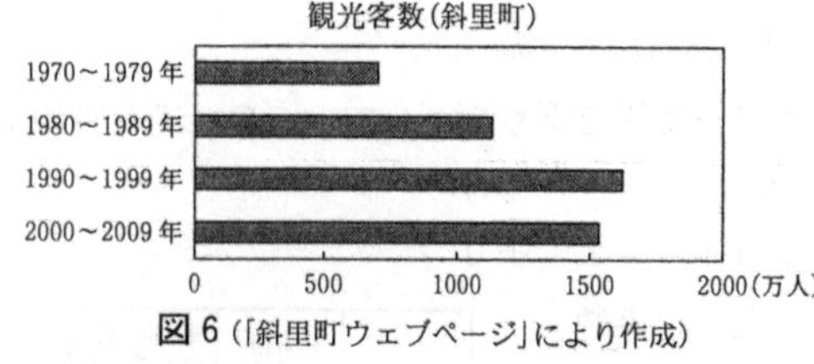

図6（「斜里町ウェブページ」により作成）

1980年	知床横断道路開通
1999年	自動車の乗り入れ規制開始
2005年	世界自然遺産登録
2007年	知床エコツーリズムガイドライン策定

図7（「知床データセンターウェブページ」により作成）

2 次の１，２の問いに答えなさい。

1　図１は，健さんが農産物についてまとめたものである。これを見て，次の(1)から(5)までの問いに答えなさい。

農産物	主な生産国	農産物から作られる飲料の例
ⓐとうもろこし	アメリカ　中国　ブラジル　アルゼンチン	ウイスキー
ⓑ茶	中国　インド　ケニア　スリランカ	緑茶，紅茶
ぶどう	中国　イタリア　アメリカ　スペイン	ⓒワイン
大麦	ロシア　フランス　ドイツ　オーストラリア	ⓓビール
ⓔカカオ豆	コートジボワール　ガーナ　インドネシア　ナイジェリア	ココア
コーヒー豆	ブラジル　ベトナム　インドネシア　コロンビア	コーヒー

図１（「地理統計要覧」により作成）

(1) 図２のア，イ，ウ，エは，図１中のアメリカ，インド，スペイン，ロシアの首都における年平均気温と，年降水量に占める６月から８月までの降水量の合計の割合を示している。スペインの首都とロシアの首都はそれぞれどれか。

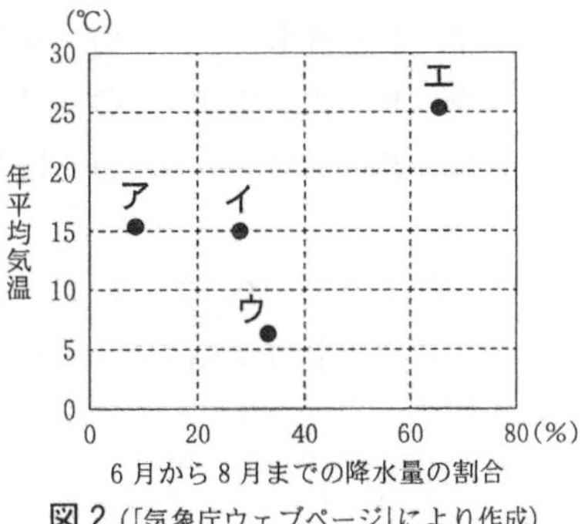

図２（「気象庁ウェブページ」により作成）

(2) 下線部ⓐなどの植物を原料とし，自動車の燃料などに用いられているアルコール燃料を何というか。

(3) 下線部ⓑについて，健さんは，茶の生産量の上位国ではないオーストラリアで，伝統的に茶が消費されてきたことを知り，この背景について，次のように考えた。文中の □ に当てはまる国名を書きなさい。

> オーストラリアで茶が消費されてきた背景には，紅茶を飲む習慣があった □ の植民地であったことが影響しているのではないか。

(4) 北アフリカや西アジアでは，下線部ⓒや下線部ⓓの一人当たりの消費量が他の地域に比べ少ない。このことに最も関連のある宗教はどれか。

ア　イスラム教　　イ　キリスト教　　ウ　ヒンドゥー教　　エ　仏教

(5) 下線部ⓔについて，健さんは，図３，図４をもとに次のページの図５を作成した。 X に当てはまる文を，「依存」の語を用いて簡潔に書きなさい。また， Y に当てはまる文を，簡潔に書きなさい。

コートジボワールの輸出上位品目(2017年)	輸出額に占める割合(%)
カカオ豆	27.9
カシューナッツ	9.7
金(非貨幣用)	6.6
天然ゴム	6.6
石油製品	6.0

図３（「世界国勢図会」により作成）

順位	カカオ豆生産国(2017年)	生産量(千t)	順位	カカオ豆輸出国(2017年)	輸出量(千t)
1	コートジボワール	2,034	1	コートジボワール	1,510
2	ガーナ	884	2	ガーナ	573
3	インドネシア	660	3	ナイジェリア	288
4	ナイジェリア	328	4	エクアドル	285
5	カメルーン	295	5	ベルギー	237
6	ブラジル	236	6	オランダ	231
7	エクアドル	206	7	カメルーン	222
	世界計	5,201		世界計	3,895

図４（「データブックオブザワールド」ほかにより作成）

【図3から読み取ったコートジボワールの課題】
・コートジボワールの輸出における課題は，［　X　］。
【図4のカカオ豆の生産量と輸出量を比較して生じた疑問】
・なぜ，ベルギーとオランダは，［　Y　］。
【図4から生じた疑問を調べた結果】
・ベルギーとオランダは，輸入したカカオ豆を選別して付加価値をもたせ，輸出している。

図5

2　次の(1)，(2)の問いに答えなさい。

(1)　図6は，排他的経済水域の面積（領海を含む）について示したものであり，P，Q，Rには，日本，アメリカ，ブラジルのいずれかが当てはまる。P，Q，Rに当てはまる国の組み合わせとして正しいのはどれか。

ア　P－日本　Q－アメリカ　R－ブラジル
イ　P－日本　Q－ブラジル　R－アメリカ
ウ　P－アメリカ　Q－日本　R－ブラジル
エ　P－ブラジル　Q－日本　R－アメリカ

国名	排他的経済水域の面積（万 km^2）	領土の面積を1とした場合の排他的経済水域の面積
P	762	0.78
Q	447	11.76
R	317	0.37

図6（「地理統計要覧」ほかにより作成）

日本と中国の人口ピラミッドであ

(2)　図7のア，イ，ウ，エは，1970年と2015年における，日本と中国の人口ピラミッドである。2015年の中国の人口ピラミッドはどれか。

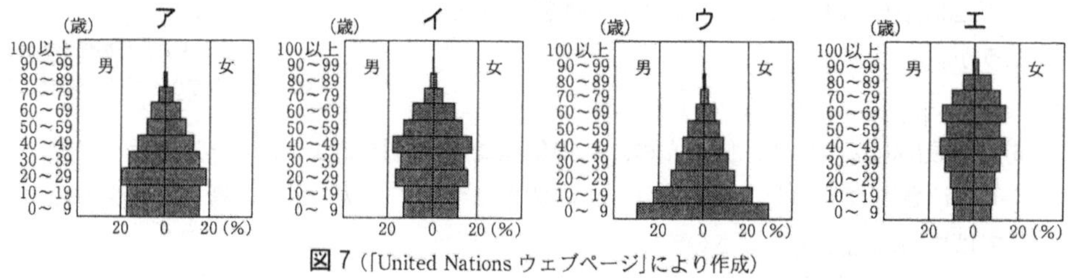

図7（「United Nations ウェブページ」により作成）

3　詩織さんは，国際的に活躍した人物について調べ，図1を作成した。これを見て，次の1から8までの問いに答えなさい。

人　物	説　明
小野妹子	［　I　］ために，隋を訪れた。
［　II　］	唐の僧で，日本に仏教の教えや決まりを伝えた。
栄西	ⓐ宋で［　III　］宗を学び，臨済宗を開いた。
マルコ・ポーロ	フビライ・ハンに仕え，ⓑ『世界の記述』を記した。
フランシスコ・ザビエル	イエズス会の宣教師として日本を訪れ，ⓒキリスト教の布教に努めた。
ウィリアム・アダムス	ⓓ徳川家康に仕え，幕府の外交を担当した。
ハリス	アメリカの領事となり，日本とⓔ日米修好通商条約を結んだ。

図1

1　［　I　］に当てはまる文として最も適切なのはどれか。

ア　青銅器や鉄器を手に入れる　イ　政治の制度や文化を学ぶ
ウ　倭寇の取り締まりを求める　エ　皇帝から金印や銅鏡を得る

2　Ⅱ，Ⅲ に当てはまる語の組み合わせとして正しいのはどれか。

ア　Ⅱ－鑑真　Ⅲ－禅　　イ　Ⅱ－鑑真　Ⅲ－浄土

ウ　Ⅱ－空海　Ⅲ－禅　　エ　Ⅱ－空海　Ⅲ－浄土

3　下線部ⓐとの貿易を進めた人物はどれか。

ア　菅原道真　　イ　中臣鎌足　　ウ　平清盛　　エ　足利尊氏

4　下線部ⓑにおいて，日本は「黄金(おうごん)の国ジパング」と紹介されている。金(きん)が使われた次のア，イ，ウ，エの建築物のうち，マルコ・ポーロがフビライ・ハンに仕えていたとき，すでに建てられていたものを**すべて**選びなさい。

ア　金閣　　イ　平等院鳳凰堂　　ウ　中尊寺金色堂　　エ　安土城

5　下線部ⓒについて，豊臣秀吉が実施したキリスト教に関する政策はどれか。

ア　天正遣欧少年使節（天正遣欧使節）をローマ教皇のもとへ派遣した。

イ　キリスト教徒を発見するために，絵踏を実施した。

ウ　外国船を追い払い，日本に近付かせないようにした。

エ　宣教師（バテレン）の海外追放を命じた。

6　下線部ⓓは，大名や商人の海外への渡航を許可し，主に東南アジア諸国と貿易を行うことを奨励した。この貿易を何というか。

7　下線部ⓔの条約では，兵庫の開港が決まっていたが，幕府は兵庫ではなく隣村の神戸を開港し，外国人居住区を図2中に示した場所に設置した。外国人居住区が神戸に設置された理由を，図2，図3をふまえ，「交流」の語を用いて簡潔に書きなさい。

図2　開港前の兵庫と神戸（「神戸覧古」により作成）

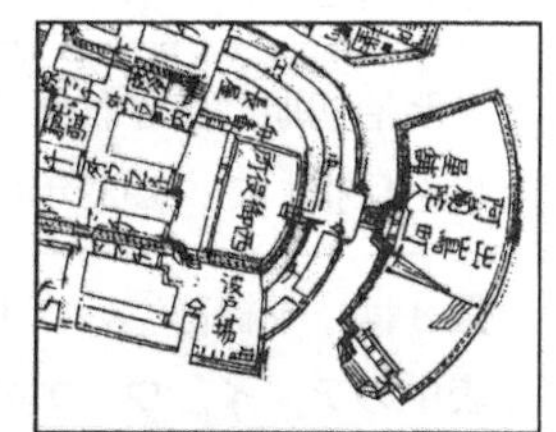
図3　出島（「長崎図」により作成）

8　詩織さんは図1をもとに図4を作成した。□に当てはまる語を書きなさい。

日本と交流した地域の変化
＜古代から中世＞ ➡ ＜近世＞　〔背景〕
東アジア　　東アジア＋ヨーロッパ ← ヨーロッパの人々による新航路の開拓＝□時代とよぶ

図4

4　略年表を見て，次の1から6までの問いに答えなさい。

時代	主なできごと	
明治	ⓐ江戸を東京とし，東京府を置く	A
	大日本帝国憲法が発布される	
大正	東京駅が開業する	B
	ⓑ「帝都復興事業」が始まる	
昭和	ⓒ東京で学徒出陣壮行会が行われる	
	日本国憲法が施行される	C
	東京オリンピックが開催される	

1　下線部ⓐの頃の日本のできごととして適切なのはどれか。

ア　五箇条の御誓文が出された。

イ　ラジオ放送が開始された。

ウ　教育勅語が発布された。

エ　日本万国博覧会が開催された。

2　Aの時期におきたできごとを年代の古い順に並べ替えなさい。

ア　国会期成同盟が結成された。　　**イ**　民撰議院設立の建白書が提出された。

ウ　内閣制度が創設された。　　**エ**　廃藩置県が実施された。

3　下線部ⓑについて，**図1**は区画整理に関する東京の住民向けの啓発資料であり，**図2**は「帝都復興事業」に関する当時の資料を分かりやすく書き直したものである。「帝都復興事業」によってどのような都市を目指したのか，**図2**中にある「昨年の震災」の名称を明らかにしながら，**図1**，**図2**をふまえ，簡潔に書きなさい。

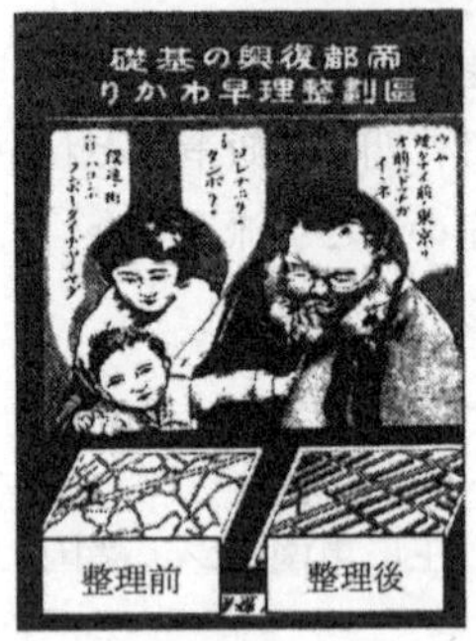

図1（「帝都復興の基礎区画整理早わかり」により作成）

区画整理の利益
・広い道路が四方八方に通ることで火災時の消防、事後の避難が容易となり、昨年の震災当時のような被害を免れる一手段となる。
・道路が広くなることで市街地建築物法の規定によって高い建物を建てることができる。
・曲がりくねった道路から直線道路となり、上下水道やガス、電線等の工事費と維持費を節約できる。
・番地が順番に整とんされるので、訪問や郵便配達が便利になる。
大正十三年三月

図2（「東京都市計画事業街路及運河図」により作成）

4　次の文は，Bの時期におきた社会運動について述べたものである。文中の［　　］に当てはまる語を書きなさい。

> 明治初期に出された「解放令」後も部落差別がなくならなかったため，平等な社会の実現を目指して，1922年に［　　］が結成された。

5　**図3**は，下線部ⓒの様子である。**図3**の写真が撮影された時期として適切なのは，**図4**の略年表中の**ア**，**イ**，**ウ**，**エ**の時期のうちどれか。

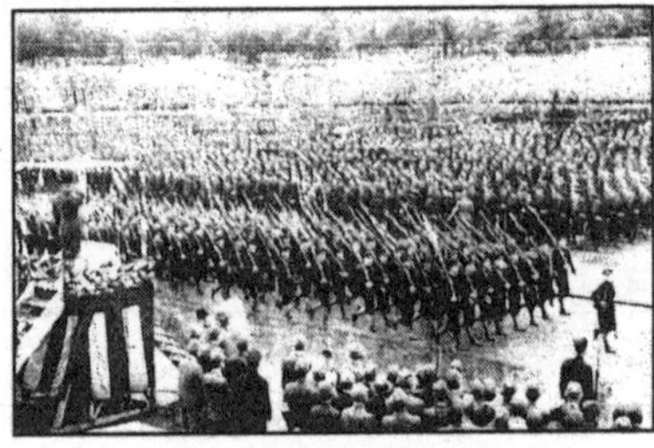

図3（「写真週報」により作成）

盧溝橋事件
↓ **ア**
真珠湾攻撃
↓ **イ**
ミッドウェー海戦
↓ **ウ**
ポツダム宣言の受諾
↓ **エ**
警察予備隊の創設

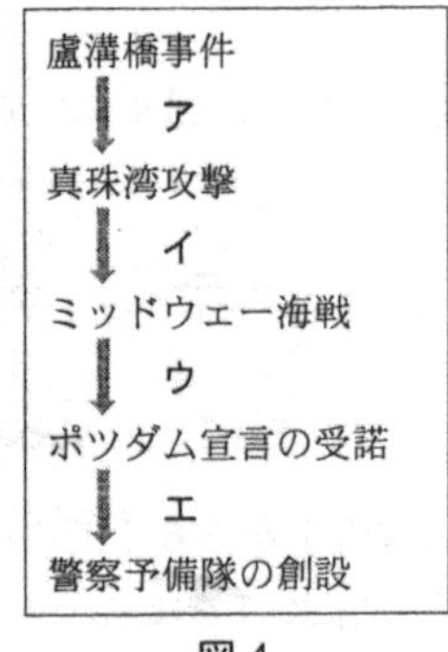

図4

6　Cの時期について，次の(1)，(2)の問いに答えなさい。

(1)　この時期における国際社会の状況として<u>**当てはまらない**</u>のはどれか。

ア　日本は，アメリカなど48か国とサンフランシスコ平和条約を結んだ。

イ　日本は日ソ共同宣言に調印し，ソ連と国交を回復した。

ウ　朝鮮戦争が始まり，日本本土や沖縄のアメリカ軍基地が使用された。

エ　中東戦争の影響で原油価格が大幅に上昇し，石油危機がおきた。

(2)　この時期におきた，日米安全保障条約の改定に対する激しい反対運動を何というか。

5　次の1，2の問いに答えなさい。

1　次の(1)，(2)，(3)の問いに答えなさい。

(1)　経済活動の規模をはかる尺度として用いられる，国内で一定期間（通常1年間）に生産された財やサービスの付加価値の合計を何というか。

(2)　**図1**，**図2**は，製品Aの需要量と供給量，価格の関係を示したものである。**図1**中の②の曲線が**図2**中の②′の位置に移動したときの説明として，正しいのはどれか。

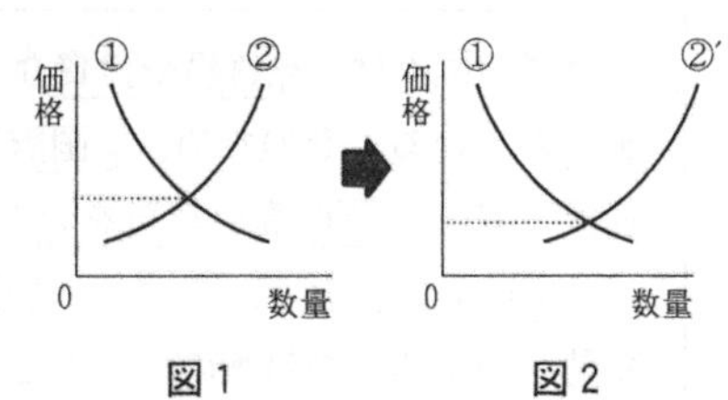

図1　　図2

ア　環境に配慮した製品Aへの注目が集まり，需要量が増えた。

イ　製品Aに代わる新製品が発売され，製品Aの需要量が減った。

ウ　製品Aを製造する技術が向上して大量生産が可能になり，供給量が増えた。

エ　部品の入手が困難になり，製品Aの供給量が減った。

(3)　金融政策について，次の文中の［Ⅰ］，［Ⅱ］に当てはまる語の組み合わせとして正しいのはどれか。

> 好景気の（景気が過熱する）時，［Ⅰ］は公開市場操作を行い，国債などを［Ⅱ］ことで，一般の金融機関の資金量を減らす。

ア　Ⅰ－日本政府　Ⅱ－買う　　**イ**　Ⅰ－日本政府　Ⅱ－売る

ウ　Ⅰ－日本銀行　Ⅱ－買う　　**エ**　Ⅰ－日本銀行　Ⅱ－売る

2　次の(1)から(4)までの問いに答えなさい。

(1)　地方公共団体の議会が制定する独自の法のことを何というか。

(2)　内閣の仕事として，正しいのはどれか。二つ選びなさい。

ア　条約の締結　　**イ**　法律の制定

ウ　予算の審議　　**エ**　天皇の国事行為への助言と承認

(3)　内閣不信任決議案が可決された場合について，次の文中の［Ⅰ］，［Ⅱ］に当てはまる語の組み合わせとして正しいのはどれか。なお，同じ記号には同じ語が当てはまる。

> 内閣は，10日以内に［Ⅰ］を解散するか，総辞職しなければならない。［Ⅰ］を解散した場合は，解散後の総選挙の日から30日以内に，［Ⅱ］が召集される。

ア　Ⅰ－衆議院　Ⅱ－臨時会　　**イ**　Ⅰ－衆議院　Ⅱ－特別会

ウ　Ⅰ－参議院　Ⅱ－臨時会　　**エ**　Ⅰ－参議院　Ⅱ－特別会

(4)　次のページの**図3**は，国や地方公共団体の政策についてまとめたものである。あなたはXとYのどちらの政策に賛成か。解答欄のXとYのいずれかを○で囲みなさい。また，あなたが賛成した政策が「大きな政府」と「小さな政府」のどちらの政策であるかを明らかにし，その政策の特徴を，図3をふまえ簡潔に書きなさい。

Xの政策	Yの政策
すべてのタクシー会社が利益を確保できるよう，国がタクシー運賃を決める。	タクシー会社間の自由な競争を促すため，タクシー運賃を自由化する。
バス路線が赤字となったら，税金を使って維持する。	バス路線が赤字となったら，税金を使わず廃止する。

図3

6 次の文は，ゆうさんが社会科の授業で学んだSDGsの取り組みについてまとめたものの一部である。これを読み。次の1から6までの問いに答えなさい。

> 世界の国々は，ⓐ貿易や投資などで結び付きを深めているが，依然としてさまざまな課題を抱えている。そのため，ⓑ国際連合は，2015年に「［A］な開発目標」であるSDGsを採択して，ⓒ「質の高い教育をみんなに」や「気候変動に具体的な対策を」，ⓓ「平和と公正をすべての人に」など，すべての加盟国が2030年までに達成すべき17の目標を設定した。気候変動への具体的な対策の一つとして，2015年にⓔ温室効果ガスの削減に向けた新たな国際的な枠組みである［B］協定が採択された。

1 文中の［A］，［B］に当てはまる語を書きなさい。

2 下線部ⓐに関して，為替相場の変動について述べた次の文中の［Ⅰ］，［Ⅱ］に当てはまる語の組み合わせとして正しいのはどれか。

> 日本の自動車会社であるC社は，1ドル＝150円のとき，1台150万円の自動車を日本からアメリカに輸出した。この場合，1ドル＝100円のときと比べると，この自動車のアメリカでの販売価格は［Ⅰ］なるため，アメリカに自動車を輸出しているC社にとって［Ⅱ］になる。

ア Ⅰ－安く Ⅱ－有利　　イ Ⅰ－安く Ⅱ－不利

ウ Ⅰ－高く Ⅱ－有利　　エ Ⅰ－高く Ⅱ－不利

3 下線部ⓑについての説明として**当てはまらない**のはどれか。

ア 国際連合には，WHOやUNESCOを含む専門機関がある。

イ 国際連合の安全保障理事会は，平和を脅かした加盟国に対して制裁を加えることがある。

ウ 国際連合は，平和維持活動により停戦の監視を行い，紛争の平和的な収束を図っている。

エ 国際連合の総会では，加盟国のうち一か国でも拒否権を行使すると決議ができない。

4 日本国憲法に規定されている権利のうち，下線部ⓒと最も関連があるのはどれか。

ア 請求権（国務請求権）　イ 自由権　ウ 社会権　エ 参政権

5 下線部ⓓに関連して，次の文中の［　］に当てはまる語を書きなさい。

> 人種，宗教，国籍，政治的意見や特定の社会集団に属するなどの理由で迫害を受ける恐れがあるために故郷を追われて国外に逃れた人々は，［　］とよばれ，その人々の支援や保護を行う国際偉合の機関が設置されている。

6　下線部ⓔに関して，次の文は，ゆうさんが日本における発電について発表した原稿の一部である。 X ， Y に当てはまる文を，図1，図2をふまえ，簡潔に書きなさい。

> 環境保全のためには，太陽光発電を増やしていくことが大切だと思います。しかし，太陽光発電は天候に左右され，また，火力発電と比べて， X とう短所があるので，電力の安定供給には，火力発電も依然として必要な状況です。そのため，石炭火力発電と天然ガス火力発電のどちらにおいても Y という取り組みを行っています。

太陽光発電と火力発電の特徴

	太陽光発電	火力発電
発電効率	20 %	天然ガス：46 % 石炭：41 % 石油：38 %
発電に伴う二酸化炭素排出量の総計	なし	43,900 万 t

注1）発電効率の太陽光発電は2020年，火力発電は2015年，発電に伴う二酸化炭素排出量の総計は2019年
注2）発電効率とは，発電に用いられたエネルギーが電気に変換される割合

図1（「環境省ウェブページ」ほかにより作成）

火力発電における二酸化炭素排出量の予測（2020年）

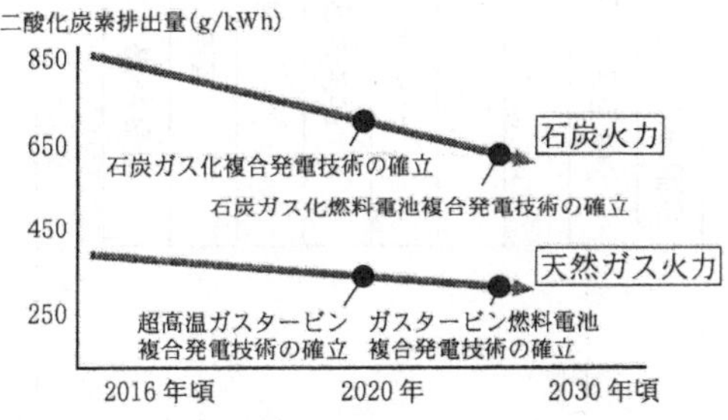

図2（「環境省ウェブページ」により作成）

5　下の【資料】を参考にして、「言葉」を使用する際に心がけたいことについて、あなたの考えを国語解答用紙(2)に二百四十字以上三百字以内で書きなさい。
なお、次の《条件》に従って書くこと。
《条件》
(Ⅰ)二段落構成とすること。
(Ⅱ)各段落は次の内容について書くこと。
第一段落
・【資料】から、あなたが気づいたことを書くこと。
第二段落
・自分の体験(見聞したことを含む)を踏まえて、「言葉」を使用する際にあなたが心がけたいことを書くこと。

【資料】

〈会話1〉
生徒A　今度、生徒会で新入生に学校を紹介するリーフレットを作って、プレゼンテーションをすることになったんだ。
生徒B　それはすごいね。
生徒A　でも緊張するなあ。ミスしたらどうしよう。
生徒B　大丈夫だよ。ポジティブにとらえてがんばろうよ。

〈会話2〉
生徒A　今度、生徒会で新入生に学校を紹介するちらしを作って、発表をすることになったんだ。
生徒B　それはすごいね。
生徒A　でも緊張するなあ。失敗したらどうしよう。
生徒B　大丈夫だよ。前向きにとらえてがんばろうよ。

〈外来語と言い換え語例〉

外来語	言い換え語例
エビデンス	証拠、根拠
コラボレーション	共同制作
サプリメント	栄養補助食品
ツール	道具、手段
バリアフリー	障壁なし
プレゼンテーション	発表
ポジティブ	積極的、前向き
ログイン	接続開始、利用開始

「あー、いや、こないだと全然違うこと言ってるのは自覚あるけどさ……。」

酪農は、動物に依存する職業だ。自然と同調して生きる道だ。まして や大島は火山島で、気まぐれな自然に寄り添い、逆らうことなく、そういう不安定な要素と折り合いをつけて生きていかなければならない。自分の身一つでどうにもならないことが、たくさんある。

それは、生き物と自然に人生を捧げるということ。甘っちょろい覚悟でできることじゃない。そういう意味じゃ、両親の反対は決して間違っていない。

「けど、なんでそういうこと考えたのかも知らずに否定するのって、やっぱ違うかなと思う。少なくとも今俺は、(4)翔の話聞いて生半可な覚悟じゃないんだなって思ったし、じゃあ信じてみようって思った。」

翔は黙っている。俺は翔の方を見る。

「父さんたちにも、そこまでしっかり話したか?」

「いや……。」

「(5)もう一回、きちんと話してみろよ。だめそうなら、俺も一緒に話すよ。」

背中を強めに二度叩くと、翔がつんのめって、「いてえって。」と呻いた。

元町港近くの十字路で立ち止まる。

俺は港の方へ行く。翔はたぶん島の北の方へ行くのだろう。(6)一緒に歩けるのはここまでだ。

(天沢夏月「ヨンケイ!!」から)

(注1)　ホルスタイン＝牛の一品種。

(注2)　空斗さん＝「俺」が所属する陸上部の先輩。

1　(1)それ　の指す内容を本文中から二十一字で抜き出しなさい。

2　(2)熱に浮かされたみたいにしゃべり続ける　とあるが、「俺」から見た「翔」の様子の説明として最も適当なものはどれか。

ア　酪農に対する強い思いを夢中になって話している。

イ　酪農を志す自分の未来を自信を持って話している。

ウ　酪農を学んで得た知識を誇りを持って話している。

エ　酪農に興味を持ったいきさつを平然と話している。

3　(3)俺はぽんと手を乗せた　とあるが、このとき「俺」が「翔」に伝えようとしていることの説明として最も適当なものはどれか。

ア　リレーを通して、人から影響を受けることの危うさを学んだので、「翔」に自分の意志を貫き通す大切さを伝えようとしている。

イ　リレーを通して、人は周囲と関わり合うことで成長すると気づいたので、「翔」の決意が理解できたことを伝えようとしている。

ウ　リレーを通して、自分が周囲に与えた影響の大きさを実感したので、「翔」の夢の実現に専念したいことを伝えようとしている。

エ　リレーを通して、「翔」が人から影響を受けていることを知ったので、自分で考えて行動することの価値を伝えようとしている。

4　(4)翔の話……思った　とあるが、「俺」がそう思ったのは「俺」が酪農家としての生き方をどのように捉えているからか。文末が「という生き方」となるように、本文中から十三字で抜き出しなさい。

5　(5)もう一回、きちんと話してみろよ　とあるが、「俺」が「翔」に両親にもう一度きちんと話すよう勧めているのはなぜか。「俺」の両親への思いを踏まえて五十五字以内で書きなさい。

6　(6)一緒に歩けるのはここまでだ　とあるが、どういうことか。

ア　互いの成長のため一切の関わりを絶ち、生きていくこと。

イ　それぞれの目標を達成するまでは、助け合っていくこと。

ウ　今後の互いの人生に、多くの苦難が待ち受けていること。

エ　それぞれの未来に向かって、自らの力で歩んでいくこと。

4 次の文章を読んで、1から6までの問いに答えなさい。

高校三年生の「俺」は離島（大島）の高校で陸上部に所属し、目標にしていた関東大会出場を決めた。関東大会の会場へ向かう日の朝、「俺」は中学三年生の弟（本文中では「翔（しょう）」）と顔を合わせ、どこに行くのか尋ねる。

翔はあまり言いたくなさそうだったが、しばらく歩調を合わせて歩いていたら誤魔化（ごまか）し続けるのも面倒になったのか、やがて「牧場。」と突き放すように言った。

「牧場？」

「二、三年前に島に来た若い酪農家がいるんだ。塚本さんって言うんだけど。たまに手伝わせてもらってる。」

歩きながら、ぽつり、ぽつりと付け加える。

「大島って、昔は東洋の(注1)ホルスタイン島なんて呼ばれてさ。すごい酪農が盛んだったんだ。千頭以上牛がいたって。だけど大手メーカーとの価格競争に負けて、だんだん衰退していった。今は島の特産品っていうポジションでなんとかやってるけど、正直人数足りてないし、後継者がいなきゃいつまでも続けられない。」

大島の酪農の現状なんか、考えたこともなかった俺は、黙って聞いていた。一度しゃべりだすと、翔はダムが決壊したみたいにしゃべり続けたので、もしかするとずっと俺に話を聞いてほしかったのかもしれないと思った。あるいは、両親に。家族に。身近な人間に。

「俺、大島の牧草地で牛がのびのび過ごしてる風景がすごい好きでさ。」

……ああ。そういえば。

小さい頃、牧場へ行くと、翔は放っておくといつまでもずーっと一人で牛を眺めていた。のんびりと、草を黙々と食（は）んでいる牛に合わせて、自分は何を食べているわけでもないのに一緒に口をもぐもぐと動かしていた。青い空と、緑の牧草と、白い牛。その中に、赤いシャツを着た翔がぽつんと立っている風景。

あの頃からもう、翔には自分の将来が見えていたのかもしれない。

「翔は、酪農家になりたいのか。」

「最初は(1)それだけ守れればいいって思ってた。でも酪農を勉強してみるとさ、そんな単純で簡単な問題じゃないなってすぐわかる。塚本さんのやってること見てたら、牛一頭面倒見るのだって楽じゃないんだなって。まあ、そりゃ当たり前なんだけどさ、なめてたっていうか……景色を守るってことは、そういうことなんだって思わされた。自分がその景色の一部になるってことなんだなって。」

翔は(2)熱に浮かされたみたいにしゃべり続ける。俺はなんとなく、俺にとっての(注2)空斗（たかと）さんが、翔にとっての塚本さんなんだろうなと思う。

「親父（おやじ）たちは反対してる。言ってることもわかるよ。でも俺は……。」

急に言いよどんだ翔の頭に、(3)俺はぽんと手を乗せた。

人と人との関わりって、バトンパスみたいなのかもなと思う。バトンはもらった瞬間から、渡すことが始まる。俺はもらうばっかりだから、あんまりわかってないけど、自分という存在が誰かに何か影響を与えるってことは、そういうことなんじゃないのかな。誰かからもらったものを、パスする、みたいな。受け売りってやつ。ちょっと違うかな。でも似てるんじゃないかな。

まあ、えらそうに言えるほど、自分もできちゃいない。でも少なくともこの言葉は、リレーのことがなかったら、絶対に言えなかった。

「俺は翔がやりたいようにやればいいと思う。」

翔がこっちを向いて、目を見張った。

小さくなり、角がとれて滑らかな形となるプロセスと同じである。

こうして生々流転（るてん）をくり返しながら、絶えず移り変わる大自然の法則によって、万物の形が形成されていくのである。自然を支配する見えない秩序の法則が、それぞれの形を美しくつくりあげるように、もっと人間は［　　］になってこの自然界の造化の原理を、ここで再び見直すべきではないだろうか。

つまり自然がつくりだす形が美しいのは、自然の法則に逆らわず、気の遠くなるような長い時間的な経緯を経て、少しずつ改良されていく機能を満たした形であり、結果的に無駄のない形となるから、ということができる。それゆえ、私たちはもっと自然の存在を真摯に受け止め、かつて先人たちが自然を美の発想の原点としたように、自然がつくりだした形や色・(注4)テクスチャから形の美を探るべきであろう。

（三井秀樹「形の美とは何か」から）

（注1）モチーフ＝題材。
（注2）ジャポニスム＝十九世紀にヨーロッパで流行した日本趣味。
（注3）コンポジション＝構図。
（注4）テクスチャ＝質感。

1 (1)まったく正反対である　とあるが、西洋と日本それぞれの思想にもとづく芸術表現における自然の対象の捉え方の違いを、筆者はどのように説明しているか。五十五字以内で書きなさい。

2 (2)実体験した……同化されてしまう　とあるが、その説明として最も適当なものはどれか。

ア　メディアで見る自然にしか美しさを感じられなくなり、実際の自然を見てもすぐ映像として記録してしまうということ。
イ　自然と触れ合う体験をしてはじめて、実際の自然とメディアで見る自然との美しさの違いを思い知らされるということ。
ウ　実際の自然を見てもメディアで見る自然が思い起こされ、自然本来の美しさを感じ取ることができなくなるということ。
エ　実際の自然を見て自然本来の美しさに気づくと、メディアで見る自然の美しさが作り物としか思えなくなるということ。

3 ［　　］に入る語として最も適当なものはどれか。

ア　傲慢　**イ**　寛大　**ウ**　貪欲　**エ**　謙虚

4 次の図は、〈A〉と〈B〉の文章から読み取れる筆者の考えをまとめたものの一部である。後の(I)、(II)の問いに答えなさい。

かつて　形の美しさを受けとめる［　　］を培ってきた
美しい形｛自然界のつくりだす形／手づくり生産の道具や器の形
現代　自然の美しさに応える［　　］を持たない
↓美しい形がつくれるはずもないのではないか

(I)　［　　］に入る、〈A〉と〈B〉の文章に共通して用いられている語を、本文中から二字で抜き出しなさい。

(II)　美しい形　について、「自然界のつくりだす形」や「手づくり生産の道具や器の形」がともに美しいのはなぜだと筆者は考えているか。四十字以内で書きなさい。

5 〈A〉と〈B〉の文章の関係について説明したものとして最も適当なものはどれか。

ア　〈B〉は、〈A〉で述べられた考えを踏まえて論を展開している。
イ　〈B〉は、〈A〉で提示された具体的な例を集約して述べている。
ウ　〈B〉は、〈A〉で述べられた主張と対立する見解を示している。
エ　〈B〉は、〈A〉で提起された問題を異なる視点で分析している。

この日本人の創造の心が自然主義的な美意識を育み、世界に誇る日本の美術・工芸品をつくりあげてきた。私たちは日常、自然界のさまざまな形に接し、生命の尊さや内に秘めた自然のエネルギーを感じとる幼児体験をつみ重ねながら、形の美しさを受けとめる感性を培ってきた。このように感性の形成には自然界のつくりだす形の影響が深くかかわっていると思われる。

　日本の文化は根底に自然が在り、自然主義といわれるわけも、よく理解できる。水墨画や山水画とよばれる東洋画に現れた東洋の自然思想、ことに日本人の自然観は、自然と接しながらも自然は人間と対峙する関係にあり、つねに自然を征服しようとする人間の強い意志が文化の裏側に脈々と流れている西洋の思想とは(1)まったく正反対である。

　人間至上主義の西洋の芸術表現に見る自然の対象は、あくまで、人間を主体とする表現の従属的な存在であり、装飾の(注1)モチーフとしては多用されているものの、決して表現の主体的なモチーフにはなりえなかったのである。

　日本美術では名もない野草や昆虫や小動物が表現の主役を演じる場合も少なくない。十九世紀中頃、西欧に強烈な(注2)ジャポニスムを巻き起こし、印象派絵画に影響を与えたのは、斬新な余白を活かした構図や斜めの(注3)コンポジション、平面的な描写ばかりでなく、自然の景観を愛しいほどていねいに描写し、野草や小動物までも、表現の主役としてしまう日本人の自然主義の徹底ぶりであった。西欧の人々は、はじめは驚き、奇異な目で眺めていたものの、ついには彼らに欠けていた精神性を自覚し、やがて日本人の目指す自然主義的な感性に共感しはじめたのである。

〈B〉

　自然と人間の関係が薄れた理由は、私たちが自然と接する機会が少なくなり、自然のすばらしさや美しさを実感することさえ、忘れてしまったということが挙げられる。IT（情報技術）が産業界の中枢となった現代社会では、コンピュータや映像メディアが氾濫し、人々は自然との直接体験よりも、プリント・メディアや映像メディアを通した二次元的な情報選択との接点が圧倒的に多くなり、また、こうした情報収集で満足してしまうのである。さらにテレビゲーム、コンピュータ・グラフィックス、インターネットの映像情報が、現実との境界を曖昧にしてしまった映像のバーチャル化が、人々に自然を受け入れる余裕さえ、見失わせてしまったのである。

　自然の美しさに応える感性さえ持ち合わせていない現代人に、美しい形がつくれるはずもなく、形の美しさを語る資格もないのではないだろうか。

　そのような現代人でも旅にでて偶然自然の美しさに気づくことがある。悲しいかな、その美しさはテレビやメディアで見る自然と二重写しとなって、やはり自然の美しさは複製にすぎないと悟るのである。そこには(2)実体験した感性も、強力なデジタル万能の映像メディアに吸引され、同化されてしまうのである。

　科学が発達していなかった工業化以前の社会では、道具や生活用品はすべて手づくり生産であり、デザインという概念はもちあわせていなかった。道具や器の形は必然的に使いやすく、使用目的に合致したものでなければならず、結果的に長い時間をかけて少しずつ無駄のない形に改良されていった。これは機能を追求した形となり、結果的にどれもが美しいのである。

　これはまさしく風化した岩石が川に流れ、下流にいくにしたがいり程に、すはやと思ひて イ逃げければ、いよいよ急に ウ追ひかけしが、この門口にて エ見失ひぬ。それ故かくのごとし。』と云ひければ、聞く人、皆驚きて、『さてさて、あやうきことかな。それこそ見こし入道にて候はん。』と云ひて、舌ぶるひしてけり。(2)この事、まぢかき事にて、その入道に逢ひし人、ただ今もそこそこに。」と云へば、一座の人、いづれも怖しき事かなと云へるに、

先生、評していはく、「このもの、昔より一名を高坊主とも云ひならはせり。野原(注4)墓原などにもあらず、ただ在家の四辻、軒の下の石橋などの辺より出づると云へり。これ愚かなる人に臆病風のふき添ひて、すごすご歩ける夜道に、気の前より生ずる処の、影ぼうしなるべし。その故はこの者、前よりも来らず、脇よりもせまらず、後より見こすと云へば、(注5)四辻門戸の出入、あるひは夜番の火のひかり、月星の影おぼろなるに、わが影法師、背高くうつろふと、さてこそと思ひ、気をうしなふとみえたり。」

（「百物語評判」から）

（注1）大宮四条坊門＝京都市の地名。
（注2）辻＝十字路。「四辻」も同じ。
（注3）みかさ＝三丈。一丈は約三メートル。
（注4）墓原＝墓が点在する野原。
（注5）四辻門戸＝警備のため町々にあった門。

1　云ふやう　は現代ではどう読むか。現代かなづかいを用いて、すべてひらがなで書きなさい。

2　ア叩き　イ逃げ　ウ追ひかけ　エ見失ひ　の中で、主語が異なるものはどれか。

3　(1)介太郎内へ入るとひとしく、人心なし　の意味として最も適当なものはどれか。

ア　介太郎は門から中に入ると突然、心を閉ざした。
イ　介太郎は門から中に入ると同時に、気を失った。
ウ　介太郎は門から中に入るとすぐに、我に返った。
エ　介太郎は門から中に入ると急に、緊張が解けた。

4　(2)この事、まぢかき事　の説明として最も適当なものはどれか。

ア　見こし入道が町に現れるという話は間違いだということ。
イ　見こし入道の話をすると本当に会ってしまうということ。
ウ　見こし入道と出会うのは本当に幸せなことだということ。
エ　見こし入道が現れるのは身近な出来事であるということ。

5　「先生」は「見こし入道」の正体を、どのようなものだと説明しているか。次の文の空欄に当てはまるように、二十字以内の現代語で答えなさい。

夜道を歩いているとき、臆病な気持ちによって［　　］

3　次の〈A〉、〈B〉の文章は、三井秀樹「形の美とは何か」の一節である。これらを読んで、1から5までの問いに答えなさい。

〈A〉

私たち日本人の祖先は自然美を師にその美しさを模倣し、その美しさを自分たちの手で書き記したり、絵を描き記録しようとした。

＜国語＞

時間　五〇分　　満点　一〇〇点

【注意】　答えの字数が指示されている問いについては、句読点や「　」などの符号も字数に数えるものとします。

1　次の1から7までの問いに答えなさい。

1　次の――線の部分の読みをひらがなで書きなさい。

(1)　彼女は礼儀正しい人だ。　(2)　健やかに成長する。

(3)　商品が陳列されている。　(4)　社会の変化が著しい。

(5)　稚拙な文章。

2　次の――線の部分を漢字で書きなさい。

(1)　ごみを毎日ヒロう。　(2)　バスのウンチンを払う。

(3)　お茶をサましてから飲む。　(4)　偉大なコウセキを残す。

(5)　親しい友人とダンショウする。

3　「今にも雨が降りそうだ。」の――線の部分と文法的に同じ意味・用法のものはどれか。

ア　目標を達成できそうだ。　イ　彼の部屋は広いそうだ。

ウ　祖父母は元気だそうだ。　エ　子犬が生まれるそうだ。

4　次の――線の部分について適切に説明したものはどれか。なお、［A］・［B］は人物を表している。

昨日、［A］は初めて［B］にお目にかかった。

ア　尊敬語で、［A］への敬意を表している。

イ　尊敬語で、［B］への敬意を表している。

ウ　謙譲語で、［A］への敬意を表している。

エ　謙譲語で、［B］への敬意を表している。

5　次のうち、文の係り受け（照応関係）が正しいものはどれか。

ア　この商品の良い点は、値段が安いところが素晴らしい。

イ　高校時代の一番の思い出は、校内球技大会で優勝した。

ウ　私の将来の夢は、生活に役立つものを発明することだ。

エ　この話は、おばあさんの家に子供が住むことになった。

6　「無人」と熟語の構成が同じものはどれか。

ア　登場　　イ　連続　　ウ　不要　　エ　往復

7　次の二首の和歌の□には同じ語が入る。適当なものはどれか。

東風(こち)吹かばにほひおこせよ□の花あるじなしとて春を忘るな
（菅原道真(すがはらのみちざね)）

雪降れば木ごとに花ぞ咲きにけるいづれを□とわきて折らまし
（紀友則(きのとものり)）

ア　梨　　イ　梅　　ウ　藤　　エ　竹

2　次の文章は、「先生」のもとに集まった人々が「見こし入道」という妖怪について語っている場面である。これを読んで1から5までの問いに答えなさい。

一人のいはく、「先つごろ、(注1)大宮四条坊門のあたりに、和泉屋介太郎(いづみやすけたろう)とかやいふ者、夜更けて外より帰りけるに、門あはただしく(ア)叩(たた)きければ、内より驚きてあけぬ。さて(1)介太郎内へ入るとひとしく、人心なし。さまざまの気つけなど呑(の)ませければ、やうやうに生きかへりて云(い)ふやう、『我れ帰るさに、月うすぐらく、ものすさまじきに、そこそこの(注2)辻(つじ)にて、(注3)みかさあまりなる坊主(ぼうず)、後(うしろ)よりおほひ来(きた)

2022年度

解答と解説

《2022年度の配点は解答用紙集に掲載してあります。》

＜数学解答＞

1 1 -2　2 $\frac{11}{12}a$　3 $x^2+9x+20$　4 $(x=)\frac{3\pm\sqrt{17}}{4}$　5 $2\leqq y\leqq 4$
6 3π(cm)　7 61(度)　8 ウ

2 1 $(n=)1, 6, 9$　2 大人900円，子ども400円(途中の計算は解説参照)
3 $(a=)7$，$(x=)5$

3 1 $\frac{1}{9}$　2 (およそ)240(個)
3 (1) (第1四分位数)4.5(日)，(第2四分位数(中央値))7(日)，(箱ひげ図)右図1
(2) C市(理由は解説参照)

図1

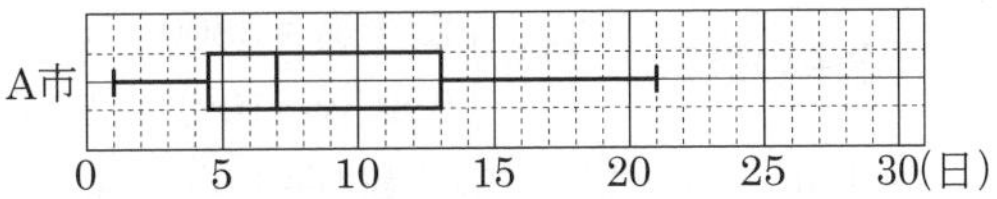

4 1 右図2　2 (1) $2\sqrt{5}$(cm)　(2) $\frac{28}{3}$(cm^3)
3 解説参照

図2

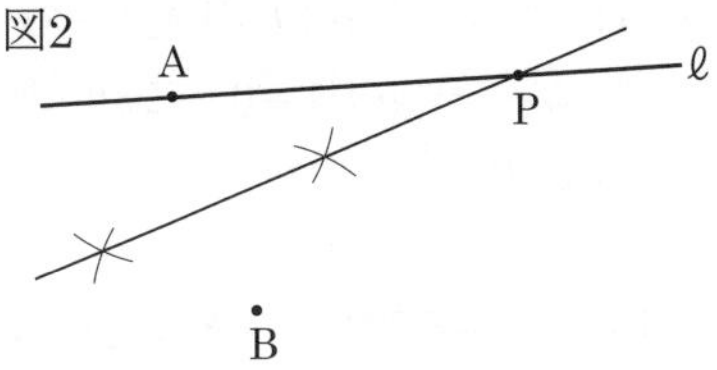

5 1 (1) $y=-x^2$　(2) $(a=)\frac{1}{8}$　(3) $a=\frac{1}{6}$(途中の計算は解説参照)　2 (1) 300(kWh)
(2) $y=28x+1200$　(3) 解説参照

6 1 記号(エ)，(6)度目　2 $12a$(回)　3 Ⅰ$(3b-1)$，Ⅱ$((b=)9)$

＜数学解説＞

1 (数・式の計算，式の展開，2次方程式，比例関数，おうぎ形の弧の長さ，角度，円の性質，三角形の合同条件)

1 **異符号の2数の商の符号は負で，絶対値は2数の絶対値の商**だから，$14\div(-7)=-(14\div7)=-2$

2 $\frac{2}{3}a+\frac{1}{4}a=\left(\frac{2}{3}+\frac{1}{4}\right)a=\left(\frac{8}{12}+\frac{3}{12}\right)a=\frac{11}{12}a$

3 **乗法公式$(x+a)(x+b)=x^2+(a+b)x+ab$**より，$(x+5)(x+4)=x^2+(5+4)x+5\times4=x^2+9x+20$

4 **2次方程式$ax^2+bx+c=0$の解は，$x=\frac{-b\pm\sqrt{b^2-4ac}}{2a}$**で求められる。問題の2次方程式は，$a=2$，$b=-3$，$c=-1$の場合だから，$x=\frac{-(-3)\pm\sqrt{(-3)^2-4\times2\times(-1)}}{2\times2}=\frac{3\pm\sqrt{9+8}}{4}=\frac{3\pm\sqrt{17}}{4}$

5 関数$y=\frac{12}{x}$は，xの値が増加するときyの値は減少するから，yの**最小値**は$x=6$のとき$y=\frac{12}{6}=2$，yの**最大値**は$x=3$のとき$y=\frac{12}{3}=4$　よって，yの**変域**は$2\leqq y\leqq 4$

6 **半径がr，中心角が$a°$のおうぎ形の弧の長さは$2\pi r\times\frac{a}{360}$**だから，半径が9cm，中心角が60°のおうぎ形の弧の長さは$2\pi\times9\times\frac{60}{360}=3\pi$(cm)

7 $\overset{\frown}{BC}$に対する**中心角と円周角の関係**から，$\angle BOC=2\angle BAC=2\times29=58(°)$　△OBCはOB＝OCの二等辺三角形だから，$\angle x=(180-\angle BOC)\div2=(180-58)\div2=61(°)$

8　アの条件を加えると，3組の辺がそれぞれ等しいから，△ABC≡△DEFが常に成り立つ。イの条件を加えると，2組の辺とその間の角がそれぞれ等しいから，△ABC≡△DEFが常に成り立つ。エの条件を加えると，1組の辺とその両端の角がそれぞれ等しいから，△ABC≡△DEFが常に成り立つ。ウの条件を加えても，右図のような場合があり，△ABC≡△DEFが常に成り立つとは限らない。

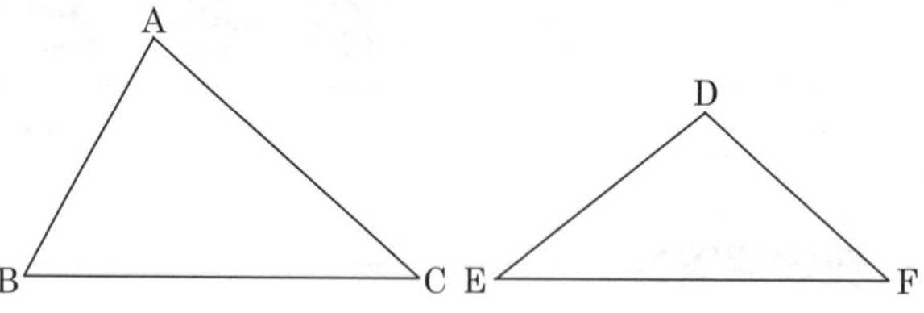

2　(平方根，方程式の応用，2次方程式)

1　$\sqrt{10-n}$が正の整数となるのは，根号の中が(自然数)^{2}となるときだから，このような正の整数nは，$10-1=9=3^2$，$10-6=4=2^2$，$10-9=1=1^2$より，$n=1$，6，9の3つである。

2　(途中の計算)　(例)$\begin{cases} 2x+5y=3800\cdots① \\ 0.8(5x+10y)=6800\cdots② \end{cases}$　②より，$x+2y=1700\cdots③$　①−③×2より $y=400$　③に代入して$x+800=1700$　よって，$x=900$　この解は問題に適している。

3　xについての2次方程式$x^2-8x+2a+1=0\cdots①$の解の1つが$x=3$だから，これを①に代入して，$3^2-8\times3+2a+1=0$　これを解いて，$a=7$　これを①に代入して，$x^2-8x+2\times7+1=0$　$x^2-8x+15=0$　$(x-3)(x-5)=0$　よって，二次方程式①のもう1つの解は，$x=5$

3　(確率，標本調査，資料の散らばり・代表値)

1　大小2つのさいころを同時に投げるとき，全ての目の出方は6×6=36(通り)。このうち，出る目の数の積が25以上になるのは，大きいさいころの出た目の数をa，小さいさいころの出た目の数をbとしたとき，$(a,\ b)=(5,\ 5)$，$(5,\ 6)$，$(6,\ 5)$，$(6,\ 6)$の4通り。よって，求める確率は$\frac{4}{36}=\frac{1}{9}$

2　**標本**における赤色のキャップの比率は$\frac{15}{50}=\frac{3}{10}$　よって，**母集団**における赤色のキャップの比率も$\frac{3}{10}$と推測すると，800個のキャップの中には，赤色のキャップがおよそ$800\times\frac{3}{10}=240$(個)含まれていると推定できる。

3　(1)　**四分位数**とは，全てのデータを小さい順に並べて4つに等しく分けたときの3つの区切りの値を表し，小さい方から**第1四分位数**，**第2四分位数**，**第3四分位数**という。第2四分位数は**中央値**のことである。A市の月ごとのデータを日数の少ない順に並べると，1，3，4，5，6，6，8，11，13，13，15，21だから，第1四分位数は少ない方から3番目と4番目の平均値$\frac{4+5}{2}=4.5$(日)，第2四分位数(中央値)は少ない方から6番目と7番目の平均値$\frac{6+8}{2}=7$(日)，第3四分位数は少ない方から9番目と10番目の平均値$\frac{13+13}{2}=13$(日)である。また，最小値は1日，最大値は21日である。**箱ひげ図**とは，上図のように，最小値，第1四分位数，第2四分位数(中央値)，第3四分位数，最大値を箱と線(ひげ)を用いて1つの図に表したものである。

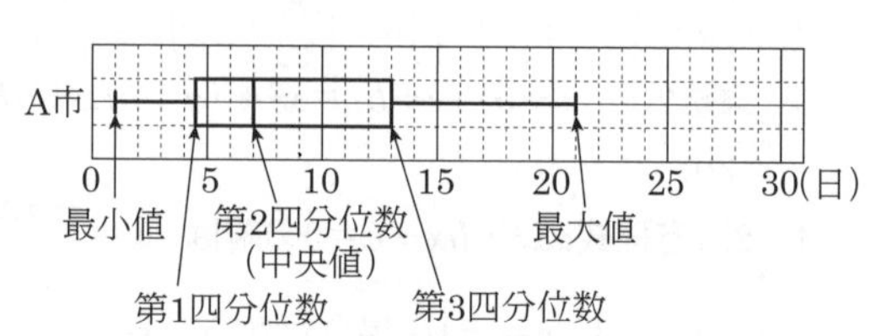

(2)　(理由)　(例)**範囲**と**四分位範囲**がともにB市よりC市の方が大きいから。

4 (作図，線分の長さ，体積，相似の証明)

1 (着眼点) **2点A，Bからの距離が等しい点は，線分ABの垂直二等分線上にある**から，AP＝BPより，点Pは線分ABの垂直二等分線上にある。
(作図手順)次の①～②の手順で作図する。 ① 点A，Bをそれぞれ中心として，交わるように半径の等しい円を描く。 ② ①でつくった交点を通る直線(線分ABの垂直二等分線)を引き，直線ℓとの交点をPとする。

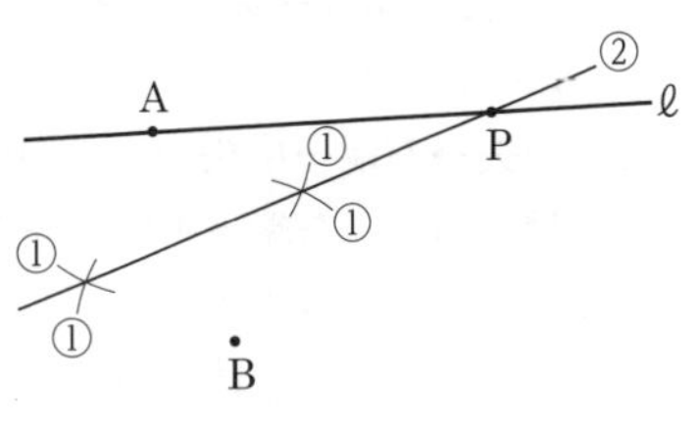

2 (1) △ABGは∠BAG＝90°の直角三角形だから，**三平方の定理**を用いて，$BG=\sqrt{AB^2+AG^2}=\sqrt{AB^2+(AD-DG)^2}=\sqrt{4^2+(3-1)^2}=2\sqrt{5}$ (cm)

(2) 頂点Dを含む立体の体積は，三角柱ABC－DEFの体積から三角錐G－ABCの体積をひいて求められる。三角錐G－ABCは，△ABCを底面としたときの高さは線分AGだから，求める立体の体積は，$\triangle ABC\times AD-\frac{1}{3}\times\triangle ABC\times AG=\triangle ABC\times\left(AD-\frac{1}{3}AG\right)=\frac{1}{2}\times AB\times BC\times\left(AD-\frac{1}{3}AG\right)=\frac{1}{2}\times4\times2\times\left(3-\frac{1}{3}\times2\right)=\frac{28}{3}$ (cm^3)

3 (証明) (例)△DBCと△DCAにおいて，**二等辺三角形の底角は等しい**から∠ABC＝∠ACB…① 仮定より∠ACB＝∠ACD…② ①，②より∠DBC＝∠DCA…③ 共通な角だから∠BDC＝∠CDA…④ ③，④より2組の角がそれぞれ等しいから，△DBC∽△DCA

5 (図形と関数・グラフ，関数とグラフ)

1 (1) 関数$y=ax^2$で，aの**絶対値**が等しく，符号が反対である2つのグラフは，x軸について対称になるから，$y=x^2$のグラフとx軸について対称なグラフを表す式は$y=-x^2$である。

(2) 点A，Cはそれぞれ$y=x^2$上と$y=ax^2$上にあるから，そのy座標はそれぞれ$y=2^2=4$，$y=a\times4^2=16a$ よって，A(2，4)，C(4，16a) また，**関数$y=ax^2$のグラフがy軸に関して線対称**であることを考慮すると，B(－2，4)，D(－4，16a) よって，$\triangle OAB=\frac{1}{2}\times\{2-(-2)\}\times4=8$，$\triangle OCD=\frac{1}{2}\times\{4-(-4)\}\times16a=64a$ △OABと△OCDの面積が等しくなるとき，$64a=8$より，$a=\frac{1}{8}$ この解は問題に適している。

(3) (途中の計算) (例)点A(2，4)，点C(4，16a)，点D(－4，16a)より直線ACの傾きは，$\frac{16a-4}{4-2}=8a-2$ 直線DOの傾きは，$\frac{0-16a}{0-(-4)}=-4a$ AC//DOより傾きは等しいから$8a-2=-4a$ よって，$a=\frac{1}{6}$ この解は問題に適している。

2 (1) B社の料金プランで，電気料金が9400円のときの電気使用量をxkWhとすると，問題のグラフから$200<x$であることがわかる。これより，電気使用量と電気料金の関係から，$3000+20\times200+24\times(x-200)=9400$ これを解いて，求める電気使用量は$x=300$kWhである。

(2) A社の料金プランについて，電気使用量が200kWhを超えた範囲でのxとyの関係は，$y=2400+22\times200+28\times(x-200)$ 整理して，$y=28x+1200$

(3) (例)B社のグラフが通る点(200，7000)はC社のグラフが通る点(200，7500)より下にあり，B社のグラフの傾き24はC社のグラフの傾き25より小さい

6 (規則性，文字を使った式)

1 $n=2$のとき，「全体の回数」が19回のときにまたいでいる線は，⓪中央→①エ→②右端→③エ

→④中央→⑤イ→⑥左端→⑦イ→⑧中央→⑨エ→⑩右端→⑪エ→⑫中央→⑬イ→⑭左端→⑮イ→⑯中央→⑰エ→⑱右端→⑲エより，エの線である。また，エの線をまたいでいるのは6度目である。

2　中央→右端→中央→左端→中央の1往復について考えると，中央→右端のときに線をまたいだ回数はa回，右端→中央→左端のときに線をまたいだ回数は$2a$回，左端→中央のときに線をまたいだ回数はa回だから，1往復したときの「全体の回数」は，$a+2a+a=4a$(回)。よって，3往復したときの「全体の回数」は，1往復したときの「全体の回数」の3倍の$4a\times3=12a$(回)である。

3　中央→右端→中央→左端→中央の1往復について考えると，中央→右端のときに線をまたいだ回数はb回，右端→中央→左端のときに線をまたいだ回数は$2b$回であり，左から2番目の線を1度目にまたぐのはその1回前だから，そのときの「全体の回数」は$b+2b-1=(3b-1)$回…(Ⅰ)　また，前問2と同様に考えて，1往復したときの「全体の回数」は$4b$回であることと，1往復当たり左から2番目の線を2度またぐことを考えると，左から2番目の線を12度目にまたいだときの「全体の回数」は，(6往復したときの「全体の回数」)－(左から2番目の線→中央のときに線をまたいだ回数)$=4b\times6-(b-1)=(23b+1)$回である。これが(Ⅰ)の8倍と等しくなるのは，$23b+1=8(3b-1)$　これを解いて，$b=9$…(Ⅱ)のときである。

＜英語解答＞

1　1 (1) ア　(2) ウ　(3) エ　(4) ウ　2 (1) エ　(2) イ　(3) ウ
3 (1) sea　(2) hours　(3) same

2　1 (1) ア　(2) イ　(3) イ　(4) エ　(5) ウ　(6) ア
2 (1) ウ→イ→エ→ア　(2) エ→イ→ア→ウ　(3) イ→オ→ア→エ→ウ

3　1 How long　2 (1) (例1)it will rain　(例2)it is going to rain
(2) (例1)The story was written by　(例2)The person who wrote the story is　(4) (例)is easy for them　3 イ　4 (例)ツバメの巣が人に壊されたり，ひなが巣から落ちたりすること。　5 ア
6 (例1)When I become a high school student, I will go to school by bike every day. Using cars is not good for the earth. I think using buses and trains is good, too. Also, I will turn off the light when I leave a room. I hope my action will save the earth.
(例2)I usually try to reduce trash[garbage]. For example, using plastic bags is bad for the earth. So, I always use my own bag when I go to a supermarket. I also want to use things again and again.

4　1 (例1)shall we join　(例2)why don't we join　2 (例)リサのいない英語部に入ること。　3 (例)本当にやりたいことがあるならば，挑戦すること。
4 open a Japanese restaurant　5 ウ

5　1 エ　2 ウ→ア→エ→イ　3 (例)種類によって，花が咲く時間が異なるという性質。
4 イ

＜英語解説＞

1 **(リスニング)**

放送台本の和訳は，47ページに掲載。

(英文メモの日本語訳)

○島国

・美しい(1)海で有名

○よい気候

・3,000(2)時間を超える日照時間

○小さい国

・宇都宮市と(3)同じ大きさ

○訪れるべきよい場所

2 **(語句補充問題，語句整序問題：疑問詞，現在完了，動名詞，前置詞，形容詞，他)**

1 (全訳) エマへ，

こんにちは，(1)お元気ですか，エマ？　長い間あなた(2)に会っていませんね。

数週間前，私は日本語の授業でひらがなの書き方を学びました。それは本当に難しかったですが，日本語(3)を学ぶことはとても楽しかったです。私は(4)初めてひらがなで自分の名前を書きました。私の先生である渡辺先生が私に，「よくできましたね！　練習を続けることが(5)大切ですよ。」と言いました。彼女の言葉は私をうれしく(6)させました。私はもっと日本語を学びたいです。

あなたの学校生活はどうですか？　あなたのメールを待っています。

幸運をお祈りします，

ジェーン

(1)　**<How are you?>**「お元気ですか」

(2)　現在完了**<have[has]＋動詞の過去分詞形>**の否定文。**see の過去分詞形は seen**。

(3)　動名詞の learning が，その目的語の Japanese とともに，「日本語を学ぶこと」という意味で**文の主語**になっている。

(4)　**for the first time　「初めて」**

(5)　To keep practicing is「練習を続けることは」に続く語なので，**important「大切な」**が適切。

(6)　**<make ＋人など＋形容詞>「人などを～(の状態)にする(させる)」**

2 (1)　A：今週末のあなたの予定は何ですか？　B：(My plan)is to go shopping(with my sister.)「私の予定は，姉(妹)と買い物に行くことです」 My plan が主語，to go ～が補語になり，be 動詞の is が主語と補語を＝(イコール)の関係で繋いでいる。**to go ～は不定詞で，用法は名詞的用法**。不定詞の名詞的用法は，主語や目的語のほか，補語になることもある。

(2)　A：(This is)the most interesting movie(that I have ever watched.)「これは私が今まで見たなかで一番おもしろい映画です」 B：おや，本当ですか？　私もそれを見たいです。　最上級が用いられた文。interesting の最上級は，前に the most をつける。なお，続く that は目的格の関係代名詞で，<that ＋主語＋動詞～>の形で，直前のものを表す名詞(ここでは the most interesting movie)を修飾している。

(3)　A：(Do you)know the boy who is drinking(coffee over there?)「あなたは向こうでコーヒーを飲んでいる少年を知っていますか？」 B：はい！　彼は私のいとこです。彼の名前はケンジです。　関係代名詞の who は，**<who +動詞～>**の形で，直前の人を表す名詞(ここでは the boy)を修飾する。

③ (会話文読解問題：語句補充，図・グラフなどを用いた問題，日本語で答える問題，条件英作文)

(全訳) 真奈　：イギリスのツバメは，春にどこから来るの，アリス？

アリス：それらの一部はアフリカ南部から来るわ。それらは10,000キロメートルほど旅をするの。

真奈　：本当？　それらはそんなに遠くまで飛べるのね！　それらはイギリスまで A［どのくらい長く］飛ぶのかな？

アリス：確かではないけれど，3週間以上ね。

真奈　：うわあ。日本では，ツバメは東南アジアから来るの。1週間ほどかかるかもしれないわね。それに，それらは家の屋根の下に自分たちの巣を作るのよ。

アリス：それらはどうして巣作りに人の家を選ぶのかしら？

真奈　：家の周りにはたくさんの人がいて，他の動物たちがそれらの巣に近づかないからよ。

アリス：なるほどね。日本の人たちはツバメが好きなの？

真奈　：ええ，それに日本にはツバメに関する言い伝えがいくつかあるのよ。それらの中の一つが，「ツバメが空を低く飛ぶと，(1)雨が降る」ね。後でそれの絵を描くわ。

アリス：おもしろいわね！　ツバメは私の国でも人気があるわ。『幸福な王子』と呼ばれるお話があるのよ。昔，町に金色の王子の像があったの。王子は貧しい人々を助けたいと思ったの。彼はツバメに，自分の宝石を彼らに与えるように頼んだの。(2)そのお話は，オスカー・ワイルドによって書かれたのよ。

真奈　：そのお話をみんなに紹介しましょう。私も(3)このグラフを見せたいの。それは，1985年に市内で36,000匹のツバメが確認されたことを示しているの。でも2020年には，たった9,500匹のツバメしか確認されなかったのよ。一方で，住宅の数はここ35年間でずっと増え続けているの。

アリス：ツバメにとって，人の家は安全な場所だとあなたは言ったわよね？　たくさんの家があれば，そのことは，それらにとっていいじゃないの。

真奈　：うーん，実はね，より多くの日本の人々が，洋風家屋に住むことを好んでいるのよ。伝統的な日本家屋は，ツバメにとっていいの。なぜならそのような家屋は，たいてい屋根の下に広い空間があるからよ。だから，それら(4)にとって巣を作りやすいの。でもね，一部の洋風家屋は，屋根の下に空間がないのよ。

アリス：なるほど。そうね，多くのツバメは，自分たちのひなを育てるときに(5)ほかの問題があると私は思うの。それらの巣は，ときどき人に壊されたりするわ。それに，ひなが自分の巣から落ちたりもするわね。それらには安全な場所が必要よ。

真奈　：あなたが正しいわね，アリス。私たちの市は，より大きくなって，多くの場所で自然が失われたの。自分たちの食べ物を見つけることができない B［から］，ツバメたちにとって，この市で生きていくことは簡単じゃないわ。私たちはもっと環境の問題について知らなくちゃいけないわね。

アリス：その通りね。(6)私たちは自然にやさしい方法で生きていかないといけないわ。

1　直後のアリスの発言を参照。前置詞の for「～の間」を使って期間を答えているので，それに対応した疑問文を考える。**How long「どのくらい(長く)」**

2　(1)　図1の絵を参照。ツバメが低く飛んで，その後に雨が降る絵が描かれているので，未来のことを表す willや，be going to ～を使って，「ツバメが低く飛ぶと，雨が降るだろう」という意味の英文を考える。　(2)　図2の3つ目の文「オスカー・ワイルドによって書かれた」を参照。「…**によって～された**」という意味になる**過去形の受け身の文**は，**<was[were]＋動詞の過去分詞形＋ by** …>の形になる。　(4)　図4の日本家屋の例の文を参照。「ツバメがすむ場所(巣)を作りやすい」の部分を，**「Aにとって～することは…である」**という意味の**<It is[It's]…for ＋ A ＋ to ＋動詞の原形～>**を使って表現する。

3　上記全訳と，下線部(3)を含む文に続く3文を参照。1985年に市内で36,000匹のツバメがいたことを示し，2020年に9,500匹のツバメがいたことを示し，住宅の数が35年間で増え続けていることを示しているグラフは，イである。

4　上記全訳と，下線部(5)を含む文に続く2文を参照。この2文の内容をまとめる。

5　上記全訳を参照。文脈から，接続詞の because「～なので」を選択する。

6　(例1)和訳　「私が高校生になったときには，毎日自転車で学校に行くつもりだ。車を使うことは，地球によくない。私は，バスや電車を使うこともよいと思う。また，私が部屋を出るときは，明かりを消す。私は，自分の行動が地球を救うことを願っている」

(例2)和訳　「私は普段，ごみを減らすように努力している。例えば，ビニール袋を使うことは地球に悪い。だから，私がスーパーマーケットへ行くときは，いつもマイバッグを使う。私はものを何度も何度も使うこともしたい」

4　(長文読解問題・物語文：語句補充問題，日本語で答える問題，内容真偽)

(全訳)　私は小さいときにリサと出会いました。彼女はいつも私を支えてくれたので，彼女といるときは心地よく感じました。中学校では，私はテニス部を選びました。なぜなら彼女がテニス部に入ったからです。私たちはダブルスのパートナーでした。私は彼女と部活動を楽しみました。

私たちは高校生になりました。四月のある日の学校で，リサが私に，「マリ，あなたはどの部に入る予定なの？　決めた？」と尋ねました。「いいえ，まだよ」と私は答えました。彼女は，「それじゃあ，いっしょにテニス部に入りましょうか？　もしあなたがまた私とテニスができれば楽しくなるわ！」と言いました。「それについて考えてみるね」と私は言いました。実は，私は英語部に入りたかったのです。

私は家に帰る間，自分の夢について考えていました。私が中学二年生だったとき，私の兄であるテルは，交換留学生としてオーストラリアで勉強していました。夏休みの間に，私は母と一緒に彼を訪ねました。彼の外国の友達は私に親切だったので，私は彼らに寿司を作りました。私は彼らの英語をよく理解できませんでしたが，彼らの笑顔を見たとき，私は，「将来はオーストラリアで日本のレストランを開きたい！」と思いました。私はこの夢のために，高校で英語を向上させたかったのです。しかし，リサのいない英語部に入ることについて，私は心配になりました。

私が学校から帰宅したとき，テルが私の所へ来て，「マリ，大丈夫？　何かあったの？」と言いました。私は(1)自分の心配事を説明しました。私が話し終えたとき，彼は私に，「もしきみがテニス部を選んだら，きみはその選択で本当に幸せになるかな？」と尋ねました。私は小さな声で，「いいえ」と答えました。テルは，「マリ，聞いて。きみは僕の夢を知っているよね？　僕は外国で日本語を教えたいんだ。僕は自分の夢のために，英語を勉強することが必要だと思ったから，留学する決心をしたんだよ。オーストラリアへ行く前は緊張していたよ。そこの人を一人も知らなかったからね。実際に，新しい生活を始めることは僕にとって大変だったけど，僕は新しい友達を作って，たくさんのすばらしい経験をして，そしてたくさんのことを学んだよ。自分の夢により近づいていたように感じたよ。今僕は，そこへ行くと決心したことは正しかったと確信しているよ」と言いました。彼は，「マリ，もしきみが本当にやりたいことがあるならば，それに挑戦しなよ！　それは僕の信念なんだ」と続けました。彼の言葉は私に勇気をくれました。私は,「私はまだ少し怖いけど,自分の心に従おう!」と心の中で思いました。

次の日,私はリサに自分の決意について伝えました。最初は,彼女は驚いているように見えました。それから彼女は,「あなたがやりたいことを私に伝えたのはこれが初めてね。私たちは違う部を選ぶことになるけれど,私たちは親友で,そのことは決して変わらないわ。私は(2)あなたの夢が実現することを願っているわね!」と言いました。彼女はほほ笑みました。

1 **<Shall we +動詞の原形~?>**「~しましょうか」, **<Why don't we +動詞の原形~?>**「~しませんか」

2 第3段落最終文を参照。マリの心配事が書かれているので,この内容をまとめる。

3 第4段落後半の He continued, ~で始まる文を参照。テルが自分の信念を述べているので,この内容をまとめる。

4 第3段落最後から3文目参照。マリが将来やりたいことについて, I want to ~の部分に書かれているので,ここから open a Japanese restaurant を抜き出す。

5 ア 「マリはスポーツが好きだったので,中学校ではテニス部に入った」(×) 第1段落第3文を参照。 イ マリの母はとても忙しかったので,彼女はマリとオーストラリアへ行くことができなかった。(×) 第3段落第3文を参照。 ウ テルはオーストラリアに一人も友達がいなかったが,彼は自分の夢のためにそこへ行った。(○) 第4段落半ばの I thought ~で始まる文と, I was nervous ~で始まる文を参照。 エ リサはマリと一緒にいたかったので,マリの決意を聞いて怒った。(×) 最終段落半ばのThough ~で始まる文を参照。

5 (長文読解問題・説明文:語句補充,英文並べ替え,日本語で答える問題,主題選択)

(全訳) 毎日,時計や腕時計を何回見るだろうか? A[それらなしで生活する]ことは,今日では難しい。今,私たちの周りで,多くの種類の時計や腕時計を見つけることができる。それらを見ることはとても興味深い。

エジプトの人々は約6,000年前,時間を知るために太陽を利用した。彼らは棒を地面に差して,それの影から時間を認識した。B[しかし,ひとつ問題があった。影を見ることができないとき,彼らはこの種類の時計を使うことができなかったのだ。この問題を解決するため,彼らは水を利用した時計を発明した。曇りや夜間のときでも時間を知ることができたので,それは便利だった。]彼らは,水の落下速度と,水の消費量を計ることで,時間を認識していた。その後,砂時計が発明された。それは,船にいる人々にとってよいものだった。

あなたは花時計を知っているだろうか? それは,花を用いて私たちに時間を教えてくれる。7時頃に咲く花もあれば,正午頃に咲く花もある。このように,異なった種類の花が,一日の異なった時間に咲く。1750年頃,一人のスウェーデンの男性が,この点を利用して特定の種類の花を選んだ。この方法で,花時計は作られた。どの花が咲くかを見ることで,人々は時間を知ることができる。花は正確な時間を伝えることはできないが,それはびっくりさせるようなことだと思わないだろうか?

腕時計は,別の種類の時計である。16世紀に,懐中時計が最初に発明されて,人々は1900年頃に腕時計を使い始めた。私たちは,どの場所でも時間を知ることができる。今,私たちは腕時計で,多くの他のことができる。例えば,私たちは自分の健康を確認することができる。

人々は,たくさんの種類の時計と腕時計を発明した。もしあなたが新しい腕時計を作ることができるなら,どんな種類の腕時計になるだろうか?

1 上記全訳を参照。**without**「~なしで」

2 上記全訳を参照。英文を並べ替える問題では，**接続詞**や**代名詞**に着目して，接続詞がどの内容を受けているか，どの文を繋いでいるか，また，代名詞が何を指しているかなどを意識して解くとよい。

3 第3段落4文目を参照。花の種類によって，花が咲く時間が異なると書かれており，この点を利用して，スウェーデンの男性が特定の花を選び，花時計が作られたという内容が，続く5，6文目に書かれている。

4 第2段落から第4段落にかけて，6,000年前に利用された時計や，1750年頃に利用された花時計，16世紀の懐中時計，1900年頃の腕時計，そして現代の時計について書かれていることから判断する。 ア 「時間は私たちの生活で最も大切なものである」(×) イ 「時間を伝えることの歴史」(○) ウ 「古い時計の強みと弱み」(×) エ 「未来の時計は驚くべき力がある」(×)

2022年度英語　放送を聞いて答える問題

〔放送台本〕

これから聞き方の問題に入ります。問題用紙の四角で囲まれた1番を見なさい。問題は1番，2番，3番の三つあります。

最初は1番の問題です。問題は(1)から(4)まで四つあります。英語の対話とその内容についての質問を聞いて，答えとして最も適切なものをア，イ，ウ，エのうちから一つ選びなさい。対話と質問は2回ずつ言います。では始めます。

(1)の問題です。 *A:* Jim, I will make a pizza for dinner. Will you buy some tomatoes at the supermarket?
B: OK, mom. Anything else?
A: Let me see. I have some cheese and potatoes, so buy only tomatoes, please.
B: All right.
質問です。 *Q:* What will Jim buy?

(2)の問題です。 *A:* Dad, today is Ken's fifth birthday, so I made this card for him.
B: Nice picture, Maya! Did you draw this?
A: Yes. He loves planes.
B: He will like your card.
質問です。 *Q:* Which card did Maya make for Ken?

(3)の問題です。 *A:* Mom, I've finished washing the dishes and cleaning the table.
B: Thanks Mike, but did you finish your homework?
A: Of course I did. Oh, my favorite TV program has just started. Can I watch it?
B: Sure!
質問です。 *Q:* What will Mike do next?

(4)の問題です。 *A:* Excuse me, could you tell me where I can find books about plants?

B: Oh, they're on the second floor.

A: Thank you. Actually, this is my first time to come here. How many books can I borrow?

B: You can borrow ten books for two weeks.

質問です。　*Q:* Where are they talking?

〔英文の訳〕

(1) A：ジム，私が夕食にピザを作るわ。スーパーマーケットでトマトを何個か買ってきてくれるかしら？

B：いいよ，ママ。他に何かある？

A：ええと。チーズとじゃがいもはいくらかあるから，トマトだけ買ってきてちょうだい。

B：分かったよ。

質問：ジムは何を買うでしょうか？

(2) A：パパ，今日はケンの五歳の誕生日だから，私は彼のためにこのカードを作ったの。

B：すてきな絵だね，マヤ！　きみがこれを描いたの？

A：うん。彼は飛行機が大好きなの。

B：彼はきみのカードを気に入るだろうね。

質問：マヤはケンのためにどのカードを作りましたか？

(3) A：ママ，お皿洗いとテーブルの掃除が終わったよ。

B：ありがとう，マイク。でも，あなたは宿題を終わらせたの？

A：もちろん，やったよ。あっ，僕のお気に入りのテレビ番組がちょうど始まった。それを見てもいいかな？

B：もちろんよ！

質問：マイクは次に何をしますか？

(4) A：すみません，どこで植物についての本を見つけることができるか私に教えていただけませんか？

B：あっ，それらは二階にあります。

A：ありがとうございます。実は，ここに来るのは初めてなんです。私は何冊の本を借りることができますか？

B：あなたは10冊の本を2週間借りることができます。

質問：彼らはどこで話していますか？

〔放送台本〕

次は2番の問題です。英語の対話とその内容についての質問を聞いて，答えとして最も適切なものをア，イ，ウ，エのうちから一つ選びなさい。質問は(1)から(3)まで三つあります。対話と質問は2回ずつ言います。では始めます。

Tom: Emi, look at this website. I am going to join Tochigi Running Festival.

Emi: Oh, Tom, Tochigi Running Festival?

Tom: Yes. My brother ran the twenty-kilometer race last year. He got a nice T-shirt as a prize. He also enjoyed beautiful views of the city. He said the festival was fantastic. So, I've decided to try this Running Festival, and I'm going to buy new running shoes for it.

Emi: Great! Are you going to run with your brother?

Tom: No. This year, he has a soccer game on that day. Hey, Emi, let's run together.

Emi: Me? I can't run twenty kilometers.

Tom: No, no, Emi. Look at this. We can choose from the four races.

Emi: Oh, I see. I ran five kilometers at school. I want to run longer. But wait. It's expensive.

Tom: Hey, look! This website says that we, students, need to pay only half. We can try this race for two thousand yen.

Emi: Really? Then, let's run this race together.

Tom: Yes, let's! It's February 6th today, so we have three months until the festival. We can practice enough. I'm getting excited!

(1)の質問です。

Why did Tom decide to run in the festival?

(2)の質問です。

Which race did Emi choose?

(3)の質問です。

Which is true for [A] in the picture?

〔英文の訳〕

トム：エミ，このウェブサイトを見て。僕は栃木ランニング祭りに参加する予定なんだ。

エミ：あら，トム，栃木ランニング祭り？

トム：うん。僕の兄が去年，20キロメートルのレースを走ったんだ。彼は賞品としてすてきなTシャツをもらったよ。彼は市の美しい景色も楽しんだよ。彼はそのお祭りはすばらしかったと言っていたよ。だから，僕はこのランニング祭りに挑戦することに決めて，それのために新しいランニングシューズを買う予定なんだ。

エミ：すごいわね！　あなたはお兄さんと走る予定なの？

トム：いや。今年，彼はその日にサッカーの試合があるんだ。ねえ，エミ，いっしょに走ろうよ。

エミ：私？　私は20キロメートルも走れないわよ。

トム：いや，いや，エミ。これを見て。僕たちは4つのレースから選ぶことができるんだ。

エミ：あら，そうなのね。私は学校で5キロメートル走ったの。私はもっと長く走りたいわ。でも待って。値段が高いわね。

トム：ねえ，見て！　このウェブサイトには，僕たち学生は，半分だけ支払う必要があると書かれているよ。僕たちはこのレースに2,000円で挑戦できるよ。

エミ：本当なの？　それなら，このレースをいっしょに走りましょう。

トム：うん，そうしよう！　今日が2月6日だから，お祭りまで3か月ある。僕たちは十分に練習することができるね。僕はわくわくしてきたよ！

(1)の質問：トムはなぜお祭りで走ることに決めたのですか？

答え：エ　なぜなら彼の兄が彼にお祭りについてのよい点を伝えたからです。

(2)の質問：エミはどのレースを選びましたか？

答え：イ　10キロメートル。

(3)の質問：絵の中の A として正しいものはどれですか？
　答え：ウ　5月

〔放送台本〕

次は3番の問題です。あなたは，英語で学校新聞を作るために，新しく来たALTにインタビューをしています。そのインタビューを聞いて，英語で書いたメモを完成させなさい。対話は2回言います。では始めます。

You: Can you tell us about your country?
ALT: Sure.
You: If you're ready, please begin.
ALT: OK. My country is an island country. It is famous for its beautiful sea. You can enjoy swimming! The climate is nice through the year. We have a lot of sunshine. We receive more than three thousand hours of sunshine in a year. It's a wonderful place. My country is a very small country. Can you guess its size? It is as large as Utsunomiya City. It's surprising, right? My country is small, but there are a lot of good places for visitors. I love my country. You should come!

〔英文の訳〕

あなた：あなたの国について私たちに教えてくれませんか？
ALT　：もちろん。
あなた：あなたの準備ができたら，どうぞ始めてください。
ALT　：分かりました。私の国は島国です。その美しい海で有名です。あなたたちは泳ぐことを楽しむことができますよ！　気候は一年を通してよいです。多くの日差しもあります。一年で3,000時間以上の日照時間が得られます。そこはすばらしい場所です。私の国はとても小さな国です。その大きさを推測できますか？　それは宇都宮市と同じくらいです。それは驚くべきことでしょう？　私の国は小さいですが，観光客にとって，多くのよい場所があります。私は自分の国が大好きです。皆さんは来るべきです！

<理科解答>

1　1 ウ　2 エ　3 イ　4 イ　5 受粉　6 乱反射　7 気団　8 中性子

2　1 ウ　2 イ　3 斑晶(例)地下深くで，ゆっくりと冷え固まってできた。／石基(例)地表付近で，急に冷え固まってできた。

3　1 CO_2　2 右図(発生する気体の質量)1.2(g)　3 (記号) ×　(理由) (例)塩酸の濃度を変えても，加える炭酸水素ナトリウムの質量が同じであるため，発生する気体の質量は変わらないから。

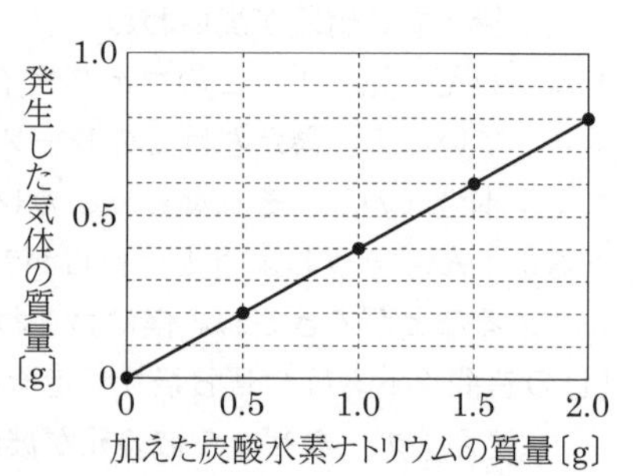

4	1 120mA　2 (電圧) 2.0V　(電気抵抗) 15Ω　3 (記号) エ　(電流の大きさ) 1.0A
5	1 ア　2 ① えら　② 肺　③ 皮膚　3 ① 食物連鎖　② ウ
6	1 ア　2 (例)水溶液の水を蒸発させる。　3 H^+　Na^+　4 エ
7	1 日周運動　2 ① Q　② S　3 ア，イ　4 ① 53度　② 22度　③ 地点Y
8	1 ウ　2 デンプン　3 ア　4 (例)光合成によって吸収された二酸化炭素の量と，呼吸によって放出された二酸化炭素の量がつり合っているから。
9	1 40cm/s　2 等速直線運動　3 ウ　4 エ

<理科解説>

1 (小問集合)

1　地層が堆積した後，その地層をおし縮めるような大きな力がはたらいてできた地層の曲がりを**しゅう曲**という。地層の変化には，大地がもち上がった**隆起**，しずんだ**沈降**，力によって岩盤の一部が破壊されてできるずれの**断層**がある。

2　肝臓には，小腸から運ばれたアミノ酸などの養分からからだに必要なタンパク質や酵素などをつくり出したり，余った養分をたくわえるはたらきがある。また，からだに有害な物質を無害な物質に変えたり，脂肪の**消化**を助ける胆汁をつくったりする。

3　熱の伝わり方には，熱源から空間をへだててはなれたところまで熱が伝わる**放射**，熱した部分から温度の低い周囲へ熱が伝わる**伝導**，気体や液体の物質を加熱したときのように，あたためられた物質そのものが移動して全体に熱が伝わる**対流**がある。

4　固体がとけて液体に変化するときの温度を**融点**，液体を熱して沸騰し始めるときの温度を**沸点**という。20℃のとき液体ということは，融点が20℃以下で沸点が20℃以上の物質があてはまる。

5　実をつくる植物の花では，めしべの先端の**柱頭**に花粉がつきやすくなっている。受粉が起こると，子房の中にある**胚珠**が種子になり，子房が成長して果実になる。

6　光の**反射**の法則によって，表面に細かい凹凸がある物体に当たった光も，それぞれが入射角と反射角が等しくなるように反射するので，反射後の光はさまざまな方向に進む。このため，光源が1つでも，どの方向からも物体が見える。

7　空気は，大陸上や海上などに長期間とどまると，気温や湿度が広い範囲でほぼ一様なかたまりの**気団**になる。気温や湿度など性質の異なる気団が接しても，**密度**がちがうためすぐには混じり合わず，境界面である**前線面**ができる。

8　原子核は，＋の電気をもつ**陽子**と電気をもたない**中性子**からなり，原子核のまわりには，－の電気をもつ**電子**が存在している。陽子の数と電子の数は等しい。

2 (火成岩 － 等粒状組織，斑状組織，鉱物，斑晶と石基)

1　顕微鏡の倍率＝対物レンズの倍率×接眼レンズの倍率より，2×10＝20(倍)　黒色，白色，無色などの大きな**鉱物**が組み合わさってできている火成岩Xのようなつくりを，**等粒状組織**といい，比較的大きな黒色や白色の斑晶とよばれる鉱物のまわりを，石基とよばれる形がわからないほど小さな鉱物の集まりやガラス質の部分がとり囲んでいる火成岩Yのようなつくりを**斑状組織**という。

2　花こう岩には石英や長石などの無色鉱物が多くふくまれ，その中に有色鉱物である黒雲母などが散らばっている。

3　**斑晶**は，マグマが地下深くでゆっくりと冷え固まったために，鉱物が大きく成長してできた。一方，**石基**はマグマが地表近くで急に冷やされたため，鉱物が成長することなく，ごく小さな粒になった。

3 **(化学変化－化学式，グラフ作成，化学変化と物質の質量)**

1　炭酸水素ナトリウム($NaHCO_3$)とうすい塩酸(HCl)が反応すると，二酸化炭素(CO_2)が発生する。$NaHCO_3+HCl \rightarrow NaCl+CO_2+H_2O$

2　容器A～Eについて，発生した気体の質量は，(反応前の容器全体の質量)－(反応後にふたをゆるめた後の質量)で求めることができる。

3　化学変化において，反応にかかわる物質の質量の割合は一定になる。したがって，容器A～Eと同じ質量の炭酸水素ナトリウムがすべて反応するために必要なうすい塩酸の質量はそれぞれ決まっているので，塩酸の濃度を変えても，発生する気体の質量は変わらない。

4 **(電流－電流計，オームの法則，直列と並列)**

1　つないだ－端子の値は，針が目盛りいっぱいに振れたときの値である。図4では500mAの－端子につないでいるので，最大目盛りが500mAになる。1目盛りが10mAにあたる。

2　オームの法則，抵抗(Ω)＝電圧(V)÷電流(A)より，電圧(V)＝抵抗(Ω)×電流(A)＝10(Ω)×0.20(A)＝2.0(V)　抵抗器Zに加わる電圧は，5.0－2.0＝3.0(V)なので，3.0(V)÷0.20(A)＝15(Ω)

3　それぞれの場合の回路全体の電気抵抗は，Aのみ閉じると10Ω，Bのみでは(10＋10)Ω，AとBでは10Ωと20Ωの**並列回路**なので全体では10Ωより小さく6.7Ω。AとCでは10Ωと10Ωの並列回路で5Ωである。電気抵抗が小さいほど，回路を流れる電流は大きくなる。

5 **(動物の分類－無セキツイ動物，両生類の呼吸，食物連鎖，刺激と反応)**

1　背骨のない無セキツイ動物のうち，体表が節のある**外骨格**におおわれているのは，カニなどの甲殻類，昆虫，クモなどの節足動物。イカとマイマイ，アサリは内臓が**外とう膜**に包まれている軟体動物である。

2　イモリとサンショウウオは両生類。生活場所が幼生は水中で，成体は陸上でも生活するように変化するので，幼生はえらで呼吸し，成体になると肺と皮膚で呼吸する。

3　生物どうしの食べる，食べられるという鎖のようなつながりを**食物連鎖**といい，生態系において生物どうしの食物連鎖が網の目のようにからみ合った関係を**食物網**という。

6 **(中和－酸性，塩，イオン式，イオンの数の変化)**

1　BTB溶液は酸性で黄色，中性で緑色，アルカリ性で青色になる。塩酸の中で塩化水素(HCl)は次のように水素イオン(H^+)と塩化物イオン(Cl^-)に**電離**して，**陽イオン**である水素イオンを生じている。$HCl \rightarrow H^+ + Cl^-$　水酸化ナトリウム(NaOH)は水溶液中で次のようにナトリウムイオン(Na^+)と水酸化物イオン(OH^-)に電離して，陰イオンである水酸化物イオンを生じている。$NaOH \rightarrow Na^+ + OH^-$

2　塩酸と水酸化ナトリウム水溶液を混ぜ合わせて中性にした水溶液は，塩化ナトリウム水溶液になる。したがって，この水溶液から水を蒸発させれば，塩化ナトリウムの**結晶**を取り出すことができる。

3　$H^+ + Cl^- + Na^+ + OH^- \rightarrow Na^+ + Cl^- + H_2O$　ビーカーの水溶液中ではCl^-の数は変化せず，Na^+が増えたのと同数のH^+が減少する。うすい水酸化ナトリウム水溶液5.0cm^{3}を加えたとき，H^+の数は始めの$\frac{1}{2}$になり，これと同数のNa^+が存在する。

4　うすい水酸化ナトリウム水溶液を10.0cm^{3}加えたところまでで，イオンの総数は変化していない。このあとさらにうすい水酸化ナトリウム水溶液を加えていくと，Na^+とOH^-が増えるため，イオンの総数は増加していく。

7　**(太陽の動き－地球の自転，日周運動，南中高度)**

1　地上から太陽の1日の動きを観察すると，太陽は東から西へ動いているように見える。これは地球が西から東へ**自転**しているために起こる見かけの動きである。

2　太陽は東→南→西と動くので，影の先端はその逆の動きをする。秋分から3ヶ月後の冬至では，太陽の**南中高度**は低くなるため，棒の影は長くなる。

3　地点Xでの春分と秋分の太陽の南中高度は，90－37＝53(度)　地点Xで観測すると，太陽の南中高度は1年間で，冬至の53－23.4＝29.6(度)から夏至の53＋23.4＝76.4(度)の間で変化する。棒の長さと影の長さが等しくなるのは，南中高度45度のときである。

4　秋分の南中高度は地点Xで53度，地点Yで50度である。このときソーラーパネルに太陽光が垂直に当たるようにするためには，ソーラーパネルと水平な地面のなす角を地点Xで90－53＝37(度)，地点Yでは90－50＝40(度)にすればよい。

8　**(植物のはたらき―光合成，呼吸，実験操作)**

1　植物の細胞の中にある緑色の粒は**葉緑体**で，光が当たるとこの葉緑体で**光合成**が行われる。ヨウ素液にひたしたときの反応を見やすくするため，葉の緑色を脱色する。

2　植物が光を受けて，デンプンなどの養分をつくるはたらきを光合成という。デンプンにヨウ素液をつけると，青紫色に変化する。

3　調べたい内容以外はすべて同じ条件で行い，結果の比較から調べたい内容を確かめる実験を**対照実験**という。袋Aと袋Cで異なる条件は，光の有無だけである。

4　光が当たっている植物は，二酸化炭素を使う反応である光合成と二酸化炭素を放出する**呼吸**の両方を行っている。光が十分に当たっていると，呼吸で放出される二酸化炭素よりも光合成で吸収される二酸化炭素のほうが多い。また，呼吸で使用する酸素よりも光合成で放出される酸素のほうが多い。そのため見かけの上では，光が十分に当たっていると二酸化炭素は放出されず，酸素のみが放出されているように見える。

9　**(物体の運動－平均の速さ，等速直線運動，速さと時間の関係，力のはたらく物体の運動)**

1　平均の速さ(移動した距離)÷(移動にかかった時間)　5打点の時間5/50(s)＝0.1(s)より，4.0(cm)÷0.1(s)＝40(cm/s)

2　テープの長さが等しいということは，0.1秒間に同じ距離を移動したことになる。物体が一直線上を一定の速さで進む運動を，**等速直線運動**という。

3　おもりにはたらく**重力**が台車を引くことによって，台車はしだいに速さを増す運動をするが，おもりが床についたところで，台車の運動方向には力がはたらかなくなるため，その後の台車は等速直線運動をする。木片では，おもりにはたらく重力が引いている間も，木片と台の間の摩擦によって，木片には運動方向とは逆向きの力がはたらくため，速さが増加する割合は台車のときよりも小さい。さらに，この摩擦力がおもりにはたらく重力とは逆の向きにおもりを引くため，台車の速さが一定になってから少し遅れて木片の速さが最大になる。その後，おもりが床につくと木片の速さは減少する。

4　実験(3)の台車には，おもりにはたらく重力だけでなく，斜面上の台車にはたらく重力の斜面に平行な下向きの**分力**がはたらくため，台車の速さが変化する割合は実験(1)よりも大きくなる。

<社会解答>

1　1　政令指定(都市)　2　エ　3　イ　4　ア　5　ウ　6　イ　7　エ
8　(例)道路の開通により観光客が増加し，自然環境が損なわれたため，自然環境の保全と観光の両立を目指す取り組みをしてきた。

2　1　(1)　スペイン　ア　ロシア　ウ　(2)　バイオ燃料[バイオエタノール，バイオマス燃料，バイオマスエタノール]　(3)　イギリス　(4)　ア　(5)　X　(例)輸出の多くを農産物や鉱産資源に依存しているため，天候や国際価格などの影響を受けやすいこと
Y　(例)生産量が上位ではないのに，輸出量が上位なのだろうか　2　(1)　ウ
(2)　イ

3　1　イ　2　ア　3　ウ　4　イ・ウ　5　エ　6　朱印船(貿易)
7　(例)兵庫と比べて神戸は住居が少なく，外国人と日本人の交流を制限しやすかったから。
8　大航海(時代)

4　1　ア　2　エ→イ→ア→ウ　3　(例)関東大震災によって大規模な火災が発生したことから，区画整理を行い，災害に強い便利で暮らしやすい都市を目指した。　4　全国水平社
5　ウ　6　(1)　エ　(2)　安保闘争

5　1　(1)　国内総生産[GDP]　(2)　ウ　(3)　エ　2　(1)　条例　(2)　ア・エ
(3)　イ　(4)　Xの政策に賛成　(例)Xの政策は，「大きな政府」の政策であり，企業の経済活動を保護したり，税金を使って公共サービスを充実させたりする。
Yの政策に賛成　(例)Yの政策は，「小さな政府」の政策であり，企業の自由な競争を促したり，税金の負担を軽くしたりする。

6　1　A　持続可能　B　パリ(協定)　2　ア　3　エ　4　ウ　5　難民
6　X　(例)発電効率が低い　Y　(例)新たな発電技術を確立させて，二酸化炭素排出量を減らす

<社会解説>

1　(地理的分野―日本―日本の国土・地形・気候，人口・都市，農林水産業，工業，交通・通信)

1　2022年現在20都市が政令指定都市に指定されている。

2　大阪市は，年間降水量が少なく比較的温暖な**瀬戸内気候区**に含まれる。アが札幌市，イが鹿児島市，ウが新潟市の雨温図。

3　マングローブは熱帯性の植物であることから，赤道直下の国であると判断する。

4　四つの道府県とは北海道，新潟県，大阪府，鹿児島県を指す。宿泊旅行者数が最も多いことから，Aは北海道と判断できる。移動手段について，近距離は鉄道，遠距離は航空が用いられることが多い。Bが鹿児島県，Cが新潟県。

5　**阪神工業地帯**には中小工場が多く，製造品出荷額に占める金属工業の割合が高い特徴があることから判断する。

6　鹿児島県には，水持ちが悪く稲作には適さない火山灰土が降り積もってできた**シラス台地**が広がることから，農業産出額に占める米の割合が低くなると判断する。アが北海道，ウが新潟県，エが大阪府。

7　**フォッサマグナ**とは，東日本と西日本を分ける大地溝帯のこと。アが大阪府，イが鹿児島県，ウが北海道。

8　図6・7から，1980年の知床横断道路の開通によって観光客数が増加したことや，観光客数が最多であった1999年に自動車の乗り入れ規制を開始していること，2000年代には世界自然遺産への登録やエコツーリズムを推進していることが読み取れる。

2　**(地理的分野―世界―人々のくらし，地形・気候，人口・都市，交通・貿易，資源・エネルギー)**

1　(1)　スペインの首都マドリードは夏の降水量が少ない地中海性気候，ロシアの首都モスクワは冷帯(亜寒帯)に属する。冷帯気候の特徴として，年間降水量が少ないことが挙げられる。イがアメリカ，エがインド。　(2)　**バイオ燃料**は，バイオエタノールやバイオマス燃料，バイオマスエタノールともよばれ，とうもろこしやさとうきびなどを原料として生成される。　(3)　オセアニア州に含まれる国の国旗の一部には，イギリス国旗のユニオンジャックが描かれていることが多い。　(4)　**イスラム教**では飲酒が禁止されていることから判断する。　(5)　Xについて，図3から，コートジボワールは輸出の多くを農産物や鉱産資源に依存する**モノカルチャー経済**であることがわかる。Yについて，図4から，ベルギーとオランダ以外の国はカカオ豆生産国にも輸出国にも記載があることが読み取れる。

2　(1)　島国である日本は，領土面積のわりに**排他的経済水域**の面積が広くなる。また，アメリカの国土面積が世界第3位であるのに対してブラジルは第5位であることから，アメリカの方が国土面積が広いと判断する。　(2)　中国では2014年まで一人っ子政策が実施されており少子化が進んでいるが，日本は中国以上に少子化と高齢化が深刻であることから判断する。アが1970年の日本，ウが1970年の中国，エが2015年の日本の人口ピラミッド。

3　**(歴史的分野―日本史―時代別―古墳時代から平安時代，鎌倉・室町時代，安土桃山・江戸時代，日本史―テーマ別―政治・法律，文化・宗教・教育，外交，世界史―政治・社会・経済史)**

1　小野妹子は，飛鳥時代に聖徳太子から遣隋使に任命された。ア・エは弥生時代，ウは室町時代の記述。

2　図1中の「唐の僧」「臨済宗」などから判断する。**禅宗**とは座禅によって悟りを開く宗派の総称で，臨済宗のほかに道元が開いた曹洞宗が含まれる。

3　**平清盛**は，大輪田泊(兵庫の港)を整備して日宋貿易を行った。

4　問題文中の「マルコ・ポーロがフビライ・ハンに仕えていたとき」とは鎌倉時代をさす。アは室町時代，イ・ウは平安時代，エは安土桃山時代に建てられた。

5　豊臣秀吉が実施したのはエの**バテレン追放令**。アは大村純忠などの戦国大名，イ・ウは江戸幕府によって実施された。

6　豊臣秀吉や徳川家康が発行した朱印状を持った船が行ったことから**朱印船貿易**とよばれる。

7　キリスト教の禁教や身分制度を徹底していた江戸幕府が，日本人の庶民と外国人との積極的な交流を避けさせるためであると考えられる。

8　図4中の「新航路の開拓」などから判断する。

4　(歴史的分野―日本史―時代別―明治時代から現代，日本史―テーマ別―政治・法律，経済・社会・技術，外交)

1　江戸を東京とし，東京府を置いたのは1868年。アが1968年，イが1925年，ウが1890年，エが1970年のできごと。

2　アが1880年，イが1874年，ウが1885年，エが1871年のできごと。

3　「昨年の震災」とは，1923年の**関東大震災**のこと。図2から，災害に強くインフラが整備された便利な都市として復興をすすめていきたい政府の意向が読み取れる。

4　Bの時期とは大正時代。文中の「部落差別」から判断する。

5　**学徒出陣**は，戦況の悪化にともない1943年から実施された。図4中の盧溝橋事件は1937年，真珠湾攻撃は1941年，ミッドウェー海戦は1942年，ポツダム宣言の受諾は1945年，警察予備隊の創設は1950年。

6　(1)　Cの時期とは，1947～1964年をさす。アが1951年，イが1956年，ウの朝鮮戦争開始が1950年，エの第一次石油危機が1973年。　(2)　日米安全保障条約の改定に反対する人々によって展開された。

5　(公民的分野―三権分立・国の政治の仕組み，地方自治，財政・消費生活・経済一般)

1　(1)　2022年現在，日本のGDPはアメリカ，中国に次ぐ第3位。　(2)　図1・2を比べたときに**均衡価格**が下がっていること，図1・2中の②・②´が供給曲線を示すことから判断する。
(3)　公開市場操作は金融政策に含まれる。好景気のときは通貨量を減らす政策が取られることから判断する。

2　(1)　**条例**は，法律の範囲内で地方議会が独自に制定する。　(2)　イ・ウは，国会の仕事。
(3)　衆議院議員総選挙後30日以内に召集されることから判断する。臨時会は，内閣の要求またはいずれかの議院の総議員の4分の1以上の要求があった場合に開催される。　(4)　政府の介入が大きい「大きな政府」は，企業が倒産しないよう政府が税金を投入するため，財政を圧迫することが多い。政府の介入が小さい「小さな政府」は，規制緩和をすすめて企業間の競争を促すが，不況時などに税金を投入しないため企業の倒産が相次ぐ。

6　(公民的分野―憲法の原理・基本的人権，国際社会との関わり)

1　**パリ協定**で，先進国だけでなく全ての国に共通する国際的な取り組みが定められた。

2　1台150万円の自動車の価格は，1ドル＝150円のときに10000ドル，1ドル＝100円のときに15000ドルとなり，1ドル＝150円のときの方が日本製品が海外で安くなるため，日本からの輸出が有利となり，増加する。

3　国際連合の**安全保障理事会**では，アメリカ・イギリス・フランス・ロシア・中国の**常任理事国**のうち1か国でも拒否権を行使すると決議ができない。

4　日本国憲法第26条は，**教育を受ける権利**に関する条文。

5　国際連合には，難民の支援や保護を行うUNHCR(国連高等難民弁務官事務所)が設置されている。

6　Xについて，火力発電と比べたときの太陽光発電における短所について，電力の安定供給の点から記述する。Yについて，環境保全の点からみた火力発電における課題を克服するために，現在取り組まれている内容について，図1・2から読み取れることを記述する。

<国語解答>

1 1 (1) れいぎ (2) すこ (3) ちんれつ (4) いちじる (5) ちせつ
2 (1) 拾 (2) 運賃 (3) 冷 (4) 功績 (5) 談笑 3 ア 4 エ
5 ウ 6 ウ 7 イ

2 1 いうよう 2 ウ 3 イ 4 エ
5 (例)自分の影を見こし入道に見間違えたもの。

3 1 (例)西洋では自然を人間を主体とする表現の従属的な存在として捉えたのに対し，日本では自然を表現の主役として捉えた。 2 ウ 3 エ 4 (I) 感性
(II) (例)長い時間を経て少しずつ改良され，機能を満たした結果，無駄のない形となるから。 5 ア

4 1 大島の牧草地で牛がのびのびと過ごしてる風景 2 ア 3 イ 4 生き物と自然に人生を捧げる 5 (例)「翔」の覚悟を知って，両親が「翔」の思いを知らずに反対するのは違うと思い，両親にも理解してほしいと思ったから。 6 エ

5 (例) 最近は外来語が日本語に言い換えられることなく，そのまま用いられることが多くなった。外来語はそのままでもわかりやすいものと日本語にしないとわかりにくいものがある。

先日，ニュースで解説者が外来語を多用して話をしていた。一緒に聞いていた私の祖父母が「何を言っているのがわからない」と困っていた。私も半分ぐらいしか理解できなかった。言葉は相手に自分の考えや思いを伝えるためにある。伝わらなければ意味がない。相手のこと，どのような表現が適切かなどを考えて，むやみやたらに外来語を使わず，伝えたい内容が伝わるような言葉を用いていきたい。

<国語解説>

1 (漢字の読み書き,熟語,文と文節，品詞・用法,敬語・その他)

1 (1) 「儀」は「義」や「議」など，偏の異なる漢字があるので注意する。 (2) 「健」の訓読みの際，送り仮名に注意する。「すこ・やか」だ。 (3) 品物や作品を人々に見せるために並べておくこと。 (4) はっきりわかるほど目立つ。「いちじる・しい」は訓読みする際に**「じ」を「ぢ」と読まない**ことに注意する。 (5) 洗練されていなくて，へたくそなこと。

2 (1) 「拾」は,「すてる」の「捨」と混同しない。 (2) 「賃」の上の部分は「任」である。 (3) 「冷」は，にすい。 (4) 「功」は「力」を「刀」にしない。「績」は，いとへん。 (5) 気楽な気分で，楽しく話し合うこと。

3 助動詞「そうだ」は，様態と伝聞の二つの意味がある。接続で見分けられ，**様態の「そうだ」は，動詞なら連用形に接続し，形容詞や形容動詞なら語幹に接続**する。**伝聞の「そうだ」は，用言の終止形に接続**する。「降りそうだ」は動詞「降る」の連用形に接続するから様態。 ア 「できそうだ」は動詞「できる」の連用形に接続するから様態。 イ 「広いそうだ」は形容詞「広い」の終止形に接続するから伝聞。 ウ 「元気だそうだ」は形容動詞「元気だ」の終止形に接続するから伝聞。 エ 「生まれるそうだ」は動詞「生まれる」の終止形に接続するから伝聞。

4 **「お目にかかる」は「会う」の謙譲語**。「会う」はAの行為である。**自分の行為だから謙譲語**でへりくだらせて，Bへの敬意を示している。

5 ウは主語「夢は」・述部「発明することだ」が照応している。

6 「無人」は上の語が下の語を打ち消している。アは下が上を修飾する組み合わせ。イは似た意味の語の組み合わせ。ウは上の「不」が下の「要」を打ち消している。エは反対の意味の語の組み合わせ。

7 「春」や「雪」に関する風物だから「梅」が適切だ。菅原道真の歌は太宰府に左遷される際に読んだ歌で，この道真の宅にあった梅は，後に道真を追って太宰府に飛んでいったとされる。

2 (古文―大意・要旨，内容吟味，文脈把握，仮名遣い)

【現代語訳】 一人が言うことに，「先日，大宮四条坊門のあたりで，和泉屋介太郎という者が，夜更けに外出から戻った際，門を慌ただしい様子で叩くので，内側から驚いて(家人が)扉を開けた。すると介太郎は門から中に入ると同時に，気を失った。いろいろな気つけ薬などを飲ませると，だんだん正気に戻って言うことに『私が帰るとき，月は薄暗くて，殺風景な様子であったのを，その十字路で九メートルほどもあろう坊主が後ろから追いかけてきたので，ややっと思って逃げたところ，ますます急いで追いかけてきて，この門の入り口で見失った。それでこんなことになったのだ。』と言ったので，聞いていた人が皆驚いて『なんと，危ないことだな。それこそ「見こし入道」でございましょう』といって，口を震わせた。これで，「見こし入道」が現れるのは身近なことだとわかったよ，その入道に会った人が，今もどこそこにいる。」と言ったので，その場にいた者たちが，いずれにせよ恐ろしいことだと言ったところ，

先生が評して言うことに，「この者のことだが，昔から「高坊主」とも言われていた。野原や墓地などではなく，ただ家の四辻門戸や軒下の石橋などのあたりから出てくると言われている。これは臆病者が臆病風を吹かせて，すごすごと歩く夜道で怖がる気持ちから生じるところの影法師である。その理由はこの者は，前から来たとも横から迫ってきたとも言っておらす，後ろから見えたと言ったのだから，四辻門戸の出入りかもしくは夜番の火の光や月星の光がおぼろげであるところに，自分の影が背高く映って，「見こし入道」だと思って，気を失ったのだな。」

1 語中・語尾の「は・ひ・ふ・へ・ほ」は現代かなづかいでは「ワ・イ・ウ・エ・オ」になる。また，「yau(ヤウ)」は「you」と読む。

2 ウ「追ひかけ」たのは「見こし入道」である。

3 傍線(1)のあと，気つけ薬を飲んで意識を戻したことを踏まえると，失神したことがわかる。

4 「まぢかし」とは，**時間的にも空間的にも間隔が短いこと**を意味する。したがって「身近なこと」と解釈するのが適切だ。

5 「わが影法師，背高くうつろふと，さてこそと思ひ」とある部分を用いてまとめる。**自分の影が大きく映ったのを見て，見こし入道だと勘違いした**ことが述べられていればよい。

3 (論説文―大意・要旨，内容吟味，文脈把握，段落・文章構成，脱文・脱語補充)

1 西洋と日本の自然の対象の捉え方の違いをおさえる。まず，西洋は傍線(1)の前後に「人間と対峙する関係にある」もので，「征服しよう」と考えており，**「人間を主体とする表現の従属的な存在」と捉えているとある。一方，日本はあらゆる自然を「表現の主役としてしまう」**徹底した自然主義の捉え方である。この対比を指定字数でまとめる。

2 傍線(2)の前に(旅先で目にする自然の美しさは)「テレビやメディアで見る自然と二重写しとなって，やはり自然の美しさは複製にすぎないと悟る」とある。ここから，**メディアを通してみる自然が本物だと思ってしまう**こと，**本来の自然の美しさを二次的**なものと捉えてしまい，本来の自然の美しさが感じ取れないことがわかる。

3 □には，人間の自然に対して取るべき，見直すべき姿勢を表す語が入る。最終段落に「私た

ちはもっと自然の存在を**真摯に受け止め**……形の美を探るべきであろう。」とある。「真摯」とは真面目・一生懸命という意味であるから「謙虚」な姿勢が伴う。

4 (Ⅰ) □は，**かつては「培ってきた」ものであり今は「持たない」ようになったもの**だ。〈A〉には冒頭の段落に「自然のエネルギーを……形の美しさを受け止める感性を培ってきた」とある。〈B〉には「自然の美しさに応える感性さえ持ち合わせていない現代人」と始まる段落がある。ここから「感性」を導き出せよう。 (Ⅱ) 〈B〉に「道具や器の形は……結果的に**長い時間をかけて少しずつ無駄のない形に改良**されていった。これは**機能を追求した形**となり，結果的にどれもが美しいのである。」とある。最終段落にも同様の記述があり，自然や手作りのものが美しい理由だとわかる。ここを用いてまとめる。

5 〈A〉で日本の自然主義という美の捉え方を説明し，それをふまえて〈B〉では自然と接する機会が減った現代においての問題を提起し，自然の美を再確認している。イの「具体的な例を集約」，ウの「対立する見解」，エの「異なる視点」という説明はいずれも不適切だ。

4 (小説―情景・心情，内容吟味，文脈把握，指示語の問題)

1 「それ」は**翔が守りたいもの**だ。傍線(1)より前で，**翔が守りたいほど愛しく好ましく思っているもの**を探す。「俺，大島の牧草地で牛がのびのびと過ごしてる風景がすごい好きでさ。」とあるので，ここから指定字数で抜き出す。

2 「熱に浮かされる」とは，**何かに夢中になる様子**をいう。ここは翔が「俺」に対して酪農への自分自身の思いを語る場面である。**酪農について勉強し，酪農の難しさや大変さも知った上で，酪農を志したい自分の胸の内を語っている**。イの「自信」，ウの「誇り」は感じられず，エの「平然」という様子も適切ではない。

3 傍線(3)「ぽんと手を乗せた」ことから「俺」はバトンパスに思いをはせた。**バトンパスは人と人との関わりであり，自分という存在が誰かに何か影響を与え，成長へと誘うもの**だと「俺」は考えている。そして翔に話を聞いた**自分は翔の気持ちを理解し，信じ，応援する**ことにしたのだ。翔に自分が翔の力になるから頑張れということを伝えようとして手を乗せたと考えられる。

4 酪農については「酪農は，動物に依存する職業……たくさんある。」と考え，それを「**生き物と自然に人生を捧げるということ**」と理解している。ここから抜き出せる。その後に続く「甘っちょろい覚悟でできることじゃない」とは傍線部の生半可な覚悟じゃないと同義であることもヒントになる。

5 「俺」は，「なんでそういうことを考えたのかも知らずに否定するのって，やっぱ違うかなと思う」と述べている。酪農という不安定な職業を志望する息子を心配する親の気持ちはわかるが，**翔の本当の思いを知らずに反対するのは間違っている**ので，**ちゃんと理解して欲しい**と考えているのだ。理解してもらうために，翔に両親へきちんと話すことを勧めたのである。

6 「俺」は，自分が夢中になっている陸上のために港のほうへ向かう。一方，翔は北のほうへ進む。それは翔が目指す酪農(牧草地)に続いている。**励まし合ったあとに自分自身でそれぞれの未来に進もうとする兄弟の様子**が読み取れる。

5 (作文)

テーマは「言葉を用いる際のこころがけ」である。構成の条件に従って書こう。まず，第一段落では外来語を用いた会話と用いない会話を比べて気づいたことを書く。そして，第二段落には，「言葉」を使用する時に心がけたいことを考察する。外来語の例が示されているので，それに関した体験を用いると書きやすいだろう。**言葉の効用とは？言葉を使用する目的とは？といった本質的**

な内容を掘り下げて答えを見つけられたら，言葉を使用する時に心がけるべき事柄が見えてくるはずだ。

栃木県公立高等学校

2021年度

★★★★★★★★★★★★★★★★★★★★★★★★

入 試 問 題

2021年度

●くわしい解説……41ページ

2021年 栃木県公立高校入試 出題範囲縮小内容

令和２年５月13日付け２文科初第241号「中学校等の臨時休業の実施等を踏まえた令和３年度高等学校入学者選抜等における配慮事項について（通知）」を踏まえ，出題範囲について以下通りの配慮があった。

○出題範囲については、以下のとおり

教科	内容
数学	・標本調査
理科	○第１分野 ・科学技術と人間 ○第２分野 ・自然と人間
社会	○公民的分野 ・私たちと国際社会の諸課題

＜数学＞

時間　50分　　満点　100点

【注意】 答えは，できるだけ簡単な形で表し，必ず解答用紙のきめられた欄に書きなさい。

1 次の１から14までの問いに答えなさい。

1　$-3-(-7)$ を計算しなさい。

2　$8a^3b^5 \div 4a^2b^3$ を計算しなさい。

3　$a=2$，$b=-3$ のとき，$a+b^2$ の値を求めなさい。

4　$x^2-8x+16$ を因数分解しなさい。

5　$a=\dfrac{2b-c}{5}$ を c について解きなさい。

6　次のア，イ，ウ，エのうちから，内容が正しいものを１つ選んで，記号で答えなさい。

ア　9の平方根は3と-3である。

イ　$\sqrt{16}$を根号を使わずに表すと ± 4である。

ウ　$\sqrt{5}+\sqrt{7}$と$\sqrt{5+7}$は同じ値である。

エ　$(\sqrt{2}+\sqrt{6})^2$と $(\sqrt{2})^2+(\sqrt{6})^2$は同じ値である。

7　右の図で，$\ell /\!/ m$ のとき，$\angle x$ の大きさを求めなさい。

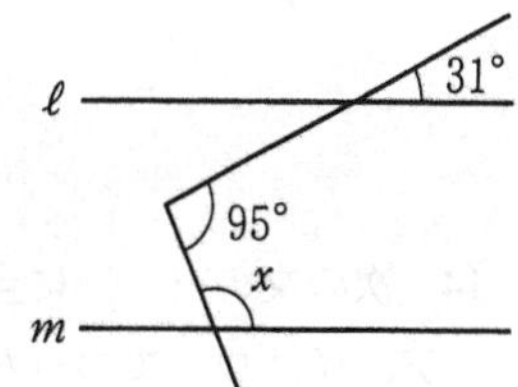

8　右の図は，y が x に反比例する関数のグラフである。y を x の式で表しなさい。

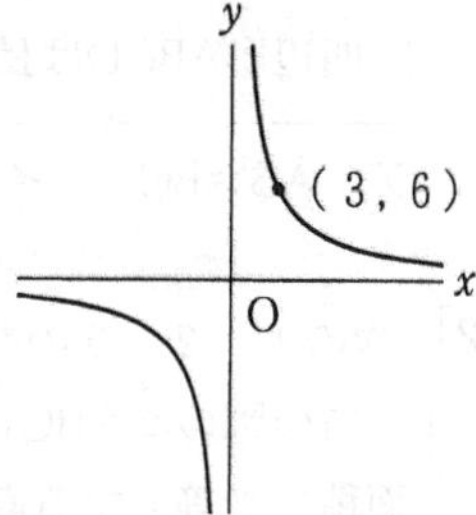

9　1辺が6cmの立方体と，底面が合同で高さが等しい正四角錐（すい）がある。この正四角錐の体積を求めなさい。

(図は次のページにあります。)

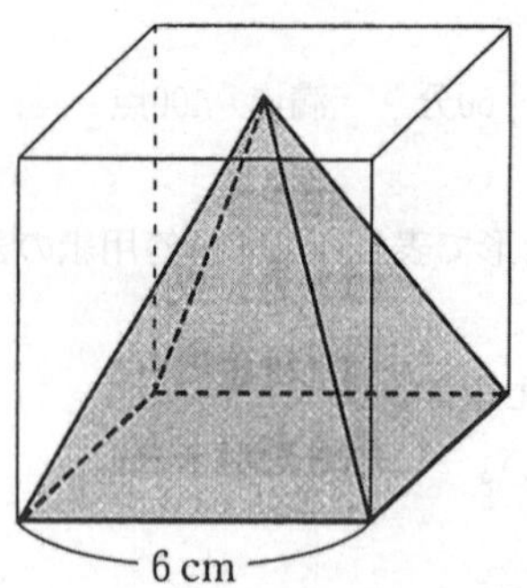

10　2次方程式 $x^2+5x+2=0$ を解きなさい。

11　関数 $y=-2x+1$ について，x の変域が $-1 \leqq x \leqq 3$ のときの y の変域を求めなさい。

12　A地点からB地点まで，初めは毎分60mで a m歩き，途中から毎分100mで b m走ったところ，20分以内でB地点に到着した。この数量の関係を不等式で表しなさい。

13　右の図で，△ABC∽△DEFであるとき，x の値を求めなさい。

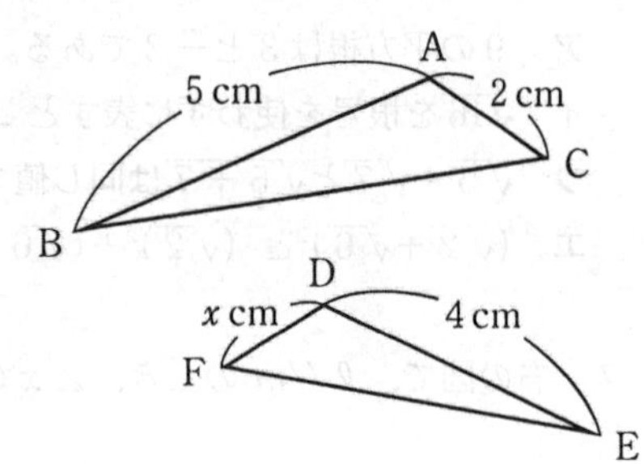

14　次の文の（　）に当てはまる条件として最も適切なものを，ア，イ，ウ，エのうちから1つ選んで，記号で答えなさい。

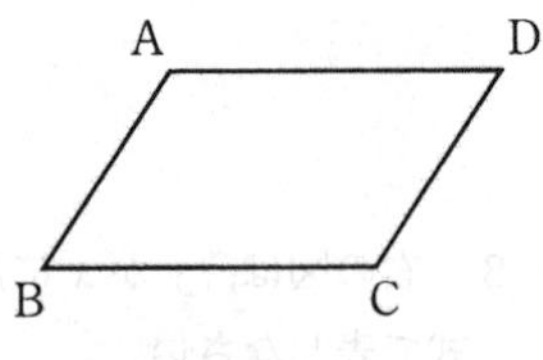

> 平行四辺形ABCDに，（　　　）の条件が加わると，平行四辺形ABCDは長方形になる。

ア　AB＝BC　　イ　AC⊥BD　　ウ　AC＝BD　　エ　∠ABD＝∠CBD

2　次の1，2，3の問いに答えなさい。

1　右の図の△ABCにおいて，頂点Bを通り△ABCの面積を2等分する直線と辺ACとの交点をPとする。このとき，点Pを作図によって求めなさい。ただし，作図には定規とコンパスを使い，また，作図に用いた線は消さないこと。

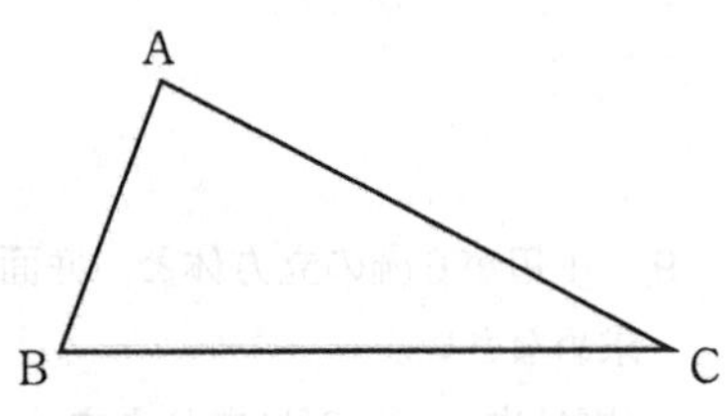

2　大小2つのさいころを同時に投げるとき，大きいさいころの出る目の数を a，小さいさいころの出る目の数を b とする。$a-b$ の値が正の数になる確率を求めなさい。

3　右の図のように，2つの関数 $y=x^2$，$y=ax^2$（$0<a<1$）のグラフがあり，それぞれのグラフ上で，x 座標が -2 である点をA，B，x 座標が3である点をC，Dとする。

下の文は，四角形ABDCについて述べたものである。文中の①，②に当てはまる式や数をそれぞれ求めなさい。

> 線分ABの長さは a を用いて表すと（　①　）である。また，四角形ABDCの面積が26のとき，a の値は（　②　）となる。

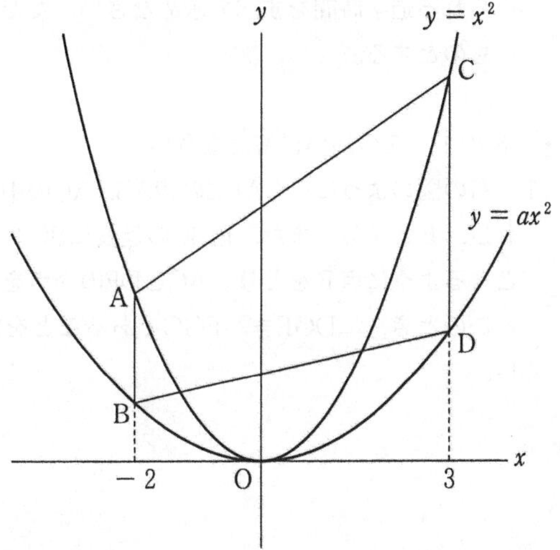

3　次の1，2の問いに答えなさい。

1　ある道の駅では，大きい袋と小さい袋を合わせて40枚用意し，すべての袋を使って，仕入れたりんごをすべて販売することにした。まず，大きい袋に5個ずつ，小さい袋に3個ずつ入れたところ，りんごが57個余った。そこで，大きい袋は7個ずつ，小さい袋は4個ずつにしたところ，すべてのりんごをちょうど入れることができた。大きい袋を x 枚，小さい袋を y 枚として連立方程式をつくり，大きい袋と小さい袋の枚数をそれぞれ求めなさい。ただし，途中の計算も書くこと。

2　次の資料は，太郎さんを含めた生徒15人の通学時間を4月に調べたものである。

> 3，5，7，7，8，9，9，11，12，12，12，14，16，18，20　（分）

このとき，次の(1)，(2)，(3)の問いに答えなさい。

(1)　この資料から読み取れる通学時間の最頻値を答えなさい。

(2)　この資料を右の度数分布表に整理したとき，5分以上10分未満の階級の相対度数を求めなさい。

階級（分）	度数（人）
以上　未満	
0 ～ 5	
5 ～ 10	
10 ～ 15	
15 ～ 20	
20 ～ 25	
計	15

⑶　太郎さんは８月に引越しをしたため，通学時間が５分長くなった。そこで，太郎さんが引越しをした後の15人の通学時間の資料を，4月に調べた資料と比較したところ，中央値と範囲はどちらも変わらなかった。引越しをした後の太郎さんの通学時間は何分になったか，考えられる通学時間をすべて求めなさい。ただし，太郎さんを除く14人の通学時間は変わらないものとする。

4　次の１，２の問いに答えなさい。

1　右の図のように，△ABCの辺AB，ACの中点をそれぞれD，Eとする。また，辺BCの延長にBC：CF＝２：１となるように点Ｆをとり，ACとDFの交点をＧとする。

このとき，△DGE≡△FGCであることを証明しなさい。

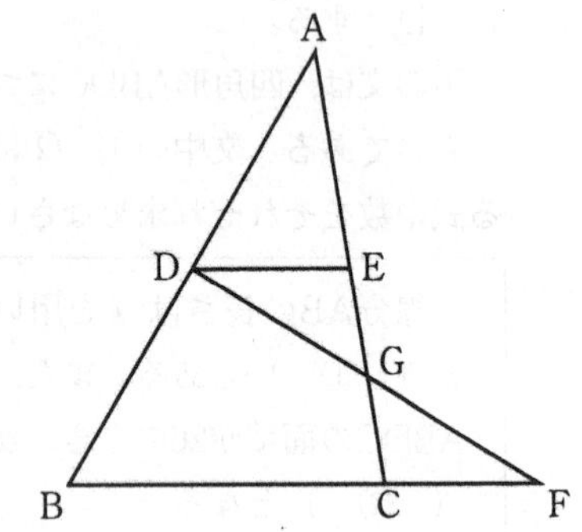

2　右の図のように，半径２㎝の円Ｏがあり，その外部の点Ａから円Ｏに接線をひき，その接点をＢとする。また，線分AOと円Ｏとの交点をＣとし，AOの延長と円Ｏとの交点をＤとする。

∠OAB＝30°のとき，次の⑴，⑵の問いに答えなさい。

⑴　ＡＤの長さを求めなさい。

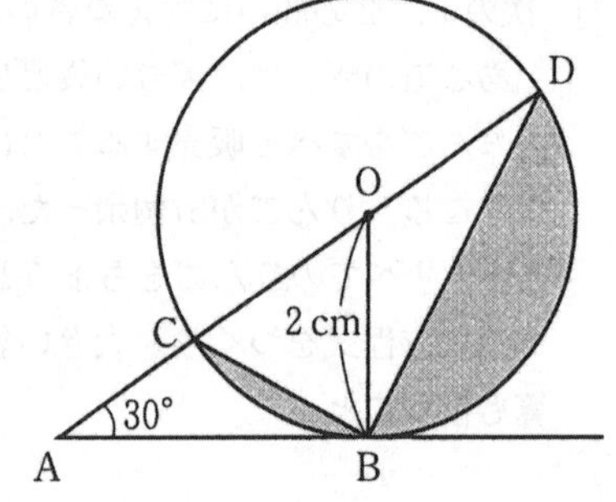

⑵　Ｂを含む弧CDと線分BC，BDで囲まれた色のついた部分（　　の部分）の面積を求めなさい。ただし，円周率はπとする。

5　図１のような，AB＝10㎝，AD＝３㎝の長方形ABCDがある。点Ｐは Ａから，点ＱはＤから同時に動き出し，ともに毎秒１㎝の速さで点Ｐは辺AB上を，点Ｑは辺DC上を繰り返し往復する。ここで「辺AB上を繰り返し往復する」とは，辺AB上をＡ→Ｂ→Ａ→Ｂ→…と一定の速さで動くことであり，「辺DC上を繰り返し往復する」とは，辺DC上をＤ→Ｃ→Ｄ→Ｃ→…と一定の速さで動くことである。

２点Ｐ，Ｑが動き出してから，x 秒後の△APQの面積を y ㎠とする。ただし，点ＰがＡにあるとき，$y=0$ とする。

このとき，次の１，２，３の問いに答えなさい。

1　２点Ｐ，Ｑが動き出してから６秒後の△APQの面積を求めなさい。

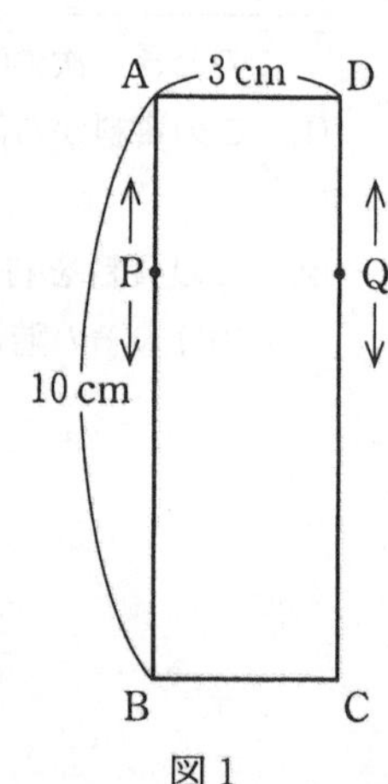

図１

2　図2は，x と y の関係を表したグラフの一部である。2点P，Qが動き出して10秒後から20秒後までの，x と y の関係を式で表しなさい。ただし，途中の計算も書くこと。

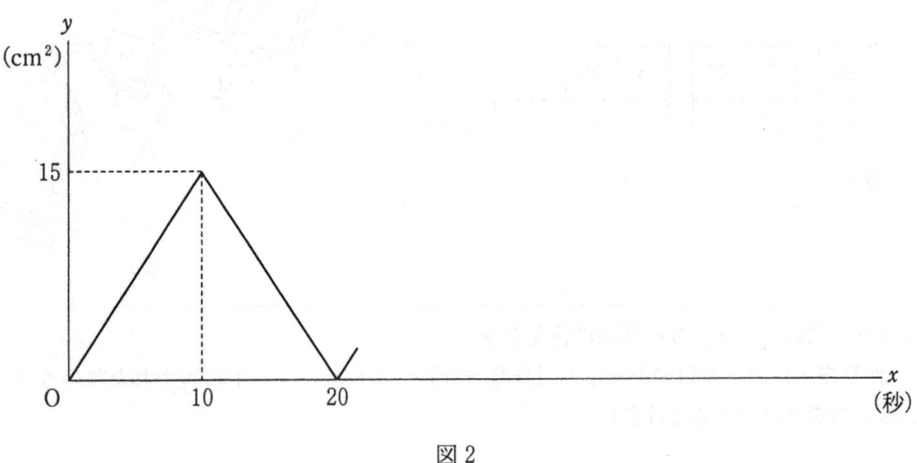

図2

3　点RはAに，点SはDにあり，それぞれ静止している。2点P，Qが動き出してから10秒後に，2点R，Sは動き出し，ともに毎秒0.5㎝の速さで点Rは辺AB上を，点Sは辺DC上を，2点P，Qと同様に繰り返し往復する。

このとき，2点P，Qが動き出してから t 秒後に，△APQの面積と四角形BCSRの面積が等しくなった。このような t の値のうち，小さい方から3番目の値を求めなさい。

6　図1のような，4分割できる正方形のシートを25枚用いて，1から100までの数字が書かれたカードを作ることにした。そこで，**【作り方Ⅰ】**，**【作り方Ⅱ】**の2つの方法を考えた。

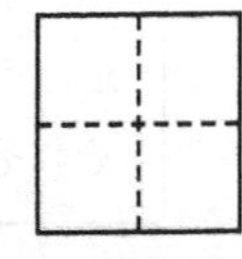

図1

【作り方Ⅰ】

図2のようにシートに数字を書き，図3のように1枚ずつシートを切ってカードを作る。

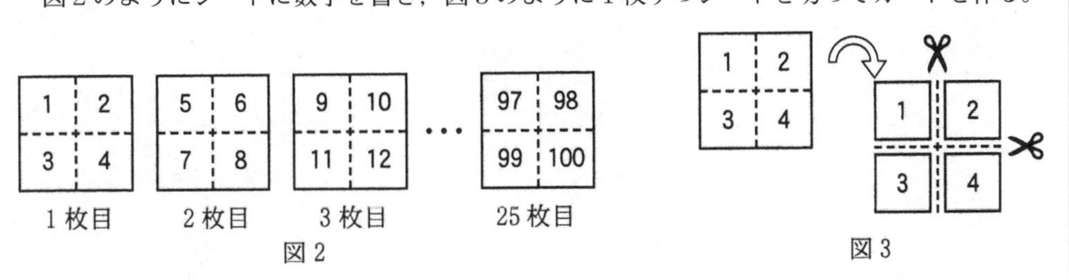

図2　図3

【作り方Ⅱ】

図4のようにシートに数字を書き，図5のように1枚目から25枚目までを順に重ねて縦に切り，切った2つの束を重ね，横に切ってカードを作る。

(図4，図5は次のページにあります。)

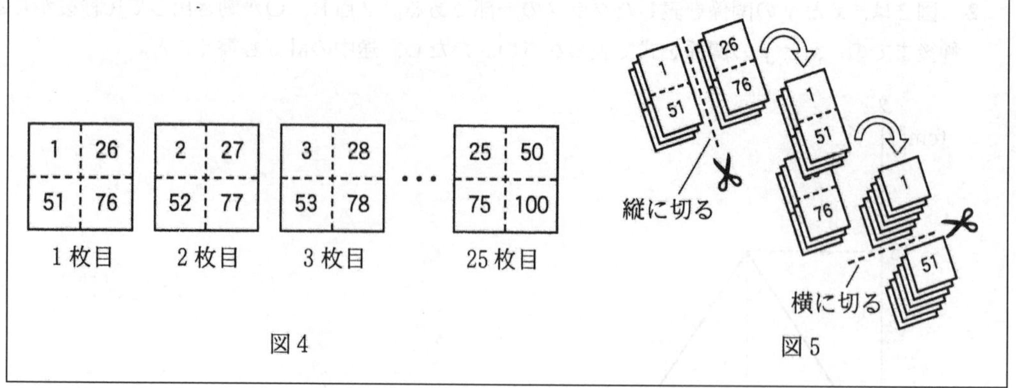

図4　図5

このとき，次の1，2，3の問いに答えなさい。

1 **【作り方Ⅰ】**の7枚目のシートと**【作り方Ⅱ】**の7枚目のシートに書かれた数のうち，最も大きい数をそれぞれ答えなさい。

2 **【作り方Ⅱ】**のx枚目のシートに書かれた数を，図6のようにa，b，c，dとする。$a+2b+3c+4d=ac$が成り立つときのxの値を求めなさい。ただし，途中の計算も書くこと。

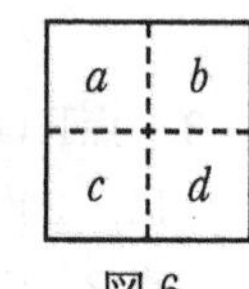

図6

3 次の文の①，②に当てはまる式や数をそれぞれ求めなさい。

> **【作り方Ⅰ】**のm枚目のシートの4つの数の和と，**【作り方Ⅱ】**のn枚目のシートの4つの数の和が等しくなるとき，nをmの式で表すと（ ① ）となる。①を満たすm，nのうち，$m<n$となるnの値をすべて求めると（ ② ）である。ただし，m，nはそれぞれ25以下の正の整数とする。

＜英語＞

時間　50分　　満点　100点

1　これは聞き方の問題である。指示に従って答えなさい。

1　〔英語の対話とその内容についての質問を聞いて，答えとして最も適切なものを選ぶ問題〕

2　〔英語の対話とその内容についての質問を聞いて，答えとして最も適切なものを選ぶ問題〕

(1) ①　ア　Because he has already practiced kendo in his country.
イ　Because he can practice kendo even in summer.
ウ　Because he has a strong body and mind.
エ　Because he can learn traditional Japanese culture.

②　ア　Four days a week.　　イ　Five days a week.
ウ　Every weekend.　　エ　Every day.

(2)

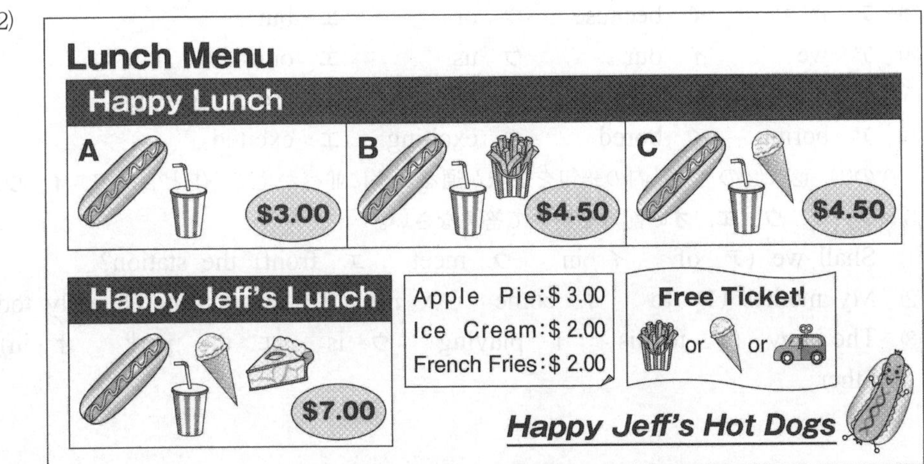

① ア $4.00.　イ $5.00.　ウ $6.00.　エ $7.00.

② ア A hot dog.　イ French fries.　ウ An ice cream.　エ A toy.

3 〔イングリッシュキャンプの班長会議でのスタッフによる説明を聞いて，班員に伝えるためのメモを完成させる問題〕

○ Hiking Program：walk along the river

Meeting Place：at the entrance

Time：meet at 8:00, (1) (　　　　) at 8:10

Things to Bring：something to (2) (　　　　), a cap

○ Speaking Program：make a speech

Meeting Place：at the meeting room on the (3) (　　　　) floor

Time：meet at 8:30

Thing to Bring：a (4) (　　　　)

2　次の１，２の問いに答えなさい。

1　次の英文中の (1) から (6) に入る語句として，下の(1)から(6)のア，イ，ウ，エのうち，それぞれ最も適切なものはどれか。

Sunday, May 10

I went fishing in the Tochigi River with my brother, Takashi. It was the (1) time for me to fish in a river. Takashi (2) me how to fish. In the morning, he caught many fish, (3) I couldn't catch any fish. At noon, we had lunch which my mother made for (4). We really enjoyed it. In the afternoon, I tried again. I saw a big fish behind a rock. I waited for a chance for a long time, and finally I caught it! It was (5) than any fish that Takashi caught. I was (6) and had a great time.

(1) ア one　イ first　ウ every　エ all

(2) ア taught　イ called　ウ helped　エ knew

(3) ア if　イ because　ウ or　エ but

(4) ア we　イ our　ウ us　エ ours

(5) ア big　イ bigger　ウ biggest　エ more big

(6) ア boring　イ bored　ウ exciting　エ excited

2　次の(1)，(2)，(3)の（　）内の語句を意味が通るように並べかえて，(1)と(2)はア，イ，ウ，エ，(3)はア，イ，ウ，エ，オの記号を用いて答えなさい。

(1) Shall we (ア of　イ in　ウ meet　エ front) the station?

(2) My mother (ア to　イ come　ウ me　エ wants) home early today.

(3) The boy (ア tennis　イ playing　ウ is　エ the park　オ in) my brother.

3 次の英文は，高校生のひろし（Hiroshi）とカナダ（Canada）からの留学生クリス（Chris）との対話の一部である。また，次のページの図はそのとき二人が見ていたチラシ（leaflet）の一部である。これらに関して，１から６までの問いに答えなさい。

Chris: Hello, Hiroshi. What are you looking at?

Hiroshi: Hi, Chris. This is a leaflet about *assistance dogs. I'm learning about them for my homework.

Chris: Oh, I see. They are the dogs for people who need some help in their lives, right? I haven't seen them in Japan. [A] assistance dogs are there in Japan?

Hiroshi: The leaflet says there are over 1,000 assistance dogs. There are three types of them. Look at the picture on the right. In this picture, a *mobility service dog is helping its user. This dog can ＿(1)＿ for the user.

Chris: They are very smart. Such dogs are necessary for the users' better lives.

Hiroshi: You're right. The user in this leaflet says that he ＿(2)＿ *thanks to his assistance dog. However, more than half of the users in Japan say that their dogs couldn't go into buildings like restaurants, hospitals, and supermarkets.

Chris: Really? In my country, assistance dogs can usually go into those buildings without any trouble.

Hiroshi: There is (3)<u>a difference between our countries.</u>

Chris: Why is it difficult for assistance dogs to go into those buildings in Japan?

Hiroshi: Because many people in Japan don't know much about assistance dogs. Some people don't think they are clean and *safe. In fact, their users take care of them to keep them clean. They are also *trained well.

Chris: I understand some people do not like dogs, but I hope that more people will know assistance dogs are [B].

Hiroshi: I hope so too. Now, I see many shops and restaurants with the *stickers to welcome assistance dogs.

Chris: The situation is getting better, right?

Hiroshi: Yes, but there is (4)<u>another problem</u>. We don't have enough assistance dogs. It is hard to change this situation because it takes a lot of time to train them. Money and *dog trainers are also needed.

Chris: That's true.

Hiroshi: Look at this leaflet again. The *training center for assistance dogs needs some help. For example, we can ＿(5)＿ like clothes and toys. I think there is something I can do.

Chris: You should try it. In Canada, high school students often do some volunteer work. Through this, we learn that we are members of our *society.

Hiroshi: Wow! That's great. ⑹<u>What volunteer work can we do as high school students?</u> I'll think about it.

〔注〕 *assistance dog＝補助犬 *mobility service dog＝介助犬 *thanks to ～＝～のおかげで *safe＝安全な *train＝訓練する *sticker＝ステッカー *dog trainer＝犬を訓練する人 *training center＝訓練センター *society＝社会

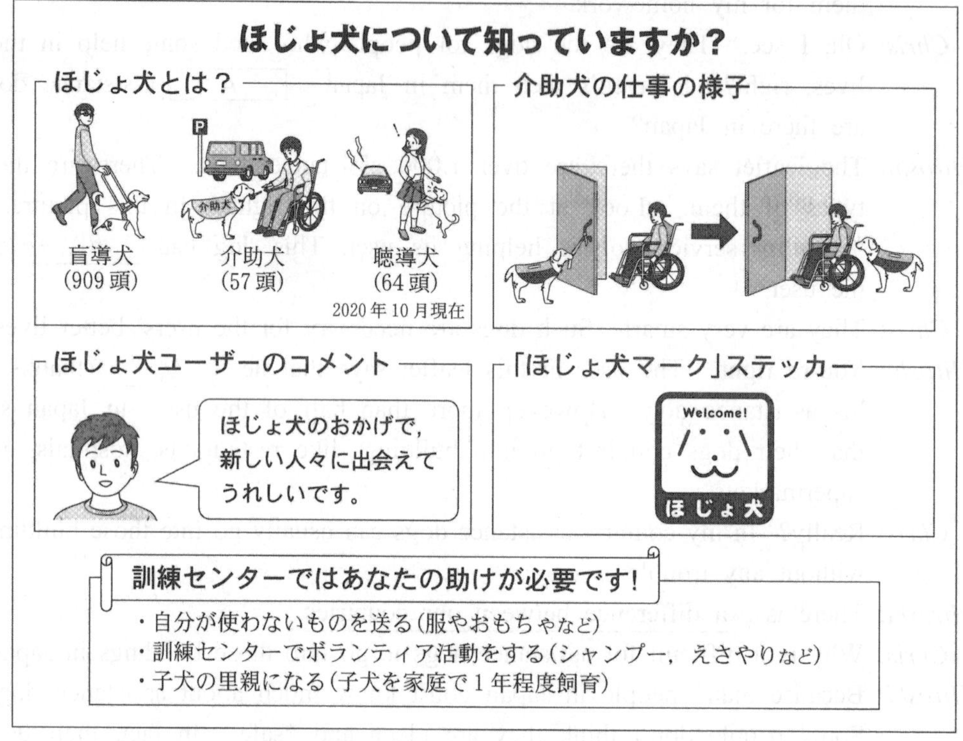

図 (「厚生労働省」，「特定非営利活動法人日本補助犬情報センター」のウェブサイトにより作成)

1 二人の対話が成り立つよう，〔A〕に入る適切な英語2語を書きなさい。

2 上のチラシを参考に，二人の対話が成り立つよう，下線部⑴，⑵，⑸に適切な英語を書きなさい。

3 下線部⑶の指す内容は何か。解答用紙の書き出しに続けて，30字以内の日本語で書きなさい。ただし，句読点も字数に加えるものとする。

4 本文中の〔B〕に入る語として，最も適切なものはどれか。

ア difficult イ important ウ loud エ popular

5 次の〔　〕内の英文は，下線部⑷の内容を表している。①，②に入る適切な英語を，本文から1語ずつ抜き出して書きなさい。

There are not enough assistance dogs for people who (①) some help in their lives. Also, it is difficult to change this situation (②) enough time, money, and dog trainers.

6 下線部⑹について，あなたなら社会や誰かのためにどのようなことができると思いますか。

つながりのある5文程度の英語で書きなさい。ただし，本文及びチラシに書かれていること以外で書くこと。

4 結衣 (Yui) とノブ (Nobu) についての次の英文を読んで，1から5の問いに答えなさい。

I was a quiet girl when I was small. I was too *shy to talk with people. Even after I became a junior high school student, I wasn't good at talking. I wanted to talk like my friends, but I couldn't. I didn't like myself very much. One day, my teacher told me and other students to go to a *nursery school for *work experience. The teacher said, "Yui, don't be afraid. I hope you'll learn something there." I said to myself, "A nursery school? I can't talk with children. How can I do that?" I felt scared.

The day came. I was still (A). I walked to the nursery school slowly. I felt it was a long way. When I got there, I saw my classmates. They were playing with children. Then some of the children came and talked to me. However, I didn't know what to say, so I didn't say a word. They went away. I was standing in the room. I felt worse. Suddenly, a boy came to me and said, "Hi! Play with me!" I tried to say something, but I couldn't. The boy didn't care about my *silence and kept talking. His name was Nobu. His stories were interesting. I listened to him and *nodded with a smile. I had a great time. He made me feel better. However, I felt that I did nothing for him.

The next day, the children went to the vegetable garden and picked tomatoes. They were picking *round red tomatoes. They looked very excited. Then I found <u>one thing</u>. Nobu was picking tomatoes which didn't look nice. I wanted to know why. Finally, I talked to him, "Why are you picking such tomatoes?" At first, he looked surprised to hear my voice, but he said in a cheerful voice, "Look! Green, *heart-shaped, big, small...." He showed the tomatoes to me and said, "They are all different and each tomato is special to me." I listened to him *attentively. He continued with a smile, "You are always listening to me. I like that. You are special to me." I said, "Really? Thank you." I felt (B) when I heard that. We looked at the tomatoes and then smiled at each other.

While I was going back home, I remembered his words. I said to myself, "Nobu is good at talking and I am good at listening. Everyone has his or her own good points. We are all different, and that difference makes each of us special." I looked at the tomatoes given by Nobu and started to *feel proud of myself.

Now I am a junior high school teacher. Some students in my class are cheerful, and some are quiet. When I see them, I always remember Nobu and the things I learned from him.

〔注〕 *shy＝恥ずかしがりの *nursery school＝保育園 *work experience＝職場体験
*silence＝沈黙 *nod＝うなずく *round＝丸い *heart-shaped＝ハート型の
*attentively＝熱心に *feel proud of ～＝～を誇らしく感じる

1 本文中の（A），（B）に入る結衣の気持ちを表している語の組み合わせとして，最も適切なものはどれか。

ア A：brave － B：shocked イ A：shocked － B：nervous
ウ A：nervous － B：glad エ A：glad － B：brave

2 次の質問に答えるとき，答えの［ ］に入る適切な英語２語を，第２段落（The day came. で始まる段落）から抜き出して書きなさい。

質問：Why did Yui feel that she did nothing for Nobu?
答え：Because she just ［ ］ him.

3 下線部の指す内容は何か。日本語で書きなさい。

4 次の［ ］は，ノブの行動や発言から，結衣が気付いたことについてまとめたものである。①に10字程度，②に15字程度の適切な日本語を書きなさい。ただし，句読点も字数に加えるものとする。

> 誰にでも（ ① ）があり，私たちはみんな違っていて，その違いが（ ② ）ということ。

5 本文の内容と一致するものはどれか。

ア Yui didn't want to talk like her friends at junior high school because she was not good at talking.

イ Some children at the nursery school went away from Yui because she didn't say anything to them.

ウ Nobu asked Yui about the different tomatoes when he was picking them in the vegetable garden.

エ Yui always tells her students to be more cheerful when she remembers the things Nobu taught her.

5 次の英文を読んで，１，２，３，４の問いに答えなさい。

Many people love bananas. You can find many ［ A ］ to eat them around the world. For example, some people put them in cakes, juice, salads, and even in soup. Bananas are also very healthy and they have other good points. In fact, bananas may *solve the problems about plastic.

Some people in India have used banana *leaves as plates, but those plates can be used only for a few days. Today, like people in other countries, people in India are using many things made of plastic. For example, they use plastic plates. After the plates are used, they are usually *thrown away. That has been a big problem. One day, an Indian boy decided to <u>solve the problem</u>. He wanted to make banana leaves stronger and use banana leaf plates longer. He studied about banana leaves, and finally he *succeeded. Now, they can reduce the plastic waste.

This is not all. A girl in *Turkey wanted to reduce plastic made from oil. Then she *focused on banana *peels because many people in the world throw them away. Finally, she found how to make plastic which is kind to the earth. Before she found it, she tried many times at home. After two years' effort, she was able to make that kind of plastic. She says that it is easy to make plastic from banana peels, so everyone [B].

Now, you understand the wonderful points bananas have. Bananas are a popular food and, at the same time, they can save the earth.

〔注〕 *solve＝解決する　*leaves＝leaf（葉）の複数形　*throw ～ away＝～を捨てる
*succeed＝成功する　*Turkey＝トルコ　*focus on ～＝～に注目する　*peel＝皮

1　本文中の [A] に入る語として，最も適切なものはどれか。

ア　days　イ　fruits　ウ　trees　エ　ways

2　下線部について，何をすることによって問題を解決しようと思ったか。日本語で書きなさい。

3　本文中の [B] に入るものとして，最も適切なものはどれか。

ア　must reduce plastic made from banana peels　イ　can eat banana peels
ウ　must stop throwing it away in the sea　エ　can make it at home

4　次の [ ] 内の英文は，筆者が伝えたいことをまとめたものである。(　) に入る最も適切なものはどれか。

> Many people in the world like eating bananas. Some use banana leaves and peels to reduce plastics. If you look around, (　　　　　　).

ア　you may find a new idea to make something good for the earth
イ　you may find plastic plates which you can use again and again
ウ　you will learn that many people like bananas all over the world
エ　you will learn that people put bananas into many kinds of food

＜理科＞

時間　45分　　満点　100点

1 次の1から8までの問いに答えなさい。

1　次のうち，化学変化はどれか。

ア　氷がとける。　　　イ　食塩が水に溶ける。

ウ　砂糖がこげる。　　エ　熱湯から湯気が出る。

2　右の図において，斜面上に置かれた物体にはたらく垂直抗力の向きは，ア，イ，ウ，エのうちどれか。

斜面　物体　ア　イ　ウ　エ

3　次のうち，惑星はどれか。

ア　太　陽　　イ　地　球　　ウ　彗（すい）星　　エ　月

4　ヒトのだ液などに含まれ，デンプンの分解にはたらく消化酵素はどれか。

ア　リパーゼ　　イ　ペプシン　　ウ　アミラーゼ　　エ　トリプシン

5　雷（かみなり）は，雲にたまった静電気が空気中を一気に流れる現象である。このように，たまった電気が流れ出したり，空間を移動したりする現象を何というか。

6　地球内部の熱などにより，地下で岩石がどろどろにとけているものを何というか。

7　受精卵が細胞分裂をして成長し，成体となるまでの過程を何というか。

8　砂糖40ｇを水160ｇに溶かした砂糖水の質量パーセント濃度は何％か。

2 図1は，3月のある日の午前9時における日本付近の気圧配置を示したものである。図2は，図1のA－B間における前線および前線面の断面を表した模式図である。

このことについて，次の1，2，3の問いに答えなさい。

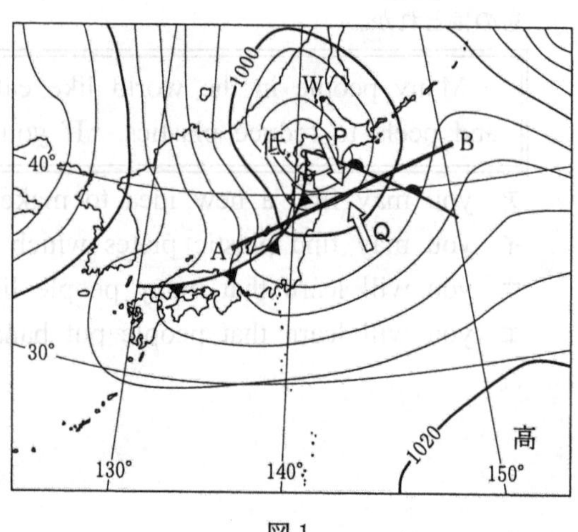

図1

1　図1の地点Wでは，天気は雪，風向は南東，風力は3であった。このときの天気の記号として最も適切なものはどれか。

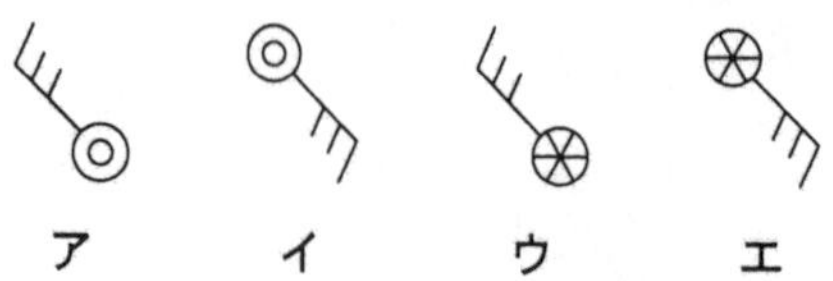

ア　　イ　　ウ　　エ

2　次のページの□内の文章は，図2（次のページ）の前線面の断面とその付近にできる雲について説明したものである。①に当てはまる記号と，②，③に当てはまる語をそれぞれ（　）の中から選んで書きなさい。

図2は，図1のA-B間の断面を①(P・Q) の方向から見たものである。前線面上の ▭ の辺りでは，寒気と暖気の境界面で②(強い・弱い) 上昇気流が生じ，③(乱層雲・積乱雲) ができる。

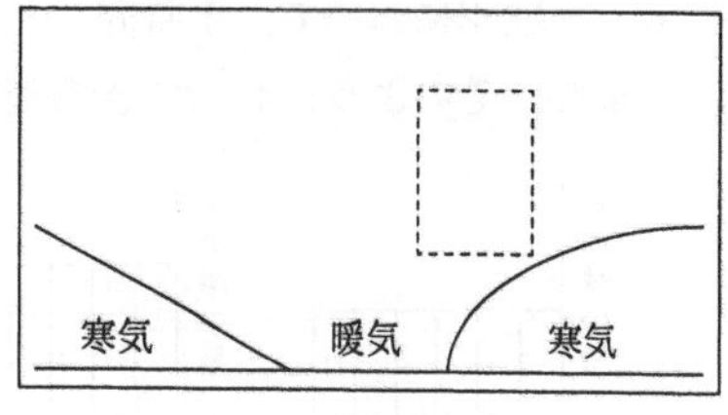

図2

3　図3は，図1と同じ日に観測された，ある地点における気温，湿度，風向のデータをまとめたものである。この地点を寒冷前線が通過したと考えられる時間帯はどれか。また，そのように判断できる理由を，気温と風向に着目して簡潔に書きなさい。

ア　0時～3時　　イ　6時～9時
ウ　12時～15時　　エ　18時～21時

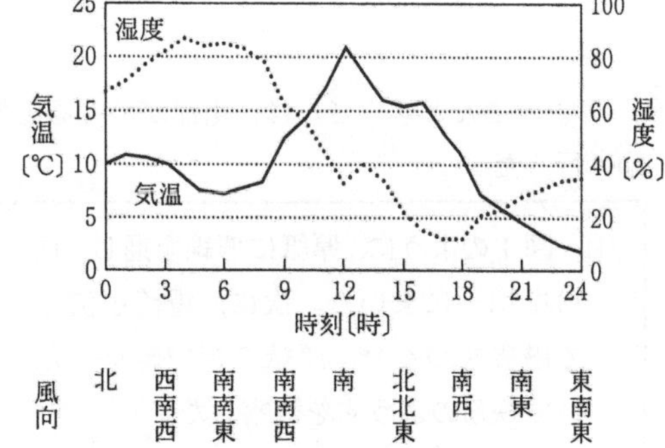

図3

3　植物の蒸散について調べるために，次の実験(1)，(2)，(3)，(4)を順に行った。

(1)　葉の数と大きさ，茎の長さと太さをそろえたアジサイの枝を3本用意し，水を入れた3本のメスシリンダーにそれぞれさした。その後，それぞれのメスシリンダーの<u>水面を油でおおい</u>，図のような装置をつくった。

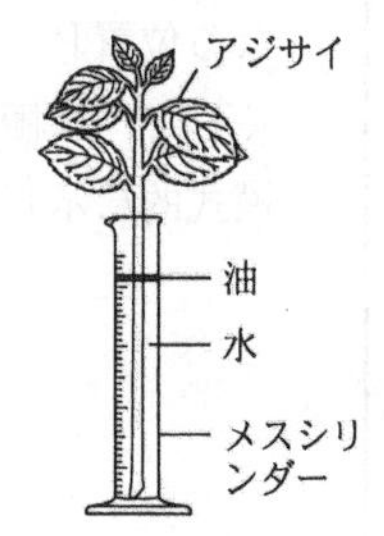

(2)　実験(1)の装置で，葉に何も処理しないものを装置A，すべての葉の表側にワセリンをぬったものを装置B，すべての葉の裏側にワセリンをぬったものを装置Cとした。

(3)　装置A，B，Cを明るいところに3時間置いた後，水の減少量を調べた。表は，その結果をまとめたものである。

	装置A	装置B	装置C
水の減少量〔cm^3〕	12.4	9.7	4.2

(4)　装置Aと同じ条件の装置Dを新たにつくり，装置Dを暗室に3時間置き，その後，明るいところに3時間置いた。その間，1時間ごとの水の減少量を記録した。

このことについて，次の1，2，3，4の問いに答えなさい。ただし，実験中の温度と湿度は一定に保たれているものとする。

1　アジサイの切り口から吸収された水が，葉まで運ばれるときの通り道を何というか。

2　実験(1)で，下線部の操作を行う目的を簡潔に書きなさい。

3　実験(3)の結果から，「葉の表側からの蒸散量」および「葉以外からの蒸散量」として，最も適切なものを，次のアからオのうちからそれぞれ一つ選び，記号で書きなさい。

ア　0.6cm^3　　イ　1.5cm^3　　ウ　2.7cm^3　　エ　5.5cm^3　　オ　8.2cm^3

4　実験(4)において，1時間ごとの水の減少量を表したものとして，最も適切なものはどれか。また，そのように判断できる理由を，「気孔」という語を用いて簡潔に書きなさい。

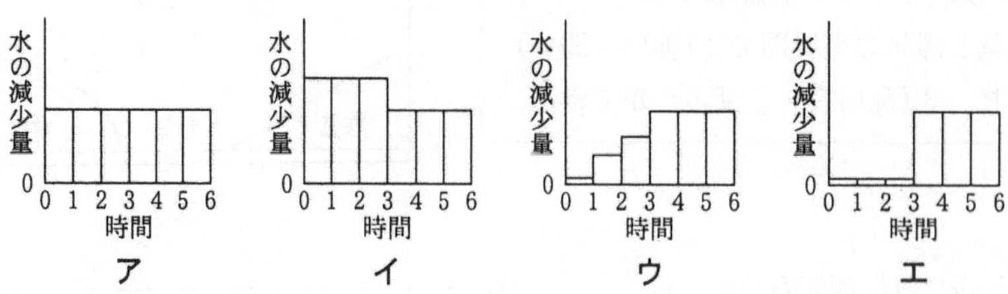

4　アキラさんとユウさんは，電流がつくる磁界のようすを調べるために，次の実験(1)，(2)，(3)を順に行った。

(1)　図1のように，厚紙に導線を通し，鉄粉を均一にまいた。次に，電流を流して磁界をつくり，厚紙を指で軽くたたいて鉄粉のようすを観察した。

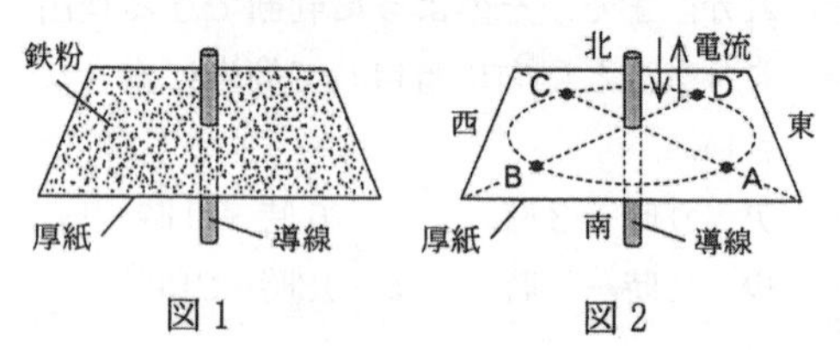

図1　図2

(2)　図2のように，導線に上向きまたは下向きの電流を流して磁界をつくり，導線から等しい距離の位置A，B，C，Dに方位磁針を置いて，N極がさす向きを観察した。

(3)　図3のように，コイルを厚紙に固定して電流を流せるようにし，コイルからの距離が異なる位置P，Qに方位磁針をそれぞれ置いた。その後，コイルに流す電流を少しずつ大きくして，N極がさす向きの変化を観察した。図4は，図3の装置を真上から見たようすを模式的に示したものである。

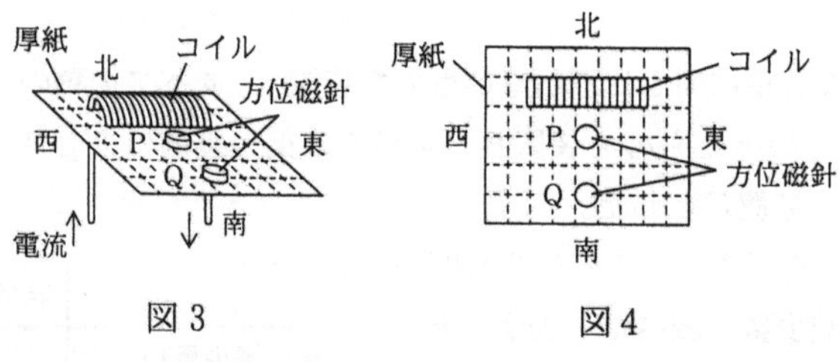

図3　図4

このことについて，次の1，2，3の問いに答えなさい。

1　実験(1)で，真上から観察した鉄粉のようすを模式的に表したものとして，最も適切なものは次のうちどれか。

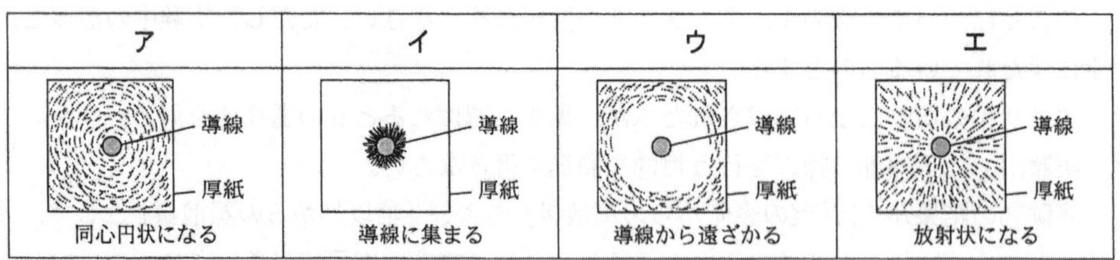

2　次のページの［　　］内は，実験(2)を行っているときのアキラさんとユウさんの会話である。

①に当てはまる語と，②に当てはまる記号をそれぞれ（　）の中から選んで書きなさい。

アキラ「電流を流したから，N極がさす向きを確認してみよう。」
ユ　ウ「電流が流れたら，位置Aでは南西向きになったよ（右図）。電流は①（上向き・下向き）に流れているよね」
アキラ「そうだよ。次は同じ大きさの電流を，逆向きに流すね。」
ユ　ウ「位置②（A・B・C・D）では，N極は北西向きになったよ。」

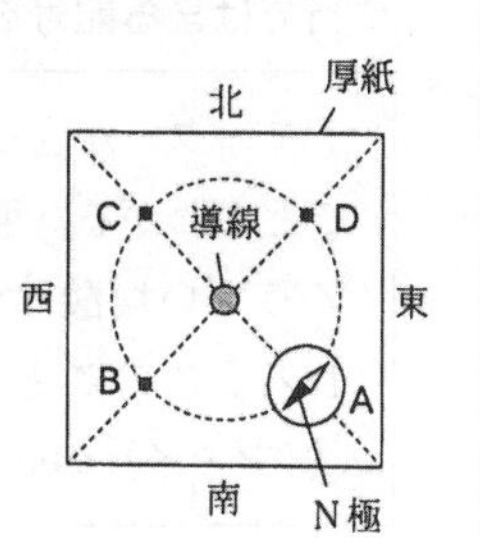

3　実験(3)について，位置P，Qに置かれた方位磁針のN極がさす向きは表のように変化した。この結果からわかることは何か。「コイルがつくる磁界の強さは」の書き出しで，簡潔に書きなさい。

	電流の大きさ			
	0	小 ⇒ 大		
位置Pの方位磁針の向き				
位置Qの方位磁針の向き				

5　電池のしくみについて調べるために，次の実験(1)，(2)，(3)を順に行った。

(1)　図のようにビーカーにうすい塩酸を入れ，亜鉛板と銅板をプロペラ付き光電池用モーターにつないだところ，モーターが回った。

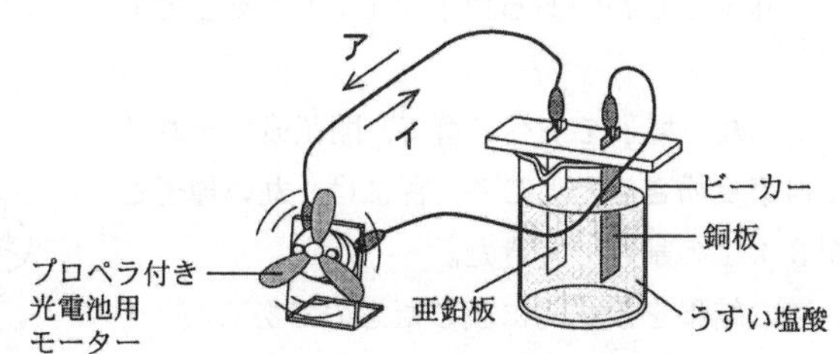

(2)　新たなビーカーに，うすい塩酸をうすい水酸化ナトリウム水溶液で中和させた溶液を入れ，実験(1)と同様に亜鉛板と銅板をプロペラ付き光電池用モーターにつないで，モーターが回るかどうかを調べた。

(3)　実験(1)において，塩酸の濃度や，塩酸と触れる金属板の面積を変えると電圧や電流の大きさが変化し，モーターの回転するようすが変わるのではないかという仮説を立て，次の実験(a)，(b)を計画した。

(a)　濃度が0.4％の塩酸に，塩酸と触れる面積がそれぞれ2 cm^2となるよう亜鉛板と銅板を入れ，電圧と電流の大きさを測定する。

(b)　濃度が4％の塩酸に，塩酸と触れる面積がそれぞれ4 cm^2となるよう亜鉛板と銅板を入れ，電圧と電流の大きさを測定する。

このことについて，次の1，2，3，4の問いに答えなさい。

1　うすい塩酸中の塩化水素の電離を表す式を，化学式とイオン式を用いて書きなさい。

2 次の [　] 内の文章は，実験⑴について説明したものである。①に当てはまる語と，②，③に当てはまる記号をそれぞれ（ ）の中から選んで書きなさい。

> モーターが回ったことから，亜鉛板と銅板は電池の電極としてはたらき，電流が流れたことがわかる。亜鉛板の表面では，亜鉛原子が電子を失い，①(陽イオン・陰イオン)となってうすい塩酸へ溶け出す。電極に残された電子は導線からモーターを通って銅板へ流れる。このことから，亜鉛板が電池の②(＋(プラス)・－(マイナス)) 極となる。つまり，電流は図中の③(ア・イ) の向きに流れている。

3 実験⑵について，モーターのようすとその要因として，最も適切なものは次のうちどれか。

ア 中和後の水溶液は，塩化ナトリウム水溶液なのでモーターは回る。

イ 中和後の水溶液は，塩化ナトリウム水溶液なのでモーターは回らない。

ウ 中和されて，塩酸と水酸化ナトリウムの性質が打ち消されたのでモーターは回る。

エ 中和されて，塩酸と水酸化ナトリウムの性質が打ち消されたのでモーターは回らない。

4 実験⑶について，実験⒜，⒝の結果を比較しても，濃度と面積がそれぞれどの程度，電圧や電流の大きさに影響を与えるかを判断することはできないことに気づいた。塩酸の濃度の違いによる影響を調べるためには，実験方法をどのように改善したらよいか，簡潔に書きなさい。

6 遺伝の規則性を調べるために，エンドウを用いて，次の実験⑴，⑵を順に行った。

> ⑴ 丸い種子としわのある種子をそれぞれ育て，かけ合わせたところ，子には，丸い種子としわのある種子が１：１の割合でできた。
>
> ⑵ 実験⑴で得られた，丸い種子をすべて育て，開花後にそれぞれの個体において自家受粉させたところ，孫には，丸い種子としわのある種子が３：１の割合でできた。
>
> 図は，実験⑴，⑵の結果を模式的に表したものである。

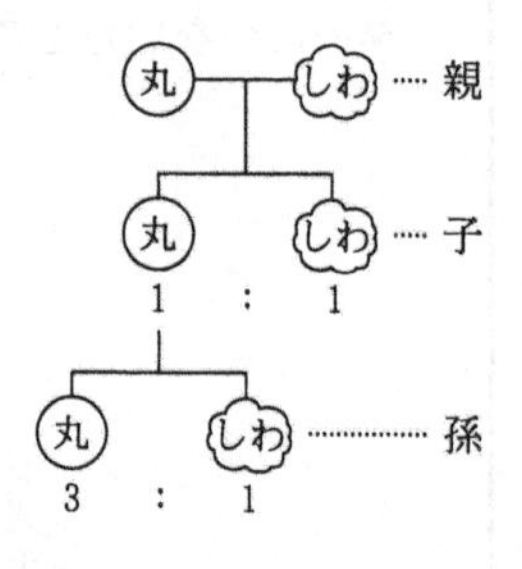

このことについて，次の１，２，３の問いに答えなさい。

1 エンドウの種子の形の「丸」と「しわ」のように，どちらか一方しか現れない形質どうしのことを何というか。

2 種子を丸くする遺伝子をＡ，種子をしわにする遺伝子をａとしたとき，子の丸い種子が成長してつくる生殖細胞について述べた文として，最も適切なものはどれか。

ア すべての生殖細胞がＡをもつ。

イ すべての生殖細胞がａをもつ。

ウ Ａをもつ生殖細胞と，ａをもつ生殖細胞の数の割合が１：１である。

エ Ａをもつ生殖細胞と，ａをもつ生殖細胞の数の割合が３：１である。

3 実験⑵で得られた孫のうち，丸い種子だけをすべて育て，開花後にそれぞれの個体において自家受粉させたとする。このときできる，丸い種子としわのある種子の数の割合を，最も簡単な整数比で書きなさい。

7 図1は，ボーリング調査が行われた地点A，B，C，Dとその標高を示す地図であり，図2は，地点A，B，Cの柱状図である。なお，この地域に凝灰岩の層は一つしかなく，地層の上下逆転や断層はみられず，各層は平行に重なり，ある一定の方向に傾いていることがわかっている。

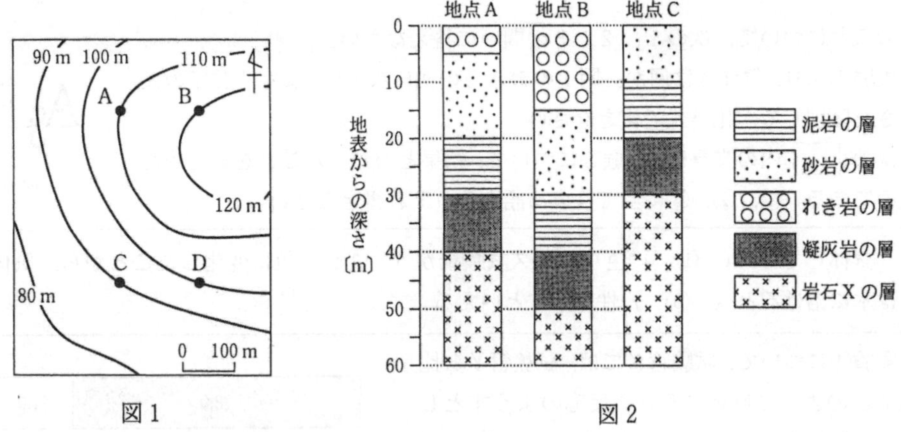

図1　　　図2

このことについて，次の1，2，3，4の問いに答えなさい。

1　地点Aの砂岩の層からアンモナイトの化石が見つかったことから，この層ができた地質年代を推定できる。このように地層ができた年代を知る手がかりとなる化石を何というか。

2　採集された岩石Xの種類を見分けるためにさまざまな方法で調べた。次の□内の文章は，その結果をまとめたものである。①に当てはまる語を（　）の中から選んで書きなさい。また，②に当てはまる岩石名を書きなさい。

> 岩石Xの表面をルーペで観察すると，等粒状や斑状の組織が確認できなかったので，この岩石は①(火成岩・堆積岩) であると考えた。そこで，まず表面をくぎでひっかいてみると，かたくて傷がつかなかった。次に，うすい塩酸を数滴かけてみると，何の変化も見られなかった。これらの結果から，岩石Xは（　②　）であると判断した。

3　この地域はかつて海の底であったことがわかっている。地点Bの地表から地下40mまでの層の重なりのようすから，水深はどのように変化したと考えられるか。粒の大きさに着目して，簡潔に書きなさい。

4　地点Dの層の重なりを図2の柱状図のように表したとき，凝灰岩の層はどの深さにあると考えられるか。解答用紙の図に ■■■ のようにぬりなさい。

8 気体A，B，C，Dは，二酸化炭素，アンモニア，酸素，水素のいずれかである。気体について調べるために，次の実験⑴，⑵，⑶，⑷を順に行った。

> ⑴　気体A，B，C，Dのにおいを確認したところ，気体Aのみ刺激臭がした。
>
> ⑵　気体B，C，Dをポリエチレンの袋に封入して，実験台に置いたところ，気体Bを入れた袋のみ浮き上がった。
>
> ⑶　気体C，Dをそれぞれ別の試験管に集め，水でぬらしたリトマス試験紙を入れたところ，

気体Cでは色の変化が見られ，気体Dでは色の変化が見られなかった。
(4) 気体C，Dを1：1の体積比で満たした試験管Xと，空気を満たした試験管Yを用意し，それぞれの試験管に火のついた線香を入れ，反応のようすを比較した。

このことについて，次の1，2，3の問いに答えなさい。

1 実験(1)より，気体Aは何か。図1の書き方の例にならい，文字や数字の大きさを区別して，化学式で書きなさい。

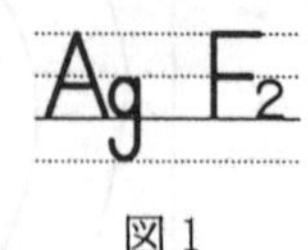

図1

2 次の□内の文章は，実験(3)について，結果とわかったことをまとめたものである。①，②，③に当てはまる語をそれぞれ書きなさい。

気体Cでは，（ ① ）色リトマス試験紙が（ ② ）色に変化したことから，気体Cは水に溶けると（ ③ ）性を示すといえる。

3 実験(4)について，試験管Xでは，試験管Yと比べてどのように反応するか。反応のようすとして，適切なものをア，イ，ウのうちから一つ選び，記号で答えなさい。また，そのように判断できる理由を，空気の組成（体積の割合）を表した図2を参考にして簡潔に書きなさい。

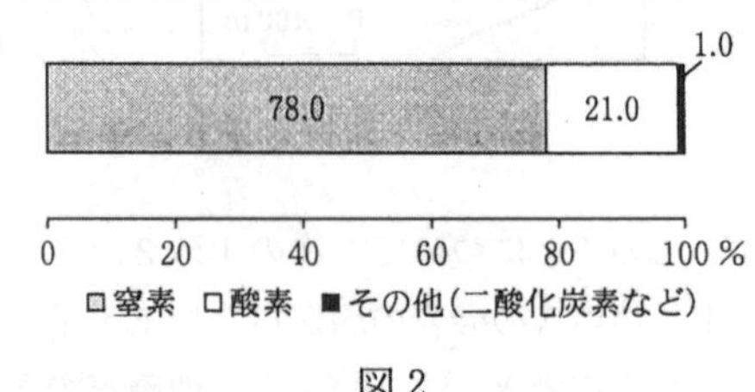

図2

ア 同じように燃える。 イ 激しく燃える。 ウ すぐに火が消える。

9 凸レンズのはたらきを調べるために，次の実験(1)，(2)，(3)，(4)を順に行った。

(1) 図1のような，透明シート（イラスト入り）と光源が一体となった物体を用意し，図2のように，光学台にその物体と凸レンズP，半透明のスクリーンを配置した。物体から発する光を凸レンズPに当て，半透明のスクリーンにイラスト全体の像がはっきり映し出されるように，凸レンズPとスクリーンの位置を調節し，Aの方向から像を観察した。

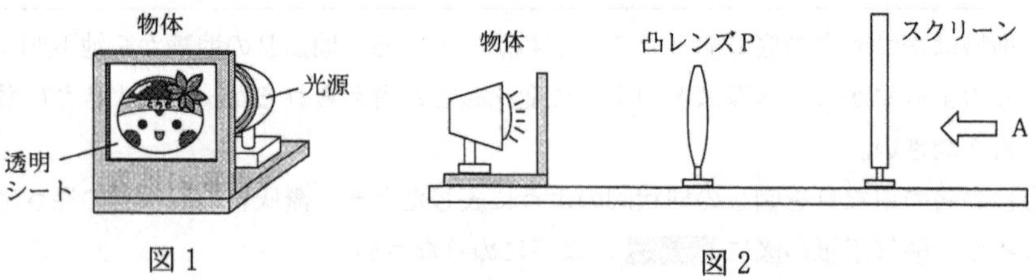

図1 図2

(2) 実験(1)で，スクリーンに像がはっきり映し出されているとき，図3のように，凸レンズPをAの方向から見て，その半分を黒いシートでおおって光を通さないようにした。
このとき，スクリーンに映し出される像を観察した。

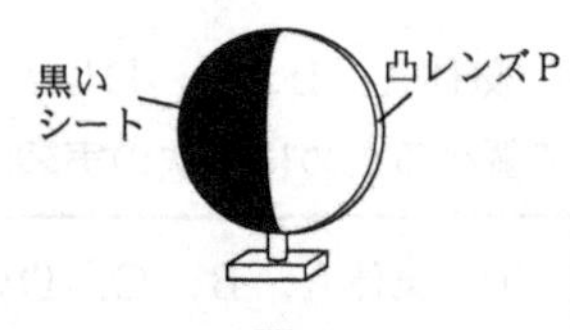

図3

(3) 図4（次のページ）のように，凸レンズPから物体までの距離a〔cm〕と凸レンズPからスクリーンまでの距離b〔cm〕を変化させ，像がはっきり映し出されるときの距離をそれぞれ調べた。

(4)　凸レンズPを焦点距離の異なる凸レンズQにかえて，実験(3)と同様の実験を行った。表は，実験(3)，(4)の結果をまとめたものである。

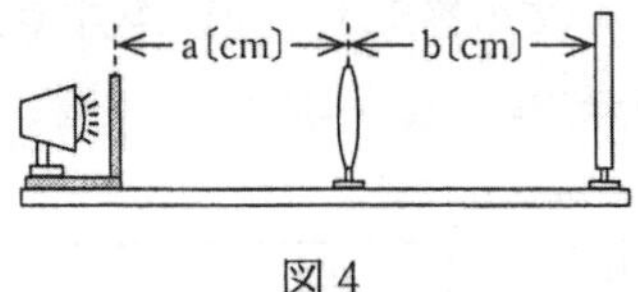

図4

	凸レンズP			凸レンズQ		
a〔cm〕	20	24	28	30	36	40
b〔cm〕	30	24	21	60	45	40

このことについて，次の1，2，3，4の問いに答えなさい。

1　実験(1)で，Aの方向から観察したときのスクリーンに映し出された像として，最も適切なものはどれか。

ア

イ

ウ

エ

2　右の図は，透明シート上の点Rから出て，凸レンズPに向かった光のうち，矢印の方向に進んだ光の道すじを示した模式図である。その光が凸レンズPを通過した後に進む道すじを，解答用紙の図にかきなさい。なお，図中の点Fは凸レンズPの焦点である。

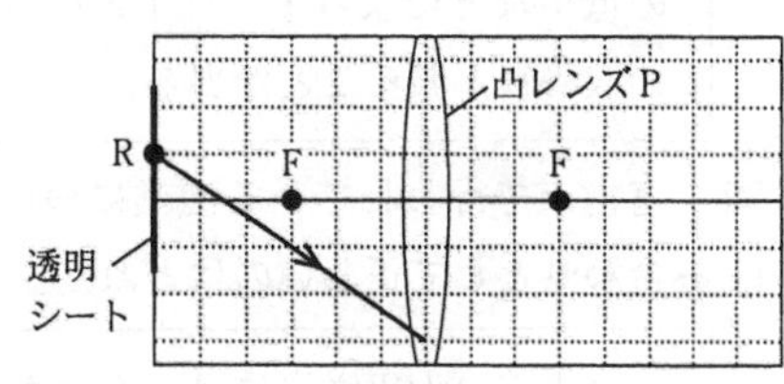

3　実験(2)で，凸レンズPの半分を黒いシートでおおったときに観察した像は，実験(1)で観察した像と比べてどのように見えるか。

ア　像が暗くなる。　　イ　像が小さくなる。

ウ　像の半分が欠ける。　　エ　像がぼやける。

4　実験(3)，(4)の結果から，凸レンズPと凸レンズQの焦点距離を求めることができる。これらの焦点距離を比較したとき，どちらの凸レンズが何cm長いか。

＜社会＞

時間 45分 満点 100点

【注意】「□に当てはまる語を書きなさい」などの問いについての答えは，一般に数字やカタカナなどで書くもののほかは，できるだけ漢字で書きなさい。

1 栃木県に住む一郎さんは，図1の4地点（本州の東西南北の端）を訪れた。これを見て，1から7の問いに答えなさい。

図1

1 大間町のある青森県や，宮古市のある岩手県について述べた，次の文中の□に当てはまる語を書きなさい。

> 東北地方の太平洋側では，夏の初め頃に冷たく湿った「やませ」とよばれる風が長い間吹くと，日照不足や気温の低下などにより□という自然災害がおこり，米の収穫量が減ることがある。

2 宮古市で行われている漁業について述べた，次の文中の Ⅰ ・ Ⅱ に当てはまる語の組み合わせとして正しいのはどれか。

> 宮古市の太平洋岸には，もともと山地の谷であった部分に海水が入り込んだ Ⅰ が見られる。この地域では，波がおだやかであることを生かし，ワカメやホタテガイ，ウニなどの Ⅱ 漁業が行われている。

ア Ⅰ－フィヨルド Ⅱ－沖合　イ Ⅰ－フィヨルド Ⅱ－養殖
ウ Ⅰ－リアス海岸 Ⅱ－沖合　エ Ⅰ－リアス海岸 Ⅱ－養殖

3 図2は，岩手県と同程度の人口規模である，滋賀県，奈良県，沖縄県における，農林業，漁業，製造業，宿泊・飲食サービス業に従事する産業別人口（2017年）を示している。製造業はどれか。

	岩手県(千人)	滋賀県(千人)	奈良県(千人)	沖縄県(千人)
ア	34.6	40.9	33.1	56.9
イ	5.2	0.6	—	1.8
ウ	98.0	190.0	103.7	33.3
エ	58.3	17.4	14.4	25.0

図2（「県勢」により作成）

4 串本町の潮岬（しおのみさき）の沖合には，暖流の影響でさんご礁が見られる。次のうち，世界最大級のさんご礁が見られる国はどれか。

ア オーストラリア　イ カナダ　ウ ノルウェー　エ モンゴル

5 一郎さんと先生の会話文を読み，(1)，(2)の問いに答えなさい。

	8月の日照時間(時間)	8月の最高気温(℃)
大阪市中央区	216.9	33.4
串本町潮岬	234.6	29.6

図3（「気象庁ウェブページ」により作成）

一郎：「8月に大阪市を経由して串本町の潮岬を訪れましたが，大阪市は潮岬と比べて，とても暑く感じました。これはなぜでしょうか。」
先生：「気象庁のウェブページで，8月の気象データの平均値を見てみましょう。」
一郎：「大阪市は潮岬より日照時間が短いのに，最高気温が高くなっています。都市の中心部では，自動車やエアコンからの排熱により周辺部と比べ気温が高くなっているからでしょうか。」

先生：「そうですね。これは，[X] 現象とよばれますね。また，周辺部と比べ気温が高くなることで，急な大雨が降ることもあります。」

一郎：「そういえば，大阪市で突然激しい雨に降られました。都市の中心部では，[Y] ので，集中豪雨の際は大規模な水害が発生するとがあると学びました。」

(1)　会話文中の [X] に当てはまる語を書きなさい。

(2)　下線部の水害が発生する理由として，会話文中の [Y] に当てはまる文を，「舗装」の語を用いて簡潔に書きなさい。

6　次の文は，一郎さんが図4中に示した━━の経路で歩いた様子について述べたものである。下線部の内容が正しいものを二つ選びなさい。

[下関駅] を出て，北側にある交番から ア 1,500m 歩き，「海峡ゆめタワー」に上り，街を眺めた。次に，イ 図書館の北を通り，ウ 下関駅よりも標高が低い「日和山公園」で休憩した。次に，「観音崎町」にある寺院を訪れた。その後，エ この寺院から北東方向にある市役所に向かった。

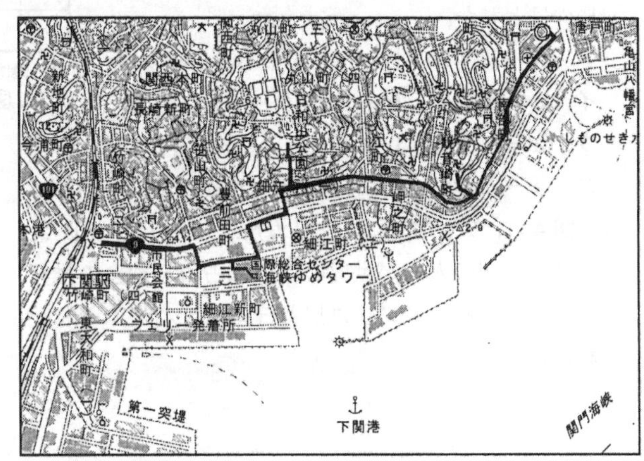

図4（国土地理院発行2万5千分の1電子地形図により作成）

7　日本の貨物輸送の特徴として，当てはまらないのはどれか。

ア　航空機は，半導体などの軽くて高価なものの輸出に利用されることが多い。

イ　高速道路のインターチェンジ付近に，トラックターミナルが立地するようになっている。

ウ　船舶は，原料や燃料，機械などの重いものを大量に輸送する際に用いられることが多い。

エ　鉄道は環境への負荷が小さいため，貨物輸送に占める割合は自動車と比べて高い。

[2]　図1は，日本の貿易相手上位10か国・地域（2018年）の位置を示している。これを見て，次のページの1から7までの問いに答えなさい。

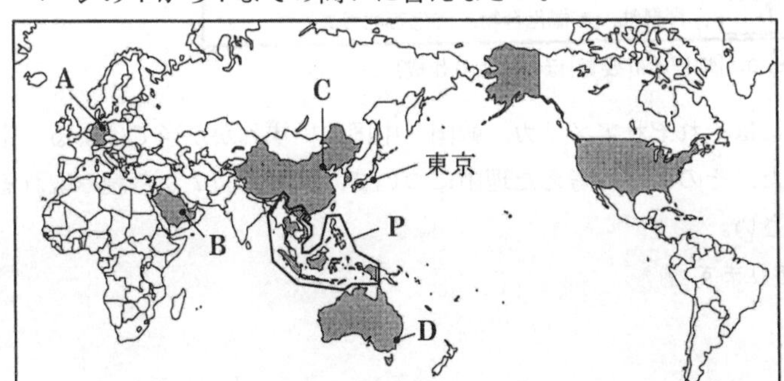

図1

	1月（℃）	7月（℃）	降水量が最も多い月の降水量(mm)
ア	0.9	19.8	59.7　(6月)
イ	−3.1	26.7	160.5　(7月)
ウ	22.9	12.5	123.1　(4月)
エ	14.5	36.6	34.4　(4月)

図2（「理科年表」により作成）

1 東京が12月1日の正午の時，12月1日の午前6時である都市は，図1中のA，B，C，Dのどれか。なお，日時は現地時間とする。

2 次の文は，図1中のPで囲んだ国々について述べたものである。文中の □ に当てはまる語を書きなさい。

> 地域の安定と発展を求めて，1967年に □ が設立され，経済，政治，安全保障などの分野で協力を進めている。

3 図2は，図1中のA，B，C，Dの都市における1月と7月の平均気温，降水量が最も多い月の降水量（平均値）を示している。Aの都市は，図2中のア，イ，ウ，エのどれか。

4 図3中のa，b，cには，韓国，タイ，ドイツのいずれかが当てはまる。a，b，cに当てはまる国の組み合わせとして正しいのはどれか。

ア a－韓国 b－タイ c－ドイツ
イ a－韓国 b－ドイツ c－タイ
ウ a－ドイツ b－韓国 c－タイ
エ a－ドイツ b－タイ c－韓国

	主な宗教の人口割合(%)	
a	キリスト教 56.2	イスラム教 5.1
b	仏教 94.6	イスラム教 4.3
c	キリスト教 27.6	仏教 15.5

注)韓国，タイは2015年，ドイツは2018年

図3（「The World Fact Book」により作成）

5 図4は，アジア州，アフリカ州，ヨーロッパ州，北アメリカ州の人口が世界の人口に占める割合の推移を示している。アフリカ州とヨーロッパ州はそれぞれどれか。

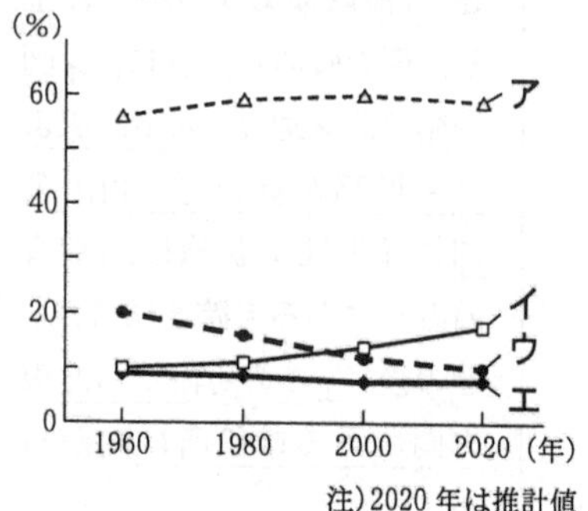

注)2020年は推計値

図4（「世界の統計」により作成）

6 図5は，インドネシア，サウジアラビア，オーストラリアからの日本の主な輸入品目（2018年）を示している。オーストラリアはA，Bのどちらか。また，C，Dには，石油か石炭のいずれかが当てはまる。石油はC，Dのどちらか。なお，同じ記号には同じ語が当てはまる。

	日本の主な輸入品目
A	C，液化天然ガス，鉄鉱石，牛肉
インドネシア	金属鉱と金属くず，C，液化天然ガス，電気機器
B	D，揮発油，有機化合物，液化石油ガス

図5（「地理統計要覧」ほかにより作成）

7 図6，図7中のX，Y，Zにはそれぞれアメリカ，韓国，中国のいずれかが当てはまる。中国はX，Y，Zのどれか。また，そのように考えた理由について，図6，図7から読み取れることをふまえ，簡潔に書きなさい。

（図6，図7は次のページにあります。）

日本への輸出額上位3品目とその割合(%)

	1996年		2016年	
X	コンピュータ	7.4	電気機器	15.5
	穀物	5.5	一般機械	15.0
	肉類	4.5	航空機類	7.2
Y	衣類	27.0	電気機器	29.7
	魚介類	5.2	一般機械	16.5
	原油	4.1	衣類と同付属品	11.2
Z	半導体等電子部品	15.6	電気機器	17.6
	石油製品	9.5	化学製品	14.2
	鉄鋼	9.2	一般機械	13.2

図6(「データブックオブザワールド」により作成)

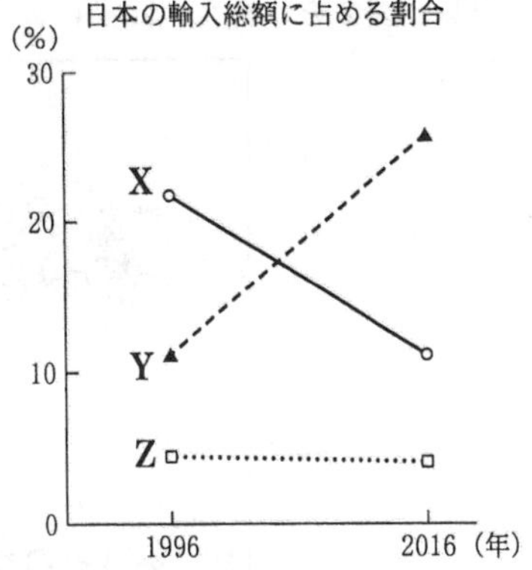

図7(「データブックオブザワールド」により作成)

3 次のAからDは，古代から近世までの資料とその説明である。これを読み，1から7までの問いに答えなさい。

	資料	説明
A	木簡	ⓐ地方の特産物を納める税として，平城京に運ばれた海産物などが記されていた。
B	明銭	ⓑ明との貿易が始まった時期に輸入された銅銭。土器に大量に入れられ，埋められていた。
C	鉄剣	5世紀頃つくられた稲荷山古墳（埼玉県）から出土し，「獲加多支鹵大王（わかたける）」と刻まれていた。また，江田船山古墳（熊本県）でも同様の文字が刻まれた鉄刀が出土した。
D	高札（こうさつ）	犬や猫をひもでつなぐことを禁止するという，ⓒ生類憐みの令の内容が記されていた。

1　Aの資料が使われていた時期のできごととして当てはまるのはどれか。

ア　一遍がおどり念仏を広めた。　**イ**　仏教が初めて百済から伝わった。

ウ　『万葉集』がまとめられた。　**エ**　『新古今和歌集』が編集された。

2　下線部ⓐについて，この税を何というか。

3　Bの資料が使われていた時期の社会について述べた，次の文中の □ に当てはまる語を書きなさい。

> 商工業者による同業者の団体である □ が，貴族や寺社の保護のもと，営業の権利を独占した。

4　下線部ⓑについて，日本の正式な貿易船と倭寇とを区別するための証明書を何というか。

5　Cの資料について，(1)，(2)の問いに答えなさい。

(1)　**図1**は，稲荷山古墳や江田船山古墳と同じ形をした古墳の模式図である。この形の古墳を何というか。

図1

(2)　次のページの**図2**は，3世紀と5世紀における**図1**と同じ形をした古墳の分布図である。大和地方を中心とする大和政権（ヤマト王権）の勢力範囲が，3世紀から5世紀にかけてどのように変化したと考えられるか。Cの資料の説明と図2をふまえ，簡潔に書きなさい。

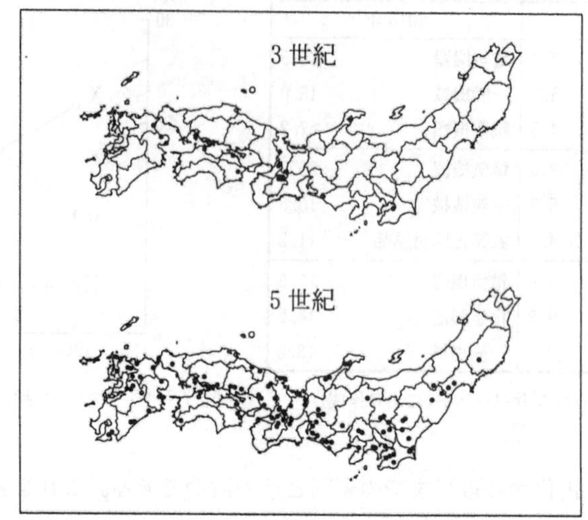

図2

6　下線部ⓒを出した人物が行った政策について，正しく述べているのはどれか。

ア　裁判の基準となる公事方御定書を制定するとともに，庶民の意見を聞く目安箱を設置した。

イ　参勤交代の制度を定め，1年おきに領地と江戸を大名に往復させることとした。

ウ　倹約令を出すとともに，旗本や御家人の生活難を救うため，借金を帳消しにした。

エ　朱子学を重視し，武力にかわり学問や礼節を重んじる政治への転換をはかった。

7　AからDの資料を，年代の古い順に並べ替えなさい。

4　次の文を読み，1から5までの問いに答えなさい。

日本が国際博覧会に初めて参加したのは，幕末のⓐパリ博覧会（1867年）である。明治時代初頭には，条約改正交渉と欧米視察を行ったⓑ日本の使節団がウィーン博覧会（1873年）を訪れた。その後も，日本はⓒセントルイス博覧会（1904年）などに参加した。また，日本は，博覧会を1940年に開催することを計画していたが，ⓓ国内外の状況が悪化し，実現できなかった。ⓔ日本での博覧会の開催は第二次世界大戦後となった。

1　下線部aに関して，⑴，⑵，⑶の問いに答えなさい。

⑴　日本は，パリ博覧会に生糸を出品した。その後，生糸の増産と品質向上を目指し，1872年に群馬県に建てられた官営工場（官営模範工場）を何というか。

⑵　日本は，パリ博覧会に葛飾北斎の浮世絵を出品した。このことは，浮世絵がヨーロッパで紹介される一因となった。次のうち，葛飾北斎と同時期に活躍した浮世絵師はどれか。

ア　狩野永徳　　イ　歌川広重

ウ　尾形光琳　　エ　菱川師宣

⑶　薩摩藩は，パリ博覧会に参加するなど，ヨーロッパの列強との交流を深めていった。列強と交流するようになった理由を，図1（次のページ）から読み取れることをふまえ，「攘夷」の語を用いて，簡潔に書きなさい。

年	薩摩藩のできごと
1863	薩英戦争
1865	イギリスへの留学生派遣 イギリスから武器を購入
1866	薩長同盟
1867	パリ博覧会参加

図1

2　下線部ⓑについて，この使節団を何というか。

3　下線部ⓒに関して，セントルイス博覧会が開催されていた頃，日本はロシアと戦争を行っていた。図2中のア，イ，ウ，エのうち，日露戦争開戦時に日本の領土であったのはどれか。

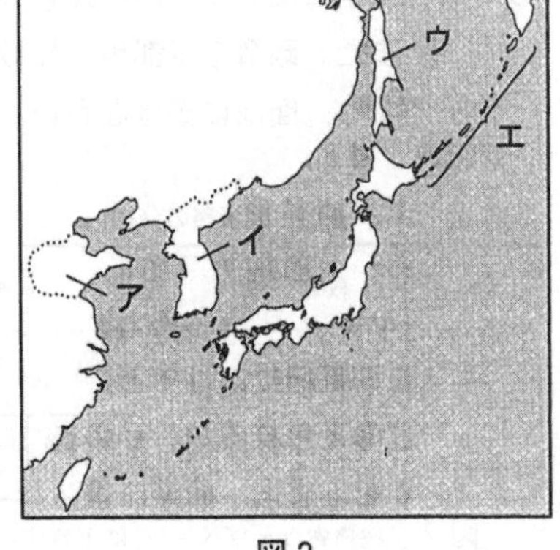

図2

4　下線部ⓓに関して，日本が国際連盟を脱退した後の状況について，正しく述べているのはどれか。

ア　米騒動が全国に広がった。

イ　世界恐慌がおこった。

ウ　五・一五事件がおきた。

エ　日中戦争が始まった。

5　下線部ⓔに関して述べた，次の文中の［Ⅰ］，［Ⅱ］に当てはまる語の組み合わせとして，正しいのはどれか。

> ［Ⅰ］内閣は，アメリカと交渉をすすめ，1972年に［Ⅱ］を実現させた。このことを記念して，1975年に国際海洋博覧会が開催された。

ア　Ⅰ－佐藤栄作　Ⅱ－日中国交正常化　　イ　Ⅰ－吉田茂　Ⅱ－日中国交正常化

ウ　Ⅰ－佐藤栄作　Ⅱ－沖縄の日本復帰　　エ　Ⅰ－吉田茂　Ⅱ－沖縄の日本復帰

［5］　1から4までの問いに答えなさい。

1　図1は，三権の抑制と均衡の関係を示している。次の⑴，⑵の問いに答えなさい。

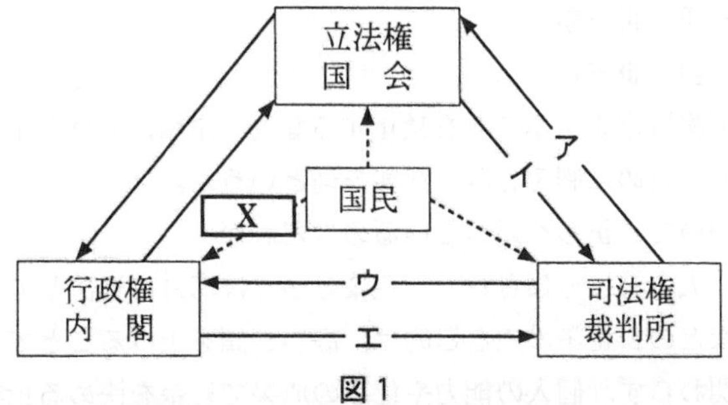

図1

⑴　図1中のア，イ，ウ，エのうち，「弾劾裁判所の設置」を表す矢印はどれか。

⑵　次のページ文中と図1中の［X］に共通して当てはまる語は何か。

> 国民のまとまった意見や考え方を [X] とよび，その形成にはテレビや新聞などのマスメディアの影響が大きいといわれている。

2 累進課税について，正しく述べているのはどれか。

ア 高所得者ほど，高い税率が適用される。

イ 景気に左右されず，一定の税収が見込める。

ウ 生鮮食品に対して，税率が軽減される。

エ 所得が少ない人ほど，税負担の割合が高い。

3 地方自治に関して，国と比較した地方の行政事務の特徴を図2から読み取り，簡潔に書きなさい。また，政令指定都市と比較した小都市の歳入の特徴を図3から読み取り，地方交付税の役割にふれ，簡潔に書きなさい。

主な行政事務の分担

	教育	福祉	その他
国	・大学	・医師等免許	・防衛 ・外交
地方 (市町村)	・小中学校 ・幼稚園	・国民健康保険 ・ごみ処理	・消防 ・戸籍

図2（「総務省ウェブページ」により作成）

歳入に占める割合と，人口一人当たり歳入額

	地方税 (%)	地方交付税 (%)	一人当たり歳入額 (千円)
政令指定都市	41.2	5.1	509
小都市 (人口10万人未満)	27.1	23.3	498

図3（「総務省令和2年版地方財政白書」により作成）

4 経済活動に関して，次の(1)，(2)，(3)の問いに答えなさい。

(1) 日本銀行に関する次の文Ⅰ，Ⅱ，Ⅲの正誤の組み合わせとして，正しいのはどれか。

> Ⅰ 日本で流通している紙幣を発行するため，「発券銀行」とよばれている。
> Ⅱ 国民から集めた税金の使い道を決定するため，「政府の銀行」とよばれている。
> Ⅲ 一般の銀行との間でお金の出し入れをするため，「銀行の銀行」とよばれている。

ア Ⅰ－正 Ⅱ－正 Ⅲ－誤

イ Ⅰ－正 Ⅱ－誤 Ⅲ－正

ウ Ⅰ－正 Ⅱ－誤 Ⅲ－誤

エ Ⅰ－誤 Ⅱ－正 Ⅲ－正

オ Ⅰ－誤 Ⅱ－正 Ⅲ－誤

カ Ⅰ－誤 Ⅱ－誤 Ⅲ－正

(2) 企業が不当な価格協定を結ぶことを禁止するなど，市場における企業どうしの公正かつ自由な競争を促進するために制定された法律を何というか。

(3) 日本の企業について，正しく述べているのはどれか。

ア 企業の9割は大企業に分類され，大企業の多くは海外に進出している。

イ 水道やバスなどの公企業の主な目的は，高い利潤を上げることである。

ウ 勤務年数に関わらず，個人の能力や仕事の成果で賃金を決める企業も増えている。

エ 企業の代表的な形態は株式会社であり，株主は企業に対してすべての責任を負う。

6　ゆきさんと先生の会話文を読み，1から6までの問いに答えなさい。

ゆき：「日本はⓐ少子高齢化に対応するため，社会保障の充実を図っています。例えば，［A］制度は，40歳以上のすべての国民が加入し，公的な支援を受けられる社会保険の一つですね。」
先生：「そのような社会保障のしくみは，ⓑ日本国憲法における基本的人権の尊重の考え方に基づいています。ⓒ人権を保障するには，ⓓ民主主義による政治を行うことが重要ですね。」
ゆき：「3年後には有権者になるので，ⓔ実際の選挙について，調べてみようと思います。」

1　下線部ⓐに関して，働く人の数が減少することを見据え，性別に関わらず，働きやすい職場環境を整えることが大切である。雇用における女性差別を禁止する目的で，1985年に制定された法律を何というか。

2　会話文中の［A］に当てはまる語を書きなさい。

3　下線部ⓑに関して，次の⑴，⑵の問いに答えなさい。

⑴　次の文は日本国憲法の一部である。文中の［　］に当てはまる語を書きなさい。

すべて国民は，個人として尊重される。生命，自由及び幸福追求に対する国民の権利については，［　］に反しない限り，立法その他国政の上で，最大の尊重を必要とする。

⑵　図1は，憲法改正の手続きを示している。［Ⅰ］，［Ⅱ］に当てはまる語の組み合わせとして正しいのはどれか。

各議院(衆議院と参議院)の総議員の［Ⅰ］の賛成 → 改正の発議 → ［Ⅱ］を行い，国民の承認を得た上で改正案が成立 → 天皇が国民の名において公布

図1

ア　Ⅰ－3分の2以上　Ⅱ－国民投票　　イ　Ⅰ－3分の2以上　Ⅱ－国民審査
ウ　Ⅰ－過半数　Ⅱ－国民投票　　エ　Ⅰ－過半数　Ⅱ－国民審査

4　下線部ⓒに関して述べた，次の文中の［Ⅰ］，［Ⅱ］に当てはまる語の組み合わせとして，正しいのはどれか。なお，同じ記号には同じ語が当てはまる。

警察が逮捕などをする場合，原則として裁判官が出す［Ⅰ］がなければならない。また，被告人が経済的な理由で［Ⅱ］を依頼できない場合は，国が費用を負担して［Ⅱ］を選ぶことになっている。

ア　Ⅰ－令状　Ⅱ－検察官　　イ　Ⅰ－令状　Ⅱ－弁護人
ウ　Ⅰ－証拠　Ⅱ－検察官　　エ　Ⅰ－証拠　Ⅱ－弁護人

5　下線部ⓓに関して，議会制民主主義における考え方として**当てはまらない**のはどれか。

ア　法の下の平等　　イ　多数決の原理　　ウ　少数意見の尊重　　エ　人の支配

6　下線部ⓔに関して，ゆきさんは，2019年の参議院議員選挙について調べ，若い世代の投票率が他の世代よりも低いことに気付いた。この課題について，図2，図3をふまえ，どのような解決策が考えられるか，簡潔に書きなさい。

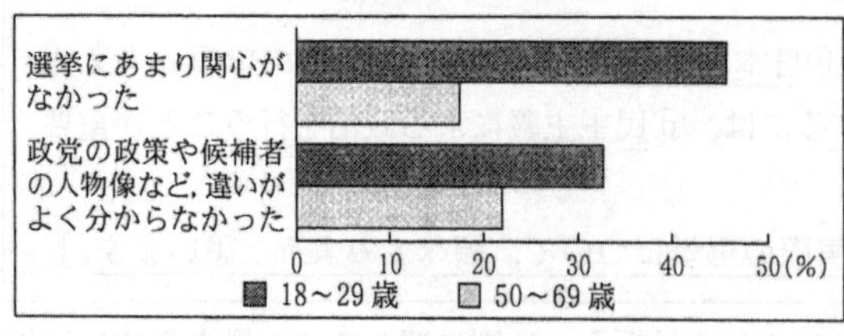

図2（「参議院議員選挙全国意識調査」により作成）

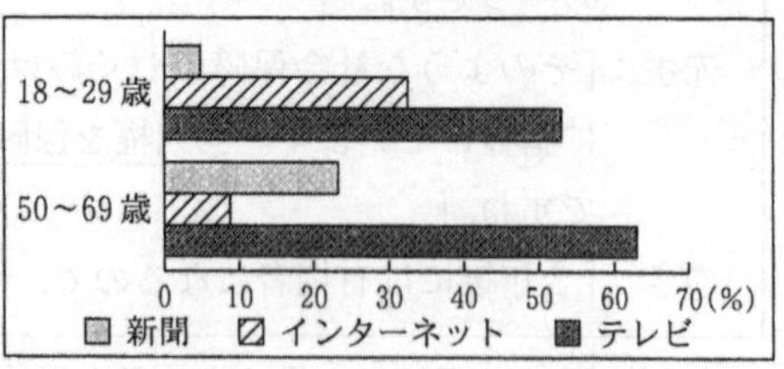

図3（「参議院議員選挙全国意識調査」により作成）

従って生きていけるだろう。

ウ　清澄ならば実社会に出て多くの経験を積み、自分の弱さを克服して生きていけるだろう。

エ　清澄ならば言葉の感覚を磨き、他者との意思疎通を大切にしながら生きていけるだろう。

5　「世の中が便利になること」について、あなたの考えを国語解答用紙(2)に二百四十字以上三百字以内で書きなさい。
なお、次の《条件》に従って書くこと。

《条件》

(Ⅰ)　二段落構成とすること。

(Ⅱ)　各段落は次の内容について書くこと。

第一段落

・あなたが世の中にあって便利だと思っているものについて、具体的な例を挙げて説明しなさい。例は、あなたが直接体験したことでも見たり聞いたりしたことでもよい。

第二段落

・第一段落に書いたことを踏まえて、「世の中が便利になること」について、あなたの考えを書きなさい。

た。指先にやわらかい絹が触れた瞬間、涙がこぼれそうになる。真剣な顔でひと針ひと針これを縫っていた清澄の横顔を思い出してしまった。［ウ］

「一からって、デザイン決めからやりなおすの？」

「(2)そうなるね。」

「手伝う時間が減るかもしれんわ、おばあちゃん。……プールに通うことにしたから。」

「プール。」

復唱する清澄には、さしたる表情の変化はなかった。どんな反応が返ってきたとしても、もう気持ちは固まっていたけど。

「そう。プール。泳ぐの。五十年ぶりぐらいやけどな。」

「そうか。……がんばってな。」

清澄はふたたび手元に視線を落とす。ぷつぷつとかすかな音を立てて、糸が布から離れていく。うつむき加減の額にかかる前髪も、皮膚も、まだ新品と言っていい。［エ］

この子にはまだ何十年もの時間がある。男だから、とか、何歳だから、あるいは日本人だから、とか、そういうことをなぎ倒して、きっと生きていける。

「七十四歳になって、新しいことはじめるのは勇気がいるけどね。」

清澄がまっすぐに、わたしを見る。わたしも、清澄を見る。

でも、というかたちに、清澄の唇が動いた。

「でも、今からはじめたら、八十歳の時には水泳歴六年になるやん。なにもせんかったら、ゼロ年のままやけど。」

やわらかな絹に触れる指が小刻みに震えてしまう。(3)そうね、という声までも震えてしまいそうになって、お腹(なか)にぐっと力をこめた。

（寺地はるな「水を縫う」から）

（注1）　鴨居＝ふすまや障子(しょうじ)の上部にある横木のこと。

（注2）　リッパー＝縫い目などを切るための小型の裁縫道具。

1　［　］に入る語句として最も適当なものはどれか。

ア　ためらいなく　　イ　楽しげに

ウ　たどたどしく　　エ　控えめに

2　(1)見たことない顔　とあるが、ここでは姉のどのような顔のことか。

ア　夢を見つけてひたむきに頑張っている顔。

イ　仕事に対してまじめに取り組んでいる顔。

ウ　家族の生活のために働いて疲れている顔。

エ　職場の誰にでも明るくほほえんでいる顔。

3　本文中の［ア］～［エ］のいずれかに、次の一文が入る。最も適当な位置はどれか。

> 自分で決めたこととはいえ、さぞかしくやしかろう。

4　(2)そうなるね　とあるが、清澄はどのように考えて、一からドレスを作り直そうとしているのか。文末が「と考えたから。」となるように三十字以内で書きなさい。ただし文末の言葉は字数に含めない。

5　(3)そうね、という声までも震えてしまいそうになって、お腹にぐっと力をこめた　とあるが、「わたし」が「お腹にぐっと力をこめた」のはなぜか。四十五字以内で書きなさい。

6　「わたし」は清澄に対してどのような思いをもっているか。その説明として最も適当なものはどれか。

ア　清澄ならば自分の生き方へのこだわりを捨て、他者と協調しながら生きていけるだろう。

イ　清澄ならば既存の価値観を打ち破り、自分の信じる生き方に

4 次の文章を読んで、1から6までの問いに答えなさい。

> 高校一年生の清澄(きよすみ)は祖母（本文中では「わたし」）に手伝ってもらいながら、得意な裁縫を生かして姉の水青(みお)のためにウェディングドレスを作っている。ある日、清澄は友達とともに、姉が働く学習塾を訪ねた。

夕方になって、ようやく清澄が帰ってきた。心なしか、表情が冴(さ)えない。具合でも悪いのだろうか。

「ちょっと、部屋に入るで。」

裁縫箱を片手に、わたしの部屋に入っていく。(注1)鴨居(かもい)にかけた、仮縫いの水青のウェディングドレス。腕組みして睨(にら)んでいると思ったら、いきなりハンガーから外して、裏返しはじめた。［ア］

「どうしたん、キヨ。」

清澄は(注2)リッパーを手にしている。ふーっと長い息を吐いてから、縫い目に挿しいれた。

「えっ。」

驚くわたしをよそに、清澄はどんどんドレスの縫い目をほどいていく。

「水青になんか言われたの?」

「なんも言われてない。」

［　］ドレスを解体していく手つきと裏腹に、清澄の表情は歪(ゆが)んでいた。声もわずかに震えている。

「でも、姉ちゃんがこのドレスは『なんか違う』って言った気持ちが、なんとなくわかったような気がする。」

学習塾に行った時、水青はしばらく清澄たちに気づかずに、仕事をしていたという。「パソコンを操作したり、講師の人となんか喋(しゃべ)ったりする顔が。」と言いかけてしばらく黙る。［イ］

「なんて言うたらええかな。知らない人みたい、ともちょっと違うし……うん。でもとにかく、(1)見たことない顔やった。」

清澄はリッパーをあつかう手をとめて、空中を睨んでいた。そこに、次に言うべき言葉が漂っているみたいに、真剣な顔で。

「たぶん僕、姉ちゃんのことあんまりわかってなかった。」

生活していくために働いている。やりたいことか夢とか、そんなのはいっさいない。いつもそう言っている水青の仕事はきっとつまらないものなのだと決めつけていた、のだそうだ。

「でも仕事してる姉ちゃん、すごい真剣っぽかった。」

「はあ。」

「生活のために割りきってる、ってことと、真剣やないってこととは違うんやと思った。」

でもそれが、なぜドレスをほどく理由になるのか、わたしには今いちわからない。

「姉ちゃんはな、ただわかってないだけやと思っとってん。ドレスのこととか、ぜんぶ。僕とおばあちゃんに任せたらちゃんと姉ちゃんがいちばんきれいに見えるドレスをつくってあげられるのにって。どっかでちょっと、姉ちゃんのこと軽く見てたと思う。わかってない人って決めつけて。せやから、これはあかんねん。わかってない僕がつくったこのドレスは、たぶん姉ちゃんには似合わへん。」

水青のことを尊重していなかった。清澄が言いたいのは、要するにそういうことなのだろうか。そういうことなん？　と訊(たず)ねるのはでも、やめておく。たとえ拙い言葉でも自分の言葉で語ろうとしている。大切なことを見つけようとしている。邪魔をしてはいけない。

「わかった。そういうことなら、手伝うわ。」

自分の裁縫箱から、リッパーを取り出す。向かい合って畳に座っそう言えば、私たちはこれまで多くの小説を、「成長の物語」とか「喪失の物語」とか「和解の物語」といった類の、私たちがすでに知っている「物語」として読んでいたのではなかっただろうか。つまり、実は小説にとって「全体像」とは既知の「物語」なのである。だからこそ、私たち⑷読者は安心して小説が読めたのだ。

こう考えれば、私たちは小説を読みはじめたときから「この物語の結末はもう知っている」と思うだろう。読みはじめたばかりの小説なのに、もう全部知っているのだ。まだ知らない世界をもう知っているという□がそこにはある。読者は知らない道を歩いて、知っているゴールにたどり着く。適度なスリルと、適度な安心感があるのだ。私たちが小説に癒やされるのは、そういうときだろう。

（石原千秋「読者はどこにいるのか」から）

（注）大橋洋一＝日本の英文学者。

1 □に入る語として最も適当なものはどれか。

ア 伏線
イ 課題
ウ 逆説
エ 対比

2 ⑴こういう現象 とあるが、どのような現象か。文末が「という不思議な現象。」となるように四十字以内で書きなさい。ただし文末の言葉は字数に含めない。

3 ⑵「立方体」と答えるだろう とあるが、その理由として最も適当なものはどれか。

ア 「立方体」を知らないことによって、かえって想像力が広がり「九本の直線」に奥行きを感じるから。
イ 「立方体」を知らないので想像はできないが、目の錯覚により「九本の直線」に奥行きが生じるから。
ウ 「立方体」を知っていることにより想像力が働き、「九本の直線」に奥行きを与えて見てしまうから。
エ 「立方体」を知っていることが想像力を妨げ、「九本の直線」に奥行きを与えることができないから。

4 ⑶読者が持っているすべての情報が読者ごとの「全体像」を構成する とあるが、筆者がこのように言うのはなぜか。

ア 読者の経験によって、作品理解における想像力の働かせ方が規定されるから。
イ 読者が作品に込められた意図を想像することで、作品理解に深みが出るから。
ウ 読者の想像力が豊かになることで、作品理解において多様性が生まれるから。
エ 読者が作者の情報を得ることで、作品理解において自由な想像ができるから。

5 ⑷読者は安心して小説が読めた とあるが、筆者がこのように言うのはなぜか。五十字以内で書きなさい。

6 本文の特徴を説明したものとして最も適当なものはどれか。

ア 「図」を本文中に用いて、具体例を視覚的に示し筆者の主張と対立させている。
イ かぎ（「 」）を多く用いて、筆者の考えに普遍性があることを強調している。
ウ 漢語表現を多く用いて、欧米の文学理論と自身の理論との違いを明示している。
エ 他者の見解を引用して、それを補足する具体例を挙げながら論を展開している。

3 次の文章を読んで、1から6までの問いに答えなさい。

読者が自由に読めるということは、理論的に小説には「完成した形」とか「完全な形」がないという結論を導く。小説はいつも「未完成品」なのだ。文学理論では、読書行為について考える理論を「受容理論」と呼ぶ。英語で書かれた文学理論書を多く翻訳している大橋洋一(注)は、受容理論の観点からこの点について次のように述べている。

受容理論の観点からみると（中略）、読者とは、限られた情報から全体像(ゲシュタルト)をつくりあげること。これを読者と作者との関係からいうと、読者は作者からヒントをもらって、自分なりに全体像をつくりあげるといっていいかもしれません。（『新文学入門』岩波書店、一九九五・八）

ここで言う「全体像」は、音楽の音階を考えるとわかりやすい。「ドレミファソラシド」の音階はピアノの右側の高い音で弾いても、左側の低い音で弾いても同じように聞こえる。あるいは、ギターで弾いても同じ「ドレミファソラシド」に聞こえる。絶対音や音の種類が違うのに不思議な現象だ。(1)こういう現象について、人間には「ドレミファソラシド」という音階を「全体像」として認識する能力があるので、たとえどの音階でもどんな種類の音でも、一つ「ミ」という音を聴いただけでそれが「ドレミファソラシド」のどの位置にある音かがわかると考えるのが「全体像心理学」である。

大橋洋一の説明に戻れば、受容理論とは「文学作品というものを、完成したものではなく、どこまでいっても未完成なものである」と考えることになる。それは、あたかも「塗り絵理論」のようなものだと言うのである。「塗り絵理論」とは、読書行為はたとえば線で書かれただけの「未完成」な人形の絵を、クレヨンで色を付けて「完成」させるようなものだとする考え方である。

ここで注意すべきなのは、読者は「全体像」を名指しすることが出来るという事実である。たとえば、上のような「図」（？）を見てほしい。これは何だろうか。多くの人は(2)「立方体」と答えるだろう。だが、なぜ「九本の直線」と答えてはいけないのだろうか。もちろんそう答えてもいいはずなのだ。いや、その方が「正しい」はずである。にもかかわらずこの「図」を「立方体」と答えてしまうためには、二つの前提が想定できる。

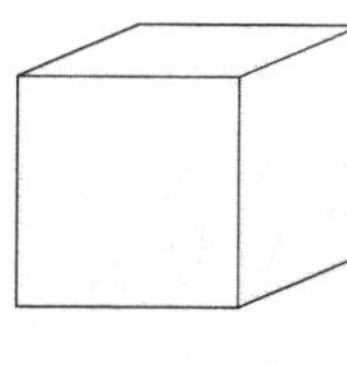

一つは、私たちの想像力がこの「図」の向こう側に回って、「九本の直線」に奥行きを与えているということだ。想像力は「全体像」を志向するのである。二つは、そのような想像力の働かせ方をするのは、私たちがあらかじめ「立方体」という「名」を、つまり「全体像」を知っているということだ。先の例でも、「ドレミファソラシド」の音階を知らない人に「ミ」だけ聴かせても、「ドレミファソラシド」という「全体像」が浮かび上がってくるはずはない。

目の前にあるテクストが「未完成」であるとか「一部分」であるとか感じるためには、読者に「全体像」がなければならないのである。つまり、読者は「全体像」を知っているという二つ目の前提が、読者は「全体像」を志向するという一つ目の前提である想像力の働き方を規定していると言える。ここでこの原理を受容理論に応用すると、「作品とは読者が自分自身に出会う場所」であって、「読書行為とは、読者が自分自身をたえず読んでゆくプロセス」（大橋洋一）だということになるのである。なぜなら、(3)読者が持っているすべての情報が読者ごとの「全体像」を構成するからである。

エ　過ちては則ち憚ること改むるに勿かれ。

2　次の文章は、駿河国（現在の静岡県）に住んでいた三保と磯田という二人の長者についての話である。これを読んで1から5までの問いに答えなさい。

時に十月の初めのころ、例のごとく、（注1）碁打ちてありけるに、三保の長者が妻にはかに（注2）虫の気付きて、なやみければ、家の内さわぎ、（注3）とよみけるうち、やすやすと、男子をぞ産みける。磯田も、このさわぎに、碁を打ちさして、やがて家に帰りけるが、これもその日、夜に入りて、妻なるもの、同じく男子を産みぬ。両家とも、さばかりの豪富なりければ、産養ひの祝ひごととて、出入る人、ひきもきらず。賑はしきこと、（注4）言へばさらなり。

さて一二日を過ぐして、長者両人出会ひて、互ひに出産の喜び、言ひ交はして、磯田言ひけるは、「御身と我と、常に碁を打ち遊びて、睦ましく語らふ中に、一日の中に、相共に、妻の出産せる事、(1)不思議と言ふべし。いかに、この子ども、今より兄弟のむすびして、生涯親しみを失はざらんやうこそ、願はしけれ。」と①言へば、三保も喜びて「さては子どもの代に至りても、ますます厚く交はるべし。」とて、盃取り交はして、もろともに誓ひをぞなしける。磯田、「名をば、いかに呼ぶべき。」と言へば、三保の長者しばし打ち案じて、「時は十月なり。十月は良月なり。御身の子は夜生まれ、我が子は、昼生まれぬれば、我が子は、白良と呼び、(2)御身の子は、黒良と呼ばんは、いかに。」と②言へば、磯田打ち笑みて、「黒白を以て、昼夜になぞらへし事おもしろし。白良は、さきに生まれ出たれば、兄と定むべし。」と言ひて、これより、いよいよ睦ましくぞ、交はりける。

（「天羽衣」から）

（注1）　碁＝黒と白の石を交互に置き、石で囲んだ地を競う遊び。
（注2）　虫の気付きて＝出産の気配があって。
（注3）　とよみけるうち＝大騒ぎしたところ。
（注4）　言へばさらなり＝いまさら言うまでもない。

1　祝ひごと　は現代ではどう読むか。現代かなづかいを用いて、すべてひらがなで書きなさい。

2　①言へ　②言へ　について、それぞれの主語にあたる人物の組み合わせとして適当なものはどれか。

ア　①　三保　②　三保
イ　①　三保　②　磯田
ウ　①　磯田　②　磯田
エ　①　磯田　②　三保

3　(1)不思議と言ふべし　とあるが、「不思議」の内容として最も適当なものはどれか。

ア　三保が碁の途中で妻の出産を予感し、帰宅してしまったこと。
イ　三保と磯田とが飽きることなく、毎日碁に夢中になれたこと。
ウ　碁打ち仲間である三保と磯田に、同じ日に子が生まれたこと。
エ　三保と磯田が碁を打つ最中、二人の妻がともに出産したこと。

4　(2)御身の子は、黒良と呼ばん　とあるが、「黒良」という名にしたのはなぜか。三十字以内の現代語で答えなさい。

5　本文の内容と合うものはどれか。

ア　磯田は二人の子どもの名付け親になれることを心から喜んだ。
イ　磯田と三保は子の代になっても仲良く付き合うことを願った。
ウ　三保の子は家の者がみんなで心配するくらいの難産であった。
エ　三保は磯田から今後は兄として慕いたいと言われて感動した。

＜国語＞

時間　五〇分　満点　一〇〇点

【注意】答えの字数が指示されている問いについては、句読点や「　」などの符号も字数に数えるものとします。

1 次の1から4までの問いに答えなさい。

1 次の――線の部分の読みをひらがなで書きなさい。

(1) 専属契約を結ぶ。　(2) 爽快な気分になる。

(3) のどを潤す。　(4) 弟を慰める。

(5) わらで作った草履。

2 次の――線の部分を漢字で書きなさい。

(1) 船がギョコウに着く。　(2) チームをヒキいる。

(3) 友人を家にショウタイする。　(4) ゴムがチヂむ。

(5) ジュクレンした技能。

3 次は、生徒たちが俳句について話している場面である。これについて、(1)から(4)までの問いに答えなさい。

> 大寺を包みてわめく木(こ)の芽かな　　高浜虚子(たかはまきょし)

Aさん「この句の季語は『①木の芽』だよね。」

Bさん「そうだね。この句は、『わめく』という表現が印象的だけれど、どういう情景を詠(よ)んだものなのかな。」

Aさん「先生から②教えてもらったのだけれど、『わめく』というのは、寺の周囲の木々が一斉に芽を（　③　）た情景だそうだよ。」

Bさん「なるほど。木々の芽が一斉に（　④　）た様子を『わめく』という言葉で表しているんだね。おもしろいね。」

Aさん「表現を工夫して、俳句は作られているんだね。私たちも俳句作りに挑戦してみようよ。」

(1) この句に用いられている表現技法はどれか。

ア 対句　イ 直喩　ウ 体言止め　エ 擬人法

(2) ①木の芽 と同じ季節を詠んだ俳句はどれか。

ア チューリップ喜びだけを持つてゐる　（細見綾子(ほそみあやこ)）

イ 転びたることにはじまる雪の道　（稲畑汀子(いなはたていこ)）

ウ 触るるもの足に搦(から)めて兜虫(かぶとむし)　（右城暮石(うしろぼせき)）

エ 道端に刈り上げて稲のよごれたる　（河東碧梧桐(かわひがしへきごとう)）

(3) ②教えてもらった を正しい敬語表現に改めたものはどれか。

ア お教えした　イ 教えていただいた

ウ お教えになった　エ 教えてくださった

(4) （③）、（④）には、「出(で)る」と「出(だ)す」のいずれかを活用させた語が入る。その組み合わせとして正しいものはどれか。

ア ③ 出し　④ 出　イ ③ 出し　④ 出し

ウ ③ 出　④ 出し　エ ③ 出　④ 出

4 次の漢文の書き下し文として正しいものはどれか。

過(あやま)チテハ則(すなは)チ勿(な)カレ㆑憚(はばか)ルコト㆑改(あらた)ムルニ。　（「論語」）

ア 過ちては則ち勿かれ憚ること改むるに。

イ 過ちては則ち憚ること勿かれ改むるに。

ウ 過ちては則ち改むるに憚ること勿かれ。

大切なことはメモしておこうネ！

T.G

2021年度

解答と解説

《2021年度の配点は解答用紙集に掲載してあります。》

＜数学解答＞

1　1　4　　2　$2ab^2$　　3　11　　4　$(x-4)^2$　　5　$(c=)-5a+2b$　　6　ア　　7　116(度)

8　$(y=)\dfrac{18}{x}$　　9　72(cm^3)　　10　$(x=)\dfrac{-5\pm\sqrt{17}}{2}$

11　$-5\leqq y\leqq 3$　　12　$\dfrac{a}{60}+\dfrac{b}{100}\leqq 20$　　13　$(x=)\dfrac{8}{5}$

14　ウ

2　1　右図　　2　$\dfrac{5}{12}$　　3　①　(AB＝)$4-4a$

②　$(a=)\dfrac{1}{5}$

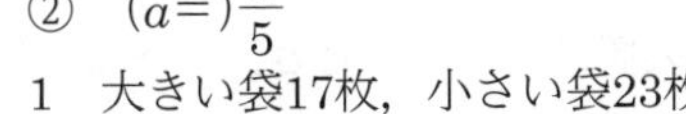

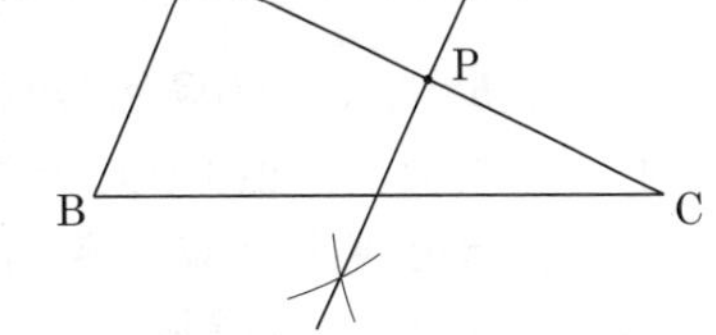

3　1　大きい袋17枚，小さい袋23枚(途中の計算は解説参照)

2　(1)　12(分)　　(2)　0.4　　(3)　10，17，19(分)

4　1　解説参照　　2　(1)　6(cm)　　(2)　$2\pi-2\sqrt{3}\,(\mathrm{cm}^2)$

5　1　9(cm^2)　　2　$y=-\dfrac{3}{2}x+30$(途中の計算は解説参照)　　3　$(t=)65$

6　1　【作り方Ⅰ】　28　　【作り方Ⅱ】　82　　2　$x=10$(途中の計算は解説参照)

3　①　$(n=)4m-39$　　②　$(n=)17,\ 21,\ 25$

＜数学解説＞

1　**(数・式の計算，式の値，因数分解，等式の変形，平方根，角度，比例関数，正四角錐の体積，二次方程式，一次関数，不等式，相似の利用，特別な平行四辺形)**

1　**正の数・負の数をひくには，符号を変えた数をたせばよい。**また，**異符号の2数の和の符号は絶対値の大きい方の符号で，絶対値は2数の絶対値の大きい方から小さい方をひいた差**だから，$-3-(-7)=(-3)+(+7)=+(7-3)=4$

2　$8a^3b^5\div 4a^2b^3=\dfrac{8a^3b^5}{4a^2b^3}=2ab^2$

3　$a=2,\ b=-3$のとき，$a+b^2=2+(-3)^2=2+9=11$

4　**乗法公式$(a-b)^2=a^2-2ab+b^2$**より，$x^2-8x+16=x^2-2\times x\times 4+4^2=(x-4)^2$

5　$a=\dfrac{2b-c}{5}$　両辺に5をかけて，$a\times 5=\dfrac{2b-c}{5}\times 5$　$5a=2b-c$　左辺の$5a$を右辺に，右辺の$-c$を左辺にそれぞれ移項して，$c=-5a+2b$

6　9の平方根は$\pm\sqrt{9}=\pm 3$より，3と-3である。アは正しい。一般に，**aを正の数とするとき，aの平方根のうち，正の方を$\sqrt{a}$，負の方を$-\sqrt{a}$と書く。**$\sqrt{16}$を根号を使わずに表すと4である。イは正しくない。$\sqrt{5}+\sqrt{7}$と$\sqrt{5+7}$が同じ値であるならば，それぞれを2乗した$(\sqrt{5}+\sqrt{7})^2$と$(\sqrt{5+7})^2$も同じ値となるが，$(\sqrt{5}+\sqrt{7})^2=(\sqrt{5})^2+2\times\sqrt{5}\times\sqrt{7}+(\sqrt{7})^2=12+2\sqrt{35}$，$(\sqrt{5+7})^2=(\sqrt{12})^2=12$で同じ値にはならない。ウは正しくない。$(\sqrt{2}+\sqrt{6})^2=(\sqrt{2})^2+2\times\sqrt{2}\times\sqrt{6}+(\sqrt{6})^2=8+4\sqrt{3}$，$(\sqrt{2})^2+(\sqrt{6})^2=2+6=8$より，$(\sqrt{2}+\sqrt{6})^2$と$(\sqrt{2})^2+(\sqrt{6})^2$は同じ値ではない。エは正しくない。

7　95°の角の頂点Dを通り直線ℓに平行な直線DEを引く。**平行線の錯角と同位角はそれぞれ等しい**から，$\angle x=180°-\angle DGF=180°-\angle EDG=180°-(\angle BDG-\angle BDE)=180°-(\angle BDG-\angle ABC)=180°-(95°-31°)=116°$

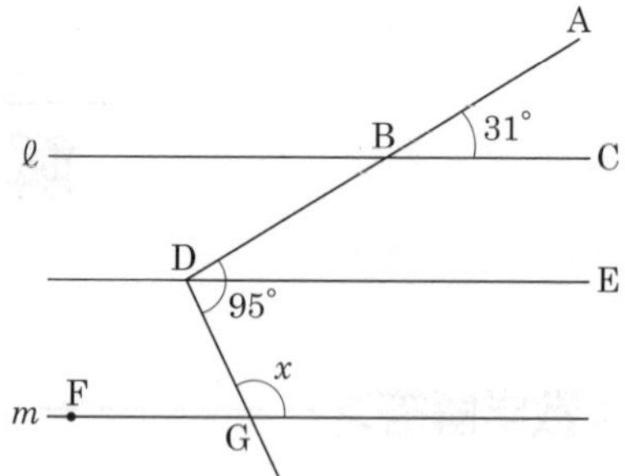

8　**yがxに反比例する**から，xとyの関係は$y=\frac{a}{x}$と表せる。問題のグラフより，$x=3$のとき$y=6$だから，$6=\frac{a}{3}$　$a=18$　よって，xとyの関係は$y=\frac{18}{x}$と表せる。

9　1辺が6cmの立方体と，底面が合同で高さが等しい正四角錐だから，正四角錐の底面積は$6\times6=36(\text{cm}^2)$，高さは6cm，体積は$\frac{1}{3}\times$底面積$\times$高さ$=\frac{1}{3}\times36\times6=72(\text{cm}^3)$

10　**2次方程式$ax^2+bx+c=0$の解は，$x=\frac{-b\pm\sqrt{b^2-4ac}}{2a}$**で求められる。問題の2次方程式は，$a=1$，$b=5$，$c=2$の場合だから，$x=\frac{-5\pm\sqrt{5^2-4\times1\times2}}{2\times1}=\frac{-5\pm\sqrt{25-8}}{2}=\frac{-5\pm\sqrt{17}}{2}$

11　一次関数$y=-2x+1$のグラフは右下がりの直線で，xの値が増加するときyの値は減少するから，yの**最小値**は$x=3$のとき，$y=-2\times3+1=-5$，yの**最大値**は$x=-1$のとき，$y=-2\times(-1)+1=3$　よって，yの**変域**は，$-5\leqq y\leqq3$

12　**(時間)$=\frac{(\text{道のり})}{(\text{速さ})}$**より，初め毎分60mで$a$m歩いたときにかかった時間は$\frac{a}{60}$分，途中から毎分100mで$b$m走ったときにかかった時間は$\frac{b}{100}$分, A地点からB地点までかかった時間は$\frac{a}{60}+\frac{b}{100}$(分)　これが20分以内であったから，この数量の関係を表す不等式は，$\frac{a}{60}+\frac{b}{100}\leqq20$

13　**相似な図形では，対応する線分の長さの比はすべて等しい**から，$\triangle ABC\backsim\triangle DEF$より，$AB:DE=AC:DF$　$x=DF=\frac{DE\times AC}{AB}=\frac{4\times2}{5}=\frac{8}{5}$

14　平行四辺形ABCDに，AB＝BCの条件が加わると，4つの辺がすべて等しくなり，平行四辺形ABCDはひし形になる。平行四辺形ABCDに，$AC\perp BD$の条件が加わると，対角線がそれぞれの中点で垂直に交わるから，平行四辺形ABCDはひし形になる。平行四辺形ABCDに，AC＝BDの条件が加わると，対角線が等しくなり，平行四辺形ABCDは長方形になる。平行四辺形ABCDに，$\angle ABD=\angle CBD$の条件が加わると，平行線の錯角より$\angle CBD=\angle ADB$だから，$\angle ABD=\angle ADB$であり，$\triangle ABD$は二等辺三角形でAB＝ADだから，4つの辺がすべて等しくなり，平行四辺形ABCDはひし形になる。

[2]　(作図，確率，図形と関数・グラフ)

1　(着眼点)点Bを通り$\triangle ABC$の面積を2等分する直線は辺ACの中点を通る。　(作図手順)次の①～②の手順で作図する。
①　点A，Cをそれぞれ中心として，交わるように半径の等しい円を描く。　②　①でつくった交点を通る直線(**辺ACの垂直二等分線**)を引き，辺ACとの交点をPとする。

2　大小2つのさいころを同時に投げるとき，全ての目の出方は$6\times6=36$(通り)。このうち，大きいさいころの出る目の数をa，小さいさいころの出る目の数をbとするとき，$a-b$の値が正の数になるのは，$a>b$のときだから，$(a,\ b)=(2,\ 1),(3,\ 1),(3,\ 2),(4,\ 1),(4,\ 2),(4,\ 3),(5,\ 1),(5,\ 2),(5,\ 3),(5,\ 4),(6,\ 1),(6,\ 2),(6,\ 3),(6,\ 4),(6,\ 5)$の15通り。よって，求める確率は，$\frac{15}{36}=\frac{5}{12}$

3　2点A，Cは$y=x^2$上にあるから，そのy座標はそれぞれ$y=(-2)^2=4$，$y=3^2=9$　よって，A$(-2,\ 4)$，C$(3,\ 9)$　また，2点B，Dは$y=ax^2$上にあるから，そのy座標はそれぞれ　$y=a\times(-2)^2=4a$，$y=a\times3^2=9a$　よって，B$(-2,\ 4a)$，D$(3,\ 9a)$　以上より，線分ABの長さはaを用いて表すと，AB＝(点Aのy座標)－(点Bのy座標)＝$4-4a$…①である。また，四角形ABDCは台形だから，その面積が26のとき，$\frac{1}{2}\times(\mathrm{AB}+\mathrm{CD})\times\{$(点Cの$x$座標)－(点Aの$x$座標)$\}=26$　つまり，$\frac{1}{2}\times\{(4-4a)+(9-9a)\}\times\{3-(-2)\}=26$　これを解いて，aの値は$\frac{1}{5}$…②となる。

3 (方程式の応用，資料の散らばり・代表値)

1　(途中の計算)(例)$\begin{cases} x+y=40\cdots① \\ 5x+3y+57=7x+4y\cdots② \end{cases}$　②より，$2x+y=57$…③　③－①より，$x=17$　①に代入して，$17+y=40$　したがって　$y=23$　この解は問題に適している。

2　(1)　資料の値の中で最も頻繁に現れる値が**最頻値**。3人で最も多い通学時間の12分が最頻値。

(2)　問題の資料を**度数分布表**に整理すると右表のようになる。

相対度数＝$\frac{\text{各階級の度数}}{\text{度数の合計}}$　度数の合計は15，5分以上10分未満の**階級**の度数は6だから，求める相対度数は$\frac{6}{15}=0.4$

階級(分)	度数(人)
以上　未満	
0 ～ 5	1
5 ～ 10	6
10 ～ 15	5
15 ～ 20	2
20 ～ 25	1
計	15

(3)　**中央値**は資料の値を大きさの順に並べたときの中央の値だから，4月に調べた資料に関して，通学時間の短い方から8番目の11分が中央値。また，**範囲＝最大の値－最小の値**＝20－3＝17(分)である。仮に，太郎さんの引越しをする前の通学時間が，3分，16分，18分，20分のいずれかであったとすると，通学時間が5分長くなることによって，中央値は変わらないが，最小の値や最大の値が変わって範囲が変わってしまうため，問題の条件に合わない。また，太郎さんの引越しをする前の通学時間が，7分，8分，9分，11分のいずれかであったとすると，通学時間が5分長くなることによって，範囲は変わらないが，中央値が12分となり変わってしまうため，問題の条件に合わない。以上より，太郎さんの引越しをする前の通学時間は，5分，12分，14分のいずれかが考えられ，引越しをした後の太郎さんの通学時間は，10分，17分，19分のいずれかである。

4 (合同の証明，円の性質，三平方の定理，線分の長さ，面積)

1　(証明)(例)△DGEと△FGCについて，△ABCで，点D，Eはそれぞれ辺AB，ACの中点であるからDE//BC…①　DE＝$\frac{1}{2}$BC…②　①よりDE//BFだから，錯角は等しいので∠GED＝∠GCF…③　∠EDG＝∠CFG…④　また，BC：CF＝2：1から　CF＝$\frac{1}{2}$BC…⑤　②，⑤より，DE＝FC…⑥　③，④，⑥より，1組の辺とその両端の角がそれぞれ等しいから，△DGE≡△FGC

2　(1)　**接線と接点を通る半径は垂直に交わる**から，∠OBA＝90°　よって，△OABは**30°，60°，90°の直角三角形で，3辺の比は2：1：$\sqrt{3}$**だから，AD＝OA＋OD＝2OB＋OB＝3OB＝3×2＝6(cm)

(2)　△OBCは∠COB＝60°でOB＝OCの二等辺三角形だから，正三角形　よって，BC＝OB＝2cm　**直径に対する円周角は90°**だから，∠CBD＝90°　よって，△BCDは30°，60°，90°の直角三角形で，3辺の比は2：1：$\sqrt{3}$だから，BD＝$\sqrt{3}$BC＝$\sqrt{3}\times2=2\sqrt{3}$(cm)　以上より，求める面積は，半円Oの面積から，直角三角形BCDの面積を引いたものだから$\pi\times\mathrm{OB}^2\times\frac{1}{2}-\frac{1}{2}\times\mathrm{BC}\times\mathrm{BD}=\pi\times2^2\times\frac{1}{2}-\frac{1}{2}\times2\times2\sqrt{3}=2\pi-2\sqrt{3}$ (cm²)

5　**(関数とグラフ)**

1　2点P，Qは同時に動き出し，ともに毎秒1cmの速さで動くから，PQ//ADであり，△APQは∠APQ＝90°，PQ＝AD＝3cmの直角三角形である。2点P，Qが動き出してから6秒後の△APQの面積は，**(道のり)＝(速さ)×(時間)**より，AP＝1(cm/s)×6(秒)＝6(cm)だから，△APQ＝$\frac{1}{2}$×PQ×AP＝$\frac{1}{2}$×3×6＝9(cm^2)

2　(途中の計算)(例)点Pが動き出して10秒後から20秒後までのグラフの傾きは，$\frac{0-15}{20-10}=-\frac{3}{2}$であるから，$x$と$y$の関係の式は$y=-\frac{3}{2}x+b$と表される。グラフは点(20，0)を通るから$0=-\frac{3}{2}\times20+b$　よって，$b=30$　したがって，求める式は$y=-\frac{3}{2}x+30$

3　2点R，Sは同時に動き出し，ともに毎秒0.5cmの速さで動くから，RS//ADであり，四角形BCSRは長方形である。2点P，Qが動き出してから，x秒後の四角形BCSRの面積を$y$cm^{2}とすると，$10\leqq x\leqq30$のとき，y＝BC×BP＝BC×(AB－AP)＝$3\times\{10-0.5(x-10)\}=-\frac{3}{2}x+45$である。同様に考えて，長方形BCSRの$x$と$y$の関係を表したグラフを，問題のグラフに重ね合わせると下図のようになる。これより，求めるtの値は，点Tのx座標である。$60\leqq x\leqq70$における△APQのxとyの関係は，2点(60，0)，(70，15)を通る直線だから，$y=\frac{3}{2}x-90$…①　$50\leqq x\leqq70$における四角形BCSRのxとyの関係は，2点(50，30)，(70，0)を通る直線だから，$y=-\frac{3}{2}x+105$…②　点Tのx座標は，①と②の連立方程式の解であり，これを解くと$(x,\ y)=(65,\ 7.5)$　以上より，$t=65$

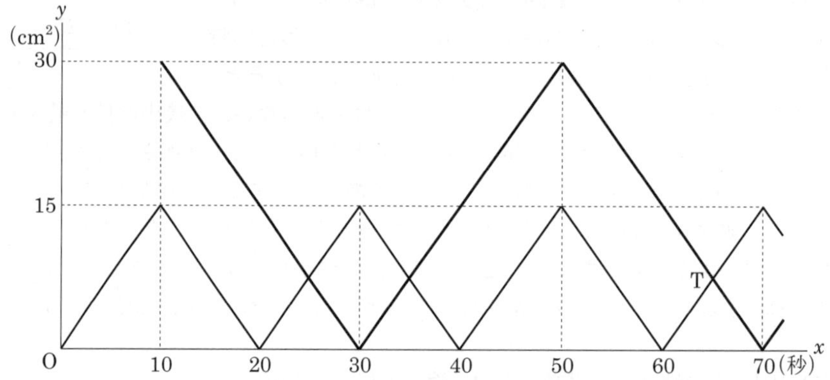

6　**(規則性，方程式の応用)**

1　【作り方Ⅰ】の7枚目のシートに書かれた数は，問題図6の記号を用いると，$(a,\ b,\ c,\ d)=(25,\ 26,\ 27,\ 28)$だから，最も大きい数は28である。また，【作り方Ⅱ】の7枚目のシートに書かれた数は，$(a,\ b,\ c,\ d)=(7,\ 32,\ 57,\ 82)$だから，最も大きい数は82である。

2　(途中の計算)(例)$a=x$，$b=x+25$，$c=x+50$，$d=x+75$　と表される。$a+2b+3c+4d=ac$に代入して，$x+2(x+25)+3(x+50)+4(x+75)=x(x+50)$　$10x+500=x^2+50x$　$x^2+40x-500=0$　$(x+50)(x-10)=0$　$x=-50$，$x=10$　xは正の整数だから，$x=10$

3　【作り方Ⅰ】のm枚目のシートの4つの数の和は，$(4m-3)+(4m-2)+(4m-1)+4m=16m-6$…③，【作り方Ⅱ】の$n$枚目のシートの4つの数の和は，$n+(n+25)+(n+50)+(n+75)=4n+150$…④だから，③と④が等しくなるとき，$n$を$m$の式で表すと，$4n+150=16m-6$より，$n=4m-39$…①　①より，$n$は$m$の1次関数であり，傾きが4であることより，$m$の値が1増加すると，$n$の値は4増加する。①の$m$の値と$n$の値が等しくなるときの$m$の値は，①の$n$に$m$を代入して，$m=4m-39$　$m=13$　以上より，①を満たすm，nのうち，$0<m<n\leqq25$となるnの値をすべて

求めると，$m=14$のとき，$n=4\times14-39=17$，$m=15$のとき，$n=4\times15-39=21$，$m=16$のとき，$n=4\times16-39=25$であり，$m\geqq17$のとき，$n>25$となり，問題の条件に合わないから，$n=17$，21，25…②である。

＜英語解答＞

1　1 (1) ア　(2) ウ　(3) イ　2 (1) ① エ　② ア　(2) ① ウ　② イ　3 (1) leave　(2) drink　(3) second　(4) dictionary

2　1 (1) イ　(2) ア　(3) エ　(4) ウ　(5) イ　(6) エ
2 (1) ウ→イ→エ→ア　(2) エ→ウ→ア→イ　(3) イ→ア→オ→エ→ウ

3　1 How many　2 (1) (例)open the door　(2) (例1)is happy to meet new people　(例2)is happy because he can meet new people
(5) (例1)send things which we do not use　(例2)send things which are not used　3 (カナダと比べ日本では，)(例)補助犬がレストランなどの建物に入るのは難しいということ。　4 イ　5 ① need　② without　6 (例1)I think I can help people in my town. For example, I will visit an elementary school. I will help the students when they do their homework. I can also visit old people who don't live with their families. I want to talk with them.
(例2)I learned that many children in the world do not have pens and notebooks. I can collect and send them to those children. I think they will be happy if they get pens and notebooks. I hope every child can get a chance to study.

4　1 ウ　2 listened to　3 (例)ノブが，見た目が良くないトマトを採っていたこと。
4 ① (例)それぞれの良い所　② (例)私たち一人一人を特別にしている　5 イ

5　1 エ　2 (例)バナナの葉を強くして，バナナの葉の皿をより長く使うこと。　3 エ
4 ア

＜英語解説＞

1 (リスニング)

放送台本の和訳は，49ページに掲載。

(英文メモの日本語訳)

○ハイキングプログラム：川沿いを歩く

集合場所：玄関

時間：8時に集合し，8時10分に(1)出発する

持ち物：(2)飲み物，帽子

○スピーキングプログラム：スピーチをする

集合場所：(3)2階の会議室

時間：8時30分に集合

持ち物：(4)辞書

2 **(語句補充問題，語句の並べ換え：序数，不定詞，接続詞，比較級，分詞の形容詞的用法，他)**

1 (全訳) 5月10日日曜日

僕は兄のタカシと栃木川へ釣りに行った。僕にとって川で釣りをするのは(1)初めてだった。タカシは僕に釣りの仕方を(2)教えてくれた。午前中，彼はたくさんの魚を捕まえた。(3)でも僕は1匹の魚も捕まえられなかった。正午に，お母さんが(4)僕たちのために作ってくれたランチを食べた。とってもおいしかった。午後，ぼくは再び挑戦した。岩の後ろに大きな魚がいるのを見た。長い時間チャンスを待ち，ついにそれを捕まえた！　タカシが捕まえたどの魚よりも(5)大きかった。僕は(6)興奮し，とても楽しい時間を過ごした。

(1) **<It was the first time(for＋人)to＋動詞の原形…>**「(人にとって)…するのは初めてだった」

(2) **<teach[taught]＋人＋how to＋動詞の原形…)>**「人に…の仕方を教える」

(3) **前後の文の関係**が対比関係。逆接の接続詞butを使うと判断する。

(4) **前置詞(for)の後ろ**の代名詞は目的格us。

(5) **<比較級bigger＋than …>「…よりも～」**

(6) 文脈から，「興奮した」。**主語が人**(この場合，I)の場合，excitingでなく，excitedを使う。

2 (1) Shall we meet in front of the station?「駅の前で待ち合わせしましょうか？」**<in front of～>**「～の前で[に]」

(2) My mother wants me to come home early today.「私の母は私に，今日は早く帰宅してほしいと思っています」**<want＋人＋to＋動詞の原形…>「人に…してほしい」**

(3) The boy playing tennis in the park is my brother.「公園でテニスをしている少年は私の兄(弟)です」【The boy←playing tennis in the park】という語句のまとまり＝【my brother】で考える。**現在分詞の形容詞的用法。**

3 **(会話文読解問題：語句補充問題・記述，絵・図・表などを用いた問題，条件英作文，他)**

(全訳) クリス：やあ，ひろし。何を見ているの？

ひろし：こんにちは，クリス。補助犬についてのパンフレットだよ。宿題としてそのことについて学んでいるんだ。

クリス：なるほど。補助犬というのは，生活で助けを必要とする人のための犬だよね？　日本では見たことがないな。日本には，A何匹の補助犬がいるの？

ひろし：パンフレットには，日本に1,000匹以上いると書いてあるよ。3つのタイプに分けることができるよ。右側の絵を見て。この絵では，介助犬がユーザーを助けているね。この犬は，ユーザーのために(1)ドアを開けることができるんだ。

クリス：彼らはとても賢いんだね。このような犬は，ユーザーがよりよい生活を送るために必要だね。

ひろし：その通り。このパンフレットの中でユーザーは，補助犬のおかげで(2)新しい人々に出会えてうれしいと言っているね。でも，日本のユーザーのうち半分以上の人は，補助犬がレストランや病院，スーパーマーケットのような建物に入ることができないと言っている。

クリス：本当に？　僕の国では，補助犬はたいてい何の問題もなくそうした建物に入れるよ。

ひろし：(3)僕たちの国の間には違いがあるね。

クリス：なぜ日本では，それらの建物に補助犬が入るのが難しいんだろう？

ひろし：日本の多くの人は，補助犬についてあまり知らないからだよ。補助犬が清潔で安全だとは思っていない人もいるんだ。実際には，ユーザーは補助犬がいつも清潔でいるように世話をしているんだよ。彼らはよく訓練もされているんだ。

クリス：犬が好きでない人もいることはわかっているけど，もっと多くの人が補助犬はB大切だということを知ってほしいな。

ひろし：僕もそう思うよ。今では，補助犬を歓迎するステッカーを貼った，店やレストランを多く見かけるね。

クリス：状況は良くなってきているんだよね？

ひろし：そうだね。でも，(4)別の問題もあるんだ。十分な数の補助犬がいないんだ。補助犬を訓練するのに多くの時間がかかるので，この状況を変えるのは大変なんだ。お金と犬を訓練する人も必要とされているよ。

クリス：ほんとうだね。

ひろし：このパンフレットをもう一度見て。補助犬の訓練センターが助けを必要としているね。例えば，僕たちが服やおもちゃのような(5)自分が使わないものを送ることができるよ。僕にもできることがあると思う。

クリス：トライしてみたらいいよ。カナダでは，高校生はよくボランティア活動をするんだ。そのことを通して，僕たちが社会の一員だということを学べるよ。

ひろし：わあ！　それはいいね。(6)高校生として僕たちはどんなボランティア活動ができるのかな？　そのことについて考えてみるよ。

1　直後のひろしの発言を参照。補助犬の数を答えているので，それに対応した疑問文。**<How many＋複数名詞…?>「いくつの…？」**

2　(1)　パンフレットの右上の絵，「介助犬の仕事の様子」を参照。加えて，**本文下線部空欄直前に，助動詞can**があるので，最初の語句は**動詞の原形**が来ると判断する。　(2)　パンフレットの左側上から2つ目の，「ほじょ犬ユーザーのコメント」を参照。**<be happy to＋動詞の原形…>「…してうれしい」**　(5)　パンフレット最下段の，「訓練センターではあなたの助けが必要です！」の中の，1つ目の黒点の文を参照。「自分が使わないものを送る」⇒「ものを送る←自分が使わない」の語順で英文を書こう。send things(ものを送る)←which we do not use(私たちが使わない)。あるいは，send things←which are not used(使われなくなった) **先行詞をthingsとした関係代名詞which**を用いる。

3　ひろしの3番目の発言最終文および，クリスの5番目の発言を参照。

4　上記全訳を参照。

5　問題文和訳：「生活で助けを①必要とする人々のための補助犬は十分にはいません。そしてまた，十分な時間，お金，そして犬を訓練する人②なしでは，この状況を変えることは困難です」
①　need：クリスの2番目の発言2文目を参照。　②　without：クリスの4番目の発言2文目を参照。

6　(例1)和訳　「私は自分の町の人を助けることができると思う。例えば，小学校を訪問する。生徒たちが宿題をするとき彼らのお手伝いができるだろう。私はまた，家族と住んでいない老人を訪問できる。私は彼らと話したいと思う」
(例2)和訳　「私は，世界の多くの子供たちがペンやノートを持っていないということを知った。その子供たちにそれらを集めて，送ってあげることができる。ペンとノートを受け取ったら彼らは喜ぶと思う。子供たちだれもが勉強する機会を持ってほしい」

4　(長文読解問題・物語文：語句補充問題・選択・記述，日本語で答える問題，内容真偽)

(全訳)　私は小さいころはおとなしい女の子でした。とても恥ずかしがりやで人と話せませんでした。中学生になってからも，私は話すのが苦手でした。自分の友だちのように私も話したかったのですが，できませんでした。私は自分があまり好きではありませんでした。ある日，先生が私とほかの生徒たちに，保育園へ職場体験に行くようにと言いました。先生は，「結衣，怖がらないで。そこで何かを学べると思うよ」と言いました。私はひとりごとを言いました，「保育園？ 子供とは話せないわ。どうすればいいんだろう？」 恐ろしく感じました。

その日が来ました。私はまだ A緊張していました。私はゆっくりと保育園の方へ歩いていきました。長い道のりだと感じました。そこへ着くと，クラスメイトを目にしました。彼らは子どもたちと遊んでいました。その時，何人かの子供たちが来て，私に話しかけました。でも，私は何を言ったらよいかわからなかったので，一言も話しませんでした。子供たちは離れていきました。私は教室の中で立っていました。さらに嫌な気持ちになりました。突然，一人の男の子が私のところに来て，そして言いました，「こんにちは！ 僕と遊んで！」 私は何か言おうとしましたが，言えませんでした。その子は私の沈黙を気にせずに，話し続けました。彼の名前はノブでした。彼の話は面白かったです。彼の言うことを聞いて，微笑みながらうなずきました。とても良い時間を過ごしました。彼のおかげで私は気分がよくなっていきました。でも，私は彼に何もしてあげていないと感じていました。

次の日，子供たちは野菜畑に行ってトマトを採りました。彼らは興奮していました。そのとき，私はあることに気づきました。ノブが，見た目が良くないトマトを採っていたのです。なぜなのか私にはわかりませんでした。ついに私は彼に話しかけました。「なんでそんなトマトを採ってるの？」 最初，彼は私の声を聞いて驚いたようでしたが，明るい声で言いました，「ほら見て！ 緑色の，ハート型の，大きいの，小さいの…」。 私にトマトを見せて言いました，「みんな違っていて，その一つ一つのトマトが僕にとって特別なんだ」。私は彼の言うことを熱心に聞きました。彼は笑いながら続けました，「お姉ちゃんはいつも僕の言うことを聞いてくれる。僕それがうれしいんだ。お姉ちゃんは僕にとって特別なんだ」。私は，「本当に？ ありがとう」と言いました。私はそれを聞いて Bうれしく感じました。私たちはトマトを見て，そしてお互いに微笑みあいました。

家に向かいながら，彼の言葉を思い出しました。私は，「ノブは話すのが得意で，私は聞くのが得意なんだ。みんなそれぞれの長所があるんだ。みんな違うけど，その違いがそれぞれを特別な存在にするのね」と独り言を言いました。ノブからもらったトマトを見て，自分自身を誇らしく感じ始めたのです。

現在，私は中学の教師をしています。私のクラスには明るい子もいますし，おとなしい子もいます。彼らを見ると，私はノブと，彼から学んだことをいつも思い出します。

1 上記全訳を参照。**感情を表す表現**として，A <be nervous>「緊張する」，B <feel glad>「うれしく感じる」 feltは，feelの過去形。

2 質問：「結衣はなぜ，自分はノブに何もしてあげていないと感じたのか？」
答え：「なぜなら彼女は，ただ彼の言うことを聞いていただけだから」<listen to＋人>「人のいうことを聞く」 2段落目最後から4文目を参照。

3 直後の文を参照。関係代名詞whichからniceまでの部分が，先行詞tomatoesを説明。
<look＋形容詞>「～に見える」

4 ① 第4段落3文目を参照。 ② 第4段落4文目を参照。

5 ア 結衣は中学校の友だちと同じように話したくはなかった。彼女は話すのが得意ではなかったからだ。(×) イ 保育園の子供たちの中には結衣から離れていく子もいた。彼女が彼らに何も話さなかったからだ。(○) 第2段落7，8文目を参照。 ウ ノブは野菜畑でトマトを採っていた時，いろいろなトマトについて結衣に尋ねた。(×) エ 結衣はノブが自分に教えてく

れたことを思い出す時，生徒たちにもっと明るくなるようにといつも言う。(×)

5 (長文読解問題・説明文：語句補充問題，日本語で答える問題，要旨把握)

(全訳) バナナが好きな人は大勢いる。世界中には，バナナを食べるA 方法がいろいろとあることに気づく。例えば，バナナをケーキやジュースやサラダ，そしてスープにさえ入れる人たちもいる。バナナはまた，健康によく，他にもよい点がある。実のところ，バナナはプラスチックの問題を解決するかもしれないのだ。

バナナの葉を皿として使ってきたインドの人たちがいるが，それらの皿は数日しか使えない。現在は，他の国の人と同じようにインドの人々は，プラスチック製のものを多く使っている。例えば，プラスチックの皿を使う。その皿は使用後にたいてい捨てられてしまう。それは大きな問題となってきた。ある時，インドのある少年がその問題を解決することを決意した。彼はバナナの葉をもっと強くして，バナナの葉の皿をより長く使えるようにしたいと思った。彼はバナナの葉について研究し，ついに成功した。今，それらはプラスチック廃棄物の削減に役立っている。

これだけではない。トルコの少女は石油から作られるプラスチックを減らしたいと思った。それで彼女はバナナの皮に注目した。なぜなら世界の多くの人がそれを捨ててしまうからだ。ついに彼女は，地球に優しいプラスチックの作り方を見つけた。彼女はそれを作るまで，自宅で何度も挑戦した。2年間努力した後に，彼女はそのような種類のプラスチックを作ることができたのである。バナナの葉からプラスチックを作るのは簡単なので，だれもがB 自宅でそれを作ることができる，と彼女は言っている。

今，バナナが持っている素晴らしい点を理解できた。バナナは人気のある食べ物であると同時に，地球を救えるのである。

1 <**ways to**＋動詞の原形…>「…する方法」

2 直後の文を参照。<**make A＋B**>「AをBにする」。形容詞の比較級が使われているので訳し方に注意を払う。 **stronger**「より強く」，**longer**「より長く」

3 上記全訳を参照。

4 (枠内和訳) 世界中の多くの人はバナナを食べるのが好きだ。プラスチックを削減するためにバナナの葉や皮を使う人もいる。周りを見渡すなら，ア 地球に良いものを作るためのいいアイディアが見つかるかもしれない。

2021年度英語　放送を聞いて答える問題

〔放送台本〕

これから聞き方の問題に入ります。問題用紙の四角で囲まれた1番を見なさい。問題は1番，2番，3番の三つあります。

最初は1番の問題です。問題は(1)から(3)まで三つあります。英語の対話とその内容についての質問を聞いて，答えとして最も適切なものをア，イ，ウ，エのうちから一つ選びなさい。対話と質問は2回ずつ言います。では始めます。

(1)の問題です。 *A:* This is a picture of my family. There are five people in my family.

B: Oh, you have two cats.

A: Yes. They are really cute!

質問です。　Q: Which picture are they looking at?

(2)の問題です。A: Look at that girl! She can play basketball very well!

B: Which girl? The girl with long hair?

A: No. The girl with short hair.

質問です。　Q: Which girl are they talking about?

(3)の問題です。A: Wow, there are many flights to Hawaii. Let's check our flight number.

B: It's two-four-nine. We have to be at Gate 30 by 11 o'clock.

A: Oh, we need to hurry.

質問です。　Q: Which is their air tichet?

〔英文の訳〕

(1)　A：これは私の家族の写真です。5人家族です。

B：あ，ネコを2匹飼っているんだ。

A：うん。とってもかわいいんだ！

質問：彼らはどの写真を見ていますか？

(2)　A：あの女の子を見て。バスケットボールがとても上手だね。

B：どの子？　髪の長い子？

A：違う。髪の短い子。

質問：彼らはどの女の子のことを話していますか？

(3)　A：わあ，ハワイへのフライトはたくさんあるなあ。フライトナンバーを調べよう。

B：249便ね。11時までに30番ゲートに行かなければいけないね。

A：あ，急がなくちゃ。

質問：どれが彼らのチケットですか？

〔放送台本〕

次は2番の問題です。問題は(1)と(2)の二つあります。英語の対話とその内容についての質問を聞いて，答えとして最も適切なものをア，イ，ウ，エのうちから一つ選びなさい。質問は問題ごとに①，②の二つずつあります。対話と質問は2回ずつ言います。では始めます。

(1)の問題です。

Ms. Kato: Hi Bob, which club are you going to join?

Bob: Hello Ms. Kato. I haven't decided yet. I've seen practices of some sports clubs, like soccer and baseball, but I've already played them before.

Ms. Kato: Then, join our kendo club!

Bob: Kendo! That's cool!

Ms. Kato: Kendo is a traditional Japanese sport. You can get a strong body and mind.

Bob: I want to learn traditional Japanese culture, so I'll join the kendo club! Do you practice it every day?

Ms. Kato: No, we practice from Tuesday to Saturday.

Bob: OK...., but do I have to practice on weekends? I want to spend weekends with my host family, so I can't come on Saturdays.

Ms. Kato: No problem! Please come to see our practice first.

Bob: Thank you!

①の質問です。 Why does Bob want to join the kendo club?

②の質問です。 How many days will Bob practice kendo in a week?

(2)の問題です。

Clerk: Welcome to Happy Jeff's Hot Dogs! May I help you? Here's lunch menu.

A man: Thank you. Um...., I'd like to have a hot dog, and... an ice cream.

Clerk: How about our apple pie? It's very popular.

A man: Ah, it looks really good.

Clerk: Then, how about Happy Jeff's Lunch? You can have both an apple pie and an ice cream.

A man: Well, I don't think I can eat both, so... I'll order the cheapest Happy Lunch, and an apple pie.

Clerk: OK. Is that all?

A man: Yes. Oh, I have a free ticket.

Clerk: Then you can get French fries, an ice cream, or a toy for free. Which do you want?

A man: Um...., my little brother likes cars, but.... I'll have French fries today.

Clerk: OK.

①の質問です。 How much will the man pay?

②の質問です。 What will the man get for free?

〔英文の訳〕

(1) 加藤先生：こんにちは，ボブ。あなたはどのクラブに入る予定なの？

ボブ　：こんにちは，加藤先生。まだ決めていません。サッカーや野球などのいくつかの運動部の練習を見てきましたが，それらはもう前にやったことがあります。

加藤先生：それじゃあ，私たちの剣道部に入って！

ボブ　：剣道！　かっこいいですね！

加藤先生：剣道は日本の伝統的なスポーツよ。心身が強くなれるわよ。

ボブ　：伝統的な日本文化も学びたいので，剣道部に入ります！　毎日練習するのですか？

加藤先生：いいえ，火曜日から土曜日まで練習します。

ボブ　：分かりました…，でも僕は週末に練習しなければいけませんか？　週末は僕のホストファミリーと過ごしたいので，土曜日は来ることができません。

加藤先生：問題ないわよ！　まずは私たちの練習を見に来て。

ボブ　：ありがとうございます！

①の質問：ボブはなぜ剣道部に入りたいのですか？

答え：エ　なぜなら日本の伝統文化を学びたいからです。

②の質問：ボブは週に何日，剣道の練習をしますか？

答え：ア　週に4日。

(2) 店員：Happy Jeff's Hot Dogsへようこそ！　いらっしゃいませ。こちらがランチメニューです。
男性：ありがとう。えーと，ホットドッグとアイスクリームをお願いします。
店員：アップルパイはいかがでしょうか？　とても人気がありますよ。
男性：うん，本当においしそう。
店員：では，Happy Jeff's Lunchはいかがですか？　アップルパイとアイスクリームの両方を食べていただけます。
男性：うーん，両方を食べたいとは思わないので…，一番安いHappy Lunchと，アップルパイを注文します。
店員：分かりました。以上でよろしいでしょうか？
男性：はい。あ，Free Ticketもお願いします。
店員：では，フライドポテトか，アイスクリームか，おもちゃのいずれかが無料です。どれになさいますか？
男性：えーと…，弟は車が好きだけど…，今日はフライドポテトを食べることにします。
店員：分かりました。
①の質問：男性はいくら払いますか？
答え：ウ　6ドル。
②の質問：男性は無料で何をもらいますか？
答え：イ　フライドポテト。

〔放送台本〕

次は3番の問題です。あなたは，1泊2日で行われるイングリッシュキャンプに参加しています。班長会議でのスタッフによる説明を聞いて，班員に伝えるための英語のメモを完成させなさい。英文は2回言います。では始めます。

Good evening, everyone! How was today? Tomorrow will be fun too. There are two programs, and everyone has already chosen one from them, right? I'll explain them, so tell the members in your group. First, the Hiking Program. You'll walk along the river. We'll get together at the entrance at 8 o'clock and leave at 8:10. You have to bring something to drink. It'll be hot tomorrow. Don't forget to bring your cap too. Next, the Speaking Program. Please come to the meeting room on the second floor at 8:30. You'll talk and share ideas with students from different countries. At the end of the program, you'll make a speech in English, so you'll need a dictionary. That's all. Good night.

〔英文の訳〕

こんばんは，皆さん！　今日はいかがでしたか？　明日も楽しいですよ。2つのプログラムがあります。皆さんはその中から一つをもう選んでいますよね？　それらについて説明しますので，ご自分のグループのメンバーにそれを伝えてください。最初にハイキングプログラムについてです。川沿いに歩きます。8時に玄関集合で，8時10分に出発します。飲み物を持参してください。明日は暑くなります。帽子も忘れずに持参してください。次にスピーキングプログラムです。8時30分に2階の会議室に来てください。いろいろな国から来た生徒たちとお話しして，アイデアを共有します。プログラムの終わりに皆さんはスピーチをしますので，辞書が必要です。以上です。おやすみなさい。

＜理科解答＞

1　1 ウ　2 ア　3 イ　4 ウ　5 放電　6 マグマ　7 発生　8 20％

2　1 エ　2 ① P　② 強い　③ 積乱雲　3（記号）ウ　（理由）(例)気温が急激に下がり，風向が南よりから北よりに変わったから。

3　1 道管　2（例)水面からの水の蒸発を防ぐ。　3（葉の表側）ウ　（葉以外）イ
4（記号）エ　（理由）(例)明るくなると気孔が開いて蒸散量が多くなり，吸水量がふえるから。

4　1 ア　2 ① 下向き　② D　3（コイルがつくる磁界の強さは）(例)コイルからの距離が近いほど強く，流れる電流が大きいほど強い。

5　1 $HCl \rightarrow H^{+} + Cl^{-}$　2 ① 陽イオン　② －　③ イ
3 ア　4（例)塩酸と触れる金属板の面積は変えずに，塩酸の濃度だけを変えて実験を行う。

6　1 対立形質　2 ウ　3 丸い種子の数：しわのある種子の数＝5：1

7　1 示準化石　2 ① 堆積岩　② チャート　3（例)下から泥，砂，れきの順に粒が大きくなっていったことから，水深がしだいに浅くなった。　4 右図1

図1

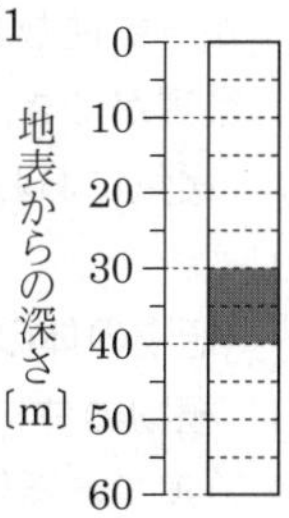

地表からの深さ〔m〕 0 10 20 30 40 50 60

8　1 NH_3　2 ① 青　② 赤　③ 酸
3（記号）イ　（理由）(例)試験管Xの方が試験管Y(空気)よりも酸素の割合が高いから。

9　1 エ　2 右図2　3 ア
4（凸レンズ）Q(の方が)8(cm長い。)

図2

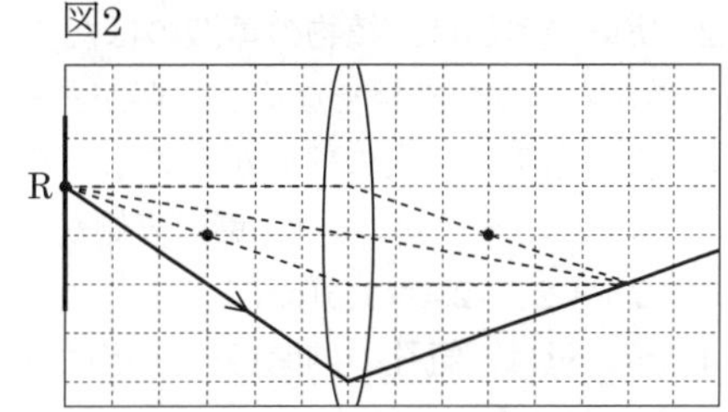

＜理科解説＞

1　(小問集合)

1　1ある物質が別の物質になる変化を**化学変化**(化学反応)という。氷がとけるのは固体 → 液体の**状態変化**，食塩(溶質)が水(溶媒)に溶ける現象は固体が液体と混ざる溶解とよばれる。熱湯から出る湯気は，水がごく小さな水滴になっている。

2　面に接している物体には，面に垂直な力がはたらく。このような力を**垂直抗力**という。ウは物体と斜面との間にはたらく**摩擦力**で，エは物体を地球がその中心に向かって引く**重力**である。

3　太陽のように自ら光を出している天体を**恒星**，地球のように恒星のまわりを公転し，自らは光を出さずに恒星からの光を反射して光っている天体を**惑星**という。すい星は氷と細かなちりでできており，月は惑星である地球のまわりを公転している小さな天体である衛星にあたる。

4　リパーゼはすい液の中の**消化酵素**で，脂肪を脂肪酸とモノグリセリドに分解する。ペプシンは胃液の中の消化酵素で，タンパク質の一部が分解され，さらに小腸ですい液の中のトリプシンなどによってアミノ酸に分解される。

5　たまっていた電流が流れ出たり，空気などの電流を流しにくい気体中を電流が流れたりする現象を**放電**という。ガラス管内の空気をぬいて内部の気圧を小さくしてから大きな電圧を加えると，真空放電が起きてガラス管が光る。

6　マグマが上昇して地表にふき出す現象を噴火といい，このときにふき出された，マグマがもとになってできた物質を**火山噴出物**という。

7　動物では，受精卵が分裂して，自分で食物をとり始めるまでの間の子のことを**胚**という。胚の細胞はさらに分裂をくり返して，親と同じような形へ成長する。

8　**質量パーセント濃度**(%)＝(溶質の質量)(g)÷(溶液の質量)(g)×100＝(溶質の質量)(g)÷(溶質の質量＋溶媒の質量)(g)×100より，40(g)÷(40＋160)(g)×100＝20(%)

2　**(気象－気象観測，前線，天気の変化)**

1　天気記号には快晴○，晴れ⦶，くもり◎，雨●，雪⊗などがある。風向は，風の吹いてくる方向を16方位で表す。風力は階級が13段階に分かれ，それぞれ矢羽根の本数で表す。

2　▼▼▼は**寒冷前線**で，寒気が暖気に向かって進む。▲▲▲は**温暖前線**で，暖気が寒気に向かって進む。寒冷前線付近では寒気が暖気を押し上げるため，強い上昇気流が生じて上空には積乱雲ができ，寒冷前線付近では短時間にはげしい雨が降る。

3　暖気におおわれて温度が上昇していた地点を寒冷前線が通過すると，気温が急に下がる。

3　**(植物の体のつくりとはたらき－維管束，実験操作，蒸散量)**

1　植物の体には，根などで吸収された水や養分の通り道である**道管**と，葉でつくられた物質の通り道である**師管**があり，これらの集まりを**維管束**という。

2　実験の目的は，植物の**蒸散**のはたらきを水の減少量で調べることである。したがって，植物以外からの水の蒸発をなくす必要がある。

3　表の結果は，次の部分からの水の蒸散量を示している。A：(表＋裏＋葉以外)，B：(裏＋葉以外)，C：(表＋葉以外)。葉の表側からはA－B＝12.4－9.7＝2.7(cm^3)，葉以外からはB＋C－A＝9.7＋4.2－12.4＝1.5(cm^3)

4　蒸散量は，**気孔**の開閉(日光の当たり具合)で変化する。暗室での3時間は蒸散量が少ないので，水の減少量が少ない。

4　**(電流と磁界－磁界の向き，磁界の強さ)**

1　電流の流れる導線のまわりには，電流に対して同心円状の**磁界**が生じる。磁界の中の各点における磁界の向きを線でつなぐと，磁界のようすや強さ，磁界の向きを表す磁力線が描かれる。

2　導線のまわりには，電流の向きに対して右回りの磁界が生じる。N極が指す向きがその点における磁界の向きなので，電流の向きを上向きに変えると，N極はAでは北東，Bでは南東，Cでは南西，Dでは北西を指す。

3　電流が流れるコイルのまわりに生じる磁界の強さは，電流が強いほど，コイルに近いほど，コイルの巻き数が多いほど強い。

5　**(化学変化と電池－電離，電子の移動と電流，水溶液の濃度と電流の大きさ)**

1　塩化水素(HCl)は，水に溶けると陽イオンである水素イオン(H^+)と陰イオンである塩化物イオン(Cl^-)に**電離**する。

2　金属によって，陽イオンへのなりやすさには差がある。亜鉛原子が**電子**を2個失って亜鉛イオンになり，うすい塩酸の中に溶け出すと，電子の一部はうすい塩酸中の水素イオンに渡されて水素の発生が見られるが，電極(亜鉛板)に残された電子は，導線を通って＋極になる銅板へ向かって流れる。電流の正体は電子の流れであるが，電流の向きは，電子の流れる向きと反対である。

3　$HCl + NaOH \rightarrow NaCl + H_2O$の反応によって，**中和**後の水溶液は**電解質**である塩化ナトリウムの水溶液になる。電解質の水溶液に2種類の異なる金属板を入れて導線でつなぐと，金属板の間に電圧が生じて電流を取り出すことができる。

4　**対照実験**では，条件を1つだけ変えて，それ以外は同じ条件で実験を行う。(a)と(b)では濃度と塩酸と触れる面積の両方を変えているので，比較することができない。

6 **(遺伝－対立形質，遺伝子，遺伝の規則性)**

1　エンドウの種子の丸形としわ形や，さやの緑色と黄色などように，どちらか一方の形質しか現れない2つの形質どうしを**対立形質**という。

2　親の丸い種子がもつ**遺伝子**の組み合わせはAAまたはAa，しわのある種子がもつ遺伝子の組み合わせはaaのみである。AAとaaをかけ合わせた場合は，子の丸い種子としわのある種子の割合は3：1になるので，この実験で親の丸い種子がもつ遺伝子はAaであったことがわかる。したがって，子の丸い種子がもつ遺伝子はAaしかない。**生殖細胞**ができるとき，対になっている遺伝子は**減数分裂**によってそれぞれ別の生殖細胞に入る。これを**分離の法則**という。

3　孫の丸い種子がもつ遺伝子の組み合わせはAAまたはAaで，その数の割合は1：2になる。AAを自家受粉させてできる種子はすべて丸い種子で，Aaの自家受粉では丸い種子としわのある種子が3：1の割合でできる。したがって，丸い種子：しわのある種子＝(4＋3＋3)：(1＋1)＝5：1

7 **(地層の重なり－化石，堆積岩，柱状図)**

1　ある時期だけに栄え，広い範囲にすんでいた生物の化石から，その地層が堆積した地質年代を知ることができる。このような化石を**示準化石**という。一方，堆積した当時の環境を示す化石を**示相化石**という。

2　**等粒状組織**や**斑状組織**が見られるのは，マグマが冷え固まってできた火成岩である。石灰岩は貝殻やサンゴなどが堆積してできた岩石で，うすい塩酸をかけると溶けて二酸化炭素が発生する。海水中の小さな生物の殻が堆積してできた岩石であるチャートは，たいへんかたく，うすい塩酸には溶けない。

3　堆積物の粒の大きさがしだいに大きくなっていることから，しだいに海岸線に近づいていったことがわかる。

4　地表の標高から考えると，地点Aと地点Bの凝灰岩の層は同じ高さにあり，地点Cでは地点Aよりも10m低い高さにあることがわかる。したがって，この地域の地層は南の方向が低くなるように傾いている。柱状図で示すと，地点Dの凝灰岩の層の上面は，地点Cより10m低い高さにある。

8 **(気体―化学式，気体の水溶液)**

(1)～(3)の結果より，Aは刺激臭がするのでアンモニア，Bは空気より軽いので水素，Cは水溶液が酸性かアルカリ性なので二酸化炭素，Dは酸素であることがわかる。

1　アンモニアの**分子**は，窒素原子(N)1個と水素原子(H)3個が結びついている。

2　二酸化炭素は水に少し溶けて，水溶液は酸性を示す。青色リトマス紙に酸性の水溶液をつけると赤色に変化する。

3　図2より，空気は窒素と酸素がおよそ体積の割合で4：1になっている。したがって，二酸化炭素と酸素が1：1の試験管Xでは，試験管Yよりも酸素が多く含まれているので，火のついた線香は炎を上げて激しく燃える。

9 **(光－凸レンズ，実像，光の進み方，焦点距離)**

1　凸レンズを通った光が実際に集まってスクリーン上に像が映し出されるとき，この像は**実像**

で，物体と上下左右が逆になる。

2 点Rから出た光軸に平行な光は，凸レンズを通過した後，右側の焦点Fを通過するように直進する。また，点Rから出て左側の焦点Fを通過した光は，凸レンズを通過した後，光軸に平行に進む。これらの光が交わる点を通るように，矢印の方向に進んだ光を凸レンズで屈折させればよい。

3 凸レンズを通過する光が半分になるので，スクリーン上にできる実像は暗くなる。

4 距離aと距離bが等しいとき，凸レンズの焦点距離はaまたはbの$\frac{1}{2}$の長さであることがわかる。Pの焦点距離は$24 \div 2 = 12$(cm)，Qの焦点距離は$40 \div 2 = 20$(cm)

<社会解答>

[1] 1 冷害　2 エ　3 ウ　4 ア　5 (1) ヒートアイランド(現象)
(2) (例)地面がコンクリートやアスファルトで舗装されていることが多く，降った雨がしみこみにくい(ので)　6 イ・エ　7 エ

[2] 1 B　2 東南アジア諸国連合[ASEAN]　3 ア　4 エ　5 (アフリカ州) イ
(ヨーロッパ州) ウ　6 (オーストラリア) A　(石油) D　7 (記号) Y
(理由) (例)日本への輸出品目の中心が軽工業製品から重工業製品へと変化しており，日本の輸入総額に占める割合も増加しているため。

[3] 1 ウ　2 調　3 座　4 勘合　5 (1) 前方後円墳　(2) (例)3世紀に大和地方を中心に分布していた古墳が，5世紀には国内各地に広がっており，埼玉県や熊本県の古墳で大王の名が刻まれた鉄剣や鉄刀が出土していることから，大和政権[ヤマト王権]の勢力が関東地方や九州地方にも拡大したと考えられる。　6 エ　7 C→A→B→D

[4] 1 (1) 富岡製糸場　(2) イ　(3) (例)薩英戦争で列強の軍事力を実感し，攘夷が難しいことを知ったので，列強の技術などを学び，幕府に対抗できる実力を備えようとしていたから。　2 岩倉使節団　3 エ　4 エ　5 ウ

[5] 1 (1) イ　(2) 世論　2 ア　3 図2 (例)地方は，生活により身近な行政事務を担っている。　図3 (例)小都市は，政令指定都市と比較して地方税による歳入が少ないため，地方公共団体間の格差を抑える地方交付税に依存している。
4 (1) イ　(2) 独占禁止法　(3) ウ

[6] 1 男女雇用機会均等法　2 介護保険[公的介護保険](制度)　3 (1) 公共の福祉
(2) ア　4 イ　5 エ　6 (例)テレビだけでなくインターネットを活用し，選挙への関心を高められるよう，政党の政策や候補者の人物像などの情報を分かりやすく発信する。

<社会解説>

[1] (地理的分野―日本―地形図の見方，日本の国土・地形・気候，人口・都市，農林水産業，工業，交通・通信)

1 岩手県だけでなく，東北地方の**奥羽山脈**以東地域で**冷害**がおこりやすく，夏野菜の収穫にも悪影響が出る。

2 **フィヨルド**は，氷河によってけずられてできた地形。**沖合漁業**は，とる漁業のうち日帰り可能な沖合まで出て行う漁業。

3 観光業がさかんな沖縄県の数値が大きいことから，アが宿泊・飲食サービス業。内陸に位置する奈良県の漁業の数値が出ていないことから，イが漁業。岩手県の数値が大きいことから，エが農林業。

4 オーストラリア北東沖に世界最大のサンゴ礁である**グレートバリアリーフ**が位置する。

5 (1) 都市の緑化などを進めることで，**ヒートアイランド現象**の緩和をはかっている。 (2) 舗装面積が多い都市部では下水道や雨水管で雨水を排水するが，短時間に大雨が降ると対処しきれなくなる。このような水害を都市型水害という。

6 ア 2万5千分の1の縮尺の地形図上での5cmが，実際の距離にして1,500m離れていることになる。地形図上での交番から「海峡ゆめタワー」までの距離はおよそ3cm。 ウ「日和山公園」付近には等高線が密集しており，下関駅よりも標高が高いことが読み取れる。

7 日本では，鉄道の貨物輸送に占める割合は自動車と比べて低い。

2 **(地理的分野—世界—人々のくらし，地形・気候，人口・都市，産業，交通・貿易，資源・エネルギー)**

1 東京よりも6時間遅れている地域とは，経度差が6(時間)×15＝90(度)あることがわかる。日本の標準時子午線が**東経135度**なので，90度西に位置する東経45度の地域となることから，おおよその位置を判断する。

2 Pの地域は東南アジア。東ティモールを除く東南アジア10か国が加盟している。

3 図1中のAはドイツ，Bはサウジアラビア，Cは中国，Dはオーストラリア。ドイツが温帯気候であることから判断する。イがC，ウがD，エがB。

4 bの国で仏教の信者の割合が最も多いことからタイと判断する。Cの国で2番目に信者の割合が多い宗教が仏教であることから，アジア州に含まれる韓国と判断する。

5 アフリカ州では**人口爆発**による人口増加が著しい。アがアジア州，エが北アメリカ州。

6 インドネシアで産出がさかんなことから，図5中のCには石炭があてはまる。日本はオーストラリアから石炭や鉄鉱石の輸入，サウジアラビアから石油の輸入が多いことから判断する。

7 中国の主要輸出品に衣類が含まれること，または，現在の日本の最大輸入相手国が中国であることからYと判断する。

3 **(歴史的分野—日本史—時代別—古墳時代から平安時代，鎌倉・室町時代，安土桃山・江戸時代，日本史—テーマ別—政治・法律，経済・社会・技術，文化・宗教・教育，外交)**

1 木簡が使われていたのは奈良時代。『**万葉集**』は奈良時代に編纂された日本最古の和歌集。ア・エが鎌倉時代，イが古墳時代。

2 **調**や労役の代わりに布を納める**庸**は成人男子のみに課され，都まで運ばなければならなかった(運脚)。

3 明銭は，**足利義満**が始めた**勘合貿易**によってもたらされた貨幣で，室町時代に国内で流通した。

4 明から与えられた勘合の片方を日本船が持参し，明にあるもう片方と合えば正式な貿易船と認められた。

5 (1) 国内最大の前方後円墳は**大仙古墳**(大阪)で，百舌鳥・古市古墳群の一つとして世界文化遺産に登録されている。 (2) 前方後円墳の広まりは，各地の豪族が大和政権(ヤマト王権)に従うようになり，大きな墓を造営することを許されたからだとされている。

6 生類憐みの令を出したのは，江戸幕府5代将軍**徳川綱吉**。湯島聖堂を建てるなど朱子学を奨励し，武断政治から文治政治への転換をはかった。アが徳川吉宗，イが徳川家光，ウが寛政の改革を行った松平定信の政策。

7　Aが奈良時代，Bが室町時代，Cが古墳時代，Dが江戸時代。

4 **(歴史的分野―時代別―安土桃山・江戸時代，明治時代から現代，日本史―テーマ別―経済・社会・技術，文化・宗教・教育，外交)**

1　(1)　**富岡製糸場**は世界文化遺産に登録されている。　(2)　**葛飾北斎**の代表作は「富嶽三十六景」。「東海道五十三次」の**歌川広重**とともに**化政文化**で活躍した。アは桃山文化，ウ・エは元禄文化で活躍した。　(3)　**攘夷**とは，開国後の日本から外国勢力を追いはらおうとする考えのこと。薩摩藩は，攘夷を目的としておこしたイギリス人殺傷事件(生麦事件)の報復として勃発した薩英戦争に敗れたことで，攘夷が難しいことをさとり，イギリスに近づいた。

2　1871年，**岩倉具視**を全権とする使節団が欧米に向けて出発した。不平等条約の改正を目指したが失敗したため，欧米視察を行い，1873年に帰国した。

3　1875年，日本はロシアと**樺太・千島交換条約**を結び，樺太をロシア領とする代わりに千島列島を日本領としたことから判断する。日露戦争後の**ポーツマス条約**で，北緯50度以南の樺太が日本領となった。アが山東半島，イが朝鮮半島，ウが樺太，エが千島列島。

4　日本が国際連盟を脱退したのは1933年。盧溝橋事件をきっかけに日中戦争が始まったのは1937年。アが1918年，イが1929年，ウが1932年。

5　首相在任期間が1972年までであることから，Ⅰには**佐藤栄作**があてはまると判断する。**吉田茂**はサンフランシスコ平和条約や日米安全保障条約締結時(1951年)の首相。日中国交正常化，沖縄の日本復帰ともに1972年の出来事ではあるが，日中国交正常化は**田中角栄**内閣のときの出来事であることから判断する。

5 **(公民的分野―三権分立・国の政治の仕組み，地方自治，財政・消費生活・経済一般)**

1　(1)　**弾劾裁判所**では，裁判官としてふさわしくない者を国会議員が裁くために，国会に設置することから判断する。　(2)　かつてはテレビや新聞などの**マスメディア**が世論形成の中核を担ってきたが，近年ではSNSなどを中心としたインターネットでの交流サイトもそのはたらきを果たしつつある。

2　**累進課税制度**によって，所得の再分配を進めることができる。イが消費税，ウが軽減税率，エが間接税の特徴。

3　図2からは「身近」であること，図3からは歳入に占める地方税収入の割合が低く，地方交付税の割合が高いことを読み取る。

4　(1)　日本銀行が**「政府の銀行」**とよばれるのは，政府の資金を管理するためである。
(2)　**独占禁止法**が規定している市場における公正な競争が行われているかを，**公正取引委員会**が監視している。　(3)　ウは成果主義に関する内容。　ア　日本の企業の多くは中小企業。
イ　公企業は利潤を上げることを目的としない。　エ　株式会社において，株主は出資した額以上の責任を負うことはない。

6 **(公民的分野―憲法の原理・基本的人権，三権分立・国の政治の仕組み，国民生活と社会保障)**

1　女性差別を雇用の点から禁止していること，1985年に制定された点から判断する。**男女共同参画社会基本法**は，個人の能力や個性を発揮できる社会を目指す法律で，1999年に制定された。

2　介護保険制度は2000年から始まった。社会保障制度のうちの**社会保険**に含まれる。

3　(1)　日本国憲法**第13条**の条文で，新しい人権を認める根拠とされる**幸福追求権**を規定している。**公共の福祉**とは，社会全体の利益や幸福を指す。　(2)　**国民投票**では，有効投票数の**過半数**の賛成が必要となる。

4　刑事裁判において，被告人は自らの代理人として**弁護人**をつける権利がある。検察官は被疑者を裁判所に起訴する立場。

5　**議会制民主主義**は間接民主制ともいい，選挙等で選出された代表者らの話し合いによって物事を決めること。王権など絶対的な権力者による支配のことを，人の支配という。

6　若い世代の投票率を上げるための解決策を，図2・3から考える。図2から，若い世代の選挙に対する関心が低く，政党の政策や候補者の人物像などの違いが伝わっていない点を読み取る。図3から，政治・選挙の情報入手元について，若い世代はインターネットの割合が高いことに着目する。

＜国語解答＞

1　1　(1)　せんぞく　(2)　そうかい　(3)　うるお　(4)　なぐさ　(5)　ぞうり
2　(1)　漁港　(2)　率　(3)　招待　(4)　縮　(5)　熟練
3　(1)　エ　(2)　ア　(3)　イ　(4)　ア　4　ウ

2　1　いわいごと　2　エ　3　ウ　4　(例)黒石を連想させる夜に生まれ，誕生月が良月である十月だから。　5　イ

3　1　ウ　2　(例)絶対音や音の種類が違う「ドレミファソラシド」であっても，同じように聞こえる　3　ウ　4　ア　5　(例)読者の中に既知の「物語」があることで，結末までの見通しをもって小説を読み進めることができるから。　6　エ

4　1　ア　2　イ　3　ウ　4　(例)姉のことを理解せずに作ったドレスは姉に似合わないだろう　5　(例)清澄の率直な言葉に勇気をもらったことでこみ上げてくる感情を，見せまいとしているから。　6　イ

5　(例)　私は，新幹線があってとても便利だと思う。遠い場所へもあまり時間をかけずに気軽に旅行できる。また，父は地方への出張であってもほとんどが日帰りで済んでいる。
　無駄な時間を省くというのは，とても効率が良く便利だ。しかし，省いた中に存在しているさまざまな事柄に触れることをしないということは，もったいなくもあると考える。各駅停車であれば見ることのできた景色や，ゆったり過ごすことで出会えた人や事柄があるはずだ。効率よく生きれば，たくさんのことをこなせる。しかし，量をつめこみすぎて，一つ一つを丁寧にこなす心構えが薄れているかもしれない。便利さを適度に利用しながら心豊かに生きていきたい。

＜国語解説＞

1　(俳句・川柳―表現技法・形式，漢字の読み書き，品詞・用法，敬語・その他)

1　(1)　芸能人やプロスポーツ選手が，ある決まった会社とだけ契約を結ぶこと。　(2)　さわやかで気持ちがいい。　(3)　足りなかった湿り気や水分がじゅうぶんにいきわたる。　(4)　優しくいたわって，元気を出すようにする。　(5)　はなおのついたはきもの。わら・ビニール・ゴムなどで作る。

2　(1)「漁」は，さんずいが付く。　(2)　たくさんの人たちをつれていく。指図して大勢の人

を動かす。 (3) 「招」は，てへん。「待」は，ぎょうにんべん。 (4) 「縮」は訓読みが「ちぢ・む」，音読みが「シュク」。 (5) ある仕事や技術について，訓練を積み，よく慣れていること。

3 (1) 「木の芽」が一斉に出てくる様子を，**「わめく」という人間の行為に当てはめている**。
(2) **木が芽吹く様子を表現しているので，季節は春**だ。それぞれの俳句の季語と季節は，アは季語「チューリップ」で春，イは季語「雪」で冬，ウは季語「兜虫」で夏，エは季語「稲」で秋である。 (3) 謙譲語にすればよい。「もらう」の謙譲語は「いただく」。したがって，ここは「教えていただく」が適切で，それを過去形にする。 (4) (③)には，直前に**「〜を」という目的語**があるので他動詞「出す」が入る。一方，(④)には**主語「芽が」があるのでそれを受ける**動詞「出る」が入る。

4 返り点に従って読む字の順を追うと，「過」→「則」→「改」→「憚」→「勿」。

2 (古文一大意・要旨，内容吟味，文脈把握，仮名遣い)

【現代語訳】 時は十月の初めのころ，いつものように囲碁を打っていると，三保の長者の妻が急に産気づいて，苦しんだので，家の中が大騒ぎしているうちに，なんなく男の子を出産した。磯田も，この騒ぎのなかで，囲碁を打って，すぐに家に帰ったところ，これまたその日の夜になって，妻が，同じように男の子を出産した。両家とも，たいそうな富豪であるから，産養いのお祝いだということで，出入りする人が，途切れなかった。賑わしいことといったら，いまさら言うまでもない。

さて，1、2日が過ぎて，長者の二人が出会い，お互いに出産を喜びあって，磯田の言うことには「あなたと私は，いつも碁を打って遊んでは仲良く語らう間柄で，(そんな二人が)一日のうちに共に妻が出産するということは，不思議というほかない。どうだろう，この子どもたちが，今から兄弟の関係を結び，一生親密でいられるようにお願いしたい」と言うと，三保も喜んで「そうすれば子どもたちの代になっても，ますます親交が厚くなるだろう」と，盃を取り交わし，ともに誓いを立てた。磯田が「名前は，何と呼べばよいだろうか」と言うと，三保の長者がしばらく思案し，「時は十月である。十月は月のきれいな月だ。あなたの子は夜に生まれ，私の子は昼に生まれたから」我が子は白良と呼び，あなたの子は黒良と呼ぶのはどうだろうか。」と言ったので，磯田は微笑んで「黒白を使って昼夜に見立てるというのはおもしろい。白良は，先に生まれたのだから、兄と決めよう。」と言って，これからますます仲良く、交流した。

1 語中・語尾の「は・ひ・ふ・へ・ほ」は現代かなづかいでは「ワ・イ・ウ・エ・オ」になる。

2 傍線①の直前の台詞には「磯田言ひけるは」という前置きがある。また，傍線②の直前の台詞には「三保の長者しばし打ち案じて」という前置きがある。これをふまえて選択肢を選ぶ。

3 不思議に感じたのは，二人が碁を打ち，語りあった**その日のうちに，共に妻が出産したこと**だ。

4 理由は二つある。一つ目は「黒」は，**生まれた「夜」の暗さ**が「黒」を連想させるからだ。二つ目は，**十月が「良月」**であるからだ。

5 「さては子どもの代に至りても，ますます厚く交はるべし」という言葉をふまえて答える。

3 (論説文一大意・要旨，内容吟味，文脈把握，段落・文章構成，指示語の問題，脱文・脱語の問題)

1 □は「そこ」にあるものを指す。「そこ」とは「知らない世界をもう知っている」という場だから，**知らないのに知っているという逆説**が存在していることを読み取る。

2 傍線(1)「こういう現象」とは直前の「不思議な」要素を持っている。その不思議さは直前までの記述に示されていて，**ピアノとは「絶対音や音の種類が違う」はずの「ギターで弾いても同じ『ドレミファソラシド』に聞こえる」という現象**のことだ。

3 「立方体」と答えてしまう要因となる二つの前提が次段落にある。一つ目は，私たちがあらかじめ「立法体」という**「全体像」を知っている**ことだ。二つ目は，知っているがゆえに**「立方体」を想像して奥行きを持って見てしまう**ということだ。

4 同段落に「読者は『全体像』を知っているという二つ目の前提が，読者は『全体像』を志向するという一つ目の前提である想像力の働き方を規定している」とあり，**“知っている全体像”が，知っている域を出ない**ことがわかる。経験によって知り得た知識で人は全体像を想像するのだ。つまり，**個々の読者がそれぞれの経験値によって自分なりの全体像を想像・規定する**のである。全体像は，人によって違うものである。

5 「安心」して読めるのは，私たちが**経験によって知っていることを用いて，自分の中に「全体像」「結末」を想像したうえで小説を読むから**だ。ここを用いてまとめればよい。「実は小説にとって『全体像』とは既知の『物語』なのである」という記述の通りで，だから予想外のことは起こることはなく，スリルも適度であり安心なのだ。

6 この文章は，始まりで大橋洋一の見解を引用している。これをかみ砕いて説明するために，音階や立方体の例を挙げ，読書行為についての自分の考えを展開している。

4 (小説—情景・心情，内容吟味，文脈把握，段落・文章構成，脱文・脱語補充)

1 清澄は「**どんどん**ドレスの縫い目をほどいていく」とあるので，「ためらいなく」が適切だ。

2 「仕事してる姉ちゃん，すごい真剣っぽかった。」と感じたのだから，清澄は仕事に対してまじめに向き合う姉の顔を見たのである。

3 入るべき一文にある**「自分で決めたこと」とは，清澄ががんばって作っていた姉のドレスをほどくこと**だ。こうした内容が書かれている後に入れればよい。

4 作り直そうと思ったのは，本当の姉のことを「わかってない僕がつくったこのドレスは，たぶん姉ちゃんには似合わへん」と感じたからだ。ここを用いてまとめればよい。

5 清澄が「わたし」を真っ直ぐに見つめて言ってくれた言葉は，正直で飾り気のない言葉だった。**その言葉に励まされ勇気をもらったことで，うれしくて涙が出そうになった**のだ。お腹に力をこめたのは，**涙をこらえよう**としたからだとわかる。

6 「この子にはまだ……そういうことをなぎ倒して，きっと生きていける。」の段落で，「わたし」は，清澄に「男だから」というような**既存の価値観に縛られずに生きていける強さとその可能性**を見出している。アは清澄が自分の生き方にこだわりをもっているとする点，ウは清澄の弱さを克服することを願う点，エは言葉の感覚を磨くということに着目している点がそれぞれ不適切だ。

5 (作文)

テーマは「世の中が便利になることについて」である。構成の条件に従って書こう。まず，第一段落では世の中を便利にしていると思うものを挙げる。そして，第二段落には，それがあることで便利になった状態を考察するとよいだろう。便利になった社会はよりよいものであるだろうか，それとも人間のマイナスになることが生じていないだろうか。こうしたより深い考察があるよい。**「便利さ」が人にもたらす影響**を捉える視点が欲しい。

大切なことはメモしておこうネ！

T.G

2020年度

★★★★★★★★★★★★★★★★★★★★★★★★

入 試 問 題

●くわしい解説…… 39ページ

＜数学＞

時間　50分　　満点　100点

[1] 次の1から14までの問いに答えなさい。

1　$(-18)\div 2$ を計算しなさい。

2　$4(x+y)-3(2x-y)$ を計算しなさい。

3　$\frac{1}{6}a^2\times(-4ab^2)$ を計算しなさい。

4　$5\sqrt{6}\times\sqrt{3}$ を計算しなさい。

5　$(x+8)(x-8)$ を展開しなさい。

6　xについての方程式$2x-a=-x+5$ の解が7であるとき，aの値を求めなさい。

7　100個のいちごを6人にx個ずつ配ったところ，y個余った。この数量の関係を等式で表しなさい。

8　右の図において，点A，B，Cは円Oの周上の点であり，ABは円Oの直径である。$\angle x$の大きさを求めなさい。

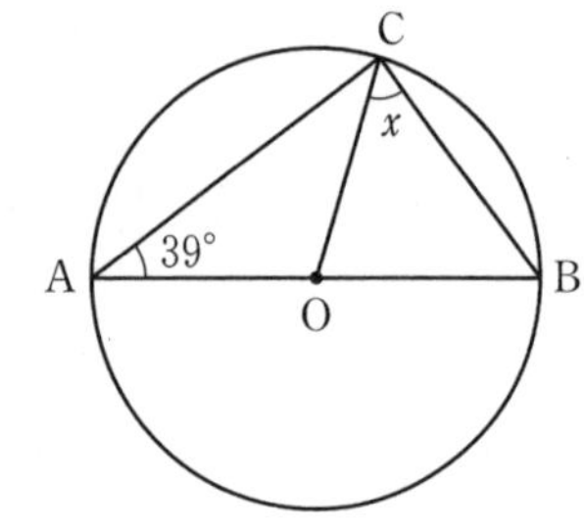

9　2次方程式 $x^2-9x=0$ を解きなさい。

10　袋の中に赤玉が9個，白玉が2個，青玉が3個入っている。この袋の中の玉をよくかき混ぜてから1個取り出すとき，白玉が出ない確率を求めなさい。ただし，どの玉を取り出すことも同様に確からしいものとする。

11　右の図の長方形を，直線ℓを軸として1回転させてできる立体の体積を求めなさい。ただし，円周率はπとする。

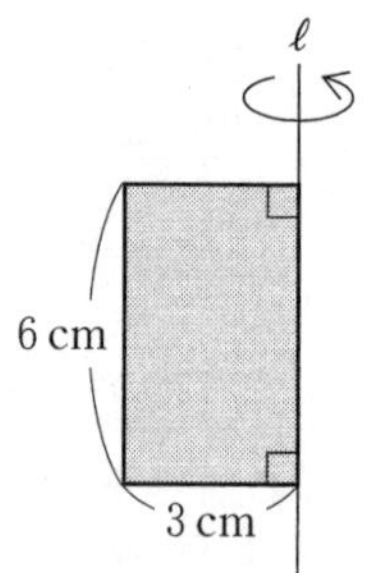

12　右の図のように，平行な2つの直線 ℓ，m に2直線が交わっている。x の値を求めなさい。

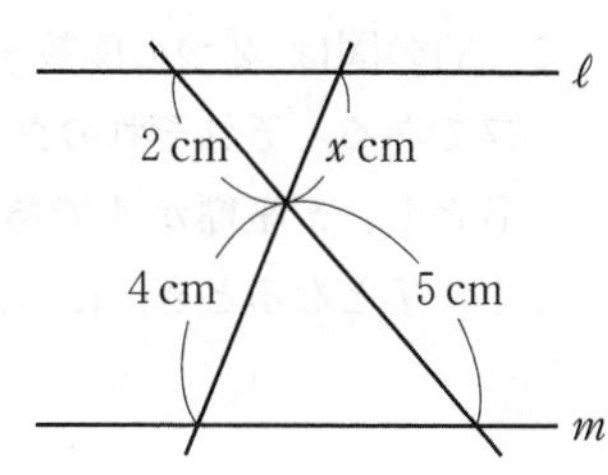

13　右の図は，1次関数 $y = ax + b$（a，b は定数）のグラフである。このときの a，b の正負について表した式の組み合わせとして正しいものを，次の**ア**，**イ**，**ウ**，**エ**のうちから1つ選んで，記号で答えなさい。

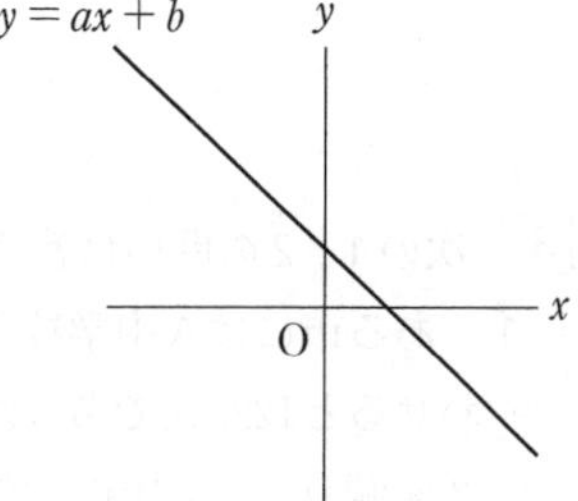

ア　$a > 0$，$b > 0$　　**イ**　$a > 0$，$b < 0$

ウ　$a < 0$，$b > 0$　　**エ**　$a < 0$，$b < 0$

14　ある工場で作られた製品の中から，100個の製品を無作為に抽出して調べたところ，その中の2個が不良品であった。この工場で作られた4500個の製品の中には，何個の不良品がふくまれていると推定できるか，およその個数を求めなさい。

2　次の1，2，3の問いに答えなさい。

1　右の図のような∠A＝50°，∠B＝100°，∠C＝30°の△ABCがある。この三角形を点Aを中心として時計回りに25°回転させる。この回転により点Cが移動した点をPとするとき，点Pを作図によって求めなさい。ただし，作図には定規とコンパスを使い，また，作図に用いた線は消さないこと。

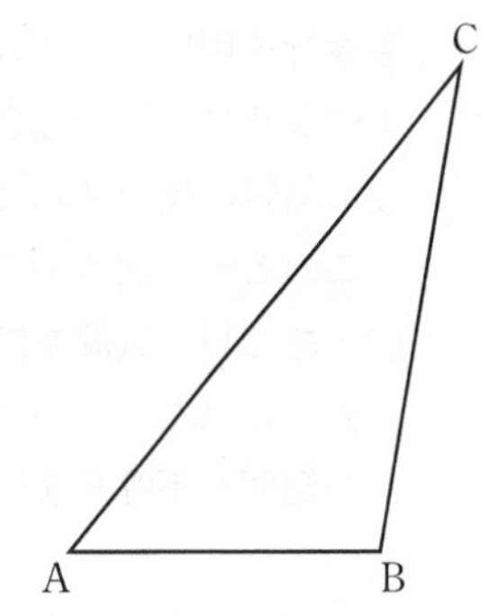

2　右の図は，2020年2月のカレンダーである。この中の

$b^2 - ac$ はつねに同じ値となる。

次の［　］内の文は，このことを証明したものである。文中の［①］，［②］，［③］に当てはまる数をそれぞれ答えなさい。

2020年
2月

日	月	火	水	木	金	土
						1
2	3	4	5	6	7	8
9	10	11	12	13	14	15
16	17	18	19	20	21	22
23	24	25	26	27	28	29

b，c をそれぞれ a を用いて表すと，$b = a +$［①］，$c = a +$［②］だから，

$b^2 - ac =$（$a +$［①］$)^2 - a$（$a +$［②］）＝［③］

したがって，$b^2 - ac$ はつねに同じ値［③］となる。

3　右の図は，2つの関数 $y=ax^2\ (a>0)$，$y=-\frac{4}{x}$ のグラフである。それぞれのグラフ上の，x 座標が1である点をA，Bとし，x 座標が4である点をC，Dとする。AB：CD＝1：7となるとき，a の値を求めなさい。

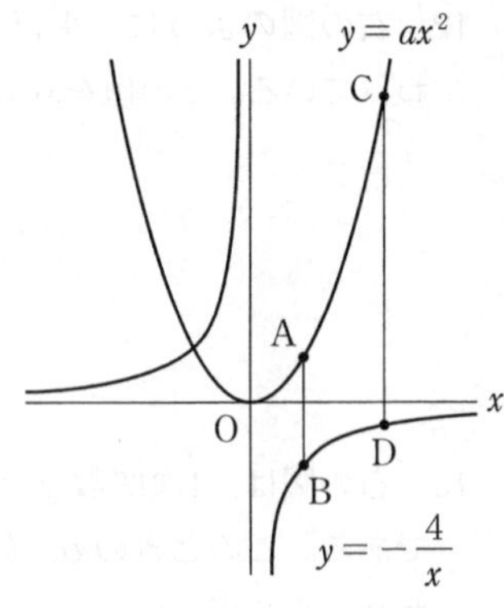

3　次の1，2の問いに答えなさい。

1　ある市にはA中学校とB中学校の2つの中学校があり，昨年度の生徒数は2つの中学校を合わせると1225人であった。今年度の生徒数は昨年度に比べ，A中学校で4％増え，B中学校で2％減り，2つの中学校を合わせると4人増えた。このとき，A中学校の昨年度の生徒数を x 人，B中学校の昨年度の生徒数を y 人として連立方程式をつくり，昨年度の2つの中学校のそれぞれの生徒数を求めなさい。ただし，途中の計算も書くこと。

2　あさひさんとひなたさんの姉妹は，8月の31日間，毎日同じ時間に同じ場所で気温を測定した。測定には，右の図のような小数第2位を四捨五入した近似値が表示される温度計を用いた。2人で測定した記録を，あさひさんは表1のように階級の幅を5℃として，ひなたさんは表2のように階級の幅を2℃として，度数分布表に整理した。

このとき，次の(1)，(2)，(3)の問いに答えなさい。

(1)　ある日，気温を測定したところ，温度計には28.7℃と表示された。このときの真の値を a℃とすると，a の値の範囲を不等号を用いて表しなさい。

(2)　表1の度数分布表における，最頻値を求めなさい。

(3)　表1と表2から，2人で測定した記録のうち，35.0℃以上36.0℃未満の日数が1日であったことがわかる。そのように判断できる理由を説明しなさい。

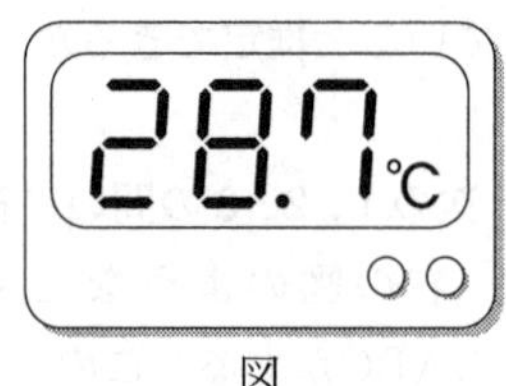

図

階級(℃) 以上 ～ 未満	度数(日)
20.0 ～ 25.0	1
25.0 ～ 30.0	9
30.0 ～ 35.0	20
35.0 ～ 40.0	1
計	31

表1

階級(℃) 以上 ～ 未満	度数(日)
24.0 ～ 26.0	1
26.0 ～ 28.0	3
28.0 ～ 30.0	6
30.0 ～ 32.0	11
32.0 ～ 34.0	9
34.0 ～ 36.0	1
計	31

表2

4　次の１，２の問いに答えなさい。

1　右の図のような，AB＜ADの平行四辺形ABCDがあり，辺BC上にAB＝CEとなるように点Ｅをとり，辺ＢＡの延長にBC＝BFとなるように点Ｆをとる。ただし，AF＜BFとする。

　このとき，△ADF≡△BFEとなることを証明しなさい。

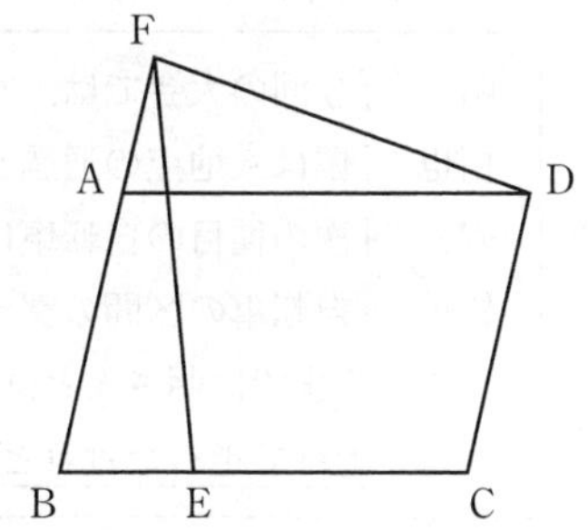

2　右の図は，１辺が２㎝の正三角形を底面とする高さ５㎝の正三角柱ABC－DEFである。

⑴　正三角形ABCの面積を求めなさい。

⑵　辺BE上にBG＝２㎝となる点Gをとる。また，辺CF上にFH＝２㎝となる点Hをとる。

　このとき，△AGHの面積を求めなさい。

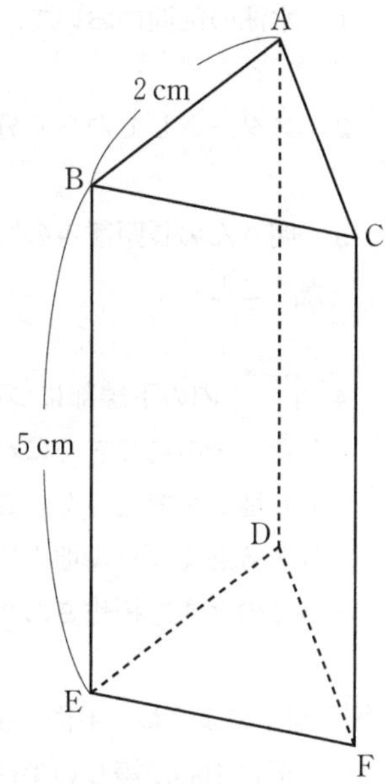

5　明さんと拓也さんは，スタート地点からＡ地点までの水泳300m，Ａ地点からＢ地点までの自転車6000m，Ｂ地点からゴール地点までの長距離走2100mで行うトライアスロンの大会に参加した。

　右の図は，明さんと拓也さんが同時にスタートしてから x 分後の，スタート地点からの道のりを y mとし，明さんは，水泳，自転車，長距離走のすべての区間を，拓也さんは，水泳の区間と自転車の一部の区間を，それぞれグラフに表したものである。ただし，グラフで表した各区間の速さは一定とし，Ａ地点，Ｂ地点における各種目の切り替えに要する時間は考えないものとする。

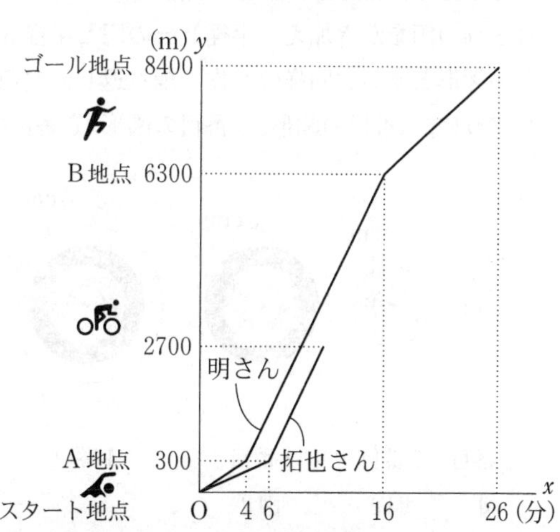

次の □ 内は，大会後の明さんと拓也さんの会話である。

明　「今回の大会では，水泳が４分，自転車が12分，長距離走が10分かかったよ。」
拓也「僕はＡ地点の通過タイムが明さんより２分も遅れていたんだね。」
明　「次の種目の自転車はどうだったの。」
拓也「自転車の区間のグラフを見ると，２人のグラフは平行だから，僕の自転車がパンクするまでは明さんと同じ速さで走っていたことがわかるね。パンクの修理後は，速度を上げて走ったけれど，明さんには追いつけなかったよ。」

このとき，次の１，２，３，４の問いに答えなさい。

1　水泳の区間において，明さんが泳いだ速さは拓也さんが泳いだ速さの何倍か。

2　スタートしてから６分後における，明さんの道のりと拓也さんの道のりとの差は何ｍか。

3　明さんの長距離走の区間における，x と y の関係を式で表しなさい。ただし，途中の計算も書くこと。

4　□ 内の下線部について，拓也さんは，スタート地点から2700m の地点で自転車がパンクした。その場ですぐにパンクの修理を開始し，終了後，残りの自転車の区間を毎分600ｍの速さでＢ地点まで走った。さらに，Ｂ地点からゴール地点までの長距離走は10分かかり，明さんより３分遅くゴール地点に到着した。

このとき，拓也さんがパンクの修理にかかった時間は何分何秒か。

6　図１のように，半径１㎝の円を白色で塗（ぬ）り，１番目の図形とする。また，図２のように，１番目の図形に中心が等しい半径２㎝の円をかき加え，半径１㎝の円と半径２㎝の円に囲まれた部分を灰色で塗り，これを２番目の図形とする。さらに，図３のように，２番目の図形に中心が等しい半径３㎝の円をかき加え，半径２㎝の円と半径３㎝の円に囲まれた部分を黒色で塗り，これを３番目の図形とする。同様の操作を繰り返し，白色，灰色，黒色の順に色を塗り，できた図形を図４のように，4番目の図形，５番目の図形，６番目の図形，…とする。

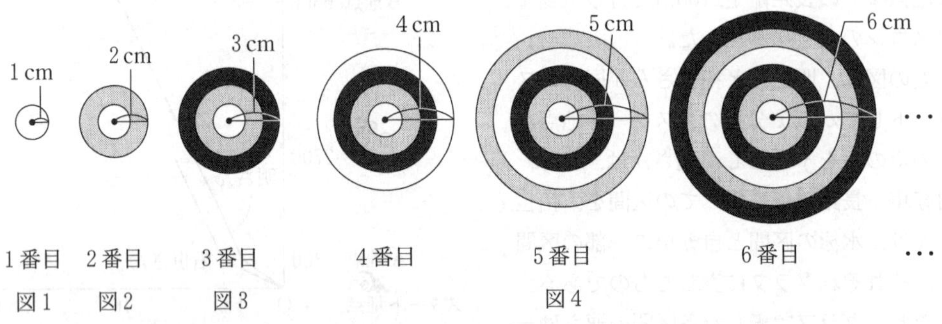

図１　図２　図３　図４

また，それぞれの色で塗られた部分を「白色の輪」,「灰色の輪」,「黒色の輪」とする。例えば，次のページの図５は６番目の図形で，「灰色の輪」が２個あり，最も外側の輪は「黒色の輪」である。

このとき，次の1，2，3，4の問いに答えなさい。ただし，円周率はπとする。

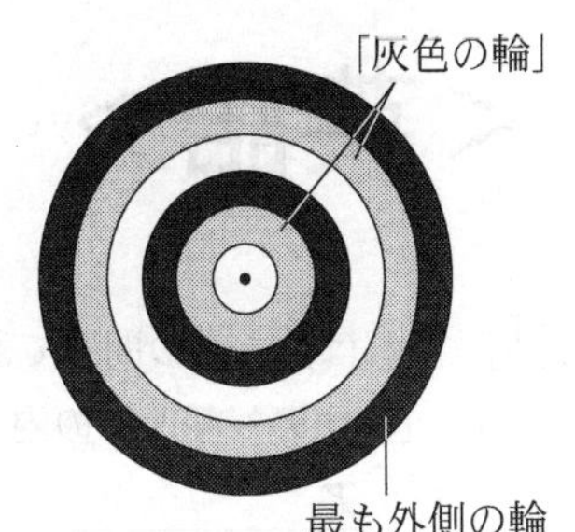

図5

1　「灰色の輪」が初めて4個できるのは，何番目の図形か。

2　20番目の図形において，「黒色の輪」は何個あるか。

3　n番目（nは2以上の整数）の図形において，最も外側の輪の面積が77π cm²であるとき，nの値を求めなさい。ただし，途中の計算も書くこと。

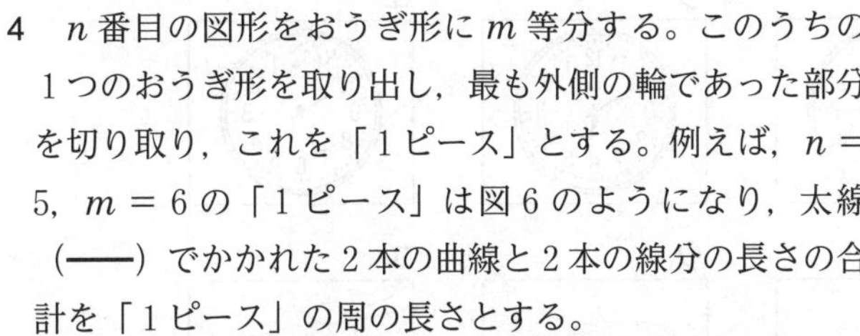

4　n番目の図形をおうぎ形にm等分する。このうちの1つのおうぎ形を取り出し，最も外側の輪であった部分を切り取り，これを「1ピース」とする。例えば，$n=5$，$m=6$の「1ピース」は図6のようになり，太線（——）でかかれた2本の曲線と2本の線分の長さの合計を「1ピース」の周の長さとする。

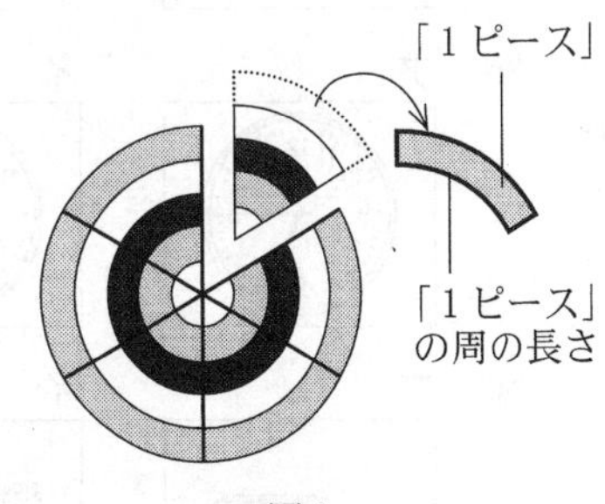

図6

このとき，次の文の①，②に当てはまる式や数を求めなさい。ただし，文中のa，bは2以上の整数とする。

> $n=a$，$m=5$の「1ピース」の周の長さと，$n=b$，$m=9$の「1ピース」の周の長さが等しいとき，bをaの式で表すと，（　①　）となる。①を満たすa，bのうち，それぞれの「1ピース」が同じ色のとき，bの値が最小となるaの値は，（　②　）である。

＜英語＞

時間　50分　　満点　100点

1　これは聞き方の問題である。指示に従って答えなさい。

1 〔英語の対話とその内容についての質問を聞いて，答えとして最も適切なものを選ぶ問題〕

2 〔英語の対話とその内容についての質問を聞いて，答えとして最も適切なものを選ぶ問題〕

⑴ ① ア In Kentaro's house.　　イ In Tom's room.

ウ At the cinema.　　エ At the meeting room.

② ア Call Tom.　　イ Go back home.

ウ Say sorry to Tom.　　エ See the movie.

⑵

Lucky Department Store

	Floor	
	8 F	Sky Garden
	7 F	Restaurants
	6 F	A
	5 F	B
	4 F	Cooking School
	3 F	Men's Clothes & Sports
	2 F	Women's Clothes & Shoes
	1 F	Food

〔各階案内図〕

① ア On the first floor.　　イ On the third floor.

ウ On the seventh floor.　　エ On the eighth floor.

② ア　A：Concert Hall　－　B：Bookstore
イ　A：Bookstore　－　B：Concert Hall
ウ　A：Concert Hall　－　B：Language School
エ　A：Language School　－　B：Concert Hall

3 〔英語の説明を聞いて，Eメールを完成させる問題〕

To: Jessie Smith
From: (Your Name)

Hi, Jessie,
We got homework for Mr. Brown's class. Choose one book and write about it.
Write four things about the book.
1. The writer of the book.
2. The (1)( ) of the book.
3. The (2)( ) for choosing the book in more than one hundred words.
4. Your (3)( ) words in the book.
You have to bring the homework to Mr. Brown on Thursday, (4)( ) 11th.
Don't forget!

See you soon,
(Your Name)

2 次の１，２の問いに答えなさい。

1 次の英文中の (1) から (6) に入れるものとして，下の(1)から(6)のア，イ，ウ，エのうち，それぞれ最も適切なものはどれか。

I like music the best (1) all my subjects. The music teacher always (2) us that the sound of music can move people. I cannot speak well in front of people, (3) I think I can show my feelings through music. I learned (4) play the guitar in class last year. Now, I practice it every day. In the future, I want to visit a lot of countries and play the guitar there. If I can play music, I will get more (5) to meet people. Music (6) no borders, so I believe that I can make friends.

(1) ア at　イ for　ウ in　エ of
(2) ア says　イ tells　ウ speaks　エ talks
(3) ア but　イ or　ウ because　エ until
(4) ア how　イ how to　ウ the way　エ what to
(5) ア lessons　イ hobbies　ウ chances　エ spaces
(6) ア are　イ do　ウ has　エ becomes

2　次の(1)から(3)の（　）内の語を意味が通るように並べかえて，(1)と(2)はア，イ，ウ，エ，(3)はア，イ，ウ，エ，オの記号を用いて答えなさい。ただし，文頭にくる語も小文字で示してある。

(1) My（ア has　イ eaten　ウ cousin　エ never）Japanese food before.

(2) Sophie（ア go　イ decided　ウ abroad　エ to）.

(3)（ア think　イ you　ウ will　エ it　オ do）rain next weekend?

3　次の英文は，中学生の美樹（Miki）とフランスからの留学生エマ（Emma）との対話の一部である。これを読んで，1から7までの問いに答えなさい。

Emma: Miki, I found "Cleaning Time" in my *daily schedule. What is it?

Miki: Oh, it is time to clean our school. We have (1) it almost every day.

Emma: Every day? (2) (　　) cleans your school?

Miki: We clean our classrooms, the library, the nurse's office and other rooms.

Emma: I can't believe that! In France, *cleaning staff clean our school, so students (A) do it. I think cleaning school is very hard work for students.

Miki: That may be true, but there are some good points of cleaning school. Oh, we made a newspaper about it because we have "Cleaning Week" this month. Look at the newspaper on the wall.

Emma: Ah, the girl who has a *broom in the picture is you, Miki. What is the girl with long hair doing?

Miki: She is cleaning the blackboard. The boys ____(3)____ , and that girl is going to *take away the trash. We have many things to do, so we clean our school together.

Emma: Now, I am interested in cleaning school. Oh, this is Ms. Sato. What does she say?

Miki: She says that it is ____(4)____ our school clean every day.

Emma: OK. If you clean it every day, cleaning school may not be so hard work.

Miki: That's right. Emma, look at the graph on the newspaper. We asked our classmates a question. "What are the good points of cleaning school?" They found some good points. Fourteen students answer that ____(5)____ after they clean school. Ten students answer that they use the things and places around them more carefully.

Emma: I see. Now I know why you have cleaning time in Japan. Oh, in France, we have one thing we use carefully at school. It is our textbook! In my country, we borrow textbooks from school.

Miki: Oh, do you?

Emma: Yes. At the end of a school year, we (B) them to school. Next year, our *juniors use the textbooks, so we don't write or draw anything on them.

Miki: You mean, you reuse your textbooks. That's nice!

Emma: Other people will use them after us. We have to think about those people, so we use our textbooks carefully.

Miki: We do different things in each country, but we have (6) <u>the same idea</u> behind them, don't we?

Emma: That's true. Today, we found the differences and *similarities by *reflecting on our own cultures. By the way, I hear you have some school events in Japan. (7) <u>Please tell me about one of them.</u>

〔注〕 *daily schedule＝日課表　*cleaning staff＝清掃員　*broom＝ほうき
*take away ～＝～を捨てる　*junior＝後輩　*similarity＝類似点
*reflect on ～＝～を振り返る

3－1新聞 あおぞら 9月号

9月1日発行

清掃週間 スタート!!

9月23日から『清掃週間』が始まります。
みんなで協力して、学校をきれいにしましょう。

日頃から学校をきれいにしておくことが大切ですよ。

佐藤先生より

教室清掃の様子

みなさんに協力してもらった「学校清掃についてのアンケート」の結果です

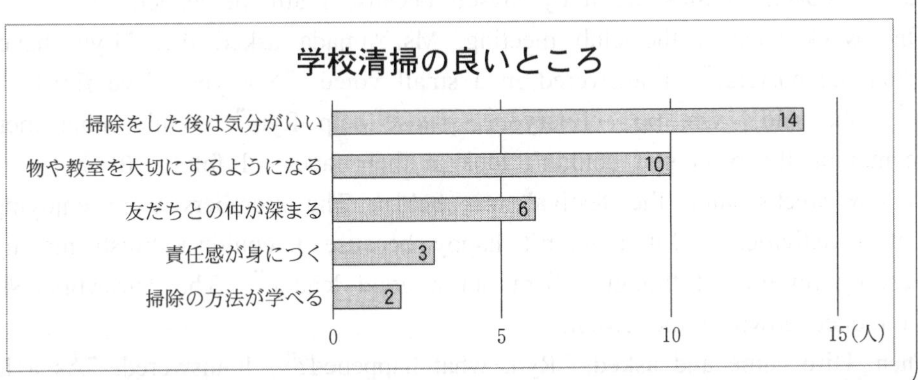

1　下線部⑴は何を指すか。英語２語で書きなさい。
2　二人の対話が成り立つよう，下線部⑵の（　）に入る最も適切な英語を書きなさい。
3　本文中の（A）に入る語句として，最も適切なものはどれか。
　ア need to　イ are able to　ウ would like to　エ don't have to
4　上の新聞を参考に，二人の対話が成り立つよう，下線部⑶，⑷，⑸に適切な英語を書きなさい。
5　本文中の（B）に入る語として，最も適切なものはどれか。
　ア return　イ receive　ウ repeat　エ report
6　下線部⑹の指す内容は何か。具体的に日本語で書きなさい。
7　下線部⑺について，あなたなら，本文に書かれていること以外で，どんな学校行事をエマに紹介しますか。つながりのある５文程度の英語で書きなさい。

4　次の英文を読んで，１，２，３，４の問いに答えなさい。

"Ryu, you are the new *leader of the volunteer club," Ms. Yamada, our club *adviser, said to me at the meeting. I was (A) to hear that. I said in a loud voice, "I'll do my best as a leader." When I looked up, I could see the beautiful sky. I was full of hope.

While I was walking home, I met Hiro, my uncle. He is the leader in his *community. He is respected by people living there. He said, "Hi, Ryu. What's up?" "I became the leader of the club!" I answered. He said, "Great! By the way, I am looking for some volunteers for the Summer Festival. [　　　　] us with the festival?" "Sure!"

The next day, I told the members about the Summer Festival. "Hiro asked us to join the festival as volunteers. He also wants us to make five *posters and display them in our school." Some members said to me, "We will make the posters." I said, "Thank you, but I think I can do it *by myself." "Really?" "Yes, of course! I must do it by myself because I am the leader."

One week later at the club meeting, Ms. Yamada asked me, "Ryu, have you finished the posters?" I answered in a small voice, "Not yet. I've finished only two." She said, "Oh, no. Everyone, please help Ryu." While other members were making the posters, I couldn't look at their faces. I felt (B).

A few weeks later, the festival was held. The members were enjoying the volunteer activities. But I wasn't happy because I couldn't finish making the posters by myself. I thought, "I'm not a good leader." The *fireworks started, but I looked down at the ground.

Then, Hiro came and asked, "Ryu, what happened?" I answered, "As a leader, I was trying to make all the posters by myself, but I couldn't." Hiro said, "Listen. Do you think leaders must do everything without any help? I don't think so. I work together with people living here. We live together, work together, and help each other." His words gave me energy. "I understand, Hiro. I'll work with my club members."

At the next club meeting, I said, "I'm sorry. I believed that leaders must do everything without any help, but that wasn't true." Everyone listened to me *quietly. "I've learned working together is important. I want to work with all of you." I continued, "Let's talk about a new activity today. What do you want to do?" One of the members said, "How about *planting flowers at the station?" Then, everyone started to talk. "Sounds good!" "Let's ask local people to get together." "Working with them will be fun." Everyone was smiling. When I saw the sky, the sun was shining.

〔注〕 *leader＝リーダー *adviser＝助言者 *community＝地域 *poster＝ポスター
*by oneself＝ひとりで *firework＝花火 *quietly＝静かに *plant ～＝～を植える

1 本文中の（A），（B）に入る竜（Ryu）の気持ちを表している語の組み合わせとして最も適切なものはどれか。

ア A：interested － B：excited　イ A：bad － B：angry
ウ A：excited － B：bad　エ A：angry － B：interested

2 本文中の □ に，適切な英語を3語で書きなさい。

3 下線部に見られる竜の考えの変化と，そのきっかけとなったヒロ（Hiro）の発言とはどのようなものか。次の □ 内の（①）に25字以内，（②）に20字以内の適切な日本語を書きなさい。ただし，句読点も字数に加えるものとする。

> 竜は，リーダーは（ ① ）と信じていたが，ヒロの「私たちは（ ② ）。」という言葉を聞いて，リーダーとしてのあり方を考え直した。

4 本文の内容と一致するものはどれか。二つ選びなさい。

ア Hiro chose Ryu as the new leader of the volunteer club in the community.
イ Hiro wanted Ryu and his club members to take part in the festival as volunteers.
ウ Ryu asked his members to make the posters, but no one tried to help him.
エ Ryu finished making all the posters before Ms. Yamada told him to make them.
オ After the Summer Festival, Ryu and his club members talked about a new activity.
カ When Ryu grew flowers with local people, every club member was having fun.

5 シールド工法（shield method）について書かれた次の英文を読んで，1，2，3，4の問いに答えなさい。

"London Bridge Is Falling Down" is a famous song about a bridge which fell down many times. This bridge was built over a big river that goes through London. In the 19th century, the river was very useful for *transporting things by *ship. Every day there were many big ships with *sails on the river. Many people gathered along rivers and [　] cities like London.

There was one problem. When ships went under the bridges, the sails hit the bridges. So, there were only a few bridges over the river. People couldn't go to the other side of it easily. [ア] Then, some people thought of an idea to build a *tunnel under the river. They made the tunnel with the "shield method." With this method, they could make a stronger tunnel because the tunnel was supported by *pipes called "shield" from the inside. Water didn't come into the tunnel, so the tunnel didn't break down easily. [イ]

How did people find this way of building the tunnel? They found it from a small *creature's way of making a *hole in *wood. [ウ] At that time, ships were made of wood. The creatures called **Funakuimushi* ate the wood of the ships and made some holes. When they eat wood, they put a special *liquid from its body on the wall of the hole. When this liquid becomes hard, the holes become strong. [エ] In this way, people found the way to make tunnels strong.

Today, around the world, there are many tunnels under the sea and in the mountains. A small creature gave us the idea to build strong tunnels. We may get a great idea from a small thing if we look at it carefully. By doing so, we can make better things.

〔注〕 *transport＝輸送する　*ship＝船　*sail＝帆　*tunnel＝トンネル　*pipe＝筒
*creature＝生き物　*hole＝穴　*wood＝木材　**Funakuimushi*＝フナクイムシ
*liquid＝液体

1　本文中の〔　〕に入れるものとして，最も適切なものはどれか。

ア built　イ lived　ウ left　エ went

2　下線部の理由は何か。日本語で書きなさい。

3　本文中の [ア] から [エ] のいずれかに次の1文が入る。最も適切な位置はどれか。

People were so happy to have such a strong tunnel.

4　本文を通して，筆者が最も伝えたいことはどれか。

ア The song about London Bridge has been famous around the world.
イ It was hard for people in London to get to the other side of the river.
ウ A small creature called *Funakuimushi* likes to eat wood in the ships.
エ An idea from a small creature has improved the tunnels in the world.

<理科>

時間　50分　　満点　100点

1　次の1から8までの問いに答えなさい。

1　次のうち，混合物はどれか。

ア　塩化ナトリウム　　イ　アンモニア　　ウ　石　油　　エ　二酸化炭素

2　次のうち，深成岩はどれか。

ア　玄武岩(げんぶ)　　イ　花こう岩　　ウ　チャート　　エ　凝灰岩(ぎょうかい)

3　蛍光板を入れた真空放電管の電極に電圧を加えると，図のような光のすじが見られた。このとき，電極A，B，X，Yについて，＋極と－極の組み合わせとして，正しいものはどれか。

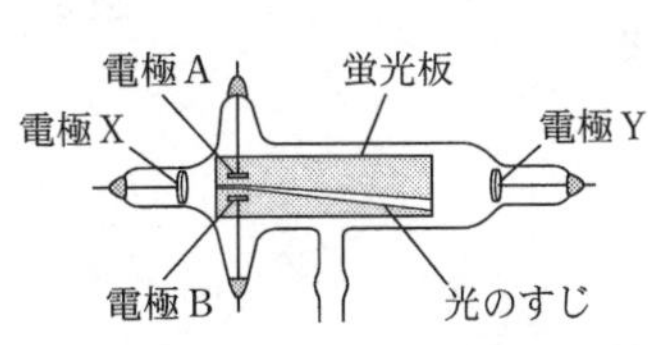

	電極A	電極B	電極X	電極Y
ア	＋極	－極	＋極	－極
イ	＋極	－極	－極	＋極
ウ	－極	＋極	＋極	－極
エ	－極	＋極	－極	＋極

4　次のうち，軟体動物はどれか。

ア　ミミズ　　イ　マイマイ　　ウ　タツノオトシゴ　　エ　ヒトデ

5　化学変化のときに熱が放出され，まわりの温度が上がる反応を何というか。

6　地震の規模を数値で表したものを何というか。

7　染色体の中に存在する遺伝子の本体は何という物質か。

8　1秒間に50打点する記録タイマーを用いて，台車の運動のようすを調べた。図のように記録テープに打点されたとき，区間Aにおける台車の平均の速さは何cm/sか。

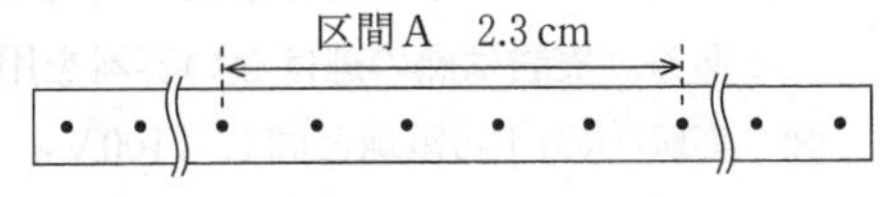

2　金星の見え方について調べるために，次の実験(1)，(2)，(3)を順に行った。

(1)　教室の中心に太陽のモデルとして光源を置く。その周りに金星のモデルとしてボールを，地球のモデルとしてカメラを置いた。また，教室の壁におもな星座名を書いた紙を貼った。図1は，実験のようすを模式的に表したものである。

(2)　ボールとカメラが図1に示す位置関係にあるとき，カメラでボールを撮影した。このとき，光源の背後に，いて座と書かれた紙が写っていた。

(3)　次に，おとめ座が真夜中に南中する日を想定し，その

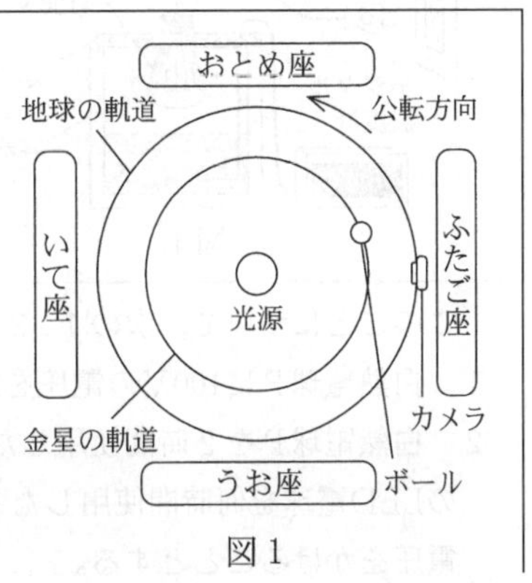

図1

位置にカメラを移動した。ボールは，図２のようにカメラに写る位置に移動した。

図２

このことについて，次の１，２，３の問いに答えなさい。

1　カメラの位置を変えると，光源の背後に写る星座が異なる。これは，地球の公転によって，太陽が星座の中を動くように見えることと同じである。この太陽の通り道を何というか。

2　実験⑵のとき，撮影されたボールはどのように写っていたか。図３を例にして，明るく写った部分を，破線（………）をなぞって表しなさい。

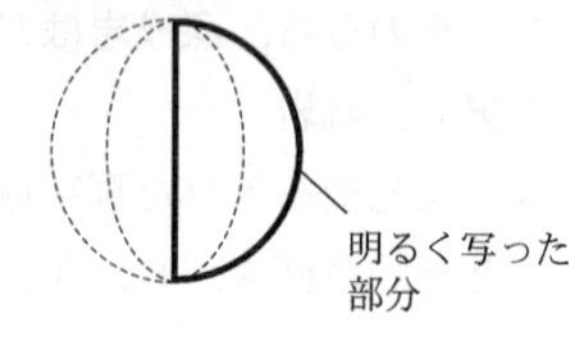

図３

3　実験⑶から半年後を想定した位置にカメラとボールを置いて撮影した。このとき，撮影されたボールは何座と何座の間に写っていたか。ただし，金星の公転周期は0.62年とする。

ア　おとめ座といて座　　イ　いて座とうお座

ウ　うお座とふたご座　　エ　ふたご座とおとめ座

3　電球が電気エネルギーを光エネルギーに変換する効率について調べるために，次の実験⑴，⑵，⑶を順に行った。

⑴　明るさがほぼ同じLED電球と白熱電球Ｐを用意し，消費電力の表示を表にまとめた。

	LED 電球	白熱電球Ｐ
消費電力の表示	100 V　7.5 W	100 V　60 W

⑵　実験⑴のLED電球を，水が入った容器のふたに固定し，コンセントから100Ｖの電圧をかけて点灯させ，水の上昇温度を測定した。図１は，このときのようすを模式的に表したものである。実験は熱の逃げない容器を用い，電球が水に触れないように設置して行った。

⑶　実験⑴のLED電球と同じ「100Ｖ　7.5Ｗ」の白熱電球Ｑ（図２）を用意し，実験⑵と同じように水の上昇温度を測定した。

なお，図３は，実験⑵，⑶の結果をグラフに表したものである。

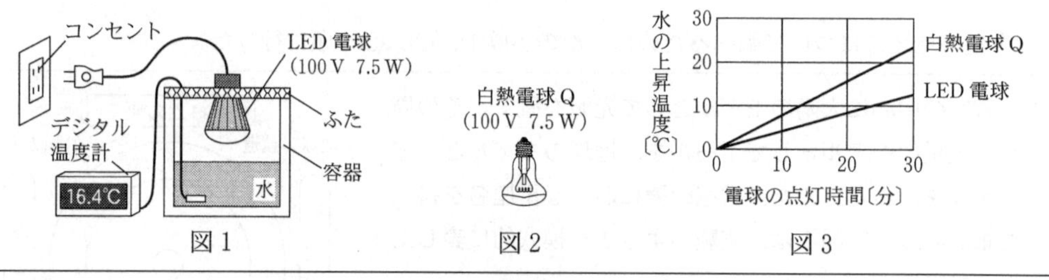

図１　図２　図３

このことについて，次の１，２，３の問いに答えなさい。

1　白熱電球Ｐに100Ｖの電圧をかけたとき，流れる電流は何Ａか。

2　白熱電球Ｐを２時間使用したときの電力量は何Ｗｈか。また，このときの電力量は，実験⑴のLED電球を何時間使用したときと同じ電力量であるか。ただし，どちらの電球にも100Ｖの電圧をかけることとする。

3　白熱電球に比べてLED電球の方が，電気エネルギーを光エネルギーに変換する効率が高い。その理由について，実験⑵，⑶からわかることをもとに，簡潔に書きなさい。

4　あきらさんとゆうさんは，植物について学習をした後，学校とその周辺の植物の観察会に参加した。次の⑴，⑵，⑶は，観察したときの記録の一部である。

⑴　学校の近くの畑でサクラとキャベツを観察し，サクラの花の断面（図1）とキャベツの葉のようす（図2）をスケッチした。
⑵　学校では，イヌワラビとゼニゴケのようす（図3）を観察した。イヌワラビは土に，ゼニゴケは土や岩に生えていることを確認した。
⑶　植物のからだのつくりを観察すると，いろいろな特徴があり，共通する点や異なる点があることがわかった。そこで，観察した4種類の植物を，子孫のふえ方にもとづいて，P（サクラ，キャベツ）とQ（イヌワラビ，ゼニゴケ）になかま分けをした。

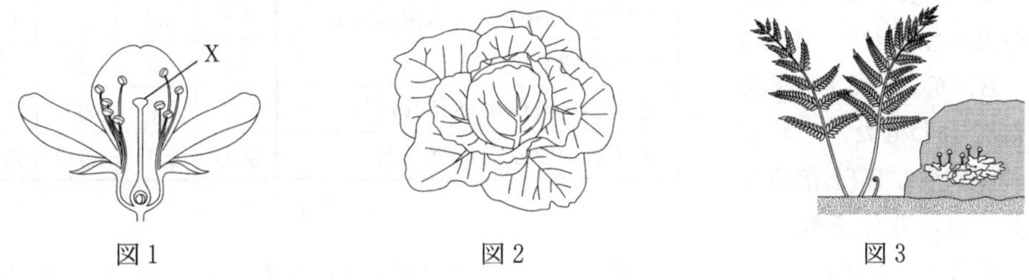

図1　　図2　　図3

このことについて，次の1，2，3，4の問いに答えなさい。

1　図1のXのような，めしべの先端部分を何というか。

2　次の図のうち，図2のキャベツの葉のつくりから予想される，茎の横断面と根の特徴を適切に表した図の組み合わせはどれか。

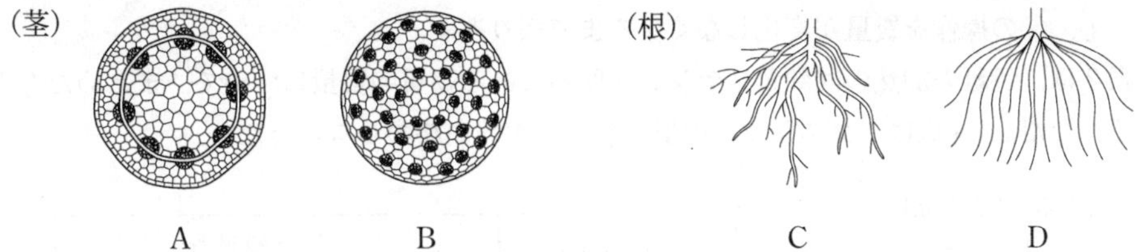

ア　AとC　　**イ**　AとD　　**ウ**　BとC　　**エ**　BとD

3　次の□内の文章は，土がない岩でもゼニゴケが生活することのできる理由について，水の吸収にかかわるからだのつくりに着目してまとめたものである。このことについて，①，②に当てはまる語句をそれぞれ書きなさい。

イヌワラビと異なり，ゼニゴケは（　①　）の区別がなく，水を（　②　）から吸収する。そのため，土がなくても生活することができる。

4 次の□内は，観察会を終えたあきらさんとゆうさんの会話である。

> あきら「校庭のマツは，どのようになかま分けできるかな。」
> ゆ　う「観察会でＰとＱに分けた基準で考えると，マツはＰのなかまに入るよね。」
> あきら「サクラ，キャベツ，マツは，これ以上なかま分けできないかな。」
> ゆ　う「サクラ，キャベツと，マツの二つに分けられるよ。」

ゆうさんは，（サクラ，キャベツ）と（マツ）をどのような基準でなかま分けしたか。「胚珠」という語を用いて，簡潔に書きなさい。

5 マグネシウムの反応について調べるために，次の実験(1)，(2)を行った。

(1) うすい塩酸とうすい水酸化ナトリウム水溶液をそれぞれ，表1に示した体積の組み合わせで，試験管A，B，C，Dに入れてよく混ぜ合わせた。それぞれの試験管にBTB溶液を加え，色の変化を観察した。さらに，マグネシウムを0.12gずつ入れたときに発生する気体の体積を測定した。気体が発生しなくなった後，試験管A，B，Cでは，マグネシウムが溶け残っていた。表1は，これらの結果をまとめたものである。

	A	B	C	D
塩酸〔cm^3〕	6.0	8.0	10.0	12.0
水酸化ナトリウム水溶液〔cm^3〕	6.0	4.0	2.0	0.0
BTB溶液の色	緑	黄	黄	黄
発生した気体の体積〔cm^3〕	0	X	90	112
マグネシウムの溶け残り	あり	あり	あり	なし

表1

(2) 班ごとに質量の異なるマグネシウム粉末を用いて，次の実験①，②，③を順に行った。
① 図1のように，マグネシウムをステンレス皿全体にうすく広げ，一定時間加熱する。
② 皿が冷えた後，質量を測定し，粉末をかき混ぜる。
③ ①，②の操作を質量が変化しなくなるまで繰り返す。

表2は，各班の加熱の回数とステンレス皿内にある物質の質量について，まとめたものである。ただし，5班はマグネシウムの量が多く，実験が終わらなかった。

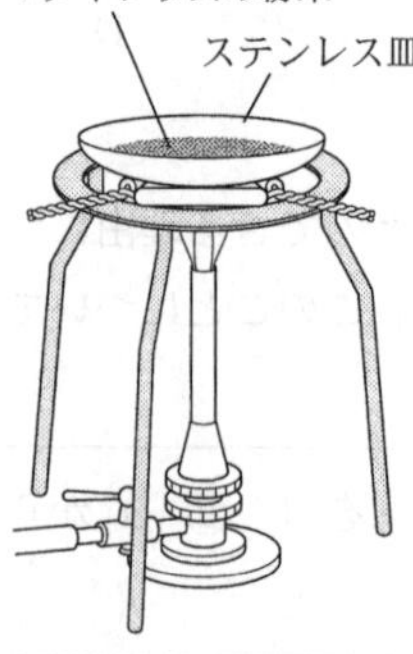

図1

	加熱前の質量〔g〕	測定した質量〔g〕				
		1回	2回	3回	4回	5回
1班	0.25	0.36	0.38	0.38		
2班	0.30	0.41	0.46	0.48	0.48	
3班	0.35	0.44	0.50	0.54	0.54	
4班	0.40	0.49	0.55	0.61	0.64	0.64
5班	0.45	0.52	0.55	0.58	0.59	0.61

表2

このことについて，次の１，２，３，４の問いに答えなさい。

１　実験(1)において，試験管Ｂから発生した気体の体積Ｘは何cm^3か。

図２

２　実験(2)で起きた化学変化を，図２の書き方の例にならい，文字や数字の大きさを区別して，化学反応式で書きなさい。

３　実験(2)における１班，２班，３班，４班の結果を用いて，マグネシウムの質量と化合する酸素の質量の関係を表すグラフをかきなさい。

４　５回目の加熱後，５班の粉末に，実験(1)で用いた塩酸を加え，酸化されずに残ったマグネシウムをすべて塩酸と反応させたとする。このとき発生する気体は何cm^3と考えられるか。ただし，マグネシウムと酸素は３：２の質量の比で化合するものとする。また，酸化マグネシウムと塩酸が反応しても気体は発生しない。

6　図は，ヒトの血液循環を模式的に表したものである。Ｐ，Ｑ，Ｒ，Ｓは，肺，肝臓，腎臓(じんぞう)，小腸のいずれかを，矢印は血液の流れを示している。

このことについて，次の１，２，３の問いに答えなさい。

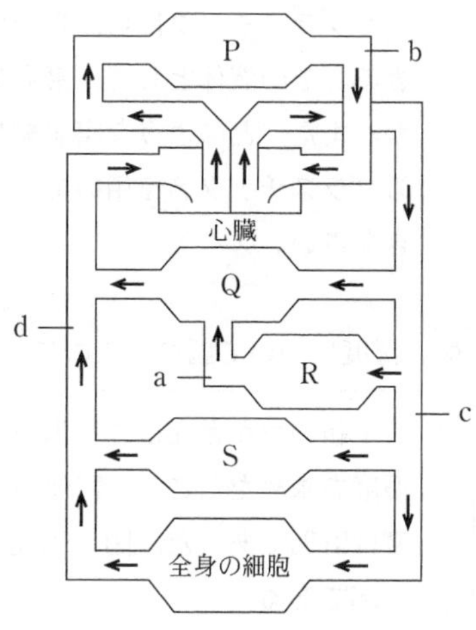

１　血液が，肺や腎臓を通過するとき，血液中から減少するおもな物質の組み合わせとして正しいものはどれか。

	肺	腎　臓
ア	酸　素	尿　素
イ	酸　素	アンモニア
ウ	二酸化炭素	尿　素
エ	二酸化炭素	アンモニア

２　ａ，ｂ，ｃ，ｄを流れる血液のうち，ａを流れている血液が，ブドウ糖などの栄養分の濃度が最も高い。その理由は，ＱとＲのどのようなはたらきによるものか。ＱとＲは器官名にしてそれぞれ簡潔に書きなさい。

３　あるヒトの体内には，血液が4000mLあり，心臓は１分間につき75回拍動し，１回の拍動により，右心室と左心室からそれぞれ80mLの血液が送り出されるものとする。このとき，体循環により，4000mLの血液が心臓から送り出されるまでに何秒かかるか。

7　種類の異なるプラスチック片Ａ，Ｂ，Ｃ，Ｄを準備し，次の実験(1)，(2)，(3)を順に行った。

(1)　プラスチックの種類とその密度を調べ，表１にまとめた。

(2)　プラスチック片Ａ，Ｂ，Ｃ，Ｄは，表１のいずれかであり，それぞれの質量を測定した。

(3)　水を入れたメスシリンダーにプラスチック片を入れ，目盛りを読みとることで体積を測定した。このうち，プラスチック片Ｃ，Ｄは水に浮いてしまうため，体積を測定することができなかった。なお，水の密度は1.0ｇ/cm^3である。

	密度〔g/cm³〕
ポリエチレン	0.94～0.97
ポリ塩化ビニル	1.20～1.60
ポリスチレン	1.05～1.07
ポリプロピレン	0.90～0.91

表１

このことについて，次の１，２，３の問いに答えなさい。

1 実験(2)，(3)の結果，プラスチック片Ａの質量は4.3ｇ，体積は2.8cm^3であった。プラスチック片Ａの密度は何ｇ/cm^3か。小数第２位を四捨五入して小数第１位まで書きなさい。

2 プラスチック片Ｂと同じ種類でできているが，体積や質量が異なるプラスチックをそれぞれ水に沈めた。このときに起こる現象を，正しく述べたものはどれか。

ア 体積が大きいものは，密度が小さくなるため，水に浮かんでくる。

イ 体積が小さいものは，質量が小さくなるため，水に浮かんでくる。

ウ 質量が小さいものは，密度が小さくなるため，水に浮かんでくる。

エ 体積や質量に関わらず，沈んだままである。

3 実験(3)で用いた水の代わりに，表２のいずれかの液体を用いることで，体積を測定することなくプラスチック片Ｃ，Ｄを区別することができる。その液体として，最も適切なものはどれか。また，どのような実験結果になるか。表１のプラスチック名を用いて，それぞれ簡潔に書きなさい。

	液体	密度〔g/cm^3〕
ア	エタノール	0.79
イ	なたね油	0.92
ウ	10％エタノール溶液	0.98
エ	食塩水	1.20

表２

8 湿度について調べるために，次の実験(1)，(2)，(3)を順に行った。

(1) １組のマキさんは，乾湿計を用いて理科室の湿度を求めたところ，乾球の示度は19℃で，湿度は81％であった。図１は乾湿計用の湿度表の一部である。

(2) マキさんは，その日の午後，理科室で露点を調べる実験をした。その結果，気温は22℃で，露点は19℃であった。

(3) マキさんと２組の健太さんは，別の日にそれぞれの教室で，(2)と同様の実験を行った。

		乾球と湿球の示度の差〔℃〕				
		0	1	2	3	4
乾球の示度〔℃〕	23	100	91	83	75	67
	22	100	91	82	74	66
	21	100	91	82	73	65
	20	100	91	81	73	64
	19	100	90	81	72	63
	18	100	90	80	71	62

図１

このことについて，次の１，２，３，４の問いに答えなさい。なお，図２は，気温と空気に含まれる水蒸気量の関係を示したものであり，図中のＡ，Ｂ，Ｃ，Ｄはそれぞれ気温や水蒸気量の異なる空気を表している。

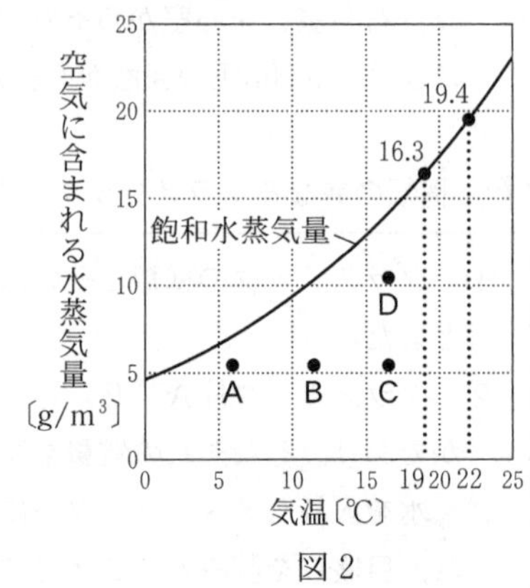

図２

1 実験(1)のとき，湿球の示度は何℃か。

2 実験(2)のとき，理科室内の空気に含まれている水蒸気の質量は何ｇか。ただし，理科室の体積は350m^3であり，水蒸気は室内にかたよりなく存在するものとする。

3 図２の点Ａ，Ｂ，Ｃ，Ｄで示される空気のうち，最も湿度の低いものはどれか。

4　次の　　内は，実験(3)を終えたマキさんと健太さんの会話である。

> マキ「1組の教室で調べたら露点は6℃で，湿度が42%になったんだ。」
> 健太「えっ，本当に。2組の教室の湿度も42%だったよ。」
> マキ「湿度が同じなら，気温も同じかな。1組の教室の気温は20℃だったよ。」
> 健太「2組の教室の気温は28℃だったよ。」

この会話から，2組の教室で測定された露点についてわかることは，アから力のうちどれか。当てはまるものをすべて選び，記号で答えなさい。

ア　28℃より大きい。　イ　28℃より小さい。　ウ　20℃である。
エ　14℃である。　オ　6℃より大きい。　カ　6℃より小さい。

9　物体にはたらく浮力の性質を調べるために，次の実験(1)，(2)，(3)，(4)を順に行った。

(1)　高さが5.0cmで重さと底面積が等しい直方体の容器を二つ用意した。容器Pは中を空(から)にし，容器Qは中を砂で満たし，ふたをした。ふたについているフックの重さと体積は考えないものとする。図1のように，ばねばかりにそれぞれの容器をつるしたところ，ばねばかりの値は右の表のようになった。

(2)　図2のように，容器Pと容器Qを水が入った水そうに静かに入れたところ，容器Pは水面から3.0cm沈んで静止し，容器Qはすべて沈んだ。

(3)　図3のように，ばねばかりに容器Qを取り付け，水面から静かに沈めた。沈んだ深さxとばねばかりの値の関係を調べ，図4にその結果をまとめた。

(4)　図5のように，ばねばかりにつけた糸を，水そうの底に固定してある滑車に通して容器Pに取り付け，容器Pを水面から静かに沈めた。沈んだ深さyとばねばかりの値の関係を調べ，図6にその結果をまとめた。ただし，糸の重さと体積は考えないものとする。

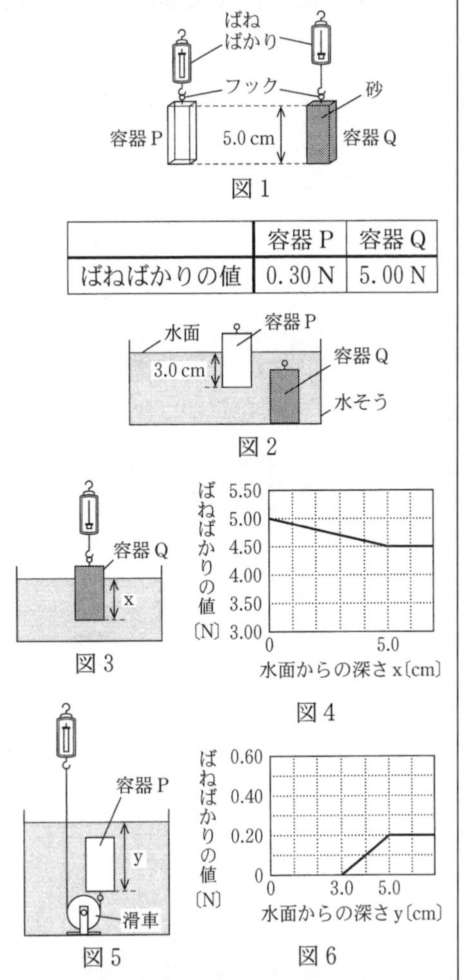

図1

	容器P	容器Q
ばねばかりの値	0.30 N	5.00 N

図2

図3

図4

図5

図6

このことについて，次の1，2，3，4の問いに答えなさい。

1　実験(2)のとき，容器Pにはたらく浮力の大きさは何Nか。

2　実験(3)で，容器Qがすべて沈んだとき，容器Qにはたらく浮力の大きさは何Nか。

3　図7は，実験(4)において，容器Pがすべて沈んだときの容器Pと糸の一部のようすを模式的に表したものである。このとき，容器Pにはたらく重力と糸が引く力を，解答用紙の図にそれぞれ矢印でかきなさい。ただし，図の方眼の1目盛りを0.10Nとする。

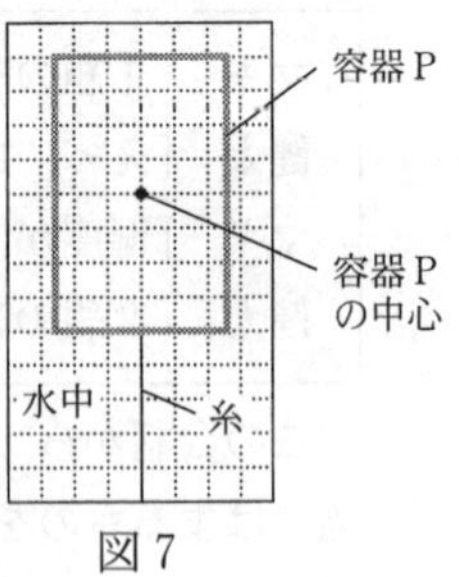

図7

4　実験(1)から(4)の結果からわかる浮力の性質について，正しく述べている文には○を，誤って述べている文には×をそれぞれ書きなさい。

①　水中に沈んでいる物体の水面からの深さが深いほど，浮力が大きくなる。

②　物体の質量が小さいほど，浮力が大きくなる。

③　物体の水中に沈んでいる部分の体積が大きいほど，浮力が大きくなる。

④　水中に沈んでいく物体には，浮力がはたらかない。

＜社会＞　時間　50分　満点　100点

1　太郎さんが両親と訪れた中国・四国地方に関して，次の１から４までの問いに答えなさい。

1　図１に関して，次の文は太郎さんと両親が広島市内を車で移動しているときの会話の一部である。これを読み，(1)，(2)，(3)の問いに答えなさい。

父　「広島市内を車で走ると，何度も橋を渡るね。」
太郎　「広島市の市街地は ⓐ三角州という地形の上にあって，何本も川が流れていると学校で学んだよ。」
母　「他にも広島市について学校で学んだことはあるかな。」
太郎　「広島市がある瀬戸内工業地域は，［　　］とよばれる関東地方から九州地方の北部にかけてのびる帯状の工業地域の一部だよ。」
父　「もうすぐ ⓑ原爆ドームの近くを通るね。」
太郎　「行ってみようよ。」

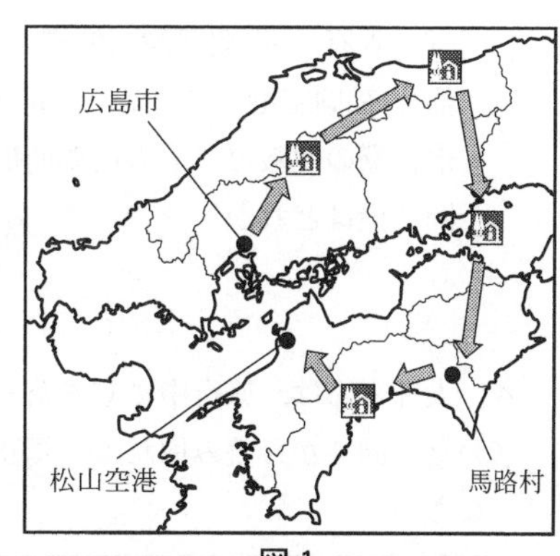

図１
(注)図中の［道の駅マーク］は「道の駅」の位置を示している。

(1)　下線部ⓐについて正しく述べているのはどれか。
ア　河川によって運ばれた土砂が，河口部に堆積（たいせき）した地形である。
イ　河川が山間部から平野に出た所に，土砂が堆積して造られる地形である。
ウ　小さな岬と奥行きのある湾が繰り返す地形である。
エ　風で運ばれた砂が堆積した丘状の地形である。

(2)　文中の［　　］に当てはまる語を書きなさい。

(3)　下線部ⓑのような，貴重な自然環境や文化財などのうち，人類共通の財産としてユネスコが作成したリストに登録されたものを何というか。

2　図２は，瀬戸内工業地域，阪神工業地帯，中京工業地帯，東海工業地域における，製造品出荷額に占める各品目の出荷額の割合と製造品出荷額を示している（2016年）。瀬戸内工業地域はどれか。

	製造品出荷額の割合(%)						製造品出荷額(百億円)
	金属	機械	化学	食料品	繊維	その他	
ア	7.9	50.7	21.1	14.4	0.7	5.2	1,613
イ	9.1	69.4	11.9	4.8	0.8	4.1	5,480
ウ	19.9	36.4	24.1	11.7	1.4	6.6	3,093
エ	17.3	36.8	29.8	8.4	2.2	5.4	2,892

図２（「データブックオブザワールド」により作成）

3　図１の矢印は，太郎さんと両親が広島市から松山空港まで車で移動した経路を示している。これについて，(1)，(2)の問いに答えなさい。

(1)　次の文は，太郎さんが訪れた「道の駅」の様子について述べたものである。訪れた順に並べ替えなさい。
ア　比較的降水量が少ない地域にあり，地域とオリーブの歴史などを紹介する施設や，オリーブを使った料理を提供するレストランがあった。

イ　冬場でも温暖で日照時間が長い地域にあり，温暖な気候を利用して栽培された野菜が農産物直売所で販売されていた。

ウ　山間部にあり，雪を利用した冷蔵庫である「雪室（ゆきむろ）」の中で，ジュースや日本酒が保存・熟成されていた。

エ　冬に雪が多く降る地域にあり，古事記に記された神話にちなんだ土産品が売られていた。

(2) 図3は，松山空港（愛媛県）から，伊丹（いたみ）空港（大阪府），那覇空港（沖縄県），羽田空港（東京都），福岡空港（福岡県）に向けて1日に出発する飛行機の便数と，その所要時間を示している。福岡空港はどれか。

	出発便数（便）	所要時間（分）
ア	12	85～90
イ	12	50～60
ウ	4	50
エ	1	110

図3（「松山空港ホームページ」により作成）

4　太郎さんは，旅行中に立ち寄った前のページの図1の馬路村（うまじむら）に興味をもち，図4の資料を集めた。図4から読み取れる，馬路村の課題と，地域おこしの特徴や成果について，簡潔に書きなさい。

資料1　馬路村の人口と65歳以上の人口の割合の推移

	1990年	1995年	2000年	2005年	2010年	2015年
人口	1313人	1242人	1195人	1170人	1013人	823人
65歳以上の人口の割合	20.0%	24.9%	28.6%	32.9%	35.0%	39.4%

資料2　馬路村の人々の主な取組

1990年　ゆずドリンクが「日本の101村展」で農産部門賞を受賞
2003年　ゆず加工品のCMが飲料メーカーの地域文化賞を受賞
2009年　農協が地元大学とゆずの種を用いた化粧品の共同研究を開始
2011年　地元大学との共同研究で開発した化粧品の販売開始

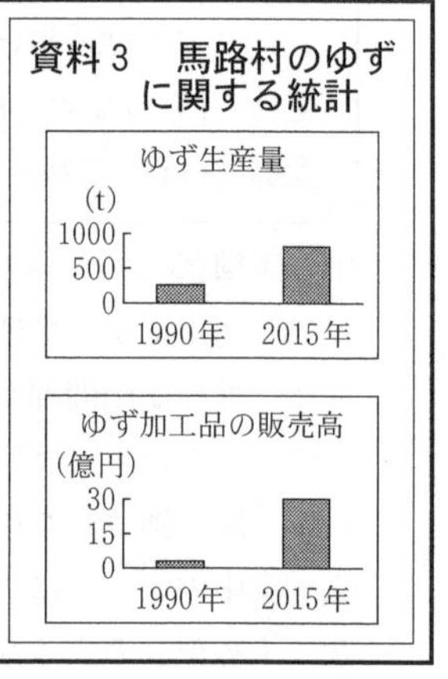

図4（「馬路村ホームページ」ほかにより作成）

2　次の1から6までの問いに答えなさい。

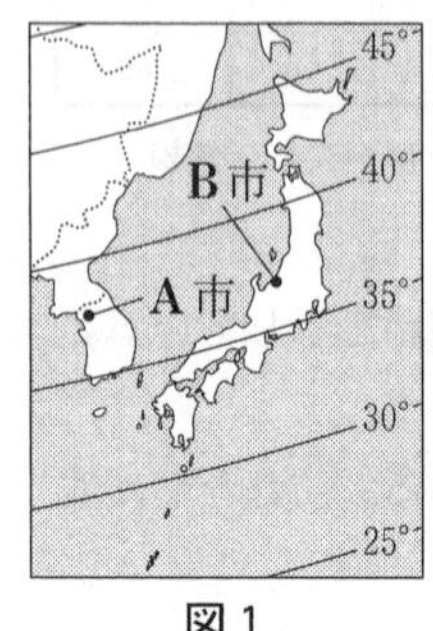

図1

C国
D国
ア
イ
ウ
エ

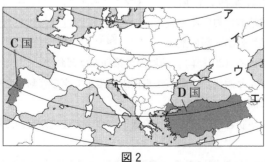

図2

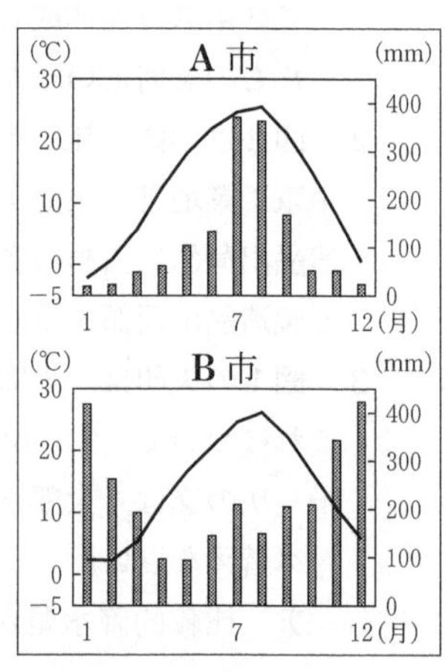

図3（「気象庁ホームページ」により作成）

1　図1は，図3の雨温図で示されたA市とB市の位置を示したものである。二つの都市の気候について述べた次の文中の Ｉ ， Ⅱ に当てはまる語の組み合わせとして正しいのはどれか。

> A市とB市は，夏季には高温多雨となるが，冬季の降水量には差がみられる。A市では，大陸からの乾いた Ｉ の影響を受けやすく，冬季の降水量が少なくなる。B市では Ⅱ の上を吹く Ｉ の影響により冬季に大雪が降る。

ア　Ｉ－偏西風　Ⅱ－暖流　　イ　Ｉ－偏西風　Ⅱ－寒流
ウ　Ｉ－季節風　Ⅱ－暖流　　エ　Ｉ－季節風　Ⅱ－寒流

2　次の文は，図2のC国の公用語と同じ言語を公用語としているある国について述べたものである。ある国とはどこか。

> 赤道が通過する国土には，流域面積が世界最大となる大河が流れ，その流域には広大な熱帯雨林が広がる。高原地帯ではコーヒー豆などの輸出用作物が栽培されている。

3　ヨーロッパの大部分は日本と比べ高緯度に位置している。図1の北緯40度と同緯度を示す緯線は，図2のア，イ，ウ，エのどれか。

4　図2のD国とインドについて，図4は，総人口とある宗教の信者数を，図5は，主な家畜の飼育頭数を示したものである。 　 に当てはまる語を書きなさい。

	総人口	教の信者数
D国(2018年)	8,192万人	7,987万人
インド(2018年)	135,405	19,228

図4(「データブックオブザワールド」により作成)

	牛(千頭)	豚(千頭)	羊(千頭)
D国(2016年)	13,994	2	31,508
インド(2016年)	185,987	9,085	63,016

図5(「世界国勢図会」により作成)

5　図6中のXで示された3州とYで示された3州は，図7の①，②のいずれかの地域である。また，図7の Ｉ ， Ⅱ は製鉄，半導体のいずれかである。①と Ｉ に当てはまる語の組み合わせとして正しいのはどれか。

ア　①－X　Ｉ－半導体
イ　①－X　Ｉ－製　鉄
ウ　①－Y　Ｉ－半導体
エ　①－Y　Ｉ－製　鉄

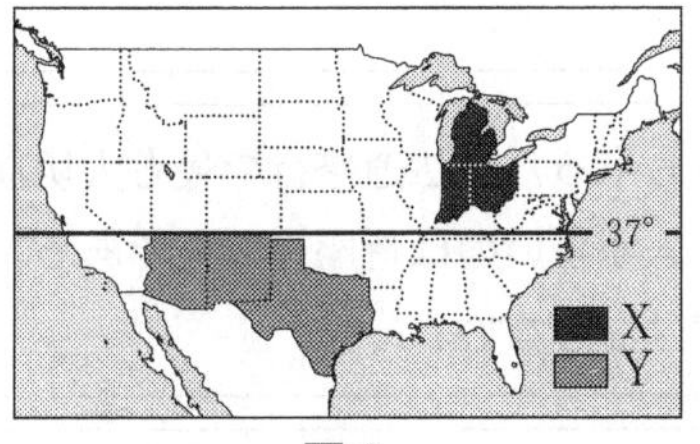

図6

X，Yの各州の主な製造品

地域	各州の主な製造品
①	石油・化学薬品
	航空宇宙・ Ｉ
	Ｉ ・医療機械
②	自動車・ Ⅱ
	自動車・石油
	自動車・プラスチック

図7
(「データブックオブザワールド」により作成)

6　アメリカ合衆国，日本，中国のいずれかについて，次のページの図8は，農業従事者数および輸出総額に占める農産物の輸出額の割合を，次のページの図9は，農業従事者一人あたりの農地面積および総産業従事者に占める農業従事者の割合を示したものである。アメリカ合衆国はa，b，cのどれか。

また，そのように判断した理由を，図8，図9から読み取れることとアメリカ合衆国の農業の特徴にふれ，簡潔に書きなさい。

	農業従事者数	輸出総額に占める農産物の輸出額の割合
a	242万人	9.4%
b	228	0.4
c	24,171	2.1

図8（「農林水産省ホームページ」により作成）
（注） 農業従事者数は日本のみ2016年その他2012年，輸出に占める農作物の割合は2013年

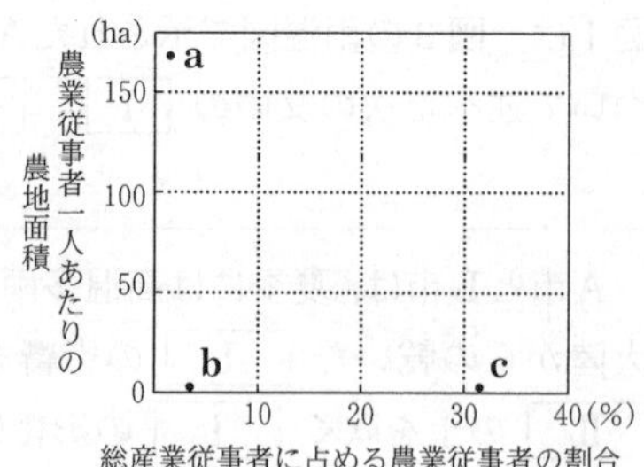

図9（「農林水産省ホームページ」により作成）
（注） 中国のみ2013年その他2015年

3 次のAからFのカードは，史料の一部を要約し，わかりやすく書き直したものである。これらを読み，1から8までの問いに答えなさい。

A 百済の国王が初めて仏像・経典（きょうてん）および僧らを日本に送ってきた。天皇は，お言葉を下し，蘇我氏にこれらを授け，ⓐ仏教の発展を図ったのである。

B （私が）唐にいる日本の僧から送られてきた報告書を見たところ，唐の国力の衰退している様子が書かれていました。報告の通りであれば，今後派遣される［ I ］にどのような危険が生じるかわかりません。長年続けてきた［ I ］を廃止するかどうか，審議し決定するようお願いします。

C ⓑ近年，イギリスが清国に対して軍隊を派遣して激しい戦争をした結果（イギリスが勝利し，香港（ホンコン）を手に入れたこと）については，わが国が毎年長崎に来航して提出している報告書を見て，すでに知っていると思います。

D 大きな船が島に漂着した。どこの国の船かはわからなかった。外国商人の一人が手にひとつ物を持っていて，長さは60cmから90cmくらいで，形は中が空洞，外側はまっすぐで，大変重かった。

E 道元が次のようにおっしゃった。仏道修行で最も大切なのは，第一に座禅をすることである。中国で悟りを開く人が多いのは皆座禅の力である。修行者はただひたすら座禅に集中し，他の事に関わってはならない。

F 東京では，11日のⓒ憲法発布をひかえてその準備のため，言葉にできないほどの騒ぎとなっている。だが，面白いことに，誰も憲法の内容を知らないのだ。

1 Aのカードに関して，この頃，役人として朝廷に仕え，財政や外交などで活躍していた，中国や朝鮮半島から日本に移り住んできた人々を何というか。

2 下線部ⓐの仏教が伝来した時期と最も近い時期に大陸から日本に伝えられたのはどれか。

ア 儒 教　イ 土 偶　ウ 青銅器　エ 稲 作

3 Bのカードの［ I ］に共通して当てはまる語は何か。

4　Cのカードの下線部ⓑの戦争と，最も近い時期におきたできごとはどれか。

ア　ロシアへの警戒感を強めた幕府は，間宮林蔵らに蝦夷地の調査を命じた。

イ　日米和親条約を結び，下田と函館の開港とアメリカ船への燃料などの提供に同意した。

ウ　朱印船貿易に伴い，多くの日本人が東南アジアへ移住し，各地に日本町ができた。

エ　交易をめぐる対立から，アイヌの人々はシャクシャインを中心に，松前藩と戦った。

5　Dのカードに関連して述べた次の文中の［　　］に当てはまる語は何か。

> この時日本に伝わった［　　］は，築城にも大きな影響を与え，城壁に図1の矢印が示す円形の狭間(さま)が設けられるようになった。

図1

6　Eのカードの人物が活躍した時代と同じ時代区分のものはどれか。

ア　シーボルトは塾を開き，蘭学者や医学者の養成に力を尽くした。

イ　フランシスコ・ザビエルは日本にキリスト教を伝え，大名の保護の下，布教に努めた。

ウ　北条時宗は博多湾岸に石の防壁を築かせるなど，モンゴルの再襲来に備えた。

エ　空海は中国で仏教を学び，帰国後真言宗を開くとともに，高野山に金剛峯寺を建立した。

7　Fのカードの下線部ⓒに関連して，図2は日本の初代内閣総理大臣を務めた人物がドイツ帝国首相に新年の挨拶をしている様子を描いた風刺画である。これが描かれた背景として，日本とドイツにどのような関わりがあったと考えられるか。下線部ⓒの憲法名を明らかにし，簡潔に書きなさい。

図2（『トバエ』により作成）

8　AからFのカードを，年代の古い順に並べ替えなさい。なお，Aが最初，Fが最後である。

4　略年表を見て，次の1から6までの問いに答えなさい。

時代	世界と日本のおもなできごと	
明治	富岡製糸場の開業	A（始）
明治	八幡製鉄所の操業開始	A
大正	第一次世界大戦がおこる	A（終）
大正	ⓐ日本経済が好況となる	
昭和	世界恐慌がおこる	B（始）
昭和	ポツダム宣言の受諾	B（終）
昭和	朝鮮戦争による特需景気	C（始）
昭和	ⓑ大阪万国博覧会の開催	C（終）
昭和	ⓒ中東戦争がおこる	

1　Aの時期の社会状況として<u>当てはまらない</u>のはどれか。

ア　産業が発展し，足尾銅山鉱毒事件などの公害が発生した。

イ　人をやとい，分業で製品を生産する工場制手工業が始まった。

ウ　三菱などの経済界を支配する財閥があらわれた。

エ　資本主義の発展により，工場労働者があらわれた。

2　下線部ⓐに関して，次のページの文中の［Ⅰ］，［Ⅱ］に当てはまる語の組み合わせとして正しいのはどれか。

> 第一次世界大戦の戦場となった［ Ⅰ ］からの輸入が途絶えたことにより，日本国内の造船業や鉄鋼業などの［ Ⅱ ］工業が成長した。

ア　Ⅰ－アメリカ　Ⅱ－重化学　　イ　Ⅰ－アメリカ　Ⅱ－軽
ウ　Ⅰ－ヨーロッパ　Ⅱ－重化学　　エ　Ⅰ－ヨーロッパ　Ⅱ－軽

3　Bの時期におきたできごとを年代の古い順に並べ替えなさい。
ア　学徒出陣が始まった。　　イ　アメリカが対日石油輸出禁止を決定した。
ウ　満州国が建国された。　　エ　国家総動員法が制定された。

4　Cの時期に家庭に普及したのはどれか。
ア　電気冷蔵庫　　イ　携帯電話　　ウ　パソコン　　エ　クーラー

5　下線部ⓒのできごとによりおきた，原油価格の急激な上昇を何というか。

6　下線部ⓑについて，1970年の大阪万博のテーマは「人類の進歩と調和」であり，テーマの設定にあたっては，当時の社会状況が反映されている。大阪万博が開催された頃の社会状況について，「高度経済成長」の語を用い，図1，図2の資料にふれながら簡潔に書きなさい。

2人以上勤労者世帯の収入
(1世帯あたり年平均1か月間)

1965年	1970年
65,141円	112,949円

図1(「数字で見る日本の100年」により作成)

公害に関する苦情・陳情の数
(地方公共団体に受理された件数)

1966年度	1970年度
20,502件	63,433件

図2(「図で見る環境白書　昭和47年版環境白書」により作成)

5　次の1から4までの問いに答えなさい。

1　商店街の活性化策のうち，「効率」の観点を重視したものとして最も適切なのはどれか。
ア　商店街の活性化のため，協議会を公開でおこなったが，利害が異なり意見が対立した。
イ　商店街の活性化のため，再開発をおこなったが，市は多くの借金をかかえた。
ウ　商店街の活性化のため，商店街の空き店舗を活用し，地域の特産物を販売した。
エ　商店街の活性化のため，市議会が特産物の宣伝のために，補助金の支給を決定した。

2　政府が行う経済活動について，次の(1)，(2)の問いに答えなさい。

(1)　図は1995年度と2018年度の日本の歳出を示しており，A，B，C，Dはア，イ，ウ，エのいずれかである。Aはどれか。
ア　防衛費
イ　社会保障関係費
ウ　国債費
エ　公共事業費

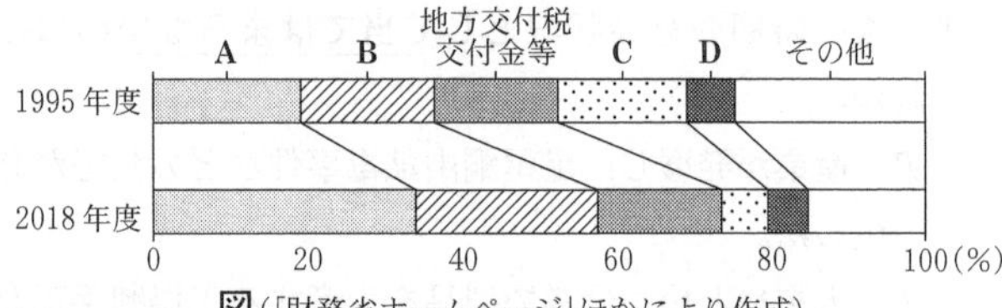

図(「財務省ホームページ」ほかにより作成)

(2)　次の文中の［ Ⅰ ］，［ Ⅱ ］に当てはまる語の組み合わせとして正しいのはどれか。

> ［ Ⅰ ］のとき政府は，財政政策として，公共事業への支出を増やしたり，［ Ⅱ ］をしたりするなど，企業の生産活動を促そうとする。

ア　Ⅰ－好景気　Ⅱ－増税　　イ　Ⅰ－不景気　Ⅱ－増税
ウ　Ⅰ－好景気　Ⅱ－減税　　エ　Ⅰ－不景気　Ⅱ－減税

3　民事裁判について正しく述べているのはどれか。

ア　裁判官は，原告と被告それぞれの意見をふまえ，判決を下したり，当事者間の和解を促したりする。

イ　国民の中から選ばれた裁判員は，重大事件の審理に出席して，裁判官とともに被告人が有罪か無罪かを判断し，有罪の場合は刑罰の内容を決める。

ウ　国民の中から選ばれた検察審査員は，検察官が事件を起訴しなかったことについて審査し，そのよしあしを判断する。

エ　裁判官は，被告人が有罪か無罪かを判断し，有罪の場合は刑罰の内容を決める。

4　民主主義に基づく国や地方の政治について，次の(1)，(2)の問いに答えなさい。

(1)　次の文中の［Ⅰ］，［Ⅱ］に当てはまる語の組み合わせとして正しいのはどれか。

> 政党名または候補者名で投票する［Ⅰ］制は，得票に応じて各政党の議席数を決めるため，当選に結びつかない票（死票）が［Ⅱ］なる。

ア　Ⅰ－小選挙区　Ⅱ－多く　　イ　Ⅰ－小選挙区　Ⅱ－少なく

ウ　Ⅰ－比例代表　Ⅱ－多く　　エ　Ⅰ－比例代表　Ⅱ－少なく

(2)　地方自治では，首長や地方議員の選挙以外にも，署名を集めて条例の制定を求めたり，住民投票を行ったりするなど，住民が意思を表明する権利がある。その権利を何というか。

6　みどりさんは，社会科の授業で企業の経済活動について発表した。次の文は，その発表原稿の一部である。これを読み，次の1から6までの問いに答えなさい。

> 私は企業の経済活動の一例として，コンビニエンスストアについて調べ，実際に<u>ⓐ働いている人</u>に話を聞きました。コンビニエンスストアの多くは深夜も営業をしているので，困ったときには私たちにとって頼れる存在です。最近は，社会の変化にともなって，災害が起きたときのライフラインや，防犯・安全対策面での役割も注目されています。他にも<u>ⓑ安全な商品の販売</u>，環境に配慮する<u>ⓒ３Ｒ</u>，<u>ⓓ新たな技術・サービスの開発</u>などにも取り組んでいることがわかりました。この動きを<u>ⓔCSR（企業の社会的責任）といい，コンビニエンスストアだけでなく，様々な企業も取り組んでいます</u>。

1　下線部ⓐに関して，法律で認められている労働者の権利として<u>**当てはまらない**</u>のはどれか。

ア　労働組合をつくり，使用者と対等に交渉して労働者の権利を守ることができる。

イ　性別に関わらず，1歳未満の子をもつ労働者は育児休業を原則取得することができる。

ウ　自分が働く企業の株主総会では，株主でなくても議決権を行使することができる。

エ　雇用の形態に関わらず，国で定めた最低賃金以上の賃金をもらうことができる。

2　下線部ⓑに関して，製品の欠陥で消費者が身体に損害を受けた場合など，企業の過失を証明しなくても賠償を請求できることを定めた法律はどれか。

ア　消費者契約法　　イ　製造物責任法　　ウ　環境基本法　　エ　独占禁止法

3　下線部ⓒに関して，環境への負担をできる限り減らす循環型社会を目指す取組が社会全体で行われている。コンビニエンスストアのレジで会計する時に，消費者ができる３Ｒの取組を一つ具体的に書きなさい。

4 下線部ⓓに関して，新しい商品の生産をしたり，品質の向上や生産費の引き下げをもたらしたりするなど，企業が画期的な技術の開発をおこなうことを何というか。

5 下線部ⓔに関して，CSRの例として，生活環境に配慮することなど，環境権の保障につながる取組がある。環境権などの「新しい人権」について述べた次の文中の□に当てはまる語はどれか。

> 日本国憲法第13条にある□権を根拠として，「新しい人権」を認めようとする動きが生まれている。

ア 財産　イ 平等　ウ 情報公開　エ 幸福追求

6 みどりさんは店長から「国全体で働き手が不足している」という話を聞き，この課題について考えようとした。図1，図2は，みどりさんがこの課題を考えるために用意した資料である。図1，図2をふまえ，どのような解決策が考えられるか，簡潔に書きなさい。

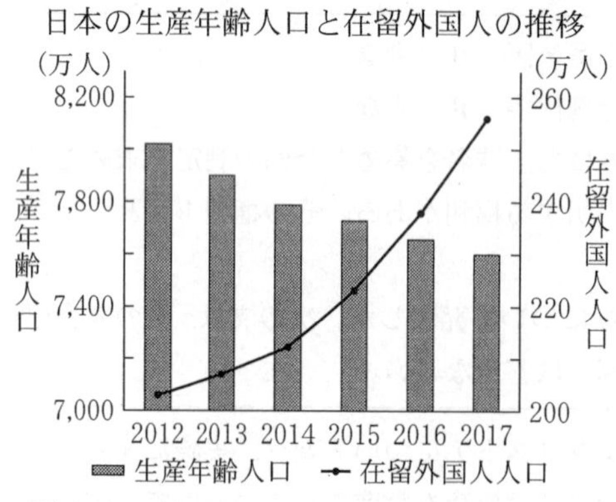

図1（「総務省統計局ホームページ」ほかにより作成）

スーパーにおけるセルフ精算レジの設置状況

	ほぼ全店舗に設置	一部店舗で設置	設置していない
2017年	7.8％	26.4％	65.8％
2018年	16.1	32.8	51.1

図2（「スーパーマーケット年次統計調査」により作成）

7 社会科のまとめの時間に，みほさんたちのグループは「国際協力のあり方」について調べることにした。みほさんたちが調べてまとめた図1を見て，次の1から5までの問いに答えなさい。

地域	各地域がかかえている課題	日本人による援助活動の内容	援助終了後の各地域の変化
A	先進国の援助で小学校の校舎が建設されたが，家事の手伝いなどで通うのをやめてしまう子どもが多いため，大人になっても読み書きができない人が多い。	Xさんは，ⓐ学校以外の学習センターで，読み書きだけでなく，農業やものづくりなど幅広い知識や技術を様々な年代の人々に教えた。	現地の人々が読み書きができるようになったことや，生活技術が向上したことで，多くの人が就きたい仕事に就いたり生活の質を向上させたりすることが可能になった。
B	外国企業が給水設備を提供したが，管理方法を習得している人が少なく，多くの人は水を安全に飲むことができない。	Yさんは，現地の人々に給水設備の管理方法をわかりやすく指導し，多くの人が給水設備を使えるようにした。	現地の人々が自分たちで給水設備を管理できるようになり，多くの人が安全に飲める水を確保できるようになった。
C	助産師を養成する学校が外国の支援で建てられたが，指導者が不足し，新しい技術が習得できず，助産師の技術が低く，妊産婦死亡率が高い。	Zさんは，妊産婦死亡率を下げることを目標に掲げ，助産師を育成するために□を行った。	適切に処置をおこなうことができる技術の高い現地の助産師が増えたことで，以前より妊産婦死亡率が低くなった。

図1（「JICA ホームページ」ほかにより作成）

1　みほさんたちは，図1のAの地域でXさんが非政府組織である援助団体の一員として活動していることを知った。非政府組織の略称はどれか。

ア　ODA　　イ　NGO　　ウ　WHO　　エ　FTA

2　下線部ⓐは，江戸時代の日本において町人や農民の子どもたちが学んだ民間の教育施設を参考にしている。この江戸時代の教育施設を何というか。

3　図2は，総人口に対して安全な水資源を確保できない人の割合，高齢化率，100人あたりの自動車保有台数，100人あたりの携帯電話保有台数のいずれかを示した地図である。総人口に対して安全な水資源を確保できない人の割合を示したのはどれか。なお，色が濃いほど数値が高く，白い部分は資料なしを示している。

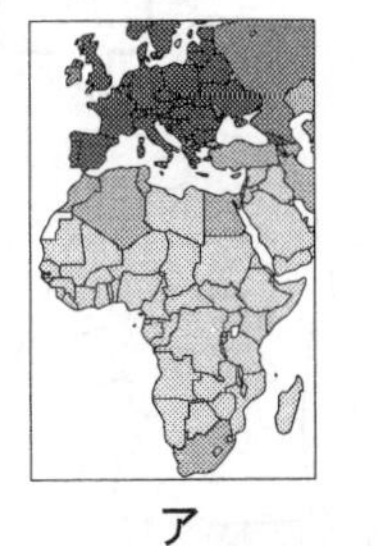
ア

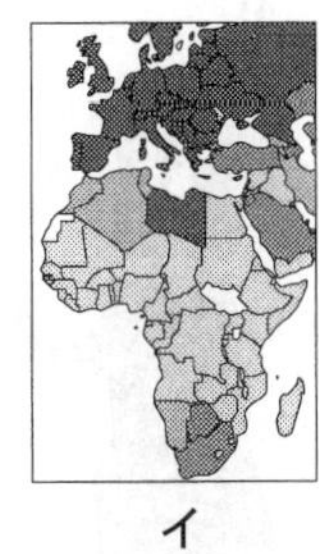
イ

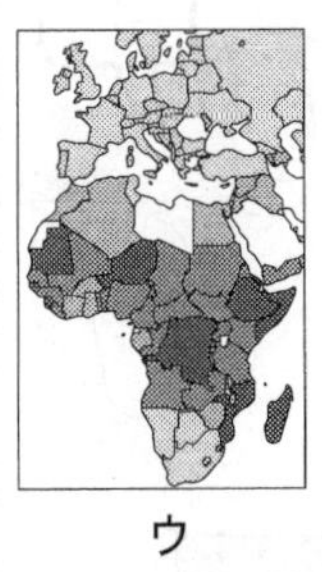
ウ

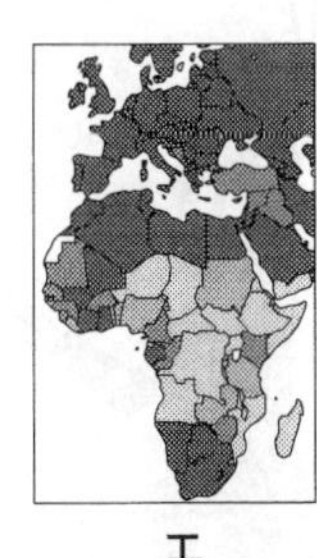
エ

図2（「データブックオブザワールド」ほかにより作成）

4　図1の［　　］に当てはまる最も適切なものはどれか。

ア　妊産婦の栄養管理　　イ　製薬会社の誘致

ウ　保育施設の整備　　エ　実技中心の講習

5　次の文は，みほさんたちが国際協力のあり方についてまとめたものである。次の文中の［Ⅰ］，［Ⅱ］に当てはまる文を，図1をふまえ，簡潔に書きなさい。

> 国際協力において，外国からの経済的な援助と人材を育てることのどちらも重要だという結論に至りました。経済的な援助が必要な理由は，［　Ⅰ　］です。また，人材を育てることが必要な理由は，持続的に発展していくためには，［　Ⅱ　］です。

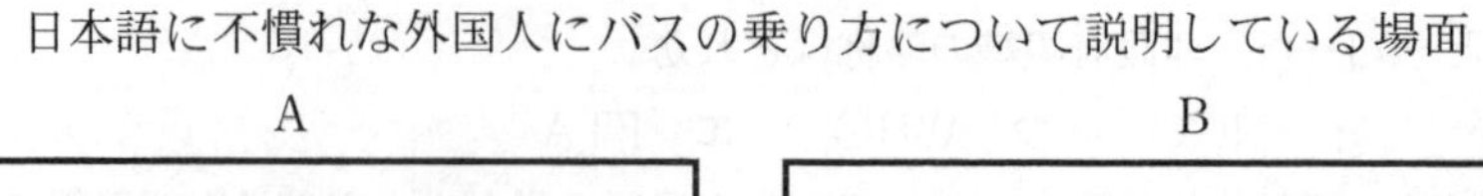
日本語に不慣れな外国人にバスの乗り方について説明している場面

A

このバスは前方の乗車口からお乗りください。
左手に整理券がありますので、それを取っていただけますか？
？

B

このバスは前のドアから乗ってください。
左の箱から小さな白い紙が出ています。その白い紙を取ってください。
OK.

1 (1)父は、それなんだが、とちょっと言いにくそうにした　とあるが、このときの父の心情として最も適切なものはどれか。
ア　名古屋という新天地で営業の仕事をすることへの心配。
イ　異動によってますます家族から嫌われることへの不安。
ウ　家族の生活を急に変化させてしまうことへのためらい。
エ　これから毎日家族と共に時間を過ごすことへの戸惑い。

2 (2)父はばつが悪そうにビールを一口すすり、後頭部をかいた　とあるが、なぜか。四十五字以内で書きなさい。

3 □ に当てはまる最も適切な語はどれか。
ア　きまじめな　イ　おおらかな
ウ　せっかちな　エ　さわやかな

4 (3)母の視線が鋭くなった気もした　とあるが、航輝がこのように感じた理由として最も適切なものはどれか。
ア　航輝だけが父に味方するような発言をしたことで、母の機嫌を損ねたと思ったから。
イ　父を批判してきた母に航輝が反発を始めたことで、母を悲しませたと思ったから。
ウ　父に毎日会えることを喜ぶ態度を航輝が見せたことで、母が絶望したと思ったから。
エ　航輝が父を味方につけようとしたことで、母の怒りがさらに強まったと思ったから。

5 (4)航輝はせっかくのごちそうの味も何だかよくわからなかった　とあるが、このときの航輝は父に対してどのようなことを考えていたのか。傍線部に続く回想の場面を踏まえて五十字以内で書きなさい。

6 本文の特徴を説明したものとして、最も適切なものはどれか。
ア　擬音語や擬態語を多用して家族の性格が描き分けられている。
イ　過去の場面を加えることで新しい家族の姿が表現されている。
ウ　豊かな情景描写を通して家族の心情が的確に表現されている。
エ　主人公の視点を通して交錯する家族の思いが描写されている。

5 次のページの図は、日本語に不慣れな外国人にバスの乗り方について、係員が説明している場面である。係員の言葉を踏まえて、あなたが様々な国の人とコミュニケーションをとる際に心がけたいことを国語解答用紙(2)に二百四十字以上三百字以内で書きなさい。
なお、次の《条件》に従って書くこと。

《条件》
(Ⅰ)　二段落構成とすること。なお、第一段落は四行程度（八十字程度）で書き、第二段落は、第一段落を書き終えた次の行から書き始めること。
(Ⅱ)　各段落は次の内容について書くこと。

第一段落
・外国人にとってわかりやすい表現にするために、次のページの図Bの係員の言葉ではどのような工夫がされているか。次のページの図Aの係員の言葉と比較して書くこと。

第二段落
・第一段落に書いたことを踏まえて、様々な国の人とコミュニケーションをとる際にあなたが心がけたいことを、体験（見聞したことなども含む）を交えて書くこと。

「名古屋営業所なんだ。これから一か月で引っ越さなくちゃならない。」

「名古屋！ そんなこと、急に言われても困るじゃないの。どうしてあらかじめ相談してくれなかったのよ。」

「いや、俺もこんなにすぐ陸上勤務になれるとは思ってなかったんだ。ほんのひと月ほど前、試しに異動願を出してみたんだが、まさか即採用されるとはなあ。」

「莉央、転校するの？ いやだ！」

非難がましい母に追従するように、妹の莉央も甲高(かん)い声を発する。

(2)父はばつが悪そうにビールを一口すすり、後頭部をかいた。

「これから家族で一緒に過ごせること、少しは喜んでもらえると思ってたんだがなあ。」

気まずい沈黙の中、航輝は父にかけるべき言葉を探していた。

母は折に触れ、父が子育てに協力できないことを批判してきた。□性格の父ではあるけれど、そんな母の言葉がまったく耳に入らず、心に刺さりもしなかったとは思わない。父なりに考えて、家族のためを思って行動した結果に違いないのだ。だが——。

「お父さんは、それでよかったの。」

航輝の投げかけた質問に、父はやはり困ったような微笑を浮かべた。

「航輝も、お父さんと毎日会えるのがうれしくないのか。」

(3)「ううん、ぼくはうれしいよ。それはとてもいいことだと思う。」

母の視線が鋭くなった気もしたが、(注2)歯牙(しが)にもかけない。

「でもさ、それって家族のために陸上勤務を希望したってことだよね。お父さんは本当にそれでよかったのかな。本当に、船を降りてもいいと思っていたのかな。」

すると父は虚を(注3)衝(つ)かれたようになり、何も答えずにビールの缶を口に運んだ。しかしすでに飲みきっていたようで、缶を軽く振って食卓に置く。底が天板に当たってコン、と乾いた音がした。

「お父さんはそれでよかったのか、か……航輝も大人びたことを口にするようになったもんだな。」

おどけるように言った父は質問をかわしたかったらしいが、その企(たくら)みはうまくいったとは言いがたい。三人のときよりも口数の減った食卓で、(4)航輝はせっかくのごちそうの味も何だかよくわからなかった。

——お父さんはやっぱり、船に乗るのが好きなんだよな。

あれは二年ほど前のことだっただろうか。

小学校の授業で、自分の名前の由来を調べるというのがあった。航輝が家に帰ってさっそく母に訊ねると、お父さんに訊(き)いて、との返事。航輝の名前を考えたのは父だったらしい。

航輝はその晩、ちょうど休暇で家にいた父に、あらためて名前の由来を訊ねた。そのとき父は風呂上がりで、首にタオルをかけて扇風機の風に当たっていた。

——おまえの人生という名の航路が、輝きに満ちていますように。

そう願って、《航輝》と名づけたんだよ。

説明は簡潔でわかりやすく、ただそのあとで父は、照れ隠しのように付け加えたのだった。お父さんはやっぱり、船に乗るのが好きなんだよな、と。

そのときの一言ほど、実感のこもった父の台詞(せりふ)を航輝は知らない。

（岡崎琢磨「進水の日」から）

(注1) 内航＝国内の港の間で貨物輸送すること。

(注2) 歯牙にもかけない＝全く相手にしない。

(注3) 虚を衝かれた＝備えのないところを攻められた。

（注1）往還＝行ったり来たりすること。（注2）プロセス＝過程。
（注3）オリジナリティ＝独創性。

1 ⑴自分と相手との間で起こる相互理解を説明したものとして最も適切なものはどれか。
ア お互いの考えを率直に受け止め批判し合うことにより、それぞれの立場の違いがさらに明確になっていくこと。
イ 相手の考えを自分なりに理解した上で自分の考えを相手に対して表現し、伝えられたかどうかを確認すること。
ウ 相手の考えと自分の考えの違いを認め合いながら、それぞれの異なる意見を共通する結論へと導いていくこと。
エ お互いの思考と表現を往還していくことにより、相手に対して自分の意見を伝えることは容易だと気付くこと。
2 ⑵あなた自身の個人メガネとは何をたとえたものか。本文中から十三字で抜き出しなさい。
3 □に入る語句として最も適切なものはどれか。
ア 情緒的に判断　イ 効果的に分析
ウ 主観的に認識　エ 客観的に観察
4 □に入る語として最も適切なものはどれか。
ア あるいは　イ たとえば　ウ なぜなら　エ ところで
5 ⑶あなた自身を「自分探し」から解放することができるとあるが、どのような状態から解放することができるか。文末が「状態。」となるように、「自分探し」をする上で陥りやすいことを踏まえて、四十字以内で説明しなさい。ただし文末の言葉は字数に含めない。
6 本文における筆者の考えとして最も適切なものはどれか。
ア 個人の言語活動が活性化していくことで意見を主張できるようになり、自分らしさが完成されていく。
イ 価値観の異なる相手と議論を重ねることで新たな発想が生み出され、利便性の高い社会が創造される。
ウ 周囲の環境と関わり合うことで他とは区別される自己の存在に気付き、自分が徐々に形成されていく。
エ お互いの立場を尊重しながら対等な人間関係を築くことによって、対話の成立する社会が実現される。

4 次の文章を読んで、1から6までの問いに答えなさい。

（小学四年生の航輝（こうき）は、船乗りである父と、母、小学一年生の妹莉央（りお）の四人家族である。三か月間の航海から戻った父は、家族と久しぶりの夕食時、重大発表があると言った。）

「異動が決まってな。お父さん、陸上勤務になったんだ。これからは毎日、家に帰れるぞ。」
それは予想外の告白で、航輝は言葉の意味を理解するのに時間がかかってしまった。
──お父さんが、船を降りる？
「あらまあ、本当なの？」
信じられないとでも言いたげな母に、父は深々とうなずく。
「この一か月の休暇が終わったら、営業の仕事に回されることになった。そのままずっと陸上勤務というわけでもないんだが、少なくとも向こう何年かは船に乗ることはない。」
父の勤める海運会社は内航（注1）を中心としているが、営業などの部門で陸上勤務に従事する社員もいる。どうやら父は、ひそかに異動願を提出していたらしい。
「それで、⑴勤務先は……。」
母が訊（たず）ねると父は、それなんだが、とちょっと言いにくそうにした。

自分の考えを述べる、そうして、自分の表現したことが相手に伝わったか、伝わらないかを自らが確かめることによって、自分の「言いたいこと」「考えていること」がようやく見えてくるということになるのです。

しかも、このとき見えてきたものは必ずしも当初自分が言おうとしていたものとは同じではないことに気づくでしょう。というよりも、当初の自らの思考がどのようなものであるかはだれにもわからず、この自己と他者の間の理解と表現のプロセスの中で次第に形成されるものと考える方が適切でしょう。つまり、自分の「言いたいこと」というものは、そんなにすぐにはっきりと相手に伝えられるようなかたちでは、ことばとして取り出すことがむずかしいということでもあります。

このように考えると、「私」は個人の中にあるというよりもむしろ、他者とのやりとりの過程にあるというべきかもしれません。

「自分」というようなものも、実体としてどこかに厳然とあるというよりも、あなたと相手とのやりとり、つまりは、あなたを取り囲む(注3)環境との間にあるということになります。それは、あなたの固有のオリジナリティは本当にあなたの中にあるのか、という課題とつながっているのです。

あなたは、成長する段階でさまざまな社会や文化の影響を受けつつ、いろいろな人との交流の中ではぐくまれてきました。同時に、あなた自身の経験や考え方、さまざまな要素によって、あなたにしかない感覚・感情を所有し、その結果として、今、あなたは、世界にたった一人の個人として存在しています。この世に、あなたにかわる存在は、どこにもないということができるでしょう。

そして、このことによって、あなたが見る世界は、あなた自身の眼によっているということもできるはずです。つまり、あなたのモノの見方は、(2)すべてあなた自身の個人メガネを通したものでしかありえないということです。

あなたが、何を考えようが、感じようが、すべてが「自分を通している」わけで、対象をいくら［　］し、事実に即して述べようとしたところで、実際、それらはすべて自己を通した思考・記述でしかありえないということになります。どんな現象であろうと、「私」の判断というものをまったく消して認識することはありえない、ということになるのです。

しかも、この自己としての「私」は、そうした、さまざまな認識や判断によって少しずつつくられていく、［　］少しずつ変わっていくということができます。

これまで出会ったことのない考え方や価値観に触れ、自らの考え方を振り返ったり、更新したりすることを通して、「私」は確実に変容します。

ですから、はじめから、しっかりとした自分があるわけではないのです。

ここに、いわゆる「自分探し」の罠(わな)があります。

本当の自分を探してどんなに自己を深く掘っていっても、何も出てきません。ちょうど真っ白な原稿用紙を前にどんなに頭をかきむしっても何も書けないのと同じです。

「自分」とは、「私」の中にはじめから明確に存在するものでなく、すでに述べたように、相手とのやりとり、つまり他者とのインターアクションのプロセスの中で次第に少しずつ姿を現すものです。

このように考えることによって、(3)あなた自身を「自分探し」から解放することができるのです。

(細川英雄「対話をデザインする」から)

め、雪降り積もれる朝、用ありてとく出で、浜なる路をゆくに、雪のひまにあやしき物見えけるを、立ち寄り引き上げつるに、したたか重き袋にて、内に白銀（注1）大なるが三包ばかりとおぼしきあり。おどろきて、いかさま（注2）主有るべきなれば、やがてぞ尋ね来なましと、(1)所を去らで二時ばかり待ち居たれど問ひ来る人もなければ、いかさま旅人の落とせしならんと、そこらの町くだり（注3）、旅人の宿す家ごとに尋ね行きて、旅人のもの失ひたまへるなどやあるとあふ人ごとに問ひしに、その日の夕つかた、からうじて主にめぐりあひぬ。始め終はり詳しく尋ね聞きしに実の主なりければ、さきの袋のままにて返しはべりぬ。この主喜び拝みて、「我は薩摩国（注4）にて、たのめる人のくさぐさ（注5）のもの買ひ求めにとて、我をおこせたる（注6）に、もしこの銀あらずば、我が命ありなんや。かへすがへすも(2)有り難きことにはべるかな。」と、その銀を分かちて報ひしかど曾て（注7）取りあぐる事もせねば、(3)力なく酒と肴を調へて懇ろ（注8）に敬ひものして帰りぬ。

（「長崎夜話草」から）

（注1）白銀＝銀貨。「銀」も同じ。　（注2）いかさま＝きっと。
（注3）町くだり＝町の中心部から離れたところ。
（注4）薩摩国＝現在の鹿児島県西部。
（注5）くさぐさの＝様々な。　（注6）おこせたる＝派遣した。
（注7）曾て＝決して。　（注8）懇ろに＝心を込めて。

1　からうじて　は現代ではどう読むか。現代かなづかいを用いて、すべてひらがなで書きなさい。

2　ア出で　イ尋ね行き　ウ失ひ　エ問ひ　の中で、主語にあたる人物が異なるものはどれか。

3　(1)所を去らで二時ばかり待ち居たれど　とあるが、市左衛門が待ち続けた理由として、最も適切なものはどれか。

ア　浜の路で待つように持ち主から言われていたから。
イ　深く積もった雪のせいで移動ができなかったから。
ウ　袋が重すぎて一人ではどこにも運べなかったから。
エ　持ち主がすぐに戻ってくるだろうと予想したから。

4　(2)有り難きこと　とあるが、市左衛門がどのように行動したことを指すのか。三十五字以内の現代語で書きなさい。

5　(3)力なく酒と肴を調へて　とあるが、このときの主の心情として最も適切なものはどれか。

ア　銀貨を取り戻せてうれしいので、好きなだけ酒と肴を楽しみたい。
イ　銀貨を受け取ってもらえないので、せめて酒と肴でお礼をしたい。
ウ　銀貨を渡すだけでは感謝しきれないので、酒と肴の準備もしたい。
エ　銀貨を渡したくはないので、酒と肴を振る舞うことで解決したい。

3　次の文章を読んで、1から6までの問いに答えなさい。

人がものを考え、それを表現していくという行為は、感覚・感情（情緒）に支えられた思考・推論（内言）を、身体活動をともなう表現（外言）へと展開していくことだということができます。話したり書いたりするという活動は、まさしく、この自分の中の思考と表現の繰り返し（注1）の上に成り立つ作業であり、この往還の活性化こそが、言語活動そのものの充実につながる働きをしているわけなのです。

ここでとくに重要なのが、自己と他者の相互理解のプロセス（注2）です。自己の内部での思考と表現の往還と同時に、(1)自分と相手との間で起こる相互理解、すなわち、相手の表現を受け止め、それを解釈して、

〈国語〉

時間　五〇分　満点　一〇〇点

1 次の1から3までの問いに答えなさい。

1 次の――線の部分の読みをひらがなで書きなさい。

(1) 地域の発展に貢献する。　(2) 朝日に映える山。

(3) 友人の承諾を得る。　(4) まぶしくて目を背ける。

(5) 地方に赴く。

2 次の――線の部分を漢字で書きなさい。

(1) 歴史をケンキュウする。　(2) 図書館で本をカりる。

(3) 意味のニた言葉。　(4) 費用をフタンする。

(5) 英会話コウザに参加する。

3 次は、生徒たちが俳句について話し合っている場面である。これについて、(1)から(5)までの問いに答えなさい。

> スケートの紐むすぶ間も逸りつつ　山口誓子
>
> Aさん「この句は、作者がスケート場で靴の紐を結びながら少年の頃を思い出し、早くスケートをしたいというわくわくした心情を詠んだものだそうだよ。」
>
> Bさん「作者の（　①　）ような心情やその場の情景が想像できるね。作品や作者についてよく調べることが俳句の鑑賞では大切なことだね。」
>
> Cさん「それも鑑賞の一つだけれど、作品や作者について調べるだけでなく、読む人によって様々な捉え方ができるのも俳句のよさだと思う。私は幼い子どもが初めてスケートをするときの情景を想像したよ。」
>
> Aさん「それもおもしろくていいね。俳句の十七音から色々なことが想像できるんだね。」
>
> Bさん「なるほど。確かに、AさんとCさんが言うように、（　④　）のも俳句の魅力だね。」

(1) この俳句と同じ季節を詠んだ俳句はどれか。

ア 山風にながれて遠き雲雀かな　（飯田蛇笏）

イ 名月や池をめぐりて夜もすがら　（松尾芭蕉）

ウ 音もなし松の梢の遠花火　（正岡子規）

エ 淋しさの底ぬけて降るみぞれかな　（内藤丈草）

(2) （①）に入る慣用句として最も適切なものはどれか。

ア 胸が躍る　イ 肝を冷やす

ウ 舌を巻く　エ 目が泳ぐ

(3) 想像と熟語の構成が同じものはどれか。

ア 抜群　イ 海底　ウ 削除　エ 未来

(4) 幼いと同じ品詞である語は〰〰部アからエのどれか。

(5) （④）に入るものとして最も適切なものはどれか。

ア 音読を通してリズムや調子を読み味わうことができる

イ 心情や情景を豊かに想像して読み味わうことができる

ウ 作者による作品の解説に従い読み味わうことができる

エ 表現技法の効果を取り上げて読み味わうことができる

2 次の文章を読んで、1から5までの問いに答えなさい。

浜の町といふに、島原屋市左衛門とかやいひし者あり。十二月初

2020年度

解答と解説

《2020年度の配点は解答用紙集に掲載してあります。》

<数学解答>

1　1　-9　2　$-2x+7y$　3　$-\frac{2}{3}a^3b^2$　4　$15\sqrt{2}$　5　x^2-64　6　$(a=)16$
7　$100-6x=y$　8　51(度)　9　$(x=)0,\ 9$　10　$\frac{6}{7}$　11　$54\pi\,(\mathrm{cm}^3)$
12　$(x=)\frac{8}{5}$　13　ウ　14　(およそ)90(個)

2　1　右図　2　①　6　②　12　③　36　3　$(a=)3$

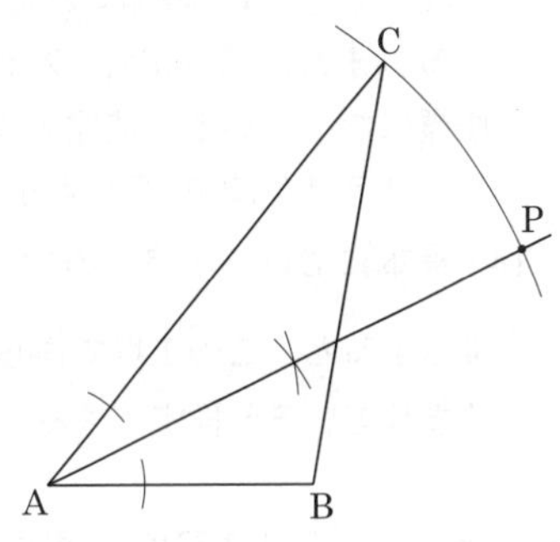

3　1　A中学校475人，B中学校750人(途中の計算は解説参照)
2　(1)　$28.65\leqq a<28.75$　(2)　32.5(℃)
(3)　解説参照

4　1　解説参照　2　(1)　$\sqrt{3}\,(\mathrm{cm}^2)$　(2)　$\sqrt{10}\,(\mathrm{cm}^2)$

5　1　1.5(倍)　2　1000(m)　3　$y=210x+2940$(途中の計算は解説参照)　4　2(分)12(秒)

6　1　11(番目)　2　6(個)　3　$n=39$(途中の計算は解説参照)　4　①　$(b=)\frac{9a-2}{5}$　②　$(a=)8$

<数学解説>

1　**(数・式の計算，平方根，式の展開，一次方程式，文字を使った式，角度，確率，回転体の体積，相似の利用，一次関数，標本調査)**

1　**異符号の2数の商の符号は負で，絶対値は2数の絶対値の商**だから，$(-18)\div 2=-(18\div 2)=-9$

2　**分配法則**を使って，$4(x+y)=4\times x+4\times y=4x+4y$，$3(2x-y)=3\times 2x-3\times y=6x-3y$　だから，$4(x+y)-3(2x-y)=(4x+4y)-(6x-3y)=4x+4y-6x+3y=4x-6x+4y+3y=-2x+7y$

3　$\frac{1}{6}a^2\times(-4ab^2)=-\left(\frac{1}{6}a^2\times 4ab^2\right)=-\left(\frac{a^2\times 4ab^2}{6}\right)=-\frac{2}{3}a^3b^2$

4　$5\sqrt{6}\times\sqrt{3}=5\times\sqrt{6}\times\sqrt{3}=5\times\sqrt{6\times 3}=5\times\sqrt{2\times 3\times 3}=5\times 3\times\sqrt{2}=15\sqrt{2}$

5　**乗法公式$(x+a)(x-a)=x^2-a^2$**より，$(x+8)(x-8)=x^2-8^2=x^2-64$

6　xについての方程式　$2x-a=-x+5\cdots$①　の解が7であるから，①に$x=7$を代入して，$2\times 7-a=-7+5$　$14-a=-2$　$-a=-2-14=-16$　$a=16$

7　6人に配ったいちごの合計は，x個×6人$-6x$個　最初に100個のいちごがあったから，(最初にあったいちごの数)−(配ったいちごの合計)=(余ったいちごの数)より，$100-6x=y$
(別解)　$6x+y=100$　や　$\frac{100-y}{6}=x$　でも正解である。

8　**直径に対する円周角は90°**だから，∠ACB=90°　△ACOはAO=COの二等辺三角形だから，∠ACO=∠CAO=39°　以上より，$\angle x$=∠ACB−∠ACO=90°−39°=51°

9　2次方程式$x^2-9x=0$の左辺は，**共通な因数x**をくくり出すと，$x^2-9x=x(x-9)$だから　$x^2-9x=x(x-9)=0$　これより，$x=0$　または　$x-9=0$　だから　$x=0,\ 9$

10　9個の赤玉を赤$_1$，赤$_2$，赤$_3$，赤$_4$，赤$_5$，赤$_6$，赤$_7$，赤$_8$，赤$_9$，2個の白玉を白$_1$，白$_2$，3個の青玉を青$_1$，青$_2$，青$_3$と区別すると，この袋の中から玉を1個取り出すときの全ての取り出し方は，赤$_1$，赤$_2$，赤$_3$，赤$_4$，赤$_5$，赤$_6$，赤$_7$，赤$_8$，赤$_9$，白$_1$，白$_2$，青$_1$，青$_2$，青$_3$の14通り。このうち，白玉を取り出す取り出し方は，白$_1$，白$_2$の2通りだから，白玉が出ない確率は　$\frac{14-2}{14}=\frac{6}{7}$

11　できる立体は，底面の半径が3cm，高さが6cmの円柱だから，求める立体の体積は　底面積×高さ$=\pi\times 3^2\times 6=54\pi\,\mathrm{cm}^3$

12　右図において，**平行線と線分の比についての定理**より，AO：DO＝BO：CO　$\mathrm{BO}=x=\frac{\mathrm{AO}\times\mathrm{CO}}{\mathrm{DO}}=\frac{2\times 4}{5}=\frac{8}{5}$cm

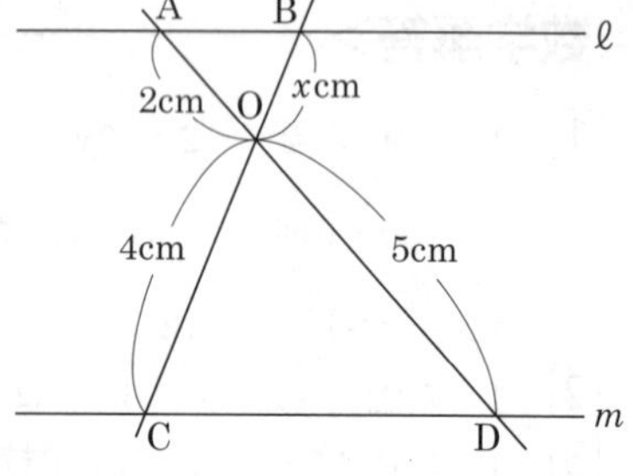

13　一次関数　$y=ax+b$(a，bは定数)　のグラフは，$a>0$のとき，xが増加すればyも増加する右上がりの直線となり，$a<0$のとき，xが増加すればyは減少する右下がりの直線となる。また，切片bは，グラフがy軸と交わる点(0，b)のy座標になっている。問題のグラフは，右下がりの直線であり，グラフがy軸の正の部分と交わっているから，$a<0$，$b>0$である。

14　**標本**における不良品の比率は，$\frac{2}{100}=\frac{1}{50}$。よって，**母集団**における不良品の比率も　$\frac{1}{50}$　と推定すると，この工場で作られた4500個の製品の中には，およそ$4500\times\frac{1}{50}=90$個の不良品がふくまれていると推定できる。

2　(作図，式による証明，関数とグラフ)

1　(着眼点)　△ABCを点Aを中心として時計回りに25°**回転移動**させたから，$\angle\mathrm{CAP}=25°=\frac{1}{2}\angle\mathrm{CAB}$より，半直線APは∠CABの二等分線である。また，点Cと点Pは対応する点であるから，AC＝APである。　(作図手順)　次の①～③の手順で作図する。　①　点Aを中心とした円を描き，辺AB，AC上に交点を作る。　②　①で作ったそれぞれの交点を中心として，交わるように半径の等しい円を描き，その交点と点Aを通る直線(∠CABの二等分線)を引く。　③　点Aを中心とした半径ACの円を描き，∠CABの二等分線との交点をPとする。

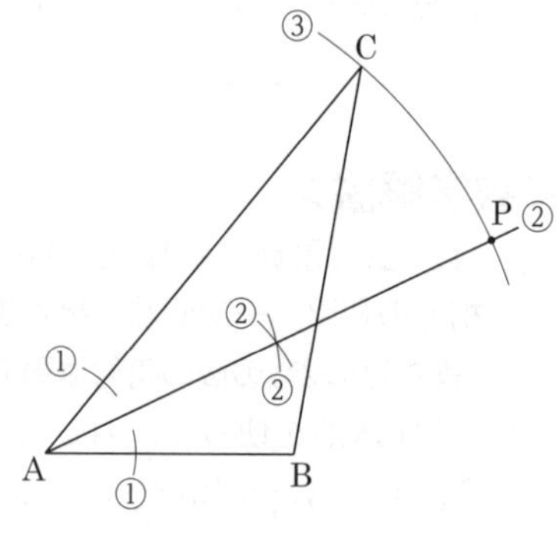

2　b，cをそれぞれaを用いて表すと，bはaの6日後だから$b=a+6$…①，cはbの6日後だから$c=b+6=(a+6)+6=a+12$…②　これより，$b^2-ac=(a+6)^2-a(a+12)=(a^2+12a+36)-(a^2+12a)=36$…③　したがって，$b^2-ac$はつねに同じ値36となる。

3　2点A，Cは$y=ax^2$上にあるから，そのy座標はそれぞれ　$y=a\times 1^2=a$，$y=a\times 4^2=16a$　よって，A(1，a)，C(4，$16a$)　また，2点B，Dは$y=-\frac{4}{x}$上にあるから，そのy座標はそれぞれ　$y=-\frac{4}{1}=-4$，$y=-\frac{4}{4}=-1$　よって，B(1，−4)，D(4，−1)　以上より，AB＝(点Aのy座標)−(点Bのy座標)$=a-(-4)=a+4$，CD＝(点Cのy座標)−(点Dのy座標)$=16a-(-1)=16a+1$だから，AB：CD＝1：7より，$(a+4):(16a+1)=1:7$　$16a+1=7(a+4)$　これを解いて，$a=3$

3　(方程式の応用，資料の散らばり・代表値)

1 (途中の計算)(例)$\begin{cases} x+y=1225\cdots① \\ \frac{4}{100}x-\frac{2}{100}y=4\cdots② \end{cases}$　②より　$4x-2y=400$　から　$2x-y=200\cdots③$

①+③より　$3x=1425$　よって　$x=475$　①に代入して　$475+y=1225$　したがって　$y=750$
この解は問題に適している。

2 (1)　小数第2位を四捨五入して28.7となる数は，28.65以上28.75未満の数だから，このときの真の値aの範囲は　$28.65 \leqq a < 28.75$

(2)　**度数分布表**の中で**度数**の最も多い**階級**の**階級値**が**最頻値**だから，度数が20日で最も多い30.0℃以上35.0℃未満の階級の階級値　$\frac{30.0+35.0}{2}=32.5$℃　が最頻値。

(3)　(理由)　(例)表1において35.0℃以上40.0℃未満の日が1日あり，表2において36.0℃以上の日がないから。

4 (合同の証明，正三角形の面積，空間図形の切断面の面積)

1 (証明)　(例)△ADFと△BFEにおいて，四角形ABCDは平行四辺形なので，AD//BCより，**同位角は等しい**から，∠DAF＝∠FBE…①　仮定より，AB＝CE…②　BF＝BC…③　ここで，AF＝BF－AB…④　BE＝BC－CE…⑤　②，③，④，⑤より，AF＝BE…⑥　**平行四辺形の対辺は等しい**から，AD＝BC…⑦　③，⑦より，AD＝BF…⑧　①，⑥，⑧より，2組の辺とその間の角がそれぞれ等しいから，△ADF≡△BFE

2 (1)　点Aから辺BCへ垂線APを引くと，△ABPは**30°，60°，90°の直角三角形で，3辺の比は2：1：$\sqrt{3}$**だから，$AP=\frac{\sqrt{3}}{2}AB=\frac{\sqrt{3}}{2}\times 2=\sqrt{3}$ cm　よって，正三角形ABCの面積は　$\frac{1}{2}\times BC\times AP=\frac{1}{2}\times 2\times\sqrt{3}=\sqrt{3}$ cm^2

(2)　点Hから辺BEへ垂線HQを引く。△ABGはAB＝BG＝2cmで，∠ABG＝90°だから，**直角二等辺三角形で，3辺の比は1：1：$\sqrt{2}$**より，$AG=\sqrt{2}AB=\sqrt{2}\times 2=2\sqrt{2}$ cm　GQ＝GE－FH＝(BE－BG)－FH＝(5－2)－2＝1cm，HQ＝BC＝2cm，CH＝CF－FH＝5－2＝3cmより，△HQG，△ACHにそれぞれ**三平方の定理**を用いると，$HG=\sqrt{GQ^2+HQ^2}=\sqrt{1^2+2^2}=\sqrt{5}$ cm，$AH=\sqrt{AC^2+CH^2}=\sqrt{2^2+3^2}=\sqrt{13}$cm　$AG^2=(2\sqrt{2})^2=8$，$HG^2=(\sqrt{5})^2=5$，$AH^2=(\sqrt{13})^2=13$より，$AG^2+HG^2=AH^2$が成り立つから，**三平方の定理の逆**より，△AGHは∠AGH＝90°の直角三角形　よって，△AGHの面積は　$\frac{1}{2}\times AG\times HG=\frac{1}{2}\times 2\sqrt{2}\times\sqrt{5}=\sqrt{10}$cm^2

5 (関数とグラフ)

1 **(速さ)＝(道のり)÷(時間)**より，明さんは300mを4分で泳いだから，明さんが泳いだ速さは300m÷4分＝分速75m。また，拓也さんは300mを6分で泳いだから，拓也さんが泳いだ速さは　300m÷6分＝分速50m。明さんが泳いだ速さは拓也さんが泳いだ速さの　分速75m÷分速50m＝1.5倍　である。

2 明さんは6300m　300m＝6000mを12分で自転車で走ったから，明さんが自転車で走った速さは　6000m÷12分＝分速500m。明さんがスタートしてから6分後までに自転車で走った道のりは　分速500m×(6－4)分＝1000m　明さんはスタートしてから6分後に，スタート地点から300m＋1000m＝1300mの地点にいる。また，拓也さんはスタートしてから6分後に，スタート地点から300mの地点にいるから，スタートしてから6分後における，明さんの道のりと拓也さんの道のりとの差は　1300m－300m＝1000m　である。

3 (途中の計算)　(例)明さんの長距離走の区間のグラフの傾きは　$\frac{8400-6300}{26-16}=210$　であるか

ら，xとyの関係の式は $y=210x+b$ と表される。グラフは点(16，6300)を通るから $6300=210\times16+b$ よって $b=2940$ したがって，求める式は $y-210x+2940$

4 拓也さんに関して，自転車がパンクするまでに自転車で走った時間は，明さんと同じ分速500mで走ったから，(2700m－300m)÷分速500m＝4.8分 パンクの修理後は，残りの自転車の区間を分速600mで走ったから，そのときにかかった時間は(6300m－2700m)÷分速600m＝6分 さらに，B地点からゴール地点までの長距離走は10分かかり，明さんより3分遅く，スタートしてから26＋3＝29分後にゴール地点に到着した。以上より，拓也さんがパンクの修理にかかった時間は，29－(6＋4.8＋6＋10)＝2.2分＝2分12秒

6 (規則性，方程式の応用)

1 「灰色の輪」が初めて4個できるのは，最も外側の輪が4個目の「灰色の輪」の図形のときである。最も外側の輪が「灰色の輪」になる図形は，最初が2番目の図形で，その後は，図形の番号が3増える毎になるから，2番目，2＋3＝5番目，5＋3＝8番目，8＋3＝11番目，…より，「灰色の輪」が初めて4個できるのは，11番目の図形である。

2 前問1と同様に考えると，最も外側の輪が「黒色の輪」になる図形は，最初が3番目の図形で，その後は，図形の番号が3増える毎になるから，3番目，3＋3＝6番目，6＋3＝9番目，9＋3＝12番目，12＋3＝15番目，15＋3＝18番目，18＋3＝21番目より，20番目の図形において，「黒色の輪」は6個ある。

3 (途中の計算) (例)最も外側にある輪の面積は $\pi n^2-\pi(n-1)^2=\pi(2n-1)$ これが$77\pi\,\text{cm}^2$になるから $\pi(2n-1)=77\pi$ $2n=78$ よって $n=39$ この解は問題に適している。

4 $n=a$, $m=5$の「1ピース」の周の長さは，$2\pi a\times\frac{1}{5}+2\pi(a-1)\times\frac{1}{5}+1\times2=\frac{(4a-2)}{5}\pi+2$(cm)…③ $n=b$, $m=9$の「1ピース」の周の長さは，$2\pi b\times\frac{1}{9}+2\pi(b-1)\times\frac{1}{9}+1\times2=\frac{(4b-2)}{9}\pi+2$(cm)…④ だから，③＝④のとき，$\frac{(4a-2)}{5}\pi+2=\frac{(4b-2)}{9}\pi+2$ bをaの式で表すと，$b=\frac{9a-2}{5}$…① a番目の図形を5等分した「1ピース」の周の長さと，b番目の図形を9等分した「1ピース」の周の長さが等しいということは，$a<b$ ①を満たすa，bのうち，それぞれの「1ピース」が同じ色になるとき，bとaの差は3の倍数であり，**自然数**kを使って$b-a=3k$…⑤ と表せる。①，⑤をそれぞれ変形して，$\begin{cases}5b-9a=-2\cdots⑥\\9b-9a=27k\cdots⑦\end{cases}$ ⑦－⑥より，$4b=27k+2$ $b=\frac{27k+2}{4}$
bの値が最小の整数になるのは，$\frac{27\times1+2}{4}=\frac{29}{4}$，$\frac{27\times2+2}{4}=\frac{56}{4}=14$より，$k=2$のとき$b=14$ このとき，aの値は⑤より，$14-a=3\times2$ $a=8$…②

<英語解答>

1 1 (1) エ (2) ア (3) ウ 2 (1) ① イ ② ウ (2) ① エ ② ア 3 (1) story (2) reason (3) favorite (4) April

2 1 (1) エ (2) イ (3) ア (4) イ (5) ウ (6) ウ
2 (1) ウ→ア→エ→イ (2) イ→エ→ア→ウ (3) オ→イ→ア→エ→ウ

3 1 Cleaning Time 2 Who 3 エ 4 (3) (例1)are carrying the desk (例2)are moving the teacher's desk (4) (例1)important to keep

(例2) necessary for us to keep (5) (例1)they feel good (例2)they can feel nice 5 ア 6 (例)みんなが使うものを大切に使うべきだということ。
7 (例1)Our school has the chorus contest in September every year. We practice very hard after school to win the contest. On the day of the contest, we sing on the stage, and many people are invited. We look forward to it very much. (例2)We visit an elementary school every month. We teach English to the children. We sing English songs, play games and so on. They enjoy learning English. I feel happy when I see their smiles.

4 1 ウ 2 (例1)Can you help (例2)Would you help 3 ① (例)助けがなくても，すべてのことをしなければならない ② (例)共に生き，共に働き，お互いに助け合うのだ 4 イ・オ

5 1 ア 2 (例)船が橋の下を通る時，帆が橋に当たるから。 3 イ 4 エ

<英語解説>

1 (リスニング)

放送台本の和訳は，47ページに掲載。

(英文Eメール日本語訳)

こんにちは，ジェシー，

ブラウン先生の授業で宿題が出たよ。本を1冊選んでそれについて書きなさい。その本について4つのことを書きなさい。

1. 本の著者。
2. 本の(1)ストーリー。
3. その本を選んだ(2)理由，100字以上で。
4. その本の中の自分の(3)気に入った言葉。

宿題を(4)4月11日，木曜日にブラウン先生のところに持っていかなければならない。

忘れないでね！

じゃあまた。

2 (語句補充問題，語句の並べ換え：前置詞，一般動詞，接続詞，不定詞，名詞，現在完了形，他)

1 (1) <比較の最上級(the best)＋of＋複数名詞>「～のうちで一番…」 (2) **<tell(s)＋人(us)＋接続詞(that)＋主語＋動詞…>「人に…するように言う」** (3) 「私は人々の前でうまく話すことができない。しかし，私は音楽を通して自分の気持ちを表せると思う。」
(4) **<how to＋動詞の原形…>「…する方法」** (5) **<more chances to＋動詞の原形…>「…するもっと多くのチャンス」** (6) 「音楽に国境はないので，…」主語は三人称単数。

2 (1) My cousin has never eaten Japanese food before.「私のいとこは日本食を一度も食べたことがない」**<have [has] never＋過去分詞…>「…したことが一度もない」現在完了の経験用法。** (2) Sophie decided to go abroad.「ソフィーは外国へ行くことを決心した」**<decide to＋動詞の原形…>「…することを決心する」** (3) Do you think it will rain next weekend? 「来週末に雨が降るとあなたは思いますか？」**<think＋接続詞thatの省略＋主語it＋動詞will rain…>**

3　(会話文読解問題：語句補充問題，絵・図・表などを用いた問題，語句の解釈，条件英作文)

(全訳)　エマ：美樹，私の日課表に「清掃時間」というのを見つけたよ。それって何？

美樹：あー，学校の清掃をする時間のことよ。ほぼ毎日，(1)それがあるわ。

エマ：毎日？　(2)だれが学校を掃除するの？

美樹：私たちが自分たちの教室や図書室，保健室やほかの部屋を掃除するの。

エマ：信じられない！　フランスでは，清掃員が学校の掃除をするから，学生たちは，それをする A エ　必要はないのよ。学生たちにとって，学校の清掃をするのはとても大変な仕事だと思うわ。

美樹：それはそうかもしれないけれど，学校の掃除をすることには良い点がいくつかあるわ。そうだ，そのことについて書かれた新聞を私たち作ったのよ。今月は「清掃週間」があるから。壁に貼ってある新聞を見て。

エマ：あ，写真の中のほうきを持っている女の子は美樹，あなたね。髪の長いこの子は何をやっているの？

美樹：彼女は黒板をきれいにしているのよ。男の子は(3)(例1)机を運んでいる ／ (例2)教卓を動かしているわ。そしてあの女の子はごみを捨てに行っているわ。やることがたくさんあるから，私たちは教室を，一緒に清掃するの。

エマ：今，学校の清掃に関心が出てきたわ。あ，これは佐藤先生ね。彼女は何と言っているの？

美樹：毎日学校をきれいに(4)(例1)保つことは大切です ／ (例2)保つことは私たちにとって必要ですと言っているわ。

エマ：分かった。毎日清掃すれば，学校の清掃はそんなに大変な仕事ではないかもね。

美樹：そのとおり。エマ，新聞にあるグラフを見て。私たちはクラスメートに質問をしたの。「学校の清掃をする良い点は何ですか？」　彼らはいくつかの良い点に気づいたわ。14人の生徒が，掃除をした後は(5)(例1)(例2)気分がいいと答えているわ。10人の生徒は，自分たちの周りのものや場所をさらに大切に使うと答えているわ。

エマ：なるほど。日本に清掃時間がなぜあるのか，今，分かったわ。そうだ，フランスでは，学校で注意して使うものがあるわ。それは教科書よ！　私の国では，生徒は学校から教科書を借りるの。

美樹：そうなんだ，借りるの？

エマ：ええ。学校を終える最後の年に，私たちは教科書を学校へ B 返すのよ。次の年に，私たちの後輩がその教科書を使うから，そこに何か書いたり，描いたりすることは全くないわ。

美樹：教科書を再利用するという意味ね。すばらしいわ！

エマ：私たちの後に他の人がそれを使うわ。私たちはその人たちのことを考えて，自分の教科書を大切に使うのよ。

美樹：それぞれの国で違うことをするけど，その背後には(6)同じ考えがあるわよね？

エマ：本当ね。今日は，自分たち自身の文化を振り返ることで，相違点と類似点に気づいたね。ところで，日本にはいくつかの学校行事があると聞いているわ。(7)そのうちの1つを私に教えて。

1　直前のエマの発言最終文の，'it' と同じものを指す。さらに前の文をたどってみよう。

2　直後の美樹の発言を参照。'We clean ….'「私たちが清掃する」と返答しているので，直前の質問は主語の働きをする疑問詞，**who**(だれが)，がふさわしいと判断する。主語の働きをするwhoは，三人称単数扱い。**Who cleans your school?**　となる。

3　空所を含む文にある接続詞，so(だから)，がヒント。上記全訳も参照し，話の展開をおさえよう。

4　(3)　新聞の写真(絵)に写っている少年たちの動作として，**carry**(～を運ぶ)，あるいは

move(~を動かす)と言う動詞を，現在進行形**＜be動詞＋動詞の~ing形＞**にして表現。
(4)　**空所の前**をヒントにして→形式主語itの構文，＜it is ～＋to＋動詞の原形…＞「…することは～だ」を用いる。**空所の後**に注意すべきこと→'our school'(私たちの学校を)，'clean'(きれいに)と言う語句になっていると判断して，**＜keep A B＞「AをBに保つ」**という構文を用いることができる。　(5)　次の2つの知識を活用して英作文しよう。　①　**空所の前に接続詞that**があるので，後ろは**＜主語＋動詞＞**の形が続く。　②　新聞のグラフにある，「掃除をした後は気分がいい」，の部分の「気分がいい」をどんな動詞を使うか？→動詞feelを使う場合，**＜feel＋C(形容詞)＞「(心で)Cと感じる，Cの気持ちがする」**の構文を使う。形容詞はここでは，goodあるいはniceを用いよう。

5　**'return'「～を返す」**。直前のエマの発言最終文を参照。**'borrow'「～を借りる」**

6　直前のエマの発言2文目を参照。それを受けての美樹の発言であることを踏まえる。'carefully'「丁寧に，注意深く」という単語をキーワードにして，エマと美樹が言ったそれぞれの具体例に注目する。それらに共通した考え，'the same idea'をまとめよう。←ミキの6番目の発言最終文，エマの7番目の発言3文目も参照。

7　(例1)日本語訳：私たちの学校では毎年9月にコーラスコンテストがあります。コンテストで優勝するために，私たちは放課後一生懸命練習します。コンテストの日には，私たちはステージで歌い，そして多くの人が招待されています。私たちはそれがとても楽しみです。
(例2)日本訳：私たちは毎月小学校を訪問します。私たちはその子どもたちに英語を教えます。私たちは英語の歌を歌ったり，ゲームをしたりするなどします。彼らは英語を学ぶことを楽しみます。彼らの笑顔を見ると，私は幸せな気分になります。

4　**(長文読解問題・物語文：語句補充問題・選択・記述，日本語で答える問題，内容真偽)**

(全訳)「竜，君がボランティアクラブの新しいリーダーだ」と，クラブの助言者の山田先生は私にミーティングのときに言った。私はそれを聞いて$_A$ワクワクした。私は大きな声で，「リーダーとしてベストを尽くします」と言った。見上げると，きれいな空が目に入った。私は希望に満ちていた。

家に帰る途中で，私は，叔父のヒロに会った。彼は地域のリーダーだ。そこに住む人から尊敬されていた。彼は，「やあ，竜。元気かい？」と言った。「クラブのリーダーに僕がなったよ！」と私は答えた。彼は，「すばらしい！　ところで，夏祭りのボランティアを何人か探しているんだ。私たちのその祭りを手伝ってくれないか？」と言った。「もちろんです！」

翌日，私はクラブのメンバーに夏祭りのことを話した。「ヒロが，祭りのボランティアとして参加してくれるよう僕たちに頼んできたんだ。彼はまた，僕たちにポスターを5枚作って，それを学校に展示してほしいと思っているんだ」「僕たちがポスターを作るよ」と何人かのメンバーが私に言った。私は,「ありがとう，でもそれは僕が一人でできると思う」と言った。「本当に？」「うん，もちろんさ！　僕はリーダーなんだから，一人でそれをしなければいけないんだ」

1週間後のクラブのミーティングで，山田先生が私に尋ねた，「竜，ポスターは作り終えたかい？」　私は小さな声で答えた，「まだです。2枚しか終えていません」　彼女は言った，「あら困ったわ。みんあ，竜を助けてあげて」　他のメンバーがポスターを作っている間，私は彼らの顔を見ることができなかった。私は$_B$いやな気分だった。

数週間後，祭りが開かれた。メンバーはボランティア活動を楽しんでいた。でも私は楽しくなかった。一人でポスターを仕上げることができなかったからだ。「僕はいいリーダーではないな」と思った。花火が始まったが，私は地面を見ていた。

そのとき，ヒロが来て，そして尋ねた，「竜，どうしたんだい？」　私は，「リーダーとして，僕は一人で全部のポスターを作ろうとしたんだけど，できなかったんです」と答えた。ヒロは言った，「よく聞いて。おまえは，リーダーはどんな助けもなくすべてをしなければいけないと思っているのか？　私はそうは思わない。私はここに住んでいる人々と共に働く。共に生き，共に働き，お互いに助けあうんだ」 彼の言葉は私に力を与えてくれた。「わかりました，ヒロさん。僕はクラブのメンバーと一緒に働きます」

次のクラブのミーティングで，私は，「すまん。僕はリーダーは助けてもらうことなくすべてをやらなければいけないと思っていたけど，それは違ってた。」と言いました。みんな私の言うことを静かに聞いていました。「共に働くことが大切であることを僕は学んだんだ。君たち全員と一緒に働きたいと思ってる」 僕はこう続けました，「今日は，新しい活動について話し合おうよ。みんなは何がしたい？」 メンバーの一人が言いました，「駅に植物を植えるのはどうかな？」 それから，みんなが話し始めました，「いいね！」「地元の人に集まってくれるように頼もうよ」「彼らと一緒に働くことは楽しいだろうね」 みんな微笑んでいました。空を見ると，太陽が輝いていました。

1　上記全訳を参照。**感情を表す表現**として，A　<be excited to＋動詞の原形…>「…してワクワクする」，B　<feel bad>「いやな気分になる，気分が悪い」 feltは，feelの過去形。

2　竜が，**“Sure”「もちろん」と応答していることをヒントにする**。ヒロは，竜に祭りの手伝いを依頼している部分と判断する。<Can you …?>，あるいは，さらに丁寧な依頼表現<Would you …?>がふさわしい。<Will you …？>も依頼表現として可。

3　①　第3段落最終文および，第6段落4文目を参照。　②　第6段落最後から4文目を参照。

4　ア　ヒロは竜を，地域のボランティアクラブの新しいリーダーとして選んだ。(×)　イ　ヒロは，竜と彼のクラブのメンバーがボランティアとして祭りに参加してほしいと思った。(○)　第3段落2～4文目を参照。　ウ　竜はメンバーにポスターを作るよう頼んだが，だれも彼を助けようとしなかった。(×)　エ　竜は，山田先生が彼にポスターを作るように言う前に，すべて作り終えた。(×)　オ　夏祭りの後，竜とクラブのメンバーは新しい活動について話し合った。(○)　最終段落6文目以降を参照。　カ　竜が地元の人たちと花を育てたとき，クラブのメンバーみんなが楽しんでいた。(×)

5　(長文読解問題・説明文：語句補充問題，日本語で答える問題，文の挿入，要旨把握)

(全訳) 「ロンドン橋が落っこちる」という歌は，何度も落下した橋についての有名な歌です。この橋は，ロンドンを貫く大きな川に架け渡されました。19世紀にこの橋は，船で物を輸送するのに大変有用でした。毎日，帆をあげたたくさんの大型船がこの川を航行していました。大勢の人々が川沿いに集まってくるようになり，ロンドンのような都市を造りました。

問題が一つありました。船が橋の下を通る時，帆が橋に当たったのです。ですから，その川に架け渡される橋はほんの少ししかなかったのです。人々は，橋の向こう側へは簡単には行けませんでした。それで，川の下にトンネルを作るというアイディアを思いついた人もいました。彼らは，「シールド工法」でトンネルをつくりました。この方法で，彼らはより頑丈なトンネルを作ることができました。内側から，「シールド」と呼ばれる筒によって支えられたトンネルだったからです。水がトンネルに入ってくることはなかったので，トンネルが簡単に壊れることはありませんでした。ィ人々はそのような頑丈なトンネルができてとても喜びました。

人々はどのようにしてこのトンネルの作り方をつくりだしたのでしょうか？　木材に穴をあける小さな生き物のやり方から，その方法を発見したのです。その当時，船は木材で作られていました。フナクイムシと呼ばれるその生き物は船の木材を食べ，穴をあけました。彼らが食べるとき，その穴の壁面に，体から特別な液体を塗りつけました。この液体が固くなり，穴は頑丈になりました。このようにして，人々はトンネルを頑丈にする方法を見つけ出したのです。

今日，世界中で海底や山の中にたくさんのトンネルがあります。ある小さな生き物が，頑丈なトンネルを造るアイディアを我々にくれたのです。もし私たちが小さなものにも注意深くあれば，そこから大きなアイディアが手に入るかもしれないのです。そのようにして，我々はより良いものを作ることができているのです。

1　ア　build「建設する，作る」の過去形。空所の後ろに，<like London>「ロンドンのような」と，例が書かれていることがヒント。

2　**下線部直前にある接続詞，so(だから)がヒント**。その直前の文に理由が書かれている。

3　上記全訳を参照。挿入する文にある，such(そのような)とあるので，**直前からのつながりが自然になる箇所**はどこか判断する。

4　ア　ロンドン橋についての歌は世界中でずっと有名である。(×)　イ　ロンドンの人々にとって川の向こう側へ行くことは大変なことだった。(×)　ウ　フナクイムシと呼ばれる小さな生き物は，船の木材を食べるのが好きである。(×)　エ　ある小さな生き物から得たアイディアが，世界のトンネルを改良してきた。(○)　最終段落の**筆者の結論**を参照。

2020年度英語　放送を聞いて答える問題

〔放送台本〕

これから聞き方の問題に入ります。問題用紙の四角で囲まれた1番を見なさい。問題は1番，2番，3番の三つあります。

最初は1番の問題です。問題は(1)から(3)まで三つあります。英語の対話とその内容についての質問を聞いて，答えとして最も適切なものをア，イ，ウ，エのうちから一つ選びなさい。では始めます。

(1)の問題です。*A:* Do you want something to drink, Mike?
B: Yes, I want something cold, mom.
A: OK.
質問です。*Q:* What will Mike have?

(2)の問題です。*A:* Good morning, Tadashi. Did you study for today's test?
B: Yes, Ms. White. I always get up at six fifty, but I got up at five fifteen this morning to study.
A: Oh, did you?　Good luck.
質問です。*Q:* What time did Tadashi get up this morning?

(3)の問題です。*A:* We'll go to see the baseball game next weekend, right?　Can we go to the stadium by bike?
B: No, it's too far. We need to get there by car or bus. My father will be busy next weekend, so we need to take a bus.
A: I see. I'll check the time.
質問です。*Q:* How will they go to the stadium?

〔英文の訳〕

(1)　A：飲み物が欲しい，マイク？
B：うん。冷たいのが欲しいよ，お母さん。

A：OK。

Q：マイクは何を飲み[食べ]ますか？

(2)　A：おはよう，タダシ。今日のテストの勉強はしましたか？

B：はい，ホワイト先生。いつもは6時50分に起きますが，今日は勉強するために5時15分に起きました。

A：わあ，そうだったの？　がんばってね。

Q：タダシは今朝，何時に起きましたか？

(3)　A：来週末に野球の試合を見に行く予定だよね？　スタジアムへ自転車で行けるかな？

B：いや，遠すぎるよ。車かバスで行く必要があるよ。お父さんは来週の週末は忙しいから，バスに乗る必要があるね。

A：なるほど。時間をチェックしてみるね。

Q：彼らはどうやってスタジアムへ行きますか？

〔放送台本〕

次は2番の問題です。問題は(1)と(2)の二つあります。英語の対話とその内容についての質問を聞いて，答えとして最も適切なものをア，イ，ウ，エのうちから一つ選びなさい。質問は問題ごとに①，②の二つずつあります。では始めます。

(1)の問題です。

Mother: Hello.

Kentaro: Hello. This is Kentaro. Is that Tom's mother speaking?

Mother: Yes.

Kentaro: Is Tom at home?

Mother: Yes, but... When he came home, he didn't say anything and went to his room. He looked different. Do you know what happened?

Kentaro: Ah.... Today, we had a plan to see a movie, but I was late. When I arrived at the cinema, I couldn't find him. I thought he went back home because he got angry.

Mother: Now I see what happened. He's still in his room.

Kentaro: I want to meet him and say sorry. Can I visit him?

Mother: Of course. I think he wants to see you too.

Kentaro: Thank you. I'll be there soon.

Mother: OK. I'll tell him. Good bye.

①の質問です。 Where was Tom when Kentaro called?

②の質問です。 What does Kentaro want to do?

(2)の問題です。

Alice: John, finally we got to Lucky Department Store.

John: Hey Alice, how about having lunch? Let's go to a restaurant on the seventh floor!

Alice: Sounds nice! But wait. I think there are many people in the restaurants.

John: Then, we can buy food on the first floor and eat it in Sky Garden on the eighth floor.

Alice: That's good. I'll buy some sandwiches.

John: OK. After that, I want to get a new T-shirt.
Alice: Hey! We came here for the concert.
John: I know, but we have two hours before the concert, so we can go shopping. Then, we'll go to the concert hall on the sixth floor.
Alice: That's fine.
John: Oh, you said you wanted to go to the bookstore on the fifth floor.
Alice: Yes, I have to buy a dictionary for my sister. She started to go to a language school to learn Chinese.
John: Cool! We have a lot of things to do. I'm so excited!
①の質問です。 Where will Alice and John eat lunch?
②の質問です。 Which is true for A and B in the picture?

〔英文の訳〕

(1) 母親　：もしもし。
ケンタロウ：もしもし，ケンタロウです。トムのお母さんですか？
母親　：はい。
ケンタロウ：トムは家にいますか？
母親　：はい，でも…。彼は帰宅した時，何も言わないで自分の部屋に行ってしまったの。様子がいつもと違っていたわ。何があったのか分かる？
ケンタロウ：あー…，今日，僕たちは映画を見る計画をしていたんですが，僕が遅れてしまったんです。映画館に着いたとき，彼を見つけることができませんでした。彼は怒って，家に帰ってしまったんだと思います。
母親　：何があったのか分かりました。彼はまだ部屋にいるわ。
ケンタロウ：彼に会って，ごめんねと言いたいんです。彼のところに行っていいですか？
母親　：もちろんよ。彼もあなたに会いたがっていると思うわ。
ケンタロウ：ありがとうございます。すぐにそちらに行きます。
母親　：分かりました。彼に伝えときます。さようなら。
①の質問：ケンタロウが電話した時，トムはどこにいましたか？
答え：イ　トムの部屋。
②の質問：ケンタロウは何をしたいと思っていますか？
答え：ウ　トムにゴメンと言う。

(2) アリス：ジョン，やっとラッキーデパートに着いたね。
ジョン：ねえ，アリス，お昼を食べるのはどう？　7階のレストランへ行こう！
アリス：いいわね。でも待って。レストランには人がいっぱいいると思うわ。
ジョン：じゃあ，1階で食べ物を買って，8階のスカイガーデンで食べよう。
アリス：それはいいわね。サンドイッチを買うわ。
ジョン：OK。そのあと，僕は新しいTシャツを買いたいな。
アリス：ねえ！　私たちコンサートのためにここに来たのよ。
ジョン：分かっているけど，コンサートまで2時間あるから，買い物に行けるよ。それから，6階のコンサートホールへ行こう。
アリス：いいわよ。
ジョン：そうだ，君は6階の本屋へ行きたいって言っていたよね。

アリス：うん。姉のために辞書を買わなければいけないわ。彼女は中国語を学ぶために語学学校に行き始めたんだ。

ジョン：かっこいい！　やることがいっぱいあるね。とってもワクワクするよ！

①の質問：アリスとジョンはどこでお昼を食べますか？

答え：エ　8階で。

③の質問：絵の中のAとBに入れる正しいものはどれですか？

答え：ア　A：語学学校　　B：コンサートホール

〔放送台本〕

次は3番の問題です。あなたは留学先でブラウン先生(Mr. Brown)の授業を受けています。宿題についての先生の説明を聞いて，学校を欠席したジェシー(Jessie)へのEメールを完成させなさい。では始めます。

Today, I'm going to give you homework. I want you to choose one book and write about it. You need to write four things about the book. First, the writer of the book. Second, its story. Third, the reason for choosing it. You need to write the reason in more than one hundred words. Fourth, the words you like the best in the book. Usually, we have class on Friday but next Friday is a holiday. So, bring your homework on Thursday, April 11th. Please tell this to the students who are not here today. That's all.

〔英文の訳〕

今日，皆さんに宿題を出します。本を1冊選んで，それについて書いてほしいと思います。その本について4つのことを書く必要があります。1つ目は，本の著者です。2つ目は，その本のストーリーです。3つ目は，自分がその本を選んだ理由です。100字以上でその理由を書く必要があります。4つ目は，その本の中で自分が一番気に入った言葉です。通常は，金曜日に授業がありますが，来週の金曜日は祝日です。ですから，4月11日，木曜日に宿題を持ってきてください。今日ここにいない生徒にこのことを伝えてください。以上です。

<理科解答>

1　1　ウ　2　イ　3　エ　4　イ　5　発熱反応　6　マグニチュード　7　DNA［デオキシリボ核酸］　8　23cm/s

2　1　黄道　2　右図　3　エ

3　1　0.60A　2　（白熱電球Pの電力量）　120Wh　（LED電球の使用時間）　16時間

3　(例)LED電球は，同じ消費電力の白熱電球より熱の発生が少ないから。

4　1　柱頭　2　ア　3　①　葉，茎，根　②　からだの表面　4　(例)胚珠が子房の中にあるかどうかという基準。

5　1　45cm³　2　$2Mg + O_2 \rightarrow 2MgO$　3　右図

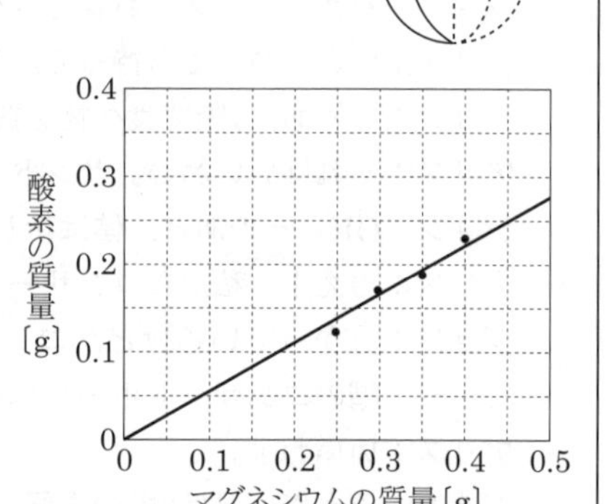

4　196cm^3

6　1　ウ　　2　(例)小腸は栄養分を吸収し，肝臓はその栄養分をたくわえるはたらきがあるから。　3　40秒

7　1　1.5g/cm^3　　2　エ　　3　(液体)　イ
(実験結果)　(例)ポリプロピレンはなたね油に浮き，ポリエチレンはなたね油に沈む。

8　1　17℃　　2　5705g　　3　C　　4　イ，オ

9　1　0.30N　　2　0.50N　　3　右図
4　①　×　　②　×　　③　○　　④　×

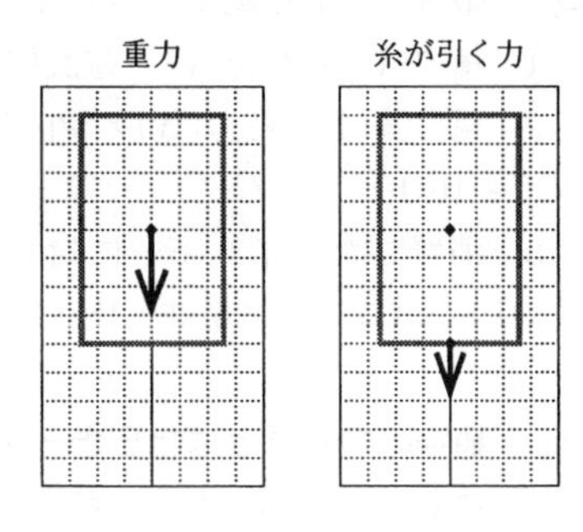

<理科解説>

1　(小問集合)

1　1種類の原子からできている物質を**単体**，2種類以上の原子からできている物質を**化合物**という。塩化ナトリウム($NaCl$)，二酸化炭素(CO_2)，アンモニア(NH_3)はいずれも化合物である。**混合物**は，これらのいろいろな物質が混ざり合っているものである。石油(原油)には，**沸点**のちがういろいろな物質がふくまれている。

2　マグマが地下深くでゆっくり冷え固まると，鉱物が大きく成長した結晶ができる。これらが組み合わさって，深成岩の**等粒状組織**になる。玄武岩は**斑状組織**をもつ火山岩で，チャートは生物の死がいなどが堆積してできた岩石。凝灰岩は，火山噴出物が堆積してできた岩石である。

3　蛍光板に見られる光のすじは，－極から＋極に向かう**電子**の流れを示している。電子は－の電気をもつ小さな粒なので，その流れは＋極のほうへ引きつけられる。

4　ア，イ，エは無セキツイ動物で，タツノオトシゴはセキツイ動物の魚類である。ミミズとヒトデは**節足動物**や**軟体動物**以外の無セキツイ動物である。

5　熱を発生して周囲の温度を上昇させる化学変化を**発熱反応**，周囲の熱を吸収して進む化学変化を**吸熱反応**という。

6　地震の規模を表すマグニチュード(M)の数値は，その地震で放出されたエネルギーの大きさに対応するように決められている。

7　生物の形質を伝える**遺伝子**の本体は，**染色体**にふくまれるデオキシリボ核酸(DNA)である。

8　台車が一定の速さで移動したと考えて，区間Aの平均の速さを求めると，平均の速さ＝移動距離÷移動にかかった時間より，$2.3(\text{cm}) \div \frac{5}{50}(\text{秒}) = 23(\text{cm/秒})$

2　(天体－太陽，金星の見え方)

1　地球が太陽のまわりを**公転**することによって，地球から見ると太陽は天球上の星座の間を動いていくように見える。この天球上での太陽の通り道を**黄道**という。

2　地球(カメラ)と太陽(光源)，金星(ボール)が図1の位置関係にあるとき，地球から見た金星は，太陽側(金星の左側)が細く光って見える。

3　おとめ座が真夜中に**南中**する日には，おとめ座―地球―太陽の順に一直線の位置にある。図2のように見える金星は，このときふたご座とおとめ座の間にある。半年後には，うお座―地球―太陽の順に並び，金星は，$360^\circ \times \frac{0.5}{0.62} = 290.3\cdots$　約290°回転した位置にくる。

3 (電流－電流と電圧，電流のはたらき，電気エネルギー)

1　電力(W)＝電圧(V)×電流(A)より，電流(A)＝電力(W)÷電圧(V)＝60(W)÷100(V)＝0.60(A)

2　電力量(J)＝電力(W)×時間(h)＝60(W)×2(h)＝120(Wh)　LED電球では，120(Wh)÷7.5(W)＝16(h)

3　消費したエネルギーに対する利用できるエネルギーの割合を，エネルギー変換効率という。LED電球は白熱電球と比べて熱の発生が少ない。

4 (植物のつくりとはたらき－花のつくり，双子葉類と単子葉類，シダ植物とコケ植物)

1　めしべの柱頭におしべの花粉がつくことを**受粉**という。柱頭の表面は，花粉がつきやすい状態になっている。

2　図2のキャベツの葉の葉脈は，網目状(網状脈)になっているので，被子植物の**双子葉類**であることがわかる。双子葉類の植物の茎は**維管束**が輪状に並び，根は太い**主根**とそこから出る細い**側根**をもつ。

3　シダ植物には維管束があり，葉，茎，根の区別があるが，コケ植物には維管束がない。体の表面から水をとり入れ，根のように見える**仮根**によって体を地面などに固定している。

4　胚珠が子房の中にあるサクラやキャベツは**被子植物**，子房がなく胚珠がむき出しになっているマツは**裸子植物**である。

5 (化学変化と原子・分子－化学反応式，中和，酸化，化学変化と物質の質量)

1　Aの結果から，塩酸と水酸化ナトリウム水溶液は1：1の体積比で過不足なく反応することがわかる。したがって，Bでは(8.0－4.0)cm³の塩酸とマグネシウムが反応して気体(水素)が発生した。Cでは(10.0－2.0)cm³の塩酸とマグネシウムが反応して90cm³の気体が発生したので，Bで発生した気体は，$90(\mathrm{cm^3})\times\frac{4.0}{8.0}=45(\mathrm{cm^3})$

2　実験(2)では，マグネシウム(Mg)が空気中の酸素(O_2)と反応して酸化マグネシウム(MgO)ができる。化学反応式では，矢印の左右(反応の前後)で，**原子の種類と数は一致**する。

3　化合した酸素の質量は1班が(0.38－0.25)g，2班が(0.48－0.30)g，3班が(0.54－0.35)g，4班が(0.64－0.40)gである。これらの結果を示して，その点が左右に同じように散らばるように(0, 0)を通る直線を引く。

4　酸化されたマグネシウムの質量をxgとすると，3：2＝x：(0.61－0.45)，x＝0.24(g)　したがって，残っているマグネシウムは(0.45－0.24)gである。表1のDで，マグネシウム0.12gがすべて反応したときに発生した気体は112cm³なので，発生する気体の体積は，$112(\mathrm{cm^3})\times\frac{0.21}{0.12}=196(\mathrm{cm^3})$

6 (動物のつくりとはたらき－血液循環，小腸と肝臓，心臓)

1　肺では血液中の二酸化炭素が**肺胞**の中に出され，酸素が血液中にとりこまれる。腎臓では血液中の不要な物質や水分がとり除かれる。タンパク質が分解されるときにできる有害なアンモニアは，肝臓で害のない尿素に変えられ，血液によって腎臓に運ばれる。

2　血液の流れから考えて，Rは小腸でQは肝臓。小腸の**柔毛**の毛細血管から吸収されたブドウ糖やアミノ酸などは，aの門脈に入り，血液とともに肝臓に運ばれる。

3　4000mLの血液が送り出されるには，4000÷80＝50(回)の拍動が必要である。$60(秒)\times\frac{50}{75}=40(秒)$

7 (いろいろな物質－プラスチック，密度，浮力)

1　密度(g/cm^3)＝物質の質量(g)÷物質の体積(cm^3)より，$4.3(g)÷2.8(cm^3)=1.5(g/cm^3)$

2　水に沈むBは，密度が$1.0g/cm^3$より大きいポリ塩化ビニルがポリスチレン。密度は物質ごとに決まっているので，体積の大小や質量に関係なく，その物質については一定の大きさを示す。

3　水に浮いたC，Dは，ポリエチレンかポリプロピレンである。それぞれの密度から考えて，10％エタノール溶液と食塩水ではC，Dのどちらも浮いてしまい，エタノールではC，Dのどちらも沈む。なたね油$(0.92g/cm^3)$ではポリエチレンは沈み，ポリプロピレンは浮く。

8 (大気中の水蒸気の変化—湿度，空気中の水蒸気の量)

1　図1で，乾球19℃の行を右に見ていくと，**湿度**81％にあたるのは乾球と湿球の示度の差が2℃である。したがって，19－2＝17(℃)

2　気温19℃での**飽和水蒸気量**は$16.3g/m^3$なので，$16.3(g/m^3)×350(m^3)=5705(g)$

3　湿度(％)＝空気$1m^3$中の水蒸気の量(g)÷その気温での飽和水蒸気量(g)×100　である。空気中の水蒸気量が等しいA，B，Cの中では，気温が最も高く飽和水蒸気量が大きいCの湿度が最も低い。また，CとDでは飽和水蒸気量は等しいので，空気中の水蒸気量が小さいCのほうが湿度が低い。

4　1組は**露点**6℃，湿度42％，気温20℃。2組は湿度42％，気温28℃で湿度は100％以下なので，露点は28℃より小さく，1組の露点6℃より大きい。

9 (カ－浮力，重力)

1　図2で容器Pは水に浮いているので，容器Pにはたらく**重力**0.30Nと同じ大きさの**浮力**が上向きにはたらいている。

2　図4で水面からの深さxが5.0cm以上では，容器Qの全体が水中にある。このとき容器Qにはたらく浮力の大きさは，5.00－4.50＝0.50(N)

3　重力は容器Pの中心から下向きにはたらき，その大きさは0.30N(方眼の3目盛り)である。図6で，水面からの深さyが5.0cm以上では，ばねばかりの値が0.20Nなので，このとき糸が引く力は下向きに0.20N(方眼の2目盛り)になる。

4　物体がすべて水中にあるときは，浮力の大きさは一定である。図4と図5より，容器の全体が水中にあるときの浮力の大きさは，容器Pで(0.30＋0.20)N，容器Qで0.50N。それぞれの容器の底面積を$x cm^2$とすると，図2で$3.0x cm^3$が水中にある容器Pには0.30Nの浮力，$5.0x cm^3$が水中にある容器Qには0.50Nの浮力がはたらいている。

<社会解答>

1　1 (1)　ア　(2)　太平洋ベルト　(3)　世界遺産　2　エ　3 (1)　ウ→エ→ア→イ　(2)　ウ　4 (課題)　(例)人口減少や高齢化が進行している。　(特徴・成果)　(例)ゆず加工品の開発・生産に取り組んでおり，ゆずの生産量とゆず加工品の販売高が伸びた。

2　1　ウ　2　ブラジル　3　エ　4　イスラム　5　ウ　6 (記号)　a
(理由)　(例)輸出総額に占める農産物の輸出額の割合が高い。また，総産業従事者に占める農業従事者の割合は低いが，一人あたりの農地面積が大きいことから，輸出向けに大規模な農業を広い農地で行っているアメリカ合衆国であると考えられる。

3　1　渡来人[帰化人]　2　ア　3　遣唐使　4　イ　5　鉄砲[火縄銃]　6　ウ
7　(例)日本が大日本帝国憲法を作成する際に，伊藤博文は憲法調査のためにヨーロッパへ向かい，ドイツ(プロイセン)の憲法を参考にしていたこと。　8　A→B→E→D→C→F

4　1　イ　2　ウ　3　ウ→エ→イ→ア　4　ア　5　石油危機[オイルショック]
6　(例)高度経済成長によって収入が増加し，生活も便利で豊かになっていったが，大気汚染や水質汚濁などに関する苦情・陳情の数も増えるなど，公害問題が深刻化した。

5　1　ウ　2　(1)　イ　(2)　エ　3　ア　4　(1)　エ　(2)　直接請求権

6　1　ウ　2　イ　3　(例)レジ袋や割り箸などをもらわない，エコバッグを使う　など
4　技術革新[イノベーション]　5　エ　6　(例)生産年齢人口が減少しているので，労働者の不足を補うために，在留外国人を労働者として雇用するとともに，セルフ精算レジの設置をすすめる。

7　1　イ　2　寺子屋　3　ウ　4　エ　5　Ⅰ　(例)建物や設備を充実させるために資金が必要だから　Ⅱ　(例)外国の援助がなくなったとしても，現地の人々が技術などを身に付け自立して生活を維持していくことが必要だから

＜社会解説＞

1　(地理的分野―日本―日本の国土・地形・気候，農林水産業，工業，交通・通信)

1　(1)　**三角州**は河川の作用で海の近くに形成される。イは**扇状地**の説明。　(2)　日本の工業地帯や工業地域の多くが**太平洋ベルト**に位置する。原料の輸入や製品の輸出に船舶を使用するため，臨海部で工業が発達した。　(3)　わが国の世界遺産は，文化遺産19件，自然遺産4件の合計23件(2020年3月現在)。

2　岡山県倉敷市水島地区に大規模な石油化学コンビナートを擁する**瀬戸内工業地域**は，化学工業の割合が高い。　イ　機械工業の割合が高いことから，**中京工業地帯**。　ウ　金属工業の割合が高いことから，**阪神工業地帯**。残ったアが**東海工業地域**で，楽器・オートバイ(静岡県浜松市)や製紙・パルプ(同富士市)などの生産がさかん。

3　(1)　ア　比較的降水量が少ないことから，瀬戸内海沿岸地域と判断。　イ　冬場でも温暖な気候を利用して野菜を栽培していることから，**促成栽培**がさかんな高知県と判断する。　ウ　文中の「山間部」が中国山地を指すと考えられることから，広島・島根県境を指すと判断する。
エ　冬に雪が多く降るという記述から，日本海側に位置する地域と判断する。　(2)　所要時間が短いイ・ウが愛媛県から比較的近い伊丹空港と福岡空港とわかる。このうち，便数が多いイが大都市に近い伊丹空港，少ないウが福岡空港と判断する。アは羽田空港，エが那覇空港。

4　資料1から，1990年以降馬路村の人口が年々減少し，65歳以上の人口の割合が年々上昇していることが読み取れる。また，資料2から，馬路村の人々がゆずを用いた商品の販売や研究に取り組んでいる様子が読み取れる。資料3から，馬路村の2015年のゆず生産量やゆず加工品の販売高が1990年と比べて大幅に伸びていることが読み取れる。

2　(地理的分野―世界―人々のくらし，地形・気候，産業)

1　大陸の東側に位置するA市・B市は，**季節風**(モンスーン)の影響を受けやすい。B市の沖合には暖流の**対馬海流**が流れる。

2　図2のC国はポルトガル。流域面積が世界最大となる大河とは，ブラジルやその周辺国を流れる**アマゾン川**のことで，その流域にはセルバとよばれる熱帯雨林が広がる。かつて植民地とされた

ことから，現在でもブラジルではポルトガル語を公用語とし，**プランテーション**でコーヒー豆やさとうきびの栽培がさかんで，それらの生産量は世界一をほこる。

3　秋田県秋田市，アメリカのニューヨーク，中国のペキン，スペインのマドリードなどの都市が，**北緯40度**付近に位置する。

4　図2のD国はトルコ。図4から，トルコの総人口のほとんどが信者であることが読み取れる。また，図5から，トルコでは**豚**の飼育頭数が極端に少ないことが読み取れる。以上の点から，西アジアに信者が多く，豚肉を食べない**イスラム教**であると判断する。なお，インドでは**牛**肉を食べない**ヒンドゥー教**徒が多い。

5　図7の①中の「航空宇宙」からメキシコ湾岸に位置する**ヒューストン**，②中の「自動車」から五大湖周辺に位置する**デトロイト**が連想できるため，図6のXが②，Yが①とわかる。Xで示された州の中には，鉄鋼業がさかんなピッツバーグが位置する。また，Yは1970年代以降に発展した新しい工業地帯である**サンベルト**に位置するため半導体の製造がさかんなことが予想できる。

6　アメリカ合衆国では少ない農業従事者で広い農地を経営するため，**企業的農業**が営まれている。また，農作物の輸出がさかんなことから「**世界の食料庫**」とよばれ，穀物メジャーとよばれる大企業などによるアグリビジネスが展開されている。なお，bは日本，cは中国。

3 (歴史的分野―日本史―時代別―古墳時代から平安時代，鎌倉・室町時代，安土桃山・江戸時代，明治時代から現代，日本史―テーマ別―政治・法律，外交)

1　Aのカードは古墳時代の様子。**渡来人**(帰化人)の多くは**ヤマト王権**(大和政権)に仕え，高い地位に昇る者もいた。

2　わが国に仏教が伝来したのは6世紀頃(古墳時代)。渡来人(帰化人)は儒教以外にも，わが国に**漢字**，機織，**須恵器**などを伝えた。イは縄文時代に作られた土製の人形。ウは弥生時代に伝来した。エは弥生時代にわが国で本格的に広まった。

3　Bのカード中の「私」とは，平安時代に活躍した**菅原道真**のこと。文中の「唐の国力の衰退している様子」から「危険が生じる」と判断し，894年に**遣唐使**停止を申し入れたことから判断する。

4　Cのカードは，鎖国政策をとっていた江戸時代の様子。文中の「報告書」とは，鎖国中のわが国が諸外国の様子を知るためオランダに提出させていた風説書のこと。下線部ⓑは，1840年におこった**アヘン戦争**の様子。　ア　ラクスマンやレザノフのロシア船の来航が続いた後の19世紀初頭。　イ　1854年。　ウ　朱印状を発行した豊臣秀吉や徳川家康が活躍した16世紀末から17世紀初頭。　エ　1669年。

5　Dのカードは，ポルトガル船が種子島に漂着し，わが国に**鉄砲**が伝来したときの様子(1543年)。

6　Eのカード中の道元は，鎌倉時代に**禅宗**の一派である曹洞宗を開いた人物。**北条時宗**が元寇のときの鎌倉幕府の**執権**であることから判断する。アは江戸時代。イのフランシスコ・ザビエルは1549年にわが国にキリスト教を伝えた(室町時代)。エは平安時代。

7　Fのカードは明治時代の様子。下線部ⓒは，1889年に発布された**大日本帝国憲法**のこと。図2中のドイツの首相がビスマルク，日本の政治家が**伊藤博文**を表している。この憲法が，君主権の強い**ドイツ**(プロイセン)の憲法をモデルにして作成されたこと，また，伊藤が憲法作成の中心人物の一人であったことから判断する。

8　Aが古墳時代，Bが平安時代，Cが江戸時代，Dが室町時代，Eが鎌倉時代，Fが明治時代。

4 (歴史的分野―日本史―時代別―明治時代から現代，日本史―テーマ別―政治・法律，経済・社会・技術)

1　明治時代初期には政府による**殖産興業**政策が進められ，後期にはわが国で産業革命がおこった。**工場制手工業**は江戸時代中期に発達した。

2　**第一次世界大戦**の主戦場はヨーロッパ。ドイツを中心とする同盟国とイギリスを中心とする連合国との戦いで，アメリカは連合国側として途中から参戦した。産業革命後のわが国からはアジアへの輸出が増加し，輸出額が輸入額を上回り，**大戦景気**を迎えた。

3　アは1943年，イは1941年，ウは1932年，エは1938年のできごと。

4　Cの時期とは1950年～1970年を指す。電気冷蔵庫は，電気洗濯機・白黒テレビとともに「**三種の神器**」とよばれ，1950年代後半から60年代前半にかけて普及した。イ・ウは21世紀に入ってから，エはカラーテレビ・自動車とともに「**3C**」とよばれ，1960年代後半以降に普及した。

5　1973年の**石油危機**(オイルショック)は，第四次中東戦争がきっかけとなっておこり，わが国の**高度経済成長**は終焉をむかえた。

6　図1からは，1965年からの5年間で勤労者世帯の収入が1.7倍を超えていることが読み取れることから，高度経済成長によって収入が増加し，生活が豊かになったことがわかる。一方，図2からは，1966年からの4年間で公害に関する苦情等の件数が3倍を上回ることが読み取れることから，公害問題が深刻化したことがわかる。

5　**(公民的分野―三権分立・国の政治の仕組み，地方自治，財政・消費生活・経済一般)**

1　効率を重視するということは，少ない労力で最大の結果を出すために無駄をなくすことである。空き店舗を活用することで，店舗の建設や準備にかかる費用や労力を削減することができる。

2　(1)　現在の日本の歳出に占める割合の最上位は，**社会保障関係費**。高齢化の進行に伴い，年々その額が増加している。Bにはウ，Cにはエ，Dにはアがそれぞれあてはまる。　(2)　文中に「公共事業への支出を増やす」「企業の生産活動を促す」とあることから，不景気の際に行う通貨量を増やす財政政策について述べているとわかる。

3　**民事裁判**において，訴える側を**原告**，訴えられた側を**被告**とよぶのに対して，**刑事裁判**では**検察官**が裁判所に訴え，訴えられた人を**被告人**とよぶ。イ・ウ・エは刑事裁判の様子。イの**裁判員制度**は，地方裁判所で第一審が行われる重大な刑事裁判の第一審のみに適用される。

4　(1)　衆議院議員総選挙で採用される**小選挙区制**は候補者名で投票するのに対して，**比例代表制**では政党名で投票する。また，参議院議員選挙の比例代表制では，政党名または候補者名で投票する。小選挙区制は一つの選挙区で一名しか当選しないため死票が多くなる。　(2)　住民が直接請求できるのは，条例の制定・改廃請求，監査請求，議会の解散請求，首長・議員の解職請求の4つ。

6　**(公民的分野―憲法の原理・基本的人権，財政・消費生活・経済一般)**

1　**株主総会**において議決権を行使できるのは企業が発行する株式を取得した**株主**のみであるため，労働者の権利ではない。アは労働組合法，イは育児・介護休業法，エは労働基準法の内容。

2　製造物責任法はPL法ともよばれる。

3　**3R**とは，循環型社会を形成するための取り組みの一つで，ごみを減らす**リデュース**，一度使用したものを再利用する**リユース**，使い終わったものを資源に戻して新たな製品を作る**リサイクル**のこと。問題文中に「レジで会計する時」とあるので，リデュースの例を考えるとよい。

4　技術革新(イノベーション)とは，企業が競争に勝つために知的資源などを用いて増産したり，優れた技術や機械などを導入することで生産活動を改善したりすること。

5　日本国憲法に明記されていない「**新しい人権**」として，環境権のほか，知る権利，プライバシ一の権利，自己決定権が認められている。

6　図1からは，日本の生産年齢人口が減少する一方，在留外国人人口が増加していることが読み取れることから，不足する労働力を在留外国人の雇用によって解決できると考えられる。また，図2からは，スーパーにおけるセルフ生産レジの設置が近年急速に進んでいることが読み取れる。

7 (地理的分野―世界―人々のくらし，歴史的分野―日本史―時代別―安土桃山・江戸時代，日本史―テーマ別―文化・宗教・教育，公民的分野―国際社会との関わり)

1　**NGO**とは，利益を目的とせず国際的に活躍する民間団体のこと。アは政府開発援助，ウは世界保健機関，エは自由貿易協定の略称。

2　**寺子屋**では，庶民の子どもが「読み・書き・そろばん」を学んだ。一方，武士の子どもは藩校で学問や剣術などを学んだ。

3　安全な水資源を確保できない人の割合が高いのは発展途上国であるのに対して，他の3つの項目の割合が高いのはヨーロッパなどの先進国であることから判断する。

4　図1から，Cの地域の助産師育成において，指導者不足により技術習得が十分になされていないという課題が挙げられていることから判断する。

5　諸外国の経済的支援によって施設を建設した上で，管理・運用方法や指導方法を現地の人々に習得してもらうことによって，向上した安全や生活の質を援助なしで維持していくことに意味があるという内容のことを記述する。

<国語解答>

1　1 (1) こうけん　(2) は　(3) しょうだく　(4) そむ　(5) おもむ
　2 (1) 研究　(2) 借　(3) 似　(4) 負担　(5) 講座
　3 (1) エ　(2) ア　(3) ア　(4) ウ　(5) イ

2　1 かろうじて　2 ウ　3 エ　4 (例)銀貨が三包入った袋の持ち主を長時間探して，拾ったときのまま返したこと。　5 イ

3　1 イ　2 あなたにしかない感覚・感情　3 エ　4 ア　5 (例)本当の自分が自己の中にはじめから明確に存在すると思い込んで，それを探している　6 ウ

4　1 ウ　2 (例)陸上勤務を少しは喜んでもらえると思っていたのに，妻と娘に反発され気まずくなったから。　3 イ　4 ア　5 (例)息子に航輝と名付けるほど船に乗るのが好きな父が，家族のために船を降りても本当によいのかということ。　6 エ

5　(例)　係員は，バスに乗るために外国人がする必要があることを「ください」という表現に統一して示している。Aのように疑問文や謙譲語を用いると，外国人にはわかりにくい。
　日本語は，直接的な表現よりも遠回しな表現をすることが少なくない。そのほうが，相手に不快な思いをさせず済むからだ。また，相手が自分の思いをくみとってくれるはずだという甘えもあると言われている。これは日本人同士の会話であれは問題ないが，外国人と会話する際にはよくない。事物の説明も行動のしかたも，できるだけ簡単なことばを用いて説明したほうがよい。できるかぎりシンプルな表現を心がけるようにしたい。

<国語解説>

1 (脱語補充，漢字の読み書き，熟語，ことわざ・慣用句，品詞・用法，俳句)

1 (1) その物事の発展に役立つような何かをすること。 (2) 光を受けて輝くこと。 (3) 頼まれごとを承知して引き受けること。 (4) 「背」の訓読みは「そむ・ける」。 (5) どこかへ向かうこと。語源は「面(オモ)向く」である。対義語は「背(ソ)向く」。

2 (1) 「研」の偏は，石。 (2) 「借りる」と「貸す」をセットで覚えよう。 (3) 「似」の偏は，にんべん。 (4) やむを得ず引き受けなければならなくなること。「担」の偏は，にんべん。 (5) 「講」の偏は，ごんべん。「口座」という同音異義語もあるので，注意する。

3 (1) この俳句は冬の句である。選択肢の俳句の季節は季語をふまえるとそれぞれ，アは「雲雀」で春，イは「名月」で秋，ウは「遠花火」で秋，エは「みぞれ」で冬となる。 (2) Aさんの言葉の「早くスケートをしたいというわくわくした心情」は，「胸が躍る」という表現が適切である。 (3) 「想像」という熟語は，“像を想う”という下の語が上の語の修飾語となっている。選択肢の熟語の成り立ちを確認すると，ア「抜群」は“群を抜く”，イ「海底」は“海の底”，ウ「削除」は似た意味の語を重ねたもの，エ「未来」は上に打消し語がついたものとなる。

(4) 「幼い」のように，**言い切りの形が「―い」となり，物事の様子を表している品詞は形容詞**である。アは基本形が「結ぶ」で動詞，イの「初めて」は活用しない品詞で，下の語を修飾するので副詞，ウは基本形が「おもしろい」で形容詞，エは基本形が「言う」で動詞。 (5) Aさんは「色々なことが想像できる」，Cさんは「情景を想像したよ」と述べている。二人とも**想像によって俳句の世界を味わうこと**を述べていることをふまえて選択肢を選ぶ。

2 (古文―大意・要旨，情景・心情，内容吟味，文脈把握，仮名遣い)

【現代語訳】 浜の町というところに，島原屋市左衛門という者がいた。十二月の初め，雪が降って積もった朝，用事があって朝早くに家を出て，浜にある道を歩いていると，雪の合間に不思議なものが見えたのを，立ち寄って引き上げたところ，ひどく重い袋で，中に銀貨の大きいのが三包みほどあるかと思われた。驚いて，きっと持ち主がいるだろうから，そのうちには尋ねてくるだろうと，その場を離れずに二時間ほど待っていたけれど，尋ねて来る人もいないので，どうみても旅人が落としたものだろうと，そこの町の中心部から離れたところで，旅人を泊まらせる家々を一軒一軒尋ねて行って，旅人で何か落とし物をした者がいるかと，会う人ごとに訊ねたところ，その日の夕方，ようやく持ち主にめぐりあった。始まりから終わりまで事の次第を詳しく尋ね聞くと本当の持ち主であるので，先ほどの袋をそっくりそのままで返した。この持ち主は喜んで(市左衛門を)拝み，「私は薩摩の国で，(あるお方に頼まれて，その)依頼者が様々なものを買い求めようと，私を派遣したのに，もしこの銀貨がなかったら，私の命があるだろうか。返す返すありがたいことでございますなあ。」と，その銀貨を分けてお礼をしようとしたけれど，市左衛門は決して受け取ろうとしないので，仕方なく持ち主は酒と肴を準備して心を込めたお礼として、帰って行った。

1 「アウ(―au)」は「オウ(―ou)」に直して読む。「からうじて」は，karaujiteの下線部を「―ou」にするから，「かろうじて」となる。

2 ウの「失ひ」の主語は，「旅人の」である。**主格の助詞「の」**であることをおさえよう。それ以外の傍線部の主語は市左衛門である。

3 「待ち居たれど問ひ来る人もなければ」と続く。問ひ来る人を待っていたのである。**この人物は落とし物の持ち主であり，袋が落ちてなかったかどうかを聞きに来るであろう人のこと**だ。

4 市左衛門は，朝，**雪の中に銀貨が三枚も入った袋を見つけ**て，持ち主が戻ってくると考えて二時間もの間待ち，さらに**夕方まで自分から持ち主を探し**て歩いた。そして**持ち主に「さきの袋のままにて返しはべりぬ」**というところまでが市左衛門の行動の内容である。これを指定字数でまとめよう。

5　まず，主は「喜び拝みて」とあるので，**市左衛門に対し感謝し**ている。そして「銀を分かて報ひ」とあるので，銀貨を分け与えて返礼しようとした。しかし市左衛門は「曾て取りあぐる事せね」とあるので，**受け取ろうとしなかった**のだ。これをふまえて選択肢を選ぶ。

3　(論説文―大意・要旨，文脈把握，接続語の問題，脱文・脱語の問題)

1　傍線(1)の後「すなわち」以降の記述に，「相互理解」の説明がなされている。「**相手の表現を受け止め，それを解釈**して，**自分の考えを述べる**。そうして，自分の表現したことが相手に伝わったか，伝わらないかを**自らが確かめる**こと」である。この記述のポイントをおさえて解答を選ぶ。

2　傍線(2)「あなた自身の個人メガネ」は，その前の「あなた自身の目」のことだ。この段落は前段落の内容を受けて，その内容を詳しく説明している段落だから，前段落から探すとよい。「眼」は世界を受け止める感覚器官であることから，「あなたにしかない感覚・感情」を導き出せる。

3　本文は「……□し，事実に即して述べようとした」とある。「事実に即して述べ」るとあることから，ここには**客観的な態度**が働いていることが読み取れよう。**「客観的」とは，見方や考え方が公正で論理的であり，多くの人に理解・納得してもらえる様子**のことだ。個人の感情や損得に左右されないのである。

4　□の前の「少しずつつくられていく」と後の「少しずつ変わっていく」は**並立の関係にある内容なので，「あるいは」という接続詞が適切**である。

5　「自分探し」で陥りやすい罠は「本当の自分を探してどんなに自己を深く掘っていっても，何も出てきません」というのに掘ってしまう，つまり**自分の中に本当の自分を探し続ける状態に陥ってしまうこと**だ。探し続けしまうのは「『自分』とは，『私』の中にはじめから明確に存在する」わけではないのに，**自分のなかに本当の自分が居ると考えてしまう**からである。この考えを前提もふくめて陥りやすい状態をまとめる。

6　筆者は「これまで…」で始まる段落で「これまで出会ったことの……確実に変容します」と述べ，さらに「『自分』とは，『私』の中に…」で始まる段落で「相手とのやりとり……姿を現すものです」と述べている。ここから，筆者が**他者や周囲と関わることで「私」は変容していき，形づくられていくものである**と考えていることが読み取れる。

4　(小説―情景・心情，内容吟味，文脈把握，段落・文章構成，脱文・脱語補充)

1　傍線(1)「言いにくそう」なことは，勤務先が名古屋になったということだ。**言いにくそうにした理由は，「これから一か月で引っ越さなくちゃならない」からで，家族の生活が変わってしまうことになるから**である。

2　「ばつが悪い」とは，その場の収拾がつかず，なんとなく具合が悪いこと。ここの具合の悪さは，「これから家族で一緒に過ごせることを，**少しは喜んでもらえると思っていた**」から決めた**地上勤務を，母と妹に非難されたことによる気まずさ**である。これを理由としてまとめる。

3　父は，母が折に触れて父の子育ての関わり方について批判しても，言いあいなどにはならなかったことが読み取れる。気短だったり神経質な性格ではない。また，まったく気にも留めないような無頓着な性格でもない。**母の言い分を受け止め，自分にできることはないかを考えて行動したのだから，大らかな性格とするのが適切**である。

4　母は勝手に名古屋転勤を決めた父を非難した。妹も転校を「いやだ！」と，非難がましい母に追従した。しかし航輝は「ぼくはうれしいよ。それはとてもいいことだと思う。」と，**父の決断**

に味方をしたのだ。そんな航輝に母は鋭い視線を投げかけた。**鋭い視線は非難・責める気持ちの表れだ。母はこのように考える航輝を面白くないと感じている**のである。

5　航輝の考えは，航輝自身の「お父さんは本当にそれでよかったのかな。」という言葉で表されている。この言葉が，航輝のどのような考えから出たのかをまとめればよい。航輝の心中表現は本文最後のハイフンで始まるまとまりに述べられている。**航輝という名前は船に関わりのある名前だ。大切な息子に大好きなことに由来する名前を付けたことからも父の船好きがうかがえる。**そして航輝は「お父さんはやっぱり，船に乗るのが好きなんだよな」という実感のこもった父自身の台詞を覚えていて，**そんなに船が大好きな父が，家族のためであっても船から降りることが，本当に正解なのだろうかということを考えている**のだ。

6　本文は**航輝の視点**から家族のやりとりを描写している。航輝の心中表現も多く描かれているし，家族の仕草・態度・表情もよく表現されているので，家族の心模様もわかりやすくなっている。

5　**(作文)**

テーマは「様々な国の人とコミュニケーションをとる際に心がけたいこと」である。まず，第一段落は資料の読み取りだ。図Aと図Bを比較して，図Bがよりわかりやすい理由を見つけよう。言葉のわからない外国人にとって，**表現が簡単であること**，**説明がやさしくてわかりやすい**ことが大切なのだ。そして，第二段落には，自分自身の考えをまとめる。具体例が求められているので，適切な例を挙げる。**例は簡潔に説明し，そこから見出した「コミュニケーションをとる際に心がけたいこと」を中心に書きあげよう。**

栃木県公立高等学校

2019年度

★★★★★★★★★★★★★★★★★★★★★★★★

入　試　問　題

2019年度

●くわしい解説……39ページ

＜数学＞

時間 50分 満点 100点

【注意】 答えは，できるだけ簡単な形で表し，必ず解答用紙のきめられた欄に書きなさい。

1 次の１から14までの問いに答えなさい。

1 $-7+5$ を計算しなさい。

2 $\dfrac{3x-2}{5}\times 10$ を計算しなさい。

3 $5ab^2\div\dfrac{a}{3}$ を計算しなさい。

4 $(x+8)(x-6)$ を展開しなさい。

5 25の平方根を求めなさい。

6 右の図で，$\angle x$ の大きさを求めなさい。

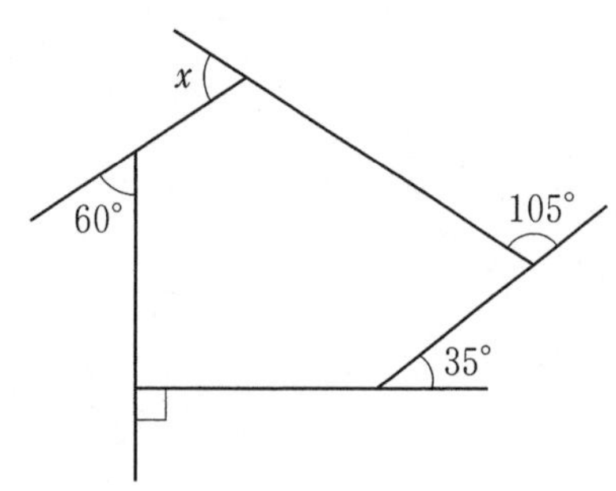

7 関数 $y=\dfrac{a}{x}$ のグラフが点（6，-2）を通るとき，a の値を求めなさい。

8 △ABCと△DEFは相似であり，その相似比は ２：３ である。△ABCの面積が８cm²であるとき，△DEFの面積を求めなさい。

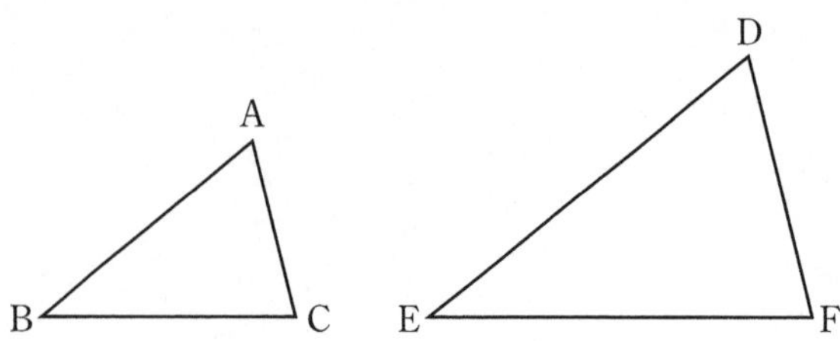

9 連立方程式 $\begin{cases}3x+y=-5\\2x+3y=6\end{cases}$ を解きなさい。

10 大小２つのさいころを同時に投げるとき，２つとも同じ目が出る確率を求めなさい。

11　右の図において，点A，B，Cは円Oの周上の点である。$\angle x$の大きさを求めなさい。

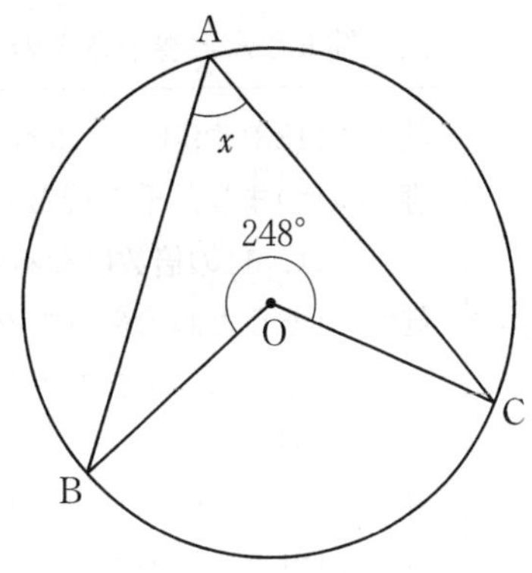

12　2次方程式 $x^2+7x+1=0$ を解きなさい。

13　長さ150㎜のろうそくがある。このろうそくに火をつけると，毎分2㎜ずつ短くなる。火をつけてからx分後のろうそくの残りの長さをy㎜とするとき，xとyの関係を述べた文として適するものを，次の**ア**，**イ**，**ウ**，**エ**のうちから1つ選んで，記号で答えなさい。

ア　yはxに比例する。　　**イ**　yはxに反比例する。

ウ　yはxの1次関数である。　　**エ**　yはxの2乗に比例する関数である。

14　右の図は，ある立体の投影図である。この投影図が表す立体の名前として正しいものを，次の**ア**，**イ**，**ウ**，**エ**のうちから1つ選んで，記号で答えなさい。

ア　四角錐(すい)　　**イ**　四角柱

ウ　三角錐　　**エ**　三角柱

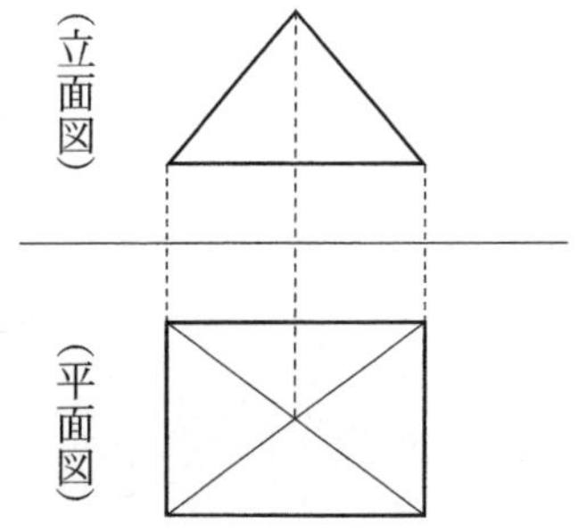

2　次の1，2，3の問いに答えなさい。

1　下の図のように，直線ℓと線分ABがある。このとき，下の【条件】をともに満たす点Cを作図によって求めなさい。ただし，作図には定規とコンパスを使い，また，作図に用いた線は消さないこと。

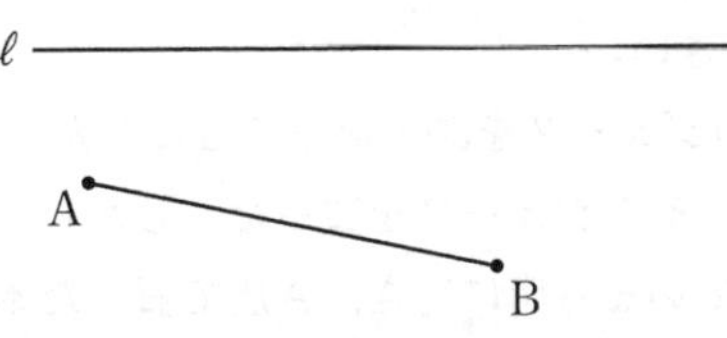

【条件】
・点Cは直線ℓ上にある。
・△ABCは，辺ACを斜辺とする直角三角形となる。

2 次の健太さんと春子さんの会話文を読んで，下の⑴，⑵の問いに答えなさい。

> 健太：「1331や9449のような4けたの数は，11で割り切れることを発見したよ。」
> 春子：「つまり，千の位と一の位が同じ数，そして百の位と十の位が同じ数の4けたの数は，11の倍数になるということね。必ずそうなるか証明してみようよ。」
> 健太：「そうだね，やってみよう。千の位の数を a，百の位の数を b とすればよいかな。」
> 春子：「そうね。a を1から9の整数，b を0から9の整数とすると，この4けたの数Nは…」
> 健太：「N＝1000× a ＋100× b ＋10× ［①］ ＋1× ［②］ と表すことができるね。」
> 春子：「計算して整理すると，N＝ ［③］ （ ［④］ a ＋ ［⑤］ b） になるわね。」
> 健太：「［④］ a ＋ ［⑤］ b は整数だから，Nは11の倍数だ。」
> 春子：「だからこのような4けたの数は，必ず11で割り切れるのね。」

⑴ ［①］，［②］ に当てはまる適切な文字をそれぞれ答えなさい。

⑵ ［③］，［④］，［⑤］ に当てはまる適切な数をそれぞれ答えなさい。

3 下の図のように，関数 $y = ax^2$ （$a > 0$） のグラフ上に2点A，Bがあり，x 座標はそれぞれ－6，4である。直線ABの傾きが $-\frac{1}{2}$ であるとき，a の値を求めなさい。

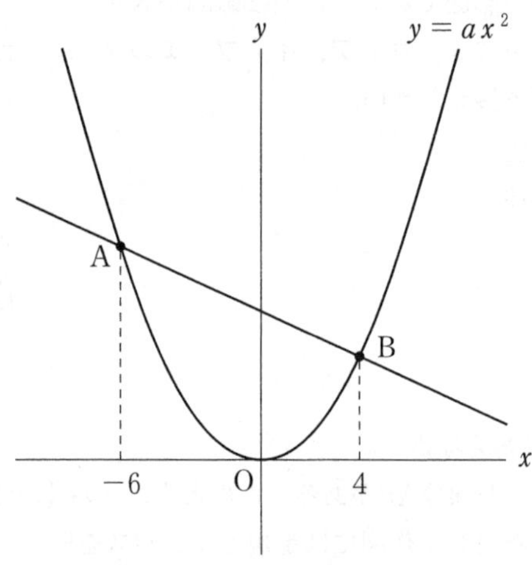

3 次の1，2の問いに答えなさい。

1 花子さんは，定価150円のジュースを50本買うことにした。そのジュースが定価の2割引きで売られているA店に行き，そのジュースを買った。しかし，50本には足りなかったので，そのジュースが定価で売られているB店に行き，A店で買った本数と合わせて50本になるようにそのジュースを買った。B店では500円分の値引券を使用したので，花子さんがA店とB店で支払った金額の合計は6280円であった。A店で買ったジュースの本数を x 本として方程式をつくり，A店で買ったジュースの本数を求めなさい。ただし，途中の計算も書くこと。なお，消費税は考えないものとする。

2　ある農園のいちご狩りに参加した20人が，それぞれ食べたいちごの個数を記録した。下の表は，参加者全員の記録について，最大値（最大の値），最小値（最小の値），平均値，中央値，最頻値をまとめたものである。また，下の図は，参加者全員の記録をヒストグラムで表したものであり，例えば，16個以上20個未満の人数は２人であることがわかる。

最大値	39 個
最小値	12 個
平均値	27 個
中央値	25 個
最頻値	23 個

表

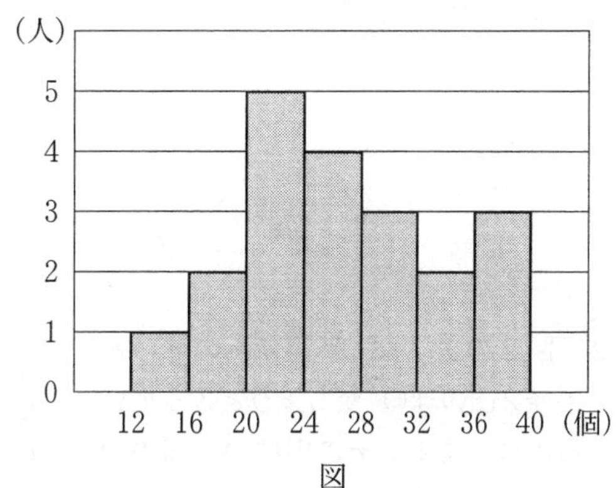

図

このとき，次の(1)，(2)の問いに答えなさい。

(1)　次のア，イ，ウ，エの中から，正しいことを述べている文を１つ選んで，記号で答えなさい。

ア　平均値は，度数が最も大きい階級に含まれている。

イ　いちごを14個食べたのは，１人である。

ウ　24個以上の階級において，最も小さい度数は３人である。

エ　20人が食べたいちごの個数の範囲は，27個である。

(2)　このいちご狩りに参加したひかりさんは，いちごを26個食べた。上の表から，「いちごを26個以上食べた参加者の人数は，参加者20人の半数以下である」と判断できる。そのように判断できる理由を，平均値，中央値，最頻値のうち，いずれかの用語を１つ用いて説明しなさい。

4　次の１，２の問いに答えなさい。

1　右の図のように，△ABCの辺AB上に点D，辺BC上に点Eをとる。このとき，△ABC∽△EBD であることを証明しなさい。

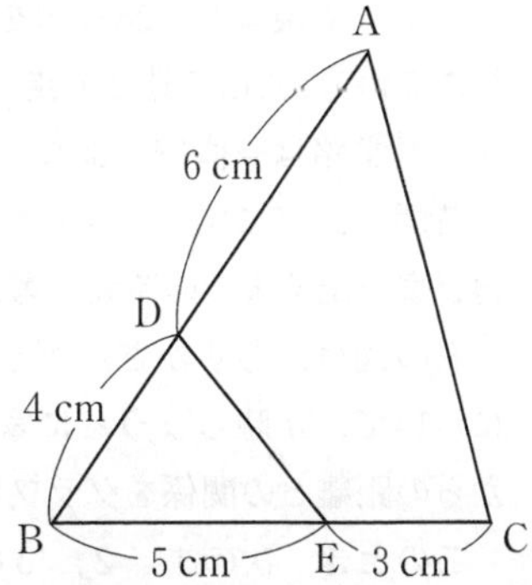

2　次の⑴，⑵の問いに答えなさい。

⑴　図１のような，半径４㎝の球がちょうど入る大きさの円柱があり。その高さは球の直径と等しい。この円柱の体積を求めなさい。ただし，円周率はπとする。

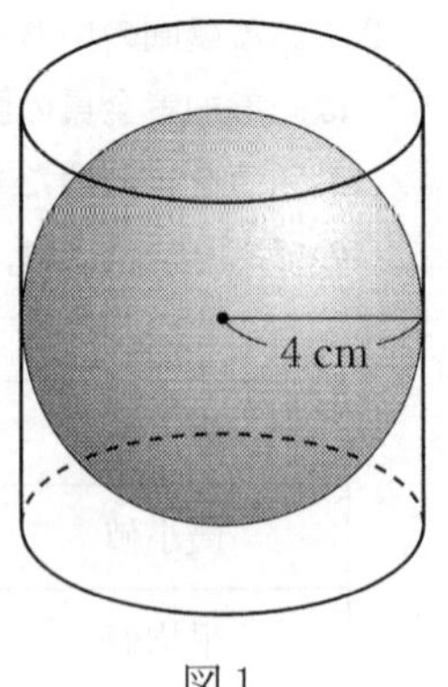

図１

⑵　図２のような，半径４㎝の球Ｏと半径２㎝の球Ｏ′がちょうど入っている円柱がある。その円柱の底面の中心と２つの球の中心Ｏ，Ｏ′とを含む平面で切断したときの切り口を表すと，図３のようになる。この円柱の高さを求めなさい。

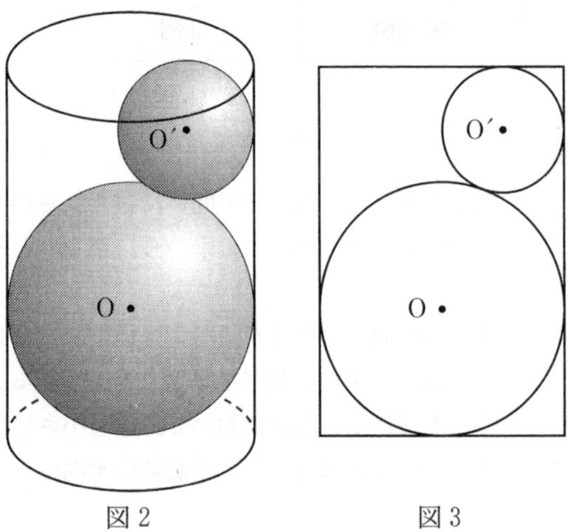

図２　　　　図３

5　ある日，あすかさんは，７時ちょうどに家を出て1800m先の学校に向かった。家を出てから毎分100mの速さで３分間歩き，友人と合流した。その後，毎分60mの速さで５分間歩いたところで忘れ物に気がついたため，友人と別れ１人で家まで毎分150mの速さで走って戻った。忘れ物をかばんに入れた後，学校まで毎分150mの速さで走った。ただし，あすかさんの通学路は一直線であり，友人と合流する際の待ち時間と，家に戻ってから忘れ物をかばんに入れて再び家を出るまでの時間は考えないものとする。

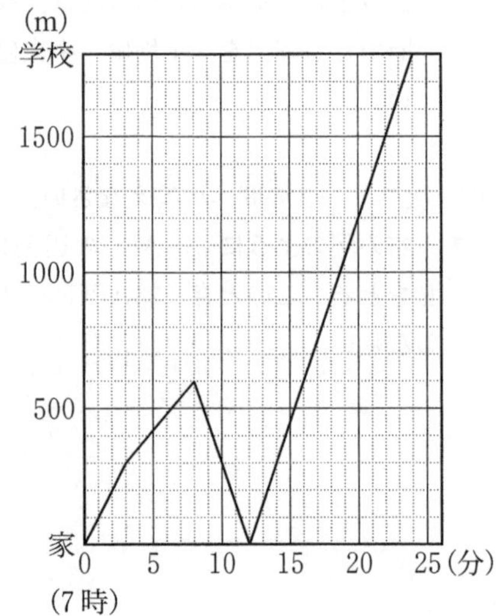

右の図は，あすかさんが学校まで移動したようすについて，７時ちょうどに家を出てからの時間と家からの距離との関係をグラフに表したものである。

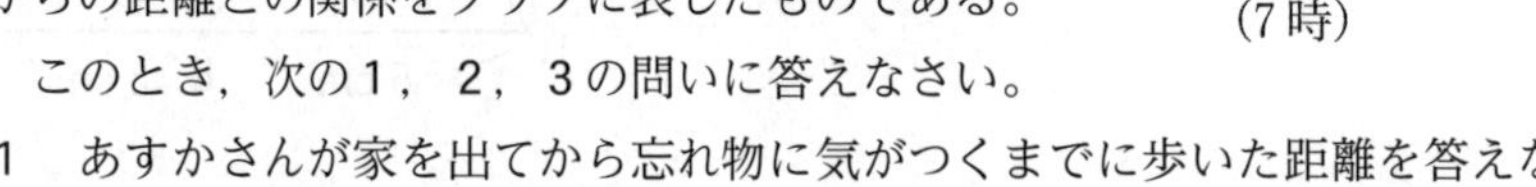

このとき，次の１，２，３の問いに答えなさい。

1　あすかさんが家を出てから忘れ物に気がつくまでに歩いた距離を答えなさい。

2　あすかさんがはじめに家を出てからの時間をx分，家からの距離をy mとして，あすかさんが友人と合流したときから忘れ物に気がついたときまでのxとyの関係を式で表しなさい。ただし，途中の計算も書くこと。

3　あすかさんの兄の太郎さんは，あすかさんと同じ通学路で同じ学校に通っている。次の⑴，⑵の問いに答えなさい。

⑴　この日，太郎さんは，7時6分に家を出て一定の速さで学校に向かい，あすかさんよりも1分遅く学校に着いた。このとき，太郎さんが家を出てから学校まで移動したようすを表すグラフを，図にかき入れなさい。

⑵　この日，太郎さんが7時3分に家を出て毎分100mの速さで学校に向かったとすると，太郎さんとあすかさんがすれ違うのは家から何mの地点か。

6　形も大きさも同じ半径1㎝の円盤がたくさんある。これらを図1のように，縦m枚，横n枚(m，nは3以上の整数)の長方形状に並べる。このとき，4つの角(かど)にある円盤の中心を結んでできる図形は長方形である。さらに，図2のように，それぞれの円盤は×で示した点で他の円盤と接しており，ある円盤が接している円盤の枚数をその円盤に書く。例えば，図2は$m=3$，$n=4$ の長方形状に円盤を並べたものであり，円盤Aは2枚の円盤と接しているので，円盤Aに書かれる数は2となる。同様に，円盤Bに書かれる数は3，円盤Cに書かれる数は4となる。また，$m=3$，$n=4$ の長方形状に円盤を並べたとき，すべての円盤に他の円盤と接している枚数をそれぞれ書くと，図3のようになる。

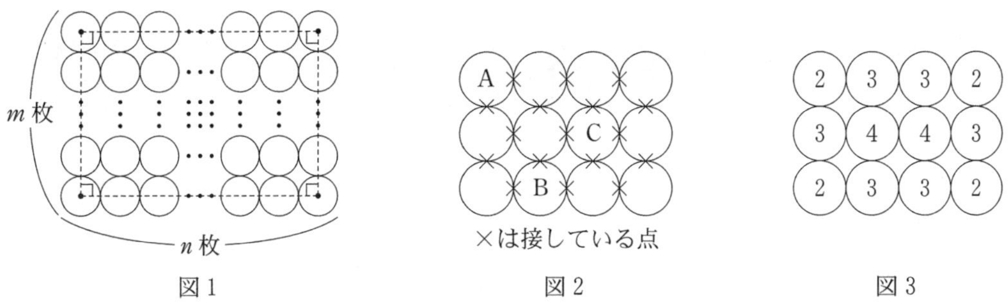

図1　図2　図3

このとき，次の1，2，3，4の問いに答えなさい。

1　$m=4$，$n=5$ のとき，3が書かれた円盤の枚数を求めなさい。

2　$m=5$，$n=6$ のとき，円盤に書かれた数の合計を求めなさい。

3　$m=x$，$n=x$ のとき，円盤に書かれた数の合計は440であった。このとき，xについての方程式をつくりxの値を求めなさい。ただし，途中の計算も書くこと。

4　次の文の①，②，③に当てはまる数を求めなさい。ただし，a，bは２以上の整数で，$a < b$とする。

$m = a + 1$，$n = b + 1$ として，円盤を図１のように並べる。４つの角にある円盤の中心を結んでできる長方形の面積が780cm²となるとき，４が書かれた円盤の枚数は，a =（　①　），b =（　②　）のとき最も多くなり，その枚数は（　③　）枚である。

＜英語＞

時間　50分　　満点　100点

1 これは聞き方の問題である。指示に従って答えなさい。

1 〔英語の対話とその内容についての質問を聞いて，答えとして最も適切なものを選ぶ問題〕

2 〔英語の対話とその内容についての質問を聞いて，答えとして最も適切なものを選ぶ問題〕

(1) ① ア Places to visit.　イ Nice pictures.
ウ Historical things.　エ Things to buy.
② ア The castle.　イ The museum.
ウ The kimono shop.　エ The bookstore.

(2)

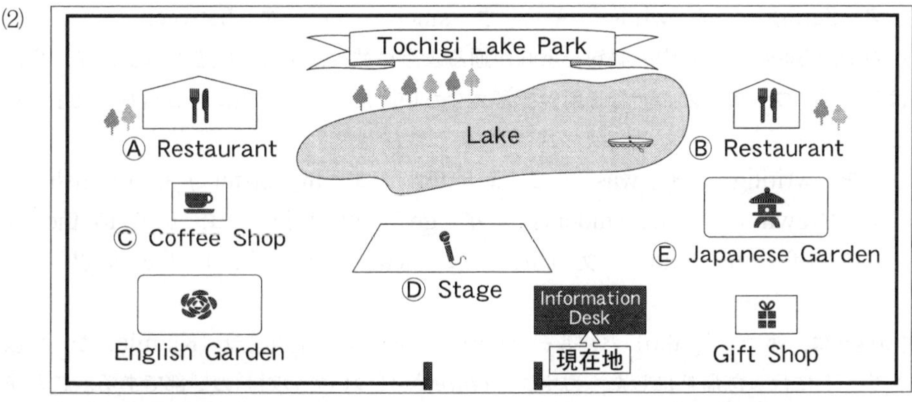

① ア English Garden → Ⓐ → Ⓓ → Ⓒ → Gift Shop
イ English Garden → Ⓐ → Ⓔ → Ⓒ → Gift Shop
ウ English Garden → Ⓑ → Ⓓ → Ⓐ → Gift Shop

エ English Garden → Ⓑ → Ⓔ → Ⓐ → Gift Shop

② ア He will call the restaurant near the coffee shop.
　イ He will call the restaurant near the Japanese Garden.
　ウ He will visit the gift shop near the Information Desk.
　エ He will visit the English Garden near the coffee shop.

3 〔インタビューを聞いて，英語で書いたメモを完成させる問題〕

・John believes (1)(　　　　) is important. ・The team had a meeting every (2)(　　　　). ・Ken broke his (3)(　　　) and couldn't play. ・Ken's (4)(　　　) supported the team. ・All the members of the team are needed.

2 次の1，2の問いに答えなさい。

1 次の英文中の (1) から (6) に入れるものとして，下の(1)から(6)のア，イ，ウ，エのうち，それぞれ最も適切なものはどれか。

My dream [(1)] to work at a zoo because I like animals. I think pandas are the [(2)] of all animals in the world. We can [(3)] them at Ueno Zoo in Japan, but in China, there are many pandas. Someday I want to go there to [(4)] time with them and learn about pandas. However, I have never [(5)] to China. So I will study Chinese [(6)] this summer vacation.

(1) ア am　イ is　ウ are　エ were
(2) ア cute　イ as cute as　ウ cuter than　エ cutest
(3) ア see　イ saw　ウ seen　エ seeing
(4) ア leave　イ save　ウ spend　エ watch
(5) ア be　イ to be　ウ been　エ being
(6) ア during　イ while　ウ since　エ between

2 次の(1)から(3)の（ ）内の語句を意味が通るように並べかえて，(1)と(2)はア，イ，ウ，エ，(3)はア，イ，ウ，エ，オの記号を用いて答えなさい。ただし，文頭にくる語も小文字で示してある。

(1) (ア writing　イ was　ウ a letter　エ my sister) in English.
(2) Ms. Brown (ア her students　イ go　ウ told　エ to) to the gym.
(3) (ア of　イ who　ウ care　エ will　オ take) the dog?

3 次の英文は，綾子（Ayako）とペルー（Peru）からの留学生カミラ（Kamila）が，民族音楽のコンサートに行った帰りにした，カホン（*cajon*）についての対話の一部である。これを読んで，1，2，3，4の問いに答えなさい。

Ayako: I enjoyed today's concert, Kamila. I especially loved the sound of the guitars.

Kamila: Did you? I loved (1)<u>it</u> too.

Ayako: Kamila, I have a question. One player sat on a box. He hit it with his hands and fingers, and sometimes (　A　) it. Do you know what the box is?

Kamila: Oh, it is a popular instrument in Peru. It is called *cajon*. *Cajon* means "box" in Spanish.

Ayako: He was sitting on it, so I thought it was a (　B　) at first.

Kamila: *Cajon* is a kind of *percussion instrument, and we sit on it when we play it. There is a large *hole in the back of *cajon*, and the sound comes from it.

Ayako: Really? I couldn't see the hole. Is it a new instrument?

Kamila: No, it isn't. *Cajon* has a history. In the old days, *slaves in Peru loved music, but they *were not allowed to have any instruments. [　　　　　　] In this way, *cajon* was born.

Ayako: I see. Is it easy to play it?

Kamila: Yes, it is. We can make sounds with our hands, fingers and *heels.

Ayako: That's nice! By the way, why do you know about *cajon* well?

Kamila: My grandmother told me this. Now I think it is very important to know about our own history and culture. I want to travel around the world and tell many people about my country in the future.

Ayako: Wow, you have (2)<u>a wonderful dream</u>! Kamila, I want more people around the world to know about Japan. I should learn more about my country.

〔注〕 *percussion instrument＝打楽器　*hole＝穴　*slave＝奴隷(どれい)
*be not allowed to ～＝～することが許されない　*heel＝かかと

1　下線部(1)は何を指すか。具体的に日本語で書きなさい。

2　本文中の（A），（B）に入る語の組み合わせとして，最も適切なものはどれか。

ア　A：kicked－B：drum
イ　A：pulled－B：drum
ウ　A：kicked－B：chair
エ　A：pulled－B：chair

3　本文中の [　　] に入る以下の三つの文を，意味が通るように並べかえて，記号を用いて答えなさい。

ア　They started to use them for their music.
イ　Then they found boxes made of wood.
ウ　So they looked for something to play.

4　下線部(2)の指す内容は何か。具体的に日本語で書きなさい。

4 次の１，２の問いに答えなさい。

1 英語の授業で，海外からの観光客に，自分の町を紹介する英文を作ることになった。下の［　］は，そのために作成した日本語のメモである。［　］内の(1)，(2)に適切な英語を入れなさい。

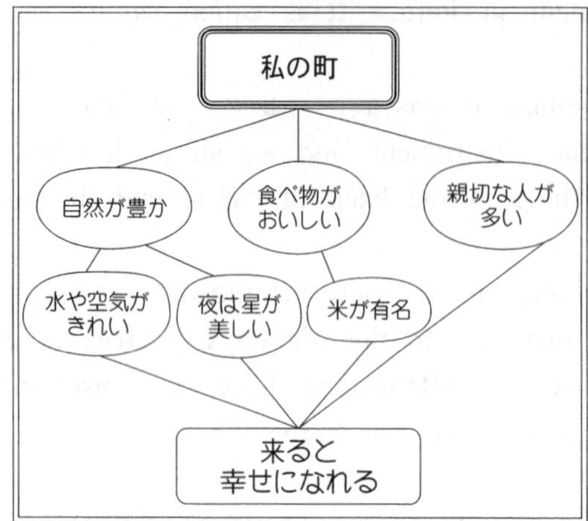

My Town

I really like my town. It has some good points. First, my town is rich in nature. Here, ＿＿＿(1)＿＿＿. Also, the stars are beautiful at night. Second, the food is delicious. My town is famous for its rice. Third, ＿＿＿(2)＿＿＿. I'm sure you will be happy if you come to my town.

2 次の絵と英文は，ジェーン（Jane）と華（Hana）が会話をしている様子を表したものである。下の(1)，(2)の問いに答えなさい。

Jane: I am so hungry. It's around noon. ［ ① ］
Hana: Yes, let's. I'm hungry too.

~ ***10 minutes later*** ~

Hana: I brought rice balls today.
Jane: Wow! They look delicious. I made some sandwiches. ［ ② ］
Hana: Yes. Thank you! Then I will give you one of my rice balls.
Jane: Oh, thank you. By the way, we usually have *school lunch. Which do you like better, *box lunch or school lunch?

〔注〕 *school lunch＝給食　　*box lunch＝弁当

(1) 絵を参考に，二人の会話が成り立つよう，［ ① ］，［ ② ］に適切な英文を入れなさい。

(2) 下線部の質問に対してあなたが答えるとき，その答えと理由を，つながりのある**5文程度**の英語で書きなさい。

5　絵美 (Emi) と姉の友子 (Tomoko) についての次の英文を読んで，1，2，3，4の問いに答えなさい。

My name is Emi. I'm a third-year student in junior high school. My sister, Tomoko, is a high school student. She is very smart, and she is also good at sports. She can do everything better than me. She is perfect. So, I didn't like her until my last *marathon race.

I didn't like the marathon race at my junior high school, because I was always the last runner. One day, I said to my mother and Tomoko, "I won't go to the marathon race this year." My mother said, "Why? This is the last year. You should go." I answered, "I think I will be last again." Then Tomoko said, "Well..., I have (1)an idea. I think we can run every morning, Emi. You still have two weeks before the marathon race." I said, "Run every morning for two weeks with you? I don't want to do that." "Do you want to be last again, Emi? I'll run with you. You'll be all right." "Are you sure? OK. I'll try," I answered.

From the next morning, we started to run. I couldn't run so fast, but Tomoko always ran with me and talked about a lot of things: her school life, her friends and our *childhood memories. Little by little, I began to enjoy running with Tomoko. One day, Tomoko said to me, "When we went to the zoo with our parents about ten years ago, we *got lost. Do you remember that? I was so tired that I stopped walking, and then you looked at me and pulled my hand." "Did I?" I asked. "Yes, you did. You walked with me and we could find our parents. I was so happy."

Finally, the day of the marathon race came. At the *starting line, I wanted to run away. Then I found Tomoko. She said, "Emi, you have practiced every morning, so [　　　] the last runner. You can do it!" I *breathed deeply.

"Ready, go!" I ran and ran..., but the other students were faster than me. I didn't see any runners behind me. I was so tired and almost gave up. Suddenly, in front of me, a student fell on the ground. I thought, "I won't be the last runner!" Then I remembered the childhood memory. I stopped, *reached out my hand and pulled the student's hand. I ran with her and we reached the *goal together.

When I came home, I said to Tomoko, "I was the last runner again. I'm sorry." "Oh, don't say that. I'm proud of you. Everyone gave you a big hand. They were moved by your kind action. I think the true winner in life is the person who can care about others. (2)For me, you are the winner." "Am I? Then, you are also the winner, Tomoko. You got up early and ran with me every morning. You always care about me!" Tomoko and I *hugged each other.

〔注〕 *marathon race＝長距離走大会　　*childhood memory＝子どもの頃の思い出

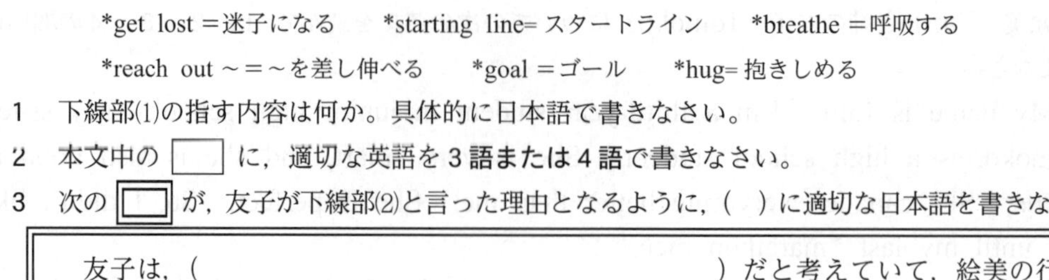

*get lost＝迷子になる　*starting line= スタートライン　*breathe＝呼吸する

*reach out ～＝～を差し伸べる　*goal＝ゴール　*hug= 抱きしめる

1　下線部⑴の指す内容は何か。具体的に日本語で書きなさい。

2　本文中の □ に，適切な英語を３語または４語で書きなさい。

3　次の □ が，友子が下線部⑵と言った理由となるように，（　）に適切な日本語を書きなさい。

友子は，（　　　　　　　　　　　　　　　　　　　　）だと考えていて，絵美の行動がそれにふさわしいと思ったから。

4　本文の内容と一致するものはどれか。二つ選びなさい。

ア　Emi didn't like Tomoko before the marathon race because Tomoko was perfect.

イ　Tomoko gave up running with Emi because Emi couldn't run fast.

ウ　Emi couldn't find Tomoko before the marathon race started.

エ　Emi stopped running to help the student in the marathon race.

オ　Tomoko was happy because Emi got the first prize in the marathon race.

カ　Tomoko said that getting up early was important to win the marathon race.

6　クモ（spider）についての次の英文を読んで，１，２，３，４の問いに答えなさい。

Do you like spiders? Most of you will answer, "No." You may be scared when a spider appears suddenly. You may think spiders are dangerous and want to get away from them. But wait a minute! Spiders are 〔　　　〕 *creatures.

You know spiders make *webs. The webs are made of *spider silk and can catch many things. Have you ever seen webs covered with *water drops? Yes, spider silk can catch water in the air. Scientists have studied the great power of spider silk. They thought it would be a solution to water problems. In some parts of the world, people don't get enough water. If they make something like spider silk, it will help people living in such places.

Spider silk is very *thin, so we think it is weak. 〔ア〕 However, it is so strong, light and *elastic that we want to use it for clothes. But collecting a lot of spider silk is difficult. 〔イ〕 So, scientists have found ways to make *artificial spider silk. 〔ウ〕 The clothes have become stronger and lighter. 〔エ〕 In addition, the artificial spider silk is good for the earth and our future. We must use oil to make other artificial *fibers, but we don't have to depend on oil to make artificial spider silk. If we use it, we can save oil. Like this, from spiders, we can learn some ways to live in the future.

You have found that spiders have 〔　　　〕 powers. Now, can I ask the same question again? Do you like spiders?

〔注〕 *creature＝生き物　*web＝クモの巣　*spider silk＝クモの糸　*water drop＝水滴

*thin＝細い　*elastic＝伸縮性がある　*artificial＝人工の　*fiber＝繊維

1　本文中の〔　〕に共通して入る語を選びなさい。

ア joyful　　イ amazing　　ウ careful　　エ boring

2　下線部の，科学者たちが考えた解決策とはどのようなことか。次の［　］内の①，②に適切な日本語を書きなさい。

> （　①　）ことのできるクモの糸が持つ力を使って，（　②　）人々を助けること。

3　本文中の［ア］から［エ］のいずれかに次の１文が入る。最も適切な位置はどれか。

> By using this, some companies are making wonderful clothes.

4　本文の内容と一致するものはどれか。

ア We think spiders always appear in dangerous places.

イ Spider silk can get water and make oil from the earth.

ウ We should buy the clothes made by spiders to save the earth.

エ Spiders may give us several ideas to live in the future.

＜理科＞

時間　45分　　満点　100点

1　次の1から8までの問いに答えなさい。

1　次のうち，最も直径が大きな惑星はどれか。

ア　火星　　　イ　水星　　　ウ　木星　　　エ　金星

2　次の物質のうち，単体はどれか。

ア　水　　　イ　窒素　　　ウ　二酸化炭素　　　エ　アンモニア

3　次のうち，多細胞生物はどれか。

ア　ミジンコ　　　イ　ミカヅキモ　　　ウ　アメーバ　　　エ　ゾウリムシ

4　放射線について，正しいことを述べている文はどれか。

ア　直接，目で見える。　　　イ　ウランなどの種類がある。

ウ　自然界には存在しない。　　エ　物質を通り抜けるものがある。

5　物質が熱や光を出しながら激しく酸化されることを何というか。

6　血液中の血しょうの一部が毛細血管からしみ出したもので，細胞のまわりを満たしている液体を何というか。

7　東の空からのぼった天体が，天の子午線を通過するときの高度を何というか。

8　1Nの大きさの力で引くと2㎝伸びるばねがある。このばねを2.4Nの大きさの力で引くと何㎝伸びるか。

2　生物は，水や土などの環境や他の生物とのかかわり合いの中で生活している。図1は，自然界における生物どうしのつながりを模式的に表したものであり，矢印は有機物の流れを示し，A，B，C，D，には，生産者，分解者，消費者（草食動物），消費者（肉食動物）のいずれかが当てはまる。また，図2は，ある草地で観察された生物どうしの食べる・食べられるの関係を表したものであり，矢印の向きは，食べられる生物から食べる生物に向いている。

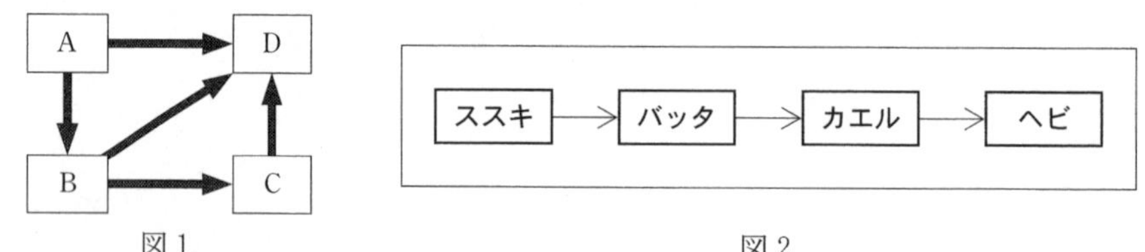

図1　　　　　　図2

このことについて，次の1，2，3の問いに答えなさい。

1　下線部について，ある地域に生活するすべての生物と，それらの生物をとりまく水や土などの環境とを，一つのまとまりとしてとらえたものを何というか。

2　図1において，Dに当てはまるものはどれか。

ア　生産者　　イ　分解者　　ウ　消費者（草食動物）　　エ　消費者（肉食動物）

3　ある草地では，生息する生物が図2の生物のみで，生物の数量のつり合いが保たれていた。この草地に，外来種が持ち込まれた結果，各生物の数量は変化し，ススキ，カエル，ヘビでは最初に減少が，バッタでは最初に増加がみられた。この外来種が**ススキ**，**バッタ**，**カエル**，**へ**

ビのいずれかを食べたことがこれらの変化の原因であるとすると，外来種が食べた生物はどれか。ただし，この草地には外来種を食べる生物は存在せず，生物の出入りはないものとする。

3　水とエタノールの混合物の分離について調べるために，次の実験⑴，⑵，⑶を順に行った。

⑴　図１のような装置を組み立て，枝付きフラスコに水30cm³とエタノール10cm³の混合物と，数粒の沸騰石（ふっとう）を入れ，ガスバーナーを用いて弱火で加熱した。

⑵　枝付きフラスコ内の温度を１分ごとに測定しなから，出てくる気体を冷やし，液体にして試験管に集めた。その際，加熱を開始してから３分ごとに試験管を交換し，順に試験管A，B，C，D，Eとした。図２は，このときの温度変化のようすを示したものである。

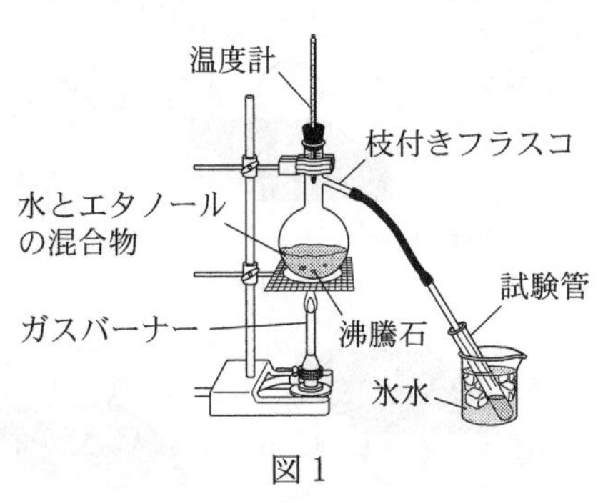

図１

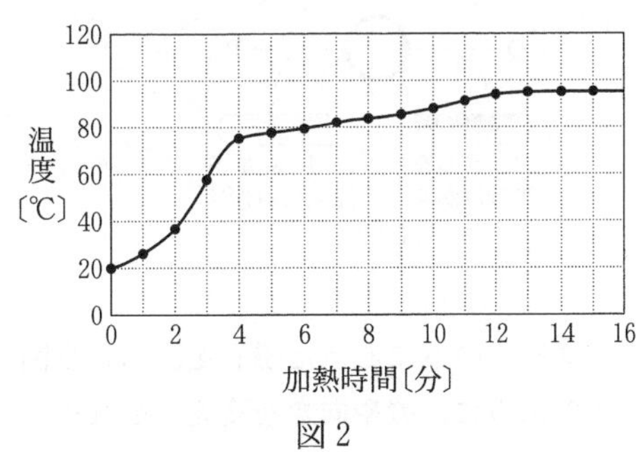

図２

⑶　実験⑵で各試験管に集めた液体をそれぞれ別の蒸発皿に移し，青色の塩化コバルト紙をつけると，いずれも赤色に変化した。さらに，蒸発皿に移した液体にマッチの火を近づけて，そのときのようすを観察した。右の表は，その結果をまとめたものである。

	液体に火を近づけたときのようす
試験管A	火がついた。
試験管B	火がついて，しばらく燃えた。
試験管C	火がついたが，すぐに消えた。
試験管D	火がつかなかった。
試験管E	火がつかなかった。

このことについて，次の１，２，３の問いに答えなさい。

1　実験⑴において，沸騰石を入れる理由を簡潔に書きなさい。

2　実駒⑵において，沸騰が始まったのは，加熱を開始してから何分後か。最も適切なものを選びなさい。

ア　２分後　　**イ**　４分後　　**ウ**　８分後　　**エ**　12分後

3　実験⑵，⑶において，試験管B，Dに集めた液体の成分について，正しいことを述べている文はどれか。最も適切なものを次のうちからそれぞれ選びなさい。

ア　純粋なエタノールである。

イ　純粋な水である。

ウ　大部分がエタノールで，少量の水が含まれている。

エ　大部分が水で，少量のエタノールか含まれている。

4 モーターについて調べるために，次の実験⑴，⑵，⑶を順に行った。

⑴ 図１のように，エナメル線を巻いてコイルをつくり，両端部分はまっすぐ伸ばして，P側のエナメルは完全に，Q側のエナメルは半分だけをはがした。このコイルをクリップでつくった軸受けにのせて，なめらかに回転することを確認してから，コイルの下にN極を上にして磁石を置きモーターを製作した。これを図２のような回路につないで電流を流した。回路のAB間には，電流の向きを調べるためLED（発光ダイオード）を接続して，この部分を電流がAからBの向きに流れるときに赤色が，BからAの向きに流れるときに青色が点灯するようにした。また，コイルが回転するようすを調べたところ，10回転するのにちょうど４秒かかっていた。

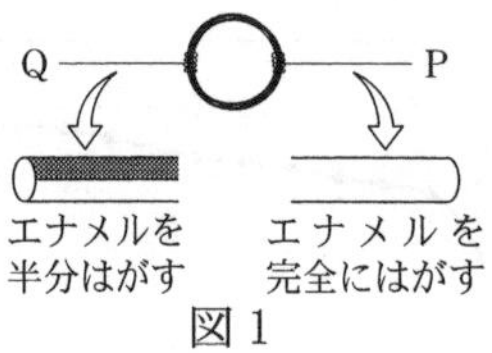

図１

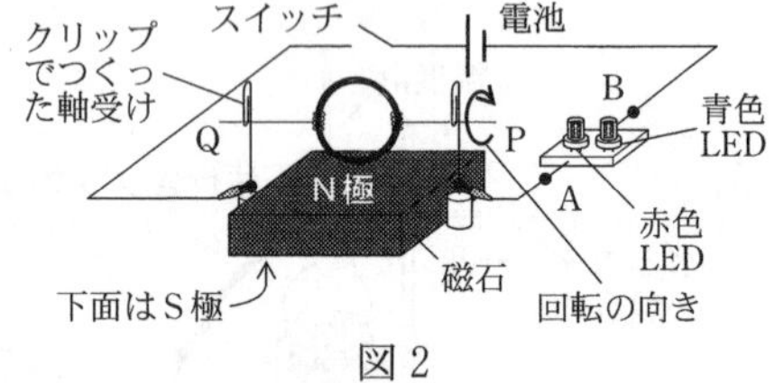

図２

⑵ コイルの下にあった磁石を，図３や図４のように位置や向きを変え，それぞれの場合についてコイルが回転する向きを調べた。

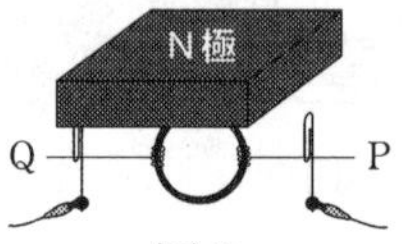

N極
Q
P
図３

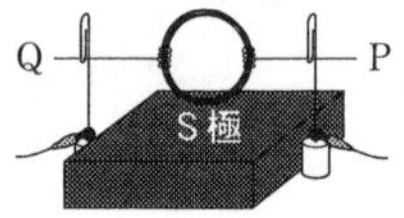

Q
P
S極
図４

⑶ コイルのQ側に半分残していたエナメルを全部はがしてからコイルを固定した。図５のようにコイルのすぐ近くで棒磁石を回転させ，そのときコイルを流れる電流のようすをオシロスコープで調べた。図６は，このときのコイルと棒磁石の位置関係を模式的に表したものである。

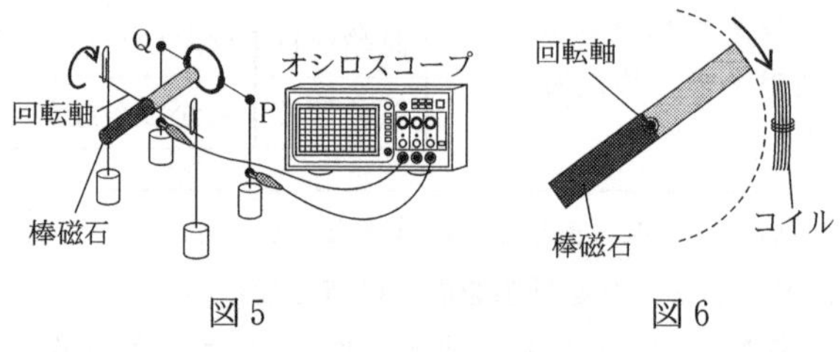

図５　　図６

このことについて，次の１，２，３，４の問いに答えなさい。

1　実験⑴において，二つのLEDのようすを説明する文として，最も適切なものはどれか。

ア　赤色のみ点滅し，青色は点灯しない。

イ　赤色は点灯せず，青色のみ点滅する。

ウ　赤色と青色が同時に点滅する。

エ　赤色と青色が交互に点滅する。

2　実験⑴において，１分間あたりのコイルの回転数を求めよ。

3　実験⑵で，図３や図４のように磁石を置いたとき，コイルが回転する向きは，実験⑴のときに対してそれぞれどうなるか。「同じ」または「逆」のどちらかの語で答えなさい。

4　実験(3)において，図６のように棒磁石がコイルの近くをくり返し通り過ぎていく。オシロスコープで観察される波形のようすを示す模式図として，最も適切なものはどれか。

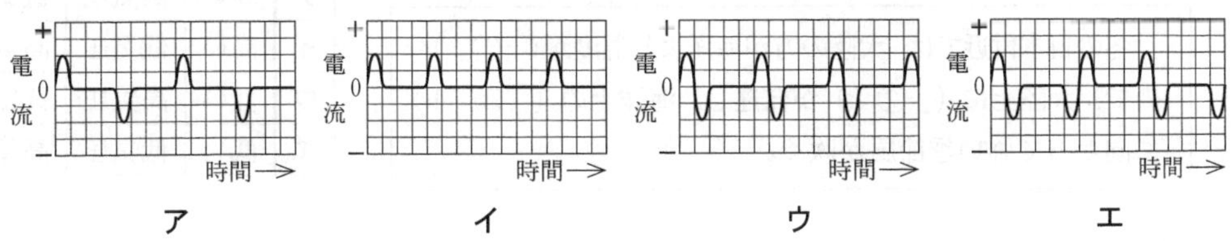

5　日本付近の気圧配置は，夏と冬では大きく異なる。その理由について調べるために，次の実験(1)，(2)，(3)を順に行った。

(1)　図１のように，透明なふたのある容器の中央に線香を立てた仕切りを入れ，その一方に砂を，他方に水を入れた。このときの砂と水の温度を温度計で測定すると，どちらも30℃であった。

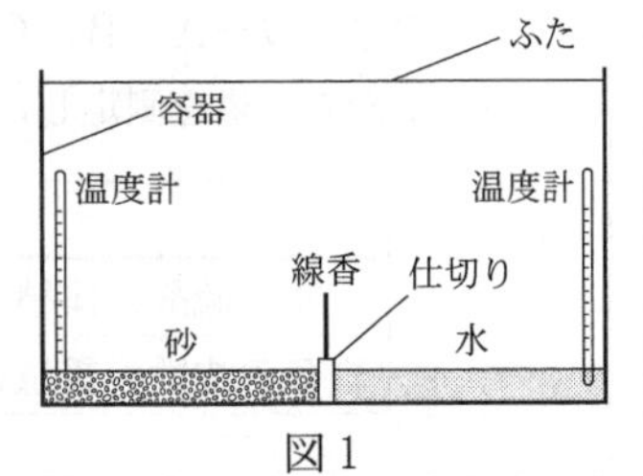

図１

(2)　容際全体をよく日の当たる屋外に10分ほど置き，線香に火をつけたところ，線香の煙によって空気の流れが観察できた。このときの砂の温度は41℃，水の温度は33℃であった。この後，線香を外してから，さらに30分ほど容器を同じ場所に置いた。

(3)　容器全体を日の当たらない室内に移動してしばらくしてから，線香を立てて火をつけたところ。線香の煙の硫れる向きが実験(2)と逆になった。

このことについて，次の１，２，３，４の問いに答えなさい。

1　図２のような気圧配置が現れる時期の，栃木県の典型的な天気の説明として，最も適切なものはどれか。

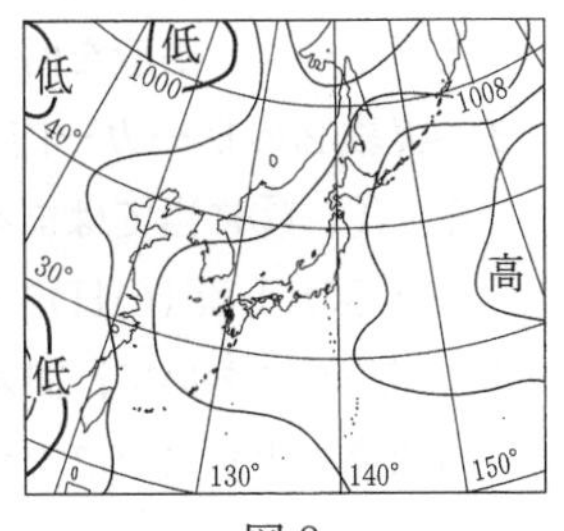

図２

ア　暖かい大気と冷たい大気の境界となり，雨の多い天気が続く。

イ　乾燥した晴れの天気が続く。

ウ　移動性高気圧によって天気が周期的に変化する。

エ　暖かく湿った風が吹き，晴れて蒸し暑い。

2　実験(2)で線香を外した後の，容器内の空気の流れを示した模式図として，最も適切なものはどれか。

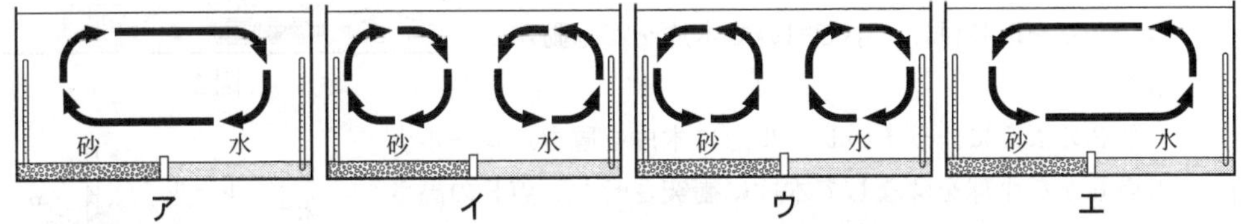

ア　　イ　　ウ　　エ

3　実験(2)，(3)のような結果になったのは，砂と水のある性質の違いによる。その性質の違いを「水の方が砂に比べて」という書き出しで，簡潔に書きなさい。

4　次のページの □ 内の文章は，冬の日本付近の気圧配置や気象について述べたものである。①，②，③に当てはまる語の正しい組み合わせはどれか。

> 冬の日本付近では，大陸の方が海洋より温度が（ ① ）ので，大陸上に（ ② ）が発達し，海洋上の（ ③ ）に向かって強い季節風が吹く。

	①	②	③
ア	高い	高気圧	低気圧
イ	高い	低気圧	高気圧
ウ	低い	高気圧	低気圧
エ	低い	低気圧	高気圧

6 酸とアルカリの反応について調べるために，次の実験(1)，(2)を行った。

(1) 5個のビーカーA，B，C，D，Eを用意し，それぞれに水酸化バリウム水溶液をメスシリンダーで50cm³ずつはかって入れた。

(2) (1)のビーカーA，B，C，D，Eにうすい硫酸をそれぞれ体積を変えて加え，生じた白色の沈殿（ちんでん）の質量を測定した。下の表は，その結果をまとめたものである。

	A	B	C	D	E
うすい硫酸の体積〔cm³〕	2.0	4.0	6.0	8.0	10.0
白色の沈殿の質量〔g〕	0.4	0.8	0.9	0.9	0.9

このことについて，次の1，2，3，4の問いに答えなさい。

1　酸とアルカリを混ぜたときに起こる，互いの性質を打ち消し合う反応を何というか。

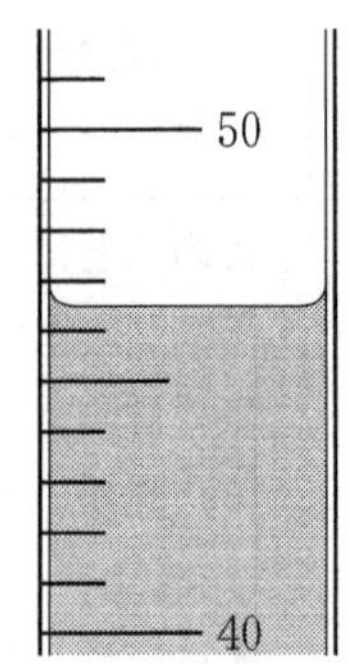

2　実験(1)において，メスシリンダーで水酸化バリウム水溶液をはかろうとしたところ，右の図のようになった。50cm³にするためには，さらに水酸化バリウム水溶液を何cm³加えればよいか。

3　実験(2)のビーカー内で起こる変化は，化学反応式で次のように表される。①，②に当てはまる物質の化学式をそれぞれ書きなさい。

$H_2SO_4 + Ba(OH)_2 \longrightarrow$ （ ① ）＋2（ ② ）

4　実験(2)において，加えたうすい硫酸の体積と生じた白色の沈殿の質量との関係を表すグラフをかきなさい。

7 物体がもつエネルギーについて調べるために，次の実験(1)，(2)，(3)，(4)を順に行った。

(1) 図1のように，水平な床に木片を置き，糸とばねばかりを取り付け，手で引いて木片を20cm動かした。

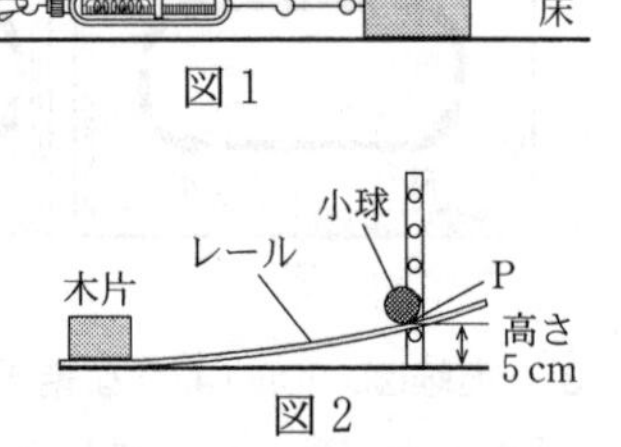

図1

(2) 図2のように，うすいレール上に木片を置き，レール上の点Pから小球をはなして木片に衝突させた。点Pの高さを5cmにして，質量50gの小球A，100gの小球B，150gの小球Cを衝突させたときの木片の移動距離をそれぞれ測定した。このとき，小球や木片はレールから外れなかった。

図2

(3)　点Pの高さを10cm，15cm，20cm，25cmに変え，それぞれ実験(2)と同様の測定を行った。図3は，その結果から，点Pの高さと木片の移動距離との関係をグラフに表したものである。

(4)　木片を取り除き，図4のようにレールの端点Qを少し高くした。点Pの高さを25cmにして，そこから小球Aを静かにはなしたところ，レール上を動いて点Qから飛び出し，最高点Rを通過した。

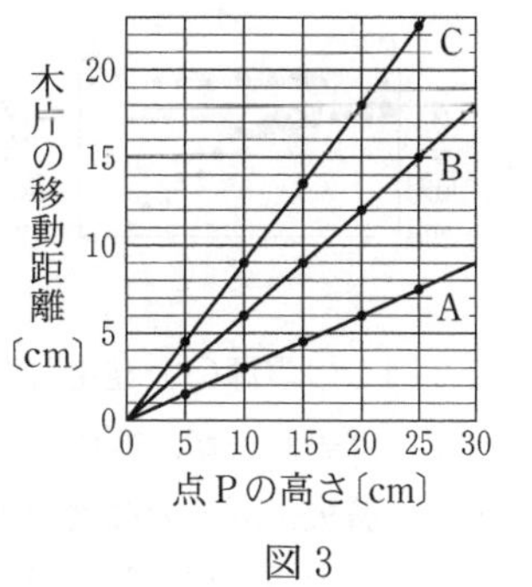

図3

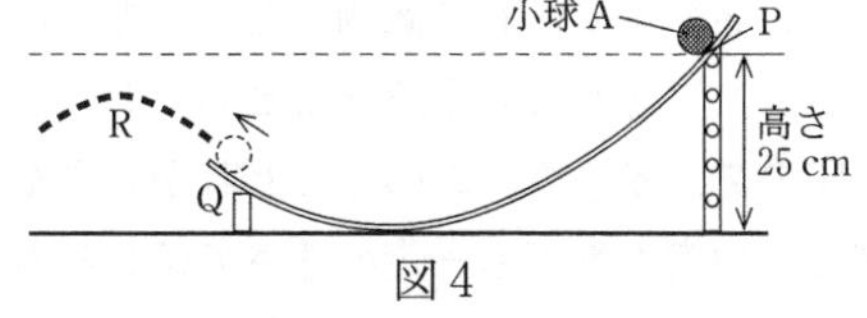

図4

このことについて，次の1，2，3の問いに答えなさい。

1　実験(1)で木片を引く間，ばねばかりは常に2Nを示していた。木片が受けた仕事は何Jか。

2　点Pの高さを20cmにして，質量75gの小球を点Pからはなし，実験(2)と同様の測定をするとき，木片の移動距離として最も適切なものは次のうちどれか。

ア　3cm　　イ　9cm　　ウ　15cm　　エ　21cm

3　小球がもつ力学的エネルギーは保存されるが，点Qから飛び出した後，到達する最高点Rの高さは点Pよりも低くなる。その理由として，最も適切なものは次のうちどれか。ただし，摩擦(まさつ)や空気の抵抗は考えないものとする。

ア　小球は，点Rで運動エネルギーをもつから。

イ　小球は，点Rで位置エネルギーをもつから。

ウ　小球は，点Rでは運動エネルギーをもたないから。

エ　小球は，点Rでは位置エネルギーをもたないから。

8　図1は，ある年の1か月間に日本付近で発生した地震のうち，マグニチュードが2以上のものの震源の位置を地図上に示したものである。震源の深さによって印の濃さと形を変え，マグニチュードが大きいものほど印を大きくして表している。

このことについて，次の1，2，3の問いに答えなさい。

1　図1の領域F－Gにおける断面での震源の分布のようすを「•」印で模式的に表したものとして，最も適切なものはどれか。

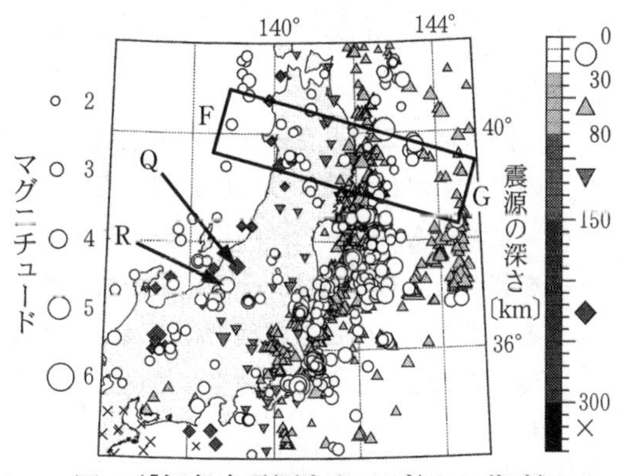

図1（「気象庁震源カタログ」より作成）

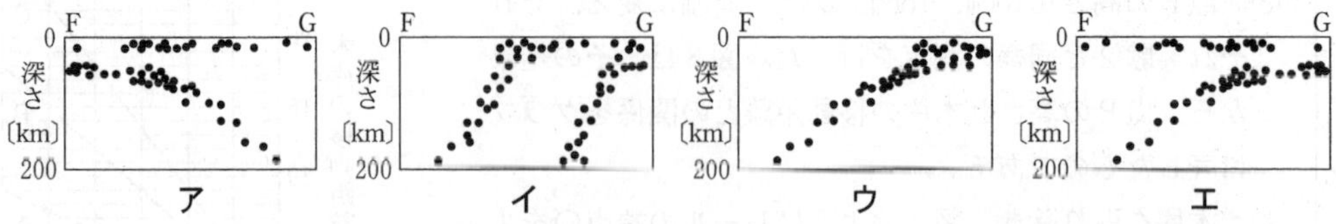

2　図1の震源Qで発生した地震と，震源Rで発生した地震とは，震央が近く，マグニチュードはほぼ等しいが，観測された地震のゆれは大きく異なった。どちらの震源で発生した地震の方が，震央付近での震度が大きかったと考えられるか，理由を含めて簡潔に書きなさい。

3　ある地震が発生し，図2の「•」印のA，B，C名地点でゆれを観測した。下の表は，各地点に地震の波が到達した時刻と，そこから推定された震源からの距離をまとめたものである。この地震の震央として最も適切なものは「×」印のア，イ，ウ，エのうちどれか。また，その震源の深さは何kmか。ただし，地震の波は直進し，地表も地下も一定の速さで伝わるものとする。

図2（方眼の1目盛りは10 km）

	P波到達時刻	S波到達時刻	震源からの距離
A	5時20分47.7秒	5時20分52.5秒	50 km
B	5時20分46.2秒	5時20分50.0秒	40 km
C	5時20分53.7秒	5時21分02.3秒	89 km

9　植物のはたらきについて調べるために，次の実験(1)から(5)を順に行った。

(1)　青色のBTB溶液にストローで息を吹き込んで緑色のBTB溶液をつくり，4本の試験管に入れ，試験管A，B，C，Dとした。

(2)　試験管A，Bは，空気が入らないように注意しながらそのままゴム栓（せん）をした。

(3)　試験管C，Dには，同じ長さのオオカナダモを入れ，空気が入らないように注意しながらゴム栓をした。

(4)　試験管B，Dを，アルミニウムはくで完全におおった。

　図1は，このときの4本の試験管について，その中のようすがわかるように模式的に表したものである。

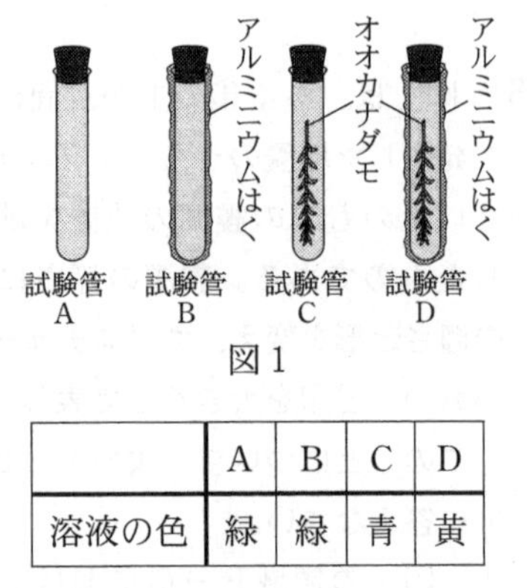

図1

(5)　試験管A，B，C，Dに十分に光を当て，溶液の色を調べた。右の表は，その結果をまとめたものである。また，このとき試験管Cでは，オオカナダモの葉から気泡がさかんに発生していることが観察された。

	A	B	C	D
溶液の色	緑	緑	青	黄

このことについて，次の1，2，3，4の問いに答えなさい。

1　試験管A，Bを用意したのは，試験管C，Dで見られた溶液の色の変化が，次のどれによることを確かめるためか。

ア　オオカナダモ　　イ　吹き込んだ息　　ウ　BTB溶液　　エ　光

2　次の □ 内の文章は，実験(5)について，試験管Cで起きたことについて述べたものである。①，②，③に当てはまる語をそれぞれ（　）の中から選んで書きなさい。

> 気泡に多く含まれている気体は①(　酸素・二酸化炭素　) である。また，溶液中の②(　酸素・二酸化炭素　) が③(　減少・増加　) したため，溶液が青色になった。

3　次のうち，実験(1)から(5)によってわかることはどれか。

ア　呼吸には酸素が必要なこと　　イ　光合成には二酸化炭素が必要なこと

ウ　光合成には光が必要なこと　　エ　明るいところでは呼吸をしていないこと

4　図2は，地球全体における大気中の二酸化炭素濃度の変化を表しており，図3は，2010年における世界の森林分布を示している。これらを参考にして，4月から8月にかけて二酸化炭素濃度が減少している理由を簡潔に書きなさい。

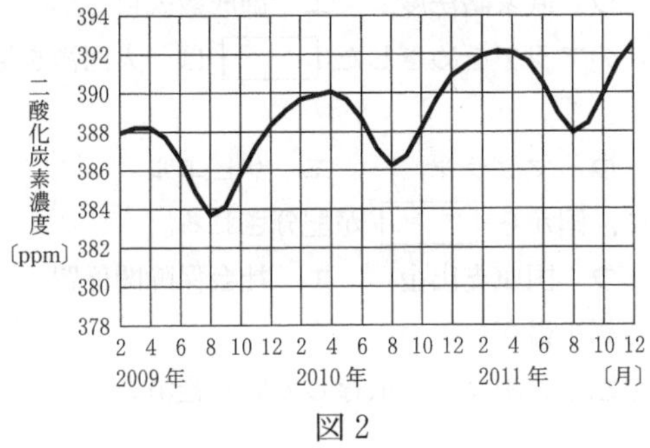

図2

(「温室効果ガス世界資料センターWebサイト」により作成)

赤道

■…森林の多い地域

図3

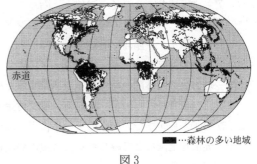

(「国際連合食糧農業機関Webサイト」により作成)

＜社会＞

時間 45分 満点 100点

【注意】「□に当てはまる語を書きなさい」などの問いについての答えは，一般に数字やカタカナなどで書くもののほかは，できるだけ漢字で書きなさい。

1 次の１，２の問いに答えなさい。

1 次の⑴から⑷までの文中の□に当てはまるのはどれか。

⑴ スペイン語を話す，メキシコやカリブ海諸国からアメリカ合衆国への移民は，□とよばれている。

ア マオリ　イ イヌイット　ウ アボリジニ　エ ヒスパニック

⑵ 優れた人材を役人に登用するため，聖徳太子は□という制度を設けた。

ア 大宝律令　イ 冠位十二階　ウ 武家諸法度　エ 御成敗式目

⑶ 1492年，スペインの援助を受け，インドなどのアジアをめざした□は，大西洋を横断し，西インド諸島に到達した。

ア コロンブス　イ バスコ・ダ・ガマ　ウ マゼラン　エ ザビエル

⑷ 地方公共団体間の財政格差を調整するために，国から□が配分される。

ア 国債費　イ 地方交付税交付金　ウ 国庫支出金　エ 社会保障関係費

2 次の⑴から⑷までの文中の□に当てはまる語を書きなさい。

⑴ 発展途上国などでみられる，特定の農産物や鉱産資源などに依存している経済を，□経済という。

⑵ 東北地方の太平洋側では，□とよばれる冷たい北東風の影響を強く受けると，稲が十分に育たず収穫量が減ってしまうことがある。

⑶ 室町幕府の３代将軍である□は，南北朝を統一し長年続いた内乱を終わらせた。

⑷ 最高裁判所は，法律などが憲法に違反していないかどうかを，最終的に決定できる権限をもつことから，「□」とよばれている。

2 あすかさんの旅行記の一部を読み，次の１から５までの問いに答えなさい。

> 成田からインドのデリーへ向かう飛行機の窓から，ⓐ世界で最も高い山がある山脈が見えた。デリーでは，インドで最も多くの人々が信仰している［ I ］教の文化にふれた。
> デリーの後に，ⓑタイのバンコクとインドネシアのジャカルタを訪れた。両都市ともⓒ経済発展が進む国の首都であり，活気にあふれていた。
> 最後に中国を訪れた。ⓓコワンチョウ（広州）では白かゆなど，ペキン（北京）ではマントウ（蒸しパンの一種）など，伝統的な料理を楽しんだ。

1 次のページの図１は，あすかさんが乗った飛行機の，成田からデリーへの飛行経路を示している。図１のア，イ，ウ，エのうち，下線部ⓐの山脈に最も近い位置にあるのはどれか。

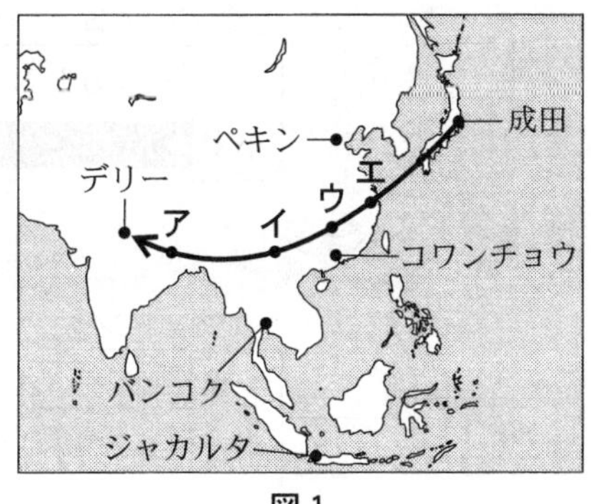

図1

2　旅行記中の［ I ］に当てはまる語を書きなさい。

3　下線部ⓑに関して，バンコクとジャカルタは同じ気候帯に属する。両都市が属する気候帯に関して，正しく述べているのはどれか。

ア　1年を通して雨が降り，長い冬が続く。寒さに強いじゃがいもなどが栽培されている。

イ　雨が少なく，草木がほとんど育たない。農業は難しく，羊などの遊牧が行われている。

ウ　雨が多く，1年を通して気温が高い。農園で，バナナなどが大規模に栽培されている。

エ　冬に雨が多く降り，夏はほとんど降らない。乾燥に強いぶどうなどが栽培されている。

4　下線部ⓒに関して，**図2**は日本，インド，タイ，インドネシア，中国の主な輸出品，乗用車保有台数，GDPに関する統計をまとめたものである。タイに当てはまるのは，**図2**の**ア**，**イ**，**ウ**，**エ**のどれか。

	主な輸出品(上位3品目)の輸出額に占める割合(%)(2014年)	乗用車保有台数(万台)(2016年)	1人あたりのGDP(ドル)(2015年)
日本	機械類(35.2)，自動車(20.6)，精密機械(6.2)	6,140	34,522
ア	機械類(41.4)，衣類(8.0)，繊維と織物(4.8)	16,560	8,109
イ	石油製品(19.2)，ダイヤモンド(7.6)，機械類(7.4)	3,436	1,614
ウ	石炭(10.6)，パーム油(9.9)，機械類(9.0)	1,348	3,346
エ	機械類(30.5)，自動車(11.3)，石油製品(4.3)	829	5,815

図2（「地理統計要覧」ほかにより作成）

5　下線部ⓓに関して，あすかさんは，ホーペイ（河北）省とコワントン（広東）省の米と小麦の生産量（2016年）を**図3**にまとめ，**図4**の雨温図を作成した。

図3から読み取れる，ホーペイ省とコワントン省の米と小麦の生産の特徴について簡潔に書きなさい。また，**図4**から読み取れる，コワンチョウの気候の特徴を，ペキンと比較して簡潔に書きなさい。

（**図3**，**図4**は次のページにあります。）

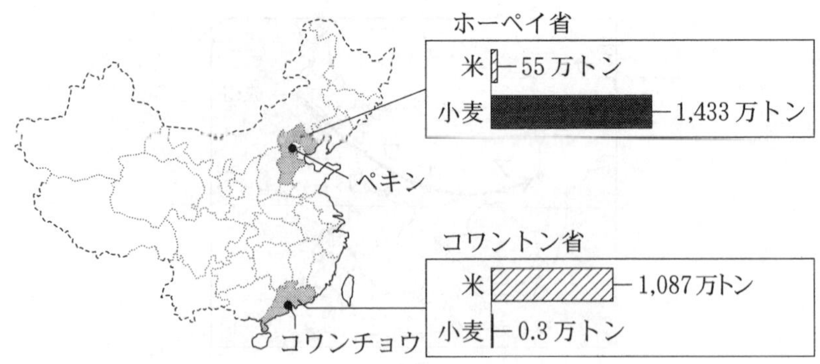

図3（「データブック　オブ・ザ・ワールド」により作成）

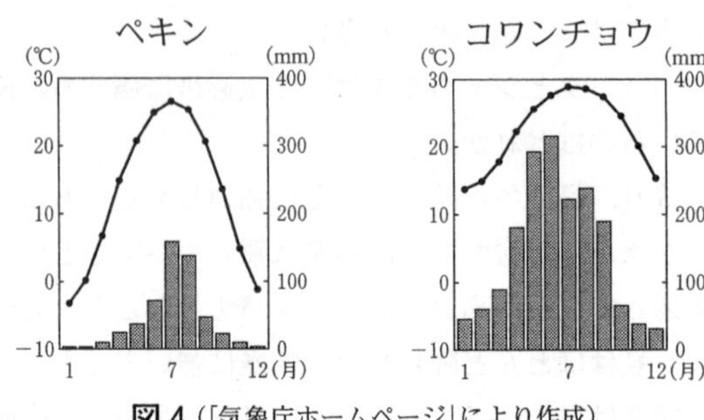

図4（「気象庁ホームページ」により作成）

3 九州地方に関して，次の1から5までの問いに答えなさい。

1 次の文中の I に共通して当てはまる語を書きなさい。

> 九州南部には I とよばれる土壌が分布している。 I 台地は水もちが悪いため，稲作に適さず。畜産が盛んに行われている。

2 **図1**は，あるカルデラの立体地図である。この立体地図にみられるくぼ地には，市街地が広がっている。**図1**の地形がみられる場所は，**図2**の**ア**，**イ**，**ウ**，**エ**のどれか。

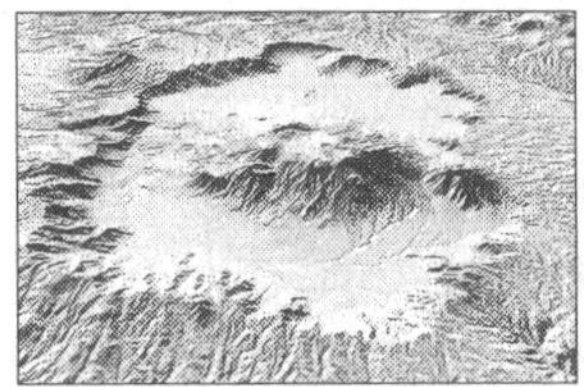

図1（「地理院地図」により作成）

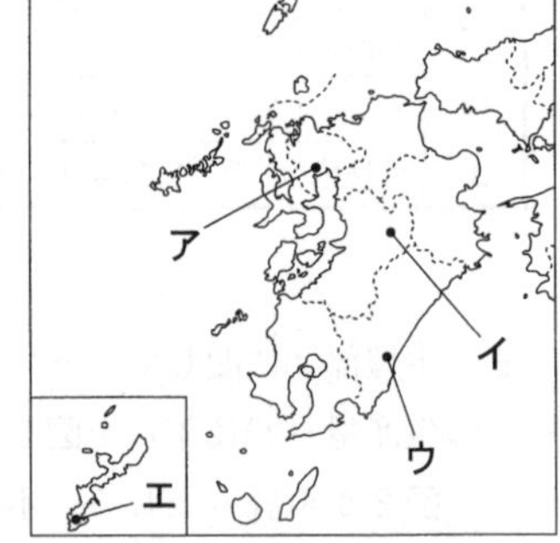

図2

3 **図3**は，東北，関東，中国，九州各地方の水力，地熱，風力，太陽光による発電量（2015年度）をまとめたものである。地熱による発電量は，**図3**の**ア**，**イ**，**ウ**，**エ**のどれか。

	東北地方	関東地方	中国地方	九州地方
ア	1,819	400	377	659
イ	666	1,339	691	1,628
ウ	1,083	11	0	1,358
エ	15,896	14,069	4,141	7,478

単位：百万 kWh

図3（「日本国勢図会」により作成）

4　図4は，青森県，東京都，愛知県，沖縄県について，労働力人口に占める農林業，製造業，宿泊・飲食サービス業の割合（2015年）を示したものである。沖縄県は図4のア，イ，ウ，エのどれか。

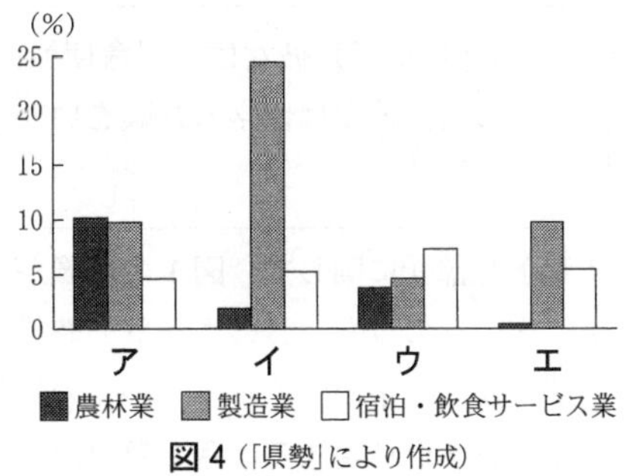

図4（「県勢」により作成）

5　図5は，東京都中央卸売市場におけるきゅうりの取扱量と平均価格（2016年）を示している。また，図6は，きゅうりの生育に適した気温と，きゅうりの主産地である宮崎市，福島市の平均気温を示している。

宮崎県が，平均価格の高い時期に，福島県よりも，きゅうりを多く出荷できる理由について，図6から読み取れることにふれ，「ビニールハウス」，「暖房費」の二つの語を用いて簡潔に書きなさい。

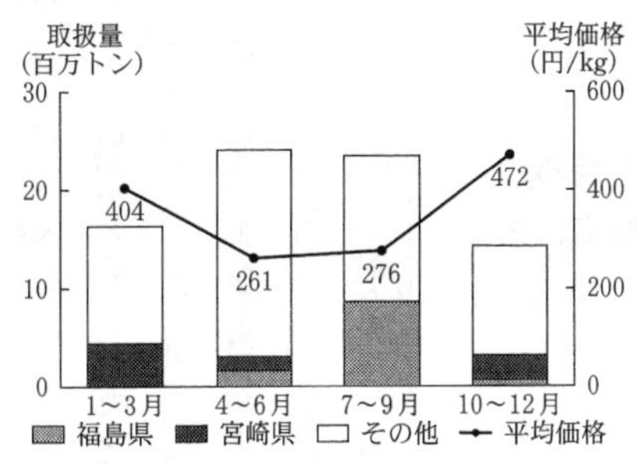

図5（「東京都中央卸売市場ホームページ」により作成）

○きゅうりの生育に適した気温　18～25℃

○宮崎市と福島市の平均気温（℃）

	1～3月	4～6月	7～9月	10～12月
宮崎市	9.3	19.7	26.3	14.4
福島市	3.0	16.1	23.4	9.5

図6（「気象庁ホームページ」ほかにより作成）

4　次のAからEのカードは，古代から近代までの5人の女性についてまとめたものである。これらを読み，次の1から7までの問いに答えなさい。

A　【光明皇后】彼女は，民衆に伝染病が広がっていたため，病人に薬を与え治療する施設を都に設けた。また，ⓐ天皇である夫も，寺院を建て，仏教の力によって，国の安定をめざした。

B　【和宮】彼女は，孝明天皇の妹であり，公武合体策により将軍の家茂と結婚した。夫である家茂が亡くなった後，慶喜が将軍となった。

C　【出雲の阿国】彼女は，豊臣秀吉が活躍した頃に，出雲大社の巫女として諸国を巡ったとされている。彼女が始めた［　I　］は，現代でも多くの人に親しまれている伝統文化の原型となった。

D　【建礼門院徳子】彼女は，武士として初めて太政大臣となった平清盛の娘である。彼女は，高倉天皇と結婚した。生まれた子がのちに安徳天皇となり，ⓑ平氏はさらに勢力を拡大した。

E 【津田梅子】彼女は，岩倉使節団に加わり，政府が派遣した最初の女子留学生の一人となった。彼女は留学の経験をいかし，ⓒ日本の女子教育と英語教育の発展のために尽力した。

1 下線部ⓐに関して，図1の仏像がある寺院を何というか。

2 次の文のうち，Bのカードの時代と同じ時代区分のものはどれか。

ア かな文字がつくられ，多くの優れた文学作品が生み出された。

イ 大名が結婚する場合，幕府の許可が必要であった。

ウ 女性にも口分田が与えられ租を負担したが，兵役は課されなかった。

エ 女性にも幕府によって相続権が認められ，地頭や御家人になる者もみられた。

図1

3 Cのカードの [I] に当てはまる語はどれか。

ア 浄瑠璃　イ 狂言

ウ 能　エ かぶき踊り

4 Dのカードの平清盛と，図2の藤原道長が栄華を誇ることができた理由を，Dのカードと図2をふまえ，簡潔に書きなさい。

5 下線部ⓑについて，平氏が滅んだ戦いはどれか。

ア 壇ノ浦の戦い　イ 関ヶ原の戦い

ウ 白村江の戦い　エ 桶狭間の戦い

6 下線部ⓒについて，明治時代を通して，女子の就学率は徐々に上昇し，1907（明治40）年には，100%近くに達した。女子教育が普及した背景として，明治時代に**当てはまらない**のはどれか。

今日は女御藤原威子が皇后となった日である。威子は、藤原道長の三女で、一つの家から三人の皇后がでるのはいまだかつてないことである。…道長は、「この世の中は自分の世のように思われる。まるで満月が少しも欠けていないように思われることだ」とよんだ。…

「小右記」（一部を要約し、現代語訳したもの）

図2

ア 日清戦争から日露戦争にかけて，軽工業や重工業が発展し，国民生活が向上したこと。

イ 全国各地に小学校がつくられるとともに，大学など高等教育機関の制度も整ったこと。

ウ 憲法にもとづく政治を守る護憲運動がおこり，政党内閣が成立したこと。

エ 学制が公布され，教育を受けさせることが国民の義務となったこと。

7 AからEのカードを，年代の古い順に並べなさい。ただしEを最後とする。

5 略年表を見て，次の1から5までの問いに答えなさい。

年	日本と夏季オリンピックの関わり
1912	第5回大会に日本が初めて参加…………A
1920	第7回大会で日本がメダルを初めて獲得
1938	第12回東京大会(1940)開催権を返上……B
1964	第18回東京大会の開催……………………↕ⓒ
2013	第32回東京大会(2020)の開催が決定……

年	日本をめぐる国際情勢
1914	第一次世界大戦に参戦……………………↕ⓐ
1931	満州事変がおこる…………………………
1945	ポツダム宣言の受諾……………………↕ⓑ
1978	日中平和友好条約の締結………………
1992	国連平和維持活動(PKO)協力法が成立

1　Aのできごとと同じ年に建国された，アジア最初の共和国を何というか。

2　ⓐの時期における，日本の生活や文化の様子を表したのはどれか。

ア　「ぜいたくは敵だ」などのスローガンのもと，米の配給制も始まり，戦時色が強まった。
イ　テレビが普及し，プロ野球中継が多くの国民の娯楽として人気を集めた。
ウ　太陽暦が採用され，都市では西洋風のレンガ造りの建物もみられるようになった。
エ　文化の大衆化が進むにつれ，新聞や雑誌が多く発行され，ラジオ放送も始まった。

3　Bのできごとに関して，次の文中の□に当てはまるのはどれか。

> 1936年に，日本はオリンピックの開催権を得たが，その後，□ため，開催権を返上した。

ア　朝鮮戦争が始まった　　イ　日中戦争がおこった
ウ　シベリア出兵が行われた　　エ　日英同盟が解消された

4　ⓑの時期におきたできごとを，年代の古い順に並べなさい。

ア　サンフランシスコ平和条約の締結　　イ　日本国憲法の公布
ウ　沖縄の返還　　エ　国際連合への加盟

5　ⓒの時期について，**図1**は，モスクワ大会とロサンゼルス大会における，参加辞退国を示し，**図2**は，アトランタ大会から，独立国として初参加した国を示したものである。

図1の国々が参加を辞退した背景と，**図2**の国々が初めて参加できるようになった背景をそれぞれ簡潔に書きなさい。なお，いずれも「ソ連」の語を用いること。

〔主な参加辞退国〕
・モスクワ大会(1980年)：アメリカ，西ドイツ，日本
・ロサンゼルス大会(1984年)：ソ連，東ドイツ

図1(「JOCホームページ」ほかにより作成)

〔主な初参加国〕
・アトランタ大会(1996年)：ウクライナ，ベラルーシ，カザフスタン

図2(「JOCホームページ」ほかにより作成)

6　次の1，2の問いに答えなさい。

1　次の(1)から(4)までの問いに答えなさい。

(1)　株式会社が利潤を上げた場合，所有する株式数に応じ，株主に支払うお金を何というか。

(2)　次の文中の［Ⅰ］，［Ⅱ］に当てはまる語の組み合わせとして正しいのはどれか。

> 消費税は税負担者と納税者が［Ⅰ］税金であり，その税率は所得に［Ⅱ］。

ア　Ⅰ－同じ　Ⅱ－関係なく同じである　　イ　Ⅰ－同じ　Ⅱ－応じて異なる
ウ　Ⅰ－異なる　Ⅱ－関係なく同じである　　エ　Ⅰ－異なる　Ⅱ－応じて異なる

(3)　仕事と家庭生活などとの調和を図り，働き方や生き方の充実をめざす考えはどれか。

ア　インフォームド・コンセント　　イ　バリアフリー
ウ　メディアリテラシー　　エ　ワーク・ライフ・バランス

(4)　ODAについて，正しく述べているのはどれか。

ア　発展途上国に対して，資金の提供に加え，農業技術や教育などの援助を行っている。
イ　貿易の自由化を促進するため，関税をなくすなど，経済関係の強化をめざしている。
ウ　地球温暖化を防ぐため，先進国に対して温室効果ガスの削減を義務付けている。

エ　各国の貴重な自然や文化を世界遺産として登録し，保護する活動をしている。

2　中学生のゆりさんと姉のあやさんの会話文を読み，(1)から(6)までの問いに答えなさい。

ゆり「ⓐ国連総会で演説したマララさんについて学び，教育の大切さを改めて考えたよ。」
あや「そうだね。16歳で，堂々と意見を主張していたね。ゆりも18歳になったらⓑ選挙権を持てるから，自分の意見をきちんと言えるといいね。」
ゆり「それに，国会で Ⅰ が改正され，成年年齢も18歳になったよね。自分の意思でほとんどのⓒ契約が結べるし，有効期間10年のⓓパスポートも取得できるよ。」
あや「でも，ⓔ裁判員は重大な判断を求められるので，選ばれる年齢は20歳からなのよ。」
ゆり「自分でできることが増える分，責任が伴うから，しっかりしないとね。」

(1)　会話文中の Ⅰ に当てはまる語はどれか。

ア　条例　　イ　憲法　　ウ　法律　　エ　政令

(2)　下線部ⓐに関して，次の文中の Ⅱ に当てはまる語を書きなさい。

第二次世界大戦の後，人権の尊重は世界共通の基礎であるとして，1948年12月10日に， Ⅱ が採択された。1966年には，法的拘束力をもつ規約が採択された。

(3)　下線部ⓑに関して，都道府県知事の選出方法として，正しく述べているのはどれか。

ア　被選挙権は25歳以上で，地方議員の中から議会で指名される。
イ　被選挙権は30歳以上で，地方議員の中から議会で指名される。
ウ　被選挙権は25歳以上で，住民の直接選挙で選ばれる。
エ　被選挙権は30歳以上で，住民の直接選挙で選ばれる。

(4)　下線部ⓒに関して，特定の販売方法において，一定期間内であれば契約を取り消すことができる制度を何というか。

(5)　下線部ⓓに関して，氏名や国籍などの個人の私生活に関する情報を，他人に知られたり，勝手に利用されたりしないために，主張されている新しい人権を何というか。

(6)　下線部ⓔに関して，図は，裁判員に選ばれた人の，選ばれる前の気持ちと裁判に参加した後の感想を示している。裁判員制度の導入のねらいについて，図から読み取れることにふれ，「国民の理解」の語を用い，簡潔に書きなさい。

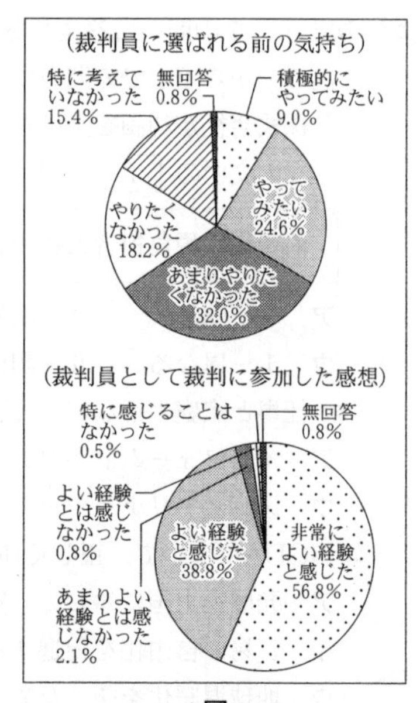

図

(「最高裁判所ホームページ」により作成)

7　まさとさんは，社会科のまとめとしての課題研究に，「A市の魅力をいかしたまちづくり」を取り上げ，A市の課題を「観光の充実」ととらえ，その方法を提案することにした。図1から図5は，その課題研究の発表時に使うスライドの一部である。次の1から4までの問いに答えなさい。

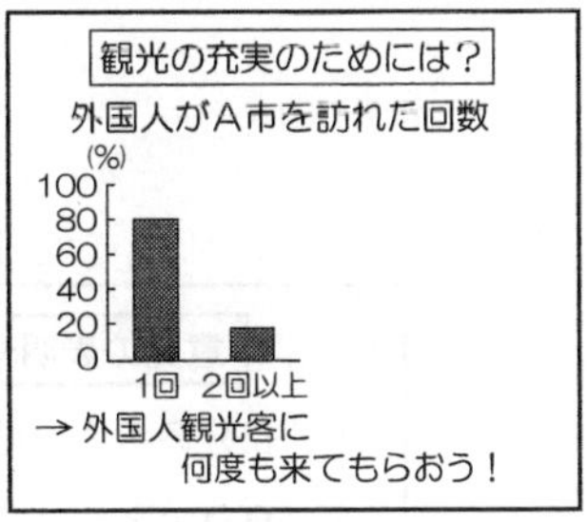

観光の充実のためには？
外国人がA市を訪れた回数
(%)
100
80
60
40
20
0
1回　2回以上
→外国人観光客に
何度も来てもらおう！

図1

A市の魅力を発信して
外国人観光客をもっと呼びこもう！
・甘いⓐぶどう・桃の栽培
・日本最大級のⓑ医学博物館
・歴史ある町なみと城郭
・節分や七夕などのⓒ年中行事

図2

外国人観光客に聞いた
A市観光で困ったことは？
最も多かった意見
・観光マップが分かりにくい
→この問題点を解決しよう！

図3

1　図2の下線部ⓐを説明するために，まさとさんか作成した次の文中の□に当てはまる語は何か。

> A市には，川が山地から平野に流れ出るときに堆積した土砂でできる□という果樹栽培に適した地形が広がっています。

2　図2の下線部ⓑの展示は，古代，中世，近世，近代の時代区分から構成されている。次のⅠ，Ⅱの展示内容と時代区分の組み合わせとして正しいのはどれか。

Ⅰ－『解体新書』～杉田玄白，解剖書の翻訳にかけた情熱～

Ⅱ－海を越えて日本へ～鑑真，仏教とともに薬を伝える～

ア　Ⅰ－近世　Ⅱ－古代
イ　Ⅰ－近代　Ⅱ－古代
ウ　Ⅰ－近世　Ⅱ－中世
エ　Ⅰ－近代　Ⅱ－中世

3　図2の下線部ⓒに関して，田植えの時期と最も関わりの深いのはどれか。

ア　成人式　　イ　端午の節句　　ウ　盆おどり　　エ　七五三

4　まさとさんは，図3の問題点を解決するための一つとして，図4の観光マップを改善し，図5のように提案した。改善した点を説明するために作成した。次の文中の X ， Y に当てはまる文をそれぞれ簡潔に書きなさい。

> 一つ目は，外国人観光客が読めるように， X しました。二つ目は，外国人観光客だけでなく，多くの人々にも分かりやすいように， Y しました。

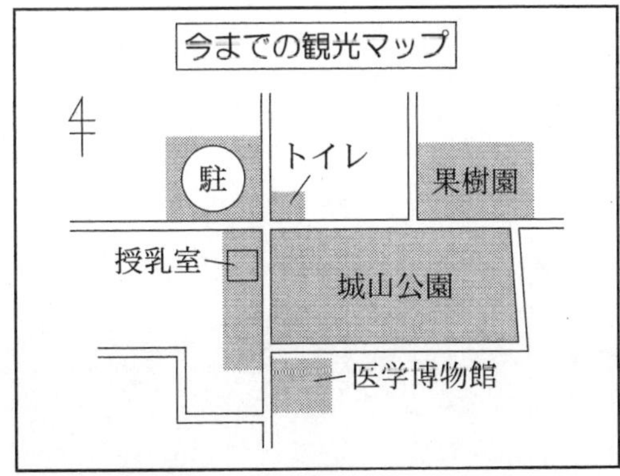

図4

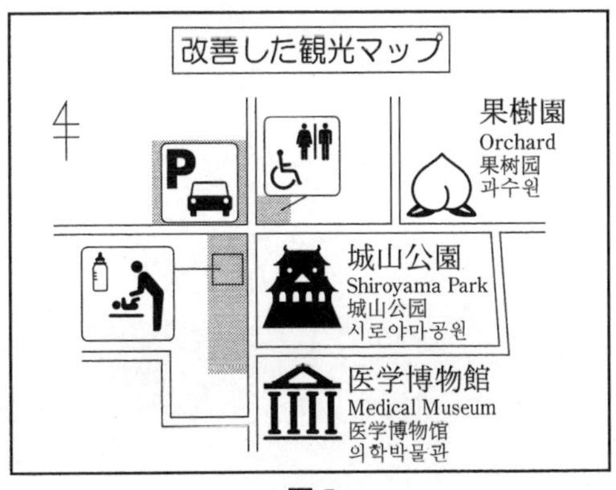

図5

・自分の体験を踏まえて書くこと。
・国語解答用紙(2)に二百四十字以上三百字以内で書くこと。

意見の表明や議論などについてどのような意識を持っているか。

Ⅰ　自分の考えや意見を積極的に表現する方だ

Ⅱ　自分の考えや意見を表現することには消極的な方だ

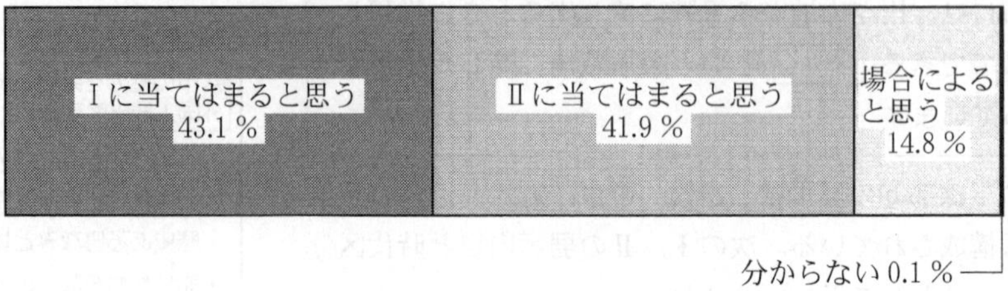

Ⅰに当てはまると思う	Ⅱに当てはまると思う	場合によると思う	分からない
43.1％	41.9％	14.8％	0.1％

（文化庁　平成28年度「国語に関する世論調査」により作成）

ウ　家にいるはずのひさしが目の前にいて気が動転している。
エ　楽しみの時間を邪魔されたことに気付き悔しがっている。

2　「短いような、長いような時間が過ぎた。」という一文は、大きく場面が転換する位置に入る。この一文が入る最も適切な位置は、本文中の［ア］～［エ］のうちどれか。

3　(2)自分が脱いだコートをまた頭から被らせて、からだに巻きつけてやった　とあるが、ここには母親のどのような思いが表れているか。

ア　ひさしには暖かくして縁側に坐ったまま待っていてほしい。
イ　ひさしには得体のしれないものから遠ざかっていてほしい。
ウ　ひさしには裸足(はだし)で歩く自分の痛々しい姿を見てほしくない。
エ　ひさしには二度と大声で自分のことを呼んでほしくない。

4　(3)毎朝こうしていた　とあるが、ひさしは母親がどうしていたことを知ったのか。二十字以内で書きなさい。

5　次の図は、ひさしの変化についてまとめたものである。［　］に当てはまる最も適切な箇所を本文中から三十字で抜き出し、初めと終わりの五字を書きなさい。

> ◎ひさしの変化が読み取れる主な箇所
> ・悪いような気がしてきて、途中でやめた。
> ・妬ましさとさびしさは、ひさしにはちょっと類のないものであった。
> ・［　　　　　　　　］
> ↓
> ［ひさしの成長］

6　この文章の表現上の特徴として最も適切なものはどれか。

ア　母親とひさしそれぞれの視点から場面を描くことで、父親への思いを対比的に表現している。
イ　母親の行動を丁寧に描写することで、母親のひさしや犬に対する思いを間接的に表現している。
ウ　過去の場面にのみ会話文を使用することで、かつての母親とひさしの心の交流を表現している。
エ　隠喩表現を効果的に用いることで、母親とひさしに対する父親の心情を象徴的に表現している。

5　Aさん、Bさん、Cさん、Dさんの四人が次のページのグラフを見ながら、会話をしている。四人の会話とグラフを参考にして、「自分の意見を伝える」ということについてあなたの考えを書きなさい。

> Aさん　「自分の意見を相手に伝えるのは難しいよね。」
> Bさん　「うん、そうだね。グラフを見てみると、積極的に意見を伝える人と消極的な人は同じくらいの割合だね。私は自分の意見を積極的に言う方だな。普段から、相手に伝わる表現を使うようにしているんだ。」
> Cさん　「私は自分の意見を伝えることには消極的な方かな。だから相手との人間関係を意識して、相手にどうしたら伝わりやすいか気を付けているよ。」
> Dさん　「グラフをよく見ると、『場合によると思う』という人もいるね。」
> Aさん　「どのように自分の意見を伝えるかは人それぞれの考えがあるんだね。」

《注意》
・自分の考えとその理由を明確にして書くこと。

［ア］

ひさしはその時になって、この頃母親が肉も魚も食べなくなっていたのは、(注2)願かけのためだったということも初めて知らされた。これはお母さんがすればよいので、ひさしが真似をするのはよくないとも母親は言った。

畑を通り抜けた所に、その地蔵堂はあった。民家が寄り合っている場所なので、気をつけていないと素通りしかねない入口である。ひさしには、境内に入ってからの広さが意外であった。

［イ］

母親は、お堂の縁側にひさしを坐らせると、今度は(2)自分が脱いだコートをまた頭から被らせて、からだに巻きつけてやった。

「達磨さんになって、待っておいで。」

そう言い置いてひさしの前を離れた。馴れた足どりで境内の一隅に行くと、草履を脱いだ。白い足袋をとってその上に置いた。

何が祀ってあるのかはひさしには分らないのだが、かなり大きな石像の前に跪いて一礼した母親は、それから何ごとかを唱えながら、決まっているらしい石の道を一と廻りした。一礼するとまた唱えごとをしては一と廻りする。

［ウ］

ひさしは初めのうち、一回、二回と数えていたが、そうして待つのは母親に対しても、また、母親が願いごとをしている何かに対しても悪いような気がしてきて、途中でやめた。母親の唱える声は、気のせいかしだいに強くなり、石の上を廻る速度も少しずつ早くなっていくように見える。ひさしは、母親の足の裏から、血が出ていはしないかと心配であった。

自分の起きる前に、母親は(3)毎朝こうしていたのだと思うと、自分には分らないところで生きている時間の母親は他家の人のような気もするのであるが、いちばん気味悪いのは、母親をそうさせてしまう何かで、その何だか知れないものに、母親が逆らうことも出来ずに連れ出されて行く妬ましさとさびしさは、ひさしにはちょっと類のないものであった。

［エ］

明け方の世界にひとり見放されたかという、来る時の心細さは、帰り道ではほとんどなくなっていた。しかし、家の者がまだ寝ているうちに家を抜け出して、他家の人のようになってお百度参りをする母親を目にしたひさしは、もう、それを知らないうちのひさしに戻るわけにはいかなかった。これはひさし自身にも、どうにもならないことであった。

行きには誰とも会わなかった道で、帰りには、荷馬車と擦れ違った。自転車の人に追い抜かれ、(注3)大八車を引く頬被りの人にも会った。鍬を担いだ農夫は、擦れ違う時、お早うございますと言ってひさし達に頭を下げた。ひさし達も、お早うございますと言って頭を下げた。

（竹西寛子「虚無僧」から）

(注1)　頬被り＝頬を隠すように頭から手ぬぐいや布などをかぶること。

(注2)　願かけ＝自分の願いの実現を神仏に頼むこと。特定の物を食べない断食（断ち物）やお百度参りなど、祈願のためには様々な方法がある。

(注3)　大八車＝荷物を運ぶ大きな二輪車。

1　「(1)どうしたの！」と言ったときの母親の様子として最も適切なものはどれか。

ア　涙を流し自分を呼ぶひさしの声を聞き悲しみ嘆いている。

イ　ついて来ないという約束を破ったひさしに困惑している。

エ　自然環境を破壊しながら、生産者として生きること。

2　⑵この生命の大きな輪の中の一端を担っている　とはどういうことか。そのことについて説明した次の文の［　］に当てはまるように、二十字以内で書きなさい。

人間もまた［　　　　］させ、死ぬと自然に戻るという循環の一部であるということ。

3　本文中の［A］、［B］に入る語の組み合わせはどれか。

ア　A　自　然　　B　人　工
イ　A　意　識　　B　無意識
ウ　A　動　物　　B　植　物
エ　A　非言語　　B　言　語

4　⑶人間同士の関係性の希薄化　について、次の(I)、(II)の問いに答えなさい。

(I)　人間同士の関係は、かつてどのようにして築かれたと筆者は考えているか。四十字以内で書きなさい。

(II)　人間同士の関係性が希薄化したきっかけを筆者はどのように考えているか。最も適切なものを選びなさい。

ア　各都市で貨幣を統一し都市住民の行動範囲を狭めたこと。
イ　インターネットの普及でコミュニティが弱体化したこと。
ウ　経済の発展により人々の生活が便利で豊かになったこと。
エ　自然の脅威が及ぶことのない都市で生活をし始めたこと。

5　段落の関係について説明したものとして最も適切なものはどれか。

ア　③段落は、①、②段落で提起した問題に対する筆者の見解を述べ、それ以降の論点を提示している。
イ　④段落は、②、③段落で提起した新たな問題に対して、筆者独自の視点から解決策を提示している。
ウ　⑥段落は、④、⑤段落の抽象的な内容を具体的に言い換えたうえで、補足的説明を付け加えている。
エ　⑦段落は、⑤、⑥段落で示された内容を一般化したうえで、新たな視点から別の問題を提起している。

4　次の文章を読んで、1から6までの問いに答えなさい。

（早朝、人目を避けて家から出かけていく母親に気付き、ひさしはひそかにその後をつけた。しかし、ついて行くのに精一杯で母親を見失ってしまいそうになる。）

明け方の世界にひとり見放されて、何もかも滅茶滅茶になってゆきそうなのがたまらなくなり、自分でもおぼえず母親を呼んだ時には、心にもあらず涙声になっていた。

「⑴どうしたの！」

という母親の声は、やさしくは響かなかった。むしろ叱りつけられたようにひさしには感じられた。

母親のおどろきがあまりにも強くて、叱りつける声ででもなければ鎮まらない程のものだということを理解するには、ひさしはまだ幼な過ぎた。しかし、子供が、寒い朝、しかも学校へ行く前にこんな所まで出て来てはいけないと畑の中で白い息を吐き続ける母親に、ひさしは少しも靡かなかった。

ひさしの態度に母親は諦めたのか、自分のショールをとって、ひさしに（注1）頰被りさせると、ひさしの肩を抱えるようにして歩き出した。それから、行き先はお地蔵様のお堂で、それは父親の病気が一日も早く癒るように、もう何日も前から続けているお百度参りのためであることなどを、順々に話して聞かせた。

3 次の文章を読んで、1から5までの問いに答えなさい。①～⑨は形式段落の番号である。

① 海や土と関わりながら生産者が生きる場がふるさとであり田舎だとすれば、海や土との関わりを絶って生きる消費者はふるさと難民であり、その場は程度の差こそあれ都会的だといえる。

② (1)生命のふるさとから離れて生きることの問題はどこにあるか。

③ それは「生命体としての自分」を自覚できなくなることにあるのではないだろうか。だからこそふるさと難民である都市住民は、リアリティ（生きる実感）と関係性（つながり）を(注1)渇望している。生きる実感とは、噛み砕いていえば、自分が生きものであるということを自覚、感覚できるということ。生命のふるさとである海と土から自らを切り離してしまった都市住民が生きる実感を失っていくのも、当然のことではないだろうか。

④ 生命のふるさととは、言い換えれば自然だ。自然は生きている。その自然の生命を自分に取り入れることで、私たちは生命を持続させる。私たちも死ねば最後は土や海に戻り、微生物に食べられる。

⑤ (2)この生命の大きな輪の中の一端を担っているという無意識の感覚が、生きる実感なのだと思う。自然には意識はない。だから、動物や昆虫、植物にも意識がない。人間も言葉がなかった非言語の時代には、無意識の領域が大きく、「自分は自然で、自然は自分」という感覚を無意識に持っていただろう。ところが、人間が言語を獲得してから、[A]の世界が[B]の世界を(注2)凌駕していった。その意識の世界一色になった現代でも、自然と共に生きる農家や漁師には無意識の領域が残っている。だから、彼らには「生きる実感」があっても自覚はないし、言葉にならない。

⑥ その一方で、「自然」という無意識から完全に離れて「人工」という意識の世界にだけ生きている私たちは、生きる実感がない。ゆえに、自然という無意識の世界に触れ、自分の無意識の領域の扉が少し開き、生物としての自分を自覚すると「ない」ものが埋まるので、「ある」と意識でき、「生きる実感を感じた」という言葉になる。

⑦ もうひとつ、(3)人間同士の関係性の希薄化も、人々がふるさとから離れてしまったことに大きく関係しているように思う。

⑧ かつて人間は、剥き出しの自然に日常生活をさらして生きていた。自然災害だけでなく、獣などの動物から身を守る必要もあった。ひとりでは到底生きていくことなどできなかったのだ。だからこそ人々は群れをつくり、コミュニティを形成し、互いの役割を果たし合いながら力を合わせて生きていた。そこには他者のために自分が必要とされているというわかりやすい依存関係が存在した。

⑨ ところが自然の脅威から守られた都市という要塞に暮らすようになると、この共依存関係が崩れ、コミュニティは弱体化することになる。貨幣経済に組み込まれることで、問題解決は「相互扶助」ではなく、サービスの購入や税金という対価を支払った末の行政サービスという形に変わる。さらにインターネットの普及でますますコミュニティの存在意義は薄れ、解体へと向かっていく。

（高橋博之「都市と地方をかきまぜる『食べる通信』の奇跡」から）

(注1) 渇望＝心から強く望むこと。
(注2) 凌駕＝他のものを超えること。

1 (1)生命のふるさとから離れて生きること とあるが、その説明として最も適切なものはどれか。

ア 食事に地元の食材を取り入れず、暮らしていくこと。
イ 田舎から遠い距離にある、都会で生活していくこと。
ウ 自然と関わりを持たず、消費者として生活すること。

2 次の文章を読んで、1から5までの問いに答えなさい。

(注1)異朝に負局といふ仙人ありき。この仙人は希代の術どもほどこして、人の喜ぶことを、もっぱらに好めり。あるとき、天下の人民、疾病にをかされて、あるひは死し、あるひは苦しむこと、おしなべて見えたり。医工をほどこすといへども、しるしをえず。ただたのむかたは、(1)天道に心を入れて、おのおの祈誓申すばかりなり。かく万民の嘆き悲しびけるを、負局こそ、深くあはれに思ひ、深谷へ(注2)ゆいて、岩のはざまにしたたる水を、(注3)八功徳水なればとて、(2)心のままに湧きいだしけり。その水の色は、いかにも鮮やかにして白し。この功徳水をくみて、瓢箪に入れ、(注4)杖にかけて、国々をめぐりて、疾病にをかさるる人をみては、その者のもちける鏡をとって、かの功徳水をもってみがき、あらためて病人にみせければ、たちどころに、病療しかのみならず、はだへもうるはしく、齢もながしと(注5)云々。病人は喜びに堪へで、(注6)まひなひを引きけれども、あへて一銭もうけ侍らず。かくして四百余州をめぐりて、(3)人民をたすけ侍る。されば、一切の仙人の長といへり。年月をへて失せければ、人々、かれが恩を謝せんために、かの八功徳水の上に(注7)ほこらを建てて、神に祭りてうやまへりと云々。

(「室町殿物語」から)

(注1)異朝＝今の中国のこと。
(注2)ゆいて＝行って。
(注3)八功徳水＝八つの優れた点がある水。
(注4)杖にかけて＝杖の両端に瓢箪を引っかけ、担いで。
(注5)云々＝～ということである。
(注6)まひなひ＝贈り物。
(注7)ほこら＝神を祭る小さな社。

1 あはれ は現代ではどう読むか。現代かなづかいを用いて、すべてひらがなで書きなさい。

2 (1)天道に心を入れて、おのおの祈誓申すばかりなり とあるが、人々が天に祈るしかない理由として、最も適切なものはどれか。

ア 病気を治さないと、八功徳水を手に入れられないから。
イ 病気を治したいが、医術では全く効果がなかったから。
ウ 病気を治した者が、感謝の気持ちを伝えたかったから。
エ 病気を癒やすため、恵みの雨を降らせようとしたから。

3 (2)心のままに湧きいだしけり の意味として、最も適切なものはどれか。

ア 自分の思った通りに八功徳水を湧き出させた。
イ 病人のために各地で八功徳水を湧き出させた。
ウ 天の意向で仕方なく八功徳水を湧き出させた。
エ 万民の言うがままに八功徳水を湧き出させた。

4 (3)人民をたすけ侍る とあるが、負局は八功徳水をどのように用いて病人を助けたのか。文末が「という方法。」になるように、三十字以内の現代語で書きなさい。ただし、文末の言葉は字数に含めない。

5 本文において、負局はどのように描かれているか。

ア 人々から受けた恩恵をいつまでも忘れず、感謝の気持ちを伝えるために、諸国を旅しながら恩返しをした。
イ 厳しい修行に励み、自分自身のためだけの究極の術を習得したことで、多くの仙人から長として敬われた。
ウ 各地を歩き病気で苦しむ万民のために尽力したことで、多くの人々から慕われ、後世に神として祭られた。
エ 誰よりも信心深いところがあり、神を敬うために様々な場所にほこらを建て、人々と共に祈りをささげた。

＜国語＞

時間 五〇分 満点 一〇〇点

【注意】答えの字数が指示されている問いについては、句読点や「 」などの符号も字数に数えるものとします。

1 次の1から3までの問いに答えなさい。

1 次の――線の部分の読みをひらがなで書きなさい。

(1) 英文を和訳する。 (2) 労力を費やす。

(3) 傾斜のゆるやかな坂。 (4) 参加人数を把握する。

(5) 卒業式の厳かな雰囲気。

2 次の――線の部分を漢字で書きなさい。

(1) 海でオヨぐ。 (2) うさぎをシイクする。

(3) 手紙がトドく。 (4) 会場のケイビをする。

(5) フクザツな思考。

3 次はAからCを話題にして先生と生徒が会話をしている場面である。それらを読んで、(1)から(5)までの問いに答えなさい。

A 今年より［①］知りそむる桜花
散るといふことはならはざらなむ　紀貫之(きのつらゆき)

B 夏の花みな水晶にならむとす②かはたれ時の夕立の中　与謝野晶子(よさのあきこ)

C 花開(クモ)不二同(ともニ)賞(セ)一　花落(ツルモ)③不二同(ともニ)悲(シマ)一
欲(スレ)問(ハント)相思(そう)(しノ)処(ところ)　花開(キ)花落(ツルノ)時　薛濤(せつとう)

生徒「先生、三つの作品を選んできました。」
先生「どうしてこれらを選んだのですか。」
生徒「私は花が好きで、どれも花を詠(よ)んでいるもの④だと思ったからです。」
先生「なるほど。花は、今も昔も多くの歌人によって詠まれている素材ですよ。」
生徒「そうなのですね。Cは以前、先生から（ ⑤ ）本で見つけたのですが、どのような内容の漢詩ですか。」
先生「これは、大切な人と花が咲く喜びや散る悲しみを共有できない切なさを詠んだ漢詩です。花に心を動かされて歌を詠むのは、時代や国が違っても同じですよ。」

(1) ［①］に入る語として最も適切なものはどれか。

ア 春　イ 夏　ウ 秋　エ 冬

(2) ②かはたれ時の夕立の中 の部分に用いられている表現技法はどれか。

ア 擬人法　イ 反復法　ウ 直喩　エ 体言止め

(3) ③不二同(ともニ)悲(シマ)一 の書き下し文として正しいものはどれか。

ア 同にず悲しま　イ 同に悲しまず
ウ 悲しまず同に　エ 悲しま同にず

(4) ④だ と文法的に同じ意味・用法のものはどれか。

ア 明日は雨が降るそうだ。　イ 朝の商店街は静かだ。
ウ 友人と会話を楽しんだ。　エ これは弟の自転車だ。

(5) （⑤）に入る正しい敬語表現はどれか。

ア お借りになられた　イ お借りになった
ウ お借りした　エ お借りいただいた

2019年度

解答と解説

《2019年度の配点は解答用紙集に掲載してあります。》

＜数学解答＞

1　1　-2　2　$6x-4$　3　$15b^2$　4　$x^2+2x-48$
5　±5　6　70(度)　7　($a=$)-12　8　18(cm^2)
9　($x=$)-3，($y=$)4　10　$\frac{1}{6}$　11　56(度)
12　($x=$)$\frac{-7\pm3\sqrt{5}}{2}$　13　ウ　14　ア

2　1　右上図　2　(1)　①　b　②　a　(2)　③　11
④　91　⑤　10　3　($a=$)$\frac{1}{4}$

3　1　24本(途中の計算は解説参照)　2　(1)　エ
(2)　解説参照

4　1　解説参照　2　(1)　128π (cm^3)
(2)　$6+4\sqrt{2}$ (cm)

5　1　600(m)　2　$y=60x+120$(途中の計算は解説参照)
3　(1)　右図　(2)　540(m)

6　1　10(枚)　2　98　3　$x=11$(途中の計算は解説参照)
4　①　13　②　15　③　168(枚)

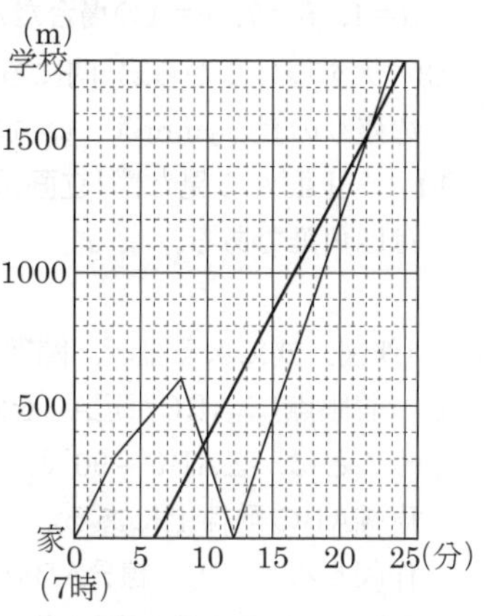

＜数学解説＞

1　(数・式の計算，式の展開，平方根，角度，比例関数，面積，連立方程式，確率，二次方程式，一次関数，投影図)

1　異符号の2数の和の符号は絶対値の大きい方の符号で，絶対値は2数の絶対値の大きい方から小さい方をひいた差だから，$-7+5=(-7)+(+5)=-(7-5)=-2$

2　$\frac{3x-2}{5}\times10=(3x-2)\times2=6x-4$

3　$5ab^2\div\frac{a}{3}=5ab^2\times\frac{3}{a}=\frac{5ab^2\times3}{a}=15b^2$

4　乗法公式$(x+a)(x+b)=x^2+(a+b)x+ab$より，$(x+8)(x-6)=(x+8)\{x+(-6)\}=x^2+\{8+(-6)\}x+8\times(-6)=x^2+2x-48$

5　正の数aの平方根のうち，正の方を$\sqrt{a}$，負の方を$-\sqrt{a}$，両方合わせて$\pm\sqrt{a}$と表すから，25の平方根は　$\pm\sqrt{25}=\pm\sqrt{5^2}=\pm5$

6　多角形の外角の和は360°だから，$\angle x=360°-(60°+90°+35°+105°)=70°$

7　$y=\frac{a}{x}$は点(6，-2)を通るから，$-2=\frac{a}{6}$　$a=-2\times6=-12$

8　相似な図形では，面積比は相似比の2乗に等しいから，$\triangle\mathrm{ABC}:\triangle\mathrm{DEF}=2^2:3^2=4:9$　$\triangle\mathrm{DEF}=\frac{9}{4}\triangle\mathrm{ABC}=\frac{9}{4}\times8=18\mathrm{cm}^2$

9　連立方程式$\begin{cases}3x+y=-5\cdots① \\ 2x+3y=6\cdots②\end{cases}$　①×3－②より，$7x=-21$　$x=-3$　これを①に代入して，$3\times(-3)+y=-5$　$y=4$　よって，連立方程式の解は，$x=-3$，$y=4$

10　大小2つのさいころを同時に投げるとき，全ての目の出方は　6×6＝36通り。このうち，2つとも同じ目が出るのは，大きいさいころの出た目の数をa，小さいさいころの出た目の数をbとしたとき，$(a,\ b)=(1,\ 1)$，$(2,\ 2)$，$(3,\ 3)$，$(4,\ 4)$，$(5,\ 5)$，$(6,\ 6)$の6通り。よって，求める確率は　$\frac{6}{36}=\frac{1}{6}$

11　点Aを含まない$\overset{\frown}{BC}$に対する**中心角**$\angle BOC=360°-248°=112°$で，**円周角の定理**より，**1つの弧に対する円周角の大きさは，その弧に対する中心角の大きさの半分であるから**，$\angle x=\frac{1}{2}\angle BOC=\frac{1}{2}\times112°=56°$

12　**2次方程式$ax^2+bx+c=0$の解は，$x=\frac{-b\pm\sqrt{b^2-4ac}}{2a}$**で求められる。問題の2次方程式は，$a=1$，$b=7$，$c=1$の場合だから，$x=\frac{-7\pm\sqrt{7^2-4\times1\times1}}{2\times1}=\frac{-7\pm\sqrt{49-4}}{2}=\frac{-7\pm3\sqrt{5}}{2}$

13　火をつけてからx分間にろうそくは　毎分2mm×x分＝$2x$mm　燃えるから，x分後のろうそくの残りの長さ$y$mmは　$y=150-2x=-2x+150$　よって，yはxの**1次関数**である。

14　真正面から見た図（**立面図**）が三角形で，真上から見た図（**平面図**）が四角形だから，この立体は四角錐である。

2　（作図，式による証明，関数$y=ax^2$）

1　（着眼点）△ABCが辺ACを斜辺とする直角三角形となるということは，∠ABC＝90°ということであり，点Cは点Bを通る直線ABの垂線上にある。　（作図手順）次の①～②の手順で作図する。　①　線分ABを延長し，点Bを中心として，直線ABと交わるように円を描く。　②　①でつくった交点をそれぞれ中心として，交わるように半径の等しい円を描き，その交点と点Bを通る直線を引き（点Bを通る直線ABの垂線），直線ℓとの交点をCとする。

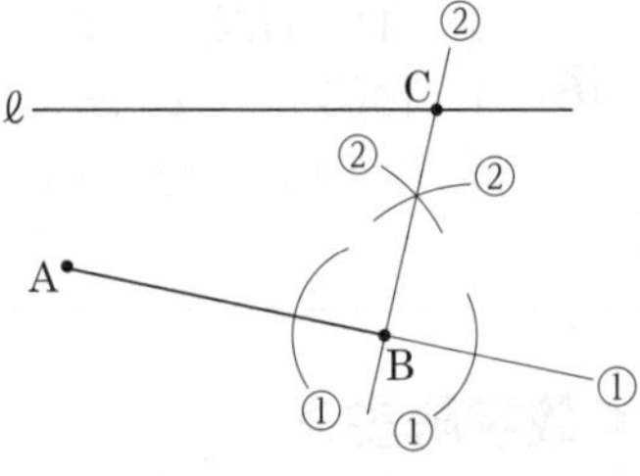

2　(1)　千の位の数をa，百の位の数をbとすると，千の位と一の位が同じ数，そして百の位と十の位が同じ数の4桁の数Nは，十の位の数がb，一の位の数がaだから，$N=1000\times a+100\times b+10\times b+1\times a$　と表すことができる。

(2)　前問(1)のNを整理すると　$N=1000\times a+100\times b+10\times b+1\times a=1000a+100b+10b+a=1001a+110b=11\times91a+11\times10b=11(91a+10b)$　となる。

3　2点A，Bは$y=ax^2$上にあるから，そのy座標はそれぞれ　$y=a\times(-6)^2=36a$　$y=a\times4^2=16a$　よって，$A(-6,\ 36a)$　$B(4,\ 16a)$　直線ABの傾きが$-\frac{1}{2}$であるということは，$y=ax^2$について，xの値が-6から4まで増加するときの**変化の割合**　$\frac{16a-36a}{4-(-6)}=-2a$　が$-\frac{1}{2}$に等しいということだから　$-2a=-\frac{1}{2}$　より　$a=\frac{1}{4}$

3　（方程式の応用，資料の散らばり・代表値）

1　（途中の計算）（例）A店で支払った金額とB店で支払った金額の合計は6280円なので　$150\times(1-0.2)\times x+\{150\times(50-x)-500\}=6280$　$120x+7500-150x-500=6280$　$-30x=-720$　$x=24$

この解は問題に適している。

2 (1) **度数**が最も大きい**階級**は20個以上24個未満の階級だから，アは正しくない。**最小値**が12個であることより，12個以上16個未満の階級に属する1人はいちごを12個食べたから，イは正しくない。24個以上の階級において，最も小さい度数は，32個以上36個未満の階級の2人だから，ウは正しくない。20人が食べたいちごの個数の**範囲**は，**最大値**－最小値＝39－12＝27個だから，エは正しい。

(2) (例)26個という記録は，**中央値**の25個よりも大きいから。

4 (相似の証明，円柱の体積と高さ)

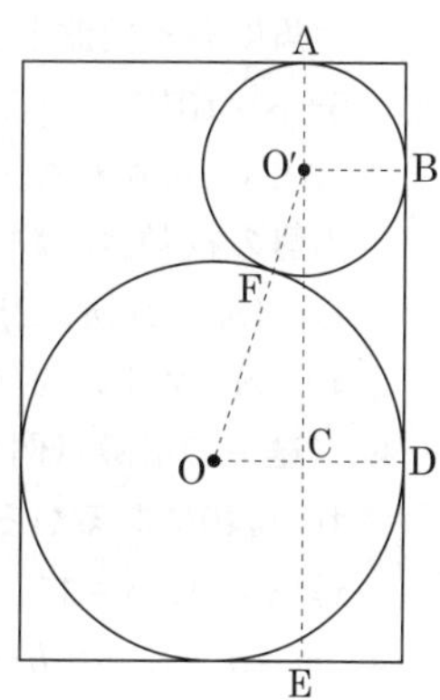

1 (証明)(例)△ABCと△EBDにおいて，AB：EB＝10：5＝2：1…①
BC：BD＝8：4＝2：1…②　①，②より　AB：EB＝BC：BD…③
共通な角であるから　∠ABC＝∠EBD…④　③，④より2組の辺の比とその間の角がそれぞれ等しいから　△ABC∽△EBD

2 (1) 円柱の底面の半径は4cm，高さは8cmだから，円柱の体積＝底面積×高さ＝$(\pi\times4^2)\times8=128\pi\,\mathrm{cm}^3$

(2) △O′OCで**三平方の定理**より，$O'C=\sqrt{O'O^2-OC^2}=\sqrt{(O'F+FO)^2-(OD-O'B)^2}=\sqrt{(2+4)^2-(4-2)^2}=4\sqrt{2}\,\mathrm{cm}$　よって，円柱の高さ＝AE＝AO′＋O′C＋CE＝$2+4\sqrt{2}+4=6+4\sqrt{2}\,\mathrm{cm}$

5 (関数とグラフ，グラフの作成)

1 **(道のり)＝(速さ)×(時間)**より，あすかさんが家を出てから友人と合流するまでに歩いた距離は　毎分100m×3分＝300m，友人と合流してから忘れ物に気がつくまでに歩いた距離は　毎分60m×5分＝300mだから，あすかさんが家を出てから忘れ物に気がつくまでに歩いた距離は　300m＋300m＝600m

2 (途中の計算)(例)あすかさんが友人と合流したときから忘れ物に気がついたときまでのグラフの傾きは60であるから，xとyの関係の式は　$y=60x+b$　と表すことができる。グラフは点(3, 300)を通るから　$300=60\times3+b$　よって　$b=120$　したがって，求める式は　$y=60x+120$

3 (1) **(時間)＝(道のり)÷(速さ)**より，あすかさんが忘れ物に気がついてから家に戻るまでにかかった時間は　600m÷毎分150m＝4分，再び家を出てから学校に着くまでにかかった時間は　1800m÷毎分150m＝12分　だから，あすかさんがはじめに家を出てから学校に着くまでにかかった時間は　3分＋5分＋4分＋12分＝24分間。よって，太郎さんが家を出てから学校まで移動したようすを表すグラフは，2点(6, 0)，(25, 1800)を結んだ線分である。

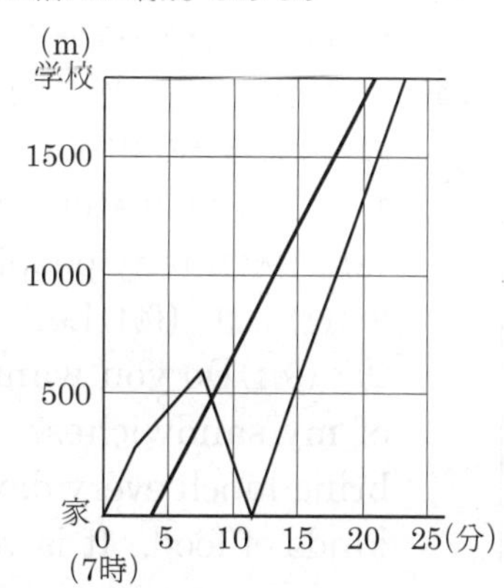

(2) 太郎さんが学校に着くまでにかかる時間は　1800m÷毎分100m＝18分　だから，太郎さんが家を出てから学校まで移動したようすを表すグラフは，右図のように2点(3, 0)，(21, 1800)を結んだ線分になる。右図より，太郎さんとあすかさんがすれ違うのは，あすかさんが忘れ物に気がついてから家に戻るまでの途中である。太郎さんのグラフの傾きは100であるから，xとyの関係の式は　$y=100x+b$　と表すことができる。グラフは点(3, 0)を通るから　$0=100\times3+b$　よって　$b=-300$　太郎さんのxとyの関係の式は　$y=100x-300$…①　また，あすかさんが忘れ物に気がつい

てから家に戻るまでのグラフの傾きは-150であるから，xとyの関係の式は　$y=-150x+c$ と表すことができる。グラフは点(8, 600)を通るから　$600=-150\times8+c$　よって　$c=1800$　あすかさんが忘れ物に気がついてから家に戻るまでのxとyの関係の式は　$y=-150x+1800$…②　①の右辺＝②の右辺　より，$100x-300=-150x+1800$　$x=8.4$　これを①に代入して　$y=100\times8.4-300=540$　以上より，太郎さんとあすかさんがすれ違うのは家から540mの地点である。

6 (規則性，方程式の応用)

1　3が書かれた円盤は，長方形状に並べられた円盤のうち，一番外側に並べられた円盤から4つの角にある円盤を除いたものだから，その枚数は　$(2m+2n-4)-4=2m+2n-8=2\times4+2\times5-8=10$枚

2　2と3が書かれた円盤の枚数は，前問1よりそれぞれ4枚と$(2m+2n-8)$枚。また，4が書かれた円盤の枚数は，縦$(m-2)$枚，横$(n-2)$枚の長方形状に並べられた円盤の枚数と考えられるから，$(m-2)(n-2)$枚。以上より，円盤に書かれた数の合計は　2×4枚$+3\times(2m+2n-8)$枚$+4\times(m-2)(n-2)$枚$=4mn-2m-2n=4\times5\times6-2\times5-2\times6=98$

3　(途中の計算)(例)円盤に書かれた数の合計は　$2\times4+3\times4(x-2)+4\times(x-2)^2=4x^2-4x$　これが440になるから　$4x^2-4x=440$　$x^2-x-110=0$　$(x+10)(x-11)=0$　$x=-10,\ x=11$　$x\geqq3$より，$x=11$

4　$m=a+1,\ n=b+1$のとき，4つの角にある円盤の中心を結んでできる長方形は，縦が2cm$\times m$枚-2cm$=2m-2=2(a+1)-2=2a$cm，横が2cm$\times n$枚-2cm$=2n-2=2(b+1)-2=2b$cmだから，その面積は$2a\times2b=4ab$cm^2　これが780cm^{2}になるときだから　$4ab=780$　$ab=195$…(1)　$2\leqq a<b$において(1)を満足するa，bの値の組は，$(a,\ b)=(3,\ 65)$，$(5,\ 39)$，$(13,\ 15)$の3通りある。また，4が書かれた円盤の枚数は，前問2より　$(m-2)(n-2)=(a+1-2)(b+1-2)=(a-1)(b-1)$枚　これが最も多くなるのは$(a,\ b)=(13,\ 15)$のときで，そのときの4が書かれた円盤の枚数は　$(13-1)(15-1)=168$枚

<英語解答>

1　1 (1) イ　(2) イ　(3) エ　2 (1) ① ア　② イ　(2) ① ウ　② ア　3 (1) teamwork　(2) Friday　(3) leg　(4) voice

2　1 (1) イ　(2) エ　(3) ア　(4) ウ　(5) ウ　(6) ア
2 (1) エ→イ→ア→ウ　(2) ウ→ア→エ→イ　(3) イ→エ→オ→ウ→ア

3　1 (例)ギターの音　2 ウ　3 ウ→イ→ア　4 (例)将来，世界中を旅して，多くの人々に自分の国(ペルー)について伝えること。

4　1 (1) (例1)water and air are clean　(例2)we have clean water and air
(2) (例1)many people are kind　(例2)there are many kind people
2 (1) ① (例1)Let's have lunch together.　(例2)Shall we eat lunch?
② (例1)Do you want to eat some sandwiches?　(例2)Would you like one of my sandwiches?　(2) (例1)I like school lunch better. I don't have to bring lunch every day and my parents will be happy. I can also eat several kinds of food. It is very healthy. I look forward to the school lunch menu

every month. (例2)I like box lunch better because I can eat my favorite foods. I always feel happy when I see my lunch. I sometimes make my own lunch. It takes time but it's fun.

5 1 (例)(友子と絵美が)毎朝一緒に走ること。 2 (例1)you won't be (例2)you will not be 3 (例)人生における真の勝者とは，他人のことを気にかけることができる人 4 ア，エ

6 1 イ 2 ① (例)空気中の水分を補える ② (例)水を十分に得られない 3 ウ 4 エ

<英語解説>

1 (リスニング)

放送台本の和訳は，47ページに掲載。

2 (語句選択，語句整序)

1 (全訳) 私は動物が好きなので，私の夢は動物園で働くこと(1)です。私は，パンダが世界のすべての動物の中で(2)最もかわいいと思います。私たちは日本の上野動物園でそれらを(3)見ることができますが，中国には多くのパンダがいます。いつか私はそれらと一緒に時間を(4)過ごすためにそこへ行って，パンダについて学びたいです。しかしながら，私は中国に(5)行ったことがありません。だから私はこの夏休み(6)の間に，中国語を勉強するつもりです。

(1) 主語の My dream は3人称単数。

(2) 直前の the と直後の of から，**<the+最上級+of ～>「～の中で最も…」**の形と考える。

(3) can は助動詞なので，あとの動詞は原形。

(4) アは「去る，残す」，イは「救う，節約する」，エは「見る」という意味。

(5) 現在完了<have+過去分詞>の形。**have been to ～=「～に行ったことがある」**

(6)「(特定の期間)の間に」を意味する，アの during が適切。イは接続詞であり，あとに<主語+動詞～>がくるので不適。ウは「～以来，～から」，エは「(2 つのもの)の間に」の意味。

2 (1) (My sister was writing a letter)in English.「私の姉[妹]は英語で手紙を書いていました」となる。「～していました」を意味する，過去進行形<was[were]+-ing形>の文。

(2) Ms. Brown(told her students to go)to the gym.「ブラウン先生は生徒たちに，体育館に行くように言いました」となる。語群の told は tell の過去形なので，**<tell+人+to ～>「(人)に～するように言う」**の文と考える。

(3) (Who will take care of)the dog?「だれがそのイヌの世話をするつもりですか」となる。**疑問詞 who が主語なので，直後に動詞を続ける。take care of ～=「～の世話をする」**

3 (対話文読解問題：語句解釈，適語選択，文整序)

(全訳) 綾子 ：今日のコンサートは楽しかったわね，カミラ。私は特に，ギターの音が気に入ったわ。

カミラ：そう？ 私も(1)それがとても気に入ったわ。

綾子 ：カミラ，質問があるの。演奏者の 1 人が箱に座っていたわね。彼はそれを手や指で叩いて，ときどきそれを(A 蹴っていた)わ。あなたはその箱が何か知ってる？

カミラ：ああ，それはペルーで人気のある楽器よ。カホンと呼ばれているわ。カホンはスペイン語

で「箱」という意味よ。

綾子　：彼はそれに座っていたから，私は最初，それは(B いす)だと思ったわ。

カミラ：カホンは打楽器の一種で，演奏するときはそれに座るの。カホンの背面には大きな穴があって，音はそこから出てくるのよ。

綾子　：ほんとう？　私にはその穴は見えなかったわ。それは新しい楽器なの？

カミラ：いいえ，ちがうわ。カホンには歴史があるのよ。昔，ペルーの奴隷は音楽を愛していたけれど，楽器を持つことが許されなかったの。(ウ)だから彼らは，何か演奏するものを探したわ。→(イ)そして彼らは，木でできた箱を見つけたのね。→(ア)彼らはそれらを，音楽のために使い始めたわ。このようにして，カホンは生まれたのよ。

綾子　：なるほど。それを演奏するのは簡単なの？

カミラ：ええ，簡単よ。手や指やかかとを使って音を出せるわ。

綾子　：それはいいわね！　ところで，あなたはなぜカホンについてよく知っているの？

カミラ：私の祖母がこのことを教えてくれたのよ。今では，私は自分自身の歴史や文化について知ることは，とても重要だと思っているわ。私は将来，世界中を旅して，多くの人々に自分の国について伝えたいの。

綾子　：わあ，あなたは(2)すばらしい夢を持っているのね！　カミラ，私は世界中のより多くの人々に，日本について知ってもらいたいわ。私は自分の国についてもっと学ぶべきね。

1　下線部を含む文は「私もそれがとても気に入った」という意味。綾子は直前の発言で I especially loved he sound of the guitars. と言っているので，「ギターの音」を指す。

2　A　空所の直後にある it は，box「箱(＝カホン)」を指す。カミラは 5 番めの発言で「手や指やかかとを使って音を出せる」と言っているので，kicked「蹴った」が適切。　B　文の前半に「彼はそれに座っていた」とあるので，chair を入れて「最初，それはいすだと思った」とするのが正しい。

3　空所の直後の文より，カホンが生まれた経緯を説明しているとわかる。何か演奏するものを探して(ウ)，木でできた箱を見つけ(イ)，それらを音楽に使い始めた(＝楽器として演奏し始めた)(ア)という流れ。

4　下線部は「すばらしい夢」という意味なので，直前でカミラが言っている I want ～「私は～したい」の部分を指す。travel は「旅する」，around the world は「世界中」，in the future は「将来」という意味。

4　(英作文)

1　(全訳)

私の町

私はほんとうに私の町が好きです。それにはいくつかのよい点があります。まず，私の町は自然が豊かです。ここでは，(1)(例1)水や空気がきれいです／(例2)きれいな水や空気があります。さらに，夜には星が美しいです。第2に，食べ物がおいしいです。私の町は米で有名です。第3に，(2)(例1)多くの人が親切です／(例2)多くの親切な人がいます。もしあなたが私の町に来たら，きっと幸せになると思います。

(1)　メモの「水や空気がきれい」の項目を英語にする。「きれいな」は clean で表すとよい。

(2)　メモの「親切な人が多い」の項目を英語にする。「親切な」は kind で表す。

2　(全訳)

ジェーン：私はとてもお腹がへったわ。だいたい正午ね。①(例1)一緒に昼食を食べましょう。／

(例 2)昼食を食べましょうか？

華　　：ええ，そうしましょう。私もお腹がへったわ。

～10分後～

華　　：私は今日，おにぎりを持ってきたわ。

ジェーン：わあ！　とてもおいしそうに見えるわね。私はサンドイッチを作ったの。②(例1)あなたはいくらかサンドイッチを食べたい？／(例2)私のサンドイッチを1ついかが？

華　　：ええ。ありがとう！　それなら私はあなたに，私のおにぎりを1つあげるわ。

ジェーン：あら，ありがとう。ところで，私たちはふだん，給食を食べるわね。弁当と給食では，あなたはどちらのほうが好き？

(1)　①　直後で華が **Yes, let's.** と答えていることから，**Let's ～.**「～しましょう」の文か，ほぼ同じ意味を表す **Shall we ～?**「～しましょうか」の文を入れるのがよい。　②　絵の様子から，ジェーンが華にサンドイッチをすすめているとわかる。例2の **Would you like ～?** は「～はいかがですか」という意味で，食べ物[飲み物]をすすめるときによく用いられる。

(2)　まず，弁当と給食ではどちらのほうが好きかを明確にして，あとに理由を続ける。1文めは I like ~ better(than ….)「私は(…より)～のほうが好きです」の文にするとよい。解答の意味は以下の通り。(例1)「私は給食のほうが好きです。私が毎日，弁当を持ってくる必要がないので，両親は喜ぶでしょう。また，いくつかの種類の食べ物を食べることもできます。それはとても健康的です。私は毎月，給食の献立を楽しみにしています」 (例2)「好きな食べ物を食べることができるので，私は弁当のほうが好きです。私は自分の弁当を見ると，いつも幸せな気分になります。私はときどき自分の弁当を作ります。時間がかかりますが，楽しいです」

5 (長文読解問題・エッセイ：語句解釈，条件英作文，内容吟味，内容真偽)

私の名前は絵美です。私は中学校の3年生です。私の姉の友子は高校生です。彼女はとてもかしこく，スポーツも得意です。彼女は何でも私より上手にできます。彼女は完ぺきです。だから，私は彼女のことが，この前の長距離走大会までは好きではありませんでした。

私は中学校の長距離走大会が好きではありませんでした，なぜなら私はいつも最後の走者だったからです。ある日，私は母と友子に，「私は今年，長距離走大会に行かないわ」と言いました。母は，「どうして？　これが最後の年じゃない。行くべきよ」と言いました。私は，「私はまた最後になると思うわ」と答えました。すると友子が，「うーん……，私に(1)考えがあるわ。私たちが毎朝一緒に走ればいいと思うの，絵美。長距離走大会の前にまだ2週間あるわ」と言いました。私は言いました。「あなたと一緒に2週間，毎朝走るの？　そんなことしたくないわ」「あなたはまた最後になりたいの，絵美？　私があなたと一緒に走るわ。だいじょうぶよ」「ほんとうに？　わかったわ。やってみる」と私は答えました。

その次の朝から，私たちは走り始めました。私はそんなに速く走ることができませんでしたが，友子がいつも私と一緒に走って，たくさんのこと――彼女の学校生活，友達，子どもの頃の思い出などです――について話しました。少しずつ，私は友子と走ることが楽しくなり始めました。ある日，友子が私に言いました。「10年前に両親と動物園に行ったとき，私たちは迷子になったわね。あなたはそれを覚えてる？　私がとても疲れて歩くのをやめたら，あなたが私を見て，私の手を引いたのよ」「私が？」と私はたずねました。「ええ，あなたが。あなたは私と一緒に歩いて，私たちは両親を見つけることができたの。とてもうれしかったわ」

とうとう，長距離走大会の日がやって来ました。スタートラインで，私は逃げ出したくなりました。そのとき，私は友子を見つけました。彼女は，「絵美，毎朝練習したんだから，あなたは最後の走者にならないでしょう。あなたにはできるのよ！」と言いました。私は深く呼吸しました。

「用意，スタート！」　私は走り続けました……，しかし他の生徒のほうが私よりも速かったのです。私の後ろに走者は 1 人も見えませんでした。私はとても疲れて，ほとんどあきらめそうになりました。突然，私の前で，1人の生徒が転倒しました。私は，「私は最後の走者にならないわ！」と思いました。そのとき，私は子どもの頃の思い出を思い出しました。私は立ち止まって，手を差し伸べて，その生徒の手を引きました。私は彼女と一緒に走って，一緒にゴールに着きました。

帰宅して，私は友子に言いました。「私はまた最後の走者だったわ。ごめんなさい」「ああ，それは言わないで。私はあなたを誇りに思っているの。みんながあなたに大きな拍手をしたわ。彼らはあなたの親切な行動に感動したの。私は，人生における真の勝者は，他人のことを気にかけることができる人だと思うわ。(2)私にとっては，あなたが勝者よ。」「私が？　それなら，あなたも勝者よ，友子。あなたは毎朝早く起きて，私と走ったわ。あなたはいつも私のことを気にかけてくれるもの！」　友子と私はお互いを抱きしめました。

1　直後の文の内容を指す。

2　空所を含む部分は，長距離走大会のスタートラインに立つ絵美に，友子がかけた言葉。絵美をはげます内容と考えられるので，「最後の走者にならない」という否定文になる。また，長距離走大会の結果が出るのは先のことなので，未来の文にする。したがって you will not[won't] be のようにするのがよい。**won't は will not の短縮形**。またこの部分は本文第 2 段落半ばの絵美の発言，I think I will be last again.「私はまた最後になると思います」に対応している。

3　下線部の直前の文が理由となる。true は「真の，本当の」，winner は「勝者」という意味。**who** はここでは**主格の関係代名詞**で，who 以下が**名詞**(person)**を後ろから修飾する**。care about ～ は「～を気にかける，～を気づかう」。

4　各選択肢の意味は以下の通り。誤答については，下線部が誤っている部分。　ア 「友子は完ぺきだったので，絵美は長距離走大会より前，友子が好きではありませんでした」(○)　本文第 1 段落の内容に合う。　イ 「絵美は速く走れなかったので，友子は絵美と走ることをあきらめました」(×)　本文第3段落2文め参照。友子はいつも絵美と一緒に走った。**give up は「あきらめる」**。　ウ 「長距離走大会が始まる前，絵美は友子を見つけることができませんでした」(×)　本文第4段落3文め参照。絵美は友子を見つけている。　エ 「絵美は長距離走大会で，生徒を助けるために走るのをやめました」(○)　本文第5段落の内容に合う。　オ 「絵美が長距離走大会で1位をとったので，友子はうれしく思いました」(×)　本文第6段落前半を参照。絵美は最下位だった。　カ 「友子は，早く起きることが長距離走大会で勝つには重要だと言いました」(×)　本文にそのような記述はない。

6　**(長文読解問題・説明文：適語選択，語句解釈，文の挿入，内容真偽)**

あなたはクモが好きですか？　あなたたちのほとんどは，「いいえ」と答えるでしょう。クモが突然現れたら，あなたは怖がるかもしれません。あなたは，クモは危険だと考え，それらから逃げたくなるかもしれません。でもちょっと待ってください！　クモは[驚くべき]生き物です。

あなたは，クモがクモの巣を作ることを知っていますね。クモの巣はクモの糸でできており，多くのものを捕えることができます。あなたは水滴に覆われたクモの巣を見たことがありますか？　そう，クモの糸は空気中の水分を捕えることができるのです。科学者たちはクモの糸のすばらしい力を研究してきました。彼らは，それが水の問題に対する解決策になると考えました。世界のある地域では，人々は十分な水が得られません。もし彼らがクモの糸のようなものを作れば，それはそのような場所に住んでいる人々の助けになるでしょう。

クモの糸はとても細いので，私たちはそれが弱いと考えてしまいます。しかしながら，それはとてもじょうぶで軽く伸縮性があるので，私たちはそれを衣服に使いたいと考えます。しかしたくさんのクモの糸を集めることは難しいです。そこで，科学者たちは人工のクモの糸を作る方法を見つけました。ウ　これを使うことによって，すばらしい衣服を作っている会社もあります。その衣服はよりじょうぶに，そして軽くなっています。加えて，人工のクモの糸は地球と私たちの未来のためによいものです。私たちは，他の人工の繊維を作るために石油を使わなければなりませんが，人工のクモの糸を作るためには，石油に依存する必要はありません。それを使えば，私たちは石油を節約できます。このように，クモから，私たちは未来を生きる方法を学ぶことができるのです。

あなたは，クモが[驚くべき]力を持っていると気づきましたね。さて，再び同じ質問をしてもいいでしょうか。あなたはクモが好きですか？

1　ア「楽しい」(×)，イ「驚くべき」(○)，ウ「注意深い」(×)，エ「退屈な」(×)

2　下線部から2つ前の文のYes, spider silk can catch water in the air. と，直後の文のIn some parts of the world, people don't get enough water. の部分をまとめる。**enough**は「十分な[に]」。

3　このような問では，前後の代名詞や，語句のつながりに注意するとよい。ウに入れると，直前のartificial spider silk「人工のクモの糸」がthis「これ」を指し，またwonderful clothes「すばらしい衣服」と直後のThe clothes「その衣服」がつながる。

4　各選択肢の意味は以下の通り。誤答については，下線部が誤っている部分。　ア「私たちは，クモがいつも危険な場所に現れると考えます」(×)　本文第1段落後半を参照。「クモが危険だと考えるかもしれない」とは書かれているが，このような記述はない。　イ「クモは地球から水を得て，石油を作ることができます」(×)　クモが石油を作れるという記述はない。　ウ「私たちは地球を守るために，クモによって作られた衣服を買うべきです」(×)　本文第3段落で述べられているのは，クモの糸でできた衣服について。　エ「クモは私たちに，未来を生きるためのいくつかのアイデアを与えてくれるかもしれません」(○)　本文第4段落の内容に合う。

2019年度英語　放送を聞いて答える問題

〔放送台本〕

これから聞き方の問題に入ります。問題用紙の四角で囲まれた1番を見なさい。問題は1番，2番，3番の三つあります。

最初は1番の問題です。問題は(1)から(3)まで三つあります。英語の対話とその内容についての質問を聞いて，答えとして最も適切なものをア，イ，ウ，エのうちから一つ選びなさい。対話と質問は2回ずつ言います。では始めます。

(1)の問題です。　*A:* I'll go to the sea with my family tomorrow.

B: Sounds nice. It is raining hard now, but the news says it will be cloudy tomorrow.

A: Oh, really? I hope it will be sunny.

質問です。　*Q:* What does the news say about tomorrow's weather?

(2)の問題です。　*A:* Tom, I found your watch under your bed.

B: Thank you, Mother. Where is it now?

　　　　　　　A: It's on your desk.
質問です。　*Q:* Where did Tom's mother find his watch?
(3)の問題です。*A:* Excuse me. I want to buy a present for my sister.
　　　　　　B: How about these dolls? The large dolls are 28 dollars and the small dolls are 10 dollars.
　　　　　　A: I have only 20 dollars. My sister will like this one with a hat. I'll take this.
質問です。　*Q:* Which doll will the woman buy for her sister?

〔英文の訳〕

(1) A：私は明日，家族といっしょに海に行くつもりです。
　B：いいですね。今は激しく雨が降っていますが，ニュースは明日はくもると言っています。
　A：おや，ほんとうですか？　晴れるといいのですが。
　Q：ニュースは明日の天気について何と言っていますか？
(2) A：トム，あなたの時計をベッドの下で見つけましたよ。
　B：ありがとう，お母さん。それは今どこにあるの？
　A：あなたの机の上よ。
　Q：トムのお母さんはどこで時計を見つけましたか？
(3) A：すみません。私は姉[妹]のためにプレゼントを買いたいです。
　B：これらの人形はどうですか？　大きい人形は28ドルで，小さい人形は10ドルです。
　A：私は20ドルしか持っていません。姉[妹]はこの，帽子をかぶったものを気に入るでしょう。これをいただきます。
　Q：女性はどの人形を姉[妹]のために買うでしょうか？

〔放送台本〕

次は2番の問題です。問題は(1)と(2)の二つあります。英語の対話とその内容についての質問を聞いて，答えとして最も適切なものをア，イ，ウ，エのうちから一つ選びなさい。質問は問題ごとに①，②の二つずつあります。対話と質問は2回ずつ言います。では始めます。
(1)の問題です。

Mika: Hi, Peter. What are you reading?
Peter: Hi, Mika. I am reading the travel magazine about this city. Next week, my parents will come to Japan, so I am looking for places to go with them.
Mika: That's nice. What are they interested in?
Peter: Well, they are interested in the history and culture of Japan.
Mika: Have you visited the old castle? It's very famous.
Peter: Yes. We have visited it before.
Mika: Then, how about the city museum? You can see many historical things there and you can also wear kimonos. A lot of people from other countries enjoy taking pictures of themselves.
Peter: Wow, that's interesting. We will go to the museum. Thank you very much.
Mika: You're welcome.

①の質問です。 What is Peter looking for?
②の質問です。 Where will Peter and his parents go?
(2)の問題です。

A girl: Excuse me, are you working here?
Brian: Yes, I'm Brian. This is the Information Desk. May I help you?
A girl: Oh, yes. I lost my wallet in this park. I went to the gift shop and found that I didn't have my wallet.
Brian: Will you tell me where you went today?
A girl: First, I visited the English Garden. Next, I had lunch at the restaurant near the Japanese Garden.
Brian: OK. And...?
A girl: Well.... Then, I went to the stage to see a show. During the show, I enjoyed dancing with the dancers. They taught me how to dance. It was fun. I got very thirsty, so I went to the restaurant.
Brian: And you bought something to drink there.
A girl: Yes! I had a glass of orange juice before I visited the gift shop. I'm sure my wallet is at the restaurant.
Brian: You mean the restaurant near the Japanese Garden, right?
A girl: No, no. It's near the coffee shop.
Brian: OK. Wait a minute. I'll call the restaurant.
A girl: Thank you, Brian.
①の質問です。 How did the girl get to the gift shop?
②の質問です。 What will Brian do next?

〔英文の訳〕
(1)　ミカ：こんにちは，ピーター。あなたは何を読んでいるの？
ピーター：やあ，ミカ。ぼくはこの市についての旅行雑誌を読んでいるんだ。来週，ぼくの両親が日本に来るから，彼らといっしょに行く場所を探しているんだよ。
ミカ　：それはいいわね。彼らは何に興味があるの？
ピーター：ええと，彼らは日本の歴史と文化に興味があるね。
ミカ　：あなたたちは古い城を訪ねたことはある？　とても有名よ。
ピーター：うん，ぼくたちは以前にそれを訪ねたことがあるね。
ミカ　：それなら，市立博物館[美術館]はどう？　そこでは多くの歴史に関するものを見られるし，着物を着ることもできるわ。外国からくるたくさんの人々が，自分の写真を撮って楽しんでいるわよ。
ピーター：わあ，それはおもしろいね。その博物館[美術館]に行こうと思う。どうもありがとう。
ミカ　：どういたしまして。
質問①　ピーターは何を探していますか？
㋐　訪れる場所。　イ　すてきな写真。　ウ　歴史に関するもの。　エ　買うもの。
質問②　ピーターと彼の両親はどこへ行くでしょうか？
ア　城。　㋑　博物館[美術館]。　ウ　着物の店。　エ　書店。
(2)　女の子　：すみません。あなたはここで働いていますか[ここの従業員ですか]？

ブライアン：はい，私はブライアンといいます。ここは案内所です。手助けしましょうか？
女の子　　：ああ，はい。私はこの公園でさいふをなくしました。私はギフトショップに行って，さいふを持っていないことに気づいたのです。
ブライアン：あなたが今日どこに行ったか，私に教えてくれますか？
女の子　　：最初に，私はイギリス庭園を訪れました。次に，私は日本庭園の近くにあるレストランで昼食をとりました。
ブライアン：わかりました。そして……？
女の子　　：ええと……。それから，私はショーを見るためにステージへ行きました。ショーの間，私はダンサーと踊って楽しみました。彼らは私に踊り方を教えてくれました。楽しかったです。私はとてものどがかわいたので，レストランに行きました。
ブライアン：そしてあなたは，そこで何か飲み物を買ったのですね。
女の子　　：そうです！　私はギフトショップを訪れる前に，オレンジジュースを１杯飲みました。きっと，私のさいふはそのレストランにあると思います。
ブライアン：日本庭園の近くにあるレストランのことを言っているのですね？
女の子　　：いいえ，ちがいます。コーヒーショップの近くにあります。
ブライアン：わかりました。少々お待ちください。そのレストランに電話します。
女の子　　：ありがとう，ブライアン。

質問①　女の子はどのようにしてギフトショップへ行きましたか？
　ア　イギリス庭園　→　Ⓐ　→　Ⓓ　→　Ⓒ　→　ギフトショップ
　イ　イギリス庭園　→　Ⓐ　→　Ⓔ　→　Ⓒ　→　ギフトショップ
　㋒　イギリス庭園　→　Ⓑ　→　Ⓓ　→　Ⓐ　→　ギフトショップ
　エ　イギリス庭園　→　Ⓑ　→　Ⓔ　→　Ⓐ　→　ギフトショップ

質問②　ブライアンは次に何をするでしょうか？
　㋐　彼はコーヒーショップの近くにあるレストランに電話します。
　イ　彼は日本庭園の近くにあるレストランに電話します。
　ウ　彼は案内所の近くにあるギフトショップを訪れます。
　エ　彼はコーヒーショップの近くにあるイギリス庭園を訪れます。

〔放送台本〕

次は3番の問題です。あなたは英語で学校新聞を作るために，サッカー部のキャプテンであるジョン(John)にインタビューをしています。そのインタビューを聞いて，英語で書いたメモを完成させなさい。英文は2回言います。では始めます。

Interviewer: John, you had a wonderful game yesterday.

John: Thank you.

Interviewer: We are happy to hear that you won the game. What was the point?

John: Teamwork! I believe teamwork is very important in soccer. Every Friday we had a meeting after practice, so we could understand each other better. That made our teamwork stronger. An important member of our team, Ken, broke his leg and couldn't play in the game. Before the game started, we told Ken that we would win. During the game, we could hear his voice clearly, and we felt we played the game with him. His voice supported us a lot. We never gave up and finally we won! We said to Ken, "Thank you so much for your help." I learned all the members of our team are needed.

〔英文の訳〕

インタビュアー：ジョン，昨日はすばらしい試合でしたね。

ジョン　　　　：ありがとう。

インタビュアー：私たちは，あなたたちが試合に勝ったと聞いてうれしいです。何がポイントだったのでしょうか？

ジョン　　　　：チームワークです！ぼくは，チームワークがサッカーではとても重要だと信じています。毎週金曜日，ぼくたちは練習の後にミーティングをしたので，ぼくたちはお互いのことをより理解することができました。それがぼくたちのチームワークをより強くしました。ぼくたちのチームの重要なメンバーであるケンは，脚を骨折したので試合でプレーすることができませんでした。試合が始まる前，ぼくたちはケンに，勝つつもりだと伝えました。試合の間，ぼくたちには彼の声がはっきりと聞こえて，ぼくたちは彼といっしょにプレーしているように感じました。彼の声が，ぼくたちをとても支援してくれました。ぼくたちは決してあきらめず，最終的に勝ちました！　ぼくたちはケンに，「手助けをしてくれてどうもありがとう」と言いました。ぼくは，チームのすべてのメンバーが必要とされていると学んだのです。

〔メモの訳〕

・ジョンは(1)チームワークが重要だと信じています。
・チームは毎週(2)金曜日にミーティングをしました。
・ケンは(3)脚を骨折してプレーすることができませんでした。
・ケンの(4)声がチームを支援しました。
・チームのすべてのメンバーが必要とされています。

<理科解答>

1　1 ウ　2 イ　3 ア　4 エ　5 燃焼　6 組織液　7 南中高度　8 4.8cm

2　1 生態系　2 イ　3 カエル

3　1 (例)フラスコ内の液体が急に沸騰することを防ぐため。　2 イ　3 試験管B ウ　試験管D エ

4　1 ア　2 150回転　3 図3 同じ　図4 逆　4 エ

5　1 エ　2 ア　3 (水の方が砂に比べて) (例)あたたまりにくく冷めにくい。　4 ウ

6　1 中和　2 $3.5cm^3$　3 ① $BaSO_4$　② H_2O　4 右図

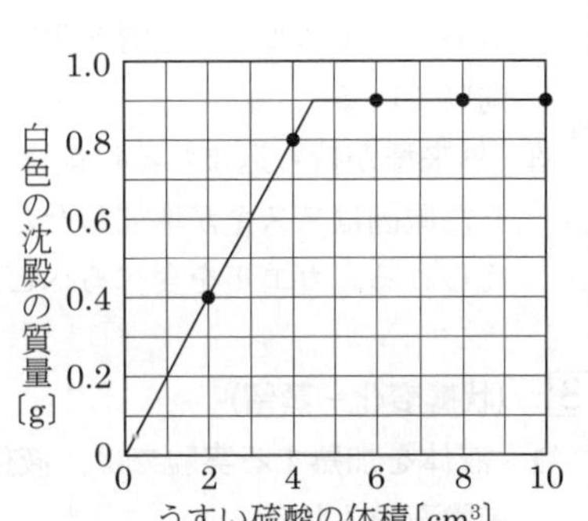

7　1 0.4J　2 イ　3 ア

8 1 エ 2 (例)震源Rで発生した地震の方が震源が浅いので震度が大きかった。
3 震央 イ 震源の深さ 40km
9 1 ア 2 ① 酸素 ② 二酸化炭素
③ 減少 3 ウ 4 (例)森林が多い北半球が夏になり，光合成がさかんに行われているから。

＜理科解説＞

1 (小問集合)

1 太陽系の8つの**惑星**は，小型でおもに岩石からなるため密度が大きい**地球型惑星**(水星，金星，地球，火星)と大型でおもに気体からなるため密度が小さい**木星型惑星**(木星，土星，天王星，海王星)に分けられる。直径が最大の惑星は木星，最少は水星である。

2 1種類の原子からできている物質を**単体**，2種類以上の原子からできている物質を**化合物**という。したがって，単体の**化学式**は1種類の元素記号のみで表される。水(H_2O)，窒素(N_2)，二酸化炭素(CO_2)，アンモニア(NH_3)

3 体が1つの細胞だけでできている生物を**単細胞生物**というのに対して，体が多くの細胞からできている生物を**多細胞生物**という。

4 **放射線**は，ウランなどの放射性物質から出るが，目には見えない。物質を通りぬける透過性や，原子をイオンにする電離能がある。また，放射線には人工的につくられるものと，自然界に存在するものとがある。

5 物質と酸素との化合を**酸化**といい，このうち光や熱を出しながら激しく進むものを**燃焼**をよぶ。

6 毛細血管の壁はうすく，血液の中の液体の一部がしみ出て細胞をひたしている，この液を**組織液**といい，酸素や不要な物質は組織液に溶けこんだあと，毛細血管と細胞の間を移動する。

7 東からのぼった天体は，真南の空で最も高くなる。これを**南中**といい，このときの地平線から天体までの高さを角度で表したものが南中高度である。

8 $2(\mathrm{cm}) \times 2.4 = 4.8(\mathrm{cm})$

2 (自然界のつり合い－食物連鎖)

1 生物は，自分以外の生物との間に，さまざまな関連をもって生きている。ある環境とそこに生きている生物を1つのまとまりと見たものを**生態系**という。

2 **光合成**によって有機物をつくり出す植物を**生産者**，それを食べてエネルギーを得る草食動物と草食動物を食べてエネルギーを得る肉食動物を**消費者**，生物から出された有機物を無機物にまで分解してエネルギーを得る生物を**分解者**という。Dには，A，B，Cすべてからの有機物の流れが向いている。

3 外来種が持ち込まれる以前は，生物の数量のつり合いが保たれていたことから，バッタが増加した原因はススキが増加したからではなく，バッタを食べるカエルの数量が減少したからだと考えられる。カエルを食べるヘビが増加していないので，カエルが外来種に食べられて減少した。

3 (状態変化－蒸留)

1 液体を加熱する実験では，液体が急に沸騰して飛び出すのを防ぐため，必ず加熱を始める前に沸騰石を入れる。

2　液体の混合物を加熱すると，**沸点**の低い物質から順に沸騰して気体に変わる。このとき温度は一定にならず，グラフには少しずつ温度が上昇するようすが現れる。エタノールの沸点は78℃，水の沸点は100℃なので，これらの混合物を加熱すると，まず，エタノールがグラフの78℃付近の温度変化が小さい部分で沸騰する。

3　Bはエタノールの沸点付近の温度で出てきた気体を冷やした液体だが，温度の上昇はわずかではあるが続いているので，少量の水がふくまれている。Dには火がつかなかったが，まだ水の沸点に達していないので，わずかにエタノールがふくまれる。

4　(磁界と電流)

1　電池の向きから考えて，コイルにはQ→Pの向きに電流が流れ，**磁界**から力を受けて回転する。電流が流れるときはその向きがつねにA→Bなので，LEDは赤色のみが点滅する。

2　$10(\text{回})\times\frac{60}{4}=150(\text{回})$

3　図3では磁石の下側がS極なので，磁石による磁界の向きは図2と同じ向きになるため，コイルの回転する向きも同じである。一方，図4では磁石による磁界の向きが図2とは逆なので，コイルの回転する向きも逆になる。

4　たとえば，棒磁石のN極がコイルに近づくときと遠ざかるときでは，コイルに流れる電流の向きは逆になる。次に，N極が遠ざかったあとにはS極が近づくので，コイルにはまずN極が遠ざかるときと同じ向きに電流が流れる。したがって，オシロスコープには同じ向きの山(または谷)が2回ずつ現れる。

5　(天気の変化，日本の気象)

1　日本列島が小笠原高気圧にすっぽりおおわれているので，南東の風が吹き，高温で湿度が高く，蒸し暑い夏の典型的な天気である。

2　砂は水よりもあたたまりやすいため，砂の上の空気の密度のほうが水の上の空気よりも小さくなって上昇し，水の上の空気が砂の上へ向かって移動する。

3　砂のほうが水よりも先に冷えるため，その結果，(3)では砂の上の空気のほうが水の上の空気よりも温度が低くなり，(2)とは逆の向きに空気が移動する。

4　冬の日本付近では，大陸の温度が低いのでシベリア高気圧が発達し，**西高東低**の気圧配置になる。このため，高気圧から低気圧に向かって北西の**季節風**が吹く。

6　(酸とアルカリ―イオン，中和)

1　**中和**では，**酸**の性質を示す水素イオン(H^+)と**アルカリ**の性質を示す水酸化物イオン(OH^-)が結びついて水(H_2O)が生じ，互いの性質を打ち消し合う。

2　メスシリンダーで液体の体積をはかるときには，液面の最も低い部分をま横から見て，1目もりの$\frac{1}{10}$まで目分量で読みとる。したがって，図の液体の体積は46.5cm^3　$50.0-46.5=3.5(\text{cm}^3)$

3　硫酸(H_2SO_4)と水酸化バリウム($Ba(OH)_2$)が反応して，硫酸バリウム($BaSO_4$)と水(H_2O)が生じる。白い沈殿は水に溶けにくい物質である硫酸バリウム。

4　C，D，Eでは硫酸がすべて反応に使われたので，白い沈殿の質量は変化していない。

7　(運動とエネルギー―力学的エネルギー，仕事)

1　**仕事**は，物体に加えた力の大きさ(N)と，力の向きに物体が動いた距離(m)の積で求められる。
$2(\text{N})\times 0.2(\text{m})=0.4(\text{J})$

2　図3より，同じ高さの点Pからレール上を下って木片を移動させた距離は，小球の質量に比例することがわかる。点Pの高さを20cmにして，質量75gの小球をレール上で移動させて木片に衝突させると，木片の移動距離は，$6(\text{cm})\times\frac{75}{50}=9(\text{cm})$

3　レールから飛び出した小球Aは，そのまま運動を続けて最高点Rを過ぎても移動する。

8　(地震)

1　日本付近では4枚の**プレート**が押し合っており，海のプレートが陸のプレートの下に沈み込んでいる。プレートの境界で起こる地震の**震源**は，プレートの沈み込みに沿って，太平洋側で浅く，日本海側にいくにつれて深くなる。

2　地震による岩盤の破壊が始まった地下の点が震源で，この震源の真上の地表の点を**震央**とよぶ。**マグニチュード**が等しいので，震源から震央までの距離が小さい震源Rで発生した地震のほうが震央での**震度**は大きい。

3　A，B，Cの各地点のうち，P波の到達時刻が最も早いB地点が震源に最も近い。図2を地表面と考えれば，ア～エのうちでB地点と重なるイが震央にあたる。したがって，B地点の震源からの距離が震源の深さになる。

9　(植物のはたらき－光合成)

1　Cに対するA，およびDに対するBのように，調べたいことの条件だけを変えて，それ以外の条件を同じにして行う実験を**対照実験**という。それぞれの実験結果のちがいは，条件のちがいによるものであることがわかる。

2　Cではオオカナダモに光が当たり，光合成を行った。**葉緑体**では水と二酸化炭素からデンプンなどがつくり出され，酸素が発生する。アルカリ性のBTB溶液に息を吹き込むことによって，二酸化炭素が水に溶けて中性の緑色になった。この二酸化炭素が光合成に使われたため，もとのアルカリ性にもどって溶液は青色になった。

3　AとB，CとDでいずれも光が当たるかあたらないかのちがいによる溶液の色を調べている。

4　図3より，南半球より北半球のほうに森林の多い地域が分布していることがわかる。4月から8月にかけては北半球が春から夏で，森林で光合成がさかんに行われ，大気中の二酸化炭素が使われたと考えられる。

<社会解答>

1　1 (1)　エ　(2)　イ　(3)　ア　(4)　イ　2 (1)　モノカルチャー[経済]　(2)　やませ　(3)　足利義満　(4)　憲法の番人

2　1 ア　2 ヒンドゥー[教]　3 ウ　4 エ　5 図3 (例)ホーペイ省は小麦の生産が盛んで，コワントン省は米の生産が盛んである。　図4 (例)コワンチョウは，ペキンと比較し，1年を通して，気温が高く降水量が多い。

3　1 シラス　2 イ　3 ウ　4 ウ　5 (例)宮崎県は，福島県に比べ，冬でも温暖である。そのため，宮崎県では，ビニールハウスを暖める暖房費を抑えながら，冬にきゅうりを生産することができるから。

4　1 東大寺　2 イ　3 エ　4 〔平清盛と藤原道長は〕(例)自分の娘を天皇と結婚させることで権力を強め，朝廷の政治の実権を握ったから。　5 ア　6 ウ　7 A→D→C→B→E

5　1　中華民国　2　エ　3　イ　4　イ→ア→エ→ウ　5　図1　(例)アメリカを中心とする西側諸国と，ソ連を中心とする東側諸国の対立があった。　図2　(例)ソ連の解体により，独立国となった。

6　1　(1)　配当[配当金]　(2)　ウ　(3)　エ　(4)　ア　2　(1)　ウ　(2)　世界人権宣言　(3)　エ　(4)　クーリング・オフ〔制度〕　(5)　プライバシーの権利[プライバシーを守る権利]　(6)　(例)やりたくなかった人の多くが，裁判に参加してよい経験と感じているように，裁判員制度は，司法に対する国民の理解を深めることにつながるため。

7　1　扇状地　2　ア　3　イ　4　X　(例)英語や中国語などの複数の言語も表記〔しました。〕　Y　(例)絵や記号なども表記〔しました。〕

<社会解説>

1　(地理的分野―世界地理－人々のくらし・貿易, ―日本地理－気候, 歴史的分野―日本史時代別－古墳時代から平安時代・鎌倉時代から室町時代, ―日本史テーマ別－政治史, ―世界史－政治史, 公民的分野―地方自治・三権分立)

1　(1)　スペイン語を母国語とする，メキシコなど中南米・カリブ海地域の出身者やその子孫でアメリカに居住する人々を**ヒスパニック**といい，メキシコとの国境付近を中心に居住している。ア・イ・ウはそれぞれ先住民族の呼び方で，アのマオリとは，ニュージーランドの，イのイヌイットとは，カナダ北部の，ウのアボリジニとは，オーストラリアの，それぞれ先住民族の名称である。

(2)　**聖徳太子**が**蘇我馬子**と協力して603年に定めたのが，**冠位十二階**制度である。冠位十二階が制定される以前は，代々世襲される姓制度による身分制度となっていた。冠位十二階制度は，家柄にこだわらずに有能な人間を登用する，あるいは，特別な功績をあげた人物の働きに報いるため制定されたものである。

(3)　**コロンブス**は，イタリアのジェノヴァの人だが，スペイン王の事業として大西洋の横断を実施した。コロンブスは，大西洋を横断し**西インド諸島**に到達したが，生涯そこがアジアであると考えていた。

(4)　**地方自治体**の収入の格差を少なくするために，国から交付される資金のことを**地方交付税交付金**という。国税の一部を財政基盤の弱い自治体に配分し，自治体間の財政格差を補うことが目的である。

2　(1)　**発展途上国**の中には，数種類の鉱産資源や農産物など特定の輸出に依存しているため，天候や価格の影響を受けやすく，それらの価格や輸出量の変動に左右され，経済が不安定になりがちな国もある。こうした経済状況のことを**モノカルチャー経済**という。

(2)　梅雨明け後に，**オホーツク海気団**より吹く，冷たく湿った北東風を**やませ**といい，北海道・東北地方の太平洋側に吹きつけ，**冷害**をもたらす。

(3)　**室町幕府**の三代将軍は**足利義満**である。足利義満は幕府の初代将軍足利尊氏の孫である。父の死により，11歳で**征夷大将軍**となる。1392年には，**南朝**と**北朝**に分かれていた天皇家の再統一に成功した。将軍の座を息子に譲ってからも，実権を握り続け，明国との**勘合貿易**を始めた。金閣を建てたことでも有名である。

(4)　法律や政令が憲法に違反しているかどうかについて，最終的に判断を下すことから，最高裁判所のことを**「憲法の番人」**という。

2 (地理的分野―世界地理－地形・気候・貿易・人々のくらし・産業)

1 インドと中国の**チベット高原**の間に，西から東に走る山脈が**ヒマラヤ山脈**である。世界最高峰の山である**エベレスト**を含んでいる。

2 インドの国民の80％が信仰しているのが，**ヒンドゥー教**である。ヒンドゥー教では牛を食べない。

3 バンコクとジャカルタは，気候帯の**熱帯**に属する。赤道に近いため1年を通して気温が高い。熱帯・亜熱帯地域の広大な農地に大量の資本を投入し，例えばバナナなど単一作物を大量に栽培する大規模農法を，**プランテーション**という。栽培されるのは，輸出目的で作られる商品作物である。

4 アは，**衣類**が多いことから，中国である。乗用車の保有台数が最も多いことも，人口の多い中国に当てはまる。イは，石油製品が多く，また**ダイヤモンド**があることから，インドである。ウは，インドネシアである。インドネシアは，世界最大の**パーム油**生産国で，全世界の50％近くを生産している。パーム油とはアブラヤシという植物から採れる植物油である。残るエが，タイである。タイでは工業化が進み，機械類・自動車・石油製品の3つで輸出の半分近くを占めている。

5 図3　ホーペイ省は，小麦の生産が盛んで，米がほとんど生産されていないのに対し，コワントン省は**米**の生産が盛んで，**小麦**はほとんど生産されていない。　図4　雨温図から，コワンチョウは，降水量の多い都市だとわかる。ペキンが，冬は気温が氷点下になるのと比較し，コワンチョウは，冬でも10度を下回らないことが見てとれる。

3 (地理的分野―日本地理－地形・資源・エネルギー・農林水産業)

1 九州南部に数多く分布する，火山噴出物からなる台地を，**シラス**台地という。典型的な火砕流台地であり，シラスや溶結凝灰岩などで構成される。シラスは雨水がしみやすい，酸性の強い土壌である。

2 阿蘇**カルデラ**は，東西18kmで，南北が25kmと世界でも有数の規模を誇っている。このカルデラは，九州中部・北部を覆い尽くす4回にわたる巨大火砕流噴火の結果生じたものである。阿蘇は，地図上のイである。

3 **太陽光発電**とは，太陽の光エネルギーを電気に変えるエネルギー変換器「太陽電池」を使った発電方法である。日本で最も太陽光発電が進んでいるのは九州である。**地熱発電**とは，地中深くから取り出した蒸気で直接タービンを回し発電するものである。熊本県の南阿蘇村は，日本で有数の地熱資源が存在し，九州は地熱発電が活発に行われている。

4 アの農林水産業の割合が最も多いのは，青森県である。イの製造業の割合が最も多いのは，国内最大の自動車メーカーを県内に有する愛知県である。エの農林水産業の割合がほとんどないのが，東京都である。残るウが，沖縄県である。沖縄県は観光で成り立っているため，飲食・宿泊業の割合が多い。

5 宮崎県は，福島県に比べ，冬でも温暖であること。宮崎県では，**ビニールハウス**を利用し，冬にきゅうりやなすなどの**促成栽培**を行っていること。温暖であるため，ビニールハウスで使用する暖房費を抑えることができること。以上3点を簡潔にまとめ解答するとよい。

4 (歴史的分野―日本史時代別－古墳時代から平安時代・鎌倉時代から室町時代・安土桃山時代から江戸時代・明治時代から現代，―日本史テーマ別－文化史・政治史・外交史)

1　図1は，**聖武天皇**が造立させた**東大寺**の**大仏**(毘盧遮那仏)である。聖武天皇は，**鎮護国家**の仏教に深く傾倒し，都に東大寺を，各国に**国分寺**を作らせた。

2　Bのカードは，江戸時代の幕末の様子を説明している。アは，平安時代のことである。ウは，奈良時代のことである。エは，鎌倉時代のことである。ア・ウ・エとも時代が異なり，イが正しい。江戸時代は，**武家諸法度**により，幕府の許可なしに大名同士が結婚することが禁じられていた。

3　出雲大社の巫女といわれる**出雲の阿国**が創始した芸能が，**かぶき踊り**である。かぶき踊りは，やがて男のみの芸能である**歌舞伎**へと発展していった。

4　**平清盛**と**藤原道長**は，自分の娘を天皇と結婚させ，生まれた男子を天皇として即位させ，天皇の**外祖父**となることで権力を強め，政治の実権を握ったことを，簡潔にまとめ解答する。

5　1185年に長門国壇ノ浦で行われた戦闘が，**壇ノ浦の戦い**である。平氏の血を引く安徳天皇は，入水し，**平氏**は，**源義経**を総大将とする**源氏**の軍に敗れ，この壇ノ浦の戦いで**平氏は滅亡**した。

6　ア・イ・エは，すべて正しい。ウは，大正時代のことを説明しており，明治時代のことに当てはまらない。

7　Aは，奈良時代のことである。Bは，江戸時代末期のことである。Cは，安土桃山時代のことである。Dは，平安時代末期のことである。Eは，明治時代のことである。したがって年代の古い順に並べると，A→D→C→B→Eとなる。

5　(歴史的分野―世界史－政治史，―日本史時代別－明治時代から現代，―日本史テーマ別－社会史・外交史・政治史)

1　20世紀初めに，**三民主義**を唱えた**孫文**が**辛亥革命**を指導し，清朝を打倒するとともに，専制政体を倒して，アジアで最初の共和国である**中華民国**を建国した。

2　アは，1930年代の**国民精神総動員法**の説明である。イは，1950年代後半から1960年代前半にかけてのことである。ウは，明治初期の説明である。ア・イ・ウとも別の時代のことであり，
エが，ⓐの時期における日本の生活や文化の説明として正しい。

3　アの，**朝鮮戦争**が起こったのは，1950年である。ウの，**シベリア出兵**が行われたのは，1918年である。エの，**日英同盟**が解消されたのは，1922年である。ア・ウ・エとも時期が異なり，イが正しい。

4　アの，**サンフランシスコ平和条約**が締結されたのは，1951年である。イの，**日本国憲法**が制定されたのは，1946年である。ウの，**沖縄の返還**は，1972年である。エの，国際連合への加盟は，1956年である。年代の古い順に並べれば，イ→ア→エ→ウとなる。

5　図1　**アメリカ**を中心とする**西側諸国**と，**ソ連**を中心とする**東側諸国**の対立があり，1980年のソ連の首都モスクワでのオリンピック開催に西側諸国は異を唱えた。西側先進国で参加辞退した国は，アメリカ・西ドイツ・日本・カナダなどである。1984年には，アメリカのロサンゼルスでのオリンピック大会に，東側諸国のソ連・東ドイツ・北朝鮮などが参加を辞退した。以上をまとめて解答する。　図2　それまでソ連の一部であった国々が，1991年の**ソ連の解体**により，それぞれ独立した共和国となり，オリンピックに参加したことを簡潔に指摘する。

6　(公民的分野―経済一般・財政・消費生活・憲法の原理・基本的人権・三権分立・国際社会との関わり)

1　(1)　**株式**を発行した**企業**は，利益を上げると**株主**にそれを分配する。その分配される利益のことを**配当**(**配当金**)という。

(2)　消費税は**間接税**であり，税負担者と納税者が異なる税金である。**所得税**などが**累進課税**制をとっているのに対し，消費税では税率が一定のため，所得の低い人ほど，所得に対する税負担の割合が高くなる傾向がある。

(3)　ア　**インフォームド・コンセント**とは，患者が医師から，治療法などについて正しい情報を伝えられた上での合意をすることをいう。　イ　**バリアフリー**とは，障害者や高齢者が生活していく際の障害を取り除き，誰もが暮らしやすい社会環境を整備するという考え方のことをいう。　ウ　様々なメディアから発信される情報の取り扱いに関する知識と能力のことを，**メディアリテラシー**という。仕事と家庭生活などとの調和を図り，充実感をもって働きながら，家庭生活や地域生活も充実させられること，またはそのための取り組みのことを，エの**ワーク・ライフ・バランス**という。

(4)　ODAとは**政府開発援助**のことであり，開発途上国の経済・社会の発展や福祉の向上を支援するために，政府が行う資金や技術面での援助を指す。

2　(1)　2015年に**公職選挙法**が改正され，選挙権年齢が20歳から18歳に引き下げられた。

(2)　1945年に国際連合が発足し，3年後の1948年に，第3回国際連合総会で「すべての人間は，生まれながらにして自由であり，かつ，尊厳と権利とについて平等である。」とする**世界人権宣言**が採択された。

(3)　**都道府県知事**の選挙権は18歳以上，被選挙権は30歳以上である。都道府県では，議会の議員も，知事も，住民の直接投票で選ばれるため，**二元代表制**といわれる。

(4)　訪問販売や通信販売などのセールスに対して，契約した後に冷静に考え直す時間を消費者に与え，一定期間内であれば無条件で契約を解除することができる制度のことを，**クーリング・オフ**制度という。

(5)　人がその私生活や私事をみだりに他人の目にさらされない権利を，**プライバシーの権利**という。現在では，名前・住所・電話番号・顔写真などの個人情報を守る権利としても考えられるようになっている。プライバシーを守る権利でも正解である。

(6)　上のグラフから，**裁判員**をやりたくなかった人が多いことがわかる。一方，下のグラフから，9割以上の人が，裁判に参加してよい経験になったと感じていることがわかる。以上2点を指摘し，裁判員制度は，司法に対する国民の理解を深めることに貢献していることをまとめるとよい。

7　(地理的分野―日本地理－地形，歴史的分野―日本史時代別－古墳時代から平安時代・安土桃山時代から江戸時代，―日本史テーマ別－文化史，公民的分野―国際社会との関わり)

1　河川が山地から平野や盆地に移る所などに見られる，運んできた土砂の堆積によりできた扇状の土地を**扇状地**という。

2　**杉田玄白**らが**『解体新書』**を著したのは，江戸時代であり，近世である。**鑑真**が日本に来たのは，奈良時代であり，古代である。

3　端午の端は「はじめ」という意味で，「端午(たんご)」は5月最初の午(うま)の日のことであった。現在では，5月5日がこどもの日として定着しており，田植えの時期と最も関係が深い。

4　X　改善した観光マップでは，多くの外国人がわかるように，英語・中国語・韓国語でも表記していることを指摘する。　Y　改善した観光マップでは，子供などでも，多くの人が一目でわかるように絵や記号なども表記していることを指摘する。

<国語解答>

1 1 (1) わやく (2) つい (3) けいしゃ (4) はあく (5) おごそ
2 (1) 泳 (2) 飼育 (3) 届 (4) 警備 (5) 複雑 3 (1) ア
(2) エ (3) イ (4) エ (5) ウ

2 1 あわれ 2 イ 3 ア 4 (例)病人の鏡を八功徳水で磨き，改めて病人に鏡を見せ，病を治す 5 ウ

3 1 ウ 2 (例)自然の生命を取り入れて自己の生命を持続 3 イ
4 (Ⅰ) (例)群れを作りコミュニティを形成し，互いが役割を果たし協力し合うことで築かれた。 (Ⅱ) エ 5 ア

4 1 ウ 2 エ 3 ア 4 (例)一生懸命にお百度参りをしていたこと。
5 もう，それ～なかった。 6 イ

5 (例) 私は，自分の意見を積極的に表現したいと考えている。文化祭の出しものを決める時、いろいろな友達が意見を出したおかげで、より良い企画になった。自分の意見が採用されると、嬉しくてやる気も出るからだ。

自分の意見を一方的に言い張るのではなく、自分以外の考えを受け入れる気持ちを持つことも大切だ。相手も自分と同じようにその人なりの考えをもっているのだ。場合によっては控えた方がいいこともある。より良い方向に進むためには、自分の意見も相手の意見も貴重である。だからこそ、自分の考えをしっかり確立して話し合いに臨むように心がけたい。

<国語解説>

1 (脱語補充，漢字の読み書き，品詞・用法，敬語，表現技巧，和歌・短歌，漢文)

1 (1) 日本語に訳すこと。 (2) 送り仮名に気を付ける。訓読みは「つい・やす」，音読みは「ヒ」。 (3) かたむいて斜めになっていること。その角度。「傾」の訓読みは「かたむ・き」で送り仮名に気を付ける。音読みは「ケイ」。 (4) 優れた能力で，要点を的確に理解すること。「把」は手でつかむ部分，の意。 (5) 静かに行儀作法通りに執り行われる様子。訓読みの送り仮名に気を付ける。

2 (1) 「泳」はさんずい。つくりの部分を「氷」にしない。 (2) 「飼」は，しょくへん＋「司」。(3) 「届」は，とだれ＋「由」。「田」にしない。 (4) 「警備」の「警」は「敬」＋「言」。(5) 「複」は偏に注意する。ころもへんである。「ネ」と書かない。

3 (1) 和歌の中に「桜花」とあるので，季節は春である。 (2) 「中」で結ばれているので、体言止め。「かはたれ時」は，薄暗くて「あなたは誰ですか？」と尋ねる意から，夜明け時のまだ薄暗い時分のことである。 (3) 返り点を参考にすると，漢字の読む順番は「同」→「悲」→「不」となる。「不」は付属語の助動詞なので「ず」と平仮名で書くようになる。 (4) 傍線④「だ」は，断定の意味の助動詞である。アは伝聞推定の助動詞「そうだ」の一部，イは形容動詞「静かだ」の一部，ウは過去の助動詞，エは断定の助動詞である。 (5) この場合は生徒がへりくだって先生を敬うのが適切なので謙譲語を用いる。「お～する」の形がよい。尊敬語の作り方は「～られる」「お～になる」などである。謙譲語の作り方と混同しないようにしたい。

2 (古文一大意・要旨，内容吟味，文脈把握，仮名遣い，古文の口語訳)

【現代語訳】　中国に負局という仙人がいた。この仙人は世にもまれな術を行い，人が喜ぶのを，しきりに好んでいた。あるとき，世の中の人々が，病気にかかり，ある者は死に，ある者は苦しむことどの者も例外がないように見えた。医学的処置をしても，効き目がない。ただすがることは，心を込めて天へと，それぞれが祈り申し上げるだけである。このように人々が嘆き悲しんでいるのを，負局はとても哀れだと思い，深谷へ行って，岩の間に滴り落ちる水を，八つの優れた点がある水であるからといって，自分の思った通りに八功徳水を湧き出させた。その水の色は，なんとも鮮やかで白い。この功徳水を汲んで，瓢箪に入れ，杖の両端に引っ掛けかつぎ，国々を巡り，病気にかかった人を見つけては，その病人が持っていた鏡を取り，あの功徳水をかけて磨き，あらためて病人にみせると，たちまち，病気(が治る)だけではなく，肌もきれいになり，長生きするようになったということである。病人は喜びに堪えかね，負局に贈り物をするのだが，あえて一銭も受け取りません。こうして四百余りの州を巡り，人々を助けました。だからこそ，すべての仙人の長といわれた。年月が流れていなくなったので，人々は，負局から受けた恩をお返しするために，あの八功徳水の上に神を祭る小さな社を建てて，(負局を)神として祭って敬ったということである。

1　語中・語尾の「は・ひ・ふ・へ・ほ」は現代仮名遣いで「ワ・イ・ウ・エ・オ」と読む。

2　傍線(1)の直前に「医工をほどこすといへども，しるしをえず」とあるのが理由の部分である。**「しるし」は，効果・ききめ・御利益**などの意味がある。口語訳で確認しておくこと。

3　「心」とは負局の心を指す。負局の考え・思ったことであることをふまえて選択肢を選ぶ。

4　文中の「その者のもちける鏡をとって，かの功徳水をもってみがき，あらためて病人にみせければ」が病気治療方法の説明部分になる。それ以降に効果の表れ方が示されていることからもおさえらよう。

5　負局は病気に苦しむ人々を助けた。そのために，**「四百余州をめぐり」**，そして助けられた人々が「かれが恩を謝せんために……**神に祭りてうやまへり**」という。この二つのポイントを見極めれば，適切な選択肢が選べよう。

③　(論説文―文脈把握，段落・文章構成，脱文・脱語の問題)

1　生命のふるさとから離れて生きる者を「ふるさと難民」と称している。その説明は①段落に**「海や土との関わりを絶っていきる消費者」**とあり，ここから選択肢を選べよう。

2　傍線(2)にある「この生命の大きな輪」とは，前段落の「その自然の生命を自分に取り入れることで，私たちは生命を持続させる。私たちも死ねば最後は土や海に戻り，微生物に食べられる」というサイクルのことだ。説明文の内容とほぼ一致する。したがって，空欄には，この前半部を適切にまとめればよい。

3　［A］・［B］を含む文の冒頭には**「ところが」と逆接の接続詞**がある。前文には「人間も言葉がなかった非言語の時代には，無意識の領域が大きく……」とあり，それが**「人間が言語を獲得してから」はどうなったかというと，その逆であることをおさえよう。意識の領域が大きくなる**のだ。したがって，［A］には意識が入る。すると意識が増えれば無意識の世界は減ってしまうのだから［B］には無意識が入る。

4　(Ⅰ)　人間同士の関係の構築については⑧段落に書いてある。「人々は群れをつくり，コミュニティを形成し，互いの役割を果たし合いながら力を合わせて生きていた。」という記述だ。ここを用いてまとめればよい。　(Ⅱ)　⑨段落に「自然の脅威から守られた都市という要塞に暮らすようになると，この共存関係が崩れ，コミュニティは弱体化することになる。」とある。**都市で暮らすというのが原因**であることをふまえ，指定字数にあうようまとめればよい。

5　本文は①・②で，自然と離れて生きることの問題は何かと提起され，③で「『生命体としての自分』を自覚できなくなること」という筆者の見解を述べている。そして,「生きる実感」ということを挙げ，それ以降の段落で論が展開されていく構成になっている。イの「解決策の提示」,ウの「具体的に言い換えたうえで，補足的説明」,エ「新たな視点から別の問題を提起」という部分が不適切である。

4 (小説－情景・心情，内容吟味，文脈把握，段落・文章構成，脱文・脱語補充)

1　傍線(1)「どうしたの！」は,「母親のおどろき」の声である。**自分は人目を避けて知られないように家を出てきたはずなのに，家にいるはずのひさしについてこられたことに驚いた**のである。

2　入れたい一文には「時間が過ぎた。」とある。**空欄の前後で時間の経過がみられる箇所に補う**のが適切である。エは，**その前が母のお百度参りの場面であり，その後は帰り道の場面**となっている。

3　母親はひさしを見つけた時に「子供が，寒い朝，しかも学校へ行く前にこんな所まで出て来てはいけない」と叱り,「自分のショールをとって，ひさしに頬被りさせると，ひさしの肩を抱えるようにして」歩いた。**ひさしが寒がらないように心を配っている**のだ。この母親の心情をふまえて選択肢を選ぶ。

4　傍線(3)にある「こう」という指示内容をおさえればよい。端的に言えば“お百度参りをしていたこと”である。これでは字数に足りないので，どのようにお参りしているのかを加えるとよい。ひさしの眼前で**母親が必死の形相・一生懸命にやっていること**を含めるようにしよう。

5　ひさしの「変化」がわかる箇所を探せばよい。後半部に「もう，それを知らないうちのひさしに戻るわけにはいかなかった。」とある。**知らなかったひさしから，知ってしまったひさしへと変化した**のである。

6　この文章は，ひさしが母親のお百度参りの様子を見ている場面が主で，その前後を含んだものである。**お百度参りの描写が丁寧**だ。ひさしが母親のことを他家の人のような気がするほどに気味悪さを覚えているが，**その異様さから読者は父親を想う母親の心中を察すること**ができる。実に間接的な表現である。また，この母親は愛情も深く，寒さの中の我が子ひさしをとても心配しているであろうことが読み取れる。アは「母親とひさしそれぞれの視点」という部分が，ウは「過去の場面にのみ会話文を使用」という部分が，エは「父親の心情」という部分があてはまらない。

5 (作文)

「自分の意見を伝える」というテーマで，積極的か消極的かという意識を問うている。自分はどちらであるかをまず決める。その際，体験を具体例として挙げるように求められているので，**積極的に表現して成功した例や，消極的であるからこそ良かったということを簡潔にまとめる**。どちらの立場であっても構わない。そう行動するのはどうしてなのか，自分自身の考えをアピールできればよいのだ。

それにより，**話し合いがうまくいくことや自分自身の成長に役立つといった理由が挙げられると説得力が出てよい**だろう。

大切なことはメモしておこうネ！

栃木県公立高等学校

平成30年度

★★★★★★★★★★★★★★★★★★★★★★★

入　試　問　題

●くわしい解説…… 39ページ

<数学>

時間　50分　　満点　100点

【注意】答えは，できるだけ簡単な形で表し，必ず解答用紙のきめられた欄に書きなさい。

1　次の1から14までの問いに答えなさい。

1　$(-12)\div 3$ を計算しなさい。

2　$\frac{1}{4}xy^3\times 8y$ を計算しなさい。

3　$\sqrt{2}+\sqrt{18}$ を計算しなさい。

4　$(x+4)^2$ を展開しなさい。

5　$5a+2b=7c$ を a について解きなさい。

6　1個 x g のトマト6個を y g の箱に入れると，重さの合計が900 g より軽かった。この数量の関係を不等式で表しなさい。

7　比例式 $5:(9-x)=2:3$ について，x の値を求めなさい。

8　右の図のような，底面積が $5\pi\ \text{cm}^2$，高さが7cm の円錐(すい)の体積を求めなさい。ただし，π は円周率である。

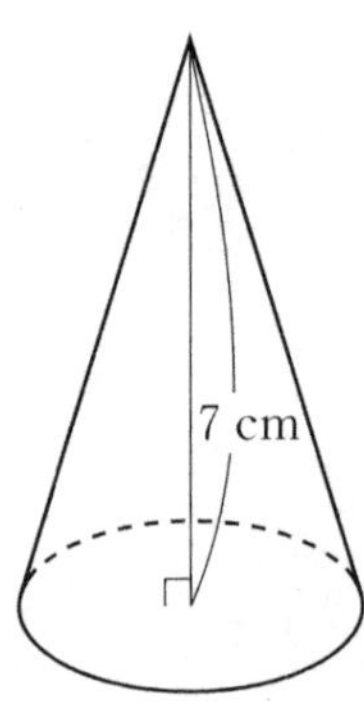

9　連立方程式 $\begin{cases} x-2y=8 \\ 3x-y=9 \end{cases}$ を解きなさい。

10　2次方程式 $x^2-6x-7=0$ を解きなさい。

11　1つの内角が150°である正多角形は，正何角形か答えなさい。

12　右の図で，$\ell \parallel m$ のとき，$\angle x$ の大きさを求めなさい。

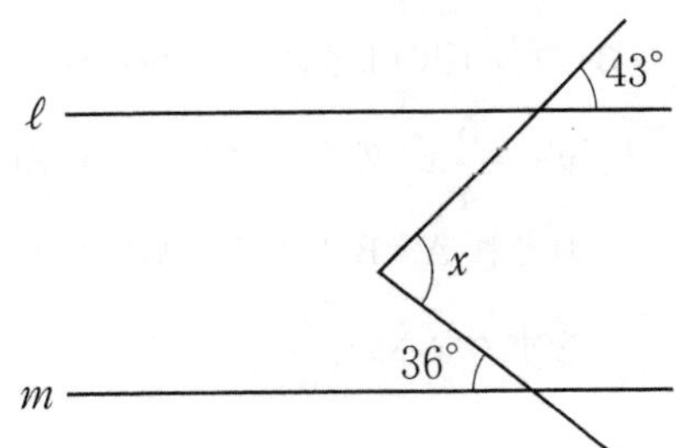

13　右の度数分布表は，ある中学校の1年生女子 40 人の立ち幅とびの記録をまとめたものである。度数が最も多い階級の相対度数を求めなさい。

階級(cm) 以上　未満	度数(人)
110 ～ 130	3
130 ～ 150	12
150 ～ 170	9
170 ～ 190	10
190 ～ 210	6
計	40

14　関数 $y = -x^2$ について，x の値が1から4まで増加するときの変化の割合を求めなさい。

2　次の1，2，3の問いに答えなさい。

1　右の図のように，円の内部に点Aがある。円周上にある点のうち，点Aとの距離が最も長い点Pを作図によって求めなさい。ただし，作図には定規とコンパスを使い，また，作図に用いた線は消さないこと。

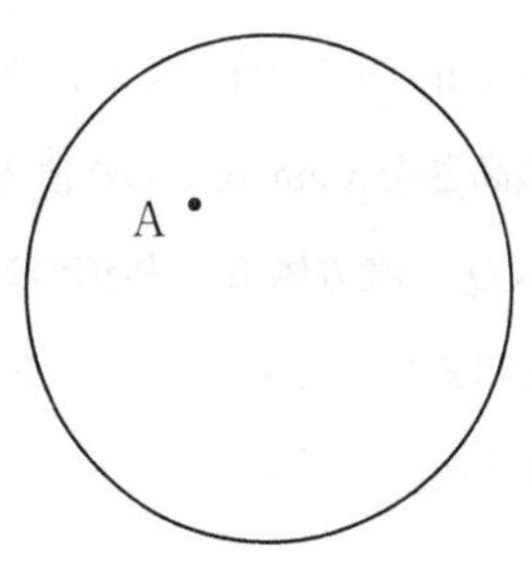

2　右の図のような，1から4までの数字が1つずつ書かれた4枚のカードがある。これらのカードをよくきってから1枚ずつ2回続けてひき，1回目にひいたカードの数字を十の位，2回目にひいたカードの数字を一の位として，2けたの整数をつくる。このとき，できた整数が素数になる確率を求めなさい。

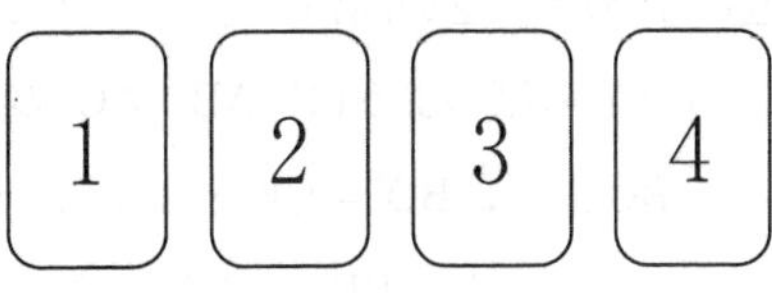

3　右の図のように，2つの関数 $y=\dfrac{a}{x}\left(a>0\right)$，$y=-\dfrac{5}{4}x$ のグラフ上で，x 座標が2である点をそれぞれA，Bとする。AB ＝6となるときの a の値を求めなさい。

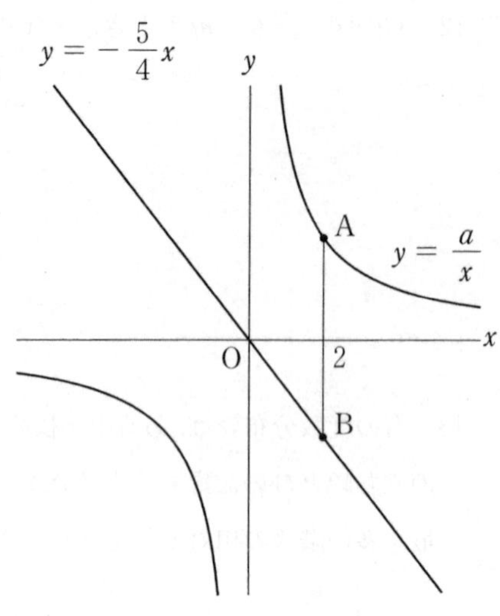

3　次の1，2の問いに答えなさい。

1　あるクラスで募金を行ったところ，募金箱の中には，5円硬貨と1円硬貨は合わせて36枚入っていた。募金箱の中に入っていた5円硬貨と1円硬貨の合計金額を a 円とするとき，a は4の倍数になることを，5円硬貨の枚数を b 枚として証明しなさい。

2　右の図のような，縦4 cm，横7 cm，高さ2 cmの直方体Pがある。直方体Pの縦と横をそれぞれ x cm $\left(x>0\right)$ 長くした直方体Qと，直方体Pの高さを x cm長くした直方体Rをつくる。直方体Qと直方体Rの体積が等しくなるとき，x の方程式をつくり，x の値を求めなさい。ただし，途中の計算も書くこと。

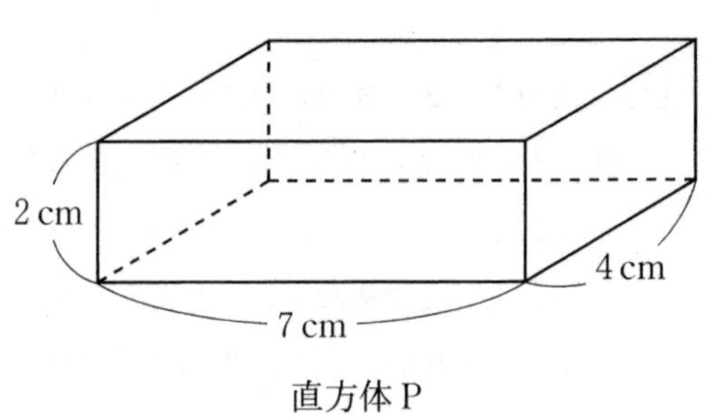

直方体P

4　次の1，2の問いに答えなさい。

1　右の図のように，AB＝AC の二等辺三角形 ABC の辺BC上に，BD = CE となるようにそれぞれ点D，Eをとる。ただし，BD ＜ DC とする。

　このとき，△ABE ≡ △ACD であることを証明しなさい。

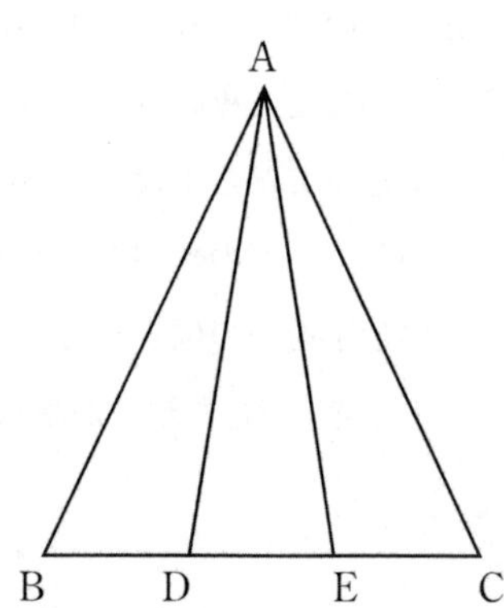

2　右の図のように，点Oを中心としABを直径とする円周上に2点A，Bと異なる点Cをとり，点OからACに垂線ODをひく。また，点Oを中心としODを半径とする円と線分OAの交点をEとする。

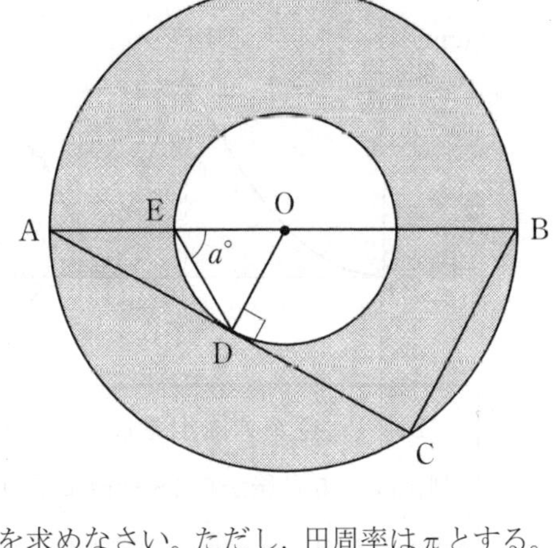

このとき，次の(1)，(2)の問いに答えなさい。

(1)　∠OED＝a°とするとき，∠OBCの大きさをaを用いて表しなさい。

(2)　AC＝12cm，BC＝4cmのとき，2つの円で囲まれた色のついた部分（▒の部分）の面積を求めなさい。ただし，円周率はπとする。

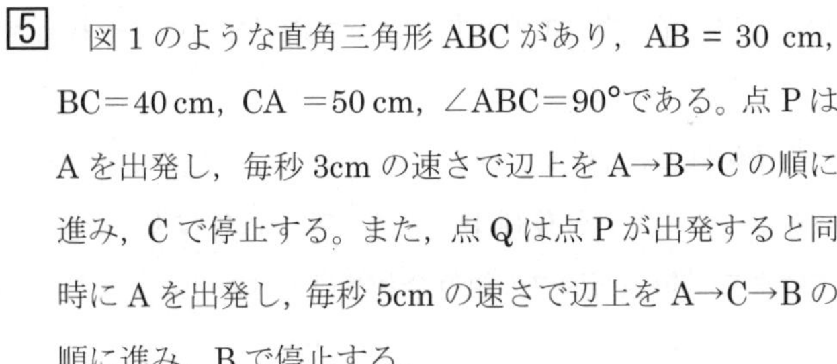

5　図1のような直角三角形ABCがあり，AB ＝ 30 cm，BC＝40 cm，CA ＝50 cm，∠ABC＝90°である。点PはAを出発し，毎秒3cmの速さで辺上をA→B→Cの順に進み，Cで停止する。また，点Qは点Pが出発すると同時にAを出発し，毎秒5cmの速さで辺上をA→C→Bの順に進み，Bで停止する。

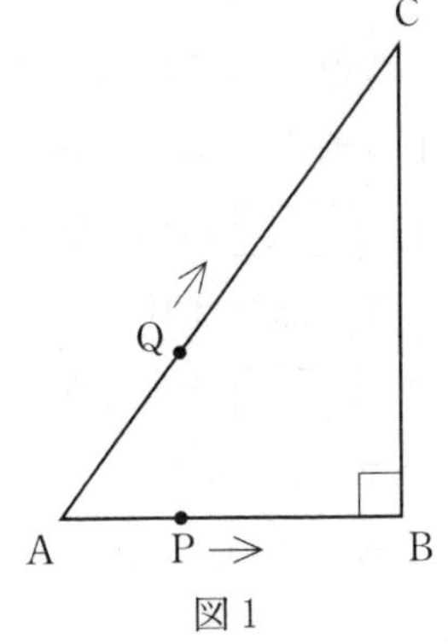

図1

2点P, QがAを出発してからx秒後の△APQの面積をy cm²とする。ただし，2点P，Qが一致したとき，$y=0$とする。

このとき，次の1，2，3の問いに答えなさい。

1　図2は，xとyの関係を表したグラフの一部である。このとき，次の(1)，(2)の問いに答えなさい。

(1)　2点P，QがAを出発してから10秒後までのxとyの関係は，$y=ax^2$と表される。aの値を求めなさい。

(2)　2点P，QがAを出発して10秒後から15秒後までのxとyの関係を式で表しなさい。ただし，途中の計算も書くこと。

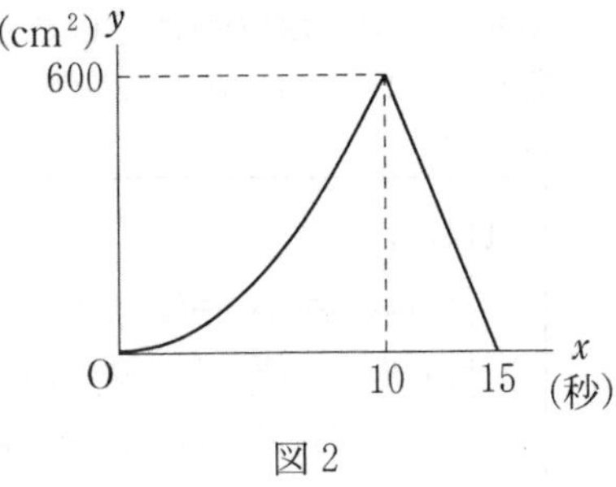

図2

2　あとの［　　　］内の文章は，2点P，Qが停止するまでのxとyの関係を表すグラフとして，次の(Ⅰ)，(Ⅱ)のどちらのグラフが適するかを述べたものである。

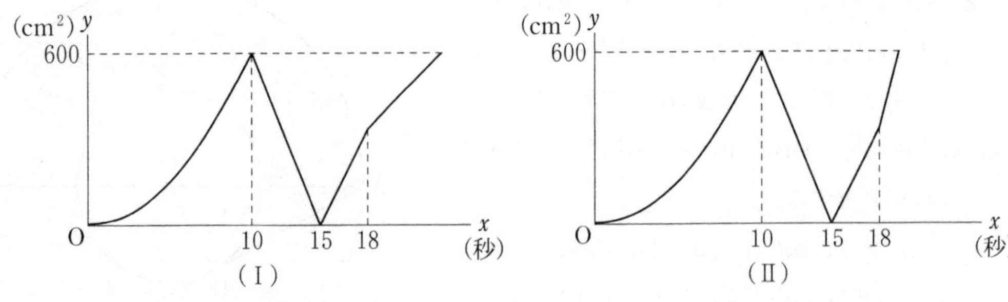

> 2点P，QがAを出発してから18秒後，（ ① ）にある。18秒後からの関数の変化の割合は，15秒後から18秒後までの変化の割合と比べて（ ② ）なるので，グラフとして適するものは（ ③ ）である。

このとき，次の(1)，(2)の問いについて，**ア**，**イ**，**ウ**，**エ**のうちから最も適当なものをそれぞれ1つ選んで，記号で答えなさい。

(1) ［　　］内の文章の①に当てはまる語句はどれか。

ア 点PはB　　**イ** 点PはC　　**ウ** 点QはB　　**エ** 点QはC

(2) ［　　］内の文章の②と③に当てはまる語句とグラフの組み合わせはどれか。

ア ②－小さく　③－(Ⅰ)　　**イ** ②－小さく　③－(Ⅱ)

ウ ②－大きく　③－(Ⅰ)　　**エ** ②－大きく　③－(Ⅱ)

3　△APQの面積が3度目に500 cm² となるのは，2点P，QがAを出発してから何秒後か。

6 図1のような，縦a cm，横b cm の長方形の紙がある。この長方形の紙に対して次のような【操作】を行う。ただし，a，bは正の整数であり，$a<b$とする。

> 【操作】
> 長方形の紙から短い方の辺を1辺とする正方形を切り取る。残った四角形が正方形でない場合には，その四角形から，さらに同様の方法で正方形を切り取り，残った四角形が正方形になるまで繰り返す。

例えば，図2のように，$a=3$，$b=4$の長方形の紙に対して【操作】を行うと，1辺3cmの正方形の紙が1枚，1辺1cmの正方形の紙が3枚，全部で4枚の正方形ができる。

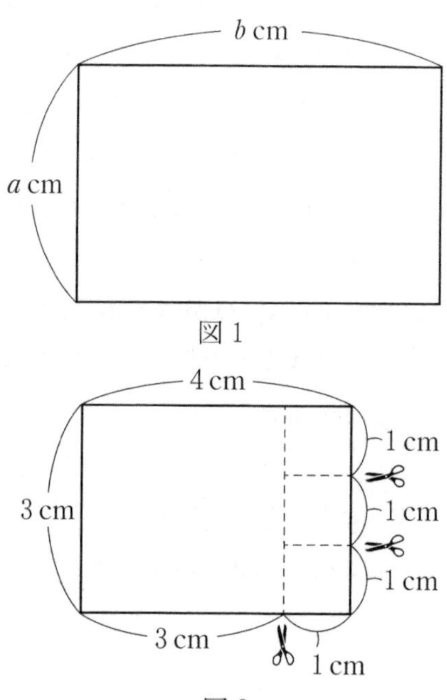

このとき，次の１，２，３，４の問いに答えなさい。

１　$a=4$，$b=6$ の長方形の紙に対して【操作】を行ったとき，できた正方形のうち最も小さい正方形の１辺の長さを求めなさい。

２　n を正の整数とする。$a=n$，$b=3n+1$ の長方形の紙に対して【操作】を行ったとき，正方形は全部で何枚できるか。n を用いて表しなさい。

３　ある長方形の紙に対して【操作】を行ったところ，3種類の大きさの異なる正方形が全部で4枚できた。これらの正方形は，1辺の長さが長い順に，12cm の正方形が1枚，x cm の正方形が1枚，y cm の正方形が2枚であった。このとき，x，y の連立方程式をつくり，x，y の値を求めなさい。ただし，途中の計算も書くこと。

４　$b=56$ の長方形の紙に対して【操作】を行ったところ，3種類の大きさの異なる正方形が全部で5枚できた。このとき，考えられる a の値をすべて求めなさい。

＜英語＞

時間　50 分　　満点　100 点

1　これは聞き方の問題である。指示に従って答えなさい。

1　〔英語の短い対話を聞いて，最後の発言に対する受け答えとして最も適切なものを選ぶ問題〕

(1) ア　For an hour.　　イ　Five years ago.
　ウ　Every Sunday.　　エ　Three months later.

(2) ア　Here you are.　　イ　Yes, please.
　ウ　See you there.　　エ　OK. I will.

(3) ア　For two weeks.　　イ　Since last summer.
　ウ　On a website.　　エ　To the supermarket.

(4) ア　The fruit sandwiches are the best.　　イ　I don't need hamburgers.
　ウ　Dinner is ready.　　エ　It's difficult to make bread.

(5) ア　Yes. I'm watching TV now.　　イ　No. I watched it on TV at home.
　ウ　Yes. I'll watch it tomorrow.　　エ　No. I have watched it three times.

2　〔英語の対話とその内容についての質問を聞いて，答えとして最も適切なものを選ぶ問題〕

(1) ①　ア　On Thursday.　　イ　On Friday.　　ウ　On Saturday.　　エ　On Sunday.

②　ア　Stay at home.　　イ　Go shopping.
　ウ　Buy a new wallet.　　エ　Find a bag.

(2) ①

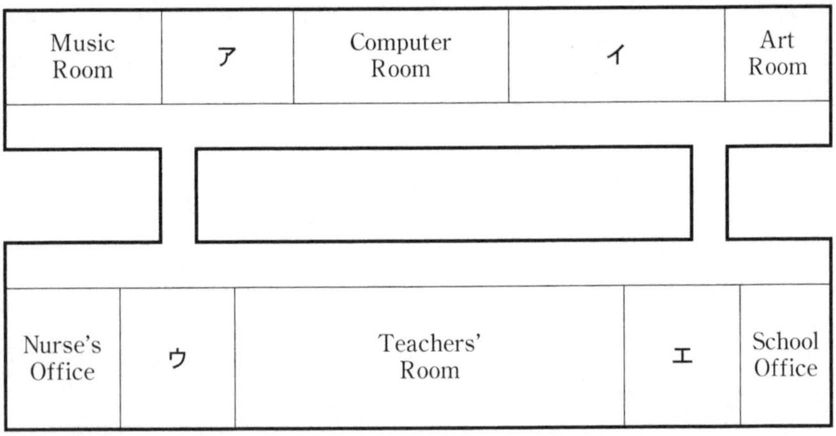

Music Room	ア	Computer Room	イ	Art Room

Nurse's Office	ウ	Teachers' Room	エ	School Office

〔校舎案内図〕

②　ア　Because he wants Ms. Kato to check his Japanese speech.
　イ　Because he wants Ms. Kato to take him to the library.
　ウ　Because he wants to tell Ms. Kato that he saw her in the library.
　エ　Because he wants to tell Ms. Kato that doing her best is important.

3　〔英語の車内放送を聞いて，メモを完成させる問題〕

○アートミュージアム駅行きの車内で
・オールドブリッジ駅への到着時間：(1)（　　時　　分）
・ナショナルパーク駅行きの電車の出発時刻：(2)（　　時　　分）
・3号車では新聞，雑誌，(3)（　　　）が買える。
・オールドブリッジ駅では(4)（　　　）のドアが開く。

2　次の1，2の問いに答えなさい。

1　次の英文中の (1) から (6) に入れるものとして，下の(1)から(6)のア，イ，ウ，エのうち，それぞれ最も適切なものはどれか。

Hi, Leon.

How are you?　Thank you for your e-mail.

Yesterday I (1) a speech in front of my class in English. (2) was my second time. I felt a little (3) but I could do it better than last time. I decided (4) about my friend (5) in Germany. He practices judo after school from Monday to Friday. He (6) Japan last summer and stayed at my house for two weeks. Who is he? Yes, it's you! Please write to me soon.

Your friend,

Takashi

	ア	イ	ウ	エ
(1)	make	made	to make	making
(2)	I	He	There	It
(3)	nervous	wonderful	amazing	brave
(4)	to talk	talking	talk	talks
(5)	to live	lives	is living	living
(6)	came	went	visited	arrived

2　次の(1)から(3)の（　　）内の語句を意味が通るように並べかえて，(1)，(2)はア，イ，ウ，エ，(3)はア，イ，ウ，エ，オの記号を用いて答えなさい。ただし，文頭にくる語も小文字で示してある。

(1)　We (ア to　イ don't　ウ have　エ go) to school on Sunday.

(2)　She (ア made　イ me　ウ gave　エ a toy) in France.

(3)　(ア mistakes　イ afraid of　ウ don't　エ making　オ be) .

3 次の英文は，功(Isao)とインドネシアからの留学生アグス(Agus)との，納豆(*natto*)とテンペ(*tempeh*)についての対話の一部である。これを読んで，１，２，３，４の問いに答えなさい。

Isao: Hi, Agus! What did you eat for breakfast this morning?

Agus: Hi, Isao! I ate *natto*. I eat *natto* every morning.

Isao: Every morning? I'm surprised to hear (1)<u>that</u>! I didn't think many people from abroad liked *natto* because of its *smell.

Agus: I love *natto*! (Ａ), do you know *tempeh*? We have *tempeh* in my country.

Isao: *Tempeh*? What's that?

Agus: It's a food made from *soybeans. It looks like *natto* but the smell is not so strong. People in my country like *tempeh* and eat it very often. You usually eat *natto* on rice, but we eat *tempeh* in a little different way.

Isao: I can't imagine. Please tell me more.

Agus: *Tempeh* is very useful. (Ｂ), we can put it in salad, curry, pizza *and so on. Some people like to eat *tempeh* *instead of meat.

Isao: That's interesting and I want to try *tempeh*. Well, our ALT says he doesn't eat meat.

Agus: There are a lot of people who don't eat meat. They have their own reasons.

Isao: I see. People in the world have different ideas about food. Well, you know we will have the Olympic and Paralympic Games in Tokyo. A lot of people from abroad will come to japan. I want them to enjoy Japanese food.

Agus: Let's think about how to make many kinds of Japanese food with *tempeh*.

Isao: Great! I like (2)<u>the idea</u>! We can even welcome people who don't eat meat.

Agus: I hope that more people will like both of our countries!

Isao: That's right.

〔注〕 *smell＝におい *soybean＝大豆 *and so on＝～など *instead of＝～の代わりに

１ 下線部(1)の指す内容は何か。具体的に日本語で書きなさい。

２ 次の ［　　］ 内は，本文中でアグスがテンペについて説明したことをまとめた英文である。①，②のそれぞれの（　　）内に指定された文字で始まる適切な英語を１語ずつ書きなさい。

Tempeh is ①(p　　　) among people in Agus's country. They ②(u　　　) *tempeh* in many kinds of food.

３ 本文中の（ Ａ ），（ Ｂ ）に入る語の組み合わせとして最も適切なものはどれか。

ア Ａ：By the way － Ｂ：At the same time

イ Ａ：Of course － Ｂ：At the same time

ウ Ａ：By the way － Ｂ：For example

エ Ａ：Of course － Ｂ：For example

4　下線部(2)の指す内容は何か。具体的に日本語で書きなさい。

4　次の１，２，３の問いに答えなさい。

1　英語の授業で自分の趣味について発表することになった。下の □ はそのために作成した日本語のメモである。□ 内の(1)，(2)に適切な英語を入れなさい。

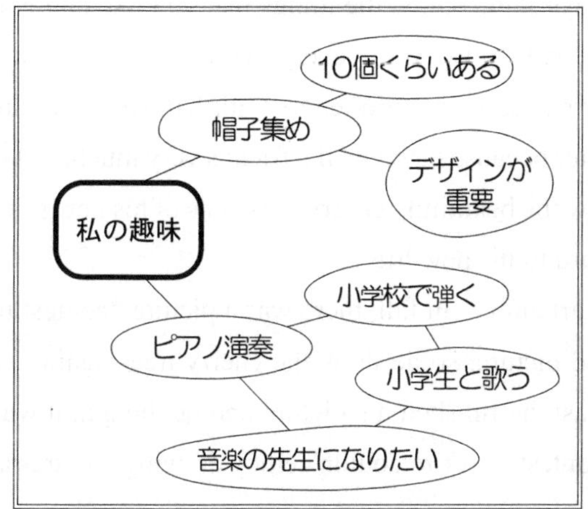

About My Hobbies

______(1)______ hats and caps. I have about ten. I think designs are important.

Playing the piano is also fun. I sometimes play the piano at an elementary school and sing songs with the students. ______(2)______ a music teacher in the future.

2　下の絵は誠(Makoto)と姉の有理子(Yuriko)が会話をしている場面である。絵を参考に二人の会話の(1)，(2)に適切な英語を入れなさい。

Yuriko: Hi, Makoto. ______(1)______, a banana or an orange?

Makoto: A banana, please.　Thank you, Yuriko.　I need to study more but I am sleepy.　So, ______(2)______ coffee, too?

Yuriko: Sure.　No problem.

3　次のテーマについて，賛成か反対かあなたの立場を決め，その理由を明確にして，つながりのある**５文程度**の英語で書きなさい。なお，書き出しはあとのどちらかを用いることとし，書き出しの文も**１文**と数える。

テーマ Studying in the library is better than studying at home.

書き出し （賛成の場合） I agree （反対の場合） I don't agree

5 次の英文を読んで，1，2，3，4の問いに答えなさい。

Akira loved drawing pictures. His grandmother, Kimiyo, used to be an art teacher and taught him how to draw pictures. She always said, "Draw the things that you like and enjoy drawing pictures." Kimiyo sent *picture-letters to Akira every month, and he always answered them. Akira was very happy to *exchange picture-letters with Kimiyo. He drew the faces of his friends on his first picture-letter because he loved his friends very much. After he graduated from elementary school, he drew the beautiful *cherry blossoms of his new school on his picture-letter. He was looking forward to his new life.

At junior high school, Akira joined the art club. In fall, there was a picture *contest that he tried to win. He wanted to draw a good picture, so he drew the cherry trees again. He tried very hard and he was very busy. At last, he finished his picture and he thought it was a good one, but he couldn't get a prize in the contest. Akira couldn't enjoy drawing pictures any more. Kimiyo sent Akira picture-letters, but he didn't answer them.

One day in winter, Akira's mother said, "*Grandma is sick and now she is in the hospital." Akira said, "Really? Is she OK?" She answered, "I'm not sure. I have to go now. Can you come with me?" Akira said, "Yes, of course. I want to know *whether she is OK. I have to tell her. . ." While he was going to the hospital, (1)he looked down and didn't say a word.

In the hospital, Kimiyo was looking at something on the bed. Akira said, "Hello, Grandma. How are you feeling?" Kimiyo answered, "I was a little tired, but I'm fine. Thank you, Akira." Akira asked, "What are you looking at?" Kimiyo said, "Oh, these are the picture- letters from you, Akira. Look, they are so cute and beautiful." Akira said, "Well. . . I stopped drawing pictures, so I couldn't answer your letters. I'm sorry, Grandma." Kimiyo said, "Akira, do you like drawing pictures? I always told you important things. Do you remember my words?" "You told me to draw the things that I liked, right?" Akira answered. Then, Kimiyo showed him the picture-letter of the cherry blossoms and said, "The cherry blossoms in this picture are shining and very beautiful. I think you were so happy when you drew this picture. I can feel your hope from it." Akira said, "So I drew my favorite cherry trees for the contest, but I couldn't get a prize. My picture is not good." Kimiyo said, "Akira, do you really remember my words? You forgot (2)one more important thing. If you remember this, your picture will be a beautiful one. I always love your pictures."

When Akira came back home, he started to draw the thing that he liked. He drew

Kimiyo's face on his picture-letter. He enjoyed drawing pictures again.

〔注〕*picture-letter＝絵手紙 *exchange＝交換する *cherry blossom＝桜の花
*contest＝コンテスト *grandma＝おばあちゃん *whether＝～かどうか

1 次の質問に対して，**英語**で答えなさい。

What did Akira draw on his first picture-letter?

2 下線部(1)の彰(Akira)の気持ちを表している英語として，最も適切なものはどれか。

ア glad and excited イ worried and sorry

ウ worried but excited エ glad but sorry

3 下線部(2)の指す内容は何か。具体的に日本語で書きなさい。

4 本文の内容と一致するものはどれか。二つ選びなさい。

ア Akira received picture-letters from Kimiyo every week.

イ Akira got first prize in the contest, but he was not happy.

ウ Kimiyo stopped sending picture-letters to Akira after the picture contest.

エ Kimiyo was looking at the picture-letters from Akira when she was in the hospital.

オ Kimiyo didn't like Akira's pictures because they were not beautiful.

カ Akira started to draw pictures again after he came back from the hospital.

6 次の英文を読んで，１，２，３，４の問いに答えなさい。

Have you ever grown tomatoes? Today many people enjoy growing tomatoes at home because we can grow them easily. Many people around the world eat tomatoes now. However, a long time ago, (1)<u>people in *Europe didn't</u>. They just enjoyed looking at beautiful tomato plants.

In the early 16th century, tomatoes were brought to Europe from *Central and South America. At first, people didn't eat tomatoes because they looked like *poisonous plants. In the 16th century, people in Italy had many cold days and couldn't grow food well, so they didn't have enough food. Finally, some people ate tomatoes and found that they were good to eat. After that, they started to enjoy eating tomatoes.

Today, people around the world grow and eat tomatoes. When you grow tomatoes, you should remember *at least two important points. First, you have to be careful when you give tomatoes water. Too much water often makes them *dead. Second, a lot of strong light from the sun is necessary for tomatoes. If you keep (2)<u>these points</u> in mind, you can grow tomatoes even in *extremely hot and dry places such as a *desert.

Do you know about a big project to grow food in space? In this project, scientists are trying to grow tomatoes in space. Now, we need so much money to carry food to space. If they *succeed in this project, we can [　　] a lot of money. We don't need to carry a lot of food there. In the future, people may live in space. It is hard to live there, but if we can eat foods like *fresh tomatoes, it is very good for our health, right? So we can say fresh foods like tomatoes may [　　] our lives in space.

〔注〕*Europe＝ヨーロッパ　*Central and South America＝中央・南アメリカ
*poisonous＝有毒な　*at least＝少なくとも　*dead＝枯れた
*extremely＝極度に　*desert＝砂漠　*succeed＝成功する　*fresh＝新鮮な

1　下線部(1)の didn't の後ろに省略されている英語**2語**を書きなさい。

2　次の [　　] 内は第２段落の内容を表している。①には**3語**，②には**2語**の英語を本文から抜き出して書きなさい。

> In the 16th century, people in Italy started to eat tomatoes, because they had (　①　) and it was very difficult for them to get (　②　).

3　下線部(2)の指す内容は何か。具体的に二つ日本語で書きなさい。

4　本文の [　　] には同じ英語が入る。適切な英語**1語**を書きなさい。

＜理科＞

時間　45分　　満点　100点

1　次の1から8までの問いに答えなさい。

1　次のうち，合弁花類(ごうべんかるい)はどれか。

ア　サクラ　　イ　アブラナ　　ウ　アサガオ　　エ　チューリップ

2　次のうち，レモン汁のpHの値に最も近いものはどれか。

ア　2　　イ　7　　ウ　10　　エ　13

3　右の図のように，導線に電流を流したとき，導線のまわりに置いた方位磁針のようすを上から見た図として，最も適切なものは次のうちどれか。ただし，方位磁針の針は黒い方をN極とする。

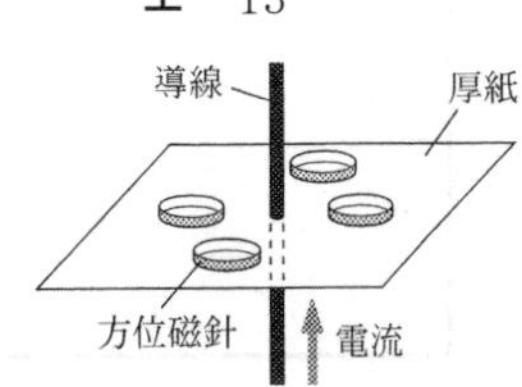

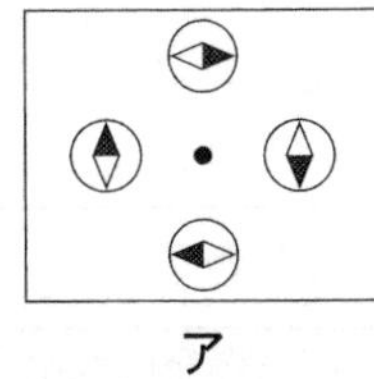
ア

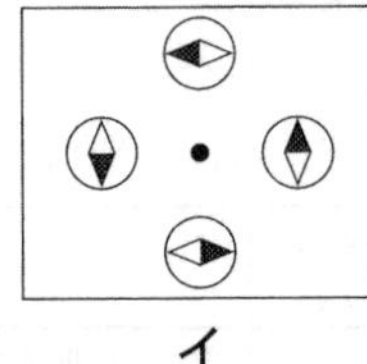
イ

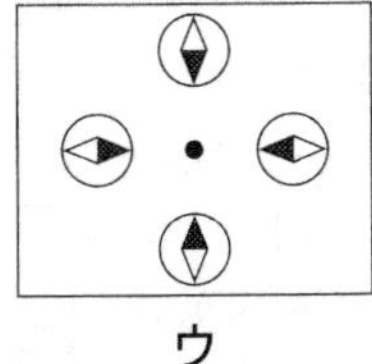
ウ

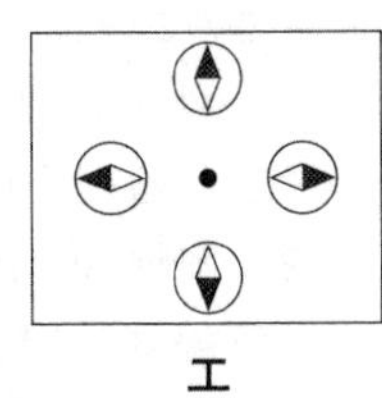
エ

4　次のうち，フズリナや三葉虫(さんようちゅう)の化石を含む地層が堆積(たいせき)した年代はどれか。

ア　新生代　　イ　中生代　　ウ　古生代　　エ　古生代より前の年代

5　すべての有機物に含まれる原子は何か。原子の名前を書きなさい。

6　床に置いた物体を25Nの力で押しながら，力の向きに5m移動させるときの仕事は何Jか。

7　生物の器官を構成する，形やはたらきが同じ細胞の集まりを何というか。

8　気温が下がっていくとき，空気中の水蒸気が水滴に変わり始める温度を何というか。

2　火山の噴出物からなる鹿沼土(かぬまつち)について，次の(1)，(2)，(3)，(4)の実験や調査を行った。

(1)　蒸発皿に少量の鹿沼土を入れ，水で湿らせた。

(2)　実験(1)蒸発皿の鹿沼土を指でつぶしてから水を加え，にごった水を捨てた。これを何度もくり返し，残った粒を乾燥させた。

(3)　実験(2)で乾燥させた粒をペトリ皿に広げた。これを双眼実体顕微鏡を用いて観察したところ，図1のように，白っぽい粒が多数見られたのに対して黒っぽい粒の数は少なかった。

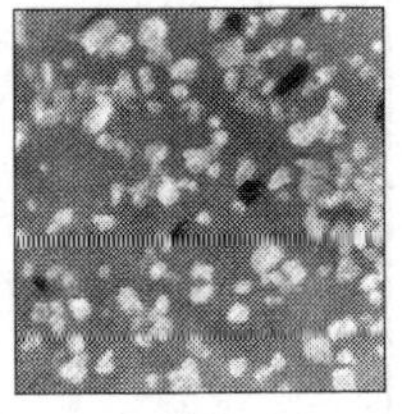
図1

(4)　日本のいくつかの火山で過去に起こった噴火について，文献で調べたところ，火山からの噴出物が広い範囲に堆積していることがわかった。あとの図2はその分布のようすをまとめたもので，▲は火山の位置を，そのまわりの点線は噴出物が10cm以上の厚さで堆積しているおおよその範囲を示している。このうち，太い点線は群馬県の<u>赤城山(あかぎやま)が約4万5千年前に噴火</u>した際の噴出物が堆積している範囲を示しており，この噴出物の一部が鹿沼土と呼ばれていることがわかった。

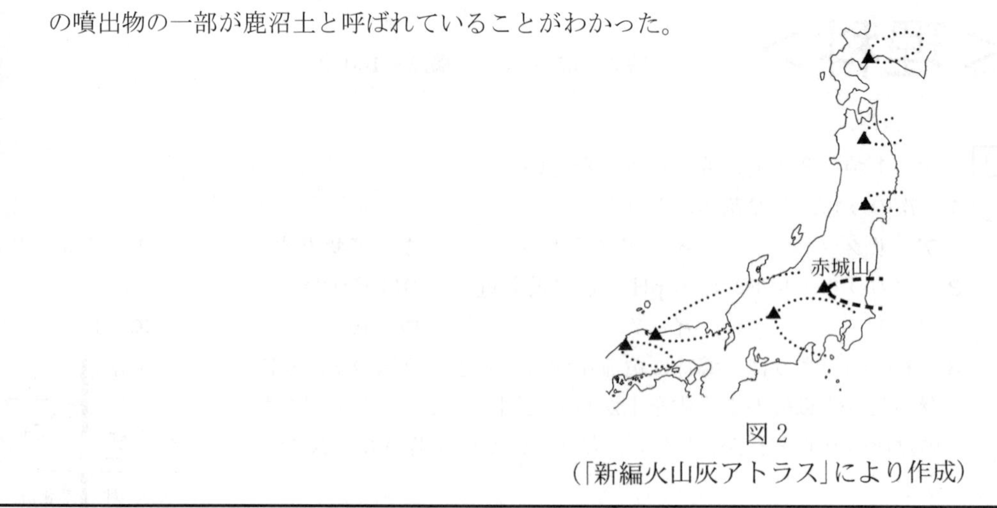

図2
(「新編火山灰アトラス」により作成)

このことについて，次の1，2，3の問いに答えなさい。

1 図1に見られるように，火山の噴出物には，マグマが冷えることでできた多くの粒が含まれる。それらのうち，結晶となっているものを何というか。

2 実験(3)と調査(4)からわかる，下線部の噴火における赤城山のマグマのねばりけと，噴火のようすとして，最も適切な組み合わせはどれか。

	マグマのねばりけ	噴火のようす
ア	強い	激しく噴煙を吹き上げる爆発的な噴火
イ	強い	溶岩を吹き出す比較的おだやかな噴火
ウ	弱い	激しく噴煙を吹き上げる爆発的な噴火
エ	弱い	溶岩を吹き出す比較的おだやかな噴火

3 図2のように，日本の多くの火山では，噴出物が堆積した範囲は東寄りに広がっている。その理由を「日本の上空では」という書き出しで，簡潔に書きなさい。

3 Aさんのグループは，次の(1)，(2)，(3)の実験や話合いを行った。

(1) 図のような装置を組み立て，試験管Xに入れた炭酸水素ナトリウムを加熱し，発生した気体を試験管Yに集めた。

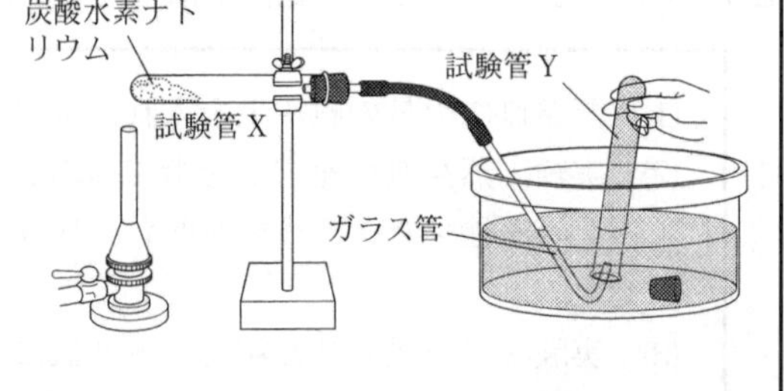

(2) 実験(1)で集めた気体が何かについて，仮説を立ててグループ内で話し合った。Aさんは，炭酸水素ナトリウムという物質名に「水素」という文字が入っており，水上置換法で集めることができることから，発生した気体は水素であるという仮説を立てた。

(3) グループ内で出されたさまざまな仮説のうちの一つを確かめるため，実験(1)で試験管Yに集めた気体に火のついた線香を入れたところ，線香の火が消えた。

このことについて，次の1，2，3，4の問いに答えなさい。

1 実験(1)を行う際に必ずしなければならないことはどれか。

ア　試験管Xの中に沸とう石を入れておくこと。

イ　試験管Xの中にフェノールフタレイン溶液を入れておくこと。

ウ　試験管Xの口を少し下げておくこと。

エ　試験管Xの加熱をやめた後も，ガラス管をしばらく水そうからぬかないようにすること。

2　(2)の話合いで，Aさんが立てた下線部の仮説を確かめる実験の方法を簡潔に書きなさい。

3　実験(3)の結果から，発生した気体についてわかることはどれか。

ア　二酸化炭素であること。　　イ　二酸化炭素ではないこと。

ウ　酸素であること。　　エ　酸素ではないこと。

4　炭酸水素ナトリウムを加熱したときの化学反応式は，次のように表される。①に当てはまる固体と，②に当てはまる気体の化学式をそれぞれ書きなさい。

$$2NaHCO_3 \rightarrow (\ ①\ ) + (\ ②\ ) + H_2O$$

4　被子植物の生殖について調べるために，次の(1)，(2)，(3)，(4)の調査や実験を順に行った。

(1)　被子植物のめしべを調べたところ，花粉がつく柱頭と胚珠の間には距離があった。

(2)　ホウセンカの花粉を，砂糖水を1滴落としたスライドガラスに散布した。

(3)　すぐに，顕微鏡で花粉を観察した。<u>初めは低倍率で，次に高倍率で</u>観察したところ，花粉は図1のようであった。

(4)　10分後，花粉を酢酸オルセイン溶液で染色した。再び，顕微鏡で観察したところ，花粉は図2のようになっていた。

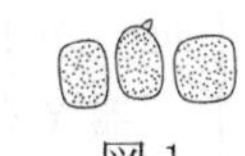
図1

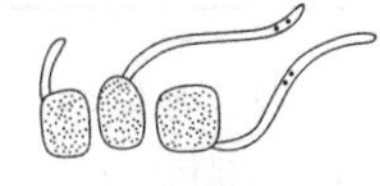
図2

このことについて，次の1，2，3の問いに答えなさい。

1　次のうち，顕微鏡観察で下線部のように観察する理由として，最も適切なものはどれか。

ア　低倍率の方が，視野が暗く，目が疲れずに観察できるから。

イ　低倍率の方が，視野が広く，注目したい部分を見つけやすいから。

ウ　低倍率の方が，観察物の輪かくがはっきり見え，しぼりの調節をしやすいから。

エ　低倍率の方が，対物レンズの先端とスライドガラスが近く，ピントを調節しやすいから。

2　次の□内の文章は，受粉後の花粉のようすについて述べたものである。図1，図2を参考にして，①と②に当てはまる語をそれぞれ書きなさい。

花粉がめしべの柱頭につくと（　①　）が伸びる。その中を（　②　）が移動していき，胚珠の中にある卵細胞に達すると，たがいの核が合体して受精卵ができる。

3　被子植物であるイチゴは，受精によって種子をつくるが，イチゴ農家では一般に親の体の一部を分けて育てている。そうする利点を「形質」という語を用いて簡潔に書きなさい。

5 回路を流れる電流の性質について調べるために，次の(1)，(2)，(3)，(4)の実験を行った。

(1) 図1のように，回路を組み，PQ間に抵抗器Xを接続した。電源装置の電圧を変えて，PQ間の電圧と流れる電流を調べた。

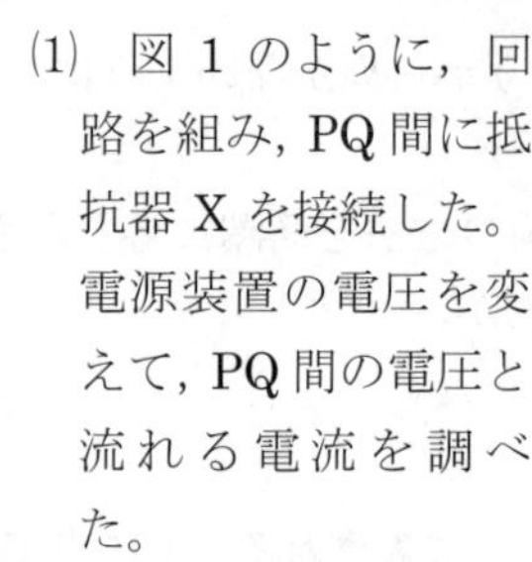

図1

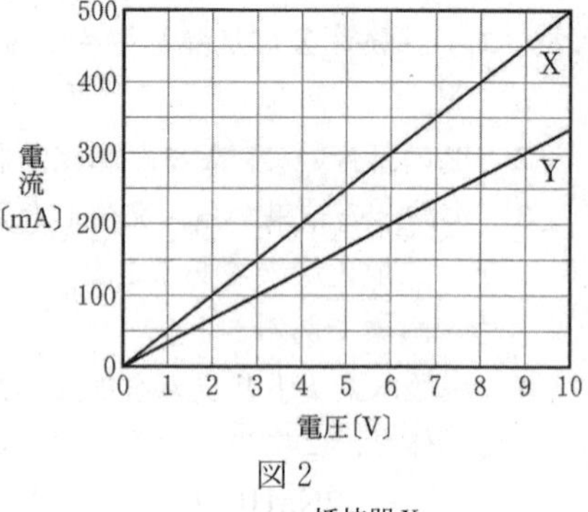

図2

(2) 抵抗器Yについて，実験(1)と同様の実験を行った。

図2は，実験(1)と(2)の結果をまとめたものである。

(3) 図1のPQ間に，図3のように，抵抗器Xと抵抗器Yを並列に接続して，電圧を加えた。

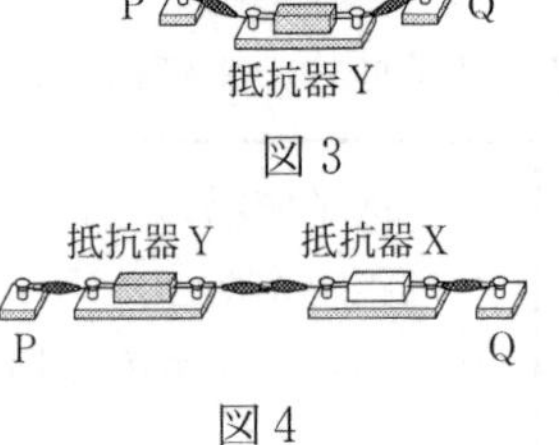

図3

(4) 図1のPQ間に，図4のように，抵抗器Xと抵抗器Yを直列に接続して，電圧を加えた。

図4

このことについて，次の1，2，3，4の問いに答えなさい。

1 実験(1)より，抵抗器Xは何Ωか。

2 実験(3)で，電圧計が右の図のようになったとき，抵抗器Xに加わる電圧は何Vか。また，このとき電流計が示す値は何mAか。

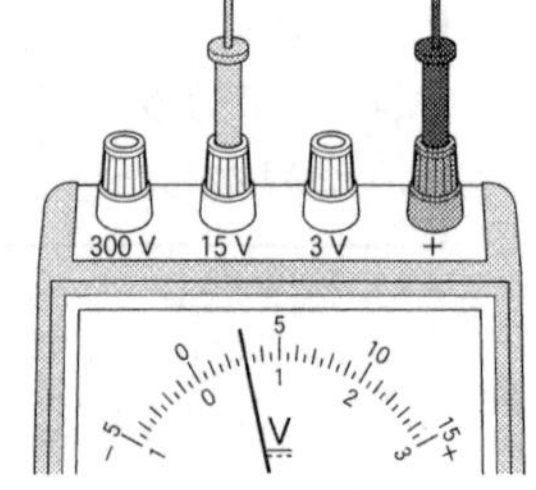

3 実験(4)で，回路に加わる電圧と流れる電流の関係を表すグラフを，図2のグラフを参考にしてかきなさい。

4 実験(3)と実験(4)で，電圧計が5Vを示したとき，最も消費する電力が大きい抵抗器は，次のうちどれか。

ア 図3の抵抗器X　イ 図3の抵抗器Y　ウ 図4の抵抗器X　エ 図4の抵抗器Y

6 硝酸カリウム，塩化ナトリウム，ショ糖，ミョウバンの4種類の物質について，水への溶け方を調べるために，次の(1)，(2)，(3)，(4)の実験や調査を順に行った。

(1) 4種類の物質をそれぞれ8.0gずつとり，別々の試験管A，B，C，Dに入れた。それぞれの試験管に20℃の水10gを加えてよくふり混ぜたところ，試験管Cに入れた物質だけがすべて溶けた。

(2) 試験管A，B，Dをそれぞれ加熱して60℃に保ちながら，中の溶液をよくふり混ぜたところ，試験管Bに入れた物質はすべて溶けたが，試験管A，Dには溶け残りがあった。

⑶　試験管A，B，C，Dをそれぞれ10℃まで冷やしたところ，試験管B，Dの中の溶液からは結晶が出てきたが，試験管A，Cでは新たに出てくる結晶はほとんど見られなかった。

⑷　これら4種類の物質について調べたところ，水溶液の温度と溶ける物質の質量の間には右の図のような関係があることがわかった。図の中の10℃，60℃における数値は，それぞれの温度で100gの水に溶ける各物質の質量を示している。

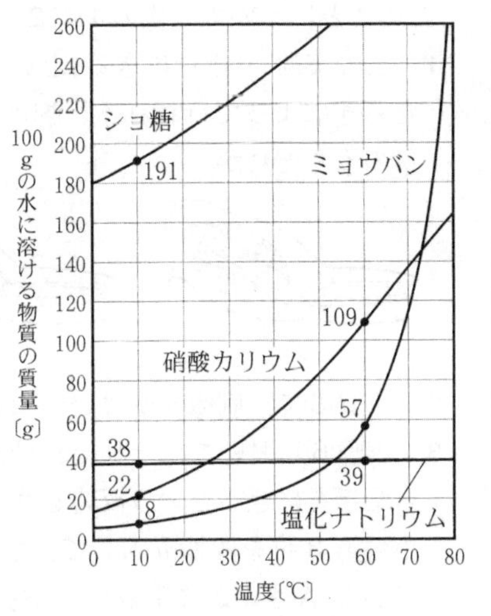

このことについて，次の1，2，3の問いに答えなさい。

1　試験管C，Dについて，溶けている物質はそれぞれ何か。物質名で書きなさい。

2　実験⑶で，試験管Bの中の溶液から出てくる結晶は何gか。

3　新たな試験管に硝酸カリウム3.0gと10℃の水5.0gを入れてよくふり混ぜた。溶け残りがあったのでよくふり混ぜながら加熱したところ，60℃ではすべて溶けていた。60℃のときの硝酸カリウム水溶液の質量パーセント濃度は何%か。小数第1位を四捨五入して整数で書きなさい。また，硝酸カリウムがすべて溶けたときの温度に最も近いものは，次のうちどれか。

ア　20℃　　イ　30℃　　ウ　40℃　　エ　50℃

7　刺激と反応について，次の⑴から⑹の実験を順に行った。

⑴　下の図のように，10人の生徒が手をつないで横一列に並び，Aさん以外は目を閉じた。また，Jさんは，Aさんから見えるように左手を挙げて開いた。

⑵　Aさんは，右手でストップウォッチをスタートさせると同時に，左手でとなりのBさんの右手をにぎった。

⑶　BさんからIさんまでは，右手をにぎられたと感じたら，左手でとなりの人の右手をにぎった。

⑷　Jさんは，右手をにぎられたと感じたら，開いていた左手をにぎった。

⑸　Aさんは，Jさんが左手をにぎったのを見ると同時にストップウォッチを止めた。

⑹　実験⑵，⑶，⑷，⑸をくり返し5回行った。

このことについて，次の1，2，3，4の問いに答えなさい。

1　この実験の「手をにぎる」という運動と同様に，「腕を曲げる」という運動は，骨と筋肉のはたらきによって行われる。腕の骨と筋肉のつき方を示す模式図として，最も適切なものは次のうちどれか。

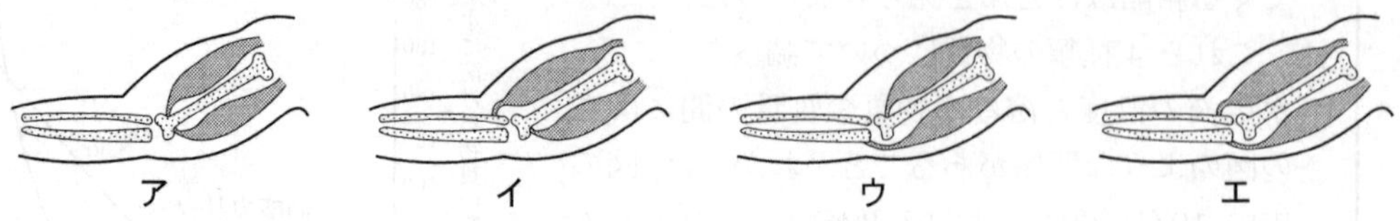

2　実験(3)で，刺激を受けとった感覚器官は何か。

3　実験(6)において，それぞれ計測した時間の平均は2.17秒であった。右手をにぎられてから左手をにぎるという反応をするまでの，生徒1人あたりにかかった平均の時間は何秒か。小数第3位を四捨五入して，小数第2位まで書きなさい。ただし，Jさんが左手をにぎってから，Aさんがストップウォッチを止めるまでの時間は，平均0.26秒かかるものとする。

4　熱いものにふれたとき無意識に起きる手を引っこめる反応は，下線部のような意識して起きる反応よりも，刺激を受けてから反応が起きるまでの時間か短い。その理由を「脳」，「せきずい」という語を用いて簡潔に書きなさい。

8　光の屈折について調べるために，次の(1)，(2)，(3)，(4)の実験を行った。

(1)　水そうに水を半分程度入れて，レーザー光を水から空気へと入射した。このときの光の道すじを真横から観察したところ，図1のようになった。

(2)　次に，実験(1)で光が出ていった方向から，レーザー光を空気から水へと入射した。このとき光は図2のように，実験(1)で見られた光の道すじを逆向きに進んだ。

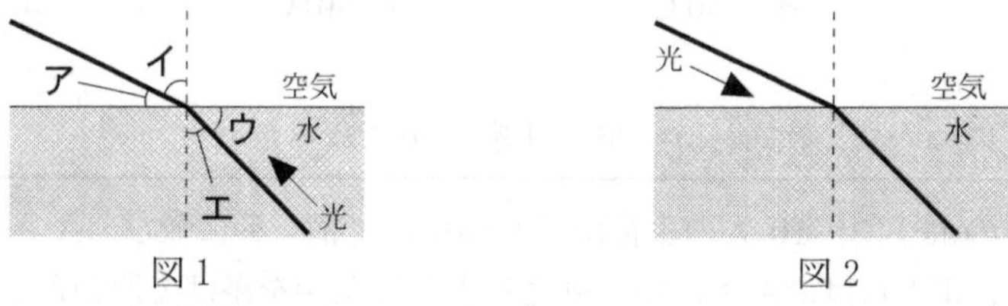

図1　　　　図2

(3)　図3のように，水平な机の上に1目盛り1cmの方眼紙を置き，その上に直方体のガラスを置いた。図4は，このときのようすを上から見た模式図である。まず，①方眼紙上の点Aに頭部が黒いまち針を刺した。次に，点Bに頭部が白いまち針を刺し，ガラスを通してまち針を見て，②2本のまち針がちょうど重なって見える位置を点Oとした。

(4)　実験(3)の装置で，観察する場所を図5の点O′に移動したところ，点Aのまち針はガラスの側面Xを通して見ることができなかった。

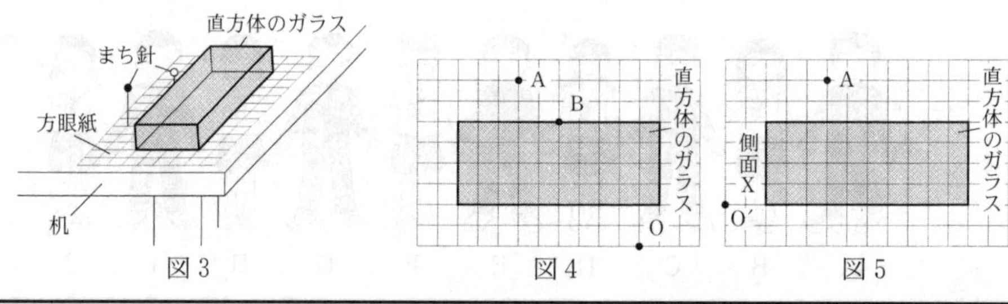

図3　　　　図4　　　　図5

このことについて，次の１，２，３の問いに答えなさい。

1　実験(1)で，光の屈折角は，図１の**ア**，**イ**，**ウ**，**エ**のうちどれか。

2　実験(3)で，下線部①のとき，点Aを出てからガラスを通して点Oに届くまでの光の道すじを解答用紙の図に実線でかきなさい。また，下線部②のとき，ガラスを通して見たまち針と，ガラスの上にはみ出て見えた２本のまち針の頭部の見え方として，最も適切なものは，次のうちどれか。

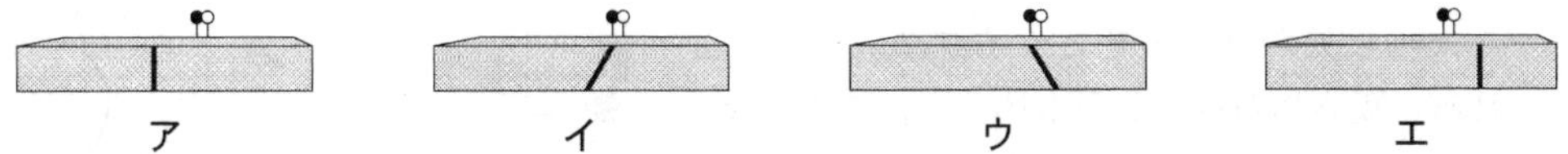

3　実験(4)で，点Aのまち針が見えないのは，図５で点Aから出てガラスに入り，側面Xに入射した光のうち，屈折して空気へ進む光がないためである。側面Xで起きたこのような光の進み方を何というか。

9　太陽について調べるために、栃木県内で次の(1)，(2)，(3)の観測を行った。

(1)　7月8日の正午ごろ，望遠鏡に太陽投影板をとりつけ，接眼レンズと太陽投影板の距離を調節して，太陽の像と記録用紙の円の大きさを合わせ，ピントを合わせた。記録用紙に投影された黒点の位置や形をすばやくスケッチしたところ，図１のようになった。

(2)　太陽の像と記録用紙の円の大きさを合わせてからしばらくすると，太陽の像は記録用紙の円からずれていった。図２のように，太陽の像が記録用紙の円の外に完全に出るまでの時間を測定したところ，およそ２分であった。

(3)　観測(1)と同様の観測を７月11日と７月14日にも行った。図３，図４はそれぞれ，そのときのスケッチである。

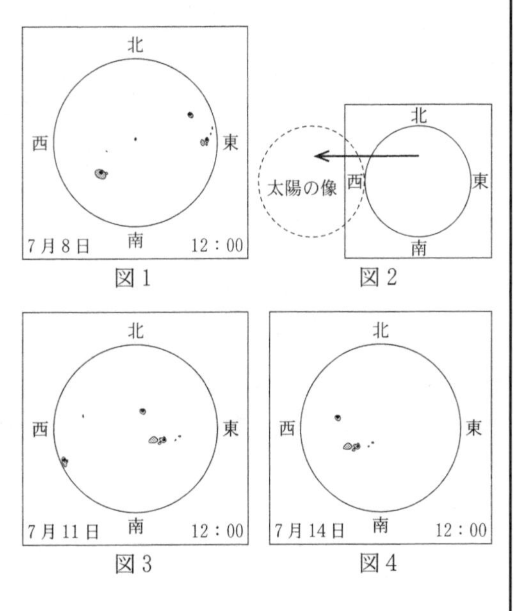

図１　図２　図３　図４

このことについて，次の１，２，３，４の問いに答えなさい。

1　太陽や，星座を形づくる星のように，みずから光を出す天体を何というか。

2　黒点が黒く見える理由は，黒点の温度が周囲とは異なるからである。太陽の表面温度と，周囲と比べた黒点の温度のようすの組み合わせとして正しいものはどれか。

	太陽の表面温度	黒点の温度のようす
ア	約1600万℃	周囲と比べて高い
イ	約1600万℃	周囲と比べて低い
ウ	約6000℃	周囲と比べて高い
エ	約6000℃	周囲と比べて低い

3　次の ☐ 内の文章は，観測(1)と観測(3)の結果と考察について述べたものである。①，②に当てはまる語をそれぞれ書きなさい。

図 1，図 3，図 4 で黒点の位置や形に変化が見られた。このことは，太陽の形状が（　①　）であり，太場が（　②　）していると考えることによって説明できる。

4　右の図は地球と太陽の位置を模式的に表したものであり，図の中の角 x は地球から見た太陽の見かけの大きさを表すのに用いられる。観測(2)の結果から求めると，この角 x は何度となるか。ただし，観測(2)において，太陽の像が記録用紙の円の外に完全に出るまでの時間をちょうど2分とする。

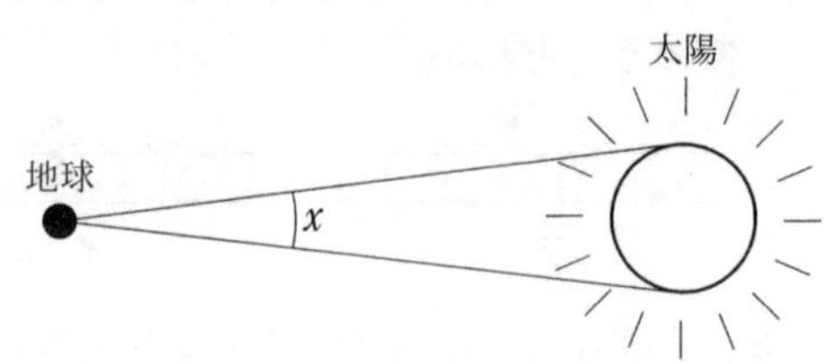

<社会>

時間　45分　　満点　100点

【注意】「□に当てはまる語を書きなさい」などの問いについての答えは，一般に数字やカタカナなどで書くもののほかは，できるだけ漢字で書きなさい。

1　次の１，２の問いに答えなさい。

1　次の(1)から(4)までの文中の□に当てはまるのはどれか。

(1)　海に網を張るなどして，魚や貝を大きくなるまで育てる漁業を□漁業という。

ア　遠　洋　　イ　沿　岸　　ウ　沖　合　　エ　養　殖

(2)　平安時代の初め，遣唐使とともに唐に渡った□が，日本に天台宗をもたらした。

ア　最　澄　　イ　法　然　　ウ　空　海　　エ　親　鸞

(3)　大正時代に入ると，藩閥を批判し，政党による議会政治を求める□が，尾崎行雄や犬養毅を中心に盛り上がった。

ア　自由民権運動　　イ　護憲運動　　ウ　三・一独立運動　　エ　尊王攘夷運動

(4)　国際連合において，国際社会の平和の維持に主要な役割を果たしている□は，常任理事国と非常任理事国によって構成されている。

ア　経済社会理事会　イ　国際司法裁判所　ウ　安全保障理事会　エ　国連児童基金

2　次の(1)から(4)までの文中の□に当てはまる語を書きなさい。

(1)　アメリカ合衆国のサンフランシスコ郊外の□と呼ばれる地域は，コンピュータ関連産業の中心地である。

(2)　コバルトやプラチナなど，埋蔵量が非常に少ない金属や，純粋なものを取り出すことが技術的に難しい金属の総称を□という。

(3)　大仙古墳のような□といわれる形状の古墳は，大和政権の支配の広がりとともに，各地に広まったと考えられている。

(4)　国家の主権が及ぶ範囲である領土，領海，領空をあわせて□という。

2　ゆうきさんは，ヨーロッパ州について学習した。次の１から５までの問いに答えなさい。

1　文中の□に当てはまる語を書きなさい。

> ヨーロッパ州は，ユーラシア大陸の西端に位置する。南部にはアルプス山脈などの大きな山脈があり，北部には□によってけずられてできた湾や湖が多い。

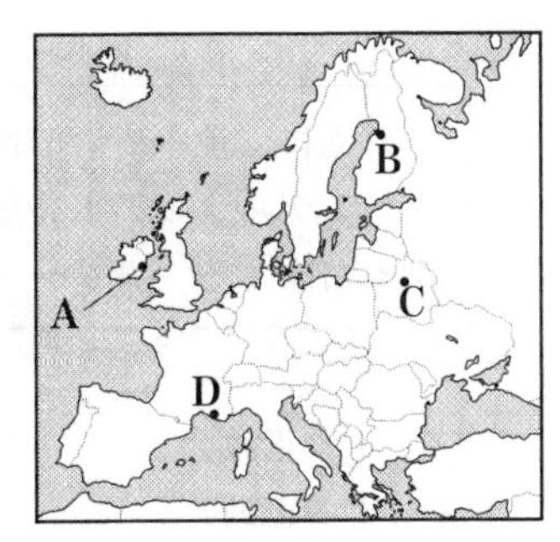

図1

2　次の図２のア，イ，ウ，エの雨温図は，図１のA，B，C，Dのいずれかの都市の雨温図である。Aの都市の雨温図は図２のどれか。

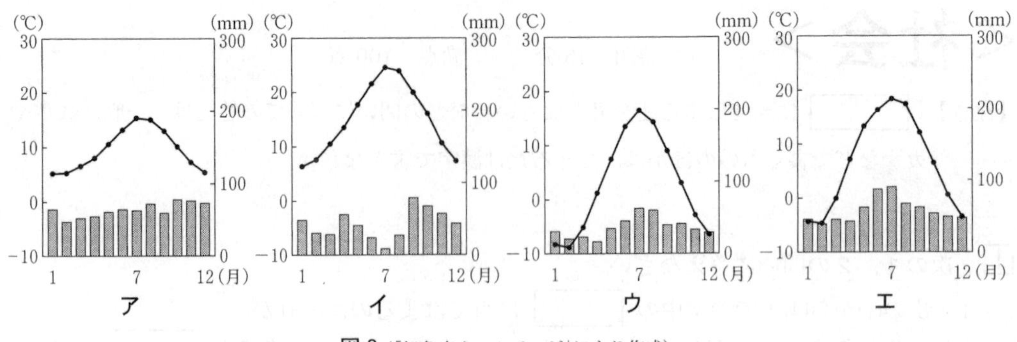

図2（「気象庁ホームページ」により作成）

3　ゆうきさんは，イタリア，フランス，オランダ，イギリスの穀類，牛乳・乳製品，果実類の自給率(2013年)を調べ，図3にまとめた。イタリアは図3のどれか。

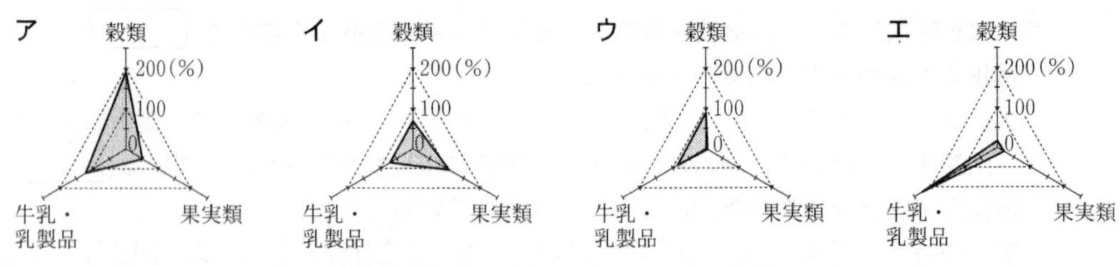

図3（「農林水産省ホームページ」により作成）

4　ゆうきさんは，ヨーロッパ州の言語と宗教の分布の特徴について知るために，おもな国の言語(公用語の属する言語の系統)とキリスト教のおもな宗派(人口の 60%以上を占めるもの)について調べ，図4を作成し，図5にまとめた。図5の［Ⅰ］，［Ⅱ］，［Ⅲ］，［Ⅳ］に当てはまる語の組み合わせとして正しいのはどれか。

	スラブ語系	ラテン語系	ゲルマン語系
プロテスタント			ノルウェー スウェーデン イギリス
カトリック	ポーランド	スペイン フランス イタリア	オーストリア
正教会	ウクライナ セルビア ブルガリア	ルーマニア	

図4（「データブックオブザワールド」により作成）

> おもに，地中海沿岸地域には［Ⅰ］の信者が多く，［Ⅱ］語系が多く分布する。スカンディナビア半島など北海周辺の地域には［Ⅲ］の信者が多く，ゲルマン語系が多く分布する。東ヨーロッパには正教会の信者が多く，［Ⅳ］語系が多く分布する。

図5

ア　Ⅰ－正教会　　Ⅱ－スラブ　　Ⅲ－カトリック　　Ⅳ－ラテン
イ　Ⅰ－正教会　　Ⅱ－ラテン　　Ⅲ－カトリック　　Ⅳ－スラブ
ウ　Ⅰ－カトリック　　Ⅱ－スラブ　　Ⅲ－プロテスタント　　Ⅳ－ラテン
エ　Ⅰ－カトリック　　Ⅱ－ラテン　　Ⅲ－プロテスタント　　Ⅳ－スラブ

5　ゆうきさんは，EU の加盟国に共通してみられる貿易の特徴とその理由を説明するために，図6，図7を作成した。図6，図7から読み取れる，EU の加盟国に共通してみられる貿易の特徴とその理由を簡潔に書きなさい。

	輸出総額に占める割合		輸入総額に占める割合	
	EU 内	EU 以外	EU 内	EU 以外
ドイツ	58.0％	42.0％	57.3％	42.7％
フランス	59.1	40.9	58.4	41.6
イタリア	54.9	45.1	58.5	41.5
スペイン	64.8	35.2	56.0	44.0

図6（「ジェトロ世界貿易投資報告 2016 年版」により作成）

ヨーロッパ統合の歩み
1948 年　3か国間の関税を撤廃
1952 年　6か国間の石炭と鉄鋼の関税を撤廃
1967 年　EC(ヨーロッパ共同体)結成 ・パスポート統一(1985)
1993 年　EU 結成 ・物，サービスの移動自由化(1993) ・人の移動自由化(1995)

図7

3　次の1から5までの問いに答えなさい。

1　図1のX，Yは太平洋を流れる海流である。それぞれの海流の組み合わせとして正しいのはどれか。

ア　X－日本海流　　Y－千島海流
イ　X－日本海流　　Y－リマン海流
ウ　X－対馬海流　　Y－千島海流
エ　X－対馬海流　　Y－リマン海流

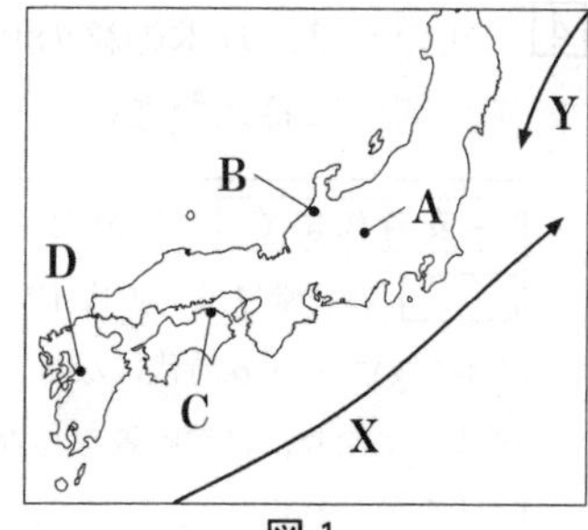

図1

2　図2は，図1のA，B，C，Dの都市の気候についてまとめたものである。Cの都市は図2のア，イ，ウ，エのどれか。

	1月の平均気温(℃)	8月の平均気温(℃)	年間降水量(mm)	降水量が最も多い月
ア	3.8	27.0	2398.9	12月
イ	5.7	28.2	1985.8	6月
ウ	5.5	28.1	1082.3	6月
エ	－0.4	24.7	1031.0	9月

図2（「データブックオブザワールド」により作成）

3　図3は北海道，千葉県，愛知県，鹿児島県の製造品出荷額上位4品目(2014 年)についてまとめたものである。千葉県は図3のア，イ，ウ，エのどれか。

	第1位	第2位	第3位	第4位
ア	石油・石炭製品	化　学	鉄　鋼	食料品
イ	輸送用機械	鉄　鋼	電気機械	生産用機械
ウ	食料品	飲料・飼料	電子部品	窯業・土石
エ	食料品	石油・石炭製品	鉄　鋼	パルプ・紙

図3（「県勢」により作成）

4　次の文は，大都市周辺の農業の特徴についてまとめたものである。文中の［　　　］に当てはまる語を書きなさい。

> 大都市周辺では，消費地に近い立地を生かして，輸送にかかる費用や時間を抑え，野菜や果物などを新鮮なうちに出荷する［　　　］農業が行われている。

5　あとの図4は埼玉県，千葉県，東京都，神奈川県の昼間人口と夜間人口の差(昼間人口－夜間人口)を表している。また，図5は，それらの都県における事業所数，大学・短期大学数，住宅地の 1m² あたりの平均地価を表している。図4から考えられる人々の移動の特徴を，図5からわかることにふれて簡潔に書きなさい。

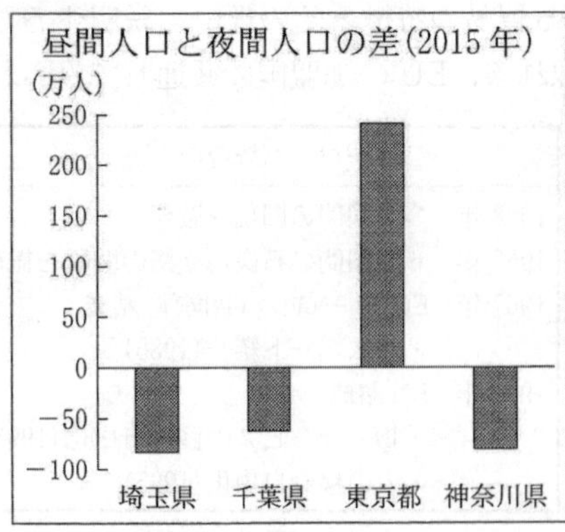

図4(「県勢」により作成)

	事業所数(2014年)	大学・短期大学数(2015年)	住宅地の1 m^2 あたりの平均地価(2015年)
埼玉県	264,561	43	10.5万円
千葉県	208,949	37	7.2
東京都	728,710	176	32.4
神奈川県	323,506	46	17.4

図5(「県勢」により作成)

4　次の文は，日本の絵の歴史についてまとめたものの一部である。これを読んで1から7までの問いに答えなさい。

平安時代まで　聖徳太子によって建てられた[　　　]の金堂には，古代インドの壁画と似た絵が描かれていた。平安時代になると日本独自の特徴が現れるようになり，自然風景や⒜貴族社会の風俗などを描く大和絵が登場した。

鎌倉時代〜安土桃山時代まで　室町時代には，雪舟が山口を拠点に活躍し，日本独自の水墨画を完成させた。また，⒝多くの貴族や僧が地方に移り住んだ。やがて安土桃山時代になると，⒞豊臣秀吉の保護を受けた狩野永徳などの画家が活躍した。

江戸時代(開国まで)　葛飾北斎や歌川(安藤)広重など多くの浮世絵師が活躍し，⒟浮世絵が民衆に身近なものになっていった。また，⒠西洋の文物を紹介した発明家の平賀源内は，洋風画も描いた。

江戸時代(開国以後)　⒡江戸末期の開国以降，海外との交流がますますさかんになり，西洋の影響を受けた絵が描かれるようになった。同時に日本の絵も西洋に紹介され，西洋美術に大きな影響を与えた。

1　文中の[　　　]に当てはまる，現存する世界最古の木造建築として知られる寺院は何か。

2　下線部⒜に関して，貴族社会の風俗は，絵だけでなく，文学作品からもうかがえる。当時の代表的な文学作品の一つである『源氏物語』の作者は誰か。

ア　鴨長明　　**イ**　清少納言　　**ウ**　紀貫之　　**エ**　紫式部

3　下線部⒝について，**図**は，当時の都の様子が書かれた文章の一部を分かりやすく書き直したものである。貴族や僧が地方に移り住んだ理由と，彼らが地方に与えた文化的な影響について，**図**中にある「この乱」の名前と，当時の都の状況を明らかにしながら，それぞれ簡潔に書きなさい。

> 予想さえしなかった。永遠に栄えると思われた花の都が，今やきつねやおおかみのすみかとなってしまって，偶然残った東寺や北野神社さえも灰や土になろうとは。昔にも世が乱れる例はあったが，この乱では仏法も破壊し，諸宗も皆絶えてしまった。

図

4　下線部⒞の人物について説明した，次の文中の[Ⅰ]，[Ⅱ]に当てはまる語の組み合わせとして正しいのはどれか。

> 豊臣秀吉は刀狩や太閤検地などを通して，[Ⅰ]の政策を進めて身分制社会の土台をつくった。また，狩野永徳らに[Ⅱ]のふすまや屏風に絵を描かせるなど，経済力を背景に豪華な文化を育んだ。

ア　Ⅰ－兵農分離　　Ⅱ－銀　閣　　　イ　Ⅰ－宗門改め　　Ⅱ－銀　閣
ウ　Ⅰ－兵農分離　　Ⅱ－大阪城　　　エ　Ⅰ－宗門改め　　Ⅱ－大阪城

5　下線部ⓓに関して，この時期，江戸幕府の老中を務めた水野忠邦の改革について，正しく述べているのはどれか。

ア　銅と俵物(海産物)の輸出をさかんにした。　　イ　株仲間の解散を命じた。
ウ　幕府の学校では朱子学以外の学問を禁止した。　エ　公事方御定書を制定した。

6　下線部ⓔに関して，平賀源内は長崎で西洋の学問を学んだ。当時，長崎での貿易を認められていたヨーロッパの国はどこか。

7　下線部ⓕに関して，次のア，イ，ウ，エのできごとを年代の古い順に並べかえなさい。

ア　鳥羽・伏見で戦いがおき，戊辰戦争が始まった。イ　徳川慶喜が大政奉還を行った。
ウ　イギリスなどが，長州藩の下関砲台を占領した。エ　薩長同盟が結ばれた。

5　略年表を見て，次の1から5までの問いに答えなさい。

年代	日本のおもなできごと
1872	新橋・［　　　］間で鉄道が開通…A
1901	八幡製鉄所が開業……B
1914	第一次世界大戦に参戦……C
1925	ラジオ放送開始……D
1939	零戦試作1号機が完成……E
1956	黒部ダム建設開始……F

1　Aについて，年表中の［　　　］に当てはまる語を書きなさい。

2　Bは，下関条約で獲得した賠償金の一部でつくられた。この条約に関して説明した次の文のうち正しいのはどれか。

ア　この条約に不満を持った国民は，日比谷焼き打ち事件をおこした。
イ　この条約で樺太の領有権を譲り，千島列島の領有権を獲得した。
ウ　この条約締結後，日本は三国干渉を受け入れた。
エ　この条約は日本とロシアとの間で結ばれた。

3　Cよりも後におきたできごとはどれか。

ア　中国では，北京での学生集会をきっかけに，帝国主義に反対する五・四運動が広まった。
イ　朝鮮では，日本と欧米諸国を追いはらい，政治改革を目指す甲午農民戦争がおきた。
ウ　日本では，地租改正に反対する一揆が各地でおき，政府は税率を2.5%に引き下げた。
エ　インドでは，イギリスの支配に不満を持つ人々が立ち上がり，インド大反乱をおこした。

4　DとEの間の期間に生じた世界恐慌の時に，アメリカのルーズベルト(ローズベルト)大統領は，国民の雇用を確保するために，積極的に公共事業をおこした。この政策を何というか。

5　Fの黒部ダムは，当特の金額で513億円，約7年の歳月をかけて建設された，日本最大級のダムである。当時，このような大規模なダムが建設された背景を，図1，図2からわかることにふれて簡潔に書きなさい。

日本の事業所数(製造業)

	事業所数
1951年	166,347
1955年	187,101

図1(「総務省ホームページ」により作成)

日本の最大需要電力と供給能力

	最大需要電力(kw)	供給能力(kw)
1955年	9,331	9,168

図2(「数字で見る日本の100年」により作成)

6 次の1，2の問いに答えなさい。

1 次の(1)から(5)までの問いに答えなさい。

(1) おもに不景気のとき，物価が下がり続ける現象を何というか。

(2) (1)で示した経済状況において，日本銀行が行う金融政策はどれか。

ア 日本銀行は銀行に国債を売り，市場に出まわる通貨量を増やす。

イ 日本銀行は銀行に国債を売り，市場に出まわる通貨量を減らす。

ウ 日本銀行は銀行から国債を買い，市場に出まわる通貨量を増やす。

エ 日本銀行は銀行から国債を買い，市場に出まわる通貨量を減らす。

(3) 消費者基本法の内容として正しいのはどれか。

ア 一部の企業が市場を独占しないよう公正取引委員会を設置すること。

イ 商品の欠陥により損害が生じた場合には，製造者が責任を負うことを義務付けること。

ウ 複数の省庁に分かれていた消費者行政を一つにまとめ，消費者庁を設置すること。

エ 国や地方公共団体が情報提供などを積極的に行い，消費者の自立を支援すること。

(4) 労働基本権のうち，労働者が労働組合を結成できる権利を何というか。

(5) 次の文は，産業の空洞化について説明したものである。文中の［ I ］，［ II ］に当てはまる語の組み合わせとして正しいのはどれか。

> 経済のグローバル化が進む中で，日本では，生産費の［ I ］国へ工場を移転させた企業が多い。その結果，国内で雇用の場が［ II ］などの影響がみられる。

ア I－高 い　II－増える　　**イ** I－安 い　II－減 る

ウ I－安 い　II－増える　　**エ** I－高 い　II－減 る

2 次の文は，ゆいさんが「子どもの権利条約」についてまとめたレポートの一部である。これを読んで(1)から(5)までの問いに答えなさい。

> 1989年に国連で採択された「子どもの権利条約」には，ⓐ生きる権利・守られる権利・育つ権利などが含まれている。日本では，1994年，ⓑ国会の承認を得てこの条約を批准した。現在，国内では，ⓒ政府の他，さまざまなⓓ非営利団体が子どもの権利を守るために活動している。また，国境を越えて，ⓔ世界の諸問題の解決に向けて活躍する団体もある。

(1) 下線部ⓐに関して，生存権について述べた次の文中の［　　］にあてはまる語を書きなさい。

> 日本国憲法は，すべての国民に健康で［　　］的な最低限度の生活を営む権利を保障している。

(2) 下線部ⓑに関して，ゆいさんは，図から，平成25年の参議院議員選挙には，日本国憲法が保障している基本的人権の一つに関わる課題があることを知った。その課題とは何か。議員一人当たりの有権者数と課題に関わる基本的人権にふれ，「格差」の語を用いて，簡潔に書きなさい。

平成25年参議院議員選挙		
選挙区	有権者数(万人)	定数
A	460	4
B	455	4
C	59	2
D	48	2

図

（「総務省ホームページ」により作成）

(3)　下線部ⓒに関して，内閣が行うこととして正しいのはどれか。

ア　教育や福祉などに関する予算の審議

イ　教育や福祉などに関する法案の議決

ウ　教育や福祉などに関する政令の制定

エ　教育や福祉などに関する法律の違憲審査

(4)　下線部ⓓを示す略称として正しいのはどれか。

ア　NPO　　イ　PKO　　ウ　ILO　　エ　WTO

(5)　下線部ⓔに関して，先進国と発展途上国の間だけでなく，発展途上国間でも経済格差が生じている。このような発展途上国間の経済格差を何というか。

7　昇さんは中学校の社会科のまとめの学習に人口問題を取り上げることにした。次の文は，昇さんが調べてまとめたものの一部である。これを読んで1から4までの問いに答えなさい。

・ⓐ世界の人口は地域によって偏りがあるが，世界全体でみると人口が増加している。
・人口爆発が起きている発展途上国では，栄養不足人口の割合が高い。その原因は，自然災害，内戦などによる食糧不足にあり，解決のためには［ I ］の視点が重要。
・ⓑ日本の人口は今後も減少し続け，50年後には約8000万人になると予測されている。
・国内では，少子化対策の一環として，ⓒさまざまな子育て支援が行われている。

1　下線部ⓐに関して，次のうち，人口が2番目に多い地域(2017年)はどれか。

ア　アジア州　　イ　アフリカ州　　ウ　オセアニア州　　エ　ヨーロッパ州

2　文中の［ I ］に当てはまる語として最も適切なのはどれか。

ア　伝統文化の尊重　イ　内政不干渉　ウ　人間の安全保障　エ　帝国主義

3　下線部ⓑに関して，図1は日本の人口増加率を表したものである。Xの年の日本のできごとについて述べているのはどれか。

ア　国民総生産(GNP)が資本主義諸国の中で第2位になった。

イ　国民や物資を優先的に戦争にまわす国家総動員法が制定された。

ウ　男女共同参画社会基本法が制定された。

エ　満20歳以上の男女による普通選挙が初めて行われた。

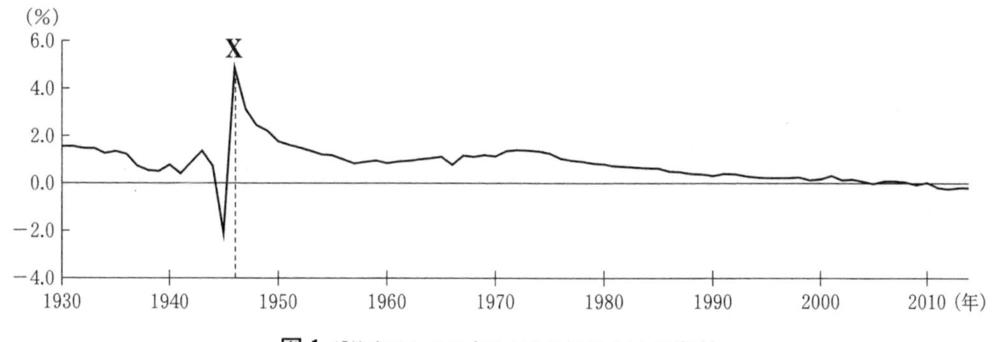

図1（「数字でみる日本の100年」ほかにより作成）

4　昇さんは下線部ⓒについて調べたところ，それらの支援が大きく三つの取組に分類できることに気づき，あとの図2にまとめた。図2中の①を参考に，［ A ］，［ B ］に当てはまる文を書きなさい。

取　　　組	具体的な内容
①　親が働きやすい条件を整えること	・両親ともに取得可能な育児休暇制度 ・小さな子どもを持つ親の勤務時間の短縮 ・育児を理由とした不利益な扱いの禁止
②　［　A　］	・24 時間緊急保育の実施 ・小学校を利用した放課後学童保育 ・学校の空き教室を利用した保育分園
③　［　B　］	・出産育児一時金の支給 ・児童手当の支給 ・子どもの医療費の無償化

図２

5 ⑷あんたがいてくれてよかったとあるが、「隼」はどのようなことを「よかった」と言っているのか。最も適切なものはどれか。

ア　祖父に言い出せずにいた真実を「私」が伝えてくれたこと。
イ　祖父に代わって、「私」が祖父の夢を実現してくれたこと。
ウ　祖父に対する言葉を「私」が認め、受け入れてくれたこと。
エ　祖父に対して抱いていた不安を「私」が軽くしてくれたこと。

6 本文の表現上の特徴を説明したものとして、最も適切なものはどれか。

ア　「私」の視点から日常の一場面を語りながら、「私」の心情を描写している。
イ　登場人物それぞれの視点から心情を語ることで、物語を重層的にしている。
ウ　擬態語や外来語を多用して、「隼」の複雑な心情を効果的に表現している。
エ　会話文の間に情景描写を挿入して、「先生」の心情の変化を描き出している。

5　海外の中学生があなたの学校を訪問することになった。その中学生たちの歓迎会では、グループごとに、日本について様々なテーマで紹介する予定である。あなたなら次の候補の中からどれを選んで、グループのメンバーに提案するか。選んだ理由も含め、後の《注意》に従ってあなたの考えを書きなさい。

候補
・食文化・映像メディア・科学技術 ・自然環境・年中行事

《注意》
・上の候補の中から一つを選び、国語解答用紙⑵の決められた欄に書くこと。
・提案したいテーマについて具体例を挙げながら書くこと。
・国語解答用紙⑵に二百四十字以上三百字以内で書くこと。

なくなっても、先生の大事なものは先生の中に灯っている。

「ごめん。」

小さな男の子みたいな声だった。隼がうつむいていた。

「謝ることないよ。」

水を止めて、お皿を水切りかごに立てる。それから隼のほうに向き直る。

「隼は悲しいんだから。謝ることはないよ。」

そういいながら、やっぱり少し腹を立てている。

「俺、悲しいって口に出したの、初めてかもしれない。」

「そうなんだ。」

私もだ。私も生まれてから今まで一度も悲しいという言葉を実際に使ったことはなかったと思う。太いクレヨンで塗りたくった黒みたいな感情は、悲しいという単語ひとつに肩代わりさせてもはみ出してしまう。

物差しを当てようとするのは(3)楽になりたいから。測って安心したいからだ。意味を探す。価値を見出す。もしくは、意味のなさ、価値のなさを見つける。そしてもう、次を見ない。そこに留まってしまう。悲しいっていったら、悲しい以外の何物でもなくなってしまう。

「悲しいって、いってみたくなったんだ。なんだか渦潮みたいにさ、ごうごう鳴ってるんだ、胸のこの辺で。」

隼は□鳩尾(みぞおち)の辺りを手でさすった。

「でも、悲しいは違った。口に出してみてわかった。悲しいんじゃない。うまく言葉にできない。じいちゃんのこと。ただ――。」

そこで言葉を切って、しばらく真剣な視線を宙にさまよわせた。その辺りに溶けている言葉を必死に捕まえようとしているみたいだった。

「(4)あんたがいてくれてよかった。」

ソファの先生が、また微笑んだように見えた。

（宮下奈都(みやしたなつ)「窓の向こうのガーシュウィン」から）

1 (1)紅茶がいいな とあるが、このように言った「私」の思いとして、最も適切なものはどれか。

ア 「私」を心配している「隼」に対してあえて明るく振る舞って、迷惑をかけまいとする思い。

イ 「隼」に紅茶を淹れてもらうことで、「先生」のことを忘れてお茶を楽しみたいという思い。

ウ 「先生」を心配する「隼」の気持ちを解きほぐして、場の雰囲気を明るくしたいという思い。

エ 「先生」や「隼」に対して気遣う必要はなく、自分の思う通りに行動していこうという思い。

2 (2)ちょっとばかだよね とあるが、「私」がこのとき、「隼」に気付かせたかったのはどのようなことか。四十五字以内で書きなさい。

3 (3)楽になりたい とあるが、「私」は「隼」のどのような行為を捉えて「楽になりたい」と判断したのか。二十五字以内で書きなさい。

4 □に当てはまる語句として、最も適切なものはどれか。

ア 口を合わせて　　イ 口をへの字に曲げて

ウ 口をはさんで　　エ 口をすべらせて

行する」と捉えると、時間は歴史の成立にどのように関わってくると、筆者は考えているか。五十字以内で書きなさい。

6　本文の特徴を説明したものとして最も適切なものはどれか。

ア　日本と世界の文化の比較を通して、歴史の違いについて分析している。

イ　歴史について、時間に対する考え方を明確にした上で考察している。

ウ　人間の心理と関連付けながら、歴史の捉え方について検討している。

エ　歴史という概念について、物理学的な知見に基づいて説明している。

4　次の文章を読んで、1から6までの問いに答えなさい。

（十九歳の「私」は、「先生」と呼ばれる老人（横江さん）の家でホームヘルパーとして働いている。「先生」の孫である「隼（しゅん）」は、「私」と中学時代の同級生である。）

この頃の先生は一度深く眠って目を覚ますと、正体をなくしていることが多かった。隼もそれを恐れているのだろう。隣でじっと先生を見ていた。黙って、口を一文字に結んで。何を考えているのかわからないけれど、隼にはあまり心配しすぎないでほしい。まわりの私たちの気持ちに陰りがあれば、それが先生の眠りに映るような気がした。

「(1)紅茶がいいな。」

私がいうと、隼は笑顔になってうなずいた。

「わかった。ダンシングだな。うんとおいしいのを淹（い）れるよ。」

ダンシングでもジャンピングでもスイミングでもかまわない。葉っぱがポットのお湯の中でゆうゆうと動きまわって気持ちよく開けばいいってことだ。そのイメージがあれば、言葉はなんだっていいのだ。

「あ、じいちゃん笑ってる」

見ると、先生はソファで目を閉じてほんのりと微笑（ほほえ）んでいた。眠っていても、おいしい紅茶という言葉が耳に入って自然に笑顔になったのだろうか。もしかしたら、今このひと続きの部屋を満たす和やかな空気が気持ちよくて笑ったのかもしれない。

「元気で楽しかった頃の夢見てるんじゃないかな。」

小さな声で隼はいった。

「だとしたら、いやだな。」

聞こえなかったふりをして、お皿洗いに戻った。いやなことなんか考えなければいい。

「夢の中では身体も元気で頭もぼけてなくて、けど目を覚ました途端に現実を突きつけられるなんて、悲しいじゃないか。」

「隼ってさ。」

流しの前から振り返らずにいい返す。左手に小皿、右手にスポンジを持って。

「(2)ちょっとばかだよね。」

それから蛇口を捻（ひね）って水を出す。私は悲しくない。身体が不自由になって、頭が思うように働かなくなっても、心は残っている。そんなのはあたりまえだ。先生は先生だ。あんなに大事に思っていた隼をもしも思い出せなくなっても、ときどきは自分のこともわからただ「むかし」というだけで区別しない人たちもいれば、今日の午前に起こった事件と、あとの午後に起こった事件の時間の差を問題にして、区別する人たちもいる。時間の認識のしかたは文化なのである。

⑩　時間の観念は文化だから、文明によって、社会によって、おおいに違う。また違って当然だ。だから、時間の管理のしかたも、文明によって違ってくる。［エ］

⑪　(2)時間を一定不変の歩調で進行するものだと考えて、日・月・年に一連番号を振って、暦を作り、時間軸に沿って起こる事件を暦によって管理して、記録にとどめるという技術は、きわめて高度に発達した技術であって、人類が自然に持っているものではない。

⑫　時間と空間の両方にまたがって、人間の世界を説明する歴史というものも、自然界にはじめから存在するものではなくて、文化の領分に属するものである。歴史は文化であり、人間の集団によって文化は違うから、集団ごとに、それぞれ「これが歴史だ」というものができ、ほかの集団が「これが歴史だ」と主張するものと違うということも起こりうる。

⑬　しかも、暦を作って時間を管理することと、記録をとることだけでは、歴史が成立するのに十分な条件にはならない。

⑭　歴史の成立には、もう一つ、ひじょうに重要な条件がある。それは、事件と事件の間には因果関係があるという感覚だ。これこれこういう事件は、時間ではそのまえにあったこれこれこういう事件の結果として、あるいはその影響で、起こったというふうに考える。

⑮　これは、この世界で起こる事件は、それぞれ関連がある、あるいはあるはずだと考えることだ。こういう考えかたは、現代人、ことに日本人のあいだでは、ごくあたりまえの考えかただけれども、実は世界のなかでは、人類のなかでは、どうも少数派の感じかた、考えかたらしい。

⑯　ここで念を押すと、直進する時間の観念と、時間を管理する技術と、文字で記録をつくる技術と、ものごとの因果関係の思想の四つがそろうことが、歴史が成立するための前提条件である。言いかえれば、こういう条件のないところには、本書で問題にしている、比喩として使うのではない、厳密な意味の「歴史」は成立しえないということになる。

（岡田英弘（おかだひでひろ）「歴史とはなにか」から）

1　［　　］に入る語として適切なものはどれか。

ア　しかし　　イ　ところで

ウ　言いかえれば　　エ　さらに

2　(1)きわめて人工的なはかりかたしかできない　とあるが、筆者がこのように言うのはなぜか。二十五字以内で書きなさい。

3　本文中の［ア］～［エ］のいずれかに、次の一文が入る。最も適切な位置はどれか。

［それが人間本来の、時間の自然な感じかただ。］

4　段落の働きを説明したものとして、最も適切なものはどれか。

ア　⑦段落は、それまでの内容をまとめ、主題へと導いている。

イ　⑨段落は、具体例を列挙し、仮説を裏付けようとしている。

ウ　⑬段落は、前段落までを総括し、独自の見解を述べている。

エ　⑮段落は、例外的な場合に触れ、新たな論を展開している。

5　(2)時間を……と考えて　とあるが、「時間が一定不変の歩調で進

イ　場に応じて機転を利かせた判断ができ、周囲の人々のために行動する人物。
ウ　周囲が思いも寄らない行動をとることもあるが、自分の気持ちに正直な人物。
エ　たとえ権力者に逆らうことになったとしても、信念を貫いて行動する人物。

3　次の文章を読んで、1から6までの問いに答えなさい。①～⑯は形式段落の番号である。

①　そもそも時間というものは、ビッグ・バンで宇宙が生まれたときに、空間とともにはじまったものだそうだが、すくなくとも人間が経験で知っているかぎりの世界では、時間にははじめもなく、終わりもない。これがほんとうの最初の年、最初の月、最初の日というものは、人間には知られてない。[　　]、そこから数えれば「なん番めの年」になり、「なん番めの月」になり、「なん番めの日」になる、と言えるような、わかりやすい目安になる時点は、自然界には存在しない。

②　そういうわけで、たくさんの人間が寄り集まって、どの時点から数えることにしようと協定するか、だれかに適当に決めてもらうしかない。こうした取り決めが「クロノロジー（年代）」というものである。

③　時間というものは、そういうふうに、(1)<u>きわめて人工的なはかりかたしかできない</u>。自然界には、絶対的な時間の経過を示すものは、なにもない。

④　だから、時計とか暦とかのない社会では、時間の経過を決めるのは人間の気持ちによる。人が「いまだ」と思ったときが「そのとき」だというのが、そうした社会の時間の感覚である。こうした時間の感覚は、絶対的な時間とか、時刻とかに置きかえることはできない。[ア]

⑤　たとえば、いまでもオーストラリアのアボリジニの社会では、お祭りのはじまる時刻は、夜ということぐらいは決まっているが、なん時ちょうどにはじまるなどということは、だれも申し合わせていない。祭りの場に集まってがやがやっているうちに、なんとなくみんなが気分が高揚してきて、そろそろだなと思ったときがそのときだとなって、お祭りがはじまるというのがふつうだ。

⑥　われわれ現代人の感覚では、時間というものは、無限の過去からはじまって、規則正しくチクタクチクタクと、同じ歩調で現在にむかって進行してきて、現在からは、無限の未来にむかって、チクタクチクタクと同じ歩調で一直線に進行していくものだ、となっている。[イ]

⑦　こうした時間の感覚は、決して自然なものではなくて、文明が創りだしたものだ。明日という日が来るかどうかは、ほんとうを言うと、だれにもわからない。そういう時間の感覚のほうが自然だ。というわけで、人間にとっては、時間は取り扱いにくいものだが、その取り扱いにくい時間がかかわってくるのが歴史なのである。

⑧　歴史は、世界を空間だけに沿って見るものではなくて、時間に沿っても見るものだ。その時間をどう認識するかは、人間の集団ごとに、ひじょうに違う。[ウ]

⑨　去年のことでも、三年まえのことでも、百年まえのことでも、

ア　まるで　　イ　ふと　　ウ　もっと　　エ　もし

4　次の行書のうち、「花」と同じ部首の漢字はどれか。

ア　栄　　イ　雲　　ウ　笑　　エ　葉

2

次の文章を読んで、1から5までの問いに答えなさい。

昔、西八条(注1)の舎人(注2)なりける翁、賀茂祭の日、一条東洞院の辺に、

　ここは翁が見物せむずる所なり

　人、寄るべからず

といふ札を、暁より(ア)立てたりければ、人、かの翁が所為とは知らず、「陽成院(注3)、物御覧ぜむとて立てられたるなめり。」とて、人寄らざりけるほどに、時になりて、この翁、浅葱かみしも(注4)着たり。扇ひらきつかひて、したり顔なる気色にて、物を見けり。(1)人々、目をたてけり。

陽成院、このことを聞こしめして、件の翁を(イ)召して、院司(注5)にて問はせられければ、「歳八十になりて、見物の志、さらに侍らぬが、今年、孫にて候ふ男の、内蔵寮(注6)の小使にて、祭を渡り候ふが、あまりに(ウ)見まほしくて、ただ見候はむには、人に踏み殺されぬべくおぼえて、(2)やすく見候はむために、札をば立てて侍る。ただし、院の御覧ぜむ由は、まったく書き候はず。」と(エ)申しければ、「さもあること。」とて、御沙汰なくて、ゆりにけり(注7)。

これ、肝太きわざなれども、かなしく支度しえたりけるこそ、をかしけれ。

（「十訓抄」から）

(注1) 西八条＝平安京の地名。一条東洞院も同様。
(注2) 舎人＝貴人の家に仕え、雑用に従事する者。
(注3) 陽成院＝陽成天皇のこと。この時は退位し上皇であった。
(注4) 浅葱かみしも＝上衣と袴が同じ薄い藍色の服。
(注5) 院司＝上皇の御所に仕える役人。
(注6) 内蔵寮＝宮中の財物を管理する役所。
(注7) ゆりにけり＝許された。

1　ひらきつかひて は現代ではどう読むか。現代かなづかいを用いて、すべてひらがなで書きなさい。

2　ア立て　イ召し　ウ見まほしく　エ申し の中で、主語にあたる人物が異なるものはどれか。

3　(1)人々、目をたてけり とあるが、人々が注目したのはなぜか。その理由を説明した次の文の空欄に当てはまるように、十五字以内の現代語で書きなさい。

　人々が立て札を見て □ と考えたことに対して、予想が外れたから。

4　(2)やすく見候はむため の意味として、最も適切なものはどれか。

ア　祭の行列を安全な状態で見物するため。
イ　祭の行列を家族と一緒に見物するため。
ウ　祭の行列を人目を避けて見物するため。
エ　祭の行列を安い場所代で見物するため。

5　本文に描かれている翁はどのような人物か。

ア　何事にも驚いたりもの怖じしたりせず行動できるが、涙もろく情け深い人物。

〈国語〉

時間　五〇分　　満点　一〇〇点

【注意】 答えの字数が指示されている問いについては、句読点や「　」などの符号も字数に数えるものとします。

1 次の1から4までの問いに答えなさい。

1 次の――線の部分の読みをひらがなで書きなさい。

(1) 桜の花が咲く。　(2) 部屋を掃除する。

(3) 舞台に上がる。　(4) 濃厚なスープ。

(5) 時間を稼ぐ。

2 次の――線の部分を漢字で書きなさい。

(1) ホームランをウつ。　(2) ヤッキョクに行く。

(3) 羊をホウボクする。　(4) 法律のセンモン家。

(5) 心をフルい立たせる。

3 次の俳句を話題にした先生と生徒の会話について、(1)から(4)までの問いに答えなさい。

> 鐘つけば銀杏(いちょう)散るなり建長寺　　夏目漱石(なつめそうせき)
>
> 生徒「この俳句の季語は何ですか。」
>
> 先生「①銀杏散るが季語ですよ。季語を詳しく調べたい時は『歳時記』という本を使うのが便利です。」
>
> 生徒「わかりました。ところで、この俳句の作者は小説家の夏目漱石なんですね。」
>
> 先生「その通りです。小説家としてよく知られていますが、俳句や漢詩も作っていますし、色々なテーマで②コウエンを行うなど多方面で活躍した人物です。」
>
> 生徒「様々な才能を持った人物だったのですね。そういえば、先生も俳句を作られるとお聞きしました。今度、先生の作品を（　③　）。」
>
> 先生「いいですよ。（　④　）よかったら、あなたも一緒に俳句を作りませんか。」

(1) ①銀杏散る と同じ季節を詠んだものはどれか。

ア 菜の花のちりこぼれたる堤かな　　瀧井孝作(たきいこうさく)

イ 独り碁や笹(ささ)に粉雪(こゆき)のつもる日に　　中勘助(なかかんすけ)

ウ 頂上や殊に野菊の吹かれ居(お)り　　原石鼎(はらせきてい)

エ 閑(しず)かさや岩にしみ入る蟬(せみ)の声　　松尾芭蕉(まつおばしょう)

(2) ②コウエン と同じ漢字を用いるものはどれか。

ア 家の近くのコウエンに遊びに行く。

イ 大学教授のコウエンを聴く。

ウ 自治体が文化事業をコウエンする。

エ 新人が主役をコウエンする。

(3) （　③　）に入る正しい敬語表現はどれか。

ア 見せていただけますか。

イ お見せしてもらえますか。

ウ ご覧になってもいいですか。

エ 拝見なさってもいいでしょうか。

(4) （　④　）に入る副詞として適切なものはどれか。

大切なことはメモしておこうネ！

平成30年度

解答と解説

《平成30年度の配点は解答用紙集に掲載してあります。》

＜数学解答＞

1　1　-4　2　$2xy^4$　3　$4\sqrt{2}$　4　$x^2+8x+16$　5　$(a=)\dfrac{-2b+7c}{5}$

6　$6x+y<900$　7　$(x=)\dfrac{3}{2}$　8　$\dfrac{35}{3}\pi\,(\mathrm{cm}^3)$

9　$(x=)2$，$(y=)-3$　10　$(x=)-1$，7　11　正十二角形

12　79(度)　13　0.3　14　-5

2　1　右図　2　$\dfrac{5}{12}$　3　$(a=)7$

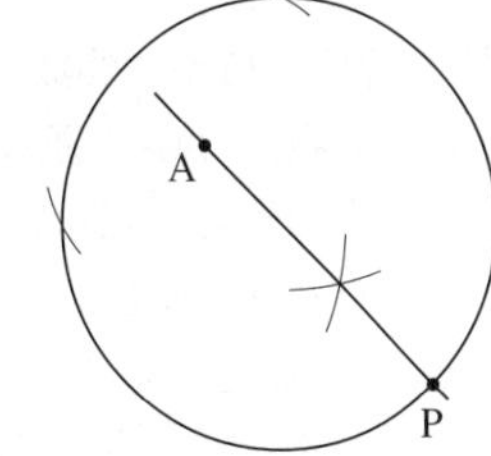

3　1　解説参照　2　$x=3$(途中の計算は解説参照)

4　1　解説参照　2　(1)　$180-2a$(度)　(2)　$36\pi\,(\mathrm{cm}^2)$

5　1　(1)　$(a=)6$　(2)　$y=-120x+1800$(途中の計算は解説参照)

2　(1)　ウ　(2)　ア　3　$\dfrac{190}{9}$(秒後)

6　1　2(cm)　2　$n+3$(枚)　3　$x=8$，$y=4$(途中の計算は解説参照)

4　$(a=)21$，32，40

＜数学解説＞

1　(数・式の計算，平方根，式の展開，等式の変形，不等式，比例式，円錐の体積，連立方程式，二次方程式，角度，資料の散らばり・代表値，関数$y=ax^2$)

1　異符号の2数の商の符号は負で，絶対値は2数の絶対値の商だから，$(-12)\div3=-(12\div3)=-4$

2　$\dfrac{1}{4}xy^3\times8y=\dfrac{xy^3}{4}\times\dfrac{8y}{1}=\dfrac{xy^3\times8y}{4}=2xy^4$

3　$\sqrt{2}+\sqrt{18}=\sqrt{2}+\sqrt{2\times3^2}=\sqrt{2}+3\sqrt{2}=4\sqrt{2}$

4　乗法公式$(a+b)^2=a^2+2ab+b^2$より，$(x+4)^2=x^2+2\times x\times4+4^2=x^2+8x+16$

5　$5a+2b=7c$　左辺の$+2b$を右辺に移項して　$5a=-2b+7c$　両辺を5で割って　$a=\dfrac{-2b+7c}{5}$

6　1個x(g)のトマト6個分の重さは$6x$(g)。これをy(g)の箱に入れたときの全体の重さは$6x+y$(g)。これが900gより軽かったから，$6x+y<900$

7　比例式$5:(9-x)=2:3$　比例式の内項の積と外項の積は等しいから，$2(9-x)=5\times3$　$18-2x=15$　$x=\dfrac{3}{2}$

8　円錐の体積$=\dfrac{1}{3}\times$底面積$\times$高さ$=\dfrac{1}{3}\times5\pi\times7=\dfrac{35}{3}\pi\,\mathrm{cm}^3$

9　連立方程式$\begin{cases}x-2y=8\cdots① \\ 3x-y=9\cdots②\end{cases}$　②×2－①より，$5x=10$　$x=2$　これを②に代入して，$3\times2-y=9$　$-y=3$　$y=-3$　よって，連立方程式の解は，$x=2$，$y=-3$

10　$x^2-6x-7=0$　たして-6，かけて-7になる2つの数は1と-7だから　$x^2-6x-7=(x+1)\{x+(-7)\}=(x+1)(x-7)=0$　$x=-1$，7

11　1つの内角が150°である正多角形の1つの外角は，$180°-150°=30°$　多角形の外角の和は360°だから，$360°\div30°=12$より，問題の正多角形は正十二角形。

12　直線ACと直線mの交点をDとする。平行線の同位角は等しいから，$\angle\mathrm{CDE}=\angle\mathrm{ABF}=43^\circ$　△CDEの内角と外角の関係から，$\angle x=\angle\mathrm{CDE}+\angle\mathrm{CED}=43^\circ+36^\circ=79^\circ$

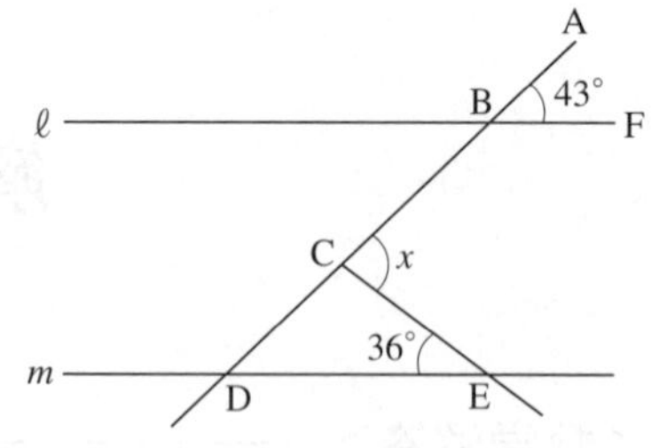

13　相対度数＝$\dfrac{\text{各階級の度数}}{\text{度数の合計}}$　度数の合計は40，度数が最も多い階級は130cm以上150cm未満の階級で，その度数は12だから，その相対度数は　$\dfrac{12}{40}=0.3$

14　$y=-x^2$について，$x=1$のとき$y=-1^2=-1$，$x=4$のとき$y=-4^2=-16$　よって，xの値が1から4まで増加するときの変化の割合は，$\dfrac{-16-(-1)}{4-1}=\dfrac{-15}{3}=-5$

2　(作図，確率，関数とグラフ)

1　(着眼点)点Aを通る直径をPQとするとき，PA＞QAなら，円周上にある点のうち，点Aとの距離が最も長い点がPで，点Aとの距離が最も短い点がQである。　(作図手順)　次の①～②の手順で作図する。
①　点Aを中心として，問題の円と交わるように円を描く。　②　①でつくった交点をそれぞれ中心として，交わるように半径の等しい円を描き，その交点と点Aを通る直線を引く(円周で切り取られる線分が点Aを通る円の直径)。そして，引いた直線と円周との交点のうち，点Aから遠い方の交点をPとする。

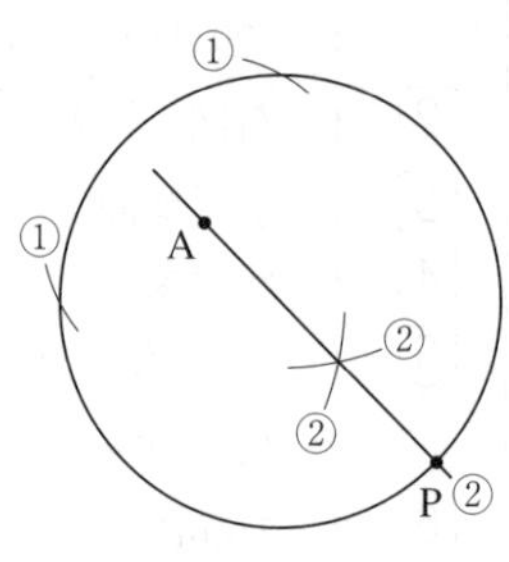

2　1から4までの数字が1つずつ書かれた4枚のカードから1枚ずつ2回続けてひき，1回目にひいたカードの数字を十の位，2回目にひいたカードの数字を一の位として，2けたの整数をつくるとき，つくられる2けたの整数は全部で，12，13，14，21，23，24，31，32，34，41，42，43の12通り。このうち，できた整数が素数になるのは，～を付けた5通り。よって，求める確率は　$\dfrac{5}{12}$

3　点Aは$y=\dfrac{a}{x}$上にあるから，そのy座標は$y=\dfrac{a}{2}$で，$\mathrm{A}\left(2,\ \dfrac{a}{2}\right)$　点Bは$y=-\dfrac{5}{4}x$上にあるから，そのy座標は$y=-\dfrac{5}{4}\times2=-\dfrac{5}{2}$で，$\mathrm{B}\left(2,\ -\dfrac{5}{2}\right)$　線分ABの長さは，2点A，Bのy座標の差だから，$\mathrm{AB}=\dfrac{a}{2}-\left(-\dfrac{5}{2}\right)=\dfrac{a}{2}+\dfrac{5}{2}=\dfrac{a+5}{2}$　これが6に等しいから，$\dfrac{a+5}{2}=6$　$a=7$

3　(式による証明，二次方程式の応用)

1　(例)5円硬貨の枚数がb枚なので，1円硬貨の枚数は，$(36-b)$枚と表される。よって，$a=5b+(36-b)=4b+36=4(b+9)$　bは整数だから，$b+9$も整数である。したがって，aは4の倍数である。

2　(途中の計算)　(例)直方体Qの体積と直方体Rの体積は等しいので　$(4+x)(7+x)\times2=4\times7\times(2+x)$　$x^2+11x+28=14x+28$　$x^2-3x=0$　$x(x-3)=0$　$x=0,\ 3$　$x>0$　だから　$x=3$

4　(合同の証明，角度，面積)

1　(証明)　(例)△ABEと△ACDにおいて，仮定より　AB＝AC…①　△ABCは二等辺三角形だから　∠ABE＝∠ACD…②　仮定より　BD＝CE…③　ここで　BE＝BD＋DE…④　CD＝CE＋DE…⑤　③，④，⑤より　BE＝CD…⑥　①，②，⑥より　2組の辺とその間の角がそれぞれ等しいから　△ABE≡△ACD

2　(1)　△OEDはOE＝ODの二等辺三角形だから，$\angle\mathrm{EOD}=180^\circ-2\angle\mathrm{OED}=180^\circ-2a^\circ$　仮定より，

$\angle ADO=90°$　また，直径に対する円周角は90°だから，$\angle ACB=90°$　よって，OD//BCで，平行線の同位角は等しいから，$\angle OBC=\angle EOD=180°-2a°$

(2)　△ABCで三平方の定理より，$AB=\sqrt{AC^2+BC^2}=\sqrt{12^2+4^2}=\sqrt{144+16}=4\sqrt{10}$cm　$OA=\frac{AB}{2}=\frac{4\sqrt{10}}{2}=2\sqrt{10}$cm　OD//BCで，平行線と線分の比についての定理より，OD：BC＝OA：AB＝1：2　よって，$OD=\frac{1}{2}BC=\frac{1}{2}\times 4=2$cm　以上より，求める面積は，（半径OAの円の面積）－（半径ODの円の面積）$=\pi\times OA^2-\pi\times OD^2=\pi\times(2\sqrt{10})^2-\pi\times 2^2=36\pi$ cm^2

5 （関数とグラフ，2つの動点と三角形の面積）

1 (1)　問題のグラフより，$y=ax^2$は点(10，600)を通るから，$600=a\times 10^2=100a$　$a=6$

(2)　（途中の計算）（例）2点P，QがAを出発してから10秒後から15秒後までのグラフの傾きは$\frac{0-600}{15-10}=-120$　であるから，xとyの関係の式は　$y=-120x+b$　と表される。グラフは点(15，0)を通るから　$0=-120\times 15+b$　よって　$b=1800$　したがって，求める式は　$y=-120x+1800$

2 (1)　2点P，QがAを出発してから18秒間に進む長さは，点Pが毎秒3cm×18秒＝54cm，点Qが毎秒5cm×18秒＝90cm　だから，2点P，QがAを出発してから18秒後，点Pは辺BC上にあり，点QはBにある。

(2)　2点P，QがAを出発してから18秒後の△APQの面積は，PB＝54－30＝24cmだから，$y=\frac{1}{2}\times AB\times PB=\frac{1}{2}\times 30\times 24=360$　また，点PがCにあるのは，2点P，QがAを出発してから(AB＋BC)÷毎秒3cm＝70cm÷毎秒3cm＝$\frac{70}{3}$秒後。以上より，18秒後からの関数の変化の割合は$\frac{600-360}{\frac{70}{3}-18}=45$　で，15秒後から18秒後までの変化の割合　$\frac{360-0}{18-15}=120$　と比べて小さくなるので，グラフとして適するものは(Ｉ)である。

3　△APQの面積が3度目に500cm^{2}となるのは，右図の点Dの位置。2点P，QがAを出発してから18秒後からの関数の変化の割合は45であるから，xとyの関係の式は　$y=45x+b$　と表される。グラフは点(18，360)を通るから$360=45\times 18+b$　$b=-450$　したがって，$y=45x-450$　この式のyに500を代入して，2点P，QがAを出発してから，△APQの面積が3度目に500cm^{2}となるのは，$500=45x-450$　$x=\frac{190}{9}$　より，$\frac{190}{9}$秒後

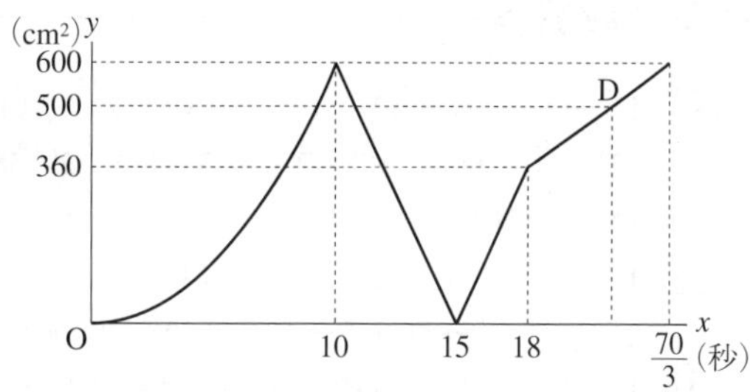

6 （規則性，方程式の応用）

1　右図1より，できた正方形のうち最も小さい正方形の1辺の長さは2cm。

図1

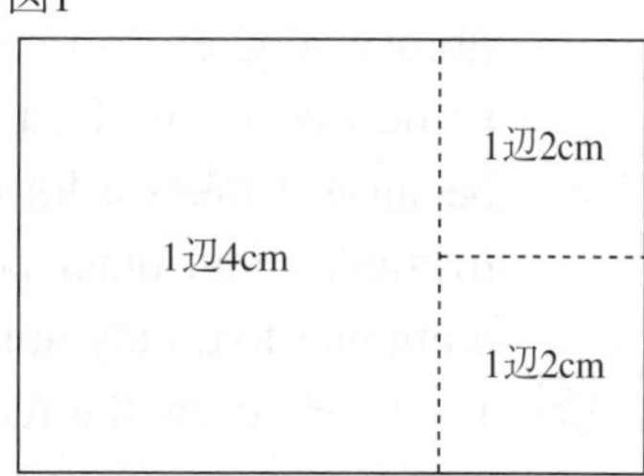

2　下図2のように，最初に1辺$n$cmの正方形を3枚切り取ると，

図2

1辺$n$cm　1辺$n$cm　1辺$n$cm
1辺1cmの正方形
1辺1cmの正方形
1辺1cmの正方形

縦$n$cm，横1cmの長方形の紙が残る。続いて，1辺1cmの正方形をちょうどn枚切り取ることができるから，正方形は全部で$n+3$枚できる。

3 （途中の計算）（例）$\begin{cases} x+y=12\cdots① \\ x=2y\cdots② \end{cases}$ ②を①に代入すると$2y+y=12$　$y=4$　②に代入すると$x=8$　これらの解は問題に適している。

4 できた3種類の大きさの異なる正方形を，1辺の長さが長い順に，$a$cm，$x$cm，$y$cmの正方形とする。$a$cmの正方形が5枚できることや，$a$cmの正方形が4枚と$x$cmの正方形が1枚できることは，3種類の大きさの異なる正方形にならないから問題に適さない。$a$cmの正方形が3枚と$x$cmの正方形が1枚と$y$cmの正方形が1枚できることは，$x$cmの正方形を切り取った後の紙が長方形であることを考えると，ありえない。$a$cmの正方形が2枚のとき，考えられるのは，$x$cmの正方形が1枚と$y$cmの正方形が2枚できる場合であり，このとき$\begin{cases} x+y=a\cdots① \\ x=2y\cdots② \\ 2a+x=56\cdots③ \end{cases}$が成り立つ。①を②に代入して$x=2(a-x)$　$x=\frac{2}{3}a$　これを③に代入して　$2a+\frac{2}{3}a=56$　$a=21$　$a$cmの正方形が1枚のとき，考えられるのは，$x$cmの正方形が1枚と$y$cmの正方形が3枚できる場合と，$x$cmの正方形が2枚と$y$cmの正方形が2枚できる場合である。$x$cmの正方形が1枚と$y$cmの正方形が3枚できる場合は，$\begin{cases} x+y=a \\ x=3y \\ a+x=56 \end{cases}$が成り立ち，これを解くと，$a=32$。また，$x$cmの正方形が2枚と$y$cmの正方形が2枚できる場合は，$\begin{cases} 2x+y=a \\ x=2y \\ a+x=56 \end{cases}$が成り立ち，これを解くと，$a=40$。

＜英語解答＞

1 1 (1) イ　(2) エ　(3) ウ　(4) ア　(5) イ　2 (1) ① エ　② イ　(2) ① ウ　② ア　3 (1) 2時58分　(2) 3時12分　(3) 食べ物と飲み物　(4) 左(側)

2 1 (1) イ　(2) エ　(3) ア　(4) ア　(5) エ　(6) ウ
2 (1) イ→ウ→ア→エ　(2) ウ→イ→エ→ア　(3) ウ→オ→イ→エ→ア

3 1 (例)アグスが毎朝，納豆を食べていること。　2 ① popular　② use
3 ウ　4 (例)テンペを使った多くの種類の日本の食べ物の作り方について考えること。

4 1 (1) (例1)I like collecting　(例2)One of my hobbies is collecting
(2) (例1)I want to be　(例2)My dream is to become　2 (1) (例1)Which do you like to eat　(例2)Which fruit do you want　(2) (例1)can you give me a cup of　(例2)may I have some　3 (例1)I agree. I often go to the library. The library is quiet, so I can study hard. There are many kinds of books. When I have some questions, I can read books to find the answers.　(例2) I don't agree, because it takes a lot of time for me to go to the library. At home, I don't need to think about other people. I like to study in my room. I can also use my own computer to do my homework.

5 1 (例)He drew the faces of his friends (on it).　2 イ　3 (例)絵を描くことを

楽しむこと。 4 エ カ

6 1 eat tomatoes (them) 2 ① many cold days ② enough food
3 (例)トマトには注意して水をあげなければならないということ。トマトには強い太陽の光が必要だということ。 4 save

＜英語解説＞

1 (リスニング)

放送台本の和訳は，47ページに掲載。

2 (語句補充・選択問題，並べ換え問題：過去形，代名詞，形容詞，不定詞，助動詞，分詞の形容詞的用法，文の構造)

1 (全訳) こんにちは，レオン。お元気ですか？メールありがとう。昨日僕はクラスの前で英語で(1)スピーチをしました。(2)それは僕にとって2回目の経験でした。僕は少し(3)緊張しましたが，前回よりは上手にできました。僕はドイツに(5)住んでいる僕の友だちについて(4)話そうと決めました。彼は月曜から金曜まで放課後柔道の練習をしています。彼はこの前の夏に日本を(6)訪れて，2週間僕の家に滞在しました。誰のことでしょう？そう，君のことです！またすぐにメールをしてください。

君の友だち タカシより

(1) make の過去形 made が適当。 make a speech ＝演説，スピーチをする

(2) この It は前の文の「英語でスピーチをすること」を指す。

(3) nervous ＝緊張して，不安で wonderful ＝すばらしい amazing ＝驚くべき，見事な brave ＝勇ましい，勇気のある

(4) 全訳参照。<decide to ＋動詞の原形>で「～することを決める、決心する」

(5) 全訳参照。この living は現在分詞。my friend を後ろから修飾している。(分詞の形容詞的用法)

(6) 全訳参照。**<visit ＋場所>で「～を訪れる」。その場所で過ごすことを表す。場所の前に前置詞はつけない。**

2 (1) (We)don' t have to go (to school on Sunday.) 私たちは日曜日には学校に行く必要はない。**have to ～＝～しなければならない，～する必要がある** (2) (She) gave me a toy made (in France.)彼女は私にフランス製のおもちゃをくれた。<gave ＋人＋物>で「(人)に(物)をあげる」 made in France が a toy を後ろから修飾している。(分詞の形容詞的用法)

(3) Don' t be afraid of making mistakes. 間違いを犯すのを恐れてはいけない。**be afraid of ～＝～するのを恐れる** make a mistake ＝間違いを犯す

3 (会話文問題：日本語で答える問題，語句の解釈・指示語，語句補充・選択)

(全訳)

イサオ：やあ，アグス！今朝は朝食に何を食べたかい？

アグス：やあ，イサオ！僕は納豆を食べたよ。僕は毎朝納豆を食べるんだ。

イサオ：毎朝？ (1)それを聞いて驚いたよ！僕は，外国から来た多くの人たちは納豆が好きだと思っていなかったよ，あの匂いのせいでね。

アグス：僕は納豆が大好きだよ！Aところで，テンペって知ってるかい？僕の国にはテンペがある

んだ。

イサオ：テンペ？それは何だい？

アグス：大豆からできている食べ物だよ。納豆に似てるけど，匂いはそんなに強くないんだ。僕の国の人たちはテンペが好きでとてもよく食べるよ。君たちは普通納豆をご飯にのせて食べるけど，僕たちはテンペをちょっと違う方法で食べるんだよ。

イサオ：想像できないな。もっと教えてよ。

アグス：テンペはとても役に立つんだよ。B例えば，サラダ，カレー，ピザなどに入れるんだ。肉の代わりにテンペを好んで食べる人たちもいるよ。

イサオ：それは興味深いな，テンペを食べてみたいよ。そうそう，僕たちのALTの先生は肉を食べないと言っているよ。

アグス：肉を食べない人たちはたくさんいるよ。彼らにはそれぞれ(肉を食べない)理由があるんだ。

イサオ：なるほど。世界の人たちは食べ物についていろいろな考えをもっているね。そういえば，東京でオリンピックパラリンピックが行われることになっているよね。外国からのたくさんの人たちが日本にやってくるだろう。僕は彼らに日本の食べ物を楽しんでほしいと思うんだ。

アグス：テンペを使った多くの種類の日本の食べ物の作り方について考えてみよう。

イサオ：すごくいいね！(2)そのアイディア気に入ったよ！僕たちは肉を食べない人たちを歓迎することだってできるんだ。

アグス：より多くの人たちが僕たちの国両方を好きになってくれるといいなあ。

イサオ：その通りだね。

1　全訳参照。直前のアグスの発言に注目。この that は前に述べたことを指す。

2　(問題文訳)テンペはアグスの国の人たちの間で①好まれている。彼らはテンペを多くの種類の食べ物に②使う。　popular ＝人気のある，一般的な

3　全訳参照。空所Aの後は話題がテンペに移っていること，空所Bの後はテンペの使い方の具体例を挙げていることを読み取ろう。

4　全訳参照。直前のアグスの発言に注目。

4　(メモを用いた問題，会話文問題，条件・自由英作文)

1　(メモの和訳)私の趣味について　(1)私は帽子とキャップを集めることが好きです／私の趣味の1つは帽子とキャップを集めることです。私は10個くらい持っています。私は帽子のデザインが重要だと思います。
ピアノを弾くことも楽しいです。私は時々小学校でピアノを弾き，児童たちと一緒に歌います。(2)私は将来音楽の先生になりたいです／私の将来の夢は音楽の先生になることです。
左のメモを参考にしながら，空所(1)(2)それぞれの前後の文章を読み取り，自然な文脈になるように英作文をすること。

2　(全訳)　有理子：ねえ，誠。バナナとオレンジ，(1)どっちが食べたい？／どっちが欲しい？／誠：バナナをちょうだい。ありがとう，有理子。もっと勉強しなきゃいけないのに眠いんだ。だから，(2)コーヒーを1杯くれる？／コーヒーを少しもらえますか？　／有理子：もちろん。大丈夫よ。

(1)　誠の発言1文目に注目。この返答に合う質問を考えて英作文する。　(2)　全訳参照。　**Can you** ～＝～してくれますか？　**May I** ～＝～してもいいですか？

3 (テーマ)図書館で勉強することは家で勉強するよりも良い。

(解答例訳)(賛成の場合)私は賛成です。私はよく図書館へ行きます。図書館は静かなので，一生懸命勉強することができます。たくさんの種類の本があります。何か疑問がある時は，本を読んで答えを見つけることができます。　(反対の場合)私は反対です，なぜなら私は図書館に行くのにたくさん時間がかかるからです。家では，他の人のことを考える必要がありません。私は自分の部屋で勉強するのが好きです。私はまた，私自身のコンピューターを使って宿題をすることができます。

5 (長文読解問題・エッセイ：英問英答，語句の解釈・指示語，日本語で答える問題，内容真偽)

(全訳)　アキラは絵を描くことが大好きです。彼のおばあさん,キミヨはかつて美術の先生をしており，彼に絵の描き方を教えました。彼女はいつも言っていました，「あなたの好きなものを描きなさい，そして絵を描くことを楽しみなさい」。キミヨは毎月アキラに絵手紙を送りました，そして彼はいつもその手紙に返事を書きました。アキラはとても喜んでキミヨとの絵手紙の交換をしていました。彼は初めての絵手紙に彼の友だちの顔を描きました，なぜなら彼は友だちのことが大好きだったからです。彼が小学校を卒業した後には，彼の新しい学校の美しい桜の花を絵手紙に描きました。彼は新しい生活を楽しみにしていました。

中学校では，アキラは美術部に入りました。秋に，彼が賞を取ろうとしていた絵のコンテストがありました。彼は良い絵を描きたいと思っていたので，もう一度桜の木を描きました。彼は一生懸命取り組んでいて，とても忙しくしていました。ついに彼は彼の絵を完成させ，良い作品ができたと思っていましたが，コンテストで賞をとることはできませんでした。アキラはそれ以上絵を描くことを楽しむことができませんでした。キミヨはアキラに絵手紙を送りましたが，彼は返事を描きませんでした。

冬のある日，アキラのお母さんが言いました，「おばあちゃんが病気で今入院しているのよ」。アキラは言いました，「本当に？おばあちゃんは大丈夫なの？」。お母さんは答えました，「はっきり分からないのよ。私は今行かなければいけないわ。あなたも私と一緒に来られる？」。アキラは言いました，「うん，もちろんだよ。僕はおばあちゃんが大丈夫なのかどうか知りたいよ。僕はおばあちゃんに伝えなければいけないことが…」。彼は病院へ向かう間，(1)<u>下を向いて何も言いませんでした</u>。

病院で，キミヨはベッドの上で何かを見ていました。アキラは言いました，「こんにちは，おばあちゃん，気分はどう？」。キミヨは答えました，「少し疲れたのよ，でも私は元気よ。ありがとう，アキラ」。アキラはたずねました，「何を見ていたの？」。キミヨは言いました，「あぁ，これはあなたからの絵手紙よ，アキラ。見て，とてもかわいらしくてきれいよ」。アキラは言いました，「ええと…僕は絵を描くのをやめたんだ，だからおばあちゃんの手紙の返事を描けなかったんだよ，ごめんなさい，おばあちゃん」。キミヨは言いました，「アキラ，絵を描くのは好き？私はいつもあなたに大切なことを言っていたわよ。私の言葉を覚えている？」「おばあちゃんはいつも僕に好きなものを描きなさいと言っていたよね」，とアキラは答えました。するとキミヨは彼にその桜の花の絵手紙を見せてこう言いました，「この絵の桜の花は輝いていてとても美しいわ。私はあなたはこの絵を描いた時とても楽しかったと思うわ。私はこの絵からあなたの希望を感じることができるわ」。アキラは言いました，「だから僕はお気に入りの桜の木をコンテストのために描いたんだ，でも賞を取れなかったよ。僕の絵は上手ではないんだ」。キミヨは言いました，「アキラ，本当に私の言葉を覚えているの？あなたは(2)<u>もう一つ大切なこと</u>を忘れているわ。あなたがこれを思い出したら，あなたの絵は美しいものになるわ。私はあなたの絵がずっと大好きよ」。

アキラは家に帰った時，彼の好きなものを描き始めました。彼は絵手紙にキミヨの顔を描きました。彼は再び絵を描くことを楽しみました。

1　(問題文訳)アキラは初めての絵手紙に何を描きましたか？　(解答例訳)彼は友だちの顔を描きました。　第1段落6文目参照

2　全訳参照。第3段落の内容に注目。おばあさんが病気で入院していることをアキラが心配し，絵手紙の返事を描いていないことを申し訳なく思っていることが読み取れる。

3　全訳参照。第1段落3文目のおばあさんの言葉に注目。

4　ア　アキラはキミヨから毎週絵手紙を受け取った。　イ　アキラはコンテストで優勝したが嬉しくなかった。　ウ　キミヨは絵のコンテストの後，アキラに絵手紙を送ることをやめた。　エ　キミヨは入院した時，アキラからの絵手紙を見ていた。(○)　第4段落5文目参照　オ　キミヨはアキラの絵手紙が好きではなかった，なぜなら美しくなかったからだ。　カ　アキラは病院から帰った後，再び絵を描き始めた。(○)　第5段落参照

6　(長文読解問題・論説文：語句補充，日本語で答える問題)

(全訳)　皆さんはトマトを育てたことがありますか？今日では多くの人々が家でトマトを育てることを楽しんでいます，トマトは簡単に育てられるからです。今は世界の多くの人々がトマトを食べます。しかしながら，ずっと昔は，(1)ヨーロッパの人たちはトマトを食べませんでした。彼らはきれいなトマトの苗木をただ見て楽しんでいたのです。

16世紀の初期，トマトは中央・南アメリカからヨーロッパに持ち込まれました。最初，人々はトマトを食べませんでした，なぜならトマトは有毒な植物のように見えたからです。16世紀に，イタリアは寒い日が多く食べ物をよく育てることができませんでした，それで人々は十分な食べ物を得ることができませんでした。とうとう，トマトを食べた人たちがいて，トマトは食べるのによい(おいしい)ということが分かったのです。その後，彼らはトマトを食べることを楽しみ始めました。

今日では，世界の人々はトマトを育てて食べています。トマトを育てる時は，少なくとも2つの重要な点を覚えておかなくてはいけません。始めに，トマトに水を与える時は注意する必要があります。水を多くあげすぎるとよくトマトを枯らせてしまうのです。2つ目に，太陽からのたっぷりの強い光がトマトには必要です。これらの点を頭に置いておけば，砂漠のように極度に暑くて乾いた土地でもトマトを育てることができます。

皆さんは宇宙で食べ物を育てる大きなプロジェクトについて知っていますか？このプロジェクトでは，科学者たちは宇宙でトマトを育てようとしています。現在は，宇宙に食べ物を運ぶためには多くのお金が必要です。もし科学者たちがこのプロジェクトを成功させれば，多くのお金を節約することができます。宇宙にたくさんの食べ物を運ぶ必要がないのです。将来的には，人々は宇宙に住むかもしれません。宇宙に住むことは大変ですが，新鮮なトマトのような食べ物を食べることができれば，健康にとても良いですよね？だからトマトのような新鮮な食べ物は宇宙で私たちの命を救うだろうと言えるのです。

1　全訳参照。第1段落3文目に注目。繰り返しを避けるために，eat tomatoes が省略されている。

2　(問題文訳)16世紀には，イタリアの人々はトマトを食べ始めた，なぜなら多くの寒い日があり，十分な食べ物を手に入れることが難しかったからだ。　全訳参照。第2段落3文目に注目。

3　全訳参照。第3段落3文目から5文目に注目。**<make ＋人・物＋形容詞>**で「(人・物)を～にさせる」

4　全訳参照。save ＝(お金を)節約する，ためる，(～を)救う，助ける

30年度英語　放送を聞いて答える問題

〔放送台本〕

これから聞き方の問題に入ります。問題用紙の四角で囲まれた1番を見なさい。問題は1番，2番，3番の三つあります。

最初は1番の問題です。問題は(1)から(5)まで五つあります。それぞれの短い対話を聞いて，最後の発言に対する相手の受け答えとして最も適切なものをア，イ，ウ，エのうちから一つ選びなさい。対話は2回ずつ言います。では始めます。

(1)の問題です。 *A:* You are a good dancer.
B: Thank you. I take a dance class every Wednesday.
A: When did you start it?

(2)の問題です。 *A:* What are you going to do today?
B: I'm going to play table tennis at school all day.
A: Then, drink enough water for your body.

(3)の問題です。 *A:* Hi, Satoshi. Your T-shirt looks really nice.
B: Thank you.
A: Where did you buy it?

(4)の問題です。 *A:* Do you often come to this shop?
B: Yes. I often come here to buy some food.
A: Really? What's your favorite food at this shop?

(5)の問題です。 *A:* Good morning, Atsushi. You look happy. What happened?
B: The soccer team I support won the game yesterday!
A: That's good. Did you go to the stadium to watch the game?

〔英文の訳〕

(1)　A：あなたはダンスが上手ですね。
B：ありがとう。僕は毎週水曜日にダンスのクラスをとっています。
A：いつダンスを始めたのですか？
ア　1時間です。　㋑　5年前です。　ウ　毎週日曜日です。　エ　3カ月後です。

(2)　A：あなたは今日何をするつもりですか？
B：私は学校で1日中卓球をするつもりです。
A：それでは，十分に水を飲んでください。
ア　これをどうぞ。　イ　はい，お願いします。
ウ　そこで会いましょう。　㋓　はい，そうします。

(3)　A：こんにちは，サトシ。あなたのTシャツはとても素敵ですね。
B：ありがとう。
A：それはどこで買ったのですか？
ア　2週間です。　イ　この前の夏からです。
㋒　ウェブサイト上です。　エ　スーパーマーケットへです。

(4)　A：あなたはこの店によく来るのですか？
B：はい。私はここに食べ物を買いによく来ます。

A：本当に？この店であなたのお気に入りの食べ物は何ですか？

㋐　フルーツサンドイッチがいちばんです。　　イ　私はハンバーガーは要りません。

ウ　夕食の準備はできています。　　エ　パンを作るのは難しいです。

(5)　A：おはよう，アツシ。嬉しそうですね。何があったのですか？

B：僕が応援しているサッカーチームが昨日試合に勝ったのです！

A：それは良かったですね。試合を見にスタジアムに行ったのですか？

ア　はい。僕は今テレビを見ているところです。

㋑　いいえ。僕は試合を家でテレビで見ました。

ウ　はい。僕は試合を明日見るつもりです。

エ　いいえ。僕は試合を3回見ました。

〔放送台本〕

次は2番の問題です。問題は(1)と(2)の二つあります。英語の対話とその内容についての質問を聞いて，それぞれの質問の答えとして，最も適切なものをア，イ，ウ，エのうちから一つ選びなさい。質問は問題ごとに①，②の二つずつあります。対話と質問は2回ずつ言います。では始めます。

(1)の問題です。

Mike: Mother, October 5th is Father's birthday and he will be 45, right?

Mother: Yes, Mike. It's next Thursday.

Mike: Let's have a birthday party for him next week.

Mother: Yes, but he is busy from Monday to Friday. Let's do it on Saturday or Sunday.

Mike: I agree, but I have a Japanese drum class on Saturday. So, Sunday is better for me.

Mother: OK. I want to buy him a present. Last year, I bought him a wallet. Do you have any ideas?

Mike: How about a bag?

Mother: His bag is still new.

Mike: Well… I hear this winter will be very cold. How about a coat?

Mother: Nice idea. Let's go to a department store and find a good coat tomorrow.

Mike: Why not? Sounds great.

①の質問です。 When will Mike and his mother have the birthday party?

②の質問です。 What will they do tomorrow?

(2)の問題です。

Brian: Excuse me, Ms. Tanaka. Where is the library?

Ms. Tanaka: Hi, Brian. The library is next to the computer room. It is large, so you can find it easily.

Brian: Thank you. I know the computer room because I used it yesterday.

Ms. Tanaka: Why do you want to go to the library?

Brian: Because I want to talk with Ms. Kato. I've heard she is in the library now.

Ms. Tanaka: Oh, she is not in the library now. She is in a room between the teacher's room and the nurse's office. She is talking with her students about the school festival there.

Brian: Thank you very much. I'll go there. I want her to check my speech.

Ms. Tanaka:　Oh, really? When will you make your speech?
Brian:　Tomorrow! I have to do it in my class in Japanese!
Ms. Tanaka:　Wow. It's important for you to do your best! You can do it.
①の質問です。 Where can Brian see Ms. Kato?
②の質問です。 Why is Brian looking for Ms. Kato?

〔英文の訳〕

(1)　マイク：お母さん，10月5日はお父さんの誕生日で，45歳になるんだよね？／母：そうよ，マイク。次の木曜日よ。／マイク：来週お父さんのために誕生日パーティーをしようよ。／母：そうね，でもお父さんは月曜日から金曜日までは忙しいわ。土曜日か日曜日にしましょう。／マイク：賛成だよ，でも僕は土曜日は和太鼓の稽古があるんだ。だから日曜日の方がいいな。／母：分かったわ。お父さんにプレゼントを買いたいわ。去年は，彼にお財布を買ったのよ。何か案はあるかしら？／マイク：バッグはどう？／母：彼のバッグはまだ新しいわ。／マイク：そうだなあ，今年の冬はとても寒くなるそうだよ。コートはどうかな？／母：いいアイデアね。明日デパートへ行って良いコートを見つけましょう。／マイク：もちろんいいよ。とてもいいね。

質問①　マイクとお母さんはいつ誕生日パーティーをするつもりですか？
　ア　木曜日。　イ　金曜日。　ウ　土曜日。　㊇　日曜日。

質問②　彼らは明日何をするつもりですか？
　ア　家にいる。　㋑　買い物に行く。　ウ　新しい財布を買う。　エ　バッグを見つける。

(2)　ブライアン(以下B)：すみません，田中先生。図書館はどこですか？／田中(以下T)：こんにちは，ブライアン。図書館はコンピューター室の隣ですよ。大きいのですぐに分かりますよ。／B：ありがとうございます。コンピューター室は知っています，昨日使いましたから。／T：なぜ図書館に行きたいのですか？／B：加藤先生と話したいのです。彼女は今図書館にいらっしゃると聞いたので。／T：あら，彼女は今図書館にはいませんよ。彼女は教員室と保健室の間の部屋にいます。生徒たちと学園祭についてそこで話し合っていますよ。／B：どうもありがとうございます。行ってみます。先生に僕のスピーチをみてもらいたいのです。／T：あら，本当？いつスピーチをするのですか？／B：明日です！僕はクラスで日本語でスピーチをしなければいけないのです！／T：まあ。ベストを尽くすことが大切ですよ。あなたならできますよ。

質問①　ブライアンは加藤先生にどこで会えますか？

質問②　なぜブライアンは加藤先生を探しているのですか？
　㋐　彼は加藤先生に日本語のスピーチを見てもらいたいからです。
　イ　彼は加藤先生に図書館に連れて行ってもらいたいからです。
　ウ　彼は加藤先生に彼女を図書館で見たと伝えたいからです。
　エ　彼は加藤先生に彼女のベストを尽くすことが大切ということを伝えたいからです。

〔放送台本〕

次は3番の問題です。あなたは外国で電車に乗っています。車内放送を聞いて，メモを完成させなさい。英文は2回言います。では始めます。

Good afternoon. This is the train for Art Museum. We will stop at Stone River, Old Bridge, Moon Lake and Art Museum. We will stop at Stone River at 2:45, Old Bridge at 2:58, and Moon Lake at 3:20. We will arrive at Art Museum at 3:35, and it's the last stop. If you want to go to National Park, please change trains at Old Bridge. The train for National Park will leave at 3:12. You can buy newspapers, magazines, and something to eat and drink on car No. 3. If you want to talk on your phone, please don't use it in your seat. From Stone River to Moon Lake, the doors on the left side will open. At Art Museum, the doors on the right side will open. The next stop is Stone River. Thank you.

〔英文の訳〕

こんにちは。この電車は美術館駅行きです。停車駅はストーンリバー，オールドブリッジ，ムーンレイク，そして美術館です。ストーンリバーには2時45分，オールドブリッジには(1)2時58分，そしてムーンレイクには3時20分に停車予定です。美術館駅には3時35分に到着予定で，美術館駅が終点です。ナショナルパークへ行かれる方は，オールドブリッジでお乗り換えください。ナショナルパーク行きの電車は(2)3時12分に発車します。新聞，雑誌，(3)食べ物と飲み物は3号車でお買い求めいただけます。(携帯)電話で通話をされる場合は，座席でのご使用はおやめください。ストーンリバーからムーンレイクまでは，(4)左(側)のドアが開きます。美術館駅では右側のドアが開きます。次の停車駅はストーンリバー－です。ありがとうございました。

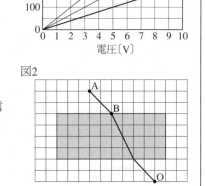

＜理科解答＞

1　1　ウ　　2　ア　　3　イ　　4　ウ　　5　炭素　　6　125〔J〕　　7　組織　　8　露点

2　1　鉱物　　2　ア　　3　日本の上空では(例)偏西風が吹いているから。

3　1　ウ　　2　(例)火のついたマッチを試験管Yの口に近づける。　　3　エ　　4　①　Na_2CO_3　　②　CO_2

4　1　イ　　2　①　花粉管　　②　精細胞　　3　(例)親と同じ形質をもつイチゴを育てることができる。

5　1　20〔Ω〕　　2　電圧　3.0〔V〕　　電流　250〔mA〕　　3　右図1　　4　ア

6　1　試験管C　ショ糖　　試験管D　ミョウバン　　2　5.8〔g〕　　3　濃度　38〔%〕　　温度　ウ

7　1　エ　　2　皮ふ　　3　0.21〔秒〕　　4　(例)刺激の信号が脳を通らずに，せきずいから筋肉に伝わるから。

8　1　イ　　2　右図2　　見え方　ア　　3　全反射

9　1　恒星　　2　エ　　3　①　球形　　②　自転　　4　0.5〔度〕

図1

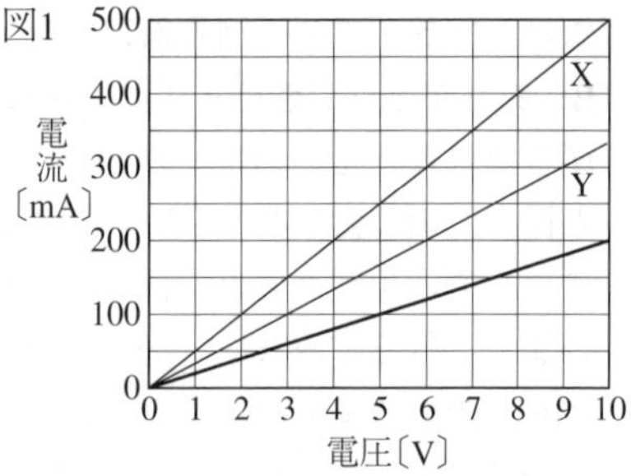

電流〔mA〕　0　100　200　300　400　500

電圧〔V〕　0　1　2　3　4　5　6　7　8　9　10

X　Y

図2

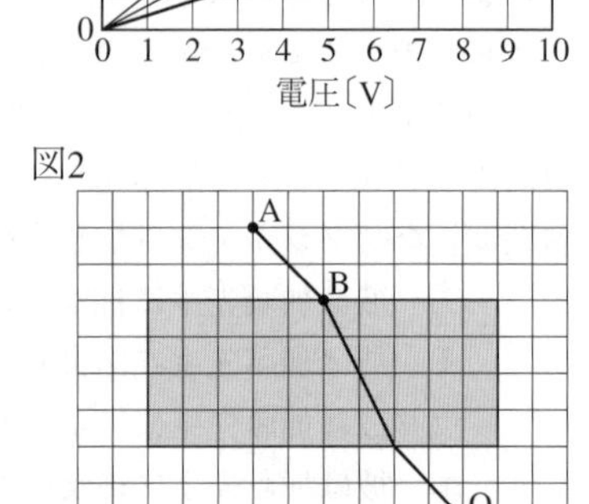

＜理科解説＞

1　(各分野小問集合)

1　サクラ・アブラナは双子葉類の離弁花類，チューリップは単子葉類である。

2　果汁には酸が含まれているので酸性である。pHは7が中性，7より小さいと酸性，7より大きいとアルカリ性を示す。

3　電流が流れる向きに対して右回りの向きに，同心円状の磁界が生じている。
4　フズリナ，三葉虫は，古生代の代表的な示準化石である。
5　有機物を燃やすと必ず二酸化炭素が生じることから，有機物には炭素が含まれることがわかる。
6　**仕事〔J〕＝力の大きさ〔N〕×力の向きに移動した距離〔m〕**より，25〔N〕×5〔m〕＝125〔J〕
7　同じ種類の細胞が多数集まったものを組織という。様々な組織が集まって器官ができ，様々な器官が集まって個体となる。
8　気温が下がって露点に達すると，空気中に含むことができなくなった水蒸気が水滴に変わり始める。

2　**(火山)**
1　様々な鉱物が混合し，どろどろにとけたものがマグマである。
2　火山灰に無色鉱物を多く含む場合，そのマグマのねばりけは強くなる。マグマのねばりけが強い場合，激しく爆発する噴火となりやすい。
3　日本の上空にはつねに西から吹く偏西風が吹いている。

3　**(分解)**
1　試験管Xの口を上げておくと，発生した水が加熱部に流れて試験管が割れる恐れがある。
2　水素は，空気中で燃えると音を立てて燃えるという性質がある。
3　火のついた線香の火が消えたことから，この気体にはものを燃やすはたらきはないことがわかる。よって，酸素ではないといえる。ものを燃やすはたらきがない気体は二酸化炭素の他にも多くあるので，この気体が二酸化炭素かどうかはわからない。
4　2つの炭酸水素ナトリウムから，炭酸ナトリウムが1つ，二酸化炭素と水の分子もそれぞれ1つずつ生じる。

4　**(生殖)**
1　はじめに低倍率で観察をすると，広い視野の中から見たいものを探しやすくなる。観察するものが決まったら，視野の中央に見たいものを移してから顕微鏡の倍率を上げるようにする。
2　精細胞は，花粉から伸びる花粉管の中を通って，胚珠の中の卵細胞まで移動する。
3　無性生殖によって生じた子は，親と全く同一の形質をもつ。これを利用し，農業において無性生殖を利用すると，親と同じ品質の作物を生産することができる。

5　**(電流)**
1　**抵抗〔Ω〕＝電圧〔V〕÷電流〔A〕**なので，図2より，10〔V〕÷0.5〔A〕＝20〔Ω〕
2　15Vの－端子を使用しているので，目盛り板の上側の目盛りを利用して読み取る。並列回路には，各抵抗器にそれぞれ電源電圧と同じ電圧が加わる。また，並列回路では，それぞれの抵抗器に流れた電流の和が回路を流れる電流になるので，図2より，3.0Vの電圧が加わったときに抵抗器Xに流れる電流は0.15A，抵抗器Yに流れる電流は0.10A。よって，回路に流れる電流は，0.15＋0.10＝0.25〔A〕
3　図2より，200mAの電流が流れるときに抵抗器Xに加わる電圧は4V，抵抗器Yに加わる電圧は6V。よって，0.2Aの電流を実験(4)の回路に流すために必要な電源電圧は，4＋6＝10〔V〕となる。この点と原点を通る直線を作図する。
4　**電力〔W〕＝電圧〔V〕×電流〔A〕**を使って求める。実験(3)で抵抗器Xが消費する電力は，5〔V〕×

0.25〔A〕= 1.25〔W〕，抵抗器Yでは抵抗が9〔V〕÷ 0.3〔A〕= 30〔Ω〕なので，消費する電力は，5〔V〕× $\frac{5〔V〕}{30〔Ω〕}$〔A〕= $\frac{5}{6}$〔W〕　実験(4)で，回路の全抵抗が20 + 30 = 50〔Ω〕なので，回路全体を流れる電流は，5〔V〕÷ 50〔Ω〕= 0.1〔A〕，よって，抵抗器Xが消費する電力は，(0.1 × 20)〔V〕× 0.1〔A〕= 0.2〔W〕，抵抗器Yが消費する電力は，(0.1 × 30)〔V〕× 0.1〔A〕= 0.3〔W〕　これらを比べると，実験(3)の抵抗器Xが消費する電力が最大となる。

6 (溶解度)

1　グラフを利用するために，**水100gを使用した場合にそろえて考える**。20℃の水10gに8.0gの物質を溶かすのは，水100gに物質80gを溶かすのと同じと考える。実験(1)について，グラフから，20℃で80gの物質が全部とけるのはショ糖だけである。よって，Cはショ糖である。また，実験(2)より，60℃になると水100gに80gの物質がとけるようになるのは硝酸カリウムである。よって，Bは硝酸カリウムとなる。実験(3)より，10℃に温度を下げた場合，Cのショ糖は溶解度が191gのため飽和に達しておらず再結晶はしない。また，塩化ナトリウムは冷却しても溶解度がほとんど変わらないため，再結晶はほとんど起こらない。このことから，Aが塩化ナトリウムであるとわかる。ミョウバンは，温度による溶解度の変化が大きいため，温度を下げると溶質が結晶となって現れやすい。よって，Dはミョウバンである。

2　試験管Bは硝酸カリウムである。硝酸カリウムの10℃の溶解度は22gであることから，溶質が80gであった場合，生じる結晶の質量は80 − 22 = 58〔g〕　ただし，実験は水10g，溶質8.0gで行っているため，58〔g〕× $\frac{10}{100}$ = 5.8〔g〕

3　濃度は，$\frac{3.0〔g〕}{3.0 + 5.0〔g〕}$ × 100 = 37.5→38〔%〕　グラフは水100gの場合なので，3.0〔g〕× $\frac{100}{5.0}$ = 60.0〔g〕より，100gの水に硝酸カリウム60.0gが溶けるときの温度をグラフより読み取ると，およそ38℃である。

7 (刺激と運動)

1　筋肉は，関節をまたぐように，2本の骨についている。

2　皮ふで感じた刺激が脳に伝わっている。

3　刺激がBさんからJさんまで伝わるのにかかった時間は，2.17 − 0.26 = 1.91〔秒〕　この間に9人の間を伝わっているので，1.91〔秒〕÷ 9〔人〕= 0.211…〔秒〕

4　**反射**では，刺激の信号が脳に伝わる前に，せきずいで反応の命令が出されるため，刺激を受けてから反応するまでの時間が短い。

8 (光の性質)

1　水面に垂直な線と屈折した光がつくる角を屈折角という。

2　AB間を進む光と，ガラスから出てO点まで進む光は平行になる。よって，この平行な光をつなぐようにガラス内の光は進む。

3　ガラス中を進む光が，ガラスと空気の境界面で屈折せずにすべて反射する現象を，**全反射**という。

9 (太陽)

1　みずから光りかがやく天体を恒星という。

2　太陽の表面が約6000℃なのに対し，黒点はこれよりも低く，約4000℃である。

3　太陽の中央にあるときには丸く大きく見える黒点が，太陽のふちにあるときには形が細長くなることから，太陽は球形であるとわかる。このように，太陽表面上にある黒点が移動して見えるのは，太陽が自転しているからである。

4　地球の自転は，1日(1440分)で360°動くことから，1分では，360°÷1440＝0.25°動く。よって2分では，0.25°×2＝0.5°となる。

＜社会解答＞

1　1　(1)　エ　(2)　ア　(3)　イ　(4)　ウ　2　(1)　シリコンバレー
(2)　レアメタル[希少金属]　(3)　前方後円墳　(4)　領域

2　1　氷河　2　ア　3　イ　4　エ　5　(例)EU内では国境に関係なく，人や物などが自由に移動できるので，EU加盟国同士での貿易がさかんであること。

3　1　ア　2　ウ　3　ア　4　近郊〔農業〕　5　(例)東京都に比べ地価の安い周辺の県に居住している多くの人々が，東京都にある事業所や大学等に通勤・通学していると考えられる。

4　1　法隆寺　2　エ　3　移り住んだ理由　(例)応仁の乱で京都の町が荒れ果てたため。
文化的な影響　(例)中央の文化を地方に広めた。　4　ウ　5　イ　6　オランダ
7　ウ→エ→イ→ア

5　1　横浜　2　ウ　3　ア　4　ニューディール〔政策〕　5　(例)工業が発展し，当時の最大需要電力に供給能力が追いついていなかったこと。

6　1　(1)　デフレーション[デフレ]　(2)　ウ　(3)　エ　(4)　団結〔権〕　(5)　イ
2　(1)　文化〔的〕　(2)　(例)選挙区により議員一人あたりの有権者数に差があることで，一票の格差が生じ，平等権を侵害しているということ。　(3)　ウ　(4)　ア
(5)　南南問題

7　1　イ　2　ウ　3　エ　4　A　(例)子どもを預けられる場所を用意すること
B　(例)子育てに必要な資金を援助すること

＜社会解説＞

1　**(地理的分野―日本地理－農林水産業，―世界地理－産業・資源，歴史的分野―日本史時代別－古墳時代から平安時代・明治時代から現代，―日本史テーマ別－政治史・文化史，公民的分野―国際社会との関わり)**

1　(1)　出荷サイズになるまで，魚や貝を水槽やいけすで育てる漁業を**養殖漁業**という。
(2)　平安時代初期，唐から帰国し，**天台宗**を広めたのが**最澄**，**真言宗**を広めたのが**空海**である。
(3)　**長州陸軍閥**の**桂太郎**が第三次の組閣をすると，**政友会**などの政党勢力が，民衆の支持を背景に，「憲政擁護」「閥族打破」をスローガンとして**護憲運動**を展開した。　(4)　国際連合の主要機関の一つで，国際平和と安全の維持に主要な責任を持つ機関が，**安全保障理事会**である。

2　(1)　アメリカのサンフランシスコ郊外の盆地帯であるサノゼ地区のことを，半導体メーカーが多数集まっているため，**シリコンバレー**という。シリコンとは半導体の材料であるケイ素のことである。　(2)　地球上に埋蔵量が少ないか，技術的に取り出すことが難しく，または金属の特性から精錬のコストが高くなるなどの理由で，産業界での流通量が少ない，希少な金属を**レアメ**

タルという。 (3) 大仙古墳のような，円形の墳丘と方形の墳丘が結びつけられたような形をしている古墳を，**前方後円墳**という。 (4) 国際法上，国家の主権の及ぶ，**領土**・**領海**・**領空**からなる区域を，**領域**という。

2 (地理的分野―世界地理－地形・気候・貿易・人々のくらし)

1 北欧では，降雪が堆積して氷ができ，その氷が流動する**氷河**が地表をけずり，**フィヨルド**など独特の地形を作りだしている。

2 Aの都市は，アイルランドの首都ダブリンである。ダブリンは**西岸海洋性気候**で，緯度が高いわりに比較的温暖である。一年中雨量がやや多く，冬の方が夏よりも多い。雨温図のアである。

3 イタリアの**食料自給率**は，穀類70％強，果実類105％強，牛乳・乳製品70％強であり，イのグラフが当てはまる。

4 地中海沿岸地域の，スペイン・イタリア等では，**カトリック**の信者が多く，**ラテン語系**が多く分布する。北海周辺地域の，ノルウェー・イギリス等では，**プロテスタント**の信者が多く，**ゲルマン語系**が多く分布する。東ヨーロッパのウクライナ・ブルガリア等では，**正教会**の信者が多く，**スラブ語系**が多く分布する。図4からは上記のように読みとれ，エが正しい。

5 図7に見られるように，**EU**内では，国境に関係なく人や物などが自由に移動できるようになった。その結果，図6に見られるように，ドイツ・フランス・イタリア・スペインでは，輸出入ともEU内での貿易の方が，EU以外との貿易を上回っていることを指摘する。

3 (地理的分野―日本地理－地形・気候・工業・農林水産業・人口)

1 日本列島の南岸に沿って流れ，房総半島沖を東に流れる**暖流**が，**日本海流**である。**黒潮**とも呼ばれる。千島列島に沿って南下して，日本の東まで達する**寒流**が，**千島海流**である。**親潮**とも呼ばれる。

2 Cの都市は高松市である。高松市は**瀬戸内式気候**で，温暖で冬に晴天が多く，1年を通して降水量が少なめである。

3 千葉県は，東京湾岸に大規模な**化学コンビナート**があり，石油・石炭製品が，製造品出荷額の第1位である。

4 大消費地となる大都市の周辺で，大都市に新鮮な農産物を通年的に供給することを目的として，野菜や花などの商品作物を栽培・出荷する農業を**近郊農業**という。

5 まず，東京都は，**夜間人口**の多い他の3県と異なり，**昼間人口**が多いことを指摘する。地価の安い周辺の県に居住している人が，東京都に集中している事業所や大学等に，通勤・通学して来るためと考えられることを指摘し，まとめるとよい。

4 (歴史的分野―日本史時代別－古墳時代から平安時代・鎌倉時代から室町時代・安土桃山時代から江戸時代・明治時代から現代，―日本史テーマ別－文化史・政治史・社会史・外交史)

1 **聖徳太子**が建立し，現存する**世界最古の木造建築**として知られるのは，**法隆寺**である。

2 平安時代中期に成立した，世界最古の長編小説である**『源氏物語』**の作者は，**紫式部**である。

3 移り住んだ理由：この乱とは，1467年から1477年まで続いた**応仁の乱**で，京都の町が荒れ果てたため，貴族や僧が地方に移り住んだ。文化的な影響：貴族や僧は，その当時の文化人であり，地方に京都風の文化が広がるきっかけとなった。

4 **豊臣秀吉**が行った**刀狩令**や**太閤検地**によって，武士と農民の身分の区別が明らかとなり，**兵農分離**が進み，武士が支配階級として，農民を支配する社会となった。また，秀吉は，**狩野永徳**に大阪城や聚楽第に**障壁画**を描かせるなど，豪華な文化を育んだ。

5 アの**俵物**などを輸出したのは，**田沼意次**の政策である。ウは**松平定信**の**寛政の改革**の際の，「**寛政異学の禁**」である。エの**公事方御定書**は，**徳川吉宗**の**享保の改革**の際に制定されたものである。イの，**株仲間**の解散が，**水野忠邦**の行った**天保の改革**の政策として正しい。

6 当時長崎での貿易が認められていたのは，**中国**と**オランダ**で，オランダは唯一のヨーロッパの国として，入国・貿易を認められていた。

7 アの**戊辰戦争**が始まったのは，1868年である。イの**大政奉還**が行われたのは，1867年である。ウの**長州藩**の**下関砲台**が**占領**されたのは，1864年である。エの**薩長同盟**が結ばれたのは，1866年である。年代の古い順に並べると，ウ→エ→イ→アとなる。

5 **(歴史的分野―日本史時代別－明治時代から現代，―日本史テーマ別－社会史・外交史・政治史，―世界史－政治史・経済史)**

1 新橋・横浜間に日本で初の**鉄道**が開通したのは，1872年のことである。

2 アの**日比谷焼き打ち事件**が起こったのは，**日露戦争後**の**ポーツマス条約**に関してであり，1905年のことである。イの，樺太の領有権を譲り，千島列島の領有権を獲得したのは，1875年に**ロシア**との間に結ばれた**樺太千島交換条約**である。エの，この条約が結ばれたのは，**日本**と**清国**の間である。ア・イ・エのどれも誤りがあり，ウが正しい。

3 イの，朝鮮で**甲午農民戦争**が起こったのは，1894年である。エの，**インド大反乱**は，1857年に起こり，約2年続いた。ウの，日本で**地租改正一揆**が頻発し，政府が税率を引き下げたのは，1877年である。1914年よりも後に起こったのは，アの，1919年に中国で起こった**五・四運動**である。

4 **世界恐慌**に対する政策として，**ルーズベルト大統領**が行ったのが，**ニューディール政策**である。ニューディール政策では，テネシー川流域においてダム建設などの**公共事業**を行い，**失業者を大量に雇用**するなど，政府が積極的に経済に関わった。

5 図Ⅰに見られるように，事業所数が増えて工業が発展し，図2に見られるように，当時の最大需要電力に，それまでのダムだけでは，供給能力が追いついていなかったことを指摘する。

6 **(公民的分野―経済一般・財政・消費生活・憲法の原理・基本的人権・三権分立・国際社会との関わり)**

1 (1) **不景気**で物が売れず，物価が下がり続ける現象を**デフレーション**(デフレ)という。反対がインフレーションである。デフレーションが悪循環に陥り，抜け出せなくなる状況を，**デフレスパイラル**という。 (2) デフレーションのときには，**日本銀行**は市中銀行の持っている**債券を買い**，金融を緩和させ，市場に出回る**通貨量を増やす**ことで，デフレ脱却を図る。これを**買いオペレーション**という。 (3) アは**独占禁止法**の説明である。イは**製造者責任法**の説明である。ウは**消費者庁設置法**の説明である。エが，**消費者基本法**の内容として正しい。1968年に施行された消費者保護基本法を，2004年に抜本的に改正し，名称も変えて施行されたものである。
(4) **労働基本権**または**労働三権**とは，**団結権・団体交渉権・団体行動権**のことをいい，労働者が**労働組合**を結成できる権利が，団結権である。 (5) **円高**が進むと，日本国内で生産して輸出することが難しくなるため，生産費の安い**海外に工場を移転**させ，現地で生産・販売をするようになる。そのため，**国内で雇用の場が減少**することが起こり，**産業の空洞化**と言われる。

2 (1) 日本国憲法は，その第25条で「すべて国民は，**健康で文化的な最低限度の生活を営む権利**を有する」と，いわゆる**生存権**について規定している。 (2) この選挙では，選挙区により議員一人あたりの有権者数に差があることで，**一票の格差**が生じ，**憲法第14条**の定める**平等権**を侵害していることを指摘する。　(3)　アは国会の中の**予算委員会**の役割である。イは**国会の本会議**の役割である。エは**裁判所**の役割である。ウの，**政令**の制定が内閣の行うことである。
(4)　アのNPO(Non－Profit　Organization)が非営利団体の略称である。イのPKOは，平和維持活動である。ウのILOは，国際労働機関である。エのWTOは，世界貿易機関である。　(5)　先進工業国と発展途上国の間の経済格差の，いわゆる**南北問題**に加えて，**発展途上国間の経済格差**が問題となっており，**南南問題**といわれている。

7　**(地理的分野―世界地理－人口，公民的分野―国際社会との関わり・国民生活と社会保障，歴史的分野―日本史時代別－明治時代から現代，―日本史テーマ別－政治史)**

1　人口が2番目に多いのはアフリカ州である。1番多いのはアジア州である。

2　最も適切なのは，ウの「**人間の安全保障**」である。「人間の安全保障」とは，国家全体ではなく個々の人間に着目し，紛争・災害・貧困など，**人間の生命・生活・尊厳に対する脅威から人を守り**，食糧・水・医療・教育の充実を図ることで，個人の能力を向上させて，**恐怖と欠乏の脅威を絶とう**という考えである。

3　Xは1946年である。前年に**公職選挙法**が改正され，**衆議院議員選挙**が，満20歳以上の男女による**普通選挙**で初めて行われた。

4　A　必要な時に子供を預けられる場所を確保することが，取り組みの課題である。　B　子育てに必要な資金を様々な形で援助することが，取り組みの課題である。

＜国語解答＞

1　1　(1)　さ　(2)　そうじ　(3)　ぶたい　(4)　のうこう　(5)　かせ
2　(1)　打　(2)　薬局　(3)　放牧　(4)　専門　(5)　奮　3　(1)　ウ
(2)　イ　(3)　ア　(4)　エ　4　エ

2　1　ひらきつかいて　2　イ　3　(例)陽成院が祭見物にいらっしゃる　4　ア　5　ウ

3　1　ウ　2　(例)自然界には絶対的な時間の経過を示すものはないから。　3　ア　4　ア
5　(例)暦を作って時間を管理，記録し，ものごとの因果関係を考えることが，歴史が成立するための前提条件となる　6　イ

4　1　ウ　2　(例)先生の様子が変わってしまっても，先生の大事なものは先生の心の中に残っているということ。　3　(例)複雑な感情を悲しいという言葉に肩代わりさせたこと。
4　イ　5　エ　6　ア

5　(例)　候補　年中行事

日本は島国であるため，古くから独自の文化を作ってそれを守り抜いてきた。また，その文化は日本特有の四季にもちなんでいる。たとえば，ひなまつりでは桃の花を飾り桜もちを食べる。端午の節句では菖蒲湯に入り柏もちを食べる。こうして子どもの健やかな成長を願っているのだ。

このように，年中行事ならば日本の文化を実際に見たり，香りや味を体験してもらったりしながら知ることができる。初めての人や日本語がわからない外国人でも，五感を活用して充分に楽しめるし，日本の良さを理解してもらうことができるだろう。

＜国語解説＞

1 (脱語補充，漢字の読み書き，部首，品詞・用法，熟語，敬語，和歌・短歌)

1 (1) つぼみが開くこと。 (2) 「掃」の音読みは「ソウ」，訓読みは「は・く」。ほうきなどでごみを押しやるようにして除くこと。手を用いるため，てへん。 (3) 「台」はダイ・タイとも読む。「台風」(たいふう)，「台湾」(たいわん)。 (4) 味・色の濃い様子。対義語は淡泊(たんぱく)。 (5) 「時間(時)と稼ぐ」は，有利な状態になるまで，時間を引き延ばすこと。

2 (1) 「打つ」は，てへん。 (2) 「薬」は，くさかんむり＋「楽」。 (3) 牛馬などを放し飼いにすること。 (4) 「専」は総画数が9画なので，10画目に右上に「丶」を付けない。「門」は「問」との混用に注意する。 (5) 「奮う」は，気・力が充実していたり，それを発揮すること。「奮」と「奪」の混用に気を付けたい。

3 (1) 「銀杏」の季語は秋だ。選択肢はそれぞれ，ア「菜の花」は春，イ「粉雪」は冬，ウ「野菊」は秋，エ「蝉」は夏の季語である。 (2) 傍線②は「講演」。アは「公園」，イは「講演」，ウは「後援」，エは「公演」である。 (3) 生徒から先生に向けての言葉なので，「見る」の謙譲語を用いればよい。 (4) (④)のあとは「～(よかっ)たら」と仮定形になっているので，副詞の呼応をとらえればよく，「もしーーならば」とするのが適切だ。

4 「花」は，くさかんむりである。

2 (古文ー大意・要旨，文脈把握，仮名遣い，古文の口語訳)

【現代語訳】

昔，西八条に住んでいた舎人であった翁が，賀茂祭りの日に，一条東洞院のあたりに，

ここは翁が見物するつもりの場所である。

ほかの者は近寄ってはならない。

という札を，夜明け前から立てたので，人々は，あの翁のしわざとは知らずに「陽成院が，御見物にいらっしゃるおつもりでお立てになったのであるだろう。」と，人が近寄らなかったところ，(祭りの)時間になって，この翁が，浅葱色の服を着て(やって来て)いた。扇をひらひらさせて，得意そうな顔の様子で，祭りを見ていた。人々は(その様子に)注目した。

陽成院は，このことをお聞きになって，その事件の翁を呼び寄せになり，院司に命じて質問させなさったところ，「年齢も八十になって，祭りを見たいと思う気持ちは全くありませんが，今年は孫である男で，内蔵寮の小使として祭の行列で参ります男を，あまりにも見たくて，ただ見物申し上げますには，きっと人に踏み殺されるであろうと思って，簡単に安全に見物申し上げるために，札を立てました。ただし，陽成院がご覧になるという内容は一つもお書きしていません。」と申し上げたところ，「そういうことであったか。」といって，お咎めもなくて、許された。

これは大胆な行いであるけれども孫可愛さのあまりに計画したことであるということが、趣き深いことである。

1 語中・語尾の「は・ひ・ふ・へ・ほ」は現代仮名遣いで「ワ・イ・ウ・エ・オ」と読む。

2 それぞれの述語に対する主語(動作主)は，ア「立て」が翁，イ「召し」が陽成院，ウ「見まほしく」が翁，エ「申し」が翁である。

3 人々が立札を見て考えたことは「陽成院，物御覧ぜむ」という鍵括弧でくくられた心中表現に示されている。この現代語訳を用いて指定字数でまとめればよい。

4 「やすし」は，容易である・簡単であるという意味を持つ形容詞だ。したがって，混雑に巻き込まれずに困難を伴わないように見物するという意図が見られる選択肢を選べばよい。

5 本文の最後に翁の行動を「これ，肝太きわざ」と述べているので，大胆で思ってもみない行動

だったことがわかる。また，こうした行動の理由が「孫にて候ふ男の……あまりに見まほしくて」という点にあったことから，自分の気持ちに正直であったともいえる。

3 （論説文－文脈把握，段落・文章構成，接続語の問題，脱文・脱語の問題）

1 □の前後は，前に「最初の年，最初の月，最初の日というものは，人間には知られていない」とあり，後には「『なん番目の年』になり，……わかりやすい目安」はないとある。したがって**内容は同じ**なので「言いかえれば」が適切である。

2 傍線(1)の理由は直後の「自然界には，絶対的な時間の経過を示すものは，なにもない」からだ。ここを用いてまとめればよい。

3 入れる一文は「それが人間本来の，時間の自然な感じかただ」で，「それ」が指示する内容を含んだ部分の後に入れるのが適切と考える。従って時間の感じかたについて述べているところを探すと④段落に「人が『いまだ』と思ったときが『そのとき』だというのが，そうした社会の時間の感覚である。こうした時間の感覚は……」とあり，「感覚」は「感じかた」と同義といえるのでこの後に補充すればよい。

4 ⑦段落以前には，人が時間をどうとらえているかが述べられているのだが，その時間が人にとって取り扱いにくいものとした上で，その時間が「歴史」にかかわってくるのだということを提起している。この「歴史」についてが本文の主題で，この後の話題の中心となってくる。

5 ⑯段落から**「時間の観念」・「時間を管理する技術」・「文字を記録する技術」・「ものごとの因果関係の思想」**を**「歴史が成立するための前提条件」**としていることがわかる。このポイントを用いて，時間と歴史成立の因果関係を説明すればよい。

6 本文は「歴史」について述べた文章である。この歴史成立と時間には明らかな因果関係があるので，筆者はまず「時間」というものについて説明をしている。これが本文の前半部分だ。そのうえで歴史が時間との関連性を持つという内容が展開されているのだ。

4 （小説－情景・心情，内容吟味，文脈把握，段落・文章構成，脱文・脱語補充）

1 傍線(1)「紅茶がいいな」という言葉は前段落の「隼にはあまり心配しすぎないでほしい」ので**安心させたい気持ち**と「まわりの私たちの気持ちに陰りがあれば，それが先生の眠りに映るような気がした」ので，**その場の空気を明るくして先生の眠りを良いものにしたいという気持ち**が読み取れる。

2 傍線(2)「ちょっとばかだよね」と言ったのは，隼が先生のことを「悲しい」と憐れんでいるところにある。そんな隼を「ばかだ」と称したのは，私が隼と異なる考え方をしているからだ。私は傍線(2)の直後で「頭が思うように働かなくなっても，心は残っている」「先生の大事なものは先生の中に灯っている」と信じている。こうしたことが隼に分かってもらいたいのである。そうすれば，**隼が悲しむ必要もないし先生がむやみに哀れな存在になることもない**からだ。

3 傍線(3)直前に「物差しを当てようとする」とあるが，これは「太いクレヨンで……はみ出してしまう」という例えに示されているように，**様々な感情が入り交じった複雑な感情を一語で表現しようとすること**である。隼は先生が老いていくのを目の当たりにする辛さや悲しみといった様々なマイナスの感情を悲しいという単語で肩代わりさせようとした。そう定義すれば，表現しえない苦しみを明確にでき，開放されると考えたからである。

4 この時の隼は，自分の心に渦巻く感情を悲しいと表現してみたが，「でも悲しいは違った」と納得のいかない状況である。さらに「うまく言葉にできない」とまだ苦しみの中にいることも読み取れる。こうした隼の描写として適切なのは「口をへの字に曲げて」というものだ。これは**不本**

意なとき，満足していないとき，困っているときなどにみられる表情である。

5 「私」は，先生を心配し案じている隼に対し，あまり心配しすぎないでほしいと話しかけたり，大切なことに気付いてほしくて「ちょっとばかだよね」といい返している。こうした「私」がいたことで，じいちゃんを「悲しい」と思うことは違うということに気付き，渦巻くマイナスの感情から少し脱却している。解決したわけではないが，不安が軽くなったのだ。これをふまえて選択肢を選べばよい。

6 本文は「私」の視点から描かれている。先生(じいちゃん)を案じる隼とのやりとりの場面であるが，すべてが会話ではなく，「私」の心中表現が描写されたものとなっている。

5 (作文)

様々なテーマが候補として挙げられているが，どれも海外の中学生に対して「日本を紹介する」という目的を持っている。これを念頭に，どのテーマなら日本らしさや日本の良さをアピールできるかを考えるとテーマを選びやすいだろう。提案したいテーマについて具体例を挙げることが求められているので，こうした条件も確実に含めて書き進めるようにする。

大切なことはメモしておこうネ！

T.G

解答用紙集

○月×日 △曜日　天気(合格日和)

◆ご利用のみなさまへ
＊解答用紙の公表を行っていない学校につきましては、弊社の責任において、解答用紙を制作いたしました。
＊編集上の理由により一部縮小掲載した解答用紙がございます。
＊編集上の理由により一部実物と異なる形式の解答用紙がございます。

人間の最も偉大な力とは、その一番の弱点を克服したところから生まれてくるものである。──カール・ヒルティ──

※データのダウンロードは 2024 年 3 月末日まで。

東京学参株式会社

※ 179％に拡大していただくと，解答欄は実物大になります。

（令５）

数　学　解　答　用　紙　(1)

受検番号（算用数字ではっきり書くこと。）	番

得点	(1)	(2)	計

◎「得点」の欄には受検者は書かないこと。

問題		答え			得点
1	1		2		
	3		4		
	5		6	$y=$	
	7	度	8	倍	
2	1	$x=$			
	2	答え（ 使用できる教室の数 ）			
	3	①（ ） ②（ ） ③（ ） ④（ ） ⑤（ ）			
3	1	C A B	2	(1) cm (2) cm^3	
	3	A D G F B E C （証明）			

（令５）

数学解答用紙 (2)

受検番号（算用数字ではっきり書くこと。）	番

得点	

◎「得点」の欄には受検者は書かないこと。

問題			答え	得点
4	1			
	2	(1)	人	
		(2)	秒	
	3	(1)		
		(2)		
5	1	(1)	(2)	
		(3)	答え（ $t=$ ）	
	2	(1)	毎分　　m	
		(2)	答え（ ）	
		(3)	分　　秒後	
6	1		枚	
	2		黒いタイル　　枚，白いタイル　　枚	
	3		①（ ）　②（ ）　③（ ）	

栃木県公立高校　2023年度

※ 179％に拡大していただくと，解答欄は実物大になります。

(令5)

英　語　解　答　用　紙

受検番号（算用数字ではっきり書くこと。）	番

得点計	

◎「得点」の欄には受検者は書かないこと。

問	題	答え	得点	
1	1	(1) (　　) (2) (　　) (3) (　　) (4) (　　)		
	2	(1) (　　) (2) (　　) (3) (　　)		
	3	(1) (　　) (2) (　　)		
		(3) (　　)		
2	1	(1) (　　) (2) (　　) (3) (　　) (4) (　　)		
		(5) (　　) (6) (　　)		
	2	(1) (　→　→　→　) (2) (　→　→　→　)		
		(3) (　→　→　→　→　)		
3	1	(　　)		
	2	(　　)		
	3	アリは［　　　　　　　　　　　　　　　　　　　　　10　　　　　　　　20］［　　　　　25　　　］から，アリがゾウに勝つ。		
	4	(　　)		
4	1			
	2			
	3	(　　)		
	4	(　　)		
	5	(　　)		
5	1	(　　)		
	2	(　　)		
	3	［　　　　　　　　　10　　　　15］		
	4	(3)		
		(4)		
		(5)		
	5			
	6	(　　)		
	7			

※ 154%に拡大していただくと，解答欄は実物大になります。

（令５）

理　科　解　答　用　紙

受検番号（算用数字ではっきり書くこと。）	番

得点計	

◎「得点」の欄には受検者は書かないこと。

問	題	答　え	得点
1	1	（　　）　2（　　） 3（　　）　4（　　）	
	5	（　　）　6（　　）	
	7	（　　）A　8（　　）	
2	1	（　　）　2（　　）Hz	
	3	砂ぶくろの重さと音の高さの関係　：　条件（　　）と条件（　　） 弦の太さと音の高さの関係　：　条件（　　）と条件（　　） 弦のPQ間の長さと音の高さの関係：　条件（　　）と条件（　　）	
	4	①（　　）　②（　　） 波形の変化	
3	1	①（　　）　②（　　）	
	2	装置Aと装置Bの結果の比較 装置Aと装置Cの結果の比較	
	3	①（　　）　②（　　）　③（　　）	
4	1	（　　）	
	2		
	3	（　　），（　　），（　　）	
	4	①（　　）　②（　　）　③（　　）	
5	1		
	2		
	3	（　　）	
6	1	（　　）J	
	2	小球の速さの大小関係：　a（　　）b　a（　　）d　c（　　）e	
	3	運動エネルギーの大きさ／小球の位置（0, A, Q, R, S, T） 力学的エネルギーの大きさ／小球の位置（0, A, Q, R, S, T）	
7	1	（　　）%　2（　　）g　3（　　）	
	4	記号（　　） 理由	
8	1	方法（　　）　無性生殖（　　）　2（　　）	
	3		
9	1	（　　）	
	2	記号（　　）　時間帯（　　）	
	3	太陽／図3の金星の位置／図3の地球の位置 金星の画像（　　）	
	4	（　　）	

※ 179％に拡大していただくと，解答欄は実物大になります。

（令5）

社　会　解　答　用　紙

受検番号（算用数字ではっきり書くこと。）	番

得点計	

◎「得点」の欄には受検者は書かないこと。

問題		答		え	得点
1	1	（　　　）	2	（　　　）	
	3	⑴（　　　）	⑵	（　　　）	
		⑶（　　　）	⑷	（　　　）	
		⑸（　　　）			
		⑹ X：〔という特徴〕 Y：〔ということ〕			
2	1	（　　　）	2	（　　　）	
	3	（　　　）	4	（　　　）〔農業〕	
	5	（　　　）	6	（　　　）	
	7				
3	1	（　　　）	2	（　　　）	
	3	（　→　→　→　）			
	4	⑴（　　　）	⑵	（　　　）	
	5	（　　　）	6	（　　　）	
	7				
4	1	（　　　）	2	（　　　）〔運動〕	
	3	⑴（　　　）	⑵	（　　　）（　　　）	
	4	⑴ P：〔から〕 Q：〔こと〕			
		⑵（　　　）	⑶	（　　　）	
5	1	（　　　）〔法〕	2	（　　　）	
	3	（栃木県 ―　　　国庫支出金 ―　　　）			
	4	（　　　）	5	（　　　）	
	6	（　　　）〔法〕			
	7				
6	1	（　　　）	2	（　　　）	
	3	（　　　）	4	（　　　）	
	5	（　　　）	6	（　　　）	
	7	X：〔こと〕 Y：（　　　）〔%〕 Z：〔こと〕			

栃木県公立高校　２０２３年度
※１７９％に拡大していただくと，解答欄は実物大になります。

（令５）

国語解答用紙（1）

受検番号（算用数字で横書きにはっきり書くこと。）	番

得点	
(1)	
(2)	
計	

◎「得点」の欄には受検者は書かないこと。　5は「国語解答用紙(2)」を用いること。

問題			答え	得点（小計）	得点（計）
1	1	(1)	停止		
		(2)	模型		
		(3)	競う		
		(4)	逃れる		
		(5)	抑揚		
	2	(1)	リョクチャ		
		(2)	フセぐ		
		(3)	シュクフク		
		(4)	ヒタイ		
		(5)	クれる		
	3	(1)	（　　）		
		(2)	（　　）		
		(3)	（　　）		
	4	(1)	（　　）		
		(2)	（　　）		
2	1		（　　）		
	2		（　　）		
	3				
	4		（　　）		
	5		（　　）		
3	1		（　　）		
	2		縄文時代の人びとは、……ということ。		
	3		（　　）		
	4		（　　）		
	5	(Ⅰ)			
		(Ⅱ)			
4	1		（　　）		
	2		（　　）		
	3		（　　）		
	4		（　　）		
	5				
	6				

（令５）

国語解答用紙(2)

受検番号（算用数字ではっきり書くこと。）　番

得点	
甲	
乙	
計	

◎受検者名と題名は書かないこと。

5

100字

200字

240字

2023年度入試配点表（栃木県）

	1	2	3	4	5	6	計
数学	各2点×8	1　3点 2　7点 3　5点（完答）	2(1)　3点 3　7点 他　各4点×2	1　3点 3(2)　4点 他　各2点×3	1(1)　2点 1(3)　7点　2(1) 3点　2(2)　5点 他　各4点×2	1　3点 2　4点（完答） 3　6点（完答）	100点

	1	2	3	4	5	計
英語	1　各2点×4 他　各3点×6	各2点×9	1,4　各3点×2 他　各4点×2	1　2点 他　各3点×4	1,6　各2点×2 7　6点 他　各3点×6	100点

	1	2	3	4	5	計
理科	各2点×8	1　2点　4　4点 他　3点×2 （3·4各完答）	1　2点　2　4点 3　3点 （1·2·3各完答）	1　2点　4　4点 他　各3点×2 （3·4各完答）	各3点×3	100点
	6	7	8	9		
	1　2点　2　3点 3　4点 （2·3各完答）	1　2点　4　4点 他　各3点×2 （4完答）	各3点×3 （1完答）	1　2点　3　4点 他　各3点×2 （2·3各完答）		

	1	2	3	4	5	6	計
社会	3(6)　4点 （完答） 他　各2点×7	7　4点 他　各2点×6	7　4点 他　各2点×7 （3完答）	4(1)　4点 （完答） 他　各2点×6 （3(2)完答）	7　4点 他　各2点×6 （3完答）	7　4点（完答） 他　各2点×6	100点

	1	2	3	4	5	計
国語	各2点×15	各2点×5	2·5（Ⅱ） 各4点×2 他　各3点×4	1　2点　5　5点 6　4点 他　各3点×3	20点	100点

※ 149％に拡大していただくと，解答欄は実物大になります。

（令4）

数　学　解　答　用　紙　(1)

受検番号（算用数字ではっきり書くこと。）	番

得点	(1)	(2)	計

◎「得点」の欄には受検者は書かないこと。

問題		答		え		得点
1	1		2			
	3		4	$x=$		
	5		6	cm		
	7	度	8			
2	1	$n=$				
	2	答え（ 大人　　円，子ども　　円 ）				
	3	$a=$　　，$x=$				
3	1		2	およそ　　個		
	3 (1)	第１四分位数　　日				
		第２四分位数（中央値）　　日				
		A市　0　5　10　15　20　25　30（日）				
	3 (2)	市				
		（理由）				

（令４）

数　学　解　答　用　紙　(2)

受検番号（算用数字ではっきり書くこと。）	番

得点	

◎「得点」の欄には受検者は書かないこと。

問題		答え				得点
4	1	A ℓ B	2	(1)	cm	
				(2)	cm^3	
	3	D A B C （証明）				
5	1	(1)		(2)	$a =$	
		(3)	答え（ $a =$ 　）			
	2	(1)	kWh	(2)		
		(3)				
6	1	記号（　　），（　　）度目	2		回	
	3	Ⅰ（　　）	Ⅱ（ $h =$ 　）			

※ 154％に拡大していただくと，解答欄は実物大になります。

（令4）

英　語　解　答　用　紙

受検番号（算用数字ではっきり書くこと。）	番

得点計	

◎「得点」の欄には受検者は書かないこと。

問	題	答　え	得点
1	1	(1)（　）(2)（　）(3)（　）(4)（　）	
	2	(1)（　）(2)（　）(3)（　）	
	3	(1)（　）(2)（　）	
		(3)（　）	
2	1	(1)（　）(2)（　）(3)（　）(4)（　）	
		(5)（　）(6)（　）	
	2	(1)（　→　→　→　）(2)（　→　→　→　）	
		(3)（　→　→　→　→　）	
3	1	（　）（　）	
	2	(1)	
		(2)	
		(4)	
	3	（　）	
	4	10 20 30	
	5	（　）	
	6		
4	1		
	2		
	3		
	4		
	5	（　）	
5	1	（　）	
	2	（　→　→　→　）	
	3		
	4	（　）	

※ 154％に拡大していただくと，解答欄は実物大になります。

（令4）

理　科　解　答　用　紙

受検番号（算用数字ではっきり書くこと。）	番

得点計	

◎「得点」の欄には受検者は書かないこと。

問題		答え	得点
1	1	(　) 2 (　) 3 (　) 4 (　)	
	5	(　) 6 (　)	
	7	(　) 8 (　)	
2	1	(　) 2 (　)	
	3	斑晶(　) 石基(　)	
3	1		
	3	記号(　) 理由	
	2	縦軸：発生した気体の質量〔g〕(0, 0.5, 1.0)　横軸：加えた炭酸水素ナトリウムの質量〔g〕(0, 0.5, 1.0, 1.5, 2.0) 発生する気体の質量(　)g	
4	1	(　)mA	
	2	電圧(　)V　電気抵抗(　)Ω	
	3	記号(　)　電流の大きさ(　)A	
5	1	(　)	
	2	①(　)　②(　)　③(　)	
	3	①(　)　②(　)	
6	1	(　)	
	2		
	3		
	4	(　)	
7	1	(　)	
	2	①(　)　②(　)	
	3	(　)	
	4	①(　)度　②(　)度　③ 地点(　)	
8	1	(　) 2 (　)	
	3	(　)	
	4		
9	1	(　)cm/s 2 (　)	
	3	(　) 4 (　)	

※ 154％に拡大していただくと，解答欄は実物大になります。

（令4）

社　会　解　答　用　紙

受検番号（算用数字ではっきり書くこと。）	番
得点計	

◎「得点」の欄には受検者は書かないこと。

問題			答		え	得点
1	1		（　　　）〔都市〕			
	2		（　　） 3（　　） 4（　　）			
	5		（　　） 6（　　） 7（　　）			
	8					
2	1	(1)	（スペイン―　　　ロシア―　　　）			
		(2)	（　　　）			
		(3)	（　　　）	(4)	（　　）	
		(5)	X： Y：			
	2	(1)	（　　）	(2)	（　　）	
3	1		（　　）	2	（　　）	
	3		（　　）	4	（　　　）	
	5		（　　）	6	（　　　）〔貿易〕	
	7					
	8		（　　　）〔時代〕			
4	1		（　　）	2	（　→　→　→　）	
	3					
	4		（　　　）	5	（　　）	
	6	(1)	（　　）	(2)	（　　　）	
5	1	(1)	（　　　）	(2)	（　　）	
		(3)	（　　）			
	2	(1)	（　　　）	(2)	（　　）（　　）	
		(3)	（　　）			
		(4)	（ X ・ Y ）の政策に賛成			
6	1	A	（　　　）	B	（　　　）〔協定〕	
	2		（　　）	3	（　　）	
	4		（　　）	5	（　　　）	
	6		X： Y：			

栃木県公立高校　2022年度

※154％に拡大していただくと，解答欄は実物大になります。

（令4）

国語解答用紙(1)

受検番号（算用数字で横書きにはっきり書くこと。）　番

得点	
(1)	
(2)	
計	

◎「得点」の欄には受検者は書かないこと。

5は「国語解答用紙(2)」を用いること。

問題		答え	得点 小計	得点 計
1	1	(1) 礼儀　(2) 健やか　(3) 陳列　(4) 著しい　(5) 稚拙		
	2	(1) ヒロう　(2) ウンチン　(3) サましまし　(4) コウセキ　(5) ダンショウ		
	3	（　　）		
	4	（　　）		
	5	（　　）		
	6	（　　）		
	7	（　　）		
2	1	（　　）		
	2	（　　）		
	3	（　　）		
	4	（　　）		
	5	夜道を歩いているとき、臆病な気持ちによって		
3	1			
	2	（　　）		
	3	（　　）		
	4	(I)　(II)		
	5	（　　）		
4	1			
	2	（　　）		
	3	（　　）		
	4	という生き方		
	5			
	6	（　　）		

（令4）

国語解答用紙(2)

受検番号（算用数字ではっきり書くこと。）　番

得点	
甲	
乙	
計	

5

◎受検者名と題名は書かないこと。

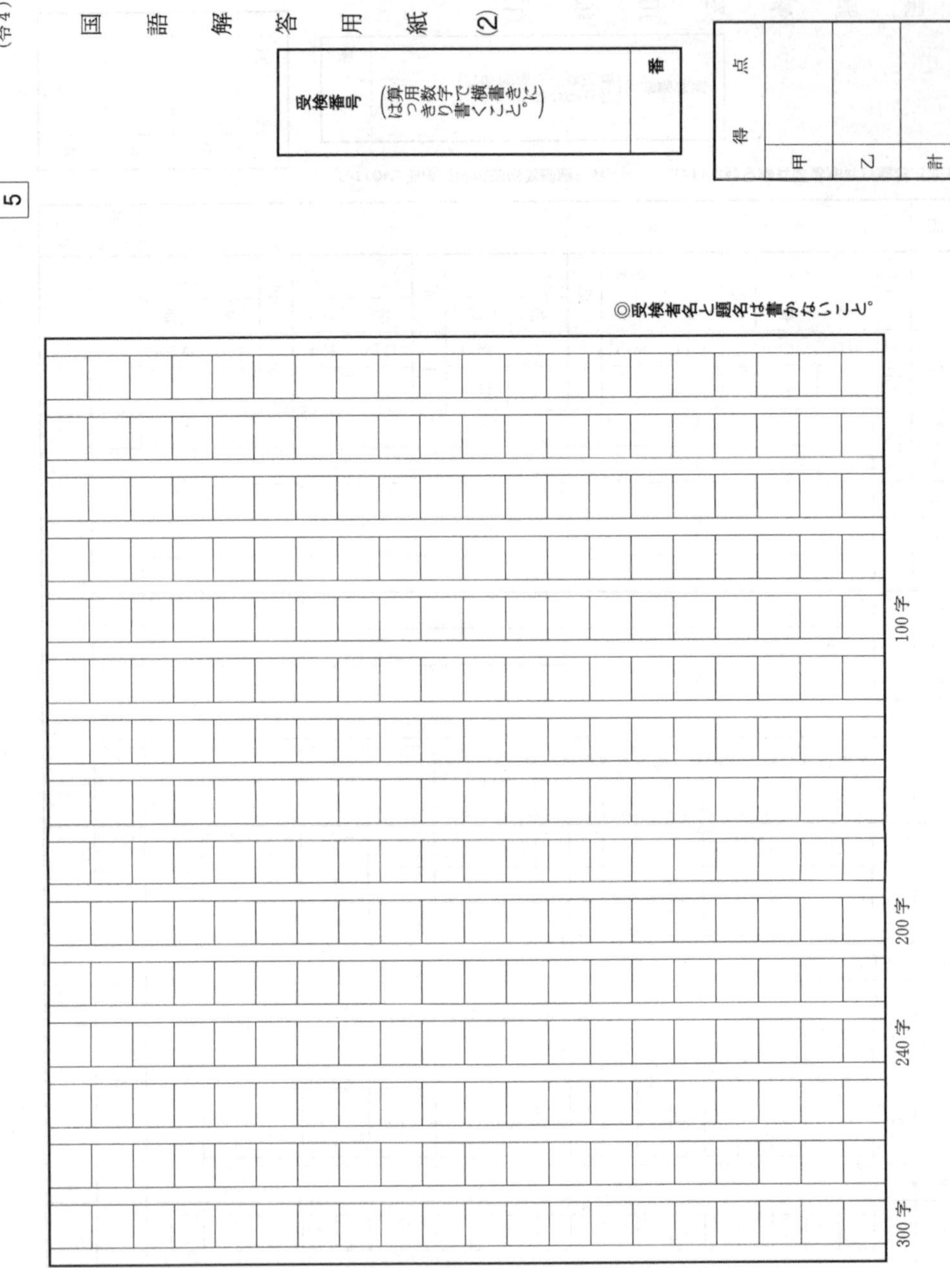

2022年度入試配点表 (栃木県)

数学	1	2	3	4	5	6	計
	各2点×8	1　3点(完答) 2　7点 3　5点(完答)	3(1)　6点(完答) (2)　4点(完答) 他　各3点×2	2(1)　3点 3　7点 他　各4点×2	1(1)　2点 1(2), 2(3)　各4点×2 1(3)　6点 他　各3点×2	1　4点(完答) 2　3点 3　6点(完答)	100点

英語	1	2	3	4	5	計
	1　各2点×4 他　各3点×6	各2点×9	4　4点 6　6点 他　各3点×6	1　2点 他　各3点×4	1,4　各3点×2 他　各4点×2	100点

理科	1	2	3	4	5	計
	各2点×8	3　4点 他　各2点×2	1　2点 2　3点 3　4点(完答)	1　2点 他　各4点×2 (2･3各完答)	1　2点 2　3点(完答) 3　4点(完答)	100点
	6	7	8	9		
	1　2点 3　4点(完答) 他　各3点×2	3　4点(完答) 4　5点(完答) 他　各2点×2(2完答)	1　2点 3　4点 他　各3点×2	1　2点 他　各3点×3		

社会	1	2	3	4	5	6	計
	8　4点 他　各2点×7	1(5)　4点(完答) 他　各2点×6 (1(1)完答)	7　4点 他　各2点×7 (4完答)	3　4点 他　各2点×6	2(4)　4点 他　各2点×6 (2(2)完答)	6　4点(完答) 他　各2点×6	100点

国語	1	2	3	4	5	計
	各2点×15	各2点×5	1･4(Ⅱ) 各4点×2 他　各3点×4	2　2点 3･6　各3点×2 他　各4点×3	20点	100点

※ 154％に拡大していただくと，解答欄は実物大になります。

（令３）

数　学　解　答　用　紙　(1)

受検番号（算用数字ではっきり書くこと。）	番

得点	(1)	(2)	計

◎「得点」の欄には受検者は書かないこと。

問題		答		え	得点
1	1		2		
	3		4		
	5	$c =$	6		
	7	度	8	$y =$	
	9	cm^3	10	$x =$	
	11		12		
	13	$x =$	14		
2	1	A, B, C	2		
			3	①（ AB = 　　　） ②（ $a =$ 　　　）	
3	1	答え（ 大きい袋　　枚，小さい袋　　枚 ）			
	2	(1)		分	
		(2)			
		(3)		分	

（令３）

数　学　解　答　用　紙　⑵

受検番号（算用数字ではっきり書くこと。）	番

得　点	

◎「得点」の欄には受検者は書かないこと。

問題		答え				得点
4	1	（証明） A, D, E, G, B, C, F				
	2	⑴	cm	⑵	cm^2	
5	1	cm^2				
	2	答え（　　　）				
	3	$t =$				
6	1	【作り方Ⅰ】（　　　）　【作り方Ⅱ】（　　　）				
	2	答え（ $x =$ 　　　）				
	3	①（ $n =$ 　　　）　②（ $n =$ 　　　）				

※ 154％に拡大していただくと，解答欄は実物大になります。

（令 3）

英　語　解　答　用　紙

受 検 番 号（算用数字ではっきり書くこと。）	番
得 点 計	

◎「得点」の欄には受検者は書かないこと。

問	題	答　え	得　点	
1	1	(1)（　）　(2)（　）　(3)（　）		
	2	(1) ①（　）　②（　）　(2) ①（　）　②（　）		
	3	(1)（　）　(2)（　）		
		(3)（　）　(4)（　）		
2	1	(1)（　）　(2)（　）　(3)（　）　(4)（　）		
		(5)（　）　(6)（　）		
	2	(1)（　→　→　→　）　(2)（　→　→　→　）		
		(3)（　→　→　→　→　）		
3	1	（　）（　）		
	2	(1)		
		(2)		
		(5)		
	3	カナダと比べ日本では，（10・20・30字のマス目）		
	4	（　）		
	5	①（　）　②（　）		
	6			
4	1	（　）		
	2	（　）（　）		
	3			
	4	①（12字のマス目）		
		②（18字のマス目）		
	5	（　）		
5	1	（　）		
	2			
	3	（　）		
	4	（　）		

※ 154%に拡大していただくと，解答欄は実物大になります。

（令３）

理　科　解　答　用　紙

受検番号（算用数字ではっきり書くこと。）	番

得点計	

◎「得点」の欄には受検者は書かないこと。

問題		答え	得点
1	1	(　) 2 (　) 3 (　) 4 (　)	
	5	(　) 6 (　)	
	7	(　) 8 (　)%	
2	1	(　) 2 ①(　) ②(　) ③(　)	
	3	記号(　) 理由(　)	
3	1	(　)	
	2		
	3	葉の表側(　) 葉以外(　)	
	4	記号(　) 理由(　)	
4	1	(　) 2 ①(　) ②(　)	
	3	コイルがつくる磁界の強さは	
5	1	(　)	
	2	①(　) ②(　) ③(　)	
	3	(　)	
	4		
6	1	(　) 2 (　)	
	3	丸い種子の数：しわのある種子の数＝(　)：(　)	
7	1	(　)	
	2	①(　) ②(　)	
	3		
	4	地表からの深さ〔m〕 0 10 20 30 40 50 60	
8	1	2 ①(　) ②(　) ③(　)	
	3	記号(　) 理由(　)	
9	1	(　)	
	3	(　)	
	4	凸レンズ(　)の方が(　)cm 長い	
	2	R	

※ 154%に拡大していただくと，解答欄は実物大になります。

（令3）

社　会　解　答　用　紙

受検番号（算用数字ではっきり書くこと。）	番

得点計	

◎「得点」の欄には受検者は書かないこと。

問題		答え	得点
1	1	(　　)	
	2	(　　)	
	3	(　　)	
	4	(　　)	
	5	(1) (　　)〔現象〕	
		(2) 〔ので〕	
	6	(　　)(　　)	
	7	(　　)	
2	1	(　　)	
	2	(　　)	
	3	(　　)	
	4	(　　)	
	5	アフリカ州 —（　　）ヨーロッパ州 —（　　）	
	6	オーストラリア —（　　）　石油 —（　　）	
	7	〔記号〕（　　）〔理由〕	
3	1	(　　)	
	2	(　　)	
	3	(　　)	
	4	(　　)	
	5	(1) (　　)	
		(2)	
	6	(　　)	
	7	(　→　→　→　)	
4	1	(1) (　　)	
		(2) (　　)	
		(3)	
	2	(　　)	
	3	(　　)	
	4	(　　)	
	5	(　　)	
5	1	(1) (　　)　(2) (　　)	
	2	(　　)	
	3	図2： 図3：	
	4	(1) (　　)　(2) (　　)　(3) (　　)	
6	1	(　　)	
	2	(　　)〔制度〕	
	3	(1) (　　)　(2) (　　)	
	4	(　　)	
	5	(　　)	
	6		

栃木県公立高校　２０２１年度

※１５４%に拡大していただくと、解答欄は実物大になります。

(令3)

国語解答用紙 (1)

受検番号 (算用数字ではっきり書くこと。)	番

得点	
(1)	
(2)	
計	

◎「得点」の欄には受検者は書かないこと。

5は「国語解答用紙(2)」を用いること。

問題		答え	得点 小計	得点 計
1	1	(1) 専属　(2) 爽快　(3) 潤す　(4) 慰める　(5) 草履		
	2	(1) ギョウコウ　(2) ヒキいる　(3) ジョウタイ　(4) チヂむ　(5) ジュクレン		
	3	(1) (　　) (2) (　　) (3) (　　) (4) (　　)		
	4	(　　)		
2	1	(　　)		
	2	(　　)		
	3	(　　)		
	4			
	5	(　　)		
3	1	(　　)		
	2	という不思議な現象。		
	3	(　　)		
	4	(　　)		
	5			
	6	(　　)		
4	1	(　　)		
	2	(　　)		
	3	(　　)		
	4	と考えたから。		
	5			
	6	(　　)		

（令3）

5

国語解答用紙（2）

受検番号（算用数字で横書きにはっきり書くこと。）	番

得点	
甲	
乙	
計	

◎受検者名と題名は書かないこと。

100字

200字

240字

300字

2021年度入試配点表 (栃木県)

	1	2	3	4	5	6	計
数学	各2点×14	各4点×3	1　7点 2(3)　3点 他　各2点×2	1　8点 2(1)　3点 (2)　4点	1　3点 2　7点 3　5点	1　4点 2　7点 3　5点	100点

	1	2	3	4	5	計
英語	2　各3点×4 他　各2点×7	各2点×9	1,4　各2点×2 6　6点 他　各3点×6	3,5　各3点×2 他　各2点×4	1,3　各3点×2 他　各4点×2	100点

	1	2	3	4	5	6	7	8	9	計
理科	各2点×8	1　2点 2　3点 3　4点	1,2 各2点×2 他各4点×2	1　2点 2　3点 3　4点	1　2点 4　4点 他各3点×2	1　2点 2　3点 3　4点	1　2点 4　4点 他各3点×2	1　2点 2　3点 3　4点	1　2点 4　4点 他各3点×2	100点

	1	2	3	4	5	6	計
社会	5(2)　4点 他　各2点×7 (6完答)	7　4点 他　各2点×6 (5,6各完答)	5(2)　4点 他　各2点×7	1(3)　4点 他　各2点×6	3　4点 他　各2点×6	6　4点 他　各2点×6	100点

	1	2	3	4	5	計
国語	各2点×15	各2点×5	1　2点 3・4　各3点×2 他　各4点×3	1　2点 2・3　各3点×2 他　各4点×3	20点	100点

栃木県公立高校　2020年度

※この解答用紙は159％に拡大していただきますと，実物大になります。

（令2）

数　学　解　答　用　紙　(1)

受検番号（算用数字ではっきり書くこと。）	番

得点	(1)	(2)	計

◎「得点」の欄には受検者は書かないこと。

問題		答		え	得点
1	1		2		
	3		4		
	5		6	$a =$	
	7		8	度	
	9	$x =$	10		
	11	cm^3	12	$x =$	
	13		14	およそ　個	
2	1	C / A / B（三角形ABC）	2	①（　） ②（　） ③（　）	
			3	$a =$	
3	1	答え（A中学校　人，B中学校　人）			
	2	(1)			
		(2)	℃		
		(3)			

（令２）

数　学　解　答　用　紙　(2)

受検番号 （算用数字ではっきり書くこと。）	番

得　点	

◎「得点」の欄には受検者は書かないこと。

<table>
<tr><th colspan="2">問　題</th><th colspan="4">答　　え</th><th>得　点</th></tr>
<tr><td rowspan="2">4</td><td>1</td><td colspan="4">（証明）
F A D B E C</td><td rowspan="2"></td></tr>
<tr><td>2</td><td>(1)</td><td>cm²</td><td>(2)</td><td>cm²</td></tr>
<tr><td rowspan="3">5</td><td>1</td><td colspan="2">倍</td><td>2</td><td>m</td><td rowspan="3"></td></tr>
<tr><td>3</td><td colspan="4">答え（　　　　　）</td></tr>
<tr><td>4</td><td colspan="4">分　　　秒</td></tr>
<tr><td rowspan="3">6</td><td>1</td><td colspan="2">番目</td><td>2</td><td>個</td><td rowspan="3"></td></tr>
<tr><td>3</td><td colspan="4">答え（ $n=$ 　　　　）</td></tr>
<tr><td>4</td><td colspan="4">①（ $b=$ 　　　　）　②（ $a=$ 　　　　）</td></tr>
</table>

※この解答用紙は159％に拡大していただきますと，実物大になります。

（令２）

英　語　解　答　用　紙

受　検　番　号（算用数字ではっきり書くこと。）	番

得 点 計	

◎「得点」の欄には受検者は書かないこと。

問	題	答　え	得　点
1	1	(1)（　）　(2)（　）　(3)（　）	
	2	(1) ①（　）　②（　）　(2) ①（　）　②（　）	
	3	(1)（　）　(2)（　）	
		(3)（　）　(4)（　）	
2	1	(1)（　）　(2)（　）　(3)（　）　(4)（　）	
		(5)（　）　(6)（　）	
	2	(1)（　→　→　→　）　(2)（　→　→　→　）	
		(3)（　→　→　→　→　）	
3	1	（　）（　）	
	2	（　）	
	3	（　）	
	4	(3)	
		(4)	
		(5)	
	5	（　）	
	6		
	7		
4	1	（　）	
	2	（　）（　）（　）	
	3	①	
		②	
	4	（　）（　）	
5	1	（　）	
	2		
	3	（　）	
	4	（　）	

※この解答用紙は159％に拡大していただきますと，実物大になります。

（令２）

理　科　解　答　用　紙

受検番号（算用数字ではっきり書くこと。）	番
得点計	

◎「得点」の欄には受検者は書かないこと。

問題		答え			得点
1	1	（　） 2（　）	3	（　） 4（　）	
	5	（　）	6	（　）	
	7	（　）	8	（　）cm/s	
2	1	（　）	2		
	3	（　）			
3	1	（　）A			
	2	白熱電球Pの電力量（　）Wh　LED電球の使用時間（　）時間			
	3				
4	1	（　）	2	（　）	
	3	①（　）　②（　）			
	4				
5	1	（　）cm³	3	酸素の質量〔g〕（0〜0.4）／マグネシウムの質量〔g〕（0〜0.5）	
	2				
	4	（　）cm³			
6	1	（　）			
	2				
	3	（　）秒			
7	1	（　）g/cm³	2	（　）	
	3	液体（　）			
		実験結果（　）			
8	1	（　）℃	2	（　）g	
	3	（　）	4	（　）	
9	1	（　）N	3	重力　糸が引く力	
	2	（　）N			
	4	①（　） ②（　） ③（　） ④（　）			

※この解答用紙は159％に拡大していただきますと，実物大になります。

（令2）

社　会　解　答　用　紙

受検番号 （算用数字ではっきり書くこと。）	番

得点計	

◎「得点」の欄には受検者は書かないこと。

問題		答え	得点	
1	1	(1)（　　）　(2)（　　） (3)（　　）　2（　　）		
	3	(1)（　→　→　→　）　(2)（　　）		
	4	〔課題〕 〔特徴・成果〕		
2	1	（　　）　2（　　）　3（　　）		
	4	（　　）〔教〕　5（　　）		
	6	〔記号〕（　　）　〔理由〕		
3	1	（　　）　2（　　）　3（　　）		
	4	（　　）　5（　　）　6（　　）		
	7			
	8	（　A　→　→　→　→　F　）		
4	1	（　　）　2（　　）		
	3	（　→　→　→　）　4（　　）		
	5	（　　）		
	6			
5	1	（　　）　2　(1)（　　）　(2)（　　）		
	3	（　　）　4　(1)（　　）　(2)（　　）		
6	1	（　　）　2（　　）		
	3	（　　）		
	4	（　　）　5（　　）		
	6			
7	1	（　　）　2（　　）　3（　　）		
	4	（　　）		
	5	Ⅰ　〔です。〕 Ⅱ　〔です。〕		

（令２）

国語解答用紙　(1)

受検番号（算用数字ではっきり書くこと。）　番

得点	
(1)	
(2)	
計	

◎「得点」の欄には受検者は書かないこと。

5は「国語解答用紙(2)」を用いること。

問題		答え	得点 小計	得点 計
1	1	(1) 貢献　(2) 映える　(3) 承諾　(4) 背ける　(5) 赴く		
	2	(1) ケンキュウ　(2) カりる　(3) ニた　(4) フタン　(5) コウザ		
	3	(1)（　）(2)（　）(3)（　）(4)（　）(5)（　）		
2	1	（　）		
	2	（　）		
	3	（　）		
	4			
	5	（　）		
3	1	（　）		
	2			
	3	（　）		
	4	（　）		
	5	状態。		
	6	（　）		
4	1	（　）		
	2			
	3	（　）		
	4	（　）		
	5			
	6	（　）		

※この解答用紙は１５２％に拡大していただきますと、実物大になります。

（令2）

国語解答用紙 (2)

受検番号（算用数字で横書きにはっきり書くこと。）　番

5

◎受検者名と題名は書かないこと。

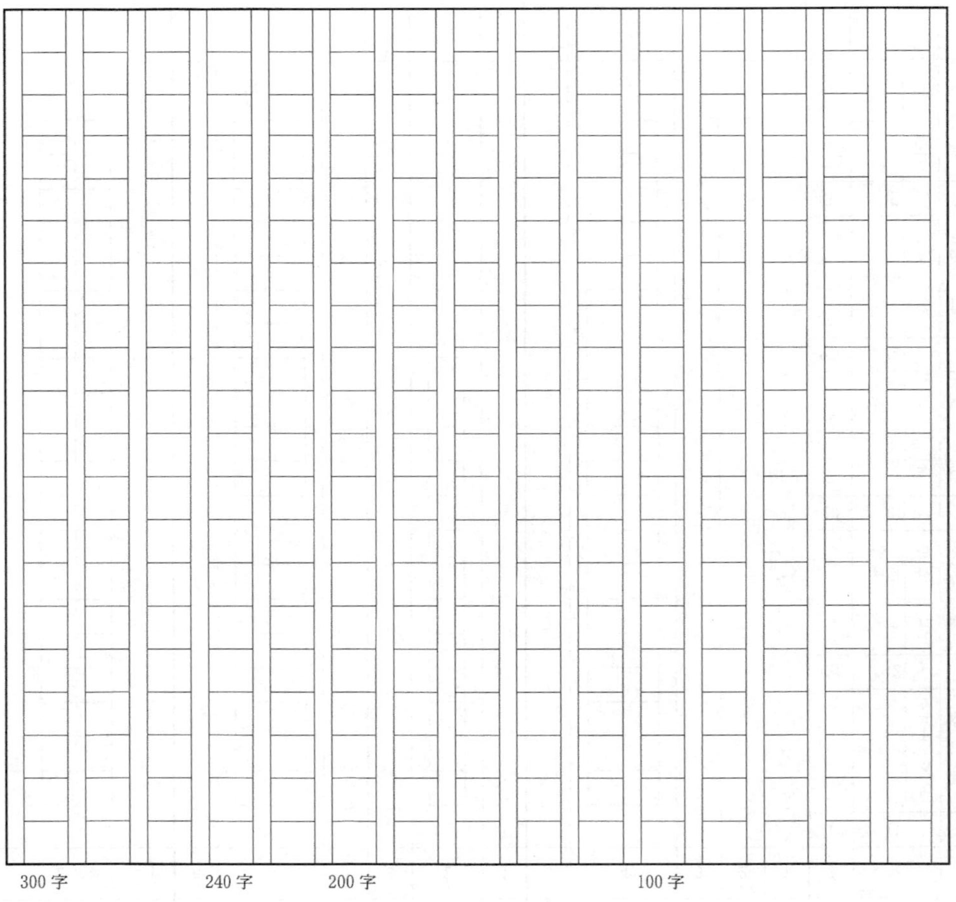

2020年度入試配点表（栃木県）

数学	1	2	3	4	5	6	計
	各2点×14	2　3点(完答) 他　各4点×2	1　6点 2(3)　3点 他　各2点×2	1　7点 2(1)　3点 (2)　4点	3　6点 4　5点 他　各3点×2	1　2点 2　3点 他　各6点×2 (4完答)	100点

英語	1	2	3	4	5	計
	2　各3点×4 他　各2点×7	各2点×9	4･5　各3点×4 6　4点 7　6点 他　各2点×3	3　各3点×2 他　各2点×4	1　2点 他　各4点×3	100点

理科	1	2	3	4	5	6	7	8	9	計
	各2点×8	各3点×3	1　2点 2　4点 3　3点	1　2点 3　4点 他各3点×2	各3点×4	各3点×3	各3点×3	各3点×4	1　2点 3　4点 他各3点×2	100点

社会	1	2	3	4	5	6	7	計
	4　4点(完答) 他　各2点×6	6　4点(完答) 他　各2点×5	7　4点 他　各2点×7	6　4点 他　各2点×5	各2点×6	6　4点 他　各2点×5	5　4点(完答) 他　各2点×4	100点

国語	1	2	3	4	5	計
	各2点×15	各2点×5	2･5　各4点×2 他　各3点×4	2･5　各4点×2 他　各3点×4	20点	100点

※この解答用紙は159％に拡大していただきますと，実物大になります。

(平31)

数　学　解　答　用　紙　(1)

受検番号 (算用数字ではっきり書くこと。)	番

	(1)	(2)	計
得　点			

◎「得点」の欄には受検者は書かないこと。

問	題	答		え		得　点
1	1		2			
	3		4			
	5		6	度		
	7	$a =$	8	cm^2		
	9	$x =$　　　，$y =$	10			
	11	度	12	$x =$		
	13		14			
2	1	ℓ，A，B	2	(1)	①（　　） ②（　　）	
				(2)	③（　　） ④（　　） ⑤（　　）	
			3	$a =$		
3	1	答え（　　　本）				
	2	(1)				
		(2)				

(平 31)

数 学 解 答 用 紙 (2)

受 検 番 号 (算用数字ではっきり書くこと。)	番

得 点	

◎「得点」の欄には受検者は書かないこと。

<table>
<tr><th colspan="2">問 題</th><th colspan="4">答 え</th><th>得 点</th></tr>
<tr><td rowspan="2">4</td><td>1</td><td colspan="4">(証明)
A, D, B, E, C
6 cm, 4 cm, 5 cm, 3 cm</td><td rowspan="2"></td></tr>
<tr><td>2</td><td>(1)</td><td>cm^3</td><td>(2)</td><td>cm</td></tr>
<tr><td rowspan="4">5</td><td>1</td><td colspan="4">m</td><td rowspan="4"></td></tr>
<tr><td rowspan="3">2</td><td rowspan="3">答え( )</td><td rowspan="3">3</td><td>(1)</td><td>(m)
学校
1500
1000
500
家 0 5 10 15 20 25 (分)
(7時)</td></tr>
<tr><td>(2)</td><td>m</td></tr>
<tr></tr>
<tr><td rowspan="3">6</td><td>1</td><td>枚</td><td>2</td><td colspan="2"></td><td rowspan="3"></td></tr>
<tr><td>3</td><td colspan="4">答え(x =)</td></tr>
<tr><td>4</td><td colspan="4">① ( ) ② ( ) ③ ( )枚</td></tr>
</table>

※この解答用紙は159%に拡大していただきますと，実物大になります。

(平 31)

英　語　解　答　用　紙

受検番号 (算用数字ではっきり書くこと。)	番

得点計	

◎「得点」の欄には受検者は書かないこと。

問	題	答　え	得	点
1	1	(1) (　　) (2) (　　) (3) (　　)		
	2	(1) ① (　　) ② (　　) (2) ① (　　) ② (　　)		
	3	(1) (　　) (2) (　　)		
		(3) (　　) (4) (　　)		
2	1	(1) (　　) (2) (　　) (3) (　　) (4) (　　)		
		(5) (　　) (6) (　　)		
	2	(1) (　→　→　→　) (2) (　→　→　→　)		
		(3) (　→　→　→　→　)		
3	1			
	2	(　　)		
	3	(　→　→　)		
	4			
4	1	(1)		
		(2)		
	2	(1) ①		
		(1) ②		
		(2)		
5	1			
	2			
	3			
	4	(　　) (　　)		
6	1	(　　)		
	2	① (　　)		
		② (　　)		
	3	(　　)		
	4	(　　)		

※この解答用紙は159％に拡大していただきますと，実物大になります。

(平 31)

理　科　解　答　用　紙

受検番号 (算用数字ではっきり書くこと。)	番
得点計	

◎「得点」の欄には受検者は書かないこと。

問題		答え				得点	
1	1	(　　)	2 (　　)	3 (　　)	4 (　　)		
	5	(　　)		6 (　　)			
	7	(　　)		8 (　　)cm			
2	1	(　　)		2 (　　)			
	3	(　　)					
3	1						
	2	(　　)					
	3	試験管B(　　)　試験管D(　　)					
4	1	(　　)		2 (　　)回転			
	3	図3(　　)　図4(　　)					
	4	(　　)					
5	1	(　　)		2 (　　)			
	3	水の方が砂に比べて					
	4	(　　)					
6	1	(　　)		4	(グラフ)		
	2	(　　)cm^3					
	3	①(　　) ②(　　)					
7	1	(　　)J					
	2	(　　)		3 (　　)			
8	1	(　　)					
	2						
	3	震央(　　)　震源の深さ(　　)km					
9	1	(　　)					
	2	①(　　)　②(　　)　③(　　)					
	3	(　　)					
	4						

6-4 グラフ：縦軸「白色の沈殿の質量〔g〕」0, 0.2, 0.4, 0.6, 0.8, 1.0；横軸「うすい硫酸の体積〔cm^3〕」0, 2, 4, 6, 8, 10

栃木県公立高校　2019年度

※この解答用紙は159％に拡大していただきますと，実物大になります。

(平31)

社　会　解　答　用　紙

受検番号 (算用数字ではっきり書くこと。)	番

得点計	

◎「得点」の欄には受検者は書かないこと。

問題		答		え		得点	
1	1	(1)	（　　　）	(2)	（　　　）		
		(3)	（　　　）	(4)	（　　　）		
	2	(1)	（　　　）〔経済〕	(2)	（　　　）		
		(3)	（　　　）	(4)	（　　　）		
2	1		（　　　）	2	（　　　）〔教〕		
	3		（　　　）	4	（　　　）		
	5		図3： 図4：				
3	1		（　　　）	2	（　　　）		
	3		（　　　）	4	（　　　）		
	5						
4	1		（　　　）	2	（　　　）		
	3		（　　　）				
	4		〔平清盛と藤原道長は〕				
	5		（　　　）	6	（　　　）		
	7		（　　→　　→　　→　　→　E　）				
5	1		（　　　）	2	（　　　）		
	3		（　　　）	4	（　　→　　→　　→　　）		
	5		図1： 図2：				
6	1	(1)	（　　　）	(2)	（　　　）		
		(3)	（　　　）	(4)	（　　　）		
	2	(1)	（　　　）	(2)	（　　　）		
		(3)	（　　　）	(4)	（　　　）〔制度〕		
		(5)	（　　　）				
		(6)					
7	1		（　　　）	2	（　　　）		
	3		（　　　）				
	4	X	〔しました。〕				
		Y	〔しました。〕				

栃木県公立高校　２０１９年度

(平31)

国語解答用紙(1)

受検番号（算用数字で横書きにはっきり書くこと。）　番

得点	
(1)	
(2)	
計	

◎「得点」の欄には受検者は書かないこと。

５は「国語解答用紙(2)」を用いること。

問題		答え	得点 小計	得点 計
1	1	(1) 和訳　(2) 費やす　(3) 傾斜　(4) 把握　(5) 厳か		
	2	(1) オヨぐ　(2) シイク　(3) トドく　(4) ケイビ　(5) フクザツ		
	3	(1) (　)　(2) (　)　(3) (　)　(4) (　)　(5) (　)		
2	1	(　)		
	2	(　)		
	3	(　)		
	4	という方法。		
	5	(　)		
3	1	(　)		
	2	人間もまた　させ、死ぬと自然に戻るという循環の一部であるということ。		
	3	(　)		
	4	(I)　(II) (　)		
	5	(　)		
4	1	(　)		
	2	(　)		
	3	(　)		
	4			
	5	〜		
	6	(　)		

※この解答用紙は１４９％に拡大していただきますと、実物大になります。

(平31)

国語解答用紙(2)

受検番号（算用数字で横書きにはっきり書くこと。）　番

得点	
甲	
乙	
計	

5

◎受検者名と題名は書かないこと。

100字

200字

240字

300字

2019年度入試配点表（栃木県）

数学	1	2	3	4	5	6	計
	各2点×14	2　各2点×2 （各完答） 他　各4点×2	1　6点 2(1)　2点 (2)　4点	1　7点 2(1)　3点 (2)　4点	1　2点 2　6点 3(1)　4点 (2)　5点	1　2点 2　3点 他　各6点×2 （4完答）	100点

英語	1	2	3	4	5	6	計
	2　各3点×4 他　各2点×7	各2点×9	1　2点 4　4点 他　各3点×2	1　各2点×2 2(1)　各3点×2 (2)　6点	3　4点 4　各3点×2 他　各2点×2	1　2点 他　各3点×4	100点

理科	1	2	3	4	5	6	7	8	9	計
	各2点×8	各3点×3	1　3点 2　2点 3　4点	3　2点 4　4点 他各3点×2	1　2点 他各3点×3	1　2点 3　4点 他各3点×2	各3点×3	3　4点 他各3点×2	1　2点 4　4点 他各3点×2	100点

社会	1	2	3	4	5	6	7	計
	各2点×8	5　4点 他　各2点×4	5　4点 他　各2点×4	4　4点 他　各2点×6	5　4点 他　各2点×4	2(6)　4点 他　各2点×9	各2点×5	100点

国語	1	2	3	4	5	計
	各2点×15	各2点×5	2・4(I)　各4点×2 他　各3点×4	4・5　各4点×2 他　各3点×4	20点	100点

※この解答用紙は 147%に拡大していただきますと，実物大になります。

(平30)

数　学　解　答　用　紙　(1)

受検番号（算用数字ではっきり書くこと。）	番

得点	(1)	(2)	計

◎「得点」の欄には受検者は書かないこと。

問題		答		え	得点
1	1		2		
	3		4		
	5	$a=$	6		
	7	$x=$	8	cm³	
	9	$x=$　　　, $y=$	10	$x=$	
	11		12	度	
	13		14		
2	1	A	2		
			3	$a=$	
3	1	(証明)			
	2	答え($x=$　　　)			

(平 30)

数　学　解　答　用　紙　(2)

受検番号 (算用数字ではっきり書くこと。)	番

得点	

◎「得点」の欄には受検者は書かないこと。

<table>
<tr><th colspan="2">問題</th><th colspan="4">答　え</th><th>得点</th></tr>
<tr><td rowspan="2">4</td><td>1</td><td colspan="4">(証明)
A
B　D　E　C</td><td rowspan="2"></td></tr>
<tr><td>2</td><td>(1)</td><td>度</td><td>(2)</td><td>cm^2</td></tr>
<tr><td rowspan="4">5</td><td rowspan="2">1</td><td>(1)</td><td colspan="3">$a =$</td><td rowspan="4"></td></tr>
<tr><td>(2)</td><td colspan="3">答え(　　　)</td></tr>
<tr><td>2</td><td>(1)</td><td></td><td>(2)</td><td></td></tr>
<tr><td>3</td><td colspan="4">秒後</td></tr>
<tr><td rowspan="3">6</td><td>1</td><td colspan="2">cm</td><td>2</td><td>枚</td><td rowspan="3"></td></tr>
<tr><td>3</td><td colspan="4">答え($x =$　　　, $y =$　　　)</td></tr>
<tr><td>4</td><td colspan="4">$a =$</td></tr>
</table>

※この解答用紙は 147%に拡大していただきますと，実物大になります。

(平 30)

英　語　解　答　用　紙

受 検 番 号 (算用数字ではっきり書くこと。)	番

得 点 計	

◎「得点」の欄には受検者は書かないこと。

<table>
<tr><th colspan="2">問　題</th><th>答　え</th><th colspan="2">得　点</th></tr>
<tr><td rowspan="4">1</td><td>1</td><td>(1) (　) (2) (　) (3) (　) (4) (　) (5) (　)</td><td></td><td rowspan="4"></td></tr>
<tr><td>2</td><td>(1) ① (　) ② (　) (2) ① (　) ② (　)</td><td></td></tr>
<tr><td rowspan="2">3</td><td>(1) (　時　分) (2) (　時　分)</td><td rowspan="2"></td></tr>
<tr><td>(3) (　) (4) (　)</td></tr>
<tr><td rowspan="4">2</td><td rowspan="2">1</td><td>(1) (　) (2) (　) (3) (　) (4) (　)</td><td rowspan="2"></td><td rowspan="4"></td></tr>
<tr><td>(5) (　) (6) (　)</td></tr>
<tr><td rowspan="2">2</td><td>(1) (　→　→　→　) (2) (　→　→　→　)</td><td rowspan="2"></td></tr>
<tr><td>(3) (　→　→　→　→　)</td></tr>
<tr><td rowspan="4">3</td><td>1</td><td></td><td></td><td rowspan="4"></td></tr>
<tr><td>2</td><td>① (　) ② (　)</td><td></td></tr>
<tr><td>3</td><td>(　)</td><td></td></tr>
<tr><td>4</td><td></td><td></td></tr>
<tr><td rowspan="5">4</td><td rowspan="2">1</td><td>(1)</td><td></td><td rowspan="5"></td></tr>
<tr><td>(2)</td><td></td></tr>
<tr><td rowspan="2">2</td><td>(1)</td><td></td></tr>
<tr><td>(2)</td><td></td></tr>
<tr><td>3</td><td></td><td></td></tr>
<tr><td rowspan="4">5</td><td>1</td><td></td><td></td><td rowspan="4"></td></tr>
<tr><td>2</td><td>(　)</td><td></td></tr>
<tr><td>3</td><td></td><td></td></tr>
<tr><td>4</td><td>(　) (　)</td><td></td></tr>
<tr><td rowspan="5">6</td><td>1</td><td>(　)(　)</td><td></td><td rowspan="5"></td></tr>
<tr><td>2</td><td>① (　) ② (　)</td><td></td></tr>
<tr><td rowspan="2">3</td><td>(　)</td><td rowspan="2"></td></tr>
<tr><td>(　)</td></tr>
<tr><td>4</td><td>(　)</td><td></td></tr>
</table>

※この解答用紙は 147%に拡大していただきますと，実物大になります。

(平 30)

理　科　解　答　用　紙

受検番号 (算用数字ではっきり書くこと。)	番
得点計	

◎「得点」の欄には受検者は書かないこと。

問題		答え			得点
1	1	(　　)	2	(　　)	
	3	(　　)	4	(　　)	
	5	(　　)	6	(　　)J	
	7	(　　)	8	(　　)	
2	1	(　　)	2	(　　)	
	3	日本の上空では			
3	1	(　　)			
	2				
	3	(　　)			
	4	①　(　　)　②　(　　)			
4	1	(　　)			
	2	①　(　　)　②　(　　)			
	3				
5	1	(　　)Ω	3	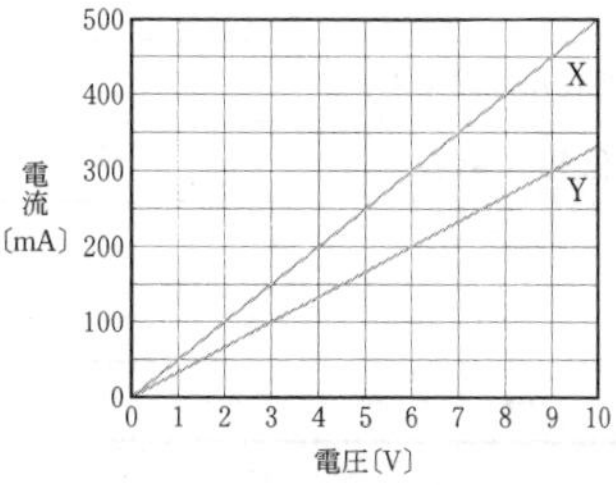	
	2	電圧(　　)V 電流(　　)mA			
	4	(　　)			
6	1	試験管C(　　)　試験管D(　　)			
	2	(　　)g			
	3	濃度(　　)%　温度(　　)			
7	1	(　　)	2	(　　)	
	3	(　　)秒			
	4				
8	1	(　　)	2	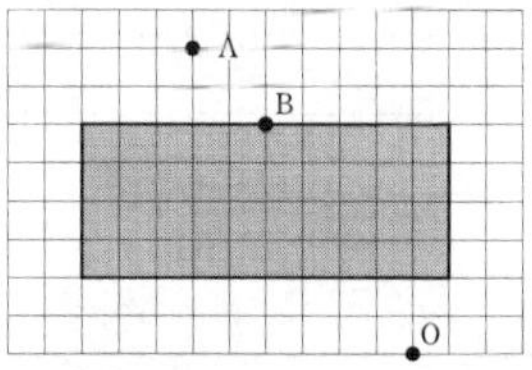見え方(　　)	
	3	(　　)			
9	1	(　　)	2	(　　)	
	3	①　(　　)　②　(　　)			
	4	(　　)度			

※この解答用紙は 147%に拡大していただきますと，実物大になります。

(平 30)

社　会　解　答　用　紙

受 検 番 号 (算用数字ではっきり書くこと。)	番

得 点 計	

◎「得点」の欄には受検者は書かないこと。

問 題		答				え	得 点
1	1	(1)	(　　　)	(2)	(　　　)		
		(3)	(　　　)	(4)	(　　　)		
	2	(1)	(　　　　　　)	(2)	(　　　　　　)		
		(3)	(　　　　　　)	(4)	(　　　　　　)		
2	1	(　　　　　　)					
	2	(　　　)		3	(　　　)		
	4	(　　　)					
	5						
3	1	(　　　)		2	(　　　)		
	3	(　　　)		4	(　　　　　　) 〔農業〕		
	5						
4	1	(　　　　　　)		2	(　　　)		
	3	移り住んだ理由：					
		文化的な影響：					
	4	(　　　)		5	(　　　)		
	6	(　　　　　　)					
	7	(　　→　　→　　→　　)					
5	1	(　　　　　　)		2	(　　　)		
	3	(　　　)		4	(　　　　　　) 〔政策〕		
	5						
6	1	(1)	(　　　　　　)	(2)	(　　　)		
		(3)	(　　　)	(4)	(　　　　　　) 〔権〕		
		(5)	(　　　)				
	2	(1)	(　　　　　　) 〔的〕				
		(2)					
		(3)	(　　　)	(4)	(　　　)		
		(5)	(　　　　　　)				
7	1	(　　　)		2	(　　　)		
	3	(　　　)					
	4	A					
		B					

栃木県公立高校　平成30年度
※この解答用紙は145％に拡大していただきますと，実物大になります。

(平30)

国語解答用紙 (1)

受検番号（算用数字で横書きにはっきり書くこと。）　番

得点	
(1)	
(2)	
計	

◎「得点」の欄には受検者は書かないこと。
5は「国語解答用紙(2)」を用いること。

問題		答え	得点 小計	得点 計
1	1	(1) 咲く　(2) 掃除　(3) 舞台　(4) 濃厚　(5) 稼ぐ		
	2	(1) ウつ　(2) ヤッキョク　(3) ホウボク　(4) センモン　(5) フルい		
	3	(1)（　）(2)（　）(3)（　）(4)（　）		
	4	（　）		
2	1	（　）		
	2	（　）		
	3	人々が立て札を見て［　］と考えたことに対して，予想が外れたから。		
	4	（　）		
	5	（　）		
3	1	（　）		
	2	［　］		
	3	（　）		
	4	（　）		
	5	［　］と筆者は考えている。		
	6	（　）		
4	1	（　）		
	2	［　］		
	3	［　］		
	4	（　）		
	5	（　）		
	6	（　）		

(平30)

国語解答用紙(2)

受検番号（算用数字で横書きにはっきり書くこと。） 番

得点	
甲	
乙	
計	

5

候補

◎受検者名と題名は書かないこと。

100字

200字

240字

300字

平成30年度入試配点表（栃木県）

数学	1	2	3	4	5	6	計
	各2点×14	各4点×3	各6点×2	1　7点 2(1)　3点 (2)　4点	1(2)　6点 3　5点 他　各2点×3	1　2点 2　3点 他　各6点×2	100点

英語	1	2	3	4	5	6	計
	各2点×13	各2点×9	4　4点 他　各2点×4	1　各2点×2 3　6点 他　各3点×2	2　2点 他　各3点×4	1・4　各3点×2 他　各2点×4	100点

理科	1	2	3	4	5	6	7	8	9	計
	各2点×8	各3点×3	2　3点 4　4点 他　各2点×2	1　2点 2　4点 3　3点	1　2点 2　4点 他　各3点×2	2　2点 他　各4点×2	1　2点 4　4点 他　各3点×2	1　2点 2　4点 3　3点	1・2 各2点×2 他　各4点×2	100点

社会	1	2	3	4	5	6	7	計
	各2点×8	5　4点 他　各2点×4	5　4点 他　各2点×4	3　4点 他　各2点×6	5　4点 他　各2点×4	2(2)　4点 他　各2点×9	各2点×5	100点

国語	1	2	3	4	5	計
	各2点×15	各2点×5	1　2点 2　4点 5　5点 他　各3点×3	2・3　各4点×2 他　各3点×4	20点	100点

大切なことはメモしておこうネ！

T.G

大切なことはメモしておこうネ！

T.G

MEMO

大切なことはメモしておこうネ！

T.G

公立高校入試シリーズ

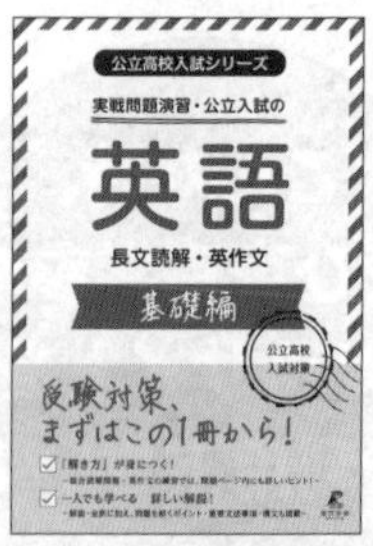

長文読解・英作文　公立高校入試対策

実戦問題演習・公立入試の英語　基礎編

- ヒント入りの問題文で「解き方」がわかるように
- 総合読解・英作文問題へのアプローチ手法を出題ジャンル形式別に丁寧に解説
- 全国の公立高校入試から問題を厳選
- 文法・構文・表現の最重要基本事項もしっかりチェック

定価：1,100 円（本体 1,000 円 + 税 10%）／ ISBN：978-4-8141-2123-6　C6300

長文読解・英作文　公立難関・上位校入試対策

実戦問題演習・公立入試の英語　実力錬成編

- 総合読解・英作文問題へのアプローチ手法を出題ジャンル形式別に徹底解説
- 全国の公立高校入試、学校別独自入試から問題を厳選
- 出題形式に合わせた英作文問題の攻略方法で「あと１点」を手にする
- 文法・構文・表現の最重要基本事項もしっかりチェック

定価：1,320 円（本体 1,200 円 + 税 10%）／ ISBN：978-4-8141-2169-4　C6300

脱０点から満点ねらいまでステップアップ構成

目標得点別・公立入試の数学

- 全国の都道府県から選び抜かれた入試問題と詳しくわかりやすい解説
- ステージ問題で実力判定⇒リカバリーコースでテーマごとに復習⇒コースクリア問題で確認⇒ 次のステージへ
- ステージをクリアして確実な得点アップを目指そう
- 実力判定　公立入試対策模擬テスト付き

定価：1,045 円（本体 950 円 + 税 10%）／ ISBN：978-4-8080-6118-0　C6300

解き方がわかる・得点力を上げる分野別トレーニング

実戦問題演習・公立入試の理科

- 全国の公立高校入試過去問からよく出る問題を厳選
- 基本問題から思考・表現を問う問題まで重要項目を実戦学習
- 豊富なヒントで解き方のコツがつかめる
- 弱点補強、総仕上げ……短期間で効果を上げる

定価：1,045 円（本体 950 円 + 税 10%）／ ISBN：978-4-8141-0454-3　C6300

弱点を補強し総合力をつける分野別トレーニング

実戦問題演習・公立入試の社会

- 都道府県公立高校入試から重要問題を精選
- 分野別総合問題、分野複合の融合問題・横断型問題など
- 幅広い出題形式を実戦演習
- 豊富なヒントを手がかりに弱点を確実に補強

定価：1,045 円（本体 950 円 + 税 10%）／ ISBN：978-4-8141-0455-0　C6300

解法＋得点力が身につく出題形式別トレーニング

形式別演習・公立入試の国語

- 全国の都道府県入試から頻出の問題形式を集約
- 基本～標準レベルの問題が中心⇒基礎力の充実により得点力をアップ
- 問題のあとに解法のポイントや考え方を掲載しわかりやすさ、取り組みやすさを重視
- 巻末には総合テスト、基本事項のポイント集を収録

定価：1,045 円（本体 950 円 + 税 10%）／ ISBN：978-4-8141-0453-6　C6300

〈リスニング問題の音声について〉

本問題集掲載のリスニング問題の音声は、弊社ホームページでデータ配信しております。

現在お聞きいただけるのは「2024年度受験用」に対応した音声で、2024年3月末日までダウンロード可能です。弊社ホームページにアクセスの上、ご利用ください。

※本問題集を中古品として購入された場合など、配信期間の終了によりお聞きいただけない年度がございますのでご了承ください。

栃木県公立高校　2024年度

ISBN978-4-8141-2851-8

発行所　東京学参株式会社

〒153-0043　東京都目黒区東山2-6-4

URL　https://www.gakusan.co.jp

編集部　E-mail　hensyu@gakusan.co.jp

※本書の編集責任はすべて弊社にあります。内容に関するお問い合わせ等は、編集部まで、メールにてお願い致します。なお、回答にはしばらくお時間をいただく場合がございます。何卒ご了承くださいませ。

営業部　TEL　03 (3794) 3154

FAX　03 (3794) 3164

E-mail　shoten@gakusan.co.jp

※ご注文・出版予定のお問い合わせ等は営業部までお願い致します。

2023年5月30日　初版